Generalregister

zum

einundneunzigsten bis hundertsten Bande

der von den Mitgliedern des Gerichtshofes und der Reichsanwaltschaft herausgegebenen

Entscheidungen des Reichsgerichts

in Zivilsachen.

Bearbeitet

von

H. Cornelius.

Berlin und Leipzig 1921

Vereinigung wissenschaftlicher Verleger

Walter de Gruyter & Co.

vormals G. J. Göschen'sche Verlagshandlung :: J. Guttentag, Verlagsbuchhandlung :: Georg Reimer :: Karl J. Trübner :: Veit & Comp.

Druck von Metzger & Wittig in Leipzig

Inhalt.

I. Systematisches Register.

Seite

Alphabetische Übersicht 3

Erster Teil. Zivilrecht.

Erster Abschnitt. Allgemeine Lehren.

Erstes Kapitel. Rechtsquellen.

§ 1. Verhältnis der verschiedenen Rechtsquellen desselben Rechtsgebiets zueinander.
I. Reichsrecht und Landesrecht. Verhältnis des BGB zu den Landesgesetzen 11
II. Allgemeines Landesrecht. Provinzialrecht. Ortsrecht 11
§ 2 Verhältnis des BGB zu anderen Reichsgesetzen 12
§ 3 Recht der Konsularbezirke 12
§ 4 Gesetze. Verordnungen (Polizeiverordnungen). Ortsstatute. Ausführungsbestimmungen. Verwaltungsvorschriften. Prüfung der Gültigkeit 12
§ 5. Auslegung der Gesetze.
I. Im allgemeinen. Motive 13
II. Analogie 15
§ 6 Gewohnheitsrecht. Observanz. Autonomie 16
§ 7 Zeitliche Grenzen der Wirksamkeit der Gesetze.
I. Zeitliche Wirksamkeit des seit dem 1. Januar 1900 geltenden Rechts. Übergangsvorschriften des EinfGzBGB 16
1. Allgemeine Grundsätze 16
2. Allgemeiner Teil des BGB 17
3. Schuldverhältnisse. Allgemeiner Teil 17
4. Schuldverhältnisse. Besonderer Teil 17
5. Sachenrecht 17
6. Familienrecht 17
7. Erbrecht 17
II. Zeitliche Wirksamkeit der Gesetze im übrigen 17
§ 8. Örtliche Grenzen der Wirksamkeit der Gesetze. Internationales Privatrecht.
I. Allgemeine Grundsätze 18
II. Im allgemeinen Teil des BGB 18
III. Im Recht der Schuldverhältnisse 19
IV. Im Sachenrecht 19
V. Im Familienrecht 19
VI. Im Erbrecht 20
VII. Im Handels- und Wechselrecht 20
VIII. Im Prozeß- und Konkursrecht 20
§ 9. Gegensätze im Recht. Allgemeines Recht und Sonderrecht. Zwingendes und nachgiebiges (dispositives) Recht. Öffentliches Recht und Privatrecht 20

Zweites Kapitel. Allgemeine Grundsätze von den Rechten und ihrer Verfolgung.

Seite
§ 10. Rechte und Ansprüche im allgemeinen. Rechtsgüter. Wohlerworbene Rechte. Privilegien. Natürliche Verbindlichkeiten. Absolute Rechte . . 21
§ 11. Vererblichkeit und Veräußerlichkeit der Rechte und Ansprüche. Rechtsnachfolge 22
§ 12 Fristen im materiellen Recht. Ausschlußfristen. Klagefristen. Rechtsgeschäftliche Fristen 22
§ 13. Verjährung der Rechte und Ansprüche.
I. Allgemeines. Frist 22
II. Hemmung 24
III. Unterbrechung 24
§ 14. Unzulässige Ausübung der Rechte (Schikane). Notwehr. Selbsthilfe 25
§ 15. Sicherheitsleistung 25
§ 16. Zurückbehaltungsrecht 25
§ 17. Einreden. Repliken 25
§ 18. Beweislast. Gesetzliche Vermutungen. Fiktionen 26
§ 19. Einfluß des Rechtsstreits auf die Gestaltung des Rechtsverhältnisses. Sachliche Rechtskraft des Urteils 28
§ 20. Wiedereinsetzung in den vorigen Stand 29

Drittes Kapitel. Personen.

§ 21. Natürliche Personen.
I. Geburt. Noch nicht erzeugte Nachkommenschaft. Tod. Todeserklärung 29
II. Geschlecht. Alter 29
III. Namen. Namensrecht. Familie. Verwandtschaft. Wappen . 29
IV. Wohnsitz. Staatsangehörigkeit 30
V. Geisteskrankheit. Geistesschwäche. Verschwendung 30
VI. Standesverhältnisse 30
§ 22 Juristische Personen.
I. Allgemeines 30
II. Fiskus. Reichsfiskus. Landesfiskus. Ausländischer Fiskus . . 31
III. Stadt- und Landgemeinde. Kreise. Provinzen 31
IV. Sonstige juristische Personen des öffentlichen Rechts (Innungen, Krankenkassen, Berufsgenossenschaften, Armenverbände usw.) . 32
V Kirchen (Kirchengemeinden). Kirchliche Körperschaften und Anstalten 33
VI. 1. Juristische Personen des Privatrechts 33
2. Nicht rechtsfähige Vereine 33
VII. Stiftungen 34

Viertes Kapitel. Sachen.

§ 23. Sache. Sachgesamtheit. Vermögen. Vermögensinbegriff 34
§ 24. Öffentliche und dem Privatverkehr entzogene Sachen. Begräbnisstätten 34
§ 25. Bewegliche und unbewegliche Sachen. Selbständige Gerechtigkeiten . 34
§ 26. Vertretbare und verbrauchbare, teilbare und unteilbare Sachen . . . 34
§ 27. Haupt- und Nebensachen. Bestandteile. Zubehör 34
§ 28. Früchte. Nutzungen. Lasten 35

Fünftes Kapitel. Handlungen.

§ 29. Rechtsfähigkeit. Handlungsfähigkeit (Zurechnungsfähigkeit). Geschäftsfähigkeit. Verfügungsfähigkeit 35
§ 30. Willenserklärung, ausdrückliche, stillschweigende, empfangsbedürftige. Zugehen der Willenserklärung. Willensübereinstimmung und deren Mangel 35

Seite

§ 31. Mängel der Willenserklärung.
I. Scheingeschäft. Mangel der Ernstlichkeit 37
II. Irrtum 38
III. Arglistige Täuschung. Betrug 39
IV. Zwang. Drohung 39
§ 32. Rechtsgeschäfte. Allgemeines. Verfügung. Einseitige Rechtsgeschäfte. Verträge. Kausale und abstrakte Rechtsgeschäfte 39
§ 33. Form der Rechtsgeschäfte.
I. Form des Grundstücksveräußerungsvertrags (§ 313 BGB) . . . 40
II. Form der Rechtsgeschäfte im übrigen 41
§ 34. Voraussetzung der Bedingung. Befristung. Sonstige Nebenbestimmungen der Rechtsgeschäfte 42
§ 35. Auslegung der Rechtsgeschäfte 42
§ 36. Rechtsgeschäfte gegen gesetzliches Verbot und die guten Sitten, Veräußerungsverbot.
I. Rechtsgeschäfte gegen gesetzliches Verbot 46
II. Rechtsgeschäfte gegen die guten Sitten 47
III. Veräußerungsverbot 49
§ 37. Unwirksamkeit, Nichtigkeit und Anfechtbarkeit (Anfechtung) von Rechtsgeschäften. Bestätigung. Konversion 49
§ 38. Einwilligung. Genehmigung 52
§ 39. Vorbehalt 52
§ 40. Verzicht 52
§ 41. Vertretung. Vollmacht. Vertreter ohne Vertretungsmacht. (Geschäftsführung ohne Auftrag.) Vornahme von Rechtsgeschäften durch den Vertreter mit sich selbst 53
§ 42. Verschulden. Arglist. Böser Glaube. Vorsatz. Absicht. Fahrlässigkeit. Zufall. Höhere Gewalt 54

Sechstes Kapitel. Zeitverhältnisse. Aufgebot und Ausschluß von Rechten.

§ 43. Zeitbestimmung. Zeitberechnung. Unvordenkliche Zeit 56
§ 44. Aufgebot und Ausschluß von Rechten und Ansprüchen 56

Zweiter Abschnitt. Sachenrecht.

Erstes Kapitel. Allgemeiner Teil.

§ 45. Besitz 57
§ 46. Rechte an Sachen im allgemeinen. Ursprünglicher und abgeleiteter Erwerb. Dinglicher Vertrag. Dingliches Erfüllungsgeschäft 57
§ 47. Preußisches Grundbuchwesen nach früherem Recht (Gesetze v. 5. Mai 1872) 58
§ 48. Allgemeine Vorschriften des BGB über Rechte an Grundstücken. Reichsgrundbuchordnung.
I. Einigung. Antrag 58
II. Rang 58
III. Vormerkung 58
IV. Öffentlicher Glaube des Grundbuchs 59
V. Unrichtigkeit des Grundbuchs. Berichtigung. Berichtigungsanspruch. Widerspruch 60
VI. Grundbucheinrichtung. Anlegung des Grundbuchs. Eintragung. Eintragungsfähigkeit. Löschung. Verfahren 60
§ 49. Agrarrechtliche Verhältnisse (Ablösung. Gemeinheitsteilung. Zusammenlegung. Rentengüter) 60

Zweites Kapitel. Das Eigentum.

§ 50. Eigentum. Inhalt. Miteigentum. Gesamteigentum. Fiduziarisches Eigentum 61

Seite

§ 51. Gesetzliche Beschränkungen des Eigentums. Nachbarrecht. Lichtschutz (Fensterrecht). Zuführungen (Immissionen). Vertiefung. Überbau. Notweg 61
§ 52. Grenzbau. Grenzberechtigung 62
§ 53. Erwerb und Verlust des Eigentums an Grundstücken. Auflassung und Eintragung 62
§ 54. Eigentumserwerb an beweglichen Sachen durch Übertragung (Übergabe und deren Ersatz). Erwerb vom Nichtberechtigten 62
§ 55. Eigentumserwerb an beweglichen Sachen durch Ersitzung 63
§ 56. Eigentumserwerb an beweglichen Sachen durch Verbindung, Vermischung und Verarbeitung 63
§ 57. Eigentumserwerb an Schuldscheinen, Hypotheken-, Grundschuld- und Rentenbriefen, Aktien 63
§ 58. Eigentumserwerb an Erzeugnissen und Bestandteilen einer Sache . . 63
§ 59. Aneignung (Fischereirecht. Jagdrecht). Fund (Schatz) 63
§ 60. Eigentumserwerb durch Zuschlag und Einziehung (Beschlagnahme) . . 64
§ 61. Verlust des Eigentums an beweglichen Sachen 64
§ 62. Eigentumsanspruch auf Herausgabe der Sache (Vindikation). Klage aus älterem Besitz 64
§ 63. Eigentumsfreiheitsanspruch (negatorische Klage) 65

Drittes Kapitel. Dingliche Rechte an fremden Sachen.

§ 64. Dingliche Rechte an fremden Sachen im allgemeinen 66
§ 65. Erwerb und Verlust dinglicher Rechte an fremden Sachen, insbesondere an Grundstücken, nach früherem preußischem Recht 66
§ 66. Erwerb und Verlust dinglicher Rechte an fremden Sachen nach BGB im allgemeinen 66
§ 67. Erbbaurecht 66
§ 68. Dienstbarkeit im allgemeinen 66
§ 69. Grunddienstbarkeit 66
§ 70. Nießbrauch 66
§ 71. Persönlich beschränkte Dienstbarkeiten 67
§ 72. Dingliches Vorkaufs- und Wiederkaufsrecht 67
§ 73. Reallasten. Gemeine Lasten. Öffentliche Lasten 67
§ 74. Altenteil (Auszug. Leibgedinge. Leibzucht) 67

Viertes Kapitel. Pfandrecht.

§ 75. Das Pfandrecht im allgemeinen 67
§ 76. Hypothek und Grundschuld nach früherem Recht 68
§ 77. Hypothek und Grundschuld (Rentenschuld) nach BGB.
I. Inhalt des Hypothekenrechts. Bruchteilshypothek. Bedingte Hypotheken. Bestellung. Gläubiger. Inhalt der Eintragung. Briefhypothek. Hypothekenbrief. Buchhypothek (Rangverhältnis § 48 II) 68
II. Gegenstand der hypothekarischen Haftung. Gesamthypothek. Sicherheitsgefährdung. Veräußerungsbeschränkung 68
III. Persönliche Schuld. Persönlicher Schuldner. Übernahme der persönlichen Schuld durch den Erwerber des belasteten Grundstücks. Verhältnis zwischen Forderung und Hypothek 69
IV. Abtretung. Übergang 69
V. Verpfändung. Zurückbehaltungsrecht 70
VI. Eigentümergrundschuld 70
VII. Sicherungs- und Höchstbetragshypothek 71
VIII. Zwangs- und Arresthypothek 71
IX. Kündigung. Löschung. Aufhebung 71
X. Klage und sonstige Rechtsmittel des Hypothekengläubigers 71
XI. Befriedigung. Zwangsvollstreckung. Zwangsversteigerung . . 72

Seite
§ 78. Pfandrecht an beweglichen Sachen 72
§ 79. Pfandrecht an Rechten (Wertpapieren) 73
§ 80. Die gesetzlichen Pfand- und Vorzugsrechte 73

Fünftes Kapitel. Sonstige dingliche Rechtsverhältnisse.

§ 81. Familienfideikommisse, Familienstiftungen, Lehen 73
§ 82. Rechtsverhältnisse der öffentlichen Wege und der Privatwege 74
§ 83. Rechtsverhältnisse der öffentlichen Flüsse und der sonstigen öffentlichen Gewässer 75
§ 84. Rechtsverhältnisse der Privatflüsse, Landseen und Quellen 75
§ 85. Mühlenrecht. Deichrecht 76
§ 86. Bergrecht 76
§ 87. Realgewerbeberechtigungen. Ausschließliche Gewerbeberechtigungen. Zwangs- und Bannrechte 78
§ 88. Dingliche Rechtsverhältnisse in bezug auf Kirche und Schule. Patronatsrecht 78

Dritter Abschnitt. Recht der Schuldverhältnisse.

Erstes Kapitel. Allgemeiner Teil.

1. Subjekte der Schuldverhältnisse.

§ 89. Bestimmtheit des Subjekts 78
§ 90. Mehrheit der Subjekte. Gesamtschuldner. Gesamtgläubiger 78

2. Gegenstand und Inhalt der Schuldverhältnisse.

§ 91. Verpflichtung des Schuldners im allgemeinen. Treu und Glauben. Teilbarkeit und Unteilbarkeit. Gesetzliche Schuldverbindlichkeiten. Natürliche Schuldverbindlichkeiten 79
§ 92. Unmöglichkeit der Leistung, ursprüngliche, nachträgliche. Unvermögen zur Leistung 82
§ 93. Gattungsschuld. Wahlschuld 85
§ 94. Geldschuld. Zinsen. 86
§ 95. Schaden. Schadensersatz.
I. Allgemeines. Ursächlicher Zusammenhang. Art und Umfang des Schadensersatzes. Anrechnung von Vorteilen 87
II. Mitwirkendes Verschulden des Beschädigten (§ 254 BGB) . . 91
III. Schadensersatz in Vertragsverhältnissen und vertragsähnlichen Verhältnissen 92
A. Schadensersatz wegen Nichterfüllung (insbesondere im Falle des § 326 BGB).
Allgemeine Grundsätze 92
Schadensersatz wegen Nichterfüllung beim Kauf 93
Schadensersatz wegen Nichterfüllung bei anderen Verträgen 94
B. Schadensersatz in Vertragsverhältnissen und vertragsähnlichen Verhältnissen im übrigen 94
IV. Schadensersatz außerhalb vertraglicher Verhältnisse 94
§ 95a Unterlassungsklage 96
§ 96. Rechenschaftslegung. Offenbarungseid. Auskunftserteilung 97
§ 97. Ort der Leistung. Erfüllungsort 97
§ 98. Zeit der Leistung. Stundung 97
§ 99. Verzug des Schuldners (insbesondere bei gegenseitigen Verträgen § 326 BGB) 98
§ 100. Verzug des Gläubigers 100
§ 101. Verschulden in Vertragsverhältnissen. Positive Vertragsverletzung . 100

Seite

§ 102. Haftung des Schuldners für das Verschulden seines gesetzlichen Vertreters und seiner Erfüllungsgehilfen (§ 278 BGB) 100
§ 103. Verschulden außerhalb vertraglicher Verhältnisse 101

3. Schuldverhältnisse aus Verträgen.

§ 104. Vertragsschluß. Einrede des anders als verabredet niedergeschriebenen Vertrages. Mündliche (formlose) Nebenabreden neben schriftlichen (formgerechten) Verträgen. Vertragsschluß unter Anwesenden, unter Abwesenden. Vermutung der Vollständigkeit und Richtigkeit der Vertragsurkunde 101
§ 105. Gegenstand und Inhalt der Verträge.
I. Allgemeines 103
II. Vorverträge 104
III. Verträge über unmögliche Leistungen 104
IV. Verträge gegen gesetzliches Verbot und die guten Sitten . . 104
V. Verträge der §§ 310—312 BGB 104
VI. Verträge über die Veräußerung von Grundstücken 104
§ 106. Abstrakte Verträge. Einseitige Verträge 104
§ 107. Gegenseitige Verträge (§§ 320—327 BGB).
I. Allgemeines 104
II. Erfüllung Zug um Zug. Einrede des nicht erfüllten Vertrages 105
III. Vorleistung. Rechte des Vorleistungspflichtigen bei Vermögensverschlechterung des anderen Teils (§ 321 BGB) 105
IV. Unmöglichkeit der Erfüllung (§§ 323—325 BGB) 105
V. Verzug des Schuldners bei gegenseitigen Verträgen (§ 326 BGB) 105
§ 108. Schadensersatz in Vertragsverhältnissen und vertragsähnlichen Verhältnissen 105
§ 109. Verträge zugunsten Dritter 105
§ 110. Vertragsstrafe (vertragliches Wettbewerbsverbot) 106
§ 111. Rücktritt vom Vertrage 106

4. Übergang der Schuldverhältnisse.

§ 112. Übertragung (Abtretung) von Forderungen und anderen Rechten . . 107
§ 113. Gesetzlicher Übergang von Forderungen und anderen Rechten . . . 108
§ 114. Schuldübernahme. Gesetzlicher Übergang von Schuldverbindlichkeiten 109

5. Erlöschen der Schuldverhältnisse.

§ 115. Erfüllung (Zahlung). Annahme als Erfüllung. Leistung an Erfüllungsstatt. Hingabe erfüllungshalber. Teilleistung. Quittung. Unmöglichkeit der Erfüllung 109
§ 116. Hinterlegung 109
§ 117. Aufrechnung 110
§ 118. Erlaß 111
§ 119. Vereinigung von Forderung und Schuld. Schulderneuerung. Schuldumwandlung (Novation) 111
§ 120. Sonstige Erlöschungsgründe (Kündigung usw.) 111

Zweites Kapitel. Einzelne Schuldverhältnisse.

1. Verträge und vertragsähnliche Verhältnisse.

§ 121. Kauf.
I. Begriff. Gegenstand. Abschluß 112
II. Nebenverträge. Bedingter Kauf. Eigentumsvorbehalt. Sicherungskauf. Vertragsstrafe 113
III. Abnahme. Abruf. Abnahme- und Zahlungsverzug des Käufers (Schuldnerverzug). Deckungsverkauf des Verkäufers. Annahme- (Gläubiger-) Verzug des Käufers 114
IV. Lieferungsverzug des Verkäufers. Deckungskauf des Käufers 114

Seite
V. Mängel im Recht. Eviktionsleistung 115
VI. Mängel der Sache. Fehlen zugesicherter Eigenschaften. Gewährleistung. Wandelung. Preisminderung. Schadensersatz wegen Nichterfüllung. Verjährung der Gewährleistungsansprüche 116
VII. Rechtsverhältnisse aus dem Kauf im übrigen. (Lasten. Erfüllungsort. Übergabe. Zahlung. Stundung. Rücktritt. Verjährung usw.) 118
VIII. Schadensersatz sowie Anfechtung des Kaufvertrags wegen Irrtums und Betruges. Nichtigkeit des Kaufvertrags wegen Verstoßes gegen die guten Sitten 120
IX. Kauf nach und auf Probe. Wiederkauf (Rückkauf). Vorkauf 121
X. Gesetz v. 16. Mai 1894 betr., die Abzahlungsgeschäfte 122
§ 122. Tausch 122
§ 123. Schenkung. Schenkungsversprechen 122
§ 124. Miete Pacht (Jagdpacht) 123
§ 125. Leihe. Verwahrung. 127
§ 126. Vertragsverhältnis zwischen Wirten und ihren Gästen. Einbringung von Sachen bei Gastwirten 127
§ 127. Darlehn Kreditvertrag. Sparkasseneinlagen 128
§ 128. Dienstvertrag. Tarifvertrag 129
§ 129. Werkvertrag 130
§ 130. Mäklervertrag 131
§ 131. Auslobung 132
§ 132. Unbenannte Verträge nach dem BGB: Verträge über Handlungen nach früherem preußischen Recht 132
§ 133. Auftrag. Geschäftsführung ohne Auftrag 132
§ 134. Gesellschaft. Gesellschaftsähnliche Vertragsverhältnisse 134
§ 135. Gemeinschaften 135
§ 136. Gewagte Geschäfte. Spiel (Lotterie. Differenzgeschäfte). Wette . 135
§ 137. Versicherung. Rückversicherung.
I. Allgemeine Grundsätze. Auslegung von Versicherungsbedingungen 136
II. Versicherung auf Gegenseitigkeit 137
III. Versicherungsagenten 137
IV. Feuerversicherung 137
V. Lebens- und Unfallversicherung 138
VI. Haftpflichtversicherung. Kreditversicherung. Sonstige Versicherungen 138
VII. Reichsversicherungsgesetze. Allgemeines 139
VIII. Reichskrankenversicherung 139
IX. Reichsunfallversicherung 140
X. Reichs-Invaliditäts- und Altersversicherung 141
XI. Angestelltenversicherung 141
§ 138. Leibrente 141
§ 139. Bürgschaft. Garantieversprechen 142
§ 140. Vergleich. Schiedsrichtervertrag 143
§ 141. Schuldversprechen. Schuldanerkenntnis 144
§ 142. Anweisung. Kreditbrief. Schuldverschreibungen auf den Inhaber. Legitimationspapiere 144
§ 143. Vorlegung von Sachen und Urkunden 144

2. Ungerechtfertigte Bereicherung. Unerlaubte und ähnliche Handlungen. Haftung für andere.

§ 144. Ungerechtfertigte Bereicherung 144
§ 145. Unerlaubte Handlungen des BGB (§§ 823—852 BGB).
I. Allgemeines 147
II. Die einzelnen unerlaubten Handlungen 147

Seite

§ 146. Haftung für das Verschulden anderer 157
§ 147. Haftung öffentlichrechtlicher Körperschaften.
I. Für das Verschulden der Beamten bei Ausübung der öffentlichen Gewalt 157
II. Für Tumultschaden 158
§ 148. Entschädigung der im Wiederaufnahmeverfahren freigesprochenen Personen (Reichsgesetz v. 20. Mai 1898). Entschädigung für unschuldig erlittene Untersuchungshaft (Reichsgesetz v. 14. Juli 1904). Entschädigung wegen ungerechtfertigter Arrestausbringung 160
§ 149. Fälschung. Diebstahl. Unterschlagung 160
§ 150. Wucher 160
§ 151. Übertretung von Baupolizeigesetzen 161
§ 152. Störung in der Benutzung öffentlicher Wege, Gewässer und Anstalten 161
§ 153. Benachteiligung der Gläubiger durch Rechtshandlungen des Schuldners. Anfechtung außerhalb des Konkurses. Anfechtungsgesetz v. $\frac{\text{19. Juli 1879}}{\text{20. Mai 1898}}$ 161
§ 154. Außerehelicher Beischlaf 161

3. Schutz des geistigen Eigentums und gewerblicher Rechte.

§ 155. I. Urheberrecht an Werken der Literatur und Tonkunst 162
II. Urheberrecht an Werken der bildenden Künste und der Photographie 162
§ 156. Verlagsrecht 162
§ 157. Patentrecht. Lizenzverträge. Patentanwälte 163
§ 158. Musterschutzrecht (Geschmacks- und Gebrauchsmuster) 163
§ 159. Warenzeichenrecht (Markenschutz). Markenschutzgesetz v. 30. November 1874. Warenbezeichnungsgesetz v. 12. Mai 1894. Internationale Verträge über Zeichen 163
§ 160. Schutz gegen unlauteren Wettbewerb 165

4. Vertragsverhältnisse und sonstige Rechtsverhältnisse in Zusammenhang mit dem öffentlichen Recht. Recht öffentlicher Unternehmungen und Anstalten.

§ 161. Gewerberecht. Gewerbewesen. Reichsgewerbeordnung 167
§ 161a. Gesetz über die Sicherung der Bauforderungen v. 1. Juni 1909 . . 168
§ 162. Eisenbahnrecht. Preußische Eisenbahngesetze v. 3. November 1838 und 28. Juli 1892 (Kleinbahngesetz). Kleinbahnen. Straßenbahnen . . . 168
§ 162a. Kraftfahrzeuge (Gesetz v. 3. Mai 1909) 169
§ 162b. Luftschiffahrt 170
§ 163. Reichshaftpflichtgesetz v. 7. Juni 1871 (nF Art. 42 EinfGzBGB) . . 171
§ 164. Postrecht. Postwesen 172
§ 165. Telegraphenrecht. Telegraphenwesen 172
§ 166. Erzwungene Aufopferung von Rechten für das Gemeinwohl (§ 75 EinlzALR) 173
§ 167. Enteignung. Preußisches Enteignungsgesetz v. 11. Juni 1874 . . . 173
§ 168. Preußisches Fluchtliniengesetz v. 2. Juli 1875 174
§ 169. Reichsrayongesetz v. 21. Dezember 1871 175
§ 170. Reichsgesetz v. 30. Juni 1900, betr. die Bekämpfung gemeingefährlicher Krankheiten 175
§ 171. Schlachthäuser. Viehseuchen 175

Vierter Abschnitt. Familienrecht.

Erstes Kapitel. Ehe.

§ 172. Verlöbnis 175
§ 173. Eingehung der Ehe 175

Seite
§ 174 Anfechtung und Nichtigkeit der Ehe 175
§ 175 Wirkungen der Ehe im allgemeinen. Persönliches Verhältnis der Ehegatten. Schlüsselgewalt der Ehefrau 175
§ 176. Klage auf Herstellung der ehelichen Gemeinschaft. Unterhaltspflicht während der Trennung 175
§ 177. Eheliches Güterrecht vor dem Inkrafttreten des BGB 177
§ 178. Gesetzliches Güterrecht des BGB 177
§ 179. Allgemeine Gütergemeinschaft des BGB 178
§ 180. Errungenschaftsgemeinschaft des BGB 178
§ 181. Fahrnisgemeinschaft des BGB 178
§ 182. Gütertrennung. Güterrechtsregister 178
§ 183. Klage auf Aufhebung der ehelichen Gemeinschaft 178
§ 184. Ehescheidung und deren Folgen 178

Zweites Kapitel. Verwandtschaft.

§ 185. Allgemeine Bestimmungen des BGB Eheliche Abstammung. Personenstand 179
§ 186. Unterhaltspflicht der Verwandten 179
§ 187. Rechtsverhältnisse zwischen Eltern und Kindern im allgemeinen. Aussteuer und Ausstattung der Kinder 180
§ 188. Elterliche Gewalt (Erziehungs- und Aufsichtsrecht. Elterliche Verwaltung und Nutznießung des Kindervermögens) 180
§ 189. Uneheliche Kinder 181
§ 190. Annahme an Kindesstatt 181

Drittes Kapitel. Vormundschaft und Pflegschaft.

§ 191. Gemeinsames. Vormundschaft über Minderjährige 181
§ 192. Vormundschaft über Volljährige 181
§ 193. Pflegschaft 181

Fünfter Abschnitt. Erbrecht.

§ 194. Erbrecht. Erbschaft. Erbe. Gesetzliche Erbfolge 182
§ 195. Anfall. Annahme und Ausschlagung der Erbschaft 182
§ 196. Nachlaß. Nachlaßverbindlichkeiten. Aufgebot der Nachlaßgläubiger. Nachlaßforderungen 182
§ 197 Haftung des Erben für die Nachlaßverbindlichkeiten. Inventarerrichtung. Aufschiebende Einreden des Erben 182
§ 198. Nachlaßpflegschaft. Nachlaßverwaltung. Nachlaßgericht 182
§ 199. Erbschaftsanspruch 182
§ 200. Mehrheit von Erben. Auseinandersetzung der Miterben. Ausgleichung. Verhältnis zu den Nachlaßgläubigern 182
§ 201. Testamente 184
I. Testamentserrichtung. Öffentliches Testament. Eigenhändiges Testament 184
II. Testamentseröffnung 184
III. Unwirksamkeit, Nichtigkeit, Anfechtung, Aufhebung und Widerruf des Testaments 184
IV. Inhalt. Erbeinsetzung. Ausschließung von der Erbfolge. Auslegung der Testamente 184
V. Ersatzerbe. Vorerbe. Nacherbe 185
VI. Gemeinschaftliches Testament. Korrespektives Testament . . . 185
VII. Testamentsvollstrecker 185
§ 202. Vermächtnisse. Schenkungen von Todes wegen 186
§ 203. Erbvertrag. Erbverzicht 186

Seite
§ 204. Pflichtteil 186
§ 205. Erbunwürdigkeit 188
§ 206. Erbschein 188
§ 207 Erbschaftskauf 188

Sechster Abschnitt. Handelsrecht.

Erstes Kapitel. Der Handelsstand.

§ 208. Kaufleute. Handelsgewerbe. Handelsgeschäft. Zweigniederlassung 188
§ 209. Handelsregister 188
§ 210. Handelsfirma. Fortführung eines Handelsgeschäfts 189
§ 211. Handelsbücher. Bilanz 190
§ 212. Prokura. Handlungsvollmacht 190
§ 213. Handlungsgehilfen. Handlungslehrlinge. Wettbewerbsverbot (Konkurrenzklausel) 190
§ 214. Handlungsagenten 190
§ 215. Handelsmäkler 191

Zweites Kapitel. Die Handelsgesellschaften. (Gesellschaften m. b. H. Genossenschaften).

§ 216. Die offene Handelsgesellschaft.
I. Errichtung 191
II. Rechtsverhältnis der Gesellschafter untereinander und zur Gesellschaft 191
III. Rechtsverhältnis der Gesellschaft und der Gesellschafter zu Dritten 192
IV. Ausscheiden einzelner Gesellschafter aus der Gesellschaft. Auflösung und Liquidation der Gesellschaft 192
§ 217. Kommanditgesellschaft 192
§ 218. Aktiengesellschaft.
I. Allgemeine Bestimmungen. Aktien 193
II. Rechtsverhältnisse der Gesellschaft und der Gesellschafter . . . 193
III. Verfassung und Geschäftsführung. Organe 193
IV. Abänderungen des Gesellschaftsvertrags. Erhöhungen des Stammkapitals 194
V. Auflösung, Liquidation, Nichtigkeit und Konkurs der Gesellschaft 195
§ 219. Kommanditgesellschaft auf Aktien 195
§ 220. Gesellschaften mit beschränkter Haftung.
I. Errichtung 195
II. Rechtsverhältnisse der Gesellschaft und der Gesellschafter . . . 195
III. Vertretung und Geschäftsführung 196
IV. Abänderungen des Gesellschaftsvertrags. Erhöhungen des Stammkapitals 197
V. Auflösung, Liquidation, Nichtigkeit und Konkurs der Gesellschaft 198
§ 221. Eingetragene Genossenschaften.
I. Errichtung 198
II. Rechtsverhältnisse der Genossenschaft und der Genossen . . . 198
III. Vertretung und Geschäftsführung. Revision 199
IV. Ausscheiden einzelner Genossen. Auflösung, Liquidation, Nichtigkeit der Genossenschaft 199
V. Konkursverfahren. Haftpflicht 199
VI. Besondere Bestimmungen für Genossenschaften mit unbeschränkter Haftpflicht, mit unbeschränkter Nachschußpflicht und mit beschränkter Haftpflicht. Umwandlung von Genossenschaften 199

Drittes Kapitel. Handelsrechtliche Vereinigungen.

§ 222. Stille Gesellschaft 199
§ 223. Vereinigung zu einzelnen Handelsgeschäften 200

Viertes Kapitel. Die Handelsgeschäfte.

1. Die Handelsgeschäfte im allgemeinen.

Seite

§ 224. Begriff und Abschluß der Handelsgeschäfte . . . 200
§ 225. Auslegung der Handelsgeschäfte . . . 200
§ 226. Handelsgewohnheiten und Handelsgebräuche . . . 200
§ 227. Zeit und Ort der Leistung . . . 201
§ 228. Beschaffenheit der Ware. Maß. Gewicht . . . 201
§ 229. Zinsen. Provision. Lagergeld . . . 201
§ 230. Pflicht zur Sorgfalt. Schadensersatz . . . 201
§ 231. Kontokorrent . . . 201
§ 232. Giroverkehr. Scheck . . . 201
§ 233. Kaufmännische Anweisungen und Verpflichtungsscheine. Orderpapiere. Inhaberpapiere. Indossament . . . 203
§ 234. Handelsrechtliche Besonderheiten bei der Vertragsstrafe, der Bürgschaft, dem Schuldversprecher, dem Schuldanerkenntnis, dem Pfandverkauf 203
§ 235. Guter Glaube bei dem Erwerbe von Eigentum und Pfandrechten an beweglichen Sachen und Inhaberpapieren im Handelsverkehr . . 203
§ 236. Kaufmännisches Zurückbehaltungsrecht . . . 203

2. Handelskauf.

§ 237. Annahmeverzug des Käufers. Selbsthilfeverkauf des Verkäufers 203
§ 238. Spezifikationskauf. Pflichten des Käufers . . . 204
§ 239. Untersuchung der Ware. Mängelanzeige (§ 377 HGB) . . . 204
§ 240. Distanzgeschäfte. Sorge für die beanstandete Ware. Notverkauf . 205
§ 241. Fixgeschäfte . . . 205
§ 242. Börsentermingeschäfte. Börsengesetz v. 8. Mai 1908 . . . 205

3. Bank-, Kommissions-, Speditions-, Lager- und Frachtgeschäfte.

§ 243. Bank- und Bankiergeschäfte. Bankdepotgesetz v. 5. Juli 1896 . . . 206
§ 244. Kommissionsgeschäft . . . 207
§ 245. Speditionsgeschäft . . . 207
§ 246. Lagergeschäft . . . 208
§ 247. Frachtgeschäft . . . 208
§ 248. Frachtgeschäft der Eisenbahnen . . . 209

Fünftes Kapitel. Binnenschiffahrt.

§ 249. Binnenschiffahrtsgesetz v. 15. Juni 1895.
I. Schiffseigner. Schiffer. Schiffsmannschaft . . . 212
II. Frachtgeschäft . . . 212

Sechstes Kapitel. Seehandel.

§ 250. Allgemeine Bestimmungen. Reeder. Reederei. Schiffe. Schiffsmannschaft. Schiffsgläubiger. Schiffsmäkler. Verjährung . . . 213
§ 251. Seefrachtvertrag. Konnossement . . . 213
§ 252. Haverei. Seestraßenordnung . . . 214
I. Große (gemeinschaftliche) und besondere Haverei . . . 214
II. Schaden durch Zusammenstoß von Schiffen . . . 214
§ 253. Berge- und Hilfeleistung in Seenot. Strandungsordnung v. 17. Mai 1874 / 30. Dez. 1901 215
§ 254. Seeversicherung . . . 215

Siebenter Abschnitt. Wechselrecht.

§ 255. Örtliches Recht . . . 217
§ 256. Der Wechsel im allgemeinen. Rechtliche Natur des Wechsels. Wechselfähigkeit. Wechselunterschrift . . . 217

Seite
§ 257. Gezogener Wechsel. Aussteller. Bezogener. Remittent 217
§ 258. Indossament 218
§ 259. Präsentation zur Annahme. Akzeptant. Blankoakzept 218
§ 260. Domizilwechsel 218
§ 261. Wechselbürge. Aval. Regreß auf Sicherstellung 218
§ 262. Erfüllung der Wechselverbindlichkeit. Zahlung. Hinterlegung . . . 218
§ 263. Intervention. Ehrenannahme. Ehrenzahlung 218
§ 264. Wechselprotest 219
§ 265. Regreß mangels Zahlung. Wechselklage. Einrede des Wechselschuldners. Zugrunde liegendes Verhältnis 219
§ 266. Eigener Wechsel 219
§ 267. Wechselduplikate. Wechselkopien 219
§ 268. Wechselfälschung. Wechselzeichnung für andere ohne Vertretungsmacht 219
§ 269. Wechselverjährung 219

Zweiter Teil. Zivilprozeß.

Erstes Kapitel. Allgemeine Grundsätze.

§ 270. Justizsachen. Rechtsweg.
I. Allgemeines. Begriff der bürgerlichen Rechtsstreitigkeit. Verhältnis der Gerichte zu den Verwaltungsbehörden 220
II. Rechtsweg in bezug auf polizeiliche Verfügungen 221
III. Rechtsweg für Ansprüche gegen den Staat und gegen Beamte 222
IV. Rechtsweg gegenüber Gemeinden 223
V. Rechtsweg in bezug auf Kirche und Schule 224
VI. Rechtsweg in agrarrechtlichen Auseinandersetzungen 224
VII. Rechtsweg in reichsrechtlichen Verhältnisse 224
VIII. Rechtsweg in sonstigen Fällen 225
§ 271. Auslegung der Prozeßgesetze.
I. Allgemeines 226
II. Entscheidungen der vereinigten Zivilsenate des Reichsgerichts 226
§ 272. Zeitliche Wirksamkeit der Prozeßgesetze. Einführungs- und Ausführungsgesetze zum Gerichtsverfassungsgesetz, zur Zivilprozeßordnung und zu sonstigen Prozeßgesetzen 226
§ 273. Örtliche Wirksamkeit der Prozeßgesetze 226
§ 274. Zwingende und nachgiebige (instruktionelle) Prozeßvorschriften 226

Zweites Kapitel. Die Zivilprozeßordnung.

1. Die Gerichte.

§ 275. Die ordentlichen Gerichte. Sondergerichte. Gewerbegerichte. Kaufmannsgerichte. Gerichtsferien. Rechtshilfe. Gerichtsverfassung . . 227
§ 276. Sachliche Zuständigkeit der Gerichte 227
§ 277. Wert des Streitgegenstandes 227
§ 278. Gesetzlicher Gerichtsstand.
I. Allgemeines 228
II. Der allgemeine Gerichtsstand 228
III. Die besonderen Gerichtsstände.
1. Gerichtsstand des Vertrages (des Erfüllungsortes) 228
a) Gerichtsstand des Vermögens 228
b) Gerichtsstand der unerlaubten Handlung 228
2. Gerichtsstand in Ehesachen (§ 606 ZPO) 228
IV. Ausschließliche Gerichtsstände 228
§ 279. Vereinbarter Gerichtsstand 229
§ 280. Oberrichterlich bestimmter Gerichtsstand 229

Seite
§ 281. Ausschließung und Ablehnung von Richtern 229
§ 282. Gerichtsschreiber 229
§ 283. Gerichtsvollzieher. Verteilungsstellen 229

2. Die Parteien.

§ 284. Parteifähigkeit. Prozeßfähigkeit. Gesetzliche Vertreter 229
§ 285. Streitgenossenschaft 230
§ 286. Beteiligung Dritter am Rechtsstreit.
I. Hauptintervention 230
II. Nebenintervention 230
III. Streitverkündung 230
§ 287. Prozeßbevollmächtigte. Beistände. Anwaltszwang. Rechtsanwalt. Rechtsanwaltsordnung 231
§ 288. Prozeßkosten im allgemeinen 232
§ 289. Gerichtskosten. Gebühren der Gerichtsvollzieher 232
§ 290. Anwaltskosten 233
§ 291. Zeugen- und Sachverständigengebühren 233
§ 292. Sicherheitsleistung im Prozeß 233
§ 293. Armenrecht 233

3. Allgemeine Grundsätze des Verfahrens.

§ 294. Mündlichkeit. Öffentlichkeit. Vorbereitende Schriftsätze. Prozeßerklärungen. Prozeßhandlungen 233
§ 295. Verhandlungsgrundsatz. Richterliche Aufklärungs- und Fragepflicht 234
§ 296. Mündliche Verhandlung. Prozeßleitung 234
§ 297. Zustellungen 234
§ 298. Ladungen. Termine. Fristen 235
§ 299. Folgen der Versäumung. Wiedereinsetzung in den vorigen Stand . 235
§ 300. Unterbrechung, Aussetzung, Ruhen und Aufnahme des Verfahrens 235

4. Verfahren in erster Instanz vor den Landgerichten.

§ 301. Klageweg. Klage. Klagerhebung. Klagbegründung. Klageverbindung 236
§ 302. Erweiterung, Änderung, Zurücknahme der Klage. Einschränkung des Klagantrags 237
§ 303. Feststellungsklage (Inzidentfeststellungsklage) 238
§ 304. Klage auf Rechnungslegung und Herausgabe des Geschuldeten. Klage auf künftige Leistung. Änderungs- (Umwandlungs-) Klage (§ 323 ZPO) 239
§ 305. Widerklage 240
§ 306. Rechtshängigkeit. Veräußerung der Streitsache. Abtretung des Klaganspruchs. Sonstige Änderungen der Prozeßparteien 240
§ 307. Prozeßhindernde Einreden 240
§ 308. Rechtzeitigkeit des Parteivorbringens. Angriffs- und Verteidigungsmittel 240
§ 309. Verlust des Rügerechts der Parteien bezüglich der Verletzung von Verfahrensvorschriften (§ 295 ZPO) 240
§ 310. Anerkenntnis. Geständnis. Gerichtskundigkeit 241
§ 311. Glaubhaftmachung 241
§ 312. Allgemeine Bestimmungen über die Beweisaufnahme. Beweisbeschluß. Beweis durch Augenschein 241
§ 313. Zeugenbeweis 242
§ 314. Beweis durch Sachverständige 242
§ 315. Beweis durch Urkunden 242
§ 316. Beweis durch Eid 243
§ 317. Sicherung des Beweises 243
§ 318. Richterliche Beweiswürdigung und Schadensschätzung 243

Seite

§ 319. Unterordnung der Tatsachen unter das Gesetz. Gesetzesanwendung durch den Richter von Amts wegen. Richterliches Ermessen 244
§ 320. Entscheidungen. Urteile im allgemeinen. Beschlüsse. Verfügungen 244
§ 321. Endurteil. Teilurteil. Zwischenurteil. Vorbehaltsurteil. Ausländisches Urteil 244
§ 322. Anerkenntnisurteil. Versäumnisurteil. Einspruch. Verlustigkeitsurteil 245
§ 323. Tatbestand und Entscheidungsgründe des Urteils. Berichtigung und Ergänzung des Urteils. Formelle Rechtskraft des Urteils 296
§ 324. Prozeßvergleich 246

5. Rechtsmittel.

§ 325. Gemeinsame Bestimmungen für Berufung und Revision. Verzicht auf das Rechtsmittel. Zurücknahme. Verbot der reformatio in pejus 246
§ 326. Zulässigkeit der Berufung. Anschließung 247
§ 327. Verfahren in der Berufungsinstanz 247
§ 328. Urteil des Berufungsgerichts 247
§ 329. Zulässigkeit der Revision. Wert des Beschwerdegegenstandes. Revisionssumme. Einlegung und Begründung. Frist. Anschließung . . 248
§ 330. Revisibles und irrevisibles Recht. Revisionsgründe. Verletzung des Gesetzes. Verfahren in der Revisionsinstanz 249
§ 331. Urteil des Revisionsgerichts 250
§ 322. Beschwerde 251

6. Wiederaufnahme des Verfahrens.

§ 333. Nichtigkeits- und Restitutionsklage 251

7. Besondere Prozeßarten.

§ 334. Urkunden- und Wechselprozeß 252
§ 335. Ehesachen 252
§ 336. Rechtsstreitigkeiten betreffend Feststellung des Rechtsverhältnisses zwischen Eltern und Kindern 253
§ 337. Entmündigungssachen 253
§ 338. Mahnverfahren 253
§ 339. Konsularsachen 254

8. Die Zwangsvollstreckung.

§ 340. Allgemeine Bestimmungen. Vorläufige Vollstreckbarkeit. Vollstreckung ausländischer Urteile. Vollstreckbare Urkunden. Vollstreckungsklausel. Einwendungen aus § 766 ZPO 254
§ 341. Vollstreckungsgegenklage (§ 767 ZPO) 254
§ 342. Widerspruchsklage Dritter (§ 771 ZPO) 255
§ 343. Pfändung. Pfändungspfandrecht 255
§ 344. Zwangsvollstreckung wegen Geldforderungen in bewegliche Sachen . 255
§ 345. Zwangsvollstreckung wegen Geldforderungen in Forderungen, Hypotheken, Grundschulden und andere Vermögensrechte 255
§ 346. Zwangsvollstreckung wegen Geldforderungen in das unbewegliche Vermögen. Zwangsversteigerung. Zwangsverwaltung, Zwangshypothek
I. Zwangsversteigerung 257
II. Zwangsverwaltung 257
III. Zwangshypothek 258
§ 347. Verteilungsverfahren 258
§ 348. Zwangsvollstreckung zur Erwirkung der Herausgabe von Sachen und zur Erwirkung von Handlungen und Unterlassungen 258
§ 349. Offenbarungseid 259

9. Arrest. Einstweilige Verfügungen.

Seite
§ 350. Gemeinsames. Arrest. Schadensersatzklage aus § 945 ZPO 259
§ 351. Einstweilige Verfügungen 259

10. Aufgebotsverfahren.

§ 352 259

11. Schiedsvertrag. Schiedsrichterliches Verfahren.

§ 353 259

Dritter Teil. Konkursordnung.

1. Konkursrecht.

§ 354. Allgemeine Bestimmungen. Konkursmasse 260
§ 355. Erfüllung der Rechtsgeschäfte 260
§ 356. Anfechtung 261
§ 357 Aussonderung 262
§ 358. Absonderung 262
§ 359. Aufrechnung 263
§ 360. Massegläubiger 263
§ 361. Konkursgläubiger 263

2. Konkursverfahren.

§ 362. Allgemeine Bestimmungen. Konkursverwalter. Gläubigerausschuß 264
§ 363. Verfahren. Teilungsmasse. Schuldenmasse. Verteilung 264
§ 364. Zwangsvergleich 265
§ 365. Konkurs von Handelsgesellschaften, juristischen Personen und Vereinen 265
§ 366. Nachlaßkonkurs. Gesamtkonkurs. Wirkungen des Auslandkonkurses 266
§ 366a. Geschäftsaufsicht zur Abwendung des Konkursverfahrens 266

Vierter Teil. Freiwillige Gerichtsbarkeit.

§ 367 267

Fünfter Teil. Staats- und Verwaltungsrecht.

§ 368. Zuständigkeit der Verwaltungsbehörden, insbesondere der Polizeibehörden, sowie der Verwaltungsgerichte. Verwaltungsverfahren. Verwaltungsstreitverfahren. Landwirtschaftskammern 268
§ 369. Schulwesen 269
§ 370. Fürsorgeerziehung. Öffentliche Armenpflege. Unterstützungswohnsitz 270
§ 371. Öffentliche Abgaben. Allgemeines. Verjährung. Direkte Staatssteuern. Reichsdoppelbesteuerungsgesetz v. 22. März 1909. Brausteuer 270
§ 372. Indirekte Staatssteuern.
I. Zölle. Verbrauchssteuern 270
II. Erbschaftssteuer. Reichserbschaftssteuergesetz v. 3. Juni 1906 270
III. Stempelsteuer.
A. Reichsstempelsteuer.
a) Wechselstempelgesetz v. $\frac{\text{10. Juni 1869}}{\text{15. Juli 1909}}$ 271
b) Reichsstempelgesetz v. $\frac{\text{14. Juni 1900}}{\text{3. Juni 1906}}$ 271
c) Reichsstempelgesetz v. 15. Juli 1909 271
d) Reichsstempelgesetz v. 3. Juli 1913 272

Seite

B. Preußische Stempelsteuer.
a) Preußisches Stempelsteuergesetz v. 31. Juli 1895 . . . 275
b) Preußisches Stempelsteuergesetz v. 30. Juni 1909 . . . 275
IV. Verkehrssteuer 277
§ 373. Gemeindesteuern 277
§ 374. Rechtsverhältnisse der Beamten.
I. Allgemeines 277
II. Reichsbeamte 280
III. Landesbeamte.
A. Staatsbeamte 280
B. Kommunalbeamte 282
IV. Beamtenunfallfürsorge. Reichsunfallfürsorgegesetz v. 18. Juni 1901. Preußisches Unfallfürsorgegesetz v. 2. Juni 1902 . . . 282
§ 375. Militärwesen.
I. Militärfiskus 283
II. Rechtsverhältnisse der Militärpersonen und Militärbeamten. Schutztruppen 284
III. Rechtsverhältnisse der Militäranwärter 286
IV. Militärhinterbliebenengesetz v. 17. Mai 1917 286
§ 376. Sonstige staats- und verwaltungsrechtliche Verhältnisse 286

Sechster Teil. Kirchenrecht.

§ 377 286

Siebenter Teil. Völkerrecht.

§ 378 288

Achter Teil. Kolonialrecht. Schutzgebiete.

§ 379 288

Neunter Teil. (Anhang.) Krieg und Kriegsgesetze.

1. Einwirkung des Krieges auf die Rechtsverhältnisse. Kriegsklausel. Versicherung gegen Kriegsgefahr.
§ 380 289

2. Reichsgesetz v. 13. Juni 1873 über die Kriegsleistungen.
§ 381 292

3. Kriegsgesetze und Verordnungen.
§ 382. Verordnungen zum Schutze der Kriegsteilnehmer und über Bewilligung von Zahlungsfristen 293
§ 383. Verordnungen, betr. das gerichtliche Verfahren und über die Todeserklärung Kriegsverschollener 293
§ 384. Gesetze und Verordnungen zur Regelung der Preise. Kettenhandel 294
§ 385. Verordnungen gegen das Ausland.
I. Verordnungen, betr. die Überwachung und Verwaltung ausländischer Unternehmungen 296
II. Sonstige gegen das Ausland gerichtete Verordnungen 296
§ 386. Kriegswirtschaftliche Verordnungen 297
§ 387. Der Friedensvertrag und seine Ausführung 299

Seite

II. Alphabetisches Register. 301

III. Quellenregister.

Erster Teil. Reichsrecht.

Erster Abschnitt.

1. Bürgerliches Gesetzbuch 417
2. Einführungsgesetz zum Bürgerlichen Gesetzbuch 430
3. Allgemeines Deutsches Handelsgesetzbuch (a. F.) 430
4. Handelsgesetzbuch von 1897 431
5. Einführungsgesetz zum Handelsgesetzbuch 433
6. Wechselordnung 433
7. Gerichtsverfassungsgesetz 433
8. Zivilprozeßordnung von 1877 434
9. Zivilprozeßordnung von 1898 (mit Novellen von 1905, 1909, 1910) . . 434
10. Einführungsgesetz zur Zivilprozeßordnung 438
11. Gerichtskostengesetz 438
12. Gebührenordnung für Rechtsanwälte 438
13. Gesetz über die Zwangsversteigerung und Zwangsverwaltung 438
14. Konkursordnung 439
15. Grundbuchordnung 439
16. Gesetz über die Angelegenheiten der freiwilligen Gerichtsbarkeit 440
17. Rechtsanwaltsordnung 440
18. Strafgesetzbuch 440
19. Strafprozeßordnung 440
20. Gewerbeordnung 441

Zweiter Abschnitt.

Einzelne Reichsgesetze und Verordnungen 441

Zweiter Teil. Gemeines Recht.

Justinianisches Recht. Kanonisches Recht. Deutsche Rechtsquellen 465

Dritter Teil. Preußisches Allgemeines Landrecht. Allgemeine Gerichtsordnung.

Allgemeines Landrecht 465

Vierter Teil. Rheinisches Recht.

Code civil 466

Fünfter Teil. Landesgesetze.

Baden 466
Bayern 466
Braunschweig 467

	Seite
Bremen	467
Elsaß-Lothringen	467
Oldenburg	467
Preußen	467
Gesetze des früheren Königreichs Hannover	477
Reuß ältere Linie	478
Reuß jüngere Linie	478
Sachsen	478
Sachsen-Altenburg	478
Sachsen-Gotha	478
Württemberg	478

Sechster Teil. Ausländisches Recht.

Belgien	479
England	479
Frankreich	479
Österreich	479
Polen	480
Rußland	480
Schweden	480
Schweiz	480

IV. Übersicht der Entscheidungen.

Nach der Zeitfolge	483

V. Zusammenstellung der im einundachtzigsten bis neunzigsten Bande mitgeteilten Entscheidungen nach Oberlandesgerichtsbezirken	497
Berichtigungen zu den bisherigen Bänden der Entscheidungen und zu den Registerbänden zu Bd. 1—80	501

Erläuterung der Abkürzungen.

Die fetten Ziffern bezeichnen den Band, die gewöhnlichen, bei denen nicht das Zeichen § sich findet, die Seite.

Ferner bedeuten:

AbzG = Gesetz, betr. die Abzahlungsgeschäfte v. 16. Mai 1894.

ADHGB = Allgemeines deutsches Handeslgesetzbuch (a. F.).

aF = alte Fassung.

ALR = Preuß. Allgemeines Landrecht.

AnfechtG = Anfechtungsgesetz v. 21. Juli 1879 / 17. Mai 1898

ASVB = Allgemeine Seeversicherungsbedingungen auf Grund des ADHGB.

AusfGz = Ausführungsgesetz zu (zum, zur).

BeamtHaftG = Gesetz über die Haftung des Reiches, bzw. des Staates usw. für seine Beamten.

BGB = Bürgerliches Gesetzbuch.

BinnenschiffG = Binnenschiffahrtsgesetz v. 15. Juni 1895.

BörsG = Börsengesetz v. 27. Mai 1908.

BRVO = Bundesratsverordnung.

BZG = Preuß. Gesetz über den Belagerungszustand v. 4. Juni 1851 (Reichsgesetz v. 11. Dezember 1915).

EinfGz = Einführungsgesetz zum (zur).

Einlz = Einleitung zum

EnteigG = Enteignungsgesetz.

ErbschstG = Erbschaftssteuergesetz.

EVO = Eisenbahnverkehrsordnung.

FGG = Reichsgesetz über die freiwillige Gerichtsbarkeit.

G., Ges. = Gesetze.

GBO = Reichsgrundbuchordnung.

GebrMustG = Gesetz, betr. den Schutz von Gebrauchsmustern v. 1. Juni 1891.

GemR = Gemeines Recht.

GenG = Genossenschaftsgesetz.

GewO = Gewerbeordnung.

GewUnfVersG = Gewerbeunfallsversicherungsgesetz.

GKG = Gerichtskostengesetz.

GmbHG = Gesetz, betr. die Gesellschaften mit beschränkter Haftung.

GVG = Gerichtsverfassungsgesetz.

GVGebO = Gebührenordnung für Gerichtsvollzieher.

HGB = Handelsgesetzbuch von 1897.

Int. FrachtÜb. = Internationales Übereinkommen über den Eisenbahnfrachtverkehr.

KGB = Preuß. Gesetz, betr. die Anstellung und Versorgung der Kommunalbeamten v. 30. Juli 1899.

KLG = Reichsgesetz über die Kriegsleistungen v. 13. Juni 1873.

KO = Konkursordnung.

KraftfG = Gesetz über den Verkehr mit Kraftfahrzeugen v. 3. Mai 1909.

KrankVersG = Krankenversicherungsgesetz.

KrBesoldVorschr = Kriegsbesoldungsvorschrift.

LGO = Landgemeindeordnung.

MannschVersG = Mannschaftsversorgungsgesetz v. 31. Mai 1906.

MilHinterblG = Militärhinterbliebenengesetz v. 17. Mai 1907.

MilPensG = Militärpensionsgesetz v. 27. Juni 1871 mit Abänderungsgesetzen.

nF = neue Fassung.

O = Ordnung.

OffPensG = Offizierpensionsgesetz v. 31. Mai 1906.

PatG = Patentgesetz

PreisstVO = Bekanntmachung gegen übermäßige Preissteigerung.

PreistrVO = Verordnung gegen Preistreiberei.

R = Reich (Reichs).

RBeamtG = Reichsbeamtengesetz.

RMilG = Reichsmilitärgesetz.

RVerf = Verfassung des deutschen Reichs

RVO = Reichsversicherungsordnung.

StGB = Strafgesetzbuch.

StPO = Strafprozeßordnung.

TelWG = Telegraphenwegegesetz v. 18 Dezember 1899.

I

Systematisches Register

Alphabetische Übersicht.

(Die Verweisungen beziehen sich auf die Paragraphen des nachfolgenden Registers.)

A

Abgaben, öffentliche §§ 371—373. — Abladegeschäfte § 121 VII. — Abnahme, Abnehmeverzug § 121 III. — Abrechnung § 231. — Absicht § 42 III. — Absolute Rechte § 10. — Absonderung im Konkurse § 358. — Abtretung von Forderungen und anderen Rechten § 112. — Abtretung von Hypotheken und Grundschulden § 77 IV. — Agenten (Handlungs-) § 214. — Aktiengesellschaft § 218. — Analogie § 5 II. — Aneignung § 59. — Anerkenntnis (Schuldanerkenntnis) § 141. — Anerkenntnis im Prozeß § 310. — Anfall der Erbschaft § 195. — Anfechtung eines Testaments § 201 III. — Anfechtung von Rechtsgeschäften § 37 I. — Anfechtung von Rechtshandlungen eines Schuldners außerhalb des Konkurses § 153; im Konkurse § 356. — Anfechtung der Ehe § 174. — Annahme, Annahmeverzug § 121 III. — Anrechnung von Zahlungen § 115. — Arbeiterversicherung § 137 VII—X. — Arglist § 42 II. — Arglistige Täuschung § 31 III. — Armenrecht § 293. — Arrest § 350. — Auflassung § 53, I. — Auflösung der offenen Handelsgesellschaft § 216 IV, der Aktiengesellschaft § 218 V, der Gesellschaft m. b. H. § 220 IV, der Genossenschaften § 221 IV. — Aufnahme des Verfahrens § 300. — Aufopferung von Rechten für das Gemeinwohl § 166. — Aufrechnung § 117. — Aufsichtsrat der Aktiengesellschaft § 218 III, der Gesellschaft m. b. H. § 220 III, der eingetragenen Genossenschaft § 221 III. — Auftrag § 138 I. — Ausführungsbestimmungen § 4. — Ausgleichung unter Miterben § 200. — Auskunftserteilung § 96. — Auslandkonkurs § 366. — Auslegung der Gesetze § 5. — Auslegung der Prozeßgesetze § 271. — Auslegung der Rechtsgeschäfte § 35. — Auslegung der Testamente § 201 IV. — Ausschlagung der Erbschaft § 195. — Ausschließlicher Gerichtsstand § 278 IV. — Ausschließliche Gewerbeberechtigungen § 87. — Ausschlußfristen § 12. — Aussetzung des Verfahrens § 300. — Aussonderung im Konkurse § 357.

B

Bankdepotgesetz § 243. — Bank- und Bankiergeschäfte § 243. — Bauforderungen, Sicherung § 161 a. — Baupolizeigesetze § 151. — Beamte, Rechtsverhältnisse § 374. — Beamte, Haftung öffentlich-rechtlicher Körperschaften für deren Verschulden § 147 I. — Beamtenunfallfürsorgegesetze § 374 IV. — Bedingung § 34. — Benachteiligung der Gläubiger § 153. — Bereicherung, ungerechtfertigte § 144. — Berge- und Hilfeleistung und Lohn § 253. — Bergrecht § 86. — Berichtigung des Grundbuchs § 48 V. — Berufsgenossenschaften §§ 22 IV, 137 IX. — Berufung §§ 325 bis 328. — Beschränkungen, gesetzliche, des Grundeigentums § 51. — Beschwerde im Prozeß § 332, in Grundbuchsachen § 48 VII; in Angelegenheiten der freiwilligen Gerichtsbarkeit § 367. — Besitz § 45. — Bestandteile § 27 I. — Bestätigung § 37 II. — Bestätigungsschreiben, kaufmännische § 224. — Bestimmtheit des Gegenstandes des Schuldverhältnisses § 91 I. — Betrug § 31 III. — Beurkundung von Rechtsgeschäften der freiwilligen Gerichtsbarkeit § 367. — Bewegliche Sachen § 25. — Beweisaufnahme § 312. — Beweislast § 18. — Beweiswürdigung § 318. — Bilanz § 211. — Binnenschiffahrt § 249. — Börsengesetz, Börsentermingeschäfte § 242. — Böser Glaube § 42 II. — Bürgschaft § 139. — Bürgerliches Gesetzbuch, Verhältnis zu den Landesgesetzen § 1 I, zu anderen Reichsgesetzen § 2.

C

(Vgl. auch K, S und Z.)

Cif-Klausel § 121 VII.

D

Darlehen § 127. — Deckungskauf und -verkauf § 121 III, IV. — Depotgesetz § 243. — Dienstleistungen, Dienstvertrag § 128. — Dingliche Rechte an fremden Sachen §§ 64 flg. — Direkte Steuern §§ 371, 373. — Dritte, Verträge zugunsten Dritter § 109. — Drohung § 31 IV.

E

Ehe, Nichtigkeit, Anfechtbarkeit § 174. — Ehegatten, persönliches Verhältnis § 175. — Eheliches Güterrecht §§ 177 flg. — Ehescheidung § 184. — Eid, Beweis durch Eid § 316. — Eigenes mitwirkendes Verschulden des Beschädigten § 95 II. — Eigentum § 50. — Eigentum, gesetzliche Beschränkungen § 51. — Eigentümergrundschuld § 77, VI. — Eigentumserwerb §§ 53 flg. — Eigentumsfreiheitsklage § 63. — Eigentumsklage § 62. — Eigentumsvorbehalt § 121 II. — Eingetragene Genossenschaft § 221. — Einigung, dingliche § 48 I. — Einreden § 17. — Einrede des nichterfüllten Vertrags § 107 II. — Einreden des Wechselschuldners § 265. — Eintragung in das Grundbuch § 48 VI. — Einstweilige Verfügungen § 351. — Einwilligung § 38. — Eisenbahnfrachtgeschäft § 248. — Eisenbahngesetze, preußische, Eisenbahnrecht, Eisenbahnwesen § 162. — Eltern und Kinder § 187. — Elterliche Gewalt § 188. — Empfangsbedürftige Willenserklärung § 30 IV. — Endurteil § 321 I. — Enteignung § 167. — Entscheidungsgründe § 323. — Erbe § 194. — Erbfolge, testamentarische § 201. — Erbrecht §§ 194 flg. — Erbschaft, Ausschlagung § 195. — Erbschaftsanspruch § 199. — Erbschaftssteuer § 372 II. — Erbschein § 206. — Erbteilung § 200. — Erbvertrag § 203. — Erfüllung der Schuldverhältnisse § 115. — Erfüllung der Rechtsgeschäfte im Konkurse § 355. — Erfüllungsort § 97. — Erfüllungszeit § 98. — Erfüllung Zug um Zug § 107 II. — Erlaß § 118. — Ersatzerbe § 201 V. — Erziehungsrecht § 188. — Eviktionsleistung § 121 V.

F

Fahrlässigkeit § 42 IV. — Familie, Familiennamen § 21 III. — Familienfideikommiß § 81 I. — Familienstiftung § 81 II. — Faustpfand § 78. Feststellungsklage § 303. — Feuerversicherung § 137 IV. — Fiktionen § 18 III. — Firma § 210. — Fischereirecht § 59. — Fiskus §§ 22 II, 375 I. — Fluchtliniengesetz, preuß. § 168. — Flüsse §§ 83, 84. — Form der Rechtsgeschäfte § 33. — Frachtgeschäft § 247. — Frachtgeschäft der Eisenbahnen § 248. — Fragepflicht, richterliche § 295. — Freigesprochene, Entschädigung § 148. — Freiwillige Gerichtsbarkeit § 367. — Friedensvertrag § 387. — Fristen im materiellen Recht § 12. — Fristen im Prozeß § 298. — Fürsorgegesetze § 374 IV.

G

Garantieversprechen § 139. — Gastwirte, Vertragsverhältnis zu ihren Gästen § 126. — Gattungsschuld § 93. — Gebrauchsmuster § 158 II. — Gegenseitige Verträge § 107. — Gegenstand der Schuldverhältnisse §§ 91 flg.; der Verträge § 105. — Geisteskrankheit § 21 V. — Geld, Geldschulden § 94 I. — Gemeinden § 22 III. — Gemeindebeamte § 374 III B. — Gemeindesteuern § 373. — Gemeine Lasten § 73. — Gemeinschaft § 135. — Gemeinschaftliches Testament § 201 VI. — Gemeinwohl, Aufopferung von Rechten § 166. — Genehmigung § 38. — Genossenschaften, eingetragene § 221. — Gerechtigkeiten, selbständige § 25. — Gerichtskosten § 289. — Gerichtskundigkeit § 310. — Gerichtsschreiber § 282. — Gerichtsstand §§ 278 flg. — Gerichtsverfassung § 275. — Gerichtsvollzieher § 283. — Gesamteigentum § 50 III. — Gesamtschuld § 90. — Geschäftsaufsicht § 366a. — Geschäftsfähigkeit § 29. — Geschäftsführung § 133. — Geschmacksmuster § 158 I. — Gesellschaft § 134. — Gesellschaft mit beschränkter Haftung § 220. — Gesetze § 4; Auslegung § 5; örtliche Grenzen der Wirksamkeit § 8; zeitliche Wirksamkeit § 7. — Gesetzliche Beschränkungen des Grundeigentums § 51. — Gesetzliche Pfand- und Vorzugsrechte § 80. — Gesetzlicher Übergang von Forderungen und Rechten § 113. — Gesetzliche Vertreter im Prozesse § 284. — Gesetzliche Vertreter, Haftung des Vertretenen § 102. — Geständnis § 310. — Gewagte Geschäfte § 136. — Gewährleistung beim Kaufe § 121 VI. — Gewalt, höhere § 42 V. — Gewässer §§ 83, 84. — Gewerbebetrieb § 161. — Gewerbeordnung, Gewerberecht, Gewerbewesen § 161. — Gewerbe-Unfallversicherung § 137 IX. — Gewerkschaft § 86. — Gewohnheitsrecht § 6. — Giroverkehr § 232. — Glaube, öffentlicher, des Grundbuchs § 48 IV. — Gläubigeranfechtung §§ 153, 356. — Grundbuch, Berichtigung, öffentlicher Glaube, Eintragung § 48 IV, V, VI. — Grundbuchordnung, Grundbuchverfassung § 48 VI. — Grunddienstbarkeiten § 69. — Grundschuld § 77. — Grundstücke, allgemeine Vorschriften des BGB über Rechte an Grundstücken § 48. — Grundstücksveräußerungsvertrag § 33 I. — Güterrecht, eheliches §§ 177 flg. — Gute Sitten, Rechtsgeschäfte gegen die guten Sitten § 36 II. — Gegen die guten Sitten verstoßende vorsätzliche Schadenszufügung § 145 zu § 826 BGB. — Guter Glaube im Handelsverkehr § 235.

H

Haftpflicht, Reichshaftpflichtgesetz § 163. — Haftpflichtversicherung § 137 VI. — Haftung für das Verschulden anderer nach § 278 BGB § 102; nach § 831 BGB § 145 II zu § 831 BGB. — Haftung öffentlich-rechtlicher Körperschaften für das Verschulden ihrer Beamten § 147. — Handelsfirma § 210. — Handelsgebräuche § 226. — Handelsgeschäfte §§ 224 flg. — Handelsgeschäftsfortführung § 210. — Handelsgesellschaften §§ 216—221; Konkurs § 365. — Handelsmäkler § 215. — Handelsregister § 209. — Handlungen, Verträge über solche § 132 II. — Handlungsagenten § 214. — Handlungsbevollmächtigte § 212. — Handlungsfähigkeit § 29. — Handlungsgehilfen § 213. — Handlungsreisende § 212. — Handlungsvollmacht § 212. — Haverei § 253. — Hemmung der Verjährung § 13 II. — Hilfsleistung in Seenot § 253. — Hilfspersonen, Haftung des Schuldners für deren Verschulden § 102. — Hinterlegung § 116. — Höchstbetragshypothek § 77 VII. — Höchstpreise § 384. — Hypothek §§ 76 flg.

J

Jagdpacht § 124 III. — Immission § 63. — Indirekte Steuern § 372. — Indossament §§ 233, 258. — Inhaberpapiere §§ 142, 233. — Internationales Privatrecht § 8. — Invalidenpension § 375 II. — Inzidentfeststellungsklage § 303. — Irrtum § 31 II. — Juristische Personen § 22.

K

Kassatorische Klausel § 34. — Kauf § 121. — Kaufmann § 208. — Kaufmännische Anweisungen und Verpflichtungsscheine § 233. — Kinder und Eltern §§ 187 flg. — Kinder, uneheliche § 189. — Kirchen § 22 V, § 377. — Kirchenbaulast § 377. — Kirchenrecht § 377. — Klagen, Änderungsklagen (§ 323 ZPO) § 304 III. — Klage, negatorische § 63. — Klage auf Rechnungslegung § 96. — Klagabtretung § 306 II. — Klagänderung § 302. — Klagenverbindung § 301. — Klagerhebung § 301. — Klagerweiterung § 302. — Klagefristen § 12. — Kleinbahnen § 162. — Kollation §§ 200, 204. — Kollision der Statuten § 8. — Kolonialrecht § 379. — Kommanditgesellschaft § 217. — Kommissionsgeschäft § 244. — Kommunalbeamte § 374 III B. — Kommunalsteuern § 373. — Konkurrenzklausel, Konkurrenzverbot § 110. — Konkurs §§ 354 flg. — Konkursgläubiger § 361. — Konkursverwalter § 362. — Konnossement § 251. — Kontokurrent § 231. — Konventionalstrafe § 110. — Konversion § 37. — Körperverletzung § 145. — Körperschaften, rechtliche § 22 IV—VI. — Korrealobligationen § 90. — Korrespektives Testament § 201 VI. — Kraftfahrzeuge § 162a. — Krankenkassen § 22 IV. — Krankenversicherung § 137 VIII. — Krieg, Einwirkung auf die Rechtsverhältnisse § 380. — Kriegsgefahr, Versicherung gegen Kriegsgefahr §§ 137 I, VI, 380. — Kriegsklausel § 380. — Kriegsleistungen § 381. — Kriegsverordnungen §§ 382—385. — Kündigung § 120.

L

Ladungen § 298. — Lagergeschäft § 246. — Landesbeamte § 374 III. — Landes- und Reichsrecht § 1 I. — Landgemeinden § 22 III. — Lebensversicherung § 137 V. — Lehnrecht § 81 III. — Leibrentenvertrag § 138. — Leihvertrag § 125. — Liquidation der Gesellschaften §§ 216 IV, 218 V. 220 V, 221 IV. — Lizenzverträge § 157. — Löschung im Grundbuch § 48 VI. — Luftschiffahrt § 162b.

M

Makler §§ 129, 215. — Mängel der Kaufsache § 121 VI. — Mängel im Rechte, Eviktionsleistung § 121 V. — Mängel des Werks § 129. — Mängelanzeige § 239. — Mehrheit der Erben § 200. — Mehrheit von Schuldnern und Gläubigern § 90. — Miete § 124. — Militärhinterbliebenenrecht § 375 IV. — Militärwesen § 375. — Minderung des Kaufpreises § 121 VI. — Miteigentum § 50. — Miterben § 200. — Mitwirkendes Verschulden des Beschädigten § 95 II. — Motive § 5 I. — Mühlenrecht § 85. — Mündliche Verhandlung § 296. — Musterschutz § 158.

N

Nachbarrecht § 51. — Nacherbe § 201 V. — Nachlaßkonkurs § 366. — Name, Namensrecht § 21 III. — Nebenbestimmungen bei Rechtsgeschäften § 34; beim Kauf § 121 II. — Nebenintervention § 286 II. — Negatorische Klage § 63. — Nichterfüllung, Schadensersatz wegen Nichterfüllung § 95 III A. — Nichtigkeit der Ehe § 174. — Nichtigkeit der Rechtsgeschäfte § 37; der Testamente § 201 III. — Nichtigkeitsklage § 333. — Nießbrauch § 70. — Notar § 145 zu § 839 BGB. — Novation § 119.

O

Offenbarungseid § 96. — Offene Handelsgesellschaft § 216. — Offenkundigkeit § 310. — Öffentliche Gewässer § 83. — Öffentlicher Glaube des Grundbuchs § 48 IV. — Öffentliches Recht § 9. — Öffentliche Sachen § 24. — Öffentliche Wege § 82. — Orderpapiere § 233. — Organe der Aktiengesellschaft § 218 III; der Gesellschaft m. b. H. § 220 III; der Genossenschaften § 221 III. — Örtliche Wirksamkeit der Gesetze § 8. — Ortsstatuten § 4.

P

Pachtvertrag § 124 II. — Parteifähigkeit § 284. — Partiarische Rechtsverhältnisse § 134 II. — Patentrecht § 157. — Patronat § 377. — Pension, Pensionierung §§ 374, 375 II. — Personen, natürliche § 21; juristische § 22. — Personenverein, nicht rechtsfähiger § 22 VI, 2. — Pfandrecht

§§ 75 flg.; an beweglichen Sachen § 78; an Grundstücken § 77; an Rechten § 79. — Pfändung §§ 343—345. — Pfändungspfandrecht §§ 343 flg. — Pfand- und Vorzugsrechte, gesetzliche § 80. — Pflegschaft § 193. — Pflichtteilsrecht § 204. — Positive Vertragsverletzung § 101. — Postrecht, Postwesen § 164. — Preisminderung § 121 VI. — Priorität § 48 II. — Privatflüsse § 84. — Privilegien § 10. — Prokurist § 212. — Protest (Wechselprotest) § 264. — Protokoll § 367. — Prozeß §§ 270 flg. — Prozeß, Einwirkung auf das materielle Rechtsverhältnis § 19. — Prozeßbevollmächtigte § 287. — Prozeßfähigkeit § 284. — Prozeßgesetze, zeitliche und örtliche Wirksamkeit §§ 272, 273. — Prozeßhindernde Einreden § 307. — Prozeßkosten §§ 288, 289.

Q

Quelle § 84.

R

Rangverhältnis § 48 II. — Rayongesetz § 169. — Reallasten § 73. — Rechenschaftslegung § 96. — Rechte an fremden Sachen §§ 64 flg. — Rechte und Ansprüche im allgemeinen § 10. — Rechtsanwälte § 287. — Rechtsgeschäfte §§ 32 flg. — Rechtshilfe § 275. — Rechtskraft, formelle § 323; sachliche § 19. — Rechtsmittel §§ 325 flg. — Rechtsweg § 270. — Reeder, Reederei § 250. — Regreß mangels Zahlung § 265. — Reichsbeamte § 374 I. — Reichsrecht und Landesrecht § 1 I. — Restitutionsklage § 333. — Revision §§ 329 flg. — Rücktritt vom Vertrage § 111. — Rügerecht bei Prozeßverstößen § 309. — Ruhegehalt §§ 374, 375 II. — Ruhen des Verfahrens § 300.

S

Sachen §§ 23 flg. — Sachenrecht §§ 45 flg. — Sachgesamtheit § 23. — Sachverständiger § 314. — Schadensersatz § 95. — Scheck § 232. — Scheingeschäft § 31 I. — Schenkung § 123. — Schenkung von Todes wegen § 202. — Schiedsvertrag, schiedsrichterliches Verfahren § 353. — Schiedsrichtervertrag § 140. — Schiffer. Schiffseigner, Schiffsgläubiger, Schiffsmannschaft §§ 249 I, III, 250. — Schiffszusammenstoß § 252 II. — Schikane § 14. — Schuldanerkenntnis, Schuldversprechen § 141. — Schuldübernahme § 114. — Schuldumwandlung § 119. — Schuldverschreibungen (G. v. 4. Dezember 1899) § 141a. — Schulwesen § 369. — Schutzgebiete § 379. — Seefracht § 251. — Seerecht §§ 250 flg. — Seestraßenordnung § 252 II. — Seeversicherung § 254. — Selbsthilfe § 14. — Sicherungskauf § 121 II. — Sicherheitsleistung im Prozeß § 292. — Sicherungshypothek § 77 VII. — Solidarschuldverhältnis § 90. — Sorgfalt § 42 IV. — Sparkasseneinlagen § 127. — Speditionsgeschäft § 245. — Statutenkollision § 8. — Stellvertretung § 41. — Stempelsteuer § 372 III. — Steuern §§ 371 flg. — Stiftungen § 22 VII. — Stille Gesellschaft § 222. — Stillschweigende Willenserklärung § 30 III, § 226. — Straße § 82. — Straßenreinigungspflicht § 82. — Streitwert, Revisionssumme § 329. — Streitgenossenschaft § 285. — Streitverkündung § 286 III. — Stundung § 98. — Substanz § 27.

T

Teilungsklage §§ 135, 200. — Teilurteil § 321 II. — Telegraphenrecht § 165. — Testament § 201. — Testamentsvollstrecker § 201 VII. — Tatbestand des Urteils § 323 I. — Transportverträge §§ 129, 247, 248, 249 I, 251. — Treu und Glauben § 91 II. — Tumultschaden § 147 II.

U

Übergabe, Übertragung § 54. — Übergang, gesetzlicher, von Forderungen und Rechten § 113. — Übernahme von Schulden § 114; von Hypotheken § 77 III. — Unbenannte Verträge § 132. — Umdeutung (Konversion) § 37 III. — Unbewegliche Sachen § 25. — Uneheliche Kinder § 189. — Unerlaubte Handlungen § 145; Gerichtsstand § 278. — Unfallversicherung § 137 V, IX. — Ungerechtfertigte Bereicherung § 144. — Unlauterer Wettbewerb § 160. — Unmögliche Leistung § 92. — Unterbrechung der Verjährung § 13 III. — Unterbrechung des Verfahrens § 300. — Unterhaltspflicht der Verwandten § 186. — Unterlassungsklage § 95a. — Untersuchung der Ware § 239. — Untersuchungshaft, Entschädigung für unschuldig erlittene § 148. — Urheberrecht § 155. — Urkundenbeweis § 315. — Urkundenstempel § 372 III. — Urkunden- und Wechselprozeß § 334. — Urkundenvorlegung § 143. — Urteil §§ 320 flg. — Urteil, formelle Rechtskraft § 323; sachliche § 19.

V

Väterliche Gewalt § 188. — Veräußerungsverbot § 36 III. — Verbotene Rechtsgeschäfte § 36 I. — Verbrauchssteuern § 372 I. — Vereine, eingetragene § 22 VI, 1; nicht rechtsfähige § 22 VI, 2. — Verfallklausel § 34. — Verfügung § 32 I. — Verfügungsfähigkeit § 29. — Vergleich § 140. — Verhandlungsgrundsatz §§ 295, 296. — Verjährung der Ansprüche und Rechte § 13. — Verkauf § 121. — Verlagsrecht § 156. — Verlust des Eigentums § 61. — Vermächtnis § 202. — Vermögen § 23. — Vermögensbeschädigung §§ 95, 145. — Vermögensinbegriff § 23. — Vermutungen § 18 II. — Verordnungen § 4. — Kaufmännische Verpflichtungsscheine § 233. — Verrechnungen von Zahlungen § 115. — Versäumnisurteil § 322. — Versäumung von Fristen § 299. — Verschulden §§ 42, 145; mitwirkendes Verschulden des Beschädigten § 95 II. — Verschulden der gesetzlichen Vertreter und der Hilfspersonen, Haftung des Vertragsschuldners § 102. — Verschulden der Beamten § 145 zu § 839 BGB; Haftung der öffentlich-rechtlichen Körperschaften dafür § 147. — Versicherung § 137; Seeversicherung § 254. — Versicherungsagenten § 137 III. — Verteilungsverfahren § 347. — Vertrag §§ 104 flg. — Verträge gegen gesetzliches Verbot und gegen die guten Sitten § 36. — Verträge über Handlungen (nach preuß. ALR) § 132 II. — Verträge, unbenannte § 132 I, — Verträge zugunsten Dritter § 109. — Vertragsschluß §§ 104, 226. — Vertragsstrafe § 110. — Vertretung § 41. — Verwahrungsvertrag § 125. — Verwaltungsbehörden, Zuständigkeit § 368. — Verwaltungssachen § 368. — Verwaltungsverfahren § 368. — Verwaltungsvorschriften § 4. — Verwandtschaft §§ 185 flg.

— Verzicht § 40. — Verzug des Gläubigers § 100; des Käufers § 121 III; des Verkäufers § 121 IV; des Schuldners § 99. — Vindikation § 62. — Völkerrecht § 378. — Vollmacht § 41 II, Prozeßvollmacht § 287. — Vollstreckbarkeit § 340. — Vollstreckungsgegenklage § 341. — Vollstreckungspfandrecht §§ 343flg. — Voraussetzung § 34. — Vorbehalt des Eigentums § 121 II. — Vorerbe § 201 V. — Vorlegung von Sachen (Urkunden) § 143. — Vormerkung § 48 III. — Vormundschaft §§ 191flg. — Vorsatz § 42 III. — Vorvertrag § 105 II.

W

Wahlschuld § 93. — Wandelung § 121 VI. — Warenzeichen § 159. — Wasserrecht §§ 83, 84. — Wechsel, Wechselrecht §§ 255flg. — Wechselindossament § 258. — Wechselklage, Einreden § 265. — Wechselprotest § 264. — Wechselprozeß § 334. — Wechselregreß § 265. — Wechselseitiges Testament § 201 VI. — Wege § 82. — Werkvertrag § 129. — Wettbewerb, unlauterer § 160. — Wettbewerbsverbot § 110. — Widerklage § 305. — Widerspruchsklage gegen die Zwangsvollstreckung § 342. — Wiederaufnahme des Verfahrens § 333. — Wiederaufnahme des Verfahrens im Strafprozeß, Entschädigung § 148. — Wiedereinsetzung in den vorigen Stand im Prozeß § 299. — Wiederkauf § 121 IX. — Willenserklärung § 30. — Mängel derselben § 31. — Wucher § 150.

Z

Zahlung § 115. — Zahlungsverbote gegen das feindliche Ausland § 385. — Zeitliche Grenzen der Wirksamkeit der Gesetze § 7. — Zession § 112. — Zeugenbeweis § 313. — Zinsen § 94 II. — Zivilprozeß §§ 275flg. — Zölle § 372 I. — Zubehör § 27 II. — Zubuße § 86. — Zug um Zug, Erfüllung § 107 II. — Zurückbehaltungsrecht § 16, kaufmännisches § 236. — Zusammenstoß von Schiffen § 249 III. — Zuschlag § 346. — Zuständigkeit der Gerichte, örtliche § 278; sachliche §§ 270, 276. — Zuständigkeit der Verwaltungsbehörden § 368. — Zustellungen § 297. — Zustimmung § 38. — Zwang § 31 IV. — Zwangshypothek § 346 III. — Zwangsvergleich § 364 — Zwangsversteigerung § 346 I. — Zwangsverwaltung § 346 II. — Zwangsvollstreckung §§ 340flg. — Zweigniederlassung § 208. — Zwingendes Recht §§ 9, 274. — Zwischenurteil § 321.

(Die Verweiſungen beziehen ſich auf die Bände und Seiten der Entſcheidungen.)

Erſter Teil.
Zivilrecht.

Erſter Abſchnitt. Allgemeine Lehren.

Erſtes Kapitel. Rechtsquellen.

§ 1. Verhältnis der verſchiedenen Rechtsquellen desſelben Rechtsgebiets zueinander.

I. Reichsrecht und Landesrecht. Verhältnis des BGB zu den Landesgeſetzen.

1) § 66 letzter Abſatz RMilG überläßt der landesrechtlichen Regelung nur die Anrechnung der eigentlichen Offizierbeſoldung, nicht auch des Gnadengehalts, auf die Zivilbeſoldung. **91,** 125. — 2) Der Begriff der „Anſprüche gegen den Staat wegen Verfügungen der Verwaltungsbehörden" in § 70 Abſ. 3 ZVG wird weſentlich durch das Landesrecht beſtimmt. **92,** 175. — 3) Verhältnis des § 149 RVG zum preuß. G. über die Erweiterung des Rechtsweges v. 24. Mai 1861. **92,** 180. — 4) Inwieweit richtet ſich die Haftung der Reichsbeamten gegenüber dem Reich nach Reichsrecht, inwieweit nach Landesrecht? **92,** 236. — 5) Keine Anwendung der Beſtimmungen des preuß. KonfliktsG. auf die Reichsbeamten. **92,** 242. — 6) Geltung des preuß. G. über den Belagerungszuſtand als Reichsgeſetzes. **92,** 241. — 7) Reichsrecht und Landesrecht im Verfahren über Streitigkeiten hinſichtlich der Enteignungsſchädigung. **93,** 314. — 8) Zum Begriff der „echten Verweiſung" nach Art. 4 EinfGzBGB. **96,** 46. — 9) Zum Verhältnis der waſſerrechtlichen Beſtimmungen des Landesrechts zu § 836 BGB. **97,** 115. — 10) Verhältnis des BGB zum Fideikommißrecht hinſichtlich der Frage, ob eine Sache weſentlicher Beſtandteil des Fideikommißgutes iſt. **97,** 103. — 11) Verhältnis des BGB zu § 25 preuß. G. über die Eiſenbahnunternehmungen. **98,** 11. — 12) Anwendung der §§ 249, 252 BGB auf die Schadenserſatzpflicht der Gemeinde nach dem preuß. TumultG v. 11. März 1850. **98,** 10, 206. — 13) Verhältnis des § 953 BGB zu § 18 Nr. 9 preuß. G. über die Verhältniſſe der Miteigentümer eines Bergwerks. **98,** 182. — 14) Verhältnis des Art. 67 zu Art. 181 EinfGz BGB. **98,** 182. — 15) Verhältnis des § 14 RUnfFürſG v. 18. Juni 1901 und des RHaftpflG zu den landesgeſetzlichen Beamten-Fürſorgegeſetzen. **99,** 275. — 16) Anwendung des § 193 BGB auf die Präkluſivfriſten des § 5 PreußTumultG. **100,** 20.

II. Allgemeines Landesrecht. Provinzialrecht. Ortsrecht.

Geltung der §§ 88—91 ALR II, 10 in den neuerworbenen Landesteilen Preußens. **92,** 237.

§ 2. Verhältnis des BGB zu anderen Reichsgesetzen.

Die Anwendung der §§ 15 Abs. 1, 18 Abs. 2 Fall 2 und 19 BGB ist in den Fällen der §§ 1, 2, 3 BRVO v. 18. April 1916 über die Todeserklärung Kriegsverschollener ausgeschlossen. **93,** 109.

§ 3. Recht der Konsularbezirke.

— — — — — — — — — — —

§ 4. Gesetze. Verordnungen (Polizeiverordnungen). Ortsstatute. Ausführungsbestimmungen. Verwaltungsvorschriften. Prüfung der Gültigkeit.

1) Die TelegraphenO. v. 16. Juni 1904 ist eine VerwaltungsVO., die zugleich die stillschweigende Unterlage für den Beförderungswerkvertrag zwischen der Telegraphenverwaltung und dem Absender bildet. **91,** 64. — 2) Eine „mit dem Tage der Verkündung" in Kraft tretende VO. gilt mit dem Beginn dieses Tages. **91,** 339. — 3) Auch bei behördlichen Bekanntmachungen hat nur das Geltung, was tatsächlich bekannt gemacht worden ist, also dasjenige, was nach dem Sprachgebrauch und der Auffassung der Allgemeinheit, insbesondere der Kreise, an die sich die Bekanntmachung richtet, unter dem Bekanntgegebenen zu verstehen ist und verstanden wird. **91,** 426. — 4) Zur Auslegung der Bekanntm. des preuß. Kriegsministers v. 16. Mai 1916 betr. Beschlagnahme und Bestandserhebung von Lumpen usw. **91,** 424. — 5) Rundschreiben der Kriegswollbedarf Akt. Ges. v. 25. Juli 1916; es hat nicht die Kraft einer authentischen Erklärung der vorerwähnten Bekanntm. des Kriegsministers. **91,** 427. — 6) Sind Anordnungen wie die der vorerwähnten Bekanntmachung für einen Akt der Gesetzgebung oder doch für eine einem solchen gleichzustellende Handlung zu erachten? **91,** 427. — 7) Rechtsgültigkeit des preuß. Staatsministerialbeschlusses v. 1. Juni 1888 zur Ausführung des § 66 RMilG. **92,** 290. — 8) Die in der Rundverfügung des preuß. Finanzministers v. 29. April 1916 aufgestellten Grundsätze betr. die Anrechnung der Kriegsbesoldung auf das Zivildiensteinkommen sind keine Ausführungsbestimmungen der Bundesregierung nach § 66 RMilG. **92,** 290. — 9) Rechtliche Bedeutung der Ausführungsbestimmungen des Bundesrats zu den Steuergesetzen. **92,** 340; **96,** 328. — 10) Rechtsgültigkeit der BRVO v. 18. April 1916 über die Todeserklärung Kriegsverschollener. **93,** 109. — 11) Rechtsgültigkeit des Art. 2 Ausführungsanweisung des preuß. Finanzministers v. 28. November 1899. **93,** 203. — 12) Steht dem Gericht die Prüfung zu, ob der Bundesrat beim Erlaß der VOen über die Liquidation feindlicher Unternehmungen v. 31. Juli 1916 und 14. März 1917 sich innerhalb des Rahmens der ihm durch das G. v. 4. August 1914 erteilten Ermächtigung gehalten hat? **93,** 260. — 13) Die Prüfung der Rechtswirksamkeit einer VO. durch das Gericht kann nur in einem vor die ordentlichen Gerichte gehörigen Verfahren, also nur nach Bejahung der Zulässigkeit des Rechtsweges erfolgen. **93,** 260. — 14) Welche rechtliche Bedeutung hat die von einer Behörde erteilte Auskunft über die Tragweite einer von ihr erlassenen Höchstpreisfestsetzung? Authentische Deklaration? **93,** 317; **94,** 84. — 15) Die §§ 11, 12 der braunschweigischen Ministerialinstruktion v. 26. April 1878 über die Eintragung von Hypotheken und sonsti-

gen dinglichen Rechten enthalten Ordnungsvorschriften. **94,** 8. — 16) Bedeutung der Auslegungsgrundsätze des Bundesrats zum Warenumsatzstempel G; sie sind nicht Rechts-, sondern Verwaltungsvorschriften. **94,** 130, 210. — 17) Die Kabinettsorder v. 24. Februar 1915 (AVBl. S. 86) ist eine objektive Rechtsnorm. **94,** 160. — 18) Bedeutung und rückwirkende Kraft der Kabinettsorder v. 19. September 1916 (AVBl. S. 399). **94,** 161. — 19) Sind Privilegien objektive Rechtsnormen? **94,** 36. — 20) Gesetzeskraft des Internationalen Übereinkommens über den Eisenbahnfrachtverkehr. **95,** 36. — 21) Rechtliche Bedeutung des § 158 der Ausführungsbestimmungen v. 7. September 1916 zum WarenumsatzstempelG. **96,** 27. — 22) War nach dem vor Erlaß der Verfassung geltenden preußischen Staatsrecht die öffentliche Bekanntmachung eines Gesetzes wesentliche Voraussetzung seines Zustandekommens? **96,** 36. — 23) Geltung des preußischen Staatsministerialbeschlusses v. 22. Januar 1831 für die Gehaltsansprüche freiwillig in das Heer eintretender Kommunalbeamten, auch in Schleswig-Holstein. **96,** 88. — 24) Ist die Erläuterung des Reichsmarineamts v. 26. September 1917 zu § 3 Nr. 3 der Kriegsgeldverpflegungsvorschrift für die Marine hinsichtlich der Einberufung von Marinebeamten zum Landheer gültig? **96,** 309. — 25) Unmaßgeblichkeit der Ausführungsbestimmungen des Finanzministers zum preuß. StempG. **97,** 23. — 26) Grenzen des Verordnungsrechts des Intern. Ausschusses für Oberschlesien nach § 3 Anl. zu Art. 88 des Friedensvertrages von Versailles. **99,** 235. — 27) Wie sind die Ausführungsbestimmungen zur EVO zu veröffentlichen? **99,** 251. — 28) Als Gesetz i. S. des § 823 Abs. 2 BGB ist jede Rechtsnorm anzusehen. **100,** 146.

§ 5. Auslegung der Gesetze.

(Auslegung der Prozeßgesetze § 271.)

I. Im allgemeinen. Motive.

a) Allgemeines.

1) Zur Bewertung der Entstehungsgeschichte der Gesetze. **92,** 157, 349, 396; **96,** 327, 328; **97,** 314; **98,** 130; **100,** 181. — 2) Authentische Auslegung. **91,** 427; **93,** 317; **94,** 162; **95,** 35; **99,** 65. — 3) Die aus der festumschriebenen Gesetzesregel als notwendig sich ergebenden Folgen müssen als gesetzliche Folgen hingenommen werden, auch wenn sie im einzelnen Falle als unerwünscht zu bezeichnen und mit dem allgemeinen Gesetzesziele nicht voll vereinbar sind. **93,** 38. — 4) Hat eine authentische Auslegung rückwirkende Kraft? **94,** 162. — 5) Zur Bedeutung der An- und Absichten der an der Gesetzgebung beteiligten Personen für die Auslegung der Gesetze. **94,** 242. — 5) Zur Anwendung des argumentum e contrario bei der Gesetzesauslegung. **95,** 118, 232. — 6) Zur Auslegung des Gesetzes im allgemeinen. **96,** 327. — 7) Für die Bedeutung eines Gesetzes ist grundsätzlich der Inhalt seiner Bestimmungen maßgebend. Äußerungen in der Begründung oder bei den gesetzgeberischen Verhandlungen können der Auslegung nur dienen, wenn ihr Gedankeninhalt im Gesetze selbst einen, wenn auch nur unklaren und unvollständigen Ausdruck gefunden hat. **97,** 314. — 8) Entscheidend ist nicht das, was der Gesetzgeber nach seiner Gesetzes-

begründung etwa bezweckt haben mag, sondern das gewordene Gesetz. **98**, 130. — 9) Unmaßgeblichkeit der Motive, wenn deren Auffassung zu unannehmbaren Ergebnissen führt. **98**, 265. — 10) Bedeutung der Überschrift des Gesetzes für seine Auslegung. **99**, 4. — 11) Bedeutung der „Muß"-vorschriften in der neueren Gesetzgebung. **99**, 254.

b) Zur Auslegung des BGB.

1) Bedeutung der Motive zu § 1975 Entw. I BGB für die Frage der Natur des Pflichtteilsrechts. **92**, 3. — 2) Zum Begriff der „Pflicht" in § 679 BGB. **92**, 200. — 3) Zur Auslegung des Ausdrucks „kann nicht" im BGB. **93**, 294. — 4) Unzulässigkeit einer Ausdehnung der den Rechtsverlust eines Scheidungsgrundes aussprechenden Vorschriften. **95**, 286. — 5) Zur Auslegung von § 30 **91**, 4; § 125 Satz 2 **94**, 333; § 126 Abs. 2 Satz 2 **95**, 83; § 154 Abs. 2 **94**, 333; § 164 **96**, 179; § 193 **100**, 20; § 202 **94**, 180; § 207 **100**, 281; § 244 **96**, 264; **98**, 161; § 288 **92**, 284; § 291 **92**, 285; § 311 **94**, 315; § 312 Abs. 2 **98**, 331; § 383 **95**, 117; § 447 **96**, 259; § 477 Abs. 3 **93**, 161; §§ 571, 573, 574 **94**, 281; § 653 **95**, 139; § 667 **99**, 32; § 670 **94**, 170; § 719 **92**, 401; **93**, 294; § 725 Abs. 2 **95**, 232; §§ 771—773 **92**, 220; § 1132 **98**, 109; § 1148 **94**, 57; § 1223 **92**, 281; § 1282 **97**, 39; § 1362 Abs, 2 **99**, 153; § 1370 **92**, 140; § 1380 **92**, 154; §§ 1444, 1487 **94**, 316; § 1566 **100**, 114; § 1579 Abs. 2 **97**, 276; §§ 1611 Abs. 2, 1621 Abs. 2 **92**, 5, § 1636 **100**, 180; § 1911 **98**, 264; § 1933 **96**, 202; § 2046 **95**, 327; § 2054 **94**, 265; § 2065 **95**, 279; § 2069 **99**, 84; § 2306 Abs. 1 **93**, 4; § 2309 **93**, 194; § 2331 **94**, 264; §§ 2333flg. **92**, 4; § 2336 Abs. 2 **95**, 25.

c) Einführungsgesetz zum BGB.

1) Zu Art. 14, 15, 19, **91**, 403. — 2) Zu Art. 30. **93**, 183. — 3) Zu Art. 170. **99**, 225.

d) Zur Auslegung sonstiger Reichsgesetze und internationaler Verträge.

1) Berücksichtigung der nachträglich vorgelegten Denkschrift bei der Auslegung der BRVO über die Fälligkeit im Ausland ausgestellter Wechsel v. 10. August 1914. **94**, 132. — 2) Zur Auslegung von Finanzgesetzen. **92**, 275. — 3) Inwieweit sind bei der Auslegung von Steuergesetzen wirtschaftliche Erwägungen zu berücksichtigen, die bei der Schaffung des Gesetzes als den Willen des Gesetzgebers beeinflussend hervorgetreten sind? **92**, 349. — 4) Bedeutung der Motive und sonstigen Materialien für die Auslegung der Militärversorgungsgesetze. **92**, 396. — 5) Zur Auslegung von Kriegswirtschaftsmaßnahmen zur Sicherung der Volksernährung. **92**, 375, 376. — 6) Art. 7 Int. Fracht-Üb. enthält materielles einheitliches Recht aller beigetretenen Staaten. **95**, 36. — 7) Stempelrechtlich kommt es nicht auf die rechtliche Konstruktion, sondern darauf an, ob sich wirtschaftlich eine Vermögensverschiebung vollzogen hat. **98**, 185. — 8) Auslegung von Höchstpreisfestsetzungen der kommandierenden Generale; Bedeutungslosigkeit der von der Kriegsrohstoffabteilung und dem Beauftragten des Kriegsministeriums beim Deutschen Stahlbunde gegebenen Auslegung. **99**, 64. — 9) Zur Auslegung des HGB. § 15 **93**, 240; § 95

97, 261; § 378 **98,** 158; **99,** 38; § 700 **96,** 322; **98,** 170; § 793 Abs. 2 **94,** 270; § 840 **96, 317**; **98,** 169; § 841 **98,** 169; § 849 **92,** 250.

II. Analogie.

1) Unzulässigkeit der entsprechenden Anwendung der §§ 434, 435 HGB auf den Telegraphenbeförderungsvertrag und die Postbeförderung von Briefen und Postanweisungen. **91,** 65. — 2) Entspr. Anw. der Art. 24 bis 28 EinfGzBGB auf die Beerbung im Auslande verstorbener Ausländer. **91, 140**. — 3) Entspr. Anw. der §§ 401, 412 BGB bei Übertragung einer Forderung, zu deren Sicherheit ein Recht abgetreten ist. **91,** 280. — 4) Entspr. Anw. der Art. 14, 15 EinfGzBGB auf ausländische Staatsangehörige. **91, 407**. — 5) Entspr. Anw. der §§ 292, 417 flg. ZPO auf die Führung des Gegenbeweises gegen die Rechtsvermutung der §§ 2365. 2368 Abs. 3 BGB. **92,** 71. — 6) Keine entspr. Anw. des § 193 KO hinsichtlich des Bürgen bei dem Vergleich zur Abwendung des Konkurses. **92,** 123. — 7) Entspr. Anw. des § 254 BGB im Falle des § 426 Abs. 1 Satz 1 BGB. **92,** 147, 408. — 8) Die sinngemäße Anw. eines Gesetzes, das zur Zeit des Vertragsschlusses noch nicht galt, auf das durch den Vertrag begründete Rechtsverhältnis ist unzulässig. **92,** 196. — 9) Entspr. Anw. des § 1223 Abs. 2 BGB auf Sicherheitsübereignungen. **92,** 283. — 10) Anw. des § 463 BGB wegen Gleichheit des Rechtsgrundes bei arglistiger Vorspiegelung einer Eigenschaft der Kaufsache. **92,** 295. — 11) Zur Anw. des dem § 618 BGB zugrunde liegenden Gedankens auf dem Gebiete des öffentlichen Rechts. **91,** 22; **92,** 197, 308; **97,** 44. — 12) Keine entspr. Anw. des § 38 OffPensG und des § 41 MannschVersG auf das MilHinterblG. **92,** 405. — 13) Entspr. Anw. der §§ 76 Abs. 9, 85 Abs. 1 EisenbVerkehrsO, § 468 HGB auf die Haftung der Eisenbahn bei Versendung von Gütern in das besetzte feindliche Gebiet. **93,** 179. — 14) Entspr. Anw. des § 1282 BGB auf das Absonderungsrecht des Haftpflichtgläubigers nach § 157 VVG. **93,** 212. — 15) Entspr. Anw. des § 326 BGB bei positiver Vertragsverletzung. **93,** 287. — 16) Keine entspr. Anw. der Vorschriften des Familien- und Erbrechts über die Surrogation bei Sondervermögen auf die Enteignungsentschädigung. **94,** 24. — 17) Findet § 774 BGB entspr. Anw. auf sonstige Interzessionen? **94,** 90; **96,** 139. — 18) Entspr. Anw. des § 738 Abs. 2 BGB auf die stille Gesellschaft. **94,** 108. — 19) Kann aus der Aufgabe der freiwilligen Gerichtsbarkeit, den Privaten bei der Gestaltung ihrer Rechtsverhältnisse förderlich zu sein, im Wege der Rechtsanalogie die Zulässigkeit einer Vereinbarung hergeleitet werden, durch welche die Erneuerung von Schiedsgutachten dem Amtsgericht übertragen wird? **94,** 175. — 20) Kann die Wirksamkeit einer solchen Vereinbarung im Wege der Gesetzesanalogie, insbesondere durch ausdehnende Auslegung des Art. 34 Abs. 2 PrFGG, begründet werden? **94,** 176. — 21) Findet § 829 BGB entspr. Anw. auf andere als die dort bezeichneten unerlaubten Handlungen? **94,** 221. — 22) Heranziehung der Bestimmungen des Seeversicherungsrechts zur entspr. Ergänzung des VVG. **95,** 82. — 23) Keine entspr. Anw. des § 88 Abs. 2 HGB auf den Mäklervertrag. **95, 137**. — 24) Heranziehung des bürgerlichen Rechts zur Ausfüllung von Lücken des Beamtenrechts.

95, 146. — 25) Ist § 1258 BGB entspr. anwendbar auf die Pfändung eines Gesellschaftsanteils? **95,** 233. — 26) Unmittelbare oder entspr. Anw. der §§ 315 flg. BGB auf Schiedsgutachterverträge? **96,** 60. — 27) Entspr. Anw. des Art. 61 des Int. Fracht-Üb. v. 14. Oktober 1890 im Falle der Auswahl unter mehreren den gleichen Schienenweg betreffenden Tarifen. **96,** 64. — 28) Unzulässigkeit entspr. Ausdehnung von Vorschriften, welche eine Kürzung an sich berechtigter Gehalts- und Pensionsansprüche anordnen. **96,** 308. — 29) Entspr. Anw. des § 1232 BGB auf das Pfandrecht an Rechten. **97,** 42. — 30) Entspr. Anw. des § 95 HGB auf das Agentenverhältnis. **97,** 261. — 31) Entspr. Anw. des § 166 Abs. 1 BGB auf Handlungen des Vertreters innerhalb des durch einen Versicherungsvertrag für den Vertretenen begründeten Rechtsverhältnisses. **97,** 282. — 32) Keine entspr. Anw. des § 162 Abs. 1 BGB auf die Wiederaufhebung eines genehmigungsbedürftigen Kaufvertrags, die während der Schwebezeit erfolgt, um die Ausübung eines Vorkaufsrechts zu verhindern. **98,** 51. — 33) Inwieweit sind die Vorschriften über die Miete auf die Rechtspacht, insbesondere die Jagdpacht entspr. anwendbar? **98,** 102. — 34) Sinngemäße Anw. des Art. 91a WO bei einem Zahlstellenwechsel ohne Angabe des Zahlungsorts. **98,** 105. — 35) Entspr. Anw. des § 49 GBO bei nachträglicher Eintragung einer Zwangssicherungshypothek für eine bereits durch Vertragshypothek gesicherte Forderung. **98,** 111. — 36) Entspr. Anw. des § 2039 BGB auf andere Gesamthandverhältnisse. **100,** 166. — 37) Keine entspr. Anw. der §§ 2038, 745 BGB auf die Frage der Bestattungsart des Erblassers. **100,** 173.

§ 6. Gewohnheitsrecht. Observanz. Autonomie.

1) Bedeutung einer observanzmäßig bestehenden Streupflicht für die fortdauernde Wirksamkeit von Polizeiverordnungen nach Inkrafttreten des preuß. G. v. 1. Juli 1912 über die Reinigung öffentlicher Wege. **93,** 125. — 2) Inwieweit unterliegen die Feststellungen des Berufungsgerichts über örtliches Gewohnheitsrecht der Nachprüfung des Revisionsgerichts? **93,** 126.

§ 7. Zeitliche Grenzen der Wirksamkeit der Gesetze.

I. Zeitliche Wirksamkeit des seit dem 1. Januar 1900 geltenden Rechts. Übergangsvorschriften des EinfGzBGB.

1. Allgemeine Grundsätze.

1) Die sinngemäße Anwendung eines Gesetzes auf ein Rechtsverhältnis, das vor Geltung des Gesetzes begründet worden ist, ist unzulässig. **92,** 196. — 2) Falls besondere Gründe nicht entgegenstehen, sind Rechtsverhältnisse sowohl hinsichtlich ihrer Voraussetzungen wie auch ihres Inhalts und ihrer rechtlichen Wirkungen nach demjenigen Gesetze zu beurteilen, unter dessen Herrschaft sie zustande kommen. **93,** 320. — 3) Im Zweifel hat der Gesetzgeber der Herrschaft des neuen Rechts nur diejenigen Rechtsverhältnisse unterwerfen wollen, die ihrem Wesen nach dem zeitlichen Geltungsbereich dieses Rechts angehören. **99,** 225.

2. Allgemeiner Teil des BGB.

1) Unter den Verjährungsvorschriften des BGB sind im Art. 169 EinfGzBGB nicht bloß die allgemeinen Verjährungsregeln, sondern auch die für die einzelnen Schuldverhältnisse gegebenen Verjährungsvorschriften des BGB begriffen. **95**, 303. — 2) Für die Frage, ob eine Sache wesentlicher Bestandteil ist, sind die Vorschriften des BGB auch dann maßgebend, wenn die Verbindung schon vor dem 1. Januar 1900 stattgefunden hat. **97**, 103.

3. Schuldverhältnisse. Allgemeine Teil.

1) Voraussetzungen der Entstehung eines Schuldverhältnisses. **99**, 224. — 2) Zu Art. 170 EGzBGB. **99**, 225.

4. Schuldverhältnisse. Besonderer Teil.

1) § 567 BGB hat keine rückwirkende Kraft auf ein unter der Herrschaft des ALR oder des gemeinen Rechts begründetes Pachtverhältnis. **95**, 111. — 2) Zur Anwendung des Art. 171 EinfGzBGB auf Verträge, die auf bestimmte Zeit mit relocatio tacita geschlossen sind. **95**, 110. — 3) Zur Anwendung des Art. 172 EinfGzBGB. **95**, 111. — 4) Anwendung des § 558 BGB auf ein unter der Herrschaft des ALR begründetes Pachtverhältnis. **95**, 303. — 5) Eine unerlaubte Handlung kann nur nach dem zur Zeit ihrer Begehung geltenden Recht beurteilt werden. **99**, 225. — 6) Ist die Staatshaftung nach § 12 GBO begründet, wenn aus einer vor dem 1. Januar 1900 erfolgten unrichtigen Grundbucheintragung nach jenem Zeitpunkt ein Schaden entstanden ist? **99**, 222. — 7) Rückwirkende Kraft des RTumultG. v. 12. Mai 1920. Berücksichtigung der §§ 14, 15 Abs. 1 in der Revisionsinstanz, auch wenn das Gesetz beim Erlaß des Berufungsurteils noch nicht galt. **100**, 245.

5. Sachenrecht.

Folgen der Eintragung unter dem früheren Recht entstandener, nicht eintragungsbedürftiger Rechte unter der Geltung des neuen Liegenschaftsrechts. **93**, 65.

6. Familienrecht.

— — — — — — — — — — — —

7. Erbrecht.

Unter welchen Voraussetzungen die Pflichtteilsentziehung, insbesondere auch gegenüber dem Ehegatten zulässig ist und in welcher Form sie zu erfolgen hat, richtet sich, wenn der Erbfall nach dem Inkrafttreten des BGB eingetreten ist, nach neuem Recht. **96**, 202.

II. Zeitliche Wirksamkeit der Gesetze im übrigen.

1) Anwendung der BRVO über Öle und Fette v. 8. November 1915 auf vorher geschlossene Verträge. **91**, 282. — 2) Eine Verordnung, die „mit dem Tage ihrer Verkündung" in Kraft tritt, gilt seit Beginn dieses Tages. **91**, 339. — 3) Keine rückwirkende Kraft des Rundschreibens der

Kriegswollbedarf-Akt.-Ges. v. 25. Juli 1916 betr. die Bekanntm. des preuß. Kriegsministers v. 16. Mai 1916. **91**, 427. — 4) Ergreifen Höchstpreisfestsetzungen vorher geschlossene, noch nicht erfüllte Kaufverträge? **93**, 316; **94**, 284; **99**, 60, 124. — 5) Hat eine authentische Auslegung rückwirkende Kraft? **91**, 427; **94**, 162. — 6) Keine Rückwirkung des § 3 BRVO gegen Preistreiberei v. 8. Mai 1918 auf vorher entstandene Schadensersatzansprüche wegen Nichterfüllung. **96**, 286. — 7) Zu Art. 3 EinfGzBGB. **97**, 324. — 8) Wirkt eine Verf. des Kriegsamts, durch welche bestimmten Personen der Handel mit zwecks Sicherstellung des Kriegsbedarfs beschlagnahmter Ware zu Höchstpreisen gestattet ist, auf früher geschlossene Verträge? **99**, 122.

§ 8. Örtliche Grenzen der Wirksamkeit der Gesetze. Internationales Privatrecht.

I. Allgemeine Grundsätze.

1) Entsprechende Anwendung der Kollisionsnormen des EinfGzBGB auf außerhalb ihres eigentlichen Anwendungsbereiches liegende Fälle. **91**, 140. — 2) Wenn überhaupt fremdes Recht anzuwenden ist, hat dies nicht nur in seinen Sach-, sondern auch in seinen Kollisionsnormen zu geschehen. **91**, 141. — 3) Dem Heimatstaat kann nicht zugemutet werden, Rechtshandlungen des Auslandsstaats als für sich verbindlich hinzunehmen, die in sein Rechtsgebiet übergreifen. **92**, 76. — 4) Gegen den Zweck eines deutschen Gesetzes verstößt ein ausländisches dann, wenn der Unterschied zwischen den staatspolitischen und sozialen Anschauungen, auf denen die beiden Rechte beruhen, so erheblich ist, daß die Anwendung des ausländischen Rechtes die Grundlagen des deutschen staatlichen oder wirtschaftlichen Lebens angreifen würde. **93**, 183. — 5) Die Anwendung der englischen Trading with the Enemy Act 1914 ist durch Art. 30 EinfGzBGB ausgeschlossen. **93**, 183. — 6) Eine Anwendung des ausländischen Rechts liegt im Sinne des Art. 30 EinfGzBGB dann nicht vor, wenn eine Unmöglichkeit der Vertragserfüllung infolge des Zwanges des ausländischen Rechts als tatsächlich gegeben anerkannt wird. **93**, 184. — 7) Maßgeblichkeit der ausdrücklichen oder immanenten Kollisionsnorm der lex fori. **95**, 166. — 8) Personalstatut als Regel, Gebietsstatut als Ausnahme. **95**, 272. — 9) Art. 30 EinfGzBGB steht der Anwendung des Schweizer Rechts, dem Namen der Ehefrau dem eigenen hinzuzufügen, nicht entgegen. **95**, 272. — 10) Revisibilität der Vorschriften des internationalen Privatrechts. **98**, 337. — 11) Darf das Gericht die Frage, ob deutsches oder ausländisches Recht anzuwenden, unentschieden lassen, wenn die Vorschriften beider Rechte übereinstimmen? **100**, 81.

II. Im allgemeinen Teil des BGB.

1) Zur Anwendung des Art. 7 EinfGzBGB auf die mit einem Ausländer verheiratete minderjährige Tochter deutscher Reichsangehöriger. **91**, 407. — 2) Rechtsgebilde des Auslands, die dort rechtsfähig sind, sind regelmäßig auch im Inland als rechtsfähig anzuerkennen; dies gilt jedoch nicht, wenn der Verleihungsstaat nicht zugleich der Sitzstaat (Heimat-

staat) ist. **92,** 76. — 3) Maßgeblichkeit des Rechts des Erfüllungsorts für die Frage der Anfechtbarkeit eines Vertrags wegen Irrtums. **95,** 165. — 4) Das Namensrecht ist nach dem Heimatsrecht (der Staatsangehörigkeit) zu beurteilen. **95,** 272.

III. Im Recht der Schuldverhältnisse.

1) Einwirkung des Kriegsausbruches auf die in einem Vertrage zwischen Deutschen getroffene Vereinbarung der Zuständigkeit englischer Gerichte und der Anwendung englischen Rechts. **93,** 167. — 2) Anwendung deutschen Rechts auf einen Geschäftsschluß zwischen deutschen Firmen über in Argentinien abzuladendes, in Rotterdam zu löschendes, in Deutschland gegen Andienung der Dokumente zu bezahlendes Getreide. **93,** 167. — 3) Anwendung deutschen Rechts auf die Haftung der deutschen Eisenbahnverwaltung für den Verlust deutscher in das besetzte feindliche Gebiet gesandter Güter. **93,** 177. — 4) Stillschweigende Unterwerfung beim Vertragsschluß unter das deutsche Recht. **95,** 42. — 5) Maßgeblichkeit des Erfüllungsortes in schuldrechtlichen Verhältnissen. **95,** 165. — 6) Anwendung deutschen Rechts auf die Frage der Haftung einer deutschen Bank aus den Geschäften ihrer ausländischen Filiale. **96,** 162. — 7) Für den Schadenersatzanspruch wegen unerlaubter Handlung ist das Recht des Orts der begangenen Handlung mit der Einschränkung des Art. 12 EinfGzBGB maßgebend. **96,** 98. — 8) Anwendung deutschen Rechts auf die Verpflichtung eines in Deutschland wohnenden Bürgen für eine in der Schweiz zahlbare Schuld, auch hinsichtlich der Voraussetzungen und Wirkungen des Verzugs. **96,** 263. — 9) Grundsätzliche Anwendung des Rechts des Erfüllungsorts bei Schuldverhältnissen aus Verträgen. **96,** 272. — 10) Nach welchem Rechte ist die Frage zu entscheiden, in welcher Währung der im Inlande wohnende Schuldner eine in ausländischer Währung ausgedrückte Schuld zu zahlen hat, wenn der Erfüllungsort im Auslande liegt? **96,** 272. — 11) Anwendung deutschen Rechts, wenn zwar ein Platz im Ausland als Erfüllungsort bestimmt, jedoch von dem im Vertrage festgesetzten Rechte, einen Ort in Deutschland als Erfüllungsort zu bestimmen, Gebrauch gemacht ist. **100,** 81.

IV. Im Sachenrecht.

— — — — — — — — — — — — —

V. Im Familienrecht.

1) Der in Art. 14, 15 EinfGzBGB aufgestellte Grundsatz des Nationalitätsprinzips findet auch auf die Rechtsverhältnisse ausländischer Ehegatten Anwendung. **91,** 407. — 2) Art. 19 EinfGzBGB ist nicht anwendbar, wenn die elterliche Gewalt über eine minderjährige Tochter durch ihre Verheiratung mit einem Ausländer nach dem Rechte des Heimatsstaats ihres Ehemanns erlischt. **91,** 407. — 3) Für die Frage der Aktivlegitimation des Ehemanns zur gerichtlichen Geltendmachung des Anspruchs der Frau auf Schmerzensgeld sind die Vorschriften maßgebend, nach denen das Güterrecht der Eheleute zu beurteilen ist. **96,** 97.

VI. Im Erbrecht.

Anwendung des Art. 25 EinfGzBGB auf die Beerbung eines im Auslande verstorbenen Ausländers, eines in Rußland verstorbenen Belgiers. **91,** 140.

VII. Im Handels- und Wechselrecht.

1) Geltungsgebiet örtlicher Handelsgebräuche. **97,** 218. — 2) Geltung des deutschen Rechts für die Verpflichtungen des deutschen Reeders aus den für sein unter deutscher Flagge fahrendes Schiff gezeichneten Konnossementen. **98,** 335. — 3) Verhältnis zwischen dem, nach deutschem Recht zu beurteilenden, Recht des Konnossementsinhabers gegenüber dem Reeder und dem right of stoppage in transitu des ausländischen Liegehafens. **98,** 338.

VIII. Im Prozeß- und Konkursrecht.

1) Geltung des Territorialitätsprinzips für die KO. **100,** 242. — 2) Ausländische Konkursvorschriften, die den Anspruch des Gläubigers auf volle Befriedigung aufheben oder beschränken, wie Art. 265 des Schweizer KonkursG., haben keine Geltung, soweit es sich um die Befriedigung aus im Inlande befindlichem Vermögen handelt, und zwar auch dann nicht, wenn das Vertragsverhältnis selbst nach dem ausländischen Recht zu beurteilen ist. **100,** 241.

§ 9. Gegensätze im Recht. Allgemeines und Sonderrecht. Zwingendes und nachgiebiges (dispositives) Recht. Öffentliches und Privatrecht.

1) § 707 BGB ist nachgiebiger Natur; eine Bestimmung des Gesellschaftsvertrags, daß er durch Mehrheitsbeschlüsse abgeändert werden könne, genügt jedoch nicht, die Anwendung des § 707 BGB auszuschließen. **91,** 168. — 2) Öffentlich-rechtliche und privatrechtliche Wirkungen der Aufnahme eines Kranken in das Krankenhaus einer öffentlich-rechtlichen Körperschaft. **91,** 136, 264. — 3) Inwieweit sind die Ansprüche aus dem KLG öffentlich-rechtlicher, inwieweit privatrechtlicher Art? **91,** 294, **92,** 97. — 4) Öffentlich-rechtliche Natur des Pensionsanspruchs und der Pensionsfestsetzung für die Beamten der Niederschlesisch-Märkischen Eisenbahn. **91,** 375. — 5) Wird durch die Beförderung von Postwagen auf der Eisenbahn gemäß dem EisenbahnpostG. ein privatrechtliches Vertragsverhältnis zwischen Post und Eisenbahn begründet? **92,** 12. — 6) Ist der Anspruch auf Vergütung von Kriegsleistungen gegen die Gemeinde nach § 7 KLG ein privatrechtlicher? **92,** 97. — 7) Alle dem Beamtenverhältnis entspringende Ansprüche, auch die aus der Verletzung von Schutzpflichten erwachsenden Schadenersatzansprüche der Beamten, gehören dem öffentlichen Rechte an. **92,** 179. — 8) Geltung des Grundsatzes des § 618 BGB auf dem Gebiete des öffentlichen Rechts. **91,** 22, **92,** 179, 308, **97,** 44. — 9) Öffentlich-rechtliche Natur der Kleinbahnunternehmen, der Tarifverträge zwischen Kleinbahnunternehmer und Wegeunterhaltungspflichtigem und der Zustimmungsverträge nach § 6 KleinbahnG. **92,** 311. — 10) Öffentlich-rechtliche Ansprüche als bürgerlichrechtliche im Sinne

des § 13 GVG. **92**, 310, 313. — 11) Wahrung öffentlichen Interesses durch § 786 Abs. 2 und 3, § 793 Abs. 2 HGB. **94**, 270. — 12) Öffentlich-rechtliche Natur des Beamtenanstellungsvertrags; Art der Heranziehung bürgerlichen Rechts zur Ausfüllung von Lücken des Beamtenrechts. **95**, 146. — 13) Die Zugehörigkeit zum Adel ist eine Frage des öffentlichen Rechts. **95**, 273. — 14) Öffentlich-rechtliche Funktionen der kriegswirtschaftlichen Organisationen. **96**, 107. — 15) Kann dadurch, daß ein Beamter bei der Ausübung seines Amts im öffentlichen Interesse Hilfskräfte hinzuzieht, ein privatrechtliches Verhältnis begründet werden? **98**, 197. — 16) Ist der Fernsprechanschlußvertrag öffentlich-rechtlicher Art? **98**, 341. — 17) Privatrechtliche und öffentlich-rechtliche vertragsähnliche Verhältnisse zwischen Gemeinden und ihren Einwohnern. **99**, 99. — 18) Inwieweit enthält das deutsche Eisenbahnfrachtrecht zwingende Vorschriften? **99**, 246. — 19) Bedeutung der „Mußvorschriften" in der neueren Gesetzgebung. **99**, 254. — 20) Rechtsweg und Anwendung des bürgerlichen Rechts bei Schadenersatzansprüchen wegen Verletzung öffentlich-rechtlicher Pflichten. **99**, 97. — 21) Öffentlich-rechtliche Natur des Dienstverhältnisses der Angehörigen der vorläufigen Reichsmarine. **99**, 261. — 22) Privatrechtliche Natur des Anspruchs aus § 200 Abs. 2 preuß. WasserG. v. 7. April 1913. **91**, 150. — 23) Öffentlich-rechtliche Natur des durch Übergabe von Sachen zur Entseuchung an die Desinfektionsanstalt einer Gemeinde begründeten Verhältnisses. **99**, 284. — 24) Privatrechtliche Natur der Forderungsanmeldung nach § 5 Preuß. T.G. **100**, 22. — 25) Zwingende Vorschriften: §§ 1157, 1192 BGB. **91**, 225. § 39 VVG. **91**, 19; **93**, 81. § 2 Abs. 3 Satz 2 EVO. **99**, 253. — 26) Nachgiebige Vorschriften: § 156 Satz 2 BGB. **96**, 103. § 326 BGB. **93**, 290. § 508 Satz 2 BGB. **97**, 284. § 649 BGB. **92**, 170. § 707 BGB. **91**, 168. § 952 BGB. **91**, 157. § 358 HGB. **91**, 67. § 13 Abs. 3 ScheckG **99**, 76. § 2 Abs. 2 Satz 2 VVG. **100**, 224. § 67 Satz 1 VVG. **97**, 78. § 82 VVG. **99**, 282.

Zweites Kapitel. Allgemeine Grundsätze von den Rechten und ihrer Verfolgung.

§ 10. Rechte und Ansprüche im allgemeinen. Rechtsgüter. Wohlerworbene Rechte. Privilegien. Natürliche Verbindlichkeiten. Absolute Rechte.

1) Wird durch die Erteilung der alleinigen Berechtigung zur Legung elektrischer Leitungen innerhalb einer Gemeinde ein absolutes Recht, insbesondere gemäß Art. 625 flg. code civile, oder nur ein Forderungsrecht begründet? **91**, 170. — 2) Zum Begriff der „Rechte des rechtlichen Könnens". **92**, 6. — 3) Ein Anspruch im Sinne des § 194 BGB liegt nicht vor, wenn der Berechtigte den Rechtserfolg durch eigene Handlungen herbeizuführen vermag. **92**, 6. — 4) Sind Privilegien objektive Rechtsnormen? Ihre Auslegung durch das Revisionsgericht. **94**, 36.

§ 11. Vererblichkeit und Veräußerlichkeit der Rechte und Ansprüche. Rechtsnachfolge.

— — — — — — — — — —

§ 12. Fristen im materiellen Recht. Ausschlußfristen. Klagefristen. Rechtsgeschäftliche Fristen.

I. Gesetzliche Fristen.

Wird die Ausschlußfrist des § 41 KO durch Erhebung der Klage bei einem unzuständigen Gericht gewahrt? **92**, 41. — 2) Die Ausschlußfrist des § 30 PreußEnteigG **wird durch** die Erhebung der Klage bei einem örtlich unzuständigen **Gericht** nicht gewahrt. **92**, 40. — 3) Anwendung der §§ 186, 188 Abs. 2 BGB bei Berechnung der Fristen der §§ 9, 10 und der Tarifur 3A RStempG v. 15. Juli 1909. **92**, 338. — 4) Wird die Ausschlußfrist des § 30 PreußEnteigG durch Erhebung der Klage bei einem sachlich unzuständigen Gericht gewahrt? **93**, 312; **94**, 135. — 5) Wahrung der Ausschlußfrist des § 13 preußG, betr. die Herstellung und den Ausbau von Wasserstraßen, v. 1. April 1905, durch Klageerhebung bei einem örtlich unzuständigen Gericht. **94**, 133. — 6) Zur Anwendung des § 425 BGB hinsichtlich der Wahrung von Ausschlußfristen. **96**, 47. — 7) Die Ausschlußfrist des § 30 PreußEnteigG gilt auch für die Widerklage. **97**, 181. — 8) Anwendung des § 222 Abs. 2 ZPO auf Ausschlußfristen für die Beschreitung des Rechtswegs. **97**, 300. — 9) Zu den Ausschlußfristen des § 5 PreußTumultG v. 11. März 1850; ihre Innehaltung ist von amtswegen zu prüfen. **98**, 118. — 10) Für die Anwendung des § 193 BGB ist nicht Voraussetzung, daß eine besondere Verpflichtung zur Abgabe einer Willenserklärung bestand. **100**, 22. — 11) § 193 BGB enthält eine Auslegungsregel. **100**, 22. — 12) Anwendung des § 193 BGB auf die 14tägige Präklusivfrist des § 5 PreußTumultG. **100**, 18.

II. Rechtsgeschäftliche Fristen.

Schaden geringfügige und unverschuldete Überschreitungen vereinbarter Fristen? **92**, 210.

§ 13. Verjährung der Rechte und Ansprüche.

I. Allgemeines. Frist.

1) Wie wirkt eine nach Handelsgebrauch bestehende oder vereinbarte Garantiezeit von 6 Monaten, wie eine solche von längerer Dauer auf die Verjährung der Gewährleistungsansprüche? **91**, 305, 307. — 2) Der Anspruch des Grundstückskäufers wegen Mangels einer Grunddienstbarkeit, deren Vorhandensein ihm der Verkäufer zugesagt hatte, unterliegt der 30jährigen Verjährung des § 195 BGB. **93**, 73. — 3) Inwieweit findet § 638 BGB auf Schadensersatzansprüche Anwendung? **93**, 160; **95**, 4. — 4) Unterliegt der Anspruch auf Rückvergütung von Eisenbahnfracht der Verjährung nach § 71 EVO und Art. 12 Abs. 4 IntFrachtÜb? **94**, 274. — 5) Unter welchen Umständen ist die Vermietung von Wohnungen als Gewerbebetrieb im Sinne des § 196 Nr. 1 BGB anzusehen?

94, 162. — 6) Beginn der Verjährung des Schadensersatzanspruchs einer Ehefrau wegen Erwerbsminderung, wenn der Ehemann für ihren Unterhalt zu sorgen in der Lage ist. 94, 179. — 7) Wann beginnt der Lauf der Verjährung nach § 852 BGB im Falle des § 829? 94, 221. — 8) Wie wirkt § 2 BRVO v. 30. September 1914 betr. Zahlungsverbot gegen England auf den Beginn der Verjährung vor Erlaß der VO fällig gewordener Forderungen? 94, 229. — 9) Ist die Verjährung des Wechselanspruchs des deutschen Indossatars, der den Wechsel an eine im feindlichen Ausland befindliche Person weiterbegeben hat, durch die BRVO v. 30. September 1914 ausgeschlossen? 94, 231. — 10) Zwischenurteil nach § 303 ZPO über die Verjährungseinrede unter Vorbehalt der Entscheidung über die dagegen erhobene Gegeneinrede der Arglist. 94, 313. — 11) Die BRVO v. 22. Dezember 1914 und 4. November 1915 treffen nur solche Ansprüche, bei welchen die Verjährungsfrist am Jahresschlusse ablief. 95, 36. — 12) Der Anspruch auf den Frachtzuschlag nach Art. 7 IntFrachtÜb fällt nicht unter die BRVO über die Verjährungsfristen v. 22. Dezember 1914 und 4. November 1915. 95, 35. — 13) Die Regelung der Verjährung des Anspruchs auf den Frachtzuschlag in Art. 7 IntFrachtÜb ist materielles einheitliches Recht aller beigetretenen Staaten. 95, 36. — 14) Zum Begriff der Schadenszufügung in § 55 ALR I, 6. 95, 79. — 15) Findet § 55 ALR I, 6 Anwendung auf den bergrechtlichen Schadensersatzanspruch nach §§ 148, 151 ABG? 95, 79. — 16) Zur Verjährung des nach Zurücknahme beanstandeter Gattungsware verbleibenden Lieferungsanspruchs des Käufers. 93, 98; 96, 169. — 17) Nicht bloß die allgemeinen Verjährungsregeln des BGB, sondern auch dessen für die einzelnen Schuldverhältnisse gegebenen Verjährungsvorschriften fallen unter Art. 169 EinfGzBGB. 95, 303. — 18) Der Verjährung nach § 558 BGB unterliegen die dort bezeichneten Ansprüche ohne Unterschied, ob sie unmittelbar aus dem Gesetze oder aus besonderen Vertragsbestimmungen sich ergeben. 95, 303. — 19) Die nach erfolgter Abnahme eines mangelhaften Werkes dem Besteller noch verbleibenden Ansprüche unterliegen der Verjährung des § 638 BGB. 95, 329. — 20) Beginn der Verjährung der Stempelforderung; Einflußlosigkeit des Veranlagungs- und Beanstandungsverfahrens. 96, 45 — 21) Die Verjährung des Herausgabeanspruchs nach § 667 BGB richtet sich, auch wenn er von einer Aktiengesellschaft gegen ihren Vorstand erhoben wird, nach § 195 BGB, nicht nach § 241 Abs. 5 HGB. 96, 55. — 22) Wenn das Gesetz für denselben Tatbestand 2 Ansprüche mit verschiedenen Verjährungsfristen zur Verfügung stellt, so greift bei Ablauf nur der kürzeren Frist die Einrede der Verjährung nicht durch. 96, 55. — 23) Zur Anwendung des § 558 BGB. 96, 301. — 24) Zu § 907 RVO. 96, 332. — 25) Fallen Architekten unter die in § 196 Nr. 1 BGB genannten Gewerbetreibenden? 97, 125. — 26) Werkverträge fallen nicht unter § 196 Nr. 7 BGB. 97, 125. — 27) Verjährung der Gewährleistungsansprüche beim Verkauf eines geschäftlichen Unternehmens. 98, 293. — 28) Wird ein, an sich einer kurzfristigen Verjährung unterliegender Anspruch dadurch der 30jährigen Verjährung unterworfen, daß er durch Schiedsspruch dem Grunde nach festgestellt wird? **100**, 118. — 29) Die in § 110 RStempelG vorgesehene Frist zur Klageerhebung ist eine Verjährungsfrist. **100**, 150. — 30) Unterliegt der auf die Gewährleistung, daß die Schulden des verkauften Geschäfts einen gewissen Betrag nicht übersteigen, gestützte Anspruch der Verjährung des § 477 BGB? **100**, 204.

II. Hemmung.

1) Die Hemmung der Verjährung tritt allgemein dann ein, wenn der Durchführung eines an sich fortbestehenden Anspruchs ein ernstliches Hindernis entgegensteht, wenn insbesondere die Einleitung eines gerichtlichen Verfahrens zwecks Unterbrechung der Verjährung ausgeschlossen erscheint. **94**, 180. — 2) Hemmung der Verjährung wegen Unzulässigkeit einer neuen Feststellungsklage nach Abweisung einer solchen Klage mangels Interesses an der alsbaldigen Feststellung. **94**, 180. — 3) Bildet die Stundung nach § 2 BRVO v. 30. September 1914 betr. Zahlungsverbot gegen England einen Hemmungsgrund für die Verjährung vor Erlaß der VO fällig gewordener Forderungen? **94**, 229. — 4) Anwendung des § 639 Abs. 2 BGB beim Kauf, wenn der Verkäufer sich zur Nachbesserung verpflichtet hat. **96**, 267. — 5) Hemmung der Verjährung des Anspruchs aus einem Blankowechsel, dessen Ausfüllung vereinbarungsgemäß erst nach dem Eintritt eines bestimmten Ereignisses stattfinden sollte. **99**, 9. — 6) Testamentsvollstrecker als Nachlaßvertreter i. S. des § 207 BGB. Die Frist läuft von dem Zeitpunkt an, in dem der Testamentsvollstrecker das Amt annimmt und die Annahme gegenüber dem Nachlaßgericht erklärt. **100**, 281.

III. Unterbrechung.

1) Die Klageerhebung bei einem örtlich oder sachlich unzuständigen Gericht ist zur Unterbrechung der Verjährung geeignet, sofern nicht die Klage wegen der Unzuständigkeit abgewiesen wird. **92**, 45. — 2) Die Einklagung eines Teilanspruchs unterbricht die Verjährung nur in bezug auf den rechtshängig gemachten und der richterlichen Entscheidung unterstellten Teil des Anspruchs. **93**, 160. — 3) Umfaßt § 477 BGB auch den auf einem Verschulden beruhenden Anspruch auf Ersatz des durch Lieferung einer mangelhaften Sache entstandenen Schadens? **93**, 161. — 4) Zur Anwendung des § 477 Abs. 3 BGB auf den Werklieferungsvertrag. **93**, 159, 161. — 5) Feststellungsklage bei drohender Verjährung. **94**, 234. — 6) Wird eine nach § 211 Abs. 2 Satz 2 BGB begonnene neue Verjährung schon durch die Einreichung oder erst durch die Zustellung der Ladung unterbrochen? **97**, 66. — 7) Kann während des Beweisverfahrens, insbesondere durch Unterlassung der Angabe der Adressen von Zeugen, ein Stillstand des Prozesses nach § 211 Abs. 2 BGB herbeigeführt werden? **97**, 126. — 8) Wird die Verjährung durch Erhebung der Feststellungsklage auch dann unterbrochen, wenn diese nicht allen Erfordernissen des § 256 ZPO entspricht? **100**, 150. — 9) Unterbrechung durch Klageerhebung bei einem unzuständigen Gericht und durch den Zahlungsbefehl eines solchen. **100**, 150.

§ 14. Unzulässige Ausübung der Rechte (Schikane). Notwehr. Selbsthilfe.

1) Forderung der Hergabe von Stücken mit bestimmten Nummern bei wertlos gewordenen Aktien als unzulässige Rechtsausübung. **96,** 184. — 2) Voraussetzungen der Anwendung des § 226 BGB. **98,** 17.

§ 15. Sicherheitsleistung.

(Sicherheitsleistung im Prozeß § 292, S. 233.)

---

§ 16. Zurückbehaltungsrecht.

(Kaufmännisches Zurückbehaltungsrecht § 236, S. 203.)

1) Begründung eines, nur persönlich wirkenden, Zurückbehaltungsrechtes an Hypothekenbriefen und sonstigen Urkunden über Rechte, kraft deren eine Leistung gefordert werden kann (§ 952 BGB). **91,** 158. — 2) Steht dem Verkäufer eines Grundstücks, der mit der Erfüllung der Verpflichtung zur Vorrangseinräumung vor der Kaufgelderhypothek im Verzuge ist, gegen den Anspruch auf Einräumung des Vorranges ein Zurückbehaltungsrecht zu, wenn die Kaufgelderhypothek bereits fällig geworden ist? **92,** 217. — 3) Zurückbehaltungsrecht des Aktionärs, dessen Aktienurkunden in der Konkursmasse der Gesellschaft sich befinden, gegenüber dem Anspruch des Konkursverwalters auf Einzahlung der gezeichneten Beiträge. **94,** 64. — 4) Zurückbehaltungseinrede, nicht Einrede des nicht erfüllten Vertrages, bei den Rückgewähransprüchen nach Anfechtung eines gegenseitigen, beiderseits erfüllten Vertrags. **94,** 310. — 5) Kann eine Forderung, an der ein Zurückbehaltungsrecht besteht, aufgerechnet werden, insbesondere wenn der Aufrechnungsgegner sich im Annahmeverzug befindet? **94,** 310. — 6) Umfang des Zurückbehaltungsrechts. **94,** 312.

§ 17. Einreden. Repliken.

1) Zum Begriffe der „dem Anspruch entgegenstehenden Einrede" in § 13 Abs. 4 AnfG. **91,** 91. — 2) Einrede der veränderten Umstände, nämlich der Gefährdung der Sicherheit einer Hypothek infolge Verschlechterung des Grundstücks, gegenüber dem Anspruch auf Vorrangseinräumung. **92,** 218. — 3) Die Einrede der Vorausklage ist nach § 773 Nr. 4 BGB bei Geldforderungen schon dann ausgeschlossen, wenn anzunehmen ist, daß die Zwangsvollstreckung in die beweglichen Sachen des Hauptschuldners nicht zur Befriedigung führen wird. **92,** 219. — 4) Kann eine Forderung aufgerechnet werden, der eine aufschiebende Einrede entgegensteht? **94,** 310. — 5) Kann über die Verjährungseinrede unter Vorbehalt der Entscheidung über die dagegen erhobene Gegeneinrede der Arglist ein Zwischenurteil nach § 303 ZPO erlassen werden? **94,** 312. — 6) Kann die Anfechtungseinrede zur Klagabweisung führen, wenn ihr nur ein vorläufig vollstreckbarer Titel zugrunde liegt? **96,** 335. Einrede der Arglist § 42 II S. 55. Einrede des nicht erfüllten Vertrags § 107 II S. 105.

§ 18. Beweislast. Gesetzliche Vermutungen. Fiktionen.

I. Beweislast.

1) Beweislast bei der Frage, ob die Lage des Schuldners die Anwendung der BRVO v. 7. August 1914 über die gerichtliche Bewilligung von Zahlungsfristen und v. 18. August 1914 über die Folgen der nicht rechtzeitigen Zahlung einer Geldforderung rechtfertigt. **91,** 21. — 2) Darlegungs- und Beweislast für die Wirksamkeit von Börsentermingeschäften. **91,** 43. — 3) Die Verletzung eines öffentlich-rechtlichen Schutzgesetzes erscheint an und für sich schuldhaft und legt dem Beklagten den Widerlegungsbeweis auf, daß er dasjenige getan hat, was geeignet war, die Ausführung des Gesetzes zu sichern. **91,** 76. — 4) Die Bwl. für die Unmöglichkeit, auf andere Weise Ersatz zu erlangen (§ 839 Abs. 1 Satz 2 BGB), trifft den Verletzten. **91,** 234. — 5) Die Bewl. für die Gutgläubigkeit liegt im Falle des § 37 Abs. 2 KO dem Empfänger ob. **92,** 229. — 6) Bewl. bei Beschädigung eines von dem Eigentümer vermieteten, vom Mieter einem Schleppunternehmer übergebenen Fahrzeugs. **93,** 41. — 7) Bewl. bei Gehaltsansprüchen Kriegsverschollener. **93,** 110. — 8) Bewl. beim Schadensersatzanspruch wegen Beschädigung des Schiffes durch das Frachtgut. **93,** 166. — 9) Bewl. bei Verletzung einer Anzeigepflicht. **93,** 166. — 10) Bewl. für den Fortfall der Bereicherung. **93,** 230. — 11) Bewl. dafür, daß ein Verhalten, das an sich ein eigenes Verschulden des Verletzten darzutun angetan ist, durch eine Bewußtseinsstörung verursacht ist. **94,** 12, 17. — 12) Bewl. dessen, der eine Fischereigerechtigkeit in Anspruch nimmt, gegenüber dem Eigentümer des Flusses für den Umfang seiner Befugnis. **94,** 34. — 13) Die Beweisregeln des § 125 Satz 2 und des § 154 Abs. 2 BGB beziehen sich nur auf erst abzuschließende, nicht auf bereits abgeschlossene Rechtsgeschäfte. **94,** 333. — 14) Bewl. für den Einwand der höheren Gewalt. **95,** 66. — 15) Bewl. bei der Frage, ob der Verletzte ohne den Unfall zum Heeresdienst eingezogen und deshalb zur Verwertung seiner Arbeitskraft nicht in der Lage gewesen wäre. **95,** 68. — 16) Bewl. bei der Verletzung durch von einem Bau herabfallende Gegenstände. **95,** 69. — 17) Bewl. für die Entstehung des Schadens durch die gewöhnliche Transportgefahr oder durch die Kriegsgefahr. **95,** 80. — 18) Darlegungs- und Beweispflicht hinsichtlich des ursächlichen Zusammenhangs zwischen dem Mangel einer Dienstwohnung und der Erkrankung des Beamten. **95,** 104. — 19) Bewl. des Käufers bei Wandlung und Preisminderung. **95,** 119. — 20) Bewl. des Verkäufers beim Gattungskauf gegenüber der Einrede des nicht erfüllten Vertrags. **95,** 119. — 21) Bewl. für das Handeln in fremdem Namen. **95,** 190. — 22) Bewl. für die Schadenshöhe bei Patentverletzung. **95,** 221. — 23) Einwirkung der Vernachlässigung der Unfallverhütungsvorschriften auf die Bewl. **95,** 240. — 24) Beweis der Unmöglichkeit der Erfüllung wegen Beschlagnahme der Rohstoffe. **95,** 267. — 25) Bewl. für die Unrichtigkeit beleidigender Äußerungen, die zur Wahrung von Interessen geltend gemacht sind, bei der Unterlassungsklage. **95,** 343. — 26) Bewl. des Kommittenten, der das Geschäft des Kommissionärs für sich in Anspruch nimmt.

96, 7. — 27) Bewl. für Verletzung der Verwahrungspflicht des Pfandgläubigers. **96,** 185. — 28) Bewl. und Beweiswürdigung hinsichtlich der Wiederholungsgefahr als Voraussetzung der Unterlassungsklage. **96,** 246. — 29) Bewl. hinsichtlich der Verwertung von zum Zwecke der Geldbeschaffung übereigneten Wertpapieren. **96,** 251. — 30) Bewl. hinsichtlich der Bedeutung der Fristsetzung in einem Vertragsangebot. **96,** 275. — 31) Bewl. dafür, daß der Abschluß des Geschäfts durch den Agenten ohne Vorbehalt der Genehmigung des Geschäftsherrn erfolgt ist. **96,** 288. — 32) Bewl. für Verschulden und ursächlichen Zusammenhang bei Schiffszusammenstößen. **97,** 13. — 33) Begründet das Verschulden eine Vermutung für den Kausalzusammenhang? **97,** 14. — 34) Bewl. bezüglich der Frage, ob vertragsmäßige Ware abgeladen ist, wenn diese verloren gegangen ist, beim Cif-Abladegeschäft. **97,** 153. — 35) Bewl. hinsichtlich des Verschuldens bei Verabfolgung gesundheitsschädlicher Stoffe anstatt eines Genußmittels. **97,** 116. — 36) Bewl. bei § 226 BGB. **98,** 17. — 37) Bewl. des Geschäftsführers einer GmbH für Erfüllung seiner Pflichten gegenüber der Gesellschaft. **98,** 100. — 38) Bewl. des Grundstückseigentümers, der die Löschung einer Darlehnshypothek begehrt, weil die Darlehnsforderung nicht entstanden sei. **98,** 126. — 39) Umfang der Darlegungspflicht des Gläubigers im Falle des § 127 KO. **98,** 306. — 40) Bewl. für die Öffentlichkeit eines Weges. **99,** 15. — 41) Bewl. für Verschulden der Eisenbahn, wenn eine leicht verderbliche Ware unterwegs liegen geblieben ist. **99,** 19. — 42) Bewl. für Verschulden bei Gesundheitsschädigung durch Leitungswasser. **99,** 101. — 43) Verteilung der Bewl. im Falle des § 1362 Abs. 2 BGB. **99,** 153.

II. Gesetzliche Vermutungen.

1) Zur Führung des Gegenbeweises gegen Rechtsvermutungen. Er muß jede Möglichkeit, daß das beurkundete Recht, sei es auch in anderer Weise, zur Entstehung gelangt ist, ausräumen. **92,** 71. — 2) Bedarf es eines besonderen Interesses des Beklagten zur Geltendmachung der Unrichtigkeit einer Rechtsvermutung, insbesondere der der §§ 891, 2365, 2368 Abs. 3 BGB? **92,** 70. — 3) Vermutung der Besitzübergabe eines Hypothekenbriefes. **93,** 44. — 4) Begründet das Verschulden eine Vermutung für den Kausalzusammenhang? **97,** 14. — 5) Genügt zur Widerlegung der Vermutung des § 1362 Abs. 2 BGB der Nachweis, daß der Ehemann die Sachen während der Ehe durch Erbgang erworben hat? **99,** 153. — 6) Wie ist die Vermutung des § 1006 BGB zu widerlegen? **99,** 153. — 7) Zur Beweisvermutung des § 10 PreußG v. 20. März 1837 über den Waffengebrauch des Militärs. **100,** 28. Vermutung der Richtigkeit und Vollständigkeit der über ein Rechtsgeschäft errichteten Urkunde s. § 104 II S. 103.

III. Fiktionen.

§ 1141 Satz 2 § 1148 BGB stellen eine unwiderlegliche Fiktion auf. **94,** 57.

§ 19. Einfluß des Rechtsstreits auf die Gestaltung des Rechtsverhältnisses. Sachliche Rechtskraft des Urteils.

1) Die im ordentlichen Rechtswege getroffene Feststellung der Beamteneigenschaft hat Rechtskraftwirkung nur gegenüber solchen Leistungsansprüchen, welche ihrerseits im ordentlichen Rechtswege zu verfolgen sind. **91,** 29. — 2) Die gegenüber einem Gesellschafter erfolgte Feststellung der Nichtigkeit eines Vertrags über den Eintritt eines neuen Gesellschafters hat keine Rechtskraftwirkung gegenüber den anderen Gesellschaftern der offenen Handelsgesellschaft. **91,** 413, 415. — 3) Keine Rechtskraftwirkung der in den Urteilsgründen enthaltenen tatsächlichen Feststellungen. **91,** 415. — 4) Hat ein Feststellungsurteil dahin, daß der Unterhaltspflichtige berechtigt sei, dem Unterhaltsberechtigten den Pflichtteil zu entziehen, Rechtskraftwirkung für und gegen die Erben des ersteren? **92,** 8. — 5) Hat die Zustimmung der Frau zur Prozeßführung des Mannes und die Zustimmung des Mannes zur Prozeßführung der Frau, über ein zum eingebrachten Gut gehöriges Recht die Folge, daß das Urteil auch für und gegen den anderen Ehegatten gilt? **92,** 153. — 6) Umfang der Rechtskraftwirkung des auf den Ausgleichungsanspruch nach § 426 Abs. 1 Satz 1 BGB und § 17 KFG ergehenden Urteils für den Ausfallsausgleichungsanspruch nach § 426 Abs. 1 Satz 2 BGB. **92,** 145. — 7) Keine Rechtskraftwirkung der Prozesse der Schadensersatzberechtigten gegen die Urheber des Unfalls für und gegen den Ausgleichungsanspruch. **92,** 153. — 8) Das auf die Klage eines Miterben aus § 2039 BGB ergehende Urteil hat keine Rechtskraftwirkung für und gegen die anderen Miterben. **93,** 129. — 9) Keine Rechtskraftwirkung des in dem Rechtsstreit zwischen dem näheren oder entfernteren Abkömmling und dem Erben über den Pflichtteilsanspruch ergehenden Urteils gegenüber dem entfernteren, bzw. dem näheren Abkömmling. **93,** 196. — 10) Rechtskraftwirkung des auf die Anfechtungsklage eines Gesellschafters gegen die GmbH ergehenden Urteils für und gegen die anderen Gesellschafter. **93,** 32. — 11) Keine Rechtskraftwirkung der nur in den Gründen enthaltenen Einschränkung eines Zwischenurteils über den Grund des Anspruchs. **93,** 157. — 12) Umfang der Rechtskraft einer Entscheidung, welche die Anfechtung eines Vertrags wegen Irrtums für begründet erklärt; sie hindert nicht, daß in dem Schadensersatzprozesse aus § 122 BGB der Irrtum für nicht erwiesen erklärt wird. **94,** 197. — 13) Die Abweisung der Klage des Verkäufers auf Grund der Einrede der arglistigen Täuschung stellt das Vorhandensein dieser Täuschung für den Schadensersatzanspruch des Käufers nicht rechtskräftig fest. **94,** 198. — 14) Keine Rechtskraftwirkung der Feststellung tatsächlicher Vorgänge und Zustände, auf denen die Entscheidung des Vorprozesses beruht. **94,** 198. — 15) Rechtskraftwirkung des die Sittenwidrigkeit eines Vertrags verneinenden Teilurteils. **94,** 239. — 16) Die Grundsätze über die Voraussetzung und Wirkung der Bindung durch Rechtskraft eines Urteils finden auf die Bindung des Gerichts durch die Entscheidungen der Versicherungsbehörden nach §§ 901, 1543 RVO keine Anwendung. Umfang der Bindung der Gerichte nach diesen Bestimmungen. **96,** 207. — 17) Steht die Rechtskraft des Urteils, durch das

der Bürge zur Zahlung der Bürgschaftsschuld nebst Verzugszinsen verurteilt ist, der Geltendmachung des weiteren dem Gläubiger durch den Verzug entstandenen Schadens entgegen? **96,** 266. — 18) Umfang der Rechtskraft eines die Schadensersatzpflicht aus unerlaubter Handlung feststellenden Urteils. **97,** 118. — 19) Für die Rechtskraft des Urteils ist nicht allein die Urteilsformel, sondern das ganze Urteil mit Tatbestand und Gründen maßgebend. **97,** 121. — 20) Umfang der Rechtskraftwirkung des zwischen den Hauptparteien ergangenen Urteils gegenüber dem Nebenintervenienten und dem, dem der Streit verkündet ist. **97,** 296. — 21) Bindung des Vollstreckungsgerichts durch das auf die Widerspruchsklage aus § 878 ZPO ergehende Urteil. **99,** 207. — 22) Das auf Erfüllung Zug um Zug lautende Urteil ist der Rechtskraft nur insoweit fähig, als es über den Anspruch auf die dem „einen Teil" geschuldete Leistung entscheidet, nicht auch insoweit, als es dem „anderen Teil" das Recht vorbehält, die Leistung bis zur Bewirkung der Gegenleistung zu verweigern. **100,** 198.

§ 20. Wiedereinsetzung in den vorigen Stand.

— — — — — — — — — —

Drittes Kapitel. Personen.

§ 21. Natürliche Personen.

(Uneheliche Kinder § 189, S. 181.)

I. Geburt. Noch nicht erzeugte Nachkommenschaft. Tod. Todeserklärung.

1) Todeserklärung und Lebensvermutung nach der BRVO v. 18. April 1916 über die Todeserklärung Kriegsverschollener. Ersetzung des § 19 BGB durch § 3 der VO. **93,** 109. — 2) Beweislast bei Gehaltsansprüchen Kriegsverschollener. **93,** 110. — 3) Fortdauer des Persönlichkeitsrechts des Verstorbenen. **100,** 173. — 4) Wo und wie hat die Bestattung zu erfolgen, wenn der Verstorbene nicht letztwillig darüber verfügt hat? **100,** 172.

II. Geschlecht. Alter.

— — — — — — — — — — — — —

III. Namen. Namensrecht. Familie. Verwandtschaft. Wappen.

1) Zur Anwendung des § 12 BGB. Ein unbefugter Gebrauch des Namens i. S. des § 12 ist nur dann gegeben, wenn der Name als solcher zur Bezeichnung einer Person verwendet wird, der er nicht zukommt, nicht dagegen dann, wenn der berechtigte Träger des Namens selbst mit diesem seinen Namen bezeichnet, von ihm aber etwas unrichtiges ausgesagt wird. **91,** 352. — 2) Keine Ausdehnung des Verursachungsprinzips auf die Schadenshaftung für die Verletzung eines Namensrechts. **95,** 271. — 3) Fragen des Namenrechts sind nach dem Heimatrecht (der Staatsangehörigkeit) zu beurteilen. **95,** 272. — 4) Schweizer Gewohnheits-

recht, den Namen der Ehefrau dem eigenen hinzuzufügen. **95**, 272. — 5) Verletzung des Namensrechts durch Verwendung eines fremden Namens zur Bezeichnung von Waren. **100**, 186.

VI. Wohnsitz. Staatsangehörigkeit.

— — — — — — — — — —

V. Geisteskrankheit. Geistesschwäche. Verschwendung.

Haftet der Vater für den durch sein geisteskrankes volljähriges Kind verursachten Schaden? **92**, 126.

VI. Standesverhältnisse.

Rechtsweg und Rechtsschutzbedürfnis für die Klage auf Unterlassung der Führung des Adelsprädikats? **95**, 273.

§ 22. Juristische Personen.

I. Allgemeines.

1) Zum Begriff der besonderen, neben dem Vorstande für gewisse Geschäfte satzungsmäßig bestimmten Vertreter in § 30 BGB. **91**, 4. — 2) Prokuristen und Handlungsbevollmächtigte als besondere Vertreter i. S. des § 30 BGB. **91**, 3. — 3) Unter welchen Voraussetzungen sind die Leiter einer Zweigniederlassung als besondere Vertreter i. S. des § 30 BGB. anzusehen? **91**, 3. — 4) Depositenkassenvorsteher als besondere Vertreter. **94**, 320. — 5) Gesetzliche Vertreter einer juristischen Person können, wenn sie als solche handeln, nicht als zu einer Verrichtung bestellte Personen i. S. des § 831 BGB angesehen werden. **91**, 74. — 6) Der gesetzliche Vertreter einer juristischen Person wird durch die Haftung dieser nicht von der eigenen Verantwortung für seine gesetzwidrigen Handlungen befreit. **91**, 76. — 7) Wie ist der Entlastungsbeweis des einzelnen Vertreters zu führen, wenn bei der Geschäftsführung einer von mehreren Personen vertretenen juristischen Person ein Schutzgesetz (§ 823 Abs. 2 BGB) verletzt ist? **91**, 76. — 8) Begründung eines Vertragsverhältnisses zwischen der öffentlich-rechtlichen Körperschaft und dem Kranken durch vorläufige Aufnahme dieses in das öffentliche Krankenhaus. Vertretungsmacht der mit der Aufnahme beauftragten Schwester. **91**, 136. — 9) Wann entsteht ein öffentlich-rechtliches, wann ein privatrechtliches Verhältnis durch Aufnahme eines Kranken in das Krankenhaus einer öffentlich-rechtlichen Körperschaft? **91**, 264. — 10) Gilt Art. 3 RVerf. v. 16. April 1871 auch für juristische Personen? **92**, 75. — 11) Notlage juristischer Personen und Gesellschaften. **93**, 27; **98**, 324. — 12) Welche Bedeutung haben Vorbesprechungen einzelner Vertreter einer durch eine Kollegialbehörde vertretenen Körperschaft für die Auslegung der von dieser geschlossenen Verträge? **93**, 80. — 13) Mitglieder des Vorstands einer juristischen Person können in Sachen, in denen die juristische Person Partei ist, nicht als Schiedsrichter tätig werden. **93**, 289. — 14) Die Vertretungsmacht der in § 31 BGB bezeichneten Vertreter er-

streckt sich auf alle Rechtsgeschäfte, die der ihnen zugewiesene Geschäftskreis gewöhnlich mit sich bringt. Eine Einschränkung dieser Vertretungsbefugnis durch die Dienstinstruktion ist Dritten gegenüber ohne Bedeutung, sofern diese die Einschränkung nicht kannten oder kennen mußten. **94,** 320. — 15) Anwendung der Befreiungsvorschrift des §11 Nr. 3 RErbschStG. v. 3. Juni 1906 auf juristische Personen. **98,** 324. — 16) Gilt der satzungsgemäße Sitz einer juristischen Person auch dann als solcher, wenn er ein bloß formeller ist? **99,** 218.

II. Fiskus. Reichsfiskus. Landesfiskus. Ausländischer Fiskus.

(Haftung des Reichs und der Staaten für Verschulden ihrer Beamten bei Ausübung der öffentlichen Gewalt § 147 I S. 157.)

1) Befugnis des Staats zur Nachforderung von Beiträgen zu den Kosten der örtlichen Polizeiverwaltung nach dem preuß. PolizeikostenG. v. 3. Juni 1908 infolge von Erinnerungen der Oberrechnungskammer. Rechtsweg. **91,** 253. — 2) Haftung des Reichs für das Verschulden von Beamten bei Verlegung von Telegraphenkabeln. **91,** 273. — 3) Die Soldatenräte sind nicht Vertreter des Reichs i. S. der §§ 89, 31 BGB. **99,** 287. — 4) Haftung des Reichs für widerrechtliche Eingriffe der Soldatenräte in private Rechte. **99,** 287; **100,** 25. — 5) Verpflichtung des Reichs durch Warenbestellungen, die ein Kreischef im Generalgouvernement Warschau gemacht hat. **100,** 116. — 6) Bedarf die Bezeichnung des Fiskus als Wechselremittent der Hinzufügung der zu seiner Vertretung berufenen Behörde? **100,** 167.

III. Stadt- und Landgemeinden. Kreise. Provinzen.

(Haftung für Beamtenverschulden bei Ausübung der öffentlichen Gewalt § 147 I S. 157. Haftung nach dem preuß. TumultG. § 147 II S. 158.)

1) Beitragspflicht der Gemeinden zu den Kosten der örtlichen Polizeiverwaltung nach dem preuß. PolizeikostenG. v. 3. Juni 1908. Befugnis der Oberrechnungskammer zur Prüfung und Berichtigung der Berechnung der Kostenbeiträge. Rechtsweg. **91,** 248. — 2) Voraussetzungen des Einschreitens der Kommunalaufsichtsbehörde gegen eine Gemeinde behufs Erzwingung einer ihr gesetzlich obliegenden Leistung. **91,** 255. — 3) Voraussetzung der Zwangsetatisierung. **91,** 225. — 4) Pflichten einer Kreiskasse gegenüber dem Darlehnsschuldner bei der Betreibung der Zwangsvollstreckung in das Pfandgrundstück. Haftung für das Verschulden ihrer Beamten nach § 278 BGB, nicht nach dem preuß.G. v. 1. August 1909. **91,** 341. — 5) Sind die Gemeinden oder die von ihnen herangezogenen Personen Träger der Kriegsleistungspflicht? **91,** 293. — 6) Schuldner der Vergütung für die auf Grund des KLG bewirkten Leistungen ist nicht die Gemeinde, sondern das Reich. Voraussetzungen des Vergütungsanspruchs gegen die Gemeinde nach § 7 KLG. **92,** 98. — 7) Die Ermäßigung eines der Gemeinde zustehenden Pachtzinses enthält keine Verpflichtung i. S. des § 56 Nr. 8 preuß. StädteO v. 30. Mai 1853. **92,** 162. — 8) Welche Bedeutung haben die Vorbesprechungen einzelner Vertreter der Stadtgemeinde für die Auslegung des von dieser

geschlossenen Vertrags? **93**, 80. — 9) Rechtswirksamkeit der in einem Zustimmungsvertrag (§ 6 KleinbahnG.) getroffenen Vereinbarung freier Fahrt der städtischen Beamten auf der Straßenbahn. **93**, 79. — 10) Stellung des Magistrats in Verwaltungszwangsverfahren wegen der Straßenanliegerbeiträge. **93**, 204. — 11) Richtigkeit des Kaufvertrags mit einer Landgemeinde mangels der Form des § 88 Nr. 7 Abs. 2 preuß. LandgemeindeO; zum Begriff der, von dieser Form befreiten, Geschäfte der laufenden Verwaltung. **94**, 254. — 12) Fettstelle Groß-Berlin als Kommunalverband. **95**, 28. — 13) Kommunalverbände i. S. der Brotgetreide-VO v. 24. Juli 1916. **95**, 31. — 14) Bedeutung des Voranschlags; er begründet nicht Rechte Dritter auf die Auszahlung der darin bewilligten Beträge. **95**, 169. — 15) Haftung der Gemeinde für den Schaden, der durch Verteilung ihr von der Reichsfuttermittelstelle zugewiesener verfälschter Futtermittel entstanden ist, nach §§ 823, 831 BGB. **96**, 81. — 16) Sorgfaltspflicht einer Gemeinde bei Veranstaltung von Böllerschießen. **96**, 93. — 17) Zur Wahrung der Form des § 566 BGB bei dem Mietvertrage mit einer Gemeinde bedarf es der Einhaltung nicht nur des § 126 BGB, sondern auch der Sondervorschrift für die Gemeinde verpflichtende Verträge. **96**, 315. — 18) Zu § 59 Nr. 7 der LandgemeindeO für Hessen-Nassau. **96**, 314. — 19) Einstweilige Bindung durch einen Vertrag, dessen Wirksamkeit von der Genehmigung der Aufsichtsbehörde abhängt. **98**, 47. — 20) Rechtliche Stellung des Burgermeisters nach der rheinischen LandgemeindeO. Kann er, z. B. durch Heranziehung von Hilfskräften bei Bränden, die Einzelgemeinden der Bürgermeisterei verpflichten? **98**, 197. — 21) Von wem sind nach der rheinischen LandgemeindeO. die Polizeikosten zu tragen? **98**, 198. — 22) Privatrechtliche und öffentlich-rechtliche Verträge mit Gemeinden. **99**, 99. — 23) Schadenersatzanspruch gegen Gemeinde wegen Gesundheitsschädigung durch Leitungswasser. **99**, 96. — 24) Doppelstellung des Landrats in Preußen. **100**, 189. — 25) Bedeutung der Vorschriften, daß die Sitzungen der Stadtverordneten, des Kreistages usw. öffentlich sind. **98**, 190.

IV. Sonstige juristische Personen des öffentlichen Rechts. (Innungen, Krankenkassen, Berufsgenossenschaften, Armenverbände usw.).

1) Vorschußleistung der Post für die Berufsgenossenschaften nach § 69 UnfVersG, § 97 Gew. UnfVersG, und deren Beseitigung durch Art. I § 6 G. betr. Änderungen im Finanzwesen v. 15. Juli 1909. **91**, 145. — 2) Die Gehaltsforderung des von einem Krankenkassenverbande angestellten Arztes unterliegt nicht der Pfändungsbeschränkung des § 850 Nr. 8 ZPO. **91**, 161. — 3) Ritterschaft des Herzogtums Bremen; rechtliche Stellung ihres Präsidiums und ihres Landsyndikus. **91**, 285. — 4) Inwieweit ist bei den Wassergenossenschaften nach dem preuß. G. betr. die Bildung von Wassergenossenschaften v. 1. April 1879 und dem WasserG. v. 7. April 1913 Aufnahme und Ausscheiden der Genossen der freien Vereinbarung überlassen? **92**, 26. — 5) Keine Verpflichtung der Krankenkassen zur Erstattung der Kosten, die durch die zwangsweise Unter-

bringung geschlechtskranker Mitglieder in ein Krankenhaus durch die Polizeibehörde entstanden sind. **92,** 197. — 6) Die Genesungsheime der Landesversicherungsanstalten sind nicht öffentliche Krankenanstalten i. S. des § 5 Abs. 1d preuß. StempelG v. 30. Juni 1909. **92,** 204. — 7) Rechtliche Beurteilung einer Vereinbarung der allgemeinen Ortskrankenkasse mit einer besonderen Krankenkasse wegen Übernahme der Angestellten bei Inkrafttreten der RVO. **94,** 144. — 8) Rechtliche Bedeutung der Unfallverhütungsvorschriften der Berufsgenossenschaften. **95,** 182, 240. — 9) Zur Anwendung des § 376 Abs. 3 RVO. **95,** 204. — 10) Voraussetzungen der Anstellung mit Beamtenrechten nach § 359 Abs. 1, 4 RVO. **99,** 265. — 11) Anwendung des § 7 KBG auf die nach § 359 Abs. 1 RVO angestellten Beamten der Krankenkassen. **99,** 269. — 12) Sind die Beamten der Landesversicherungsanstalten und die nach § 359 Abs. 1 RVO angestellten Beamten der Krankenkassen Gemeindebeamte? **99,** 269.

V. Kirchen (Kirchengemeinden). Kirchliche Körperschaften und Anstalten.

1) Vertretung evangelischer Kirchengemeinden der älteren Provinzen Preußens in vermögensrechtlichen Beziehungen. **91,** 235. — 2) Rechtliche Bedeutung der Inkorporation einer Kirchengemeinde. **96,** 38. — 3) Rechtliche Stellung der Orden und der ordensähnlichen Kongregationen. **97,** 122.

VI. 1. Juristische Personen des Privatrechts. Vereine.

1) Gewerkschaft als Verein. **92,** 74. — 2) Ein Verein ist dem Staate angehörig, in dem er seinen Sitz hat. **92,** 74. — 3) Erwerb und Veräußerung eigener Geschäftsanteile einer Gesellschaft mit selbständiger Rechtspersönlichkeit. **93,** 247. — 4) Inwieweit werden die Mitglieder eines Kartellverbandes mit Rechtspersönlichkeit durch die vom Vorstande geschlossenen Vereinbarungen verpflichtet? **95,** 93. — 5) Eintragungsfähigkeit eines zum Schutze der wirtschaftlichen Interessen der Mitglieder geschlossenen Kartellverbandes. **95,** 93. — 6) Beruhen die Rechtsbeziehungen zwischen Mitglied und Verein auf einem gegenseitigen Vertrag? **100,** 1.

2. Nicht rechtsfähige Vereine.

1) Vertreter eines nicht rechtsfähigen Vereines als zu einer Verrichtung bestellte Personen i. S. des § 831 BGB. **91,** 74. — 2) Ist die Vereinbarung wirksam, daß ein Mitglied auf Verlangen eines anderen seinen Anteil diesem oder einem von ihm zu bezeichnenden Dritten gegen Entgelt überlassen muß? **92,** 165. — 3) Voraussetzungen der Annahme eines Vereins i. S. des § 54 BGB. **95,** 193. — 4) Zum Begriffe des nicht rechtsfähigen Vereins. **97,** 123. — 5) Haben sich die unter der Geltung der §§ 2, 11 flg. ALR II, 6 entstandenen erlaubten Privatgesellschaften mit dem Inkrafttreten des BGB in nicht rechtsfähige Vereine verwandelt? **97,** 125. — 6) Haftung dessen, der nach dem 1. Februar 1900 namens einer unerlaubten Privatgesellschaft des ALR ein Rechtsgeschäft gegenüber einem Dritten vorgenommen hat, nach § 54 Satz 2 BGB. **97,** 125.

VII. Stiftungen.

(Familienstiftungen § 81 II S. 74.)

1) Zum Begriff der „frommen und milden Stiftungen" i. S. des § 65 Reichsdeputationshauptschlusses v. 25. Februar 1803. **94**, 188. — 2) Errichtung einer sog. unselbständigen Stiftung durch Auflage. **96**, 19.

Viertes Kapitel. Sachen.

§ 23. Sache. Sachgesamtheit. Vermögen. Vermögensinbegriff.

1) Zum Begriff des Vermögens in § 419 BGB; deutschrechtlicher Vermögensbegriff. **92**, 85. — 2) Zum Begriff des Gegenstandes in § 135 BGB. **92**, 401. — 3) Zum Begriff des kirchlichen Vermögens in § 3 preuß.G. v. 20. Juni 1875 über die Vermögensverwaltung in den katholischen Kirchengemeinden. **94**, 189. — 4) Bildung eines gemeinnützigen Zwecken gewidmeten Sondervermögens durch Auflage. **96**, 19. — 5) Zum Begriff der Sache in § 36 Nr. 4 ZPO. **91**, 42. — 6) Hypothekenbrief als körperliche Sache. **91**, 157.

§ 24. Öffentliche und dem Privatverkehr entzogene Sachen. Begräbnisstätten.

1) Auch bei zwingend vorgeschriebener Einziehung ist der davon betroffene Gegenstand nicht von vornherein dem Verkehr entzogen. **100**, 41. — 2) Inwieweit ist das Eigentum der Gemeinde am Friedhof durch dessen Zweckbestimmung beschränkt? **100**, 214. — 3) Kann die Gemeinde einen Leichenbestatter von der Ausübung seines Gewerbes auf ihrem Friedhof ausschließen? **100**, 213.

§ 25. Bewegliche und unbewegliche Sachen. Selbständige Gerechtigkeiten.

1) Bildet der privatrechtliche Inhalt des Privatbergregals eine selbständige Gerechtigkeit? **94**, 295. — 2) Selbständige Gerechtigkeiten gelten in Preußen nur dann als unbewegliche Sache, wenn sie im Grundbuch eingetragen sind. **94**, 295. — 3) Gebäude, die nach § 95 BGB nicht wesentliche Bestandteile des Grundstücks sind, als bewegliche Sachen. **97**, 103.

§ 26. Vertretbare und verbrauchbare, teilbare und unteilbare Sachen.

— — — — — — — — — — —

§ 27. Haupt- und Nebensachen. Bestandteile. Zubehör.

I. Bestandteile.

1) Die Grunddienstbarkeit gilt als wesentlicher Bestandteil des herrschenden Grundstücks. **93**, 73. — 2) Eigentumserwerb an wesentlichen Bestandteilen eines Grundstücks. **94**, 129, 133. — 3) Nichtigkeit der Auflassung, wenn die Beteiligten wesentliche Bestandteile des Grundstücks von der Auflassung ausschließen wollten. **97**, 103. — 4) Für die Frage, ob eine Sache als wesentlicher Bestandteil anzusehen ist, sind die Vorschriften des BGB auch dann maßgebend, wenn die Verbindung schon

vor dem 1. Januar 1900 stattgefunden hat. **97**, 103. — 5) Inwieweit sind die Bestimmungen des Fideikommißrechts von Bedeutung für die Frage, ob eine Sache wesentlicher Bestandteil eines Fideikommißguts ist? **97**, 104. — 6) Unter welchen Voraussetzungen wird eine von dem Fideikommißbesitzer aus seinem Allodialvermögen auf dem Fideikommißgrundstück errichtete Anlage wesentlicher Bestandteil dieses Grundstücks? **97**, 104.

II. Zubehör.

1) Abwehrklage des Eigentümers von Zubehörstücken auf fremdem Grundstück gegen den die Zwangsverwaltung in das Grundstück betreibenden Hypothekengläubiger. **92**, 18. — 2) Sind zum Allodialvermögen gehörige Baulichkeiten Zubehör des Fideikommißgrundstücks? **97**, 106. — 3) Keine Anwendung des § 926 BGB auf allodiales Zubehör des Fideikommißgrundstücks. **97**, 106. — 4) Warenzeichen als Zubehör des Geschäftsbetriebs des Zeicheninhabers. **100**, 6.

§ 28. Früchte. Nutzungen. Lasten.

— — — — — — — — — —

Fünftes Kapitel. Handlungen.

§ 29. Rechtsfähigkeit. Handlungsfähigkeit (Zurechnungsfähigkeit). Geschäftsfähigkeit. Verfügungsfähigkeit.

1) Die Geschäftsfähigkeit einer minderjährigen Deutschen, die durch Verheiratung mit einem Russen die deutsche Staatsangehörigkeit verloren und die russische erworben hat, ist nach russischem Rechte zu beurteilen. **91**, 407. — 2) Haftung des in das Handelsgeschäft eines Geschäftsunfähigen als Gesellschafter Eintretenden für dessen Geschäftsschulden. **93**, 227. — 3) Können mehrere minderjährige Erben bei der Erbauseinandersetzung, bei der Übereignung des gesamten Nachlasses und bei der von einzelnen Nachlaßgegenständen an einen volljährigen Miterben durch einen und denselben Pfleger vertreten werden? **93**, 335. — 4) Der Minderjährige bedarf zur Eingehung, nicht aber zur Auflösung eines Verlöbnisses der Einwilligung des gesetzlichen Vertreters. **98**, 15. — 5) Kann der Geschäftsunfähige den mittelbaren Besitz erwerben oder bei Entäußerung des unmittelbaren Besitzes sich vorbehalten? **98**, 134. — 6) Bereicherungsanspruch gegen einen Geschäftsunfähigen. **98**, 131.

§ 30. Willenserklärung, ausdrückliche, stillschweigende, empfangsbedürftige. Zugehen der Willenserklärung. Willensübereinstimmung und deren Mangel.

I. Allgemeines.

1) Anwendung des Grundsatzes, daß nur der erklärte Wille Geltung hat, nicht, was jemand hat erklären wollen oder zu erklären geglaubt hat, ohne diesem entsprechenden Ausdruck zu geben, auf Bekanntmachungen öffentlicher Behörden. **91**, 426. — 2) Beim Vertragsschluß ist nicht der

innere Wille der Parteien entscheidend, sondern der erklärte Wille, wie er unter Berücksichtigung aller Umstände nach Treu und Glauben zu verstehen ist. **93**, 299. — 3) Geltung des Grundsatzes, daß jeder seine Handungen gegen sich gelten lassen muß, nicht nur so, wie er sie nach seinem inneren Willen gemeint hat, sondern so, wie sie von den Verkehrsanschauungen aufgefaßt werden, auch für das bürgerliche Recht. **95, 124.** — 4) Geltung des Grundsatzes, daß nur der wirkliche, in die Erscheinung getretene, nicht der innere, unausgesprochen gebliebene Wille als Inhalt der Erklärung in Betracht kommt, auch für das Beamtenrecht. **96**, 303. — 5) Willenserklärung und Wissenserklärung. **100**, 141.

II. Ausdrückliche Willenserklärung.

— — — — — — — — — —

III. Stillschweigende Willenserklärung.

1) Auf dem Gebiete des Rechts der Schuldverhältnisse ist einer stillschweigend getroffenen, indes genügend erkennbaren Vereinbarung grundsätzlich die gleiche Kraft wie einer ausdrücklichen und besonderen Abrede beizumessen. **91**, 327. — 2) Unterwerfung unter die im Scheckbuch enttenen Vorbehalte des Bankiers durch widerspruchslose Entgegennahme des Scheckbuchs. Notwendigkeit klarer Fassung solcher Vorbehalte, welche eine wesentliche Abänderung allgemeiner Rechtsgrundsätze enthalten. **92**, 53. — 3) Voraussetzungen der Annahme einer stillschweigenden Vereinbarung, insbesondere einer solchen mit Angehörigen feindlicher Staaten. **94**, 76. — 4) Bedeutung des Schweigens auf ein Bestätigungsschreiben. **95**, 50, 95; **97**, 195. — 5) Stillschweigende Vereinbarung eines Mäklerlohns. **95**, 139. — 6) Kann das einem Kartellverbandsmitgliede gemachte Vertragsangebot auch dann als stillschweigend angenommen gelten, wenn es mit den Verbandsbedingungen in Widerspruch steht? **95**, 95. — 7) Stillschweigende Erklärung des Konkursverwalters, daß er Erfüllung nicht verlange; Wirksamkeit und Erfordernisse. **96**, 295. — 8) Kann bloßes Schweigen als Willenserklärung in Betracht kommen? **96**, 140, 295. — 9) Stillschweigende Vereinbarung der Leistung an einen Dritten i. S. des § 328 BGB. **98**, 212. — 10) Stillschweigender Verzicht auf Rückgängigmachung der Leistungen aus einem Verkauf beschlagnahmter Ware. **100**, 162. — 11) Voraussetzungen einer stillschweigenden Genehmigung. **97**, 2.

IV. Empfangsbedürftige Willenserklärung. Zugehen der Willenserklärung.

1) Zugegangen ist eine briefliche oder telegraphische Willenserklärung mit der Abgabe in der Wohnung des Empfängers, auch an einen Familienangehörigen oder Dienstboten, mag der Empfänger auch abwesend sein. Kenntnis des Empfängers nicht erforderlich, Möglichkeit der Kenntnisnahme genügt. **91**, 62. — 2) Verstößt es wider Treu und Glauben, daß der Empfänger eines Vertragsantrags aus diesem Rechte herleitet, ob-

wohl der Vertragsantrag ihm zwar früher zugegangen, aber erst gleichzeitig mit dessen Widerruf zur Kenntnis gekommen ist? **91,** 63. — 3) Zur Freigabe von Sachen aus der Konkursmasse ist eine empfangsbedürftige Willenserklärung des Konkursverwalters gegenüber dem Gemeinschuldner erforderlich. **94,** 56. — 4) Hat derjenige, welchem ein Vertrag eine befristete Rechtsausübung einräumt, alles getan, was in seinen Kräften stand, um seine Erklärung dem andern Vertragsteil rechtzeitig zugehen zu lassen, und ist das verspätete Eintreffen der Erklärung lediglich auf Umstände zurückzuführen, die in der Person des Empfängers lagen, so muß die Erklärung als rechtzeitig zugegangen erachtet werden. **95,** 317. — 5) Pflicht des Kaufmanns, beim Verreisen dafür zu sorgen, daß an seine Geschäftsadresse gerichtete Briefe ihn oder seinen Vertreter erreichen. **95,** 317. — 6) Zum Begriff des „Zugehens" der Willenserklärung. **96,** 274. — 7) Beiderseitiges Verschulden bei verspätetem Zugehen einer Willenserklärung; Anwendung des § 254 BGB. **97,** 336. — 8) Ist das Zugehen einer Willenserklärung anzunehmen, wenn der sie enthaltende Brief in den Briefkasten an der Haustür des Empfängers gelegt wird? **99,** 23. — 9) Kann ein Frachtbrief, der auf der Eisenbahnstation in das für den Empfänger bestimmte Brieffach gelegt wird, damit als dem Empfänger zugegangen angesehen werden? **99,** 22. — 10) Genügt im Falle der Gesamtvertretung die Erklärung gegenüber einem der Vertreter? **100,** 142.

V. Willensübereinstimmung und deren Mangel.

1) § 155 BGB findet nicht Anwendung, wenn es sich um Punkte handelt, die für den zu schließenden Vertrag wesentlich sind. **93,** 299. — 2) Fehlende Willenseinigung oder Irrtum einer Partei über den Inhalt ihrer Erklärung? **95,** 51. — 3) Kommt ein Vertrag zustande, wenn der die Verhandlungen führende Agent erkennen mußte, daß der andere Teil eine wesentliche Bestimmung abweichend von ihrem verkehrsüblichen Sinn verstand? **97,** 191. — 4) Vertragsauslegung und versteckter Dissens. **100,** 135.

§ 31. Mängel der Willenserklärung.

(Anfechtung wegen Willensmängel s. auch § 37 I S. 49.)

I. Geheimer Vorbehalt. Scheingeschäft. Mangel der Ernstlichkeit.

1) Wird bei der Annahme eines Angebots der geheime Vorbehalt gemacht, das Angebot in einem anderen als dem von dem Anbietenden gewollten Sinne anzunehmen, so ist dies nach § 116 BGB ohne rechtliche Bedeutung. **93,** 299. — 2) Nichtigkeit eines Vergleichs aus § 117 BGB. **94,** 152. — 3) Ist die Bürgschaft, die für eine durch Umwandlung aus einer Werklohnforderung entstandene Darlehnsforderung übernommen ist, als Scheingeschäft anzusehen, wenn ihr die Abrede beigefügt ist, daß die Bürgen nur in Höhe des aus dem Werkvertrage sich ergebenden Betrags in Anspruch genommen werden sollen? **95,** 11. — 4) Passivlegitimation aus Scheingeschäften. **95,** 161. — 5) Zum Begriff des Scheingeschäfts

gehört nicht, daß es zur Täuschung Dritter vorgenommen wird. **95**, 162. — 6) Schadensersatzverpflichtung aus Scheingeschäften. **95**, 162. — 7) Verschleierte Schenkung. **98**, 127.

II. Irrtum.

1) Inwieweit ist Rechtsirrtum zur Begründung des guten Glaubens an die Richtigkeit des Grundbuchs beachtlich? **91**, 223. — 2) Nachweis des Rechtsirrtums. **91**, 223. — 3) Unzulässige Ausnutzung des Irrtums des Schuldners über die Höhe der vollstreckbaren Forderung durch den die Zwangsvollstreckung betreibenden Gläubiger. **91**, 343. — 4) Inwieweit schließt Rechtsirrtum die Verzugsfolgen aus? **92**, 379, 380; **96**, 316. — 5) Ist der Irrtum über das Vorhandensein einer Grunddienstbarkeit ein Irrtum über eine Eigenschaft oder über einen Bestandteil des herrschenden Grundstücks? **93**, 74. — 6) Irrtum im Beweggrund und Irrtum über den Inhalt der Erklärung. **94**, 67. — 7) Kann nach Abweisung einer Vertragsklage wegen erfolgreicher Anfechtung wegen Irrtums die Klage auf das Vertrauensinteresse aus § 122 BGB deshalb abgewiesen werden, weil der, im Vorprozesse für erwiesen erachtete, Irrtum nicht erwiesen sei? **94**, 196. — 8) Zum Begriff der wesentlichen Eigenschaft in §119 Abs. 2 BGB. **94**, 278; **99**, 214. — 9) Betrifft die Frage, ob zugunsten einer GmbH ein Wettbewerbsverbot besteht, eine wesentliche Eigenschaft der Gesellschaft i. S. des §119 Abs. 2 BGB? **94**, 277. — 10) Der Schadensersatzanspruch aus § 122 BGB fällt fort, wenn der Beschäftigte den Irrtum des Anfechtenden, sei es auch ohne Verschulden, hervorgerufen hat. **94**, 196. — 11) Fehlende Willenseinigung oder Irrtum einer Partei über den Inhalt ihrer Erklärung? **95**, 51. — 12) Irrtum über die Straßenhöhe bei der Preiskalkulation von Rohrverlegungen als wesentlicher Irrtum. **95**, 59. — 13) Sind unter Sachen in § 119 Abs. 2 BGB auch Rechte zu verstehen? **95**, 114. — 14) Irrtum über die Beschaffenheit eines Bezugsrechts als Irrtum über den Inhalt der Erklärung. **95**, 112. — 15) Kann der Kauf von Wertpapieren wegen Irrtums über den Börsenkurs angefochten werden? **97**, 138. — 16) Keine Irrtumsanfechtung wegen wesentlicher Mängel der Kaufsache neben den Gewährleistungsansprüchen. **97**, 351. — 17) Unter welchen Voraussetzungen genügt ein Irrtum über die Rechtsfolgen einer Erklärung zur Anfechtung? **98**, 139. — 18) Kann der Konkursverwalter, der durch Abruf einer einzelnen Lieferung beim Sukzessivlieferungsvertrag die Masse nur mit der Gegenleistung für diese Lieferung zu belasten glaubt, sein Erfüllungsverlangen wegen Irrtums anfechten? **98**, 138. — 19) Inwieweit kann der Irrtum über Eigenschaften eines Dritten erheblich sein? **98**, 208. — 20) Betrifft der Irrtum über Eigenschaften des Geschäftsleiters einer Firma eine Eigenschaft der Firma selbst? **98**, 208. — 21) Sind bloß vertragsmäßige Beziehungen der Person zu einem Dritten (z. B. aus der Haftpflichtversicherung) als Eigenschaften der Person anzusehen? **99**, 214. — 22) Zur Bedeutung des Rechtsirrtums für den Eigentumserwerb im Glauben an die Richtigkeit des Grundbuchs. **98**, 220.

III. Arglistige Täuschung. Betrug.

1) Arglistige Täuschung des Dritten beim Abschluß eines Vertrags über seine Aufnahme in eine offene Handelsgesellschaft seitens eines Gesellschafters begründet keine Schadensersatzpflicht der Gesellschaft; eine Schadensersatzpflicht der übrigen Gesellschafter kann nur nach § 831 BGB in Frage kommen. **91,** 415. — 2) Unter welchen Voraussetzungen macht sich der Gläubiger gegenüber dem Bürgen durch Mitteilungen über die Verhältnisse des Hauptschuldners einer arglistigen Täuschung schuldig? **91,** 81. — 3) Unterschied zwischen Wandelung und Anfechtung wegen arglistiger Täuschung; ist letztere neben jener zulässig? **96,** 156. — 4) Ausschluß der Anfechtung wegen arglistiger Täuschung im Falle des § 461 BGB. **96,** 158. — 5) Kann der Anfechtende Ersatz des durch die arglistige Täuschung ihm entstandenen Schadens fordern? **96,** 158. — 6) Zur arglistigen Täuschung genügt das Bewußtsein, der andere Teil werde die Willenserklärung auch nur möglicherweise nicht abgeben. **96,** 346.

IV. Zwang. Drohung.

Wenn auch ein Rechtsgeschäft nicht deshalb allein gegen die guten Sitten verstößt, weil es durch Drohung erzwungen ist, so ist dies doch neben dem Inhalt des Geschäfts bei der Anwendung des § 138 BGB zu verwerten. **91,** 332.

§ 32. Rechtsgeschäfte. Allgemeines. Verfügung. Einseitige Rechtsgeschäfte. Verträge. Kausale und abstrakte Rechtsgeschäfte.

I. Allgemeines. Verfügung.

1) Zum Begriff der Verfügung im BGB und in den BRVOen über die Sicherstellung von Kriegsbedarf. **92,** 35; **99,** 124. — 2) Zum Begriff der unentgeltlichen Verfügung in § 32 KO. **92,** 227. — 3) Zum Begriff der „Verfügung über einen Gegenstand" in § 135 BGB. **92,** 401. — 4) Inwieweit sind dem § 719 BGB zuwiderlaufende Verfügungen rechtswirksam? **92,** 400; **93,** 294. — 5) Bewilligung der Löschung des auf einem Nachlaßgrundstück eingetragenen Nacherbenvermerks als Verfügung über einen Nachlaßgegenstand i. S. des § 2040 BGB. **93,** 296. — 6) Die Verfügung über einen Gegenstand des ungeteilten Nachlasses durch einen Teil der Miterben entbehrt jeder rechtlichen Wirksamkeit; keine Anwendung des § 185 Abs. 2 BGB. **93,** 294. — 7) Zum Begriff der rechtsgeschäftlichen Verfügungen im BGB und in § 4 Abs. 2 BRVO v. 28. Juni 1917 über die Beschlagnahme von Fässern. **94,** 82. — 8) Wirkungslosigkeit der Verfügungen im Zwangsvollstreckungswege, wenn dem Vollstreckungsschuldner die Verfügnisbefugnis fehlt; kein Einfluß des guten Glaubens. **97,** 227. — 9) Erfordernis der Bestimmtheit des Gegenstands einer Verfügung mit dinglicher Wirkung. **98,** 313.

II. Einseitige Rechtsgeschäfte.

III. Abstrakte und kausale Rechtsgeschäfte.

§ 33. Form der Rechtsgeschäfte.

I. Form des Grundstücksveräußerungsvertrags.

1) Der Auftrag zum Erwerbe eines Grundstücks unterliegt der Formvorschrift des § 313 BGB nicht. **91**, 70. — 2) Die Annahme der Erklärung, die Verpflichtung zur Übertragung des Eigentums von einem Grundstück zu übernehmen, unterliegt der Formvorschrift des § 313 BGB. Inhaltliche Erfordernisse der Annahmeerklärung **91**, 231. — 3) Auch die bedingte Übernahme der Verpflichtung zur Übertragung des Eigentums an einem Grundstück bedarf der Form des § 313 BGB. **91**, 231. — 4) Steht der Berufung auf die Nichtigkeit eines Mietvertrags wegen Formmangels des darin vereinbarten Vorkaufsrechts die Einrede der allgemeinen Arglist entgegen? **91**, 360. — 5) Der Formzwang des § 313 BGB erstreckt sich auf alle Vereinbarungen, aus denen sich nach dem Willen der Vertragsschließenden der schuldrechtliche Veräußerungsvertrag zusammensetzen soll, insbesondere auf diejenigen, die die Gegenleistung des Erwerbers betreffen. **93**, 220; **95**, 7; **96**, 3. — 6) Der Formzwang des § 313 BGB erstreckt sich nicht auf die Erfüllungsgeschäfte. **93**, 221. — 7) Zur Unterscheidung von Grund- und Erfüllungsgeschäften. **93**, 221. — 8) Nichtigkeit des Kaufvertrags über ein Grundstück wegen Nichtaufnahme der Verpflichtung des Käufers zur Abtretung einer Hypothek unter Gewährübernahme für deren Güte. **93**, 221. — 9) Wird die in einem formlosen Grundstücksveräußerungsvertrag einem Dritten erteilte Auflassungsvollmacht von der Nichtigkeit des Vertrags mitergriffen? **94**, 148; **97**, 275. — 10) Die Anwendung des § 313 Satz 2 BGB setzt voraus, daß die Auflassung zur Zeit ihrer Vornahme eine rechtlich anstandslose war; eine rechtlich fehlerhafte Auflassung kann nicht zur Beseitigung des ihr anhaftenden Mangels selbst mit beitragen. **94**, 150. — 11) Keine Heilung des Formmangels eines Grundstücksveräußerungsvertrags durch die Auflassung, welche von dem in dem Veräußerungsvertrag hierzu Bevollmächtigten erklärt ist. **94**, 150. — 12) Bedarf die Bestätigung eines formlosen Grundstücksveräußerungsvertrags der Form des § 313 BGB? **94**, 152. — 13) Bedarf ein Vergleich in bezug auf die durch einen Grundstücksveräußerungsvertrag begründeten Rechtsverhältnisse der Form des § 313 BGB? **94**, 152. — 14) Verträge, durch die nur der eine Teil zum Erwerb, nicht auch der andere zur Übertragung des Eigentums an einem Grundstück verpflichtet wird, sind rechtlich möglich und unterliegen der Formvorschrift des § 313 BGB nicht. **95**, 7. — 15) Findet § 313 Satz 1 BGB Anwendung auf ein Abkommen, daß auf ein zugesagtes Darlehen Grundstücke in Zahlung zu nehmen sind? **95**, 7. — 16) Zur Anwendung des Art. 12 § 2 preußAusfGzBGB. **96**, 2. — 17) Der Vertrag über die freiwillige Abtretung eines zu enteignenden Grundstücks bedarf der Form des § 313 BGB, wenn die Entschädigung in Grund und Boden gewährt wird; die in Art. 12 § 1 Abs. 2 preußAusfGzBGB vorgesehene Schrift-

form genügt hier nicht. **96,** 2. — 18) Wann bedarf auch ein mit dem Grundstückskauf zugleich abgeschlossener Nebenvertrag der Form des § 313 BGB? **97,** 219. — 19) Hat in solchem Falle die Nichtwahrung der Form des § 313 BGB für den Nebenvertrag auch die Nichtigkeit des Grundstücksveräußerungsvertrags zur Folge? **97,** 221. — 20) Ausschluß der Parteiwillkür hinsichtlich des Formerfordernisses. **97,** 221. — 21) Nur der Eigentümer als solcher soll durch die Vorschrift des § 313 BGB geschützt werden, nicht derjenige, der auf den Erwerb des Eigentums nur einen Anspruch oder eine Anwartschaft hat, wie z. B. derjenige, welcher das Meistgebot auf ein Grundstück abgegeben aber noch nicht den Zuschlag erhalten hat. **97,** 331. — 22) Wann unterliegt ein Gesellschaftsvertrag zur Verwertung eines Grundstücks für gemeinschaftliche Rechnung der Formvorschrift des § 313 BGB? **97,** 329. — 23) Wann bedarf die Vollmacht zur Abgabe eines Verkaufsangebots der Form des § 313 BGB? **97,** 332. — 24) Umfaßt die vom Vormundschaftsgericht erteilte Genehmigung eines Grundstücksveräußerungsvertrags auch die mündlichen Nebenabreden? **99,** 72.

II Form der Rechtsgeschäfte im übrigen.

(Form der Testamente § 201 I S. 184)

1) Steht der Berufung auf die Nichtigkeit des ganzen Vertrags wegen Formmangels eines Vertragsteils die Einrede der Arglist entgegen? **91,** 361. — 2) Die Ermäßigung eines ihr zustehenden Pachtzinses durch die Gemeinde untersteht nicht der Formvorschrift des § 56 Nr. 8 preuß. StädteO v. 30. Mai 1853. **92,** 162. — 3) Voraussetzungen des Zustandekommens eines schriftlichen Vertrags. **93,** 175. — 4) Nichtigkeit des Kaufvertrags mit einer Landgemeinde wegen Nichtwahrung der Form des § 88 Nr. 7 Abs. 2 preuß Landgemeinde O. **94,** 254. — 5) Keine Anwendung des § 311 BGB auf die Veräußerung einer Mehrheit von Vermögensstücken, auch wenn sie das ganze Vermögen des Veräußerers ausmachen. **94,** 315. — 6) § 125 Satz 2, § 154 Abs 2 BGB finden nicht Anwendung auf eine nach Abschluß des Rechtsgeschäfts getroffene Vereinbarung, daß es beurkundet werden solle. **94,** 333. — 7) Bedarf eine bei der Bürgschaftsübernahme getroffene, die Bürgenhaftung beschränkende, Vereinbarung der Schriftform? **95,** 11. — 8) Erfordernisse der Schriftform nach § 126 Abs. 2 Satz 2 BGB. **95,** 83. — 9) Abänderungen eines schriftlichen Vertrags durch spätere mündliche Abreden trotz entgegenstehender Bestimmung des Vertrags. **95,** 175. — 10) Unterzeichnung der Urkunde durch einen Bevollmächtigten; Folgen der Nichterkennbarkeit dessen. **95,** 191. — 11) § 7 Abs. 2 BRVO über den Verkehr mit Webwaren v. 10. Juni 1916 enthält keine Formvorschrift, deren Nichtbeobachtung die Nichtigkeit des Vertrags zur Folge hätte. **96,** 94. — 12) Bedarf eine Stundungsvereinbarung, durch die der Bürge eine zeitliche Beschränkung seiner Haftung aufgibt, der Schriftform? **96,** 134. — 13) Die Formvorschrift des § 126 Abs. 2 Satz 2 BGB ist im Falle der Unterzeichnung der Urkunde durch einen Dritten nur dann gewahrt, wenn aus der Urkunde hervorgeht, daß der Dritte im Namen der Partei gehandelt hat. **96,** 289. — 14) Zur Wahrung der Form des § 566 BGB bedarf es, sofern eine Gemeinde

Vertragsteil ist, nicht nur der Einhaltung des § 126 BGB, sondern auch der Sondervorschriften für die Gemeinde verpflichtende Verträge. **96,** 315. — 15) Unter welchen Voraussetzungen steht der Geltendmachung des Formmangels die Einrede der Arglist entgegen? **96,** 315; **98,** 236. — 16) Erfordernis des schriftlichen Antrags an die Eisenbahn auf Übernahme der Entladung von Wagenladungsgütern nach § 50 Eisenbahngütertarifs. **97,** 17. — 17) Muß aus der Schenkungsurkunde hervorgehen, daß das Versprechen schenkungsweise abgegeben worden ist? **98,** 125. — 18) Gesetzliche oder gewillkürte Formvorschriften können durch die Berufung auf Treu und Glauben nicht beseitigt werden. **98,** 236. — 19) Bedeutung der Urkunde für die Auslegung formbedürftiger Rechtsgeschäfte. **100,** 170.

§ 34. Voraussetzung. Bedingung. Befristung. Sonstige Nebenbestimmungen der Rechtsgeschäfte.

1) Das Bestehen eines Leibrentenrechts in seiner Gesamtheit kann von besonderen Bedingungen abhängig gemacht werden, nicht dagegen der Anspruch auf die einzelnen Leistungen. **91,** 9. — 2) Der Verleiher kann auf den Wegfall eines Interesses, das für ihn nur Beweggrund zur Leihe, aber nicht zur Vertragsbedingung gemacht war, den Anspruch auf Rückgabe nicht stützen. **91,** 158. — 3) Kann das Recht zur Kündigung und deren Rechtmäßigkeit von dem Eintritt oder Nichteintritt eines zukünftigen Ereignisses abhängig gemacht werden? **91,** 309. — 4) Die Erklärung der Kündigung kann nicht unter einer Bedingung erfolgen. **91,** 308. — 5) Verfallklausel unter Vereinbarung eines Übernahmepreises für das verfallende Pfand; zur Anwendung des § 1149 BGB. **92,** 104. — 6) Zur Anwendung des § 162 Abs. 1 BGB bei bedingter, mit Löschungsvormerkung eingetragener, Hypothek. **93,** 121. — 7) Klausel „Glückliche Ankunft vorbehalten" als auflösende Bedingung. **93,** 172; **95,** 247. — 8) Wird dadurch, daß die bei der facultas alternativa dem Schuldner freistehende Ersatzleistung von einer Genehmigung abhängig ist, auch die eigentliche Schuldverbindlichkeit eine bedingte? **94,** 60. — 9) Ein Vertrag kann auch unter einer Bedingung geschlossen werden, die in dem bloßen Wollen des Berechtiaten besteht. **94,** 297. — 10) Potestative, kasuelle und gemischte Bedingung. **94,** 297. — 11) Die für den Fall einer Unterlassung angedrohte Rechtsverwirkung tritt nicht ein, wenn die Unterlassung auf Umstände zurückzuführen ist, die der Verpflichtete nicht zu vertreten hat. **95,** 202. — 12) Zulässigkeit der Einsetzung eines Nacherben unter aufschiebender oder auflösender Bedingung. **95,** 279. — 13) Findet § 162 Abs. 1 BGB Anwendung, wenn die Vertragschließenden von einem Vertrage, der der Genehmigung eines Dritten bedarf, während des Schwebezustands zurücktreten, um die Ausübung eines Vorkaufsrechts zu verhindern? **98,** 51.

§ 35. Auslegung der Rechtsgeschäfte.

(Auslegung der Testamente § 201 IV S. 184.)

1) § 271 BGB und § 358 HGB enthalten Auslegungsregeln, die nicht gelten, wenn die Parteien etwas anderes gewollt haben, und wenn Treu und Glauben eine andere Auslegung erfordern. **91,** 67. — 2) Ausl. der

Bestimmung eines Gesellschaftsvertrags, daß für dessen Abänderung eine $^{2}/_{3}$-Mehrheit erforderlich ist. **91,** 168. — 3) Ausl. von Verträgen über die Benutzung öffentlicher Wege zur Legung elektrischer Leitungen **91,** 170. — 4) Ausl. eines Vertrags über Lieferung eines „Kommissionslagers" an einen Gastwirt behufs Vertriebes der Waren für Rechnung und unter Leitung des Liefernden in der Gastwirtschaft. **91,** 239. — 5) Ausl. des von einem Landwirt geschlossenen Milchlieferungsvertrags. **91,** 312. — 6) Zur Ausl. von behördlichen Bekanntmachungen und Beschlagnahmeverfügungen. **91,** 426. — 7) Zur Ausl. von Abreden, nach denen bei Eintritt bestimmter Hindernisse die Leistung bis zu deren Behebung verschoben werden soll. **92,** 88. — 8) Vorbehalte des Bankiers in den von ihm ausgegebenen Scheckbüchern, welche von den allgemeinen Rechtsgrundsätzen wesentlich abweichen, müssen so deutlich und bestimmt gefaßt sein, daß für den Kunden kein Zweifel an ihrer Bedeutung bestehen kann. **92,** 54. — 9) Ausl. von Formularbedingungen; sie sind im Zweifel so auszulegen, wie der andere Teil ihren Wortlaut vernünftigerweise verstehen konnte. **92,** 89. — 10) Berücksichtigung der Auffassung der Handelsrichter bei der Vertragsauslegung. **92,** 89. — 11) Ausl. einer Sicherheitsabtretung. **92,** 110. — 12) Es kommt für die Ausl. einer Verpflichtung nicht darauf an, wie die Vertragschließenden sie rechtlich bezeichnen, sondern darauf, wie sich ihr Inhalt rechtlich darstellt. **92,** 123. — 13) Ausl. einer Verladungsanzeige. **92,** 130, 131. — 14) Ausl. von Zwangsvergleichen. **92,** 189. — 15) Zur Ausl. von Vereinbarungen der Begleichung des Kaufpreises durch Bankrembours. **91,** 47; **92,** 226. — 16) Zur Ausl. der Hamburger Kriegsklausel. **92,** 248; **94,** 105, 217. — 17) Ausl. der Klauseln „Kasse Zug um Zug ab Posener Stationen" und „Lieferungsort für Abnahme, Prüfung und Zahlung ist die Verladestation". **92,** 269. — 18) Bei Ausfüllung von Vertragslücken handelt es sich nicht um Ergänzung des Vertragswillens der Parteien, sondern um Ergänzung des Vertrags, um richterliche Schöpfung dessen, was für den eingetretenen nicht vorhergesehenen Fall nach Treu und Glauben und nach den Richtlinien des im Vertrage für die ins Auge gefaßten Verhältnisse ausgedrückten Willens zwischen den Parteien rechtens sein soll. **92,** 320, 420. — 19) Zur Ausl. der Verpflichtung zur Fortzahlung des Gehalts an einen zum Heeresdienste einberufenen Angestellten während der Kriegsdauer. **92,** 319. — 20) Ausl. einer Optionsklausel im Mietvertrag; Verhältnis des Optionsrechts zur Kündigung. **92,** 418; **99,** 154. — 21) Für die Ausl. eines Vertrags, bei dem eine Körperschaft beteiligt ist, die nach außen hin durch eine kollegiale Behörde vertreten ist, sind Vereinbarungen, die nur mit einzelnen, zur Vorbereitung des Vertrags entsandten Vertretern stattgefunden haben, ohne rechtliche Bedeutung, sofern nicht dargelegt wird, daß dem Kollegialbeschluß über den Vertrag der Inhalt jener Vereinbarungen zugrunde gelegt ist. **93,** 80. — 22) Zur Ausl. der Kriegsklauseln der Lebensversicherungsgesellschaften. **93,** 84. — 23) Ausl. eines Kaufvertrags über Grundstücke und Wasserkraft unter Festsetzung der Stauhöhe für ein anzulegendes Stauwerk. **93,** 103. — 24) Ausl. einer Löschungsvermerkung. **93,** 116. — 25) Ausl. des La Plata-Getreidevertrags. **93,** 166;

96, 231. — 26) Die Bestimmung eines Kaufvertrags „der Kaufpreis ist durch Verrechnung beglichen worden" schließt die Annahme, daß durch ihn eine Verpflichtung zur Bezahlung dieses Kaufpreises begründet werden solle, aus. **93,** 221. — 27) Ausl. des Auftrags, Wertpapiere „nach Weisung der R.-Bank" zu verwenden. **93,** 233. — 28) Auf den Wortlaut einer Erklärung allein kommt es nicht an; es muß vielmehr der wahre Sinn der Erklärung unter Berücksichtigung aller auf beiden Seiten in Betracht kommenden Umstände durch Auslegung ermittelt werden. **93,** 299. — 29) Beim Vertragsschluß ist nicht der innere Wille der Parteien entscheidend, sondern der erklärte Wille, wie er unter Berücksichtigung aller Umstände nach Treu und Glauben zu verstehen ist. **93,** 299. — 30) Ein Vertragsteil kann sich nicht auf die Mehrdeutigkeit einer Erklärung des andern Teils berufen, wenn ihm der Sinn, den der andere Teil damit verband, bekannt ist. **93,** 299. — 31) Ausl. der Vertragsbestimmung, daß „beschlagnahme- und verwendungsfreie" Ware zu liefern. **93,** 333. — 32) Ausl. von Zertifikaten über eine Schadensfeststellung bei der Seeversicherung. **93,** 346. — 33) Unklarheiten in den Versicherungsbedingungen gehen zu Lasten der Gesellschaft. **91,** 328; **94,** 29. — 34) Zur Ausl. des Ausdrucks „Betriebsstörung" in Freizeichnungsabreden. **94,** 81. — 35) Ausl. der Nr. 8 der Allg. Beförderungsbedingungen des Vereins deutscher Spediteure. **94,** 98. — 36) Ausl. der Bestimmung des Mietvertrags, daß die Räume so, wie sie bisher benutzt seien, vermietet würden. **94,** 140. — 37) Ausl. der Vereinbarung einer Ortskrankenkasse mit einer besonderen Krankenkasse hinsichtlich der Übernahme der Angestellten der letzteren. **94, 144.** — 38) Im Zweifel sind alle Bestimmungen eines Vertrags nach der Parteiabsicht als ein zusammengehöriges einheitliches Ganzes zu betrachten. **94,** 149. — 39) Ausl. einer Vereinbarung, daß Provision zu zahlen sei von dem Kaufpreise mit Ausnahme der als Auslagenersatz bewilligten Beträge. **94,** 237. — 40) Ausl. der Klausel „frei Seeschiffseite Hamburg Kassa gegen Rezeipt". **94,** 246. — 41) Bedeutung des Wortlautes der Polize für die Auslegung des Versicherungsvertrags. **94,** 271. — 42) Die Vertragsauslegung ist vom Revisionsrichter in der Regel nicht nachzuprüfen. **94,** 297. — 43) Ausl. eines Vertrags über Rechte des Inhabers eines Bergregals. **94,** 292. — 44) Ausl. der Bestimmung des Kaufpreises nach Londoner Notierung unter Festsetzung eines Höchst- und Mindestpreises. **94,** 338. — 45) Zur Ausl. eines Abkommens, daß auf ein zugesagtes Darlehen Grundstücke oder andere Sachen in Zahlung zu nehmen sind. **95,** 7. — 46) Ausl. der einer Bürgschaft beigefügten Abrede über Beschränkung der Haftung der Bürgen. **95,** 9. — 47) Ausl. eines Erbvertrags. **95,** 14. — 48) Ausl. der Vereinbarung einer Lieferzeit „Oktober bis Mai" oder „Oktober/Mai". **95,** 22. — 49) Ausl. der Bestimmung eines Gesellschaftsvertrags, daß, wenn ein Gesellschafter „während der Dauer des Vertrags" stirbt, das Geschäft auf den andern Teil übergeht. **95,** 33. — 50) Eine Lücke des Vertrags besteht nicht schon deshalb, weil die Parteien einen Fall der Anwendung nicht in Betracht gezogen haben; es genügt, daß die vertragliche Regelung ihn mitumfaßt. **95,** 33. — 51) Ausl. der Bestimmung eines Gesellschaftsvertrags der GmbH über das Recht der Gesellschaft und der

Gesellschafter, denen gekündigt ist, zur Übernahme der Stammanteile des Kündigenden. **95,** 40. — 52) Ausl. eines Kaufvertrags über Bankazinn. **95,** 42. — 53) Ausl. der Vertragsbestimmung: „Die Verkäufer liefern nur, wenn ihnen diese Ware selbst geliefert wird.“ **95,** 102. — 54) Ausl. einer Bürgschaftsurkunde. **95,** 125. — 55) Ausl. einer Preiskonvention. **95,** 194. — 56) Ausl. von Seeversicherungsklauseln, welche den Grundsatz der Unteilbarkeit der Gefahr durchbrechen. **95,** 227. — 57) Ausl. des Anstellungsvertrags des Vorstandes einer Schiffahrtsgesellschaft; Bewilligung der „üblichen Maklercourtage“ bei Geschäften für Rechnung der Gesellschaft. **96,** 54. — 58) Ausl. des Verkaufs eines Handelsgeschäfts mit Aktiven und Passiven, bei dem die Stammeinlage zu einer Genossenschaft unter den Aktiven aufgeführt ist. **96,** 89. — 60) Ausl. von Erklärungen eines Kriegsausschusses. **96,** 112. — 61) Ausl. der Klausel „Regierungsmaßnahmen zu Lasten des Käufers“. **96,** 113. — 62) Ausl. des Verzichtes der Pflegeeltern eines unehelichen Kindes auf den Ersatz ihrer Pflegekosten. **96,** 145. — 63) Ausl. eines gegenseitigen Wettbewerbsverbots. **96,** 171. — 64) Ausl. der Vereinbarung „zahlbar ... gegen sofortiges morgiges Akkreditiv“. **96,** 255. — 65) Ausl. der Bitte um „postwendende Bestätigung“. **96,** 262. — 66) Ausl. der Verpflichtung des Verkäufers zur Nachbesserung „ohne für weiteren Schaden zu haften“. **96,** 266. — 67) Ausl. der Fristsetzung zur Annahme in einem Vertragsangebot. **96,** 275. — 68) Ausl. von Willenserklärungen im Beamtenrecht. **96,** 303. — 69) Ausl. des Vertrags zwischen einer Stadtgemeinde und einem Elektrizitätswerk über Erbauung und Betrieb einer Straßenbahn. **97,** 69. — 70) Ausl. eines in mehreren Exemplaren hergestellten kaufmännischen Bestätigungsschreibens bei abweichendem Wortlaut derselben. **97,** 133. — 71) Ausl. der Bereiterklärung zur Zahlung einer Schuld trotz Zweifels an deren Bestehen. **97,** 141. — 72) Bei der Ausl. von Willenserklärungen sind nicht nur das verkehrsübliche Verhalten tatsächlicher Natur, die Verkehrssitte, sondern auch Verkehrsanschauungen und Verkehrsauffassungen zu berücksichtigen. **97,** 143. — 73) Ausl. einer Abladeklausel. **97,** 184. — 74) Verkehrsübliche Bedeutung der Abrede des Verkaufs „gegen neutrales unparteiisches Kontrollmuster“. **97,** 194. — 75) Ausl. der Bestimmung des Gesellschaftsvertrags einer Aktiengesellschaft über das Aktienbezugsrecht eines bei der Gründung beteiligten Bankhauses. **97,** 241. — 76) Die sinngemäße Anwendung von Vertragsbestimmungen ist nur zulässig bei wirklicher Ähnlichkeit der Tatbestände und dann, wenn der eine Vertragsbestimmung beherrschende innere Grund zu ihrer Erstreckung auf den andern Tatbestand führt. **97,** 250. — 77) Ausl. des Ausdrucks „für Rechnung“ des Auftraggebers. **97,** 261. — 78) Ausl. der Klausel „Lieferungsmöglichkeit vorbehalten“. **97,** 325. — 79) Auch bei der Ausl. von Wechseln keine Buchstabeninterpretation. **98,** 105. — 80) Ausl. typischer Schleppbedingungen. Es ist vorauszusetzen, daß bei Aufstellung der Bedingungen auch auf die Interessen der Gegenseite billige Rücksicht genommen werden soll. **98,** 123. — 81) Ausl. der Klausel „Glückliche Ankunft vorbehalten“. Enthält sie eine Gewährleistung des Verkäufers dafür, daß die Ware bereits abgeladen sei? **93,** 171; **95,** 247; **98,** 142. — 82) Ergänzung des Parteiwillens durch Vertragsauslegung; Versprechen der Leistung an einen Dritten. **98,** 213. — 83) Zur Ausl. allgemeiner Versicherungsbedingungen über das Tragen einer erhöhten Gefahr bei Unfallversicherungen. **98,** 233. — 84) Zum Begriff des einem Vertragsteil eingeräumten Ermessens. **99,** 106. — 85) Ausl. der Zusage des Vermieters, eine Ausbesserung werde gemacht. **100,** 43. — 86) Kann der Richter, wenn eine Vertragsleistung durch die Änderung der Verhältnisse wirtschaftlich unmöglich geworden ist, die hierdurch entstehende Vertragslücke in der Weise ausfüllen, daß er die Gegenleistung erhöht? **100,** 132. — 87) Ausl. eines Vertrags, in dessen Entwurf der eine Vertragsteil eine Bestimmung in einer Weise eingeklammert hatte, daß die Klammern leicht übersehen werden konnten. **100,** 135. — 88) Vertragsauslegung und versteckter Dissens. **100,** 135. — 89) Ausl. einer für den Fall, daß der Verkäufer die Lieferung nicht zu bewerkstelligen vermöge, getroffenen Vereinbarung. **100,** 135. — 90) Bedeutung der Urkunde für die Auslegung formbedürftiger Rechtsgeschäfte. **100,** 170. — 91) Ausl. der Urkunde über eine Familienstiftung. **100,** 230.

§ 36. Rechtsgeschäfte gegen gesetzliches Verbot und die guten Sitten. Veräußerungsverbot.

I. Rechtsgeschäfte gegen gesetzliches Verbot.

1) Verstoß gegen §§ 41 a, 105 b Abs. 2, 105 i, 139 e GewO durch Vertrieb von Zigarren und anderen Waren in einer Gastwirtschaft durch andere als den Gastwirt während der Sonntagsruhe und der Zeit des Ladenschlusses. **91,** 239. — 2) Verteilungshandlungen des Liquidators einer GmbH, welche dem § 73 GmbHG zuwider laufen, sind nicht nach § 134 BGB nichtig. **92,** 79. — 3) Rechtsgeschäfte gegen § 719 BGB sind nicht nichtig, sondern nach § 135 BGB zu beurteilen. **92,** 400. — 4) Genügt stets schon der objektive Verstoß gegen ein Verbotsgesetz, um die Bereicherungsklage nach § 817 Satz 2 BGB auszuschließen? **95,** 348. — 5) § 6 BRVO über die Sicherstellung von Kriegsbedarf v. 24. Juni u. 25. November 1915 enthält ein Verbot von absoluter Wirkung; zuwiderlaufende Verträge sind nichtig. **95,** 348. — 6) Gegen das gesetzliche Verbot des § 7 Abs. 2 BRVO über den Verkehr mit Webwaren v. 10. Juni 1916 verstößt nur die Ausführung einer im Kaufvertrag enthaltenen, nicht schriftlich erteilten Bestellung; die Rechtswirksamkeit des Vertrags wird dadurch nicht berührt. **96,** 95. — 7) Zulässigkeit und Wirkung der Nachholung des in § 7 Abs. 2 BRVO v. 10. Juni 1916 erforderten schriftlichen Auftrags. **96,** 95. — 8) Die VO über den Handel mit Lebens und Futtermitteln v. 24. Juni 1916 verbietet nicht die Annahme des Kaufpreises aus einem ohne die Erlaubnis zum Handel geschlossenen Geschäft. **96,** 345, 332; **100,** 240. — 9) Hat die unter Verstoß gegen die guten Sitten erfolgte Überschreitung der von der Kriegsrohstoffabteilung festgesetzten Richtpreise Nichtigkeit des Schlusses zur Folge? **97,** 83. — 10) Nichtigkeit des gegen die DevisenVO v. 8. Februar 1917 verstoßenden Kaufgeschäfts. **98,** 254; **100,** 240. — 11) Bewirkt der Verstoß gegen das Kettenhandels-

verbot Nichtigkeit des Geschäfts? **96,** 330; **98,** 2, 62; **99,** 52. — 12) Welche Rechtsfolgen hat ein Verstoß gegen § 1 Abs. 1 Nr. 1 PreistreibereiVO? **98,** 293; **100,** 240. — 13) Setzt § 312 Abs. 2 BGB voraus, daß die künftigen gesetzlichen Erben demnächst auch tatsächlich zur gesetzlichen Erbfolge berufen werden. **98,** 331. — 14) Der Verstoß gegen ein Verbotsgesetz macht den Vertrag in der Regel nur dann nichtig, wenn das Verbot sich gegen beide Teile richtet. **100,** 40. — 15) Daraus, daß das Gesetz für den Fall des Zuwiderhandelns die Einziehung der Ware zwingend anordnet, folgt nicht die Unwirksamkeit des über die Ware geschlossenen Rechtsgeschäfts. **100,** 41. — 16) Keine Nichtigkeit des gegen §§ 10, 11, 12 NahrungsmittelG geschlossenen Geschäfts. **100,** 41. — 17) Ist ein gegen die VO über die Sicherstellung von Kriegsbedarf verstoßender Verkauf auch dann nichtig, wenn den Vertragschließenden die Beschlagnahme der Ware unbekannt war? **100,** 160. — 18) Verstößt eine auf Grund eines solchen Kaufs gemachte Leistung und deren Annahme gegen ein gesetzliches Verbot, wenn die Parteien zur Zeit der Leistung bereits erhebliche Bedenken gegen die gesetzliche Zulässigkeit der Veräußerung der Ware hatten? **100,** 161. — 19) Nichtigkeit des gegen die die Bekanntm. über Pferdefleisch v. $\frac{\text{13. Dezember 1916}}{\text{14. Juni 1918}}$ verstoßenden Ankaufs von Pferden zur Schlachtung. **100,** 238. — 20) Nichtigkeit eines gegen die preuß. Kriegsministerialverf. v. 1. April 1915 über Verkauf von Bankazinn verstoßenden Vertrags. **100,** 247. — 21) Bewirkt die „notwendige Teilnahme" an einem verbotenen Verkauf Nichtigkeit? **100,** 247.

II. Rechtsgeschäfte gegen die guten Sitten.

1) Schrankenlose Unterwerfung des Schuldners unter den Willen des Gläubigers, auch des einzelnen Gesellschafters unter den Willen der Mehrheit, als Verstoß gegen die guten Sitten. **91,** 169. — 2) Inwieweit verstößt die einseitige Bindung des Schauspielers im Bühnenvertrag gegen die guten Sitten? **91,** 330. — 3) Wenn auch ein Rechtsgeschäft nicht deshalb allein gegen die guten Sitten verstößt, weil es durch Drohung erzwungen ist, so ist dies doch neben dem Inhalt des Geschäfts bei der Anwendung des § 138 BGB zu verwerten. **91,** 332. — 4) Sittenwidrigkeit eines von Brauereien zum Ausschluß gegenseitigen Wettbewerbs geschlossenen Vertrags, wenn dadurch dritte gezwungen werden sollten, sich den Wettbewerbsinteressen der Brauer zu eigenem Schaden zu unterwerfen. **93,** 19. — 5) Das Mißverhältnis zwischen Leistung und Gegenleistung oder Leistung und Vorteil allein kann die Anwendung des § 138 Abs. 1 BGB nicht begründen. **93,** 29, 208. — 6) Ausnutzung der durch den Krieg verursachten allgemeinen Schwierigkeiten des Geld- und Arbeitsmarktes als Verstoß gegen die guten Sitten, insbesondere bei Heereslieferungen. **93,** 29. — 7) Der Grundsatz, daß die Nichtigkeit eines Vertrags wegen Unsittlichkeit nur dann eintrete, wenn beide Vertragsparteien gegen die guten Sitten handeln, gilt nicht, wenn sich das Rechtsgeschäft schon seinem Gegenstand und Inhalt nach als offenbar unsittlich darstellt. und auch dann nicht, wenn ein sittenwidriges Verhalten der einen Ver-

tragspartei gegen die andere in Frage kommt, wie bei den Knebelverträgen. **93**, 30; vgl. **98**, 79; **99**, 108. — 8) Ausbeutung der durch den Krieg geschaffenen Lage zur Erzielung übermäßigen Gewinnes bei Heereslieferungen unter arglistigen Machenschaften. **93**, 106. — 9) Unverhältnismäßiger Mäklerlohn für die Vermittlung von Kriegslieferungen. **93**, 208. — 10) Unter welchen Umständen verstößt das Verbot eines Ärztevereins, mit den dem Verein nicht angehörenden Ärzten (Kassenärzten) beruflichen Verkehr zu pflegen, gegen die guten Sitten? **93**, 302. — 11) Verstößt der Gläubiger durch die Annahme einer Zahlung gegen die guten Sitten, wenn er weiß oder den Umständen nach annehmen muß, daß der Zahlende sich das Geld durch Betrug verschafft hat? **93**, 193. — 12) Zur Sittenwidrigkeit von Provisionsvereinbarungen. **94**, 239. — 13) Sittenwidriges Vorgehen einer Haftpflichtversicherungsgesellschaft zur Erlangung eines Verzichts auf die Unfallentschädigung. **96**, 91. — 14) Voraussetzungen und Wirkungen eines Verstoßes gegen die guten Sitten durch Preissteigerung. **96**, 113. — 15) Sittenwidrigkeit eines auf Förderung gewerbsmäßigen Schmuggels gerichteten Vertrags. **96**, 282. — 16) Sittenwidrigkeit der Überschreitung der von der Kriegsrohstoffabteilung des Kriegsministeriums festgesetzten Richtpreise; hat sie Nichtigkeit des Schlusses zur Folge? **97**, 83. — 17) Unter welchen Voraussetzungen verstößt eine den in § 67 Satz 1 VVG bestimmten Forderungsübergang ausschließende Vereinbarung gegen die guten Sitten? **97**, 78. — 18) Objektive und subjektive Voraussetzungen des Verstoßes gegen die guten Sitten, besonders im kaufmännischen Verkehr, bei Kredithilfe. **97**, 255. — 19) Verhältnis zwischen § 138 Abs. 1 und Abs. 2 BGB. **97**, 254. — 20) Berücksichtigung des § 138 Abs. 1 BGB bei den Verwahrungsverträgen der Eisenbahn. **98**, 35. — 21) Kann der Ausschluß der Haftung für den Vorsatz der Angestellten gegen die guten Sitten verstoßen? **98**, 35. — 22) Inwieweit verstoßen Zwischenhandel und Kettenhandel gegen die guten Sitten? **98**, 2. — 23) Verstößt die Wiederaufhebung eines Kaufvertrags vor Erteilung der zu seiner Wirksamkeit erforderlichen Genehmigung gegen die guten Sitten, wenn sie erfolgt, um die Ausübung eines Vorkaufsrechts zu verhindern? **98**, 50. — 24) Widerspricht es den guten Sitten, wenn der Pfandgläubiger das Pfand bei Pfandreife veräußert, um dessen Erwerb einem Dritten zu ermöglichen? **98**, 70. — 25) Verstößt ein Rechtsanwalt, der sich ein übermäßiges Honorar von seiner Partei ausbedungen hat, dadurch gegen die guten Sitten, daß er beim Abschluß eines Prozeßvergleichs dieses Honorarabkommen dem Gegner verschweigt? **98**, 74. — 26) Inwieweit sind die Beweggründe des Handelns dafür maßgebend, ob das einen andern schädigende Handeln gegen die guten Sitten verstößt? **98**, 73. — 27) Setzt die Anwendung des § 138 Abs. 1 BGB auf Verträge eine Sittenwidrigkeit beider Vertragsteile voraus? **98**, 79; **99**, 108. — 28) Verhältnis zwischen Anfechtbarkeit nach § 123 BGB und Nichtigkeit nach § 138 Abs. 1 BGB. **98**, 78. — 29) Wann kann die Ausübung eines Rechts sittenwidrig sein? **98**, 73. — 30) Versprechenlassen eines Schweigegelds für die Übernahme der Verpflichtung, ein die Ehre der Familie berührendes Vorkommnis geheim zu halten, als

Verstoß gegen die guten Sitten. **98,** 79. — 31) Unter welchen Voraussetzungen verstößt ein Schuldversprechen an die frühere Geliebte gegen die guten Sitten? **98,** 176. — 32) Verstößt ein Schuldversprechen deshalb gegen die guten Sitten, weil es mit dem Gelde der künftigen Frau eingelöst werden soll? **98,** 178. — 33) Sittenwidrigkeit eines zu Kriegswucher-Geschäften gegebenen Darlehns. **99,** 163. — 34) Inwieweit verstößt die Ausnutzung der Monopolstellung eines gewerblichen Unternehmers gegen die guten Sitten? **99,** 109. — 35) Verstößt eine Vereinbarung, durch welche die Spediteure eines Bezirks ihre gesetzliche Haftpflicht einschränken, gegen die guten Sitten? **99,** 110. — 36) Verstößt der bewußte Verkauf gesundheitsschädlicher Nahrungsmittel gegen die guten Sitten? **100,** 41. — 37) Verstößt der Nießbraucher gegen die guten Sitten, wenn er, anstatt die Hypothekenzinsen für den Grundstückseigentümer zu zahlen, die Zinsrückstände mit Mitteln, die aus den Einkünften des Grundstücks herrühren, für sich erwirbt? **100,** 158. — **38)** Verstoß gegen die guten Sitten durch Ankauf von beschlagnahmten Gegenständen des Kriegsbedarfs zu Privatzwecken. **100,** 249. — 39) Die Unsittlichkeit des durch einen Vertreter abgeschlossenen Vertrags muß der Vertretene auch dann gegen sich gelten lassen, wenn er selbst die die Unsittlichkeit begründenden Tatumstände nicht kannte. **100,** 249.

III. Veräußerungsverbot.

1) Dem § 719 BGB zuwiderlaufende Verfügungen eines Gesellschafters sind zwar der Gesellschaft gegenüber unwirksam, binden aber den Gesellschafter gegenüber Dritten. **92,** 401. — 2) Die Vorschriften der §§ 1128, 1130 BGB §§ 97, 98 VVG stellen Veräußerungsverbote i. S. des § 135 BGB dar; mit der Wiederherstellung der Gebäude verlieren sie ihre Wirksamkeit. **95,** 207. — 3) Bedingte Wirksamkeit und Zurückbeziehung des im Pfändungsbeschluß enthaltenen Veräußerungsverbots hinsichtlich einer vorläufigen Eigentümergrundschuld. **97,** 227. — 4) Veräußerungsverbot in der Stiftung eines Familienfideikommisses. **98,** 313. — 5) Rechtliche Wirksamkeit der einem rechtsgeschäftlichen Veräußerungsverbot zuwider erfolgten Forderungsabtretung. **99,** 143.

§ 37. Unwirksamkeit, Nichtigkeit und Anfechtbarkeit (Anfechtung) von Rechtsgeschäften. Bestätigung. Konversion.

I. Unwirksamkeit, Nichtigkeit und Anfechtbarkeit von Rechtsgeschäften.

(Anfechtung wegen Willensmängel s. auch § 31 S. 37.

1) Nichtigkeit eines gegen die Vorschriften der GewO über die Sonntagsruhe und den Ladenschluß verstoßenden Vertrags über den Vertrieb von Zigarren und anderen Waren in einer Gastwirtschaft für Rechnung und unter Leitung eines anderen als des Gastwirts. **91,** 239. — 2) Generalversammlungsbeschlüsse einer Aktiengesellschaft, die auf den Stimmen von Nichtberechtigten beruhen, sind bei gehöriger Protokollierung nicht

nichtig, sondern nur anfechtbar. **91,** 324. — 3) Inwieweit kann der Berufung auf die Nichtigkeit des ganzen Rechtsgeschäfts nach § 139 BGB die allgemeine Arglisteinrede entgegengesetzt werden? **91,** 361. — 4) Die Vertragspartei, in deren ausschließlichem Interesse der nichtige Teil eines Vertrags bestimmt war, kann nicht einseitig durch Verzicht auf diese Vertragsbestimmung die nach der Regel des § 139 BGB eintretende Nichtigkeit des ganzen Vertrags nachträglich beseitigen. **91,** 361. — 5) Die Anfechtung im Konkurs und die Gläubigeranfechtung außerhalb des Konkurses bewirken nicht Nichtigkeit, sondern nur relative Unwirksamkeit zwischen dem Anfechtenden und dem Anfechtungsgegner. **91,** 369. — 6) Bei der Anfechtung eines Vertrags mit einer Mehrheit von Vertragsgegnern bilden diese nicht notwendige Streitgenossen. **91,** 415. — 7) Anfechtungsrechte als Rechte des rechtlichen Könnens. **92,** 6. — 8) Unwirksamkeit der Abtretung wegen Abtrennung des Einziehungsrechts. **92,** 108. — 9) Inwieweit ist eine dem § 719 BGB zuwiderlaufende Verfügung rechtswirksam? **92,** 400. — 10) Hat die Nichtigkeit von Inhaberzinsscheinen, die als Nebenpapiere von Orderschuldverschreibungen zur Ausgabe gelangt sind, nach § 139 BGB die Nichtigkeit der Haupturkunden zur Folge? **93,** 58. — 11) Die Nichtigkeit nach § 138 Abs. 2 BGB ergreift auch das dingliche Geschäft, durch welches die in dem wucherischen Vertrage versprochenen Leistungen zur Ausführung gebracht oder sichergestellt werden. **93,** 75. — 12) Kann die Nichtigkeit eines Rechtsgeschäfts von einem Dritten nur geltend gemacht werden, wenn er ein rechtliches Interesse hieran hat? **93,** 76. — 13) Der Schuldner bedarf zur Geltendmachung der Nichtigkeit der Abtretung der Forderung nicht des Nachweises eines besonderen rechtlichen Interesses. **93,** 76. — 14) Nichtigkeit des Kaufvertrags über ein Grundstück wegen unvollständiger Beurkundung (Nichtaufnahme der Verpflichtung des Käufers, für die Güte der als Entgelt abgetretenen Hypothek Gewähr zu leisten). **93,** 219. — 15) Ein gegen § 181 BGB verstoßender Vertrag ist nicht nichtig, sondern unwirksam. **93,** 337. — 16) Zur Anwendung des § 139 BGB im Falle des § 181 BGB. **93,** 338. — 17) Zur Anwendung des § 139 BGB bei der Facultas alternativa. **94,** 61. — 18) Sind mit dem Inkrafttreten der BRVO über die Beschlagnahme von Fässern v. 28. Juni 1917 früher abgeschlossene Lieferungsverträge nichtig geworden?. **94,** 82. — 19) Wird die in einem formlosen Grundstücksveräußerungsvertrag einem Dritten erteilte Auflassungsvollmacht von der Nichtigkeit des Vertrags mitergriffen? **94,** 148. — 20) Im Zweifel sind alle Bestimmungen eines Vertrags nach der Parteiabsicht für die Anwendung des § 139 BGB als ein zusammengehöriges einheitliches Ganzes zu betrachten. **94,** 149. — 21) Der Schadensersatzanspruch aus § 122 BGB fällt fort, wenn der Beschädigte den Irrtum des Anfechtenden, sei es auch schuldlos, hervorgerufen hat. **94,** 196. — 22) Nichtigkeit des Kaufvertrags mit einer Landgemeinde wegen Nichtwahrung der Form des § 88 Nr. 7 Abs. 2 PreußLandgemeindeO. **94,** 254. — 23) Bereicherungsanspruch bei Nichtigkeit eines beiderseits erfüllten Kaufvertrags. **94,** 254. — 24) Bei Anfechtung eines gegenseitigen, von beiden Seiten erfüllten Vertrags sind die Ansprüche auf Rückgewähr des Geleisteten selbständige, nicht voneinander abhängige Ansprüche; daher findet nicht die Einrede des nicht erfüllten Vertrags, sondern die des Zurückbehaltungsrechts statt. **94,** 310. — 25) Nichtigkeit eines Darlehnsvertrags nach §§ 313, 139 BGB. **95,** 8. — 26) Maßgeblichkeit des Erfüllungsorts für die Frage der Anfechtbarkeit eines Vertrags wegen Irrtums. **95,** 165. — 27) Den §§ 1128, 1130 BGB §§ 97, 98 BVG zuwider erfolgte Verfügungen sind nicht nichtig, sondern nur den bestimmten Personen gegenüber, unwirksam. **95,** 208. 28) Einwirkung der Nichtigkeit auf die akzessorische Sicherheitsabtretung. **95,** 245. — 29) Nichtigkeit rechtsgeschäftlicher Verfügungen über Gegenstände, die von der Beschlagnahme nach der BRVO über die Sicherstellung von Kriegsbedarf v. 24. Juni u. 25. November 1915 betroffen sind. **95,** 348; **99,** 24; **100,** 160, 248. — 30) Unterschied zwischen Wandelung und Anfechtung wegen arglistiger Täuschung; ist letztere neben ersterer zulässig? **96,** 156. — 31) Ausschluß der Anfechtung wegen arglistiger Täuschung im Falle des § 461 BGB. **96,** 158. — 32) Schadensersatzanspruch des Getäuschten bei der Anfechtung. **96,** 158. — 33) Zur Anwendung des § 172 BGB bei Vorlegung einer nichtigen Auflassungsvollmacht. **97,** 275. — 34) Keine Irrtumsanfechtung wegen wesentlicher Mängel der Kaufsache neben den Gewährleistungsansprüchen. **97,** 351. — 35) Verhältnis zwischen Anfechtbarkeit nach § 123 BGB und Nichtigkeit nach § 138 Abs. 1. **98,** 78. — 36) Nichtigkeit des Kaufvertrags, der ohne die nach der DevisenVO erforderliche Genehmigung der Reichsbank geschlossen ist. **98,** 254; **100,** 240. — 37) Bewirkt die Überschreitung von Richtpreisen Nichtigkeit des Kaufs? **97,** 82. — 38) Bewirkt ein Verstoß gegen § 1 Abs. 1 Nr. 1 PreistrVO Nichtigkeit des Verkaufs? **98,** 293. — 39) Findet § 139 BGB auf Gesamtschuldverhältnisse Anwendung? **99,** 52. — 40) Wann ist bei Verträgen der Ausnahmefall von der Regel des § 139 BGB gegeben? **99,** 55. — 41) Unter welchen Voraussetzungen ist ein Vertrag wegen Verstoßes gegen die guten Sitten nichtig, der nur einem Vertragsteil zur Last fällt? **93,** 30; **98,** 79; **99,** 108. — 42) Der Regel nach wird ein Vertrag bei einem Verstoße gegen ein gesetzliches Verbot nur dann nichtig, wenn das Verbot sich gegen beide Teile richtet. **100,** 40. — 43) Keine Nichtigkeit des gegen §§ 10, 11 oder 12 NahrungsmittelG verstoßenden Vertrags. **100,** 40. — 44) Daraus, daß ein Gesetz für den Fall des Zuwiderhandelns eine Einziehung zwingend anordnet, folgt nicht die Unwirksamkeit des gegen das Gesetz verstoßenden Rechtsgeschäfts. **100,** 41. — 45) Für die Wirksamkeit eines Vertrags ist es regelmäßig ohne Belang, ob ihn die Parteien geschlossen haben würden, wenn sie die spätere Entwicklung der Verhältnisse, die sich für eine von ihnen äußerst ungünstig gestaltete, vorausgesehen hätten. **100,** 82. — 46) Kann in einer auf arglistige Täuschung über eine bestimmte Tatsache gestützten Anfechtung zugleich die Anfechtung gefunden werden, daß infolge des unwahrhaftigen Verhaltens des Geschäftsgegners diesem die erforderliche Vertrauenswürdigkeit für ein Lieferungsverhältnis von längerer Dauer fehle? **100,** 205. — 47) Nichtigkeit eines gegen die VO des preuß. Kriegsministers v. 1. April 1915 über den Verkauf von Bankazinn verstoßenden Vertrags. **100,** 247.

II. Bestätigung anfechtbarer und nichtiger Geschäfte.

1) Voraussetzungen der Bestätigung i. S. des § 141 BGB. **93,** 228. — 2) Bedarf die Bestätigung eines formlosen Grundstücksveräußerungsvertrags der Form des § 313 BGB? **94,** 152.

§ 38. Einwilligung. Genehmigung.

1) Ermächtigung zur Prozeßführung in eigenem Namen als „Einwilligung" i. S. des § 185 BGB. Rechtsschutzbedürfnis als Voraussetzung der Aktivlegitimation des Ermächtigten. **91,** 395. — 2) Verfügungen eines einzelnen Miterben über einen Nachlaßgegenstand vor Teilung des Nachlasses können auch durch nachfolgende Genehmigung der Miterben nicht rechtswirksam werden. **93,** 295. — 3) Erfordernisse der Genehmigung nach § 108 Abs. 3 BGB. **95,** 71. — 4) Voraussetzungen der Genehmigung der Prozeßführung nach § 579 Abs. 1 Nr. 4 ZPO. **96,** 50. — 5) Voraussetzungen der Genehmigung nach § 85 HGB. **97,** 2. — 6) Schwebezustand bei Verträgen, deren Wirksamkeit von der Genehmigung eines Dritten oder einer Behörde abhängt; einstweilige Gebundenheit der Vertragschließenden. **98,** 47. — 7) Bedeutung der Genehmigung der Bilanz einer Aktiengesellschaft. **98,** 112. — 8) Der behördlichen Genehmigung nach § 1 BRVO. v. 15. März 1918 bedarf nicht nur die dingliche Übereignung, sondern auch der schuldrechtliche Vertrag, der die Verpflichtung zur Übereignung zum Gegenstand hat. **98,** 245. — 9) Bedeutung und Umfang der vormundschaftsgerichtlichen Genehmigung **99,** 72

§ 39. Vorbehalt.

— — — — — — — — — — —

§ 40. Verzicht.

I. Verzicht im materiellen Recht.

1) Zur Anwendung des § 1169 BGB. **91,** 225. — 2) Welche Wirkung hat ein in Unkenntnis des bereits erfolgten Todes des Erblassers erklärter Verzicht auf den Pflichtteil an dessen Nachlaß? **93,** 298. — 3) Nichtigkeit des Verzichts auf Unfallentschädigung wegen eines den guten Sitten widersprechenden Vorgehens des Haftpflichtversicherers. **96,** 91. — 4) Auslegung eines Verzichts der Pflegeeltern eines unehelichen Kindes auf die Pflegekosten anläßlich einer Unterschlagung der Unterhaltsgelder durch den Vormund. **96,** 145. — 5) Kann in der Zahlung einer Nichtschuld trotz ausgesprochener Zweifel an dem Bestehen der Schuld ein Verzicht auf die Rückforderung erblickt werden? **97,** 140. — 6) Rechtliche Bedeutung des Verzichts des eingetragenen Gläubigers auf den nicht valutierten Teil einer Höchstbetragshypothek. **97,** 228. — 7) Wann ist in der Weiterveräußerung beanstandeter Ware ein Verzicht des Käufers auf die Gewährleistungsansprüche zu erblicken? **98,** 232. — 8) Enthält der Beitritt des Hypothekengläubigers als Streitgehilfe im Anfechtungsprozeß des Konkursverwalters einen Verzicht auf das Absonderungsrecht? **100,** 89. — 9) Stillschweigender Verzicht auf Rückgängigmachung der Leistungen aus einem gegen die VO über Sicherstellung von Kriegsbedarf verstoßenden Kaufe. **100,** 162.

II. Verzicht im Prozeß.

1) Verzicht auf den Klaganspruch in der Revisionsinstanz. **91**, 366. — 2) Muß die Ehefrau, welche der Prozeßführung ihres Mannes über ihr eingebrachtes Gut zugestimmt hat, auch dessen Verzichtserklärungen auf den eingeklagten Anspruch gegen sich gelten lassen? **92**, 156. — 3) Zur Unterscheidung zwischen Verzicht und Klagerücknahme; Bedeutung des Antrags, die Hauptsache für erledigt zu erklären. **100**, 125.

§ 41. Vertretung. Vollmacht. Vertreter ohne Vertretungsmacht. Vornahme von Rechtsgeschäften durch den Vertreter mit sich selbst.

I. Vertretung.

1) Zum Begriff der besonderen durch die Satzung bestimmten Vertreter in § 30 BGB und der verfassungsmäßig berufenen Vertreter in § 31 BGB. **91**, 1; **94**, 320. — 2) Vertretungsmacht der mit der vorläufigen Aufnahme von Kranken beauftragten Oberschwester eines öffentlichen Krankenhauses. **91**, 136. — 3) Ist der Ehemann gesetzlicher Vertreter der Ehefrau i. S. des § 278 BGB? **91**, 138. — 4) Vertretungsmacht der Depositenkassenvorsteher. **94**, 320. — 4) Die Vertretungsmacht der in § 31 BGB bezeichneten Vertreter erstreckt sich im Zweifel auf alle Geschäfte, die der ihnen zugewiesene Geschäftskreis gewöhnlich mit sich bringt. Eine Einschränkung dieser Vertretungsbefugnis durch die Dienstinstruktion ist Dritten gegenüber ohne Bedeutung, wenn sie diese Einschränkung nicht kannten oder kennen mußten. **94**, 320. — 6) Wessen Kenntnis von der Nichtschuld entscheidet im Falle des § 814 BGB, wenn mehrere Vertreter bei der Zahlung mitgewirkt haben? **95**, 126 — 7) Der mit der Pfändung beauftragte Gerichtsvollzieher ist nicht rechtsgeschäftlicher Vertreter des Gläubigers **95**, 154. — 8) Haftet aus einem Vertrage, wer diesen in fremdem Namen geschlossen hat, ohne erkennbar zu machen, daß dieser Name der eines anderen ist? **95**, 188. — 9) Beweislast für das Handeln in fremdem Namen. **95**, 190. — 10) Zur Tragweite des § 166 BGB. **96**, 180 (**61**, 210). — 11) Der Ausdruck „für Rechnung eines anderen" bezeichnet nach kaufmännischem Sprachgebrauch regelmäßig ein Handeln in fremdem Namen. **97**, 261. — 12) Zur Unterscheidung zwischen dem Vertreter im Willen und dem Boten. **97**, 333. — 13) Inwieweit haftet der Versicherungsnehmer dem Versicherer für ein Verschulden seines Vertreters? **97**, 280. — 14) Vertretungsbefugnis des Schiffsmaklers. **97**, 217. — 15) Folgen der mangelnden Vertretungsmacht bei Vereinbarung eines Besitzkonstituts. **98**, 133. — 16) Unter welchen Voraussetzungen kann eine Geschäftsführung ohne Auftrag mittelbaren Besitz für den Geschäftsherrn begründen? **98**, 134. — 17) Eigentumserwerb an beweglichen Sachen durch einen stillen Stellvertreter. **99**, 208. — 18) Ist bei der Gesamtvertretung die Mitwirkung aller Vertreter erforderlich auch zur Entgegennahme einer Erklärung? **100**, **141**. — 19) Eigentumserwerb durch versteckten Stellvertreter. **100**, 191. — 20) Wirkung der Unsittlichkeit des durch den Vertreter geschlossenen Geschäfts gegenüber dem Vertretenen. **100**, 249. — 21) Wirkung eines Verstoßes

des Vertreters, der die Leistung bewirkt hat, gegen gesetzliches Verbot oder die guten Sitten auf den Rückforderungsanspruch des Vertretenen nach § 817 BGB. **100**, 250.

II. Vollmacht.

1) Keine Heilung des Formmangels eines Grundstücksveräußerungsvertrags durch die Auflassung, welche von dem in dem formlosen Vertrage hierzu Bevollmächtigten erklärt ist. **94**, 150. — 2) Der Vertretene haftet für den von dem Bevollmächtigten in Ausübung der ihm verliehenen Vertretungsmacht einem Dritten zugefügten Schaden nur gemäß § 831 BGB. **96**, 179. — 3) Haben der Handlungsreisende und der als solcher tätige Handlungsagent kraft Gesetzes Abschlußvollmacht? **97**, 1. — 4) Ergreift die Nichtigkeit eines Grundstücksveräußerungsvertrags auch die in ihm enthaltene Auflassungsvollmacht? **94**, 148; **97**, 273. — 5) Zur Anwendung des § 172 BGB bei Vorlegung einer nichtigen Auflassungsvollmacht. **97**, 275. — 6) Wann bedarf die Vollmacht zur Abgabe eines Verkaufsangebots über ein Grundstück der Form des § 313 BGB? **97**, 332. — 7) Zur Beurteilung der Frage, ob und in welchem Umfang ein Kaufmann einem Angestellten Vollmacht zur Vornahme von Rechtsgeschäften erteilt hat. **100**, 48.

III. Vertreter ohne Vertretungsmacht.

— — — — — — — — — —

IV. Abschluß von Rechtsgeschäften durch einen Vertreter mit sich selbst.

1) Zur Auslegung des § 181 BGB „kann nicht". **93**, 291. — 2) Inwieweit können mehrere minderjährige Miterben durch denselben gesetzlichen Vertreter vertreten werden? **93**, 335. — 3) Ein gegen § 181 BGB verstoßender Vertrag ist nicht nichtig, sondern nur unwirksam und kann also durch Genehmigung wirksam werden. **93**, 337. — 4) Zur Anwendung des § 139 BGB im Falle des § 181. **93**, 338. — 5) Inwieweit ist die Auseinandersetzung unter Miterben als ein Rechtsgeschäft anzusehen, das ausschließlich in der Erfüllung einer Verbindlichkeit besteht? **93**, 336. — 6) Zur Anwendung des § 181 BGB auf eine Auflassung durch den von beiden Vertragsteilen Bevollmächtigten. **94**, 150. — 7) Abschluß eines Frachtvertrags durch den Agenten des Reeders mit sich selbst. **98**, 187. — 8) Eigentumserwerb an beweglichen Sachen durch Insichgeschäft des stillen Stellvertreters. **99**, 209.

§ 42. Verschulden. Arglist. Böser Glaube. Vorsatz. Absicht. Fahrlässigkeit. Zufall. Höhere Gewalt.

I. Verschulden im allgemeinen.

1) Inwieweit ist ein unrichtiges Verhalten in einer raschen Entschluß und tatkräftiges Handeln erfordernden außerordentlichen Lage dem Handelnden als Verschulden anzurechnen? **92**, 38. — 2) Begründet das Verschulden eine Vermutung für den ursächlichen Zusammenhang? **97**, 14.

II. Arglist. Böser Glaube.

(Arglistige Täuschung § 31 III S. 37.)

1) Unter welchen Voraussetzungen steht der Berufung auf die Richtigkeit des ganzen Vertrags nach § 139 BGB die Einrede der Arglist entgegen? **91,** 360. — 2) Arglistiges Verschweigen des Fehlens zugesicherter Eigenschaften der Ware seitens des Verkäufers, der erst nach Absendung der Ware von diesem Mangel Kenntnis erhält. **91,** 422. — 3) Arglist bei Abfassung eines Bestätigungsschreibens. **95,** 50. — 4) Zur Begründung der Einrede der Arglist gegenüber dem Wechselindossatar und dem Nehmer eines Schecks. **96,** 191. — 5) Wird gegenüber dem Pensionsanspruch eines Beamten die Einrede der Arglist dadurch begründet, daß dem Beamten Unterstützungen in entsprechender Höhe gewährt worden sind? **96,** 240. — 6) Unter welchen Voraussetzungen kann der Geltendmachung des Formmangels die Einrede der Arglist entgegengesetzt werden? **96,** 315; **98,** 236. — 7) Ist die Einrede der Arglist gegenüber dem Nießbraucher begründet, der bei der Zwangsversteigerung eine ihm abgetretene Zinsrückstandsforderung geltend macht, wenn er die Forderung mit Mitteln erworben hat, die aus den Einkünften des Grundstücks herrühren? **100,** 158. — 8) Voraussetzungen der Böswilligkeit in § 14 WZG, §§ 1, 3, 16 UWG. **100,** 185.

III. Vorsatz. Absicht.

1) § 17 Abs. 1 UWG erfordert die Absicht, Schaden zuzufügen; dolus eventualis genügt nicht. **92,** 136. — 2) Kann der Ausschluß der Haftung für vorsätzliche Schadenszufügung durch einen Angestellten gegen die guten Sitten verstoßen? **98,** 35. — 3) Inwieweit ist der Beweggrund des Handelnden von Bedeutung für die Frage, ob sein Handeln sittenwidrig ist? **98,** 73. — 4) Dolus eventualis beim Kettenhandel. **100,** 237.

IV. Fahrlässigkeit.

1) Fahrlässigkeit eines Offiziers bei der Unterweisung des Postens über den Gebrauch der Schußwaffe. **91,** 11. — 2) Erhöhte Sorgfaltspflicht des Kraftfahrers nach § 7 KFG. **92,** 38; **96,** 131. — 3) Fahrlässigkeit bei Ausfüllung von Scheckvordrucken. **92,** 53. — 4) Pflichten des Vaters zur Verhütung der Schädigung Dritter durch sein volljähriges geisteskrankes Kind. **92,** 126. — 5) Grobe Fahrlässigkeit beim Erwerb gestohlener Wertpapiere; mitwirkendes Verschulden des Bestohlenen. **93,** 281; **95,** 16. — 6) Zur Abwägung des Verschuldens des Schuldners bei Gläubigerverzug. **94,** 143. — 7) Fahrlässigkeit dessen, für den ein der Neuheit entbehrendes Gebrauchsmuster eingetragen ist, bei dem Verbot, die betreffenden Waren herzustellen oder feilzuhalten. **94,** 250. — 8) Unter welchen Voraussetzungen ist eine Fahrlässigkeit des Patentinhabers anzunehmen, der in Warnungen vor der Verletzung seines Patentes diesem einen größeren als den ihm zukommenden Umfang beilegt? **94,** 274. — 9) Zum Begriff der Fahrlässigkeit. Ist auf die individuellen Verhältnisse des Täters oder doch auf die Anschauungen der Kreise, denen die Be-

teiligten angehören, Rücksicht zu nehmen? **95**, 17. — 10) Aufmerksamkeitspflicht des Fußgängers auf der Straße; muß er auch auf Hindernisse und Gefahren achten, die seinen Weg nicht bedrohen? **95**, 155. — 11) Sorgfaltspflicht der Betriebsleiter usw. nach § 2 HaftpflG. **95**, 179. — 12) Grenzen der Aufsichtspflicht des Betriebsunternehmers; zur Anwendung der §§ 903, 913 RVO. **95**, 182. — 13) Fahrlässigkeit des Bauunternehmers beim Kaminbau; Nichtbefolgung der Unfallverhütungsvorschriften. **95**, 239. — 14) Sorgfaltspflicht des mit einer Geldbeförderung beauftragten Beamten. **95**, 345. — 15) Sorgfaltspflicht bei Veranstaltung von Böllerschießen. **96**, 93. — 16) Sorgfaltspflicht einer Ausstellungsleitung hinsichtlich der Beaufsichtigung des Fußbodens. **96**, 99. — 17) Zur Frage des Verschuldens des Arztes beim Zurücklassen von Fremdkörpern in der Operationswunde. **97**, 4. — 18) Fahrlässigkeit des Jägers bei Treibjagden. **98**, 58. — 19) Sorgfaltspflicht der Gemeinde hinsichtlich der Beschaffenheit des Leitungswassers. **99**, 101. — 20) Inwieweit kann ein Verschulden bei Handlungen angenommen werden, die ein Beamter nach seinem Ermessen vorzunehmen hat? **99**, 256. — 21) Sorgfaltspflicht bei Einlösung von Schecks. **92**, 54; **100**, 33. — 22) Muß der Anwalt wichtige Sendungen einschreiben lassen? **99**, 273. — 23) Pflicht des Fliegers, des Unternehmers einer Fliegerschule und des Flugplatzhalters zu besonderer Vorsicht. **100**, 70. — 24) Sorgfaltspflicht des Verwahrers, bei dem Eisenbahnfrachtgut gemäß § 437 HGB hinterlegt ist. **100**, 164.

. Zufall. Höhere Gewalt.

1) Zum Begriff der höheren Gewalt. **93**, 67, 305; **94**, 12; **95**, 65; (**101**, 94). — 2) Höhere Gewalt und eigenes Verschulden. **94**, 17. — 3) Hat der Schuldner sein Unvermögen zur Leistung bei der Gattungsschuld nach § 279 BGB auch dann zu vertreten, wenn es durch höhere Gewalt verursacht ist? **99**, 1 — 4) Höhere Gewalt beim Luftverkehr. **100**, 75.

Sechstes Kapitel. Zeitverhältnisse. Aufgebot und Ausschluß von Rechten.

§ 43. Zeitbestimmung. Zeitberechnung. Unvordenkliche Zeit.

(Fristen im materiellen Recht § 12; Verjährung § 13.)

§ 44. Aufgebot und Ausschluß von Rechten nud Ansprüchen.

Zweiter Abschnitt. Sachenrecht.

Erstes Kapitel. Allgemeiner Teil.

§ 45. Besitz.

1) Erlangung des Besitzes an einem Telegramm durch Aushändigung an das Dienstmädchen des Empfängers. **91**, 65. — 2) Besitz als „sonstiges Recht" im Sinne des § 823 Abs. 1 BGB. **91**, 66. — 3) Schadensersatz wegen Besitzentziehung. **91**, 67. — 4) Besitz des Zwangsverwalters an den auf dem verwalteten Grundstück befindlichen Sachen. **92**, 20; **99**, 201. — 5) Die Übergabe nach §§ 1205, 1206, 1274 BGB erfordert Übertragung des unmittelbaren oder mittelbaren Besitzes; es genügt nicht, daß der Gläubiger Besitzdiener geworden ist. **92**, 267. — 6) Wird der Gläubiger, dem ein Grundschuldbrief nur vorübergehend zum Zwecke der Eintragung des Pfandrechts daran überlassen ist, Besitzer oder nur Besitzdiener? **92**, 267. — 7) Erlischt durch die Wiederherstellung des von dem Mitbesitz des Pfandgläubigers freien mittelbaren Besitzes des Eigentümers an der Pfandsache das Pfandrecht daran? **92**, 265. — 8) Bedeutung des, wenn auch unrechtmäßig erworbenen, Eigenbesitzes an dem Hypothekenbrief für die Anwendung des § 1155 BGB. **93**, 43. — 9) Der Schuldner hat an den gepfändeten, in seinem Gewahrsam belassenen Sachen unmittelbaren, der Gerichtsvollzieher mittelbaren Besitz. **94**, 341. — 10) Das Besitzdienerverhältnis setzt eine soziale Abhängigkeit des Besitzdieners von dem anderen Teile voraus, vermöge deren er den sich auf die Sache beziehenden Weisungen des anderen Folge zu leisten hat. **94**, 342. — 11) § 868 BGB setzt nicht ein Vertragsverhältnis voraus; ein „ähnliches Verhältnis" kann auch kraft Gesetzes entstehen. **94**, 341; **98**, 134. — 12) Die Übergabe der Sache unter Eigentumsvorbehalt macht den Käufer nicht zum Eigenbesitzer. **95**, 106. — 13) Muß das in § 868 BGB vorausgesetzte Rechtsverhältnis ein rechtsgültiges sein? **98**, 133. — 14) Der Geschäftsunfähige kann sich zwar des unmittelbaren Besitzes entschlagen, aber sich nicht den mittelbaren Besitz vorbehalten. **98**, 134. — 15) Condictio possessionis, Inhalt des Anspruchs, Anwendung des § 818 Abs. 1 und 2 BGB. **98**, 135. — 16) Zum Erfordernis der Erkennbarkeit der Umwandlung unmittelbaren Eigenbesitzes in unmittelbaren Fremdbesitz oder in Besitzdienerschaft; es genügt, daß der Besitzwechsel überhaupt, sei es auch nur für einen mit den Verhältnissen Vertrauten, erkennbar war. **99**, 209. — 17) Schadensersatzanspruch des Mietsbesitzers eines Grundstücks wegen Schädigung durch Flugzeuge. **100**, 69. — 18) Garderobepächter als Besitzdiener. **97**, 167.

§ 46. Rechte an Sachen im allgemeinen. Ursprünglicher und abgeleiteter Erwerb. Dinglicher Vertrag. Dingliches Erfüllungsgeschäft.

Sind die Vorschriften über die Verträge zugunsten Dritter auf dingliche Verträge anwendbar? **98**, 282.

§ 47. Preußisches Grundbuchwesen nach früherem Recht (Gesetze v. 5. Mai 1872).

1) Folgen der Eintragung eines der Eintragung nicht bedürftigen Rechts (Rentenbankrente, Grunddienstbarkeit) und der Löschung einer solchen Eintragung nach früherem preuß. Liegenschaftsrecht. **93**, 65. — 2) Wirkung einer vor dem Inkrafttreten des BGB eingetragen gewesenen aber versehentlich gelöschten Grunddienstbarkeit gegenüber dem Eigentümer, der das Grundstück unter der Herrschaft des BGB erworben hat. **93**, 66. — 3) Eine unter dem früheren preußischen Rechte entstandene Grunddienstbarkeit ist auch gegenüber demjenigen, der das Grundstück nach Inkrafttreten des neuen Liegenschaftsrechts erworben hat, in dem ihrem Begründungstitel entsprechenden Umfang wirksam, auch wenn sie im Grundbuch eingetragen ist und der Inhalt der Eintragung abweicht. **93**, 66.

§ 48. Allgemeine Vorschriften des BGB über Rechte an Grundstücken. Reichsgrundbuchordnung.

I. Einigung. Antrag.

Einigung nach §§ 873, 925 BGB als dinglicher Vertrag. **99**, 67.

II. Rang.

1) Kein Aufrücken der nachfolgenden Realgläubiger bei Anfechtung einer vorausgehenden Hypothek durch einen Dritten **91**, 370. — 2) Kann der Verkäufer, der sich verpflichtet hat, einem von dem Käufer aufzunehmenden, zum Hausbau zu verwendenden Pfandbriefdarlehn vor seiner Kaufgeldhypothek den Vorrang einzuräumen, die Erfüllung dieser Verpflichtung davon abhängig machen, daß zuvor der Hausbau ausgeführt oder doch die Verwendung des Pfandbriefdarlehns hierzu sichergestellt wird? **92**, 212. — 3) Folgen des Verzugs des Verkäufers mit der Vorrangseinräumung. **92**, 217. — 4) Kann derjenige, auf welchen eine Hypothek durch Scheingeschäft verschoben ist, auf Erfüllung der von dem Hypothekengläubiger übernommenen Verpflichtung zur Vorrangseinräumung in Anspruch genommen werden? **95**, 160.

III. Vormerkung.

1) Eine Vormerkung zur Sicherung des Anspruchs auf Löschung einer Hypothek gemäß § 1179 BGB kann auch für den Fall der Nichtentstehung der Hypothekenforderung bestellt werden. **93**, 116. — 2) Zur Auslegung einer Vereinbarung über die Eintragung einer Löschungsvormerkung. **93**, 116. — 3) Eine Löschungsvormerkung, die bei einer Hypothek auch für den Fall der Nichtentstehung der Hypothek zugunsten eines nachstehenden Hypothekengläubigers eingetragen ist, schützt den Berechtigten nicht nur gegen Verfügungen des Grundstückseigentümers über die ihm wegen Nichtentstehung der Hypothek zustehende Grundschuld, sondern auch gegen Verfügungen über die Hypothek durch den, der zwar als Gläubiger eingetragen, aber wegen Nichtentstehung der Forderung nicht wahrer Gläubiger geworden ist. **93**, 117. — 4) Für die Anwendung

der § 883 Abs. 2, § 888 Abs. 1 BGB ist unerheblich, ob der Erwerber hinsichtlich des Bestehens und der Bedeutung der Vormerkung oder hinsichtlich des durch diese gesicherten Anspruchs auf Löschung in gutem oder bösem Glauben gewesen ist. **93**, 118. — 5) Anspruch des aus einer Vormerkung der zu 1 bezeichneten Art Berechtigten beim Erlöschen der Hypothek gemäß § 91 ZVG. **93**, 118. — 6) Ist der Fall der Nichtentstehung der Hypothekenforderung, für den eine Löschungsvormerkung bestellt ist, als eingetreten anzusehen, wenn der Eintritt der Bedingung, unter der die Forderung hypothekarisch gesichert sein sollte, von dem Grundstückseigentümer wider Treu und Glauben verhindert ist? **93**, 121.

IV. Öffentlicher Glaube des Grundbuchs.

1) Öffentlicher Glaube des Grundbuchs und anteilige Befriedigung nach § 64 KO. Abgesonderte Befriedigung aus der Hypothek, die auf einem Grundstück ruht, das auf den Namen eines Treuhänders eingetragen ist. **91**, 15. — 2) Inwieweit ist für die Frage des guten Glaubens an die Richtigkeit des Grundbuchs ein Rechtsirrtum beachtlich? **91**, 223, 224; **98**, 220. — 3) Nachweis des den guten Glauben begründenden Rechtsirrtums. **91**, 223. — 4) Erfordernisse des Gegenbeweises gegen die Vermutung des § 891 BGB. **92**, 71. — 5) Erfordert die Geltendmachung der Unrichtigkeit der Rechtsvermutung des § 891 BGB ein besonderes sachliches Interesse des Beklagten? **92**, 70. — 6) Für die Anwendbarkeit des § 892 BGB ist lediglich der Zeitpunkt maßgebend, zu dem die Erwerbshandlung sich vollendet hat, bei der Abtretung einer mit dem Vorrange vor anderen noch zu begründenden Hypothek also der der Abtretung und der Einigung gemäß § 1117 Abs. 2 BGB, nicht erst der der Eintragung des Hypothek. **92**, 255. — 7) Keine Verpflichtung des gutgläubigen Erwerbers eines Hypothekenbriefs zur Nachprüfung der Rechtmäßigkeit des Besitzes seines Vormanns. **93**, 43. — 8) Gutgläubiger Erwerb einer Hypothek auf Grund gefälschter Urkunden. **93**, 44. — 9) Sinn der Vorschriften des BGB über den öffentlichen Glauben des Grundbuchs. **93**, 64. — 10) Der öffentliche Glaube des Grundbuchs erstreckt sich nicht auf solche Rechte, die auch ohne Eintragung im Grundbuche Dritten gegenüber voll wirksam sind. **93**, 65. — 11) Der öffentliche Glaube des Grundbuchs hat keinen Einfluß auf die persönliche Schuldforderung des Hypothekengläubigers. **93**, 237. — 12) Der öffentliche Glaube des Grundbuchs als Ausfluß der Bestimmung des Grundbuchs, dem privatrechtlichen Verkehr zu dienen. **93**, 240. — 13) Keine Wirkung des öffentlichen Glaubens des Grundbuchs bei Verfügungen im Zwangsvollstreckungswege. **97**, 227. — 14) Öffentlicher Glaube des Grundbuchs und Hinterlegungsbefugnis des Hypothekenschuldners. **97**, 173. — 15) Zur Anwendung der §§ 891, 1138 BGB bei Eintragung einer Darlehnshypothek auf Grund eines Schenkungsvertrags. **98**, 126. — 16) Ist ein Eigentumserwerb im guten Glauben an die Richtigkeit des Grundbuchinhalts möglich, wenn in Abt. II für einen anderen als den eingetragenen Eigentümer ein Erbpachtrecht eingetragen steht? **98**, 215. — 17) Auf unmögliche Rechtsverhältnisse erstreckt sich der öffentliche Glaube des Grundbuchs nicht.

98, 219. — 18) Der Inhalt des Grundbuchs i. S. des § 892 BGB **bestimmt sich nicht nach** der Eintragung in einer einzelnen Abteilung oder Spalte, sondern nach dem Zusammenhange der Eintragungen in den verschiedenen Abteilungen. **98,** 219.

V. Unrichtigkeit des Grundbuchs. Berichtigung. Berichtigungsanspruch. Widerspruch.

1) Berechtigung des Verkäufers zum Anspruch auf Grundbuchberichtigung auch nach erfolgter Auflassung auf Grund einer Ermächtigung des Käufers. **91,** 396. — 2) Voraussetzungen und Wirkung der Übertragung einer versehentlich in der zweiten Abteilung eingetragenen Hypothek in die dritte Abteilung. **94,** 9. — 3) Anspruch auf Löschung einer Hypothek im Falle des § 1169 BGB. **91,** 226; **94,** 156. — 4) Beweislast des Eigentümers bei der Klage auf Löschung einer Darlehnshypothek, wenn nicht Darlehn sondern Schenkung der Forderung zugrunde liegt. **98,** 126 — 5) Haben pflichtwidrige Eintragungen des Grundbuchrichters materielle Wirksamkeit? **99,** 66.

VI. Grundbucheinrichtung. Anlegung des Grundbuchs. Eintragung. Eintragungsfähigkeit. Löschung. Verfahren.

1) Bedeutung der Ermächtigung des § 15 GBO. Der Notar, der von ihr, wenn auch auf besonderes Ersuchen der Parteien, Gebrauch macht, nimmt eine Amtshandlung vor und hat die Amtspflicht zu deren rechtzeitiger und sorgfältiger Ausführung. **93,** 70 — 2) Bewilligung zur Löschung des auf einem Nachlaßgrundstück eingetragenen Nacherbenvermerks als Verfügung über einen Nachlaßgegenstand im Sinne des § 2040 BGB. **93,** 296. — 3) Pflicht des Grundbuchrichters, einen Eintragungsantrag nach der Gesamtheit der Erklärungen des Antragstellers zu beurteilen. **94,** 6. — 4) Welche Wirkung hat die Eintragung eines dinglichen Rechts in eine andere als die dafür bestimmte Abteilung des Grundbuchs? **94, 7.** — 5) Für selbständige Gerechtigkeiten gelten die Vorschriften des BGB über Grundstücke in Preußen nur dann, wenn sie im Grundbuch eingetragen sind. **94,** 295. — 6) Können vorläufige Eigentümergrundschulden und Verfügungen darüber im Grundbuch eingetragen werden? **97,** 227. — 7) Zur Anwendung des § 79 Abs. 2 GBO. **98,** 107. — 8) Entsprechende Anwendung des § 49 GBO bei nachträglicher Eintragung einer Zwangssicherungshypothek für eine bereits durch Vertragshypothek gesicherte Forderung. **98,** 111. — 9) Bezieht sich die Vorschrift des § 54 GBO, daß eine ihrem Inhalt nach unzulässige Eintragung von Amts wegen zu löschen ist, nur auf solche Eintragungen, welche schon zur Zeit der Eintragung unzulässig waren? **98,** 220.

§ 49. Agrarrechtliche Verhältnisse (Ablösung. Gemeinheitsteilung. Zusammenlegung. Rentengüter).

1) Zum Begriff der Erbpacht in § 2 preuß. AblösungsG. v. 2. März 1850. **98,** 217. — 2) Hatte die Löschung des durch das AblösungsG. v. 2. März 1850 aufgehobenen Eigentumsrechts des Erbpächters von Amts

wegen oder auf Antrag zu erfolgen? **98**, 219. — 3) Welche Bedeutung hat die stehen gebliebene Eintragung des Eigentums des Erbverpächters für den Eigentumserwerb im guten Glauben an die Richtigkeit des Grundbuchinhalts? **98**, 220.

Zweites Kapitel. Das Eigentum.

§ 50. Eigentum. Inhalt. Miteigentum. Gesamteigentum. Fiduziarisches Eigentum.

(Gemeinschaft § 135 S. 135.)

I. Inhalt des Eigentums.

1) Bedeutung des Eigentums an einem Kraftfahrzeug für den Begriff des Halters. **91**, 270. — 2) Einwirkung einer Beschlagnahme nach § 4 BRVO v. 24. Juni 1915 über die Sicherstellung von Kriegsbedarf auf das Schaltungsrecht des Eigentümers. **92**, 36. — 3) Recht des Eigentümers des Flußbetts an dem darüber befindlichen Luftraum, wenn das Wasser selbst ein öffentliches ist. **92**, 47. — 4) Verantwortlichkeit des Eigentümers für die aus der Beschaffenheit der ihm gehörigen Sachen entspringenden Gefahren trotz Vermietung der Sachen **92**, 362; **95**, 63. — 5) Ausschluß der Einwirkung des Eigentümers auf sein unter Zwangsverwaltung stehendes Grundstück, auch soweit es sich um die Beseitigung baulicher Mängel handelt. **93**, 2. — 6) Eigentum des Staats an Wasserläufen erster Ordnung nach § 7 preuß. WasserG v. 7. April 1913. **94**, 35. — 7) Haftung des Hauseigentümers für die Verkehrssicherheit des Zugangs zu einem vermieteten Laden. **95**, 62.

II. Miteigentum.

- - - - - - - - - - - -

III. Gesamteigentum.

Gesamthandeigentum der Gewerken bei der Gewerkschaft alten Rechts. **98**, 183.

IV. Fiduziarisches Eigentum.

1) Einwirkung des Treuhandverhältnisses auf die Zugehörigkeit des davon betroffenen Gegenstandes zur Konkursmasse und auf das Recht zur anteiligen Befriedigung nach § 64 KO. **91**, 14. — 2) Zum Begriff des Treuhandverhältnisses. **91**, 16; **92**, 342. — 3) Ein fiduziarisches Eigentum hat zur Voraussetzung, daß der Gegenstand vom Treugeber aus seinem Vermögen dem Treuhänder anvertraut und übereignet ist. **94**, 308.

§ 51. Gesetzliche Beschränkungen des Eigentums. Nachbarrecht. Lichtschutz (Fensterrecht). Zuführungen (Immissionen). Vertiefung. Überbau. Notweg.

I. Inhalt des Eigentums i. S. der §§ 903—905 BGB.

1) Allgemeine Geltung des in § 904 BGB anerkannten Grundsatzes einer Schadensersatzpflicht ohne Verschulden bei polizeilichen Eingriffen

in wohlerworbene Rechte. **92,** 49. — 2) Ist für die Anwendung des § 905 BGB von Bedeutung, ob die Art der Einwirkung nach den örtlichen Verhältnissen eine gewöhnliche ist? **97,** 25.

II Zuführungen (Immissionen). § 906 BGB. (S. auch § 63 S. 65).

1) Pflicht des Eigentümers, die von seinem Mieter ausgehenden Beeinträchtigungen fremden Eigentums zu verhindern. **92,** 363. — 2) Beeinträchtigung durch Flugzeuge. **97,** 25; **100,** 72. — 3) Kann der Eigentümer eines Grundstücks die Beseitigung einer auf dem Nachbargrundstück errichteten Bretterwand verlangen, die seinen Fenstern Luft und Licht entzieht? **98,** 15.

§ 52. Grenzbau. Grenzberichtigung.

— — — — — — — — — —

§ 53. Erwerb und Verlust des Eigentums an Grundstücken.

I. Auflassung und Eintragung.

1) Verzug mit der Auflassung; Erfordernisse der Fristsetzung nach § 326 BGB. **91,** 165. — 2) Nichtigkeit der Auflassung, wenn die Beteiligten wesentliche Bestandteile des Grundstücks von der Auflassung ausschließen wollten. **97,** 103. — 3) Keine Anwendung des § 926 BGB auf allodiales Zubehör eines Fideikommißgrundstücks. **97,** 106. — 4) Ist Erwerb des Eigentums in gutem Glauben an die Richtigkeit des Grundbuchinhalts möglich, wenn in Abt. II ein Erbpachtrecht für einen anderen als den eingetragenen Eigentümer eingetragen steht? **98,** 215. — 5) Kann aus einem Kaufvertrage, der nach BRVO v. 15. März 1918, betr. die Veräußerung landwirtschaftlicher Grundstücke, der behördlichen Genehmigung bedarf, vor deren Erteilung auf Erfüllung geklagt werden? **98,** 244. — 6) Ist die Eintragung des Erwerbers rechtswirksam, die auf Grund einer nicht oder doch nicht formgerecht beurkundeten, vor dem Grundbuchrichter erklärten Auflassung erfolgt? **99,** 65. — 7) Einigung als dinglicher Vertrag. **99,** 68.

§ 54. Eigentumserwerb an beweglichen Sachen durch Übertragung (Übergabe und deren Ersatz). Erwerb von Nichtberechtigten.

1) Zum Begriff der Übertragung. **92,** 350. — 2) Unter welchen Voraussetzungen ist eine Eigentumsübertragung durch Besitzkonstitut von dem Erzeuger auf die von den Erzeugern begründete Verkaufsvereinigung an den durch die letztere veräußerten Waren anzunehmen? **92,** 352. — 3) Unter welchen Umständen ist anzunehmen, daß der Erwerber den Besitz von dem Veräußerer erlangt hat (§ 932 Abs. 1 Satz 2 BGB)? **93,** 232. — 4) Grobe Fahrlässigkeit beim Ankauf von Wertpapieren. **93,** 281; **95,** 16. — 5) Eigentumserwerb beim Kauf unter Eigentumsvorbehalt, insbesondere durch denjenigen, dem der Käufer den Anspruch auf Eigentumsübertragung abgetreten hat. **95,** 107. — 6) Abnahme und Eigentumsübertragung nach § 930 BGB bei Lieferungsverträgen. **97,** 252. — 7) Hängt die Wirksamkeit des Besitzkonstituts von der Rechtsgültigkeit

der Vereinbarung ab, vermöge deren der Erwerber den mittelbaren Besitz erlangen soll? Welchen Einfluß hat die Unwirksamkeit dieser Vereinbarung wegen Willensmängel, insbesondere bei Geschäftsunfähigkeit oder fehlender Vertretungsmacht? **98,** 133. — 8) Kann das Eigentum durch Vertrag zugunsten eines Dritten diesem ohne seine Mitwirkung übertragen werden? **98,** 282. — 9) Eigentumserwerb durch stillen Stellvertreter, wenn es dem Veräußerer gleichgültig ist, an wen er das Eigentum überträgt. **99,** 208. — 10) Eigentumserwerb durch den stillen Stellvertreter mittels Insichgeschäfts. **99,** 209. — 11) Eigentumserwerb des Bestellers einer Konstruktionszeichnung durch deren Abnahme gemäß § 640 BGB. **100,** 38. — 12) Eigentumserwerb durch verdeckten Stellvertreter. Beweislast hinsichtlich des Willens des Stellvertreters. **100,** 190. — 13) Zum Begriff der Gutgläubigkeit beim Eigentumserwerb vom Nichteigentümer. **100,** 194.

§ 55. Eigentumserwerb an beweglichen Sachen durch Ersitzung.

---

§ 56. Eigentumserwerb an beweglichen Sachen durch Verbindung, Vermischung und Verarbeitung.

---

§ 57. Eigentumserwerb an Schuldscheinen, Hypotheken-, Grundschuld- und Rentenbriefen, Aktien.

1) Die Bestimmung des § 952 BGB, wonach an Hypothekenbriefen und sonstigen Urkunden über Rechte, kraft deren eine Leistung gefordert werden kann, ein besonderes, einem anderen als dem Gläubiger der Forderung zustehendes, Eigentum an sich nicht zugelassen wird, ist nicht zwingenden Rechts. **91,** 157. — 2) Eigentumserwerb am Grundschuldbrief im Falle des § 1169 BGB. **91,** 226. — 3) Ersatzübergabe des Hypothekenbriefes und Vermutung der Übergabe nach § 1117 Abs. 2, 3 BGB. **93,** 44. — 4) Keine Verpflichtung des gutgläubigen Erwerbers zur Nachprüfung der Rechtmäßigkeit des Besitzes seines Vormanns am Hypothekenbrief. **93,** 43. — 5) Anwendung des § 151 BGB bei der Vereinbarung nach § 1117 Abs. 2 BGB. **93,** 250. — 6) Eine Aktiengesellschaft kann ungeachtet des § 226 BGB eigene Aktien erwerben. **93,** 247. — 7) Eigentum des Aktienzeichners an den Aktien. **94,** 64.

§ 58. Eigentumserwerb an Erzeugnissen und Bestandteilen einer Sache.

Eigentumserwerb nach § 946 BGB. Warenumsatzstempel. **94,** 129

§ 59. Aneignung. Fischereirecht. Jagdrecht. Fund. Schatz.

1) Beweislast des Fischereiberechtigten für den Umfang seiner Befugnis gegenüber dem Flußeigentümer. **94,** 34. — 2) Kein Sonderrecht des Flußeigentümers hinsichtlich der Fischereinutzung. **94,** 34. — 3) Auslegung eines Fischereiprivilegs. **94,** 36. — 4) Zum Art. 64 § 2 des Oldenburgischen StaatsgrundG v. 22. November 1852 betr. die Aufhebung von Fischereigerechtigkeiten in fremden Gewässern. **94,** 37 — 5) Fischerei-

berechtigung der Bremer Fischergilde (Amtsfischer) an der Unterweser. **94**, 33. — 6) Durch § 12 Abs. 2 preuß. FischereiG v. 11. Mai 1916 wird der Rechtsweg für die Frage, wem das Fischereirecht auf überfluteten Grundstücken zusteht, nicht ausgeschlossen. **97**, 149. — 7) Wem steht nach § 12 preuß. FischereiG v. 11. Mai 1916 das Recht zum Befischen überfluteter Grundstücke zu, wenn zum Befischen des ausgetretenen Gewässers selbst 2 Personen derart berechtigt sind, daß jedem das Fischereirecht an einem bestimmten Teil des Gewässers zusteht? **97**, 148. — 8) Zur Anwendung des § 8 Abs. 1 und 2 preuß. FischereiG v. 11. Mai 1916. **97**, 151. — 9) Verschulden bei Anlegung von Fischteichen, Schadensersatzpflicht für durch Dammbruch verursachte Überschwemmung. **97**, 115.

§ 60. Eigentumserwerb durch Zuschlag und Einziehung.

1) Wirkungen des Eigentumsübergangs durch den Zuschlag nach § 90 ZVG. **94**, 156. — 2) Eigentumserwerb an Meßfundationen durch Säkularisation nach § 35 Reichsdeputationshauptschluß v. 25. Februar 1803. **94**, 185. — 3) Eigentumserwerb durch Inkorporation und Säkularisation. **96**, 38, 42. — 4) Enteignungsbefugnisse der kriegswirtschaftlichen Organisationen. Zuständigkeit der höheren Verwaltungsbehörde und Rechtsweg für die aus der Übernahme der Waren durch die Kriegsausschüsse erwachsenden Streitigkeiten. **96**, 109 (s. auch § 386 S. 297). — 5) Erwirbt der Ersteher auch bei einer unrechtmäßigen Zwangsversteigerung von Gegenständen, die nicht der Zwangsversteigerung in das unbewegliche Vermögen unterliegen, das Eigentum frei von den auf der Sache ruhenden Lasten? **97**, 42. — 6) Konstitutive Wirkung der Einziehungsverfügung **100**, 41.

§ 61. Verlust des Eigentums an beweglichen Sachen.

— — — — — — — — — —

§ 62. Eigentumsanspruch auf Herausgabe der Sache (Vindikation).

1) Passivlegitimation des Zwangsverwalters für den Eigentumsanspruch Dritter auf Herausgabe von Sachen, die sich auf dem verwalteten Grundstück befinden. **92**, 20. — 2) Kann der Dritte gegen den Hypothekengläubiger, der der Herausgabe der Sachen widerspricht, auf Einwilligung in die Herausgabe durch den Zwangsverwalter klagen? **92**, 21. — 3) Zur Scheidung der dinglichen Ansprüche aus dem Eigentum von den Ansprüchen, die aus einem durch das Verhalten des Besitzers begründeten persönlichen Schuldverhältnisse herrühren. **93**, 283. — 4) Der Anspruch auf Leistung eines anderen Stückes derselben Gattung für den Verlust einer Gattungssache ist ein Schadensersatzanspruch. **93**, 285. — 5) Keine Anwendung des § 254 BGB gegenüber dem Anspruch des Eigentümers gegen den Besitzer der Sache auf deren Herausgabe. **93**, 282. — 6) Der dingliche Herausgabeanspruch des § 987 BGB trifft nur die gezogenen und noch unverbraucht vorhandenen natürlichen und bürgerlichen Sachfrüchte, im übrigen kommt nur ein Anspruch auf Wertvergütung in Frage, **93**, 283. — 7) Wie ist die Vermutung aus § 1006 BGB zu widerlegen? **99**, 153.

§ 63. Eigentumsfreiheitsanspruch (Negatorische Klage).

(S. auch § 51 II S. 62.)

1) Abwehrklage des Eigentümers von beweglichen, auf einem unter Zwangsverwaltung stehenden Grundstück befindlichen, Sachen gegen den Hypothekengläubiger, der der Herausgabe der Sachen widerspricht. **92**, 22. — 2) Zum Begriff des Störers in § 1004 BGB. Als solcher ist auch der anzusehen, auf dessen Willen eine Beeinträchtigung fremden Eigentums oder deren Fortdauer, wenn auch nur mitwirkend, zurückzuführen ist. **92**, 24; **97**, 26. — 3) Schadensersatzanspruch bei Ausschluß der Abwehrklage durch polizeiliche Verfügung. **92**, 49. — 4) Rechte des Grundeigentümers und Wassernutzungsberechtigten gegenüber der Beeinträchtigung durch eine gewerbepolizeilich genehmigte Stauanlage. Wird durch Vereinbarung über die Stauhöhe ein die Anwendung des § 26 GewO ausschließender besonderer privatrechtlicher Titel geschaffen? **93**, 104. — 5) Wird der Anspruch aus dem Eigentum auf Beseitigung der Beeinträchtigung und Unterlassung weiterer Beeinträchtigungen durch nachträglich eintretende Unmöglichkeit ausgeschlossen? **93**, 105. — 6) Klaggrund und Rechtsweg bei der Abwehrklage aus § 1004 BGB. **93**, 259. — 7) Klage des preußischen und oldenburgischen Staats als Eigentümer der Unterweser auf Unterlassung unbefugter Fischerei. Rechtsweg, Beweislast. **94**, 34. — 8) Schadensersatzanspruch des Eigentümers, wenn die Abwehrklage aus § 1004 BGB durch besondere öffentlichrechtliche Vorschrift ausgeschlossen ist, gegen den Störer auch ohne Nachweis eines Verschuldens. **97**, 291; **98**, 348. — 9) Zum Begriff des Störers in § 1004 BGB. **97**, 293. — 10) Haftet beim Ausschluß der Abwehrklage aus § 1004 BGB der Bauunternehmer einer Kleinbahn für den durch Funkenflug aus den Arbeitszügen entstehenden Schaden? **97**, 290; **98**, 347; **100**, 74. — 11) Inwieweit ist die Abwehrklage des Grundstückseigentümers gegenüber dem Bergwerksbetrieb und gegenüber dem Betriebe der zum Bergwerk gehörigen Aufbereitungsanstalten (Kokereien) ausgeschlossen? **98**, 79. — 12) Enthält die Geltendmachung rechtsverletzender Tatsachen, die sich während des Rechtsstreits ereignet haben, zur Begründung der Abwehrklage eine Klageänderung? **99**, 177. — 13) Der Grundeigentümer kann der Einleitung von Grubenwässern in einen Wasserlauf auch dann nicht widersprechen, sondern nur Schadensersatz fordern, wenn Abhilfemaßregeln gegen die Verunreinigung des Wasserlaufs zwar technisch möglich aber wirtschaftlich undurchführbar sind. **99**, 179. — 14) Ist beim Zusammentreffen mehrerer Immissionen, von denen die eine übermäßig ist, die übrigen sich in den Grenzen des Erlaubten halten, die Abwehr- und Schadensersatzklage auch den Urhebern der letzteren Immissionen gegenüber begründet? **99**, 179, 181. — 15) Enthält das Überfliegen fremder Grundstücke eine unzulässige Einwirkung i. S. der §§ 1004, 905 Satz 2 BGB.? **100**, 73. — 16) Steht dem Grundstückseigentümer ein Anspruch auf Ersatz des durch den Absturz eines Flugzeugs verursachten Schadens gegen die Flieger und den Flugplatzhalter auch ohne deren Verschulden zu? **100**, 69.

Drittes Kapitel. Die dinglichen Rechte an fremden Sachen.

§ 64. Dingliche Rechte an fremden Sachen im allgemeinen.

1) Zur Anwendung der Art. 625 flg., 631 code civil. **91**, 171. — 2) Zum Wesen der dinglichen Rechte. **93**, 236. — 3) Ist das Privatbergregal und dessen privatrechtlicher Inhalt ein dingliches Recht? **94**, 294. — 4) Sind Schürf- und Bohrrechte im Gebiet des preuß. ABG und des kursächsischen Mandats von 1743 dingliche Rechte? **97**, 38.

§ 65. Erwerb und Verlust dinglicher Rechte an fremden Sachen, insbesondere an Grundstücken, nach früherem preußischen Recht.

— — — — — — — — — —

§ 66. Erwerb und Verlust dinglicher Rechte an fremden Sachen nach BGB im allgemeinen.

Inwieweit finden die Vorschriften über Grundstücke Anwendung auf dingliche Rechte an Grundstücken? **97**, 38.

§ 67. Erbbaurecht.

— — — — — — — — — —

§ 68. Dienstbarkeiten im allgemeinen.

— — — — — — — — — —

§ 69. Grunddienstbarkeit.

1) Eine vor Inkrafttreten des neuen Liegenschaftsrechts im Geltungsbereiche des preuß. G. v. 5. Mai 1872 eingetragen gewesene, aber versehentlich gelöschte Grunddienstbarkeit kann ungeachtet der Löschung auch gegenüber demjenigen, der das Grundstück nach Inkrafttreten des neuen Rechts erworben hat, ausgeübt werden. **93**, 66. — 2) Der Inhalt einer unter dem früheren preußischen Liegenschaftsrecht entstandenen Grunddienstbarkeit bestimmt sich auch bei Abweichung von dem Inhalt der Eintragung auch gegenüber demjenigen, der das Grundstück nach Inkrafttreten des neuen Liegenschaftsrechts erworben hat, nach ihrem Begründungstitel. **93**, 66. — 3) Haftung des Verkäufers eines Grundstücks aus der Zusage des Vorhandenseins einer dem Grundstück zugehörenden Servitut nach gemeinem Recht. **93**, 72. — 4) Zugunsten eines Grundstücks bestehende Dienstbarkeiten gelten als wesentliche Bestandteile des herrschenden Grundstücks. **93**, 73. — 5) Der Verkäufer eines Grundstücks haftet beim Mangel eines Dienstbarkeitsrechts, dessen Vorhandensein er zugesichert hat, nach § 437 BGB. **93**, 73. — 6) Der Schadensersatzanspruch des Käufers verjährt im vorbezeichneten Falle nach § 195 BGB in 30 Jahren. **93**, 73. — 7) Der Irrtum über das Bestehen einer Grunddienstbarkeit ist nicht ein Irrtum über eine Eigenschaft, sondern über einen Bestandteil des herrschenden Grundstücks. **93**, 74.

§ 70. Nießbrauch.

1) Mit der Bestellung des Nießbrauchs gehören die Mietforderungen nicht mehr dem Eigentümer des Grundstücks, sondern dem Nießbraucher

93, 123. — 2) Erfordernisse der Pfändung von Mietzinsen bei bestehendem Nießbrauch. Widerspruchsrecht des Nießbrauchers nach § 771 ZPO. **93,** 123. — 3) Kein unmittelbares Recht des Hypothekengläubigers auf Zahlung der Zinsen gegen den Nießbraucher. **100,** 158. — 4) Rechtswirksamkeit der Abtretung von Hypothekenzinsrückständen an den Nießbraucher, auch wenn er die Zinsen mit aus dem Grundstück herrührenden Mitteln bezahlt hat. **100,** 155. — 5) Verstößt der Nießbraucher gegen die guten Sitten oder begründet es die Einrede der Arglist, wenn er anstatt die Hypothekenzinsen für den Grundstückseigentümer zu bezahlen, die Zinsrückstände mit Mitteln, die aus den Einkünften des Grundstücks herrühren, für sich erwirbt? **100,** 158.

§ 71. Persönlich beschränkte Dienstbarkeiten.

— — — — — — — — — — —

§ 72. Dingliches Vorkaufs- und Wiederkaufsrecht.

— — — — — — — — — — —

§ 73. Reallasten. Gemeine Lasten. Öffentliche Lasten.

1) Zum Begriff der öffentlichen Lasten. **92,** 176. — 2) Rechtliche Natur der Straßenanliegerbeiträge. Dinglichkeit? Rechtsweg? **93,** 201.

§ 74. Altenteil (Auszug. Leibgedinge. Leibzucht).

— — — — — — — — — — —

Viertes Kapitel. Das Pfandrecht.

§ 75. Das Pfandrecht im allgemeinen.

1) Sicherheitsabtretung und Verpfändung. **91,** 279; **92,** 281. — 2) Wirkung der Anfechtung eines von mehreren Pfandrechten auf die Rechte der anderen Pfandgläubiger. **91,** 370. — 3) Der Verpfänder, der sich zur Befriedigung des Gläubigers bereit erklärt, kann die Verurteilung des Pfandgläubigers zur Herausgabe des Pfandes Zug um Zug gegen die Zahlung der Schuld verlangen. **92,** 281. — 4) Muß der Verpfänder, der die Rückgabe des Pfandes gegen Befriedigung des Gläubigers verlangt, den Betrag der durch das Pfand gesicherten Forderungen beziffern und sich zu deren Befriedigung unter Angabe des Betrages bereit erklären? **92,** 282. — 5) Kann der Pfandgläubiger Zahlung seiner Forderung nur gegen das Anerbieten der Pfandrückgabe verlangen? **92,** 282. — 6) Untergang der Sache, der bei Aktien deren dauernde Wertlosigkeit gleichsteht, bringt das Pfandrecht daran zum Erlöschen. **96,** 185. — 7) Verstößt der Verkauf des Pfandes durch den Pfandgläubiger bei Pfandreife gegen die guten Sitten, wenn dadurch einem Dritten der Erwerb des Pfandes ermöglicht werden soll? **98,** 70. — 8) Wahlrecht des Pfandgläubigers, dem mehrere Sachen verpfändet sind. **98,** 74.

§ 76. Hypothek und Grundschuld nach früherem Recht.

1) Hausabfindung als Hypothek nach älterem braunschweigischen Grundbuchrecht. **94,** 6. — 2) In welcher Abteilung des Grundbuchs waren nach älterem braunschweigischen Grundbuchrecht gesetzliche Abfindungsrechte bei bäuerlichen Grundstücken einzutragen? **94,** 7. — 3) Wurde nach früherem Recht die Entstehung einer Hypothek dadurch verhindert, daß sie in die zweite Abteilung als dingliche Last eingetragen wurde? **94,** 7.

§ 77. Hypothek und Grundschuld (Rentenschuld) nach BGB.

I. Inhalt des Hypothekenrechts. Bruchteilshypothek. Bedingte Hypotheken. Bestellung. Gläubiger. Inhalt der Eintragung. Briefhypothek. Hypothekenbrief. Buchhypothek. (Rangverhältnis § 48 II S. 58).

1) Hypothekenbrief als körperliche Sache im Sinne des § 90 BGB und als Gegenstand der Leihe. **91,** 157. — 2) Kann an einem Hypothekenbrief ein besonderes, einem andern als dem Gläubiger der Forderung zustehendes, Eigentum bestehen? **91,** 157. — 3) Zurückbehaltungsrecht am Hypothekenbrief. **91,** 158. — 4) Zum Begriff der Baugeldhypothek **92,** 215. — 5) Die Hypothek ist ein Recht am Grundstück, kein schuldrechtlicher Anspruch gegen den Grundstückseigentümer, der diesen zu einer Leistung verpflichtete (§ 241 BGB). **93,** 236. — 6) Das dingliche Recht des Hypothekengläubigers kann nicht zum Gegenstand einer Bürgschaft gemacht werden. **93,** 236. — 7) Übernahme der Gewähr dafür, daß die Hypothekenforderung durch das belastete Grundstück genügend gesichert sei? **93,** 237. — 8) Ersatzübergabe des Hypothekenbriefs. **93,** 44, 250. — 9) Wird die Entstehung einer Hypothek dadurch gehindert, daß sie in die zweite, anstatt in die dritte Abteilung des Grundbuchs eingetragen ist? **94,** 7. — 10) Richtigstellung einer versehentlich in die zweite Abteilung eingetragenen Hypothek. **94,** 9. — 11) Steht § 1114 BGB der Eintragung von Ersatzhypotheken nach §§ 50, 125, 128 ZVG auf Miteigentumsanteilen entgegen, die durch den Zuschlag an denselben Ersteher wieder vereinigt sind? **94,** 154. — 12) Kein unmittelbares Recht des Hypothekengläubigers auf Zahlung der Zinsen gegen den Nießbraucher. **100,** 158.

II. Gegenstand der hypothekarischen Haftung. Gesamthypothek. Sicherheitsgefährdung. Veräußerungsbeschränkung.

1) Die Gesamthaftung mehrerer Grundstücke für eine Hypothek genügt nicht, sie zu einer „Sache" i. S. des § 36 Nr. 4 ZPO zu machen. **91,** 42. — 2) Wird durch die Verschlechterung des Grundstücks, welche die Sicherheit der für den Verkäufer eingetragenen Kaufgeldhypothek gefährdet, eine Einrede gegen den Anspruch des Käufers auf Einräumung des Vorranges für ein einzutragendes Pfandbriefdarlehn vor der Kaufgeldhypothek begründet? **92,** 218. — 3) Die Vorschriften der §§ 1128, 1130 BGB, §§ 97, 98 VVG enthalten Veräußerungsverbote

i. S. des § 135 BGB; zuwiderlaufende Verfügungen sind nur relativ unwirksam; die Verbote verlieren ihre Wirksamkeit mit der Wiederherstellung der Gebäude. **95,** 207. — 4) Kann eine gewöhnliche Hypothek mit einer Sicherungshypothek zu einer Gesamthypothek verbunden werden? **98,** 110 (**70,** 245). — 5) Kann dieselbe Forderung durch hypothekarische Eintragung auf mehreren Grundstücken gesichert werden, ohne daß eine Gesamthypothek nach § 1132 BGB entsteht? **98,** 110.

III. Persönliche Schuld. Übernahme der persönlichen Schuld durch den Erwerber des belasteten Grundstücks. Verhältnis zwischen Forderung und Hypothek.

1) Einwirkung der Konkurseröffnung über das Vermögen des Schuldners und des Zwangsvergleichs auf den persönlichen Anspruch des Hypothekengläubigers hinsichtlich der Zinsen. **92,** 181. — 2) Wirkungen einer zugunsten eines nachstehenden Hypothekengläubigers eingetragenen, den Fall der Nichtentstehung der Hypothek mitumfassenden Löschungsvormerkung. Ist die Hypothekenforderung als entstanden anzusehen, wenn der Eintritt der Bedingung, unter der die Forderung gesichert sein sollte, von dem Grundstückseigentümer wider Treu und Glauben vereitelt ist? **93,** 121. — 3) Wirkung der Zahlung der Hypothekenforderung durch den Übernehmer der Schuld nach § 415 Abs. 3 BGB. **93,** 237. — 4) Der öffentliche Glaube des Grundbuchs schützt den gutgläubigen Erwerber der Hypothek nicht hinsichtlich des persönlichen Schuldverhältnisses **93,** 237.

IV. Abtretung. Übergang.

1) Inwieweit ist Rechtsirrtum geeignet, den Schutz des guten Glaubens des Erwerbers einer Grundschuld oder Hypothek an die Richtigkeit des Grundbuchs zu begründen? **91,** 223, 224. — 2) Können die aus einem fiduziarischen Rechtsverhältnis zwischen dem Eigentümer und dem bisherigen Gläubiger entspringenden Einreden, insbesondere die Einrede der nachträglichen Tilgung der Forderung, zu deren Sicherheit die Grundschuld oder Hypothek abgetreten ist, auch dem späteren Gläubiger entgegengesetzt werden, der bei dem Erwerbe von dem Bestehen des fiduziarischen Verhältnisses Kenntnis gehabt hat? **91,** 225. — 3) Anwendung des § 404 BGB auf Hypothek und Grundschuld. **91,** 225. — 4) Ein Rechtsirrtum, der nicht das Bestehen einer Einrede des Grundstückseigentümers gegenüber dem bisherigen Gläubiger, sondern lediglich die rechtlichen Wirkungen der Abtretung der Grundschuld durch den eingetragenen Gläubiger betrifft, kann den Schutz des guten Glaubens nicht begründen **91,** 224. — 5) Sicherheitsabtretung von Hypotheken; entsprechende Anwendung der §§ 401, 421 BGB bei Übertragung der Forderung, zu deren Sicherheit die Hypothek abgetreten ist. **91,** 280. — 6) Bei Abtretung einer mit dem Vorrange vor andern erst zu begründenden Hypothek ist für die Anwendung des § 892 BGB der Zeitpunkt maßgebend, zu dem die Erwerbshandlung sich vollendet hat, nicht der der Eintragung

der Hypothek. **92,** 255. — 7) Wann vollendet sich die Erwerbshandlung bei der Abtretung einer noch nicht eingetragenen Hypothek? **92,** 255. — 8) Gefälschte Urkunden als Grundlage des gutgläubigen Erwerbs einer Hypothek; keine Verpflichtung des gutgläubigen Erwerbers, die Rechtmäßigkeit des Besitzes seines Vormanns am Hypothekenbriefe nachzuprüfen. **93,** 43. — 9) „Eine" Abtretungserklärung genügt zur Anwendung des § 1155 BGB. **93,** 44. — 10) Voraussetzungen der Ersatzübergabe des Hypothekenbriefs. **93,** 44. — 11) Erstreckt sich der Formzwang des § 313 BGB auf die zum Entgelt für die Eigentumsübertragung übernommene Verpflichtung, eine Hypothek unter Gewähr für ihre Güte abzutreten? **93,** 219. — 12) Durch die Zahlung der Hypothekenforderung durch denjenigen, der für die dingliche Schuld — in unzulässiger Weise — Bürgschaft geleistet hat, geht die Forderung nicht auf den Zahlenden über. **93,** 236. — 13) Bedarf es für die Ersatzübergabe des Hypothekenbriefs nach § 1117 Abs. 2 BGB der Annahmeerklärung des Zessionars, wenn die Abtretungsurkunde die Bewilligung und den Antrag auf Aushändigung des Hypothekenbriefs an ihn enthält? **93,** 250. — 14) Kann die in der Abtretungsurkunde enthaltene Erklärung dem Grundbuchamt gegenüber widerrufen werden? **93,** 251. — 15) Kann derjenige, auf den eine Hypothek durch Scheingeschäft verschoben ist, auf Erfüllung der von dem Gläubiger übernommenen Verpflichtung zur Vorrangseinräumung in Anspruch genommen werden? **95,** 160. — 16) Rechtswirksamkeit der Übertragung von Zinsrückständen mit der Hypothek auf den Nießbraucher, der die Zinsen bezahlt hat, auch wenn er dies mit aus dem Grundstück herrührenden Mitteln getan hat. **100,** 155.

V. Verpfändung. Zurückbehaltungsrecht.

(Pfändung von Hypotheken und Grundbuchschulden § 345 S. 255.)

Verpfändung einer Grundschuld. Voraussetzungen der Übergabe des Grundschuldbriefs. Erlöschen des Pfandrechts durch Wiederherstellung des freien, wenn auch nur mittelbaren, Besitzes des Eigentümers an dem Grundschuldbrief. **92,** 265.

VI. Eigentümergrundschuld.

1) Umwandlung einer Hypothek hinsichtlich rückständiger Amortisationsbeiträge bei deren Bezahlung durch oder für den Grundstückseigentümer in eine Eigentümergrundschuld; Anspruch auf deren Löschung nach Art. 215 Württemb. AusfGzBGB. **91,** 299. — 2) Behandlung einer unter früherem Recht versehentlich in die zweite Abteilung eingetragenen Hypothek mangels Bildung und Aushändigung des Hypothekenbriefs als Eigentümergrundschuld. **94,** 8. — 3) Einwirkung der Zwangsversteigerung auf die Eigentümergrundschuld. **94,** 9. — 4) Rechtliche Natur und Pfändbarkeit der vorläufigen Eigentümergrundschuld. **97,** 226. — 5) Können vorläufige Eigentümergrundschulden und Verfügungen darüber im Grundbuch eingetragen werden? **97,** 227. — 6) Hat bei der Pfändung einer vorläufigen Eigentümergrundschuld das Verfügungsverbot be-

dingte Wirksamkeit? Erlangt es, nachdem die Eigentümergrundschuld endgültig festgestellt und die Pfändung im Grundbuch eingetragen worden ist, rückwirkende Kraft? **97**, 227.

VII. Sicherungs- und Höchstbetragshypothek.

1) Kautionshypothek für künftigen Erbteil. **92**, 4 (**65**, 364). — 2) Auch bei der Höchstbetragshypothek des § 1190 BGB besteht, so lange die gesicherte Forderung noch nicht endgültig festgestellt ist, zunächst eine vorläufige Eigentümergrundschuld i. S. des § 1163 Satz 1 BGB, die erst nach der Feststellung, soweit diese reicht, in eine Gläubigerhypothek übergeht, im übrigen endgültig Eigentümergrundschuld bleibt. **97**, 226. — 3) Welche Bedeutung hat der Verzicht des Gläubigers auf den nicht valutierten Teil einer Höchstbetragshypothek? **97**, 228. — 4) Ist § 867 Abs. 2 ZPO auch dann anwendbar, wenn wegen derselben Forderung, wegen deren die Eintragung einer Zwangssicherungshypothek beantragt wird, bereits auf einem anderen Grundstück des Schuldners eine Zwangssicherungshypothek eingetragen ist? **98**, 108. — 5) Ist § 867 Abs. 2 ZPO auch dann anwendbar, wenn wegen der beizutreibenden Forderung bereits eine Vertragshypothek auf einem andern Grundstück des Schuldners bestellt ist? **98**, 108. — 6) Kann für dieselbe Forderung auf einem Grundstück eine Verkehrshypothek und auf einem andern eine Sicherungshypothek eingetragen werden? **98**, 110.

VIII. Zwangs- und Arresthypothek.

S. § 346 III S. 257.

IX. Kündigung. Löschung. Aufhebung.

1) Anspruch des Grundstückseigentümers, der dem Erwerber einer zur Sicherheit abgetretenen Grundschuld eine Einrede nach §§ 1157, 1192 BGB entgegensetzen kann, auf den Verzicht des Gläubigers auf die Grundschuld nach § 1169 BGB. **91**, 225. — 2) Kann im Falle des § 1169 BGB der Eigentümer statt des Verzichts von dem Gläubiger die Einwilligung in die Löschung verlangen? **91**, 226; **94**, 156. — 3) Materiellrechtliche, den Eintritt von Verzugsfolgen hindernde Wirkung der BRVO v. 8. Juni 1916 über die Geltendmachung von Hypotheken usw. **93**, 93. — 4) Beweislast des Grundstückseigentümers, der die Löschung einer Darlehnshypothek verlangt, weil ein Darlehen nicht gegeben sei. **98**, 126. — 5) Erlöschen der Hypothek für Zinsrückstände, wenn der Eigentümer oder ein Dritter für ihn die Zinsen bezahlt. **100**, 157.

X. Klage und sonstige Rechtsmittel des Hypothekengläubigers.

1) § 1148 BGB stellt eine unwiderlegliche Fiktion auf. **94**, 57. — 2) Die Einwendungen des nicht eingetragenen Eigentümers nach § 1148 Satz 2 BGB müssen gegen den Hypothekengläubiger mittels besonderer Klage geltend gemacht werden. Sie kommen nicht dem als Eigentümer Eingetragenen oder dem Verwalter der Konkursmasse des Letzteren zu. **94**, 57. — 3) Gegen wen ist die dingliche Hypothekenklage zu richten, wenn das belastete Grundstück unter Zwangsverwaltung steht? **99**, 199.

XI. Befriedigung. Zwangsvollstreckung. Zwangsversteigerung.

1) Kann der Hypothekengläubiger außer abgesonderter Befriedigung aus dem Grundstück auch volle verhältnismäßige Befriedigung aus der Konkursmasse des persönlichen Schuldners fordern, der die Hypothek bestellt und demnächst das Grundstück einem andern zu treuen Händen übereignet hat? **91,** 12. — 2) Naturalrestitution bei Verletzung der Ausbietungsgarantie. **91,** 213. — 3) Die Befriedigung des Gläubigers wegen rückständiger Zinsen und Amortisationsbeiträge durch den Ablösungsberechtigten in Ausübung seines Ablösungsrechts nach § 268, 1150 BGB läßt den Anspruch als solchen mit seinem Range nach § 10 ZVG bestehen; auch der Ablösungsberechtigte kann die rückständigen Beträge nur in der 8. Rangklasse geltend machen. **91,** 297. — 4) Treu und Glauben im Verhältnis zwischen Hypothekengläubiger und schuldner bei der Zwangsversteigerung. **91,** 343. — 5) Passivlegitimation des Hypothekengläubigers bei der Klage auf Herausgabe von Gegenständen, die sich auf einem unter Zwangsverwaltung stehenden Grundstück befinden? **92,** 20. — 6) § 1149 BGB umfaßt auch schuldrechtliche Verträge, die auf Übertragung des Eigentums gerichtet sind. **92,** 104. — 7) Wird die Anwendung des § 1149 BGB dadurch ausgeschlossen, daß die Übertragung des Grundstücks im Falle nicht rechtzeitiger Befriedigung des Hypothekengläubigers zu einem bestimmten Preise, unter Herauszahlung des Überschusses, vereinbart ist. **92,** 103. — 8) Ist § 1149 BGB anwendbar auf eine, schon vor der Fälligkeit der Hypothek getroffene, Vereinbarung einer festen, von der Zahlung am Fälligkeitstage unabhängigen, Übereignung des Grundstücks zu bestimmtem Preise oder eines Kaufvertrags dieses Inhalts? **92,** 105. — 9) Steht der Abschluß eines wirklichen Kaufs der Anwendung des § 1149 BGB schlechthin entgegen? **92,** 104. — 10) Inwieweit kann der Hypothekengläubiger nach Beendigung des Konkursverfahrens über das Vermögen des Schuldners durch Zwangsvergleich den persönlichen Anspruch auf die Zinsen geltend machen? **92,** 181. — 11) Anwendung des § 41 Abs. 2 KO auf Ansprüche des Hypothekengläubgers gegen den Versteigerungserlös. **95,** 224. — 12) Unter welchen Voraussetzungen ist der Schuldner eines Hypothekenbetrags, der außer von dem eingetragenen Gläubiger auch von einem andern in Anspruch genommen wird, zur Hinterlegung auch dann berechtigt, wenn mit Rücksicht auf den guten Glauben des Grundbuchs die Zahlung an den eingetragenen Gläubiger den Schuldner auch dem andern gegenüber befreien würde? **97,** 173. — 13) Recht des Hypothekengläubigers zur Anfechtung der Veräußerung und Entfernung von Zubehör, auch nachdem sein Recht am Grundstück selbst durch Zuschlag erloschen. **100,** 89.

§ 78. Pfandrecht an beweglichen Sachen.

1) Die zur Herstellung des Pfandrechts erforderliche Übergabe wird nicht dadurch bewirkt, daß der Gläubiger Besitzdiener an der Sache wird. **92,** 267. — 2) Genügt zur Übergabe eines Grundschuldbriefs i. S. der §§ 1274, 1205, 1206 BGB, daß der Brief dem Gläubiger vorübergehend

zum Zwecke der Eintragung des Pfandrechts im Grundbuch überlassen wird? **92**, 267. — 3) Das Pfandrecht erlischt nach § 1253 BGB nicht nur durch Rückgabe des Pfandes an den Verpfänder oder den Eigentümer selbst, sondern auch dann, wenn es auf deren Anweisung an einen Dritten herausgegeben wird; es erlischt auch durch eine Rückgabe, welche den mittelbaren Besitz des Eigentümers von der Beschränkung durch den Mitbesitz des Pfandgläubigers befreit. **92**, 267. — 4) Beweislast für Verletzung der Verwahrungspflicht des Pfandgläubigers. **96**, 185. — 5) Das Pfändungsrecht ist kein kraft Gesetzes entstandenes Pfandrecht i. S. des § 1257 BGB. **97**, 40. — 6) Zum Erfordernis des guten Glaubens im Falle des § 1244 BGB. **100**, 277. — 7) Schadensersatzpflicht des Pfandgläubigers nach § 1243 Abs. 2 BGB. **100**, 278.

§ 79. Pfandrecht an Rechten (Wertpapieren).

1) Erwerb des Pfandrechts an Wertpapieren durch Verpfändung seitens eines Nichtberechtigten. Auslegung des Auftrags, die Wertpapiere „nach Weisung der N. Bank" zu verwenden. **93**, 230. — 2) Zum Begriff der Einziehung im §§ 1282 flg. BGB; fällt der Verkauf der Forderung darunter? **97**, 39. — 3) § 1244 BGB findet auch auf den Verkauf von verpfändeten Rechten Anwendung, wenn dieser Verkauf durch eine nach § 1277 Satz 1 mögliche besondere Abrede zugelassen ist. **100**, 276. — 4) Schadensersatzpflicht des Pfandgläubigers wegen unrechtmäßiger Versteigerung des Geschäftsanteils an einer GmbH. **100**, 278.

§ 80. Die gesetzlichen Pfand- und Vorzugsrechte.

Wird der Schadensersatzanspruch des Vermieters wegen Verletzung seines gesetzlichen Pfandrechts durch Unterlassung der gerichtlichen Geltendmachung dieses Rechtes beeinflußt? **98**, 346.

Fünftes Kapitel. Sonstige dingliche Rechtsverhältnisse.

§ 81. Familienfideikommisse. Familienstiftungen. Lehen.

I. Familienfideikommisse.

1) Zum Begriff der Fideikommißstiftung in Tarifnr 24 preuß. StempG v. 31. Juli 1895. Erbstammgut nach bremischem Ritterrecht. **91**, 284. — 2) Verhältnis des BGB und des Fideikommißrechtes hinsichtlich der Frage, ob eine Sache wesentlicher Bestandteil des Fideikommißguts ist. **97**, 103. — 3) Unter welchen Voraussetzungen werden Anlagen, die der Besitzer mit seinem Allodialvermögen auf dem Fideikommißgrundstück errichtet, Fideikommißvermögen? **97**, 104. — 4) Unter welchen Voraussetzungen erlischt die Fideikommißeigenschaft von Grundstücken, die gegen andere, dem Fideikommiß zugeschriebene, Grundstücke ausgetauscht werden? **97**, 105. — 5) Keine Anwendung des § 926 BGB auf das zum Allodialvermögen gehörige Zubehör des Fideikommißgrund-

stücks. **97**, 106. — 6) Zur Anwendung der Tarifst. 8 Abs. 4 Nr. 1 preuß. StempG v. 30. Juni 1909 bei der Auflassung von Fideikommißgrundstücken mit darauf befindlichen, zum Allodialvermögen gehörigen Anlagen. **97**, 102. — 7) Dingliche Wirkung des in der Stiftung eines Fideikommisses enthaltenen Veräußerungsverbots. **98**, 313. – 8) Voraussetzungen der Stiftung eines Familienfideikommisses, insbesondere in Kapitalien, nach gemeinem Recht. **98**, 309. — 9) Bedeutungslosigkeit des „Anerkenntnisses" eines Beteiligten für die Frage, ob ein Fideikommiß besteht. **98**, 316.

II. Familienstiftungen.

Auslegung der Urkunde über Errichtung einer Familienstiftung **100**, 231.

III. Lehen.

1) Ist nach gemeinem Lehnrecht der Lehnsfolger an den von seinem Vorgänger geschlossenen Pachtvertrag gebunden? **95**, 112. — 2) Anrechnung des Lehnsgutes bei der Teilung des Allodialnachlasses. **98**, 312. — 3) Einräumung eines nutzbaren Pfandes in der Form der Belehnung; Lehngewere. **98**, 315.

§ 82. Rechtsverhältnisse der öffentlichen Wege und der Privatwege.

1) Rechtliche Natur des durch die Erteilung der alleinigen Berechtigung zur Legung elektrischer Leitungen in den Gemeindestraßen begründeten Rechts. Ansprüche bei Verletzung dieses Rechts. **91**, 170. — 2) Gegenüber einer landespolizeilich genehmigten Bahnanlage und der Verlegung ihre elektrischen Leitungen gewähren Privatrechte nur Entschädigungsansprüche. **91**, 176. — 3) Haftung des Postfiskus für Verschulden der Beamten bei Verlegung von Telegraphenkabeln auf öffentlichen Straßen. **91**, 273. — 4) Öffentlich-rechtliche Natur der Zustimmungsverträge zwischen Wegunterhaltungspflichtigem und Kleinbahnunternehmer nach § 6 KleinbahnG und der darin enthaltenen Tarifvereinbarungen. Rechtsweg. **92**, 310; **93**, 79. — 5) Kreuzung einer Straße durch Eisenbahngeleise Bedeutung für die Frage, ob höhere Gewalt im Sinne des § 1 HaftpflG vorliegt. **93**, 67. — 6) Bedeutung einer observanzmäßig bestehenden Streupflicht für die fortdauernde Wirksamkeit vor dem PreußG v. 1. Juli 1912 über die Reinigung öffentlicher Wege erlassener Polizeiverordnungen. **93**, 125. — 7) Rechtliche Natur der Straßenanliegerbeiträge. Rechtsweg? **93**, 201. — 8) Zur Auslegung des § 6 Abs. 2 und 4 TelegraphenwegeG. **94**, 182. — 9) Zum Begriff der „Inanspruchnahme" eines Weges für den öffentlichen Verkehr in § 56 PreußZustG. **99**, 14. — 10) Inwieweit bindet die gemäß § 56 PreußZustG im Verwaltungsstreitverfahren erlassene Entscheidung die ordentlichen Gerichte? **99**, 14. — 11) Voraussetzungen der Öffentlichkeit eines Weges, insbesondere nach rheinischem Wegerecht. **99**, 16. — 12) Beweislast für die Öffentlichkeit eines Weges. **99**, 15.

§ 83. Rechtsverhältnisse der öffentlichen Flüsse und der sonstigen öffentlichen Gewässer.

1) Hoheitsrecht des Staats über öffentliche Flüsse (domaine public) nach Rheinischem Recht. **91,** 89. — 2) Grenzen des Wirkungskreises der Stromaufsichtsbehörde; Zurücknahme der Genehmigung zur Benutzung des Flußufers als Ladestelle. **91,** 89. — 3) Zieht die Öffentlichkeit des Wassers notwendig die des Flußbetts nach sich? **92,** 48. — 4) Rechte des Flußeigentümers am Luftraum über öffentlichem Wasser. **92,** 48. — 5) Entschädigungsanspruch des Eigentümers des Flußbetts wegen Beeinträchtigung seines Rechts an dem darüber befindlichen Luftraum. **92,** 49. — 6) Eigentum des preußischen und oldenburgischen Staates an der Unterweser. Klage auf Unterlassung unbefugter Fischerei. Rechtsweg, Beweislast. **94,** 34. — 7) Zum Begriff des Eigentums am Wasserlauf nach § 7 PreußWasserG v. 7. April 1913. **94,** 35. — 8) Eine vom WasserG nicht besonders zugelassene, den Gemeingebrauch des § 25 überschreitende Betätigung unbefugter Dritter in dem Raum, in dem das Flußwasser sich bewegt, stellt eine rechtswidrige Störung am Flußeigentum dar. **94,** 35. — 9) Rechtsweg und Wahrung der Ausschlußfrist nach § 13 Abs. 3 PreußG, betr. die Herstellung und den Ausbau von Wasserstraßen, vom 1. April 1905. **94,** 134. — 10) Abwehrklage und Schadensersatzanspruch desjenigen, dem ein Privatrecht an dem öffentlichen Strom zusteht, bei Verunreinigung des Wassers durch Gruben- und Fabrikabwässer **99,** 172.

§ 84. Rechtsverhältnisse der Privatflüsse, Landseen und Quellen.

I. Privatfluß.

1) Inwieweit ist die Aufnahme und das Ausscheiden der Genossen bei den Wassergenossenschaften der freien Vereinbarung überlassen? **92,** 26. — 2) Rechte des Flußanliegers bei Beeinträchtigung durch eine gewerbepolizeilich genehmigte Stauanlage; Einwirkung einer Vereinbarung über die Stauhöhe. **93,** 101. — 3) Verhältnis der wasserrechtlichen Bestimmungen des Landesrechts zu § 836 BGB. **97,** 115.

II. Landseen.

1) Zum Begriff der geschlossenen Gewässer. **97,** 149. — 2) Fischereirechte auf von einem Landsee überfluteten Grundstücken. **97,** 148.

III. Quellen.

1) Rechtsweg für den Anspruch auf Herstellung von Einrichtungen zur Schadensverhütung nach § 200 Abs. 2 PreußWasserG v. 7. April 1913 trotz Einleitung des Verleihungsverfahrens nach § 203 Abs. 1 Satz 1 und auch nach rechtskräftiger Verleihung eines Rechts auf Wasserentnahme. **91,** 148, 154. — 2) Ist die Entscheidung der Verleihungsbehörde, durch welche der Anspruch auf Herstellung solcher Einrichtungen zurückgewiesen ist, für die Gerichte bindend? **91,** 154. — 3) Der Anspruch aus § 200 Abs. 2 PreußWasserG v. 7. April 1913 ist ein, von dem Nachweis eines Ver-

schuldens unabhängiger, Schadensersatzanspruch wegen Zuwiderhandlung gegen eine Verbotsbestimmung und privatrechtlicher Natur. **91,** 150. — 4) Zur Anwendung des § 82 PreußWasserG v. 7. April 1913. **91,** 152. — 5) Zur Auslegung des § 19 PreußQuellenschutzG v. 14. Mai 1908. Welcher Zeitpunkt ist für die Schadensberechnung maßgebend? **92,** 325.

§ 85. Mühlenrecht. Deichrecht.

1) Schadensersatzanspruch des durch Veränderung eines Deiches geschädigten Grundbesitzers nach der Deich- und AbwässerungsO für die Grafschaften Hoya und Diepholz v. 22. Januar 1864. **91,** 105. — 2) Kann der Grundbesitzer wegen erhöhter Überschwemmungsgefahr infolge Veränderung der Deiche nach § 249 BGB Ersatz der zur Herstellung eines besonderen Schutzdeiches aufzuwendenden Kosten verlangen? **91,** 105. — 3) Mühlgraben als öffentliches Gewässer mit privatem Eigentum am Flußbett nach gemeinem und reußischem Recht. Schadensersatzanspruch des Flußbetteigentümers wegen Beeinträchtigung seines Rechts an dem darüber befindlichen Luftraum. **92,** 46. — 4) Laßzins. **92,** 46, 49. — 5) Rechte der Wassernutzungsberechtigten gegenüber der Beeinträchtigung durch eine gewerbepolizeilich genehmigte Stauanlage. Wird durch eine Vereinbarung über die Stauhöhe ein die Anwendung des § 26 GewO ausschließender besonderer privatrechtlicher Titel geschaffen? Nachträglich eintretende Unmöglichkeit. **93,** 101. — 6) Schadensersatzanspruch wegen durch Dammbruch verursachter Überschwemmung nach § 836 BGB. **97,** 112.

§ 86. Bergrecht.

(Die Paragraphen ohne Zusatz bezeichnen die des Preuß. Berggesetzes v. 24. Juni 1865.)

1) Aufhebung einer Gemeinschaft an Kuxen alten Rechts; wie kann die Teilung in Natur erfolgen? **91,** 416. — 2) Gewerkschaft als Verein **92,** 74. — 3) Zur Rechtsfähigkeit der Kaufgewerkschaften gothaischen Rechts. **92,** 73; **99,** 218; **100,** 210. — 4) Das Kaufgeschäft über Kuxe ist nicht um deswillen nichtig, weil die Kuxe nichtig sind; Haftung des Verkäufers nach § 437 BGB. **92,** 76. — 5) Ist ein Vertrag, durch den der eine sich verpflichtet, bei seinen eigenen Bauten Vorkehrungen gegen Bergschäden zu treffen, der andere dagegen, dafür bestimmte Summen an jenen zu zahlen, ein Werkvertrag? Stempelpflicht eines solchen Vertrags. **92,** 168. — 6) Zu den Nutzungsberechtigten i. S. des § 135 gehören auch der Mieter und Pächter, auch wenn sie nur obligatorisch, nicht dinglich berechtigt sind. **93,** 11. — 7) Durch den Enteignungsbeschluß nach § 142 erlangt der Bergwerksbesitzer noch nicht das Eigentum am Grundstück; der Beschluß begründet vielmehr nur die Verpflichtung des Grundeigentümers zur Abtretung. **93,** 12. — 8) § 135 enthält keine echte oder unechte Verweisung auf die landrechtlichen Vorschriften über Miete und Pacht. **93,** 11. — 9) Kantinenbetrieb als Nebenbetrieb eines Bergwerks; Warenumsatzsteuerpflicht. **93,** 225. — 10) Zum Schadensersatzanspruch nach § 148; Aktivlegitimation; Anwendung des § 254 BGB. **93,** 262. — 11) Stempelpflicht der Einzahlungen auf Anteilscheine gewerkschaftlich

betriebener Bergwerke. Zum Begriff des Betriebs und des Betriebsverlustes in Tarifnr. 1 d RStempG v. 15. Juli 1909 und Tarifnr. 1 B StempG v. 3. Juli 1913. **94**, 39; **95**, 170. — 12) Brikettfabrik zur Bearbeitung der eigenen Förderung des Bergwerks als zum Bergwerk gehörige Betriebsanstalt. **94**, 40. — 13) Zum Begriff und Inhalt des Privatbergregals. **94**, 293. — 14) Veräußerlichkeit des Privatbergregals der Standesherren in Preußen. **94**, 293. — 15) Privatbergregal als dingliches Recht; ist auch der privatrechtliche Inhalt des Bergregals ein dingliches Recht? **94**, 294, 295. — 16) Anwendung des PreußABG auf den Bergbau in den Regalbezirken. **94**, 295. — 17) Zum Begriff des Anspruchs auf Distriktverleihung. **94**, 295. — 18) droit des mines et usines. **94**, 293. — 19) Felderstreckung. **94**, 295. — 20) Bedarf es zum Schürfen in den Regalbezirken eines Schürfscheins des Regalinhabers? **94**, 298. — 21) Auslegung eines Vertrags über Rechte des Regalherrn. **94**, 292, 294. — 22) Grundstücksumsatzstempel bei bedingtem Vertrag über künftige Übereignung von Bergwerkseigentum. **94**, 298. — 23) Zeitpunkt der Entstehung des Bergschadens und Aktivlegitimation zur Ersatzforderung. **95**, 76. — 24) Ein nach § 148 zum Ersatz verpflichtender Schaden ist schon dann eingetreten, wenn infolge des umgehenden Bergbaus und der von ihm drohenden Gefahr der Verkehrswert des Grundstücks herabgesetzt ist. **95**, 78. — 25) Ist § 55 ALR I, 6 anwendbar auf den Schadensersatzanspruch nach §§ 148, 151 ABG? **95**, 79. — 26) Zulässigkeit der Bestimmung eines bloßen Verwaltungssitzes neben dem eigentlichen Sitze der Gewerkschaft. **95**, 171. — 27) Der Gewerke kann sich nach § 130 von der Entrichtung einer ausgeschriebenen Zubuße dadurch befreien, daß er unter Überreichung des Kuxscheins den Verkauf seines Anteils behufs Befriedigung der Gewerkschaft anheimstellt. Klagerhebung ist nicht Voraussetzung der Anwendung des § 130. **96**, 114. — 28) Sind Schürf- und Bohrrechte, die auf freiwilliger Einräumung durch den Grundbesitzer beruhen, im Gebiete des PreußABG und in dem des kursächsischen Mandats von 1743 dinglicher Natur? **97**, 38. — 29) Welcher Zeitpunkt ist maßgebend für die Bemessung des zu ersetzenden Minderwerts eines durch Bergbau beschädigten Hausgrundstücks? Ist die nachträglich durch den Krieg verursachte Steigerung der Reparaturkosten bei der Bemessung des Minderwerts zu berücksichtigen? **98**, 52. — 30) Welcher Zeitpunkt ist maßgebend für die Bemessung des Geldbetrags, der zur Beseitigung der einem Grundstück durch Bergbau zugefügten Beschädigungen erforderlich ist? Ist eine nach Erhebung der Klage eingetretene Preissteigerung zu berücksichtigen? **98**, 55. — 31) In welchem Umfange ist die Abwehrklage des Grundeigentümers gegenüber dem Bergwerksbetrieb ausgeschlossen? Ist sie gegenüber den ein Zubehör des Bergwerks bildenden Aufbereitungsanstalten (Kokereien) gegeben? **98**, 79. — 32) Inhalt des Rechts einer Gewerkschaft an eigenen Kuxen. **98**, 93, — 33) Zum Begriff der „vorgeschriebenen Einzahlungen" in Tarifnr. 1 B Abs. 2 RStempG v. 3. Juli 1913. **98**, 91. — **34) Gewerkschaft des alten Rechts als Gemeinschaft zur gesamten Hand, 98, 183.** — 35) Fortdauernde Bedeutung des PreußG v. 12. Mai 1851 über die

Rechtsverhältnisse der Miteigentümer eines Bergwerks für die rechtliche Beurteilung der alten Gewerkschaft. **98,** 183. — 36) Verhältnis des PreußG v. 12. Mai 1851 zu § 953 BGB. **98,** 182. — 37) Gehören das Bergwerk und die geförderten Erze zum Gesamteigentum der Gewerkschaft oder besteht daran eine Gemeinschaft nach Bruchteilen unter den Gewerken? **98,** 183. — 38) Naturalverteilung der geförderten Erze als Gegenstand der Warenumsatzsteuer. **98,** 184. — 39) Der Grundeigentümer kann der Einleitung von Grubenwässern in einen Wasserlauf auch dann nicht widersprechen, sondern nur Entschädigung fordern, wenn Abhilfemaßregeln gegen die Verunreinigung des Wasserlaufs zwar technisch möglich aber wirtschaftlich undurchführbar sind. **99,** 179. 40) Ist eine gothaische Gewerkschaft nach preuß. Rechte nichtig, wenn sie in Preußen Bergbau betreibt und dort ihren Verwaltungssitz, in Gotha aber nur einen formellen Sitz hat? **99,** 218. — 41) Wann ist die Haftung des Verkäufers von Kuxen für Mängel im Recht ausgeschlossen? **99,** 220. — 42) Sind Gothaische Kaufgewerkschaften nach gothaischem Rechte nichtig? **100,** 210.

§ 87. Realgewerbeberechtigungen. Ausschließliche Gewerbeberechtigungen. Zwangs- und Bannrechte.

— — — — — — — — — — — —

§ 88. Dingliche Rechtsverhältnisse in bezug auf Kirche und Schule.

Umfang der Kirchenbaulast des Patrons nach gemeinem Recht und nach ALR. **100,** 271.

Dritter Abschnitt. Recht der Schuldverhältnisse.

Erstes Kapitel. Allgemeiner Teil.

1. Subjekte der Schuldverhältnisse

§ 89. Bestimmtheit des Subjekts.

— — — — — — — — — — — —

§ 90. Gesamtschuldner. Gesamtgläubiger.

1) Die abweichende Bestimmung von der Regel des § 426 Abs. 1 Satz 1 BGB braucht keine ausdrückliche zu sein; es genügt, wenn sich ein anderes aus den Umständen, insbesondere aus der Natur des zwischen den Gesamtschuldnern bestehenden Rechtsverhältnisses ergibt. **91,** 278. — 2) Die Bestimmung des § 426 Abs. 1 Satz 2 BGB erzeugt keine Gesamtschuld, sondern gibt einen neuen Ausgleichungsanspruch, für den derselbe Verteilungsmaßstab gilt, wie für die Hauptausgleichung nach Satz 1. **92,** 146. — 3) Umfang der Rechtskraftwirkung des über den Hauptausgleichungsanspruch ergangenen Urteils auf den Ausfallsausgleichungsanspruch nach § 426 Abs. 1 Satz 2 BGB. **92,** 146, 147. — 4) Haften im Falle des § 426 Abs. 1 Satz 2 gegenüber dem im Innenverhältnis von der Schuld ent-

lasteten Gesamtschuldner die übrigen gesamtschuldnerisch? **92,** 146 (**87,** 64) — 5) Verhältnis des § 17 KFG zu § 426 Abs. 1 Satz 1 BGB. **92,** 146. — 6) Der Ausgleichungsanspruch umfaßt nur die Schadensersatzleistungen, welche die Gesamtschuldner dem Verletzten schulden, also nicht die dem Ausgleichfordernden im Rechtsstreit mit dem Verletzten erwachsenen Kosten. **92,** 148. — 7) Inwieweit besteht unter den Gesamtschuldnern eine Gemeinschaftsverpflichtung? **92,** 151. — 8) Keine Rechtskraftwirkung der Prozesse zwischen dem Verletzten und den Urhebern des Unfalls für und gegen den Ausgleichungsanspruch. **92,** 153. — 9) Zum Begriff des echten Gesamtschuldverhältnisses. **92,** 408. — 10) Entsprechende Anwendung des § 254 BGB bei der Ausgleichung nach § 426 BGB. **92,** 147, 408; **93,** 97. — 11) Zwischen der Eisenbahnverwaltung, die aus dem HaftpflG haftet, und der Militärverwaltung, die den Hinterbliebenen eines bei einem Eisenbahnunfall Getöteten Versorgung nach dem MilHinterblG zu gewähren hat, besteht kein Gesamtschuldverhältnis nach § 421 BGB und keine Ausgleichungspflicht nach § 426 BGB. **92,** 407. — 12) Ausgleichungspflicht unter Gesamtschuldnern aus § 1 HaftpflG. **93,** 97. — 13) Keine Haftung der Miterben untereinander als Gesamtschuldner. **93,** 197. — 14) Gesamtschuldnerische Haftung der Parteien für die Vergütung des Schiedsrichters. **94,** 212. — 15) Gesamtschuldnerische Haftung der für einen Verlust öffentlicher Gelder verantwortlichen Beamten gegenüber dem Staate in Preußen. **95,** 347. — 16) Anwendung des § 425 BGB bei Ausschlußfristen. **96,** 47. — 17) Gesamtschuldverhältnis mehrerer Steuerpflichtiger nach § 12 Abs. 2 preußStempG v. 30. Juni 1909. **96,** 46. — 18) Das Eintreten für eine fremde Schuld erzeugt kein Gesamtschuldverhältnis zwischen dem Schuldner und dem Interzedenten. **96,** 139. – 19) Stillschweigende Begründung eines Gesamtschuldverhältnisses? **96,** 138. — 20) Gesamtschuldnerische Haftung mehrerer schuldiger Schiffe nach dem Intern. Übereinkommen zur einheitlichen Feststellung von Regeln über den Zusammenstoß von Schiffen v. 23. September 1910. **96,** 167. — 21) Ist die zur Abwendung der Zwangsvollstreckung aus einem vorläufig vollstreckbaren Urteil geleistete Zahlung als Erfüllung i. S. des § 422 Abs. 1 BGB anzusehen? **98,** 329. — 22) Findet § 139 BGB auf Gesamtschuldverhältnisse Anwendung? **99,** 52.

2. Gegenstand und Inhalt der Schuldverhältnisse.

§ 91. Verpflichtung des Schuldners im allgemeinen. Treu und Glauben. Teilbarkeit und Unteilbarkeit. Gesetzliche Schuldverbindlichkeiten. Natürliche Schuldverbindlichkeiten.

I. Verpflichtung des Schuldners im allgemeinen.

Begriff und Entstehung des Schuldverhältnisses. **99,** 226.

II. Treu und Glauben.

1) Berücksichtigung von Tr. u. Gl. hinsichtlich der zeitlichen Begrenzung des Gebrauchmachens von der Kriegsklausel bei Lieferungs- und Dienstverträgen. **91,** 58. — 2) Kann nach Tr. u. Gl. der Empfänger

eines Vertragsangebots aus diesem Rechte herleiten, wenn der Widerruf des Angebots ihm zwar später als das Angebot zugegangen, aber gleichzeitig mit diesem zu seiner Kenntnis gekommen ist? **91,** 63. — 3) Die Auslegungsregeln des § 271 BGB und der § 358 HGB gelten nicht, wenn Tr. u. Gl. eine andere Auslegung erfordern. **91,** 67. — 4) Beschränkung der Frist zur Geltendmachung einer Freizeichnungsklausel nach Tr. u. Gl. **91,** 109. — 5) Tr. u. Gl. hinsichtlich des Rücknahmerechts des Verleihers. **91,** 158. — 6) Tr. u. Gl. bei der Schadensersatzforderung wegen Verletzung einer Ausbietungsgarantie. **91,** 216. — 7) Wer berechtigter Weise, wenn auch ohne dazu verpflichtet zu sein, eine Sache für Rechnung eines andern verkauft, ist nach Tr. u. Gl. auch zur Einziehung des Kaufpreises verbunden. **91,** 259. — 8) Tr. u. Gl. bei Auslegung und Erfüllung eines Lieferungsvertrags über den Milchertrag eines Gutes. **91,** 312. — 9) Gebieten Tr. u. Gl. die gleichmäßige Verteilung der Vorräte seitens des Verkäufers, der wegen der Kriegsverhältnisse die übernommenen Lieferungen nicht sämtlich voll ausführen kann, auf alle seine Kunden ohne Unterschied, ob er mit ihnen unter einer Kriegsklausel oder ohne solche abgeschlossen hat? **91,** 33. — 10) Tr. u. Gl. im Verhältnis zwischen Hypothekengläubiger und -schuldner bei der Zwangsversteigerung; unzulässige Ausnutzung eines Irrtums des Schuldners über die Höhe der vollstreckbaren Forderung. **91,** 343. — 11) Tr. u. Gl. bei der Würdigung des Schweigens des Käufers gegenüber einer unberechtigten Erfüllungsweigerung des Verkäufers. **91,** 347. — 12) Ist der Verkäufer, der nach Absendung der Ware von dem Fehlen zugesicherter Eigenschaften Kenntnis erhält, nach Tr. u. Gl. verpflichtet, hiervon dem Käufer Mitteilung zu machen? **91,** 422. — 13) Sind die Grundsätze von Tr. u. Gl. auch bei außervertraglichen Ansprüchen anwendbar? **92,** 11; **93,** 243. — 14) Verstößt die Geltendmachung eines Schadensersatzanspruchs aus § 25 PreußEisenbG seitens des Spediteurs und des Eigentümers von Umzugsgut, das im Möbelwagen verladen bei der Beförderung auf der Eisenbahn beschädigt ist, gegen Tr. u. Gl.? **92,** 10, 11 (**70,** 174). — 15) Tr. u. Gl. bei Anwendung des § 354 HGB. **92,** 16. — 16) Pflicht des Gesellschafters, dem das Vorrecht zur Einschiebung neuer Teilhaber eingeräumt ist, zur besonderen Rücksichtnahme auf die Interessen der Gesellschaft (§ 242 BGB). **92,** 167. — 17) Stehen Tr. u. Gl. der Anwendung der §§ 323, 472 BGB auf ein Dienstverhältnis entgegen, welches eine Werbetätigkeit für das geschäftliche Unternehmen des Dienstherrn zum Gegenstand hat? **92,** 177. — 18) Widerspricht der Verkäufer Tr. u. Gl., wenn er sich wegen einer geringfügigen und unverschuldeten Überschreitung der Zahlungsfrist seitens des Käufers vom Vertrage lossagt? **92,** 211. — 19) Tr. u. Gl. bei der Ergänzung von Vertragslücken. **92,** 320. — 20) Befreit Preissteigerung nach Tr. u. Gl. von der Lieferungspflicht? **92,** 322; **95,** 43; **98,** 262; **99,** 259. — 21) Nach § 242 BGB kann dem Verkäufer von Arzneimitteln die Bewirkung der Leistung nicht zugemutet werden, wenn der Käufer sich durch deren Entgegennahme nach der BRVO über den Handel mit Arzneimitteln v. 22. März 1917 strafbar machen würde. **92,** 358. — 22) Vertragspflicht des Mieters nach § 157 BGB zur Beobachtung der gesetzlichen Einschränkungen

(§ 906 BGB) beim Gebrauch der Mietsache und zur Unterlassung eines Dritte gefährdenden Verhaltens dabei. **92**, 363, 364. — 23) Zur Anwendung des § 242 BGB auf einen Vertrag, der die Innehaltung einer bestimmten Stauhöhe für die Stauanlage eines Wassertriebwerks zum Gegenstand hat. **93**, 105. — 24) Gegen Tr. u. Gl. verstoßendes Verhalten des Baugeldempfängers. Einwirkung dieses Verhaltens auf die bei der Baugeldhypothek zugunsten einer nachstehenden Hypothek eingetragene Löschungsvormerkung. **93**, 119. — 25) Kein Rechtsanspruch des Kaufmanns gegen den andern darauf, daß dieser, um einen Vertrag einzuhalten, Schleichwege gehe, mit deren Notwendigkeit bei Abschluß des Vertrags nicht zu rechnen war. **93**, 185.—26) Tr. u. Gl. beim Vertragsschluß. Es darf sich ein Vertragsteil nicht auf die Mehrdeutigkeit einer Erklärung des andern Teils berufen, wenn ihm der Sinn, den der andere Teil damit verband, bekannt ist. **93**, 299. — 27) Tr. u. Gl. bei der Frage, ob bei einer Lieferung an Behörden eine Vinkulierung erfolgt ist. **94**, 94. — 28) Tr. u. Gl. bei Abwägung der Pflichten des Schuldners im Falle des Gläubigerverzugs. **94**, 143. — 29) Tr. u. Gl. bei Beurteilung einer Kündigung aus wichtigem Grunde. **94**, 236. — 30) Berechtigung des zur Lieferung in einen Freihafen Verpflichteten, Garantien dafür zu fordern, daß die Ware nicht in das Inland eingeführt werde. **94**, 247. — 31) Tr. u. Gl. bei der Besserungsklausel. **94**, 291. — 32) Tr. u. Gl. bei der Versicherung des imaginären Gewinns gegen Kriegsgefahr. **94**, 303. — 33) Geltung des Grundsatzes, daß jeder seine Handlungen so gegen sich gelten lassen muß, wie sie von den Verkehrsanschauungen aufgefaßt werden, im bürgerlichen Rechte. **95**, 124. — 34) Ausschluß der Kündigung eines auf unbestimmte Zeit geschlossenen Gesellschaftsvertrags während oder vor bestimmter Frist nach Tr. u. Gl. **95**, 151. — 35) Der Vorschrift des § 242 BGB, daß der Schuldner die Leistung so zu bewirken habe, wie Tr. u. Gl. mit Rücksicht auf die Verkehrssitte es fordern, entspricht die Pflicht des Gläubigers, den ihm zustehenden Anspruch unter Einhaltung der gleichen Grundsätze geltend zu machen. Folgen einer dieser Pflicht zuwiderlaufenden Verzögerung der Geltendmachung für die Lieferpflicht des Schuldners. **95**, 310. — 36) Tr. u. Gl. hinsichtlich der Zahlungspflicht des Käufers eines Kraftwagens, der trotz eines Fuhrverbots die Lieferung des Wagens verlangte, nach Beschlagnahme der Reifen aber die Abnahme verweigerte. **96**, 119. — 37) Tr. u. Gl. bei der Erfüllung fortlaufender Lieferungen. **96**, 129. — 38) Tr. u. Gl. im Versicherungsrecht. **96**, 151. — 39) Tr. u. Gl. bei der Auslegung eines Vertragsangebots. **96**, 276. — 40) Unter welchen Umständen verstößt die Geltendmachung eines Formmangels gegen Tr. u. Gl.? **96**, 315; **98**, 236. — 41) Der Grundsatz, daß die Sicherheit des geschäftlichen Verkehrs die Zuverlässigkeit ausdrücklicher vertraglicher Erklärungen erfordert, darf nicht zu einer Überspannung des buchstäblichen Wortsinns führen. **97**, 139. — 42) Tr. u. Gl. bei der Frage, inwieweit beim Vertragsschluß eine Verpflichtung zur Kundgebung erheblicher Tatsachen an den Vertragsgegner besteht. **97**, 327. — 43) Tr. u. Gl. bei der Frage, ob ein Gesellschafter einem beabsichtigten Geschäfte zustimmen muß. **97**, 331. — 44) Tr. u. Gl. hinsichtlich der Geltung örtlicher

Handelsgebräuche. **97,** 218. — 45) Tr. u. Gl. bei Anwendung des § 162 Abs. 1 BGB. **98,** 51. — 46) Gesetzliche oder gewillkürte Formvorschriften können durch die Berufung auf Tr. u. Gl. nicht beseitigt werden. **98,** 236. — 47) Inwieweit ist nach Tr. u. Gl. der Verkäufer zur Lieferung verpflichtet, wenn die behördliche Erlaubnis dazu nur unter Ermäßigung des vereinbarten Händlergewinns erteilt wird? **98,** 260. — 48) Tr. u. Gl. bei Ausübung des Kündigungsrechts nach § 542 BGB. **98,** 287. — 49) Tr. u. Gl. hinsichtlich des Rechts eines Gesellschafters, Vorschüsse auf seinen Gewinnanteil aus der Gesellschaftskasse zu entnehmen. **98,** 300. — 50) Tr. u. Gl. bei Anwendung des § 279 BGB. **99,** 1. — 51) Berechtigung zur Lieferungsverweigerung nach Tr. u. Gl., wenn der Verkäufer erfährt, daß der Käufer mit der Ware Preiswucher und Kettenhandel treibt. **99,** 157. — 52) Tr. u. Gl. bei der Frage, ob die Erfüllung eines Vertrags mit Rücksicht auf die durch Krieg und Revolution herbeigeführte Änderung der Verhältnisse nachgefordert werden kann. **93,** 341; **94,** 68; **99,** 115. — 53) Tr. u. Gl. bei der Frage der Vorteilsausgleichung. **99,** 118. — 54) Kann unter besonderen Umständen die Abänderung einer einzelnen Vertragsbestimmung durch den Richter nach Tr. u. Gl. gerechtfertigt sein? **100,** 129. — 55) Verstößt es gegen Tr. u. Gl., wenn ein ausländischer Gläubiger von der Vereinbarung Gebrauch macht, daß der deutsche Schuldner die Gefahr des Sinkens der deutschen Valuta zu tragen habe? **100,** 82. — 56) Tr. u. Gl. bei der Beurteilung, wer als Vertragspartei zu gelten hat. **100,** 117. — 57) Unter welchen Umständen verstößt die verzögerte Geltendmachung von Freizeichnungsklauseln gegen Tr. u. Gl.? **100,** 260.

§ 92. Unmöglichkeit der Leistung, ursprüngliche, nachträgliche. Unvermögen zur Leistung.

1) Kann ein Urteil auf Erfüllung erlassen und der Streit über die Unmöglichkeit aufgeschoben werden, wenn der Gläubiger die vom Schuldner eingewandte Unmöglichkeit bestreitet? **91,** 32; **99,** 234. — 2) Wird die Erfüllung infolge eines vom Schuldner zu vertretenden Umstands unmöglich, so darf der abstrakte Schaden spätestens mit dem Tage des Eintritts der Unmöglichkeit berechnet werden. **91,** 32, 102. — 3) Verlust des Anspruchs auf die Gegenleistung bei Unmöglichkeit der Begleichung des Kaufpreises in der vereinbarten Art (durch Londoner Bankrembours). **91,** 47, vgl. **92,** 226. — 4) Zur Berechnung des konkreten Schadens bei durch den andern Vertragsteil verschuldeter Unmöglichkeit der Erfüllung. **91,** 102. — 5) Unmöglichkeit der Erfüllung wegen Ablaufs der für die Abgabe eines Verkaufsangebots vereinbarten Frist. **91,** 229. — 6) Unmöglichkeit der Leistung infolge gezwungener Verschiffung der verkauften Tranladung eines bestimmten Dampfers nach Großbritannien. **91,** 262. — 7) Ersatzanspruch nach § 281 BGB bei Beschlagnahme der verkauften Sache durch Militärbehörden oder durch feindliche Macht. Gegensatz zum commodum ex negotiatione. **91,** 262. — 8) Unmöglichkeit der Erfüllung bei einem Lieferungsvertrag über den Milchertrag eines Gutes. **91,** 312. — 9) Unmöglichkeit der Verschiffung der Ware als teilweise Unmöglichkeit der vertraglichen Leistung; Preisminderung

nach § 323 Abs. 1 Satz 2, § 472 BGB. **92,** 17. — 10) Unmöglichkeit der Erfüllung eines Lieferungsvertrags infolge der nach Vertragsschluß erfolgten Beschlagnahme der Ware nach § 4 BRVO v. 24. Juni 1915 über die Sicherstellung von Kriegsbedarf. **92,** 36. — 11) Eine zeitweise Verhinderung der Leistung zieht, sofern die Parteien nichts anderes vereinbart haben, dann dauernde Unmöglichkeit nach sich, wenn die notwendige zeitliche Verschiebung so erheblich wird, daß dadurch die wirtschaftliche Bedeutung und der Inhalt der Leistung wesentlich geändert werden. **92,** 88; **94,** 47. — 12) Wird die Anwendung des vorbezeichneten Grundsatzes durch eine Abrede ausgeschlossen, daß bei Eintritt bestimmter Hindernisse (force majeure usw.) die Leistung bis zu deren Behebung verschoben werden soll? **92,** 88. — 13) Folgen der Unmöglichkeit der geschuldeten Lieferung der Konnossemente. **92,** 131. — 14) Erlischt die Verpflichtung des Käufers zur Zahlung des Kaufpreises, wenn der vereinbarte Bankrembours unmöglich wird? **92,** 226. — 15) Zur Frage der Identität zwischen dem geschuldeten Gegenstand und dem Gegenstand, für den der Schuldner Ersatz erhalten hat, bei Anwendung des § 281 BGB. Findet § 281 BGB Anwendung, wenn der geschuldete Gegenstand als solcher zur Zeit des Unmöglichwerdens der Leistung noch nicht existierte? **92,** 370. — 16) Nichtanwendbarkeit des § 281 BGB, wenn der Schuldner einer Gattungsschuld bei Beschlagnahme aller zur Gattung gehörigen Sachen aus solchen andere Gegenstände herstellt und für diese Ersatz erhält. **92,** 372. — 17) Ist die Erfüllung eines Kaufvertrags, der über ein im neutralen Nothafen liegendes Schiff unter Bedingung der Lieferung nach Kriegsende geschlossen ist, schon deshalb als unmöglich anzusehen, weil der neutrale Hafen zu einem feindlichen geworden ist und das Schiff nach Kondemnierung vom Feinde benutzt wird? **92,** 424. — 18) Kann der Verkäufer sich auf Unmöglichkeit der Leistung berufen, wenn er während des Krieges Waren verkauft, die er nicht im Besitz hat? **93,** 17. — 19) Wird der Anspruch aus § 1004 BGB oder der an seine Stelle tretende Schadensersatzanspruch aus § 26 GewO gemäß § 275 BGB durch nachträgliche Unmöglichkeit der Leistung ausgeschlossen? **93,** 105. — 20) Nachträglich eintretende Unmöglichkeit bei einem Vertrag über Innehaltung einer bestimmten Stauhöhe. **93,** 105. — 21) Unter welchen Voraussetzungen ist § 281 BGB auf Gattungsschulden, insbesondere auf beschränkte Gattungsschulden anwendbar? **93,** 143; **95,** 23. — 22) Unmöglichkeit der Vertragserfüllung wegen des englischen Verbots des Handels mit dem Feinde. Enthält die Anerkennung einer solchen Unmöglichkeit die Anwendung eines ausländischen Gesetzes i. S. des Art. 30 EinfGzBGB? **93,** 183. — 23) Der Kaufmann hat keinen Rechtsanspruch gegen den andern darauf, daß dieser, um einen Vertrag einzuhalten, Schleichwege gehe, mit deren Notwendigkeit bei Abschluß des Vertrags nicht zu rechnen war. **93,** 185. — 24) Pflichten des Verkäufers, der nur zur anteilmäßigen Lieferung imstande ist, gegenüber dem Käufer, der in Einteilungsverzug geraten ist. **94,** 18. — 25) Unmöglichkeit der vom Besteller vorzunehmenden Handlung macht die Fristsetzung des § 643 BGB entbehrlich. **94,** 29. — 26) Zur Anwendung des Grundsatzes, daß eine zeitliche Verschiebung der

Leistung der Unmöglichkeit gleich zu achten ist, wenn die Leistung durch die Verschiebung eine wesentlich andere wird, auf den Fall der Vereinbarung, daß die während des Krieges fällig gewordene Leistung nach Beendigung des Krieges auszuführen sei. **94,** 47. — 27) Kann eine durch die Kriegsverhältnisse bewirkte Verschiebung der Leistung nur dann der Unmöglichkeit gleichgestellt werden, wenn die Leistung für beide Vertragsteile eine andere geworden ist, oder genügt, daß sie für den Verkäufer eine völlig andere geworden ist? **94,** 49. — 28) Der nachträgliche Eintritt der Unmöglichkeit, von der Lösungsbefugnis (facultas alternativa) Gebrauch zu machen, beeinträchtigt nicht den Anspruch des Gläubigers auf die vertragliche Leistung. **94,** 60. — 29) Anwendung des § 254 BGB in den Fällen der §§ 324, 325 BGB. **94,** 141. — 30) Zum Begriff der „obliegenden Leistung" in § 323 BGB. **94,** 268. — 31) Unmöglichkeit der Leistung wegen einer die Ablieferung sämtlicher Vorräte und der Erzeugung an eine Kriegsgesellschaft anordnenden Verordnung. **95,** 22; **96,** 160. — 32) Verpflichtung des Verkäufers für fremde Rechnung zur Ersatzherausgabe. **95,** 23. — 33) Darf der Verkäufer, wenn er nicht sämtliche Schlüsse erfüllen kann, spätere Schlüsse vor der Fälligkeit der früheren befriedigen? **95,** 43. — 34) Inwieweit hat der Fabrikant die infolge Beschlagnahme der Rohmaterialien eintretende Unmöglichkeit einer während des Krieges übernommenen Lieferung zu vertreten? Beweislast für die Unmöglichkeit der Erfüllung. **95,** 264. — 35) Der rechtskräftig verurteilte Schuldner kann sich gegenüber dem Schadensersatzanspruch aus § 283 BGB nicht darauf berufen, daß die Leistung vor dem Urteil unmöglich geworden wäre. **96,** 21. — 36) Kann auf unbedingte Vollstreckung eines auf Leistung Zug um Zug gerichteten Urteils geklagt werden, wenn die dem Kläger obliegende Leistung unmöglich geworden ist? **96,** 184. — 37) Unmöglichkeit der Leistung wegen Übernahme der Ware durch den Kriegsausschuß; hat der Verkäufer die Unmöglichkeit zu vertreten bei der Klausel „Regierungsmaßnahmen zu Lasten der Käufers"? **96,** 112. — 38) Zur Anwendung des § 324 Abs. 2 BGB bei Beschlagnahme von Teilen der Kaufsache. **96,** 119. — 39) Welcher Zeitpunkt ist für die Schadensberechnung maßgebend, wenn die Leistung während des Verzugs des Schuldners unmöglich geworden ist? **96,** 160. — 40) Verhältnis zwischen Leistungsverzug und nachträglicher Unmöglichkeit. **97,** 6. — 41) Zur Anwendung des § 254 BGB bei nachträglicher Unmöglichkeit. **97,** 10. — 42) Kann der Käufer auf Abladung bei Unmöglichkeit der unmittelbaren Einfuhr der Ware wegen des Kriegsausbruchs die Andienung von Lokoware oder von in neutralen europäischen Häfen erhältlicher Ware fordern? **97,** 183. — 43) § 281 BGB ist nur anwendbar, wenn eine Sache, nicht wenn ein Werk geschuldet wird. **97,** 90. — 44) Zur Auslegung der Klausel „Lieferungsmöglichkeit vorbehalten". **97,** 325. — 45) Unmöglichkeit der Vertragserfüllung infolge der durch die Revolution verursachten Veränderung der wirtschaftlichen Verhältnisse. **98,** 20. — 46) Wird der Verkäufer nach § 275 BGB von der Lieferungspflicht befreit, wenn die behördliche Erlaubnis zur Lieferung nur unter Ermäßigung des vereinbarten Händlergewinns erteilt wird? Oder ist er verpflichtet diese Erlaubnis nachzusuchen? **98,** 260. — 47) Gilt § 279 BGB stets auch dann, wenn das Unvermögen zur Leistung auf Gründen beruht, die mit der Eigenart des Gattungsgeschäfts nichts zu tun haben? **99,** 1. — 48) Kann der Geschäftsführer oder der einzige Gesellschafter einer GmbH verurteilt werden, die von ihm persönlich übernommene Verpflichtung der Beteiligung eines Dritten am Reingewinn zu erfüllen? **99,** 232. — 49) Unmöglichkeit der Leistung beim zweischneidigen Prämiengeschäft. **99,** 150. — 50) § 323 BGB findet auch auf den Dienstvertrag Anwendung. **92,** 177. — 51) Ein vorübergehendes subjektives Unvermögen des Gläubigers zur Vornahme der in § 642 BGB bezeichneten Handlung schließt den Gläubigerverzug nicht aus. **100,** 48. — 52) Kann der Richter, wenn bei einem fortbestehenden gegenseitigen Vertrage die Fortgewährung der Leistung des einen Teils für die vereinbarte Gegenleistung wegen völliger Veränderung der Verhältnisse wirtschaftlich unmöglich geworden ist, die Erhöhung der Gegenleistung zuerkennen? **100,** 129. — 53) Wie sind in solchen Fällen die Interessen der beiden Vertragsteile auszugleichen? **100,** 133. — 54) Unmöglichkeit der sinngemäßen Erfüllung wegen der Veränderung der Verhältnisse im Baumwollhandel. **94,** 68; **100,** 264.

§ 93. Gattungsschuld. Wahlschuld.

1) Der Grundsatz der Konkretisierung (§ 243 Abs. 2 BGB) ist dahin einzuschränken, daß der Käufer die Annahme einer Ersatzware dann nicht ablehnen darf, wenn sich der Verkäufer unverzüglich zur Lieferung einer Sache der geschuldeten Art erbietet und der Käufer kein Interesse daran hat, gerade diejenige Ware zu bekommen, auf welche sich das Schuldverhältnis beschränkt hat. **91,** 112. — 2) Gefahrübergang beim Gattungskauf im Abladegeschäft; Bedeutung der Verladungsanzeige. **92,** 129. — 3) Der Verkauf der nächsten auf einer bestimmten Grube zu fördernden 35 Tonnen Wolframerzes begründet nicht eine Gattungs-, sondern eine Speziesschuld. **92,** 371. — 4) Nichtanwendbarkeit des § 281 BGB, wenn bei Unmöglichkeit der Erfüllung einer Gattungsschuld wegen Beschlagnahme sämtlicher zur Gattung gehörigen Sachen der Schuldner aus den von der Beschlagnahme betroffenen Sachen andere herstellt und für diese Ersatz erhält. **92,** 372. — 5) Zum Begriff der beschränkten Gattungsschuld. **93,** 143; **95,** 247; **97,** 10. — 6) Unter welchen Voraussetzungen ist § 281 BGB auf Gattungsschulden, insbesondere auf beschränkte Gattungsschulden anwendbar? **93,** 143; **95,** 23. — 7) Die Klausel „glückliche Ankunft vorbehalten" hat für den Gattungskauf nur Bedeutung, wenn die Spezialisierung des Kaufgegenstands erfolgt ist. **93,** 172; **95,** 247; **98,** 142. — 8) Kauf auf Besicht bei Gattungsware. Einwand, daß die Ware nicht die Billigung des Käufers gefunden haben würde. **93,** 255. — 9) Der Anspruch des Eigentümers, daß ihm für die verlorene Gattungssache ein anderes Stück derselben Gattung geliefert werde, ist ein Schadensersatzanspruch. **93,** 285. — 10) Welchen Einfluß hat der Umstand, daß die dem Schuldner vorbehaltene Ersatzleistung (facultas alternativa) unmöglich, bedingt oder genehmigungsbedürftig ist, auf den Anspruch des Gläubigers? **94,** 58. — 11) Verpflichtung zur Ersatzherausgabe dessen, der in eigenem

Namen für fremde Rechnung verkauft hat. **95,** 23. — 12) Unmöglichkeit und Unvermögen bei Gattungsschulden. **95,** 42. — 13) Beweislast für Fehlerfreiheit der angebotenen Ware beim Gattungskauf. **95,** 119. — 14) Bei einem beschränkten Gattungskauf hat die Klausel „glückliche Ankunft vorbehalten" die Kraft einer auflösenden Bedingung. **95,** 247. — 15) Zur Unterscheidung zwischen dem Anspruch auf Ersatzlieferung nach § 480 BGB und dem aus dem Vertrage selbst sich ergebenden Erfüllungsanspruch des Käufers nach Zurücknahme der beanstandeten Gattungsware. **96,** 169. — 16) § 279 BGB schließt nicht die Berücksichtigung des unvorhergesehenen Eintritts höherer Gewalt oder ähnlicher Umstände aus, welche das Verlangen der Leistung nach Treu und Glauben als unbillig erscheinen lassen. **99,** 2. — 17) Wann entsteht, falls der Käufer die Lieferung mangelfreier statt der gelieferten mangelhaften Ware verlangt, der Anspruch des Verkäufers auf Rückgewähr der letzteren? **94,** 331.

§ 94. Geldschuld. Zinsen.

I. Geldschuld.

1) Zur Anwendung des § 245 BGB. **96,** 122. — 2) Welcher Zeitpunkt ist maßgebend für die Umrechnung einer in ausländischer Währung festgesetzten Schadensforderung in deutsche Reichswährung? **96,** 121. — 3) Ist als „Zeit der Zahlung" in § 244 Abs. 2 BGB die Zeit, zu der tatsächlich gezahlt wird, oder diejenige, zu welcher gezahlt werden sollte, anzusehen? **96,** 123, 264; **98,** 161. — 4) Schadensersatzanspruch des ausländischen Gläubigers einer in ausländischer Währung ausgedrückten Forderung wegen Sinkens des Kurses der inländischen Währung beim Verzug des Schuldners. **96,** 263; **98,** 164. — 5) In welcher Währung hat die Verurteilung eines im Inland wohnenden Schuldners zur Zahlung einer in ausländischer Währung ausgedrückten Schuld zu erfolgen, wenn der Erfüllungsort im Ausland liegt? **96,** 270. — 6) Welches örtliche Recht ist in solchem Falle anzuwenden? **96,** 272. — 7) Streitwert bei Klagen auf Zahlung in ausländischer Währung. **98,** 85, 221. — 8) Verhältnis der Goldklausel zu der Klausel, daß der Schuldner die Gefahr des Sinkens der deutschen Valuta zu tragen habe. **100,** 80. — 9) Unter welchen Umständen verstößt es gegen Treu und Glauben oder gegen die guten Sitten, wenn eine ausländische Hypothekenbank von der Vereinbarung Gebrauch macht, daß der Schuldner die Gefahr des Sinkens der deutschen Valuta zu tragen habe? **100,** 82.

II. Zinsen.

1) Behält der Zinsanspruch bei Aufgabe des Anspruchs auf das Kapital seinen rechtlichen Charakter als solcher? **91,** 7. — 2) Können mit der Nichtigkeitsklage Zinsen von dem auf Grund des nichtigen Urteils beigetriebenen Betrage gefordert werden? **91,** 202, 204. — 3) Zum Begriff der rückständigen Zinsen. **91,** 301. — 4) Inwieweit wird der Anspruch auf Zinsen bevorrechtigter und nicht bevorrechtigter Forderungen von einem Zwangsvergleich betroffen? **92,** 185. — 5) Einwirkung der Kon-

kurseröffnung auf Zinsansprüche. **92,** 186. — 6) Beschränkung des Absonderungsberechtigten in der Geltendmachung von Zinsansprüchen. **92,** 191. — 7) Verhältnis der Prozeßzinsen zu den Verzugszinsen. **92,** 284. — 8) Anwendung des § 288 Abs. 1 BGB auf den Darlehnszusagevertrag. **92,** 284. — 9) Verhältnis des § 288 Abs. 1 BGB zu Abs. 2. **92,** 284. — 10) Gegen den Anspruch der Verzugszinsen ist der Gegenbeweis, daß der Gläubiger auch bei pünktlicher Leistung keine oder nur geringere Zinsen gezogen hätte, dem Schuldner nicht verstattet. **92,** 284. — 11) Verzugszinsen bei öffentlich-rechtlichen Ansprüchen, insbesondere bei solchen aus dem MilHinterblG. **92,** 378. — 12) Verzugszinsen sind vom Bereicherungsanspruch nur vom Eintritt der Rechtshängigkeit oder der Erlangung der Kenntnis vom Mangel des rechtlichen Grundes zu zahlen. **93,** 272. — 13) Sind Zinsen eines von einer Gewerkschaft zum Bau einer Brikettfabrik aufgenommenen Kapitals bei Ermittlung eines Betriebsverlustes nach Tarifnr. 1d RStempG v. 15. Juli 1909, Tarifnr. 1B RStempG v. 3. Juli 1913 zu berücksichtigen? **94,** 40. — 14) Abhängigkeit der Zinsschuld von der Kapitalschuld. **94,** 137. — 15) Begründung der Verpflichtung, die Zinsen einer bestehenden Kapitalschuld an einen Dritten zu zahlen, durch Schuldversprechen nach § 780 BGB. **94,** 138. — 16) Aus einem laufenden Rechtsverhältnis als solchem folgt keine Berechtigung zu Zinseszinsen. **95,** 19. — 17) Voraussetzungen der Anwendung des § 352 HGB. **96,** 57. — 18) Zur Unterscheidung von Verzugszinsen und Nutzungsentgelt. **98,** 43. — 19) Rechtswirksamkeit der Abtretung von Hypothekenzinsrückständen an den Nießbraucher, auch wenn er die Zinsen mit aus dem Grundstück herrührenden Mitteln bezahlt hat. **100,** 155.

§ 95. Schaden. Schadensersatz.

I. Allgemeines. Ursächlicher Zusammenhang. Art und Umfang des Schadensersatzes. Anrechnung von Vorteilen.

1) Zur Frage des ursächlichen Zusammenhangs. **91,** 11, 177, 234, 261, 349; **92,** 60; **93,** 3, 22, 60, 145, 285; **94,** 10, 32, 195; **95,** 72, 104, 238, 249; **96,** 76, 219, 246, 249; **97,** 114; **98,** 54, 56, 60, 346; **99,** 283; **100,** 90. — 2) Die Setzung einer der Bedingungen, auf die ein Unfall zurückzuführen ist, genügt zur Begründung der Schadensersatzpflicht. **93,** 3. — 3) Die Setzung einer Bedingung genügt zur Herstellung des adäquaten Zusammenhangs nur dann, wenn der schließliche Enderfolg sich als eine, wenn auch noch durch andere Umstände begünstigte, natürliche und regelmäßige Fortentwicklung dieser Bedingung darstellt. **94,** 10. — 4) Kein Schadensersatzanspruch wegen entgangenen unrechtmäßigen Gewinnes. **91,** 50. — 5) Unter Herstellung des früheren Zustandes i. S. des § 249 Satz 1 BGB ist die Versetzung des an seinem Vermögen Geschädigten in die gleiche wirtschaftliche Vermögenslage zu verstehen, wie sie ohne den Eintritt des zum Ersatze verpflichtenden Umstandes bestanden haben würde. **91,** 106, 214; **95,** 163. — 6) Kann, wenn durch den Eintritt des zum Schadensersatz verpflichtenden Umstandes ein Zustand geschaffen ist, aus dem sich Schädigungen für die Zukunft ergeben können, nach

§ 249 BGB eine gegenüber den früheren tatsächlichen Verhältnissen neue Maßnahme, durch welche die Gefahr künftiger Schädigung beseitigt wird, verlangt werden? **91,** 107. — 7) Kann der Besitzer eines Grundstücks wegen durch Veränderung der Deiche entstandener erhöhter Überschwemmungsgefahr den Betrag der zur Herstellung eines Schutzdeichs aufzuwendenden Kosten verlangen? **91,** 104. — 8) Die Beschädigung einer Sache i. S. des § 249 Satz 2 BGB liegt nur dann vor, wenn die Sache eine Einbuße an ihrer körperlichen Unversehrtheit schon erlitten hat, nicht wenn es sich um Beeinträchtigung durch die Gefahr künftiger Nachteile handelt. **91,** 107. — 9) Kann mit der Nichtigkeits- oder Restitutionsklage die Klage auf Ersatz des durch die Vollstreckung des aufzuhebenden Urteils entstandenen Schadens verbunden werden? **91,** 195. — 10) Naturalrestitution bei Verletzung einer Ausbietungsgarantie. Kann der Hypothekengläubiger, der das Pfandgrundstück erstanden hat, gegen Überlassung des Grundstücks von dem Verpflichteten Erstattung der Erstehungskosten und Wiedereintragung der ausgefallenen Hypothek verlangen? **91,** 213. — 11) Naturalrestitution und Vorteilsausgleichung. **91,** 217. — 12) Können die Parteien vertraglich bestimmen, was zwischen ihnen Schaden sei? **91,** 217. 13) Wie gestaltet sich nach § 249 Satz 1 BGB der Anspruch auf Ersatz des Schadens wegen Nichtabgabe eines Kaufangebots binnen der vereinbarten Frist? **91,** 230. — 14) Inwieweit gehören die Kosten eines Vorprozesses gegen einen Dritten zu dem zu ersetzenden Schaden, insbesondere bei Schiffszusammenstößen und im Falle des § 839 Abs. 1 Satz 2 BGB? **91,** 232. — 15) Schadenshaftung dessen, der eine Sache für Rechnung eines andern verkauft, wegen unterlassener Einziehung des Kaufpreises. **91,** 259. — 16) Sind bei der Ermittlung des Schadens, der einem Unterhaltsberechtigten durch den Tod seines Ernährers erwachsen ist, die Vermögensvorteile anzurechnen, die er durch Veräußerung des durch den Tod des Unterhaltspflichtigen ererbten Vermögens erlangt? **91,** 400. — 17) Sind bei der Ermittlung des Schadens des Unterhaltsberechtigten die Vermögensvorteile anzurechnen, die ihm nach dem Tode des Unterhaltspflichtigen durch den Tod eines andern Unterhaltsberechtigten zufallen? **91,** 400, 401. — 18) Wie sind die bei der Ermittlung des Schadens abzuziehenden Beträge zu berechnen, wenn der Schädiger infolge mitwirkenden Verschuldens des Verletzten nur einen Bruchteil des Schadens zu ersetzen braucht? **91,** 402. — 19) Kann entgangener Geschäftsgewinn des Gesellschafters einer GmbH, der zugleich deren Geschäftsführer ist, als Schadensfolge seiner durch körperliche Verletzung verursachten Erwerbsminderung in Betracht kommen? **92,** 55. — 20) Vorteilsausgleichung nur bei adäquatem Kausalzusammenhang zwischen Unfall und Vorteilsfolge. **92,** 60; **93,** 145; **100,** 90. — 21) Haftet der Vater für den durch sein volljähriges geisteskrankes Kind verursachten Schaden? **92,** 126. — 22) Der Ausgleichsanspruch nach § 426 BGB umfaßt nicht die Kosten des Rechtsstreits zwischen dem Verletzten und den Urhebern des Schadens. **92,** 148. — 23) Zur Anwendung des Grundsatzes des § 249 Satz 1 BGB auf den Schadensersatzanspruch wegen Leistungsverzugs mit einer Vorrangeinräumung. **92,** 216, 218. — 24) Im Falle unerlaubter Tötung oder

Körperverletzung sind der Verletzte, seine Rechtsnachfolger und sonstige Ersatzberechtigte insoweit nicht als geschädigt anzusehen, als sie durch gesetzliche Pensionen, Witwen- und Waisengelder oder ähnliche Bezüge schadlos gehalten werden. **92**, 403. — 25) Wenn jedoch ein Gesetz (wie § 41 Abs. 2 MannschVersG, § 38 Abs. 2 OffPensG) bestimmt, daß Schadensersatzansprüche gegen Dritte in Höhe der dem Verletzten oder seinen Hinterbliebenen geschuldeten Leistungen auf den Schuldner dieser Leistungen übergehen sollen, so spricht es damit zugleich aus, daß die Schadensersatzansprüche insoweit ungeachtet der Leistungen als bestehend zu gelten haben. **92**, 405. — 26) Die Berechtigung zum Schadensersatz beschränkt sich nach BGB grundsätzlich auf die Person des unmittelbar durch die unerlaubte Handlung Verletzten. **92**, 404. — 27) Vorteilsausgleichung bei Einwirkung der Kriegsverhältnisse auf den Betrieb eines Kaffeehauses. **93**, 145. — 28) Ist die Feststellungsklage zulässig a) hinsichtlich künftiger Schäden? b) hinsichtlich weiterer nachteiliger Folgen eines bereits eingetretenen Schadensereignisses? **93**, 264. — 29) Zur Scheidung zwischen Herausgabe- und Schadensersatzansprüchen des Eigentümers. **93**, 283. — 30) § 249 BGB erfordert nicht notwendig einen Vermögensschaden; ein solcher ist mit Ausnahme der besonders geregelten Fälle nur Voraussetzung einer Entschädigung in Geld. **94**, 3. — 31) Herausgabe widerrechtlich bewirkter Vervielfältigungen eines Briefs behufs ihrer Vernichtung als Schadensersatz wegen Verletzung des Briefgeheimnisses. **94**, 3. — 32) Wiederherstellung nach § 249 BGB und condictio ob injustam causam. **94**, 3. — 33) Einwirkung der mit Kriegsausbruch entstandenen Möglichkeit der Einziehung zum Heeresdienst auf den Bezug einer Unfallrente. **95**, 1, 67. — 34) Wegfall der Schadensersatzpflicht infolge eines nach dem Unfall eingetretenen Ereignisses, das denselben Schaden verursacht haben würde. **95**, 67. — 35) Adäquater Zusammenhang zwischen zeitlich weit auseinanderliegenden Ereignissen. **95**, 75. — 36) Zeitpunkt der Entstehung des Schadens und Aktivlegitimation bei Bergschäden. **95**, 76. — 37) Zur Unterscheidung zwischen gewöhnlichem Transportschaden und Verzögerungsschaden. Beweislast. **95**, 80. — 38) Rentenbewilligung bei vertraglichen und außervertraglichen Schadensersatzansprüchen. **95**, 87. — 39) Die Vorteilsausgleichung setzt voraus, daß Schaden und Vorteil sich in Vermögenswerten darstellen lassen. Deshalb ist eine Befreiung vom Kriegsdienst infolge des Unfalls keine Vorteilsausgleichung. **95**, 88. — 40) Beweispflicht und Beweiswürdigung hinsichtlich des ursächlichen Zusammenhangs zwischen dem Mangel einer Dienstwohnung und der Erkrankung des Beamten. **95**, 104. — 41) Naturalrestitution bei Hypothekenverschiebung. **95**, 163. — 42) Entschädigung wegen des Verlustes bei durch einen Unfall nötig gewordener Veräußerung einer Geschäftseinrichtung. **95**, 173. — 43) Bedeutung hoher Wahrscheinlichkeit für die Feststellung des ursächlichen Zusammenhangs. **95**, 249; **98**, 60. — 44) Verschuldungs- und Verursachungsprinzip im BGB. **95**, 271; **98**, 348; **99**, 98. — 45) Naturalrestitution beim Schadensersatz wegen Nichterfüllung. **96**, 24. — 46) Zum Begriff des ursächlichen Zusammenhangs zwischen Ausübung staatlichen Hoheitsrechts und Schadenszufügung. **96,** 76, 219. — 47) Zur Anwendung des Grundsatzes der Naturalrestitution bei der Entschädigung für entgangene Einnahmen in ausländischer Währung. **96,** 122. — 48) Die Naturalrestitution nach § 249 BGB erfordert nicht die Herstellung eines Zustands, der mit demjenigen, der ohne Eintritt des zum Ersatz verpflichtenden Umstandes vorhanden sein würde, in jeder Beziehung übereinstimmt, vielmehr genügt die Herstellung eines im wesentlichen gleichen, d. h. eines wirtschaftlich gleichwertigen Zustands. **96,** 123. — 49) Ursächlicher Zusammenhang zwischen unwahrer Ankündigung (§ 3 UWG.) und Schaden. **96,** 246. — 50) Das bloße Nichtwirkenlassen eines Motivs zur Vornahme einer Handlung, die dem durch eine andere Ursache angeregten Kausalverlauf entgegenwirken könnte, unterbricht nicht diesen Kausalverlauf. **96,** 246. — 51) Keine Ausgleichung des dem Mündel durch Unterschlagung seitens des Vormunds entstandenen Schadens durch den Verzicht der Pflegeeltern auf Nachzahlung der Pflegekosten. **96,** 145. — 52) Zur Begründung des ursächlichen Zusammenhanges zwischen Vertragsverletzung durch Auswahl eines ungeeigneten Sachverständigen zur Untersuchung der Ware und dem Schaden. **96,** 249. — 53) Inwieweit kann Ersatz des einem Dritten entstandenen Schadens gefordert werden? **93,** 40; **96,** 337; **97,** 88. — 54) Beweislast für den ursächlichen Zusammenhang, insbesondere bei Schiffszusammenstößen. **97,** 13. — 55) Grundsatz des BGB, daß regelmäßig nur der unmittelbar Verletzte Schadensersatz fordern kann. **97,** 89. — 56) Zum Begriff des ursächlichen Zusammenhangs zwischen Einsturz und Schaden in § 836 BGB. **97,** 114. — 57) Mittelbare adäquate Verursachung in § 836 BGB. **97,** 114. — 58) Widerruf als Form des Schadensersatzes. **97,** 344. — 59) Inwieweit gelten die Grundsätze des BGB über den Umfang der Schadensersatzpflicht bei landesgesetzlicher Regelung der Verpflichtung zum Schadensersatz? **98,** 10. — 60) Welcher Zeitpunkt ist maßgebend für die Bemessung des Geldbetrags, der zur Wiederherstellung einer beschädigten Sache erforderlich ist? Ist eine nach Klagerhebung eingetretene Preissteigerung zu berücksichtigen? **98,** 55. — 61) Wird der ursächliche Zusammenhang zwischen der widerrechtlichen Fortschaffung der dem Vermieterpfandrecht unterliegenden Sachen und dem dadurch dem Vermieter erwachsenen Schaden unterbrochen, wenn dieser unterläßt, sein Pfandrecht gerichtlich geltend zu machen? **98,** 346. — 62) Schadensersatzanspruch gegen eine Gemeinde wegen Gesundheitsschädigung durch das Leitungswasser. Setzt er Verschulden voraus? Beweislast. **99,** 96. — 63) Auch der Anspruch auf Ersatz des Schadens, der durch Verletzung einer öffentlich-rechtlichen Pflicht entsteht, ist regelmäßig im geordneten Rechtsweg zu verfolgen und nach den Vorschriften des bürgerlichen Rechts zu beurteilen. **99,** 97. — 64) Schadensersatzanspruch wegen verbotswidriger Einlösung eines Verrechnungsschecks; wer kann den Anspruch geltend machen? Wie ist der Anspruch zu begründen? **100,** 32. — 65) Ein schuldhaftes Handeln für sich allein begründet keinen Schadensersatzanspruch; Voraussetzung dieses Anspruchs ist vielmehr regelmäßig auch die Verletzung einer Pflicht, zu handeln oder zu unterlassen. **100,** 54. — 66) Kann dem Hypothekengläubiger, der die Veräußerung von Zubehör anficht, die Einrede der Vorteilsausgleichung entgegengesetzt werden, wenn er das Grundstück vorteilhaft erstanden hat? **100,** 90. — 67) Greift die Vorteilsausgleichung platz, wenn der Wert des von dem ausgefallenen Hypothekengläubiger erstandenen Grundstücks erst durch spätere unvorhersehbar gewesene Verhältnisse sich erhöht hat? **100,** 255. — 68) Schadensersatzpflicht des Pfandgläubigers wegen unrechtmäßiger Versteigerung des verpfändeten Geschäftsanteils einer GmbH. **100,** 274.

II. Mitwirkendes Verschulden des Beschädigten (§ 254 BGB).

1) Mitwirkendes Verschulden des Verletzten, der nach Kriegsausbruch in schneller Fahrt durch die Straßen fuhr und auf dreimaligen Anruf eines Militärpostens nicht hielt, bei Tötung durch den Posten? **91,** 12. — 2) § 278 BGB findet im Falle des Abs. 1 des § 254 BGB bei unerlaubten Handlungen keine Anwendung. **91,** 138. — 3) Mitwirkendes Verschulden des Ehemanns, der seine geisteskranke Frau in ein Krankenhaus vorläufig hatte aufnehmen lassen, an dem Unfall, den die Frau im Krankenhause erlitten hat? **91,** 138. — 4) Ist der Hypothekengläubiger gegenüber demjenigen, der sich zur Ausbietung der Hypothek verpflichtet hat, nach § 254 Abs. 2 BGB gehalten, das Pfandgrundstück selbst zu erstehen? **91,** 215. — 5) Zur Berechnung des Schadensersatzes nach § 844 Abs. 2 BGB, § 10 Abs. 2 KraftfG, wenn der Schädiger nur einen Bruchteil des Schadens zu erstatten hat und auf den Schaden Vorteile anzurechnen sind, die dem Unterhaltsberechtigten infolge des Todes des Unterhaltspflichtigen zugefallen sind. **91,** 402. — 6) „Verhalten des Verletzten" und mitwirkendes Verschulden; Verhältnis des § 7 Abs. 2 zu § 9 KFG. **92,** 39. — 7) Unterliegt die Verteilung des Schadens nach § 254 BGB der Nachprüfung des Revisionsgerichts? **92,** 53, 40. — 8) Zur Anwendung des § 254 BGB bei Einlösung eines gefälschten Schecks. **92,** 53; **100,** 55. — 9) Abwägung der Ursächlichkeit des Handelns der Beteiligten. **92,** 54. — 10) Entsprechende Anwendung des § 254 BGB im Falle des § 426 Abs. 1 Satz 1 BGB. **92,** 147, 408. — 11) Abwägung des Verschuldens eines Steuerbeamten bei Erteilung einer unrichtigen Auskunft über die Stempelpflicht von Schuldverschreibungen und des mitwirkenden Verschuldens der geschädigten Aktiengesellschaft. **93,** 62. — 12) Anwendung des § 254 BGB bei Bergschäden. **93,** 264. — 13) § 254 BGB ist nicht anwendbar gegenüber der Klage des Eigentümers gegen den Besitzer der Sache auf deren Herausgabe, dagegen anwendbar gegenüber Schadensersatzansprüchen aus §§ 989, 990 BGB. **93,** 282, 285. — 14) § 254 BGB findet Anwendung auf alle durch das BGB bestimmte Fälle der Schadensersatzpflicht. **93,** 285. — 15) Zur Frage des ursächlichen Zusammenhangs bei Anwendung des § 254 BGB. **93,** 285. — 16) Verspätete Entdeckung und Anzeige des Verlustes von Wertpapieren als mitwirkendes Verschulden. **93,** 281. — 17) Beweislast dafür, daß ein an sich ein eigenes Verschulden des Verletzten begründendes Verhalten auf einer Bewußtseinsstörung beruht. **94,** 12, 17. — 18) Höhere Gewalt und eigenes Verschulden des Verletzten. **94,** 17. — 19) Nach § 736 HGB n. F. kann bei beiderseitigem

Verschulden der Gesamtschaden nicht einem Teile, auch wenn sein Verschulden bei weitem überwiegt, auferlegt werden. **94,** 93. — 20) Anwendung des in § 254 BGB verkörperten allgemeinen Rechtsgedankens in den Fällen der §§ 324, 325 BGB. **94,** 142. — 21) Voraussetzungen eines Mitverschuldens des Fußgängers bei einem Unfall durch Eisglätte auf der Straße. **95,** 154. — 22) Wird der Beamte, der den Verlust öffentlicher Gelder verschuldet hat, dadurch entlastet, daß andere Beamte, insbesondere auch solche, welche als verfassungsmäßig berufene Vertreter des Staats anzusehen sind, ein mitwirkendes Verschulden trifft? **95,** 347. — 23) Zur Beurteilung des mitwirkenden Verschuldens desjenigen, der ihm von der Gemeinde zugeteilte verfälschte Futtermittel ohne nähere Untersuchung verwendet hat. **96,** 83. — 24) Unternehmer und die ihnen nach § 899 RVO Gleichgestellten können sich gegenüber dem Erstattungsanspruch der Berufsgenossenschaft nicht auf eigenes Verschulden des verletzten Arbeiters berufen. **96,** 136. — 25) Mitwirkendes Verschulden der Bahnverwaltung bei Entstehung eines Schadens infolge unrichtiger Bezeichnung des Inhalts der Sendung im Frachtbriefe? **96,** 279 — 26) Mitwirkendes Verschulden bei nachträglicher Unmöglichkeit. **97,** 10. — 27) Anwendung des § 254 BGB bei beiderseits verschuldeter Verspätung des Zugehens einer Willenserklärung. **97,** 339. — 28) Zur Anwendung des § 254 BGB gegenüber dem Schadensersatzanspruch des Vermieters wegen widerrechtlicher Verletzung seines Pfandrechts, wenn er die gerichtliche Verfolgung dieses Rechts unterläßt. **98,** 346. — 29) Zum Begriff des mitwirkenden Verschuldens; es setzt nicht Verletzung einer besonderen Rechtspflicht voraus. **100,** 44. — 30) Kann ein mitwirkendes Verschulden des Mieters darin gefunden werden, daß er einen Mangel der Mietsache, den der Vermieter trotz Zusage nicht alsbald abstellt, seinerseits zu beseitigen unterläßt? **100,** 43. — 31) Mitwirkendes Verschulden des Verfügungsberechtigten am Frachtgut, der sich um dieses längere Zeit nicht kümmert. **100,** 164.

III. Schadensersatz in Vertrags- und vertragsähnlichen Verhältnissen.

A. Schadensersatz wegen Nichterfüllung (Schadensersatz im Falle des § 326 BGB § 99 S. 98).

Allgemeine Grundsätze. 1) Zur Berechnung des abstrakten und konkreten Schadens wegen Nichterfüllung. **91,** 31, 33, 102. — 2) Wann entsteht der Schadensersatzanspruch wegen Nichterfüllung nach § 326 BGB und wann der wegen Unmöglichkeit der Erfüllung? **91,** 31, 100. — 3) Schadensersatz wegen Nichtabgabe eines Kaufangebots innerhalb der vereinbarten Frist. **91,** 230. — 4) Der Schuldner einer Spezies, der die geschuldete Sache vertragswidrig anderweit verwertet hat, haftet nicht auf die Herausgabe des dadurch erlangten Gewinns (des commodum ex negotiatione), sondern nur auf das Erfüllungsinteresse. **91,** 263. — 4) Schadensersatzanspruch wegen Verzugs mit der Erfüllung einer Verpflichtung zur Vorrangseinräumung. Grundsatz, daß der Verpflichtete infolge seiner Vertragsbrüchigkeit nicht besser stehen kann, als er ohne sie stehen würde. **92**, 216. — 5) Wer in eigenem Namen für fremde Rechnung einen Vertrag geschlossen hat, kann von dem Vertragsgegner, der den Vertrag nicht erfüllt, Ersatz des dem Geschäftsherrn erwachsenen Schadens verlangen. **93**, 40. — 6) Unter welchen Umständen kann außer dem Schadensersatz wegen Nichterfüllung Schadensersatz wegen verzögerter Erfüllung oder eine Vertragsstrafe wegen solcher gefordert werden? **94**, 206. — 7) Entbehrlichkeit der Fristsetzung nach § 283 BGB bei bestimmter endgültiger Weigerung der Leistung seitens des Schuldners. **96**, 21. — 8) Der rechtskräftig verurteilte Schuldner kann sich gegenüber dem Schadensersatzanspruch des Gläubigers nach § 283 BGB nicht auf eine vor dem Urteil eingetretene Unmöglichkeit der Leistung berufen. **96**, 21. — 9) Zum Wesen des Schadensersatzes wegen Nichterfüllung; Austausch- oder Differenztheorie? **96**, 22. — 10) Zur Anwendung des Grundsatzes der Naturalrestitution beim Schadensersatz wegen Nichterfüllung. **91**, 213; **96**, 24. — 11) Kann der zum Schadensersatz wegen Nichterfüllung Berechtigte die Annahme einer ihm selbst dem Ersatzpflichtigen gegenüber obliegenden Leistung von diesem — eventuell neben einer Geldentschädigung — fordern? Ist eine derartige Schadensersatzforderung insbesondere nach § 283 BGB im Falle eines auf Wandelung lautenden Urteils gegeben? **96**, 20. — 12) Welcher Zeitpunkt ist für die Schadensersatzberechnung maßgebend, wenn die Leistung während des Verzugs des Schuldners unmöglich geworden ist? **96**, 160. — 13) Welcher Zeitpunkt ist der Berechnung des abstrakten Schadens zugrunde zu legen? **98**, 213. — 14) Zur Berechnung des konkreten Schadens wegen Nichterfüllung. **91**, 33, 102; **93**, 134; **98**, 272. — 15) Voraussetzungen der abstrakten Schadensberechnung. **99**, 46; **100**, 113. — 16) Ist die abstrakte Schadensberechnung zulässig wegen Nichterfüllung von Heereslieferungen an den Fiskus? **99**, 46. — 17) Unzulässigkeit der abstrakten Schadensberechnung, wenn ein Schaden tatsächlich nicht entstanden ist und wenn der Ersatz eines entgangenen Gewinns gefordert wird, der nur unter Verstoß gegen die guten Sitten hätte erzielt werden können **100**, 105, 112.

Schadensersatz wegen Nichterfüllung beim Kauf. 1) Schadensersatzanspruch des Käufers beim Fehlen von Eigenschaften, deren Vorhandensein der Verkäufer beim Vertragsschluß arglistig vorgespiegelt hat. **92**, 295. — 2) Wird der Schadensersatzanspruch des Käufers, der sich eindeckt und darnach seinen Schaden berechnet, durch die BRVO v. 23. Juli 1915 gegen übermäßige Preissteigerung eingeschränkt? **93**, 134. — 3) Kann beim Kauf auf Besicht der Verkäufer gegenüber der Schadensersatzforderung wegen Nichterfüllung einwenden, daß die Ware wegen ihrer schlechten Beschaffenheit die Billigung des Käufers nicht gefunden haben würde? **93**, 254. — 4) Schadensersatzanspruch des Käufers wegen Nichterfüllung auf Grund rechtskräftigen Wandlungsurteils. **93**, 50. — 5) Zur Berechnung des Schadensersatzanspruchs wegen Nichterfüllung, wenn die Lieferung in den Freihafen vereinbart war. **94**, 248. — 6) Zur Anwendung des § 286 Abs. 2 BGB im Falle des Verzugs des Käufers, der an Stelle der erhaltenen mangelhaften Ware die Lieferung mangelfreier fordert, mit der Rückgewähr jener. **94,** 332. — 7) Kann gegenüber einer Schadensersatzforderung, die unter der Geltung der BRVO gegen übermäßige Preissteigerung in der Fassung vom 23. März 1916 entstanden ist, der Einwand des Verstoßes gegen diese VO auch dann erhoben werden, wenn der der abstrakten Schadensberechnung zugrunde gelegte Preis den festgesetzten Höchstpreis nicht übersteigt? **96,** 284. — 8) Wird die Zulässigkeit dieses Einwandes durch die BRVO gegen Preistreiberei v. 8. Mai 1918 auch gegenüber solchen Schadensersatzforderungen beseitigt, die vor Inkrafttreten dieser VO entstanden sind? **96,** 284. — 9) Schadensersatzanspruch wegen fehlenden Inventars beim Verkauf eines Geschäftsunternehmens. **98,** 292. — 10) Kann der Fiskus bei Nichterfüllung von Heereslieferungen den Ersatz des abstrakten Schadens fordern? **99,** 46. — 11) Wird der Anspruch des Käufers auf Ersatz des abstrakten Schadens durch einen Deckungskauf ausgeschlossen? **99,** 48. — 12) Unzulässigkeit der Forderung des Käufers auf Ersatz des abstrakten Schadens, soweit dieser einen unzulässigen Gewinn enthält. **100,** 105, 113.

Schadensersatz wegen Nichterfüllung bei anderen Verträgen. 1) Steht den Familienangehörigen des Mieters, des Dienstverpflichteten, dem eine Wohnung vom Arbeitgeber überlassen ist, und des Beamten, dem eine Dienstwohnung zugewiesen ist, ein Schadensersatzanspruch wegen gesundheitsschädigender Beschaffenheit der Wohnung gegen den Vermieter, den Arbeitgeber, den Staat zu? **91,** 21. — 2) Unterschied zwischen dem Schadensersatzanspruch aus § 635 BGB und dem weiteren Anspruch aus § 276 BGB. **95,** 3. 3) Zum Begriff der Vorenthaltung der Mietsache in § 557 BGB; Voraussetzungen des Anspruchs auf den Ersatz eines weiteren Schadens nach Satz 2 das. **99,** 232.

B. Schadensersatz in Vertrags- und vertragsähnlichen Verhältnissen im übrigen.

(Schadensersatzansprüche gegen Rechtsanwälte § 287 S. 231.)

1) Vertragliche Haftung der Gemeinde für den Unfall des in ihr Krankenhaus vorläufig aufgenommenen Geisteskranken. **91,** 136. — 2) Schadensersatzanspruch nach Art. 1145 code civil. **91,** 176. — 3) Schadensersatzansprüche des Versenders bei Beschädigung des der Eisenbahn durch den Spediteur zur Beförderung übergebenen Frachtguts. **92,** 10 (**70,** 174). — 4) Haftung wegen Verschuldens beim Vertragsschluß. **93,** 165; **95,** 60; **97,** 336. — 5) Schadensersatzanspruch der Unterzeichner eines Garantiewechsels wegen Verletzung der bei der Wechselhingabe getroffenen Vereinbarungen. **94,** 92. — 6) Haftung des Auftraggebers für den dem Beauftragten bei Ausführung des Auftrags entstehenden zufälligen Schaden, insbesondere bei im öffentlichen Interesse unentgeltlich übernommenen Aufträgen. **94,** 169; **98,** 199. — 7) Inwieweit haftet der Auftraggeber dem Beauftragten für den durch die Ausführung des Auftrags entstehenden Schaden? **96,** 163. — 8) Schadensersatzanspruch des ausländischen Gläubigers einer in ausländischer Währung ausgedrückten Forderung wegen Sinkens des Kurses der inländischen Währung beim Verzuge des Schuldners **96,** 263; **98,** 164. — 9) Haftung bei verspätetem Zugehen einer Willenserklärung. **97,** 336. — 10) Werts-

ersatz nach § 88 EVO als Schadensersatz, für den § 249 BGB maßgeblich ist. **98,** 151. — 11) Inwieweit sind dem Beauftragten und dem Geschäftsführer ohne Auftrag Schäden zu ersetzen, die er bei der Ausführung des Auftrags oder der Geschäftsführung erleidet? **98,** 199. — 12) Schadensersatzanspruch des Reichs aus dem Fernsprechanschlußvertrag. **98,** 341. — 13) Schadensersatzpflicht einer Gemeinde wegen gesundheitsschädlichen Leitungswassers. **99,** 96. — 14) Berechnung des Schadensersatzes wegen Lieferungsverzugs, wenn der Verkäufer mehr als die geschuldete Mindestmenge geliefert hat. **99,** 216. — 15) Kann die schuldhafte Verzögerung einer Vertragserfüllung einen Schadensersatzanspruch auch ohne Verzug begründen? **100,** 43. — 16) Ersatzpflicht des Frachtführers nach § 430 HGB und der Eisenbahn nach § 457 HGB § 88 EVO bei Verlust des Frachtguts; objektiver Maßstab; keine Einschränkung der Ersatzpflicht durch die VO gegen Preistreiberei v. 8. Mai 1918. **100,** 104.

IV. Schadensersatz außerhalb vertraglicher Verhältnisse.

1) Ersatzpflicht hinsichtlich der vermögensrechtlichen Schadensfolgen einer Besitzentziehung nach § 823 Abs. 1 BGB. **91,** 67. — 2) Schadensersatzpflicht der Eisenbahn für Beschädigung von Bahnpostwagen und der darin beförderten Postpakete. **92,** 8, 12. — 3) Schadensersatzanspruch wegen Verkürzung wohlerworbener Rechte durch polizeiliche Eingriffe gegen den, zu dessen Gunsten diese Eingriffe erfolgt sind, auch ohne Verschulden. **92,** 49. — 4) Schadensersatzanspruch des Unterhaltsberechtigten nach § 2 Abs. 2 G., betreffend die Entschädigung der im Wiederaufnahmeverfahren freigesprochenen Personen. **92,** 301. — 5) Wird der Eigentümer durch die Vermietung der Sache von der Verantwortung für die aus deren Beschaffenheit entspringenden Gefahren befreit? **92,** 362. — 6) Zum Schadensersatzanspruch nach § 148 AVG. **93,** 262; **95,** 76; **98,** 52. — 7) Entschädigungsanspruch des Eigentümers, der durch die Maßnahme einer zuständigen Behörde genötigt ist, im Interesse der Allgemeinheit Opfer an seinem wohlerworbenen Rechte zu bringen, nach gemeinem Rechte. **94,** 72. — 8) Schadensersatzanspruch des durch Betrug Geschädigten gegen denjenigen, den der Betrüger mittels durch den Betrug erlangten Geldes befriedigt hat. **94,** 191, 195. — 9) Der Anspruch auf das Vertrauensinteresse aus § 122 BGB steht dem nicht zu, der den Irrtum des andern, wenn auch ohne Verschulden, selbst hervorgerufen hat. **94,** 196. — 11) Schadensersatzverpflichtung aus Scheingeschäften. **96,** 102. — 12) Eine Beschädigung des Vermögens im allgemeinen als Gegenstand einer unerlaubten Handlung kennt das BGB nicht. **95,** 174. — 13) Schadensfeststellung bei Patentverletzung. **95,** 220. — 14) Für den durch den Bevollmächtigten in Ausübung seiner Vertretungsmacht einem Dritten widerrechtlich zugefügten Schaden haftet der Vollmachtgeber nur nach § 831 BGB. Dies gilt auch bei der Prozeßvollmacht. **95,** 179. — 15) Inwieweit haftet eine Gemeinde für den Schaden, der durch die Verteilung von der Reichsfuttermittelstelle ihr überwiesener gefälschter Futtermittel entsteht? **96,** 81. — 16) Für Schadensersatzansprüche aus unerlaubter Handlung ist das Recht des Orts der begangenen Handlung

mit der Einschränkung des Art. 12 EinfGzBGB maßgebend. **96,** 98. — 17) Schadensersatz wegen Entwertung eines fremden Grundstücks durch den Betrieb eines Flugplatzes. **97,** 25. — 18) Schließt die gegen einen Schadensersatzpflichtigen im Strafverfahren erkannte Buße weitere Schadensersatzansprüche gegen die anderen gesamtschuldnerisch haftenden Ersatzpflichtigen aus? **97,** 230. — 19) Anspruch des Eigentümers, dem die Klage aus § 1004 BGB durch besondere Gesetzesvorschrift entzogen ist, auf Schadensersatz wegen Beschädigung seines Eigentums auch ohne Nachweis eines Verschuldens. **97,** 291; **98,** 348; **99,** 98; **100,** 72. — 20) Haftet der Bauunternehmer einer Kleinbahn für den bei dem Verkehr der Arbeitszüge durch Funkenflug entstandenen Schaden auch ohne Verschulden? **97,** 290; **98,** 347; **100,** 74. — 21) Die Klage auf Widerruf einer in das geschützte Rechtsgut eines andern eingreifenden Äußerung setzt Verschulden voraus. **97,** 343. — 22) Schadensersatzpflicht der Gemeinden nach dem PreußTumultG v. 11. März 1850 und dem französischen G v. 10. Vendémiaire IV. **98,** 3, 203. — 23) Welcher Zeitpunkt ist maßgebend für die Bemessung des zu ersetzenden Minderwerts eines durch Bergbau beschädigten Hausgrundstücks? **98,** 52. — 24) Welcher Zeitpunkt ist maßgebend für die Bemessung des zu ersetzenden Geldbetrags, der zur Beseitigung der einem Grundstück durch Bergbau zugefügten Beschädigung erforderlich ist? **98,** 55. — 25) Ausschlußfristen für die Geltendmachung von Schadensersatzansprüchen aus dem PreußTumultG. **98,** 118. — 26) Haftet die bei der Legung eines zweiten Bahngleises mit der Kiesanfuhr beauftragte Firma auch ohne Verschulden für den Schaden, der durch Funkenflug aus der von ihr benutzten Lokomotive entstanden ist? **98,** 347. — 27) Schadensersatzpflicht der Gemeinde wegen gesundheitsschädlichen Leitungswassers. **99,** 96. — 28) Schadensersatzpflicht bei Verunreinigung eines Wasserlaufs durch mehrere Immittenten. **99,** 181. — 29) Sind dem Verletzten, der die Herstellung der beschädigten Sache selbst übernommen hat, nur die objektiv notwendigen oder auch solche Aufwendungen zu ersetzen, die sich zwar hinterher als unzweckmäßig und überflüssig herausgestellt haben, zur Zeit ihrer Vornahme aber als sachgemäß angesehen werden konnten? **99,** 183. — 30) Schadensersatzanspruch nach dem PreußTumultG v. 11. März 1850. **99,** 3, 10, 39, 193; **100,** 10, 18, 243. — 31) Schadensersatzanspruch des Grundstückseigentümers und -mieters wegen Beschädigung durch Flugzeuge gegen den Unternehmer einer Fliegerschule auch ohne dessen Verschulden. **100,** 72.

§ 95a. Unterlassungsklage.

1) Voraussetzungen der vorbeugenden Unterlassungsklage; Erfordernis des besonderen Rechtsschutzbedürfnisses insbesondere dann, wenn die Unterlassung strafrechtlich verbotener, mittels öffentlicher oder Privatklage verfolgbarer Handlungen begehrt wird. **91,** 267, 354; **95,** 273, 341; **98,** 36. — 2) Einfluß der Verjährung der strafrechtlichen Verfolgung und des Ablaufs der Antragsfrist des § 61 StGB auf die Zulässigkeit der Unterlassungsklage. **91,** 355. — 3) Voraussetzungen der Unterlassungsklage wegen Verletzung des Namensrechts. **91,** 352. — 4) Kann die Klage

auf Unterlassung des Gebrauchs eines Warenzeichens mit der auf seine Löschung verbunden werden? **93**, 291. — 5) **Rechtsweg und Rechtsschutzbedürfnis** für die Klage auf Unterlassung der Führung des Adels? **95**, 273. — 6) Verschulden des Beklagten ist nicht Voraussetzung der vorbeugenden Unterlassungsklage. **95**, 342. — 7) Wird die Unterlassungsklage dadurch ausgeschlossen, daß der Eingriff in das geschützte Recht zur Wahrung berechtigter Interessen erfolgt ist? **95**, 342. — 8) Wiederholungsgefahr als Voraussetzung der Unterlassungsklage; abstrakte Möglichkeit der Wiederholung genügt nicht. **96**, 244; **98**, 269. — 9) Beweislast und Beweiswürdigung hinsichtlich der Wiederholungsgefahr. **96**, 244; **98**, 269. — 10) Unterlassungsklage und Klage auf Widerruf. **97**, 345. — 11) Ob die Wiederholungsgefahr besteht, ist im wesentlichen Tatfrage **96**, 245; **98**, 269. — 12) Zum Erfordernis der Wiederholungsgefahr bei der Unterlassungsklage aus gewerblichen Schutzrechten. **98**, 269. — 13) Unterlassungsklage gegen Beihilfe zur Warenzeichenverletzung und zu unlauterem Wettbewerb. **99**, 90. — 14) Gegenstand des Unterlassungsurteils können grundsätzlich nur solche Zuwiderhandlungen gegen eine Verbotsvorschrift sein, die tatsächlich stattgefunden haben. **100**, 187.

§ 96. Rechenschaftslegung. Offenbarungseid. Auskunftserteilung.

1) Wer ist berechtigt, von dem ausgeschiedenen Liquidator einer offenen Handelsgesellschaft Rechnungslegung über die Führung der Gesellschaftsgeschäfte zu fordern? **91**, 34. — 2) Auskunftspflicht bei einer Generalvertretung, durch die eine dauernde Interessengemeinschaft geschaffen war. **92**, 201. — 3) Haftung der Bank für unrichtige Auskunft ihrer Depositenstellen an mit ihr nicht in Geschäftsverbindung stehende Personen. **94**, 320. — 4) Auskunfts- und Rechenschaftspflicht des Beauftragten bei Nichtigkeit des Auftrags. **96**, 283. — 5) Kann der Gläubiger eines Gesellschafters, der dessen Anteil am Gesellschaftsvermögen hat pfänden lassen, von den andern Gesellschaftern Rechnungslegung verlangen? **95**, 231. — 6) Auskunftspflicht des Konkursverwalters im Falle des § 127 KO gegenüber dem absonderungsberechtigten Gläubiger. **98**, 306. — 7) Verpflichtung zur Vorlegung von Bilanzen bei Beteiligung am Reingewinn. **99**, 234. — 8) Erfordernisse der Abrechnung über die im Rahmen eines Gesellschaftsverhältnisses geführten Geschäfte. **100**, 150.

§ 97. Ort der Leistung. Erfüllungsort.

1) Bestimmung des Erfüllungsorts, Maßgeblichkeit des Erfüllungsorts für die Frage der Anfechtbarkeit des Vertrags wegen Irrtums. **95**, 165. — 2) Erfüllungsort beim La Plata-Getreidevertrag. **96**, 230, 235. — 3) Grundsätzliche Anwendung des Rechts des Erfüllungsorts bei Schuldverhältnissen aus Verträgen. **96**, 272. — 4) Erfüllungsort für die Herausgabe der Bereicherung. **96**, 347.

§ 98. Zeit der Leistung. Stundung.

1) § 271 BGB und § 358 HGB enthalten Auslegungsregeln, die nicht gelten, wenn die Parteien etwas anderes gewollt haben, und wenn

Treu und Glauben eine andere Auslegung erfordern. **91,** 67. — 2) Zur Anwendung des § 271 Abs. 1 BGB hinsichtlich der Zahlung der Enteignungsentschädigung im Falle des § 13 Nr. 1 PreußFluchtlinienG. **92,** 91, 93. — 3) Wirkung der Stundung nach § 6 BRVO über die Geltendmachung von Hypotheken usw. v. 8. Juni 1916 auf die Verpflichtung des Bürgen. **93,** 92. — 4) Wirkung der Stundung nach § 2 BRVO v. 30. September 1914 betr. Zahlungsverbot gegen England auf vorher fällig gewordene Forderungen und gegenüber dem deutschen Indossatar, der den Wechsel verpfändungshalber in das feindliche Ausland begeben hat. **94,** 229, 231. — 5) Der Schuldner, dem bis zur Besserung seiner Verhältnisse Stundung gewährt ist, hat auch unaufgefordert zu leisten, sobald seine Verhältnisse dies gestatten, auch Ratenzahlungen anzubieten, wenn er nur zu solchen imstande ist. **94,** 291. — 6) Bedarf eine Stundungsvereinbarung, durch die ein Bürge die zeitliche Beschränkung seiner Haftung aufgibt, der Schriftform? **96,** 134. — 7) Ist der Gläubiger berechtigt, die vorzeitige Zahlung einer in ausländischer Währung ausgedrückten Schuld zurückzuweisen, wenn er durch den Kurs geschädigt würde? **96,** 264; **98,** 163. — 8) Bewirkt die Einleitung der Geschäftsaufsicht zur Abwendung des Konkurses eine Stundung der von ihr betroffenen Forderungen? **100,** 65.

§ 99. Verzug des Schuldners (insbesondere bei gegenseitigen Verträgen § 326 BGB).

1) Kann das Prozeßgericht nach der BRVO v. 18. August 1914 über die Folgen der nicht rechtzeitigen Zahlung einer Geldforderung die Beseitigung auch der auf Grund allgemeiner Bestimmungen des bürgerlichen Rechts eintretenden Verzugsfolgen aussprechen? **91,** 17. — 2) Kann auf Grund der vorbezeichneten BRVO angeordnet werden, daß die Verzugsfolgen des § 39 VVG nicht eintreten? **91,** 17. — 3) Die Erfüllungsweigerung des Schuldners allein bringt den Schadensersatzanspruch noch nicht zur Entstehung; ihr Zeitpunkt kann deshalb der Berechnung des abstrakten Schadens nicht zugrundegelegt werden. **91,** 31. — 4) Wird die Leistung des Verkäufers während seines Verzugs unmöglich, so darf der abstrakte Schaden spätestens nach dem Tage des Eintritts der Unmöglichkeit berechnet werden. **91,** 32. — 5) Die Fristsetzung nach § 326 BGB muß deutlich ersehen lassen, daß der Erklärende seinen Anspruch auf Erfüllung für den Fall nicht rechtzeitiger Leistung endgültig aufgibt. Die Erklärung, den Rücktritt sich vorzubehalten, genügt nicht. **91,** 165. — 6) Erfordernisse der Fristsetzung beim Verzug mit der Auflassung. **91,** 165. — 7) Der Rechtssatz, daß eine zu kurz bemessene Nachfrist insoweit wirksam ist, als die Leistung innerhalb der vom Gericht für angemessen erachteten Frist erfolgen muß, gilt dann nicht, wenn der Gläubiger zu erkennen gegeben hat, daß er die Lieferung, auch wenn sie innerhalb angemessener Frist erfolgen sollte, dennoch keinesfalls annehmen werde. **91,** 207. — 8) Kein Rücktrittsrecht nach § 326 BGB beim Dienst- und Agenturvertrag. **92,** 159. — 9) Schadet die geringfügige und unverschuldete Überschreitung einer vereinbarten Frist? **92,** 210. — 10) Folgen

der nicht pünktlichen Erfüllung der Verpflichtung, den Kaufpreis bis zu einem bestimmten Zeitpunkt bei einer Bank durch Akkreditiv sicher zu stellen. **92**, 208. — 11) Rechtfertigung des Grundsatzes, daß der Vertragsbruch keinen Vorteil bringen darf, den der Vertragsbrüchige sonst nicht gehabt haben würde, aus dem Gesichtspunkte des Schadensersatzes wegen Verzugs. **92**, 216. — 12) Schadensersatzanspruch wegen Verzugs mit einer Vorrangseinräumung. **92**, 216, 218. — 13) Unter welchen Voraussetzungen kann der Verzug des Käufers mit der Abnahme und Untersuchung der Ware die Folgen des § 326 BGB auslösen? **92**, 268. — 14) Werden die Verzugsfolgen durch Rechtsirrtum ausgeschlossen? **92**, 379, 380; **96**, 316. — 15) Stehen dem Verkäufer die Rechte aus § 326 BGB zu, wenn der Käufer nach Vollzug der Wandlung mit der Rückgewähr der Kaufsache in Verzug kommt? **93**, 47. — 16) Die Vorschrift des § 326 BGB ist nur für gegenseitige Schuldverhältnisse gegeben; für sonstige Schuldverhältnisse gilt § 286 Abs. 2. **93**, 49. — 17) Die BRVO v. 8. Juni 1916 über die Geltendmachung von Hypotheken usw. hat materiellrechtliche, den Eintritt von Verzugsfolgen hindernde Wirkung. **93**, 93. — 18) Kann die Fristsetzung nach § 326 BGB schon vor Eintritt des Verzugs des Schuldners wirksam erfolgen? **93**, 181; **96**, 342. — 19) Die Bestimmungen über den Schuldnerverzug und seine Wirkungen gelten nach §§ 818, 819 BGB beim Bereicherungsanspruch für die Zeit vor Eintritt der Rechtshängigkeit oder der Erlangung der Kenntnis vom Mangel des rechtlichen Grundes nicht. **93**, 272. — 20) Zum Begriff der positiven Vertragsverletzung. Recht des andern Teils, den Vertrag schon vor Ablauf der vereinbarten Lieferfrist zur Auflösung zu bringen. **93**, 286 — 21) Findet § 326 BGB Anwendung auf den Vergleich? **93**, 290. — 22) Erlaß und Anerkenntnis als Leistung i. S. des § 326 BGB. **93**, 290 — 23) § 326 BGB enthält nachgiebiges Recht. **93**, 290. — 24) Erfordernisse der Mahnung. **93**, 301; **97**, 11. — 25) Wird durch das Bestehen eines Zurückbehaltungsrechts bei gegenseitigen Verträgen der Verzug beseitigt? **93**, 301. — 26) Verzug des Versicherten mit der Prämienzahlung. **93**, 81. — 27) Pflichten des Verkäufers, der seine Kaufgläubiger nur anteilmäßig befriedigen kann, gegenüber dem Käufer, der in Einteilungsverzug geraten ist. **94**, 18. — 28) Für die Anwendbarkeit des § 326 Abs. 2 BGB ist unerheblich, ob der säumige Schuldner voraussehen konnte, daß die Erfüllung des Vertrags infolge seines Verzugs für den andern Teil kein Interesse haben werde. **94**, 326. — 29) Kann der Käufer von dem ganzen Vertrage zurücktreten, wenn der Verkäufer, der fortlaufend zu liefern hatte, mit den Lieferungen im Rückstand geblieben war und der Käufer sich anderweit eingedeckt hatte? **96**, 129. — 30) Welcher Zeitpunkt ist der Schadensberechnung im Falle des § 326 BGB zugrunde zu legen? **96**, 160. — 31) Verzug mit Eröffnung eines telegraphischen Akkreditivs. **96**, 256. — 32) Das Erfordernis der Fristbestimmung nach § 326 BGB kann von den Beteiligten ausdrücklich oder stillschweigend ausgeschlossen werden. **96**, 257. — 33) Zum Begriff des Fixgeschäfts. **96**, 256. — 34) Örtliches Recht hinsichtlich des Verzugs. **96**, 264. — 35) Weigerung, innerhalb der vertragsmäßigen Lieferfrist zu erfüllen, als positive Vertragsverletzung. Entbehrlichkeit der Fristsetzung. **96**, 341. — 36) Schadensersatz wegen Verzugs bei einer Forderung in ausländischer Währung. **96**, 263; **98**, 164. — 37) Verhältnis zwischen Leistungsverzug und nachträglicher Unmöglichkeit; die Verweigerung einer unmöglich gewordenen Leistung begründet nicht die Schadensersatzpflicht nach § 326 BGB. **97**, 9. — 38) Wirkung des Verzugs mit einer Teilleistung bei Sukzessivlieferungsverträgen nach § 326 und nach § 286 Abs. 1 BGB. **97**, 136. — 39) Bewirkt eine Mahnung vor Ablauf der für die ganze Lieferung bestimmten Frist bei Sukzessivlieferungen Verzug auch hinsichtlich der noch nicht fälligen Teilleistungen? **97**, 136. — 40) Welcher Zeitpunkt ist der Berechnung des abstrakten Schadens zugrunde zu legen? Einfluß vom Verzug und Nachfristsetzung. **98**, 213. — 41) Wie ist der Schaden wegen Lieferungsverzugs zu berechnen, wenn mehr als die geschuldete Mindestmenge geleistet ist? **99**, 216. — 42) Setzt ein Schadensersatzanspruch wegen schuldhafter Verzögerung der Erfüllung eines Vertrags stets Verzug des Schuldners voraus? **100**, 43.

§ 100. Verzug des Gläubigers.

1) Zur Abwägung des Verschuldens des Schuldners bei Verzug des Gläubigers. **94**, 143. — 2) Welche Wirkung hat die Einrede des nicht erfüllten Vertrags bei Annahmeverzug des Beklagten? **94**, 310. — 3) Steht die Zurückbehaltungseinrede der Aufrechnung entgegen, wenn der Aufrechnungsgegner sich in Annahmeverzug befindet? **94**, 310. — 4) Ist der Verkauf an unrechtem Orte im Falle des § 383 BGB wirkungslos? Oder begründet er nur eventuell eine Verpflichtung des Schuldners zum Schadensersatz? **95**, 117. — 5) Der Gläubigerverzug tritt unabhängig von einem Verschulden des Gläubigers ein. **100**, 48. — 6) Ein vorübergehendes subjektives Unvermögen des Gläubigers zur Vornahme der in § 642 BGB bezeichneten Handlung schließt seinen Verzug nicht aus. **100**, 48.

§ 101. Verschulden in Vertragsverhältnissen. Positive Vertragsverletzung.

1) Setzung einer zu kurzen Nachfrist in der Absicht, einen Grund zum Rücktritt zu schaffen. **91**, 207. — 2) Zum Begriff der positiven Vertragsverletzung. **93**, 286; **96**, 342. — 3) Verschulden beim Vertragsschluß. **93**, 165; **95**, 60; **97**, 336, 327.

§ 102. Haftung des Schuldners für das Verschulden seines gesetzlichen Vertreters und seiner Erfüllungsgehilfen (§ 278 BGB).

1) § 278 BGB findet bei unerlaubten Handlungen im Falle des § 254 Abs. 1 BGB keine Anwendung. **91**, 138. — 2) Ist der Ehemann, der seine geisteskranke Frau in ein Krankenhaus aufnehmen läßt, als ihr gesetzlicher Vertreter oder als ihr Erfüllungsgehilfe i. S. des § 278 BGB anzusehen? **91**, 138. — 3) Ist der Führer eines Schleppdampfers Hilfsperson des Eigners des geschleppten Kahns i. S. des § 431 HGB, § 278 BGB? **91**, 243. — 4) Haftung einer Sparkasse für Verschulden ihrer Beamten gegenüber dem Hypothekenschuldner. **91**, 344.

— 5) Erfüllungsgehilfe nach § 431 HGB und Zwischenspediteur. **94,** 101. — 6) Mit dem Erfüllungsgehilfen tritt der Vertragsgegner nicht in vertragliche Beziehungen. **95,** 213. — 7) Zur Haftung des Rechtsanwalts für seine Bureauangestellten. **96,** 324. — 8) Zur Haftung der Eisenbahn für ihre Angestellten bei der Entladung von Wagenladungsgütern. **97,** 16. — 9) Findet § 278 BGB Anwendung auf die in den Versicherungsbedingungen dem Versicherungsnehmer auferlegten Verpflichtungen? **97,** 280. — 10) Kann der Ausschluß der Haftung für vorsätzliche Handlungen des Erfüllungsgehilfen gegen die guten Sitten verstoßen? **98,** 35. — 11) Zum Begriff der Erfüllungsgehilfen in § 278 BGB. **98,** 327. — 12) Der Schiffer als Erfüllungsgehilfe des Mieters des Schiffs, dem zugleich mit dem Schiffe die Dienste der Besatzung überlassen sind. **98,** 327. — 13) Haftung des Fernsprechteilnehmers gegenüber dem Reiche für Verschulden seiner Erfüllungsgehilfen. **98,** 343. — 14) Der Spediteur nicht Erfüllungsgehilfe des Verkäufers, der ihn gemäß § 447 Abs. 1 BGB mit der Versendung der Ware beauftragt. **99,** 58. — 15) Zum Begriff der Verbindlichkeit in § 278 BGB. **99,** 264. — 16) Die Haftung aus § 278 BGB erstreckt sich nicht auf das Schmerzensgeld. **99,** 264. — 17) Der Verwahrer, bei dem Frachtgut gemäß § 437 HGB hinterlegt ist, ist nicht Erfüllungsgehilfe des Frachtführers. **100,** 163.

§ 103. Verschulden außerhalb vertraglicher Verhältnisse.

(S. § 95 IV S. 95 und § 145 S. 147.)

3. Schuldverhältnisse aus Verträgen.

§ 104. Vertragsschluß. Einrede des anders als verabredet niedergeschriebenen Vertrags. Mündliche (formlose) Nebenabreden neben schriftlichen (formgerechten) Verträgen.

I. Allgemeines.

1) Wird durch die vorläufige Gewährung von Einlaß und Unterkunft im Krankenhause einer Gemeinde ein Vertragsverhältnis zwischen dem Aufgenommenen und der Gemeinde begründet? Geschieht dies auch dann, wenn die Aufnahme des Kranken nach den bestehenden Vorschriften nicht hätte erfolgen dürfen? **91,** 136. — 2) Wird die Begründung eines privatrechtlichen Vertragsverhältnisses durch die Aufnahme eines Kranken in ein öffentliches Krankenhaus dadurch ausgeschlossen, daß der Kranke durch die Polizei zu seiner und Anderer Sicherheit in das Krankenhaus verbracht ist? **91,** 265. — 3) Im Gebiete des Rechts der Schuldverhältnisse ist einer stillschweigenden, indes genügend erkennbaren Vereinbarung grundsätzlich die gleiche Kraft wie einer ausdrücklichen und besonderen Abrede beizumessen. **91,** 327. — 4) Zur Anwendung des § 150 Abs. 2 BGB. **92,** 234. — 5) Wird der Vertragsantrag erkennbar davon abhängig gemacht, daß in der Annahmeerklärung das Einverständnis mit bestimmten Bedingungen durch deren wörtliche Wiederholung zum Ausdruck gelange, so ist der Vertrag nur bei Erfüllung auch dieses Verlangens zustandegekommen. **92,** 235. — 6) Vertragsschluß mit einer

Verkaufsstelle, die von Gewerbetreibenden zum Absatz ihrer Erzeugnisse mit selbständiger Rechtspersönlichkeit begründet ist. **92,** 274. — 7) Wirkt der Vertrag für und gegen die Mitglieder der Vereinigung? **92,** 275. — 8) Zur Haftung wegen Verschuldens beim Vertragsschlusse. **93,** 165; **95,** 60; **97,** 327, 336. — 9) Ein schriftlicher Vertrag kommt nicht schon durch die Unterzeichnung der Vertragsurkunde seitens der Parteien zustande, vielmehr bedarf es des Vertragsantrags und, sofern nicht die Voraussetzungen des § 151 BGB vorliegen, der Erklärung der Annahme. **93,** 175. — 10) Zur Anwendung des § 151 BGB auf die Vereinbarung nach § 1117 Abs. 2 BGB (Ersatzübergabe des Hypothekenbriefs). **93,** 250. — 11) Voraussetzung eines Vertragsschlusses ist das Einverständnis der Parteien über die essentialia negotii. Unanwendbarkeit des § 155 BGB, wenn es sich um Punkte handelt, die für den zu schließenden Vertrag wesentlich sind. **93,** 299. — 12) § 125 Satz 2, § 154 Abs. 2 BGB beziehen sich nur auf erst abzuschließende, nicht auf bereits abgeschlossene Rechtsgeschäfte. **94,** 333. — 13) Bedeutung des Bestätigungsschreibens und des Schweigens des Empfängers darauf nach Handelsbrauch. **95,** 50, 95; **97,** 194. — 14) Unterschied zwischen Vertragsangebot und Bestätigungsschreiben hinsichtlich der Bedeutung des Stillschweigens darauf. **95,** 96. — 15) Kann ein dem Mitgliede eines Kartellverbands gemachtes Vertragsangebot auch dann als stillschweigend angenommen gelten, wenn es mit den Verbandsbedingungen in Widerspruch steht? **95,** 95. — 16) Verpflichtung des Gerichts hinsichtlich der Feststellung, ob ein Vertrag zustandegekommen. **95,** 102. — 17) Bedeutung der Handelssitte für die Frage des Vertragsschlusses. **95,** 243. — 18) Ist bei der Versteigerung der Zuschlag wirksam, bevor er dem Bieter zugeht? Insbesondere dann, wenn der Versteigerer sich die spätere Erteilung des Zuschlags bei freier Wahl unter den Bietern vorbehalten hat? **96,** 102. — 19) Zur Anwendung des § 150 Abs. 2 und des § 151 BGB; Vereinbarung der Aufhebung eines Vertrags. **96,** 260. — 20) Bedeutung der Setzung einer Frist zur Annahme eines Vertragsangebots: muß die Annahmeerklärung dem Antragenden innerhalb der Frist zugegangen sein? **96,** 2[illegible]. — 21) Erlischt ein ohne Zeitbeschränkung gemachtes Vertragsangebot durch Zeitablauf? **97,** 2. — 22) Zur Bedeutung des Bestätigungsschreibens; abweichender Wortlaut mehrerer Exemplare. **97,** 133. — 23) Kommt ein Vertrag zustande, wenn der die Verhandlungen führende Agent erkennen mußte, daß der andere Teil eine wesentliche Bestimmung abweichend von ihrem verkehrsüblichen Sinne verstand? **97,** 195. — 24) Muß sich der Empfänger eines Bestätigungsschreibens, das er unwidersprochen läßt, als einverstanden behandeln lassen, wenn er ohne Verschulden irrtümlich annimmt, daß sich der Inhalt des Schreibens mit seinem Willen decke? **97,** 195. — 25) Haftung für Verschulden beim Vertragsschluß; Anwendung des § 254 BGB. **97,** 336. — 26) Rechtspflicht, dem anderen Vertragsteile die für ihn beim Vertragsschluß bedeutsamen Tatsachen kundzugeben. **97,** 327. — 27) Schwebezustand bei Verträgen, deren Wirksamkeit von der Genehmigung eines Dritten oder einer Behörde abhängt; einstweilige Gebundenheit der Vertragschließenden. **98,** 47. — 28) Kann der Beklagte durch Anerkennung eines Klaganspruchs, der auf Erfüllung eines mangels Willensübereinstimmung nicht zustandegekommenen Vertrags gerichtet ist, eine vertragliche Bindung der Parteien bewirken? **100,** 147

II. Nebenabreden. Vermutung der Vollständigkeit und Richtigkeit der Vertragsurkunde.

1) Vermutung der Richtigkeit und Vollständigkeit der über ein Rechtsgeschäft errichteten Urkunde. Anwendung des Grundsatzes auf in Österreich geschlossene Verträge. **93,** 26. — 2) Die Vermutung der Vollständigkeit des schriftlichen Vertrags greift nicht platz, wenn die Urkunde nicht von der Partei, sondern von einem Dritten mit seinem Namen unterschrieben ist, ohne daß die Urkunde das Verhältnis dieses Dritten zur Partei erkennen läßt. **96,** 289. — 3) Nachträgliche Abänderung eines schriftlichen Vertrags durch mündliche Abreden trotz der Bestimmung des schriftlichen Vertrags, daß Abänderungen der schriftlichen Abfassung bedürfen. **95,** 175. — 4) Erstreckt sich die vormundschaftsgerichtliche Genehmigung eines Grundstücksveräußerungsvertrags auch auf mündliche Nebenabreden? **99,** 72. — 5) Vermutung der Vollständigkeit der Bürgschaftsurkunde hinsichtlich der Verpflichtungen des Bürgen. **95,** 126.

§ 105. Gegenstand und Inhalt der Verträge.

I. Allgemeines.

1) Inwieweit können nach § 317 BGB die Mitglieder einer Gesellschaft des bürgerlichen Rechts oder einer offenen Handelsgesellschaft sich im voraus späteren, den Gesellschaftsvertrag abändernden, Mehrheitsbeschlüssen unterwerfen? **91,** 167. — 2) Rechtliche Natur des durch Erteilung der alleinigen Berechtigung zur Legung elektrischer Leitungen in Gemeindegebiet begründeten Rechts. Ansprüche aus der Verletzung dieses Rechts. **91,** 170. — 3) Vertragsfreiheit darüber, was Schaden sei. **91,** 217. — 4) Vertragsnatur des Zwangsvergleichs. **92,** 187, 189. — 5) Im Zweifel sind alle Bestimmungen eines Vertrags nach der Parteiabsicht als ein zusammengehöriges einheitliches Ganzes zu betrachten. **94,** 149. — 6) Inwieweit sind die §§ 315 flg. BGB auf den Schiedsgutachtervertrag unmittelbar oder entsprechend anwendbar? **96,** 60. — 7) Zum Begriff der „offenbaren" Unbilligkeit in § 319 BGB. Können zu deren Nachweis neue Tatsachen angeführt werden? **96,** 62. — 8) Für die rechtliche Natur des Vertrags ist nicht die von den Vertragschließenden gewählte Ausdrucksweise, sondern die Gesamtheit der Vertragsbestimmungen nach ihrem objektiven Inhalt entscheidend. **97,** 21. — 9) Zur Anwendung des § 313 BGB auf zusammengesetzte Verträge. **97,** 219. — 10) Unterschied zwischen schuldrechtlichen Verträgen und dinglichen Erfüllungsgeschäften hinsichtlich der Bestimmtheit des Inhalts. **98,** 202. — 11) Zum Begriff des dem einen Vertragsteil eingeräumten Ermessens. **99,** 106. — 12) Einigung nach §§ 873, 925 BGB als dinglicher Vertrag. **99,** 67.

II. Vorverträge.

III. Verträge über unmögliche Leistungen

(S. § 92 S. 82.)

IV. Verträge gegen gesetzliches Verbot und die guten Sitten.

(S. § 36 S. 46.)

V. Verträge der §§ 310—312 BGB.

1) Ein Vertrag, der die Veräußerung einer Mehrheit von Vermögensstücken zum Gegenstand hat, fällt nicht unter § 311 BGB, auch wenn die veräußerten Gegenstände das ganze Vermögen des Veräußerers ausmachen und die Beteiligten sich dessen bewußt sind. **94**, 315. — 2) Welche Bedeutung hat die Zusammenfassung der Mehrheit von Sachen unter einem Gesamtnamen („Hausstand") für die Anwendung des § 311 BGB? **94**, 316. — 3) Zur Bedeutung der §§ 311, 1444, 1487 BGB. **94**, 316. — 4) Setzt § 312 Abs. 2 BGB voraus, daß die künftigen gesetzlichen Erben auch tatsächlich zur gesetzlichen Erbfolge berufen werden? **98**, 331. — 5) Ist das Versprechen der Abtretung des gesetzlichen Erbteils seitens eines durch Gesetz berufenen Verwandten des Erblassers zu dessen Lebzeiten an einen durch Testament berufenen Verwandten gültig? **98**, 333. — 6) Ist der Verzicht auf den Pflichtteil bei Lebzeiten des Erblassers gegenüber einem von diesem durch Testament berufenen Verwandten wirksam? **98**, 333.

VI. Verträge über die Veräußerung von Grundstücken.

(S. § 33 I S. 40.)

§ 106. Abstrakte Verträge. Einseitige Verträge.

§ 107. Gegenseitige Verträge (§§ 320—327 BGB).

I. Allgemeines. 1) Das durch die Wandlung geschaffene Rechtsverhältnis ist nicht ein gegenseitiger Vertrag i. S. des §§ 320 flg. BGB. **93**, 49. — 2) Der Vergleich als gegenseitiger Vertrag. **93**, 290. — 3) Zur Anwendung des § 320 BGB auf ein gegenseitiges Wettbewerbsverbot. **96**, 174. — 4) Zum Begriff des gegenseitigen Vertrags in § 9 BRVO über die Geschäftsaufsicht zur Abwendung des Konkurses v. 14. Dezember 1916. **100**, 2. — 5) Beruht das Rechtsverhältnis zwischen einem eingetragenen Verein und seinen Mitgliedern auf einem gegenseitigen Vertrag? **100**, 2. — 6) Ist die aus der Aktienzeichnung erwachsende Einlagenpflicht durch die Pflicht zur Aushändigung der Aktienurkunde wechselseitig bedingt? **100**, 3. — 7) Inwieweit gehört der Gesellschaftsvertrag zu den gegenseitigen Verträgen? **100**, 3. — 8) Kann beim Fortbestand eines gegenseitigen Vertrags der eine Teil unter besonderen Umständen eine Erhöhung der Gegenleistung fordern, wenn seine eigene

Leistung unter der Veränderung der Verhältnisse wirtschaftlich zu einer völlig anderen geworden ist? **100,** 129. — 9) Ausgleich der beiderseitigen Interessen in solchem Falle. **100,** 133.

II. Erfüllung Zug um Zug. Einrede des nicht erfüllten Vertrags. 1) Nach Anfechtung eines gegenseitigen, beiderseits erfüllten Vertrags findet zwischen den beiderseitigen Ansprüchen auf Rückgewähr nicht die Einrede des nicht erfüllten Vertrags, sondern die Zurückbehaltungseinrede statt. **94,** 310. — 2) Welche Wirkung hat die Einrede des nicht erfüllten Vertrags, wenn der Beklagte im Annahmeverzug ist? **94,** 310. — 3) Die Verurteilung des „andern Teils" zur Erfüllung Zug um Zug enthält nicht auch die Verurteilung des „einen Teils" zur Bewirkung der Gegenleistung. **100,** 198. — 4) Umfang der Rechtskraftwirkung des auf Erfüllung Zug um Zug lautenden Urteils. **100,** 198. — 5) Kann auf unbedingte Vollstreckung eines auf Erfüllung Zug um Zug lautenden Urteils geklagt werden, wenn die dem Kläger obliegende Leistung unmöglich geworden ist? **96,** 184; **100,** 199. — 6) Kann derjenige, welcher zur Sicherung einer Forderung eine Sache oder ein Recht übereignet hat, die Herausgabe der Sicherheit Zug um Zug gegen die Befriedigung des Gläubigers verlangen? **92,** 281.

III. Vorleistung. Vorleistungspflicht. Steht dem Anspruche des Grundstückskäufers auf Einräumung des Vorrangs für ein von ihm aufzunehmendes Pfandbriefdarlehn vor der Kaufgeldhypothek nach Eintritt der Fälligkeit der letzteren eine Einrede aus §§ 273, 320 BGB auch dann zu, wenn die Vorrangseinräumung vorzuleisten war? Einwirkung des Umstands, daß der Verkäufer mit der Vorrangseinräumung im Leistungsverzug war. **92,** 217.

IV. Unmöglichkeit der Erfüllung. (§§ 323—325 BGB). S. § 92 S. 82.

V. Verzug des Schuldners bei gegenseitigen Verträgen. (§ 326 BGB.) S. § 99 S. 98.

§ 108. Schadensersatz in Vertragsverhältnissen und vertragsähnlichen Verhältnissen.

(S. § 95 III S. 92.)

(Schadensersatz aus Vertragsverhältnissen mit Rechtsanwälten § 287 S. 231.)

§ 109. Verträge zugunsten Dritter.

1) Dem Mieter einer Familienwohnung muß, wenn nicht besondere Umstände entgegenstehen, die für den Vermieter erkennbare Absicht unterstellt werden, beim Abschluß des Mietvertrags auch die Interessen seiner mit ihm zusammenlebenden Angehörigen nach Möglichkeit wahrzunehmen und ihnen hinsichtlich der gefahrenfreien Beschaffenheit der Wohnräume dieselben Rechte gegen den Vermieter zu verschaffen, die ihm selbst zustehen. **91,** 24. — 2) Wird durch §§ 434, 435 HGB dem Frachtvertrag die Eigenschaft eines Vertrags zugunsten des Empfängers als eines Dritten gegeben? **91,** 65. — 3) Zur Anwendung des § 329 BGB. **91,** 173. — 4) Wird durch die Annahme von Paketen zur Postbeförderung ein Vertrag zugunsten des Eisenbahnfiskus abgeschlossen, wonach auch

dieser für eine Beschädigung oder Vernichtung der Pakete nur die in § 9 PostG vorgesehenen Beträge zu erstatten hat? **92**, 13. — 5) Wann erwirbt nach gemeinem Recht der Dritte, an den nach einem Lebensversicherungsvertrag die Versicherungssumme zu zahlen ist, ein unentziehbares Recht darauf? **95**, 245. — 6) Vereinbarung einer Ortskrankenkasse mit einer besonderen Krankenkasse wegen Übernahme der Angestellten der letzteren. **94**, 144. — 7) Stillschweigende Vereinbarung der Leistung an einen Dritten. **98**, 212. — 8) Bedeutung des Vertragszwecks nach § 328 Abs. 2 BGB. **98**, 212. — 9) Kann in einem Vertrag über die Benutzung von Maschinen das Versprechen einer Leistung (der Darbietung der Maschinen in gefahrlosem Zustande) an den mit der Arbeitsverrichtung an den Maschinen Beauftragten gesehen worden? **98**, 210. — 10) Ist die Abrede wirksam, es solle jemandem nach dem Tode des Eigentümers eine bei einem Dritten hinterlegte Sache ausgehändigt werden? **98**, 281. — 11) Kann durch einen Vertrag zugunsten eines Dritten eine dingliche Verfügung getroffen, insbesondere das Eigentum dem Dritten ohne seine Mitwirkung übertragen werden? **98**, 282. — 12) Kann der im Eisenbahnfrachtbrief bezeichnete Absender ein unmittelbares Forderungsrecht auf den Nachnahmebetrag für einen Dritten begründen? **99**, 247.

§ 110. Vertragsstrafe (Vertragliches Wettbewerbsverbot).

1) Unter welchen Umständen kann außer dem Schadensersatz wegen Nichterfüllung die Vertragsstrafe wegen verzögerter Erfüllung gefordert werden? **94**, 206. — 2) Zum Begriff der Annahme als Erfüllung in § 341 Abs. 3 BGB. **94**, 208. — 3) Verschulden als Voraussetzung der Verwirkung der Strafe. **95**, 203. — 4) Anwendung der Grundsätze vom uneigentlichen Strafgedinge auf die mit einem Kaufangebot verbundene Verfallabrede. **95**, 203. — 5) Gegenseitiges Wettbewerbsverbot; Vertragsauslegung; Übergang der Verpflichtung bei Veräußerung des Geschäfts. **96**, 171. — 6) Wettbewerbsverbot als Aktivum des Geschäfts, dessen Betrieb es fördern soll. **96**, 173. — 7) Duldung der Gründung eines Wettbewerbsgeschäfts durch Angestellte als „indirekte Beteiligung". **96**, 174. — 8) Befreit bei einem gegenseitigen Wettbewerbsverbot die Zuwiderhandlung des einen Teils den andern von der Verpflichtung zur Beobachtung des Verbots? **96**, 174. — 9) Vertragsstrafennatur des Frachtzuschlags nach § 60 EVO. **96**, 281.

§ 111. Rücktritt vom Vertrage.

1) Rücktritt vom Vertrage schon deshalb unberechtigt, weil er erklärt wird, um von einem lästigen Vertrage loszukommen? **91**, 208. — 2) Rücktrittsrecht als Recht des rechtlichen Könnens. **92**, 6. — 3) Kein Rücktrittsrecht nach § 326 BGB neben § 626 BGB, § 92 Abs. 2 HGB. **92**, 159. — 4) Rücktritt wegen nicht rechtzeitiger Sicherstellung des Kaufpreises; Folgen einer geringfügigen Fristversäumnis. **92**, 208. — 5) Rücktrit wegen nicht rechtzeitiger Rembourssstellung bei Geschäften über aus dem neutralen Ausland zu beziehende Waren. **92**, 389. — 6) Neben dem

das Vertragsverhältnis beseitigenden Rücktritt kein Anspruch auf das Erfüllungsinteresse. **92,** 392. — 7) Rücktritt von dem Abkommen, die während des Krieges fälliggewordene Leistung nach Beendigung des Kriegs zu bewirken. **92,** 426; **93,** 341; **94,** 46, 68; **99, 115** — 8) Zum Begriff des Fixgeschäfts. **96,** 256. — 9) Berechtigt außergewöhnliche Preissteigerung zum Rücktritt vom Vertrage? **92,** 322; **95,** 43; **98,** 262; **99,** 259; **100,** 131, 136.

4. Übergang der Schuldverhältnisse.

§ 112. Übertragung (Abtretung) von Forderungen und anderen Rechten.

1) Ist die Gehaltsforderung des von einem Krankenkassenverband angestellten Arztes unbeschränkt abtretbar? **91,** 159. — 2) Sicherheitsabtretung einer Grundschuld. Können bei der Weiterabtretung dem neuen Gläubiger die Einreden aus dem fiduziarischen Rechtsverhältnis zwischen dem Eigentümer und dem bisherigen Gläubiger entgegengesetzt werden? Voraussetzung und Wirkung des guten Glaubens des Erwerbers der Grundschuld. **91,** 218. — 3) Die Bestimmung des § 401 BGB erstreckt sich auch auf andere Nebenrechte als Hypotheken und Pfandrechte. **91,** 279. — 4) Entsprechende Anwendung des § 401 BGB bei Übertragung einer Forderung, zu deren Sicherheit ein Recht abgetreten ist. **91,** 280. — 5) Zur Unterscheidung der Inkasso-Abtretung von der Ermächtigung zur Prozeßführung im eigenen Namen. **91,** 392. — 6) Kann der Zedent die abgetretene Forderung in eigenem Namen einklagen, wenn er sich hierzu bei der Abtretung dem Zessionar gegenüber verpflichtet hat? **91,** 397. — 7) Bestimmungen des Gesetzes oder des Gesellschaftsvertrags über die Art der Auseinandersetzung bei einer Gesellschaft bürgerlichen Rechts können nicht zum Nachteil dessen, dem der Anspruch eines Gesellschafters auf das Auseinandersetzungsguthaben abgetreten ist, abgeändert werden. **91,** 431. — 8) Eigenart der treuhänderischen Abtretung. **92,** 106. — 9) Bestimmtheit und Bestimmbarkeit der Abtretung von Außenständen. **92,** 107, 110, 239; **98,** 200. — 10) Ist die Abtrennung des Einziehungsrechts mit dem Wesen der Abtretung vereinbar? **92,** 108. 240. — 11) Eine Abtretung mit der Abrede, daß der Zessionar die Forderung nach außen hin nur dann geltend machen dürfe, wenn sein Recht durch Zwangsvollstreckungen seitens der Gläubiger des Abtretenden oder durch Konkurseröffnung über dessen Vermögen bedroht werde, ist unwirksam. **92,** 109. — 12) Auslegung einer Abtretungserklärung. **92,** 110. — 13) Ist das Recht eines Gesellschafters, die Anteile der anderen Gesellschafter gegen einen bestimmten Preis für sich selbst oder Dritte zu erwerben, abtretbar? **92,** 168. — 14) Voraussetzungen der Abtretbarkeit erst in Zukunft zur Entstehung gelangender Forderungen. **92,** 239. — 15) Unwirksamkeit der Abtretung zukünftiger Forderungen bis zum Betrage der dem Abtretenden zu gewährenden, in ihrer Höhe beständig wechselnden Vorschüsse. **92,** 238. — 16) Rechtswirksamkeit der Abtretung noch nicht entstandener, künftiger Rechte. **92,** 255. — 17) Übertragung von Anteilrechten an einer Gesellschaft als Verfügung über einen Gegenstand i. S. des § 135 BGB. **92,** 401. —

18) Inwieweit ist eine dem § 719 BGB zuwiderlaufende Verfügung rechtswirksam? **92,** 400. — 19) Bei Nichtigkeit der Abtretung ist der Schuldner berechtigt, die Aktivlegitimation des neuen Gläubigers zu bestreiten. **93,** 75. — 20) § 409 BGB gibt eine Schutzbestimmung für den Schuldner; dieser braucht den Mangel der Abtretung nicht gegen sich gelten zu lassen, es ist ihm aber nicht verwehrt, die Unwirksamkeit der Abtretung einzuwenden. **93,** 76. — 21) Gilt die Bestimmung der Versicherungsbedingungen, daß Abtretungen der Versicherungsansprüche zur Rechtswirksamkeit gegenüber der Versicherungsgesellschaft der Anzeige an sie bedürfen, auch für Versicherungsscheine mit Inhaberklausel? **94,** 26. — 22) Zulässigkeit der Abtretung des Verfügungsrechts über eine Forderung derart, daß das Gläubigerrecht selbst beim Zedenten verbleibt und der Zessionar das ihm übertragene Recht zwar im eigenen Namen und im eigenen Interesse, aber als ein fremdes ausüben kann. **94,** 137. — 23) Auf eine Abtretung der vorbezeichneten Art findet § 400 BGB nicht Anwendung. **94,** 137. — 24) Abtretung des Anspruchs des Käufers, dem die Sache unter Eigentumsvorbehalt übergeben ist, auf Übereignung. **95,** 105. — 25) Kann derjenige, dem die Ansprüche aus einem Gesellschaftsvertrage abgetreten sind, gegen die andern Gesellschafter auf Rechnungslegung klagen und das Moniturverfahren betreiben? **95,** 231. — 26) Nichtigkeit der Sicherheitsabtretung für eine nichtige Forderung. **95,** 245. — 27) Welche Wirkung hat die weitere Abtretung einer zur Sicherheit abgetretenen Forderung durch den Empfänger zur Sicherheit für seine Verbindlichkeit dem neuen Zessionar gegenüber? **95, 244.** — 28) Können Rechte an eine noch nicht bestehende Rechtsperson rechtswirksam abgetreten werden? **96,** 215. — 29) Ausschluß der Abtretbarkeit künftiger und bedingter Forderungen durch Vereinbarung mit dem Schuldner. **97,** 78. — 30) Kann von mehreren selbständigen Forderungen ein summenmäßig bestimmter Teil wirksam abgetreten werden, ohne daß die Verteilung der abgetretenen Summe auf die einzelnen Forderungen bestimmt ist? **98,** 200. — 31) Rechtliche Wirkungen der Übertragung des Gewinnanspruchs des Mitglieds einer GmbH ohne den Geschäftsanteil und des Geschäftsanteils ohne den Gewinnanspruch vor beschlossener Gewinnverteilung. **98,** 318. — 32) Unter welchen Voraussetzungen ist das Versprechen der Abtretung des gesetzlichen Erbteils gültig? **98,** 333. — 33) Dingliche und schuldrechtliche Wirkungen der Forderungsabtretung zur Einziehung. **99,** 142. — 34) Wird durch die Hauptintervention des Zedenten eine notwendige Streitgenossenschaft zwischen Zessionar und Schuldner begründet? **100,** 60. — 35) Rechtswirksamkeit der Abtretung von Hypothekenrückständen an den Nießbraucher, auch wenn er die Zinsen mit aus dem Grundstück herrührenden Mitteln bezahlt hat. **100,** 155.

§ 113. Gesetzlicher Übergang von Forderungen und anderen Rechten.

1) Zeitpunkt und Umfang des Übergangs des Entschädigungsanspruchs des Verletzten auf die Berufsgenossenschaft nach § 98 UnfVersG, § 140 GewUnfVersG, § 1542 RVO. **91,** 144. — 2) Bei dem Übergang eines

Anspruchs auf rückständige Zinsen und Tilgungsbeiträge einer Hypothek auf den Ablösungsberechtigten nach §§ 268 Abs. 3, 1150 BGB bleibt der Anspruch als solcher bestehen; die rückständigen Tilgungsbeiträge gehören in die 8. Klasse des § 10 ZVG. **91,** 297. — 3) Zur Berechnung der auf Kranken- und Invalidenkassen übergehenden Beträge des Schadensersatzanspruchs des Verletzten, wenn der Schädiger wegen mitwirkenden Verschuldens des Verletzten nur einen Bruchteil des Schadens zu erstatten hat. **91,** 402. — 4) Wenn ein Gesetz bestimmt, daß Schadensersatzansprüche gegen Dritte in Höhe der dem Verletzten oder seinen Hinterbliebenen geschuldeten Leistungen (Pension, Witwen- und Waisengelder) auf den Schuldner dieser Leistungen übergehen sollen, so spricht es damit zugleich aus, daß die Schadensersatzansprüche insoweit ungeachtet der Leistungen als bestehend zu gelten haben. **92,** 405. — 5) Übergang der Ersatzforderung des Verletzten auf die Betriebsverwaltung nach § 12 RUFG. **94,** 32. — 6) Ist § 774 BGB entsprechend anwendbar auf Interzessionen anderer Art? **94,** 90; **96,** 139. — 7) Die Leistung einer Schuld durch einen Dritten nach § 267 BGB hat einen Übergang der bezahlten Forderung auf den Dritten nicht zur Folge. **94,** 90; **96,** 139; **100,** 157. — 8) Kann der auf § 67 VVG beruhende Übergang des dem Versicherungsnehmer gegen den Dritten zustehenden Schadensersatzanspruchs auf den Versicherer durch Vereinbarung ausgeschlossen werden? **97,** 76. — 9) Tragweite des in § 12 Abs. 3 RUFG bestimmten Forderungsübergangs. **98, 344.**

§ 114. Schuldübernahme. Gesetzlicher Übergang von Schuldverbindlichkeiten.

I. Schuldübernahme.

— — — — — — — — — —

II. Gesetzlicher Übergang von Schuldverbindlichkeiten.

1) Deutschrechtlicher Vermögensbegriff in § 419 BGB. **92,** 85. — 2) Zum Begriff des Übernehmens „durch Vertrag" in § 419 BGB. Nicht erforderlich ist ein Vertrag der in § 311 BGB bezeichneten Art; es genügt, wenn hinsichtlich der einzelnen in ihrer Gesamtheit das Vermögen bildenden Gegenstände ein wirksamer Veräußerungsvertrag in der für die Einzelveräußerungen ausreichenden Form vorliegt. **92,** 85. — 3) Die Anwendung des § 419 BGB setzt nicht voraus, daß die Vertragschließenden sich der Eigenart des Vertrags als eines Vermögensübernahmevertrags bewußt sind. **92,** 86. — 4) § 419 BGB findet auf den Fall einer dem § 73 GmbHG zuwider erfolgten Ausschüttung des Vermögens einer GmbH an deren alleinigen Gesellschafter weder unmittelbare noch entsprechende Anwendung. **92,** 86. — 5) Die Schuldhilfe (Interzession) durch Übernahme einer Wechselverpflichtung enthält keine Schuldübernahme. **96,** 138, 140.

5. Erlöschen der Schuldverhältnisse.

§ 115. Erfüllung (Zahlung). Annahme als Erfüllung. Leistung an Erfüllungsstatt. Hingabe erfüllungshalber. Teilleistung. Quittung.

1) Wird die Annahme einer Hingabe an Erfüllungsstatt dadurch ausgeschlossen, daß für die hingegebene Sache ein fester Preis und weiter

die Herauszahlung des Überschusses vereinbart ist? **92,** 104. — 2) Kaufähnliche Natur eines Rechtsgeschäfts der vorbezeichneten Art. **92,** 104. — 3) Kein Rechtsanspruch des Kaufmanns darauf, daß der andere, um einen Vertrag einzuhalten, Schleichwege gehe, mit deren Notwendigkeit bei Abschluß des Vertrags nicht zu rechnen war. **93,** 185. — 4) Zur Anwendung des § 371 Satz 2 BGB im Falle des Anspruchs des gemäß BRVO v. 26. November 1914 bestellten Zwangsverwalters auf Herausgabe bei Dritten hinterlegter Wertpapiere. **94,** 51. — 5) Zum Begriff der Annahme als Erfüllung. **94,** 208; **96,** 170. — 6) Die Leistung der Schuld durch einen Dritten nach § 267 BGB hat den Übergang der bezahlten Forderung auf den Dritten nicht zur Folge. **96,** 139. — 7) Wer hat die nach § 3 DevisenVO v. 8. Februar 1917 erforderliche Genehmigung der Reichsbank zu Zahlungen nach dem Ausland zu erwirken? **98,** 257. — 8) Die zur Abwendung der Zwangsvollstreckung aus einem vorläufig vollstreckbaren Urteil geleistete Zahlung ist keine Erfüllung i. S. des § 422 Abs. 1 BGB. **98,** 329. — 9) Rechtliche Bedeutung der Einzahlung auf das Postscheckkonto des Gläubigers. **99,** 257.

§ 116. Hinterlegung.

1) Kann der gemäß BRVO v. 26. November 1914 bestellte Zwangsverwalter die Herausgabe von bei einem Dritten hinterlegten Wertpapieren fordern, wenn er den Hinterlegungsschein nicht besitzt? Anwendung des § 371 Satz 2 BGB. **94,** 51. — 2) Selbsthilfeverkauf nach § 383 BGB. Genügt eine Verkaufsandrohung an den Bevollmächtigten eines Gläubigers, der zugleich auch in eigener Person Gläubiger ist, wenn sie ihm nicht ausdrücklich auch in seiner Eigenschaft als Bevollmächtigter zugestellt ist? **94,** 143. — 3) Folgen der Vornahme des Selbsthilfeverkaufs am unrechten Orte. **95,** 117. — 4) Ist der Schuldner zur Hinterlegung eines Hypothekenbetrags, der außer von dem eingetragenen Gläubiger noch von einem andern in Anspruch genommen wird, auch dann berechtigt, wenn mit Rücksicht auf den öffentlichen Glauben des Grundbuchs die Zahlung an den eingetragenen Gläubiger den Schuldner auch dem andern gegenüber befreien würde? **97,** 173. — 5) Wirkungen der Hinterlegung nach § 437 HGB, § 81 EVO. **100,** 163.

§ 117. Aufrechnung.

1) Das Aufrechnungsverbot des § 19 Abs. 2 GmbHG gilt auch für die nach § 24 GmbHG zur Aufbringung des Fehlbetrages herangezogenen Mitgesellschafter. **92,** 366. — 2) Vorbehaltsurteil nach § 302 ZPO. **92,** 321. — 3) Aufrechnung des Steuerschuldners gegen die Reichsstempelforderung eines Bundesstaats mit einer ihm gegen diesen Staat zustehenden Gegenforderung. **93,** 63. — 4) Aufrechnung, gegenseitige Verrechnung und Barzahlung. **94,** 62. — 5) Auch die Aufrechnung seitens der Gesellschaft ist nach § 221 Satz 2 HGB ausgeschlossen, sofern die Vollwertigkeit der Gegenforderung nicht außer Zweifel steht. **94,** 63. — 6) Zeitpunkt der Aufrechnung im Kontokurrentverhältnis. **94,** 64. —

7) Kann eine Forderung, der eine aufschiebende Einrede entgegensteht, zur Aufrechnung verstellt werden? **94,** 310. — 8) Eine mit einer Zurückbehaltungseinrede behaftete Forderung kann aufgerechnet werden, wenn der Aufrechnungsgegner sich im Annahmeverzug befindet und der Aufrechnende seine Gegenleistung dauernd zur Verfügung des Gegners hält. **94,** 310. — 9) Erfordernisse der Aufrechnungserklärung. **96,** 175. — 10) Zum Begriff des rechtlichen Zusammenhangs in § 302 ZPO. **97,** 31. — 11) Zur Anwendung des § 302 ZPO bei der Geltendmachung von Gegenforderungen gegenüber einer in getrennten Prozessen eingeklagten Gesamtforderung. **97,** 33. — 12) Zulässigkeit der Eventualaufrechnung. **97,** 273. — 13) Kann der ausgeschlossene Gesellschafter gegenüber der Ausfallsforderung der GmbH mit einer Gegenforderung aufrechnen? **98,** 276. — 14) Unzulässige Tilgung der Einlageschuld des Gesellschafters einer GmbH. durch Verrechnung. **98,** 308.

§ 118. Erlaß.

Erlaß als Leistung i. S. des § 326 BGB. **93,** 290.

§ 119. Vereinigung von Forderung und Schuld. Schulderneuerung. Schuldumwandlung (Novation).

Begründung einer Leibrente durch novirenden Vergleich. **91,** 7.

§ 120. Sonstige Erlöschungsgründe (Kündigung usw.).

1) Kündigung der zum Zweck des Geschäftsbetriebs während der Badezeit geschlossenen Miete eines Ladens auf Borkum nach § 542 BGB wegen Verbots des Badebetriebs durch die Militärbehörde. **91,** 55. — 2) Die Erklärung der Kündigung kann nicht unter einer Bedingung erfolgen. **91,** 308. — 3) Kann das Recht zur Kündigung und deren Rechtmäßigkeit von dem Eintritt oder Nichteintritt eines zukünftigen Ereignisses abhängig gemacht werden? **91,** 309. — 4) Kündigungsrecht als Recht des rechtlichen Könnens. **92,** 6. — 5) Kann das Recht zur Kündigung Gegenstand einer Feststellungsklage sein? **92,** 7. — 6) Zum Kündigungsrecht des Mieters nach § 549 BGB. **92,** 120. — 7) Kündigungsrecht des stillen Gesellschafters wegen vertragswidrig außerhalb des Rahmens des Geschäftsbetriebs vom Komplementar geschlossener Geschäfte. **92,** 294. — 8) Unterschied zwischen der Befugnis, einen Vertrag als aufgehoben zu betrachten und der Befugnis zur Kündigung. **93,** 82. — 9) Voraussetzungen der Kündigung nach § 39 VVG. **93,** 80. — 10) Einwirkung des Todes eines Gesellschafters während des Laufes der Kündigungsfrist auf die ausgesprochene Kündigung bei der offenen Handelsgesellschaft. **93,** 55. — 11) Pflichten der Gesellschaftsorgane einer GmbH gegenüber dem kündigenden Gesellschafter. **93,** 330. — 12) Zum Begriff des wichtigen Grundes zur fristlosen Kündigung in § 626 BGB, § 92 HGB. **94,** 166. — 13) Beschränkung der Kündigung gegenüber dem zum Heeresdienst einberufenen Beamten nach § 66 RMilG. **94,** 181. — 14) Geltung des Grundsatzes, daß bei Rechtsverhältnissen von längerer Dauer, die ein persön-

liches Zusammenarbeiten der Beteiligten erfordern, beim Vorliegen eines wichtigen Grundes jederzeit die Aufkündigung erfolgen kann, für Miete und Pacht. **94,** 235. — 15) Die fristlose Kündigung aus wichtigem Grunde setzt nicht notwendig ein Verschulden desjenigen, dem gekündigt wird, voraus. **94,** 236. — 16) Auslegung der Bestimmung eines Gesellschaftsvertrags der GmbH. über das Recht der Gesellschaft oder der Gesellschafter, denen gekündigt ist, zur Übernahme der Stammanteile des Kündigenden. **95,** 40. — 17) Kündigung eines „auf die Dauer ausreichender Geschäftsverbindung" übertragenen Alleinverkaufsrechts. **95,** 166. — 18) Kündigung bei einem auf feste Zeit mit der Bestimmung geschlossenen Mietvertrag, daß bei Unterlassung der Kündigung der Vertrag auf bestimmte Zeit fortlaufe. **97,** 80. — 19) Kündigungsrecht bei einer Mehrheit von Vermietern oder Mietern. **97,** 81. — 20) Kündigung nach § 57 ZVG. **98,** 274 — 21) Kündigungsrecht des Mieters nach § 542 BGB. **98,** 287.

Zweites Kapitel. Einzelne Schuldverhältnisse.

1. Verträge und vertragsähnliche Verhältnisse.

§ 121. Kauf.

I. Begriff. Gegenstand. Abschluß.

1) Hingabe an Erfüllungsstatt und Verfallklausel unter Vereinbarung eines bestimmten Preises für die hingegebene bzw. verfallende Sache; kaufähnliche Natur des Rechtsgeschäfts, nicht wirklicher Kauf. **92,** 104. — 2) Der Verkauf der nächsten auf einer bestimmten Grube zu fördernden 35 Tonnen Wolframerz begründet nicht eine Gattungs-, sondern eine Speziesschuld. **92,** 371. — 3) Spezieskauf an zukünftigen Sachen. **92,** 371. — 4) Kausalgeschäft des Wechseldiskontgeschäftes als Kauf. **93,** 26. — 5) Zur Unterscheidung zwischen Kauf (Eigenhandel, Propergeschäft) und Kommission. **94,** 66, 288. — 6) Nichtigkeit eines Kaufvertrags mit einer Landgemeinde wegen Nichtbeobachtung der Form des § 88 Nr. 7 Abs. 2 PreußLandgemeindeO. **94,** 254. — 7) Rechtliche Natur der Verträge, welche die Einräumung der Befugnis zur Gewinnung von Bodenbestandteilen zum Gegenstand haben. **94,** 280. — 8) Zum Unterschied zwischen Kauf und Einkaufskommission. **94,** 288. — 9) Auslegung einer Bestimmung des Kaufpreises auf der Grundlage der Londoner Notierungen unter Festsetzung eines Höchst- und Mindestpreises. **94,** 338. — 10) Ist ein Vertrag, durch den ein Geschäftsinhaber seine Kundschaft einem andern gegen die Verpflichtung übergibt, auf bestimmte Zeit einen Bruchteil von dem Umsatz mit der Kundschaft zu zahlen, als Kaufvertrag anzusehen? **95,** 38. — 11) Ist der Erwerber der Kundschaft in solchem Falle berechtigt, den Betrieb nach freiem Belieben aufzugeben? Ist er verpflichtet, den Betrieb während der bestimmten Zeit unter allen Umständen aufrecht zu erhalten? **95,** 38. — 12) Kaufangebot mit der Ab-

machung, daß im Falle der Nichtannahme der auszuzahlende Betrag verfällt. Kann der Antragsempfänger die Anzahlung zurückfordern, wenn er durch von ihm nicht zu vertretende Umstände an der Annahme verhindert ist? **95,** 199. — 13) Vertragsschluß im Handel mit amerikanischen Hölzern; Bedeutung der Handelssitte. **95,** 243. — 14) Ist der Fabrikant, der einen Lieferungsvertrag über Waren solcher Art, wie er sie herstellt, abschließt, schlechthin zur Lieferung eigener Erzeugnisse verpflichtet? **96,** 128. — 15) Stellt die Veräußerung einer Sache zu einem fest bestimmten Preise, in dem nach dem Willen der Vertragschließenden auch ein Anteil an dem vom Erwerber mittels der Sache zu erzielenden Gewinn enthalten sein soll, ein reines Kaufgeschäft oder ein gesellschaftsartiges Geschäft dar? **96,** 297. — 16) Kann aus einem Kaufvertrag, der nach der BRVO v. 15. März 1918, betr. die Veräußerung landwirtschaftlicher Grundstücke, der behördlichen Genehmigung bedarf, vor deren Erteilung auf Erfüllung geklagt werden? **98,** 244. — 17) Geschäftsunternehmen als Gegenstand des Kaufvertrags. **98,** 292. — 18) Voraussetzungen des Zustandekommens eines Vinkulationskaufs. **99,** 20. — 19) Enthält der Verkauf der Geschäftsanteile einer GmbH. seitens sämtlicher Gesellschafter an dieselbe Person zugleich einen Kaufvertrag über das Handelsgeschäft der Gesellschaft? **100,** 203.

II. Nebenverträge. Bedingter Kauf. Eigentumsvorbehalt. Sicherungskauf. Vertragsstrafe.

1) Kann derjenige, welcher zur Sicherung einer Forderung eine Sache oder ein Recht übereignet hat, die Herausgabe der Sicherheit Zug um Zug gegen Befriedigung des Gläubigers verlangen? Muß er die Befriedigung in bestimmter Summe anbieten? **92,** 281. — 2) Bedeutung der Klausel „glückliche Ankunft vorbehalten". **93,** 171; **95,** 247; **98,** 142. — 3) Voraussetzungen einer Vinkulierung bei Lieferungen an Behörden. **94,** 94; **99,** 22. — 4) Bedeutung der Klausel „frei Seeschiffseite Hamburg Kassa gegen Rezeipt". **94,** 246. — 5) Kann der zur Lieferung in den Freihafen Verpflichtete Sicherheit gegen die Einführung der Ware in das Inland verlangen? **94,** 247. — 6) Auslegung der Vertragsbestimmung: „Die Verkäufer liefern nur, wenn ihnen diese Ware selbst geliefert wird". **95,** 102. — 7) Bedeutung der Erklärung, daß die Ware unterwegs, für die Wirksamkeit der Klausel „Gute Ankunft vorbehalten". **95,** 247. — 8) Rechtliche Stellung des Käufers, dem die Sache unter Eigentumsvorbehalt übergeben ist; Verpflichtung des Verkäufers zur Übereignung; Abtretung des Anspruchs auf Übereignung. **95,** 105. — 9) Auslegung der Klausel „Regierungsmaßnahmen zu Lasten des Käufers". **96,** 113. — 10) Zu wessen Lasten geht die Entwertung von zur Sicherheit übereigneten Wertpapieren? **96,** 252. — 11) Enthält die Klausel „Glückliche Ankunft vorbehalten" eine Gewährleistung des Verkäufers dafür, daß die Ware beim Vertragsschluß bereits abgeladen ist? **98,** 142. — 12) Bedeutung der Klausel „Lieferungsmöglichkeit vorbehalten". **97,** 325.

III. Abnahme. Abruf. Abnahme- und Zahlungsverzug des Käufers. Deckungsverkauf des Verkäufers. Annahmeverzug des Käufers.

1) Die Abnahmepflicht ist regelmäßig nur eine Nebenverpflichtung des Käufers; alsdann ist der Abnahmeverzug nicht geeignet, die Rechtsfolgen des § 326 BGB auszulösen. Unter welchen Voraussetzungen ist eine abweichende Vereinbarung anzunehmen? **92,** 270. — 2) Mitursächlichkeit des Annahmeverzugs des Käufers für die spätere Lieferungsunmöglichkeit; Anwendung des § 254 BGB. **94,** 141. — 3) Voraussetzung der Annahme als Erfüllung i. S. des § 363 BGB. **96,** 170. — 4) Ist der Käufer eines Kraftwagens, der trotz des Erlasses eines Fahrverbots die Lieferung verlangte, nach Beschlagnahme der Gummibereifung noch zur Abnahme des Wagens verpflichtet? **96,** 119. — 5) Verzug mit Eröffnung eines Akkreditivs. Auslegung der Vereinbarung „zahlbar Kasse gegen sofortiges morgiges telegraphisches Akkreditiv". **96,** 255. — 6) Abnahme der Ware und Eigentumsübertragung nach § 930 BGB **97,** 252. — 7) Darf der Verkäufer bei Vereinbarung fortlaufender Lieferfrist kurz vor deren Ablauf einen verhältnismäßig großen Teil der Ware nachliefern? **96,** 129. — 8) Darf der Käufer beim Versendungskauf die Annahme der Ware verweigern, wenn sie ohne Wissen des Verkäufers vom Spediteur mit Versicherungskosten belastet ist? **99,** 56.

IV. Lieferungsverzug des Verkäufers. Deckungskauf des Käufers.

1) Entschließungsfreiheit des Käufers, wann er den Anspruch auf Erfüllung aufgegeben und statt dessen Schadensersatz wegen Nichterfüllung verlangen will. So lange er mit Recht Erfüllung fordert, ist er zur Vornahme eines Deckungskaufs nicht verpflichtet. **91,** 101. — 2) Der Anspruch auf Ersatz des Schadens, der dem Käufer durch vertragswidrige Nichtlieferung bei tatsächlicher Eindeckung entstanden ist, ist nicht davon abhängig, daß der Anspruch auf Erfüllung zur Zeit der Eindeckung noch fortbestand. **91,** 103. — 3) Kann der Verkäufer, der wegen der Kriegsverhältnisse die geschlossenen Lieferungsverträge nicht sämtlich voll erfüllen kann, die Lieferung zum Teil verweigern, weil das Interesse der Allgemeinheit die gleichmäßige Verteilung unter seine Kundschaft gebiete? Ist er verpflichtet, denjenigen Kunden gegenüber, mit denen er unter einer Kriegsklausel abgeschlossen hat, von dieser Gebrauch zu machen? **91,** 332. Vgl. **94,** 19. — 4) Ist die Lieferungsweigerung des Verkäufers derart unbegründet, daß das Einverständnis des Käufers nicht mit irgendwelcher Wahrscheinlichkeit erwartet werden kann, so braucht ein Verstoß wider Treu und Glauben nicht darin gefunden zu werden, daß der Käufer schweigt, bis die Zeit, seinen Anspruch auf Lieferung geltend zu machen, gekommen ist. **91,** 347. — 5) Schadensersatzanspruch des Käufers eines Grundstücks wegen Verzugs des Verkäufers mit der Erfüllung der von ihm übernommenen Verpflichtung zur Vorrangseinräumung vor der Kaufgelderhypothek. **92,** 216. — 6) Der Verkäufer,

der sich während des Kriegs auf Deckungsverträge mit Dritten verläßt, von denen er nicht bestimmt weiß, daß sie die Waren besitzen und zu liefern imstande, auch völlig zuverlässig sind, tut dies auf seine Gefahr und kann sich auf die Unmöglichkeit der Leistung, als von ihm nicht zu vertreten, nicht berufen. **93**, 18. — 7) Muß der Verkäufer eine Eindeckung, die ohne vorherigen Weiterverkauf erfolgt, gegen sich gelten lassen? **93**, 135. — 8) Muß der Verkäufer, der zur vollen Befriedigung sämtlicher Kaufgläubiger außerstande ist, auf die Befriedigung, soweit diese möglich, aller Kunden, einschließlich der im Abrufe verzögerlichen, bedacht sein, oder darf er die einzelnen Abrufe der Kunden nach ihrer Zeitfolge ohne Rücksicht auf die weiteren noch bestehenden Lieferpflichten zur Ausführung bringen? **94**, 19. — 9) Bei Vereinbarung der Lieferzeit „Oktober bis Mai" oder „Oktober/Mai" ist der letztgenannte Monat in die Lieferfrist einzubeziehen. **95**, 22. — 10) Inwieweit hat der Fabrikant die Unmöglichkeit einer während des Kriegs übernommenen Lieferung, die durch Beschlagnahme der Rohmaterialien herbeigeführt ist, zu vertreten? Darf er Deckungskäufe auf spätere sukzessive Lieferung vornehmen oder muß er auf sofortige Lieferung kaufen? Beweislast für die Unmöglichkeit der Erfüllung. **95**, 264. — 11) Nebenverpflichtung des Verkäufers aus einer Attestklausel. Folgen einer nicht vertragsmäßigen Beschaffenheit des Attestes. **96**, 247. — 12) Genügt die Beibringung des Attestes eines vom Vorsteheramte der Kaufmannschaft beeideten Sachverständigen, wenn die Beibringung eines Attestes eines gerichtlich vereidigten Sachverständigen vereinbart war? **96**, 248. — 13) Bewirkt bei Sukzessivlieferungsgeschäften die Mahnung Verzug auch hinsichtlich der noch nicht fälligen Teillieferungen? **97**, 136. — 14) Folgen des Verzugs mit Teillieferungen beim Sukzessivlieferungsgeschäft. **97**, 136. — 15) Zusage der Einhaltung eines Ankunftstermins seitens des Verkäufers ist, besonders während des Krieges, ungewöhnlich. **97**, 137. — 16) Wer eine Lieferungspflicht übernimmt und dabei erkennbar macht, daß deren Aushaltung von der Durchführbarkeit eines vorgängigen Deckungskaufs abhängt, übernimmt die Garantie, daß die Lieferungsverpflichtungen des Vormanns ihm gegenüber mindestens die gleichen seien, wie die seinen dem Käufer gegenüber. **97**, 328. — 17) Wie ist beim Gattungskauf der Schaden wegen Lieferungsverzugs zu berechnen, wenn der Verkäufer mehr als die geschuldete Mindestmenge geleistet hat? **99**, 216.

V. Mängel im Recht. Eviktionsleistung.

1) Anspruch des Käufers, der das ihm gelieferte Öl gemäß der BRVO über Öle und Fette v. 8. November 1915 dem Kriegsausschuß herausgeben mußte. **91**, 281. — 2) Haftung des Verkäufers nichtiger Kuxe nach § 437 BGB. **92**, 76. — 3) Aus dem, dem Diskontogeschäft zugrunde liegenden Kausalgeschäft haftet mangels abweichender Vereinbarungen der Wechselveräußerer nur für den rechtlichen Bestand des Wechsels oder der in ihm verkörperten mittels des Indossaments zu übertragenden Rechte. **93**, 26. — 4) Der Grundstücksverkäufer haftet beim Mangel der zugesicherten Grunddienstbarkeit nach

§ 437 BGB. **93,** 73. — 5) Unter welchen Voraussetzungen haftet der Verkäufer dem Käufer bei einer Beschlagnahme der verkauften Ware auf Grund der Kriegsverordnungen? Keine Haftung, wenn die Beschlagnahme ungesetzlich war. **96,** 80. — 6) Voraussetzungen des Gewährleistungsanspruchs beim Verkauf eines Handelsgeschäfts mit Aktiven und Passiven, bei dem die Stammeinlage bei einer Genossenschaft als Aktivum aufgeführt ist, nach § 437 BGB. **96,** 89. — 7) Haftung des Verkäufers eines Geschäftsanteils einer GmbH. gegenüber dem Käufer für Einzahlung der Stammeinlage. **96,** 229. — 8) Steht der positiven Kenntnis des Mangels ein Rechnen mit dessen Vorhandensein für die Anwendung des § 439 BGB gleich? **96,** 230. — 9) Ob die Unkenntnis des Käufers von dem Mangel der Sache auf Verschulden beruht, ist gleichgültig für die Anwendung des § 439 BGB. **96,** 230. — 10) Zum Begriff der Rechte Dritter in § 434 BGB. **99,** 60. — 11) Haftung für Mängel im Recht beim Handel mit Wertpapieren, insbesondere mit Kuxen. **99,** 220.

VI. Mängel der Sache. Fehlen zugesicherter Eigenschaften. Gewährleistung. Wandlung. Preisminderung. Schadensersatz wegen Nichterfüllung. Verjährung der Gewährleistungsansprüche.

(Schadensersatz wegen Nichterfüllung s. § 95 III S. 92; Untersuchung der Ware und Mängelanzeige § 239 S. **204.**)

1) Wenn der Verkäufer die Ware nur aus Entgegenkommen zurücknimmt, ohne die Beanstandung der Ware anzuerkennen, und anstatt der zu Unrecht zurückgewiesenen Lieferung eine der Anforderung entsprechende Ersatzware zu liefern sich erbietet, liegt nicht Wandlung, sondern nur Rückgängigmachung des Erfüllungsgeschäfts vor. **91,** 111. — 2) Beim Gattungskauf darf der Käufer die Annahme einer Ersatzware nicht ablehnen, wenn sich der Verkäufer unverzüglich zur Lieferung einer Sache der geschuldeten Art erbietet und der Käufer kein Interesse daran hat, gerade diejenige Ware zu bekommen, auf welche sich das Schuldverhältnis beschränkt hat. **91,** 112. — 3) Hat eine vom Verkäufer nach Handelsbrauch zu leistende sechsmonatige Garantie Einfluß auf die Verjährung der Gewährleistungsansprüche? **91,** 306. — 4) Wird durch die Vereinbarung einer Garantiezeit von mehr als 6 Monaten der Beginn der sechsmonatigen Verjährungsfrist des § 477 BGB hinausgeschoben? **91, 307.** — 5) Ist der Verkäufer, der nach Absendung der Ware Kenntnis von dem Fehlen zugesicherter Eigenschaften erhält, verpflichtet, dies dem Käufer mitzuteilen? **91,** 422. — 6) Geltendmachung des Lieferungsverweigerungsrechts nach § 478 BGB im Wege der Feststellungsklage. **92,** 7 (**74,** 292). — 7) Dem Käufer steht ein Schadensersatzanspruch i. S. des § 463 BGB auch beim Fehlen von Eigenschaften zu, deren Vorhandensein der Verkäufer beim Vertragsschluß arglistig vorgespiegelt hat. **92,** 295; **96,** 156. — 8) Bei arglistiger Vorspiegelung einer Eigenschaft der Kaufsache steht dem Käufer neben dem Anspruch auf Schadensersatz wahlweise auch der auf Wandelung oder Minderung zu. **92,** 295. — 9) Hat die Wandelung eines Kaufs die Wirkung, daß an die Stelle des rück-

gängig gemachten Kaufvertrags ein anderer gegenseitiger Vertrag tritt? **93,** 49. — 10) Steht das durch ein rechtskräftiges Wandlungsurteil geschaffene Verhältnis hinsichtlich des Schadensersatzanspruchs wegen Nichterfüllung dem Verpflichtungsverhältnis aus einem gegenseitigen Vertrage gleich? **93,** 50; **96,** 24. — 11) Ein Bestandteil der Sache und was nach dem Gesetz als solcher gilt (Grunddienstbarkeit), kann nicht als Eigenschaft der Sache angesehen werden. **93,** 73. — 12) Auslegung der Vereinbarung, daß die Ware „beschlagnahme- und verwendungsfrei". **93,** 333. — 13) Verlangen der Lieferung mangelfreier anstatt der gelieferten mangelhaften Ware oder Umtauschvertrag? **94,** 330. — 14) Wann entsteht, wenn der Käufer die Lieferung mangelfreier anstatt der mangelhaften Sache verlangt, der Anspruch des Verkäufers auf Rückgewähr der letzteren? **94,** 331. — 15) Schadensersatzanspruch des Verkäufers beim Verzug des Käufers mit der Rückgewähr der mangelhaften Ware; Anwendung des § 286 Abs. 2 Satz 1 BGB. **94,** 332. — 16) Beweislast des Käufers bei Wandelung und Minderung. **95,** 119. — 17) Beweislast des Verkäufers für Fehlerfreiheit der angebotenen Ware beim Gattungskauf gegenüber der Einrede des nicht erfüllten Vertrags. **95,** 119. — 18) Zum Begriff der Zusicherung in § 459 Abs. 2 BGB; Bedeutung der Faktura. **95,** 120. — 19) Schadensersatz nach § 283 BGB im Falle eines auf Wandelung lautenden Urteils. Kann der Ersatzberechtigte die Annahme der ihm nach dem Urteil obliegenden Leistung von dem Ersatzpflichtigen verlangen? **96,** 20. — 20) Ist, insbesondere beim Spezieskauf, neben der Wandelungsklage die Anfechtung des Vertrags nach § 123 BGB zulässig? **96,** 156. — 21) Unter welchen Umständen stellt sich der nach Zurücknahme der beanstandeten Gattungsware seitens des Verkäufers dem Käufer verbleibende Lieferungsanspruch als ein solcher aus § 480 Abs. 1 BGB, unter welchen Umständen als der aus dem Kaufvertrag unmittelbar sich ergebende Erfüllungsanspruch dar? **93,** 100; **96, 169.** — 22) Zur Anwendung des § 639 Abs. 2 BGB beim Kauf, wenn der Verkäufer die Nachbesserung übernimmt. **96,** 267. — 23) Kann der Käufer einer gewöhnlichen Geige wandeln, wenn die Parteien bei der Preisfestsetzung davon ausgegangen sind, daß es sich um ein Instrument von hohem Wert (Sologeige) handele? **97,** 351. — 21) Zum Begriff des Fehlers in § 459 BGB. **97,** 351. — 25) Wann ist in dem Weiterverkauf der beanstandeten Ware eine den Verzicht auf die Gewährleistungsansprüche enthaltende Genehmigung der Ware zu erblicken? **98,** 231. — 26) Gewährleistungsansprüche beim Verkauf eines Geschäftsunternehmens; Verjährung. **98,** 292; **100,** 201. — 27) Fehlen des zugesicherten Geldwerts kein Mangel einer Eigenschaft. **98,** 292. — 28) Ist der Käufer einer bestimmten Partie Ware zur Wandlung berechtigt, wenn die Ware zwar der ihr im Kaufvertrag beigelegten Bezeichnung, nicht aber dem übereinstimmenden Willen der Vertragschließenden entspricht? **99,** 147. — 29) Haftung des gütergemeinschaftlichen Ehemanns für arglistige Angaben nach § 463 Satz 2 BGB. **99,** 121. — 30) Anwendung des § 477 BGB auf den auf Verschulden gestützten Ersatzanspruch wegen eines durch Lieferung einer mangelhaften Sache entstandenen Schadens.

93, 161. — 31) Zusicherung der „Beschlagnahme- und Verwendungsfreiheit" als Zusicherung einer Eigenschaft i. S. des § 459 Abs. 2 BGB. 100, 161. — 32) Das Fehlen der zugesicherten Beschlagnahme- und Verwendungsfreiheit hat nicht die Nichtigkeit des Kaufvertrags, sondern nur die Anwendung der Vorschriften über die Gewährleistung wegen Sachmängel zur Folge. 100, 161. — 33) Enthält die Übernahme der Gewähr, daß die Geschäftsschulden einen gewissen Betrag nicht übersteigen, die Zusicherung einer Eigenschaft? 100, 204.

VII. Rechtsverhältnisse aus dem Kauf im übrigen. (Lasten. Erfüllungsort. Abladegeschäft. Cif-Klausel. Übergabe. Zahlung. Stundung. Rücktritt. Verjährung.)

1) Vereinbarung der Begleichung des Kaufpreises durch Londoner Bankrembours als wesentliche Vertragsbedingung; Verlust des Anspruchs auf die Gegenleistung bei eintretender Unmöglichkeit dieser Art der Begleichung des Kaufpreises. 91, 47. — 2) Verwirkung des Rechts, auf Grund der force majeure-Klausel vom Vertrage abzugehen, wegen verzögerter Erklärung. 91, 108. Vgl. 100, 261. — 3) Verpflichtung des Verkäufers, der nach Vereinbarung mit dem Käufer die Ware für dessen Rechnung anderweit verkauft, zur Einziehung des Kaufpreises. 91, 259. — 4) Anspruch des Käufers auf Herausgabe des Erlöses bei durch Militärbehörden oder feindliche Macht erzwungener Veräußerung der verkauften Spezies. 91, 260. — 5) Bedeutung des Stillschweigens des Käufers auf eine unberechtigte Rücktrittserklärung des Verkäufers. 91, 347. — 6) Zur Bedeutung der Klausel „frei ab Hamburg". 91, 346. — 7) Bedeutung der Klausel „Kasse gegen Dokumente". 91, 346; 98, 166. — 8) Bedeutung der für C. & F. Geschäfte in den Geschäftsbedingungen getroffenen Bestimmung, daß bei Verkäufen „frei Bestimmungsort" die Frankatur nur als eine für den Käufer gemachte Auslage gelten soll, ohne Verbindlichkeit für rechtzeitige Beförderung. Recht des Käufers, auf die vereinbarte Versendung zu verzichten und die Ware am Erfüllungsort des Verkäufers oder am Hafenplatz abzunehmen. 92, 15. — 9) Abzug der Fracht im Falle der Unmöglichkeit der Verschiffung beim C. & F.-Geschäft. 92, 17. — 10) Wird durch die Abrede, daß bei Eintritt bestimmter Hindernisse die Lieferungsverpflichtung bis zur Behebung dieser Hindernisse unterbrochen werde, die Anwendung des Grundsatzes ausgeschlossen, daß die zeitweilige Verhinderung der Leistung deren dauernde Unmöglichkeit nach sich zieht, wenn sie so erheblich wird, daß dadurch die wirtschaftliche Bedeutung und der Inhalt der Leistung wesentlich geändert werden? 92, 88. — 11) Gefahrübergang bei Abladegeschäften in Gattungsware; Bedeutung der Verladungsanzeige hierfür. 92, 129. — 12) Einwirkung der Nichtlieferung der Konnossemente beim Abladegeschäft; Geltendmachung der Konnossemente durch den unbeauftragten Geschäftsführer. 92, 131. — 13) Kann der Verkäufer auch bei einer geringfügigen und unverschuldeten Überschreitung der Zahlungsfrist seitens des Käufers zurücktreten? 92, 208. — 14) Wird bei einem Kauf auf überseeische Abladung vereinbart, daß gegen die Dokumente das Akzept eines an

einem bestimmten Platze ansässigen Hauses über den Kaufpreis verschafft werden soll, so wird diese Abrede regelmäßig im Interesse des Verkäufers, nicht des Käufers, getroffen. **92**, 226. — 15) Erlischt die Verpflichtung des Käufers zur Zahlung des Kaufpreises, wenn der vereinbarte Bankrembours ohne seine Verschulden unmöglich wird? **92**, 226. — 16) Bedeutung der Klauseln „Kasse Zug um Zug ab Posener Stationen" und „Lieferungsort für Abnahme, Prüfung und Zahlung ist die Verladestation". Keine Versendungspflicht des Verkäufers; Abnahme- und Untersuchungspflicht des Käufers. **92**. 269. — 17) Kann sich beim Versendungskauf der Verkäufer auf die Kriegsklausel noch berufen, wenn die Ware infolge Kriegsausbruchs auf der Reise angehalten ist. **92**, 271. — 18) Befreit eine durch den Krieg verursachte starke Preissteigerung von der Lieferpflicht? **92**, 322; **95**, **43**; **98**, 262; **99**, 259; **100**, 136. — 19) Rücktritt des Verkäufers von aus dem Ausland zu beschaffender Ware wegen nicht rechtzeitiger Rembourssstellung. **92**, 389. — 20) Umfaßt § 477 BGB auch den auf einem Verschulden beruhenden Anspruch auf Ersatz des durch Lieferung einer mangelhaften Sache entstandenen Schadens? **93**, 161. — 21) Erfüllungsort und Gefahrübergang bei Cif-Abladegeschäften. Bedeutung der Rye Terms-Klausel des La Plata-Getreidevertrags der London Corn Trade Association. **93**, 168; **96**, 230. — 22) Gefahrübergang beim Versendungskauf. **93**, 330; **96**, 258. — 23) Rücktritt von dem Abkommen, durch das die Erfüllung während des Krieges fällig gewordener Leistungen bis nach Beendigung des Kriegs hinausgeschoben ist, weil die Leistung nicht mehr eine sinngemäße Erfüllung des Abkommens sein würde. **93**, 341; **94**, 46, 68. — 24) Bedeutung der Zurückweisung der Dokumente seitens des Cif-Käufers. **94**, 302. — 25) Übergabe- und Übereignungspflicht des Verkäufers. **95**, 106. — 26) Unter welchen Umständen wird der Verkäufer von der Lieferungspflicht befreit, wenn die vereinbarte Versendungsart für absehbare Zeit unmöglich geworden ist, und der Käufer mit einer anderen Art der Versendung nicht einverstanden ist und die Geltendmachung seiner Rechte verzögert? **95**, **308**. — 27) Kann der Käufer, dem fortlaufend zu liefern ist, dem aber bis kurz vor dem Ende der Lieferfrist nichts geliefert wurde, vom ganzen Vertrag zurücktreten? **96**, 127. — 28) Welche Bedeutung hat die Versicherungsklausel für die Frage, wen die Transportgefahr trifft? **96**, 232, 234. — 29) Rücktrittsrecht des Verkäufers bei beabsichtigtem Preiswucher des Käufers. **96**, 240. — 30) Hemmung der Verjährung des Schadensersatzanspruchs des Käufers nach § 639 Abs. 2 BGB, wenn der Verkäufer sich zur Nachbesserung verpflichtet hat. **96**, 267. — 31) Auslegung der Vereinbarung, daß der Verkäufer die Nachbesserung übernimmt, aber für weiteren Schaden nicht haftet. **96**, 267. — 32) Beweislast bezüglich der Frage, ob vertragsmäßige Ware abgeladen ist, wenn die Ware unterwegs verloren gegangen ist, beim Cif-Abladegeschäft mit der Bestimmung, daß auf einen Teil des Kaufpreises ein Akzept mit bestimmter Frist vom Konnossementsdatum, auf den Restbetrag ein solches mit bestimmter Frist vom Eintreffen des Dampfers am Bestimmungsorte erteilt werden soll. **97**, 152. — 33) Kann der Verkäufer einer Ware auf Abladung die

Lieferung von Lokoware oder von in neutralen europäischen Häfen erhältlicher Ware fordern, wenn die unmittelbare Einfuhr der Ware durch den Krieg unmöglich geworden ist? **97,** 183. — 34) Auslegung der Klausel „Verladung mit einem oder mehreren Dampfern, mit oder ohne Umladung". **97,** 184. — 35) Hat der Verkäufer oder der Käufer die zur Freigabe einer beschlagnahmten Ware erforderliche behördliche Bescheinigung zu liefern? **97,** 257. — 36) Zur Auslegung der Klausel „Lieferungsmöglichkeit vorbehalten". **97,** 32. — 37) Pflichten des Verkäufers bei Ausstellung mehrerer Konnossementsexemplare. **98,** 164. — 38) Kann der Verkäufer deshalb vom Vertrage zurücktreten, weil die behördliche Erlaubnis zur Lieferung nur unter Beschränkung des vereinbarten Händlergewinns erteilt wird? **98,** 260. — 39) Gefahrübergang beim Versendungskauf. **99,** 57. — 40) Inwieweit sind bei der Frage, ob dem Verkäufer die Vertragserfüllung unter veränderten Verhältnissen zuzumuten ist, seine Verpflichtungen gegenüber andern Käufern zu berücksichtigen? **100,** 137. — 41) Unter welchen Voraussetzungen ist die verzögerte Geltendmachung einer Freizeichnungsklausel als gegen Treu und Glauben verstoßend unzulässig? **100,** 260. — 42) Kann der Verkäufer sich auf die Freizeichnungsklausel berufen, wenn er schuldhaft, jedoch ohne gegen Treu und Glauben zu verstoßen, es unterlassen hat, gegenüber dem Lieferanten, bei dem er sich eingedeckt hatte, auf Lieferung der Rohstoffe zu bestehen? **100,** 262.

VIII. Nichtigkeit und Anfechtung des Kaufvertrags. Überschreitung von Höchst- und Richtpreisen.

1) Anfechtung eines Grundstückskaufs wegen Irrtums über das Vorhandensein einer dem Grundstück zustehenden Dienstbarkeit. **93,** 74. — 2) Bereicherungsanspruch bei Nichtigkeit eines beiderseits erfüllten Kaufvertrags. **94,** 254. — 3) Ist neben der Wandelungsklage die Anfechtung des Vertrags wegen arglistiger Täuschung zulässig? Unterschied zwischen Anfechtung und Wandelung in Voraussetzung und Wirkung. **96,** 156. — 4) Ist ein gegen das Kettenhandelsverbot verstoßender Kauf nichtig? **96,** 330; **98,** 2, 62; **99,** 52. — 5) Keine Nichtigkeit des Kaufvertrags wegen fehlender Erlaubnis zum Handel mit Lebens- und Futtermitteln. **96,** 332, 344. — 6) Die Annahme des Kaufpreises eines ohne die erforderliche Handelserlaubnis abgeschlossenen Geschäfts verstößt nicht gegen gesetzliches Verbot oder gegen die guten Sitten. **96,** 345. — 7) Rechtliche Folgen einer gegen die guten Sitten verstoßenden Überschreitung der von der Kriegsrohstoffabteilung festgesetzten Richtpreise. **97,** 83. — 8) Kann der Kauf von Wertpapieren wegen Irrtums über den Börsenkurs angefochten werden? **97,** 138. — 9) Keine Irrtumsanfechtung des Kaufs wegen wesentlicher Mängel neben den Gewährleistungsansprüchen. **97,** 351. — 10) Nichtigkeit des Kaufvertrags, der ohne die nach der DevisenVO v. 8. Februar 1917 erforderliche Genehmigung der Reichsbank geschlossen ist. **98,** 254. — 11) Rechtliche Folgen des Verstoßes gegen § 1 Abs. 1 Nr. 1 PreistreibereiVO. **98,** 293. — 12) Berechtigung des Verkäufers zur Lieferungsweigerung, wenn er erfährt,

daß der Käufer mit der Ware Preiswucher und Kettenhandel treibt **99,** 157 — 13) Ist ein gegen §§ 10, 11, 12 NahrungsmittelG verstoßender Verkauf rechtswirksam? **100,** 39. — 14) Nichtigkeit von Kaufverträgen wegen Verstoßes gegen die BRVO über die Sicherstellung von Kriegsbedarf. **95,** 348; **99,** 124; **100,** 160, 248. — 15) Nichtigkeit des verbotswidrigen Ankaufs von Pferden zur Schlachtung. **100,** 238. — 16) Nichtigkeit von Verträgen, die gegen § 9 Nr. 2 Bekanntm. über Brotgetreide und Mehl v. 28. Juni 1915/29. Juni 1916 oder gegen § 7 Bekanntm. über die Regelung des Verkehrs mit Web-, Wirk- und Strickwaren v. 10. Juni 1916 verstoßen. **100,** 240. — 17) Nichtigkeit eines gegen die PreußKriegsministerialVerf. v. 1. April 1915 über Verkauf von Bankazinn verstoßenden Vertrags. **100,** 247.

IX. Kauf nach und auf Probe (Besicht). Wiederkauf (Rückkauf). Vorkauf.

1) Kann gegenüber der Berufung auf die Nichtigkeit eines Mietvertrags wegen Formmangels des darin vereinbarten Vorkaufsrechts die Einrede der allgemeinen Arglist geltend gemacht werden? **91,** 360. — 2) Pflichten des Verkäufers beim Verkauf einer Gattungsware auf Besicht. **93,** 255. — 3) Kann der Verkäufer beim Kauf auf Besicht gegenüber der Schadensersatzforderung wegen Nichterfüllung einwenden, daß die Ware ihrer schlechten Beschaffenheit halber die Billigung des Käufers nicht gefunden haben würde? **93,** 254; **94,** 287. 4) Der Verkäufer, der beim Kauf auf Besicht die Besichtigung der Ware seitens des Käufers vereitelt, muß sich gefallen lassen, daß die Billigung des Käufers als erteilt angesehen wird. **93,** 255. — 5) Beim Spezieskauf auf Besicht hat der Verkäufer, von den Fällen der Zusicherung und der Arglist abgesehen, nur solche Sachmängel zu vertreten, die der Käufer zur Zeit der Billigung weder kannte, noch infolge grober Fahrlässigkeit nicht kannte. **94,** 287. — 6) Beim Spezieskauf auf Besicht verliert der Verkäufer den Einwand, daß er den Käufer von den Mängeln der Ware in Kenntnis gesetzt habe, nicht dadurch, daß er die Ware trotz Fristsetzung weder geliefert noch zur Besichtigung gestellt hat. **94,** 287. — 7) Zum Begriff des Kaufs nach Probe. **94,** 336. — 8) Haftet der Verkäufer beim Kauf nach Probe für heimliche Mängel, die an der Probe nicht erkennbar waren? **95,** 45; **99,** 248. — 9) Wird eine solche Haftung durch die Vereinbarung ausgeschlossen, daß die Probe schlechthin maßgebend sein solle? **95,** 48. — 10) Zur Auslegung der Verkaufsbedingung „gegen neutrales unparteiisches Kontrollmuster". **97,** 193. — 11) Kann ein Wiederkaufsrecht wirksam durch eine Eventualerklärung, insbesondere für den Fall, daß eine in erster Reihe erklärte Anfechtung des Kaufvertrags sich als unbegründet erweist, ausgeübt werden? **97,** 269. — 12) Setzt die Anwendung des in § 508 Satz 2 BGB bezeichneten Rechts voraus, daß die zu einem Gesamtpreis verkauften Sachen eine wirtschaftliche Einheit bildeten? **97,** 282. — 13) Unter welchen Voraussetzungen kann ein Verzicht des Vorkaufsverpflichteten auf das in § 508 Satz 2 BGB bezeichnete Recht angenommen werden? **97,** 284. — 14) Kann das in § 508 Satz 2 BGB bezeichnete

Recht durch Parteivereinbarung ausgeschlossen werden? **97,** 284. — 15) Vorkaufsrecht bei bedingtem Kaufvertrag. **98,** 49. — 16) Ein zwischen den Beteiligten vereinbarter aber wegen ausstehender Genehmigung noch nicht zur Wirksamkeit gelangter Kaufvertrag gibt dem Vorkaufsberechtigten nicht das Recht, während des Schwebezustands in den Vertrag einzutreten. **98,** 49. — 17) Verstößt die Wiederaufhebung eines Kaufvertrags vor Erteilung der zu seiner Wirksamkeit erforderlichen Genehmigung gegen die guten Sitten, wenn sie erfolgt, um die Ausübung des Vorkaufsrechts zu verhindern? Findet § 162 Abs. 1 BGB solchenfalls Anwendung? **98,** 50.

X. Ges. v. 16. Mai 1894, betr. die Abzahlungsgeschäfte.

1) Die Anwendung des Gesetzes wird dadurch nicht ausgeschlossen daß in dem vereinbarten Preise nach dem Willen der Vertragschließenden zugleich ein Anteil des von dem Erwerber mittels der Sache zu erzielenden Gewinns enthalten sein soll. **96,** 297. — 2) Die Zurücknahme der verkauften Sache seitens des Verkäufers gilt als Rücktrittserklärung, auch wenn der Verkäufer nach § 5 AbzG eine solche gar nicht abgeben wollte. **96,** 297.

§ 122. Tausch.

— — — — — — — — — — —

§ 123. Schenkung. Schenkungsversprechen.

1) Die Einwilligung der Ehefrau zu einer Schenkung ihres Mannes aus dem Gesamtgut stellt sich selber als Schenkung dar, und kann daher nicht für sie durch ihren Vormund oder Pfleger erklärt werden. **91,** 41. — 2) Die Schenkung setzt begrifflich eine Bereicherung des Beschenkten voraus. **92,** 228. — 3) Schenkung unter einer Auflage. **92,** 228. — 4) Die nachträgliche Vergütung, selbst für ursprünglich unentgeltliche Dienste, ist keine Schenkung. **94,** 159, 323. — 5) Zum Begriff der Schenkung gehört, daß der Schenker den Beschenkten aus seinem eigenen Vermögen bereichert. **94,** 241. — 6) Wer ist als Schenker anzusehen, wenn der Ehemann mit Zustimmung der Ehefrau Schenkungen aus dem eingebrachten, dem Manne zu Eigentum überlassenen Gute macht? **94,** 240. — 7) Schenkungen aus dem gütergemeinschaftlichen Vermögen an Kinder nur des einen Ehegatten; zur Auslegung der §§ 2054, 2331 BGB. **94,** 264. — 8) Zum Begriff der Schenkung. Bedeutung des subjektiven Standpunkts der Beteiligten für die Frage der Unentgeltlichkeit. Bereicherungsabsicht nicht erforderlich. **94,** 322. — 9) Zur Unterscheidung zwischen nachträglicher Bewilligung oder Erhöhung eines Entgelts für geleistete Dienste (Gratifikation) und belohnender Schenkung. **94,** 324. — 10) Zum Begriff der Schenkung; Bereicherungsabsicht nicht erforderlich. **95,** 14. — 11) Liegt Schenkung vor, wenn der überlebende Ehegatte und Erblasser den Gegenstand des im Erbvertrag bestimmten Vermächtnisses dem Bedachten noch bei Lebzeiten aushändigt? **95,** 14. — 12) Begründung einer Schenkung in der Form eines Darlehnsvertrags. **98,** 127. — 13) Muß nach § 518 Abs. 1 BGB aus der Urkunde hervorgehen, daß das Ver-

sprechen schenkweise abgegeben worden ist? **98,** 125. — 14) Kann die Abrede, daß eine bei einem Dritten hinterlegte Sache jemandem nach dem Tode des Eigentümers ausgehändigt werde, als wirksame Erfüllung eines formlosen Schenkungsversprechens gelten? **98,** 281 — 15) Verzicht der Aufsichtsratsmitglieder einer Aktiengesellschaft auf die satzungsgemäße Vergütung als steuerpflichtige Schenkung. **98,** 323. — 16) Kann ein solcher Verzicht als eine Schenkung angesehen werden, die einer auf den Anstand zu nehmenden Rücksicht entsprang? **98,** 326. — 17) Muß der Beauftragte ihm persönlich gemachte Geschenke nach § 667 BGB dem Auftraggeber herausgeben? **99,** 33.

§ 124. Miete. Pacht. Jagdpacht.

I. Miete.

1) Steht den Familienangehörigen des Mieters gegen den Vermieter ein Anspruch auf Ersatz des Schadens zu, der ihnen durch gesundheitsschädliche Beschaffenheit der Mieträume entsteht? **91,** 24. — 2) Berechtigt das von der Militärbehörde erlassene Verbot des Badebetriebs auf einer Nordseeinsel zur Nichtzahlung des Mietzinses nach § 537 BGB und zur Kündigung nach § 542 BGB, wenn die Miete einen zum Geschäftsbetrieb während der Badezeit bestimmten Laden betrifft? Berücksichtigung der örtlichen Lage der Mietsache. **91,** 55. — 3) Kann vereinbart werden, daß die Lösung des Mietverhältnisses „bei Geschäftsaufgabe nach vorausgegangener vierteljährlicher Kündigung" zulässig sein solle? Wirkung einer unter Bezugnahme auf eine solche Vertragsbestimmung erfolgten Kündigung auf einen bestimmten Zeitpunkt, insbesondere in dem Falle, daß die Geschäftsaufgabe bis zu diesem Zeitpunkt nicht durchgeführt wird. **91,** 308. — 4) Verbindung von Hotelmiete mit käuflicher Übernahme der Einrichtung. Kann der Mieter bei Rückgang der Einnahmen infolge behördlicher Maßnahmen eine Minderung des Mietzinses verlangen? **91,** 310. — 5) Kann gegenüber der Berufung auf die Nichtigkeit eines Mietvertrags wegen der darin enthaltenen, der Form des § 313 BGB entbehrenden, Vereinbarung eines Vorkaufsrechts die Einrede der allgemeinen Arglist geltend gemacht werden? **91,** 361. — 6) Verpflichtung des Vermieters zur Angabe der Verweigerungsgründe nach § 549 BGB. **92,** 120. — 7) Sind die vom Vermieter dem Mieter angegebenen Gründe der Verweigerung der Erlaubnis zur Weitervermietung nicht geeignet, die Verweigerung zu rechtfertigen, so ist die Kündigung des Mieters berechtigt, und ihre Wirkung kann nicht dadurch rückgängig gemacht werden, daß der Vermieter nachträglich andere Gründe geltend macht. **92,** 120. — 8) Kann der Vermieter im Falle des § 549 BGB nachträglich noch solche Weigerungsgründe geltend machen, welche erst später zu seiner Kenntnis gekommen sind? **92,** 120. — 9) Wird der Eigentümer durch die Vermietung, der Mieter durch die Weitervermietung der Sache von der Verantwortung für die aus der Beschaffenheit der Sache entspringenden Gefahren befreit? **92,** 362. — 10) Verpflichtung des Mieters zur Beobachtung der gesetzlichen Einschränkungen, insbesondere der in § 906 BGB angeordneten, beim Gebrauch der Mietsache. **92,** 363. — 11) Pflicht

des Mieters, eine Gefährdung Dritter bei der Benutzung der Mietsache zu unterlassen; Berechtigung und Verpflichtung des Vermieters, gegen den Mieter bei Verabsäumung dieser Pflicht einzuschreiten. **92, 364**; **95**, 63. — 12) Pflicht des Mieters und des Vermieters von Gastwirtschaftsräumen, für deren Verkehrssicherheit zu sorgen. **92**, 359. — 13) Optionsklausel; Auslegung. Kann das Optionsrecht noch nach rechtzeitiger Kündigung ausgeübt werden? **92**, 418; **99**, 154. — 14) Der Entschädigungsanspruch des § 11 PreußEnteigG steht dem Mieter zu, auch wenn sein Recht nur ein obligatorisches ist. **93**, 11. — 15) Obhutpflicht des Mieters in bezug auf die Mietsache. **93**, 40. — 16) Schadensersatzanspruch des Eigentümers wegen Beschädigung eines von ihm vermieteten, vom Mieter einem Schleppunternehmer übergebenen Fahrzeugs. **93**, 39. — 17) Erfordernisse der Pfändung von Mietzinsen bei bestehendem Nießbrauch. **93**, 124. — 18) Zur rechtlichen Natur des Schrankfachvertrags. **94**, 75. — 19) Verpflichtung des Vermieters von Schankwirtschaftsräumen, diejenigen baulichen Veränderungen vorzunehmen, von denen die Polizeibehörde die Erteilung der Schankerlaubnis abhängig macht. **94**, 139. — 20) Zur Auslegung der Abrede, daß die Räume so vermietet würden, wie sie bisher benutzt seien. **94**, 140. — 21) Kann das Vermieten von Wohnungen durch den Hauseigentümer als Gewerbebetrieb i. S. des § 196 Nr. 1 BGB angesehen werden? **94**, 163. — 22) Kann ein Mietvertrag wegen persönlicher Zwistigkeiten gekündigt werden? **94**, 235. — 23) Miete oder Pacht einer Benzintankanlage? Zinserlaß wegen Nichtverwertbarkeit der Anlage infolge der Kriegsereignisse. **94**, 267. — 24) Der Erwerber des Grundstücks erlangt nach § 571 BGB einen Anspruch auf den Mietzins nur, soweit ein solcher nach dem Inhalt des Mietvertrags noch besteht; er hat also keinen Anspruch auf den Mietzins, wenn dieser nach dem Mietvertrag für die ganze Dauer des Vertrags schon vor der Veräußerung des Grundstücks zu zahlen war. **94**, 281. — 25) Die §§ 573, 574 BGB erstrecken sich nicht auf Vorausbezahlungen des Mietzinses, die gemäß dem Mietvertrag erfolgten. **94**, 281. — 26) Pflichten des Mieters und des Vermieters eines Ladens hinsichtlich der Verkehrssicherheit der Zugänge. **95**, 62. — 27) Erfordernisse der Schriftform nach §§ 566, 126 Abs. 2 BGB. **95**, 83. — 28) § 567 BGB hat keine rückwirkende Kraft auf Verträge, die unter dem früheren Recht begründet und nach dessen Vorschriften zu beurteilen sind. **95**, 111. — 29) Zur Anwendung der Art. 171, 172 EinfGzBGB. **95**, 110, 111. — 30) Inwieweit schließt die Bestimmung des Mietvertrags, daß Abänderungen und Zusätze der schriftlichen Abfassung bedürfen, die Gültigkeit mündlicher Abreden aus? **95**, 175. — 31) Haftung des Vermieters einer Schankwirtschaft aus der Zusicherung der Brauereifreiheit. **95**, 175. — 32) Anwendung des § 558 BGB auf unter dem alten Recht begründete Mietverhältnisse. **95**, 303. — 33) Die Verjährungsfrist des § 558 BGB bezieht sich auf die dort bezeichneten Ansprüche jeder Art, mögen sie sich unmittelbar aus dem Gesetz oder aus besonderen Vertragsbestimmungen ergeben. **95**, 303. — 34) Wie ist die Stempelsteuer nach Tarifnr. 48 III PreußStempG v. 30. Juni 1909 zu berechnen, wenn die Parteien auf bestimmte Zeit fest gebunden sind, nach Ablauf dieser Zeit aber den Vertrag kündigen können? **96,** 221. — 35) Findet § 558 BGB Anwendung, wenn ein Gebäude einschließlich eines Grundstücks vermietet und das Gebäude abgebrannt ist? **96,** 301. — 36) Beim Abschluß eines Mietvertrags mit einer Gemeinde ist zur Wahrung der Form des § 566 BGB nicht nur die Einhaltung der Vorschriften des § 126 BGB, sondern auch der für Verträge, durch welche die Gemeinde verpflichtet werden soll, bestehenden Sondervorschriften erforderlich. **96,** 315. — 37) Wird eine persönliche Haftung des Zwangsverwalters gegenüber dem Mieter durch schuldhafte Unterlassung begründet? **97,** 11. — 38) Eisenbahnanschlußverträge, bei denen die Eisenbahn den Transport auf den Anschlußgleisen ausführt, sind nicht Mietverträge, sondern sog. unbenannte Verträge. **97,** 18. — 39) Verträge, durch die öffentliche Straßen zum Straßenbahnbetrieb entgeltlich überlassen werden, als Mietverträge. **97,** 22. — 40) Wann bedarf ein mit einem Grundstücksveräußerungsvertrag zugleich abgeschlossener Mietvertrag der Form des § 313 BGB? **97,** 219. — 41) Kann auf Grund des über ein Grundstück für länger als ein Jahr geschlossenen mündlichen Mietvertrags der Abschluß eines schriftlichen Vertrags gefordert werden? **97,** 223. — 42) Zur Bedeutung der Bestimmung eines auf feste Zeit geschlossenen Mietvertrags, daß er bei Unterlassung der Kündigung binnen bestimmter Frist vor Ablauf auf bestimmte Dauer fortlaufe. Ist solchenfalls die Kündigung eines von mehreren Vermietern oder Mietern wirksam? **97,** 80. — 43) Kann der Vermieter nach erfolgtem Eigentumsübergang des Grundstücks auf einen andern den Mieter wegen des nunmehr fällig werdenden Mietzinses in Verzug setzen? **98,** 89. — 44) Gerät der Mieter in Verzug, wenn er trotz kalendermäßig bestimmter Zahlungszeit und trotz Unkenntnis des erfolgten Eigentumsübergangs den Mietzins an den Vermieter nicht zahlt? **98,** 89. — 45) Zur Frage der Aktivlegitimation des Vermieters zur Räumungsklage nach erfolgter Veräußerung des Grundstücks. **98,** 90. — 46) Für die Anwendung des § 542 BGB ist es unerheblich, ob der Vermieter die Nichtgewährung zu vertreten hat oder nicht. **98,** 103. — 47) Als erster Termin, für den die Kündigung nach § 57 ZVG zulässig ist, kann nur ein solcher angesehen werden, für den die Kündigung vom Ersteher nicht ohne Verschulden unterlassen werden darf. Berücksichtigung der Umstände des Einzelfalls. **98,** 274. — 48) Kann der Mieter verlangen, daß der ihm kündigende Ersteher des Grundstücks sich als solcher ausweise? **98,** 275. — 49) Das Kündigungsrecht des Mieters nach § 542 BGB setzt nicht Verschulden des Vermieters voraus. **98,** 287. — 50) Das Kündigungsrecht nach § 542 BGB fällt fort, wenn die nicht rechtzeitige Einräumung des vertragsmäßigen Gebrauchs auf einem vom Mieter zu vertretenden Umstande beruht. **98,** 287. — 51) Ist der Vermieter verpflichtet, die Versendung der Mietsache ohne die nach den bahnamtlichen Vorschriften erforderliche Dringlichkeitsbescheinigung zu ermöglichen? **98,** 288. — 52) Miete eines Schiffs; Haftung des Mieters, dem zugleich die Dienste der Besatzung überlassen sind, für deren Verschulden nach § 278 BGB. **98,** 327. — 53) Schadensersatzanspruch wegen Verletzung des Vermieterpfandrechts; wird er dadurch berührt, daß der Vermieter die gerichtliche Geltendmachung des Pfandrechts unterläßt? **98,** 345. — 54) Der Anspruch auf Ersatz des weiteren Schadens nach § 557 Satz 2 BGB bedarf der Begründung nach den allgemeinen Grundsätzen über die Schadensersatzpflicht wegen Nichterfüllung. **99,** 231. — 55) Die Vorenthaltung der Mietsache i. S. des § 557 BGB setzt nicht die Fortsetzung des Gebrauchs der Sache durch den Mieter voraus. **99,** 232. — 56) Setzt die Vorenthaltung den Besitz des Mieters an der Sache voraus? **99,** 232. — 57) Mit dem Verlust der Mietsache durch den Mieter erlischt der Anspruch auf Fortzahlung des Mietzinses nach § 557 BGB ohne weiteres. **99,** 232. — 58) Die Befriedigung des Vermieters i. S. des § 554 Abs. 1 Satz 2 BGB erfordert lediglich die Vornahme der vom Mieter geschuldeten Erfüllungshandlung. **99,** 258. — 59) Führt die am Erfüllungsort erfolgte Einzahlung des Mietrückstands auf das Postscheckkonto des Vermieters dessen Befriedigung i. S. des § 554 Abs. 1 Satz 2 BGB herbei? **99,** 257. — 60) Berechtigt eine außerordentliche Preissteigerung den Vermieter, der zugleich die Lieferung von Betriebskraft und Beleuchtung übernommen hat, sich vom Vertrage loszusagen? **99,** 259; **100,** 129. — 61) Schadensersatzanspruch des Mieters wegen schuldhafter Verzögerung der Erfüllung der vom Vermieter erteilten Zusage, einen genügenden Verschluß der Kelleröffnung herzustellen. **100,** 42. — 62) Kann darin, daß der Mieter einen Mangel der Mietsache, den der Vermieter trotz Zusage nicht alsbald abstellt, nicht seinerseits beseitigt, ein mitwirkendes Verschulden gefunden werden? **100,** 43. — 63) Schadensersatzanspruch des Grundstücksmieters wegen Schädigung durch Flugzeuge. **100,** 69.

II. Pacht.

(Erbpacht s. § 49 S. 60.)

1) Die gebrauchsweise entgeltliche Überlassung von Räumen zur Ausübung eines Gewerbebetriebs stellt einen Pachtvertrag in der Regel nur dann dar, wenn neben den durch die bauliche Beschaffenheit für den Betrieb sich eignenden Räumen zugleich eine geeignete Ausstattung mitüberlassen wird. **91,** 310. — 2) Verbindung der Miete eines Hotels mit käuflicher Überlassung der Einrichtung des Hotels. Kann der Mieter einen Zinsnachlaß fordern, wenn der Umsatz infolge behördlicher Maßnahmen zurückgeht? **91,** 311. — 3) Ablösungsrecht des Pächters nach §§ 268, 1150 BGB. **91,** 302. — 4) Pachtzinsnachlaß seitens einer Stadtgemeinde; unterliegt er der Formvorschrift des § 53 Nr. 8 PreußStädteO? **92,** 162. — 5) Der Entschädigungsanspruch des § 11 PreußEnteigG steht auch dem nur obligatorisch berechtigten Pächter zu. **93,** 11. — 6) Auch der nur obligatorisch berechtigte Pächter ist Nutzungsberechtigter i. S. des § 135 ABG. **93,** 10. — 7) Sittenwidrigkeit des Vorgehens einer Brauerei, die nach Kündigung des Pachtverhältnisses die anderweite Verpachtung der Wirtschaftsräume zu verhindern sucht, indem sie andere Brauereien von Pachtangeboten zurückhält. **93,** 19. — 8) Hat der Pächter eines Kaffeehauses mit Tag- und Nachtbetrieb einen Anspruch auf Ermäßigung des Pachtzinses, wenn er infolge Herabsetzung der Polizeistunde und polizeilicher Beschränkung der Musikerlaubnis einen Einnahmeausfall erleidet? **93,** 146.

— 9) Kann ein Pachtvertrag wegen persönlicher Zwistigkeiten zwischen Pächter und Verpächter oder zwischen Pächter und Nutzungsberechtigtem fristlos gekündigt werden? **94,** 235. — 10) Miete oder Pacht einer Benzintankanlage? Zinserlaß wegen Unverwertbarkeit der Anlage infolge der Kriegsereignisse. **94,** 267. — 11) Rechtliche Natur der Verträge, welche die Einräumung der schuldrechtlichen Befugnis zur Gewinnung von Bodenbestandteilen zum Gegenstand haben. Kauf, Pacht eines Grundstücks oder Pacht eines Rechts? **94,** 280. — 12) Überlassung i. S. des § 571 BGB bei der Pacht einer Kiesgrube. **94,** 280. — 13) Ist der Lehnsfolger nach gemeinem Lehnrecht an den von seinem Vorgänger geschlossenen Pachtvertrag gebunden? **95,** 112. — 14) Zur Auslegung der Vertragsbestimmung, daß die dem Pächter übergebenen Inventarstücke bei Pachtbeendigung nach dem Werte der vorhandenen Taxe zurückzugewähren sind. **95,** 302. — 15) Zum Begriff der Verwendungen des Pächters. **95,** 303. — 16) Der Verjährung nach § 558 BGB unterliegt auch der Anspruch des Pächters auf eine durch Preissteigerung bewirkte Übertaxe. **95,** 304. — 17) Überlassung der Ausübung eines Kaligewinnungsrechts als Pacht i. S. der Tarifnr. 48 III PreußStempG v. 30. Juni 1909. **96,** 221. — 18) Sind bei der Garderobenpacht die Räume oder der Gewerbebetrieb Gegenstand der Pacht? **97,** 166. — 19) Wer haftet bei der Verpachtung der Garderobe dem Publikum für den Verlust übergebener Sachen? **97,** 169. — 20) Inwieweit sind die Vorschriften über die Miete auf die Rechtspacht anwendbar? **98,** 103. — 21) Ist ein Pachtvertrag, der von 2 Pächtern gemeinsam geschlossen ist, seinem Inhalt nach nichtig, wenn der eine der Pächter beim Abschluß des Vertrags geschäftsunfähig war? **99,** 52.

III. Jagdpacht.

1) Versteigerung der Jagdpacht; kommt der Vertrag durch die Erteilung des Zuschlags zustande unabhängig davon, ob dem Bieter die Erklärung zugeht? **96,** 102. — 2) Jagdpacht ist Rechtspacht, nicht Sachpacht. **98,** 102. — 3) Inwieweit sind die Vorschriften über die Miete auf die Jagdpacht entsprechend anzuwenden? **98,** 102. — 4) Verbot der Jagdausübung im besetzten Gebiet als Kündigungsgrund des Pachtverhältnisses nach §§ 542, 581 BGB. **98,** 103.

§ 125. Leihe. Verwahrung.

I. Leihe.

1) Hypothekenbrief als Gegenstand der Leihe. **91,** 157. — 2) Wann ist der Verleiher zur Rücknahme der Sache befugt? Genügt der Wegfall eines nicht zur Bedingung gemachten Beweggrundes? **91,** 158.

II. Verwahrung.

1) Zur rechtlichen Natur des Schrankfachvertrags. **94,** 75. — 2) Zur Haftung der Eisenbahn aus der Aufbewahrung von Reisegepäck. **98,** 31. — 3) Besteht zwischen dem Arzt und dem Patienten, der Kleidungsstücke im Vorraum der Wohnung des Arztes ablegt, ein Verwahrungsvertrag?

99, 35. — 4) Auslieferungsanspruch des nach Frachtrecht Verfügungsberechtigten gegen den Verwahrer, bei dem das Frachtgut nach § 437 HGB hinterlegt ist. **100**, 163. — 5) Sorgfaltspflicht des Verwahrers bei Herausgabe des Frachtguts an den Absender; Prüfungspflicht hinsichtlich des Vorhandenseins von Duplikaten des Frachtbriefs. **100**, 164. — 9) Mitwirkendes Verschulden des Verfügungsberechtigten, der sich längere Zeit um das hinterlegte Frachtgut nicht kümmert. **100**, 164.

§ 126. Vertragsverhältnis zwischen Wirten und ihren Gästen. Einbringung von Sachen bei Gastwirten.

1) Haftung des Vermieters und des Mieters eines Gastlokals für die Verkehrssicherheit. Unfall auf glatter, mit Läufern nicht bedeckter Marmortreppe. **92**, 359. — 2) Schadensersatzanspruch wegen Verwechselung von Flüssigkeiten. **97**, 116. — 3) Haftung für abgegebene Garderobe bei Verpachtung des Garderobebetriebs. **97**, 166. — 4) Gilt der Nachtpförtner eines Hotels als den Umständen nach zur Entgegennahme von Wertsachen und Kostbarkeiten der Hotelgäste behufs Aufbewahrung bestellt? **99**, 70.

§ 127. Darlehn. Kreditvertrag. Sparkasseneinlagen.

1) § 65 GenG steht einer Bestimmung, daß ein dem Genossen von der Genossenschaft gewährtes Darlehn bei seinem Ausscheiden vorzeitig gekündigt werden kann, nicht entgegen. Unzulässig ist es dagegen, die Wirksamkeit des Austritts von der Rückzahlung des Darlehns abhängig zu machen. **91**, 336. — 2) Pflichten der öffentlichen Sparkassen gegenüber ihren Darlehnsschuldnern in der Zwangsversteigerung; Haftung nach § 278 BGB, nicht nach dem PreußG v. 1. August 1909, für das Verschulden der Sparkassenbeamten. **91**, 341. — 3) Verzugs- und Prozeßzinsen bei Einklagung eines Darlehnsversprechens. Kein Abzug desjenigen Zinsbetrags, der bei rechtzeitiger Auszahlung des Darlehns von dem Empfänger hätte gezahlt werden müssen. **92**, 284. — 4) Begründet die Einziehung eines Sparkassenguthabens, das aus der Veräußerung von einem der Aussonderung unterliegenden Gegenstand durch den Gemeinschuldner herrührt, durch den Konkursverwalter einem Aussonderungsanspruch nach § 46 KO? **94**, 25. — 5) Unterliegt eine Vereinbarung, daß auf ein zugesagtes Darlehn Grundstücke in Zahlung zu nehmen sind, der Formvorschrift das § 313 BGB? **95**, 7. — 6) Begründung einer Darlehnsschuld mittels Schenkungsvertrags. **98**, 127. — 7) Gesellschaft, partiarisches Darlehn oder einfaches Darlehn? **99**, 163. — 8) Sittenwidrigkeit eines zu kriegswucherischen Geschäften gegebenen Darlehns. **99**, 164. — 9) Unter welchen Voraussetzungen verstößt es wider Treu und Glauben oder wider die guten Sitten, daß eine ausländische Hypothekenbank von der Klausel, daß der Schuldner die Gefahr des Sinkens der deutschen Valuta zu tragen habe, Gebrauch macht? **100**, 82.

§ 128. Dienstvertrag. Tarifvertrag.

1) Steht den Familienangehörigen des Dienstpflichtigen, dem der Dienstberechtigte eine Familienwohnung überlassen hat, gegen diesen ein Anspruch auf Ersatz des ihnen durch gesundheitsschädliche Beschaffenheit der Wohnung entstandenen Schadens zu? **91,** 24. — 3) Zeitliche Begrenzung der Geltendmachung der Kriegsklausel bei Dienstverträgen, insbesondere bei solchen mit Bühnenkünstlern. § 15 Abs. 5 der allg. Bedingungen des deutschen Bühnenvereins. **91,** 57. — 3) Ist ein gewisses Maß von Abhängigkeit des Dienstverpflichteten vom Dienstherrn begriffliche Voraussetzung eines Dienstverhältnisses? Besteht eine solche Abhängigkeit im Verhältnis zwischen Arzt und Krankenkassenverband? **91,** 160. — 4) Der Schutz des LohnbeschlagnahmeG gilt dem Arbeitseinkommen ohne Rücksicht darauf, ob der Schuldner noch ein Einkommen anderer Art hat. **91,** 161. — 5) Findet § 1 des LohnbeschlagnahmeG Anwendung, wenn der Dienstherr von den Diensten des Verpflichteten keinen Gebrauch macht und dieser anderweit seinen Unterhalt verdient? **91,** 161. — 6) Kann in einem Bühnenvertrag dem Theaterunternehmer rechtswirksam die Befugnis eingeräumt werden, einseitig den Vertrag zu verlängern oder beliebig zu kündigen? Einseitige Verlängerung eines Kriegsvertrags und einseitiges Recht zur Erneuerung des Friedensvertrags. **91,** 330. — 7) Verstößt die Befragung gewerblicher Angestellter über die geschäftlichen Verhältnisse ihrer Arbeitgeber durch einen zum Schutze der Interessen der Angestellten gegründeten Verband gegen § 823 Abs. 1, § 826 BGB. oder gegen § 17 UWG? **92,** 133. — 8) § 326 BGB findet auf die Dienstverträge keine Anwendung. **92,** 159. — 9) Übertragung des Alleinvertriebs der Erzeugnisse des Lieferanten für einen bestimmten Bezirk als Dienstvertrag. **92,** 159. — 10) Zur Anwendung des § 323 BGB auf Dienstverträge. **92,** 177. — 11) Kündigungsrecht des Dienstverpflichteten beim Eintritt unvorhergesehener Ereignisse, welche zu einer Kürzung seiner Bezüge nach § 323 Abs. 1, § 472 BGB führen. **92,** 178. — 12) Zur Anwendung des dem § 618 BGB zugrunde liegenden Rechtsgedankens auf dem Gebiete des öffentlichen Rechts. **91,** 22; **92,** 179, 308. — 13) Auslegung der Verpflichtung zur Fortzahlung des Gehalts an einen zum Heeresdienst einberufenen Angestellten während der Kriegsdauer. **92,** 319. — 14) Körperverletzung des Dienstverpflichteten infolge Gewaltanwendung seitens des Dienstherrn zur Wahrung seiner Rechte und zur Aufrechterhaltung der Ordnung im Betrieb als Betriebsunfall i. S. der Unfallversicherung. **93,** 34. — 15) Ist die Entlassung des Angestellten eines gemäß BRVO v. 26. November 1914 unter Zwangsverwaltung gestellten Unternehmens durch den Zwangsverwalter als eine obrigkeitliche Anordnung oder als eine privatrechtliche Handlung anzusehen? Rechtsweg? **93,** 137. — 16) Erteilung einer Verkaufskommission als auf Geschäftsbesorgung gerichteter Dienstvertrag. **94,** 112. — 17) Rechtliche Beurteilung der Vereinbarungen einer allgemeinen Ortskrankenkasse mit einer besonderen Krankenkasse wegen Übernahme der Angestellten. **94,** 144. — 18) Durch ein Ruhegehaltsversprechen an den Angestellten wird ein Leibrentenvertrag auch dann nicht begründet, wenn es nach

Beendigung des Dienstverhältnisses erfolgt. **94**, 158. — 19) Die nachträgliche Vergütung für Dienstleistungen ist, auch wenn diese ursprünglich unentgeltliche waren, keine Schenkung. **94**, 159. — 20) Zum Begriff des wichtigen Grundes in § 626 BGB. Können bei der Prüfung, ob ein solcher vorliegt, auch die vermögensrechtlichen Folgen der Kündigung berücksichtigt werden? **94**, 166. — 21) Die fristlose Kündigung aus wichtigem Grunde setzt nicht notwendig ein Verschulden desjenigen, dem gekündigt wird, voraus. **94**, 236. — 22) Zur Unterscheidung zwischen nachträglicher Bewilligung oder Erhöhung eines Entgelts für geleistete Dienste und belohnender Schenkung. **94**, 324. — 23) Kann in einem Dienstvertrag vereinbart werden, daß über die Entlassung des Dienstverpflichteten nicht der Dienstherr, sondern ein Dritter zu bestimmen hat? **96**, 197. — 24) Zum Begriff der Geschäftsbesorgung in § 675 BGB. **99**, 32; **100**, 145. — 25) Umfang der Herausgabepflicht des Geschäftsbesorgers nach § 667 BGB. Erstreckung auf Extraprovisionen, Geschenke, Schmiergelder. **99**, 31. — 26) Haftet der Arzt für die im Vorraum seiner Wohnung vom Patienten abgelegten Kl idungsstücke? **99**, 35. — 27) Kann der Geschäftsführer oder der alleinige Gesellschafter einer GmbH. zur Erfüllung des von ihm persönlich gegebenen Versprechens verurteilt werden, den Angestellten am Gewinn der Gesellschaft zu beteiligen? **99**, 233.

§ 129. Werkvertrag.

1) Beförderungswerkvertrag zwischen Telegraphenverwaltung und Absender. Keine entsprechende Anwendung der §§ 434, 435 HGB. **91**, 64, 65. — 2) Obhut- und Fürsorgepflicht des Unternehmers hinsichtlich einer Brunnenanlage bei Herstellung eines Pumpenwerks. **91**, 327. — 3) Zum Begriff des Werkverdingungsvertrags i. S. der Tarifnr. 75 PreußStempG v. 30. Juni 1909. **92**, 170. — 4) Stempelpflicht des Werkvertrags nach § 71 Nr. 2 PreußStempG. **92**, 170. — 5) § 649 BGB enthält nachgiebiges Recht. **92**, 170. — 6) Ist ein Vertrag, durch den jemand sich verpflichtet, bei eigenen Bauten Vorkehrungen gegen Bergschäden zu treffen, der andere sich dagegen zur Zahlung bestimmter Beträge an jenen verpflichtet, ein Werkvertrag? **92**, 171. — 7) Der Vertrag, rechtlich für sich ein Werk in bestimmter Art auszuführen, ist kein Werkvertrag. **92**, 172. — 8) Arbeitsvertrag i. S. der Tarifnr. 75 PreußStempG v. 30. Juni 1909 als Werkvertrag. **92**, 170. — 9) Schadensersatzklage wegen besonderer schadenbringender Wirkungen einer fehlerhaften Werklieferung trotz einer und neben oder nach einer wegen des Fehlers durchgeführten Wandelungsklage. **93**, 160; **95**, 4. — 10) Inwieweit unterliegen Schadensersatzansprüche bei Werkverträgen der kurzen Verjährung des § 638 BGB? **93**, 160. — 11) Zur Anwendung des § 477 Abs. 3 BGB auf den Werklieferungsvertrag über eine nicht vertretbare Sache. **93**, 159. — 12) Wird durch die Erhebung der Wandelungsklage auch die Verjährung der Schadensersatzklage wegen besonderer schadenbringender Wirkungen der fehlerhaften Werklieferung unterbrochen? **93**, 161. — 13) Der Fristsetzung nach § 643 BGB bedarf es nicht, wenn die vom Besteller vorzunehmende Handlung unmöglich geworden ist.

94, 29. — 14) Inwieweit stehen Lieferungen aus Werklieferungsverträgen den Warenlieferungen i. S. der Tarifnr. 10 RStempG gleich? **94**, 127; **95**, 324. — 15) Ist der Schiedsrichtervertrag ein Werkvertrag? **94**, 213. — 16) Unterschied zwischen dem bei unmittelbarem Zusammenhang des Schadens mit den beiderseitigen Leistungen aus dem Werkvertrage gegebenen Schadensersatzanspruch aus § 635 BGB und dem weiteren Schadensersatzanspruch aus § 276 BGB. **95**, 3. — 17) Kein Schadensersatzanspruch aus § 635 BGB neben einer durchgeführten Wandlung oder Minderung. **95**, 4. — 18) Die mehreren Ansprüche aus § 634, 635 BGB können im Eventualitätsverhältnis geltend gemacht werden. **95**, 4. — 19) Irrtum über die Straßenhöhe bei der Preiskalkulation von Rohrverlegungen als wesentlicher Irrtum. **95**, 59. — 20) Lieferung künstlichen Zahnersatzes als Werklieferungsvertrag. **95**, 324. — 21) Nach erfolgter Abnahme des Werks steht dem Besteller nicht mehr ein Anspruch auf Erfüllung des Vertrags durch Herstellung eines neuen mangelfreien Werks, sondern nur ein der Verjährung des § 638 BGB unterliegender Anspruch nach §§ 633 flg. zu. **95**, 329. — 22) Anwendung des § 639 Abs. 2 BGB auf den Kauf, wenn der Verkäufer die Pflicht zur Nachbesserung übernommen hat. **96**, 267. — 23) Einbau von Treppen Gegenstand nicht eines Werklieferungs- sondern eines reinen Werkvertrags **97**, 90. — 24) Keine Anwendung des § 281 BGB, wenn ein Werk geschuldet wird. **97**, 90. — 25) Keine Anwendung des § 196 Nr. 7 auf Werkverträge. **97**, 125. — 26) Einfluß der wirtschaftlichen Folgen der Revolution auf die Wirksamkeit eines Werkvertrags, der während des Kriegs geschlossen und nach dem Friedensschluß zu erfüllen ist. **98**, 18. — 27) Wird durch die Hingabe von Sachen an eine öffentliche Desinfektionsanstalt zur Entseuchung ein Werkvertrag geschlossen? **99**, 284. — 28) Werkvertrag über eine Konstruktionszeichnung. Verfügungsbefugnis des Bestellers über die Zeichnung und den darin verkörperten technischen Gedanken. **100**, 38. — 29) Der Entschädigungsanspruch aus § 642 BGB besteht neben den Vergütungsansprüchen aus §§ 631, 645, 649. **100**, 47. — 30) Ein vorübergehendes subjektives Unvermögen des Gläubigers, die zur Herstellung des Werks erforderliche Handlung vorzunehmen, schließt dessen Verzug nicht aus. **100**, 48.

§ 130. Mäklervertrag.

1) Sittenwidrigkeit eines unverhältnismäßigen Mäklerlohns für Vermittlung von Kriegslieferungen. **93**, 208. — 2) Provision vom Kaufpreise mit Ausschluß der als Ersatz von Mehrauslagen bewilligten Beträge. Ersparung durch Produktionssteigerung. **94**, 237 — 3) Zur Unterscheidung zwischen Handlungsagenten und Mäkler. **95**, 135. — 4) Provision für Vermittlung von Kriegslieferungen. **95**, 136. — 5) Kann der Mäkler, dessen Provisionsanspruch von der Ausführung des Geschäfts abhängt, die Provision verlangen, wenn die Ausführung infolge des Verhaltens des Geschäftsherrn unterbleibt? **95**, 134. — 6) § 653 BGB findet nicht Anwendung, wenn die Höhe des Mäklerlohns, sei es auch

unter einer Bedingung, ausdrücklich vereinbart ist. **95,** 139. — 7) Makler als Minderkaufmann. **99,** 24. — 8) Zur Stellung des Schiffsmaklers. **97,** 217.

§ 131. Auslobung.

———————

§ 132. Unbenannte Verträge nach dem BGB. Verträge über Handlungen nach früherem preußischen Recht.

I. Unbenannte Verträge.

1) Elektrizitätslieferungsvertrag mit Gemeinde unter Erteilung der alleinigen Berechtigung zur Verlegung von Leitungen im Gemeindegebiet. Rechtliche Natur des dadurch begründeten Rechts des Unternehmers; Ansprüche bei Verletzung dieses Rechts. **91,** 170. — 2) Miet- und Dienstverschaffungsvertrag zwischen Frachtführer und Schleppereigner; Stellung des Schlepperführers. **91,** 247. — 3) Rechtliche Natur eines Vertrags, durch den jemand einen andern veranlaßt, ein Werk unmittelbar für sich herzustellen, und sich verpflichtet, ihm die Kosten zu erstatten. **92,** 171. — 4) Subventionsvertrag. **92,** 171. — 5) Der Schiedsrichtervertrag ist ein Vertrag besonderer Art. **94,** 213. — 6) Rechtliche Natur eines Vertrags, durch den die Kundschaft eines Geschäfts gegen das Versprechen der Zahlung eines Bruchteils vom Umsatz übertragen wird. **95,** 38. — 7) Eisenbahnanschlußverträge, bei denen die Eisenbahn den Transport auf den Anschlußgleisen ausführt, gehören zu den unbenannten Verträgen. **97,** 22. — 8) Fernsprechanschlußvertrag als Vertrag besonderer Art. **98,** 342. — 9) Rechtliche Natur des Scheckvertrags. **99,** 78.

II. Vertrag über Handlungen nach ALR.

Kann derjenige, der sich gegen Zahlung einer einmaligen Geldentschädigung verpflichtet hat, den andern bis zu dessen Lebensende bei sich zu unterhalten, sich von dieser Verpflichtung befreien, wenn der Berechtigte ihm das Zusammenleben unmöglich macht? Entsprechende Anwendung des Art. 15 § 9 PreußAusfGzBGB? **92,** 194.

§ 133. Auftrag. Geschäftsführung ohne Auftrag.

I. Auftrag. Kreditauftrag.

1) Zum Begriff der Aufwendungen in § 670 BGB. Fallen zufällige Schäden darunter, die der Beauftragte bei Ausführung des Auftrags erleidet? **94,** 171; **98,** 199. — 2) Hat der Auftraggeber den Schaden zu ersetzen, den der Beauftragte bei Ausführung des im öffentlichen Interesse übernommenen Auftrags erleidet, wenn mit dessen Ausführung erkennbar eine Gefahr für Leib und Leben verbunden ist? **94,** 169; **98,** 197. — 3) Zum Begriff der Aufwendung in § 670 BGB; es fallen darunter sowohl Aufwendungen zur Erreichung des Auftragszwecks also solche zur unmittelbaren Erfüllung des Auftrags. **95,** 53. — 4) Inwieweit haftet der Auftraggeber dem Beauftragten für den durch Ausführung des Auftrags entstehenden Schaden? **96,** 163. — 5) Zum Umfang des Herausgabeanspruchs nach § 667 BGB. **96,** 55. — 6) Die Ver-

jährung des Herausgabeanspruchs bestimmt sich, auch wenn er von einer Aktiengesellschaft gegen ihren Vorstand erhoben wird, nach § 195 BGB, nicht nach § 241 Abs. 5 HGB. **96,** 55. — 7) Auskunfts- und Rechenschaftspflicht des Beauftragten bei Nichtigkeit des Auftrags nach § 687 Abs. 2 BGB. **96,** 283. — 8) Begründung eines privatrechtlichen Auftragsverhältnisses durch die Heranziehung von Hilfskräften seitens eines im öffentlichen Interesse tätigen Beamten. **98,** 197. — 9) Hat der Eigentümer eines durch Brand bedrohten Hauses dem von ihm zur Hilfeleistung Herangezogenen den Schaden zu ersetzen, den dieser hierbei erleidet? **98,** 200. — 10) Hat der Auftraggeber dem Beauftragten den Schaden zu ersetzen, den dieser bei einer zur Ausführung des Auftrags unternommenen Reise durch einen Eisenbahnunfall erleidet? **98,** 200. — 11) Auftragähnliches Verhältnis zwischen dem gemäß § 127 KO handelnden Konkursverwalter und dem absonderungsberechtigten Gläubiger. **98,** 306. — 12) Zum Begriff der Geschäftsbesorgung in § 675 BGB. **99,** 31. — 13) Umfang der Herausgabepflicht nach § 667 BGB. Erstreckt sie sich auf Extraprovisionen, Geschenke, Schmiergelder? **99,** 32. — 14) Folgen des Widerrufs des Auftrags zur Einziehung einer abgetretenen Forderung. **99,** 143. — 15) Zur Anwendung des § 670 BGB im Verhältnis zwischen dem Aussteller eines Schecks und dem Bezogenen. **100,** 59.

II. Geschäftsführung ohne Auftrag.

1) Geltendmachung von Konnossementen durch den unbeauftragten Geschäftsführer; zur Anwendung des § 686 BGB. **92,** 132. — 2) Keine Verpflichtung der Krankenkasse zur Erstattung der Kosten, welche durch die zwangsweise Unterbringung geschlechtskranker Kassenmitglieder durch die Polizeibehörde in einem Krankenhause entstanden sind. Rechtsweg. **92,** 197. — 3) Zum Begriff der Pflicht in § 679 BGB; nur eine rechtliche, im öffentlichen oder Privatinteresse wurzelnde, gesetzliche oder vertragsmäßige Verpflichtung kommt in Betracht. Keine Erstreckung auf die Erfüllung sittlicher Pflichten. **92,** 201. — 4) Zur Anwendung des § 687 Abs. 2 BGB. **92,** 203; **100,** 145. — 5) Die Militärverwaltung, die den Hinterbliebenen eines bei einem Eisenbahnunfall Getöteten nach dem MilHinterblG Versorgung gewährt, hat keinen Ersatzanspruch aus der Geschäftsführung ohne Auftrag gegen die Eisenbahn. **92,** 404. — 6) Auftraglose Geschäftsführung des Armenanwalts für die arme Partei. **94,** 347. — 7) Kann die Widerspruchsklage gegen den Teilungsplan auf auftraglose Geschäftsführung gestützt werden? **97,** 64. — 8) Voraussetzungen des Anspruchs aus der Geschäftsführung. **97,** 65. — 9) Unter welchen Voraussetzungen kann die Geschäftsführung ohne Auftrag mittelbaren Besitz für den Geschäftsherrn begründen? **98,** 134. — 10) Inwieweit steht dem Gläubiger einer Forderung, die von dem Konkursverwalter zu Unrecht zur Masse eingezogen ist, ein Anspruch aus der Geschäftsführung gegen die Konkursmasse zu? **98,** 150. — 11) Zum Begriff der Aufwendungen in § 683 BGB. **98,** 199. — 12) Zum Begriff der unechten Geschäftsführung. **100,** 145.

§ 134. Gesellschaft. Gesellschaftsähnliche Vertragsverhältnisse.

I. Gesellschaft.

1) Befugnis des einzelnen Gesellschafters, Zahlung der Gesellschaftsforderung an sich und die Mitgesellschafter gemeinschaftlich zu fordern. **91,** 163. — 2) Fordert der Gesellschafter, der in erster Instanz Zahlung an sich als einer ihm allein zustehenden Forderung verlangt hat, in der Berufungsinstanz Zahlung der Forderung als einer solchen der Gesellschaft an sich und die Mitgesellschafter, so erhebt er einen neuen Anspruch i. S. des § 529 Abs. 2 ZPO. **91,** 163. — 3) Die Vorschrift des § 707 BGB ist nachgiebigen Rechts; eine Bestimmung des Gesellschaftsvertrags, daß dieser durch Mehrheitsbeschlüsse abgeändert werden könne, genügt jedoch nicht, die Anwendung des § 707 BGB auszuschließen. **91,** 168. — 4) Auslegung der Bestimmung des Gesellschaftsvertrags, daß für einen Beschluß über seine Abänderung Zweidrittelmehrheit erforderlich. **91,** 168. — 5) Schranken der Erhöhung der Beitragspflicht durch Mehrheitsbeschlüsse. **91,** 168. — 6) Die Bestimmungen des BGB über das Gesellschaftsvermögen, insbesondere auch § 738 BGB, finden keine Anwendung auf eine Gesellschaft, die ein Gesamthandvermögen nicht kannte, vielmehr jeden Gesellschafter im Alleineigentum seiner Grundstücke beließ. **91,** 430. — 7) Bestimmungen des Gesetzes oder des Gesellschaftsvertrags über die Art der Auseinandersetzung können nicht zum Nachteil dessen, dem der Anspruch eines Gesellschafters auf das Auseinandersetzungsguthaben abgetreten ist, abgeändert werden. **91,** 431. — 8) Auseinandersetzung der Gesellschafter unter Einbringung der den Gesellschaftszwecken dienenden Gegenstände in eine neugegründete GmbH. **91,** 431. — 9) Kann im Gesellschaftsvertrag wirksam bestimmt werden, daß ein Teilhaber verpflichtet ist, seinen Anteil auf Verlangen eines andern Teilhabers diesem oder einem von ihm zu bezeichnenden Dritten gegen Entgelt zu überlassen? **92,** 165. — 10) Gesellschaft zum Erwerbe und zur Weiterveräußerung eines Grundstücks. Miteigentum nach Bruchteilen oder Gesamthandeigentum? Abstandnahme von der Bildung eines besonderen Gesellschaftsvermögens. Können die Gesellschafter über ihren Grundstücksanteil verfügen? **92,** 342. — 11) Zur Haftung des Erben nach § 727 BGB. **92,** 343. — 12) Die Übertragung von Anteilrechten an einer Gesellschaft ist nicht nach § 134 BGB nichtig, sondern als eine „Verfügung über einen Gegenstand" nach § 135 BGB zu beurteilen; sie bindet den Gesellschafter gegenüber Dritten. **92,** 400; **93,** 294. — 13) Unter den Gesellschaften des bürgerlichen Rechts i. S. der Stempelsteuergesetze sind nur die in §§ 705 flg. BGB geregelten Gesellschaften zu verstehen. **93,** 246. — 14) Voraussetzungen der Feststellung eines Gesellschaftsvertrags; Unzulässigkeit der Annahme eines solchen unter Dahingestelltlassen seines Inhalts. **95,** 149. — 15) Ausschluß der Kündigung eines auf unbestimmte Dauer geschlossenen Gesellschaftsvertrags während oder vor einer bestimmten Frist nach Treu und Glauben. **95,** 151. — 16) Kann in der Vereinbarung eines Gewinnanteils aus jedem einzelnen Geschäft eine von der Regel des § 721 Abs. 2 BGB abweichende Be-

stimmung gefunden werden? **95,** 152. — 17) Kann derjenige, der sich den Anteil eines Gesellschafters hat abtreten oder für sich hat pfänden lassen, von den anderen Gesellschaftern Rechnungslegung fordern und das Moniturverfahren betreiben? **95,** 231. — 18) Zur Auslegung des § 725 Abs. 2 BGB; ist § 1258 BGB entsprechend anwendbar? **95,** 232. — 19) Arbeitsgemeinschaft; Verhältnis der leitenden Firma zu den übrigen Mitgliedern. **97,** 236. — 20) Für die Klage auf Zustimmung zu einem Geschäft genügt es, daß der gemeinsame Zweck und das Interesse der Gesellschaft die Zustimmung erfordern, so daß die Weigerung gegen Treu und Glauben verstoßen würde. **97,** 331. — 21) Wann unterliegt ein Gesellschaftsvertrag zur Verwertung eines Grundstücks für gemeinschaftliche Rechnung der Formvorschrift des § 313 BGB? **97,** 329. — 22) Tragweite einer Vereinbarung, daß jeder der Gesellschafter ohne Einholung der Zustimmung der andern auf seinen Gewinnanteil Vorschüsse aus der Geschäftskasse solle entnehmen dürfen. **98,** 300. — 23) Kann der Gesellschafter nach Auflösung der Gesellschaft zur Vorbereitung der künftigen Auseinandersetzung einzelne besonders dringliche Ansprüche gegen den Mitgesellschafter vorab einklagen? **98,** 301. — 24) Inwieweit gehört der Gesellschaftsvertrag zu den gegenseitigen Verträgen? **100,** 3. — 25) Erfordernisse der Abrechnung über die im Rahmen eines Gesellschaftsverhältnisses geführten Geschäfte. **100,** 150. — 26) Die Befugnis des Gesellschafters, gegen die Mitgesellschafter auf Zahlung der Beiträge an die Gesellschaft zu klagen, fällt nach Eintritt der Liquidation fort. **100,** 165. — 27) Gehören rückständige Beiträge zum Gesellschaftsvermögen? **100,** 164. — 28) Inwieweit sind nach Eintritt der Liquidation rückständige Beiträge einzuziehen? **100,** 167.

II. Gesellschaftsähnliche Vertragsverhältnisse.

1) Rechtliche Natur eines Alleinverkaufsrechts für die Dauer ausreichender Geschäftsverbindung. Kündigung des Geschäftsherrn. **95,** 168. — 2) Wird die Veräußerung einer Sache dadurch zu einem gesellschaftsartigen Geschäft, daß nach dem Willen der Parteien in dem fest vereinbarten Preise auch ein Anteil an dem von dem Erwerber mittels der Sache zu erzielenden Gewinn enthalten ist? **96,** 297. — 3) Gesellschaft, partiarisches Darlehn oder einfaches Darlehn? **99,** 163.

§ 135. Gemeinschaften.

1) Die Aufhebung der Gemeinschaft nur zu einem Teile ist nur zulässig, wenn die Teilhaber über eine nur teilweise Aufhebung einig sind. **91,** 418. — 2) Teilung in Natur, wenn die Gemeinschaft eine Mehrheit gleichartiger Vermögensgegenstände umfaßt. **91,** 418. — 3) Teilung von Kuxen alten Rechts. **91,** 416. — 4) Wann entsteht und wie weit reicht eine Rechtsgemeinschaft unter Gesamtschuldnern. **92,** 151. — 5) Zum Begriff der Gemeinschaft. **97,** 248.

§ 136. Gewagte Geschäfte. Spiel. Wetten.

1) Wann sind Kassageschäfte als Spielgeschäfte anzusehen? **91,** 45. — 2) Wetteinsätze bei behördlich genehmigten Wettunternehmen für

öffentlich veranstaltete Pferderennen fallen nicht unter § 762 BGB, sondern gewähren einen klagbaren Anspruch nach § 763 BGB. **93**, 349. — 3) Gewagtes Geschäft oder Kauf nach Probe? **94**, 337.

§ 137. Versicherung.

(Seeversicherung § 254 S. 215.)

I. Allgemeine Grundsätze. Auslegung von Versicherungsbedingungen.

1) Kann nach der BRVO v. 18. August 1914 über die Folgen der nicht rechtzeitigen Zahlung einer Geldforderung angeordnet werden, daß die Befreiung des Versicherers nach § 39 VVG wegen Verzugs des Versicherten mit der Prämienzahlung als nicht eingetreten gilt? **91**, 17. — 2) Können die Statuten einer Versicherungsgesellschaft auf Aktien vorschreiben, daß die Gesellschaft den nicht sofort eingezahlten Betrag des Aktienkapitals in Form von Nachschüssen der Aktionäre, unter Vorbehalt der Rückerstattung aus späterem Gewinn, einfordert? **92**, 315. — 3) Erfordernisse der Fristbestimmung nach § 39 Abs. 2 VVG. **93**, 81. — 4) Stempelpflicht bei Versicherungen gegen Gefahren verschiedener Art. **93**, 90. — 5) Gilt die Bestimmung der Versicherungsbedingungen, daß Abtretungen der Versicherungsansprüche der Anzeige an die Versicherungsgesellschaft bedürfen, auch für Versicherungsscheine mit Inhaberklausel? **94**, 26. — 6) § 108 Abs. 2 in Verbindung mit § 85 VAG als Schutzgesetz i. S. des § 823 Abs. 2 BGB. **95**, 157. — 7) Zum Begriff der „landesgesetzlich" zum Geschäftsbetrieb befugten Versicherungsunternehmungen in § 92 VAG. **95**, 158. — 8) Versicherung für eigene oder für fremde Rechnung? **95**, 251. — 9) Welche Folgen hat bei der Kollektivversicherung die Gefahrerhöhung bezüglich eines einzelnen Versicherten? **95**, 252. — 10) Liegt die Verpflichtung, dem Versicherer von einer Gefahrerhöhung Mitteilung zu machen, bei der Versicherung für fremde Rechnung dem Versicherungsnehmer oder dem Versicherten oder beiden ob? **95**, 253. — 11) Treu und Glauben im Versicherungsrecht. **96**, 151. — 12) Zum Begriff des Werts im Versicherungsrecht. **97**, 45. — 13) Zum Begriff des „entgehenden Gewinns" in § 53 VVG. **97**, 46. — 14) Zum Begriff des Aufruhrs und seiner Folgen im Versicherungsrecht. **97**, 207. — 15) Kann der in § 67 VVG bestimmte Übergang des dem Versicherungsnehmer gegen einen Dritten zustehenden Schadensersatzanspruchs auf den Versicherer durch Vereinbarung ausgeschlossen werden? **97**, 76. — 16) Wie kann sich der Versicherer gegen die ihm nachteiligen Folgen eines solchen Abtretungsverbots schützen? **97**, 78. — 17) Zur Anwendung des § 178 VVG auf einen vor dem 1. Januar 1910 geschlossenen und demnächst gekündigten aber nach dem 1. Januar 1910 wieder in Kraft gesetzten Versicherungsvertrag. **97**, 323. — 18) Kann dem von eigenem Verschulden freien Versicherten entgegengehalten werden, daß sein Vertreter eine nach den Versicherungsbedingungen dem Versicherer zu erstattende Anzeige unterlassen hat? **97**, 279. — 19) Zur Bedeutung vereinbarter Formvorschriften im Versicherungsrecht. **98**, 235. —

20) § 82 VVG enthält nachgiebiges Recht. **99,** 282. — 21) Zum Begriff des ursächlichen Zusammenhangs im VVG und in den allg. Versicherungsbedingungen. **99,** 283.— 22) Inwieweit hat der Versicherer noch einen Anspruch auf Prämienzahlung, wenn eine in der Gefahrtragung bestehende Gegenleistung für ihn nicht in Frage kommt? (Grundsatz der Unteilbarkeit der Gefahr.) **100,** 217. — 23) Rechtswirksamkeit einer auf Beginn des Versicherungsschutzes vor Abschluß des Vertrags gerichteten Abrede. **100,** 222. — 24) Kann die Anwendung des § 2 Abs. 2 Satz 2 VVG vertraglich ausgeschlossen werden? **100,** 224.

Auslegung von Versicherungsbedingungen.

1) Tragweite der Vereinbarung, daß der Rückversicherer die Schadensregelung des Rückversicherten bedingungslos anzuerkennen habe. **91,** 83. — 2) Zur Anwendung des Grundsatzes, daß Versicherungsbedingungen im Zweifel zuungunsten des Versicherers auszulegen sind. **91,** 328; **94,** 29. — 3) Auslegung von Versicherungsbedingungen in der Revisionsinstanz. **94,** 27; **96,** 150; **100,** 29. — 4) Bedeutung des Wortlauts der Polize. **94,** 271. — 5) Maßgeblichkeit des Sprachgebrauchs des täglichen Lebens, nicht der fachwissenschaftlichen Terminologie. **97,** 190, 209; ferner **91,** 324; **93,** 210, 214 (HaftpflVers); **92,** 61 (FeuerVers); **92,** 99; **93,** 84; **95,** 80; **96,** 150 (Kriegsklausel); **92,** 414; **95,** 274 (KriegsVers); **93,** 84 (LebensVers); **95,** 80; **96,** 150 (TransportVers); **98,** 233 (UnfallVers); **100,** 29 (VorsorgeVers).

II. Versicherung auf Gegenseitigkeit

III. Versicherungsagenten.

IV. Feuerversicherung.

1) Auslegung der Vereinbarung, daß der Versicherungswert der beim Brande übrig gebliebenen Teile und Materialien „unter Berücksichtigung ihrer Verwendbarkeit für die Wiederherstellung" festzustellen ist. Bewertung der Restteile nach dem Altmaterialienwert, wenn eine Wiederherstellung infolge polizeilichen Bauverbots ausgeschlossen ist. **92,** 62. — 2) Bewertung der stehengebliebenen Baulichkeiten eines Betriebs; Selbständigkeit der Versicherung der einzelnen Baulichkeiten trotz einheitlichen Versicherungsvertrags. **92,** 63. — 3) Zur Auslegung des § 84 VVG und des § 1 Abs. 4 der Allg. Versicherungsbedingungen der privaten Feuerversicherungsanstalten. **92,** 99. — 4) Ist die Versicherung gegen Schaden durch Luftfahrzeuge als Feuerversicherung i. S. der Tarifnr. 12A RStempG v. 3. Juli 1913 anzusehen? **93,** 89. — 5) Transport- oder Feuerversicherung? **95,** 157. — 6) §§ 97, 98 VVG enthalten relative Veräußerungsverbote i. S. des § 135 BGB; eine ihnen zuwider getroffene Verfügung ist nicht nichtig, sondern nur den bezeichneten Personen gegenüber unwirksam; die Verbote verlieren ihre Wirksamkeit mit der Wiederherstellung der zerstörten Gebäude. **95,** 208. — 7) Be-

schränkt sich die Entschädigungspflicht des Versicherers, wenn vom Versicherungsnehmer erzeugte Sachen durch Brand zerstört werden, auf die Gestehungskosten oder erstreckt sie sich auf den gemeinen Wert? **97**, 44. — 8) Kann der Versicherte Brandschadensvergütung für reine Explosionsschäden verlangen, wenn die Explosion selbst durch einen Brand hervorgerufen ist? **99**, 280.

V. Lebens- und Unfallversicherung.

1) Zum Begriff der Kriegsgefahr, der Teilnahme an Kriegsereignissen oder an kriegerischen Operationen in den Kriegsklauseln der Lebensversicherungen. **93**, 84. — 2) Desgl. bei der Unfallversicherung. **93**, 88. — 3) Wann erwirbt nach gemeinem Recht der Dritte ein unentziehbares Recht auf die Lebensversicherungssumme, die nach dem Versicherungsvertrag an ihn zu zahlen ist? **95**, 244. — 4) Kollektive Unfallversicherung für fremde Rechnung; wem liegt die Pflicht ob, eine Gefahrerhöhung dem Versicherten anzuzeigen? Folgen der Unterlassung der Anzeige. **95**, 250. — 5) Nichtigkeit eines Verzichts auf Entschädigung aus der Unfallversicherung wegen eines den guten Sitten widersprechenden Verhaltens der Versicherungsgesellschaft. **96**, 91. — 6) Zum Begriff des Unfalls i. S. allg. Versicherungsbedingungen und seiner Voraussetzungen, der Unfreiwilligkeit und Plötzlichkeit. **97**, 189. — 7) Zum Begriff der Operation i. S. allg. Versicherungsbedingungen; fällt eine Röntgenbestrahlung darunter? **97**, 191. — 8) Zur Auslegung allgemeiner Versicherungsbedingungen über das Tragen einer erhöhten Gefahr bei Unfallversicherungen. **98**, 233. — 9) Jagd und Jagdliebhaberei in der Unfallversicherung. **98**, 234.

VI. Haftpflichtversicherung. Kreditversicherung. Sonstige Versicherungen.

Haftpflichtversicherung. 1) Auslegung der Bedingung einer Haftpflichtversicherung, daß „Beschädigung von Sachen, die dem Versicherungsnehmer oder seinen Angestellten zur Bearbeitung oder zu sonstigen Zwecken in Gewahrsam oder Obhut übergeben oder von ihm übernommen sind", nur bei ausdrücklicher Vereinbarung unter die Versicherung fallen. **91**, 324. — 2) Der Befreiungsanspruch des Haftpflichtschuldners und Versicherungsnehmers geht bei seinem Konkurse in einen Zahlungsanspruch über. **93**, 212. — 3) Befugnis des Haftpflichtgläubigers zur unmittelbaren Einziehung der seinem Schuldner gegen die Versicherungsgesellschaft zustehenden Entschädigungsforderung. **93**, 212. — 4) Kann der Haftpflichtgläubiger, dessen Forderung im Konkurse gegen den Haftpflichtschuldner und Versicherungsnehmer in eine Kapitalschuld umgewandelt ist, auch von der Versicherungsgesellschaft Entschädigung in Kapital verlangen? **93**, 209. — 5) Kann die Versicherungsgesellschaft gegen eine solche Kapitalentschädigungsforderung des Haftpflichtgläubigers einen Einwand daraus herleiten, daß der Versicherungsnehmer und Gemeinschuldner der Umwandlung des Rentenanspruchs in einen Kapitalanspruch im Konkursverfahren nicht widersprochen hat? **93**, 214. — 7) Zum

Begriff der Obhut i. S. der allg. Versicherungsbedingungen. **97**, 293. — 8) Beginn der Frist zur Geltendmachung von Ansprüchen des Schleppereeders wegen Beschädigung eines geschleppten Fahrzeugs gegenüber dem Haftpflichtversicherer. **98**, 124. — 9) Nichtigkeit des Verzichts auf Unfallentschädigung wegen sittenwidrigen Vorgehens des Haftpflichtversicherers. **96**, 91. — 10) Daß jemand gegen Haftpflicht versichert ist, begründet keine Eigenschaft seiner Person i. S. des § 119 BGB. **99**, 214. — 11) Haftet bei der Vorsorgeversicherung der Versicherer, wenn der gefährliche, der behördlichen Genehmigung bedürfende Betrieb, durch den der Schaden verursacht worden ist, ohne behördliche Genehmigung erfolgt ist? **100**. 29. — 12) Anrechnung einer übernommenen Rente auf den Höchstbetrag einer Haftpflichtversicherung. Verhältnis zwischen Verletzten- und Angehörigen-Rente. **100**, 224.

Sonstige Versicherungen. 1) Stempelpflicht der Versicherung gegen Schaden durch Luftfahrzeuge. **93**, 88. — 2) Reglementsmäßige Einlieferung des Frachtguts an die Bahn als Voraussetzung für den Anspruch auf die Versicherungssumme. **94**, 117.— 3) Kriegsklausel bei der Transportversicherung; Ausschluß der Haftung für Verzögerungsschaden. Beweislast . **95**, 80. — 4) Heranziehung des Seeversicherungsrechts zur entsprechenden Ergänzung der Bestimmungen des VVG über die Transportversicherung. **95**, 82. — 5) Transport- oder Feuerversicherung? **95**, 157. — 6) Auslegung einer Kriegsklausel bei einer Transport- und Lagerversicherung. **96**, 150. — 7) Welche Bedeutung hat die Versicherungsklausel für die Frage, ob die Transportgefahr den Verkäufer oder den Käufer trifft? **96**, 232, 234. — 8) Abandon bei der Landtransportversicherung. **96**, 309.

VII. Reichsversicherungsgesetze. Allgemeines.

1) Zur Berechnung der auf die Krankenkassen usw. übergehenden Beträge eines Schadensersatzanspruchs des Versicherten bei mitwirkendem Verschulden des Verletzten. **91**, 402. — 2) Zur Anwendung des § 1542 RVO. **92**, 405. — 3) Krankenkassen und Apotheken; zu § 376 RVO. **95**, 204.

VIII. Reichskrankenversicherung.

1) Es steht grundsätzlich im Ermessen der Krankenkasse, an Stelle der Krankenpflege und des Krankengeldes eine Krankenhauspflege zu gewähren. Kein Anspruch des Versicherten auf Krankenhauspflege; keine Befugnis der Aufsichtsbehörde, die Übernahme der Krankenhauspflege im Einzelfall zu erzwingen. **92**, 199. — 2) Hat der Versicherte, wenn er einmal in Krankenhauspflege eingewiesen ist, einen Anspruch auf deren Fortsetzung? **92**, 200. — 3) Keine Verpflichtung der Krankenkasse, der Polizeibehörde die Kosten zu ersetzen, welche durch die zwangsweise Unterbringung geschlechtskranker Mitglieder in einem Krankenhaus ohne Zustimmung der Kasse entstanden sind. **92**, 197. — 4) Darf eine Krankenkasse für den Bezug der Kassenmitglieder aus einer Apotheke die vorherige Abstempelung der ärztlichen Verordnung durch die Kasse vorschreiben? **95**, 206. — 5) Sind die Vorschriften des § 32 KrankVersG

und des § 364 RVO über die Bildung einer Rücklage Schutzgesetze i. S. des § 823 BGB zugunsten der Ärzte und Apotheker? **97,** 196. — 6) Voraussetzungen der Erlangung der Beamteneigenschaft der Kassenangestellten nach § 359 Abs. 1, 4 RVO. **99,** 265. — 7) Findet § 7 KBG auf die Beamten der Krankenkassen (§ 359 Abs. 1 RVO) Anwendung? **99,** 269

IX. Reichsunfallversicherung.

1) Die Verletzung des § 901 Abs. 2 RVO kann noch in der Revisionsinstanz geltend gemacht werden. **91,** 95. — 2) Kann die Aussetzung des Verfahrens nach § 901 Abs. 2 RVO auch dann noch verlangt werden, wenn die Ausschlußfrist des § 1546 RVO verstrichen ist? **91,** 96. — 3) § 901 Abs. 2 RVO findet Anwendung auch bei Ansprüchen auf Schmerzensgeld. **91,** 96. — 4) Der Übergang des Entschädigungsanspruchs gegen einen Dritten auf die Berufsgenossenschaft erfolgt unmittelbar nach der Entstehung des Anspruchs in der Person des Verletzten. **91,** 145. — 5) Der Entschädigungsanspruch gegen den Dritten geht auf die Berufsgenossenschaft in dem Umfange dessen über, was die Berufsgenossenschaft dem Verletzten, solange ihre Verpflichtung besteht, auf Grund der Unfallversicherungsgesetzgebung zu gewähren verpflichtet ist. **91,** 145. — 6) Beseitigung der Unfallversicherungsvorschüsse der Postverwaltung durch Art. I § 6 G. betr. Änderungen im Finanzwesen v. 15. Juli 1909. Der auf die Berufsgenossenschaft übergehende Entschädigungsanspruch des Verletzten gegen den Dritten wird durch die in Abs. 3 des § 6 bestimmte Beitragspflicht des Reichs nicht berührt. **91,** 145. — 7) Die Bindung der ordentlichen Gerichte an die gemäß RVO ergangenen Entscheidungen nach § 901 RVO erstreckt sich auch auf die Frage, in wessen Betrieb der Unfall sich ereignet hat. **92,** 296; **93,** 323; **96,** 207; **99,** 228. — 8) Zum Begriff des Betriebsunfalls i. S. der Unfallversicherung. Vorsätzliche Körperverletzung als Betriebsunfall; die körperliche Beschädigung braucht keine unmittelbare oder mittelbare Folge eines Betriebsvorgangs zu sein. **93,** 34. — 9) Die Nachprüfung der gemäß RVO ergangenen Entscheidung darüber, in welchem Betrieb der Verunglückte tätig war, ist den ordentlichen Gerichten auch für die Klagen der Berufsgenossenschaften aus §§ 1542, 1543 RVO entzogen. **93,** 324. — 10) Auch Bescheide der Versicherungsträger, wie der Berufsgenossenschaften, können bindende Entscheidungen i. S. des § 1543 RVO darstellen. **93,** 323; **96,** 207; **97,** 206; **98,** 251. — 11) Zur Auslegung der §§ 633, 634 RVO. Nur aus § 633 ist zu entnehmen, wer als Unternehmer i. S. der RVO anzusehen ist. **93,** 322; **97,** 205; **98,** 252. — 12) Unterliegt der Schalterdienst der Eisenbahn- und Postbeamten der Unfallversicherung? **95,** 132. — 13) Der Betrieb der Rechnungsstelle des Postscheckamts unterliegt nicht der Unfallversicherung. **95,** 132. — 14) Rechtliche Bedeutung der Unfallverhütungsvorschriften der Berufsgenossenschaften. **95,** 182, 240. — 15) Zur Anwendung des § 913 RVO; Einwirkung auf § 903. **95,** 183. — 16) Grenzen der Aufsichtspflicht des Betriebsunternehmers. **95,** 184. — 17) Nichtbefolgung der Unfallverhütungsvorschriften; Verschulden des Unternehmers; Beweislast. **95,** 239. — 18) Unfall eines Jugendlichen

im landwirtschaftlichen Betrieb. **95**, 284. — 19) Das aus der Unfallversicherung entspringende Recht auf die Leistungen dieser Versicherung ist kein „sonstiges Recht" i. S. des § 823 Abs. 1 BGB. **95, 284.** — 20) Ist § 70 UnfallversicherungsG für Land- und Forstwirtschaft ein Schutzgesetz i. S. des § 823 Abs. 2 BGB? **95**, 284. — 21) Unverschuldete Unterlassung der Unfallanzeige. **95**, 284. — 22) Voraussetzungen und Umfang der Bindung nach §§ 901, 1543 RVO; keine Bindung des Gerichts durch Erwägungen der Versicherungsbehörden, auf welchen deren Entscheidung nicht beruht. **96**, 207. — 23) Unter welchen Umständen gilt ein Arbeiter, dessen Arbeitgeber als Unternehmer Arbeiten für die Eisenbahnverwaltung ausführt, als auch in deren Betrieb versichert? **96**, 208; **97**, 202. — 34) Zum Begriff des Betriebsunternehmers in der RVO **96**, 209; **97**, 205; **98**, 252; **99**, 228. — 25) Zum Begriff des Arbeiters in § 544 RVO. **96**, 210. — 26) Unternehmer und die ihnen nach § 899 RVO Gleichgestellten können sich gegenüber dem Erstattungsanspruch der Berufsgenossenschaft aus § 903 RVO nicht auf das eigene Verschulden des verletzten Arbeiters berufen. **96**, 136. — 27) Der über die Anordnung der Heilanstaltspflege ergehende Bescheid der Berufsgenossenschaft ist für sich allein nicht als Feststellung der Entschädigungspflicht nach § 907 RVO anzusehen. **96**, 332. — 28) Umfaßt die in § 903 RVO bestimmte Entschädigungspflicht außer den gesetzlichen Leistungen der Berufsgenossenschaft auch sonstige Aufwendungen? **96**, 334. — 29) Gehören Arbeiten zum Bau eines zweiten Gleises zum versicherungspflichtigen Betrieb der Eisenbahn? **97**, 204. — 30) Zum Verhältnis des § 634 zu § 633 RVO. **97**, 205. — 31) Welche Tragweite ist dem Rentenfeststellungsbescheid einer Berufsgenossenschaft beim Vorhandensein mehrerer Betriebsunternehmer und Versicherungsträger beizumessen? **97**, 206. — 32) Kann der Betrieb der Militäreisenbahnen im besetzten feindlichen Gebiet als versicherungspflichtig i. S. der RVO angesehen werden? **98**, 252. — 33) Inwieweit erstreckt sich der Versicherungszwang auf ausländische Betriebe und im Ausland beschäftigte Personen? **98**, 252. — 34) Steht die Eisenbahnverwaltung den Kontrolleuren der Intern. Schlafwagengesellschaft als Unternehmer i. S. des § 898 RVO gegenüber? **99**, 228. — 35) Zum Begriff der „andern Beamten" in § 7 GewUVG, § 6 LandwUVG, § 1 Abs. 3 Bau- und SeeUVG. **99**, 279.

X. Reichs-, Invaliditäts- und Altersversicherung.

XI. Angestelltenversicherung.

§ 138. Leibrente.

1) Zum Begriff des Leibrentenvertrags. **91**, 7; **94**, 158. — 2) Erfordernisse der Begründung einer Leibrente durch Vergleich. **91**, 7. — 3) Notwendigkeit, den Leibrentenvertrag in den seiner wirtschaftlichen Natur entsprechenden Grenzen zu halten. Berücksichtigung der Verkehrsauffassung **91**, 8; **94**, 159. — 4) Wird ein Leibrentenvertrag da-

durch begründet, daß die Parteien sich über ein streitiges Kapital dahin vergleichen, daß der eine Teil den Anspruch auf das Kapital aufgibt und als Entschädigung für die Nutzungen des Kapitals den lebenslänglichen Anspruch auf die Zinsen erhält? **91**, 8. — 5) Das Bestehen des Leibrentenrechts selbst in seiner Gesamtheit kann von besonderen Bedingungen abhängig gemacht werden, nicht dagegen der Anspruch auf die einzelnen Leistungen. **91**, 9. — 6) Kein Leibrentenvertrag, wenn an Stelle ursprünglicher Schadensersatz- oder Erbansprüche eine lebenslängliche Rente gesetzt wird. **94**, 158. — 7) Das Versprechen eines Ruhegehalts an einen Angestellten ist auch dann nicht als Leibrentenvertrag aufzufassen, wenn es nach Beendigung der Dienstzeit erfolgt. **94**, 159. — 8) Muß das schriftliche Versprechen der Leibrente die wesentlichen Merkmale der Leibrente enthalten? **98**, 130 (**67**, 204).

§ 139. Bürgschaft. Garantieversprechen.

1) Der Gläubiger ist nicht verpflichtet, den Bürgen vor der Eingehung der Bürgschaft über die wirtschaftlichen und Kreditverhältnisse des Schuldners aufzuklären; macht er aber dem Bürgen hierüber Angaben, so müssen sie der Wahrheit entsprechen; auch darf er nichts wissentlich verschweigen, worüber er gefragt wird, sofern er nicht die Beantwortung überhaupt ablehnt. **91**, 81. — 1) Naturalrestitution bei Nichtinnehaltung einer Ausbietungsgarantie. **91**, 213. — 3) Zur Unterscheidung zwischen Bürgschaft und Gewährleistungsvertrag. **92**, 122. — 4) Der Bürge kann sich gegenüber dem Gläubiger auf den zur Abwendung des Konkurses geschlossenen Vergleich berufen; er haftet für den erlassenen Teil der Forderung nur, wenn dies besonders vereinbart ist. **92**, 123. — 5) Zur Auslegung der §§ 771—773 BGB. **92**, 220. — 6) Die Einrede der Vorausklage ist bei Geldforderungen nach § 773 Nr. 4 BGB schon dann ausgeschlossen, wenn anzunehmen ist, daß die Zwangsvollstreckung in die beweglichen Sachen des Hauptschuldners nicht zur Befriedigung führen wird; das Vorhandensein von Grundstücken und Forderungen des Hauptschuldners steht der Inanspruchnahme des Bürgen nicht entgegen. **92**, 221. — 6) Die nach der BRVO v. 8. Juni 1916 dem Hauptschuldner bewilligte Zahlungsfrist wirkt auch zugunsten des Bürgen. Dagegen kann der Bürge nicht seinerseits die Fristbewilligung nachsuchen. **93**, 92. — 8) Nichtigkeit der Garantieübernahme für die Güte einer als Entgelt für ein Grundstück abgetretenen Hypothek wegen Nichtaufnahme in den Kaufvertrag. **93**, 219. — 9) Das dingliche Recht des Hypothekengläubigers kann nicht zum Gegenstand einer Bürgschaft gemacht werden. **93**, 236. — 10) Gewährübernahme dafür, daß die Hypothekenforderung durch das belastete Grundstück genügend gesichert sei? **93**, 237. — 11) Erfordernisse der schriftlichen Bürgschaftserklärung. Ein selbständiges Schuldversprechen oder -Anerkenntnis oder die Unterzeichnung eines Wechsels in der Absicht bürgschaftlicher Verpflichtung genügt nicht. **94**, 89; **96**, 137. 12) Findet § 774 BGB entsprechende Anwendung auf sonstige Interzessionen? **94**, 90; **96**, 139. — 13) Schadensersatzanspruch wegen Verletzung der bei der Hingabe eines Garantiewechsels getroffenen Verein-

barungen über die Art der Inanspruchnahme der Unterzeichner des Wechsels. **94,** 92. — 14) Auslegung der Vereinbarung, daß die Bürgen für ein durch Umwandlung aus einer Werklohnschuld entstandenes Darlehn nur wegen des aus dem Werkvertrag sich ergebenden Betrags in Anspruch genommen werden sollen. Scheinvertrag? **95,** 9. — 15) Ist eine solche Vereinbarung formbedürftig? **95,** 9. — 16) Auslegung einer Bürgschaftsurkunde; Vermutung der Vollständigkeit der Urkunde, insoweit es sich um die Verpflichtung des Bürgen handelt. **95,** 125 — 17) Die dem selbstschuldnerischen Bürgen, der sich nur auf bestimmte Zeit verbürgt hat, nach § 777 Abs. 1 Satz 2 vom Gläubiger zu machende Anzeige kann nicht durch eine Anzeige oder Verhandlung vor Ablauf der bestimmten Zeit ersetzt werden. **96,** 134. — 18) Bedarf eine Stundungsvereinbarung zwischen dem Gläubiger und dem nur auf bestimmte Zeit gebundenen Bürgen, durch welche dieser die zeitliche Begrenzung seiner Bürgschaft aufgibt, der Schriftform? **96,** 134. — 19) Der Bürge, der über seine Bürgschaftsverpflichtung hinaus die Forderung des Gläubigers bezahlt, hat insoweit nicht die Rechte aus § 774 BGB, sondern ist Dritter i. S. des § 267 BGB. **96,** 139. — 20) Welches Recht ist anwendbar auf die Verpflichtung eines in Deutschland wohnenden Bürgen für eine in der Schweiz zahlbare Schuld? **96,** 263. — 21) Die Annahme der Bürgschaftserklärung bedarf des Urkundenbeweises im Urkundenprozeß nicht. **97,** 163. — 22) Die zur Abwendung der Zwangsvollstreckung aus einem vorläufig vollstreckbaren Urteile geleistete Zahlung des Bürgen befreit den Hauptschuldner nicht. **98,** 329.

§ 140. Vergleich. Schiedsvertrag.

I. Vergleich.

(Prozeßvergleich § 324 S. 246.)

1) Erfordernisse der Begründung einer Leibrente durch Vergleich. **91,** 7. — 2) Keine entsprechende Anwendung der Vorschrift des § 193 Satz 2 KO über die Haftung des Bürgen auf den Vergleich zur Abwendung des Konkurses. **92,** 123. — 3) Findet § 326 BGB auf den Vergleich Anwendung? **93,** 290. — 4) Bedarf ein Vergleich über die durch einen Grundstücksveräußerungsvertrag begründeten Rechte der Form des § 313 BGB? **94,** 152. — 5) Zum Begriff des Vergleichs i. S. des § 779 BGB. **94,** 153. — 6) Nichtigkeit eines Vergleichs aus § 117 BGB. **94,** 152.

II. Schiedsrichtervertrag.

1) Kann die Ernennung eines Schiedsrichters oder eines Schiedsgutachters durch Parteivereinbarung Behörden, insbesondere Gerichten, übertragen werden? **94,** 172. — 2) Rechtliche Stellung des Schiedsrichters gegenüber den Parteien; mit der Übernahme des Schiedsrichteramts entsteht ein Vertragsverhältnis zwischen dem Schiedsrichter und beiden Parteien. **94,** 211. — 3) Steht dem Schiedsrichter ein Anspruch auf Vergütung zu? Auch gegenüber der Partei, die ihn nicht ernannt hat? Auch in dem Falle, daß es zu einem Schiedsspruch nicht gekommen

ist? **94,** 211. — 4) Rechtliche Natur des Schiedsrichtervertrags. **94,** 213 — 5) Unterschied zwischen Beweisvertrag, Schiedsrichtervertrag und Schiedsgutachtervertrag. **96,** 59. — 6) Anwendung der §§ 317 flg. BGB auf den Schiedsgutachtervertrag. **96,** 59.

§ 141. Schuldversprechen. Schuldanerkenntnis.

1) Anerkenntnis als Leistung i. S. des § 326 BGB. **93,** 290. — 2) Rechtliche Wirksamkeit eines Vertrags, durch den der Schuldner einer bereits bestehenden Kapitalschuld deren Verzinsung einem andern als dem Kapitalgläubiger in der Weise verspricht, daß das Versprechen die Verpflichtung selbständig begründen soll. **94,** 138. — 3) Eine Abrechnung i. S. des § 782 BGB ist in jeder unter beiderseitiger Mitwirkung getroffenen Berechnung, auch nur durch Zusammenrechnung, zu finden. **95,** 20. — 4) Enthält die Entgegennahme der Abrechnung und Stillschweigen darauf ein Schuldanerkenntnis i. S. des § 781 BGB? Enthält die Fortsetzung des Geschäftsverkehrs nach widerspruchsloser Entgegennahme der Abrechnung ein solches? **95,** 20. — 5) Zum Begriff des Schuldanerkenntnisses. **97,** 164. — 6) Verhältnis der §§ 780, 781 BGB zu § 518 Abs. 1 Satz 2. **98,** 128. — 7) Unter welchen Voraussetzungen verstößt ein der früheren Geliebten gegebenes Schuldversprechen gegen die guten Sitten? **98,** 176. — 8) Ist ein Zahlungsversprechen, das ein Schuldner zur Tilgung klagbarer oder natürlicher Verbindlichkeiten erteilt, deshalb sittenwidrig, weil es aus der Mitgift der künftigen Frau eingelöst werden soll? **98,** 178.

§ 142. Anweisung. Kreditbrief. Schuldverschreibungen auf den Inhaber. Legitimationspapiere.

1) Der Scheck ist keine Anweisung i. S. der §§ 783 flg. BGB. **92,** 51. — 2) Bewirkt die Nichtigkeit von Inhaberzinsscheinen, die mit Orderschuldverschreibungen ausgegeben sind, auch die Nichtigkeit der letzteren? **93,** 58. — 3) Versicherungsschein mit Inhaberklausel als hinkendes Inhaberpapier. **94,** 27.

§ 143. Vorlegung von Sachen und Urkunden.

— — — — — — — — — — —

2. Ungerechtfertigte Bereicherung. Unerlaubte Handlungen. Haftung für andere.

§ 144. Ungerechtfertigte Bereicherung.

1) Bereicherungsanspruch nach § 541 Abs. 2 ZPO; keine entsprechende Anwendung auf den Ersatzanspruch des Wiederaufnahmeklägers. **91,** 203. — 2) Die Vermögensverschiebung muß sich unmittelbar zwischen dem Kondiktionskläger und seinem Gegner vollzogen haben, sie darf nicht auf dem Umweg über das Vermögen eines Dritten durch ein Rechtsgeschäft mit diesem zustande gekommen sein, der nicht als Vertreter, sondern in eigenem Namen handelt. Ausnahmen die Fälle der §§ 816, 822 BGB. **92,** 83. — 3) Die Vorschrift des § 816 Abs. 2 BGB betrifft Fälle,

in denen der Leistende befreit bleibt, obwohl er an den Nichtberechtigten geleistet hat 92, 83. — 4) Steht dem Gläubiger, der durch eine dem § 73 GmbHG zuwider erfolgte Ausschüttung des Gesellschaftsvermögens geschädigt ist, ein Bereicherungsanspruch gegen die Gesellschafter zu? 92, 82. — 5) Kein Bereicherungsanspruch des Militärfiskus, der den Hinterbliebenen eines bei einem Eisenbahnunfall Getöteten Versorgungsgebührnisse nach dem MilHinterblG zu gewähren hat, gegen die Eisenbahnverwaltung. 92, 403. — 6) Voraussetzungen des Wechselbereicherungsanspruchs nach Art. 83 WO. 93, 24. — 7) Berechtigung, die Erfüllung einer ohne rechtlichen Grund eingegangenen Verbindlichkeit zu verweigern, nach § 821 BGB. 93, 222. — 8) Haftung desjenigen, der in das Handelsgeschäft eines geschäftsunfähigen Einzelkaufmanns als Gesellschafter eintritt, für dessen Verbindlichkeiten aus ungerechtfertigter Bereicherung. 93, 229. — 9) Ein Fortfall der Bereicherung, der nach Erlangung der Kenntnis von der Nichtigkeit des Geschäfts, aus dem die Bereicherung herrührt, eingetreten ist, kann der Bereicherungsklage nicht entgegengesetzt werden. 93, 230. — 10) Beim Bereicherungsanspruch sind die Bestimmungen über den Schuldnerverzug und seine Wirkungen erst mit dem Eintritt der Rechtshängigkeit oder der Erlangung der Kenntnis vom Mangel des rechtlichen Grundes anwendbar. 93, 272. — 11) Ist der Anspruch auf Rückzahlung zu Unrecht erhobener Stempelbeträge unter dem privatrechtlichen Gesichtspunkt der ungerechtfertigten Bereicherung zu beurteilen? 93, 272. — 12) Rechtliche Natur des Bereicherungsanspruchs aus § 852 Abs. 2 BGB. 94, 4 (71, 360). — 13) Eine bereits dem Gemeinschuldner zugeflossene rechtlose Bereicherung stellt keine solche der Masse i. S. des § 59 Nr. 3 KO dar. 94, 25. — 14) Unmittelbare Vermögensverschiebung als Voraussetzung der ungerechtfertigten Bereicherung. 94, 192; 97, 65; 99, 166. — 15) Bereicherungsanspruch bei Nichtigkeit eines beiderseits erfüllten Kaufvertrags. 94, 254. — 16) Der Wegfall der Bereicherung braucht nicht einredeweise geltend gemacht zu werden; er ist zu berücksichtigen, wenn er sich aus dem Sachverhalt ergibt. 94, 255. — 17) Unzulässigkeit des Rechtswegs für die Bereicherungsklage, wenn sie der Durchführung öffentlichrechtlicher, vom Rechtsweg ausgeschlossener Ansprüche dienen soll. 94, 160. — 18) Auf wessen Kenntnis von der Nichtschuld kommt es im Falle des § 814 BGB an, wenn mehrere bei der Zahlung zusammengewirkt haben? 95, 126. — 19) Setzt die Annahme des Verstoßes gegen ein gesetzliches Verbot i. S. des § 817 BGB das Bewußtsein, gegen das Gesetz zu verstoßen, voraus, wenn es sich nicht um allgemein gültige Gesetze, sondern durch den Krieg veranlaßte wirtschaftliche Maßnahmen handelt? 95, 129, 131, 349. — 20) Keine Anwendung des § 352 HGB bei der condictio indebiti. 96, 57. — 21) Zur Anwendung des § 817 BGB gegenüber dem Anspruch des Käufers auf Rückerstattung des Kaufpreises für verbotswidrig eingeführte und demnächst beschlagnahmte Auslandsseife. 96, 79. — 22) Auskunfts- und Rechenschaftspflicht des bei Nichtigkeit des Auftrags nach § 816 BGB in Anspruch genommenen Beauftragten. 96, 283. — 23) Der Herausgabeanspruch des § 817 Abs. 1 BGB setzt nicht voraus, daß das zugrunde liegende Rechtsgeschäft selbst wegen Verstoßes gegen ein gesetzliches Verbot oder gegen die guten Sitten nichtig ist; er ist vielmehr auch da gegeben, wo trotz der Gültigkeit dieses Rechtsgeschäfts und der aus ihm erfolgenden Leistung die Annahme dieser Leistung gegen ein Verbot verstößt oder unsittlich ist. **96,** 345. — 24) Wo ist die Herausgabepflicht des Bereicherten zu erfüllen? **96,** 347. — 25) Ist § 817 Satz 1 BGB anwendbar, wenn der Leistende das Nichtbestehen seiner Verpflichtung zur Leistung gekannt hat? **97,** 84; **99,** 165. — 26) Kann die Zahlung einer Nichtschuld, die trotz ausgesprochener Zweifel an dem Bestehen der Schuld geleistet ist, zurückgefordert werden? **97,** 140. — 27) Steht dem Pfändungspfandgläubiger, dem ein Recht zur Einziehung überwiesen ist, ein Bereicherungsanspruch gegen den nachpfändenden Gläubiger zu, der das Recht in der von ihm veranlaßten Versteigerung erstanden hat? **97,** 43. — 28) Kann die Widerspruchsklage gegen den Teilungsplan nach § 878 ZPO auf ungerechtfertigte Bereicherung gestützt werden? **97,** 64. — 29) Ungerechtfertigte Bereicherung durch Benutzung eines fremden Anschlußgleises über den vertragsmäßigen Umfang hinaus. **97,** 310. — 30) Ungerechtfertigte Bereicherung durch vertraglose Benutzung von Fabrikanlagen. **97,** 251. — 31) Wird der Käufer, dem ein Dritter die gekaufte Ware in der Meinung liefert, das Kaufgeschäft sei in seinem Namen geschlossen, auf Kosten des Dritten ungerechtfertigt bereichert? **98,** 64. — 32) Ist diese Bereicherung als wieder fortgefallen anzusehen, wenn der Käufer gutgläubig seinem Verkäufer den Kaufpreis für die Ware bezahlt? **98,** 65. — 33) Steht demjenigen, der einem Geschäftsunfähigen Wertpapiere übergeben hat, ein Anspruch aus der Bereicherung gegen ihn zu, wenn ein Dritter als unbeauftragter Geschäftsführer die Wertpapiere veräußert und den Erlös zur Bezahlung von Schulden des Geschäftsunfähigen verwendet hat? **98,** 131. — 34) Zur Anwendung des § 818 Abs. 1 und 2 BGB bei der condictio possessionis. **98,** 135. — 35) Bereicherungsanspruch des Gläubigers einer Forderung, die zu Unrecht zur Konkursmasse eingezogen ist. — **98,** 150. — 36) Bereicherungsanspruch des Käufers, dem die Ware mittels eines andern Konnossementsexemplars entzogen ist. **98,** 167. — 37) Kann derjenige, in dessen Auftrag und für dessen Rechnung auf Grund eines nichtigen Rechtsgeschäfts einem Dritten geleistet worden ist, einwenden, daß er wegen seines Verhältnisses zu diesem Dritten nicht bereichert sei, oder ist er auf den Beweis beschränkt, daß die Bereicherung wieder weggefallen sei? **98,** 237. — 38) Verhältnis zwischen § 814 (cond. indebiti) und § 815 BGB (cond. causa data causa non secuta. **98,** 239. — 39) Kondiktion des obligatorischen Anspruchs auf Herausgabe von Wertpapieren aus einem Vertrag zugunsten eines Dritten wegen Nichterreichung des Zwecks der Eigentumsübertragung. **98,** 283. — 40) Verhältnis zwischen cond. indebiti und cond. ob turpem causam. **99,** 165. — 41) § 817 Satz 2 BGB enthält eine für alle Bereicherungsansprüche maßgebende Regel. **99,** 166. — 42) Unterliegt die Bereicherungsklage des Konkursverwalters der Abweisung nach § 817 Satz 2 BGB, wenn der Gemeinschuldner durch Bewirkung der Leistung gegen die guten Sitten verstoßen hat? **99,** 166. — 43) Kann der

Käufer, der eine auf Grund der VO über die Sicherstellung von Kriegsbedarf beschlagnahmte Ware in Unkenntnis der Beschlagnahme gekauft hat, die in gutem Glauben geleistete Anzahlung zurückfordern, wenn er bei der Restzahlung erhebliche Bedenken gegen die gesetzliche Zulässigkeit des Kaufs gehabt hat? **100,** 162. — 44) Wirkung eines Verstoßes des Vertreters, der die Leistung bewirkt hat, gegen gesetzliches Verbot oder die guten Sitten auf das Rückforderungsrecht des Vertretenen nach § 817 BGB. **100,** 250. — 7) Für den Schadensersatzanspruch wegen unerlaubter Handlung ist das Recht des Orts der begangenen Handlung mit der Einschränkung des Art. 12 EinfGzBGB maßgebend. **96**, 98.

§ 145. Unerlaubte Handlungen des BGB (§§ 823—852 BGB).

I. Allgemeines.

(Schadensersatz außerhalb vertraglicher Verhältnisse s. § 95 IV S. 95.)

1) § 278 BGB ist bei unerlaubten Handlungen im Falle des § 254 Abs. 1 BGB nicht anwendbar. **91,** 138. — 2) Die vorbeugende Unterlassungsklage, mit der die Unterlassung strafrechtlich verbotener Handlungen begehrt wird, ist nur beim Nachweis eines besonderen Rechtsschutzbedürfnisses zulässig. **91,** 268, 354; **95,** 273, 341; **98,** 36. — 3) Sind die Bestimmungen des § 15 HGB auch bei Ansprüchen aus unerlaubten Handlungen anwendbar? **93,** 238, 244. — 4) Verschuldungs- und Verursachungsprinzip im BGB. **95,** 271; **97,** 291; **98,** 348; **99,** 98; **100,** 72. — 5) Voraussetzungen der Entstehung eines Schuldverhältnisses durch unerlaubte Handlungen. **99,** 224. — 6) Unerlaubte Handlungen können nur nach den Gesetzen der Zeit ihrer Begehung beurteilt werden. **99,** 225.

II. Die einzelnen unerlaubten Handlungen.

1) Besitz als sonstiges Recht i. S. des § 823 Abs. 1 BGB. **91,** 65. — BGB
2) Ersatzanspruch wegen der vermögensrechtlichen Schadensfolgen einer § 823
Besitzentziehung. **91,** 67. — 3) Zur Unterscheidung der gegen den Bestand Abs. 1
eines gewerblichen Unternehmens von den nur gegen dessen Ertrag gerichteten nachteiligen Einwirkungen. **92,** 134. — 4) Ist die Befragung gewerblicher Angestellter über die Verhältnisse ihrer Arbeitgeber durch einen zum Schutz der Angestellten gebildeten Verband widerrechtlich? **92,** 137. — 5) Die Widerrechtlichkeit der Handlungsweise gehört zum Tatbestande des § 823 Abs. 1 BGB. **92, 137.** — 6) Ist **§** 823 Abs. 1 bei Verletzung fiduziarischen Eigentums anwendbar? **92, 344.** — 7) Wird der Eigentümer durch die Vermietung der Sache, der Mieter durch deren Weitervermietung von der Verantwortung für die aus der Beschaffenheit der Sache entspringenden Gefahren befreit? **92,** 362. — 8) Haftung des Eigentümers und des Wirts einer Gastwirtschaft für den Unfall eines Gastes auf glatter, mit Läufern nicht bedeckter Marmortreppe. **92,** 359. — 9) Ist der Eigentümer für einen während der Zwangsverwaltung seines Grundstücks durch dessen Zustand verursachten Unfall verantwortlich? **93,** 1. — 10) Vorsätzliche Körperverletzung als Betriebsunfall i. S. der Unfallversicherung. **93, 34.** — 11) Verhältnis der §§ 830, 833 Satz 2, 836 BGB zu § 823.

94, 221. — 12) Eingerichteter Gewerbebetrieb als Recht i. S. des § 823 Abs. 1 BGB. **94**, 249; **100**, 214. — 13) Haftung dessen, für den ein der Neuheit entbehrendes Gebrauchsmuster eingetragen ist, wegen des Eingriffs in einen fremden Gewerbebetrieb durch das Verbot, die Waren herzustellen und feilzuhalten. **94**, 250. — 14) Unter welchen Voraussetzungen haftet der Patentinhaber für einen Eingriff in fremde Gewerbebetriebe durch Warnungen vor Verletzung seines Patents? **94**, 276. — 15) Haftung des Mieters eines Ladens und des Hauseigentümers für die Verkehrssicherheit des Zugangs zum Laden. **95**, 62. — 16) Wie ist eine Gefährdung des Verkehrs durch einen Kellerrost bei Winterglätte zu verhüten? **95**, 63. — 17) Unfall durch Eisglätte auf der Straße. Ist der Fußgänger verpflichtet, auf Gefahren und Hindernisse zu achten, die seinen Weg nicht unmittelbar bedrohen? **95**, 154. — 18) Eine Beschädigung des Vermögens in allgemeinen fällt nicht unter § 823 Abs. 1 BGB. **95**, 174. — 19) Zum Begriff der „sonstigen" Rechte in § 823 Abs. 1 BGB. Das Recht auf die Leistungen der Unfallversicherung fällt nicht darunter. **95**, 284. — 20) Ein widerrechtlicher Eingriff in den Gewerbebetrieb liegt nur bei einem unmittelbaren Angriff gegen den Bestand des Gewerbebetriebs, dessen tatsächlicher Hinderung oder rechtlicher Verneinung vor. **95**, 340. — 21) Zur Anwendung des § 17 KFG im Falle der Haftung des Kraftwagenhalters aus § 823 BGB. **96**, 69. — 22) Haftung einer Gemeinde für den durch Verteilung der, ihr von der Reichsfuttermittelstelle zugewiesenen, verfälschten Futtermittel entstandenen Schaden nach §§ 823, 831 BGB. **96**, 81. — 23) Haftung für einen Unfall beim Böllerschießen. **96**, 93. — 24) Haftung für einen Unfall durch Mängel des Fußbodens in einer Ausstellung. **96**, 99. — 25) Haftung für den einer Frauensperson durch geschlechtliche Ansteckung entstandenen Schaden, wenn nicht festzustellen ist, durch wen von mehreren Männern, die mit der Frauensperson geschlechtlich verkehrt haben, die Ansteckung erfolgt ist. **96**, 225. — 26) Eine Haftung für Unterlassungen besteht nach § 823 BGB nur dann, wenn eine Rechtspflicht zum Handeln schuldhaft verletzt ist. **97**, 12. — 27) Haftet der Zwangsverwalter dem Mieter bei schuldhafter Unterlassung persönlich? **97**, 11. — 28) Verpflichtung zum Schadensersatz dessen, der die Beeinträchtigung fremden Eigentums durch einen Dritten veranlaßt hat. **97**, 26. — 29) Schadensersatzanspruch wegen Entwertung eines fremden Grundstücks durch den Betrieb eines Flugplatzes. **97**, 25. — 30) Schadensersatzanspruch wegen Gesundheitsbeschädigung durch Verwechslung von Flüssigkeiten. **97**, 116. — 31) Unter welchen Voraussetzungen ist die Klage auf den Widerruf beleidigender oder sonst geschützte Rechtsgüter verletzender Äußerungen zulässig? Keine Klage auf Widerruf ohne Verschulden. **97**, 344. — 32) Enthält schon die Gefährdung der Freiheit eine Verletzung derselben? **97**, 345. — 33) Können unkörperliche Einwirkungen auf die freie Willensbetätigung als Verletzungen der Freiheit gelten? **97**, 346. — 34) Zum Begriff der Tatsachen in §§ 186, 187 StGB. **98**, 38. — 35) Voraussetzungen der Haftung eines Jägers für den einem angeschossenen Treiber entstandenen Schaden nach § 823 Abs. 1 BGB. **98**, 58. — 36) Wird der Schadensersatzanspruch des Vermieters wegen Verletzung seines gesetzlichen Pfandrechts dadurch beeinflußt, daß er die gerichtliche Geltendmachung dieses Rechts unterläßt? **98**, 346. — 37) Schadensersatzanspruch gegen Gemeinde wegen Gesundheitsschädigung durch Leitungswasser. **99**, 96. — 38) Haftet der Unternehmer einer Fliegerschule für den durch Flugschüler verursachten Schaden, wenn er ihnen das Überfliegen bewohnter Ortschaften nicht verboten hat, nach § 823 Abs. 1 BGB? **100**, 70. — 39) Die Gewerbefreiheit als solche ist kein nach § 823 Abs. 1 BGB geschütztes Rechtsgut. **100**, 214. — 40) Hat der Leichenbestatter einen Schadensersatzanspruch aus § 823 Abs. 1 BGB gegen die Gemeinde, die ihm die Ausübung seines Gewerbes auf ihrem Friedhof untersagt? **100**, 214. — 41) Geschäftsanteil einer GmbH. als „sonstiges Recht" Schadensersatzpflicht des Pfandgläubigers wegen unrechtmäßiger Versteigerung des Anteils nach Erlöschen des Pfandrechts. **100**, 274.

42) Vorsatz und Fahrlässigkeit beziehen sich bei § 823 Abs. 2 BGB nur auf die Zuwiderhandlung gegen das Gesetz, ohne daß es auf ein Wollen oder auf eine Voraussehbarkeit des schädlichen Erfolgs ankommt. **91**, 76. — 43) Die Verletzung eines öffentlichrechtlichen Schutzgesetzes erscheint an und für sich schuldhaft und legt dem Beklagten den Widerlegungsbeweis auf, daß er dasjenige getan habe, was geeignet war, die Ausführung des Gesetzes zu sichern. Wie ist dieser Entlastungsbeweis von den Vertretern einer juristischen Person zu führen, die mehrere Vertreter hat? **91**, 76, 77. — 44) Ausschluß der Rechtswidrigkeit bei Übernahme unrichtiger Behauptungen aus älteren Büchern. **91**, 356. — 45) Ist eine Ehrverletzung wider besseres Wissen deshalb als vorliegend anzunehmen, weil der Beschuldigte bei Vergleichsverhandlungen erklärt hat, er sei zu der „Ansicht" gekommen, daß die behauptete Tatsache unrichtig sei? **91**, 358. — 46) Der Schadensersatzanspruch nach § 823 Abs. 2 BGB ist grundsätzlich auf die Person desjenigen beschränkt, zu dessen unmittelbarem Schutz das übertretene Schutzgesetz bestimmt ist. **92**, 404. — 47) Berechtigung des Briefempfängers zur Stellung des Strafantrags wegen Verletzung des Briefgeheimnisses und zur Geltendmachung von Schadensersatzansprüchen; sie besteht jedenfalls nach erfolgter Postbestellung des Briefes an ihn. **94**, 3. — 48) Herausgabe der unter Verletzung des Briefgeheimnisses bewirkten Abschriften und sonstigen Vervielfältigungen behufs ihrer Vernichtung als Schadensersatz. **94**, 3. — 49) Zuwiderhandlung gegen die baupolizeilichen Vorschriften über Schutzgerüste bei Bauten; Beweislast bei Verletzung durch vom Bau herabfallende Gegenstände. **95**, 69. — 50) Schadensersatzanspruch aus § 823 Abs. 2 BGB bei Scheingeschäften. **95**, 162. — 51) Ist § 360 Nr. 8 StGB ein Schutzgesetz i. S. des § 823 Abs. 2 BGB? **95**, 273. — 52) Ist § 70 UnfVersG für Land- und Forstwirtschaft ein Schutzgesetz i. S. des § 823 Abs. 2 BGB? **95**, 284. — 53) Schließt die Wahrnehmung berechtigter Interessen die Rechtswidrigkeit einer ehrenkränkenden Äußerung aus? **95**, 342. — 54) Können objektiv unwahre Äußerungen als zur Wahrnehmung berechtigter Interessen gemacht gelten? Beweislast für die Unwahrheit? **95**, 343. — 55) Sind die Vorschriften des § 32 KrankenVersG und des § 364 RVO über die

§ 823 Abs. 2

Bildung von Rücklagen Schutzgesetze zugunsten der Kassenärzte und der Apotheker, die den Kassenmitgliedern Arzneien geliefert haben? **97**, 196. — 56) Zum Begriff der Tatsache in § 186 StGB. **98**, 38. — 57) Als Gesetz i. S. des § 823 Abs. 2 BGB ist jede Rechtsnorm anzusehen. **100**, 146. — 58) Auch ein Gesetz, das nur den Schutz einer individuell bestimmten Person zum Gegenstande hat, ist als ein Schutzgesetz anzusprechen. **100**, 146. — 59) Daß ein Gesetz neben dem Schutze des Einzelnen das Wohl der Gesamtheit, und zwar dieses vorwiegend, im Auge hat, schließt die Anwendung des § 823 Abs. 2 BGB nicht aus. Nur Gesetze, die ausschließlich die Ordnung des Staatsganzen zum Gegenstande haben, fallen nicht unter den Begriff des Schutzgesetzes i. S. des § 823 Abs. 2. **100**, 147. — 60) BRVO über die Einfuhr von Vieh und Fleisch usw, v. 18. März 1916 und AusfBest v. 22. März 1916 als Schutzgesetze zugunsten der Zentraleinkaufsgesellschaft. **100**, 146. — 61) Schutzgesetze i. S. des § 823 Abs. 2 BGB sind: § 299 StGB. **94**, 2; § 1 G. über die Sicherungen der Bauforderungen **91**, 76; § 108 Abs. 2 in Verb. mit § 85 G. über die privaten Versicherungsunternehmungen. **95**, 157. — 62) Schutzgesetze in diesem Sinne sind nicht die Unfallverhütungsvorschriften der Berufsgenossenschaften. **95**, 182.

§ 824 63) Zur Anwendung des § 824 BGB in dem Falle, daß das gewerbliche Unternehmen dessen, über den unwahre Tatsachen behauptet sind, auf eine GmbH übergegangen ist. **91**, 354. — 64) Zum Begriff der Tatsache im § 824 BGB. **94**, 273; **98**, 38. — 65) Voraussetzungen der Klage auf den Widerruf kreditgefährdender Äußerungen. **98**, 38.

§ 826 66) Die bloße, wenn auch bewußte, Übertretung des § 1 G. über die Sicherung der Bauforderungen v. 1. Juni 1909 begründet noch nicht die Anwendung des § 826 BGB. **91**, 79. — 67) Unter welchen Voraussetzungen handelt der Gläubiger gegen die guten Sitten, wenn er den Bürgen nicht vor Eingehung der Bürgschaftsverpflichtung über die Verhältnisse des Schuldners aufklärt? **91**, 80. — 68) Bewußtes Zusammenwirken zur Umgehung und Schädigung fremder, auch obligatorischer, Rechte verstößt gegen die guten Sitten. **91**, 178. — 69) Bewußtsein der Rechtswidrigkeit als Voraussetzung der Anwendung des § 826 BGB. **91**, 359. — 70) Herausholen von Nutzen aus den Aufwendungen eines anderen als Verstoß gegen die guten Sitten. **92**, 113. — 71) Widerrechtlichkeit des Handelns Voraussetzung des § 826 BGB. **92**, 138. — 72) Verstößt die Befragung gewerblicher Angestellter durch einen zum Schutze ihrer Interessen gegründeten Verband über die geschäftlichen Verhältnisse der Unternehmer, in deren Dienste sie stehen, gegen die guten Sitten? **92**, 138. — 73) Verstößt der Kraftfahrzeughalter dadurch gegen die guten Sitten, daß er den bei einem Zusammenstoß zwischen Kraftwagen und Straßenbahnwagen Verletzten rät, sich zunächst an die Straßenbahngesellschaft mit ihren Schadensersatzforderungen zu wenden? **92**, 149. — 74) Sittenwidrige Schädigung des Verpächters durch die Brauerei, welche nach Kündigung des Pachtverhältnisses andere Brauereien von Pachtangeboten auf die freigewordene Wirtschaft abhält. **93**, 19. — 75) Kann die Eindeckung des Käufers ohne vorherigen Weiterverkauf einen Einwand des Verkäufers aus § 826 BGB begründen? **93**, 135. — 76) Unter welchen Umständen enthält der Beschluß eines Ärztevereins, seinen Mitgliedern den beruflichen Verkehr mit dem Verein nicht angehörigen Ärzten (Kassenärzten) zu verbieten, einen Verstoß wider die guten Sitten? **93**, 302. — 77) Verstößt der Gläubiger durch die Annahme eines Geldbetrags gegen die guten Sitten, wenn er weiß oder den Umständen nach annehmen muß, daß der Zahlende sich das Geld durch Betrug verschafft hat? **94**, 193. — 78) Zum Nachweis der Entstehung eines Schadens durch die vorbezeichnete Handlungsweise. **94**, 195. — 79) Haftung der Bank für unrichtige, gegen § 826 BGB verstoßende Auskunft ihrer Depositenkasse. **94**, 319. — 80) Sittenwidriger Eigennutz eines Angestellten der Heeresverwaltung bei Vergebung von Lieferungen. **95**, 54. — 81) Sittenwidriges Verhalten eines Geschäftsmanns bei Erlangung von Heereslieferungen durch Beteiligung von Angestellten der Heeresverwaltung am Gewinn. **95**, 57. — 82) § 826 BGB setzt eine auf Schädigung des andern gerichtete Absicht nicht voraus; es genügt, daß mit der Möglichkeit einer Schädigung gerechnet ist. **95**, 163. — 83) Schadensersatzanspruch nach § 826 BGB bei Scheingeschäften. **95**, 162. — 84) Unter welchen Umständen begründet eine planmäßig, durch Vorschützung wissentlich unwahrer Einwendungen bewirkte Prozeßverzögerung einen Verstoß gegen die guten Sitten? **95**, 310. — 85) Wird eine an sich rechtlich erlaubte Handlung dadurch sittenwidrig, daß sie nicht bloß in berechtigtem Interesse sondern auch in der Absicht, einen andern zu schädigen, vorgenommen wird? **98**, 17. — 86) Welchen Einfluß hat für die Anwendung des § 826 BGB der Glaube des Handelnden, zu der Handlung berechtigt zu sein? **98**, 18. — 87) Verstößt der Pfandgläubiger durch die Veräußerung des Pfandes bei Pfandreife gegen die guten Sitten, wenn er dadurch einem Dritten den Erwerb des Pfandes ermöglichen will? **98**, 70. — 88) Verstößt der Rechtsanwalt, der sich von seiner Partei ein übermäßiges Sonderhonorar ausbedungen hat, dadurch gegen die guten Sitten, daß er dieses Abkommen beim Abschluß eines Prozeßvergleichs dem Gegner verschweigt? **98**, 74. — 89) Wann kann die Ausübung eines Rechts gegen die guten Sitten verstoßen? **98**, 73. — 90) Verstößt die Einstellung zu niedriger Aktiva und zu hoher Passiva in die Bilanz einer GmbH ohne Rücksicht auf den einem Dritten abgetretenen Gewinnanspruch gegen die guten Sitten? **98**, 322. — 91) Welche Rechtsfolgen hat das sittenwidrige Zusammenwirken desjenigen, dem eine Forderung zur Einziehung übertragen ist, mit demjenigen, dem er sie trotz Widerrufs des ihm erteilten Auftrags abgetreten hat? **99**, 145. — 92) Unterlassungsklage gegen den Gebrauch eines Warenzeichens, das als Herkunftsbezeichnung aus dem Betriebe des Klägers gilt. **100**, 8. — 93) Bei Amtspflichtverletzungen ist nur § 839, nicht § 826 BGB anwendbar. **100**, 287. — 94) Voraussetzung der Anwendung des § 826 BGB ist nicht, daß die geschädigte Persönlichkeit zur Zeit der schädigenden Handlung schon besteht. **100**, 177. — 95) Haftung der Gründer einer GmbH. gegenüber der Gesellschaft wegen betrügerischer Überwertung von Sacheinlagen. **100**, 177.

§ 829 96) Rechtliche Natur des Anspruchs aus § 829 BGB. **94,** 222. 97) Ist § 829 BGB in den Fällen der §§ 830, 833 Satz 2, 836, 844 BGB anwendbar? **94,** 221. — 98) Ist § 829 BGB auf andere als die darin erwähnten unerlaubten Handlungen entsprechend anwendbar? **94,** 221. — 99) Im Falle des § 829 BGB beginnt der Lauf der Verjährung nach § 852 BGB erst mit der Kenntnis des Geschädigten davon, daß die Handlung in einem Zustande der in § 827 BGB bezeichneten Art oder von einem Kinde vorgenommen ist. **94,** 222.

§ 830 100) Verhältnis des § 830 zu § 823 BGB; Anwendung des § 829 BGB. **94,** 221. — 101) Verhältnis des § 830 Abs. 1 Satz 1 und 2 zu § 840 BGB. **96,** 225. — 102) Voraussetzungen der Anwendung des § 830 Abs. 1 Satz 2 BGB, insbesondere bei geschlechtlicher Ansteckung einer Frauensperson, die mit mehreren Männern den Beischlaf vollzogen hat. **96,** 226. — 103) Haftung mehrerer Jäger für den Schaden eines angeschossenen Treibers nach § 830 Abs. 1 Satz 2 BGB. **98,** 58. — 104) Äußerer und innerer Tatbestand der Beihilfe **99,** 94. — 105) Unterlassungsklage gegen Beihilfe zur Warenzeichenverletzung und zum unlauteren Wettbewerb. **99,** 96.

§ 831 106) Haftung des Reichs für rechtswidrige Wiederabholung eines bereits bestellten Telegramms durch den Telegraphenboten. **91,** 65. — 107) § 831 BGB setzt ein Verschulden des Angestellten nicht voraus. **91,** 66. — 108) Zur Anwendung des § 139 ZPO in bezug auf den Entlastungsbeweis nach § 831 BGB. **91,** 66. — 109) Anwendung des § 831 BGB auf die Vertreter eines nicht rechtsfähigen Vereins. **91,** 74. — 10) Kann der Geschäftsführer einer GmbH von einem anderen Geschäftsführer zu einer Verrichtung i. S. des § 831 BGB bestellt werden? **91,** 74. — 111) Haftung des Postfiskus für Verschulden von Beamten bei Verlegung von Telegraphenkabeln. **91,** 273. — 112) Zum Begriff der Verrichtung i. S. des § 831 BGB; sie kann auch Rechtshandlungen zum Gegenstand haben. **91,** 364. — 113) Unter welchen Voraussetzungen kann der Ehemann als von seiner Frau zu einer Verrichtung bestellt i. S. des § 831 BGB erachtet werden? Einfluß des ehelichen Güterrechts. **91,** 364. — 114) Haftung der Mitgesellschafter für unerlaubte Handlungen eines Gesellschafters beim Abschluß eines Vertrags mit einem Dritten über dessen Eintritt in die offene Handelsgesellschaft. **91,** 415. — 115) Zum Begriff der Bestellung zu einer Verrichtung; eine solche liegt in der Ermächtigung, sich bei den mit Dritten abzuschließenden Geschäften der Firma des Ermächtigenden zu bedienen. **92,** 345. — 116) Verhalten eines Angestellten, für den der Eisenbahnunternehmer nach § 831 BGB nicht haftet, als Erhöhung der Betriebsgefahr. **93,** 98. — 117) Haftung des Vollmachtgebers für den durch den Bevollmächtigten einem Dritten in Ausübung seiner Vertretungsmacht zugefügten Schaden nach § 831 BGB. **96,** 179. — 118) Inwieweit haftet eine Gemeinde, die sich zur Verteilung der ihr zugewiesenen Futtermittel eines Kaufmanns bedient, für die Leitung der diesem übertragenen Verrichtungen? **96,** 82.

§ 832 119) Keine gesetzliche Aufsichtspflicht des Vaters gegenüber dem volljährigen geisteskranken Sohn. Haftet der Vater sonst für den durch diesen verursachten Schaden? **92**, 126. — 120) Aufsichtspflicht des kaufmännischen und des gewerblichen Lehrherrn. **97**, 230. — 121) Inwieweit besteht eine Aufsichtspflicht des Vaters an dem der Fürsorgeerziehung überwiesenen Kinde? **98**, 247. — 122) Umfang der väterlichen Aufsichtspflicht, insbesondere gegenüber einem aus der Erziehungsanstalt entwichenen Kinde. **98**, 248.

123) Verhältnis des § 833 BGB zu § 823 und § 829. **94**, 121. — § 833
124) Ausgleichungspflicht zwischen Tierhalter und Kraftwagenhalter. **96**, 130. — 125) Die Verletzung „durch ein Tier" umfaßt auch die mittelbare adäquate Verursachung. **97**, 114.

126) Verhältnis des § 836 zu § 823 BGB; Anwendung des § 829. § 836
94, 221. — 127) Staudämme als Werk i. S. des § 836 BGB. **97**, 114. — 128) Zum Begriff des ursächlichen Zusammenhangs eines Schadens mit dem Einsturz eines Gebäudes oder Werkes oder der Ablösung von Teilen. **97**, 114. — 129) Zum Verhältnisse der wasserrechtlichen Bestimmungen des Landesrechts zu § 836 BGB. **97**, 115. — 130) Zur Anwendung des § 836 BGB bei durch Dammbruch verursachter Überschwemmung. **97**, 112.

Allgemeines. 131) § 839 Abs. 1 Satz 2 BGB findet auch dann § 839
Anwendung, wenn der andere, von dem der Geschädigte Ersatz erlangen kann, sich seinerseits wieder an den Beamten halten kann. **91**, 98. — 132) Die Behauptung der Unmöglichkeit, anderweiten Ersatz zu erlangen, gehört zur Klagebegründung; die Beweislast trifft den Kläger. **91**, 234 — 133) Sind die Kosten des gegen einen Dritten geführten Vorprozesses im Falle des § 839 Abs. 1 Satz 2 von dem Beamten und dem für diesen haftenden Reich zu erstatten? **91**, 232. — 134) Der nur subsidiär haftende Beamte kann den Ersatzfordernden auch dann auf die Ersatzpflicht der Körperschaft, in deren Diensten er steht, verweisen, wenn diese ihrerseits sich an den Beamten halten kann. **91**, 344. — 135) Das Reich ist seinen Beamten gegenüber nicht Dritter i. S. des § 839. **92**, 237. — 136) § 839 erfordert ein Verschulden nur hinsichtlich der Amtspflichtverletzung, nicht hinsichtlich der schädlichen Wirkung der rechtsverletzenden Handlung des Beamten. **93**, 61. — 137) Pflicht des Beamten, bei Erteilung einer Auskunft, zu der er nicht verpflichtet ist, die aber innerhalb der Grenzen seiner Amtsbefugnis liegt, mit der im amtlichen Verkehr mit Dritten erforderlichen Sorgfalt zu handeln. **93**, 61. — 138) Die §§ 842 flg. gelten auch im Falle des § 839. **94**, 103. — 139) Verhältnis des § 839 zu §§ 823 flg. BGB. **94**, 103; **100**, 287. — 140) Die Anwendung der §§ 844, 845 BGB im Falle des § 839 setzt nur die Verletzung einer Amtspflicht gegenüber dem Getöteten, nicht gegenüber den nach §§ 844, 845 Ersatzberechtigten voraus. **94**, 103. — 141) Das über die Haftung des Beamten oder des an seiner Stelle haftenden Reichs entscheidende Prozeßgericht darf die Frage, ob der Verletzte von einem Dritten Ersatz erlangen kann, nicht auf einen gegen den Dritten anzustrengenden Prozeß verweisen. **96**, 168. — 142) Inwieweit ist im Schadensersatzprozeß die Zweckmäßigkeit der Amtshandlung nachzuprüfen? **99**, 256. — **143)** Amtspflicht, die Zuständigkeit nicht zu überschreiten, gegenüber jedem, der von

den Folgen der Amtsüberschreitung betroffen werden kann. **99**, 288. — **144**) Der auf eine fahrlässige Verletzung der Amtspflicht gestützte Ersatzanspruch aus § 839 wird ausgeschlossen, wenn die Möglichkeit, anderweit Ersatz zu erlangen, zu dem Zeitpunkt bestand, zu dem der Verletzte von dem Eintritt des Schadens und der Haftung des Beamten Kenntnis erlangte; ebenso wird der Ersatzanspruch aus § 839 ausgeschlossen, wenn die Möglichkeit, anderweit Ersatz zu erlangen, bis zur Klagerhebung eintritt. Eine erst nach der Klagerhebung eintretende Möglichkeit, anderweit Ersatz zu erlangen, kommt dagegen nicht in Betracht. **100**, 128. — 145) Auch ein Beamter kann Dritter i. S. des § 839 sein. **100**, 189.

Richter. 146) Prüfungspflicht des Grundbuchrichters hinsichtlich der rechtlichen Natur einer beantragten Eintragung; Eintragung einer Hypothek als dingliche Last in die zweite Abteilung. **94**, 6. — 147) Pflichten des Vormundschaftsrichters bei untreueverdächtigem Vormund. **96**, 146. — 148) Wird ein Versehen des Richters durch Überlastung entschuldigt? **96**, 147. — 149) Zur Frage des Verschuldens des Testamentsrichters bei Anwendung des § 2244 BGB. **97**, 295. — 150) Verschulden des Registerrichters durch Verabsäumung der Eintragung der nachträglich erhöhten Haftsumme der Genossen einer Genossenschaft m. b. Haftpfl. in das Genossenschaftsregister und ihrer Veröffentlichung. **99**, 138. — 151) Ist auf die Haftung des Grundbuchrichters für den Schaden, der aus einer vor Inkrafttreten des BGB und der GBO erfolgten unrichtigen Eintragung nach diesem Zeitpunkt entstanden ist, das alte oder das neue Recht anwendbar? **99**, 221.

Notar. 152) Pflichten des Notars, der mit der nochmaligen Erhebung eines Wechselprotestes beauftragt wird, ohne daß ihm der Grund dieser Maßnahme mitgeteilt wird. **91**, 127. — 153) Zur Abgrenzung der amtlichen von der vertraglichen Tätigkeit des Notars. Amtspflicht des Notars zur rechtzeitigen und sorgfältigen Ausführung beim Gebrauchmachen von der Ermächtigung des § 129 FGG, § 15 GBO zur Einreichung von ihm beurkundeter oder beglaubigter Erklärungen. **93**, 69. — 154) Unterliegt, wenn ein Notar wegen Amtspflicht- und wegen Vertragspflichtverletzung verurteilt ist, trotz fehlender Revisionssumme auch die Frage der Vertragshaftung der Nachprüfung des Revisionsgerichts? **95**, 216. — 155) Die Erfüllung einer Amtspflicht eines preußischen Notars kann nicht Gegenstand vertraglicher Bindung sein. **95**, 217. — 156) Umfang der Amtspflicht des Notars bei der Beurkundung von Rechtsgeschäften. **95**, 217. — 157) Pflicht zur Belehrung über das Recht zum Widerruf nach § 2271 BGB; Nichtberücksichtigung der herrschenden Meinung bei streitiger Rechtsfrage als Verschulden. **95**, 219. — 158) Die Unterlassung der Belehrung über die zur Erreichung des Zweckes einer Beurkundung gebotenen M ßnahme enthält die Verletzung einer Amtspflicht nicht nur gegenüber dem Beteiligten, dessen Erklärung beurkundet wird, sondern auch gegenüber dem Dritten in dessen Interesse die Beurkundung erfolgen soll. **95**, 219. — 159) Eine Pflicht zur Grundbucheinsicht hat der preußische Notar nicht kraft seines Amtes, sondern nur im Falle eines besonderen dahingehenden Vertrags. **95**, 300. — 160) Grundsätzlich hat der Notar die Amtspflicht, vor Beurkundung eines Kaufvertrags über Grundstücke sich davon zu überzeugen, daß die Beteiligten, insbesondere der Käufer, zuverlässige Kenntnis von dem Hypothekenstande haben. **95**, 301. — 161) Ist der Notar verpflichtet, die Beteiligten über die wirtschaftlichen Gefahren des beabsichtigten Vertrags zu belehren? **100**, 286. — 162) Keine Verpflichtung des Notars, den Beteiligten seinen Vertragsentwurf auszuhändigen. **100**, 286. — 163) Bei Amtspflichtverletzungen des Notars findet nur § 839, nicht § 826 BGB Anwendung. **100**, 287. — 164) Haftung des Notars nach Art. 101 PreußFGG bei vorsätzlicher Schädigung der Partei durch seinen Vertreter. **100**, 287.

Sonstige Beamte. 165) Pflichten des Gerichtsvollziehers bei eiligen und wichtigen Zustellungsaufträgen; Kontrolle bei Zustellung durch die Post; Übermittlung der Zustellungsurkunde an die Partei. **91**, 179. — 166) Liegt den Zollbeamten eine Pflicht zur Fürsorge dafür ob, daß dem ausführenden Händler die Vorteile der Einfuhrscheine zugutekommen? Sind sie verpflichtet, von der Entnahme einer Probe der ausgeführten Ware den Absender alsbald zu benachrichtigen? **91**, 52. — 167) Verschulden des Staatsanwalts bei Anwendung der §§ 478, 479 StPO? **91**, 237. — 168) Verschulden der Beamten einer öffentlichen Sparkasse bei Betreibung der Zwangsversteigerung durch Ausnutzung eines Irrtums des Hypothekenschuldners über die Höhe der vollstreckbaren Forderung. **91**, 343. — 169) Pflichtwidrige Behandlung eines Festgenommenen durch Polizeibeamte. **91**, 349. — 170) Zur Befriedigung persönlicher Rachegefühle darf ein Vollstreckungsbeamter von seinen Machtbefugnissen keinen Gebrauch machen; tut er es dennoch, so verletzt er seine Amtspflicht auch in dem Falle, daß sachliche Gründe sein Verhalten rechtfertigen könnten. **91**, 349. — 171) Die Pflicht zur Amtsverschwiegenheit des Staatsanwalts richtet sich nach dem Rechte des Bundesstaats, in dessen Diensten er steht. **92**, 355. — 172) Amtspflichtsverletzung eines Steuerbeamten durch unrichtige Auskunftserteilung über die Stempelpflicht einer Urkunde. **93**, 61. — 173) Der Beamte der privates Eigentum zu vorübergehender Benutzung für Kriegszwecke in Anspruch nimmt, hat dem Eigentümer gegenüber die Amtspflicht, nach beendetem Gebrauche für die Rückgabe der Sache an ihn zu sorgen, soweit dies den Umständen nach möglich ist. **93**, 201. — 174) Amtspflicht der Katasterbeamten, dem Grundbuchamt wahrheitsgemäße Mitteilungen zu machen und irrtümliche zu berichtigen, gegenüber den am Grundstücksverkehr Beteiligten. **100**, 102.

Militärpersonen. 175) Verletzung der einem Dritten gegenüber obliegenden Amtspflicht seitens eines Offiziers durch Erteilung einer ungenauen und zuweitgehenden Fassung der dem Posten über die Benutzung der Schußwaffe erteilten dienstlichen Weisung. **91**, 11. — 176) Vorschriftswidrige Aushändigung von Schußwaffen und unvorsichtiges Umgehen damit als Pflichtverletzung von Vollstreckungsbeamten und Militärpersonen. **91**, 382. — 177) Verhältnis des Anspruchs aus § 839 BGB zu dem Entschädigungsanspruch nach § 13 G., betr. die Verhaftung usw. auf Grund des Kriegszustands, v. 4. Dezember 1916. **92**, 307. —

178) Widerrechtlicher Eingriff in private Rechte durch einen Soldatenrat. **99,** 287. — 179) Beweisvermutung des § 10 PreußG über den Waffengebrauch des Militärs v. 20. März 1837 für die Pflichtmäßigkeit des militärischen Vorgehens. **100,** 28.

§ 842 180) Kann der Angestellte einer Gesellschaft, der zugleich deren Gesellschafter ist, bei Beeinträchtigung seiner Erwerbsfähigkeit auch Ersatz entgangenen Geschäftsgewinns fordern? **92,** 55. — 181) Der Schadensersatzanspruch des Verletzten aus §§ 842, 843 Abs. 1 BGB geht nicht dadurch verloren, daß er vom Armenverband unterstützt ist **92,** 59. — 182) Die §§ 842 flg. gelten auch im Falle des § 839 BGB. **94,** 104. — 183) Schadensersatzanspruch wegen einer durch einen Unfall nötig gewordenen Geschäftsveräußerung. **95,** 173.

§ 843 184) In den Fällen des § 843 Abs. 1 BGB ist nicht die abstrakte Einbuße an Erwerbsfähigkeit, sondern nur der konkrete Erwerbsverlust nach Maßgabe der vom Verletzten tatsächlich ausgeübten Erwerbstätigkeit auszugleichen. **92,** 58. — 185) Soweit der Verletzte durch gesetzliche Pension oder ähnliche Bezüge — im Gegensatz zu solchen, die ihm auf Grund eines Vertrags, insbesondere eines Versicherungsvertrags, zufließen — schadlos gehalten wird, entsteht ein Schadensersatzanspruch nicht; anders, wenn im Gesetz bestimmt ist, daß Schadensersatzansprüche gegen Dritte in Höhe der dem Verletzten geschuldeten Leistungen auf den Schuldner übergehen. **92,** 403, 405. — 186) Ist der Umstand, daß der Haftpflichtschuldner in Konkurs geraten ist, ein wichtiger Grund, von der Haftpflichtversicherungsgesellschaft eine Kapitalabfindung zu verlangen? **93,** 210. — 187) Fällt eine wegen Minderung der Erwerbsfähigkeit zuerkannte Rente deshalb fort, weil der Verletzte ohne den Unfall durch Einziehung zum Heeresdienste an der Verwertung seiner Arbeitskraft behindert worden wäre? **95,** 67. — 188) Können die Kosten des Heilverfahrens nach § 1 Abs. 6 RUnfFürsG in Form von Renten zugebilligt werden? Keine unmittelbare Anwendung des § 843 BGB. **95,** 85. — 189) Kann eine Erwerbsminderungsrente deshalb herabgesetzt werden, weil der Unfall den Verletzten kriegsdienstunfähig gemacht und von der Kriegsgefahr befreit hat? **95,** 87. — 190) Muß die Vorabentscheidung über den Grund des Anspruchs auf eine nach § 843 BGB für Lebenszeit geforderte Rente auch die Zeitdauer der Rente umfassen? **98,** 222.

§ 844 191) Sind bei der Ermittlung des Schadens im Falle des § 844 Abs. 2 die Vorteile anzurechnen, die der Unterhaltsberechtigte durch den Verkauf eines dem Unterhaltspflichtigen gehörig gewesenen Erwerbsgeschäfts erzielt? **91,** 400. — 192) Sind die Vorteile anzurechnen, die ihm durch den späteren Tod eines anderen Unterhaltsberechtigten zufallen? **91,** 400, 401. — 193) Bei Anwendung des § 844 Abs. 2 wird grundsätzlich davon abgesehen, ob der Unterhalt tatsächlich gewährt worden ist; es kommt nur darauf an, ob und inwieweit der Getötete während der mutmaßlichen Dauer seines Lebens zur Gewährung des Unterhalts verpflichtet gewesen sein würde. **92,** 58. — 194) Keine Entlastung des nach § 844 Abs. 2 Ersatzpflichtigen dadurch, daß ein Dritter den Unterhalt aus Wohltätigkeit gewährt hat und weiter zu gewähren beabsichtigt.

92, 57. — 195) Soweit die Ersatzberechtigten durch gesetzliche Witwen- und Waisengelder oder ähnliche Bezüge schadlos gehalten werden, ist ein nach § 844 zu ersetzender Schaden als nicht vorhanden anzusehen, es sei denn, daß das Gesetz die Schadensersatzansprüche gegen Dritte in Höhe der geschuldeten Bezüge auf deren Schuldner übergehen läßt. **92**, 403, 405. — 196) Feststellungsanspruch aus § 844 auf Gewährung der zum Universitätsstudium erforderlichen Mittel. **93**, 152. — 197) Geltung des § 844 im Falle des § 839 BGB. **94**, 103. — 198) Zur Anwendung des § 829 im Falle des § 844. **94**, 221. — 199) Kann der durch Unfall Verletzte auf Feststellung der Ersatzpflicht nach § 844 Abs. 2 für den Fall seines Todes klagen? **95**, 248. — 200) Der Erlaß eines Zwischenurteils über den Grund des Anspruchs aus § 844 Abs. 2 erfordert die Feststellung der mutmaßlichen Lebensdauer des Getöteten. **98**, 224.

201) Geltung des § 845 im Falle des § 839 BGB auch bei Beschädigung durch ein Kraftfahrzeug. **94**, 103. § 845

202) Ausschluß des Anspruchs auf Schmerzensgeld nach §§ 898, 899 RVO; Aussetzung des Verfahrens nach § 901 Abs. 2 RVO. **91**, 95. — 203) Aktivlegitimation des Ehemanns zur gerichtlichen Geltendmachung des Anspruchs seiner in Errungenschaftsgemeinschaft mit ihm lebenden Frau auf Schmerzensgeld. **96**, 97. — 204) Wegen Verschuldens einer Hilfsperson kann der Anspruch auf Schmerzensgeld nur nach § 831, nicht nach § 278 BGB begründet werden. **99**, 263. § 847

205) Zur rechtlichen Natur des Bereicherungsanspruchs nach § 852 Abs. 2. **94**, 4 (**71**, 360). — 206) Wann beginnt der Lauf der Verjährung des Ersatzanspruchs aus § 829 BGB? **94**, 221. — 207) Wann ist die Kenntnis von dem Schaden als erlangt anzusehen? Genügt hierzu bei einem Beamten, daß er die Möglichkeit seiner Pensionierung als Folge der Verletzung erwogen hat? **99**, 12. § 852

§ 146. Haftung für das Verschulden anderer.

(Haftung aus § 278 BGB s. § 102 S. 100; Haftung aus § 831 BGB s. § 145 II zu § 831 BGB S. 157; Haftung öffentlich-rechtlicher Körperschaften für das Verschulden ihrer Beamten s. § 147 S. 157.)

---

§ 147. Haftung öffentlich-rechtlicher Körperschaften für das Verschulden ihrer Beamten bei Ausübung öffentlicher Gewalt und wegen des bei Unruhen entstandenen Schadens (Tumultschaden).

I. Haftung für Verschulden vom Beamten bei Ausübung der öffentlichen Gewalt.

1) Haftung des Reichs für die Tötung des Lenkers eines Fuhrwerks durch einen Posten; unzulässiger Gebrauch der Schußwaffe. **91**, 9. — 2) Zum Begriff der Ausübung der öffentlichen Gewalt in § 1 PreußG v. 1. August 1909 und dem RG v. 22. Mai 1910. **91**, 273, 384. — 3) Haftet das Reich nach dem G. v. 22. Mai 1910 für das Verschulden von Post- und Telegraphenbeamten bei Verlegung von Telegraphenkabeln? **91**, 275. — 4) Keine Haftung öffentlicher Sparkassen für das Verschulden ihrer Beamten bei Gewährung und Wiedereinziehung von Darlehn nach dem

G. v. 1. August 1909. **91**, 344. — 5) Haftung des Reichs für die Tötung eines Menschen durch Militärpersonen; vorschriftswidrige Aushändigung einer Schußwaffe und unvorsichtiges Umgehen damit. **91**, 382. — 6) § 6 PreußG v. 11. Mai 1842 findet auf die Haftung des Reichs nach dem G. v. 22. Mai 1910 keine Anwendung. **92**, 241, 306; **99**, 255. — 7) Der Zwanglotse befindet sich bei der Führung des Schiffes in Ausübung ihm anvertrauter öffentlicher Gewalt. **93**, 36. — 8) Zum Begriff der „ausschließlich auf den Bezug von Gebühren angewiesenen Beamten". Die Revierlotsen im Stettin-Swinemünder Schiffahrtsgebiet gehören nicht zu diesen Beamten. **93**, 37. — 9) Setzt § 1 Abs. 3 Halbsatz 1 PreußG v. 1. August 1909 voraus, daß dem Beamten ein unmittelbarer Anspruch gegen die Beteiligten auf die Gebühren zusteht? **93**, 39. — 10) Haftung des Staats für Beamtenverschulden nach Art. 202 Abs. 1 WürttembAG. zBGB. **93**, 61. — 11) Die Anwendung des RBeamtHaftG wird durch die Bestimmungen des KLG nicht nach § 6 ausgeschlossen. **93**, 199. — 12) Zulässigkeit des Rechtswegs für den Schadensersatzanspruch gegen das Reich wegen Nichtrückgabe eines zur vorübergehenden Verwendung für Kriegszwecke erforderten Kraftwagens. **93**, 198. — 13) Keine Einschränkung der Haftung aus dem RG v. 22. Mai 1910 im Falle der Schädigung durch ein Kraftfahrzeug. **94**, 103. — 14) Der Ersatzanspruch des Staats gegen den Beamten nach dem PreußG v. 1. August 1909 ist nicht von einer vorgängigen Klage des Geschädigten gegen den Staat abhängig. **96**, 147. — 15) Grund und Zweck des G. v. 1. August 1909 **96**, 148. — 16) Keine Anwendung des § 6 G. v. 22. Mai 1910 auf Gesetze, bei denen ein Beamtenverschulden als Rechtsgrund der Schadenshaftung nicht in Frage kommt. **93**, 199; **98**, 209. — 17) Ausschluß von Schadensersatzansprüchen der Militärpersonen aus dem G. v. 22. Mai 1910 gegen das Reich durch die Militärversorgungsgesetze. **98**, 209. — 18) Findet § 12 GBO Anwendung, wenn durch eine vor dem 1. Januar 1900 erfolgte unrichtige Grundbucheintragung nach diesem Zeitpunkt ein Schaden entstanden ist? **99**, 222. — 19) Haftet das Reich nach dem G. v. 22. Mai 1910 für Handlungen der Soldatenräte? **99**, 285; **100**, 25. — 20) Die Haftung des Staats nach dem G. v. 1. August 1909 setzt nicht voraus, daß die Persönlichkeit des schuldigen Beamten festgestellt wird. **100**, 102. 21) Muß der Beamte, der von der öffentlichrechtlichen Körperschaft Ersatz des ihm durch eine Pflichtverletzung ihrer Beamten erwachsenen Schadens fordert, die für die Geltendmachung von Ansprüchen aus seinem Dienstverhältnis erforderliche Vorentscheidung der Verwaltungsbehörden einholen? **100**, 189. — 22) Haftet für Amtspflichtverletzungen des Landrats in Preußen der Staat oder der Kreis? **100**, 189.

II. Haftung für Tumultschaden.

(Die Paragraphen ohne Zusatz bezeichnen die Paragraphen des Pr. Tumultgesetz v. 11. März 1850.)

1) Zum Begriff der Zusammenrottung und des Zusammenlaufs. **98**, 4; **99**, 4; **100**, 13. — 2) Wird die Haftung der Gemeinde dadurch

ausgeschlossen, daß der Schaden bei Zusammenrottungen gelegentlich einer allgemeinen Staatsumwälzung verursacht ist? **98,** 5, 204; **99,** 197; **100,** 12. — 3) Wird sie dadurch ausgeschlossen, daß in der Gemeinde eine staatliche Polizeiverwaltung besteht? **98,** 5; 99, 198. — 4) Umfang der Schadensersatzpflicht; Anwendung der §§ 249, 252 BGB. **98,** 10, 205. — 5) Die Einhaltung der Ausschlußfristen des § 5 ist von Amts wegen zu beachten. **98,** 120. — 6) Wann ist i. S. des § 5 das Dasein des Schadens zur Wissenschaft des Beschädigten gelangt? **98,** 121; **99,** 11; **100,** 19. — 7) Erfordernisse der Forderungsanmeldung nach § 5; ein Antrag auf Ermittlung nach § 4 genügt nicht. **98,** 121. — 8) Wird die Anwendung des § 1 dadurch ausgeschlossen, daß die Zusammenrottung ausschließlich oder teilweise von Soldaten bewirkt wurde? **98,** 204. — 9) Tumultschaden nach badischem und bayrischem Recht. **98,** 204. — 10) Die Haftung der Gemeinde ist nur in den Fällen der §§ 2, 3 von einem Verschulden abhängig. **98,** 205. — 11) Wann ist eine Zusammenrottung als eine öffentliche anzusehen? **99,** 4. — 12) Setzt § 1 die Zusammenrottung einer Menschenmenge voraus? **99,** 5. — 13) Zum Begriff der Menschenmenge in § 125 StGB und im Tumultgesetz. **99,** 5. — 14) Zum Begriff der offenen Gewalt in § 1. **99,** 6; **100,** 17. — 15) Kann die Anmeldung eines Tumultschadens bei dem Gemeindevorstande durch einen Dritten erfolgen? **99,** 11. — 16) Unter welchen Voraussetzungen kann ein Anspruch aus dem TG durch eine Feststellungsklage geltend gemacht werden? **99,** 39; **100,** 19. — 17) Haftet eine Gemeinde für Schäden, die bei einer Zusammenrottung von Militärgefangenen verursacht sind, auch dann, wenn das Gefangenenlager der Einwirkung der Gemeindebehörden entzogen war? **99,** 196. — 18) Liegt ein Bescheid i. S. des § 5 vor, wenn die Gemeinde erklärt, unter allen Umständen das Zustandekommen des neuen Gesetzes abwarten zu wollen? **99,** 194. — 19) Tritt die Haftung nach dem PreußTG ein, wenn der Auflauf einer über den Gemeindebezirk hinausreichenden politischen Bewegung entspringt, der mit den örtlichen Mitteln nicht begegnet werden kann? **100,** 14. — 20) Wird die Anwendung des PreußTG durch die Bildung einer Gegenregierng ausgeschlossen, die in einem örtlich abgegrenzten Bezirk anerkannt ist? **100,** 15. — 21) Wird die Anwendung des PreußTG dadurch ausgeschlossen, daß die Teilnehmer an dem Auflauf militärisch organisiert sind? **100,** 16. — 22) Einschreiten der Regierungstruppen bei den Berliner Unruhen im Januar 1919 als gesetzliche Gegenmaßregeln i. S. des § 1. **100,** 18. — 23) Anwendung des § 193 BGB auf die 14tägige Präklusivfrist des § 5. **100,** 18. — 24) Privatrechtlicher Charakter der Forderungsanmeldung nach § 5. **100,** 22. — 25) Die Anwendung des PreußTG wird nicht dadurch ausgeschlossen, daß die tumultuarischen Bewegungen siegreich waren. **100,** 245. — 26) Anwendung der §§ 14, 15 Abs. 1 RTumultG v. 12. Mai 1920 in der Revisionsinstanz, auch wenn dieses Gesetz beim Erlaß des Berufungsurteils noch nicht galt. **100,** 245.

§ 148. Entschädigung der im Wiederaufnahmeverfahren freigesprochenen Personen (Reichsgesetz v. 20. Mai 1898). Entschädigung für unschuldig erlittene Untersuchungshaft (Reichsgesetz v. 14. Juli 1904). Entschädigung wegen ungerechtfertigter Arrestausbringung.

I. Entschädigung der im Wiederaufnahmeverfahren freigesprochenen Personen.

1) Der in § 2 Abs. 2 G. v. 20. Mai 1898 gegebene Anspruch ist nicht ein Unterhaltsanspruch, sondern ein Schadensersatzanspruch, begrenzt auf den durch die Strafvollstreckung entzogenen Unterhalt. **92**, 301. — 2) Unterhalt i. S. des § 2 Abs. 2 G. v. 20. Mai 1898 ist derjenige Vermögensaufwand, der für die Unterhaltsberechtigten erforderlich ist, um die zu ihrem Unterhalt erforderlichen Aufwendungen bestreiten zu können, nicht nur derjenige Unterhalt, den ihnen der Verurteilte geleistet hätte oder hätte leisten müssen. **92**, 301. — 3) Anspruch der Hinterbliebenen eines zu Unrecht verurteilten, im Wiederaufnahmeverfahren freigesprochenen Beamten auf Ersatz für den Verlust ihres Anspruchs auf das Gnadenvierteljahr und die Witwen- und Waisenpension. **92**, 299.

II. Entschädigung für unschuldig erlittene Untersuchungshaft.

§ 149. Fälschung. Diebstahl. Unterschlagung. Hehlerei.

Zum Tatbestande der Begünstigung und der Hehlerei. **94**, 192

§ 150. Wucher.

1) Verhältnis des § 138 Abs. 1 zu Abs. 2 BGB. Das Mißverhältnis zwischen Leistung und Gegenleistung allein genügt nicht zur Anwendung des Abs. 1. **93**, 28. — 2) Zum Begriff der Notlage. Sie wird nicht dadurch ausgeschlossen, daß das aufzunehmende Darlehen nicht lediglich der Hilfe aus wirtschaftlicher Bedrängnis, sondern zum Teil auch einer Erweiterung des Unternehmens des Darlehnsempfängers dienen sollte, auch nicht dadurch, daß die Darlehnsbedingungen eine Milderung der Lage des Schuldners enthielten. **93**, 28. — 3) Ob die Bewucherung gegenüber einer natürlichen Person oder einer Gesellschaft oder juristischen Person gegenüber ausgeübt wird, begründet keinen Unterschied für die Anwendung des § 138 Abs. 2 BGB und des § 302a StGB. **93**, 28. — 4) Die Nichtigkeit beschränkt sich nach § 138 Abs. 2 BGB nicht auf das schuldrechtliche Geschäft, sondern ergreift auch das dingliche Geschäft, durch welches die in dem wucherischen Vertrage versprochenen Leistungen zur Ausführung gebracht oder sichergestellt werden, so auch die Abtretung einer Forderung. **93**, 75. — 5) Der Drittschuldner kann den Pfändungs- und Überweisungsbeschluß nicht mit der Einwendung bekämpfen, daß die zur Vollstreckung stehende Forderung wegen Wuchers nichtig sei. **93**, 77. — 6) Sog. Kriegswucher als sittenwidriges Rechtsgeschäft nach § 138 Abs. 1 BGB. **93**, 29, 106. — 7) Rückforderungsrecht des Be-

wucherten nach § 817 Satz 1 BGB, auch wenn er den wucherischen Charakter des Geschäfts bei der Leistung kannte. **97,** 84. — 8) Verhältnis zwischen § 138 Abs. 1 und Abs. 2 BGB. **97,** 254.

§ 151. Übertretung von Baupolizeigesetzen.

---

§ 152. Störung in der Benutzung öffentlicher Wege, Gewässer und Anstalten

(S. §§ 82, 83, 84 S. 74.)

---

§ 153. Benachteiligung der Gläubiger durch Rechtshandlungen des Schuldners. Anfechtung außerhalb des Konkurses. Anfechtungsgesetz v. 11. Juli 1879. / 20. Mai 1898.

(Die Paragraphen ohne Zusatz bezeichnen die des vorbezeichneten Gesetzes.)

1) Die Versäumung der in § 41 KO gesetzten Frist begründet nicht eine dem Anfechtungsrecht des Einzelgläubigers entgegenstehende Einrede i. S. des § 13 Abs. 4. **91,** 90. — 2) Für die Berechnung der Anfechtungsfrist des § 3 Nr. 2—4 nach § 13 Abs. 4 Satz 2 ist es gleichgültig, ob eine Anfechtung durch den Konkursverwalter erfolgt ist oder nicht. **91,** 93. — 3) Die Anfechtung bewirkt nicht Nichtigkeit, sondern nur relative Unwirksamkeit im Verhältnis zwischen dem Anfechtenden und dem Anfechtungsgegner. **91,** 369. — 4) Dient die Anfechtung der Befriedigung des Gläubigers, wenn zugleich mit der angefochtenen Pfändung eine Pfändung derselben Forderung des Schuldners für einen anderen Gläubiger erfolgt ist? **91,** 370. — 5) Rückgewähranspruch bei Hinterlegung des dem Anfechtungsgegner zugeteilten Betrags. **91,** 370. — 6) Inwieweit kann der Anfechtungsgegner die Rechtsbeständigkeit der durch Urteil festgestellten Forderung des Anfechtenden bestreiten? **96,** 337. — 7) Als vollstreckbarer Titel i. S. des § 5 ist nur ein rechtskräftiges und vorbehaltloses Urteil anzusehen; die Frist ist so zu bemessen, daß vor ihrem Ablauf ein endgültig vollstreckbarer Titel beigebracht werden kann. **96,** 340. — 8) Anfechtungsrecht des Hypothekengläubigers wegen Veräußerung und Entfernung von Zubehörstücken auch nachdem das Hypothekenrecht am Grundstück selbst durch Zuschlag im Zwangsversteigerungsverfahren erloschen ist. **100,** 89. — 9) Zur Unterscheidung zwischen Anfechtungs- und Schadensersatzanspruch. **100,** 90.

§ 154. Außerehelicher Beischlaf.

1) Die uneheliche Beiwohnung ist keine unerlaubte Handlung i. S. des BGB. **96,** 225. — 2) Unter welchen Voraussetzungen haften mehrer Männer, die mit derselben Frauensperson den Beischlaf vollzogen haben, für einen dieser durch geschlechtliche Erkrankung entstandenen Schaden, wenn nicht festzustellen ist, durch wen die Ansteckung erfolgte? **96,** 225.

3. Schutz des geistigen Eigentums und gewerblicher Rechte.

§ 155. Urheberrecht an Werken der Literatur und Tonkunst, der bildenden Künste und der Photographie.

I. Urheberrecht an Werken der Literatur und Tonkunst. G. v. 19. Juni 1901/22. Mai 1910.

Beschränkung der Zwangsvollstreckung in das Urheberrecht. **95,** 236.

§ 156. Verlagsrecht.

1) Stempelpflicht des Verlagsvertrags. **92,** 170. — 2) Zum Begriff der Verlagsrechte. **95.** 236.

§ 157. Patentrecht. Lizenzverträge. Patentanwälte.

I. Patentrecht. Patentgesetz v. 7. April 1891/6. Juni 1911. Lizenzverträge.

(Die Paragraphen ohne Zusatz bezeichnen die des Patentgesetzes.)

1) Die Erteilung einer Zwangslizenz an einem älteren Patent zugunsten des Inhabers eines jüngeren Patents hat nicht die rechtskräftige Feststellung oder Anerkennung der Abhängigkeit des jüngeren Patents von dem älteren zur Voraussetzung. **91,** 90. — 2) Die Erteilung der Zwangslizenz zugunsten des Inhabers eines jüngeren Patents erfolgt unter der Voraussetzung, daß das jüngere Patent von dem älteren abhängig sei, und verliert ihre Bedeutung, falls später die Nichtabhängigkeit des jüngeren Patentes sich herausstellt. **91,** 191. — 3) Öffentliches Interesse an der Erteilung der Zwangslizenz, Umfang und Vergütung. **91,** 193. — 4) Zur Berechnung der Lizenzgebühr für eine Zwangslizenz. **92,** 329; **95,** 224. — 5) Verhältnis der BRVO v. 1. Juli 1915 über gewerbliche Schutzrechte feindlicher Staatsangehöriger zu § 11 Abs. 1. Die Erteilung einer Zwangslizenz gegenüber den Angehörigen feindlicher Staaten wird durch die BRVO nicht gehindert. **93,** 51. — 6) Geltung des Abkommens v. 23. Februar 1909 zwischen dem Deutschen Reiche und den Vereinigten Staaten von Amerika ungeachtet des Kriegs. Das Abkommen berührt die Vorschriften des § 11 Abs. 1 PatG über den Lizenzzwang nicht. **93,** 53. — 7) Der Abschluß eines Lieferungsvertrags über eine durch Patent geschützte Sache, die erst nach Ablauf des Patents hergestellt werden soll, enthält keine Patentverletzung. **93,** 173. — 8) Geschäftliche im Inland vorgenommene Vorbereitungshandlungen zur Herstellung einer durch Patent geschützten Sache im patentfreien Ausland enthalten keine Patentverletzung. **93,** 174 (**75,** 128). — 9) Zum Begriff des Feilhaltens in § 4. **93,** 173. — 10) Unter welchen Voraussetzungen haftet der Patentinhaber für Warnungen, die er vor Verletzungen seines Patents erläßt, wenn er dabei seinem Patent einen weiteren, als den ihm später zugebilligten, Umfang beilegt? **94,** 271. — 11) Bedeutung des richterlichen Urteils in Patentverletzungssachen. **94,** 276. — 12) Für die Entschädigung bei Patentverletzungen ist regelmäßig davon auszugehen, daß dem Patentberechtigten entgangen ist, was der Nichtberechtigte in unberechtigter Anwendung des Gegenstands der Erfindung abgesetzt

hat. **95,** 221. — 13) Beweislast und Anwendung des § 287 ZPO beim Schadensersatz wegen Patentverletzung. **95,** 221. — 14) Bemessung des Schadensersatzes aus dem Gesichtspunkte der Lizenzgebühr. **95,** 223. — 15) Unter welchen Voraussetzungen ist ein rechtliches Interesse des Inhabers eines älteren Patents an der alsbaldigen Feststellung der Abhängigkeit eines jüngeren Patents anzunehmen? **95,** 304. — 16) Ist das im Prioritätsintervall entstandene Vorbenutzungsrecht gegenüber der Pariser Konvention rechtswirksam? **99,** 145.

§ 158. Musterschutzrecht (Geschmacks- und Gebrauchsmuster).

I. Geschmacksmuster. Gesetz v. 11. Januar 1876.

Voraussetzungen des Geschmacksmusterschutzes; Verhältnis zum Ausstattungsschutz. **100,** 253.

II. Gebrauchsmuster. Gesetz v. 1. Juni 1891.

(Die Paragraphen ohne Zusatz bezeichnen die des vorbezeichneten Gesetzes.)

1) Rechtliche Bedeutung der Eintragung in die Gebrauchsmusterrolle. **94,** 250. — 2) Voraussetzungen der Haftung dessen, für den ein der Neuheit entbehrendes Gebrauchsmuster eingetragen ist, für den Eingriff in einen fremden Gewerbebetrieb durch das Verbot, die Ware weiter herzustellen und feilzuhalten. **94,** 250. — 3) Zu den Begriffen Erfindung, Neuheit und Äquivalenz bei Gebrauchsmustern. **99,** 211. — 4) Kann ein Arbeitsgerät, das aus 2 umfangreichen und technisch schwierigen Maschinen zusammengesetzt ist, als Gebrauchsmuster geschützt werden? **100,** 35. — 5) Zum Begriff der widerrechtlichen Entnahme eines Gebrauchsmusters; Erlangung des Verfügungsrechts über eine Konstruktionszeichnung und den darin verkörperten technischen Gedanken durch die Abnahme der Zeichnung gemäß § 640 BGB. **100,** 38.

§ 159. Warenzeichenrecht (Markenschutz). Markenschutzgesetz v. 30. Nov. 1874 Warenbezeichnungsgesetz v. 12. Mai 1894. Internationale Verträge über Zeichen.

I. Markenschutzgesetz v. 30. November 1874.

II. Gesetz zum Schutze der Warenbezeichnungen v. 12. Mai 1894.

(Die Paragraphen ohne Zusatz bezeichnen die des G. v. 12. Mai 1894.)

1) Verhältnis bei Verwechselungsfähigkeit mehrerer für verschiedene Berechtigte eingetragener Warenzeichen miteinander. **92,** 385. — 2) Umfang des Warenzeichenschutzes. Hat der Zeichenberechtigte dafür einzustehen, daß die Zeichen auf den von ihm hergestellten Waren auch nach deren Verarbeitung durch andere noch erkennbar bleiben und keine Gefahr der Verwechselung hervorrufen? **92,** 386. — 3) Zum Begriff der Verwechselungsgefahr. **92,** 387; **95,** 209, 292; **97,** 306; **98,** 29, 229. — 4) Verwechselungsgefahr bei reinen Wortzeichen; Bedeutung des Klanglautes. **92,** 393. — 5) Kann die Klage auf Unterlassung des Gebrauchs eines eingetragenen Warenzeichens mit der auf Löschung verbunden

werden? **93,** 291. — 6) Bei einem Wortzeichen ist jede Verwendung des geschützten Worts als warenzeichenmäßige Verwendung anzusehen, wenn nicht die Art und Weise der Ankündigung auch den unbefangenen Durchschnittsverbraucher erkennen läßt, daß es sich um eine bloße Beschaffenheitsangabe und um eine andere Ware als die des Zeicheninhabers handelt. **95,** 211, 295. — 7) Sind gegenüber einem Wortzeichen nur solche Beschaffenheits- oder Bestimmungsangaben gerechtfertigt, welche allgemein gebräuchlich oder notwendig sind? **95,** 211. — 8) Zum Begriff der Gleichartigkeit der Waren, insbesondere in § 9 Abs. 1 Nr. 1. **95,** 229; **98,** 226. — 9) Genügt die bloße Absicht, einen Geschäftsbetrieb zu beginnen, um die Eintragung eines Warenzeichens wirksam zu machen? **97,** 97. — 10) Gilt die Sperrfrist des § 4 Abs. 2 auch für Warenzeichen, die niemals im Verkehr verwendet worden sind? **97,** 99; **100,** 10. 11) Inwieweit ist die Entscheidung des Patentamts, die die Eintragung eines Warenzeichens wegen Verwechselungsgefahr mit einem bereits eingetragenen ablehnt, für die Gerichte bindend? **97,** 91. — 12) Zulässigkeit der Eintragung kollidierender Zeichen. **97,** 93. — 13) Zur Begründung des formalen Zeichenrechts genügt die Eintragung, es bedarf dazu weder eines Gebrauchs des Zeichens noch der bei der Anmeldung vorhandenen Absicht, es zu gebrauchen. **97,** 93, 305. — 14) Die Ausübung des formalen Zeichenrechts ist nur innerhalb der Grenzen des lauteren Wettbewerbs und der guten Sitten zulässig. **97,** 93. — 15) Ist die Eintragung einer Anzahl von Warenzeichen „auf Vorrat" schlechthin rechts- und sittenwidrig? **97,** 94. — 16) Zulässigkeit von Defensivzeichen. **97,** 96. — 17) Schutz der Vorratszeichen gegen verwechselungsfähige Zeichen. **97,** 96. — 18) Zweck des Warenzeichengesetzes. **97,** 99. — 19) Verhältnis von Wort- und Bildzeichen. **97,** 304; **98,** 229. — 20) Der Schutz des Defensivzeichens ist nicht auf den Umfang des Hauptzeichens beschränkt, sondern wird im vollen Umfange des § 20 gewährt. **97,** 305. — 21) Verwechselungsfähigkeit bei sog. schwachen Zeichen. **97,** 306; **98,** 227. — 22) Schlagwort und Phantasiewort. **98,** 29. — 23) Zu §§ 20, 9 Nr. 1. Bedeutung der Absicht, Verwechselungen mit einem fremden Warenzeichen hervorzurufen, für die Feststellung der Verwechselungsgefahr. **98,** 30. — 24) Unter welchen Umständen wird ein Warenzeichen zu einem „schwachen"? **98,** 228. — 25) Kronenmotiv im Warenzeichenrecht. **98,** 227. — 26) Verwechselungsgefahr bei einem aus Wort und Bild zusammengesetzten Warenzeichen. **98,** 267. — 27) Wann kann ein fremdsprachliches Wort, das an sich Beschaffenheitsangabe ist, für deutsche Verkehrskreise Herkunftsbezeichnung sein? (Vernix.) **99,** 89. — 28) Die Lizenz an einem Warenzeichen hat nur obligatorische Wirkung. **99,** 92; **100,** 6. — 29) Eine solche Lizenz gibt dem Lizenznehmer nicht das Recht, die von ihm selbst hergestellte Ware mit dem fremden Zeichen zu versehen. **99,** 93. — 30) Setzt § 23 einen ausländischen Gewerbebetrieb voraus? **100,** 5. — 31) Die Unwirksamkeit des ausländischen Hauptzeichens hat auch die des akzessorischen Zeichens in Deutschland zur Folge. **100,** 5. — 32) Rechtliche Natur des Warenzeichens; es ist nur Zubehör zum Geschäftsbetrieb des Zeicheninhabers. **100,** 6. — 33) Wird ein Warenzeichen durch Einräumung einer Lizenz Zubehör zum Geschäftsbetrieb des Lizenznehmers? **100,** 6. — 34) Kann die ungültige Übertragung eines Warenzeichens als originärer Erwerb aufrecht erhalten werden? **100,** 6. — 35) Unterlassungsklage gegen den Gebrauch eines Warenzeichens, das als Herkunftsbezeichnung aus dem Betriebe des Klägers verstanden wird. **100,** 8. — 36) Voraussetzungen des Anspruchs aus § 6 Abs. 2. **100,** 8. — 37) § 12 schützt nur ein Zeichen, nicht die bloße Benennung der Ware. **100,** 9. — 38) Unzulässigkeit der Erteilung einer Lizenz am Warenzeichen, wenn dadurch eine Täuschung des Publikums über die Herkunft der Ware herbeigeführt wird. **100,** 25. — 39) Bemalung von Meißner Porzellan durch Dritte als Verletzung des Warenzeichenrechts der staatlichen Porzellanmanufaktur. **100,** 23. — 40) Unter welchen Voraussetzungen kann eine Benennung, die ursprünglich Individualbezeichnung war, als Beschaffenheitsangabe beurteilt werden? **100,** 182. — 41) Voraussetzungen der Wissentlichkeit nach § 14. **100,** 185. — 42) Verletzung des Namensrechts durch Verwendung eines fremden Namens zur Warenbezeichnung. **100,** 186. — 43) Gegenstand des Unterlassungsurteils können grundsätzlich nur solche Zuwiderhandlungen gegen eine Verbotsvorschrift sein, die tatsächlich stattgefunden haben. **100,** 187. — 44) Verhältnis der Ausstattung zum Geschmacksmuster. **100,** 253. — 45) Ausschluß des Ausstattungsschutzes durch das Vorhandensein einer technischen Funktion; auf die Absicht des Formgebenden kommt es nicht an. **100,** 253. — 46) Bedeutung einer an das ästhetische Gefühl sich wendenden Form. **100,** 253. — 47) Ist die Formgebung, soweit sie über die Bedeutung einer technischen Funktion hinausgeht, dem Ausstattungsschutze zugänglich? **100,** 254. — 48) Einbuße der Verwechselungsfähigkeit ursprünglich verwechselungsfähiger Warenzeichen durch langjährigen Gebrauch nebeneinander. **100,** 265. — 49) Nach § 12 kann die Löschung einer Firma verlangt werden, die das eingetragene Warenzeichen als Firmenbestandteil aufgenommen hat. **100,** 267.

§ 160. Schutz gegen unlauteren Wettbewerb. Gesetz v. 7. Juni 1909.

(Die Paragraphen ohne Zusatz bezeichnen die des G. v. 7. Juni 1909.)

1) Das Wort „Sparkasse" ist keine „besondere Bezeichnung" i. S. des § 16, anders das Wort „Kreissparkasse". **91,** 212. — 2) Der Irrtum einzelner Teile der Bevölkerung über die Bedeutung eines Wortes, das nach dem allgemeinen Sprachgebrauch Gemeingut ist, kann dieses nicht nur zur „besonderen Bezeichnung" i. S. des § 16 machen. **91,** 212. — 3) Verstoßen Abwehrmaßregeln gegen den Wettbewerb eines anderen, insbesondere die Ausnutzung seiner Reklamehandlungen, gegen § 1? **92,** 111. — 4) Verstößt ein Verband gewerblicher Angestellter dadurch, daß er die Angestellten über die geschäftlichen Verhältnisse der Unternehmungen befragt, in deren Dienste sie stehen, gegen § 17, wenn die Befragung nur zu dem Zwecke erfolgte, den Angestellten günstige Anstellungs- und Arbeitsbedingungen zu verschaffen? **92,** 135. — 5) § 17 Abs. 1 erfordert die Absicht, Schaden zuzufügen; dolus eventualis genügt

nicht. **92,** 136. — 6) Der Zweck des § 3 geht nicht dahin, das Publikum vor Übervorteilungen zu sichern, sondern dahin, den redlichen Mitbewerber vor Nachteilen zu schützen, die ihm durch unrichtige Reklame zugefügt werden können. **92,** 382; **93,** 192. — 7) Zum Begriff der unrichtigen Angaben, die geeignet sind, den Anschein eines besonders günstigen Angebots hervorzurufen, in § 3. **92,** 382; **96,** 243. — 8) Für die Anwendung des § 3 kommt es auf eine besondere Täuschung nicht an. Wenn durch eine Angabe der Anschein eines besonders günstigen Angebots hervorgerufen werden kann, genügt es, daß diese Angabe — nicht auch der durch sie erweckte Anschein — unrichtig ist. **93,** 192. — 9) Wahrheit als Erfordernis der besonderen Bezeichnung einer Druckschrift, insbesondere des Titels einer Zeitung. **93,** 190. — 10) Verstoß gegen § 3 durch Herausgabe von sog. Kopf- oder Nebenblättern einer Zeitung unter einer Bezeichnung, die den unrichtigen Eindruck erweckt, daß sie besonders den Interessen und Bedürfnissen eines bestimmten Orts dienen. **93,** 189; **96,** 298. — 11) Zum Begriff der Tatsache im § 14. **94,** 273. — 12) Voraussetzungen und Tragweite des Firmenschutzes nach § 16. **95,** 292. — 13) Liegt in der Ankündigung einer ungekürzten Ausgabe der Werke eines Schriftstellers ein besonderes günstiges Angebot i. S. des § 3? Ist es für die Anwendung des § 3 solchenfalls von Belang, ob die Werke durch eine entgegen der Ankündigung erfolgte Verkürzung an innerem Werte gewonnen haben? **96,** 243. — 14) Verschweigen von Tatsachen als unwahre Angabe i. S. des § 3. **96,** 244. — 15) Der Tatbestand des § 3 erfordert nicht, daß die irreführende Ankündigung eine Täuschung herbeigeführt und die Annahme der Ware infolge der Täuschung zur Folge gehabt hat. **96,** 244. — 16) Wiederholungsgefahr als Voraussetzung für den Unterlassungsanspruch nach § 3, 13. Beweislast und Beweiswürdigung hinsichtlich dieser Voraussetzung. Abstrakte Möglichkeit der Wiederholung genügt nicht. **96,** 244. — 17) Zur Feststellung des ursächlichen Zusammenhangs zwischen einer dem § 3 widersprechenden Ankündigung und entstandenem Schaden. **96,** 245. — 18) Berücksichtigung des Beweggrundes bei der Frage, ob Maßnahmen des Wettbewerbs einwandfrei sind. **98,** 73. — 19) Maßgeblichkeit der Auffassung des Publikums für die Frage, ob eine Reklame als unlauter anzusehen ist. **99,** 28. — 20) Enthält die Bezeichnung als „Treuhänder" seitens eines Bücherrevisors und Maklers einem unlauteren Wettbewerb? **99,** 23. — 21) Unlauterer Wettbewerb des Lizenznehmers an einem Warenzeichen. **99,** 93. — 22) Unterlassungsklage gegen Beihilfe zum unlauteren Wettbewerb. **99,** 90. — 23) Zum Begriff der unrichtigen Angabe in § 3. (Norwegische Sardinen.) **99,** 135. — 24) Fassung und Tragweite des Unterlassungsurteils. Berücksichtigung des Art. 274 Abs. 2 des Friedensvertrags von Versailles. **99,** 136. — 25) Zum Begriff des Gewerbetreibenden in § 13. **99,** 190. — 26) Wird der Rechtsanwalt gegen unlautere Beeinträchtigungen seiner Tätigkeit seitens eines Nicht-Rechtsanwalts durch das UWG geschützt? **99,** 191. — 27) Anwendung des UWG auf ärztliche Tätigkeit. **99,** 191. — 28) Unterlassungsklage gegen den Gebrauch eines Warenzeichens, das als Herkunftsbezeichnung aus dem Betriebe des Klägers gilt. **100,** 8

4. Vertragsverhältnisse und sonstige Rechtsverhältnisse in Zusammenhang mit dem öffentlichen Recht. Recht öffentlicher Unternehmungen und Anstalten.

§ 161. Gewerberecht. Gewerbewesen.

(Die Paragraphen ohne Zusatz bezeichnen die der Reichsgewerbeordnung.)

1) Die Konzession zum Betrieb der Gast- oder Schenkwirtschaft kann weder im ganzen einem andern zur Ausübung überlassen, noch können einzelne aus ihr fließende Befugnisse, wie die Vergünstigungen hinsichtlich der Sonntagsruhe (§ 105 i), auf andere übertragen werden **91**, 242. — 2) Rechtliche Natur eines Vertrags, durch den dem Gastwirt ein „Kommissionslager" von Zigarren behufs Verkaufs in dem Gastlokal für Rechnung und unter Leitung von Angestellten des Liefernden überlassen ist. **91**, 239. — 3) Zur Auslegung des § 41 a. **91**, 241, 243. — 4) Anwendung der Vorschriften über die Sonntagsruhe und den Ladenschluß während der Nachtstunden auf den Verkauf von Waren mittels Automaten. **91**, 242. — 5) Allgemeine Geltung des in § 26 anerkannten Rechtsgrundsatzes einer Schadensersatzpflicht ohne Verschulden bei polizeilichen Eingriffen in wohlerworbene Rechte. **92**, 49. — 6) Verstößt die Befragung gewerblicher Angestellter über die geschäftlichen Verhältnisse ihrer Arbeitgeber durch einen zum Schutze der Interessen der Angestellten gegründeten Verband gegen § 823 Abs. 1, § 826 BGB, § 17 UWG? **92**, 133. — 7) § 26 bezieht sich nicht auf Ansprüche, die auf besonderen privatrechtlichen Titeln (Verträgen zwischen demjenigen, der die Anlage hält und dem Erheber des Anspruchs) beruhen. **93**, 103. — 8) Zum Begriff des Gewerbebetriebs i. S. des § 26. **93**, 105. — 9) Wird der Anspruch aus dem Eigentum auf Beseitigung der Beeinträchtigung und Unterlassung weiterer Beeinträchtigungen oder der an dessen Stelle tretende Anspruch aus § 26 durch nachträgliche Unmöglichkeit der Leistung nach § 275 BGB ausgeschlossen? **93**, 105. — 10) Zur Auslegung eines die Stauhöhe einer Stauanlage bestimmenden Vertrags. Wird durch diese Vertragsbestimmung ein die Anwendung des § 26 ausschließender besonderer privatrechtlicher Titel geschaffen? **93**, 104. — 11) Zum Begriff des Gewerbebetriebs i. S. des G. über einen Warenumsatzstempel v. 26. Juni 1916. **93**, 225; **94**, 209; **95**, 323; **97**, 73; **98**, 154. — 12) Zum Begriff von Nebengewerbe und Nebenbetrieb. **93**, 225. — 13) Beabsichtigte Dauer des Betriebs als Voraussetzung der Gewerbsmäßigkeit. **93**, 227. — 14) Enthält der Betrieb eines Privatkrankenhauses durch einen Arzt einen Gewerbebetrieb i. S. der GewO? **94**, 110. — 15) Wohnungsvermietung als Gewerbebetrieb i. S. des § 196 Nr. 1 BGB. **94**, 163. — 16) Eingerichteter Gewerbebetrieb als Recht i. S. des § 823 Abs. 1 BGB. **94**, 249. — 17) Voraussetzungen der Haftung für den Eingriff in einen fremden Gewerbebetrieb seitens dessen, für den ein der Neuheit entbehrendes Gebrauchsmuster eingetragen ist. **94**, 250. — 18) Unter welchen Voraussetzungen haftet ein Patentinhaber für den Eingriff in einen fremden Gewerbebetrieb durch Warnungen vor Verletzung seines Patents? **94**, 276. — 19) Rechtliche Natur des gewerblichen Unternehmens. **95**, 238. — 20) Kann ein gewerbliches

Unternehmen als Ganzes gepfändet werden? **95**, 237. — 21) Wann liegt ein widerrechtlicher Eingriff in den Gewerbebetrieb vor? **95**, 340. — 22 Aufsichtsrecht und -pflicht des gewerblichen Lehrmeisters. **97**, 230. — 23) Keine Anwendung der §§ 16, 26 auf Kokereien, die Zubehör eines Bergwerks sind. **98**, 80. — 24) Haftung des Unternehmers eines gewerbepolizeilich genehmigten Betriebs, dessen Einwirkungen der Eigentümer des Nachbargrundstücks dulden muß, wegen der schädlichen Folgen solcher Einwirkungen auch ohne Verschulden. **98**, 348; **100**, 74. — 25) Kann die Gemeinde die Ausübung des Leichenbestattungsgewerbes auf ihrem Friedhofe bestimmten Personen untersagen? **100**, 213. — 26) Die Gewerbefreiheit als solche ist keine nach § 823 Abs. 1 BGB geschütztes Rechtsgut. **100**, 214.

§ 161a. Gesetz über die Sicherung der Bauforderungen v. 1. Juni 1909.
(Die Paragraphen ohne Zusatz bezeichnen die des vorgenannten Gesetzes.)

1) Zum Begriff des Baugeldempfänders im § 5. **91**, 75. — 2) § 1 ist Schutzgesetz i. S. des § 823 Abs. 2 zugunsten der dort genannten Baugläubiger. **91**, 76. — 3) Haftung einer GmbH und ihrer Geschäftsführer bei Zuwiderhandlung gegen § 1. **91**, 75. — 4) Grenzen der Verwendungspflicht des Baugeldempfängers. **91**, 77. — 5) Die bloße, wenn auch bewußte, Übertretung des § 1 begründet noch nicht die Anwendung des § 826 BGB. **91**, 79. — 6) Einwirkung eines wider Treu und Glauben verstoßenden Verhaltens des Baugeldempfängers auf die zugunsten eines nachstehenden Hypothekengläubigers bei der Baugeldhypothek eingetragene Löschungsvormerkung. **93**, 119.

§ 162. Eisenbahnrecht. Kleinbahnen. Straßenbahnen.
(Eisenbahnfrachtgeschäft § 248 S. 209.)

1) Rechtliche Natur und Voraussetzungen des Pensionsanspruchs der Mitglieder der Beamten-Pensions- und Unterstützungskasse der Niederschlesisch-Märkischen Eisenbahn. **91**, 371. — 2) Steht dem Eigentümer von Umzugsgut, das im Möbelwagen verladen der Eisenbahn zur Beförderung übergeben ist, bei Beschädigung dieses Guts auf der Eisenbahn ein Schadensersatzanspruch nach § 25 PreußEisenbG zu? **92**, 10. (**70**, 174). — 3) Steht dem Eigentümer von Postpaketen, die bei der Bahnbeförderung vernichtet oder beschädigt sind, ein solcher Anspruch zu? **92**, 8. — 4) Die in § 25 PreußEisenbG vorgesehene außervertragliche Haftung kann, soweit es sich um Sachschäden handelt, vertragsmäßig ausgeschlossen werden. **92**, 13. — 5) Kann sich die Eisenbahnverwaltung gegenüber dem Schadensersatzanspruch des Eigentümers eines bei der Bahnbeförderung vernichteten Postpakets auf die Vorschrift des § 9 PostG berufen? **92**, 12. — 6) Haftung der Eisenbahnverwaltung für Beschädigungen der Bahnpostwagen nach § 25 PreußEisenbG. **92**, 12. — 7) Versorgungsansprüche der der Heeresverwaltung zur Verfügung gestellten Eisenbahnbeamten bei einem Unfall im Betriebe der Militäreisenbahnen. **92**, 368. — 8) Kein Ersatzanspruch der Militärverwaltung, die auf Grund des MilHinterblG den Hinterbliebenen eines bei einem Eisenbahnunfall

Getöteten Versorgung zu gewähren hat, gegen die Eisenbahnverwaltung. **92**, 402. — 9) Fällt der Fahrkartenverkauf unter den der Unfallversicherung unterliegenden Betrieb? **95**, 132. — 10) Umfaßt der versicherungspflichtige Betrieb der Eisenbahn auch Arbeiten selbständiger Unternehmer zur Herstellung von Beleuchtungsanlagen auf Bahnhöfen? **96**, 208. — 11) Rechtliche Natur und Stempelpflicht der Eisenbahnanschlußverträge, bei denen die Eisenbahn den Transport auf den Anschlußgleisen ausführt. **97**, 18. — 12) Zum Begriff der Schienenbahnen i. S. des VerkehrssteuerG v. 8. April 1917. **97**, 154. — 13) Gehören Arbeiten zum Bau eines zweiten Gleises zum versicherungspflichtigen Betriebe der Eisenbahn? **97**, 204. — 14) Zur Haftung des Bauunternehmers für den beim Verkehr der Arbeitszüge während des Bahnbaus durch Funkenflug entstehenden Schadens. **97**, 290; **98**, 347. — 15) Bedeutung der von der Eisenbahnverwaltung veröffentlichten allgemeinen Vertragsbedingungen. **98**, 32. — 16) Zur Haftung der Eisenbahn aus der Aufbewahrung von Reisegepäck. Kann sie eine Höchstgrenze für die Haftung bestimmen? **98**, 31. — 17) Verhältnis des BGB zu § 25 G. v. 3. November 1838. **98**, 11. — 18) Prüfung der Signallichter, zum Bahnbetrieb gehörig. **98**, 251. — 19) Enthält der Betrieb der Militärbahnen im besetzten Feindesland die Ausübung eines Staatshoheitsrechts? **98**, 250. — 20) Unterliegt dieser Betrieb der Gewerbe-Unfallversicherung? **98**, 252. — 21) Verhältnis der Eisenbahnverwaltung zu den Kontrolleuren der Intern. Schlafwagengesellschaft. **99**, 228.

Kleinbahnen. Straßenbahnen. 1) Gegenüber einer landespolizeilich genehmigten Bahnanlage und der Verlegung ihrer elektrischen Leitungen gewähren Privatrechte nur Entschädigungsansprüche. **91**, 176. — 2) Zur Schadenshaftung bei einem Zusammenstoß zwischen Straßenbahnwagen und Kraftfahrzeug. **92**, 150. — 3) Öffentlich-rechtliche Natur des Zustimmungsvertrags nach § 6 KleinbahnG. **92**, 311. — 4) Öffentlich-rechtliche Natur der Tarifvereinbarungen zwischen Straßenbahnunternehmer und Wegeunterhaltungspflichtigen. **92**, 312. — 5) Rechtsweg für die Streitigkeiten aus Tarifvereinbarungen, soweit diese nicht über die der Vertragsfreiheit des Unternehmers im KleinbahnG gezogenen Grenzen hinausgehen. **92**, 314. — 6) Öffentlich-rechtliche Natur der Kleinbahnunternehmen. **92**, 311. — 7) Rechtswirksamkeit der in einem Zustimmungsvertrag enthaltenen Vereinbarung, daß den städtischen Beamten freie Fahrt auf der Straßenbahn zustehe. Rechtsweg. **93**, 79. — 8) Rechtliche Natur der Verträge, durch die öffentliche Straßen zum Straßenbahnbetrieb entgeltlich überlassen werden. **97**, 22. — 9) Auslegung eines Vertrags über Erbauung und Betrieb einer Straßenbahn. **97**, 69.

§ 162a. Kraftfahrzeuge (Reichsgesetz über den Verkehr mit Kraftfahrzeugen v. 3. Mai 1909).

(Die Paragraphen ohne Zusatz bezeichnen die des vorgenannten Gesetzes.)

1) Zum Begriff des Kraftfahrzeughalters; Bedeutung des Eigentums hierfür. **91**, 270; **93**, 222. — 2) Haftung des Eigentümers des Kraftfahrzeugs nach österreichischem Recht. **91**, 270. — 3) Ist der Werkstätteninhaber, der das Fahrzeug zum Zweck seiner Wiederherstellung

und Erprobung in Gebrauch nimmt, dessen Halter? **91,** 272, 304. — 4) Zur Berechnung des Schadensersatzes im Falle des § 10 Abs. 2. Inwieweit findet eine Anrechnung von Vorteilen statt, die den Unterhaltsberechtigten infolge des Todes des Unterhaltspflichtigen erwachsen? **91,** 398. — 5) Zum Begriff „jeder nach den Umständen gebotenen Sorgfalt" in § 7; er umfaßt auch das sachgemäße geistesgegenwärtige Handeln im Augenblick der Gefahr. **92,** 38; **96,** 131. — 6) „Das Verhalten des Verletzten" in § 7 Abs. 2 Satz 2 ist rein gegenständlich gemeint; es umfaßt eine unverschuldete wie eine schuldhafte Handlungsweise. **92,** 39. — 7) Verhältnis des § 7 zu § 9. **92,** 39. — 8) Bedeutung eines unüberlegten sachwidrigen Handelns des Kraftfahrers im ersten Augenblick der erkannten Gefahr für den Entlastungsbeweis nach § 7 Abs. 2 Satz 2 und für die Abwägung des beiderseitigen Verschuldens nach § 254 BGB. **92,** 39. — 9) Verhältnis des § 17 zu §§ 426, 254 BGB. **92,** 146. — 10) Umfang der Rechtskraftwirkung des über den Hauptausgleichungsanspruch nach § 17 ergehenden Urteils für den Ausfallsausgleichungsanspruch nach § 426 Abs. 1 Satz 2 BGB. **92,** 146. — 11) Verstößt der Kraftfahrzeughalter gegen die guten Sitten, wenn er dem bei einem Zusammenstoß des Kraftwagens mit einem Straßenbahnzug Verletzten rät, sich zunächst an die Straßenbahngesellschaft zu halten, gegen die die Durchführung der Schadensersatzansprüche leichter und aussichtsreicher sei? **92,** 149. — 12) Die Haftung des Kraftfahrzeughalters nach § 7 Abs. 1 wird nicht dadurch ausgeschlossen, daß er während der Überlassung des Fahrzeugs an einen andern außerstande war, auf Wagen und Führer einzuwirken. **93,** 224. — 13) Zweck und Inhalt des Kraftfahrzeuggesetzes; sein Verhältnis zum G. über die Haftung des Reiches v. 22. Mai 1910 und zu § 845 BGB. **94,** 102. — 14) Zum Begriff der Inbetriebsetzung durch einen andern in § 7 Abs. 3; eine Abweichung von dem durch den Auftrag des Kraftwagenhalters gegebenen Wege enthält eine neue Inbetriebsetzung an sich nicht. **95,** 186. — 15) Zur Anwendung des § 17 bei einem Zusammenstoß zwischen Eisenbahn und Kraftwagen, bei dem der den Kraftwagen leitende Kraftwagenhalter selbst verletzt ist. **96,** 68. — 16) Unfall durch Zusammenstoß von Kraftwagen im Kriegsgebiet. Kriegsschaden? Rechtsweg? **96,** 74. — 17) Sorgfaltspflicht des Kraftwagenführers bei Annäherung an unruhige Pferde. **96,** 131. — 18) Ausgleichspflicht zwischen Kraftwagenhalter und Tierhalter. **96,** 131.

§ 162b. Luftschiffahrt.

1) Schadensersatzanspruch wegen Entwertung eines Grundstücks durch Überfliegen von einem benachbarten Flugplatz aus. **97,** 25. — 2) Muß der Unternehmer einer Fliegerschule das Überfliegen bewohnter Ortschaften den Flugzeugschülern verbieten? **100,** 70. — 3) Keine Haftung des Flugplatzhalters aus § 75 EinlALR. **100,** 72. — 4) Besondere Sorgfaltspflicht von Fliegern und Flugplatzhaltern. **100,** 70. — 5) Haften Flieger und Flugplatzhalter für den durch den Absturz eines Flugzeugs verursachten Schaden auch ohne Verschulden? **100,** 72. — 6) Stempelpflicht der Versicherung gegen Schaden durch Luftfahrzeuge. **93,** 88.

§ 163. Reichshaftpflichtgesetz v. 7. Juni 1871 (nF Art. 42 EinfGzBGB).

(Die Paragraphen ohne Zusatz bezeichnen die des Haftpflichtgesetzes.)

1) Kann der durch einen Unfall in seiner Erwerbstätigkeit beschädigte Geschäftsführer einer GmbH, der zugleich deren Gesellschafter ist, auch für den entgangenen Geschäftsgewinn Ersatz verlangen? **92,** 55. — 2) Durch eine unverbindliche Gewährung dessen, was der Verletzte vor dem Unfall gehabt hat, seitens eines Dritten wird die Haftung nach § 3a nicht beseitigt. **92,** 59. — 3) Zur Haftung für einen durch den Zusammenstoß zwischen Kraftwagen und Straßenbahn entstandenen Unfall. **92,** 150. — 4) Beschränkung des Schadensersatzanspruchs auf die Person des unmittelbar Verletzten. **92,** 404. — 5) Zum Begriff der höheren Gewalt in § 1. Das Hineinfahren eines Kraftwagens in einen Eisenbahnzug auf dem die öffentliche Straße durchschneidenden Geleise ist kein von außerhalb des Betriebsunternehmens wirkendes Ereignis. **93,** 67. — 6) Ausgleichungspflicht zwischen Gesamtschuldnern aus § 1. **93,** 97. — 7) Das Verhalten eines Angestellten des Betriebsunternehmers, das bei der Entstehung des Schadens ursächlich mitgewirkt hat, ist als Erhöhung der Betriebsgefahr des Eisenbahnunternehmers auch dann in Betracht zu ziehen, wenn der Unternehmer von der Haftung für jenes Verhalten an sich befreit ist. **93,** 98. — 8) Ist eine Geleisverschüttung durch herabstürzende Felsmassen ein außerhalb des Betriebsunternehmens wirkendes Ereignis? **93,** 305. — 9) Höhere Gewalt und eigenes Verschulden des Verletzten. **94,** 17. — 10) Betreten des Bahndamms durch den Verletzten; Beweislast dafür, daß dies in unverschuldetem Dämmerzustand geschehen ist. **94,** 12, 17. — 11) Übergang der Entschädigungsforderung des verunglückten Beamten auf die Betriebsverwaltung nach § 12 RUnfFürsG. Kann gegen den Ersatzanspruch der Betriebsverwaltung eingewendet werden, daß der Unfall die Dienstunfähigkeit des Beamten nicht herbeigeführt habe und dessen Zurruhesetzung nicht gerechtfertigt sei? **94,** 30. — 12) Zum Begriff der höheren Gewalt. Eine Handlung des Verletzten, die unter dem Einfluß von durch den Eisenbahnbetrieb hervorgerufenen Wahnvorstellungen begangen ist, fällt nicht darunter. **95,** 65. — 13) Beweislast für den Einwand der höheren Gewalt. **95,** 66. — 14) Gehört eine zur Fortschaffung der Räumasche dienende Schienenanlage zum Fabrikbetrieb der Hütte i. S. des § 2? **95,** 177. — 15) Fällt ein Unfall, der sich bei der Beförderung der fertigen Ware außerhalb der Fabrikräume ereignet, unter § 2? **95,** 178. — 16) Voraussetzungen eines Verschuldens nach § 2; Verhältnis des § 2 zu § 831 BGB. **95,** 179. — 17) Zum Begriff des Betriebsunternehmers in § 1. **96,** 209. — 18) Zum Begriff des Betriebsunfalls in § 1. Inwieweit fällt die seelische Einwirkung eines Betriebsvorgangs darunter? **97,** 177. — 19) Inwieweit kann nach dem RHaftpflG der Schaden aus der Person eines Dritten begründet werden? **97,** 89. — 20) Kann sich die Eisenbahnverwaltung gegenüber dem Anspruch eines Kontrolleurs der Intern. Schlafwagengesellschaft aus § 1 HaftpflG auf § 898 RVO berufen? **99,** 228. — 21) § 10 SächsBeamtUnfFürsG steht den Ansprüchen solcher Beamter,

welche nicht in unfallversicherungspflichtigen Betrieben beschäftigt sind, und ihrer Hinterbliebenen nicht entgegen. **99,** 275.

§ 164. Postrecht. Postwesen.

1) Keine entsprechende Anwendung der §§ 434, 435 HGB auf die Postbeförderung von Briefen und Postanweisungen. **91,** 65. — 2) Bedeutung der Vorschußleistung der Post für die Berufsgenossenschaften nach § 69 UnfVersG, § 97 GewUnfVersG und des Art. I § 6 G., betr. Änderungen im Finanzwesen, v. 15. Juli 1909 für das Verhältnis zwischen den Berufsgenossenschaften und dem für den Unfall entschädigungspflichtigen Dritten. **91,** 145. — 3) Rechtliche Eigenart der staatlichen Tätigkeit auf dem Gebiet der Post- und Telegraphenverwaltung. **91,** 274. — 4) Entsteht durch die Beförderung der Postwagen seitens der Eisenbahn auf Grund ihrer öffentlich-rechtlichen Verpflichtung ein privatrechtliches Vertragsverhältnis zwischen Post und Eisenbahn? **92,** 12. — 5) Kein Vertragsverhältnis zwischen den Eigentümern der Postpakete und der Eisenbahn. **92,** 12. — 6) Kann sich die Eisenbahnverwaltung bei Vernichtung oder Beschädigung von Postpaketen auf der Eisenbahn gegenüber dem Schadensersatzanspruch des Absenders auf die Vorschrift des § 9 PostG berufen? **92,** 13. — 7) Haftung der Eisenbahn für Beschädigungen der Bahnpostwagen. **92,** 12. — 8) Kein Eintritt der Zollverwaltung in den von der Post mit dem Absender geschlossenen Vertrag bei Aushändigung des der Post zur Beförderung übergebenen Pakets an die Zollverwaltung zwecks zollamtlicher Behandlung. **92,** 13 (**84,** 338). — 9) § 299 StGB als Schutzgesetz i. S. des § 823 Abs. 2 BGB. Berechtigung zur Verfügung über den Brief und zur Stellung des Strafantrags wegen Verletzung des Briefgeheimnisses. Schadensersatz wegen Verletzung des Briefgeheimnisses. **94,** 1. — 10) Sind einem außerhalb seines Wohnorts kommissarisch beschäftigten Postbeamten während seines Urlaubs die Tagegelder fortzuzahlen? **94,** 223. — 11) Unterliegt der Schalterdienst der Postbeamten der Unfallversicherung? **95,** 132. — 12) Der Betrieb der Rechnungsstelle des Postscheckamts unterliegt nicht der Unfallversicherung. **95,** 132. — 13) Rechtliche Bedeutung der Einzahlung auf das Postscheckkonto des Gläubigers. **99,** 257.

§ 165. Telegraphenrecht. Telegraphenwesen.

1) Die TelegraphenO v. 16. Juni 1904 hat nicht den Charakter eines Gesetzes; sie ist eine Verwaltungsverordnung, die zugleich die stillschweigende Unterlage für den Beförderungswerkvertrag zwischen der Telegraphenverwaltung und dem Absender bildet. **91,** 64. — 2) Zwischen dem Empfänger des Telegramms und der Telegraphenverwaltung besteht kein Vertragsverhältnis; § 21 I TelegrO trifft nur das Verhältnis zwischen Absender und Telegraphenverwaltung. **91,** 64. — 3) §§ 434, 435 HGB sind auf den Telegraphenbeförderungsvertrag nicht entsprechend anwendbar. **91,** 65. — 4) Die Wiederabholung eines bereits, wenn auch in Abwesenheit des Empfängers, bestellten Telegramms enthält einen widerrechtlichen Eingriff in den Besitz und kann die Ersatzpflicht der

Telegraphenverwaltung nach §§ 823 Abs. 1, 831 BGB begründen. **91,** 65. — 5) Rechtliche Eigenart der staatlichen Tätigkeit auf dem Gebiete der Post- und Telegraphenverwaltung. **91,** 274. — 6) Inwieweit haftet das Reich für das Verschulden eines Telegraphenbauführers bei Verlegung von Kabeln? **91,** 275. — 7) Der in § 6 Abs. 4 TelWG gegebene Anspruch richtet sich gegen den veräußernden Wegeunterhaltungspflichtigen **94,** 183. — 8) § 6 Abs. 4 TelWG findet auch dann Anwendung, wenn die ganze Anlage dem Wegeunterhaltungspflichtigen gehört hat. **94,** 184. — 9) Zum Begriff der „erwachsenden Kosten" in § 6 Abs. 4 TelWG. **94,** 184. — 10) Ist der Erstattungsanspruch nach § 6 Abs. 4 TelWG auch dann gegeben, wenn der Wegeunterhaltungspflichtige auch nach der Veräußerung am Unternehmen überwiegend beteiligt i. S. des § 6 Abs. 2 bleibt? **94,** 184. — 11) Zum Begriff der überwiegenden Beteiligung in § 6 Abs. 2 TelWG. **94,** 185. — 12) Zum Begriff des „zur Ausführung Bringen" in § 6 Abs. 2 TelWG. **97,** 70. — 13) Zur Auslegung des § 6 Abs. 2 Satz 2 TelWG. **97,** 72. — 14) Rechtliche Natur des Fernsprechanschlußvertrags. **98,** 341. — 15) Haftung des Fernsprechteilnehmers aus Verschulden bei Benutzung des Fernsprechers gegenüber dem Reiche, auch für seine Erfüllungsgehilfen. **98,** 343.

§ 166. Erzwungene Aufopferung von Rechten für das Gemeinwohl (§ 75 Einl. zum ALR).

1) Entschädigungsanspruch des Eigentümers bei Beschränkung seiner wohlerworbenen Rechte im Interesse der Allgemeinheit nach gemeinem Recht. **94,** 72. — 2) Entschädigungsanspruch wegen Beschränkung der Baufreiheit. **94,** 72. — 3) Keine Anwendung des § 75 EinlALR und des § 31 ALR I, 8 auf Rayonbeschränkungen. **97,** 56. — 4) Fortdauernde Geltung der Kabinettsorder v. 4. Dezember 1831. **97,** 56. — 5) Treffen die Folgen einer Schädigung von Privatrechten bei Ausübung eines staatlichen Hoheitsrechts den Staat auch dann, wenn er die Ausübung des Rechts einem andern übertragen hat? **100,** 72. — 6) Keine Haftung des Unternehmers einer Fliegerschule aus § 75 EinlALR. **100,** 71.

§ 167. Enteignung. Preußisches Enteignungsgesetz v. 11. Juni 1874.

(Die Paragraphen ohne Zusatz bezeichnen die des vorgenannten Gesetzes.)

1) Entschädigungspflicht bei Entziehung oder Schmälerung eines tatsächlich vorteilhaften Zustandes, wenn ein solcher mit begründeter Aussicht auf längere Dauer bestand, insbesondere bei Erschwerungen des Zugangswegs. Ladestelle einer Fabrik am Flußufer. **91,** 87. — 2) Unter welchen Voraussetzungen ist die Aussicht auf längeres Bestehen eines solchen Zustandes als gegeben anzusehen? Ist behördliche Erlaubnis erforderlich? Widerruflich eingeräumte Vergünstigungen. **91,** 88. — 3) Die Ausschlußfrist des § 30 wird durch Klagerhebung bei einem örtlich unzuständigen Gericht nicht unterbrochen. **92,** 40. — 4) Wird die Ausschlußfrist des § 30 versäumt, wenn die Klage bei einem örtlich zuständigen aber sachlich unzuständigen Gericht angebracht ist und nach Ablauf der Ausschlußfrist der Rechtsstreit an das sachlich zuständige Gericht verwiesen wird?

92, 45; **94,** 135. — 5) Wann ist im Falle des § 13 Nr. 1 PreußFluchtlinienG die im Enteignungsverfahren festgestellte Entschädigung fällig? **92,** 90. — 6) Wird die Fälligkeit der im Enteignungsverfahren festgestellten Entschädigung dadurch berührt, daß der Ausführung des Unternehmens sich Hindernisse entgegenstellen? **92,** 93. — 7) Der Entschädigungsanspruch des § 11 steht dem Mieter und Pächter zu, auch wenn ihre Rechte nur obligatorische sind **93,** 11. — 8) Wird die Ausschlußfrist des § 30 durch Klagerhebung bei einem sachlich unzuständigen Gericht gewahrt? **93,** 312; **94,** 135. — 9) Klagerweiterung nach Ablauf der sechsmonatigen Frist des § 30. **93,** 315. — 10) Reichsrecht und Landesrecht hinsichtlich des Verfahrens bei Streitigkeiten über die Entschädigung wegen Zwangsenteignung. **93,** 314. — 11) Ist eine Enteignung zur Durchführung einer Fluchtlinie erfolgt, so ist das Verlangen des Enteigneten nach Übernahme des ganzen Grundstücks nach den Bestimmungen des Enteignungs- und des Fluchtliniengesetzes zu prüfen. **93,** 325. — 12) Dinglicher Ersatz bei der Enteignung. **94,** 22. — 13) Die in Art. 12 § 1 Abs. 2 für die freiwillige Abtretung eines zu enteignenden Grundstücks vorgesehene Schriftform genügt auch für die Festsetzung der Entschädigung, sofern diese nicht in Grundstücken besteht; letzterenfalls, also beim Vorliegen eines Grundstückstausches, bedarf es der Form des § 313 BGB. **96,** 2. — 14) In welchem Umfang hat das Gericht im Falle des § 30 die Entschädigungsfeststellung nachzuprüfen? **97,** 182. — 15) Auch die Widerklage unterliegt der Ausschlußfrist des § 30. **97,** 181. — 16) Nutzungsentgelt i. S. von § 36 Abs. 2 als Teil der Entschädigung. **98,** 43. — 17) Teilenteignung und Anliegerbeiträge. **99,** 104.

§ 168. Preußisches Fluchtliniengesetz v. 2. Juli 1875.

(Die Paragraphen ohne Zusatz bezeichnen die des vorgenannten Gesetzes.)

1) Wann ist die Entschädigung nach § 13 Nr. 1 im Falle freiwilliger Abtretung der Grundflächen zu zahlen? **92,** 91. — 2) Im Falle, daß die Abtretung mittels Einleitung und Durchführung des Enteignungsverfahrens erzwungen wird, ist die Entschädigung nach § 13 Nr. 1 zu gewähren, sobald die Gemeinde das Verlangen der Abtretung erklärt hat und die Abtretung von ihr sofort erzwungen werden kann. **92,** 92. — 3) Ist in dem bei der Enteignungsbehörde gemäß § 24 PreußEnteigG gestellten Antrag, das Verfahren zur Feststellung der Entschädigung für Abtretung des Eigentums einzuleiten, das Verlangen der Abtretung nach § 13 Nr. 1 zu finden? **92,** 92. — 4) Das Abtretungsverlangen der Gemeinde bildet ein selbständiges wesentliches Erfordernis der Entschädigungspflicht der Gemeinde nach § 13 Nr. 1. Diese Vorschrift findet daher nicht Anwendung auf eine Grundfläche, die zwar nach dem Fluchtlinienplan Bestandteil einer Straße werden soll, deren Abtretung aber von der Gemeinde noch nicht verlangt ist. **92,** 278. — 5) Ist „werdendes Bauland" zur Bebauung geeignet? Kann der Eigentümer eines teilweise enteigneten Grundstücks Übernahme des ganzen Grundstücks nach § 13 Abs. 3 auch dann verlangen, wenn das Grundstück noch nicht baureifes, sondern werdendes Bauland ist? **93,** 324. — 6) Ist eine Ent-

eignung zur Durchführung einer Fluchtlinie erfolgt, so ist das Verlangen des Enteigneten nach Übernahme des ganzen Grundstücks nach den Bestimmungen des Enteignungs- und des Fluchtliniengesetzes zu prüfen. **93,** 325. — 7) Kann der Enteignete bei der Teilenteignung verlangen, daß ihm die Anliegerbeiträge als ein Teil der Entschädigung wieder gutgebracht werden? **99,** 105. — 8) Ist die Verpflichtung zur Zahlung der Anliegerbeiträge bei der Frage zu berücksichtigen, ob der Eigentümer der Teilenteignung widersprechen kann? **99,** 104.

§ 169. Reichsrayongesetz v. 21. Dezember 1871.

(Die Paragraphen ohne Zusatz bezeichnen die des vorgenannten Gesetzes.)

1) Rayonlast und Rayonentschädigung nach älterem preußischen Recht; Einwirkung des ReichsrayonG: wo auf einem Grundstück gebaut wird, das den Rayonbeschränkungen bereits unterworfen ist, braucht das Reich keine Entschädigung zu zahlen, wenn das Gebäude bei der Armierung der Festung zerstört wird. **97,** 51, 60. — 2) Bezieht sich § 44 Abs. 5 Nr. 2a hinsichtlich der Gebäude und Anlagen im ersten oder zweiten Rayon nur auf Befestigungen, die nach Inkrafttreten des RRG angelegt sind? **97,** 57. — 3) § 44 Abs. 5 Nr. 1 schließt die Entschädigung aus ohne Unterschied, in wessen Hand sich die Gebäude und Anlagen befinden. **97,** 57.

§ 170. Reichsgesetz v. 30. Juni 1900, betr. die Bekämpfung gemeingefährlicher Krankheiten. Preuß. Gesetz v. 28. August 1905.

1) Rechtliche Natur des durch die Übergabe von Sachen an eine öffentliche Desinfektionsanstalt zur Entseuchung begründeten Rechtsverhältnisses. **99,** 284. — 2) Die Beschränkung des Entschädigungsanspruchs nach § 14 Abs. 2 PreußG v. 28. August 1905 gilt nicht für Schäden, die durch schuldhafte Einwirkung auf die zur Entseuchung übergebenen Sachen entstanden sind. **99,** 284. — 3) § 15 vorbz. Ges. schließt den Rechtsweg nicht für Schadensersatzansprüche aus, die auf Verschulden bei der Entseuchung gestützt sind. **99,** 283.

§ 171. Schlachthäuser. Viehseuchen.

— — — — — — — — — — —

Vierter Abschnitt. Familienrecht.

Erstes Kapitel. Ehe.

§ 172. Verlöbnis.

1) Steht der Anspruch aus § 1300 BGB der Verlobten auch dann zu, wenn sie ihrem Verlobten die Beiwohnung auch schon vor der Verlobung gestattet hatte? **98,** 13. — 2) Zur rechtlichen Natur des Verlöbnisses. **98,** 14.

— 3) Zulässigkeit des einseitigen Rücktritts vom Verlöbnis. **98,** 14. — 4) Der Minderjährige bedarf zur Eingehung, nicht aber zur Auflösung des Verlöbnisses der Einwilligung des gesetzlichen Vertreters. **98,** 15. — 5) Wird der Anspruch aus § 1300 BGB durch eine vorübergehende Aussöhnung der Verlobten wieder beseitigt? Bedarf es hierzu, wenn die Verlobte minderjährig, der Zustimmung des gesetzlichen Vertreters? **98,** 15. — 6) Wer erwirbt das Eigentum an den vom Bräutigam mit den Mitteln der Braut angeschafften, zur Ausstattung der ehelichen Wohnung bestimmten Sachen? **100,** 193.

§ 173. Eingehung der Ehe.

— — — — — — — — — —

§ 174. Anfechtung und Nichtigkeit der Ehe.

1) Bildet der Mangel der Zeugungs- oder Gebärfähigkeit bei Vorhandensein der Beiwohnungsfähigkeit einen Eheanfechtungsgrund? **94,** 125. — 2) Zum Begriff der persönlichen Eigenschaften in § 1333 BGB. **95,** 290. — 3) Kann daraus, daß ein Ehegatte trotz der ihm bekannt gewordenen sittlichen Verfehlungen des anderen Gatten die Ehe fortsetzen wollte, geschlossen werden, daß er auch trotz Kenntnis von solchen Verfehlungen die Ehe eingegangen sein würde? **95,** 289.

§ 175. Wirkungen der Ehe im allgemeinen. Persönliches Verhältnis der Ehegatten. Schlüsselgewalt der Ehefrau.

1) Unterbringung der geisteskranken Frau in einem Krankenhause durch den Ehemann; handelt der Ehemann als gesetzlicher Vertreter oder als Erfüllungsgehilfe der Frau? **91,** 138. — 2) Inwieweit kann der Ehemann als von der Frau zu einer Verrichtung bestellt i. S. des § 831 BGB angesehen werden? **91,** 364. — 3) Entsprechende Anwendung des Art. 14 EinfGzBGB auf ausländische Ehegatten. **91,** 407. — 4) Ist der Ehemann verantwortlich für einen durch seine geisteskranke Frau verursachten Schaden? **92,** 126 (**70,** 48). — 5) Eheliche Gemeinschaft ohne häusliche Gemeinschaft. **95,** 332. — 6) Zum Begriff der ehelichen Gemeinschaft. **97,** 286. — 7) Genügt zur Widerlegung der Vermutung aus § 1362 Abs. 2 BGB der Nachweis, daß der Mann das Eigentum an den Sachen während der Ehe durch Erbgang erworben hat? **99,** 153.

§ 176. Klage auf Herstellung der ehelichen Gemeinschaft. Unterhaltspflicht während der Trennung.

1) Ist die Klage auf Herstellung des ehelichen Lebens auch in Fällen zulässig, in denen ein häusliches Zusammenleben der Ehegatten nicht in Frage kommt? **95,** 332. — 2) Kann ein Ehegatte von dem wegen Krankheit von ihm getrennt lebenden Gatten verlangen, daß er zur Wiedererlangung seiner Gesundheit sich in eine Heilanstalt begibt? Welchem der Ehegatten steht die Wahl der Heilanstalt zu? **95,** 330, 334. — 3) In welchem Umfang und unter welchen Voraussetzungen ist die Klage auf Herstellung des ehelichen Lebens gegeben? Steht sie der Frau auch

im Bereiche des § 1354 BGB zu? **97,** 286. — 4) Kann mit der Klage auf Herstellung des ehelichen Lebens auch ein Unterhaltsanspruch nach § 1360 BGB verfolgt werden? **97,** 288. — 5) Inwieweit findet § 1613 BGB bei der Klage auf Herstellung des ehelichen Lebens Anwendung? **97,** 290.

§ 177. Eheliches Güterrecht vor dem Inkrafttreten des BGB.

---

§ 178. Gesetzliches Güterrecht des BGB.

1) Für den Schaden, den der Ehemann bei der ihm kraft ehelichen Güterrechts zustehenden Verwaltung des Frauenguts einem Dritten zufügt, haftet die Ehefrau nicht nach § 831 BGB. **91,** 365. — 2) Entsprechende Anwendung des Art. 15 EinfGzBGB auf ausländische Ehegatten. **91,** 407. — 3) Zum Begriff des Erwerbs „auf Grund eines zum Vorbehaltsgut gehörenden Rechts" in § 1370 BGB. Daß der Erwerb mit zum Vorbehaltsgut gehörenden Mitteln erfolgt, genügt nicht. **92,** 140. — 4) Zum Begriff des Erwerbs „durch ein Rechtsgeschäft, das sich auf das Vorbehaltsgut bezieht". Es genügt, daß das Rechtsgeschäft subjektiv mit Beziehung auf das Vorbehaltsgut abgeschlossen ist und objektiv damit in Zusammenhang gebracht werden kann. Nicht erforderlich ist, daß die Absicht, für das Vorbehaltsgut zu erwerben, bei der Vornahme des Rechtsgeschäfts den Beteiligten gegenüber erklärt ist. **92,** 141. — 5) Hat ein Urteil, das über ein zum eingebrachten Gut gehöriges Recht in dem vom Ehemann in eigenem Namen angestrengten Rechtsstreit ergeht, Rechtskraftwirkung gegenüber der Frau, wenn diese der Prozeßführung des Mannes zugestimmt hat? **92,** 155; **94,** 178. — 6) Hat die Frau ein zum eingebrachten Gut gehöriges Recht mit Zustimmung des Mannes eingeklagt, so wirkt das Urteil auch für und gegen den Mann. **92,** 156. — 7) Kann der Mann mit Zustimmung der Frau auf Feststellung des Nachlaßbestandes und Herausgabe des Erbteils der Frau klagen, wenn dieser eine Erbschaft angefallen ist? Rechtskraftwirkung des darauf ergehenden Urteils. **92,** 157 (**77,** 34). — 8) Erlangt der Ehemann durch die Zustimmung der Frau zu seiner Prozeßführung über deren eingebrachtes Gut auch das Recht, über das eingebrachte Gut selbst zu verfügen? **92,** 156. — 9) Beginn der Verjährung des Schadensersatzanspruchs der Ehefrau wegen Erwerbsminderung gegen einen Dritten aus unerlaubter Handlung, wenn der Ehemann in der Lage ist, für ihren Unterhalt zu sorgen. Hemmung der Verjährung. **94,** 180. — 10) Einfluß des ehelichen Güterrechts auf die Bemessung der Erbschaftssteuer nach § 11 Nr. 4 g RErbschaftsstG. **94,** 242. — 11) Zur Anwendung des § 1418 Abs. 1 Nr. 2 BGB. **95,** 331. — 12) Art. 200 EinfGzBGB findet nicht Anwendung auf die Frage, ob und in welcher Form ein Ehegatte dem andern den Pflichtteil entziehen kann. **96,** 202. — 13) Aktivlegitimation des Ehemanns zur gerichtlichen Geltendmachung des Anspruchs der Frau auf Schmerzensgeld. **96,** 97. — 14) Der Zustimmung der Ehefrau zur Prozeßführung steht für die Anwendung des § 1380 Abs. 2 BGB gleich, wenn der Ehemann auf Leistung an seine Frau klagt. **96,** 97.

§ 179. Allgemeine Gütergemeinschaft des BGB.

1) Die Einwilligung der Ehefrau zu Schenkungen des Mannes aus dem Gesamtgut stellt sich selber als Schenkung dar, und kann daher nicht durch den Vormund oder Pfleger der entmündigten Ehefrau erklärt werden. **91,** 41. — 2) Zuwendungen aus dem gemeinschaftlichen Vermögen an Abkömmlinge nur des einen Gatten; zur Auslegung der §§ 2054, 2331 BGB. **94,** 262. — 3) Ein Vertrag, der das Gesamtgut im ganzen zum Gegenstand hat, bedarf nach § 1444 BGB der Einwilligung der Frau, nach § 1487 BGB der der anteilsberechtigten Abkömmlinge, auch dann, wenn die einzelnen, das Gesamtgut ausmachenden Vermögensbestandteile aufgezählt sind. **94,** 317. — 4) Stillschweigende Ausschließung der fortgesetzten Gütergemeinschaft durch Testament. **94,** 317. — 5) Ein Ehegatte kann nur über seinen gütergemeinschaftlichen Anteil, nicht über die zur Gütergemeinschaft gehörigen Sachen für den Fall, daß er vor dem anderen Gatten stirbt, letzwillig verfügen. **95,** 14. — 6) § 1445 BGB schließt die Haftung des Ehemanns für Arglist nach § 463 Satz 2 nicht aus. **99,** 121.

§ 180. Errungenschaftsgemeinschaft des BGB.

Aktivlegitimation des Ehemanns zur Geltendmachung des Anspruchs der Frau auf Schmerzensgeld bei der Errungenschaftsgemeinschaft. **96,** 97.

§ 181. Fahrnisgemeinschaft des BGB.

---

§ 182. Gütertrennung. Güterrechtsregister.

I. Gütertrennung.

1) Überlassung der Vermögensverwaltung nach § 1430 BGB an den Ehemann; Anwendung des § 831 BGB. **91,** 364. — 2) Auch bei der Gütertrennung hat der Ehemann ein rechtliches Interesse i. S. des § 393 Nr. 4 ZPO an dem Obsiegen der Ehefrau **100,** 200.

II. Güterrechtsregister.

---

§ 183. Klage auf Aufhebung der ehelichen Gemeinschaft.

---

§ 184. Ehescheidung und deren Folgen.

1) Verlangen eines Ehegatten, bei der Beischlafsvollziehung ein Präservativ zu benutzen, als Verweigerung des Geschlechtsverkehrs. **94,** 126. — 2) Wird die Geltendmachung eines Ehescheidungsgrundes dadurch ausgeschlossen, daß der klagende Ehegatte, wenn er früher von ihm Kenntnis erhalten hätte, nicht zur Klage geschritten wäre? **95,** 285. — 3) Unzulässigkeit einer Ausdehnung der Vorschriften über den Rechtsverlust eines Scheidungsgrundes. **95,** 286. — 4) Hinsichtlich der privat-

rechtlichen Folgen besteht zwischen der Scheidung aus § 1568 und der aus § 1565 BGB kein Unterschied. **96,** 223. — 5) Zum Begriff der Verzeihung als Erlöschungsgrund des Rechts auf Scheidung. Verhältnis zur Zumutungsfrage. **96,** 269. — 6) Unter welchen Umständen enthält der Geschlechtsverkehr der Ehegatten eine Verzeihung begangener Eheverfehlungen? **96,** 268. — 7) Setzt die Anwendung des § 1579 Abs. 2 BGB voraus, daß die Frau ihren Unterhalt aus dem Stamm ihres Vermögens nach den Regeln einer ordnungsmäßigen Verwaltung bestreiten kann? **97,** 276. — 8) Wann ist die geistige Gemeinschaft unter den Ehegatten i. S. des § 1569 BGB als aufgehoben anzusehen? **97,** 340; **98,** 296; **100,** 108 — 9) Inwieweit kann das Verhalten eines Ehegatten gegen ein aus anderer Ehe stammendes Kind des andern Gatten einen Scheidungsgrund bilden? **98,** 152. — 10) Wann ist i. S. des § 1569 BGB jede Aussicht auf Wiederherstellung der geistigen Gemeinschaft als ausgeschlossen anzusehen? **98,** 296; **100,** 108. — 11) Genügt die Aussicht auf eine nur vorübergehende Wiederherstellung der geistigen Gemeinschaft, um dem gesunden Ehegatten die Fortsetzung der Ehe zuzumuten? **98,** 297. — 12) Kann das eines förmlichen Schuldausspruchs entbehrende Scheidungsurteil die Grundlage für einen Unterhaltsanspruch aus § 1578 BGB abgeben, wenn aus den Urteilsgründen erhellt, daß der in Anspruch genommene Ehegatte die alleinige Schuld an der Scheidung trägt? **99,** 80. — 13) Treten die Rechtsfolgen einer Scheidung wegen Ehebruchs auch dann ein, wenn die förmliche Feststellung der Person des Mitschuldigen unterblieben und diese Person nur nebenher in den Urteilsgründen erwähnt ist? **99,** 81. — 14) Inwiefern ist bei der Scheidungsklage nach § 1569 BGB zur Frage der Wiederherstellung der geistigen Gemeinschaft zu berücksichtigen, daß der Kläger die Geisteskrankheit verschuldet hat? **100,** 106. — 15) Zum Begriff des „Trachtens nach dem Leben" in § 1566 BGB. **100,** 114.

Zweites Kapitel. Verwandtschaft.

§ 185. Allgemeine Bestimmungen des BGB. Eheliche Abstammung. Personenstand.

1) Geltendmachung der Unehelichkeit eines Kindes durch Dritte nach gemeinem Recht. **96,** 72. — 2) Rechtsgestaltende Wirkung des der Anfechtung der Ehelichkeit stattgebenden Urteils nach BGB. **96,** 72. — 3) Wo ist nach Scheidung der Ehe die Klage auf Anfechtung der Ehelichkeit des Kindes zu erheben? **96,** 70.

§ 186. Unterhaltspflicht der Verwandten.

1) Schadensersatzanspruch des Unterhaltsberechtigten bei Tötung des Unterhaltspflichtigen nach § 844 Abs. 2 BGB, § 10 Abs. 2 KraftfG. Vorteilsanrechnung. **91,** 398 — 2) Die Beschränkung der Unterhaltspflicht nach § 1611 Abs. 2 BGB setzt den vollen Tatbestand des Rechts

zur Entziehung des Pflichtteils voraus; der Unterhaltspflichtige kann den standesgemäßen Unterhalt nicht verweigern, wenn er die Verfehlungen des Unterhaltsberechtigten verziehen hat. **92,** 6. — 3) Anspruch der Unterhaltsberechtigten nach § 2 Abs. 2 G., betr. die Entschädigung der im Wiederaufnahmeverfahren freigesprochenen Personen, v. 20. Mai 1898. Zum Begriff des Unterhalts. Ansprüche der Beamtenhinterbliebenen. **92,** 299. — 4) Inwieweit findet § 1613 BGB bei der Klage auf Herstellung des ehelichen Lebens Anwendung? **97,** 290. — 5) Unterhaltspflicht des Vaters gegenüber der ihm den Haushalt führenden Tochter. **99,** 114.

§ 187. Rechtsverhältnisse zwischen Eltern und Kindern im allgemeinen. Aussteuer und Ausstattung der Kinder.

1) Art. 19 EinfGzBGB ist nicht anwendbar, wenn die elterliche Gewalt über eine minderjährige Tochter durch deren Verheiratung mit einem Ausländer nach dem Recht des Heimatsstaats ihres Ehemanns erlischt. **91,** 407. — 2) Die Verweigerung der Aussteuer nach § 1621 Abs. 2 BGB setzt den vollen Tatbestand des Rechts zur Entziehung des Pflichtteils voraus; sie ist unzulässig, wenn der Aussteuerpflichtige die Verfehlungen der Tochter verziehen hat. **92,** 6. — 3) Inwieweit haftet der Vater für einen durch den volljährigen geisteskranken Sohn verursachten Schaden? **92,** 125. — 4) Der Begriff der „Elternschaft" ist dem BGB fremd. **94,** 242. — 5) Voraussetzungen der Befreiung der Eltern von der Erbschaftssteuer nach § 11 Nr. 4 g RErbschaftsstG. **94,** 240. — 6) Wird die Gewährung des Unterhalts seitens der Eltern durch die Dienstleistung der Tochter im Haushalt eine entgeltliche? **99,** 114.

§ 188. Elterliche Gewalt.

I. Erziehungs- und Aufsichtsrecht.

1) Einschränkung der elterlichen Gewalt durch die Fürsorgeerziehung nach dem PreußG v. 2. Juli 1900. **98,** 247. — 2) Kann trotz bestehender Fürsorgeerziehung die Haftung des Vaters aus § 832 BGB begründet sein? **98,** 247. — 3) Inwieweit ist der Streit über die Befugnis zum persönlichen Verkehr mit dem Kinde nach § 1636 BGB von dem Vormundschaftsrichter, inwieweit im Prozeßwege zu entscheiden? **100,** 179.

II. Elterliche Verwaltung und Nutznießung des Kindervermögens.

1) Nach der Übertragung der gesamten Vermögensverwaltung auf den Beistand nach § 1693 BGB ist die Mutter für einen in den Bereich dieser Verwaltung fallenden Rechtsstreit von der gesetzlichen Vertretung des Kindes ausgeschlossen. **96,** 50. — 2) Für Prozeßkosten, zu deren Tragung ein minderjähriges Kind verurteilt ist, haftet der Vater nur beim Vorhandensein von seinem Nießbrauch unterliegenden Vermögen. **97,** 175.

§ 189. **Uneheliche Kinder.**

1) Kann auf Unterlassung der Behauptung geklagt werden, daß der Kläger der Vater des unehelich geborenen Beklagten sei? **91,** 267. — 2) Der Unterhaltsanspruch nach § 1708 Abs. 1 BGB ist von der Bedürftigkeit des Kindes nicht abhängig, wird also dadurch nicht ausgeschlossen, daß das Kind von der Mutter oder einem Dritten unentgeltlich unterhalten wird. **96,** 145.

§ 190. **Annahme an Kindesstatt.**

— — — — — — — — — —

Drittes Kapitel. Vormundschaft und Pflegschaft.

§ 191. **Gemeinsames. Vormundschaft über Minderjährige.**

1) Der Vormund einer Ehefrau kann nicht in Vertretung seines Mündels die Einwilligung zu einer Schenkung des Ehemanns aus dem Gesamtgut erklären. **91,** 41. — 2) Bedarf der Vormund zum Erwerb eines Grundstücks für den Mündel aus Mitteln, die ihm von dem Testamentsvollstrecker zur Verfügung gestellt sind, der Genehmigung des Vormundschaftsgerichts? **91,** 70. — 3) Auslegung eines Verzichts der Pflegeeltern eines unehelichen Kindes auf Erstattung der Pflegekosten bei Unterschlagung der Unterhaltsgelder durch den Vormund. **96,** 145. — 4) Sorgfaltspflicht des Vormundschaftsrichters gegenüber einem der Untreue verdächtigen Vormund. **96,** 146. — 5) Der Minderjährige bedarf zur Eingehung, nicht aber zur Auflösung des Verlöbnisses der Einwilligung des gesetzlichen Vertreters. **98,** 15. — 6) Die Entscheidung des Vormundschaftsgerichts über die Genehmigung ist keine rechtsgeschäftliche Willenserklärung, sondern ein obrigkeitlicher Akt. **99,** 74. — 7) Erstreckt sich die vom Vormundschaftsgericht erteilte Genehmigung eines Grundstücksveräußerungsvertrags auch auf mündliche Nebenabreden? **99,** 72.

§ 192. **Vormundschaft über Volljährige.**

— — — — — — — — — —

§ 193. **Pflegschaft.**

1) Kann derselbe Pfleger mehrere minderjährige Miterben vertreten a) bei der Erbauseinandersetzung? b) bei der Übereignung des gesamten Nachlasses an einen volljährigen Miterben? c) bei der Überlassung eines einzelnen Nachlaßgegenstandes an einen solchen? **93,** 335. — 2) Gesetzliche Vertretungsbefugnis des mit den Rechten eines Pflegers ausgestatteten Beistands. **96,** 50. — 3) Voraussetzung der Einleitung einer Abwesenheitspflegschaft nach § 1911 Abs. 2 BGB. Ist Abwesenheit vom Wohnsitze erforderlich? **98,** 263. — 4) Beschwerdeberechtigung des Abwesenheitspflegers wegen Einleitung der Pflegschaft. **98,** 264.

Fünfter Abschnitt. Erbrecht.

§ 194. Erbrecht. Erbschaft. Erbe. Gesetzliche Erbfolge.

1) Örtliches Recht für die Beerbung von Ausländern, die im Ausland ihren Wohnsitz gehabt haben und dort verstorben sind. **91,** 139. — 2) Vorwirkungen erbrechtlicher Verhältnisse bei Lebzeiten des Erblassers. **92,** 3. — 3) Ist eine Klage auf Feststellung eines erbrechtlichen Verhältnisses bezüglich des Nachlasses eines noch Lebenden zulässig? **92,** 2. — 4) Inwieweit gilt der Grundsatz viventis hereditas non datur? **92,** 2. — 5) Bestellung einer Kautionshypothek für einen künftigen Erbteil seitens des Erblassers. **92, 4 (65, 364).** — 6) Zum Begriff des Wegfalls des Erben. **95,** 98. — 7) Für die Anwendung des § 1933 BGB steht die Ladung zum Sühnetermin der Erhebung der Klage auf Scheidung oder auf Aufhebung der ehelichen Gemeinschaft nicht gleich. **96,** 202. — 8) Zum Begriff der „künftigen gesetzlichen Erben" in § 312 Abs. 2 BGB. **98,** 331.

§ 195. Anfall, Annahme und Ausschlagung der Erbschaft.

Ausschlagung der Erbschaft durch den Pflichtteilsberechtigten. **93,** 9.

§ 196. Nachlaß. Nachlaßverbindlichkeiten. Aufgebot der Nachlaßgläubiger.

———

§ 197. Haftung des Erben für die Nachlaßverbindlichkeiten.

1) Unbeschränkte Haftung des Erben, der die Erfüllung einer Vertragspflicht des Erblassers aus einem Gesellschaftsverhältnis schuldhaft vereitelt. **92, 343.** — 2) Haftung der Statutarerbin für die während der Ehe gemachten Schulden nach Solmser Landrecht. **99,** 244.

§ 198. Nachlaßpflegschaft. Nachlaßverwaltung. Nachlaßgericht.

———

§ 199. Erbschaftsanspruch.

1) Kann der Ehemann im eigenen Namen und ohne Zuziehung der Ehefrau wegen einer dieser angefallenen Erbschaft Klage auf Feststellung des Nachlaßbestandes und Herausgabe des Erbteils der Frau erheben? **92,** 157. — 2) Zulässigkeit der Erbschaftsklage gegen einzelne Miterben. **95,** 97.

§ 200. Mehrheit von Erben. Auseinandersetzung von Miterben. Ausgleichung. Verhältnis zu den Nachlaßgläubigern.

1) Ist der Vergleich zwischen Miterben, durch den der eine Teil den Anspruch auf ein streitiges Kapital aufgibt und als Entschädigung für die Nutzungen des Kapitals den lebenslänglichen Anspruch auf die Zinsen erhält, als Leibrentenvertrag anzusehen? **91,** 8. — 2) Einwirkung der Ausgleichungs- und Anrechnungspflicht auf die Befugnisse des Pflichtteilsberechtigten nach § 2306 Abs. 1 BGB. **93,** 4. — 3) Rechtliche Natur

des Anspruchs aus § 2039 BGB. **93**, 129. — 4) Dem von einem Miterben auf die Klage aus § 2039 BGB erwirkten Urteil kommt Rechtskraft weder für noch gegen die anderen Miterben zu. **93**, 129. — 5) Streitwert bei der Klage aus § 2039 BGB. **93**, 128. — 6) Kann der Vorausvermächtnisnehmer die Leistung des Vermächtnisses von den Miterben schon vor der Erbauseinandersetzung fordern? **93**, 197. — 7) Gesamthand- nicht Gesamtschuldklage des Miterbengläubigers während des Bestehens der Erbengemeinschaft. **93**, 197. — 8) Im Innenverhältnis haften die Miterben nicht als Gesamtschuldner, sondern ein jeder nur zu dem seiner Erbquote entsprechenden Anteil, sofern nichts anderes letzwillig verfügt oder vereinbart ist. **93**, 197. — 9) Verfügungen, die entgegen § 2040 BGB nur von einem Teil der Miterben vorgenommen werden, sind völlig wirkungslos; § 185 Abs. 2 BGB findet keine Anwendung. **93**, 294, 296. — 10) Rechtliche Natur der Erbengemeinschaft. **93**, 294. — 11) Muß die Klage, welche vor der Teilung des Nachlasses eine Verfügung über einen Nachlaßgegenstand verlangt, gegen sämtliche Miterben angestellt werden? **93**, 295. — 12) Löschungsbewilligung des auf dem Nachlaßgrundstück eingetragenen Nacherbenvermerks als Verfügung über einen Nachlaßgegenstand i. S. des § 2040 BGB. **93**, 296. — 13) Sind bei einem Erbauseinandersetzungsvertrag mehrere minderjährige Miterben beteiligt, so muß jeder von ihnen durch einen besonderen Pfleger vertreten werden. **93**, 335. — 14) Können die mehreren minderjährigen Erben durch einen und denselben gesetzlichen Vertreter vertreten werden a) bei einem Vertrag, durch den sie einem volljährigen Miterben den gesamten Nachlaß gegen Zahlung einer bestimmten Abfindungssumme an jeden von ihnen übereignen? b) bei einem Vertrag, der die Überlassung eines einzelnen Nachlaßgegenstands betrifft? **93**, 337. — 15) Genügt bei einer rein rechnerischen Teilung unter Miterben die Bestellung eines Pflegers für die beteiligten Minderjährigen? **93**, 336. — 16) Unter welchen Voraussetzungen ist anzunehmen, daß eine Auseinandersetzung unter Miterben ausschließlich in der Erfüllung einer Verbindlichkeit i. S. des § 181 BGB besteht? **93**, 336. — 17) Der Miterbe hat einen Anteil zur gesamten Hand nicht nur am Nachlaß als solchem, sondern auch an den einzelnen zum Nachlaß gehörigen Gegenständen. **94**, 243. — 18) Zum Begriff des Anteils zur gesamten Hand. **94**, 243. — 19) Zur Auslegung des § 2054 BGB. **94**, 262. — 20) Zulässigkeit der Erbschaftsklage gegen einzelne Miterben. **95**, 97. — 21) Rechte des Pfändungsgläubigers an einem Erbteil hinsichtlich der Erbauseinandersetzung. **95**, 232. — 22) Entfällt für den auf das Nichtbestehen einer Schuld an den Nachlaß gerichteten Feststellungsantrag eines Miterben das rechtliche Interesse, wenn der beklagte Miterbe sich erbietet, die Schuld zu erlassen? **95**, 260. — 23) Kann ein Miterbe die Auseinandersetzung deshalb ablehnen, weil nach dem Teilungsplan einzelne Nachlaßbestandteile vorläufig von der Teilung ausgeschlossen werden sollen? **95**, 326. — 24) Müssen vor Teilung des Nachlasses auch solche Nachlaßverbindlichkeiten berichtigt werden, welche nur einzelnen Miterben zur Last fallen? **95**, 327. — 25) Auch der Testamentsvollstrecker ist an die Vorschriften des § 2046 BGB gebunden. **95,** 329. — 26) Notwendige Streitgenossenschaft der in ungeteilter Gemeinschaft befindlichen, gemeinsam klagenden Erben. **96,** 52. — 27) Keine Anwendung der §§ 2038, 745 BGB auf die Frage der Bestattungsart des Erblassers. **100,** 173.

§ 201. Testamente.

I. Testamentserrichtung.

1) Kann in der Genehmigung des eine Erklärung enthaltenden Protokolls diese Erklärung selbst liegen? **92,** 29. — 2) Kann in der objektiven Feststellung der Schreibunfähigkeit oder der Sprachunkunde des Erblassers im Protokolle die Feststellung der Erklärung, nicht schreiben zu können, bzw. der deutschen Sprache nicht mächtig zu sein, gefunden werden? **92,** 29. — 3) Bedarf die Feststellung der Erklärung des Erblassers, nicht schreiben zu können oder der deutschen Sprache nicht mächtig zu sein, der Vorlesung und Genehmigung? **92,** 29. — 4) Zur Bedeutung des Wortes „Protokoll". **92,** 30. — 5) Für die mündliche Erklärung des letzten Willens wie für die mündliche Erklärung, daß die übergebene Schrift den letzten Willen enthalte, ist eine bestimmte Form nicht vorgeschrieben. **92,** 31. — 6) Rechtliche Bedeutung des Protokolls und seiner Genehmigung. **92,** 33. — 7) Kann die mündliche Erklärung, daß die übergebene Schrift den letzten Willen enthalte, durch die bloße mündliche Genehmigung des Protokolls erfolgen? **92,** 27. — 8) Rechtliche Bedeutung der Formerfordernisse der Testamentserrichtung; nach welchen Grundsätzen ist zu entscheiden, ob den Formvorschriften genügt ist? **97,** 297. — 9) Unter welchen Voraussetzungen ist die dem Testamente gemäß § 2244 Abs. 2 BGB als Anlage beigefügte Übersetzung als Teil des Protokolls anzusehen? **97,** 295.

II. Testamentseröffnung.

— — — — — — — — — — —

III. Unwirksamkeit, Nichtigkeit, Anfechtung, Aufhebung und Widerruf des Testaments.

— — — — — — — — — — —

IV. Inhalt. Erbeinsetzung. Ausschließung von der Erbfolge Auslegung der Testamente.

1) Zur Anwendung der Beweisregel des § 2084 BGB. **92,** 72. — 2) Kann die fortgesetzte Gütergemeinschaft durch Testament ausgeschlossen werden? **94,** 317. — 3) § 2065 BGB steht der Einsetzung eines Nacherben unter der aufschiebenden oder auflösenden Bedingung, daß der Vorerbe nicht anders über den Nachlaß verfüge, nicht entgegen. **95,** 279. — 4) Ausnahmen von der Regel des § 2065 Abs. 2 BGB für Vermächtnisse und Auflagen. **96,** 17. — 5) Einzelvermächtnisse oder Errichtung einer unselbständigen Stiftung durch Auflage? **96,** 18. — 6) Ergänzende Testamentsauslegung. **99,** 85. — 7) Anordnung eines Schiedsgerichts

durch Testament. **100,** 76. — 8) Verbindlichkeit einer letztwilligen Verfügung über die Art der Bestattung. **100,** 172. — 9) Auslegung einer testamentarischen Bestimmung über die Errichtung einer Familienstiftung. **100,** 231.

V. Ersatzerbe. Vorerbe. Nacherbe.

1) Gemeinschaft der Nacherben zur gesamten Hand. **93,** 296. — 2) Löschungsbewilligung des auf einem Nachlaßgrundstück eingetragenen Nacherbenvermerks als Verfügung über einen Nachlaßgegenstand i. S. des § 2040 BGB. **93,** 296. — 3) Die Eintragung des Rechts des Nacherben nach § 52 GBO begründet eine dingliche Sicherung dieses Rechts. **93,** 296. — 4) Muß die Klage auf Löschung des Nacherbenvermerks gegen alle Nacherben gerichtet werden? **93,** 292. — 5) Zum Begriff des Nacherben. **95,** 14. — 6) Bedeutung der Berufung eines Ersatzerben. **95,** 98. — 7) Wird die Vererblichkeit des Anwartschaftsrechts des Nacherben durch die Einsetzung eines Ersatznacherben ausgeschlossen? **95,** 97. — 8) Zulässigkeit der Einsetzung eines Nacherben unter einer Bedingung, insbesondere auch der, daß der Vorerbe nicht anders über den Nachlaß verfügt. **95,** 279. — 9) Befugnis des einzelnen von mehreren Nacherben zur Geltendmachung des Anspruchs auf Erteilung eines Verzeichnisses der Erbschaftsgegenstände. **98,** 26. — 10) Der Anspruch aus § 2121 BGB kann nur während der Dauer der Vorerbschaft, nicht mehr nach Eintritt des Nacherbfalls geltend gemacht werden. **98,** 25. — 11) Kann in der Erbeinsetzung eines Geschwisterkinds eine stillschweigende Ersatzberufung seiner Abkömmlinge gefunden werden? **99,** 82.

VI. Gemeinschaftliches Testament. Korrespektives Testament.

Wird ein korrespektives Testament durch die Errichtung eines neuen widersprechenden Testaments des überlebenden Ehegatten hinfällig, wenn dieser vor Ablauf der Ausschlagungsfrist und vor Entscheidung über Annahme oder Ausschlagung des ihm durch das korrespektive Testament Zugewendeten stirbt? **95,** 218.

VII. Testamentsvollstrecker.

1) Ist der Testamentsvollstrecker befugt, aus den Mitteln des Nachlasses Grundstücke zu erwerben? Ist die Genehmigung des Vormundschaftsgerichts erforderlich, wenn der Testamentsvollstrecker sich hierbei der Mitwirkung des Vormundes des minderjährigen Erben bedient? **91,** 70. — 2) Muß der Beklagte, um die Unrichtigkeit der Vermutung der §§ 2368 Abs. 3, 2365 BGB geltend zu machen, ein besonderes sachliches Interesse darlegen? **92,** 70. — 3) Wie ist der Gegenbeweis gegen diese Vermutung zu führen? **92,** 71. — 4) Die Testamentsvollstreckung braucht nicht mit feierlichen Worten angeordnet zu werden; die Anordnung kann auch in die Form einer Hoffnung oder eines Wunsches gekleidet werden. **92,** 72. — 5) Die Auswahl des Testamentsvollstreckers kann auch dem Erben überlassen werden. **92,** 72. — 6) Auch der Testamentsvollstrecker ist

an die Vorschriften des § 2046 BGB gebunden. **95,** 329. — 7) Gegen einen **Testamentsvollstrecker als Nachlaßschuldner können die übrigen Testaments**vollstrecker allein die Klage anstellen. **98,** 174. — 8) Kann die Behinderung eines Testamentsvollstreckers, bei einer einzelnen Nachlaßangelegenheit mitzuwirken, einen wichtigen Grund zu seiner Entlassung bilden? **98,** 174. — 9) Inwieweit gehört die gerichtliche Beitreibung einer Nachlaßforderung zu den in § 2224 Abs. 2 BGB bezeichneten Maßregeln? **98,** 174. — 10) Einem Testamentsvollstrecker als solchem kann nicht unbeschränkt die Befugnis zur Auslegung des Testaments beigelegt werden. **100,** 77. — 11) Kann der zum Testamentsvollstrecker Berufene zugleich zum Schiedsrichter ernannt werden? **100,** 76. — 12) Keine unzulässige Klagänderung, wenn der Miterbe nach Kündigung des Amtes durch den beklagten Testamentsvollstrecker anstatt der Bewirkung der Auseinandersetzung Rechenschaftslegung, Herausgabe des Nachlasses und Schadensersatz fordert. **100,** 95. — 13) Testamentsvollstrecker als Nachlaßvertreter i. S. des § 207 BGB; Beginn der dort bezeichneten Frist. **100,** 281. — 14) Wie ist der Nachweis der Ernennung zum Testamentsvollstrecker zu führen? **100,** 282.

§ 202. Vermächtnisse. Schenkung von Todes wegen.

1) Kann der Vorausvermächtnisnehmer die Leistung des Vermächtnisses von den Miterben schon vor der Erbauseinandersetzung fordern? **93,** 197. — 2) Voraussetzungen des Nachvermächtnisses. **95,** 14. — 3) Liegt eine Schenkung vor, wenn der überlebende, zum Erben des Vorverstorbenen eingesetzte Ehegatte den Gegenstand eines im Erbvertrag ausgesetzten Vermächtnisses bei Lebzeiten dem Bedachten übereignet? **95,** 12. — 4) Beschwerung eines unter der Bedingung, daß der Vorerbe nicht anders über den Nachlaß verfügt, eingesetzten Nacherben mit einem Vermächtnis. **95,** 278. — 5) Gültigkeit einer Anordnung, die dem Beschwerten oder einem Dritten sowohl die Bestimmung des aus einem Kreise von mehreren Personen zu Bedenkenden als auch die Bestimmung der zuzuwendenden Vermächtnisanteile überläßt. **96,** 17. — 6) Wesentliche Voraussetzung des § 2151 Abs. 1 BGB ist das Vorhandensein eines beschränkten, leicht übersehbaren Personenkreises, aus dem der Vermächtnisnehmer auszuwählen ist. **96,** 17. — 7) Einzelvermächtnisse oder auf Stiftung eines Zweckvermögens gerichtete Auflage? **96,** 17. — 8) Ist die Abrede wirksam, daß ein bei einem Dritten hinterlegtes Vermögensstück jemandem nach dem Tode des Eigentümers ausgehändigt werde? **98,** 281.

§ 203. Erbvertrag. Erbverzicht.

I. Erbvertrag. 1) Feststellungsklage des Vertragserben, daß eine wegen Übergehung eines Pflichtteilsberechtigten erklärte Anfechtung des Erbvertrags seitens des Erblassers unwirksam sei. **92,** 4. — 2) Auslegung eines Erbvertrags. **95,** 14.

§ 204. Pflichtteil.

1) Pflichtteilsrecht und Pflichtteilsanspruch; nur für den letzteren gilt der Grundsatz, daß eine Klage auf Feststellung eines erbrechtlichen

Verhältnisses bezüglich des Nachlasses eines noch Lebenden ausgeschlossen ist. **92,** 2. — 2) Rechtliche Wirkungen des Pflichtteilsrechts bei Lebzeiten des Erblassers; Einschränkung der Testierfreiheit, Hinterlassungspflicht des Erblassers. **92,** 3. — 3) Voraussetzungen, Ausübung und Erlöschen des Rechts „zur Entziehung des Pflichtteils". **92,** 4. — 4) Rechtliche Natur des Rechts auf Entziehung des Pflichtteils; Recht des rechtlichen Könnens. **92,** 6. — 5) Klage auf Feststellung des Rechts zur Entziehung des Pflichtteils. **92,** 1. — 6) Die Beschränkung der Unterhaltspflicht nach § 1611 Abs. 2 BGB und der Wegfall der Aussteuerpflicht nach § 1621 Abs. 2 BGB setzen den vollen Tatbestand des Rechts zur Entziehung des Pflichtteils voraus. **92,** 6. — 7) Hat ein im Rechtsstreit zwischen Unterhaltspflichtigem und Unterhaltsberechtigtem ergehendes Feststellungsurteil, daß jener berechtigt sei, diesem den Pflichtteil zu entziehen, Rechtskraftwirkung für und gegen die Erben des ersteren? **92,** 8. — 8) Ist der Pflichtteil wegen Anwendung der §§ 2315, 2316 BGB größer oder geringer als die Hälfte des gesetzlichen Erbteils, so ist der rechnerische Betrag des Pflichtteils maßgebend für die Frage, ob der zum Erben berufene Pflichtteilsberechtigte nach § 2306 Abs. 1 BGB ausschlagen muß oder nicht. **93,** 8. — 9) Im Falle des § 2306 Abs. 1 Satz 1 BGB kann der Erbe auch durch Ausschlagung der Erbschaft nicht einen Pflichtteilsanspruch erlangen; nur soweit sein Erbteil den Pflichtteil nicht deckt, steht ihm der Anspruch aus § 2305 (der Pflichtteilsrestanspruch) zu. **93,** 9. — 10) Der Pflichtteilsrestanspruch nach § 2305 BGB ist der gewöhnliche Pflichtteilsanspruch aus §§ 2303, 2317, eingeschränkt durch den Wert des dem Pflichtteilsberechtigten hinterlassenen Erbteils. **93,** 9. — 11) Klagenverbindung aus § 2306 Abs. 1 Satz 2 und aus § 2305 BGB. **93,** 10. — 12) Die Unpfändbarkeit des Pflichtteilsanspruchs nach § 852 ZPO kann nur nach § 766 ZPO geltend gemacht werden. **93,** 78. — 13) Voraussetzungen des selbständigen Pflichtteilsanspruchs des entfernteren Abkömmlings. Wird dieser Anspruch dadurch berührt, daß der nähere Abkömmling, dem der Pflichtteil nach §§ 2333, 2336 BGB entzogen ist, dem Erben gegenüber auf den Pflichtteil verzichtet oder sich hinsichtlich dieses Anspruchs durch Leistungen des Erben für abgefunden erklärt hat? **93,** 194. — 14) Die zwischen dem entfernteren und dem näheren Abkömmling streitige Frage über die Berechtigung zum Empfange des Pflichtteils kann in einem Rechtsstreit zwischen einem dieser Prätendenten und dem Erben nicht mit Wirkung gegen den andern Prätendenten rechtskräftig zur Entscheidung gebracht werden. **93,** 196. — 15) Hat die Erklärung des Pflichtteilsberechtigten gegenüber den letztwillig berufenen Erben, auf seinen Pflichtteil zu verzichten, und die Annahme dieser Erklärung durch die Erben rechtliche Wirkung, wenn der Pflichtteilsberechtigte irrtümlich annahm, daß der Erblasser noch lebe, während den Erben dessen Tod bekannt war? **93,** 298. — 16) Nichtigkeit des Vertrags über den künftigen Pflichtteil mit den künftigen Testamentserben nach § 312 Abs. 1 BGB. **93,** 299. — 17) Zur Auslegung des § 2331 Abs. 1 Satz 2 BGB. Die Zuwendung an die nicht gemeinschaftlichen Kinder eines Eheteils gilt als von diesem Ehegatten aus seinem (gedachten)

Anteil am gemeinschaftlichen Vermögen gemacht. **94,** 264, 265. — 18) Für welchen Zeitpunkt ist zu prüfen, ob sich die Zuwendung an nichtgemeinschaftliche Kinder innerhalb des ihrem Elternteil zustehenden Hälfteanteils am gütergemeinschaftlichen Vermögen hält? **94,** 266. — 19) § 2331 BGB gilt für den eigentlichen Pflichtteilsanspruch wie für den Pflichtteilsergänzungsanspruch. **94,** 265. — 20) In der Wiedergabe der in § 2333 Nr. 5 gebrauchten Worte „Führung eines ehrlosen oder unsittlichen Lebenswandels wider den Willen des Erblassers" liegt eine genügende Angabe des Grundes der Pflichtteilsentziehung. **95,** 24. — 21) Unter welchen Voraussetzungen die Pflichtteilsentziehung zulässig ist und in welcher Form dieses Recht auszuüben ist, ist, wenn der Erbfall nach Inkrafttreten des BGB eingetreten ist, nach BGB zu beurteilen. **96,** 202. — 22) Die Ladung zum Sühnetermin steht für die Anwendung des § 1933 BGB der Erhebung der Klage auf Scheidung oder auf Aufhebung der ehelichen Gemeinschaft nicht gleich. **96,** 202. — 23) Ist der Verzicht auf den Pflichtteil zu Lebzeiten des Erblassers einem von diesem durch Testament berufenen Verwandten gegenüber wirksam? **98,** 333. — 24) Zum Begriff des „Trachtens nach dem Leben" in § 2333 BGB. **100,** 115.

§ 205. Erbunwürdigkeit.

— — — — — — — — — — —

§ 206. Erbschein.

1) Erfordernisse des Gegenbeweises gegen die Vermutung des § 2365 BGB. **92,** 71. — 2) Erfordernisse des Rechtshilfeersuchens im Verfahren betr. die Ausstellung eines Erbscheins; zu §§ 2354 flg. BGB. **95,** 286.

§ 207. Erbschaftskauf.

— — — — — — — — —

Sechster Abschnitt. Handelsrecht.

Erstes Kapitel. Der Handelsstand.

§ 208. Kaufleute. Handelsgewerbe. Handelsgeschäft. Zweigniederlassung.

1) Unter welchen Voraussetzungen sind die Leiter einer Zweigniederlassung als besondere, satzungsgemäß bestimmte Vertreter i. S. des § 30 BGB anzusehen? **91,** 3. — 2) Kann ein versehentlich in das Handelsregister eingetragener Minderkaufmann wegen Verstoßes gegen die Buchführungspflicht des Vollkaufmanns bestraft werden? **93,** 240. — 3) Bücherrevisor und Makler als Minderkaufmann. **99,** 24.

§ 209. Handelsregister.

1) Die Tätigkeit des Notars, der eine von ihm beurkundete oder beglaubigte Erklärung auf Grund des § 129 FGG dem Gericht behufs

Eintragung in das Handelsregister einreicht, fällt in den Bereich seiner amtlichen Tätigkeit, auch wenn er auf besonderes Ersuchen der Partei handelt. **93**, 69. — 2) Haftung auf Grund der Eintragung in das Handelsregister als einer der Öffentlichkeit gegenüber abgegebenen Erklärung. **93**, 228, 229. — 3) Öffentlicher Glaube des Handelsregisters. Keine Anwendung des § 15 HGB auf dem Gebiete des Straf- und Konkursrechts. **93**, 240. — 4) Die Wirkungen der Eintragung in das Handelsregister nach § 15 HGB treten nicht ein bei unerlaubten, außerhalb des Gebiets des Geschäftsverkehrs liegenden Handlungen. **93**, 238. — 5) Treten diese Wirkungen ein für den Prozeßverkehr und für solche unerlaubte Handlungen, die innerhalb des Geschäftsverkehrs sich ereignet haben? **93**, 244. — 6) Setzt die Anwendung des § 15 HGB einen konkreten Zusammenhang zwischen der Unkenntnis der einzutragenden Tatsache und dem Verhalten des Dritten voraus? **93**, 242.

§ 210. Handelsfirma. Fortführung eines Handelsgeschäfts.

1) Ermächtigung zum Gebrauch der Firma an einen andern in dessen eigenen Geschäften als Bestellung zu einer Verrichtung i. S. des § 831 BGB. **92**, 345. — 2) Rechtliche Natur der Firma des Einzelkaufmanns. **93**, 186. — 3) Rechtliche Bedeutung der Fortführung des Geschäfts und des Eintritts in eine offene Handelsgesellschaft nach §§ 25, 28, 130 HGB. Die dadurch begründete Haftung erstreckt sich nicht auf nichtige Verbindlichkeiten. **93**, 228. — 4) Haftung desjenigen, der als persönlich haftender Gesellschafter in das Geschäft eines geschäftsunfähigen Einzelkaufmanns eintritt, sowie des später neu hinzutretenden Gesellschafters für die auf ungerechtfertigter Bereicherung beruhende Verbindlichkeit des Geschäftsunfähigen. **93**, 229. — 5) Übertragung der Kundschaft eines Geschäfts gegen das Versprechen der Zahlung eines Bruchteils vom Umsatz; rechtliche Natur des Vertrags; Folgen der Einstellung des Betriebs seitens des Erwerbers. **95**, 38. — 6) Voraussetzungen und Umfang des Firmenschutzes nach § 16 UWG. Aufnahme der Worte „Birresborner Mineralbrunnen" in die Firma. **95**, 292. — 7) Übergang des Rechts und der Verpflichtung aus einem Wettbewerbsverbot auf den Übernehmer des Geschäfts nach § 25 HGB. **96**, 173. — 8) Ist § 18 Abs. 2 HGB auf die Fälle des § 22 anwendbar? **96**, 196. — 9) Inwieweit kann eine abgeleitete Firma abgeändert werden? **96**, 195. — 10) Unzulässigkeit der Führung zweier Firmen durch eine offene Handelsgesellschaft. **99**, 159. — 11) Übertragung von Geschäft und Firma an den Handlungsgehilfen als Treuhänder; schuldrechtliche Verpflichtung des Letzteren zur weiteren Übertragung. **99**, 158. — 12) Ist, wenn eine Firma unter der Bezeichnung als offene Handelsgesellschaft verklagt wird, während sie in Wahrheit die eines Einzelkaufmanns ist, letzterer als verklagt anzusehen? **99**, 271. — 13) Ist die öffentliche Zustellung des Urteils an eine beklagte Firma rechtswirksam, wenn diese im Urteil als offene Handelsgesellschaft bezeichnet ist, während sie in Wirklichkeit die eines Einzelkaufmanns ist? **99**, 271. — 14) Zur Frage der Verwechselungsfähigkeit von Sachfirmen;

Bedeutung des Wortsinns der Sachfirma. **100,** 45. — 15) Nach § 12 WZG kann die Löschung einer Firma verlangt werden, die das eingetragene Warenzeichen als Firmenbestandteil aufgenommen hat. **100,** 267.

§ 211. Handelsbücher. Bilanz.

1) Zur Bewertung ausstehender Forderungen in der Bilanz. **91,** 411. — 2) Zur Berechnung der Beträge für Abnutzung nach § 261 Nr. 3 HGB und § 42 Nr. 1 GmbHG; Berücksichtigung künftiger Unverwendbarkeit der Maschinen. **91,** 410. — 3) Zur Berücksichtigung des Geschäfts- und Firmenwerts bei der Abschichtungsbilanz. **94,** 108. — 4) Jahresbilanz der GmbH. Unzulässigkeit der Schmälerung des Gewinnanteils des Gesellschafters durch willkürliche Minderbewertung von Vermögensgegenständen. **94,** 214. — 5) Bedeutung der Genehmigung der Bilanz einer Aktiengesellschaft. **98,** 112. — 6) Inwieweit ist die Einstellung zu niedriger Aktiva und zu hoher Passiva in die Bilanz zulässig? Bildung stiller Reserven. **98,** 322. — 7) Behandlung von Darlehnsschulden, die aus dem Reingewinn zu bezahlen sind, und von Tantiemen bei der Bilanzaufstellung der Aktiengesellschaft. **91,** 321.

§ 212. Prokura. Handlungsvollmacht.

1) Die Erteilung der Prokura oder einer Handlungsvollmacht schließt die Eigenschaft eines Vertreters i. S. des § 30 BGB nicht aus. **91,** 3. — 2) Hat der Handlungsreisende kraft Gesetzes Vollmacht, Verträge fest abzuschließen? **97,** 1. — 3) Der Kaufmann, der einen Angestellten die Geschäftsbriefe, welche Verhandlungen über den Abschluß von Geschäften betreffen, namens der Firma unterzeichnen läßt, gibt damit kund, daß der Briefschreiber zur Führung dieser Verhandlungen berechtigt ist. **100,** 49. — 4) Muß der Kaufmann solchenfalls den Angestellten auch dann als Handlungsbevollmächtigten gelten lassen, wenn der Angestellte dem andern Teil erklärt, dessen Gebot erst seinem abwesenden Geschäftsherrn übermitteln zu müssen, und er nach einiger Zeit mündlich ein neues Gebot macht? **100,** 49.

§ 213. Handlungsgehilfen. Handlungslehrlinge. Wettbewerbsverbot.

1) Können bei der Prüfung der Rechtsmäßigkeit einer Kündigung auch deren vermögensrechtliche Folgen berücksichtigt werden? **94,** 166. — 2) Hat der Handlungsreisende kraft Gesetzes Vollmacht, Verträge fest abzuschließen? **97,** 1. — 3) Aufsichtsrecht und Aufsichtspflicht, auch nach § 832 BGB, des kaufmännischen Lehrherrn. **97,** 230. — 4) Handlungsgehilfe als treuhänderischer Inhaber von Geschäft und Firma. **99,** 158.

§ 214. Handlungsagenten.

1) Auf den Agenturvertrag findet § 326 BGB nicht Anwendung. **92,** 160. — 2) Findet § 92 Abs. 2 HGB auf den Kommissionsagenturvertrag Anwendung? **92,** 160. — 3) Können bei der Prüfung der Rechtmäßigkeit einer Kündigung auch deren vermögensrechtliche Folgen berücksichtigt werden? **94,** 166. — 4) Zum Begriff des „ständigen Betraut-

seins" in § 84 HGB. **95,** 135. — 5) § 88 Abs. 2 HGB findet keine Anwendung auf den Mäklervertrag. **95,** 137. — 6) Zweck und Voraussetzung des § 85 HGB; keine Anwendung der Vorschrift, wenn der Agent nur den Vertragsantrag des Dritten entgegengenommen und dem Geschäftsherrn übermittelt hat, oder er das Geschäft nur unter Vorbehalt der Genehmigung des Geschäftsherrn abgeschlossen hat. **96,** 288. — 7) Beweislast für den vorbehaltslosen Abschluß des Geschäfts durch den Agenten. **96,** 288. — 8) Hat der als Handlungsreisender tätige Handlungsagent kraft Gesetzes Vollmacht zum Abschluß von Verträgen? **97,** 1. — 9) Was ist i. S. von § 85 HGB unter Kenntnis vom Abschluß zu verstehen? **97,** 2. — 10) Anwendung des § 95 HGB auf das Agentenverhältnis. **97,** 261.

§ 215. Handelsmäkler.

1) Aufgaben und Vertretungsbefugnis des Schiffsmaklers. **97,** 217. — 2) Voraussetzungen der Anwendung des § 95 HGB. **97,** 261.

Zweites Kapitel. Die Handelsgesellschaften. (Gesellschaften m. b. H. Genossenschaften.)

§ 216. Die offene Handelsgesellschaft.

I. Errichtung. 1) Haftung aus dem Eintritt als persönlich haftender Gesellschafter in das Geschäft eines geschäftsunfähigen Einzelkaufmanns. **93,** 227. — 2) Stempelpflicht der Einbringung von Grundstücken in eine offene Handelsgesellschaft. Unter welchen Voraussetzungen stellt das Einbringen einen Bestandteil des Vertrags über die Errichtung der Gesellschaft, nicht ein selbständiges Veräußerungsgeschäft dar? **93,** 264, 268. — 3) Unzulässigkeit der Führung mehrerer Firmen durch eine offene Handelsgesellschaft. **99,** 159.

II. Rechtsverhältnisse der Gesellschafter untereinander und zur Gesellschaft. 1) Gesellschaftsvermögen und Privatvermögen der Gesellschafter im Konkurse; Anwendung der §§ 64, 68 KO. Gehört ein für Gesellschaftsschulden verpfändetes, zum Privatvermögen eines Gesellschafters gehöriges Grundstück zur Konkursmasse der Gesellschaft? **91,** 13. — 2) Bei Ansprüchen aus dem inneren Verhältnis der Gesellschafter zueinander bleibt das Einzelklagerecht neben der Möglichkeit, namens der Gesellschaft zu klagen, bestehen. **91,** 36. — 3) Können die Gesellschafter in dem Gesellschaftsvertrag ihre Unterordnung unter einen künftigen Mehrheitsbeschluß, insbesondere über die Erhöhung ihrer Beitragspflicht, wirksam erklären? Erfordernisse und Grenzen einer solchen Bestimmung. **91,** 166. — 4) Ausgleichungspflicht unter Gesellschaftern. **91,** 278. — 5) Vertrag über die Aufnahme eines neuen Gesellschafters; er wird von den Gesellschaftern nur für sich persönlich abgeschlossen. **91,** 413. — 6) Befinden sich die Gesellschafter einer offenen Handelsgesellschaft, wenn sie zusammenklagen oder verklagt werden, in notwendiger Streitgenossenschaft? **91,** 413. — 7) Ist die Vereinbarung rechtswirksam, daß auf Verlangen eines Gesellschafters weitere von diesem zu bezeichnende Personen in die Gesellschaft aufzunehmen sind? **92,** 164. — 8) Verpflichtung des Gesellschafters, dem das Vorrecht der Einschiebung neuer Teilhaber eingeräumt ist, dieses mit besonderer Rücksicht auf die Interessen der Gesellschaft auszuüben. **92,** 167. — 9) Ist ein solches Recht des Teilhabers (Optionsrecht) abtretbar? **92,** 168. — 10) Übertragung eines von der Gesellschaft erworbenen fremden Geschäfts mit Firma an einen Gesellschafter als Treuhänder. **99,** 158.

III. Rechtsverhältnis der Gesellschaft und der Gesellschafter zu Dritten. 1) Bei der Aufnahme eines neuen Gesellschafters handelt der den Vertrag abschließende Gesellschafter nicht kraft der ihm nach §§ 125, 126 HGB zustehenden Vertretungsmacht. **91,** 415. — 2) Die unerlaubte Handlung eines Gesellschafters bei Abschluß eines Vertrags über die Aufnahme eines neuen Gesellschafters begründet keine Verpflichtung der Gesellschaft zum Schadensersatz. **91,** 415. — 3) Klagebefugnis der Gesellschafter wegen gegen die Gesellschaft gerichteter beleidigender Angriffe. **95,** 341. — 4) Ist eine Vereinbarung zulässig, daß die Angestellten einer offenen Handelsgesellschaft nicht von dieser selbst, sondern ausschließlich von außerhalb ihrer stehenden Dritten entlassen werden können? **96,** 197.

IV. Auflösung und Liquidation der Gesellschaft. Ausscheiden einzelner Gesellschafter aus der Gesellschaft. 1) Von dem ausgeschiedenen Liquidator können Rechnungslegung fordern der zeitige Liquidator sowie die Gesamtheit der Gesellschafter, ein einzelner Gesellschafter nur dann, wenn der beklagte frühere Liquidator selbst Gesellschafter war. **91,** 34. — 2) Einwirkung des Todes eines Gesellschafters während des Laufs der Kündigungsfrist, wenn nach dem Vertrage sowohl im Falle der Kündigung als des Todes eines Gesellschafters dem anderen Gesellschafter das Recht zur Übernahme des Geschäfts mit der Firma zusteht. **93,** 55. — 3) Berücksichtigung des Geschäfts- (Firmen-)wertes bei der Auseinandersetzung zwischen den Gesellschaftern. **94,** 106. — 4) Ausschluß der Liquidation durch die Bestimmung des Gesellschaftsvertrags, daß im Falle des Todes eines Gesellschafters das Geschäft auf den anderen Teilhaber übergeht. **95,** 32. — 5) Tritt der Übergang des Geschäfts in einem solchen Falle auch dann ein, wenn ein Gesellschafter gekündigt hat, aber vor Ablauf der Kündigungsfrist stirbt? **95,** 33. — 6) Das Recht zur Übernahme des Geschäfts setzt eine noch nicht aufgelöste Gesellschaft voraus. **95,** 33. — 7) Kann der Gläubiger eines Gesellschafters, der dessen Anteil hat pfänden lassen, das Verfahren auf Löschung der Gesellschaft betreiben? **95,** 233. — 8) Kann nach Eintritt der Liquidation der einzelne Gesellschafter noch Forderungen der Gesellschaft einziehen und rückständige Beiträge einfordern? **100,** 166.

§ 217. Kommanditgesellschaft.

Wie wirkt der Tod eines Gesellschafters, der nach Kündigung seitens des anderen Gesellschafters innerhalb der Kündigungsfrist eintritt, auf das Gesellschaftsverhältnis, wenn nach dem Vertrag im Falle des Todes eines Gesellschafters die offene Handelsgesellschaft sich in eine aus dem überlebenden Gesellschafter als Komplementar und den Erben des verstorbenen als Kommanditisten bestehende Kommanditgesellschaft umwandeln soll? **93,** 56.

§ 218. Aktiengesellschaft.

I. Allgemeine Bestimmungen. Aktien.

1) Zum Begriff der Barzahlung in § 195 Abs. 3 HGB. **94,** 62. — 2) Dauernde Wertlosigkeit der Aktien steht rechtlich deren Untergang gleich; Erlöschen des Pfandrechts an solchen Aktien. **96,** 185. — 3) Forderung der Hergabe von Aktien mit bestimmter Stücknummer als unzulässige Rechtsausübung, wenn die Aktien wertlos geworden waren. **96,** 184. — 4) Stempelpflicht bei der Stufengründung einer Aktiengesellschaft. Zur Auslegung des § 25 PreußStempG v. 30. Juni 1909. **96,** 212. — 3) Auslegung des Gesellschaftsvertrags. **97,** 241.

II. Rechtsverhältnisse der Gesellschaft und der Gesellschafter.

1) Verhältnis der Vordividende der Aktionäre zur Tantieme des Vorstandes. **91,** 320. — 2) Rechtliche Natur der Superdividende. **91,** 322. — 3) Können die Statuten vorschreiben, daß die Gesellschaft den nicht sofort eingezahlten Betrag des Grundkapitals in Form von Nachschüssen der Aktionäre, unter Vorbehalt der Rückerstattung aus späterem Gewinn, einfordert? **92,** 315. — 4) Die Aktiengesellschaft kann ungeachtet der bloßen Sollvorschrift des § 226 HGB rechtswirksam eigene Aktien erwerben. **93,** 247. — 5) Nach § 221 Satz 2 HGB ist auch die Aufrechnung seitens der Gesellschaft ausgeschlossen, sofern die Vollwertigkeit der Gegenforderung nicht außer Zweifel steht. **94,** 63. — 6) Steht dem auf Einzahlung belangten Aktionär ein Zurückbehaltungsrecht wegen des Anspruchs auf Herausgabe seiner im Besitze der Konkursmasse der Gesellschaft befindlichen Aktienurkunden zu? **94,** 64. — 7) Ist die aus der Aktienzeichnung erwachsende Einlagepflicht durch die Pflicht zur Aushändigung der Aktienurkunde wechselseitig bedingt? **100,** 3.

III. Verfassung und Geschäftsführung. Organe.

1) Zum Begriff der Rücklage in §§ 237, 245 Abs. 1 HGB. **91,** 314, 318. — 2) Sind die Reingewinnanteile, die die Generalversammlung zu Wohlfahrtszwecken bestimmt, als Rücklagen anzusehen? Gilt dies auch dann, wenn die Beträge selbständigen Kassen zugewendet werden? **91,** 314. — 3) Bildet der Gewinnvortrag auf das nächste Rechnungsjahr oder der aus dem Vorjahr übernommene Gewinnposten eine Rücklage? **91,** 317. — 4) Zur Berechnung der Tantiemen des Vorstands und des Aufsichtsrats. **91,** 314, 316. — 5) Zum Begriff der Tantiemen. **91,** 321. — 6) Ist für die Berechnung der Tantieme deren Betrag von dem Reingewinnrest (dem nach Abzug auch der freiwilligen Rücklagen verbleibenden Rest) abzuziehen? **91,** 319. — 7) Ist die Aufsichtsratstantieme erst nach Vorwegnahme der Vorstandstantieme zu berechnen? **91,** 319. — 8) Gebührt

der Vorstandstantieme der Vorzug vor der Vordividende? **91**, 320. — 9) Die Ausschlußfrist des § 271 Abs. 2 HGB ist von Amts wegen zu beachten; neue Klagegründe können nach Ablauf der Frist auch mit Einwilligung der beklagten Gesellschaft nicht mehr eingeschoben werden. **91**, 323. — 10) Generalversammlungsbeschlüsse, die auf den Stimmen von Nichtstimmberechtigten beruhen, sind bei gehöriger Protokollierung nicht nichtig, sondern nur anfechtbar. **91**, 324. — 11) Voraussetzungen der Anfechtung eines Generalversammlungsbeschlusses. **91**, 322. — 12) Zur Berechnung der Beträge für Abnutzung bei der Bilanzaufstellung. **91**, 410. — 13) Ist die Anfechtung eines Generalversammlungsbeschlusses wegen nicht ordnungsmäßiger Berufung auch dann zulässig, wenn das Ergebnis der Abstimmung durch den Mangel nicht beeinflußt war? **92**, 412. — 14) Rechtliche Natur der Sonderrücklage des KriegssteuersicherungsG v. 24. Dezember 1915. **93**, 147. — 15) Für die Berechnung der Gewinnanteile des Vorstands ist die vorbezeichnete Sonderrücklage von dem Reingewinn in Abzug zu bringen. **93**, 147. — 16) Zum Begriff der Vergütungen für die Aufsichtsratsmitglieder in Tarifnr. 9 RStempG v. 3. Juli 1913. **93**, 186. — 17) Zur Überwachungspflicht des Aufsichtsrats; inwieweit kann eine Arbeitsteilung unter den Mitgliedern des Aufsichtsrats dabei stattfinden? **93**, 338. — 18) Ist die nachträglich bewilligte Sondervergütung für ein Vorstandsmitglied als Schenkung i. S. des ErbschStG anzusehen? **94**, 322. — 19) Besonderer Verwaltungssitz neben dem eigentlichen Sitze der Gesellschaft. **95**, 171. — 20) Auslegung der Bewilligung der „üblichen Maklercourtage" bei Geschäften für Rechnung der Gesellschaft an den Vorstand der Gesellschaft. Bedeutungslosigkeit gelegentlicher Mitteilungen an einzelne Aufsichtsratsmitglieder für die Auslegung der Vereinbarung. **96**, 54. — 21) Keine Anwendung der Verjährungsvorschrift des § 852 BGB und des § 241 Abs. 5 HGB auf einen Herausgabeanspruch nach §§ 667, 675 BGB. **96**, 55. — 22) Die Besorgung der Vorstandsgeschäfte einer Aktiengesellschaft durch einen Kaufmann gehört nicht zu dem Betriebe seines Handelsgewerbes. **96**, 57. — 23) Verliert der Aktionär, der den die Jahresbilanz genehmigenden Beschluß der Generalversammlung angefochten hat, sein Anfechtungsrecht dadurch, daß er für Genehmigung der folgenden Jahresbilanz stimmt? **98**, 112. — 24) Auch eine genehmigte Bilanz unterliegt der Berichtigung auf Grund nachträglich festgestellter Fehler. **98**, 114. — 25) Verzicht der Aufsichtsratsmitglieder auf die satzungsgemäße Vergütung als steuerpflichtige Schenkung. **98**, 323. — 26) Notlage i. S. des § 11 Nr. 3 RErbschStG v. 3. Juni 1906 bei einer Aktiengesellschaft **98**, 324.

IV. Abänderungen des Gesellschaftsvertrages. Erhöhungen des Stammkapitals.

1) Die Zustimmung der betroffenen Aktionäre nach § 276 HGB ist nicht nur zur nachträglichen Begründung sondern auch zur Vermehrung ihrer Leistungspflicht erforderlich. **91**, 169. — 2) Inwieweit sind Aktienbezugsrechte veräußerlich und vererblich? **97**, 240. — 3) Sind Aktien-

bezugsrechte, die einem bei der Gründung beteiligten Bankhause im Gesellschaftsvertrag eingeräumt sind, an das Bestehen dieses Bankhauses geknüpft? **97,** 239.

V. Auflösung, Liquidation, Nichtigkeit und Konkurs der Gesellschaft.

Aussonderungsanspruch des Aktionärs auf die für ihn ausgefertigten Aktien, kein Anspruch auf Ausfertigung solcher im Konkurse der Gesellschaft **94,** 64.

§ 219. Kommanditgesellschaft auf Aktien.

— — — — — — — — — —

§ 220. Gesellschaft mit beschränkter Haftung.

(Die Paragraphen ohne Zusatz bezeichnen die des Gesetzes v 20. April 1892, betr. die Gesellschaften m. b. H., in der Fassung des Art. 11 EinfGzHGB.)

I. Errichtung.

1) Auseinandersetzung zwischen den Gesellschaftern einer Gesellschaft des bürgerlichen Rechts unter Errichtung einer GmbH. **91,** 431. — 2) Zur Auslegung der Tarifnr. 25 a PreußStempG v. 30. Juni 1909 hinsichtlich der Gesellschaften m. b. H. **96,** 212. — 3) Haftung der Gründer wegen betrügerischer Überwertung der Sacheinlagen. **100,** 177.

II. Rechtsverhältnisse der Gesellschaft und der Gesellschafter.

1) Zur Anwendung des § 824 BGB im Falle des Übergangs des gewerblichen Unternehmens desjenigen, über den unwahre Tatsachen behauptet sind, auf eine Familiengründung in Form einer GmbH. **91,** 354. — 2) Kann der Gesellschafter einer GmbH., der zugleich deren Geschäftsführer ist, als Schadensersatz bei Minderung seiner Erwerbsfähigkeit auch entgangenen Geschäftsgewinn fordern? **92,** 55. — 3) Der Anspruch aus § 31 ist kein Bereicherungsanspruch, nicht auf die noch vorhandene Bereicherung beschränkt, sondern ein gesellschaftsrechtlicher Anspruch. **92,** 81. — 4) Der Anspruch aus § 31 steht nur der Gesellschaft zu und kann vom Gläubiger nur auf Grund einer Abtretung oder Pfändung geltend gemacht werden **92,** 81. — 5) Die Rechte des Dritten, der durch eine den Vorschriften des § 30 zuwider erfolgte Zahlung geschädigt ist, bestimmen sich nach den allgemeinen Rechtsreg ln. **92,** 82. — 6) Verschiedenheit der Rechtspersönlichkeit des Alleingesellschafters von der Gesellschaft m. b. H. **92,** 84. — 7) Steht dem Gläubiger, der durch eine dem § 73 zuwider erfolgte Ausschüttung geschädigt ist, gegen den Gesellschafter ein Anspruch aus ungerechtfertigter Bereicherung zu? **92,** 82. — 8) Das Aufrechnungsverbot des § 19 Abs. 2 gilt auch für die zur Aufbringung von Fehlbeträgen nach § 24 herangezogenen Mitgesellschafter. **92,** 366. — 9) Wie vollzieht sich das Ausscheiden eines Gesellschafters im Falle seiner Kündigung? Haftung für die Stammeinlage. **93,** 326. — 10) Kann der kündigende Gesellschafter gegen die Einforderung der Stammeinlage einwenden, daß die Gesellschaftsorgane sein Ausscheiden

aus der Gesellschaft schuldhaft verhindert hätten? **93,** 328. — 11) Rechtskraftwirkung des auf die Anfechtungsklage eines Gesellschafters ergehenden Urteils für und gegen die andern Gesellschafter. **93,** 32. — 12) Kann der Gesellschafter die Jahresbilanz anfechten wegen Einstellung besonderer Abschreibungen für etwaige spätere Verluste? **94,** 213. — 13) Kann der Erwerb eines Geschäftsanteils wegen Irrtums über das Bestehen eines Wettbewerbsverbots zugunsten der Gesellschaft angefochten werden? **94,** 278. — 14) Kriegsausschuß für pflanzliche und tierische Öle und Fette, Gesellschaft m. b. H. mit öffentlichrechtlichen, insbesondere Enteignungsbefugnissen. **96,** 107, 109. — 15) Haftung des Verkäufers eines Geschäftsanteils gegenüber dem zur nachträglichen Einzahlung der Stammeinlage herangezogenen Käufer. **96,** 229. — 16) Zur Unterscheidung zwischen Geschäftsanteil und Genußscheinrecht. **97,** 200. — 17) Kann der ausgeschlossene Gesellschafter einer Gesellschaft m. b. H. gegenüber der Ausfallsforderung der Gesellschaft mit einer Gegenforderung aufrechnen? **98,** 276. — 18) Gilt die Bestimmung des Gesellschaftsvertrags, daß eine Übertragung von Geschäftsanteilen nur bei gleichzeitiger Aushändigung der über die Anteile ausgestellten Anteilscheine zulässig sein soll, auch für den Erwerb in öffentlicher Versteigerung gemäß § 23? **98,** 277. — 19) Das Verbot des Erwerbs eigener Geschäftsanteile, auf welche die Stammeinlage noch nicht vollständig eingezahlt ist, gilt auch für den Fall der öffentlichen Versteigerung solcher Anteile nach § 23. **98,** 278. — 20) Kann sich der ausgeschlossene Gesellschafter gegenüber der Ausfallsforderung der Gesellschaft darauf berufen, daß diese unzulässigerweise den Geschäftsanteil in der öffentlichen Versteigerung erworben habe? **98,** 279. — 21) Rechtliche Natur der Geschäftsanteile; Wirkung der Vereinigung sämtlicher Geschäftsanteile in einer Hand. **98,** 291. — 22) Rechtliche Möglichkeit des Verkaufs des Geschäftsvermögens der Gesellschaft m. b. H. neben dem der gesamten Geschäftsanteile. **98,** 292. — 23) Unzulässige Tilgung der Einlageschuld durch Verrechnung. **98,** 307. — 24) Rechtliche Natur des Gewinnanspruchs des Gesellschafters vor beschlossener Gewinnverteilung. **98,** 320. — 25) Rechtliche Wirkung der Übertragung des Gewinnanspruchs ohne den Geschäftsanteil und des Geschäftsanteils ohne den Gewinnanspruch; rechtliche Stellung des Zessionars gegenüber der Gesellschaft und den Gesellschaftern. **98,** 320. — 26) Enthält der Verkauf sämtlicher Geschäftsanteile aller Gesellschafter an dieselbe Person zugleich einen Kaufvertrag über das Handelsgeschäft der Gesellschaft? **100,** 203. — 27) Verpfändung eines Geschäftsanteils; Schadensersatzpflicht des Pfandgläubigers wegen unrechtmäßiger Versteigerung des Anteils nach Erlöschen des Pfandrechts. **100,** 276. — **28)** Geschäftsanteil an einer Gesellschaft m. b. H. als „sonstiges Recht" i. S. des § 823 Abs. 1 BGB. **100,** 278.

III. Vertretung und Geschäftsführung.

1). Haftung einer Gesellschaft m. b. H. und ihrer Geschäftsführer bei Zuwiderhandlung gegen § 1 G. über die Sicherung der Bauforderungen. **91,** 75. — 2) Zur Berechnung der Beträge für Abnutzung;

Berücksichtigung künftiger Unverwendbarkeit der Maschinen in der Bilanz. **91**, 410. — 3) Zur Bewertung ausstehender Forderungen in der Bilanz. **91**, 411. — 4) Berufung der Gesellschafterversammlung durch einen Gesellschafter; Voraussetzungen des § 50 Abs. 3. **92**, 410. — 5) Wer in einer nicht ordnungsmäßig berufenen Gesellschafterversammlung gegen eine Beschlußfassung Widerspruch erhebt, ist nicht als „anwesend" i. S. des § 51 Abs. 3 zu betrachten. **92**, 411. — 6) Unterliegt, wenn bei Abstimmungen in Gesellschafterversammlungen Personen mitgestimmt haben, die von der Abstimmung hätten ausgeschlossen werden müssen, der so zustandegekommene Beschluß der Anfechtung auch dann, wenn der Beschluß auch unter Absetzung der zu Unrecht abgegebenen Stimmen noch die Stimmenmehrheit hatte? **92**, 411. — 7) Beschlüsse, die in einer den § 49 Abs. 1, § 50 Abs. 3 entgegen einberufenen Gesellschafterversammlung gefaßt sind, ohne daß sämtliche Gesellschafter i. S. des § 51 Abs. 3 anwesend waren, sind schlechthin nichtig. **92**, 412. — 8) Zum Begriff der Vergütungen der Aufsichtsratsmitglieder in Tarifnr. 9 RStempG. **93**, 186. — 9) Schadensersatzanspruch des kündigenden Gesellschafters gegen die Gesellschaft wegen schuldhafter Verhinderung seines Ausscheidens durch die Gesellschaftsorgane. **93**, 328. — 10) Zur Aufstellung der Jahresbilanz. Kann der Gewinnanteil eines Gesellschafters durch die Einstellung besonderer Rücklagen zur Deckung etwaiger Verluste späterer Geschäftsjahre vermindert werden? **94**, 213. — 11) Inwieweit ist bei einer Arbeitsteilung unter mehreren Geschäftsführern der einzelne zur Überwachung der andern verpflichtet? **98**, 99. — 12) Beweislast des Geschäftsführers für seine Pflichterfüllung. **98**, 100. — 13) Verstoßen die Gesellschafter der Gesellschaft m. b. H. dadurch gegen die guten Sitten, daß sie ohne Rücksicht auf den Dritten, dem ein Gewinnanspruch abgetreten ist, zu niedrige Aktiva oder zu hohe Passiva in die Bilanz einzustellen? **98**, 322. — 14) Kann der Geschäftsführer oder der sämtliche Geschäftsanteile besitzende Gesellschafter der Gesellschaft m. b. H. zur Erfüllung der von ihm persönlich übernommenen Verpflichtung verurteilt werden, einen Dritten an dem Reingewinn zu beteiligen? **99**, 232.

IV. Abänderungen des Gesellschaftsvertrags. Erhöhungen des Stammkapitals.

1) Unterschied zwischen dem auf die Erhöhung des Stammkapitals gerichteten Beschluß und den zu seiner Ausführung vorzunehmenden Rechtshandlungen hinsichtlich der Stempelpflicht. **92**, 246. — 2) Verhältnis zwischen dem Erhöhungsbeschluß und der Erklärung der Übernahme der neuen Stammeinlagen. **92**, 246; **98**, 351. — 3) Haftung der bei der Kapitalerhöhung neu eintretenden Gesellschafter für Fehlbeträge früherer Stammeinlagen. **93**, 252. — 4) Die ursprünglichen Gesellschafter haften auch für die Fehlbeträge späterer Kapitalerhöhungen, und zwar auch dann, wenn sie der Kapitalerhöhung nicht zugestimmt haben. **93**, 252. — 5) § 53 Abs. 3 findet nur auf solche Beschlüsse Anwendung, welche eine Vermehrung der Pflichten unmittelbar betreffen, nicht z. B. auf einen Kapitalerhöhungsbeschluß als solchen. **93**, 253. — 6) Inwieweit kann eine Gesellschaft m. b. H.

Beträge des Reservefonds ihren Gesellschaftern behufs Erfüllung der Barzahlungspflicht bei Kapitalserhöhungen zur Verfügung stellen? **96**, 227. — 7) Barzahlung oder Sacheinlage bei Verwendung der Beträge eines Reservefonds zur Deckung der Geschäftsanteile? **96**, 229. — 8) Welchem Stempel unterliegt die bei der Erhöhung des Stammkapitals durch die Gesellschafter erfolgende Übernahme neuer Stammanteile? **98**, 349.

V. Auflösung, Liquidation, Nichtigkeit und Konkurs der Gesellschaft.

1) Verteilungshandlungen eines Liquidators, die gegen § 73 verstoßen, sind nicht nach § 134 BGB nichtig, sondern der Liquidator ist nur zum Ersatz der verteilten Beträge verpflichtet. **92**, 79. — 2) Steht der Ersatzanspruch des § 73 Abs. 3 nur der Gesellschaft, oder auch dem übergangenen Gläubiger unmittelbar zu? **92**, 79. — 3) Wann ist der Gläubiger „bekannt" i. S. des § 73 Abs. 2? Muß seine Forderung nicht nur dem Grunde, sondern auch dem Betrage nach bekannt sein? **92**, 80. — 4) Die Liquidationsgesellschaft besteht, auch wenn die Liquidation durch Gesellschaftsbeschluß für beendet erklärt und die Auflösung im Handelsregister eingetragen ist, weiter, so lange noch Gesellschaftsvermögen, wenn auch nur ein Forderungsrecht nach §§ 73, 31, vorhanden ist. **92**, 84. — 5) Durch die Auflösung der Gesellschaft wird ihre Rechtspersönlichkeit, Rechts- und Parteifähigkeit nicht berührt. **92**, 85. — 6) Keine Anwendung des § 419 BGB auf die Ausschüttung des Gesellschaftsvermögens an den Alleingesellschafter der Gesellschaft m. b. H. **92**, 85. — 7) Zum Begriff der „in den Verhältnissen der Gesellschaft liegenden wichtigen Gründe" der Auflösung. Besondere Berücksichtigung des persönlichen Verhältnisses bei einer aus wenigen Mitgliedern bestehenden Gesellschaft. **92**, 413. — 8) Auslegung einer Bestimmung des Gesellschaftsvertrags über das Recht zur Übernahme der Stammanteile des kündigenden Gesellschafters seitens der andern Gesellschafter oder der Gesellschaft selbst. **95**, 40. — 9) Zerwürfnisse unter den Gesellschaftern, welche den Geschäftsgang der Gesellschaft ungünstig beeinflussen und deren gedeihliche Fortentwicklung gefährden, als Auflösungsgrund. Berücksichtigung des Verschuldens der Gesellschafter. **98**, 66.

§ 221. Eingetragene Genossenschaften.

(Die Paragraphen ohne Zusatz bezeichnen die des Genossenschaftsgesetzes v. 1. Mai 1889 in der Fassung v. 20. Mai 1898.)

I. Errichtung.

Gegenstand und Rechtsfolgen einer Übertragung der vermeintlichen Mitgliedschaft an einer Genossenschaft. **96**, 89.

II. Rechtsverhältnisse der Genossenschaft und der Genossenschafter.

1) Eine der Vorschrift des § 120 nicht entsprechende Beitrittserklärung kann weder den Erwerb der Mitgliedschaft herbeiführen noch die Verpflichtung zur Abgabe einer vorschriftsmäßigen Beitrittserklärung begründen.

97, 307. — 2) Rechtliche Bedeutung der Eintragung in die Liste der Genossen; sie bewirkt keine Heilung des Formmangels der Beitrittserklärung. 97, 310.

III. Vertretung und Geschäftsführung. Revision.

— — — — — — — — — —

IV. Ausscheiden einzelner Genossen. Auflösung, Liquidation, Nichtigkeit der Genossenschaft.

1) Zur Anwendung des § 65. Zulässigkeit der Bestimmung, daß den Genossen gewährte Darlehn im Falle ihres Ausscheidens vorzeitig gekündigt werden können. 91, 336. — 2) Die Wirksamkeit der Austrittserklärung eines Genossen kann nicht von der Rückzahlung des ihm von der Genossenschaft gewährten Darlehens abhängig gemacht werden. 91, 338. — 3) Ist der Geschäfts- und Firmenwert bei der Auseinandersetzung zu berücksichtigen? 94, 108.

V. Konkursverfahren. Haftpflicht.

Kann der Konkursverwalter im Konkurs einer Genossenschalt m. b. H. den Ersatz des Schadens, der durch die Unwirksamkeit eines die Haftsumme erhöhenden Beschlusses erwachsen ist, von dem für die Amtspflichtverletzung des Registerrichters haftenden Staat beanspruchen. 99, 138.

VI. Besondere Bestimmungen für Genossenschaften mit unbeschränkter Haftpflicht, mit unbeschränkter Nachschußpflicht und mit beschränkter Haftpflicht. Umwandlung von Genossenschaften.

1) Eine der Vorschrift des § 120 nicht entsprechende Beitrittserklärung kann weder den Erwerb der Mitgliedschaft herbeiführen, noch die Verpflichtung zur Abgabe einer vorschriftsmäßigen Beitrittserklärung begründen. 97, 307. — 2) Zur Wirksamkeit eines Beschlusses, durch den die Haftsumme bei einer Genossenschaft m. b. Haftpfl. erhöht wird, bedarf es der Eintragung der Höhe der Haftsumme in das Genossenschaftsregister und ihrer Veröffentlichung. 99, 137.

Drittes Kapitel. Handelsrechtliche Vereinigungen.

§ 222. Stille Gesellschaft.

1) Ein Rechtsgeschäft, das nach § 344 HGB als zum Betriebe des Handelsgewerbes gehörig zu gelten hat, gehört darum noch nicht zu den im Betriebe des Handelsgewerbes geschlossenen Geschäften i. S. des § 335 Abs. 2 HGB. 92, 294. — 2) Der stille Gesellschafter ist nicht gewinnberechtigt an den vertragswidrig vom Komplementar geschlossenen Ge-

schäften; er ist nur zur fristlosen Kündigung und zur Schadensersatzforderung berechtigt. **92**, 294. — 3) Berücksichtigung des Geschäfts- und Firmenwerts bei der Auseinandersetzung; entsprechende Anwendung des § 738 Abs. 2 BGB. **94**, 108.

§ 223. **Vereinigung zu einzelnen Handelsgeschäften.**

— — — — — — — — — — —

Viertes Kapitel. Die Handelsgeschäfte.

1. Die Handelsgeschäfte im allgemeinen.

§ 224. **Begriff und Abschluß der Handelsgeschäfte.**

1) Erwerb eines geschäftlichen Unternehmens als Handelsgeschäft i. S. der §§ 343, 344 HGB. **93**, 228. — 2) Herausgabepflicht des in das Geschäft eines geschäftsunfähigen Einzelkaufmanns Eintretenden hinsichtlich des ohne rechtlichen Grund Erlangten als im Betriebe des Handelsgewerbes entstandene Verbindlichkeit. **93**, 229. — 3) Die Besorgung der Vorstandsgeschäfte einer Aktiengesellschaft durch einen Kaufmann gehört nicht zum Betriebe seines Handelsgewerbes. **96**, 57.

§ 225. **Auslegung der Handelsgeschäfte.**

(S. § 35 S. 42.)

§ 226. **Handelsgewohnheiten und Handelsgebräuche.**

1) Welche Bedeutung ist einem behaupteten Handelsgebrauch beizumessen, daß der Bankier, dem eine Hypothek zur Sicherheit übertragen wird, Dritten gegenüber als befugt gelte, über die Hypothek zu verfügen? **91**, 222, 225. — 2) Handelsgebrauch einer sechsmonatigen Garantiezeit beim Verkauf von Fleischkonserven; wirkt er auf die Verjährung der Gewährleistungsansprüche? **91**, 306. — 3) Bedeutung von „prompt" nach den Hamburger Platzusancen. **91**, 339. — 4) Zur Ausübung des richterlichen Fragerechts hinsichtlich des Bestehens eines Handelsbrauchs. **95**, 23. — 5) Grundsatz, daß jeder seine Handlungen so gegen sich gelten lassen muß, wie sie von den Verkehrsanschauungen aufgefaßt werden. **95**, 124. — 6) Bedeutung der Handelssitte für die Frage des Vertragsschlusses; Üblichkeit der Beurkundung des Vertrags im Handel mit amerikanischen Hölzern. **95**, 243. — 7) Pflicht des Kaufmanns, beim Verreisen dafür zu sorgen, daß Geschäftsbriefe ihn oder seinen Vertreter erreichen. **95**, 317. — 8) Anwendungsgebiet eines örtlich beschränkten Handelsgebrauchs. **97**, 218. — 9) Zusage der Einhaltung des Ankunftstermins seitens des Verkäufers ist ungewöhnlich, zumal während der Kriegsdauer. **97**, 137. — 10) Bestreben des kaufmännischen Verkehrs, klare und endgültig geregelte Verhältnisse zu schaffen, die nicht nachträglich wieder umgestoßen werden

können. **97,** 142. — 11) Verpflichtungen des Verkäufers bei Ausstellung mehrerer Konnossementsexemplare nach Handelsbrauch. **98,** 166.

Bestätigungsschreiben s. alphab. Register.

§ 227. Zeit und Ort der Leistung.

1) § 358 HGB gibt eine Auslegungsregel, die nicht gilt, wenn die Parteien etwas anderes gewollt haben, und wenn Treu und Glauben eine andere Auslegung erfordern. **91,** 67. — 2) Eine nach Tagen bestimmte Frist endet nach § 358 HGB mit dem Ende der gewöhnlichen Geschäftszeit des letzten Tages der Frist; was später eintrifft, ist verspätet, auch wenn es noch am gleichen Tage dem Empfänger zugeht. **92,** 210.

§ 228. Beschaffenheit der Ware, Maß, Gewicht.

— — — — — — — — — —

§ 229. Zinsen. Provision. Lagergeld.

1) Die Regel des § 354 HGB ist nur soweit anzuwenden, als nicht das Vertragsverhältnis gemäß § 242 BGB etwas anderes ergibt. **92,** 16. — 2) Nachträgliche Forderung von Lagergeld, ohne daß Lagerungskosten entstanden sind, als Verstoß wider Treu und Glauben. **92,** 16. — 3) Die Anwendung des § 352 HGB setzt voraus, daß das beiderseitige Handelsgeschäft den Rechtsgrund des Anspruchs bildet; dies trifft bei der condictio indebiti auch dann nicht zu, wenn zum Zwecke der Erfüllung einer nicht bestehenden Verpflichtung aus einem beiderseitigen Handelsgeschäfte gezahlt worden ist. **96,** 57. — 4) Keine Anwendung des § 352 HGB auf Ansprüche aus §§ 29 flg. KO, auch wenn die angefochtene Rechtshandlung ein beiderseitiges Handelsgeschäft war. **96,** 57.

§ 230. Pflicht zur Sorgfalt. Schadensersatz.

— — — — — — — — — —

§ 231. Kontokurrent.

1) Stempelpflicht des Kontokurrentvertrags. **92,** 170. — 2) Anmeldung eines Kontokurrentsaldos als Konkursforderung; enthält eine Änderung der rechtlichen Würdigung der einzelnen gebuchten Ansprüche eine Änderung des Grundes der Anmeldung? **93,** 14. — 3) Zeitpunkt der Aufrechnung im Kontokurrentverhältnis. **94,** 64. — 4) Zum Begriff der laufenden Rechnung, des uneigentlichen Kontokurrents. **95,** 19. — 5) Bedeutung der Buchungen im Kontokurrent bei Entwertung verpfändeter oder zur Sicherheit übereigneter Wertpapiere. Hinfälligkeit der Saldoanerkennung bei späterer Entwertung solcher Papiere. **96,** 251.

§ 232. Giroverkehr. Scheck.

I. Giroverkehr.

1) Vertragsverhältnis zwischen dem Überweisenden und der Empfangsbank im Giroverkehr. Einwirkung des Abrechnungsverfahrens bei der Reichsbank. **91,** 118. — 2) Sorgfaltspflicht der Bank bei Errichtung eines

Girokontos; Prüfung der Berechtigung des Antragstellers zur Führung der von ihm angegebenen Firma; Erfordernis allgemeiner Anweisungen an die Bankangestellten zur Sicherheit des Giroverkehrs. **91**, 119.

II. Scheck.

(Die Paragraphen ohne Zusatz bezeichnen die des Scheckgesetzes v. 11. März 1908.)

1) Der Scheck keine Anweisung i. S. der §§ 783 flg. BGB. **92**, 51. — 2) Im Verhältnis zwischen Aussteller und Bezogenem ist der Schaden, welcher durch eine infolge Fälschung oder Verfälschung von Schecks geleistete Zahlung entstanden ist, grundsätzlich vom Bezogenen zu tragen, sofern nicht den Aussteller ein Verschulden oder mitwirkendes Verschulden trifft. **92**, 51; **100**, 34, 60. — 3) Ist ein Scheck, dessen Betrag nur in Zahlen oder nur in Buchstaben angegeben ist, als Blankett anzusehen? **92**, 52. — 4) Pflichten des Ausstellers im Scheckverkehr; sorgsame Verwahrung des Scheckbuchs, sachgemäße Ausfüllung der offen gelassenen Stellen des Scheckvordrucks. **92**, 53. — 5) Unterwerfung des Kunden unter die im Scheckbuch enthaltenen Vorbehalte der Bank durch widerspruchslose Entgegennahme des Scheckbuchs. **92**, 53. — 6) Vorbehalte des Scheckbuchs, welche eine einschneidende Änderung allgemeiner Rechtsgrundsätze über die Haftung des Bankiers enthalten, müssen so deutlich und bestimmt gefaßt sein, daß für den Kunden kein Zweifel an ihrer Bedeutung bestehen kann. **92**, 53. — 7) Pflichten des Bankiers bei Vorlegung von Schecks, die Änderungen oder Durchstreichungen enthalten. **92**, 54; **100**, 34. — 8) Zur Anwendung des § 254 BGB bei Einlösung gefälschter Schecks. **92**, 53; **100**, 55. — 9) Der Inhaber eines nicht eingelösten Verrechnungsschecks kann seinen Rückgriff gegen den Aussteller ohne weiteres auf Zahlung der Schecksumme richten. **95**, 242. — 10) Erfordernisse der Scheckklage. **96**, 100. — 11) Voraussetzungen der Einrede der Arglist gegenüber dem Nehmer des Schecks. **96**, 191. — 12) Vordatierung macht den Scheck nicht ungültig. **96**, 192. — 13) Welche Wirksamkeit hat der vordatierte Scheck in der Zeit bis zum Eintritt des angegebenen Ausstellungstags? Kann er in dieser Zeit widerrufen werden? **96**, 194. — 14) Rechtliche Natur des Scheckvertrags. **99**, 78. — 15) § 13 Abs. 3 enthält nachgiebiges Recht. **99**, 75. — 16) Das Regreßrecht des Scheckinhabers nach § 15 ist davon abhängig, daß der Aussteller den Scheck nicht wirksam widerrufen hat. **99**, 77. — 17) Der Bezogene ist berechtigt, aber nicht verpflichtet, einen vor Ablauf der Vorlegungsfrist erfolgenden Widerruf des Schecks zu beachten. Eine dahingehende Vereinbarung ist zulässig, aber auch erforderlich. **99**, 78. — 18) Wer kann den durch verbotswidrige Bareinlösung eines Verrechnungsschecks entstandenen Schaden geltend machen? **100**, 32. — 19) Ist die Auszahlung des Scheckbetrags, die entgegen dem Verbote der baren Einlösung erfolgt, als Einlösung des Schecks anzusehen? **100**, 33. — 20) Haftet der Bezogene auch dem (befugten) Inhaber des Schecks für den Schaden, der durch Unterlassung ordnungsmäßiger Prüfung bei der Vorlegung des Schecks entstanden ist? **100**, 32. — 21) Wie ist der Vermerk „nur zur Verrechnung" auf dem Scheck anzubringen? **100**, 34. — 22) Umfang der Sorgfalts-

pflicht bei Prüfung des vorgelegten Schecks. **100,** 34. — 23) Mitwirkendes Verschulden des Ausstellers eines Schecks, der es unterlassen hat, von der am Scheck angebrachten Zahlenreihe die den Betrag des Schecks übersteigenden Zahlen abzutrennen. **100,** 55. — 24) Zur Anwendung des § 670 BGB im Verhältnis zwischen dem Aussteller des Schecks und dem Bezogenen. **100,** 59. — 25) Muß die Vorlegungsbescheinigung (§ 16 Abs. 1 Nr. 1) datiert sein? **100,** 139. — 26) Entzieht Unrichtigkeit des Ausstellungsdatums der Bescheinigung ihre Gültigkeit? **100,** 139. — 27) Muß diese Bescheinigung innerhalb der Vorlegungsfrist des § 11 ausgestellt sein? **100,** 140. — 28) Muß der Scheckprotest (§ 16 Abs. 1 Nr. 3) innerhalb der Vorlegungsfrist des § 11 ausgestellt sein? **100,** 140. — 29) Muß die Vorlegungsbescheinigung im Falle der Gesamtvertretung einer Gesellschaft von sämtlichen Gesamtvertretern unterzeichnet werden? **100,** 141. — 30) Zur Gültigkeit des Scheckprotestes genügt im Falle der Gesamtvertretung des Protestaten, daß das Zahlungsbegehren an einen der Vertreter gerichtet wird. **100,** 141. — 31) Bedeutung der Vorlegungsbescheinigung; sie ist sachliche Voraussetzung des Rückgriffsanspruchs des Scheckinhabers. **100,** 142.

§ 233. Kaufmännische Anweisungen und Verpflichtungsscheine. Orderpapiere. Inhaberpapiere. Indossament.

1) Bewirkt die Nichtigkeit von Inhaberzinsscheinen, die mit Orderschuldverschreibungen ausgegeben sind, auch die Nichtigkeit der letzteren? **93,** 58. — 2) Versicherungsschein mit Inhaberklausel als hinkendes Inhaberpapier. **94,** 27.

§ 234. Handelsrechtliche Besonderheiten bei der Vertragsstrafe, der Bürgschaft, dem Schuldversprechen, dem Schuldanerkenntnis, dem Pfandverkauf.

— — — — — — — — — — —

§ 235. Guter Glaube bei dem Erwerbe von Eigentum und Pfandrechten an beweglichen Sachen und Inhaberpapieren im Handelsverkehr.

1) Guter Glaube beim Erwerb von Wertpapieren vom Nichtberechtigten. **93,** 231; **95,** 16. — 2) Zum Begriff der Gutgläubigkeit beim Eigentumserwerb vom Nichteigentümer. **100,** 194. — 3) Guter Glaube beim Erwerb des Pfandrechts. **100,** 277.

§ 236. Kaufmännisches Zurückbehaltungsrecht.

1) § 371 Abs. 3 HGB erfordert einen vollstreckbaren Titel nur zur Verwertung des Zurückbehaltungsrechts behufs Befriedigung des Gläubigers, nicht einen solchen wegen der Forderung, wegen deren das Zurückbehaltungsrecht ausgeübt wird; eine Bezifferung dieser Forderung ist nicht erforderlich. **95,** 334. — 2) Haftet der Käufer, der an der beanstandeten Ware ein Zurückbehaltungsrecht ausübt, für das Verschulden des Dritten, dem er sie zur Aufbewahrung übergeben hat? **98,** 69.

2. Handelskauf.

§ 237. Annahmeverzug des Käufers. Selbsthilfeverkauf des Verkäufers.

(S. § 121 III. S. 114.)

§ 238. Spezifikationskauf. Pflichten des Käufers.

Rechte und Pflichten des Verkäufers, der wegen der Kriegsverhältnisse seine Lieferpflichten nicht voll erfüllen kann, gegenüber dem Käufer, der in Einteilungsverzug geraten ist. **94,** 18.

§ 239. Untersuchung der Ware. Mängelanzeige (§ 377 HGB).

1) Zum Begriff der Ablieferung in § 377 HGB. **91,** 290. — 2) Für die Anwendung des § 377 Abs. 5 HGB ist unerheblich, ob das arglistige Verschweigen zur Zeit des Abschlusses des Vertrags oder später stattfand, und ob der Käufer dadurch zur Unterlassung der rechtzeitigen Anzeige bestimmt wurde oder nicht. **91,** 423. — 2) Liegt arglistiges Verschweigen des Mangels vor, wenn der Verkäufer erst nach Absendung der Ware aber vor Ablauf der dem Käufer zustehenden Rügefrist von dem Fehlen zugesicherter Eigenschaften der Ware Kenntnis erhält und es unterläßt, hiervon dem Käufer Mitteilung zu machen? **91,** 422. — 3) Eine Pflicht zur Untersuchung der Ware wird für den Käufer gegenüber dem Verkäufer durch § 377 HGB nicht begründet. Folgen einer abweichenden Vereinbarung für die Anwendung des § 326 BGB. **92,** 270. — 4) Ob die gelieferte Ware eine „andere" ist als die bedungene (§ 378 HGB), bestimmt sich nach allgemein gültigen, von der Auffassung des Verkäufers unabhängigen Gesichtspunkten. **93,** 46. — 5) Ob die Abweichung der Ware deren Empfangbarkeit ausschließt, ist nach den objektiv vorhandenen Verhältnissen unter Berücksichtigung der besonderen Umstände des Falles, insbesondere der Verwendbarkeit der Ware für die Zwecke des Käufers, zu beurteilen; auf die persönliche Vorstellung und Auffassung des Verkäufers kommt es nicht an. **93,** 46. — 6) Wie ist die Mängelrüge zu erstatten, wenn die Ware vereinbarungsgemäß vom Verkäufer unmittelbar an den Abkäufer des Käufers geliefert wird? **96,** 13. — 7) Rechtliche Bedeutung und Erfordernisse der Untersuchung nach § 377 HGB; Berücksichtigung der in dem Geschäftszweige herrschenden Übung. **96,** 175. — 8) Wird die Untersuchungspflicht des Käufers dadurch berührt, daß entsprechend den Kaufbedingungen das Attest eines Sachverständigen über den Gutbefund der Ware vom Verkäufer erbracht ist? **96,** 247. — 9) Welchen Einfluß hat der Umstand, daß es sich um von der Futtermittelstelle überwiesene Ware handelt, auf die Untersuchungspflicht des Käufers. **96,** 83. — 10) Keine Anwendung der §§ 377, 378 HGB, wenn der Verkäufer die vertragsmäßige Menge geliefert, jedoch den durch Messung zu ermittelnden Kaufpreis zu hoch berechnet hat. **97,** 211. — 11) Zum Begriff der „offensichtlichen" und „erheblichen" Abweichung in § 378 HGB. **98,** 158; **99,** 37. — 12) Maßgebend für die Frage, ob eine Sache mangelhaft ist oder ob sie rechtlich als eine andere zu gelten hat, ist die Anschauung des Verkehrs. **99,** 38. — 13) Die Anzeigepflicht besteht im Falle des § 378 HGB nur dann nicht, wenn der Käufer, die ordnungsmäßige Unterstützung vorausgesetzt, nach Lage der Verhältnisse sich sagen darf, daß es nicht erst der Anzeige bedürfe, um den Verkäufer über die Untauglichkeit der Ware zur Vertragserfüllung aufzuklären. **99,** 38. — 14) Voraussetzung der Anwendung des § 377 Abs. 2 HGB ist die wirkliche

Ablieferung der Ware an den Käufer. **99**, 59. — 15) Ist der Käufer zur unverzüglichen Untersuchung der Ware nach verborgenen Mängeln verpflichtet, wenn Anhaltspunkte für das Vorhandensein solcher gegeben sind? **99**, 247.

§ 240. Distanzgeschäfte. Sorge für die beanstandete Ware. Notverkauf.

1) Gefahrübergang bei Abladegeschäften in Gattungsware. **92**, 129. — 2) Kann sich der Verkäufer beim Versendungskauf auf die Kriegsklausel noch berufen, wenn die Ware infolge des Kriegsausbruchs auf der Reise angehalten wird? **92**, 271. — 3) Gefahrübergang bei Cif-Abladegeschäften. Bedeutung der Rye-Terms-Klausel des La Plata-Getreidevertrags. **93**, 68; **96**, 230. — 4) Gefahrübergang beim Versendungskauf nach § 447 BGB. Eigentumsübertragung ist nicht Voraussetzung des Gefahrübergangs. **93**, 330; **99**, 58. — 5) Bedeutung der Zurückweisung der Dokumente seitens des versicherten Cif-Käufers. **94**, 302. — 6) Wird die Befugnis des Käufers zum Notverkauf nach § 379 Abs. 2 HGB dadurch ausgeschlossen, daß der Verkäufer erklärt, er erkenne die Zurverfügungstellung der Ware nicht als berechtigt an? **96**, 72. — 7) Zum Begriff des Übersendungskaufes. **96**, 259. — 8) Wann geht nach § 447 BGB die Gefahr auf den Käufer über, wenn der Verkäufer die Ware durch seine eigenen Leute zur Bahn schaffen läßt? **96**, 258. — 9) Haftet der Käufer, der die beanstandete Ware einem Dritten zur Aufbewahrung übergibt, für dessen Verschulden, insbesondere dann, wenn er an der Ware ein Zurückbehaltungsrecht ausübt? **98**, 69. — 10) Hat der Verkäufer einer vom Auslande einzuführenden Ware dafür einzustehen, daß die Verladung und Beförderung in der gewöhnlichen Zeit bewirkt wird? **98**, 215. — 11) Zum Umfang der nach § 442 Abs. 1 BGB auf den Käufer übergehenden Gefahr. Darf der Käufer die Annahme der Ware verweigern, wenn sie nach Auslieferung an den Spediteur ohne Wissen des Verkäufers mit Versicherungskosten belastet ist? **99**, 56. — 12) Inwieweit haftet der Verkäufer beim Versendungsverkauf für den von ihm beauftragten Spediteur? **99**, 58.

§ 241. Fixgeschäfte.

Zum Begriff des Fixgeschäfts i. S. des § 376 HGB. **96**, 256, 257

§ 242. Börsentermingeschäfte. Börsengesetz v. 8./27. Mai 1908.

(Die Paragraphen ohne Zusatz bezeichnen die des genannten Gesetzes.)

1) Darlegungs- und Beweislast wegen der Voraussetzungen für die Wirksamkeit von Börsentermingeschäften und ihrer Sonderung von den Kassegeschäften. **91**, 44. — 2) Kann die Spielnatur von Kassegeschäften aus der Unzulänglichkeit des Vermögens, der Eignung der Wertpapiere als Spielpapiere und aus der baldigen Weiterveräußerung der Papiere geschlossen werden? **91**, 45. — 3) Zum Begriff der Bewirkung der vereinbarten Leistung und des Einverständnisses damit i. S. des § 57. **91**, 45. — 4) Genügt die Mitteilung „die vorstehend bezeichneten Wertpapiere haben wir Ihrem Depot beigefügt" in einer die Papiere nur nach ihrem

Gesamtwerte bezeichnenden Ausführungsanzeige als Ausdruck dafür, daß die Bank die ihr obliegende Leistung bewirkt habe? **91**, 45. — 5) Zum Begriff der „Bewirkung der vereinbarten Leistung“ in § 57; Bedeutung der Reportgeschäfte und der Prolongation für die Anwendung des § 57. **91**, 377. — 6) Hat beim zweischneidigen Prämiengeschäft der Wahlberechtigte die Prämie auch dann zu entrichten, wenn die Lieferung der Ware durch Zufall unmöglich wird, nachdem er sich für den Kauf entschieden hat? **99**, 150. — 7) Typisches Prämien- und typisches Stellagegeschäft. **99**, 150.

3. Bank-, Kommissions-, Speditions-Lager und Frachtgeschäfte.

§ 243. Bank- und Bankiergeschäfte. Bankdepotgesetz v. 5. Juli 1896.

(Die Paragraphen ohne Zusatz bezeichnen die des Bankdepotgesetzes.)
(Giroverkehr § 232 I S. 201.)

1) Welche Bedeutung ist einem behaupteten Handelsgebrauche beizumessen, daß der Bankier, dem eine Hypothek zur Sicherheit übertragen wird, Dritten gegenüber als befugt gelte, über die Hypothek zu verfügen? **91**, 222, 225. — 2) Zum Begriff des Diskontierens. Entstehen dadurch noch andere als die wechselmäßigen Verpflichtungen des Diskontanten? **93**, 26. — 3) Zur Auslegung des Auftrags, die Wertpapiere des Auftraggebers „nach Weisung“ eines Dritten zu verwenden. **93**, 233. — 4) Verschulden beim Erwerb gestohlener Wertpapiere; mitwirkendes Verschulden des Bestohlenen. **93**, 281. — 5) Zur Unterscheidung von Eigenhandel und Kommission im Bankgeschäft. **94**, 66. — 6) Schrankfachvertrag; seine rechtliche Natur; Überwachungspflicht der Bank. **94**, 75. — 7) Stellung und Vertretungsmacht der Depositenkassen und Depositenkassenvorsteher. **94**, 320. — 8) Haftung der Bank für unrichtige Auskunft ihrer Depositenkasse. **94**, 320. — 9) Die Frist zur Übersendung des Stückeverzeichnisses (§§ 3, 4) wird durch dessen Absendung gewahrt. **95**, 257. — 10) Erfordernisse des Inhalts des Stückeverzeichnisses. **95**, 258. — 11) Kann der Kommittent nach § 4 das Geschäft wegen verspäteter Übersendung des Stückeverzeichnisses noch zurückweisen, wenn er es bereits vorher anerkannt hat? **95**, 259. — 12) Der Kunde, der sich an seinen Bankier wegen Anschaffung von Wertpapieren wendet, will regelmäßig ein Kommissionsgeschäft abschließen; daß Kauf beabsichtigt, ist besonders nachzuweisen. **96**, 6. — 13) Rechtsverhältnisse zwischen Bankier und Kunden bei der Zeichnung auf neu aufgelegte Wertpapiere (Emissionsgeschäft). **96**, 4. — 14) Findet § 392 Abs. 2 HGB Anwendung auf die Effektenkommission? **96**, 8. — 15) Unter welchen Umständen kann eine Bank für die Abwicklung von Geschäften in Anspruch genommen werden, die ein Kunde mit ihrer ausländischen Filiale eingegangen ist, insbesondere während des Kriegs? **96**, 161. — 16) Wer trägt bei der Übereignung von Wertpapieren zum Zwecke der Geldbeschaffung die Gefahr der Entwertung der Papiere? Beweislast hinsichtlich der Verwendung der Papiere. **96**, 251. — 17) Pflichten einer Bank, die von dem Käufer mit der Zahlung des Kaufpreises gegen Lagerschein und sonstige Papiere beauftragt ist. **96**, 250. — 18) Kann der Kauf von Wertpapieren

wegen Irrtums über den Börsenkurs angefochten werden? **97**, 138. — 19) Inwieweit hat eine die Akkreditivstellung ausführende Bank die Erfüllung des unterliegenden Geschäfts zu prüfen? **97**, 144. — 20) Die Wendung „für Rechnung eines andern" weist nach kaufmännischem Sprachgebrauch regelmäßig nicht auf ein Kommissionsverhältnis, sondern auf ein Handeln in fremdem Namen. **97**, 261. — 21) Erlischt das im Gesellschaftsvertrag dem bei der Gründung beteiligten Bankhause eingeräumte Aktienbezugsrecht mit der Auflösung des Bankhauses? **97**, 239. — 22) Haftung für Mängel im Recht beim Handel mit Wertpapieren. **99**, 220.

§ 244. Kommissionsgeschäft.

1) Rechtliche Natur eines Vertrags, durch den einem Gastwirt ein „Kommissionslager" von Zigarren zum Verkauf in der Gastwirtschaft für Rechnung und unter Leitung des Liefernden überlassen ist. Bedeutung des Vertragsverhältnisses für die Anwendung des § 41 a GewO. **91**, 239. — 2) Verpflichtung dessen, der eine Sache für Rechnung eines andern verkauft, zur Einziehung des Kaufpreises. **91**, 259. — 3) Finden § 92 Abs. 2 HGB, § 326 BGB auf den Kommissionsagenturvertrag Anwendung? **92**, 160. — 4) § 392 HGB sieht keinen dinglichen Ersatz vor. **94**, 24. — 5) Zur Unterscheidung zwischen Eigenhandel und Kommission. **94**, 66. — 6) Warenumsatzstempel bei Verkaufs- und bei Einkaufskommission. **94**, 112; **98**, 157. — 7) Erteilung einer Verkaufskommission als auf Geschäftsbesorgung gerichteter Dienstvertrag. **94**, 112. — 8) Rechtsgrundsätzlich ist mit der Natur des Kommissionsgeschäfts ein Abkommen dahin vereinbar, daß der Entgelt des Kommissionärs anstatt einer Provision in einem von ihm zu erzielenden billigeren Einkaufs- oder höheren Verkaufspreise bestehe. **94**, 289. — 9) Der Kommittent hat im Konkurse des Kommissionärs, der vor dem Konkurse das Kommissionsgut veräußert und den Preis eingezogen hat, kein Aus- oder Absonderungsrecht. **94**, 308. — 10) Kommissionsgeschäft oder Kauf bei dem Auftrage des Kunden an seinen Bankier zur Beschaffung von Wertpapieren, insbesondere bei Zeichnung neu aufgelegter Wertpapiere? **96**, 6. — 10) Ausführungs- oder Deckungsgeschäft des Kommissionärs? Beweislast des Kommittenten, der das Geschäft des Kommissionärs für sich in Anspruch nimmt. **96**, 7. — 11) Zulässigkeit der Vereinbarung, daß der Selbsteintritt des Kommissionärs auch bei solchen Wertpapieren erfolgen könne, bei denen ein Börsen- oder Marktpreis nicht festgestellt ist, und daß die in § 405 Abs. 1 HGB vorgesehene Form der Selbsteintrittserklärung nicht innegehalten zu werden braucht. **96**, 7. — 12) Findet § 392 Abs. 2 HGB bei der Effektenkommission Anwendung, insbesondere bei Kommissionsgeschäften in anläßlich der Emission gesperrten Effekten? **96**, 8. — 13) Das Kommissionsverhältnis erlischt durch den Konkurs des Kommittenten nach § 23 KO ohne weiteres. **96**, 296.

§ 245. Speditionsgeschäft.

1) Im Verhältnis zwischen dem Versender einerseits und dem Spediteur und seinen Gläubigern andererseits sind die Forderungen des Spedi-

teurs gegen den Frachtführer als solche des Versenders anzusehen. **92,** 11. — 2) Der Versender kann gegen die Eisenbahnverwaltung nur die Rechte des Spediteurs geltend machen und muß sich deshalb die Einreden der Eisenbahn aus deren Frachtvertrag mit dem Spediteur gefallen lassen. **92,** 11. — 3) Der Versender hat im Konkurse des Spediteurs ein Aussonderungsrecht an dessen Forderung gegen den Frachtführer. **92,** 11. — 4) Die deutsche Eisenbahnverwaltung hat hinsichtlich der Weiterbeförderung von Gütern in das besetzte feindliche Gebiet über die Grenzstation hinaus nur die Pflichten eines Spediteurs. **93,** 179. — 5) Zur Auslegung der Nr. 8 der Allg. Beförderungsbedingungen des Vereins deutscher Spediteure. **94,** 98. — 6) Zum Begriff des Zwischenspediteurs im Gegensatz zum Erfüllungsgehilfen. **94,** 101. — 7) Wer haftet beim Versendungskauf für die Kosten einer Versicherung, die von dem Spediteur ohne Wissen des Verkäufers und des Käufers auf die Ware gelegt sind? **99,** 56. — 8) Der Spediteur wird nicht Erfüllungsgehilfe des Verkäufers, der ihn gemäß § **447** Abs. 1 BGB mit der Versendung der Ware beauftragt. **99,** 58. — 9) Verstößt eine Vereinbarung von Spediteuren, durch die sie ihre gesetzliche Haftpflicht abändern und ihre Erstattungspflicht auf einen geringfügigen Betrag beschränken, gegen die guten Sitten? **99,** 110.

§ 246. Lagergeschäft.

Sorgfaltspflicht des Lagerhalters, bei dem Eisenbahnfrachtgut hinterlegt ist, hinsichtlich der Prüfung der Verfügungsberechtigung des Absenders **100,** 164.

§ 247. Frachtgeschäft.

(Seefracht § 251 S. 213.)

1) Begründen die §§ 434, 435 HGB die Eigenschaft des Frachtvertrags als eines Vertrags zugunsten des Empfängers als Dritten? **91,** 65. — 2) Keine entsprechende Anwendung der §§ 434, 435 HGB auf den Telegraphenbeförderungsvertrag und auf die Postbeförderung von Briefen und Postanweisungen. **91,** 65. — 3) Ist § 431 HGB im Verhältnis zwischen dem Frachtführer und dem Eigner und Schiffer des Schleppdampfers anwendbar? **91,** 243. — 4) Die Rechte, die der Spediteur durch den Abschluß des Frachtvertrags gegen den Frachtführer erwirbt, kommen wirtschaftlich ausschließlich dem Versender zugute. Aussonderungsrecht des Versenders im Konkurse des Spediteurs hinsichtlich dessen Forderungen gegen den Frachtführer. **92,** 11. — 5) Zum Begriff des Verlustes im § 429 HGB. Fällt darunter auch eine Aushändigung an den Empfänger vor Erfüllung der Voraussetzungen, unter denen sie hatte erfolgen sollen? **94,** 99. — 6) Zur Unterscheidung des Erfüllungsgehilfen nach § 431 HGB vom Zwischenspediteur. **94,** 101. — 7) Im Falle des § 436 HGB handelt es sich nicht um einen Eintritt des Empfängers in den Frachtvertrag. **95,** 123. — 8) Unter welchen Voraussetzungen verpflichtet die Annahme von Frachtgut ohne den Frachtbrief zur Bezahlung von Fracht und Nachnahme? **95,** 122. — 9) Gegenorder des Absenders und Verfolgungsrecht. **98,** 337. — 10) Die Pflicht des

Frachtführers nach § 430 HGB zum Ersatze des Handelswerts oder gemeinen Werts ist getroffen, um höhere Schadensersatzforderungen, die sich auf ein weitergehendes subjektives Interesse des Schadensersatzberechtigten gründen, auszuschließen; sie besteht auch dann, wenn das subjektive Interesse des Schadensersatzberechtigten ein geringeres ist. **100,** 104. — 11) Der Handels- oder gemeine Wert ist nach § 430 HGB auch dann zu ersetzen, wenn der Berechtigte dadurch einen Gewinn erzielt, der die in der VO gegen Preistreiberei v. 8. Mai 1918 gezogenen Grenzen überschreitet. **100,** 104. — 12) Erwirbt der nach Frachtrecht über das Frachtgut Verfügungsberechtigte im Falle der Hinterlegung des Frachtguts nach § 437 HGB einen Anspruch auf dessen Auslieferung gegen den Verwahrer? **100,** 163.

§ 248. Frachtgeschäft der Eisenbahnen.

1) Steht dem Eigentümer von Umzugsgut, das durch den Spediteur der Eisenbahn zur Beförderung übergeben ist, bei Beschädigung des Gutes während der Beförderung ein vertraglicher oder ein außervertraglicher Ersatzanspruch zu? Zur Anwendung von § 459 HGB, § 77 Nr. 1 EVO v. 26. Oktober 1899, § 86 EVO v. 23. Dezember 1908. **92,** 10, 11 (**70,** 174). — 2) Entsteht durch die Beförderung von Postwagen durch die Eisenbahn zufolge deren öffentlichrechtlicher Verpflichtung hierzu ein privatrechtliches Verhältnis zwischen Post und Eisenbahn? **92,** 12. — 3) Zwischen der Eisenbahn und den Versendern der mit der Bahn beförderten Postpakete entsteht durch die Beförderung kein Vertragsverhältnis. **92,** 12. — 4) Wird durch die Annahme von Paketen zur Beförderung durch die Postverwaltung zugleich ein Vertrag zugunsten des Eisenbahnfiskus dahin geschlossen, daß auch dieser für eine Beschädigung der Pakete nur die in § 9 PostG vorgesehenen Beträge zu erstatten hat? **92,** 13. — 5) Zur Auslegung der Tarifbestimmungen des Intern. Übereinkommens v. 14. Oktober 1890. **93,** 95. — 6) Keine Anwendung des Intern. Übereinkommens v. 14. Oktober 1890 auf den Frachtvertrag über die Beförderung von Gütern in das besetzte feindliche Gebiet. **93,** 177. — 7) Die deutsche Eisenbahnverwaltung haftet nicht nach §§ 432, 469 HGB für den Verlust der in das besetzte feindliche Gebiet gesandten und dort abhanden gekommenen Güter. Sie hat wegen der Weiterbeförderung über die Grenzstation hinaus nur die Pflichten eines Spediteurs nach § 408 HGB. **93,** 177. — 8) Unterliegt auch der Anspruch auf Rückvergütung von Eisenbahnfracht der Verjährung nach § 71 EVO und Art. 12 Abs. 4 IntFrachtÜb? **93,** 274. — 9) Zum Begriff des „direkten Tarifs". **93,** 275. — 10) Zum Begriff des Frachtanteils. **93,** 276. — 11) Zum Begriff der „gewöhnlichen" Fracht. **93,** 276, 278. — 12) Erfordernisse der Veröffentlichung von Ausnahmetarifen. **93,** 278. — 13) Zur Auslegung der Vorschrift des § 6 Abs. 1 EVO, daß die Tarife bei Erfüllung der darin angegebenen Bedingungen für jedermann in derselben Weise anzuwenden sind. **93,** 280. — 14) Zum Begriff der „besonders wertvollen Spitzen und besonders wertvollen Stickereien" in § 54 Abs. 2 B EVO. **94,** 115. — 15) „Reglement-

mäßige" Einlieferung des Frachtguts als Voraussetzung für den Anspruch auf die Versicherungssumme. **94**, 117. — 16) Zum Begriff der Kostbarkeit i. S. des Eisenbahnfrachtrechts. **94**, 121; **99**, 254; **100**, 110. — 17) Verwirkung des vertragsmäßigen Ersatzanspruchs des Absenders wegen unterlassener Angabe des Inhalts und des Werts bei Versendung von Kostbarkeiten auf der Paketadresse. **94**, 123. — 18) Im Falle des § 467 HGB, § 96 EVO ist die vertragsmäßige Haftung der Eisenbahn auch bei Vorsatz und grober Fahrlässigkeit ausgeschlossen. **94**, 122. — 19) Der Anspruch auf den Frachtzuschlag nach Art. 7 IntFrachtÜb fällt nicht unter die BRVOen über die Verjährungsfristen v. 22. Dezember 1914 und 4. November 1915. **95**, 35. — 20) Gesetzeskraft des IntFrachtÜb; können seine Bestimmungen durch die einzelnen Vertragsstaaten einseitig abgeändert werden? **95**, 36. — 21) Zum Begriff des Frachtzuschlags nach Art. 7 IntFrachtÜb. **95**, 36. — 22) Im internationalen Frachtverkehr hat die Eisenbahn mangels besonderer Anweisung des Absenders unter mehreren für die gleiche Beförderungsstrecke anwendbaren Tarifen zwar den ihr für den Absender am zweckmäßigsten scheinenden auszuwählen; sie haftet aber für die Folgen ihrer Wahl nur bei grobem Verschulden **96**, 64. — 23) Zum Verbot der Frachtermäßigung nach Art. 11 Abs. 1 Satz 2 des IntFrachtÜb. **96**, 67. — 24) Zum Begriff des gemeinen Handelswerts und des gemeinen Werts in § 457 HGB und § 88 EVO. **96**, 125; **98**, 151. — 25) Bei Verlust von Gütern, für die ein Höchstpreis festgesetzt ist, hat die Eisenbahn als gemeinen Handelswert oder gemeinen Wert nicht mehr zu ersetzen als den Höchstpreis. **96**, 125. — 26) Zur Haftung des Absenders für die Angaben im Frachtbriefe nach § 57 EVO; ist die Bahnverwaltung verpflichtet, ihre Beamten anzuweisen, Waren mit ihnen unbekannten Namen oder von zweifelhafter Zusammensetzung zurückzuweisen, bis deren Ungefährlichkeit festgestellt ist? **96**, 278. — 27) Wie hat die Bezeichnung der Sendung im Frachtbriefe nach § 56, 1 d EVO zu erfolgen? **96**, 280. — 28) Zum Begriff der „unrichtigen Angabe" in § 60 EVO. **96**, 280. — 29) Vertragsstrafennatur des Frachtzuschlags nach § 60 EVO. **96**, 281. — 30) Zur Haftung der Eisenbahn für ihre Angestellten bei Entladung von Wagenladungsgütern. Erfordernis des schriftlichen Antrags auf Übernahme der Entladung. **97**, 16. — 31) Haftet die Eisenbahn für den Verlust von Gegenständen, die sie, obwohl sie nicht zum Reisegepäck i. S. der EVO gehören, in Unkenntnis dieser Tatsache zur Beförderung als Reisegepäck annimmt? **97**, 109. — 32) Zur Bedeutung der von der Eisenbahnverwaltung veröffentlichten Vertragsbedingungen. **98**, 32. — 33) Zur Haftung der Eisenbahn aus der Aufbewahrung von Reisegepäck. Gültigkeit der Festsetzung einer Höchstgrenze für die Haftung. **98**, 31. — 34) Zum Begriff „Packpapier" i. S. des Eisenbahngütertarifs. Unterschied zwischen Packpapier und Spinnpapier. **98**, 95. — 35) Gehören Flüssigkeiten in Holzfässern stets zu den einer besonderen Gefahr der Beschädigung ausgesetzten Frachtgütern (§ 459 Nr. 4 HGB, § 86 EVO)? **98**, 339. — 36) Beweislast hinsichtlich des Verschuldens der Eisenbahn, wenn eine leicht verderbliche Ware unterwegs liegen geblieben ist. **99**, 19. — 37) Bedeutung der Außerkraftsetzung der Lieferfristen durch Bekanntm. v. 10. August 1914. **99,** 19. — 38) Kann ein Frachtbrief, der auf der Eisenbahnstation in das für den Empfänger bestimmte Brieffach gelegt wird, damit als dem Empfänger zugegangen angesehen werden? **99,** 22. — 39) Werden durch die in § 471 HGB bezeichneten Vorschriften auch solche abweichende Bestimmungen und Vereinbarungen ausgeschlossen, welche dem Publikum günstiger sind? **99,** 246. — 40) Zur Bedeutung des Frachtbriefs für das Frachtgeschäft der Eisenbahn. **99,** 246. — 41) Zulässigkeit des Gegenbeweises gegen den Inhalt des Eisenbahnfrachtbriefs. **99,** 246. — 42) Kann das Frachtgut mit einer Nachnahme zugunsten einer andern Person belastet werden als derjenigen, mit deren Namen oder Firma der Frachtbrief unterschrieben ist? **99,** 245. — 43) Wie sind die Ausführungsbestimmungen zur EVO zu veröffentlichen? **99,** 251. — 45) Enthält die Vorschrift des § 2 Abs. 3 Satz 2 EVO zwingendes Recht? **99,** 253. — 45) Folgen einer unklaren oder unvollständigen Fassung der Tarifbestimmungen gehen zu Lasten der Eisenbahn. **99,** 253. — 46) Inwieweit ist die Anwendung des InternFrachtÜb vom Revisionsgericht nachzuprüfen? **100,** 52. — 47) Bedeutung der Lieferfristen im Eisenbahnfrachtverkehr. **100,** 53. — 48) Hat die Eisenbahn im internationalen Frachtverkehr Schadensersatz zu leisten, wenn durch ein grobfahrlässiges Handeln ihrer Leute die Beförderung verzögert, die Lieferfrist aber noch eingehalten ist? **100,** 50. — 49) Art. 41 IntFrachtÜb hebt nur für solche Fälle, in denen schon nach andern Bestimmungen eine Haftung der Bahn begründet ist, die Beschränkung der Ersatzpflicht auf einen Teil des Schadens auf. **100,** 53. — 50) Gültigkeit der Tarifbestimmung über Beförderung von Wein in Fässern in offenem Wagen. **100,** 83. — 51) Gefahr des Eintrocknens und Undichtwerdens der Faßdauben und Diebstahlsgefahr als Gefahren, welche mit der Beförderung in offenen Wagen verbunden sind, i. S. des § 459 Nr. 1 HGB, § 86 Abs. 1 Nr. 1 EVO. **100,** 84. — 52) Zum Begriff „Auffallender Gewichtsabgang" in § 86 Abs. 1 Nr. 1 EVO. **100,** 84. — 53) Gültigkeit der Bestimmungen über die Selbstverladung. **100,** 86. — 54) Bei Verlust des Frachtguts hat die Eisenbahn den gemeinen Handelswert oder den gemeinen Wert auch dann zu ersetzen, wenn der Berechtigte dadurch einen Gewinn erzielt, der die in der VO gegen Preistreiberei v. 8. Mai 1918 gezogenen Grenzen überschreitet. **100,** 104. — 55) Wenn Gegenstände, die zum Teil Kostbarkeiten i. S. des § 54, 1 B 1 EVO sind, zum Teil nicht, in einem Frachtstück vereinigt sind, finden § 467 HGB, § 96 EVO Anwendung, sofern der Begriff Kostbarkeit für das Frachtstück als solches zutrifft. **100,** 111. — 56) Hinterlegung des Frachtguts nach § 437 HGB, § 81 EVO; Anspruch des Verfügungsberechtigten gegen den Verwahrer. **100,** 163. — 57) Prüfungspflicht hinsichtlich des Vorhandenseins von Duplikaten des Frachtbriefs (§ 455 HGB). **100,** 164.

Fünftes Kapitel. Binnenschiffahrt.

§ 249. Binnenschiffahrtsgesetz v. 15. Juni 1895.

I. Schiffseigner. Schiffer. Schiffsmannschaft.

1) Unter welchen Voraussetzungen haftet der Reeder unbeschränkt persönlich für ein Verschulden des Schiffers bei der Bewachung des Schiffs? **91,** 386. — 2) Haftung des Reeders für ein Verschulden seines Vize. **91,** 385. — 3) Zum Begriff des Schiffseigners und des Schiffsausrüsters. **98,** 328. — 4) Ist das BinnenschG auf die Haftung des Mieters eines Schiffs anwendbar, wenn dem Mieter zugleich mit dem Schiffe die Dienste der Besatzung überlassen sind? **98,** 327. — 5) Haftet der Mieter solchenfalls für ein Verschulden der Besatzung des Schiffs nach § 278 BGB? **98,** 327. — 6) Rechtliche Stellung des Schiffers zum Vermieter und zum Mieter des Schiffs in solchem Falle. **98,** 328.

II. Frachtgeschäft.

1) Rechtsverhältnis zwischen Frachtführer und Schlepperführer, Bedeutung des zugrundeliegenden Vertrags, ob Schleppvertrag oder Miet- und Dienstverschaffungsvertrag. **91,** 247. — 2) Der Schleppeigner, der durch einen Schleppvertrag die Fortbewegung des befrachteten Schiffes übernimmt, und der von ihm gestellte Schiffer sind nicht Hilfspersonen des Frachtführers i. S. des § 431 HGB und des § 278 BGB. **91,** 245. — 3) Verhältnis zwischen den Führern des Schleppdampfers und des geschleppten Kahns. **91,** 246. — 4) Obhutpflicht des Schleppunternehmers. Haftung für den dem dritten Eigentümer des geschleppten Fahrzeugs entstandenen Schaden. **93,** 41. — 5) Haftung des Befrachters und des Abladers für den durch das Frachtgut verursachten Schaden. **93,** 164. — 6) Zum Begriff des Absenders in § 45 BinnenschG. **93,** 165. — 7) Zur Bedeutung der Klauseln „frei Schleppen" und „frei Dampf". Vertragsrechte entstehen dadurch für den Kahneigner nur gegenüber dem Vertragsgegner, nicht gegenüber der Schlepperreederei. **95,** 213. — 8) Unterwirft der Kahneigner sich durch das Anhängen an einen Schlepper oder einen Schleppzug den Schleppbedingungen des Schleppers? **95,** 213. — 9) Auslegung typischer Schleppbedingungen betr. Ausschluß des Schadensersatzanspruchs des Schiffseigners bei unterlassener sofortiger Mitteilung eines entstandenen Schadens. **98,** 122. — 10) Beginn der Frist für die Geltendmachung von Ansprüchen des Schleppreeders gegenüber dem Haftpflichtversicherer wegen Beschädigung eines geschleppten Fahrzeugs. **98,** 124.

Sechstes Kapitel. Seehandel.

§ 250. Allgemeine Bestimmungen. Reeder. Reederei. Schiff. Schiffer. Schiffsmannschaft. Schiffsgläubiger. Schiffsmakler. Verjährung.

1) Unter welchen Voraussetzungen haftet der Reeder für ein Verschulden des Schiffers bei der Bewachung des Schiffes unbeschränkt persönlich? **91,** 386. — 2) Zur Stellung des Schiffsmaklers; inwieweit ist er zum Vertragsschluß berechtigt? **97,** 217. — 3) Die Bewachung und Verwahrung eines unter Zwangsversteigerung stehenden Schiffs steht der Zwangsverwaltung nicht gleich; keine Anwendung des § 10 Nr. 1 ZVG. **97,** 63. — 4) Zur Unterscheidung zwischen Charterung und Ausrüstung (§ 510 HGB) eines fremden Schiffs. **98,** 187. — 5) Linienreederei; haftet sie aus Konnossementen, die unter Benutzung ihrer Formulare von dem Schiffer eines gecharterten Schiffs ausgestellt sind? **98,** 189.

§ 251. Seefracht. Konnossement.

1) Folgen der Unmöglichkeit der Lieferung des Konnossements. **92,** 131. — 2) Konnossement und Verladungsanzeige. **92,** 131 (**88,** 391). — 3) Übergang der Gefahr des Verlustes des Konnossements. **92,** 131. — 4) Geltendmachung der Konnossemente durch den unbeauftragten Geschäftsführer. **92,** 132. — 5) Bedeutung der Bezugnahme des Konnossements auf eine Charter über ein anderes Schiff als das im Konnossement bezeichnete. **93,** 112. — 6) Bedeutung des Konnossements als Empfangsbekenntnis des Schiffers und als Verpflichtung zur Auslieferung der Ware an den Empfänger. **93,** 113. — 7) Wirksamkeit einer dem Konnossement vom Schiffer hinzugefügten Klausel gegenüber dem Empfänger. **93,** 113. — 8) Kann der Inhalt der vom Schiffer unterzeichneten Auslieferungsverpflichtung durch einen Vermerk des Befrachters oder Abladers verändert werden? **93,** 113. — 9) Hat der Käufer, der mit der Bestimmung „Kasse gegen Dokumente" gekauft hat, Anspruch auf sämtliche Konnossementsexemplare? **98,** 166. — 10) Unter welchen Voraussetzungen haftet der Verkäufer, der dem Käufer nur eines von mehreren an Order lautenden Konnossementsexemplaren übergeben hat, für den Schaden des Käufers, dem mittels eines andern Exemplars die Ware entzogen wird? **98,** 164. — 11) Konnossement als Vertragsurkunde beim Unterfrachtvertrag. **98,** 187. — 12) Wer haftet aus einem Konnossement, das der Schiffer eines gecharterten Schiffs auf Formularen des Charterers ausgestellt hat? **98,** 186. — 13) Wer ist beim Unterfrachtvertrag zur Ausstellung des Konnossements berufen? **98,** 188. — 14) Geltung deutschen Rechts für die Verpflichtungen des deutschen Reeders aus den Konnossementen, die für sein unter deutscher Flagge fahrendes Schiff ausgestellt sind. **98,** 335, 337, 338. — 15) Werden die Rechte aus dem Konnossement dadurch beeinträchtigt, daß dessen Inhaber sich früher geweigert hatte, das Konnossement abzunehmen und die auf ihn gezogenen Tratten einzulösen? **98,** 336. — 16) Nach Ausstellung von Orderkonnossementen kann der Ablader, auch wenn er nach **§ 44 KO**

verfolgungsberechtigt ist, die Auslieferung der noch nicht am Bestimmungsort angelangten Güter an sich nur dann verlangen, wenn dem Schiffer sämtliche Konnossementsexemplare zurückgegeben werden. **98,** 338. — **17)** Werden die nach deutschem Rechte zu beurteilenden Ansprüche des Konnossementsinhabers gegenüber dem Reeder durch ein dem Verkäufer nach ausländischem Recht zustehendes Verfolgungsrecht (right of stoppage in transitu) beeinflußt? **98,** 337. — 18) Bedeutung des Ermessens im Chartervertrag. **99,** 107. — 19) Einwirkung des Kriegs und der Revolution auf einen langfristigen, nach Kriegsende zu erfüllenden Seefrachtvertrag. **99,** 115. — 20) Wirkung der Hinterlegung des Frachtguts. Anspruch des Empfangsberechtigten gegen den Verwahrer. **100,** 163.

§ 252. Haverei. Seestraßenordnung.

I. Große (gemeinschaftliche) und besondere Haverei.

1) Zum Begriff der Havarie (Haverei). **93,** 170. — 2) Zum Begriff des Unfalls im Seerecht. **93,** 170. — 3) Bedeutung der Average-Klausel im La Plata-Getreidevertrag. **96,** 232. — 4) Bedeutung von average statement und Dispache. **96,** 233. — 5) Können die von dem Versicherten nach § 66 ASVB, § 819 HGB aufgewendeten Kosten unter große Havarei fallen? **96,** 318, 320. — 6) Dinglicher Charakter des Havarie-Grosse-Beitrags. **96,** 320. — 7) Haben die Kaskoversicherer dem Versicherten den Beitrag des Schiffs zur großen Haverei auch insoweit zu erstatten, als er die Versicherungssumme überschreitet? **96,** 316; **98,** 168. — 8) Genügt die Mitwirkung des Schiffers zu einer Maßregel, um diese als „von dem Schiffer oder auf dessen Geheiß" i. S. des § 700 HGB vorgenommen anzusehen? **96,** 322; **98,** 170, 172. — 9) York Antwerp Rules für die Dispache. **98,** 116. — 10) Zum Begriff der in großer Haverei zu verteilenden außerordentlichen Aufwendungen. Kann bei festsitzendem Schiffe auch das Auswerfen der Anker als solche Aufwendung gelten? **98,** 115. — 11) Rettungskosten, die in großer Haverei zu verteilen oder entsprechend zu behandeln sind, gehören nicht zu den Kosten, zu deren Erstattung der Versicherer gemäß § 93 Abs. 4 ASVB, § 841 Abs. 4 HGB nach Zahlung der Versicherungssumme verpflichtet bleibt. **98,** 170. — 12) Die in § 700 HGB erwähnten Kosten gehören zur großen Haverei nur, wenn sie von dem Schiffer oder auf dessen Geheiß vorsätzlich aufgewendet sind oder auf von dem Schiffer und Reeder gebilligten Maßnahmen beruhen. Stellvertretende Kosten. **98,** 172, 173. — 13) Kann die Häverei-Grosse-Verteilung hinsichtlich eines an sich darunter fallenden Aufwands durch besondere Vereinbarung zwischen Versicherer und Versichertem ausgeschlossen werden? **98,** 173.

II. Schaden durch Zusammenstoß von Schiffen. Seestraßenordnung.

1) Kosten des Vorprozesses als unmittelbarer Schaden. **91,** 233. — 2) Nach Art. 4 Intern. Übereink. v. 23. September 1910 und § 736 HGB n. F. kann bei beiderseitigem Verschulden, auch wenn das Verschulden des einen Teils bei weitem überwiegt, der Gesamtschaden nicht einem

Teile auferlegt werden. **94**, 93. — 3) Die §§ 734 flg. HGB und das Intern. Übereink. v. 23. September 1910 regeln auch den Fall, daß mehr als 2 Schiffe bei dem Zusammenstoß beteiligt sind. **96**, 166. — 4) Zum Begriff der „beteiligten" Schiffe in den vorerwähnten Bestimmungen. **96**, 166. — 5) Gesamtschuldnerische Haftung mehrerer schuldiger Schiffe nach dem Übereinkommen v. 23. September 1910. **96**, 167. — 6) Beweislast für Verschulden und ursächlichen Zusammenhang bei Verletzung der Vorschriften der Art. 17 bis 26 SeestrO und bei Verstoß gegen die nautische Vorsicht (Art. 27, 29 SeestrO) **97**, 13.

§ 253. Berge- und Hilfeleistung in Seenot. Strandungsordnung v. $\frac{\text{17. Mai 1874}}{\text{30. Dezember 1901}}$.

Unter welchen Voraussetzungen fallen Bergungs- und Hilfeleistungskosten unter die große Haverei? **98**, 173.

§ 254. Seeversicherung.

1) Wird bei der Versicherung gegen „direkte Kriegsgefahr" die Haftung des Versicherers ausgeschlossen, wenn neben erheblichen Kriegsfaktoren schließlich ein Schiffahrtsirrtum Ursache des Schadens war? **91**, 85. — 2) Zum Begriff der Kriegsgefahr, des Kriegsmolestes, der feindseligen Behandlung und der Versicherung „bloß für Seegefahr" in den Bremer SVB. **92**, 65. — 3) Fällt die Versenkung eines deutschen Schiffs zu Verteidigungszwecken durch die deutsche Regierung unter die Versicherung „bloß für Seegefahr" nach § 21 BremerSVB? **92**, 67. — 4) Zur Auslegung der Hamburger Kriegsklausel. Sind nach ihr die Kosten eines durch Kriegsmaßnahmen erzwungenen Aufenthalts von der Kriegsversicherung ausgeschlossen? **92**, 248. — 5) Zur Auslegung des § 849 HGB und des § 101 ASVB. **92**, 250. — 6) Kann eine vorzeitige Abandonerklärung nachträglich wirksam werden? **92**, 252. — 7) Zum Begriff der Anhaltung. **92**, 253; **94**, 219. — 8) Bedrohung mit der Gefahr des Totalverlustes. **92**, 254; **94**, 220. — 9) Auslegung der Klausel „diese Police deckt auch die direkte Kriegsgefahr, bestehend in Wegnahme, Beschädigung oder Zerstörung durch Kriegsschiffe, Kaper, Torpedos oder Seeminen". Sie umfaßt nicht die Beschlagnahme der entlöschten Ware am Lande mit nachfolgender Kondemnation. **92**, 414. — 10) Zum Begriff der Wegnahme. **92**, 415, 417; **95**, 277; **96**, 151. — 11) Der Grundsatz des deutschen Seeversicherungsrechts, daß die Gefahr für das versicherte Schiff noch nicht mit der Nehmung, sondern erst mit der Kondemnation endet, gilt auch für die Kriegsversicherung. Daher ist die Prämie bei der Zeitversicherung nach § 6 BremerSVB bis zur Kondemnation fortzuzahlen. **93**, 151. — 12) Mängel der Schadensfeststellung; Bedeutung des Einverständnisses des Vertreters des Versicherers mit einer Abweichung von den Vorschriften des § 133 ASVB. **93**, 344 — 13) Zur Auslegung der Urkunde (Zertifikat) über die Schadensfeststellung. Bedeutung des Vermerks „im übrigen ohne Präjudiz für Umfang und Verbindlichkeit der Assekuradeure". **93**, 346. — 14) Wirkung der Schadensfeststellung

nach § 133 ASVB. **93,** 347. — 15) Zur Bedeutung der taxierten Police. Ein dem Totalverlust vorausgehender Partialschaden, der dem Versicherer nicht zur Last fällt, ist auch bei taxierter Police in Abzug zu bringen. **94,** 105. — 16) Keine Haftung des Versicherers für Verderb und Verminderung der Güter als Folgen eines durch Kriegsgefahr verursachten Aufenthalts nach der Hamburger Kriegsklausel. **94,** 105, 217. — 17) Bedeutung des Abladewerts für die Schadensvergütung. **94,** 105. — 18) Kann der Abandon auf Bedrohung mit einer solchen Art des Totalverlustes gestützt werden, welche dem Versicherer nicht zur Last fällt. **94,** 219. — 19) Unter welchen Umständen kann eine Bedrohung mit Konfiskation angenommen werden? **94,** 220. — 20) Das Recht des Versicherers nach § 793 Abs. 2 HGB, die Herabsetzung der Taxe wegen wesentlicher Übersetzung zu fordern, kann durch Parteivereinbarungen nicht ausgeschlossen werden. **94,** 270. — 21) Zur Bedeutung des Wortlauts der Police für die Vertragsauslegung. **94,** 271; **100,** 93. — 22) Erlischt das versicherbare Interesse bezüglich des imaginären Gewinns dadurch, daß der versicherte Cif-Käufer die Dokumente zurückweist? **94,** 302. — 23) Kann eine für den Mehrwert des imaginären Gewinns gegen Kriegsgefahr genommene laufende Police auch auf Deklarationen, die erst nach Kriegsausbruch vorgenommen sind, erstreckt werden? **94,** 303. — 24) Nachträgliche Erläuterung unvollständiger Deklarationen. **94,** 304. — 25) Wie ist zu verfahren, wenn die Deklarationen den vereinbarten Höchstbetrag übersteigen und das versicherbare Interesse nach Beginn der Gefahr teilweise erloschen ist? **94,** 305. — 26) Bei der Taxierung des imaginären Gewinns nach § 793 Abs. 2 HGB darf die Höhe der Gefahr nicht in Betracht gezogen werden; es kommt vielmehr darauf an, welcher Gewinn zu erwarten ist, falls die Gefahr glücklich überstanden wird. **94,** 303. — 27) Zu § 101 ASVB; Kriegsgefahr. **95,** 81. — 28) Grundsatz der Unteilbarkeit der Gefahr; § 157 ASVB; Policeklauseln, die diesen Grundsatz durchbrechen, z. B. für den Fall des Verkaufs oder des Stilliegens des Schiffs, sind in strenger Anlehnung an den Wortlaut auszulegen, **95,** 227. — 29) Zum Begriff des Schiffs in der Seeversicherung; fallen auch reparaturunfähige oder -unwürdige Fahrzeuge darunter? **95,** 228. — 30) Auslegung der Klausel „die Versicherung deckt auch die direkte Kriegsgefahr, als Wegnahme" usw. **95,** 274. — 31) Zum Begriff der „direkten Kriegsgefahr", der „zunächst" sowie der „mittelbar durch Kriegsgefahr verursachten Schäden", des Kriegsmolestes und der Nehmung im Seeversicherungsrecht. **95,** 275. — 32) Versicherter Gegenstand ist im Seeversicherungsrecht nicht die Sache selbst, sondern das Interesse des Versicherungsnehmers an der Sache. **95,** 277. — 33) Deckt eine Güterversicherung auch den für die versicherten Güter erzielten Erlös? **95,** 276. — 34) Zum Begriff der Anhaltung und der Bedrohung in § 116 ASVB. **96,** 311. — 35) Rechtfertigt die Anhaltung des Schiffs für sich allein den Abandon wegen der Güter? **96,** 312. — 36) Haben die Kaskoversicherer dem Versicherten den Beitrag des Schiffs zur großen Haverei auch insoweit zu erstatten, als er die Versicherungssumme überschreitet? **96,** 316; **98,** 169. — 37) Kann der Beweis des Totalverlustes nur durch urkundliche Belege geführt werden? **97,** 319. — 38) Hat der Seeversicherer Zahlung zu leisten, wenn eine gekaufte Ware total verloren geht, ehe der versicherte Käufer, z. B. wegen Zahlungsverbots, den Kaufpreis entrichten kann? **97,** 321. — 39) Inwieweit haftet der Versicherer nach den ASVB.en beim Versichererabandon über die Versicherungssumme hinaus? **98,** 168. — 40) Zum Begriff der auf die Wiederherstellung der versicherten Sachen verwendeten Kosten in § 841 Abs. 4 HGB, § 93 Abs. 4 ASVB. **98,** 170. — 41) Kann durch besondere Vereinbarung zwischen Versicherer und Versichertem die Haverei-Grosse-Verteilung hinsichtlich eines an sich darunter fallenden Aufwands ausgeschlossen werden? **98,** 173. — 42) Versicherung „auf behaltene Ankunft". **100,** 91. — 43) Zum Begriff der Versicherung auf veränderter Schätzungsgrundlage. **100,** 92. — 44) Zum Begriff des imaginären Gewinns. **100,** 93. — 45) Zum Begriff der reinen Güterversicherung. **100,** 91. — 46) Zum Erfordernis der richtigen Bezeichnung des zu versichernden Interesses. **100,** 92. — 47) Kann der Versicherer, der wegen Zahlungsunfähigkeit des Versicherungsnehmers nach § 160 Abs. 2 ASVB die Versicherung für erloschen erklärt hat, noch Prämienzahlung für die spätere Versicherungszeit fordern? **100,** 216. — 48) Zum Grundsatz der Unteilbarkeit der Gefahr. **100,** 217.

Siebenter Abschnitt. Wechselrecht.

§ 255. Örtliches Recht.

Ist als ein im Ausland ausgestellter Wechsel i. S. des Art. 85 WO ein tatsächlich im Ausland ausgestellter oder ein die Angabe eines ausländischen Ausstellungsorts enthaltender Wechsel anzusehen? **91,** 134.

§ 256. Der Wechsel im allgemeinen. Rechtliche Natur des Wechsels. Wechselfähigkeit. Wechselunterschrift.

1) Die BRVO über die Fälligkeit im Ausland ausgestellter Wechsel v. 10. August 1914 betrifft nur diejenigen Wechsel, welche einen ausländischen Ausstellungsort enthalten, nicht auch diejenigen, welche tatsächlich im Ausland ausgestellt sind, aber einen inländischen Ort als Ausstellungsort angeben. **91,** 130. — 2) Die Unterzeichnung eines Wechsels in der Absicht bürgschaftlicher Verpflichtung begründet keine den Anforderungen des § 766 BGB entsprechende Bürgschaftsurkunde. **94,** 89. — 3) Rechtliche Bedeutung der Angabe des Ausstellungstags. Unschädlichkeit der Vordatierung. **96,** 192. — 4) Auch bei der Auslegung von Wechseln ist nicht Buchstabeninterpretation anzuwenden. **98,** 105.

§ 257. Gezogener Wechsel. Aussteller. Bezogener. Remittent.

1) Voraussetzungen des Bereicherungsanspruchs nach Art. 83 WO gegenüber dem Aussteller. **93,** 24. — 2) Die Bezeichnung des Remittenten und des Bezogenen und die Unterschrift des Ausstellers „mit seinem Namen oder seiner Firma" ist schon dann als erfüllt anzusehen, wenn

die Bezeichnung nur überhaupt als bürgerlicher oder kaufmännischer Name einer wechselrechtsfähigen Person gedacht werden kann, ohne daß es für die formelle Gültigkeit des Wechsels darauf ankommt, ob die in Betracht kommende Person wirklich diesen Namen führt. **100,** 169. — 3) Wie ist der Nachweis der Identität der im Wechsel als Remittent bezeichneten Person mit derjenigen zu führen, die das Recht aus dem Wechsel in Anspruch nimmt? **100,** 170. — 4) Bedarf die Bezeichnung des Fiskus als Wechselremittent der Hinzufügung der zu seiner Vertretung berufenen Behörde? **100,** 169. — 5) Wann ist die Übereinstimmung von Wechseladresse und Akzept anzunehmen? **100,** 228.

§ 258. Indossament.

Zum Begriff des Diskontierens. Werden mit dem Indossament gegen den Diskontanten noch andere als die wechselmäßigen Rechte begründet? **93,** 26.

§ 259. Präsentation zur Annahme. Akzeptant. Blankoakzept.

1) Ist ein Blankowechsel nach der Ausfüllung des Blanketts so zu behandeln, als hätte er von vornherein den ihm nachträglich gegebenen Inhalt gehabt? **99,** 8. — 2) Eine nur unvollständige Bezeichnung des Bezogenen ist unschädlich, wenn sich unzweideutig ergibt, daß der Bezogene den Wechsel angenommen hat und seine Bezeichnung im Akzept vollständig ist. **100,** 228.

§ 260. Domizilwechsel.

1) Unterschied zwischen Domizil- und Zahlstellenwechsel. **98,** 105. — 2) Beim Domizilwechsel muß die Verschiedenheit des Zahlungsorts vom Wohnorte des Bezogenen aus dem Wechsel selbst ersichtlich sein **98,** 105.

§ 261. Wechselbürge. Aval. Regreß auf Sicherstellung.

———————————

§ 262. Erfüllung der Wechselverbindlichkeit. Zahlung. Hinterlegung.

———————————

§ 263. Intervention. Ehrenannahme. Ehrenzahlung.

———————————

§ 264. Wechselprotest.

1) Bei Erteilung eines Auftrags zur nachmaligen Protesterhebung mangels Zahlung ist es Sache des Auftraggebers, den beauftragten Protestbeamten darüber aufzuklären, weshalb diese Maßnahme erfolgen soll. **91,** 129. — 2) Anwendung des Art. 91 a WO bei einem Zahlstellenwechsel ohne Angabe des Zahlungsorts. **98,** 105. — 3) Das „beiderseitige Einverständnis" in Art. 91 a WO muß bei der Protesthandlung selbst, und zwar durch Einlassung des Protestaten, stattgefunden haben. **98,** 106. — 4) Wird der Protestat von mehreren Personen nur in Gemeinschaft vertreten, so genügt das Zahlungsbegehren an einen der Vertreter.

100, 141. — 5) Inwieweit begründet das Fehlen oder die Mangelhaftigkeit eines der in Art. 88 WO bezeichneten Erfordernisse die Nichtigkeit des Protestes? **100**, 229.

§ 265. Regreß mangels Zahlung. Wechselklage. Einreden des Wechselschuldners. Zugrunde liegendes Verhältnis.

1) Voraussetzungen des Bereicherungsanspruchs nach Art. 83 WO. Der Aussteller eines gezogenen Wechsels kann der Regel nach nur soweit für bereichert gelten, als er noch die bei Begebung des Wechsels empfangene Valuta besitzt und Deckung dem Bezogenen überhaupt nicht gegeben oder die gegebene zurückerhalten hat. **93**, 24. — 2) Wird durch das Diskontgeschäft oder das ihm zugrunde liegende Kausalgeschäft noch eine andere als die wechselmäßige Verpflichtung des Veräußerers gegenüber dem Wechselerwerber begründet? **93**, 26. — 3) Kann sich der Unterzeichner eines Garantiewechsels dem Wechselgläubiger gegenüber auf die mangelnde Schriftform des Bürgschaftsvertrags berufen? **94**, 89. — 4) Voraussetzungen der Erhebung einer Wechselklage nach § 259 ZPO. **94**, 228. — 5) Wirkt die Stundung nach § 2 BRVO v. 30. September 1914 betr. Zahlungsverbot gegen England auch gegenüber dem deutschen Wechselindossatar, der den Wechsel an eine im feindlichen Ausland befindliche Person verpfändungshalber weiterbegeben hat? **94**, 231. — 6) Mit der Regreßklage macht der Indossant, der den Wechsel eingelöst hat, sein ursprüngliches Recht als Indossatar oder Remittent geltend. **94**, 231 (**77**, 187). — 7) Kann auf Feststellung einer Wechselschuld klagen, wer nicht im Besitz des Wechsels ist? **94**, 228. — 8) Schadensersatzanspruch der Unterzeichner eines Garantiewechsels wegen Verletzung der über ihre beschränkte und bedingungsweise Innanspruchnahme getroffenen Vereinbarung. **94**, 91 — 9) Unter welchen Voraussetzungen steht dem Akzeptanten gegenüber dem Indossatar, und insbesondere gegenüber dem Inkassoindossatar, die Einrede der Arglist zu? **96**, 191. — 10) Durch Wechselunterzeichnung zum wirtschaftlichen Zweck der Bürgschaft wird weder eine Bürgschaft für den Hauptschuldner noch ein Gesamtschuldverhältnis mit diesem begründet. Keine entsprechende Anwendung des § 774 BGB auf den Schuldhelfer, der den Gläubiger befriedigt. **96**, 136.

§ 266. Eigener Wechsel.

— — — — — — — — — —

§ 267. Wechselduplikate. Wechselkopien.

— — — — — — — — — —

§ 268. Wechselfälschung. Wechselzeichnung für andere ohne Vertretungsmacht.

— — — — — — — — — —

§ 269. Wechselverjährung.

1) Wirkung der Stundung nach § 2 BRVO v. 30. September 1914 betr. Zahlungsverbot gegen England auf die Verjährung vor Erlaß der VO fällig gewordener Wechselforderungen. **94**, 229. — 2) Ist die Ver-

jährung des Wechselanspruchs des deutschen Indossatars, der den Wechsel einer im feindlichen Auslande befindlichen Person verpfändungshalber weiterbegeben hat, durch die BRVO v. 30. September 1914 ausgeschlossen? **94,** 231. — 3) Kann der Lauf der Verjährung des Anspruchs aus einem Blankowechsel schon vor Ausfüllung des Blanketts beginnen? **99,** 8.

Zweiter Teil.

Zivilprozeß.

§ 270. Rechtsweg.

I Allgemeines. Begriff der bürgerlichen Rechtsstreitigkeit. Verhältnis der Gerichte zu den Verwaltungsbehörden.

1) Umfang der Rechtskraftwirkung der im Rechtswege getroffenen Feststellung der Beamteneigenschaft. **91,** 29. — 2) Die Steuerbegünstigungen der Beamten unterliegen nicht dem ordentlichen Rechtswege. **91,** 29. — 3) Für die Frage der Zulässigkeit des Rechtswegs ist regelmäßig die Klagbegründung ohne Rücksicht auf die Richtigkeit und Erweislichkeit der vom Kläger aufgestellten Behauptungen maßgebend. **91,** 149; **93,** 203, 258; **97,** 180; **100,** 219. — 4) Inwieweit sind die Entscheidungen der Verleihungsbehörde über die Herstellung von Einrichtungen zur Verhütung von Schäden bei der Verleihung von Rechten an Wasserläufen nach § 50 PreußWasserG v. 7. April 1913 für die Gerichte bindend? **91,** 154. — 5) Streitigkeiten über vermögensrechtliche Ansprüche zwischen dem Staat und den Gemeinden sind, auch wenn sie dem öffentlichen Recht entspringen, zu den bürgerlichen Rechtsstreitigkeiten i. S. des § 13 GVG zu zählen. **91,** 250. — 6) Grundsatz der Trennung der Gewalten im elsaß-lothringischen Landesrecht. **91,** 296. — 7) Ein allgemeiner Rechtssatz, der die Verfolgung privatrechtlicher Ansprüche, die auf der Grundlage eines öffentlich-rechtlichen Verhältnisses entstanden sind, im ordentlichen Rechtsweg ausschlösse, besteht nicht. **91,** 389; **93,** 202. 8) Beginn und Lauf der Frist zur Beschreitung des Rechtswegs nach § 150 RVG, § 39 OffPensG, § 42 ManschVersG, § 2 PreußG betr. die Erweiterung des Rechtswegs v. 24. Mai 1861. **92,** 114. — 9) Für die Entscheidung der Frage, ob die Krankenkassen nach den Grundsätzen der auftraglosen Geschäftsführung verpflichtet sind, der Polizeibehörde die Kosten der Zwangsheilung geschlechtskranker Kassenmitglieder zu erstatten, ist der Rechtsweg zulässig. **92,** 198. — 10) Zum Begriff der bürgerlichen Rechtsstreitigkeit in § 13 GVG. **92,** 313; **93,** 79, 203, 258. — 11) Ausschluß des Rechtswegs, wo der Weg des Verwaltungszwangsverfahrens gegeben ist. **93,** 204. — 12) Zur Frage der Zulässigkeit des Rechtswegs in Steuersachen. **93,** 206. — 13) Ob es sich um eine bürger-

liche Rechtsstreitigkeit i. S. des § 13 GVG handelt, kann, wenn die öffentlich-rechtliche Stellung des Reichs in Frage kommt, in Ermangelung positiver reichsgesetzlicher Vorschriften nur aus den durch Wissenschaft und Rechtsprechung entwickelten allgemeinen Grundsätzen entnommen werden. **93**, 258. — 14) Bei einer Abwehrklage aus § 1004 BGB ist der Rechtsweg ausgeschlossen, wenn schon nach dem Klagvortrage der abzuwehrende Eingriff auf Grund der Herrschaftsgewalt des Staates erfolgt ist. Wird dagegen in der Klage ein privatrechtlicher Eingriff behauptet, von dem Beklagten aber geltend gemacht, daß der Eingriff ein öffentlich-rechtlicher sei, so ist der Rechtsweg zulässig. **93**, 259. — 15) Für die Frage der Zulässigkeit des Rechtswegs kommt nicht in Betracht, ob die Ausübung obrigkeitlicher Gewalt der gesetzlichen Grundlage für die Einzelhandlung entbehrt. **93**, 261. — 16) Die Prüfung der Rechtsgültigkeit einer Verordnung kann erst nach Bejahung der Zulässigkeit des Rechtswegs erfolgen. **93**, 260. — 17) Ein öffentlich-rechtlicher Anspruch, für den der Rechtsweg nicht zugelassen ist, kann auch nicht als Bereicherungsanspruch zur gerichtlichen Entscheidung gebracht werden. **94**, 160. — 18) Prüfung der Zulässigkeit des Rechtswegs von Amts wegen in jeder Lage des Rechtsstreits. **96**, 74. — 19) Umfang und Begründung der Entscheidung des Revisionsgerichts über die Zulässigkeit des Rechtswegs. **96**, 74. — 20) Zur Unterscheidung zwischen einer in Ausübung eines Staatshoheitsrechts und einer nur bei Gelegenheit und aus Anlaß einer solchen Ausübung zugefügten Schädigung; Bedeutung dieser Unterscheidung für die Frage der Zulässigkeit des Rechtswegs. **96**, 76. — 21) Inwieweit sind die Gerichte an die in dem Verfahren nach der RVO ergangenen Entscheidungen gebunden? **92**, 296; **93**, 323; **96**, 205; **97**, 206. — 22) Ein dem Rechtsweg entzogener Anspruch kann nicht dadurch vor die Gerichte gebracht werden, daß er in das Gewand einer Schadensersatzklage gekleidet wird. **97**, 180. — 23) Inwieweit bindet die Entscheidung des Patentamts, welche die Eintragung eines Warenzeichens wegen Verwechselungsgefahr ablehnt, die Gerichte? **97**, 91. — 24) Anwendung des § 222 Abs. 2 ZPO auf Ausschlußfristen für die Beschreitung des Rechtswegs. **97**, 300. — 25) Unterbindung des ordentlichen Rechtswegs zugunsten der Ausgleichsämter nach Art. 296 des Friedensvertrags v. 28. Juni 1919 und dem RAusfG dazu. **98**, 258. — 26) Ist der Prozeßrichter durch verwaltungsrechtliche Entscheidungen, die die Öffentlichkeit eines von der Wegepolizeibehörde in Anspruch genommenen Weges bejaht haben, gehindert, im Entschädigungsprozesse die Öffentlichkeit zu verneinen? **99**, 15. — 28) Für die Frage der Zulässigkeit des Rechtswegs ist die rechtliche Natur des Anspruchs, wie sie sich aus dem wirklichen Inhalt der Klage ergibt, entscheidend, nicht wie der Kläger seinen Anspruch bezeichnet. **100**, 144.

II. Rechtsweg in bezug auf polizeiliche Verfügungen.

1) Die Mißbilligung einer polizeilichen Verfügung durch die vorgesetzte Behörde, auf Beschwerde oder von Amts wegen, genügt, um sie als aufgehoben i. S. des § 6 PreußG v. 11. Mai 1842 über die Zu-

lässigkeit des Rechtswegs in Beziehung auf polizeiliche Verfügungen zu erachten. **91,** 186. — 2) Der vorgesetzten Behörde steht in dieser Hinsicht der Militärbefehlshaber gleich, auf den nach § 4 G. über den Belagerungszustand v. 4. Juni 1851 die vollziehende Gewalt übergegangen ist. **91,** 186. — 3) Zum Begriff der „Mißbilligung" der polizeilichen Verfügung. **91,** 186. — 4) Zum Begriff der polizeilichen Verfügung i. S. des § 6 PreußG v. 11. Mai 1842. **91,** 187; **97,** 233, 234; **100,** 220. — 5) Die Vorschrift des § 6 PreußG v. 11. Mai 1842 findet keine Anwendung auf die Haftung des Reichs nach dem G. v. 22. Mai 1910. **92,** 241, 306; **99,** 255. — 6) Verwaltungsstreitverfahren und Rechtsweg gegenüber wegepolizeilichen, die Öffentlichkeit eines Weges in Anspruch nehmenden Verfügungen. **99,** 12.

III. Rechtsweg für Ansprüche gegen den Staat und gegen Beamte.

1) Ist der Rechtsweg zulässig wegen eines Schadensersatzanspruchs gegen den Staat, der darauf gestützt ist, daß ein Zollbeamter zu Unrecht von einer zur Ausfuhr bestimmten Ware eine Probe entnommen und unterlassen habe, den Absender von der Probeentnahme zu benachrichtigen? **91,** 49. — 2) Der Rechtsweg ist nach § 33 KLG ausgeschlossen, wenn es sich um die Festsetzung der zu gewährenden Vergütung handelt, und zwar sowohl für die Frage, ob überhaupt ein Anspruch auf Vergütung entstanden ist, als für die, wie hoch er zu bemessen ist. **92,** 97. — 3) § 149 RBG umfaßt alle Beamtenansprüche aus dem Dienstverhältnis, auch die aus der Verletzung von Schutzpflichten erwachsenden Schadensersatzansprüche. **92,** 179, 308; **95,** 103. — 4) Die Bestimmungen des PreußKonfliktsG finden für die Reichsbeamten keine Anwendung. **92,** 243. — 5) Der Rechtsweg ist zulässig für die Schadensersatzklage gegen das Reich wegen Dienstverletzungen des Militärbefehlshabers, sofern die behauptete Pflichtverletzung den angeblichen Schaden in dem privatrechtlichen und nicht etwa nur in dem öffentlich-rechtlichen Rechtskreise des Klägers verursacht hat. **92,** 241, 305. — 6) Findet § 1 PreußG über die Erweiterung des Rechtswegs Anwendung auf Schadensersatzansprüche der Staatsbeamten wegen Verletzung der Fürsorgepflicht in bezug auf die Diensträume? **92,** 308. — 7) Unzulässig ist der Rechtsweg für den Anspruch eines Beamten auf Ersatz des Schadens, der ihm dadurch entstanden ist, daß seinem Versetzungsantrage nicht stattgegeben ist. **92,** 430. — 8) Rechtsweg für den auf das RBeamtHaftG v. 22. Mai 1910 gestützten Anspruch gegen das Reich auf Ersatz des durch verzögerte Rückgabe eines zu Kriegszwecken angeforderten Kraftwagens entstandenen Schadens. **93,** 198. — 9) Erfordernisse der Beschwerde nach § 23 PreußPensionsG. **94,** 53. — 10) Rechtsweg nach § 13 Abs. 3 des PreußG, betr. die Herstellung und den Ausbau von Wasserstraßen, v. 1. April 1905. **94,** 134. — 11) Der Rechtsweg ist zulässig für den Anspruch des Offiziers auf das Mobilmachungsgeld. **94,** 160. — 12) Rechtliche Bedeutung der Fristen zur Einholung der den Rechtsweg eröffnenden Vorentscheidungen der Verwaltungsbehörden und der Fristen zur Erhebung der Klage nach Er-

schöpfung der Verwaltungsinstanzen. **92,** 116; **95,** 296. — 13) Erfordernis der Klarheit solcher Voremscheidungen. **95,** 297. — **14) Unwirksamkeit** der auf das Gesuch eines geisteskranken Beamten ergangenen und einem solchen zugestellten Vorentscheidungen. **95,** 298. — 15) Zum Begriff der den Rechtsweg für die Ruhegehaltsklage des Beamten eröffnenden Entscheidung. **95,** 351. — 16) Inwieweit wird der Rechtsweg für die Ruhegehaltsklage durch eine die Änderung des Ruhegehalts festsetzende Entscheidung der Verwaltungsbehörden von neuem eröffnet? **95,** 352. — 17) Inwieweit ist der Rechtsweg zulässig für Ansprüche auf Ersatz eines bei Ausübung eines Militärhoheitsrechts oder aus Anlaß der Ausübung eines solchen entstandenen Schadens. **96,** 74, 219. — 18) Die die richterliche Prüfung einschränkenden Vorschriften des § 155 RVG und des § 5 PreußG v. 24. Mai 1861 beziehen sich nicht auf den Fall der Entlassung eines Beamten aus dem Dienste, die ohne Pension erfolgt und sein Einverständnis zur Voraussetzung hat. **96,** 303. — 19) Ist der Rechtsweg zulässig für den auf die Behauptung einer gesetzwidrigen Enteignung von Vieh gestützten Schadensersatzanspruch gegen den Staat? **97,** 179. — 20) Rechtsweg für Ersatzansprüche des Reichs gegen Beamte und Militärpersonen. **97,** 245. — 21) Wird durch § 3 BRVO gegen übermäßige Preissteigerung der Rechtsweg für Schadensersatzansprüche wegen pflichtwidrigen Verfahrens von Beamten bei der Durchführung des Enteignungsverfahrens ausgeschlossen? **97,** 232. — 22) Ist der Rechtsweg zulässig für den Ersatzanspruch aus einem im Betriebe der Militäreisenbahnen im besetzten Feindesland erlittenen Unfall? **98,** 250. — 23) Umfang der richterlichen Prüfung bei der Klage gegen einen Defektenbeschluß. **99,** 79. — 24) Unzulässigkeit des Rechtswegs wegen einer auf Grund der BRVO über Sicherstellung des Kriegsbedarfs erfolgten Beschlagnahme. **99,** 43. — 25) Ist der Rechtsweg zulässig für den Streit um die Werte, die behufs Freigabe einer durch militärhoheitsrechtliche Verfügung beschlagnahmten Ware hinterlegt worden sind? **99,** 45. — 26) Rechtsweg für den Anspruch der Richter auf Kriegsteuerungszulagen nach dem PreußJustMinVerfügungen v. 8. August 1917 und 4. April 1918. **99,** 112. — 27) Rechtsweg für die vermögensrechtlichen Ansprüche der Berufssoldaten und der Angehörigen der vorläufigen Reichsmarine aus ihrem Dienstverhältnis. **99,** 261. — 28) Schließt Art. 129 Abs. 1 RVerf. v. 11. August 1919 eine Anordnung aus, daß der Beschreitung des Rechtswegs ein Verwaltungsvorbescheid vorauszugehen hat? **99,** 263.

IV. Rechtsweg gegenüber Gemeinden.

1) Der Rechtsweg ist zulässig für den Streit über die vom Staate infolge Erinnerung der Oberrechnungskammer geforderte Erhöhung der Kostenbeiträge der Gemeinde nach dem PreußPolizeikostenG v. 3. Juni 1908. **91,** 248. — 2) Für den Anspruch des von der Gemeinde zu Kriegsleistungen herangezogenen Dritten gegen die Gemeinde auf Auszahlung der ihr vom Reiche gezahlten Vergütung ist der Rechtsweg zulässig und zwar auch nach elsaß-lothringischem Landesrecht. **91,** 291. — 3) So lange eine Festsetzung der vom Reiche zur gewährenden Vergütung

für Kriegsleistungen nicht im Verwaltungsweg erfolgt ist, ist der Rechtsweg auch für den Anspruch gegen die Gemeinde nach § 7 KLG ausgeschlossen. **92,** 97. — 4) Rechtsweg für die vermögensrechtlichen Ansprüche der Gemeindebeamten in Preußen vor Erlaß des KBG. **92,** 309. — 5) § 7 KBG findet auch auf die Schadensersatzansprüche der Gemeindebeamten gegen die Gemeinden wegen Verletzung der Fürsorgepflicht bei Einrichtung der Diensträume Anwendung. **92,** 307. — 6) Rechtsweg für die Schadensersatzklage gegen eine Gemeinde wegen Gesundheitsschädigung durch Leitungswasser. **99,** 97. — 7) Findet § 7 KBG Anwendung auf die nach § 359 Abs. 1 RVO angestellten Beamten der Krankenkassen? **99,** 269. — 8) Nachholung der Vorentscheidung gemäß § 7 KBG im Laufe des Rechtsstreits. **99,** 270. — 9) Dem Erfordernis des § 7 KBG ist auch dann genügt, wenn der Bezirksausschuß sich für unzuständig erklärt und ein sachliches Eingehen auf den Anspruch abgelehnt hat. **99,** 270. — 10) § 15 PreußG v. 28. August 1905 betr. die Bekämpfung übertragbarer Krankheiten schließt den Rechtsweg nicht für solche Ansprüche aus, die auf ein Verschulden bei der Entseuchung gestützt sind. **99,** 283. — 11) Ist der Rechtsweg zulässig für Ansprüche, die wegen rechtswidriger Verfügung über polizeilich beschlagnahmte Gegenstände wider eine Stadtgemeinde erhoben worden, an deren Lebensmittelamt die Gegenstände von der Polizeibehörde abgeführt sind? **100,** 219.

V. Rechtsweg in bezug auf Kirche und Schule.

— — — — — — — — — —

VI. Rechtsweg in agrarrechtlichen Auseinandersetzungen.

— — — — — — — — — —

VII. Rechtsweg in reichsrechtlichen Verhältnissen.

1) Ist der Rechtsweg zulässig für den Anspruch auf Zahlung des Übernahmepreises nach §§ 5, 7 der Bekanntm. über Tee v. 6. April 1916? **91,** 388. — 2) Steht den Gerichten die Nachprüfung zu, ob eine „endgültige" Festsetzung des Übernahmepreises i. S. des § 5 dieser Bekanntm. vorliegt? **91,** 390. — 3) Bindung der ordentlichen Gerichte an die Entscheidungen, die im Verfahren nach der RVO ergangen sind, nach §§ 901, 1542, 1543 RVO. Die Bindung erstreckt sich auch auf die Frage, in wessen Betrieb der Unfall sich ereignet hat. **92,** 296, **93,** 323; **96,** 207. — 4) Umfang des Ausschlusses des Rechtswegs nach den AusfBestimmungen v. 22. Mai 1916 zur BRVO über die Einführung von Vieh und Fleisch sowie Fleischwaren v. 18. März 1916. **92,** 374; **100,** 143. — 5) Ist der Rechtsweg zulässig über die Rechtmäßigkeit der Kündigung eines Angestellten eines gemäß der BRVO v. 26. November 1914 unter Zwangsverwaltung gestellten Unternehmens seitens des Zwangsverwalters? **93,** 136. — 6) Ist der Rechtsweg zulässig für die Abwehrklage aus § 1004 BGB gegenüber der Veräußerung von Vermögensstücken durch den gemäß BRVO v. 31. Juli 1916 u. 14. März 1917 bestellten Liquidator feindlicher Unternehmungen? **93,** 259. — 7) Auch die Bescheide der Ver-

sicherungsträger selbst, so einer Berufsgenossenschaft, können Entscheidungen von bindender Kraft nach § 1543 RVO darstellen. **93,** 323. — 8) Rechtsweg für eine auf § 360 Nr. 8 StGB gestützte Klage auf Unterlassung der Führung des Adels. **95,** 273. — 9) Rechtsweg für den Streit zwischen Kriegsausschuß und dem Einführenden über die Rechtmäßigkeit der Enteignung eingeführter Wal- und Haselnüsse. **96,** 110. — 10) Bindung des Gerichts durch die gemäß § 1 Abs. 2 Satz 2 VO über Höchstpreise für Äpfel v. 7. Oktober 1916 erteilte Anerkennung der unteren Verwaltungsbehörde. **96,** 348. — 11) Unter dem Übernahmepreis, für den in Kriegsgesetzen und -Verordnungen der Rechtsweg ausgeschlossen ist, ist nicht bloß die Hauptforderung, sondern das volle Entgelt für den enteigneten Gegenstand, mit Einschluß der zur Zeit der Festsetzung entstandenen Zins- und sonstigen Nebenforderungen zu verstehen. **98,** 40. — 12) Ist der Rechtsweg zulässig, wenn über die Auszahlung des festgesetzten Übernahmepreises oder über die Zahlung von Verzugszinsen seit der Zeit der Festsetzung Streit entsteht? **98,** 43. — 13) Ausschluß des Rechtswegs bei Kriegswirtschaftsmaßnahmen zugunsten der Volksernährung, insbesondere nach § 6 AusfBest v. 15. November 1915 über die Einfuhr von Butter aus dem Ausland. **99,** 240. — 14) Findet § 7 KBG Anwendung auf die nach § 359 Abs. 1 RVO angestellten Beamten der Krankenkassen? **99,** 269. — 15) Rechtsweg für die Frage, ob ein gegenseitiger Vertrag i. S. des § 9 BRVO über die Geschäftsaufsicht zur Abwendung des Konkurses vorliegt. **100,** 1. — 16) Inwieweit ist über das Recht zum persönlichen Verkehr mit dem Kinde nach § 1636 BGB im ordentlichen Rechtswege zu entscheiden? **100,** 179.

VIII. Rechtsweg in sonstigen Fällen.

1) Der Rechtsweg für den Anspruch auf Herstellung von Einrichtungen zur Verhütung von Schäden nach § 200 Abs. 2 PreußWasserG v. 7. April 1913 wird nicht dadurch ausgeschlossen, daß der Beklagte bei dem Bezirksausschuß Sicherstellung des von ihm behaupteten Rechts auf Zutageförderung unterirdischen Wassers und die Verleihung eines Rechts auf Wasserentnahme beantragt hat, auch nicht durch die Verleihung eines solchen Rechts. **91,** 148, 154. — 2) Ist der Ausspruch der Verleihungsbehörde, welcher einen Anspruch auf Herstellung von Einrichtungen zur Schädenverhütung nach § 50 PreußWasserG zurückweist, für die ordentlichen Gerichte bindend? **91,** 154. — 3) Rechtsweg für die Streitigkeiten aus Tarifvereinbarungen zwischen Kleinbahnunternehmer und Wegeunterhaltungspflichtigem. **92,** 310. — 4) Der Rechtsweg ist zulässig für den auf den Zustimmungsvertrag (§ 6 KleinbahnG) gestützten Anspruch einer Stadtgemeinde auf Gewährung der Freifahrtberechtigung ihrer Beamten auf der Straßenbahn. **93,** 79. — 5) Ist der Rechtsweg zulässig für die Klage auf Zahlung von Straßenanliegerbeiträgen, auf Feststellung der Verpflichtung zur Zahlung solcher Beiträge und auf Feststellung der Nichtberechtigung zur Zurückforderung gezahlter Beiträge? **93,** 201. — 6) Rechtsweg für den auf das Eigentum am Flußbett gestützten Anspruch des preußischen und oldenburgischen Staats auf Unterlassung

unbefugter Fischerei. **94,** 34. — 7) Unzulässigkeit des Rechtswegs für den Anspruch auf Erstattung von Kriegsschaden im Geltungsbereich der preußischen Kabinettsorder v. 4. Dezember 1831; zum Begriff des Kriegsschadens. **96,** 75. — 8) Für die Frage, wem das Fischereirecht auf von ausgetretenen Gewässern überfluteten Grundstücken zusteht, ist der Rechtsweg durch § 12 Abs. 2 PreußFischereiG v. 11. Mai 1916 nicht ausgeschlossen. **97,** 149. — 9) Rechtsweg für den Anspruch der Hinterbliebenen, die letzte Ruhestätte des Verstorbenen zu bestimmen. **100,** 172.

§ 271. Auslegung der Prozeßgesetze.

I. Allgemeines. Analogie.

Zivilprozeßordnung. 1) Entsprechende Anwendung des § 655 Abs. 2 ZPO a. F., nicht dagegen der §§ 302 Abs. 2, 541 Abs. 2, 600, 717 Abs. 2 u. 3 n. F. auf die Aufhebung eines rechtskräftigen Urteils im Wiederaufnahmeverfahren. **91,** 201, 203. — 2) Keine entsprechende Anwendung des § 335 Abs. 1 Nr. 2 ZPO im Falle des § 465 ZPO. **91,** 258. — 3) Entsprechende Anwendung der §§ 292, 417 flg. ZPO auf die Führung des Gegenbeweises gegen die Rechtsvermutung der §§ 2365, 2368 Abs. 3 BGB. **92,** 71. — 4) Keine entsprechende Anwendung des § 867 Abs. 2 ZPO auf den Fall, daß wegen der beizutreibenden Forderung bereits eine Vertragshypothek auf einem andern Grundstück des Schuldners eingetragen ist. **98,** 109. — 5) Zur Auslegung von § 85 **96,** 180; von § 505 **92,** 44; **95,** 281; von § 515 **96,** 187; von § 536 **94,** 154; von § 546 **98,** 86; von § 559 **94,** 154; von § 859 **95,** 232; von § 867 **98,** 108. — 6) Zur Auslegung von § 655 Abs. 2 ZPO älterer Fassung. **91,** 198.

Gerichtsverfassungsgesetz. 1) Eine streitige Rechtsfrage i. S. des § 137 GVG liegt nicht vor, wenn der Senat, der eine abweichende Auffassung ausgesprochen hat, erklärt, an dieser nicht festzuhalten. **93,** 143; **98,** 257. — 2) Zur Auslegung des § 70 Abs. 3 GVG. **92,** 174. — 3) Zur Anwendung des § 137 GVG. **93,** 143; **94,** 16, 347; **95,** 165; **96,** 157; **100,** 134.

Konkursordnung. 1) Keine entsprechende Anwendung des § 193 KO hinsichtlich des Bürgen beim Vergleich zur Abwendung des Konkurses. **92,** 123. — 2) Zur Auslegung des § 41. **95,** 225, des § 46 **98,** 146. des § 63 Nr. 1 **92,** 185.

§ 272. Zeitliche Wirksamkeit der Prozeßgesetze. Einführungs- und Ausführungsbestimmungen zum Gerichtsverfassungsgesetz, zur Zivilprozeßordnung und zu sonstigen Prozeßgesetzen.

§ 273. Örtliche Wirksamkeit der Prozeßgesetze.

(S. § 8 VIII S. 20.)

§ 274. Zwingende und nachgiebige Prozeßvorschriften.

Zweites Kapitel. Die Zivilprozeßordnung.

1. Die Gerichte.

§ 275. Die ordentlichen Gerichte. Sondergerichte. Gewerbegerichte Kaufmannsgerichte. Gerichtsferien. Rechtshilfe. Gerichtsverfassung.

1) Erfordernisse des Rechtshilfeersuchens im Prozeß und im Verfahren betr. die Ausstellung eines Erbscheins. **95,** 286. — 2) Ist die VO des Intern. Ausschusses für Oberschlesien über die Aufhebung der Zuständigkeit des Reichsgerichts in oberschlesischen Sachen rechtsgültig? **99,** 235.

§ 276. Sachliche Zuständigkeit der Gerichte.

1) Ist eine Ausschlußfrist versäumt, wenn die Klage bei einem örtlich zuständigen, aber sachlich unzuständigen Gericht angebracht ist und nach Ablauf der Frist der Rechtsstreit an das sachlich zuständige Gericht verwiesen wird? **92,** 45; **93,** 312. — 2) Zur Bedeutung des § 70 Abs. 3 GVG. Die Worte „Ansprüche gegen den Staat wegen Verfügungen der Verwaltungsbehörden" erhalten ihren Inhalt wesentlich aus dem Landesrecht. **92,** 174, 175. — 3) Für Ansprüche auf Vergütung von Kriegsleistungen gegen den hamburgischen Staat ist die ausschließliche Zuständigkeit der Landgerichte nicht begründet. **92,** 175. — 4) Zur Anwendung des § 24 Satz 2 HamburgG v. 23. April 1879, betr. das Verhältnis der Verwaltung zur Rechtspflege, und des § 29 HamburgAusfG. zGVG v. 25. Februar 1910. **92,** 174. — 5) Zum Begriff der öffentlichen Abgaben in § 70 Abs. 3 GVG. **92,** 176. — 6) Die sachliche Zuständigkeit der Gerichte ist auf die ihnen durch die Gesetze übertragenen Angelegenheiten beschränkt und kann durch eine Vereinbarung der Parteien nicht erweitert werden. **94,** 174. — 7) Kann dem Amtsgericht die Ernennung von Schiedsgutachtern durch Parteivereinbarung übertragen werden? **94,** 172.

§ 277. Wert des Streitgegenstandes.

1) Für die Bemessung des Streitwerts entscheidet nur, was vom Kläger begehrt wird, nicht was der Beklagte einbüßt. **93,** 129. — 2) Bei der Klage eines Miterben auf Einziehung einer Nachlaßforderung bestimmt sich der Streitwert nach freiem Ermessen; er ist nicht einfach auf den vollen Betrag der eingeklagten Geldforderung, sondern in Berücksichtigung des verfolgten unmittelbaren Interesses der klagenden Partei grundsätzlich nur nach Verhältnis des Anteilsrechts des Klägers am Nachlasse zu bestimmen. **93,** 128. — 3) Das unmittelbare Parteiinteresse als Maßstab der Streitwertermittlung. **93,** 130. — 4) Zur Berechnung des Streitwerts bei Wertsteigerung, insbesondere bei Steigerung des Werts der fremden Währung, im Laufe des Rechtsstreits. **98,** 85. — 5) Streitwert bei der Klage auf Herausgabe einer Sicherheit, die für eine Forderung in ausländischer Währung bestellt ist. **98,** 221.

§ 278. Gesetzlicher Gerichtsstand.

I. Allgemeines.

1) Wird durch die Klagerhebung bei einem örtlich unzuständigen Gericht eine Ausschlußfrist gewahrt? **92,** 40; **94,** 133. — 2) Wird durch sie die Verjährung unterbrochen? **92,** 45. — 3) Verleiht die prozeßrechtlich zulässige Heilung des in der Angehung eines örtlich unzuständigen Gerichts liegenden Mangels der Klagerhebung der Klage von Anfang an die volle materiellrechtliche Wirkung? **92,** 45; **94,** 136. — 4) Wird im Falle des § 505 ZPO und des § 27 BRVO zur Entlastung der Gerichte v. 9. September 1915 eine während des Schwebens des Rechtsstreits bei dem unzuständigen Gericht verwirkte materielle Berechtigung mit dem Erlaß des Verweisungsbeschlusses wieder „wirksam? **92,** 45; **93,** 314; **94,** 136. — 5) Unter dem „Gerichtsstand" in § 34 KLG ist sowohl die sachliche wie die örtliche Zuständigkeit zu verstehen. **92,** 174. — 6) Zusammenfallen der Zuständigkeit des angerufenen Gerichts und der den erhobenen Anspruch selbst begründenden Tatsachen. Der Nachweis der tatsächlichen Angaben, welche bei zutreffender rechtlicher Beurteilung das Vorliegen der klagebegründenden Tatsachen ergeben, ist zur Begründung der Zuständigkeit nicht erforderlich. **95,** 270; **96,** 71. — 7) Einfluß neuer, im Laufe des Rechtsstreits vorgebrachter Tatsachen auf die Zuständigkeit des Gerichts. **95,** 270.

II. Der allgemeine Gerichtsstand.

Wo ist nach Scheidung der Ehe die Klage auf Anfechtung der Ehelichkeit des Kindes zu erheben? **96,** 70.

III. Die besonderen Gerichtsstände.

1. Gerichtsstand des Vertrags (des Erfüllungsortes).

— — — — — — — — — — —

1a. Gerichtsstand des Vermögens.

— — — — — — — — — — —

1b. Gerichtsstand der unerlaubten Handlung.

Erfordernisse der Begründung des Gerichtsstandes der unerlaubten Handlung **95,** 270.

2. Gerichtsstand in Ehesachen.

— — — — — — — — — — —

IV. Ausschließliche Gerichtsstände.

1) Zuständigkeit für die Ruhegehaltsklage des aus dem einstweiligen in den dauernden Ruhestand getretenen preußischen Staatsbeamten. **95,** 350. — 2) Bleibt die für die Widerspruchsklage durch §§ 879, 802 ZPO begründete Zuständigkeit auch bei der Überleitung der Klage in die aus dem besseren Recht bestehen? **99,** 207.

§ 279. Vereinbarter Gerichtsstand.

Wirkung der Vereinbarung über den Gerichtsstand hinsichtlich der Wahrung der Klagefrist. **93**, 314; **94**, 136.

§ 280. Oberrichterlich bestimmter Gerichtsstand.

1) Unter der „Sache" ist in § 36 Nr. 4 ZPO eine Mehrheit von Grundstücken nur dann zu verstehen, wenn sie durch ein besonderes rechtliches Band zu einer Einheit verbunden ist; die bloße Gesamthaftung für Hypotheken genügt hierzu nicht. **91**, 42. — 2) Zur Anwendung des § 36 Nr. 4 ZPO im Falle des § 4 BRVO v. 8. Juni 1916 über die Geltendmachung von Hypotheken. **91**, 42.

§ 281. Ausschließung und Ablehnung von Richtern.

Befugnis der Gerichte, über eine mißbräuchliche Ausübung des Ablehnungsrechts als unbeachtlich hinwegzugehen. **92**. 230.

§ 282. Gerichtsschreiber.

Pflicht des Gerichtsschreibers zur Protokollierung und sofortigen Einsendung eines Armenrechtsgesuches. **91**, 27.

§ 283. Gerichtsvollzieher. Verteilungsstellen.

1) Pflichten des Gerichtsvollziehers bei Erledigung eiliger und wichtiger Zustellungsaufträge. Muß er persönlich zustellen? Pflicht der Kontrolle bei Zustellung durch die Post und der Übermittlung der Postzustellungsurkunde an die Partei. **91**, 179. — 2) Der Gerichtsvollzieher hat an den von ihm gepfändeten, im Gewahrsam des Schuldners belassenen Sachen mittelbaren Besitz. **94**, 341. — 3) Der mit der Pfändung beauftragte Gerichtsvollzieher ist nicht rechtsgeschäftlicher Vertreter des Gläubigers bei der Pfändung. **95**, 154.

2. Die Parteien.

§ 284. Parteifähigkeit. Prozeßfähigkeit. Gesetzliche Vertreter.

Parteifähigkeit. 1) Parteifähigkeit einer GmbH trotz Auflösung **92**, 85. — 2) Parteifähigkeit der Fettstelle Groß-Berlin. **95**, 28.

Gesetzliche Vertretung. 1) Gesetzliche Vertretung der evangelischen Kirchengemeinden der älteren Provinzen Preußens. Genehmigung der staatlichen oder kirchlichen Aufsichtsbehörden ist zur Prozeßführung in Vermögensangelegenheiten nicht erforderlich. **91**, 235. — 2) Zur Vertretung des Militärfiskus in Militärhinterbliebenensachen ist nur die oberste Militärverwaltungsbehörde berufen. **93**, 15. — 3) § 549 Abs. 2 ZPO findet Anwendung auch dann, wenn die Revision damit begründet wird, daß die Entscheidung über die Zuständigkeit auf einer unrichtigen Annahme über die gesetzliche Vertretung einer Partei beruhe. **93**, 351. — 4) Der Armenanwalt ist nicht gesetzlicher Vertreter der Partei. **94**, 344. — 5) Gesetzliche Vertretung des preußischen Staats gegenüber der Ruhegehaltsklage eines aus dem einstweiligen Ruhestand in den endgültigen getretenen Beamten. **95**, 350. — 6) Ausschluß der gesetzlichen Vertretungsbefugnis der Mutter in Vermögensangelegenheiten des Kindes, soweit die Vermögensverwaltung dem Beistande übertragen ist. **96**, 50.

§ 285. Streitgenossenschaft.

1) Der Streitgenosse ist nicht nur im Verhältnis zur Gegenseite, sondern auch zum eigenen Streitgenossen Partei. **91**, 38. — 2) Ein Streitgenosse kann auch dann nicht als Zeuge vernommen werden, wenn die beweisbedürftige Tatsache nur das Recht des andern Streitgenossen angeht. **91**, 38. — 3) Die Zeugnisunfähigkeit des Streitgenossen gilt, so lange der Streitgenosse nicht zufolge Trennung der Ansprüche oder durch sachliche Erledigung des Rechtsstreits, soweit er ihn angeht, aus aus dem Verfahren ausgeschieden ist. **91**, 38. — 4) Der Streitgenosse, gegen den das Verfahren in der ersten Instanz ruhengeblieben ist, kann in dem nur gegen den andern Streitgenossen in der Berufungsinstanz anhängigen Verfahren nicht als Zeuge vernommen werden. **91**, 37. — 5) Befinden sich die Gesellschafter einer offenen Handelsgesellschaft, wenn sie zusammen klagen oder verklagt werden, in notwendiger Streitgenossenschaft? **91**, 413, 415. — 6) Keine notwendige Streitgenossenschaft der mehreren Vertragsgegner bei Anfechtung eines Vertrags. **91**, 413. — 7) Rechtliche Stellung des als Streitgenosse geltenden Nebenintervenienten. **93**, 32. — 8) Gegenüber der Erbschaftsklage besteht keine notwendige Streitgenossenschaft der Miterben. **95**, 97. — 9) Notwendige Streitgenossenschaft der in ungeteilter Erbengemeinschaft befindlichen, gemeinsam klagenden Erben. **96**, 52. — 10) Notwendige Streitgenossen sind auch im Wiederaufnahmeverfahren zuzuziehen. **96**, 52. — 11) Notwendige Streitgenossenschaft bei der Klage auf Feststellung zur Konkurstabelle gegen mehrere widersprechende Beklagte. **96**, 254. — 12) Wirkung des von einzelnen der notwendigen Streitgenossen eingelegten Rechtsmittels auch für die andern. **96**, 254. — 13) Zur Form der Zuladung von Streitgenossen. **99**, 128. — 14) Wird durch die Hauptintervention des Zedenten im Rechtsstreit zwischen Zessionar und Schuldner eine notwendige Streitgenossenschaft der letzteren begründet? **100**, 60. — 15) Der dem Konkursverwalter im Anfechtungsprozesse beitretende Konkursgläubiger wird hierdurch nicht dessen Streitgenosse. **100**, 89.

§ 286. Beteiligung Dritter am Rechtsstreit.

I. Hauptintervention.

Wird durch die Hauptintervention eine notwendige Streitgenossenschaft der bisherigen Parteien begründet? **100**, 60.

II. Nebenintervention.

1) Berechtigung des Hypothekengläubigers, dem auf Herausgabe von Sachen, die sich auf dem unter Zwangsverwaltung stehenden Grundstück befinden, verklagten Zwangsverwalter als Streitgehilfe beizutreten. **92**, 21. — 2) Ist zur Zeit des Beitritts des Nebenintervenienten die

Rechtsmittelfrist schon zum Teil abgelaufen, so verbleibt ihm für die Einlegung des Rechtsmittels nur noch der Rest der laufenden Frist. **93,** 31. — 3) Zur Stellung des Nebenintervenienten, der als Streitgenosse gilt. **93,** 32. — 4) Rechtliches Interesse i. S. des § 66 ZPO; Revisionseinlegung durch den Nebenintervenienten. **97,** 97. — 5) Kann der Nebenintervenient seine Berufung weiter verfolgen, wenn die Hauptpartei die von ihr eingelegte Berufung zurücknimmt? **97,** 215. — 6) Umfang der Rechtskraftwirkung des Urteils gegenüber dem Nebenintervenienten. **97,** 296. — 7) Der dem Konkursverwalter im Anfechtungsprozesse als Streitgehilfe beitretende Gläubiger wird hierdurch nicht Streitgenosse. **100,** 89.

III. Streitverkündung.

Umfang der Rechtskraftwirkung des zwischen den Hauptparteien ergangenen Urteils gegenüber dem, dem der Streit verkündet ist. **97,** 296.

§ 287. Prozeßbevollmächtigte. Beistände. Anwaltszwang. Rechtsanwalt. Rechtsanwaltsordnung.

1) Vom Anwaltszwang befreit sind nach § 920 Abs. 3 ZPO auch die vom Antragsteller einseitig zu beantragenden Nebenhandlungen, die erforderlich sind, um dem Hauptantrage Wirksamkeit zu geben, so auch das Gesuch um Bewilligung der öffentlichen Zustellung des Arrestbefehls. **91,** 115. — 2) Die Bestellung eines Vertreters für den Kriegsteilnehmer nach der BRVO v. 14. Januar 1915 kann schon vor Zustellung der Klage erfolgen. **94,** 215. — 3) Der Armenanwalt ist nicht gesetzlicher Vertreter der Partei. **94,** 344. — 4) Ist in dem Armenrechtsgesuch schon die Bevollmächtigung und Auftragserteilung für den zu beauftragenden Anwalt zu finden? **94,** 345. — 5) Anstandspflicht des der Partei beigeordneten Armenanwalts zur Wahrnehmung der Interessen der Partei, insbesondere bei Gefahr im Verzuge, auch schon vor Bevollmächtigung seitens der Partei. **94,** 347. — 6) Auftraglose Geschäftsführung des Anwalts für die Partei. **94,** 347. — 7) § 80 ZPO gilt auch für den Armenanwalt. **94,** 346. — 8) Entsprechende Anwendung des § 87 Abs. 1 ZPO für das Verhältnis gegenüber dem Gericht. **95,** 338. — 9) Die Anzeige nach § 87 Abs. 1 ZPO bedarf keiner Form und kann auch durch schlüssige Handlungen erfolgen. Unter welchen Umständen kann sie als stillschweigend erfolgt angesehen werden? **95,** 338. — 10) Erlischt die Vollmacht des Armenanwalts dadurch, daß ein anderer Armenanwalt der Partei beigeordnet wird und für diese verhandelt? **95,** 337. — 11) Inwieweit haftet die Partei für den Schaden, den ihr Prozeßbevollmächtigter durch gesetzwidrige Betreibung der Zwangsvollstreckung einem Dritten verursacht hat? **96,** 177. — 12) Zur Haftung des Rechtsanwalts für seine Bureauangestellten. **96,** 324. — 13) Sorgfaltspflicht des Rechtsanwalts bei Behandlung von Fristsachen. **96,** 324. — 14) Unter welchen Voraussetzungen kann die Versäumung einer Frist, die durch ein Versehen der Bureauangestellten herbeigeführt ist, als Folge eines unabwendbaren Zufalls angesehen werden? **96,** 322. — 15) Überlastung durch die Kriegsverhältnisse als Entschuldigungsgrund. **96,** 324. — 16) Muß ein Rechts-

anwalt, der sich von seiner Partei ein übermäßiges Honorar ausbedungen hat, hiervon dem Gegner beim Abschluß eines Prozeßvergleichs Mitteilung machen? Darf er dies ohne Zustimmung seiner Partei? **98**, 74. — 17) Erfordernisse der Zustellung von Anwalt zu Anwalt. **98**, 241. — 18) Keine Beschwerde gegen die Beschlüsse des Oberlandesgerichts aus § 59 Abs. 2 RAO. **99**, 161. — 19) Keine Anwendung des FGG auf solche Beschlüsse. **99**, 161. — 20) Genügt nach Art. II G. v. 18. Dezember 1919 zum Nachweis, daß die Auslagen des Armenanwalts von dem ersatzpflichtigen Gegner nicht beigetrieben werden können, die Tatsache, daß auch dem Gegner das Armenrecht bewilligt ist? **99**, 187. — 21) Anwendung des UWG gegenüber unlauterem Wettbewerb, der Anwälten durch Nichtanwälte bereitet wird. **99**, 191. — 22) Unter welchen Voraussetzungen ist ein Anwaltverein zur Klagerhebung aus § 13 UWG berechtigt? **99**, 190. — 23) Darf der Anwalt den Auftrag zur Einlegung eines an eine Notfrist gebundenen Rechtsmittels dem Anwalt der höheren Instanz mittels einfachen Briefs oder Pakets zusenden? **99**, 273. — 24) Ist er verpflichtet, sich zu vergewissern, ob dieser Auftrag dem Anwalt der höheren Instanz zugegangen ist? **99**, 273.

§ 288. Prozeßkosten im allgemeinen.

1) Wie ist über die Kosten zu entscheiden, wenn in Ehesachen von dem obsiegenden Teil ein Rechtsmittel behufs Rücknahme der Klage eingelegt ist? **91**, 366. — 2) Kann die Erstattung der Kosten eines Vorprozesses als Schadensersatz- oder Ausgleichungsanspruch geltend gemacht werden? **91**, 232; **92**, 148. — 3) Wem fallen die Kosten der Anschlußrevision zur Last a) wenn die Hauptrevision von vornherein unzulässig war, b) wenn diese zurückgenommen oder wegen Nichtleistung des Gebührenvorschusses verworfen wird? **95**, 121. — 4) Zum Begriff der Mehrkosten in § 505 Abs. 3 ZPO. **95**, 283. — 5) Ist ein Kostenurteil nach § 271 Abs. 3 ZPO auch dann zu erlassen, wenn ein vor einem andern Gericht geschlossener vollstreckbarer Vergleich die gleiche Regelung wegen der betreffenden Kosten enthält? **96**, 203. — 6) Wie sind in solchem Falle Einwendungen gegen den Inhalt des Vergleichs geltend zu machen? **96**, 203. — 7) Eine Erinnerung nach § 4 GKG ist auch dann zulässig, wenn es sich darum handelt, ob der in Anspruch Genommene überhaupt zahlungspflichtig ist. **97**, 175. — 8) Für Prozeßkosten, zu deren Tragung ein minderjähriges Kind verurteilt ist, haftet der Vater nur beim Vorhandensein von seiner Nutznießung unterliegendem Vermögen. **97**, 176. — 9) Zur Anwendung des § 93 ZPO beim Erlaß eines Vollstreckungsurteils aus § 1042 ZPO. **99**, 131. — 10) Keine Entscheidung über die Kosten des Verfahrens in Zwischenurteilen und diesen gleichzustellenden Entscheidungen. **100**, 122.

§ 289. Gerichtskosten. Gebühren der Gerichtsvollzieher.

1) Zur Anwendung des § 6 GKG. **95**, 283. — 2) Die Vorschrift des § 24 Nr. 2 GVGebO betrifft sämtliche in der GebO behandelten Gebühren und Auslagen, auch die in Armensachen. **100**, 127.

§ 290. Anwaltskosten.

— — — — — — — — — — —

§ 291. Zeugen- und Sachverständigengebühren.

— — — — — — — — — — —

§ 292. Sicherheitsleistung im Prozeß.

1) Nach Einleitung des Verfahrens gemäß § 109 ZPO kann der Gläubiger **nicht** in einem andern Rechtsstreit auf Feststellung der Unzulässigkeit der Rückgabe klagen. **97,** 129 (**86,** 36). — 2) Keine Beschwerde des Antragsgegners gegen die Fristbestimmung nach § 109 Abs. 1 ZPO. **97,** 130. — 3) Die Veranlassung für eine Sicherheitsleistung ist als weggefallen i. S. des § 109 Abs. 1 ZPO anzusehen, wenn nach Lage des Einzelfalles der sofortigen Geltendmachung eines bereits entstandenen Anspruchs, für den die Sicherheit haften soll, kein Hindernis entgegensteht und weitere derartige Ansprüche nicht mehr entstehen können. **97,** 130. — 4) Ist in dem nach Fristbestimmung gemäß § 109 Abs. 1 ZPO angestrengten Rechtsstreit nochmals zu prüfen, ob die Veranlassung für die Sicherheitsleistung weggefallen ist? **97,** 127. — 5) Müssen Perser in Deutschland Sicherheit wegen der Prozeßkosten leisten? **98,** 317

§ 293. Armenrecht.

1) Verpflichtung der Gerichtsschreiberei zur Protokollierung und sofortigen Einsendung eines Armenrechtsgesuchs. **91,** 27. — 2) Bildet die Ablehnung der Protokollierung eines Armenrechtsgesuchs einen unabwendbaren Zufall i. S. des § 233 ZPO? **91,** 26. — 3) Erlangt der Armenanwalt schon mit der Zustellung des Beiordnungsbeschlusses die Stellung eines Vertreters der armen Partei? Geschieht dies insbesondere dann, wenn die Partei um die Beiordnung gerade des bestimmten Anwalts gebeten hatte? **94,** 344. — 4) Anstandspflicht des Armenanwalts zur Wahrung der Rechte der Partei bei Gefahr im Verzuge schon vor Bevollmächtigung durch die Partei. **94,** 347. — 5) § 80 ZPO gilt auch für den Armenanwalt. **94,** 346. — 6) Stillschweigende Vollmacht der Mutter eines Kriegsteilnehmers, der in ihrem Haushalt gelebt hatte, zur Nachsuchung des Armenrechts. **95,** 262. — 7) Erlischt die Prozeßvollmacht des Armenanwalts schon dadurch, daß ein neuer Armenanwalt für die Partei beigeordnet wird und dieser für die Partei verhandelt? **95,** 337 — 8) Erstattung der Auslagen des Armenanwalts aus der Staatskasse nach Art. II G. v. 18. Dezember 1919. **99,** 187. — 9) Umfang der Glaubhaftmachungspflicht nach § 236 Abs. 1 Nr. 1 und § 234 Abs. 2 ZPO im Falle der Verzögerung der Ausstellung des Armutszeugnisses. **100,** 268.

3. Allgemeine Grundsätze des Verfahrens.

§ 294. Mündlichkeit. Öffentlichkeit. Vorbereitende Schriftsätze. Prozeßerklärungen. Prozeßhandlungen.

— — — — — — — — — — —

§ 295. Verhandlungsgrundsatz. Richterliche Aufklärungs- und Fragepflicht.

1) Zur Anwendung des § 139 ZPO in Beziehung auf den Entlastungsbeweis nach § 831 BGB. **91,** 66. — 2) § 139 ZPO und freie Schadensschätzung nach § 287 ZPO. **91,** 68. — 3) Das Fragerecht des § 139 ZPO ist nicht bestimmt, dem Kläger für eine erhobene Klage erst die notwendige Begründung an die Hand zu geben. **91,** 268. — 4) Keine Belehrungspflicht über die Folgen einer unzulässigen Eideszurückschiebung nach § 452 Abs. 2 ZPO. **92,** 257 — 5) Zur Ausübung des richterlichen Fragerechts durch das Berufungsgericht, wenn die Partei in erster Instanz nicht in gebotenem Umfange rechtliches Gehör gefunden hatte. **93,** 155. — 6) Unheilbarkeit des Verstoßes der unzureichenden Gewährung rechtlichen Gehörs. **93,** 155. — 7) Inwieweit können Parteibehauptungen zum Nachteil der Partei verwertet werden? Steht der Verwertung einer mit der Klagebehauptung in Widerspruch stehenden Behauptung zuungunsten des Klägers entgegen, daß sie zur Abwehr eines Einwands des Beklagten vorgebracht ist? **94,** 348. — 8) Will der Richter eine von den Parteien nicht behandelte Rechtsauffassung seiner Entscheidung zugrundelegen, so hat er die Parteien hierauf aufmerksam zu machen, sofern es sich nicht um ein feststehendes oder von ihm festgestelltes Sachverhältnis handelt. **96,** 78. — 9) Kann die Verurteilung des Beklagten auf Grund eines nach dem unstreitigen Sachverhalt begründeten, aber vom Kläger nicht geltend gemachten Anspruchs erfolgen? **96,** 200. — 10) Welche Wirkung hat der Widerruf der Leistung eines zugeschobenen Eides, wenn der Gegner die unter Eid gestellte Behauptung demnächst zurücknimmt? **100,** 282. — 11) Zur Anwendung des § 139 ZPO. **91,** 210; **92,** 229; **94,** 143, 144, 291, 298; **95,** 23; **96,** 78; **97,** 99, 244; **98,** 20, 294; **99,** 108; **100,** 103.

§ 296. Mündliche Verhandlung. Prozeßleitung.

---

§ 297. Zustellungen.

1) Das Gesuch um öffentliche Zustellung des Arrestbefehls unterliegt nicht dem Anwaltszwang. **91,** 115. — 2) Der die öffentliche Zustellung anordnende Beschluß ist für die Beteiligten nur im Rechtsmittelzug anfechtbar, von nichtbeteiligten Dritten kann seine Rechtmäßigkeit nicht in Zweifel gezogen werden. **91,** 116. — 3) Pflichten des Gerichtsvollziehers bei Zustellungen in eiligen und wichtigen Sachen. **91,** 179. — 4) Erfordernisse der Zustellung von Anwalt zu Anwalt. Wann ist sie als erfolgt anzusehen, wenn ein Anwalt das ihm vom Gegner behändigte Urteil in der irrigen Meinung, nicht mehr Prozeßbevollmächtigter zu sein, nicht annehmen zu wollen erklärt, demnächst aber nach Erkennung seines Irrtums das Empfangsbekenntnis ausgestellt hat? **98,** 241. — 5) Werden Mängel der Urteilszustellung durch Verabsäumung rechtzeitiger Rüge in der höheren Instanz geheilt? **99,** 140. — 6) Ist die öffentliche Zustellung des Urteils an eine beklagte Firma rechtswirksam, wenn diese im Urteil als offene Handelsgesellschaft bezeichnet ist, während sie in Wirklichkeit die eines Einzelkaufmanns ist? **99,** 271.

§ 298. Ladungen. Termine. Fristen.

1) Die Verlängerung von Fristen wird wirksam erst mit der Zustellung der Verfügung. **96,** 351. — 2) Anwendung des § 222 Abs. 2 ZPO auf Ausschlußfristen für die Beschreitung des Rechtswegs. **97,** 300; **100,** 22. — 3) Bedeutung der Fristbestimmung nach § 339 Abs. 2 ZPO. **98,** 140. — 4) Zur Form der Ladung nach versäumter Klagezustellung. **99,** 125. — 5) Kann die in § 878 Abs. 1 Satz 1 ZPO bestimmte Frist durch Parteivereinbarung verlängert werden? **99,** 204.

§ 299. Folgen der Versäumung. Wiedereinsetzung in den vorigen Stand.

1) Bildet die Ablehnung der Protokollierung des Armenrechtsgesuchs durch den Gerichtsschreiber einen unabwendbaren Zufall i. S. des § 233 ZPO? **91,** 26. — 2) Zum Begriff des unabwendbaren Zufalls. **94,** 343; **96,** 323. — 3) Kann ein Versehen des Bureaupersonals des Rechtsanwalts als unabwendbarer Zufall i. S. des § 233 ZPO angesehen werden? **96,** 324. — 4) Wiedereinsetzung gegen die Versäumung der Frist zum Nachweise der Einzahlung des Gebührenvorschusses für die Revision. **96,** 352. — 5) Verspäteter Eingang der Prozeßakten beim Reichsgericht als Wiedereinsetzungsgrund bei Versäumung der Revisionseinlegungsfrist. **98,** 196. — 6) Ist die Wiedereinsetzung zu gewähren, wenn der mittels einfachen Briefs oder Pakets abgesandte Auftrag zur Einlegung des Rechtsmittels bei der Post verloren gegangen ist? **99,** 272. — 7) Gereicht die Verstreichung der in § 234 ZPO bestimmten Frist dem Rechtsanwalt zum Verschulden, wenn er es unterlassen hat, sich zu vergewissern, daß der an den Anwalt der höheren Instanz abgesandte Auftrag zur Einlegung des Rechtsmittels diesem zugegangen ist? **99,** 273. — 8) Kann die Wiedereinsetzung i. d. v. St. gegen den Ablauf der Berufungsfrist versagt werden, weil der Gesuchsteller, der im ersten Rechtszuge das Armenrecht gehabt hatte, seinem Armenrechtsgesuch für den zweiten Rechtszug kein neues Armutszeugnis beigefügt hatte? **100,** 268. — 9) Unverschuldete Anwaltslosigkeit als Hindernis i. S. des § 234 Abs. 2 ZPO. **100,** 269. — 10) Auch die, die Einhaltung der Frist des § 234 ergebenden Tatsachen gehören zu den die Wiedereinsetzung begründenden Tatsachen i. S. des § 236 Abs. 1 Nr. 1 ZPO. **100,** 269. — 11) Umfang der Behauptungs- und Glaubhaftmachungspflicht nach § 236 Abs. 1 Nr. 1, § 234 Abs. 2 ZPO im Falle der Verzögerung der Ausstellung des Armutszeugnisses. **100,** 270.

§ 300. Unterbrechung. Aussetzung. Ruhen und Aufnahme des Verfahrens.

1) Aussetzung nach § 901 Abs. 2 RVO, auch bei Ansprüchen auf Schmerzensgeld, kein Verlust des Rügerechts nach §§ 295, 530, 558 ZPO. **91,** 95. — 2) Prüfung der Zweckmäßigkeit einer Aussetzung des Verfahrens über den Anspruch auf Herstellung von Einrichtungen zur Schadensverhütung nach § 200 Abs. 2 PreußWasserG v. 7. April 1913 mit Rücksicht auf ein anhängiges Verleihungsverfahren nach § 203 dieses Gesetzes. **91,** 154. — 3) Aussetzung des Verfahrens über die Erteilung einer Zwangslizenz zugunsten des Inhabers eines jüngeren Patents bei zweifelhafter

Abhängigkeit des jüngeren von dem älteren Patent. **91,** 193. — 4) Keine Anwendung des § 148 ZPO bei der Anfechtung von Rechtshandlungen des Schuldners auf Grund eines nur vorläufig vollstreckbaren Schuldtitels. **96,** 338. — 5) Unterbrechung des Verfahrens nach § 1 Abs. 2 AusfGzFriedensvertrag und § 11 AusgleichungsG v. 24. April 1920. **99,** 243.

4. Verfahren in erster Instanz vor den Landgerichten.

§ 301. Klageweg. Klage. Klagerhebung. Klagebegründung. Klagenverbindung.

1) Bedeutung der Klagebegründung für die Frage der Zulässigkeit des Rechtswegs. **91,** 149; **93,** 203, 258: **97,** 181. — 2) Unanwendbarkeit des § 260 ZPO im Wiederaufnahmeverfahren. **91,** 196. — 3) Der prozessuale (Inzident-) Antrag auf Rückgewähr des Gezahlten enthält keine wirkliche Klagerhebung, daher sind Prozeßzinsen nicht zuzuerkennen. **91,** 204. — 4) Rechtsschutzbedürfnis als Voraussetzung der Klage, insbesondere der Klage des Nichtberechtigten auf Grund einer Ermächtigung zur Prozeßführung im eigenen Namen. **91,** 397. — 5) Wird durch Klagerhebung bei dem unzuständigen Gericht eine Ausschlußfrist gewahrt? Wird durch sie die Verjährung unterbrochen? **92,** 40, 45. — 6) Geltendmachung des Anspruchs aus § 2305 BGB als Eventualanspruch für den Fall des Nichtdurchdringens mit dem Anspruch aus § 2306 Abs. 1 Satz 2 BGB. **93,** 10. — 7) Wenn mit der Klage ein Eingriff in ein dingliches Privatrecht abgewehrt werden soll, gehört zum Klagegrund auch die Behauptung, daß ein das Recht verletzender Eingriff stattgefunden habe. **93,** 259. — 8) Kann die Klage auf Unterlassung des Gebrauchs eines eingetragenen Warenzeichens mit der auf Löschung verbunden werden? **93,** 291. — 9) Zulässigkeit der Verbindung mehrerer, einander widersprechender, Klagegründe im Eventualverhältnis. **94,** 351. — 10) Zulässigkeit der Verbindung der mehreren Ansprüche aus §§ 634, 635 BGB im Eventualverhältnis. **95,** 4. — 11) Erfordernisse der Klagebegründung hinsichtlich der Zuständigkeit des Gerichts. **95,** 270. — 12) Kann auf unbedingte Vollstreckung eines Urteils, das auf Leistung Zug um Zug gerichtet ist, geklagt werden, wenn die dem Kläger obliegende Leistung unmöglich geworden ist? **96,** 184; **100,** 198. — 13) Für die Begründetheit eines Klaganspruchs kommt es nicht auf die Zeit der Klagerhebung, sondern auf die der letzten mündlichen Verhandlung an. **97,** 164; **99,** 177. — 14) Anwendung des § 222 Abs. 2 ZPO auf Klagerhebungsfristen. **97,** 300. — 15) Bedeutung des Zeitpunktes der Klagerhebung für die Bemessung des für die Beschädigung einer Sache zu leistenden Ersatzes. **98,** 55. — 16) Wie kann eine versäumte Klagezustellung nach dem ersten Verhandlungstermin und nach Anberaumung eines neuen Termins nachgeholt werden? **99,** 125. — 17) Voraussetzungen der Judikatsklage. **99,** 271. — 18) Ist, wenn eine Firma unter der Bezeichnung als offene Handelsgesellschaft verklagt wird, während sie die eines Einzelkaufmanns ist, letzterer als verklagt anzusehen? **99,** 271. — 19) Kann die Klage eine Kündigung, eine Genehmigung, ein Vertragsangebot enthalten? **100,** 148.

§ 302. Erweiterung, Änderung, Zurücknahme der Klage. Einschränkung des Klagantrages.

I. Erweiterung und Änderung der Klage.

1) Inwieweit ist eine Erweiterung des Klaganspruchs bei Ansprüchen von Beamten und Militärpersonen aus ihrem Dienstverhältnis nach Ablauf der Frist zur Klagerhebung zulässig? **92**, 116. — 2) Änderung des Grundes der angemeldeten Konkursforderung. **93**, 14. — 3) Klagerweiterung nach Ablauf der Sechsmonatsfrist des § 30 PreußEnteigG **93**, 315. — 4) Einwirkung von Änderungen der Klagebehauptungen auf die Zuständigkeit des Gerichts. **95**, 270. — 5) Ausdehnung der Klage auf einen weiteren Beklagten. **96**, 201. — 6) Liegt eine Klagänderung vor, wenn die Hingabe von Geldern an eine Handelsgesellschaft zunächst als darlehnsweise erfolgt, dann als Gesellschaftseinlage bezeichnet wird? **98**, 22. — 7) Klagänderung, wenn der als Erbe Klagende den Klaganspruch auf eigenen Rechtserwerb unter Lebenden stützt. **98**, 24. — 8) Stellt die Überleitung der Widerspruchsklage aus § 878 Abs. 1 ZPO in die Klage aus dem besseren Recht (Abs. 2) eine unzulässige Klagänderung dar? **99**, 207. — 9) Enthält die Geltendmachung rechtsverletzender Tatsachen, die sich erst im Laufe des Rechtsstreits ereignet haben, zur Begründung eines negatorischen Anspruchs eine Klagänderung? **99**, 176. — 10) Zu § 268 Nr. 3 ZPO. Voraussetzung ist, daß die Erlangung des andern Gegenstands der Verwirklichung des mit der ursprünglichen Forderung erstrebten Erfolges dient. Der neue Anspruch braucht nicht aus dem ursprünglichen erwachsen zu sein; es genügt das Erwachsensein aus demselben Klagegrund. **100**, 96. — 11) Liegt eine unzulässige Klagänderung vor, wenn der Miterbe an Stelle der Bewirkung der Auseinandersetzung nach der Kündigung des Amts durch den beklagten Testamentsvollstrecker Rechenschaftsablegung, Herausgabe des Nachlasses an die Erbengemeinschaft und Feststellung der Schadensersatzpflicht des Beklagten fordert? **100**, 95. — 12) Tritt nach dem Wegfall des Testamentsvollstreckers an Stelle des gegen diesen erhobenen Anspruchs auf Bewirkung der Auseinandersetzung i. S. des § 268 Nr. 3 ZPO der Auseinandersetzungsanspruch gegen die Miterben? **100**, 97.

II. Klagezurücknahme.

1) Einlegung eines Rechtsmittels seitens des obsiegenden Teils in Ehesachen behufs Zurücknahme der Klage. **91**, 366. — 2) Ist ein Kostenurteil nach § 271 Abs. 3 ZPO auch dann zu erlassen, wenn bereits über die Kosten in einem, vor einem andern Gericht geschlossenen, vollstreckbaren Vergleich Bestimmung getroffen ist? **96**, 203. — 3) Hat der Antrag des Klägers, die Hauptsache für erledigt zu erklären, die Bedeutung einer Rücknahme der Klage? **100**, 125.

III. Einschränkung des Klagantrags.

Welche Bedeutung hat der Antrag des Klägers, die Hauptsache für erledigt zu erklären? **100**, 125.

§ 303. Feststellungsklage. Inzidentfeststellungsklage.

1) § 7 PreußKBG findet auch auf die Feststellungsansprüche Anwendung. **91,** 28. — 2) Feststellungs- und Leistungsanspruch können, soweit sie denselben Gegenstand betreffen, nicht gleichzeitig nebeneinander verfolgt werden. **91,** 29. — 3) Die im ordentlichen Rechtswege getroffene Feststellung der Beamteneigenschaft kann eine Rechtskraftwirkung nur auf solche Leistungsansprüche ausüben, welche ihrerseits im ordentlichen Rechtswege zu verfolgen sind. **91,** 30. — 4) Feststellungsanträge bei Verletzung obligatorischer Rechte auf ausschließliche Benutzung von Grundstücken zu elektrischen Anlagen. **91,** 174. — 5) Feststellbar ist nicht nur ein selbständiges Rechtsverhältnis im ganzen, sondern sind auch die einzelnen Berechtigungen, die nur Ausflüsse jenes weitergehenden Rechtsverhältnisses sind. **92,** 7. — 6) Voraussetzung der Feststellungsklage ist nicht, daß das Rechtsverhältnis einen Leistungsanspruch gegen den Beklagten zu begründen oder vorzubereiten geeignet ist. **92,** 7. — 7) Können die Rechte des rechtlichen Könnens Gegenstand einer Feststellungsklage sein? **92,** 7. — 8) Kann das Kündigungsrecht Gegenstand einer Feststellungsklage sein? **92,** 7. — 9) Kann das Leistungsverweigerungsrecht nach § 478 BGB mit der Feststellungsklage geltend gemacht werden? **92,** 7 (**74,** 292). — 10) Klage auf Feststellung des Rechts zur Entziehung des Pflichtteils. **92,** 1. — 11) Das Interesse an alsbaldiger Feststellung des Rechtsverhältnisses kann schon durch die Erwartung, daß ein Dritter, insbesondere eine Behörde, sich ohne Zwang der Rechtskraft des Urteils beugen wird, begründet werden. **92,** 8. — 12) Inwieweit ist die Zulässigkeit einer Klage auf Feststellung eines erbrechtlichen Verhältnisses bezüglich des Nachlasses eines noch Lebenden ausgeschlossen? **92,** 2. — 13) Ist die Feststellungsklage des Vertragserben dahin zulässig, daß eine Anfechtung des Erbvertrags seitens des Erblassers unwirksam sei? **92,** 4. — 14) Hat ein im Rechtsstreit zwischen dem Unterhaltspflichtigen und dem Unterhaltsberechtigten ergangenes Urteil auf Feststellung, daß ersterer berechtigt sei, diesem den Pflichtteil zu entziehen, Rechtskraftwirkung für und gegen die Erben des Unterhaltspflichtigen? **92,** 8. — 15) Zulässigkeit der Feststellungsklage bei Ansprüchen gegen Reich oder Staat trotz Möglichkeit der Erhebung der Klage auf künftige Leistung. **92,** 378. — 16) Unter welchen Voraussetzungen kann bei Feststellungsklagen ein Zwischenurteil nach § 304 ZPO erlassen werden? **93,** 154. — 17) Hemmung der Verjährung nach Abweisung einer Feststellungsklage wegen mangelnden Feststellungsinteresses. **94,** 180. — 18) Ist die Feststellungsklage zulässig hinsichtlich künftiger Folgen eines bereits eingetretenen Schadensereignisses? Ist sie zulässig hinsichtlich künftiger Schäden? **93,** 264. — 19) Kann auf Feststellung der Verpflichtung zur Zahlung einer Wechselsumme klagen, wer nicht im Besitz des Wechsels ist? **94,** 228. — 20) Zum Begriff des rechtlichen Interesses in § 256 ZPO. **94,** 234. — 21) Feststellungsklage als Schutzmittel gegen drohende Verjährung. **94,** 234. — 22) Kann das rechtliche Interesse an der alsbaldigen Feststellung damit begründet werden, daß die Auslegung der anzuwendenden Rechtsnorm zweifelhaft ist? **94,** 233. — 23) Für die Inzidentfest-

stellungsklage bedarf es eines besonderen Feststellungsinteresses nicht. **95**, 39. — 24) Feststellungsinteresse hinsichtlich des Rechts auf Verlängerung eines Pachtvertrags. **95**, **109**. — 25) Befugnis der Mitglieder einer Krankenkasse zum Bezug von Arzneimitteln aus einer Apotheke als Rechtsverhältnis zwischen Apotheke und Kasse. **95**, 207. — 26) Kann der durch Unfall Verletzte auf Feststellung klagen, daß im Falle seines Todes der Ersatzpflichtige nach Maßgabe des § 844 Abs. 2 BGB Schadensersatz zu leisten hat? **95**, 248. — 27) Entfällt für den auf Schulderlaß des Erblassers gestützten Antrag eines Miterben, das Nichtbestehen der Schuld festzustellen, das rechtliche Interesse dadurch, daß der beklagte Miterbe den Erlaß der Schuld anbietet? **95**, 260. — 28) Feststellungsinteresse bei der Klage des Inhabers des älteren Patents auf Feststellung der Abhängigkeit des jüngeren Patents. **95**, 304. — 29) Umfang der Rechtskraft eines die Schadensersatzpflicht wegen Gesundheitsschädigung feststellenden Urteils. **97**, 118. — 30) Unterschied zwischen dem Zwischenurteil über den Grund eines Schadensersatzanspruchs und dem Feststellungsurteil. **97**, 120; **100**, 121. — 31) Zulässigkeit und Fassung der Feststellungsklage zur Durchführung des Aussonderungsanspruchs hinsichtlich einer Forderung, deren Gläubigerschaft für die Konkursmasse in Anspruch genommen ist. **98**, 144. — 32) Feststellungsklage als regelmäßiger Weg zur Erledigung eines Streites zweier Forderungsprätendenten. **98**, 145. — 33) Geltendmachung eines Schadensersatzanspruchs aus dem TumultG durch Feststellungsklage. **99**, 39; **100**, 19. — 34) Genügt die bloße Möglichkeit, daß sich neben dem mit der Leistungsklage geltend gemachten Schaden ein weiterer Schaden nachträglich herausstellen könne, zur Begründung des Feststellungsinteresses? **99**, 41. — 35) Negative Feststellungsklage bei nachträglicher Erledigung rechtskräftiger Leistungsansprüche. **100**, 101. — 36) Unzulässigkeit der negativen Feststellungsklage gegenüber rechtsgestaltenden, insbesondere Scheidungsurteilen. **100**, 101. — 37) Muß die negative Feststellungsklage wegen Fortfalls des rechtlichen Interesses abgewiesen werden, wenn der Beklagte mit der Behauptung, welcher die Feststellungsklage entgegentritt, die Vollstreckungsgegenklage erhebt? **100**, 126. — 38) Wird die Zulässigkeit der negativen Feststellungsklage durch die Erhebung der Leistungsklage seitens des Beklagten beeinträchtigt, wenn jene bereits zur Entscheidung reif ist? **100**, 126. — 39) Unterbricht die Erhebung der Feststellungsklage die Verjährung auch dann, wenn sie nicht allen Erfordernissen einer solchen Klage entspricht? **100**, 150.

§ 304. Klage auf Rechnungslegung und Herausgabe des Geschuldeten. Klage auf künftige Leistung. Änderungs- (Umwandlungs-) Klage (§ 323 ZPO).

I. Klage auf Rechnungslegung und Herausgabe des Geschuldeten (§ 254 ZPO).

— — — — — — — — — —

II. Klage auf künftige, fällig werdende, wiederkehrende Leistungen (§§ 257—259 ZPO).

— — — — — — — — — —

III. Änderungs- (Umwandlungs-) Klage (§ 323 ZPO).

1) Einwirkung der mit Kriegsausbruch gegebenen Möglichkeit der Einziehung zum Heeresdienste auf den Bezug einer Rente wegen Minderung der Erwerbsfähigkeit. **95,** 1, 67. — 2) Zur Anwendung des § 323 ZPO bei bestimmungswidriger Verwendung von gemäß § 1 Abs. 6 RUnfFürsG bewilligten Heilkostenbeträgen. **95,** 86.

§ 305. Widerklage.

1) Steht der Umstand, daß die Klage wegen Prozeßunfähigkeit des Beklagten als nicht erhoben zu behandeln ist, der Erhebung einer Widerklage entgegen? **91,** 197. — 2) Hängt die Entscheidung über die Widerklage davon ab, zu welchem Betrage der Klageanspruch für berechtigt erklärt wird, so ist im Falle des § 538 Nr. 3 ZPO der Rechtsstreit auch hinsichtlich der Widerklage zurückzuverweisen. **95,** 39. — 3) Auch die Widerklage unterliegt der Ausschlußfrist des § 30 PreußEnteigG. **97,** 181.

§ 306. Rechtshängigkeit. Veräußerung der Streitsache. Abtretung des Klaganspruchs. Sonstige Änderungen der Prozeßparteien.

I. Rechtshängigkeit. 1) Der prozessuale Begriff der Rechtshängigkeit kommt für die Anwendung des § 150 RBG, des § 2 PreußG v. 24. Mai 1861 und ähnlicher Bestimmungen des Beamtenrechts nicht in Betracht. **92,** 116. — 2) Steht dem Hypothekengläubiger, der einer Anfechtungsklage des Konkursverwalters als Streitgehilfe beigetreten ist, die Einrede der Rechtshängigkeit entgegen, wenn er wegen seines dinglichen Anspruchs die Veräußerung und Entfernung von Zubehör des Grundstücks anfechten will? **100,** 89.

II. Abtretung des Klaganspruchs. — — — — — — — — — —

III. Sonstige Änderungen der Prozeßparteien. Keine Anwendung des § 265 ZPO im Falle der Freigabe einer zur Konkursmasse gehörigen Sache an den Gemeinschuldner. **94** 57 (**79,** 30).

§ 307. Prozeßhindernde Einreden.

1) Die Vorschrift des § 274 Abs. 1 ZPO, daß prozeßhindernde Einreden vor Einlassung zur Hauptsache vorzubringen sind, ist hinsichtlich verzichtbarer Einreden nachgiebigen Rechts. **98,** 317. — 2) Nachholung verzichtbarer prozeßhindernder Einreden in der Berufungsinstanz mit Zustimmung des Gegners. **98,** 317. — 3) Die Prüfung der Gerichtszuständigkeit setzt voraus, daß eine gehörige Zustellung der Klage feststeht. **99,** 126.

§ 308. Rechtzeitigkeit des Parteivorbringens. Angriffs- und Verteidigungsmittel.

— — — — — — — — — —

§ 309. Verlust des Rügerechts der Parteien bezüglich der Verletzung von Verfahrensvorschriften (§ 295 ZPO).

1) Die Verletzung des Grundsatzes, daß nicht als Zeuge vernommen werden kann, wer selbst Partei im Rechtsstreit, kann nicht nach § 295

ZPO geheilt werden. **91**, 38. — 2) Kann bei Unzulässigkeit der Beeidigung eines Zeugen Heilung des Mangels nach §§ 295, 558 ZPO erfolgen? **91**, 40. — 3) Das Recht zur Rüge der Verletzung des § 901 Abs. 2 RVO geht nicht nach §§ 295, 530, 558 ZPO verloren. **91**, 95. — 4) Der Verstoß der unzureichenden Gewährung rechtlichen Gehörs ist nicht nach § 295 ZPO heilbar. **93**, 155. — 5) Werden Mängel der Urteilszustellung durch Verabsäumung rechtzeitiger Rüge in der höheren Instanz geheilt? **99**, 140. — 6) Verlust des Rechts zur Rüge der Versäumung der in § 878 Abs. 1 Satz 1 gesetzten Frist. **99**, 205. — 7) Der Antrag, einen unbeeidet vernommenen Zeugen zu beeiden, ist der Rüge der Nichtbeeidigung gleich zu achten. **100**, 200.

§ 310. Anerkenntnis. Geständnis. Gerichtskundigkeit.

1) Finden die Vorschriften des § 617 ZPO über die Unwirksamkeit eines Geständnisses in Ansehung der die Richtigkeit oder das Nichtbestehen einer Ehe begründenden Tatsachen auch außerhalb eines eigentlichen Eheprozesses Anwendung? **91**, 404. — 2) Die Erklärung, daß eine von einem Dritten geschlossene Ehe unwirksam oder eine Scheinehe sei, ist kein Geständnis i. S. des § 288 ZPO. **91**, 404. — 3) Entscheidung des Gerichts über das Bestehen einer Verkehrsauffassung aus eigener Sachkunde. **94**, 116. — 4) Zur Unterscheidung zwischen beweisbedürftigen Tatsachen und allgemeinen Erfahrungssätzen. **99**, 71. — 5) Kann der Beklagte durch Anerkennung eines Klaganspruchs, der auf Erfüllung eines nicht zustandegekommenen Vertrags gerichtet ist, eine vertragliche Bindung der Parteien bewirken? **100**, 147.

§ 311. Glaubhaftmachung.

— — — — — — — — —

§ 312. Allgemeine Bestimmungen über die Beweisaufnahme. Beweisbeschluß. Beweis durch Augenschein.

1) Inwieweit kann die Beweisführung durch Parteivereinbarungen eingeschränkt werden? **96**, 59. — 2) Zur Unterscheidung des Schiedsgutachtervertrags vom Beweisvertrag. **96**, 59. — 3) Wesen und Wirkung des Schiedsgutachtervertrags. **94**, 173; **96**, 59. — 4) Zur Unterscheidung zwischen Beweisantrag und Beweisermittelungsantrag. **97**, 210. — 5) Kann während des Beweisverfahrens, insbesondere durch die Unterlassung der Angabe von Zeugenadressen, ein Stillstand des Prozesses i. S. des § 211 Abs. 2 BGB herbeigeführt werden? **97**, 126. — 6) Zum Begriff der Tatsachen im § 291 ZPO. **99**, 72. — 7) Erklärt sich das Gericht über Fragen der täglichen Erfahrung für unterrichtet, so bedarf es keiner Beweiserhebung. **99**, 72. — 8) Kann eine Beweisaufnahme verwertet werden, wenn eine Partei durch verspätete Benachrichtigung verhindert worden ist, der Beweisaufnahme beizuwohnen? Insbesondere dann, wenn festzustellen ist, daß eine Wiederholung der Beweisaufnahme zu keinem andern Ergebnis führen würde? **100**, 174.

§ 313. Zeugenbeweis.

1) Unzulässigkeit der Vernehmung eines Streitgenossen als Zeugen, solange er nicht durch Trennung der Ansprüche oder durch sachliche Erledigung des Rechtsstreits, soweit er ihn angeht, aus dem Verfahren ausgeschieden ist. Unzulässig ist seine Vernehmung insbesondere auch dann, wenn das Verfahren gegen ihn in der Vorinstanz ruhen geblieben ist. **91,** 37. — 2) Die Vernehmung eines Zeugen, dessen Vernehmung unzulässig ist, weil er im Rechtsstreit selbst Partei ist, kann nicht nach § 295 ZPO geheilt werden. **91,** 38. — 3) Die Auskunft über die Marktlage einer vergangenen Zeit ist nicht Gutachten, sondern sachverständiges Zeugnis. **91,** 209. — 4) Inwieweit sind die Tatsachen anzugeben, für welche Zeugenbeweis angetreten wird? **91,** 209. — 5) Im Beweissicherungsverfahren vor Anhängigkeit des Rechtsstreits ist das nach § 486 Abs. 3 ZPO zuständige Amtsgericht Prozeßgericht i. S. des § 393 Abs. 2. **97,** 131. — 6) Macht die verspätete Benachrichtigung der Partei vom Zeugenvernehmungstermin die Beweisaufnahme auch dann ungültig, wenn die Wiederholung der Zeugenvernehmung zu keiner Änderung des Beweisergebnisses führen würde? **100,** 174. — 7) Auch bei Gütertrennung hat der Ehemann ein rechtliches Interesse i. S. des § 393 Nr. 4 ZPO am Obsiegen seiner Ehefrau. **100,** 200.

§ 314. Beweis durch Sachverständige.

1) Auskunfterteilung über die Marktlage vergangener Zeit ist nicht Erstattung eines Gutachtens, sondern eines sachverständigen Zeugnisses. **91,** 209. — 2) Pflichtmäßiges Ermessen des Gerichts gegenüber Anträgen auf Vernehmung von Sachverständigen über eine Verkehrsauffassung. **94,** 116. — 3) Auswahl der Sachverständigen bei einem Interessengegensatz der beteiligten Kreise. **96,** 177. — 4) Wesen und Wirkung des Schiedsgutachtervertrags. **94,** 173; **96,** 59. — 5) Zur Unterscheidung zwischen Schiedsgutachter und Sachverständigem. **96,** 62. — 6) Auswahl der Sachverständigen bei der Frage ärztlichen Verschuldens. **97,** 6. — 7) Der Vernehmung von Sachverständigen über Fragen der täglichen Erfahrung bedarf es nicht, wenn der Richter sich für hinreichend unterrichtet erklärt. **99,** 72. — 8) Inwieweit ist die Ablehnung eines Antrags auf Sachverständigenvernehmung in der Revisionsinstanz nachzuprüfen? **100,** 87. — 9) Zur Anwendung des § 623 ZPO. **100,** 107.

§ 315. Beweis durch Urkunden.

1) Der Vorlegungseid (§ 426 ZPO) wird dadurch nicht ausgeschlossen, daß das Vorhandensein der Urkunde oder deren Besitz bestritten ist. **92,** 225. — 2) Kann der Gegner den Vorlegungseid dadurch abwenden, daß er die Nichtentstehung der behaupteten Urkunde beweist? **92,** 224. — 3) Datum ohne Unterschrift als Urkunde. **95,** 71. — 4) Freiheit der richterlichen Beweiswürdigung hinsichtlich der Urkunden. **95,** 72; **96,** 183. — 5) Kann die in 1. Instanz anerkannte Echtheit einer Urkunde in der Berufungsinstanz bestritten werden? **97,** 163.

§ 316. Beweis durch Eid.

1) Ist die Ladung des Schwurpflichtigen zu dem vom ersuchten Richter bestimmten Eidesleistungstermin erforderlich? **91,** 257. — 2) Unzulässigkeit der Eideszuschiebung über das Bestehen eines Anspruchs. **92,** 223. — 3) Über die Vereinbarung der Verrechnung einer Gegenforderung ist der Eid unzulässig, solange die bestrittene Gegenforderung nicht bewiesen ist. **92,** 223. — 4) Dem Gericht liegt keine Verpflichtung ob, die Partei, welche den Eid in einem Falle zurückschiebt, in dem die Zurückschiebung unzulässig ist, ohne den Eid bedingt anzunehmen, über die nach § 452 Abs. 2 ZPO eintretende Folge zu belehren. **92,** 257. — 5) Wie ist die Rüge einer Verletzung des § 475 ZPO zu begründen? **95,** 85. — 6) Unzulässigkeit der Eideszuschiebung nur zu dem Zwecke der Ermittelung von Tatsachen. **96,** 186. — 7) Unter welchen Voraussetzungen kann das Gericht auf einen richterlichen Eid erkennen, ohne vorher einen angebotenen Zeugenbeweis zu erheben? **97,** 242. — 8) Kann die Stellung des Antrags, den Eid als verweigert anzusehen, nur durch dessen Aufnahme in das Sitzungsprotokoll bewiesen werden? **100,** 196. — 9) Im Falle des § 467 Abs. 1 Satz 1 Halbs. 2 ZPO kann der Eid nur für verweigert erklärt werden, wenn beim Ausbleiben des Schwurpflichtigen der Gegner dies erneut beantragt hat. **100,** 197. — 10) Folgen des Widerrufs eines geleisteten Eides. **100,** 283.

§ 317. Sicherung des Beweises.

Wenn der Rechtsstreit noch nicht anhängig ist, kann das nach § 486 Abs. 3 ZPO zuständige Amtsgericht die nachträgliche Beeidigung von Zeugen gemäß § 393 Abs. 2 anordnen. **97,** 131.

§ 318. Richterliche Beweiswürdigung und Schadensschätzung.

1) Freies Ermessen nach § 287 ZPO. Beschränkung der Nachprüfung in der Revisionsinstanz. **91,** 68; **95,** 2. — 2) Zur Anwendung des § 286 ZPO bei Feststellung einer Observanz. **93,** 126. — 3) Keine Bindung des Gerichts an die Auskunft der Handelskammer. **94,** 321. — 4) Geltung des Grundsatzes der freien Beweiswürdigung auch im Urkundenprozeß. **95,** 72. — 5) Befugnis des Gerichts, aus dem Aussehen und der Anordnung einer Urkunde wie aus sonstigen Beweismitteln selbständige Schlüsse unabhängig von der Beurteilung der Parteien zu ziehen. **95,** 72. — 6) Der Beweis einer unmittelbar erheblichen Tatsache kann nicht deshalb abgeschnitten werden, weil aus andern Tatsachen sich ihre Unwahrscheinlichkeit oder Unglaubhaftigkeit ergibt. **95,** 191. — 7) Beweislast und Schadensbemessung bei Patentverletzung. **95,** 221. — 8) Bedeutung hoher Wahrscheinlichkeit für die Feststellung des ursächlichen Zusammenhangs. **95,** 249; **98,** 60. — 9) Für die Feststellung der schädigenden Handlung ist § 286, für die der Schadensfolgen § 287 ZPO maßgebend. **98,** 59. — 10) Kann das Gericht in einem Rechtsstreit über ein Warenzeichenrecht den Vertretern und Abnehmern einer Partei ohne weiteres als interessiert den Glauben versagen? **98,** 30. — 11) Muß eine Beweisaufnahme, der eine Partei wegen verspäteter Benachrich-

tigung nicht beiwohnen konnte, auch dann wiederholt werden, wenn festgestellt werden kann, daß die Wiederholung zu keinem andern Ergebnis führen würde? **100**, 174. 12) Zur Anwendung des § 286 ZPO. **95**, 102, 104; **100**, 7.

§ 319. Unterordnung der Tatsachen unter das Gesetz. Gesetzesanwendung durch den Richter von Amts wegen. Richterliches Ermessen.

1) Schadensverteilung nach § 254 BGB als Tatsachenwürdigung. **92**, 40. Vgl. **92**, 53 — 2) Kann die Verurteilung des Beklagten auf Grund eines nach dem unstreitigen Sachverhalt begründeten, aber vom Kläger nicht geltend gemachten Anspruchs erfolgen? **96**, 200.

§ 320. Entscheidungen. Urteile im allgemeinen. Beschlüsse. Verfügungen.

1) Zur Bedeutung des Verweisungsbeschlusses nach § 505 ZPO, § 27 BRVO zur Entlastung der Gerichte v. 9. September 1915. **92**, 44; **93**, 314; **94**, 136. — 2) Nicht verkündete Beschlüsse des Gerichts und Verfügungen des Vorsitzenden erlangen erst mit ihrer Zustellung Wirksamkeit. **96**, 351. — 3) Rechtsgestaltende Urteile; sind sie vollstreckbar? **100**, 100.

§ 321. Endurteil. Teilurteil. Zwischenurteil. Vorbehaltsurteil. Ausländisches Urteil.

I. Endurteil. Einschränkung des § 300 ZPO durch § 505 ZPO und § 27 BRVO zur Entlastung der Gerichte v. 9. September 1915. **95**, 282.

II. Teilurteil. 1) Umfang der Rechtskraft eines Teilurteils, das die Sittenwidrigkeit eines Vertrags verneint. **94**, 239. — 2) Voraussetzungen für den Erlaß eines Teilurteils; kann die Entscheidung über einzelne Rechnungsfaktoren eines einheitlichen Schadensersatzanspruchs, z. B. über den Zeitraum, für welchen Ersatz zu gewähren ist, durch Teil- oder nur durch Zwischenurteil erfolgen? **96**, 11; **97**, 213. — 3) Rechtsmittel gegen ein unzulässigerweise erlassenes Teilurteil. **96**, 12. — 4) Die Angemessenheit des Erlasses eines Teilurteils ist vom Berufungsgericht nicht nachzuprüfen. **97**, 32. — 5) Kann über die einzelnen Teile einer nach Zeitabschnitten berechneten Schadensersatzforderung durch Teilurteil entschieden werden? **97**, 212. — 6) Unzulässigkeit des Erlasses von Teilurteilen in Ehesachen. **97**, 259. — 7) Voraussetzungen für den Erlaß eines Teilurteils. **98**, 308.

III. Zwischenurteil aus § 303 ZPO. 1) Kann über die Verjährungseinrede ein Zwischenurteil aus § 303 ZPO unter Vorbehalt der Entscheidung der Gegeneinrede der Arglist erlassen werden? **94**, 313. — 2) Bindung des Prozeßgerichts durch das von ihm erlassene Zwischenurteil; Auslegung dieses Urteils aus den Entscheidungsgründen. **95**, 159. — 3) Die Entscheidung über einzelne Rechnungsfaktoren eines einheitlichen Schadensersatzanspruchs kann nicht durch Teilurteil, sondern nur durch Zwischenurteil nach § 303 ZPO erfolgen. **96**, 11. — 4) Inwieweit können in Ehesachen Zwischenurteile erlassen werden? **98**, 152.

IV. Zwischenurteil aus § 304 ZPO. 1) Kann die Frage, ob der vom Kläger geforderte Gewinnbetrag gegen die BRVO gegen übermäßige Preissteigerung v. 23. Juli 1915 verstößt, dem Verfahren über den Betrag vorbehalten bleiben? **91**, 68. — 2) Ein Urteil, das den Anspruch nur aus einem von mehreren Klagegründen dem Grunde nach für berechtigt erklärt, stellt kein Teilurteil, sondern nur ein Zwischenurteil nach § 304 ZPO dar; es kann vom Kläger, dessen weitergehender Antrag damit abgelehnt ist, mit den Rechtsmitteln angefochten werden. **91**, 411. — 3) Unter welchen Voraussetzungen kann bei Feststellungsklagen ein Zwischenurteil nach § 304 ZPO erlassen werden? **93**, 154. — 4) Welche Wirkung hat eine nur in den Gründen des Urteils, durch das die Berufung gegen eine den Klaganspruch dem Grunde nach für berechtigt erklärendes Urteil zurückgewiesen ist, ausgesprochene Einschränkung des Anspruchs hinsichtlich der Rechtskraft und Revisibilität des Urteils? **93**, 157. — 5) Kann der Kläger das Zwischenurteil, das seinen Klaganspruch nur unter Einschränkungen dem Grunde nach für gerechtfertigt erklärt, anfechten? Auch dann, wenn die Einschränkungen nur in den Entscheidungsgründen ausgesprochen sind? **97**, 29. — 6) Unterschied zwischen dem Zwischenurteil über den Grund eines Schadensersatzanspruchs und dem Feststellungsurteil. **97**, 120; **100**, 121. — 7) Voraussetzungen des Erlasses einer Vorabentscheidung über den Grund des Anspruchs im allgemeinen. **98**, 223. — 8) Muß die Vorabentscheidung über den Grund des Anspruchs auf eine nach § 843 BGB für Lebenszeit oder bis zu einem bestimmten Zeitpunkt geforderte Rente auch die Zeitdauer der Rente umfassen? **98**, 223. — 9) Das Zwischenurteil über den Grund eines Rentenanspruchs muß in der Formel oder in den Entscheidungsgründen zum Ausdruck bringen, ob und inwieweit es über die Dauer der Rente entscheiden will. **98**, 224. — 10) Das Urteil über den Grund eines Rentenanspruchs aus § 844 Abs. 2 BGB muß die mutmaßliche Lebensdauer des Getöteten feststellen. **98**, 224. — 11) In Zwischenurteilen ist über die Kosten des Verfahrens nicht zu entscheiden. **100**, 122.

V. Vorbehaltsurteil. 1) Vorbehaltsurteil nach § 302 ZPO; unter welchen Voraussetzungen kann vom Berufungsgericht über den vom Landgericht unter Vorbehalt der Aufrechnung entschiedenen Anspruch sachlich erkannt werden? **92**, 321. — 2) Zum Begriff des rechtlichen Zusammenhangs in § 302 ZPO. **97**, 31. — 3) Ist die Zweckmäßigkeit des Erlasses eines Vorbehaltsurteils nach § 302 ZPO vom Berufungsgericht nachzuprüfen? **97**, 32. — 4) Zur Anwendung des § 302 ZPO bei Geltendmachung von Gegenforderungen gegen eine geteilt in mehreren Prozessen eingeklagte Gesamtforderung. **97**, 33.

§ 322. Anerkenntnisurteil. Versäumnisurteil. Einspruch. Verlustigkeitsurteil.

I. Anerkenntnisurteil. — — — — — — — — — — — — — — —

II. Versäumnisurteil. Einspruch. 1) Unter welchen Voraussetzungen kann nach Zurücknahme des Einspruchs von neuem Einspruch eingelegt werden? **96**, 187. 2) Die Bestimmung der Einspruchsfrist nach § 339 Abs. 2 ZPO ist, auch wenn sie in das Urteil aufgenommen ist, **kein Teil** der darin enthaltenen Entscheidung, sondern eine prozeßleitende Verfügung. **98,** 140. — 3) Die Bestimmung der Einspruchsfrist im Versäumnisurteil ist wirksam, auch wenn die Voraussetzungen des § 339 Abs. 2 ZPO fehlen. **98,** 139.

§ 323. Tatbestand und Entscheidungsgründe des Urteils. Urteilsformel. Berichtigung und Ergänzung des Urteils. Formelle Rechtskraft des Urteils.

I. Tatbestand. Berichtigung und Ergänzung des Urteils. Erfordernisse des Tatbestands nach § 313 ZPO und § 24 BRVO v. 9. September 1915 zur Entlastung der Gerichte. **91,** 62; **96,** 10.

II. Urteilsformel. 1) Inwieweit können die Gründe des Urteils zur Auslegung der Urteilsformel herangezogen werden? **91,** 415; **93,** 158; **97,** 121. — 2) Heranziehung der Begründung des Zwischenurteils über den Grund eines Rentenanspruchs für die Frage, ob und inwieweit über die Dauer der Rente entschieden worden ist. **98,** 224. — 3) Heranziehung der Gründe eines Ehescheidungsurteils hinsichtlich der Schuldfrage und hinsichtlich der Person des Mitschuldigen im Falle des Ehebruchs. **99,** 80.

III. Entscheidungsgründe. Bezugnahme auf den Akteninhalt in den Entscheidungsgründen; genügt eine Bezeichnung nur nach Blattzahlen? **94,** 164.

IV. Formelle Rechtskraft des Urteils. (Sachliche Rechtskraft s. § 16 S. 25.) 1) Teilweise Rechtskraft eines erstinstanzlichen Urteils infolge Einschränkung des Berufungsantrags **94,** 87. — 2) Keine Rechtskraftwirkung der tatsächlichen Feststellungen des Urteils. **94,** 198. — 3) In Rechtskraft erwächst nicht bloß die Urteilsformel; sie und die Gründe bilden zusammen die Entscheidung. **95,** 5.

§ 324. Prozeßvergleich.

Prozeßvergleich über die Kosten; wie sind Einwendungen gegen dessen Auslegung geltend zu machen? **96,** 204.

5. Rechtsmittel.

§ 325. Gemeinsame Bestimmungen für Berufung und Revision. Verzicht auf das Rechtsmittel. Zurücknahme. Verbot der reformatio in pejus.

1) Inwieweit ist die Einlegung eines Rechtsmittels durch den obsiegenden Teil in Ehesachen zulässig? **91,** 365; **100,** 208. — 2) Zulässigkeit der Einlegung von Rechtsmitteln gegen ein Urteil, das den Klaganspruch nur aus einem von mehreren geltend gemachten Klagegründen dem Grunde nach für berechtigt erklärt. **91,** 411. — 3) Dem Nebenintervenienten, der erst nach teilweisem Ablauf der Rechtsmittelfrist beigetreten ist, steht für die Einlegung des Rechtsmittels nur noch der Rest der laufenden Frist offen. **93,** 33. — 4) Kann zuungunsten des Rechtsmittelklägers ein Eid beseitigt werden? **93,** 238; **99,** 171. — 5) Für die Zulässigkeit eines Rechtsmittels ist die Natur der tatsächlich erlassenen Entscheidung maßgebend, nicht was für ein Urteil das Gericht richtigerweise hätte erlassen sollen. **96,** 12. — 6) Auslegungsfähigkeit der Zurücknahme von

Rechtsmitteln. **96**, 189. — 7) Kann ein Rechtsmittel nach erfolgter Zurücknahme von neuem eingelegt werden? **96**, 187. — 8) Wirkung des von einem der notwendigen Streitgenossen eingelegten Rechtsmittels für die andern. **96**, 254. — 9) Kann der Kläger das Zwischenurteil, das seinen Anspruch nur mit Einschränkungen dem Grunde nach für gerechtfertigt erklärt, anfechten? **97**, 29. — 10) Keine Nachprüfung der Zweckmäßigkeit des Erlasses eines Teilurteils oder eines Vorbehaltsurteils nach § 302 ZPO in der höheren Instanz. **97**, 32. — 11) Ist der Nebenintervenient zur weiteren Durchführung seines Rechtsmittels befugt, auch wenn die Hauptpartei das von ihr eingelegte Rechtsmittel zurücknimmt? **97**, 215.

§ 326. Zulässigkeit der Berufung. Anschließung.

1) Unter welchen Voraussetzungen kann die zurückgenommene Berufung von neuem eingelegt werden? **96**, 186. — 2) Der Zurücknahme einer unzulässigen Berufung bedarf es, um eine neue wirksame Berufung einzulegen, nicht. **96**, 188. — 3) Die Berufungsschrift muß die Person ergeben, für die das Rechtsmittel eingelegt werden soll. **96**, 118. — 4) Bedeutung der Urteilszustellung; keine Heilung ihrer Mängel nach § 295 ZPO. **99**, 140. — 5) Beschwerung des Berufungsklägers als Voraussetzung der Zulässigkeit der Berufung. **100**, 208. — 6) Der siegreiche Kläger kann nicht lediglich zum Zwecke der Erweiterung oder Änderung des Klagantrags Berufung einlegen. **100**, 208.

§ 327. Verfahren in der Berufungsinstanz.

1) Tragweite der bindenden Kraft des Revisionsurteils nach § 565 Abs. 2 ZPO. **91**, 135; **93**, 181, 306; **94**, 13. — 2) Wird in erster Instanz Zahlung einer dem Kläger allein zustehenden Forderung an ihn, in der Berufungsinstanz aber die Zahlung dieser Forderung als einer der Gesellschaft bürgerlichen Rechts zustehenden an den Kläger und seine Mitgesellschafter gefordert, so ist ein neuer Anspruch i. S. des § 529 Abs. 2 ZPO erhoben. **91**, 163. — 3) Zur Anwendung des § 565 Abs. 2 ZPO. **93**, 306. — 4) Begrenzung des Rechtsstreits in der Berufungsinstanz nach § 525 ZPO. **94**, 87, 91. — 5) Versäumnisverfahren in der Berufungsinstanz; zum Begriff des „festgestellten Sachverhältnisses"; neue Behauptungen und neue Beweisanträge. **95**, 141. — 6) Unter welchen Voraussetzungen kann die in 1. Instanz erfolgte Anerkennung einer Urkunde im Berufungsverfahren widerrufen werden? **97**, 163. — 7) Inwieweit gilt der Grundsatz des § 525 ZPO in Ehesachen? **97**, 259.

§ 328. Urteil des Berufungsgerichts.

1) Unter welchen Voraussetzungen kann das Berufungsgericht über einen Anspruch, über den in erster Instanz ein Vorbehaltsurteil nach § 302 ZPO erlassen ist, sachlich entscheiden? **92**, 321. — 2) Die Zurückverweisung nach § 539 ZPO ist in das freie Ermessen des Berufungsgerichts gestellt und unterliegt nicht der Nachprüfung des Revisionsgerichts. **93**, 155. — 3) § 536 ZPO bezieht sich nur auf die Entscheidung über

die Sache selbst, nicht auf Fragen des Verfahrens, die dem Belieben der Parteien entzogen sind. **94,** 154. — 4) Zur Anwendung des § 536 ZPO in Ehesachen. **94,** 154. — 5) Ist der Erfolg einer Widerklage von der Entscheidung über den Betrag des Klaganspruchs abhängig, so ist im Falle des § 538 Nr. 3 ZPO der Rechtsstreit auch hinsichtlich der Widerklage in die erste Instanz zurückzuverweisen. **95,** 39. — 6) Nach § 27 BRVO über die Entlastung der Gerichte v. 9. September 1915 kann der Rechtsstreit auch noch in der Berufungsinstanz an das zuständige Gericht verwiesen werden. **95,** 281. — 7) Keine Zurückverweisung nach § 538 Abs. 1 Nr. 3 ZPO, wenn der Kläger in der Berufungsinstanz von der Unterlassungs- zur Schadensersatzklage übergegangen ist. **97,** 28. — 8) Kann von der Zurückverweisung nach § 538 Abs. 1 Nr. 3 ZPO abgesehen werden, wenn die Sache hinsichtlich des Betrags entscheidungsreif ist? **97,** 214. — 9) Darf das Berufungsgericht den vom Vorderrichter auferlegten Eid beseitigen, ohne daß es vom Gegner beantragt ist? **99,** 171.

§ 329. Zulässigkeit der Revision. Wert des Beschwerdegegenstandes. Revisionssumme. Einlegung und Begründung. Frist. Anschließung.

Zulässigkeit. 1) § 76 der BremerSVB beschränkt nicht die Zulässigkeit der Revision. **92,** 65. — 2) Kann das Berufungsurteil, das die Berufung gegen ein den Klaganspruch dem Grunde nach für gerechtfertigt erklärendes Urteil zurückweist, vom Kläger mit der Revision angefochten werden, wenn die Begründung eine Einschränkung des Anspruchs enthält? **93,** 157. — 3) Ist im Falle des § 529 Abs. 2 ZPO die Revision als unzulässig zu verwerfen? **93,** 351. — 4) Inwieweit ist beim Fehlen der Revisionssumme die Revision zulässig, wenn ein Notar wegen Amtspflicht- und wegen Vertragsverletzung verurteilt ist? **95,** 216. — 5) Revision des Nebenintervenienten; Nachweis des rechtlichen Interesses i. S. des § 66 ZPO. **97,** 97.

Wert des Beschwerdegegenstandes. 1) Der Wert des Beschwerdegegenstandes wird begrenzt durch den in Gemäßheit der Klage zu bestimmenden Wert des Streitgegenstandes. **93,** 128. — 2) Beschwerde- und Streitwert bei der Klage eines Miterben aus § 2039 BGB. **93,** 128. — 3) Ist die Revisionssumme gegeben, wenn ein Schadensersatzanspruch in Höhe von mehr als 4000 Mk. geltend gemacht wird, der Schaden aber bei Einlegung der Revision den Betrag von 4000 Mk. offenbar nicht übersteigt? **97,** 85. — 4) Ist eine Steigerung des Werts des Streitgegenstandes, insbesondere infolge Sinkens der inländischen Währung, im Laufe des Rechtsstreits bei der Bemessung des Werts des Beschwerdegegenstands zu berücksichtigen? **98,** 85.

Einlegung. 1) Eine Verlängerung der Frist zum Nachweis der Einzahlung des Gebührenvorschusses kann nur erfolgen, solange die Frist noch läuft. **96,** 351. — 2) Die Verfügung des Vorsitzenden, durch die diese Frist verlängert wird, wird erst mit der Zustellung wirksam. **96,** 351. — 3) Zulässigkeit der Wiedereinsetzung gegen die Versäumung dieser Frist. **96,** 352. — 4) Sind die Verordnungen des Intern. Ausschusses für Oberschlesien über die Aufhebung der Zuständigkeit des Reichsgerichts und das Ruhen der Revisionsfristen in oberschlesischen Sachen rechtsgültig? **99,** 235.

Begründung. 1) Zur Anwendung des § 554 ZPO bei Einlegung der Revision durch den obsiegenden Teil in Ehesachen. **91,** 366. — 2) Die Bezugnahme auf lange Schriftsätze in der Revisionsbegründung genügt nicht zur Bezeichnung der Tatsachen, durch die eine Rechtsnorm über das Verfahren verletzt sein soll. **95,** 72.

Anschließung. Wem fallen die Kosten der Anschlußrevision zur Last a) wenn die Hauptrevision von vornherein unzulässig ist? b) wenn diese zurückgenommen oder wegen Nichtzahlung des Gebührenvorschusses verworfen wird? **95,** 121.

§ 330. Revisibles und irrevisibles Recht. Revisionsgründe. Verletzung des Gesetzes. Verfahren in der Revisionsinstanz.

I. Revisibles, irrevisibles Recht. 1) Inwieweit ist die Auslegung der gemäß § 66 Abs. 5 RMilG erlassenen sächsischen VO v. 15. Dezember 1888 vom Revisionsgericht nachzuprüfen? **91,** 124. — 2) Das badische Beamtenrecht ist auch insoweit nicht revisibel, als zur Ausfüllung von Lücken dieses Rechts Bestimmungen des bürgerlichen Rechts herangezogen werden. **95,** 146. — 3) Auslandsrecht ist auch dann nicht revisibel, wenn seine Normen mit solchen des im Inlande geltenden Rechts übereinstimmen. **96,** 98. — 4) Zur Bedeutung der Irrevisibilität. **94,** 72. — 5) Irrevisibilität des code civil in seiner Geltung für Belgien. **96,** 98. — 6) Die Vorschriften des internationalen Privatrechts über das anzuwendende örtliche Recht sind revisibel. **98,** 337. — 7) Revisibilität der VO des stellvertretenden kommandierenden Generals des VII. Armeekorps v. 22. Juni 1917. **99,** 63. — 8) Inwieweit ist die Anwendung des Intern. Frachtübereinkommens v. 14. Oktober 1910 vom Revisionsgericht nachzuprüfen? **100,** 52. — 9) Enthält § 1 Bekanntm. der Provinzial-Fleischstelle für Ostpreußen v. 31. Oktober 1918 über den Verkehr mit Schlachtpferden eine revisible Rechtsnorm? **100,** 238. — 10) Zulässigkeit der Revision wegen Umgehung nicht revisibler Gesetze. **100,** 211. — 11) Irrevisible Rechtsnormen: Rev. Ritterrecht des Herzogtums Bremen. **91,** 284. Oldenburg FischereiG v. 17. März 1879. **94,** 38, Hamburg. Normen über die Entschädigungspflicht bei durch Gesetz auferlegten Rechtsbeschränkungen. **94,** 72, Mecklenb. Beamtenrecht. **94,** 181, Badisches Beamtenrecht. **95,** 146, LGO für Hessen-Nassau. **96,** 314, Rhein. LGO v. 29. Juli 1845 und 15. Mai 1886, KreisO f. d. Rheinprovinz **98,** 197, Gothaisches BergG v. 23. Oktober 1899 (26. Januar 1909) 6. März 1912. **100,** 211.

II. Revisionsgründe. 1) Die Verletzung des § 901 Abs. 2 RVO kann mit der Revision gerügt werden, auch wenn sie in den Vorinstanzen nicht gerügt, der Betrieb vielmehr als ein nicht versicherungspflichtiger bezeichnet worden ist. **91,** 95. — 2) § 549 Abs. 2 ZPO findet auch dann Anwendung, wenn die Revision gegen das die Einrede der örtlichen Unzuständigkeit verwerfende Urteil damit begründet wird, daß das angefochtene Urteil die gesetzliche Vertretung einer Partei zu Unrecht als vorhanden angenommen habe. **93,** 351. — 3) Wie ist die Rüge der Verletzung des § 475 ZPO zu begründen? **95,** 85. — 4) Unzulässigkeit der Rüge der Verletzung des § 286 ZPO, wenn das Streitverhältnis nach nicht revisiblem Rechte zu beurteilen ist. **95, 147.** — 5) Kann die Revision darauf gestützt werden, daß die Begründung des angefochteuen Teils der Entscheidung mit den Ausführungen zu einem andern Anspruch, hinsichtlich dessen die Entscheidung rechtskräftig geworden ist, in Widerspruch steht? **95,** 180. — 6) Die Revision kann auf die Verletzung des § 158 AusfBestimmungen v. 7. September 1916 zum Warenumsatzstempℭ gestützt werden. **96,** 27.

III. Verfahren in der Revisionsinstanz. 1) Die Nachprüfung der vom Berufungsgericht ausgesprochenen Folgen einer Verweigerung der Eidesleistung durch die Partei kann nur auf eine gemäß § 554 Abs. 3 Nr. 2 ZPO erhobenen Rüge erfolgen. **91,** 258. — 2) Wirkung eines Verzichts auf den Anspruch in der Revisionsinstanz. **91,** 366. — 3) Die Zulässigkeit des Rechtswegs ist auch noch in der Revisionsinstanz von Amts wegen zu prüfen. **96,** 74. — 4) Umfang der Nachprüfung und Entscheidung des Revisionsgerichts, wenn die Revision nur insoweit zulässig ist, als es sich um die Zulässigkeit des Rechtswegs handelt. **96,** 74. — 5) Unzulässigkeit des Revisionsverfahrens nach Art. 296 des Friedensvertrags und § 1 Abs. 2 RAusfG dazu. **98,** 258. — 6) Berücksichtigung der §§ 14, 15 Abs. 1 RTumultG v. 12. Mai 1920 in der Revisionsinstanz, auch wenn das Gesetz zur Zeit des Erlasses des Berufungsurteils noch nicht galt. **100,** 245.

§ 331. Urteil des Revisionsgerichts.

1) Tragweite der bindenden Kraft des Revisionsurteils nach § 565 Abs. 2 ZPO. **91,** 135; **93,** 181, 306; **94,** 13. — 2) Unterliegt die Schadensverteilung nach § 254 BGB der Nachprüfung des Revisionsgerichts? **92,** 40, 53. — 3) Entscheidung des Revisionsgerichts auf Grund eigener Sachkenntnis und allgemeiner Erfahrung über die Frage, was bei einer Versicherung gegen verschiedenartige Gefahren (Schaden durch Luftfahrzeuge) als Hauptinhalt des Versicherungsschutzes anzusehen ist. **93,** 91. — 4) Inwieweit unterliegt die Feststellung eines örtlichen Gewohnheitsrechts der Nachprüfung des Revisionsgerichts. **93,** 126; **100,** 274. — 5) Die Zurückverweisung nach § 539 ZPO ist in das freie Ermessen des Berufungsgerichts gestellt und unterliegt nicht der Nachprüfung des Revisionsgerichts. **93,** 155. — 6) Bindung auch des Revisionsgerichts an die seiner früheren Entscheidung zugrunde gelegte rechtliche Beurteilung nach § 565 Abs. 2 ZPO. **91,** 118; **94,** 13; **100,** 60. — 7) Hat das Revisionsgericht eine Verletzung des § 565 Abs. 2 ZPO von Amts wegen zu berücksichtigen? **94,** 13. — 8) Auslegung von Versicherungsbedingungen in der Revisionsinstanz. **94,** 27; **96,** 150; **100,** 29. — 9) Auslegung von Privilegien durch das Revisionsgericht. **94,** 36. — 10) Einwirkung einer Begrenzung des Rechtsstreits im Berufungsverfahren auf die vom Revisionsgericht zu erlassende Entscheidung. **94,** 90. — 11) § 559 ZPO verbietet nur, daß bei der Entscheidung in der Sache selbst einer Partei etwas zugesprochen

werde, was sie nicht mit ihren Anträgen beansprucht hat, und bezieht sich nicht auf Fragen des Verfahrens, die dem Belieben der Parteien entzogen sind. **94,** 154. — 12) Zur Anwendung des § 559 ZPO in Ehesachen **94,** 154. — 13) Die Vertragsauslegung ist vom Revisionsrichter in der Regel nicht nachzuprüfen. **94,** 297. — 14) In welchem Umfange unterliegen die auf Grund des § 287 ZPO getroffenen, Feststellungen der Nachprüfung des Revisionsgerichts? **91,** 68; **95,** 2. — 15) Unterliegt, wenn ein Notar wegen Amtspflicht- und wegen Vertragsverletzung verurteilt ist, trotz fehlender Revisionssumme auch die Frage der Vertragshaftung der Nachprüfung des Revisionsgerichts? **95,** 216. — 16) Verweisung des Rechtsstreits an das zuständige Landgericht nach § 505 ZPO § 27 BRVO über die Entlastung der Gerichte v. 9. September 1915 noch in der Revisionsinstanz. **95,** 283. — 17) Zur Anwendung des § 565 Abs. 3 Nr. 1 ZPO. **96,** 13. — 18) Umfang und Begründung der Entscheidung über die Zulässigkeit des Rechtswegs in der Revisionsinstanz. **96,** 74. — 19) Die Auslegung typischer Vertragsbedingungen ist in der Revisionsinstanz nachprüfbar. **96,** 209; **98,** 122. — 20) Kann die Revision Erfolg haben, wenn eine Ehescheidung wegen Ehebruchs und aus § 1568 BGB ausgesprochen, ein Revisionsangriff aber nur wegen der Verurteilung aus § 1568 BGB erhoben ist? **96,** 222. — 21) Inwieweit unterliegt die Auslegung von Willenserklärungen nicht typischer Art der Nachprüfung des Revisionsgerichts? **97,** 199. — 22) Auslegung des Gesellschaftsvertrags einer Aktiengesellschaft durch das Revisionsgericht. **97,** 242. — 23) Kann der Revisionskläger, der die Verletzung des § 538 Abs. 1 Nr. 3 ZPO rügt, verlangen, daß die unzulässige Entscheidung über den Betrag insoweit, als zu seinen Gunsten erkannt ist, aufrecht erhalten und die Sache nur im übrigen an das Landgericht zurückverwiesen werde? **97,** 214. — 24) Die Frage, ob eine Maßregel nach den Grundsätzen der großen Haverei eine außerordentliche ist, unterliegt der Prüfung des Revisionsgerichts. **98,** 118. — 25) Nachprüfung allgemeiner Erfahrungssätze durch das Revisionsgericht. **99,** 71. — 26) Nachprüfung dispositiver Urkunden durch das Revisionsgericht. **99,** 116. — 27) Auslegung von Freizeichnungsklauseln durch das Revisionsgericht **100,** 261.

§ 332. Beschwerde.

(Beschwerden in Sachen der freiwilligen Gerichtsbarkeit § 367 S. 267.)

Keine Beschwerde gegen Beschlüsse des Oberlandesgerichts nach § 59 Abs. 2 RAO. **99,** 161.

6. Wiederaufnahme des Verfahrens.

§ 333. Allgemeine Bestimmungen. Nichtigkeits- und Restitutionsklage.

I. Allgemeine Bestimmungen.

1) Zur rechtlichen Natur der Nichtigkeits- und Restitutionsklagen. **91,** 196. — 2) Inwieweit können mit diesen Klagen neue zivilrechtliche Ansprüche geltend gemacht werden? **91,** 197. — 3) Unter entsprechender Anwendung des § 655 Abs. 2 ZPO a. F. kann im Wiederaufnahme

verfahren durch Inzidentantrag die Erstattung des auf Grund des aufgehobenen Urteils Geleisteten verlangt, nicht aber ein Zins- oder Schadensersatzanspruch geltend gemacht werden. **91,** 195; **99,** 171. — 4) Notwendige Streitgenossen sind auch im Wiederaufnahmeverfahren zuzuziehen. **96,** 52. — 5) Umfang der Verhandlung und Entscheidung bei Wiederaufnahme des Verfahrens in Ehesachen. **96,** 223. — 6) Gang des Wiederaufnahmeverfahrens. **99,** 169.

II. Nichtigkeitsklage.

Voraussetzungen der Genehmigung der Prozeßführung nach § 579 Abs. 1 Nr. 4 ZPO; setzt sie eine Kenntnis des Genehmigenden von der unrichtigen Vertretung voraus? **96,** 50.

III. Restitutionsklage.

1) Ob die Voraussetzungen des § 582 ZPO gegeben sind, ist von Amts wegen zu prüfen. **99,** 170. — 2) Was hat der Restitutionskläger, der sich auf das Auffinden einer Urkunde stützt, zu beweisen? **99,** 170. — 3) Unzulässigkeit der Erweiterung des Klagrechts auf andere als die im Gesetze angeführten Restitutionsgründe. **100,** 99, 101.

7. Besondere Prozeßarten.

§ 334. Urkunden- und Wechselprozeß.

1) Datum ohne Unterschrift als Urkunde i. S. des § 592 ZPO. **95,** 71. — 2) Geltung des Grundsatzes der freien Beweiswürdigung im Urkundenprozeß. **95,** 72. — 3) Zweck und Form der in § 604 Abs. 1 ZPO vorgeschriebenen Erklärung, daß im Wechselprozeß geklagt werde. **96,** 101. — 4) Muß im Scheckprozeß die Klageschrift die ausdrückliche Erklärung enthalten, daß im Scheckprozesse geklagt werde, oder genügt die Angabe „im Wechselprozeß"? **96,** 101. — 5) Die Annahme der Bürgschaftserklärung bedarf des Urkundenbeweises nicht. **97,** 163. — 6) Auch für den Urkundenprozeß gilt, daß für die Begründetheit des Klaganspruchs nicht die Zeit der Klagezustellung, sondern der der letzten mündlichen Verhandlung vor dem Erlaß des Urteils maßgebend ist. **97,** 164. — 7) Die Mitteilung der Urkunde in der mündlichen Verhandlung genügt, wenn zwischen dieser Verhandlung und derjenigen, auf welche das Urteil erlassen wird, ein der Einlassungsfrist gleicher Zeitraum liegt. **97,** 165. — 8) Wird die Urkunde anerkannt, so bedarf es ihrer dem § 593 Abs. 2 ZPO entsprechenden Mitteilung nicht. **97,** 165.

§ 335. Ehesachen.

1) Einlegung eines Rechtsmittels seitens der Partei, auf deren Antrag die Scheidung ausgesprochen ist, behufs Zurücknahme der Klage. Wie ist in solchen Fällen die Revision zu begründen? Wie ist wegen der Prozeßkosten zu entscheiden? **91,** 366. — 2) Sind die Vorschriften des § 617 ZPO über die Unwirksamkeit eines Geständnisses in Ansehung der die Nichtigkeit oder das Nichtbestehen einer Ehe begründenden Tatsachen

auch außerhalb eines Eheprozesses anwendbar? **91,** 404. — 3) In Ehesachen wird durch die Einlegung eines Rechtsmittels auch nur seitens einer Partei die Rechtskraft des Urteils im ganzen Umfange gehemmt. **94,** 154. — 4) Zur Anwendung und Bedeutung der §§ 536, 559 ZPO in Ehesachen. **94,** 154. — 5) Die Ladung zum Sühnetermin steht der Erhebung der Scheidungsklage i. S. des § 1933 BGB nicht gleich. **96,** 201. — 6) Kann die Revision Erfolg haben, wenn die Ehescheidung wegen Ehebruchs und aus § 1568 BGB ausgesprochen, ein Revisionsangriff aber nur wegen der Scheidung aus § 1568 erhoben ist? **96,** 222. — 7) Können in Ehesachen neue, nach Schluß der Berufungsverhandlung eingetretene Tatsachen im Rechtszuge der Revision berücksichtigt werden? **96,** 223. — 8) Umfang der Verhandlung und Entscheidung bei Wiederaufnahme des Verfahrens in Ehesachen. **96,** 223. — 9) In Ehescheidungs- und Eheanfechtungssachen kann über alles, was die Parteien gegen den Fortbestand der Ehe geltend zu machen haben, nur gleichzeitig und einheitlich verhandelt und entschieden werden. **96,** 224. — 10) Voraussetzungen, Umfang und prozessuale Besonderheit der Klage auf Herstellung des ehelichen Lebens. **97,** 286. — 11) Unzulässigkeit des Erlasses von Teilurteilen in Ehesachen. **97,** 259. — 12) Berichtigung der Urteilsformel eines seiner Fassung nach nur die Widerklage betreffenden bedingten Urteils in der Revisionsinstanz. **97,** 260. — 13) Inwieweit gilt der Grundsatz des § 525 ZPO in Ehesachen. **97,** 259. — 14) Inwieweit ist die Erlassung von Zwischenurteilen in Ehesachen zulässig? **98,** 152. — 15) Kann die Entscheidung über die Schuldfrage auch in den Gründen des Scheidungsurteils gegeben werden? **99,** 80. — 16) Treten die Rechtsfolgen einer Scheidung wegen Ehebruchs auch dann ein, wenn entgegen dem § 624 ZPO eine förmliche Feststellung der Person des Mitschuldigen unterblieben ist? **99,** 81. — 17) Unzulässigkeit der Geltendmachung neuer Scheidungsgründe in dem Verfahren zur Erledigung eines bedingten Endurteils. **100,** 99 (**42,** 372). — 18) Unzulässigkeit der Vollstreckungsgegenklage gegenüber dem Ehescheidungsurteil. **100,** 100. — 19) Nach rechtskräftigem Ausspruch der Ehescheidung kann die Schuldfrage nicht mehr zur Erörterung gestellt werden. **100,** 101. — 20) Unzulässigkeit der negativen Feststellungsklage gegenüber Ehescheidungsurteilen. **100,** 101. — 21) Zur Anwendung der §§ 616, 623 ZPO. **100,** 107. — 22) Inwieweit gilt das Erfordernis der formellen Beschwerung des Rechtsmittelklägers für Ehesachen? **100,** 209. — 23) Kann die Partei, die mit der Eheanfechtungsklage durchgedrungen ist, Berufung einlegen, um in erster Reihe die Scheidung zu begehren? **100,** 208.

§ 336. Rechtsstreitigkeiten betr. Feststellung des Rechtsverhältnisses zwischen Eltern und Kindern.

— — — — — — — — — — — —

§ 337. Entmündigungsverfahren.

— — — — — — — — — — — —

§ 338. Mahnverfahren.

— — — — — — — — — — — —

§ 339. Konsularsachen.

— — — — — — — — — —

8. Die Zwangsvollstreckung.

§ 340. Allgemeine Bestimmungen. Rechtskraft der Urteile. Vorläufige Vollstreckbarkeit. Vollstreckung ausländischer Urteile. Vollstreckungsurteil. Vollstreckungsklausel. Einwendungen aus § 766 ZPO.

Allgemeines.

Allgemeines. 1) Zulässigkeit einer Klage auf unbedingte Vollstreckung eines Urteils, das auf eine Zug um Zug zu bewirkende Leistung gerichtet ist, bei Unmöglichkeit der dem Kläger obliegenden Leistung. **96**, 184; **100**, 198. — 2) Einflußlosigkeit des guten Glaubens bei Verfügungen im Zwangsvollstreckungswege. **97**, 227. — 3) Sind rechtsgestaltende Urteile vollstreckbar? **100**, 100.

Vorläufige Vollstreckbarkeit und Vollstreckung.

1) Im Wiederaufnahmeverfahren finden § 717 Abs. 2 und 3 ZPO n. F. keine Anwendung, dagegen § 655 Abs. 2 ZPO a. F. **91**, 203, 201. — 2) Der prozessuale (Inzident-) Antrag auf Rückgewähr des Gezahlten enthält keine wirkliche Klagerhebung, daher keine Zuerkennung von Prozeßzinsen. **91**, 204. — 3) Zur Behandlung der auf einem vorläufig vollstreckbaren Schuldtitel beruhenden Anfechtungseinrede. **96**, 335. — 4) Die zur Abwendung der Zwangsvollstreckung aus einem vorläufig vollstreckbaren Urteil geleistete Zahlung ist keine Erfüllung i. S. des § 422 Abs. 1. BGB. **98**, 329.

Vollstreckbare Urkunden (§ 794 Abs. 1 Nr. 5 ZPO).

Unzulässigkeit der Vollstreckung bei Nichtigkeit des der Urkunde zugrundeliegenden Schuldbekenntnisses. **95**, 8.

Einwendungen gegen die Art und Weise der Zwangsvollstreckung (§ 766 ZPO).

1) Kann der Drittschuldner Einwendungen gegen den durch Pfändung und Überweisung bewirkten Forderungsübergang nur nach § 766 ZPO geltend machen? **93**, 77. — 2) Kann der Einwand der Unpfändbarkeit der überwiesenen Forderung nur nach § 766 ZPO oder auch im Prozeßwege von dem Drittschuldner geltend gemacht werden? **93**, 77.

§ 341. Vollstreckungsgegenklage (§§ 767, 768 ZPO).

1) Anwendung des § 767 ZPO bei Einwendungen gegen die Auslegung eines gerichtlichen Vergleichs über die Prozeßkosten. **96**, 204. — 2) Die frühere Unkenntnis der Einwendungsgründe genügt für sich allein nicht, die Einwendungen nachträglich nach § 767 ZPO geltend zu machen. **100**, 99. — 3) Rechtliche Natur der Vollstreckungsgegenklage. **100**, 100. — 4) Muß die negative Feststellungsklage abgewiesen werden, wenn der

Beklagte mit der gleichen Behauptung, der jene entgegentritt, die Vollstreckungsgegenklage erhebt? **100,** 126. — 5) Zur Anwendung des § 767 ZPO bei einem auf Erfüllung Zug um Zug lautenden Urteil. **100,** 199.

§ 342. Widerspruchsklage Dritter (§ 771 ZPO).

1) Widerspruchsklage des Treuhandgebers gegen die Pfändung des Vermögensgegenstands durch den Gläubiger des Treuhänders. **91,** 14. — 2) Abwehrklage des Eigentümers auf Einwilligung in die Herausgabe von Gegenständen, die sich auf einem unter Zwangsverwaltung stehenden Grundstück befinden, gegen den die Zwangsverwaltung betreibenden Hypothekengläubiger. **92,** 22. — 3) Steht dem nachstehenden Nießbraucher gegen die Pfändung der Mietzinsen durch einen Hypothekengläubiger die Widerspruchsklage nach § 771 ZPO zu, wenn ihm zugleich ein dem pfändenden Hypothekengläubiger vorgehendes Hypothekenrecht zur Seite steht? **93,** 123. — 4) Wie ist zu verfahren, wenn der Widerspruchsklage eine Anfechtungseinrede auf Grund eines nur vorläufig vollstreckbaren oder unter Vorbehalt erlassenen Schuldtitels entgegengesetzt wird? **96,** 335. — 5) Kein Klagerecht nach § 771 ZPO des erstpfändenden Gläubiger, dem ein Recht zur Einziehung überwiesen ist, gegenüber nachpfändenden Gläubigern. **97,** 41.

§ 343. Pfändung. Pfändungspfandrecht.

1) Wie wirkt die Anfechtung einer von mehreren Pfändungen auf die Rechte der andern Pfändungsgläubiger? **91,** 369. — 2) Unwesentliche Unrichtigkeiten im Pfändungsbeschlusse berühren dessen Gültigkeit nicht. **93,** 124. — 3) Zur Auslegung von Pfändungsbeschlüssen. **95,** 237. — 4) Das Pfändungspfandrecht ist kein gesetzliches Pfandrecht i. S. des § 1257 BGB. **97,** 40. — 5) Inwieweit sind die Grundsätze des BGB über das vertragliche Pfandrecht auf das Pfändungspfandrecht anwendbar? **97,** 40. — 6) Berechtigung des nachstehenden Pfändungspfandgläubigers zur Betreibung der Zwangsvollstreckung. **97,** 40. — 7) Erwirbt bei einer unrechtmäßigen Zwangsversteigerung beweglicher Sachen und Rechte der Ersteher die Sache oder das Recht frei von den darauf ruhenden Lasten? **97,** 42. — 8) Kein allgemeines Verbot der Überpfändung. **98,** 109.

§ 344. Zwangsvollstreckung wegen Geldforderungen in bewegliche Sachen.

An den gepfändeten, im Gewahrsam des Schuldners belassenen Sachen hat dieser den unmittelbaren, der Gerichtsvollzieher den mittelbaren Besitz. **94,** 341.

§ 345. Zwangsvollstreckung wegen Geldforderungen in Forderungen, Hypotheken, Grundschulden und andere Vermögensrechte.

1) Welche Einwendungen stehen dem Drittschuldner gegen den Pfändungs- und Überweisungsbeschluß zu? Kann er die Richtigkeit der zur Vollstreckung stehenden Forderung bemängeln? **93,** 77. — 2) Können Einwendungen des Drittschuldners gegen den Pfändungs- und Überweisungsbeschluß nur mittels eines beim Vollstreckungsgericht zu stellenden

Antrags geltend gemacht werden? **93,** 77. — 3) Durch die Überweisung zur Einziehung erlangt der Pfändungsgläubiger nicht die Rechte eines Zessionars. **94,** 10. — 4) Kann der nachstehende Pfändungspfandgläubiger die Versteigerung des gepfändeten Rechts verlangen, wenn dieses dem erstpfändenden Gläubiger bereits zur Einziehung überwiesen ist? **97,** 40. — 5) Wirkungen der Überweisung zur Einziehung; Schutz des Gläubigers gegenüber den Vollstreckungsmaßregeln nachpfändender Gläubiger. **97,** 41. — 6) Entsprechende Anwendung des § 1232 BGB auf das Pfandrecht an Rechten. **97,** 42.

Pfändbarkeit. 7) Der Schutz des Lohnbeschlagnahmegesetzes gilt dem Arbeitseinkommen ohne Rücksicht darauf, ob der Schuldner noch ein Einkommen anderer Art hat. **91,** 161. — 8) Ist die Voraussetzung des § 1 des Lohnbeschlagnahme Gegegeben, wenn der Dienstherr die Dienste des Verpflichteten nicht in Anspruch nimmt und letzterer anderweit seinen Unterhalt erwirbt? **91,** 161. — 9) § 850 Nr. 8 ZPO findet nur auf Ärzte an öffentlichen Anstalten, nicht auf alle Ärzte mit Diensteinkommen, insbesondere nicht auf Ärzte, die von Krankenkassenverbänden angestellt sind, Anwendung. **91,** 161. — 10) Zum Pfändungsverbot hinsichtlich des Pflichtteilsanspruchs. **93,** 78. — 11) Kann der Drittschuldner die Unpfändbarkeit der überwiesenen Forderung, insbesondere im Falle des § 852 ZPO, nur nach § 766 ZPO oder auch durch Einwand im Prozesse geltend machen? **93,** 77. — 12) Beschränkung der Zwangsvollstreckung in das Urheberrecht, insbesondere auch an Zeitschriften. **95,** 236. — 13) Kann ein gewerbliches Unternehmen als Ganzes gepfändet werden? **95,** 237. — 14) Unpfändbarkeit eines Zeitschriftentitels. **95,** 236.

Pfändung von Mietzinsen. 15) Erfordernisse der Pfändung von Mietzinsen bei bestehendem Nießbrauch. Wird die Gültigkeit der Pfändung dadurch beeinträchtigt, daß im Pfändungsbeschluß die Mietforderungen als solche des Eigentümers bezeichnet sind? **93,** 124. — 16) Steht dem nachstehenden Nießbraucher gegen die Pfändung der Mietzinsen durch einen Hypothekengläubiger die Widerspruchsklage nach § 771 ZPO zu, wenn ihm zugleich ein dem pfändenden Hypothekengläubiger vorgehendes Hypothekenrecht zur Seite steht? **93,** 123.

Pfändung von Hypotheken und Grundschulden. 17) Voraussetzungen der Übergabe des Grundschuldbriefs bei Pfändung einer Grundschuld. Erlöschen des Pfandrechts durch Wiederherstellung des freien, wenn auch nur mittelbaren, Besitzes des Eigentümers an dem Grundschuldbrief. **92,** 265. — 18) Geltung der §§ 830, 857 Abs. 6 ZPO für Eigentümergrundschulden. **97,** 226. — 19) Hat bei der Pfändung einer vorläufigen Eigentümergrundschuld das im Pfändungsbeschluß enthaltene Verfügungsverbot bedingte Wirksamkeit? Erlangt es nach Eintragung der Pfändung im Grundbuch rückwirkende Kraft? **97,** 227.

Pfändung eines Gesellschaftsanteils. 20) Kann der Gläubiger, der den Anteil eines Gesellschafters am Gesellschaftsvermögen hat pfänden lassen, von den andern Gesellschaftern Rechnungslegung verlangen und das Moniturverfahren betreiben? **95,** 231.

Pfändung des Anteils an einer ungeteilten Erbschaft. 21) Recht des Gläubigers, der einen Erbteil seines Schuldners hat pfänden lassen, zur Betreibung der Erbauseinandersetzung. **95,** 232.

§ 346. Zwangsvollstreckung wegen Geldforderungen in das unbewegliche Vermögen. Zwangsversteigerung. Zwangsverwaltung. Zwangshypothek.

I. Zwangsversteigerung.

1) Mehr als zwei Jahre rückständige Zinsen und Amortisationsbeträge gehören, auch wenn sie durch Ausübung eines Ablösungsrechts auf den Ablösungsberechtigten übergegangen sind, nicht in die 4. sondern, in die 8. Klasse des § 10 ZVG. **91,** 297. — 2) Zum Begriff der „Rückstände wiederkehrender Leistungen" im ZVG. **91,** 301. — 3) Treu und Glauben im Verhältnis zwischen Hypothekengläubiger und -schuldner bei der Zwangsversteigerung. Unzulässigkeit der Ausnutzung eines Irrtums des Schuldners über die Höhe der vollstreckbaren Forderung durch eine die Zwangsvollstreckung betreibende öffentliche Sparkasse. **91,** 343. — 4) Voraussetzungen der Zwangsversteigerung eines Grundstücksanteils nach § 864 Abs. 2 ZPO. **94,** 157. — 5) Keine Anwendung des § 10 Nr. 1 bei der Schiffsversteigerung. **97,** 63.

Zuschlag. 6) Wirkungen des Eigentumsübergangs durch den Zuschlag. **94,** 156.

Wirkung des Zuschlags auf die Hypotheken. 7) Welche Wirkung hat der Zuschlag auf eine Eigentümergrundschuld, wenn die Post nach den Versteigerungsbedingungen als Teil des geringsten Gebots bestehen bleiben und von dem Ersteher übernommen werden soll? **94,** 9. — 8) Fortdauer des Anfechtungsrechts des Hypothekengläubigers gegenüber der Entfernung und Veräußerung von Zubehörstücken, auch nachdem das Recht am Grundstück selbst durch den Zuschlag erloschen ist. **100,** 89.

Versteigerungserlös. Seine Verteilung. 9) Rechte des nachstehenden, aus einer bei der vorstehenden Hypothek eingetragenen Löschungsvormerkung berechtigten, Hypothekengläubigers auf den Versteigerungserlös. **93,** 118. — 10) Steht § 1114 BGB der Eintragung von Ersatzhypotheken nach §§ 50, 125, 128 ZVG auf Miteigentumsanteilen entgegen, die durch den Zuschlag an denselben Ersteher wieder vereinigt sind? **94,** 154. — 11) Widerspruch des Konkursverwalters gegen die Berücksichtigung einer von ihm angefochtenen Hypothek; Anwendung des § 41 Abs. 2 KO. **95,** 224.

Ersteher. 12) Was ist in § 57 Satz 3 ZVG unter dem ersten Termin zu verstehen, für den die Kündigung zulässig ist? **98,** 274. — 13) Muß der Ersteher, der dem Mieter kündigt, sich diesem gegenüber als Ersteher ausweisen? **98,** 275.

II. Zwangsverwaltung.

1) Anordnung der Zwangsverwaltung im Wege der einstweiligen Verfügung zur Verhinderung einer die Sicherheit einer Hypothek gefährdenden Verschlechterung des Pfandgrundstücks. **92,** 19. — 2) Zwangsverwalter als Besitzer der auf dem Grundstück befindlichen Sachen. **92,** 20;

99, 201. — 3) Befugnis des Zwangsverwalters, selbständig darüber zu entscheiden, ob ein Vermögensgegenstand als von der Beschlagnahme ergriffen zur Zwangsverwaltungsmasse zu ziehen ist oder nicht. **92**, 20. — 4) Passivlegitimation des Zwangsverwalters für die Klage Dritter auf Herausgabe von Sachen, die sich auf dem von ihm verwalteten Grundstück befinden. **92**, 20; **99**, 201. — 5) Verpflichtung des Zwangsverwalters zur Erhaltung des verwalteten Grundstücks in einem den polizeilichen Vorschriften entsprechenden Zustande. Keine Befugnis des Eigentümers zur Beseitigung baulicher Mängel während der Zwangsverwaltung. **93**, 2. — 6) Wird durch schuldhafte Unterlassung des Zwangsverwalters seine persönliche Haftung dem Mieter gegenüber begründet? **97**, 11. — 7) Beteiligte i. S. des § 154 ZVG sind nur die in § 9 genannten Personen. **97**, 12. — 8) Die Bewachung und Verwahrung eines unter Zwangsversteigerung stehenden Schiffs steht der Zwangsverwaltung nicht gleich. **97**, 63. — 9) Ist die dingliche Hypothekenklage, wenn das belastete Grundstück unter Zwangsverwaltung steht, gegen den Grundstückseigentümer oder den Zwangsverwalter zu richten? **99**, 199.

III. Zwangshypothek.

1) Ist § 867 Abs. 2 ZPO anwendbar, wenn der Gläubiger die Eintragung einer Zwangssicherungshypothek wegen einer Forderung beantragt, a) für die auf einem andern Grundstück des Schuldners eine Zwangssicherungshypothek besteht? b) für die auf einem solchen eine Vertragshypothek bereits besteht? **98**, 106. — 2) Entsprechende Anwendung des § 49 GBO bei nachträglicher Eintragung einer Zwangssicherungshypothek für eine bereits durch Vertragshypothek gesicherte Forderung. **98**, 111.

§ 347. Verteilungsverfahren.

1) Voraussetzungen der Widerspruchsklage gegen den Teilungsplan. **97**, 64. — 2) Die Rechte anderer, nicht widersprechender, Gläubiger stehen dem Anspruch des widersprechenden Gläubigers auch dann nicht entgegen, wenn sie ein besseres Recht durch Widerspruch hätten geltend machen können. **99**, 203. — 3) Kann die in § 878 Abs 1 Satz 1 ZPO bestimmte Frist durch Vereinbarung der Parteien verlängert werden? **99**, 204. — 4) Die Verfolgung des Widerspruchs durch Klage ist auch nach Ablauf der Frist des § 878 Abs. 1 Satz 1 ZPO zulässig, solange die streitige Teilungsmasse nicht ausgezahlt ist. **99**, 205. — 5) Zulässigkeit der Überleitung der Widerspruchsklage mit der Klage aus dem besseren Recht nach § 878 Abs. 2 ZPO nach erfolgter Auszahlung der Streitmasse. Zuständigkeit des Gerichts. **99**, 207. — 6) Bindung des Vollstreckungsgerichts durch das auf die Widerspruchsklage ergehende Urteil. **99**, 207.

§ 348. Zwangsvollstreckung zur Erwirkung der Herausgabe von Sachen und zur Erwirkung von Handlungen und Unterlassungen.

— — — — — — — — — —

§ 349. Offenbarungseid.

— — — — — — — — — —

9. Arrest. Einstweilige Verfügung.

§ 350. Gemeinsames. Arrest. Schadensersatzklage aus § 945 ZPO.

Die Befreiung vom Anwaltszwang nach § 920 Abs. 3 ZPO gilt auch für einseitig zu beantragende Nebenhandlungen, wie das Gesuch um Bewilligung der öffentlichen Zustellung des Arrestbefehls. **91**, 115.

§ 351. Einstweilige Verfügungen.

1) Anordnung der Zwangsverwaltung über ein Grundstück zum Zwecke der Sicherung einer Hypothek im Wege der einstweiligen Verfügung. **92**, 19. — 2) Wird durch Pfändung einer Eigentümergrundschuld wegen eines Geldanspruchs ein Individualrecht erworben, zu dessen Sicherung eine einstweilige Verfügung erlassen werden kann? **97**, 227.

10. Aufgebotsverfahren.

§ 352.

— — — — — — — — — —

11. Schiedsvertrag. Schiedsrichterliches Verfahren.

§ 353.

1) Die Befugnis, über eine mißbräuchliche Ausübung des Ablehnungsrechts als unbeachtlich hinwegzugehen, steht auch den Schiedsgerichten zu. **92**, 230. — 2) Mißbräuchliche Ablehnung von Schiedsrichtern lediglich wegen ihrer Zugehörigkeit zur Müllerei. **92**, 231. — 3) Einwirkung des Kriegsausbruchs auf die Vereinbarung der Entscheidung durch in England ernannte Schiedsrichter. **93**, 167. — 4) Unwirksamkeit der Schiedsgerichtsabrede, durch welche die eine Partei, wenn auch nur als Beisitzer, zur Mitwirkung bei der vom Schiedsgericht zu fällenden Entscheidung berufen wird. **93**, 288. — 5) Ist die gesetzliche Vertretung einer juristischen Person einem aus mehreren Personen bestehenden Vorstand übertragen, so ist jedes einzelne Vorstandsmitglied unfähig zur Ausübung schiedsgerichtlicher Tätigkeit in Streitsachen, in denen die juristische Person Partei ist. **93**, 289. — 6) Kann ein Mitglied eines nicht rechtsfähigen Vereins als Schiedsrichter in einem Rechtsstreit zwischen dem Verein und einem seiner Mitglieder wirken? **93**, 289. — 7) Zur Unterscheidung zwischen Schiedsrichter und Schiedsgutachter. **94**, 173; **96**, 59. — 8) Ist die Ernennung eines Schiedsrichters durch das Gericht in den Fällen der §§ 1031, 1045 ZPO eine endgültige oder kann sie im ordentlichen Prozeß angefochten werden? **94**, 177. — 9) Rechtliche Stellung des Schiedsrichters gegenüber den Parteien. Vergütungsanspruch, falls es zu einem Schiedsspruch nicht gekommen ist? **94**, 211. — 10) Rechtsgültigkeit und Anwendungsgebiet der vom Verbande deutscher Papiersackfabrikanten festgesetzten, von der Reichs-Sackstelle genehmigten, in den Lieferungsbedingungen enthaltenen Schiedsklausel. **97**, 158. — 11) Tritt ein Schiedsvertrag dadurch außer Kraft, daß infolge Gesetzesänderung

die Bestellung des Schiedsgerichts in der vertraglich vorgesehenen Weise nicht mehr möglich ist? **97**, 161. — 12) Ist der Erlaß eines Vollstreckungsurteils auch insoweit zulässig, als der Schiedsspruch eine Feststellung trifft? **99**, 129. — 13) Zur Anwendung des § 93 ZPO beim Erlaß eines Vollstreckungsurteils aus § 1042. **99**, 131. — 14) Ernennung eines Schiedsrichters durch Testament. **100**, 76. — 15) Kann der zum Testamentsvollstrecker Berufene zugleich zum Schiedsrichter ernannt werden? **100**, 76. — 16) Zum Erfordernis der Bestimmtheit des Rechtsverhältnisses in § 1026 ZPO. **100**, 79. — 17) Ist ein Schiedsspruch, der sich auf den Grund des Anspruchs beschränkt, einem Zwischenurteil nach § 304 ZPO oder einem Feststellungsurteil gleichzustellen, insbesondere hinsichtlich der Verjährung des Anspruchs? **100**, 121.

Dritter Teil.

Konkursordnung.

---

1. Konkursordnung.

§ 354. Allgemeine Bestimmungen. Konkursmasse.

1) Ist für die Zugehörigkeit eines Vermögensgegenstandes zur Konkursmasse das Bestehen des formellen Eigentums des Gemeinschuldners an dem Gegenstand oder die materielle und wirtschaftliche Zugehörigkeit zu seinem Vermögen ausschlaggebend? Berücksichtigung von Treuhandverhältnissen. **91**, 14. — 2) Übergang des Befreiungsanspruchs des Haftpflichtversicherungsnehmers durch seinen Konkurs in einen Zahlungsanspruch. Absonderungsrecht des Haftpflichtgläubigers nach § 157 VVG. **93**, 211. — 3) Befugnis des Konkursverwalters zur Freigabe von zur Konkursmasse gehörigen Sachen. **94**, 56. — 4) Zur Freigabe solcher Sachen aus der Masse ist eine empfangsbedürftige Willenserklärung des Verwalters gegenüber dem Gemeinschuldner erforderlich. **94**, 56.

§ 355. Erfüllung der Rechtsgeschäfte.

1) Die Pflicht des Gemeinschuldners zur Erfüllung und das Recht des andern Teils auf die Erfüllung erlöschen nicht schon durch die Konkurseröffnung, sondern erst mit der die Erfüllung ablehnenden Erklärung des Konkursverwalters. **94**, 207. — 2) § 17 Abs. 2 KO schließt nicht die Verbindlichkeit einer von dem Konkursverwalter auch ohne vorgängiges Erfordern des andern Teils abgegebenen ausdrücklichen oder stillschweigenden Erklärung darüber aus, daß er Erfüllung nicht verlange. **96**, 295. — 3) Eine solche stillschweigende Erklärung bedarf nicht positiver schlüssiger Handlungen, sondern es kann unter Umständen bloßes Schweigen genügen.

96, 295. — 4) Das Kommissionsverhältnis erlischt durch den Konkurs des Kommittenten nach § 23 KO ohne weiteres. **96**, 296. — 5) Zur Anwendung des § 17 KO bei Sukzessivlieferungsverträgen. Wird dessen Anwendung dadurch ausgeschlossen, daß beide Teile der Meinung waren, daß nur für die noch zu liefernde, nicht auch für die bereits gelieferte, aber noch nicht bezahlte Ware eine Masseschuld begründet werde? **98**, 137. — 6) Inwieweit kann der Verwalter, der die Erfüllung verlangt, durch Vereinbarung mit dem Gegner den Vertrag abändern? **98**, 138. — 7) Kann der Konkursverwalter, der durch Ablauf einer einzelnen Lieferung beim Sukzessivlieferungsvertrag die Masse nur mit der Gegenleistung für diese zu belasten glaubt, sein Erfüllungsverlangen wegen Irrtums anfechten? **98**, 138.

§ 356. Anfechtung.

1) Die Versäumung der in § 41 KO gesetzten Frist begründet nicht eine dem Anfechtungsrecht des Einzelgläubigers entgegenstehende Einrede i. S. des § 13 Abs. 4 AnfG. **91**, 90. — 2) Die Anfechtung im Konkurse bewirkt nicht Nichtigkeit, sondern nur relative Unwirksamkeit im Verhältnis zwischen dem Anfechtenden und dem Anfechtungsgegner. **91**, 369. — 3) Zur Dinglichkeitslehre. **91**, 369. — 4) Wird die Ausschlußfrist des § 41 KO durch Erhebung der Klage bei einem unzuständigen Gericht gewahrt? **92**, 41. — 5) Der Begriff der unentgeltlichen Verfügung i. S. des § 32 KO erfordert nicht eine Bereicherung des Empfängers, sondern umfaßt auch die freigebige Zuwendung an eine Person, welche die ihr überlassenen Werte restlos zur Erreichung eines bestimmten Zweckes z. B. zur Befriedigung der Gläubiger des Zuwendenden, aufwenden soll. **92**, 228. — 6) Den Beweis des guten Glaubens im Falle des § 37 Abs. 2 KO hat der Empfänger zu führen. **92**, 229. — 7) Anfechtung einer Zahlung, die der Gemeinschuldner als Treuhänder aus dem Erlöse des verkauften Treuguts an den Treugeber geleistet hat. **94**, 305. — 8) Daß der Anfechtungsbeklagte die Zahlungseinstellung als Folge seiner Pfändung voraussah, genügt nach § 30 KO nicht zum Erweise seiner Kenntnis; diese erfordert positives Kennen. **95**, 153. — 9) Die Kenntnis des mit der Pfändung beauftragten Gerichtsvollziehers kommt als Kenntnis des Auftraggebers nicht in Betracht. **95**, 154. — 10) § 41 Abs. 2 KO ist ausdehnend auszulegen und auch auf solche Ansprüche anzuwenden, die aus einem dinglichen Rechte, sei es auch nur mittelbar, erwachsen sind. **95**, 226. — 11) Widerspruchsklage des Konkursverwalters gegen eine im Verteilungsplan der Zwangsversteigerung berücksichtigte Hypothek als Verweigerung der Leistung i. S. des § 41 Abs. 2 KO. **95**, 224. — 12) Auf die Ansprüche aus §§ 29 flg. KO findet § 352 HGB keine Anwendung, auch wenn die angefochtene Rechtshandlung ein beiderseitiges Handelsgeschäft war. **96**, 57. — 13) Bargeschäfte, d. h. solche, bei denen Leistung und Gegenleistung Zug um Zug ausgetauscht werden, unterliegen der Anfechtung auch dann nicht, wenn sie nach der Zahlungseinstellung vorgenommen werden. **100**, 64. — 14) Unterliegen die von dem Aufsichtsschuldner während bestehender Geschäftsaufsicht in zu-

lässiger Weise vorgenommenen Handlungen und die im Aufsichtsverfahren zulässigen Sonderzugriffe eines Gläubigers der Anfechtung nach § 30 KO? **100**, 62. — 15) Zum Begriff der Zahlungseinstellung, ihres Eintritts und ihrer Beendigung. Einwirkung der Einleitung einer Geschäftsaufsicht. **100**, 65.

§ 357. Aussonderung.

1) Ein Aussonderungsanspruch besteht auch hinsichtlich solcher Vermögensgegenstände, die zwar formell im Eigentum des Gemeinschuldners stehen, materiell und wirtschaftlich aber nicht zu seinem Vermögen gehören, sondern ihm nur auf Grund eines fiduziarischen Verhältnisses als Treuhänder übereignet sind. **91**, 14. — 2) Aussonderungsanspruch desjenigen, der ein Recht zur Sicherheit abgetreten hat, im Konkurse des Gläubigers. **91**, 280. — 3) Im Konkurse des Spediteurs hat der Versender an dessen Forderung gegen den Frachtführer ein Aussonderungsrecht. **92**, 11. — 4) Aussonderungsrecht des Treugebers im Konkurse des Treuhänders. **94**, 24, 307. — 5) Der Aussonderungsanspruch kann nicht auf eine Geldsumme, sondern nur auf einzelne bestimmte Geldstücke oder Scheine gerichtet werden. **94**, 24, 194; **98**, 149. — 6) Als Veräußerung i. S. des § 46 KO ist auch eine Zwangsmaßnahme (Zwangsvollstreckung, Enteignung) anzusehen. **94**, 25. — 7) Zum Begriff der Einziehung der Gegenleistung zur Konkursmasse im § 46 KO. **94**, 25. — 8) Aussonderungsanspruch des Aktionärs an seinen in der Masse befindlichen Aktienurkunden. **94**, 64. — 9) Kein Aussonderungsrecht des Treugebers an dem Erlöse des vor der Konkurseröffnung von dem Treuhänder veräußerten Treuguts. **94**, 307. — 10) Kein Aussonderungsanspruch des Kommittenten im Konkurse des Verkaufskommissionärs, wenn dieser vor dem Konkurse das Kommissionsgut veräußert und den Preis eingezogen hat. **94**, 308. — 11) Findet § 392 Abs. 2 HGB Anwendung bei der Effektenkommission? **96**, 8. — 12) Feststellungsklage zur Durchführung des Aussonderungsanspruchs an einer Forderung, deren Gläubigerschaft für die Masse in Anspruch genommen ist. **98**, 144. — 13) Zum Begriff des Veräußerers in § 46 KO. **98**, 146. — 14) Zum Begriff der Gegenleistung in § 46 KO. **98**, 148. — 15) § 46 Satz 2 KO findet auf die Einziehung fremder Forderungen durch den Konkursverwalter auch dann Anwendung, wenn der Schuldner durch die Zahlung an den Verwalter nicht befreit wird. **98**, 148. — 16) Die Ausübung des Verfolgungsrechts nach § 44 KO durch den Ablader, der Orderkonnossemente ausgestellt hat, setzt voraus, daß dem Schiffer die sämtlichen Konnossementsexemplare zurückgegeben werden können. **98**, 338.

§ 358. Absonderung.

1) Ab- nicht Aussonderungsanspruch desjenigen, dem ein Recht zur Sicherheit abgetreten ist, im Konkurse des Abtretenden. **91**, 280. — 2) Gegen wen ist die Klage des Konkursverwalters auf Feststellung zu richten, daß bestimmte Sachen nicht zu der Masse der auf Antrag eines Absonderungsberechtigten eingeleiteten Zwangsverwaltung gehören? **92**, 21. — 3) Der Absonderungsberechtigte kann nur, wenn

und soweit er auf sein Absonderungsrecht verzichtet hat oder bei dessen Ausübung ausgefallen ist, die Zwangsvergleichsquote von dem betreffenden Betrage seiner persönlichen Forderung verlangen. **92**, 184. — 4) Inwieweit kann der Absonderungsberechtigte nach der Beendigung des Konkursverfahrens durch Zwangsvergleich einen Zinsanspruch geltend machen? **92**, 181. — 5) § 64 KO beschränkt den Absonderungsberechtigten nicht in der Geltendmachung seiner Forderung gegen dritte Mitschuldner. **92**, 192. — 6) Absonderungsrecht des Haftpflichtgläubigers nach § 157 VVG. **93**, 211. — 7) Finden die §§ 65, 69, 70 KO auf Absonderungsrechte Anwendung? **93**, 212. — 8) Auskunfts- und Rechenschaftspflicht des gemäß § 127 KO verfahrenden Konkursverwalters gegenüber dem absonderungsberechtigten Gläubiger. **98**, 306. — 9) Enthält der Beitritt des Hypothekengläubigers als Streitgehilfe in dem Anfechtungsprozeß des Konkursverwalters einen Verzicht auf das Absonderungsrecht? **100**, 89. — 10) Steht dem auf das dingliche Recht gestützten Anfechtungsanspruch des Hypothekengläubigers die Einrede der Rechtshängigkeit entgegen, wenn er der Anfechtungsklage des Konkursverwalters als Streitgehilfe beigetreten ist? **100**, 89.

§ 359. Aufrechnung.

— — — — — — — — — — — —

§ 360. Massegläubiger.

1) Zu § 59 Nr. 3 KO. Eine rechtlose Bereicherung, die dem Gemeinschuldner selbst zugeflossen ist, stellt keine solche der Masse dar. **94**, 25. — 2) Steht dem Gläubiger einer Forderung, die zu Unrecht von dem Konkursverwalter zur Masse eingezogen ist, nach Vermischung des eingezogenen Geldes mit den Beständen der Konkursmasse ein Masseanspruch zu? **98**, 150.

§ 361. Konkursgläubiger.

1) Zur Anwendung der §§ 64, 68 KO beim Konkurse über das Vermögen einer offenen Handelsgesellschaft und über das Privatvermögen der Gesellschafter. **91**, 12. — 2) § 64 KO findet auch Anwendung, wenn ein Konkursgläubiger die abgesonderte Befriedigung aus einem Gegenstande betreibt, der von dem Gemeinschuldner einem andern zu treuen Händen, namentlich zur Sicherung einer Forderung, übereignet ist aber materiell und wirtschaftlich zum Vermögen des Gemeinschuldners gehört, er zugleich aber anteilige Befriedigung aus der Konkursmasse verlangt. **91**, 15. — 3) Für die Anwendung des § 64 KO kommt es beim Mobiliarpfand wie bei der Hypothek nur auf die objektive Zugehörigkeit des zur abgesonderten Befriedigung dienenden Vermögensgegenstandes zur Konkursmasse, nicht auf den guten Glauben des Gläubigers an. **91**, 15. — 4) Einwirkung des Zwangsvergleichs auf die Regelung nach § 64 KO. **92**, 184. — 5) Werden die seit der Konkurseröffnung laufenden Zinsen vom Zwangsvergleich betroffen? **92**, 185. — 6) Die Zinsverpflichtung wird durch § 63 Nr. 1 KO nicht schlechthin ausgeschlossen; Geltend-

machung des Zinsanspruchs bei abgesonderter Befriedigung, gegenüber dem Gemeinschuldner aus dessen nicht zur Konkursmasse gehörigem Vermögen und nach Aufhebung des Konkursverfahrens. **92,** 186. — 7) Zum Nachweise des Ausfalls bei der abgesonderten Befriedigung nach § 64 KO. **92,** 191. — 8) § 63 Nr. 1 KO schließt nur die Geltendmachung der Zinsforderung im Konkursverfahren über das Vermögen des Gemeinschuldners aus; die Haftung Dritter, neben dem Gemeinschuldner Haftender, bleibt unbeschränkt. **92,** 192. — 9) Zur Stellung des Haftpflichtgläubigers im Konkurse seines Schuldners. **93,** 211. — 10) Wirken die gemäß § 65, 69, 70 KO bei der Feststellung vorgenommenen Umrechnungen und Umwandlungen auch dem Gemeinschuldner gegenüber? **93,** 213. — 11) Dem Aktionär steht nach § 69 KO kein Anspruch darauf zu, daß der Konkursverwalter der Gesellschaft. Aktien ausfertige und ihm übergebe. **94,** 64.

2. Konkursverfahren.

§ 362. Allgemeine Bestimmungen. Konkursverwalter. Gläubigerausschuß.

I. Konkursverwalter. 1) Stellung des Konkursverwalters hinsichtlich der Wahrnehmung der Rechte aus einer Haftpflichtversicherung des Gemeinschuldners, wenn der Haftpflichtgläubiger abgesonderte Befriedigung verlangt. **93,** 211. — 2) Passivlegitimation des Konkursverwalters für Ansprüche aus dinglichen Rechten. **94,** 56. — 3) Befugnis des Konkursverwalters zur Freigabe von zur Konkursmasse gehörigen Sachen. **94,** 56. — 4) § 265 ZPO findet nicht Anwendung auf den Fall der Freigabe einer zur Konkursmasse gehörigen Sache an den Gemeinschuldner. **94,** 57 (**79,** 30). — 5) Rechtliche Stellung des Konkursverwalters. **97,** 109; **99,** 166. — 6) Legitimation des Konkursverwalters zur Geltendmachung von Schadensersatzansprüchen wegen Verkürzung der Konkursmasse. **97,** 107; **99,** 166. — 7) Verhältnis des Konkursverwalters zu dem absonderungsberechtigten Gläubiger im Falle des § 127 KO. Pflicht zur Auskunftserteilung und Rechenschaftslegung. **98,** 306. — 8) Der Konkursverwalter kann regelmäßig für die Masse nicht mehr Rechte beanspruchen, als dem Gemeinschuldner zustehen. **99,** 167. — 9) Unterliegt die Bereicherungsklage des Konkursverwalters der Abweisung nach § 817 Satz 2 BGB, wenn nicht nur der Prozeßgegner durch Annahme der Leistung, sondern auch der Gemeinschuldner durch deren Bewirkung gegen die guten Sitten verstoßen hat? **99,** 166. — 10) Kein Recht des Konkursverwalters, die Herausgabe von zur Konkursmasse nicht gehörigen Gegenständen zu verweigern, weil diese nach § 1121 BGB absonderungsberechtigten Hypothekengläubigern haften. **99,** 210.

II. Gläubigerausschuß. — — — — — — — — — — — —

§ 363. Verfahren. Teilungsmasse. Schuldenmasse. Verteilung.

I. Teilungsmasse. Auskunfts- und Rechenschaftspflicht des gemäß § 127 KO verfahrenden Verwalters gegenüber dem absonderungsberechtigten Gläubiger; Umfang der Darlegungspflicht des den Erlös beanspruchenden Gläubigers. **98,** 306.

II. Schuldenmasse. 1) Erfordernisse der Anmeldung von Konkursforderungen. Die Tatumstände, die der Forderung zugrundeliegen, sind anzugeben; Angabe der rechtlichen Gesichtspunkte ist nicht erforderlich. **93**, 14. — 2) Werden bei Anmeldung eines Kontokurrentsaldos nachträglich Schadensersatzforderungen oder Bereicherungsansprüche an Stelle von vertraglichen Forderungen eingestellt, so liegt darin keine Änderung des Grundes der Anmeldung. **93**, 14. — 3) Wirkung der gemäß §§ 65, 69, 70 KO bei der Feststellung vorgenommenen Umrechnungen und Umwandlungen der Konkursforderung gegenüber dem Gemeinschuldner. **93**, 213. — 4) Notwendige Streitgenossenschaft bei Erhebung der Klage auf Feststellung zur Konkursmasse gegen mehrere widersprechende Beklagte. **96**, 254.

III. Verteilung. — — — — — — — — — — — — — — — —

§ 364. Zwangsvergleich.

1) Die Bestimmung des § 193 Satz 2 KO über die Haftung des Bürgen ist im Fall eines Vergleichs zur Abwendung des Konkurses nicht anwendbar. **92**, 123. — 2) Wirksamkeit des Zwangsvergleichs gegenüber dem Hypothekengläubiger hinsichtlich seiner persönlichen Forderung. **92**, 183. — 3) Der absonderungsberechtigte Gläubiger kann die Zwangsvergleichsquote von seiner persönlichen Forderung nur verlangen, wenn und soweit er auf sein Absonderungsrecht verzichtet hat oder bei dessen Ausübung ausgefallen ist. **92**, 184. — 4) Werden Geldstrafen und Forderungen aus einer Freigebigkeit des Gemeinschuldners von dem Zwangsvergleich betroffen? **92**, 185. — 5) Werden die seit der Konkurseröffnung laufenden Zinsen bevorrechtigter Konkursforderungen vom Zwangsvergleich betroffen? **92**, 185. — 6) Für den durch Zwangsvergleich erlassenen Teil der (nicht bevorrechtigten) Hauptforderungen erlischt auch das Zinsrecht. **92**, 186. — 7) Art der Einwirkung des Zwangsvergleichs auf die Konkursforderung. **92**, 187. — 8) Rechtliche Natur des Zwangsvergleichs; seine Beurteilung nach Vertragsgrundsätzen. **92**, 187, 189. — 9) Wird durch den Zwangsvergleich der Anspruch der Konkursgläubiger auf Zinsen auch von dem nicht erlassenen Teil der Hauptforderungen ausgeschlossen? **92**, 186.

§ 365. Konkurs von Handelsgesellschaften, juristischen Personen und Vereinen.

1) Das Konkursverfahren über das Vermögen einer offenen Handelsgesellschaft ergreift das Vermögen der persönlich haftenden Gesellschafter nur insoweit, als es zu dem Gesellschaftszwecke vereinigt und für Zwecke der Gesellschaft gebunden ist; Vermögensgegenstände, die zum Privatvermögen der Gesellschafter gehören, fallen, auch wenn sie für Forderungen gegen die Gesellschaft verpfändet sind, nicht in die Konkursmasse über das Gesellschaftsvermögen. **91**, 13. — 2) Anwendung des § 68 KO, wenn über das Vermögen einer offenen Handelsgesellschaft und über das Privatvermögen der persönlich haftenden Gesellschafter Konkurs eröffnet ist. **91**, 13. — 3) Im Konkurse über das Vermögen

einer offenen Handelsgesellschaft ist der Gläubiger nicht nach § 64 KO auf verhältnismäßige Befriedigung beschränkt, wenn er abgesonderte Befriedigung aus einem zum Privatvermögen der Gesellschafter gehörigen, wenn auch für Gesellschaftsschulden verpfändeten Grundstück beansprucht. **91**, 13. — 4) Zur Anwendung des § 211 Abs 2 KO bei Zinsansprüchen. **92**, 193. — 5) Ist der tatsächlich ausgeschiedene aber im Handelsregister noch eingetragene Gesellschafter berechtigt, die Konkurseröffnung über die Gesellschaft zu beantragen? **93**, 240. — 6) Aussonderungsanspruch des Aktionärs im Konkurse der Gesellschaft hinsichtlich bereits ausgefertigter Aktienurkunden, kein Anspruch auf Ausfertigung solcher durch den Konkursverwalter. **94**, 64. — 7) Befugnis des Konkursverwalters im Konkurse einer Genossenschaft m. b. Haftpfl., den Ersatz des durch die Unwirksamkeit eines die Haftsumme erhöhenden Beschlusses erwachsenen Schadens von dem für das Verschulden des Registerrichters haftenden Staat zu beanspruchen. **99**, 138.

§ 366. Nachlaßkonkurs. Gesamtkonkurs. Wirkungen des Auslandskonkurses.

Die Ausstellung eines Schweizer Konkursverlustscheins steht der Klage des Gläubigers auf Zahlung seiner ausgefallenen Forderung behufs Befriedigung aus dem im Inland befindlichen Vermögen auch dann nicht entgegen, wenn das Vertragsverhältnis selbst nach Schweizer Recht zu beurteilen ist. **100**, 241.

§ 366a. Geschäftsaufsicht zur Abwendung des Konkurses.

1) Zum Begriff des gegenseitigen Vertrags in § 9 BRVO v. 14. Dezember 1916. Liegt den Beziehungen zwischen einem Verein und seinen Mitgliedern ein solcher zugrunde? **100**, 2. — 2) Rechtsweg für die Frage, ob ein Rechtsverhältnis der in § 9 bez. Art vorliegt. **100**, 1. — 3) Inwieweit ist gegen die auf Grund der BRVO v. 14. Dezember 1916 erlassenen Beschlüsse des Gerichts die Beschwerde zulässig? **100**, 2. — 4) Anwendung der BRVO v. 14. Dezember 1916 auf ein unter der Herrschaft der VO v. 8. August 1914 eingeleitetes Verfahren. **100**, 63. — 5) Unterliegen die von dem Aufsichtsschuldner während bestehender Geschäftsaufsicht in zulässiger Weise vorgenommenen Handlungen und die im Aufsichtsverfahren zulässigen Sonderzugriffe eines Gläubigers der Anfechtung nach § 30 KO? **100**, 62. — 6) Stellung der Neugläubiger. **100**, 64. — 7) Bewirkt die Einleitung der Geschäftsaufsicht eine Stundung der von ihr betroffenen Forderungen? **100**, 65. — 8) Wann ist ein Konkursverfahren als „im Anschluß" an die Geschäftsaufsicht i. S. des § 71 VO v. 14. Dezember 1916 eröffnet anzusehen? **100**, 67.

Vierter Teil.

Freiwillige Gerichtsbarkeit.

§ 367.

1) § 177 Abs. 1 FGG ist nicht anwendbar auf Protokolle über die Errichtung eines Erbstammguts nach dem Ritterrecht des Herzogtums Bremen. **91**, 284. — 2) Befugnis des Landsyndikus der Ritterschaft des Herzogtums Bremen zur öffentlichen Beurkundung. **91**, 285. — 3) Zur Bedeutung des Protokolls und seiner Genehmigung. **92**, 29, 33. — 4) Bedeutung der Ermächtigung des Notars nach § 129 FGG, § 15 GBO. Der Notar nimmt, wenn er von dieser Ermächtigung Gebrauch macht, eine Amtshandlung vor und hat die Amtspflicht zu ihrer sorgfältigen und rechtzeitigen Ausführung. **93**, 70. — 5) Zur Anwendung des § 28 Abs. 2 FGG. **94**, 173; **96**, 195; **98**, 264; **99**, 84. — 6) Inwieweit kann der Richter der freiwilligen Gerichtsbarkeit über streitige Fragen entscheiden? **94**, 177. — 7) Kann durch Parteivereinbarung die Ernennung von Schiedsgutachtern dem Amtsgericht übertragen werden? **94**, 172. — 8) Zur Auslegung des § 164 Abs. 1 FGG. **94**, 176. — 9) Zur Auslegung des Art. 34 Abs. 2 PreußFGG und des § 5 Nr. 2 Altenburg. AusfGzFGG. Kann sich die richterliche Tätigkeit auch auf die bloße Ernennung eines Sachverständigen beschränken? **94**, 176. — 10) Erfordernisse des Rechtshilfeersuchens im Verfahren betr. die Ausstellung eines Erbscheins. **95**, 286. — 11) Zur Anwendung des Art. 12 §§ 1, 2 PreußAusfGzBGB. **96**, 1. — 12) Wird durch den unter das Protokoll gesetzten Vermerk: „Vorgelesen, genehmigt, unterschrieben" festgestellt, daß auch die dem Protokolle beigefügten Anlagen verlesen sind? **96**, 181. — 13) Zulässigkeit der Abkürzung des vorbezeichneten Vermerks nach § 177 Abs. 1 FGG. **96**, 184. — 14) Eine dem Protokoll als Anlage beigefügte Schrift muß jedenfalls dann vorgelesen und genehmigt werden, wenn die für das Zustandekommen des Vertrags wesentlichen Erklärungen in der Anlage enthalten sind. **96**, 182. — 15) Zur Anwendung des § 152 BGB. **96**, 273. — 16) Unter welchen Voraussetzungen ist eine dem Protokoll beigefügte Anlage als Bestandteil des Protokolls anzusehen? **97**, 295. — 17) Beschwerdeberechtigung des Abwesenheitspflegers namens seines Pfleglings wegen Einleitung der Pflegschaft. **98**, 264. — 18) Rechtliche Natur der Entscheidung des Vormundschaftsgerichts über die Genehmigung eines für den Mündel geschlossenen Rechtsgeschäfts. **99**, 74. — 19) Hindern Mängel des Auflassungsprotokolls die Gültigkeit der Eintragung? **99**, 65. — 20) Keine Anwendung des FGG auf Beschlüsse der Oberlandesgerichte nach § 59 Abs. 2 RAO. **99**, 161. — 21) Inwieweit ist gegenüber dem Verfahren der freiwilligen Gerichtsbarkeit nach der BRVO über die

Geschäftsaufsicht zur Abwendung des Konkurses v. 14. Dezember 1916 der ordentliche Rechtsweg zulässig? **100,** 1. — 22) Inwieweit ist der Streit über die Befugnis zum persönlichen Verkehr mit dem Kinde nach § 1636 BGB vom Vormundschaftsgericht, inwieweit im ordentlichen Rechtswege zu entscheiden? **100,** 179.

Fünfter Teil.

Staats- und Verwaltungsrecht.

---

§ 368. Zuständigkeit der Verwaltungsbehörden und Verwaltungsgerichte. Verwaltungsverfahren. Verwaltungsstreitverfahren.

1) Erfordernisse der Vorentscheidung nach § 7 KBG. **91,** 29. — 2) Grenzen des Wirkungskreises der Stromaufsichtsbehörde. Zurücknahme der Genehmigung zur Benutzung des Flußufers als Badestelle. **91,** 89. — 3) Stellung des Militärbefehlshabers, auf den nach § 4 PreußG über den Belagerungszustand v. 4. Juni 1851 die vollziehende Gewalt übergegangen ist, hinsichtlich der Anwendung des § 6 PreußG v. 11. Mai 1842 über die Zulässigkeit des Rechtswegs in Beziehung auf polizeiliche Verfügungen. **91,** 186. — 4) Stellung der Oberrechnungskammer in Preußen. Befugnis zur Prüfung und Berichtigung der Berechnung der nach dem PolizeikostenG v. 3. Juni 1909 von den Gemeinden zu entrichtenden Kostenanteile. **91,** 248. — 5) Die Zuständigkeit der Verwaltungsgerichte ist nur soweit begründet, als ihnen das Gesetz für bestimmte Arten von Streitigkeiten die Entscheidung übertragen hat. **91, 255.** — 6) Voraussetzungen des Einschreitens der Kommunalaufsichtsbehörde gegen eine Gemeinde zur Erzwingung einer ihr gesetzlich obliegenden Leistung. **91,** 255. — 7) Voraussetzungen der Zwangsetatisierung. **91, 255.** — 8) Grundsatz der Trennung der Gewalten im elsaß-lothringischen Landesrecht. **91,** 296. — 9) Zum Begriff der „Verfügungen der Verwaltungsbehörden" in § 70 Abs. 3 GVH und § 29 HamburgAusfGzGVG. **92,** 174. — 10) Rechtliche Stellung des Militärbefehlshabers nach § 4 BZG; seine Befugnis zur Verhängung der Schutzhaft; Rechtsweg für den Schadensersatzanspruch gegen das Reich wegen Dienstpflichtverletzung des Militärbefehlshabers. **92,** 240. — 11) Befugnis des preußischen Justizministers zur Abänderung der von ihm erlassenen Etatsvorschriften auch im einzelnen Falle. **92,** 262. — 12) Verwaltungszwangsverfahren für Straßenanliegerbeiträge. Beteiligung des Magistrats bei dem Verfahren. **93,** 203, 204. — 13) Ausschluß des Rechtswegs, wo der Weg des Verwaltungszwangsverfahrens gegeben ist. **93,** 204. — 14) Die Beitreibbarkeit im Verwaltungszwangsverfahren ist eine Eigenschaft der Forderung,

die durch eine Rechtsnachfolge oder sonstige Veränderung auf seiten des Schuldners nicht berührt wird. **93**, 204. — 15) Befugnis des Konsistoriums und der staatlichen Aufsichtsbehörden in Preußen hinsichtlich der Errichtung neuer Pfarrstellen und der Erbauung von Pfarrhäusern. **93**, 215, 217. — 16) Zuständigkeit der Zollbehörde zur Geltendmachung einer Reichsabgabe gegenüber einer Gewerkschaft mit besonderem Verwaltungssitz. **95**, 171. — 17) Zuständigkeit der höheren Verwaltungsbehörde und Rechtsweg nach der BRVO über die Einfuhr von Wal- und Haselnüssen v. 7. September 1916. **96**, 110. — 18) Geltungsbereich und rechtliche Bedeutung einer gemäß § 1 Abs. 2 Satz 2 VO über Höchstpreise für Äpfel v. 7. Oktober 1916 ausgesprochenen Anerkennung der unteren Verwaltungsbehörde. **96**, 348. — 19) Umfang der Befugnisse der Verwaltungsbehörden nach § 3 BRVO gegen übermäßige Preissteigerung v. 23. Juli 1915. **97**, 235. — 20) Umfang der Befugnisse der Verwaltungsbehörden nach § 2 Abs. 4 HöchstpreisG. **98**, 40. — 21) Zur Bedeutung der Öffentlichkeit im Verwaltungsverfahren. **98**, 190. — 22) Stellung des Bürgermeisters und des Gemeindevorstehers nach der rheinischen LandgemeindeO. **98**, 197. — 23) Zur Unterscheidung zwischen mittelbaren und unmittelbaren Polizeikosten. Wer hat sie nach der rheinischen LandgemeindeO zu tragen? **98**, 198. — 24) Inwieweit binden die gemäß § 56 PreußZustG im Verwaltungsstreitverfahren erlassenen Entscheidungen die ordentlichen Gerichte? **99**, 14. — 25) Inwieweit ist die Zweckmäßigkeit von Verwaltungsmaßnahmen im Schadensersatzprozeß wegen Beamtenverschuldens nachzuprüfen? **99**, 256. — 26) Doppelstellung des Landrats in Preußen. Wer haftet für ihn nach dem G. v. 1. August 1909? **100**, 189.

§ 369. Schulwesen.

1) Zum Begriff der öffentlichen Schulen und des öffentlichen Unterrichts in den preußischen Steuergesetzen. **92**, 204. — 2) Zur Berechnung der pensionsfähigen Dienstzeit der Oberlehrer an den staatlichen höheren Schulen in Preußen; Anrechnung der Zeit, während deren sie als Hilfslehrer zur Verfügung des Provinzialschulkollegiums gestanden haben oder zur Ausbildung als Turnlehrer beurlaubt waren. **94**, 199. — 3) Zur Bedeutung des Probejahrs für die Lehrer an den staatlichen höheren Schulen in Preußen. **94**, 199, 256. — 4) Zur Auslegung des § 19a PreußPensionsG. **94**, 200. — 5) Ist die pensionsfähige Dienstzeit eines Oberlehrers in Preußen auch dann von dem Beginn seiner ersten Hilfslehrertätigkeit zu rechnen, wenn er nur zu einer Vertretung berufen wurde? **94**, 258. — 6) Sind die Lehrer an den von Gemeinden unterhaltenen Unterrichtsanstalten, insbesondere an den Fortbildungsschulen, Kommunalbeamte i. S. des KBG und Gemeindebeamte i. S. der Städteordnung? **97**, 312. — 7) Die Lehrer an den öffentlichen Volksschulen in Preußen sind unmittelbare Staatsbeamte. **97**, 315. — 8) Rechtliche Bedeutung des Erfordernisses der Bestätigung oder Genehmigung der Anstellung der Lehrer an den Gemeindeschulen durch den Staat. **97**, 315.

§ 370. **Fürsorgeerziehung. Öffentliche Armenpflege. Unterstützungswohnsitz.**

Fürsorgeerziehung. Inwieweit wird die elterliche Gewalt und Aufsichtspflicht durch die Fürsorgeerziehung nach dem PreußG v. 2. Juli 1900 eingeschränkt? **98,** 247.

§ 371. **Öffentliche Abgaben. Allgemeines. Verjährung. Direkte Staatssteuern. Kriegssteuern.**

1) Zum Begriff der öffentlichen Abgaben und der öffentlichen Lasten. **92,** 176. — 2) Rechtliche Bedeutung der Ausführungsbestimmungen des Bundesrats zu den Steuergesetzen. **92,** 340. (**87,** 430). — 3) Zur Auslegung von Steuergesetzen. **92,** 275, 349. — 4) Welche Zollbehörde ist gegenüber einer Gewerkschaft mit besonderem Verwaltungssitz zur Erhebung von Reichsabgaben zuständig? **95,** 171.

Kriegssteuern. 1) Rechtliche Natur der Sonderrücklage nach dem KriegssteuersicherungsG v. 24. Dezember 1915. **93,** 147. — 2) Zur Berechnung der Kriegssteuer bei Gesellschaften. **93,** 148.

§ 372. **Indirekte Staatssteuern.**

I. Zölle. Verbrauchssteuern.

Sind die Zollbeamten verpflichtet, dafür zu sorgen, daß dem ausführenden Händler die Vorteile der Einfuhrscheine zugutekommen, und ihn von einer durch sie erfolgten Probeentnahme zu benachrichtigen? **91,** 52.

II. Erbschaftssteuer.

Reichs-Erbschaftssteuergesetz v. 3. Juni 1906.

(Die Paragraphen ohne Zusatz bezeichnen die dieses Gesetzes.)

1) Zum Begriff des „gewöhnlichen Aufenthalts" in § 6 Abs. 2. **91,** 287. — 2) Zum Begriff des Verhältnisses in § 28 Abs. 1. **94,** 242. — 3) Zur Anwendung des § 11 Nr. 4 g bei Beerbung eines Kindes durch beide Eltern, wenn nur von einem von ihnen die Zuwendung herrührt. **94,** 243. — 4) Wer ist als Schenker nach § 11 Nr. 4 g anzusehen, wenn der Ehemann unter Zustimmung der Ehefrau aus deren eingebrachten, aber ihm zu Eigentum übertragenen, Gut dem Kinde etwas zugewandt hat? **94,** 240. — 5) Sind Buchschulden vom Reich oder Staat Sachen i. S. des § 11 Nr. 4 g? **94,** 244. — 6) Zum Begriff der steuerpflichtigen Schenkung. Zur Unterscheidung zwischen belohnender Schenkung und nachträglicher Bewilligung oder Erhöhung eines Entgelts für geleistete Dienste. **94,** 322. — 7) Liegt eine Schenkung vor, wenn der Erblasser bei Lebzeiten den Gegenstand des Vermächtnisses dem Bedachten übereignet? **95,** 12. — 8) Einzelvermächtnisse oder Errichtung einer unselbständigen Stiftung? **96,** 15. — 9) Die Befreiungsvorschrift des § 11 Nr. 3 findet Anwendung auch auf den einer juristischen Person gewährten Schulderlaß. **98,** 324. — 10) Unter welchen Voraussetzungen ist eine Notlage i. S. des § 11 Nr. 3 bei einer juristischen Person als vorhanden anzusehen? **98,** 324. — 11) Kann der Verzicht der Aufsichtsratsmitglieder einer Aktien-

gesellschaft auf die satzungsgemäße Vergütung unter Umständen als eine **Schenkung angesehen werden, die einer auf den Anstand zu nehmenden Rücksicht entsprang?** **98,** 326.

III. Stempelsteuer.

Allgemeines.

1) Der Urkundenstempel trifft die zur Herbeiführung der Rechtsänderung erforderliche beurkundete rechtsgeschäftliche Erklärung, auch wenn sie für sich allein noch nicht die beabsichtigte Rechtswirkung zur Folge hat. **93,** 247. — 2) Auch für das Reichsstempelrecht gilt der Grundsatz, daß neben Besteuerung eines einheitlichen Rechtsgeschäfts in seiner Ganzheit nicht auch noch die unselbständigen Bestandteile des Geschäfts zur Besteuerung auf Grund desselben Gesetzes herangezogen werden können. **93,** 271. — 3) Ist der Anspruch auf Rückzahlung zu unrecht erhobener Stempelbeträge unter dem privatrechtlichen Gesichtspunkt der ungerechtfertigten Bereicherung zu beurteilen? **93,** 272. — 4) Wann beginnt die Verpflichtung zur Zahlung von Verzugszinsen von zu Unrecht erhobenen Stempelbeträgen? **93,** 272. — 5) Wirkung der teilweisen Niederschlagung von Stempelbeträgen, die auf Grund verschiedener Tarifstellen erhoben waren. **96,** 211. — 6) Stempelrechtlich kommt es nicht sowohl auf die rechtliche Konstruktion als vielmehr darauf an, ob sich wirtschaftlich eine Vermögensverschiebung vollzogen hat. **98,** 185.

A. Reichsstempelsteuer.

Allgemeines. Die Einzelstaaten erheben die Reichsstempelabgaben im eigenen Namen. Aufrechnungsmöglichkeit mit Gegenforderungen des Stempelschuldners gegen den Bundesstaat. **93,** 63.

a) Wechselstempelgesetz v. 10. Juni 1869/15. Juli 1909.

— — — — — — — — — —

b) Reichsstempelgesetz v. $\frac{\text{14. Juni 1900.}}{\text{3. Juni 1906.}}$

— — — — — — — — — —

c) Reichsstempelgesetz v. 15. Juli 1909.

(Die Paragraphen ohne Zusatz bezeichnen die dieses Gesetzes.)

Gesetz 1) Zur Auslegung des § 10. Auch Aktiengesellschaften, die satzungsgemäß keinen Gewinn verteilen, sind der Talonsteuer unterworfen. Einfluß einer rechtlichen Unmöglichkeit der Gewinnverteilung. **92,** 334. — 2) Die Jahre in §§ 9, 10 sind nicht Geschäftsjahre, sondern nach §§ 186, 188 Abs. 2 BGB zu berechnen. **92,** 338. — 3) Bedeutung der Ausführungsvorschriften des Bundesrats zum Gesetze v. 15. Juli 1909. **96,** 328.

Tarif. 4) Voraussetzungen der Befreiung von Einzahlungen auf Anteilscheine gewerkschaftlich betriebener Bergwerke von der Stempelsteuer der Tarifnr. 1 d. **94,** 39. — 5) Zur Begründung der Stempelpflicht nach Tarifnr. 1d genügt die Tatsache, daß die Gewerkschaft von Tarif Nr. 1d ihren Gewerken Beiträge eingefordert hat. **95,** 171 — 6) Zur Unterscheidung zwischen den zur Erhaltung des Betriebs in seinem bisherigen Umfange und den zu seiner Erweiterung bestimmten Ausgaben. **95,** 172. — 7) Die Zupachtung eines andern Bergwerks seitens der Gewerkschaft ist eine die Steuerbefreiung ausschließende Betriebserweiterung. **95,** 173.

Nr. 2 8) Welchen Einfluß hat die Nichtigkeit der mit Orderschuldverschreibungen einer Straßenbahngesellschaft ausgegebenen Inhaberzinsscheine auf die Stempelpflicht der Schuldverschreibungen? **93,** 58. — 9) Voraus-

Nr. 2—3 setzungen der Stempelpflicht der Urkunde nach Tarifnr. 2—3. Notwendig ist die Vornahme einer Handlung mit dem Wertpapier, die sich als Betätigung des Willens darstellt, das Papier in den inländischen Rechtsverkehr zu übernehmen. **93,** 60.

Nr. 3A 10) Rechtliche Natur des Talonstempels. **92,** 334; **96,** 327. — 11) Zur Anwendung der Befreiungsvorschrift 3. Beginn der zehnjährigen Steuerfreizeit bei einem der ersten Ausgabe der Wertpapiere nachfolgenden Inverkehrsetzen der Gewinnanteilscheine oder späterem Beginn ihrer Laufzeit. **92,** 333, 341. — 12) Die Jahre der Tarifnr. 3A sind nicht Geschäftsjahre, sondern nach §§ 186, 188 Abs. 2 BGB zu berechnende Jahre. **92,** 338, 341. — 20) Für Jahresbruchteile sind nach Sp. 4 Abs. 3 Steuerbruchteile zu berechnen; das angefangene Jahr wird nicht für voll gerechnet. **92,** 338. — 13) Auch Aktiengesellschaften, die satzungsgemäß keinen Gewinn verteilen, sind der Talonsteuer unterworfen. Welche Wirkung hat eine rechtliche Unmöglichkeit der Gewinnverteilung? **92,** 334, 335. — 14) Die Befreiungsvorschrift 4 greift nicht platz, wenn die Ausgabe der Gewinnanteilscheinbogen unter Abweichung von dem ordnungsmäßigen Geschäftsgang vorzeitig erfolgt ist. **96,** 326.

d) Reichsstempelgesetz v. 3. Juli 1913.
Reichsgesetz über einen Warenumsatzstempel v. 26. Juni 1916.

(Die Paragraphen ohne Zusatz bezeichnen die des Gesetzes v. 3. Juli 1913, die §§ 76—83 in der Fassung des Gesetzes v. 26. Juni 1916.)

Gesetz. 1) Zum Begriff der „Rechtsvorgänge" in § 7 Abs. 1. **92,** 245. — 2) Zur Anwendung des § 16 Abs. 2. **92,** 339. — 3) Zur Bedeutung des § 53 der AusfBestimmungen zum RStempG v. 3. Juli 1913. **92,** 337, 340. — 4) Wird die Verpflichtung zur Anfertigung der Aufstellung nach §§ 72 flg. nicht erfüllt, so greift die Strafvorschrift des § 75 platz; eine Nachforderung des Stempels findet daneben nicht statt. **93,** 188. — 5) Zum Begriff des Gewerbebetriebs in § 76. Ist eine Gewinnabsicht erforderlich? **93,** 225; **94,** 209; **95,** 323; **97,** 73; **98,** 154. — 6) § 19 Abs. 3 gilt nur für den Anschaffungsstempel der Tarifnr. 4. **94,** 114. — 7) Ist § 76 anwendbar auf Gesellschaften, deren Betrieb nicht auf Gewinnerzielung gerichtet ist, sondern nur bezweckt, durch die Lieferung an die Mitglieder deren Warenbezug zu verbilligen? **94,** 210. — 8) Ärzte und Zahnärzte als Gewerbetreibende i. S. des § 76. **95,** 323. — 9) Rechtliche Bedeutung und Auslegung des § 158 AusfBest v. 7. September 1916 zum WarenumsatzstempG. **96,** 27; **98,** 157. — 10) Inwieweit unterliegen staatliche Betriebe mit wissenschaftlichen oder Unterrichtszwecken dem Warenumsatzstempel? **97**, 75. — 11) Rechtliche Selbständigkeit als Voraussetzung des Gewerbetreibenden i. S. des § 76. **98**, 155. — 12) Ist ein beeideter städtischer Fischauktionator als Gewerbetreibender i. S. des § 76 anzusehen? **98**, 154. — 13) Die in § 110 bestimmte Frist ist eine Verjährungs- nicht eine Ausschlußfrist. **100**, 149. — 14) Die Verjährung nach § 110 wird auch durch eine Feststellungsklage unterbrochen, selbst wenn diese nicht allen Anforderungen des § 256 ZPO entspricht. **100**, 150. — 15) Bedeutung der Auslegungsgrundsätze des Bundesrats zum WUmsStempG. **94**, 130, 210.

Tarif. 16) Die Steuer der Tarifnr. 1Ab von Erhöhungen des Stammkapitals betrifft nur die auf Vornahme der Erhöhung gerichteten Beschlüsse und deren Bestandteile, nicht die zur Ausführung dieser Beschlüsse vorzunehmenden Rechtshandlungen. **92**, 246. — 17) Einseitige Erklärungen der Übernahme von neuen Geschäftsanteilen durch Nichtgesellschafter unterliegen nicht der Stempelabgabe der Tarifnr. 1Ab. **92**, 245. — 18) Der Steuer der Tarifnr. 1A unterliegen auch landesrechtlich geregelte Gesellschaften. **93**, 245. — 19) Zum Begriff der Gesellschaften des bürgerlichen Rechts in Tarifnr. 1Ac. **93**, 246. — 20) Wird die Stempelpflicht nach Tarifnr. 1Ae dadurch ausgeschlossen, daß die Annahmeerklärung der Erwerber nicht mitbeurkundet ist? **93**, 247. — 21) Anwendung der Tarifnr. 1Ae auf die Überlassung von Rechten an dem Gesellschaftsvermögen seitens der Gesellschaft selbst. **93**, 247. — 22) Zum Begriff der in Tarifnr. 1Ab Abs. 2 bezeichneten Gesellschaften m. b. H., die „den Erwerb oder die Verwertung von Grundstücken betreiben". Fällt darunter eine Gesellschaft, welche Grundstücke zum Zweck des bergmännischen oder Fabrikationsbetriebs erwirbt? **94**, 259. — 23) Unterliegt die Ausgabe von Genußscheinen einer GmbH der Stempelsteuer der Tarifnr. 1Ab? **97**, 197. Tarif Nr. 1A

24) Unter welchen Voraussetzungen sind Einzahlungen auf Anteilscheine gewerkschaftlich betriebener Bergwerke von der Stempelsteuer der Tarifnr. 1B befreit? **94**, 39. — 25) Zur Begründung der Stempelpflicht nach Tarifnr. 1B genügt die Tatsache, daß die Gewerkschaft von ihren Gewerken Beiträge eingefordert hat. **95**, 171. — 26) Zur Unterscheidung zwischen den zur Erhaltung des Betriebs in seinem bisherigen Umfange von den zu seiner Erweiterung bestimmten Ausgaben. **95**, 172. — 27) Die Pachtung eines andern Bergwerks seitens der Gewerkschaft stellt eine die Steuerbefreiung ausschließende Betriebserweiterung dar. **95**, 173. — 28) Zum Begriff der „ausgeschriebenen Einzahlungen" in Tarifnr. 1B. **98**, 91. — 29) Findet Tarifnr. 1B Abs. 2 Anwendung, wenn eine Gewerkschaft Kuxe anderer Gewerkschaften gegen eigene Kuxe eintauscht, die sie ehemals ausgegeben und sodann zurückerworben hatte? **98**, 91. Nr. 1B

30) Zum Begriff der Vergütungen i. S. der Tarifnr. 9. Unterliegt dem Stempel eine Vergütung, welche einem Mitgliede des Aufsichtsrats für seinen Verzicht auf die Zugehörigkeit zum Aufsichtsrat oder im Vergleichswege bei seinem Ausscheiden gewährt wird? **93**, 186. — 31) Bedeutung der Aufstellungen der Gesellschaft über die Höhe der von ihr Nr. 9

zu gewährenden Vergütungen für die Entstehung der Stempelpflicht.
Tarif 93, 188.

Nr. 10 32) Zum Begriff der „Übertragung der Ware in Natur" in Zusatz 4 zu Tarifnr. 10 (Fassung v. 26. Juni 1916) **92**, 349; **94**, 112, 127. — 33) Zur Anwendung des Zusatz 4 Tarifnr. 10 bei Umsätzen, die von einer mit selbständiger Rechtspersönlichkeit ausgestatteten, Verkaufsvereinigung der Erzeuger betätigt werden. **92**, 352. — 34) Rechtliche Natur der Warenumsatzsteuer; zum Begriff der „Warenumsätze". **93**, 131. — 35) Der Warenumsatzstempel ist auch von dem Betrage zu entrichten, den der Hersteller von Zigaretten für diese nach § 3 ZigarettensteuerG aufgewendet und vom Abnehmer erstattet erhalten hat. **93**, 132. — 36) Unterliegen unselbständige Nebenbetriebe (Kantinenbetrieb eines Bergwerks) der Warenumsatzsteuer? **93**, 225. — 37) Unterliegen Lieferungen für ein Privatkrankenhaus dem Warenumsatzstempel? **94**, 110. — 38) Enthält die Übertragung der Ware an den Verkaufskommissionär im Verhältnis zwischen diesem und dem Kommittenten ein entgeltliches Umsatzgeschäft i. S. der Tarifnr. 10? **94**, 112; **98**, 157. — 39) Findet Tarifnr. 10 bei der Einkaufskommission Anwendung? **94**, 113. — 40) Bedeutung des Selbsteintritts des Kommissionärs für die Stempelpflicht. **94**, 114. — 41) Entgeltlich ist die Übertragung nach Zusatz 4, wenn durch sie ein Kauf- oder sonstiges Anschaffungsgeschäft erfüllt wird. **94**, 127. — 42) Zum Begriff der Lieferung aus einem Werkvertrag in Zusatz 3. **94**, 128. — 43) Dem Warenumsatzstempel unterliegt nicht die Bezahlung für die Ausführung von Betonbauten auf fremdem Grund und Boden. **94**, 126. — 44) Warenumsatzstempel bei der Lieferung von Zahnersatz. **95**, 324. — 45) Die Abgabenbefreiung nach § 158 Abs. 2 der Ausf.-Best. v. 7. September 1916 bezieht sich nur auf „seewärts" eingeführte Waren und kommt nur dem ersten Importeur zugut. **96**, 26, 31; **98**, 157. — 46) Inwieweit unterliegen staatliche Betriebe mit wissenschaftlichen oder Unterrichtszwecken dem Warenumsatzstempel? **97**, 75. — 47) Freiwillige Versteigerungen als Warenlieferungen i. S. der Tarifnr. 10. **98**, 154. — 48) Ist ein beeideter städtischer Fischauktionator als Gewerbetreibender i. S. der Tarifnummer anzusehen? **98**, 154. — 49) Naturalverteilung der Bergwerkserzeugnisse unter die Gewerken alten Rechts als Gegenstand der Warenumsatzsteuer. **98**, 184. — 50) Zum Begriff der „Bezahlung" der Lieferung in Tarifnr. 10 Zus. 1. **98**, 185.

Nr. 11 51) Die Anwendung der Tarifnr. 11 zu a wird durch die der Tarifnummer 1 A c 1 ausgeschlossen. **93**, 270. — 52) Inwieweit sind Abwicklungsgeschäfte auf Grund von Aufträgen von der Stempelsteuer nach Tarifnr. 11 a befreit? **94**, 299. — 53) Grundstücksumsatzstempel bei einem Vertrage, durch den der Inhaber eines Privatbergregals sich zur Übertragung des Bergwerkseigentums verpflichtet. **94**, 291. — 54) Unter welchen Voraussetzungen unterliegt bei der Veräußerung eines Grundstücks mit dem darauf betriebenen Handelsgeschäft der für dieses vereinbarte Sonderpreis dem Grundstücksstempel? **97**, 186.

Nr. 12 55) Fällt die Versicherung gegen Schaden durch Luftfahrzeuge unter den Begriff der Feuerversicherung i. S. der Tarifnr. 12 A? **93**, 89.

— 56) Wird durch eine Versicherung Schutz gegen verschiedenartige Gefahren gewährt, die für sich allein unter verschiedene selbständige Versicherungsarten fallen, so entscheidet sich ihre Stempelpflicht danach, welche der verschiedenen Versicherungsarten ihren Schwerpunkt bildet. **93**, 90.

B. Preußische Stempelsteuer.

a) Preußisches Stempelsteuergesetz vom 31. Juli 1895.

(Die Paragraphen ohne Zusatz bezeichnen die dieses Gesetzes.)

Gesetz. Die Absicht der Erklärenden ist für die Stempelpflichtigkeit einer Urkunde nach § 3 nicht entscheidend. **91**, 284. Tarif

Tarif. 1) Protokolle des Rittertages der Ritterschaft des Herzogtums Nr. 24
Bremen über die Errichtung eines Erbstammgutes als Fideikommißstiftung i. S. der Tarifnr. 24. **91**, 284. — 2) Zum Begriff der Fideikommißstiftung in Tarifnr. 24. **91**, 286.

3) Unter welchen Voraussetzungen unterlag das Einbringen in eine Nr. 32
offene Handelsgesellschaft vor der Stempelnovelle v. 30. Juni 1909 dem Stempel der Tarifstr. 32?. **93**, 266.

4) Zum Begriff der „Protokolle" und der „Privatangelegenheiten" Nr. 53
in Tarifnr. 53; Anwendung der Tarifnummer auf die Protokolle des Rittertages der Ritterschaft Bremen über Errichtung eines Erbstammgutes. **91**, 283.

b) Preußisches Stempelsteuergesetz vom 30. Juni 1909.

(Die Paragraphen ohne Zusatz bezeichenen die dieses Gesetzes.)

Gesetz. 1) Zum Begriff der öffentlichen Krankenanstalten und der öffentlichen Schulen in § 5 Abs. 1d. **92**, 204. — 2) Die Genesungsheime der Landesversicherungsanstalten sind nicht öffentliche Krankenanstalten i. S. des § 5 Abs. 1d. **92**, 204. — 3) Zum Begriff des „einheitlichen Rechtsgeschäfts" in § 10 Abs. 3; das Geschäft muß im bürgerlichen Rechte mit einem besonderen Namen bezeichnet sein, braucht aber nicht im Stempeltarif mit seinem Namen besonders aufgeführt zu sein. **92**, 169. — 4) Unter welchen Voraussetzungen stellt sich das Einbringen von Vermögensgegenständen als Bestandteil des Vertrags über die Errichtung der Gesellschaft i. S. des § 10 Abs. 3 dar? **93**, 268. — 5) Findet § 10 Abs. 3 Anwendung auf die bei der Erhöhung des Stammkapitals einer GmbH durch die Gesellschafter erfolgende Übernahme neuer Stammanteile? **98**, 350. — 6) Zu § 16 Abs. 3. **94**, 299 (**90**, 113). — 7) Wird durch die Beanstandung der Wertangaben gegenüber einem Steuerpflichtigen nach § 27 Abs. 3 der Steuerbehörde das Recht gewahrt, die fehlende Steuer von allen Steuerpflichtigen nachträglich einzuziehen? **96**, 45. — 8) Für die Anwendbarkeit des § 27 Abs. 3 ist es gleichgültig, ob die Wertangabe als vorsätzlich oder fahrlässig falsch gemacht, als auf einem tatsächlichen oder rechtlichen Irrtum beruhend beanstandet wird. **96**, 44. — 9) § 3 Abs. 1 bindet die Steuerbehörde wohl an die in der Urkunde angegebenen Preise, aber nicht an deren Wertangaben. **96**, 45. — 10) Zum Begriff des Gesamtschuldverhältnisses in § 12 Abs. 2. **96**, 46.

Tarif Nr. 2 Tarif. 1) Ist die Stempelpflicht nach Tarifnr. 2 von der Beurkundung der Annahmeerklärung der Abtretung abhängig? **93**, 247.

Nr. 8 2) Zur Anwendung der Tarifst. 8 Abs. 4 Nr. 1 bei der Auflassung von Fideikommißgrundstücken mit darauf befindlichen zum Allodialvermögen gehörigen Anlagen. **97**, 102.

Nr. 11a 3) Zur Zahlung der Automatensteuer kann nur herangezogen werden, wer aus dem bestimmungsgemäßen Gebrauche des Automaten unmittelbar Gewinn zieht. **97**, 22. — 4) Die Automatensteuer ist eine nur äußerlich in die Form einer Urkundensteuer gekleidete Gewerbesteuer. **97, 24.**

Nr. 25a 5) Tarifst. 25a unterwirft Beschlüsse, welche die Errichtung einer Aktiengesellschaft oder GmbH betreffen, nicht dem Stempel; die Worte „in der Form von Verträgen oder Beschlüssen" beziehen sich nur auf die Erhöhung des Grund- oder Stammkapitals. **96**, 212. — 6) Genügt der Abschluß des Gesellschaftsvertrags nach § 182 HGB zur Entstehung der Stempelpflicht, oder bedarf es dazu der Vollendung der Errichtung der Gesellschaft nach § 188 oder § 196 HGB? **96**, 213. — 7) Abs. 3 der Tarifnummer 25a regelt nicht nur die Fälligkeit der Stempelforderung, sondern es entsteht die Stempelpflicht erst mit der Einzahlung. **96**, 213. — 8) Abs. 3 findet Anwendung auch auf die Einbringung von Sacheinlagen. **96**, 213. — 9) Entstehung der Stempelpflicht bei Sacheinlagen. **96**, 214.

Nr. 25b 10) Zum Begriff der das Gesellschaftsvermögen bildenden Einlagen in Sp. 4 der Tarifnr. 25b. **93**, 267. — 11) Beseitigung der Wirksamkeit der Tarifnr. 25b durch das RStempG v. 3. Juli 1913. **93**, 267.

Nr. 32 12) Fallen unter die Befreiungsvorschrift des Abs. 10 Nr. 3 Verträge, durch die sich eine von den Erzeugern behufs lohnenden Vertriebs ihrer Erzeugnisse geschaffene, mit selbständiger Rechtspersönlichkeit ausgestattete, Verkaufsstelle zur Lieferung solcher Erzeugnisse im eigenen Namen verpflichtet? **92**, 274. — 13) Die Überlassung eines Grundstücks gegen die Befreiung von Hypothekenschulden stellt eine lästige Veräußerung dar. **93**, 266. — 14) Findet Tarifnr. 32 Anwendung auf das Einbringen von Vermögensgegenständen in eine offene Handelsgesellschaft? **93**, 264 (vgl. **101**, 224). — 15) Unter welchen Voraussetzungen sind Abwicklungsgeschäfte auf Grund von Aufträgen von der Stempelsteuer nach Tarifnr. 32 befreit? **94**, 299. — 16) Grundstücksumsatzstempel bei einem Vertrage auf Überlassung des Bergwerkseigentums seitens des Regalinhabers. **94**, 291. — 17) Zum Begriff der „Beurkundungen von Veräußerungen" in Tarifnr. 32 Abs. 5; nur förmliche Vertragsurkunden fallen darunter, nicht bloße Bestätigungsschreiben. **95**, 194. — 18) Unter welchen Voraussetzungen unterliegt bei der Veräußerung eines Grundstücks mit dem darauf betriebenen Handelsgeschäft der für dieses vereinbarte Sonderpreis dem Grundstücksstempel? **97**, 186.

Nr. 48 19) Pacht von Kaligewinnungsrechten als Pacht i. S. der Tarifnr. 48 III. **96**, 221. — 20) Wie ist die Stempelsteuer zu berechnen bei einem Vertrage, der auf bestimmte Zeit voll wirksam, darüber hinaus aber kündbar ist? **96**, 221. — 21) Eisenbahnanschlußverträge, bei denen die Eisenbahn den Transport auf den Anschlußgleisen ausführt, unterliegen nicht dem Stempel der Tariffstr. 48 I, sondern dem der Tariffst. 71 Nr. 2. **97**, 18. Tarif

21) Übernahme des Geschäftsanteils einer GmbH durch Nicht- Nr. 58 I gesellschafter als Schuldverschreibung i. S. der Tarifnr. 58 I; Nichtanwendbarkeit des § 7 RStempG v. 3. Juli 1913. **92**, 245. — 22) Die Schuldverschreibung i. S. der Tarifnr. 58 stellt die Beurkundung des Versprechens einer Geldleistung dar. **92**, 247. — 23) Unterliegt die bei der Erhöhung des Stammkapitals einer GmbH durch Mitglieder der Gesellschaft erfolgende Übernahme neuer Stammanteile dem Stempel der Tarifnr. 58? **98**, 349.

24) Welche Verträge fallen unter Tarifnr. 71 Nr. 2? **92**, 170. — Nr. 71 25) Eisenbahnanschlußverträge, bei denen die Eisenbahn den Transport auf den Anschlußgleisen ausführt, sind stempelpflichtig nach Tariffst. 71 Nr. 2. **97**, 22. — 26) Anwendung der Tariffst. 71 Nr. 2 auf die bei der Erhöhung des Stammkapitals einer GmbH durch die Gesellschafter erfolgende Übernahme neuer Stammanteile. **98**, 349.

27) Zum Begriff der Vollmacht und der „Geschäfte rechtlicher Natur" Nr. 73 in Tarifnr. 73. Vollmacht zur Verfügung über ein von dem Vollmachtgeber gemietetes Schrankfach. **94**, 75.

28) Verhältnis des Werkverdingungsvertrags i. S. der Tarifnr. 75 Nr. 75 zum Werkvertrage i. S. des BGB. **92**, 170.

IV. Verkehrssteuer. Gesetz über die Besteuerung des Personen- und Güterverkehrs vom 8. April 1917.

(Die Paragraphen ohne Zusatz bezeichnen die dieses Gesetzes.)

1) Zum Begriff der Schienenbahnen i. S. des § 1. Fallen Personenaufzüge und Drahtseilbahnen darunter? **97**, 154. — 2) Zum Begriff der Betriebsanlage in § 3 Abs. 3 Nr. 2a. **98**, 179.

§ 373. Gemeindesteuern.

1) Zum Begriff des öffentlichen Unterrichts in § 24 Abs. 1f und der öffentlichen Krankenhäuser in § 24 Abs. 1h PreußKommunalabgabenG. **92**, 205. — 2) Straßenanliegerbeiträge unterliegen als Kommunalabgaben dem Verwaltungszwangsverfahren. Ist der Rechtsweg zulässig? **93**, 203.

§ 374. Rechtsverhältnisse der Beamten.

(Haftung der Beamten bei Amtspflichtverletzungen s. §145 unter §839 BGB, S. 153, Haftung öffentlichrechtlicher Körperschaften für das Verschulden ihrer Beamten s. § 147 S. 157.)

I. Allgemeines.

1) Anwendung des in § 618 BGB ausgesprochenen Rechtsgedankens auf das Beamtenverhältnis. **91**, 22; **92**, 179, 308; **97**, 44. — 2) Steht den Familienangehörigen des Beamten, dem eine Dienstwohnung zugewiesen ist, ein Ersatzanspruch gegen den Staat wegen des ihnen durch die gesundheitsschädliche Beschaffenheit der Wohnung entstandenen Schadens zu? **91**, 21. — 3) Pflicht zur Entseuchung einer Dienstwohnung,

wenn in der Familie ihres bisherigen Inhabers Tuberkulose aufgetreten ist. **91,** 25. — 4) Die im ordentlichen Rechtswege getroffene Feststellung der Beamteneigenschaft hat eine Rechtskraftwirkung nur gegenüber solchen Leistungsansprüchen des Beamten, die ihrerseits im ordentlichen Rechtswege zu verfolgen sind. **91,** 30. — 5) Der Rechtsweg ist unzulässig hinsichtlich der Steuerbegünstigungen der Beamten. **91,** 29. — 6) Das Gnadengehalt der Offiziere ist nicht nach § 66 Abs. 2 Satz 2 RMilG auf die Zivilbesoldung anzurechnen. **91,** 125. — 7) Die Pensionsfestsetzung wirkt deklarativ, nicht konstitutiv. **91,** 376. — 8) Wirkung der einmal erfolgten Feststellung der dauernden Dienstunfähigkeit und der Versetzung in den Ruhestand. **91,** 376. — 9) Die Frist des § 150 RBG wie die anderer, die Verfolgung von Beamtenansprüchen regelnder Gesetze wird in Lauf gesetzt durch eine Verfügung der maßgebenden Behörde, welche sich erkennbar als eine bestimmte, die Anerkennung des geltend gemachten Anspruchs ganz oder teilweise ablehnende Entscheidung darstellt. Die Möglichkeit einer Abänderung der Entscheidung durch die Behörde beeinflußt den Beginn und den Lauf der Frist zur Klagerhebung nicht. **92,** 116; **95,** 296. — 10) Ist auch die Erhebung von Ansprüchen, die sich lediglich als tatsächliche und rechtliche Erweiterungen des ursprünglich und zwar rechtzeitig geltend gemachten Klaganspruchs darstellen, im Laufe des Rechtsstreits an die Innehaltung der Fristen der § 150 RBG, § 2 PreußG v. 24. Mai 1861 über die Erweiterung des Rechtsweges usw. geknüpft? **92,** 116. — 11) Was ist als Erweiterung des Klaganspruchs im vorbezeichneten Sinne zu verstehen? **92,** 117. — 12) Anrechnung der Kriegsbesoldung verheirateter, als Offiziere eingezogener Beamter auf das Zivildiensteinkommen; zum Begriff des eigenen Hausstandes in I, 3 Abs. 2 des PreußStaatsministerialbeschlusses v. 1. Juni 1888. **92,** 290. — 13) § 66 RMilG gibt dem die Offiziersbesoldung erhaltenden Beamten keinen Ersatzanspruch für jeden durch die Einberufung entstehenden Nachteil. **92,** 291. — 14) Rechtliche Bedeutung des PreußMinisterialbeschlusses v. 1. Juni 1888 und der in der Verfügung des preuß. Finanzministers v. 29. April 1916 aufgestellten Grundsätze. **92,** 290. — 15) Anspruch der Hinterbliebenen eines zu Unrecht verurteilten, im Wiederaufnahmeverfahren freigesprochenen Beamten auf Ersatz für den Verlust ihres Anspruchs auf das Gnadenvierteljahr und die Witwen- und Waisenpension. **92,** 299. — 16) Hat der Beamte einen Rechtsanspruch auf Belassung in seinem Amt? **92,** 431. — 17) Dem Beamten steht ein Rechtsanspruch auf Versetzung oder auf Schadensersatz, weil seinem Versetzungsantrage nicht stattgegeben ist, nicht zu. **92,** 431. — 18) Daß die Besoldung in ihrer Höhe Schwankungen unterliegt, verändert nicht ihr Wesen. **93,** 38. — 19) Beweislast bei Gehaltsansprüchen Kriegsverschollener. **93,** 110. — 20) Ausschließliche Befugnis der vorgesetzten Dienstbehörde zur Entscheidung darüber, ob ein Beamter wegen Dienstunfähigkeit zur Ruhe zu setzen, auch bei Verfolgung des Ersatzanspruchs nach § 12 RUFG. **94,** 32. — 21) § 66 RMilG schließt jede an sich zulässige Kündigung gegenüber dem zum Heeresdienst einberufenen Beamten, abgesehen vielleicht von der Kündigung aus wichtigem Grunde, aus. **94,** 181. — 22) Das Beamtenverhältnis ist seinem Wesen nach ein dauerndes, das nur nach Maßgabe des Gesetzes oder der Anstellungsbedingungen endet, aber nicht dadurch unterbrochen wird, daß der Staat von den Diensten des ihm zur Verfügung stehenden Beamten zeitweise keinen Gebrauch macht. **94**, 200. — 23) Rechtliche Natur der Tagegelder; sind sie pensionsfähig? Sind sie einkommensteuerpflichtig? Sind sie einem außerhalb seines Wohnorts kommissarisch beschäftigten Beamten während eines Urlaubs fortzuzahlen? **94**, 223, 226. — 24) Zum Begriff des Diensteinkommens und der Dienstbezüge. **94**, 225. — 25) Sittenwidrige Beteiligung von Beamten an Lieferungen, bei deren Vergebung sie mitzuwirken haben. **95**, 54. — 26) Darlegungs- und Beweispflicht hinsichtlich des ursächlichen Zusammenhangs zwischen Mängeln einer Dienstwohnung und einer Erkrankung des Beamten. **95**, 104. — 27) Öffentlichrechtliche Natur des Beamtenanstellungsvertrags. **95**, 146. — 28) Heranziehung von Bestimmungen des Bürgerlichen Rechts zur Ausfüllung von Lücken des Beamtenrechts. **95**, 146. — 29) Erfordernis der Klarheit der Vorentscheidungen der Verwaltungsbehörden. **95**, 297; **96**, 304. — 30) Unwirksamkeit der auf das Gesuch eines geisteskranken Beamten ergangenen und einem solchen zugestellten Vorentscheidungen. **95**, 298. — 31) Sorgfaltspflicht des mit einer Geldbeförderung beauftragten Beamten. **95**, 345. — 32) Zum Begriff der den Rechtsweg für den Ruhegehaltsanspruch eröffnenden Entscheidung der Verwaltungsbehörden. **95**, 351. — 33) Inwieweit wird durch eine die Festsetzung des Ruhegehalts abändernde Entscheidung der Verwaltungsbehörden der Rechtsweg von neuem eröffnet? **95**, 352. — 34) Rechtliche Natur des Beamtengehalts. Der Anspruch des Beamten auf das Gehalt wird grundsätzlich dadurch nicht beeinträchtigt, daß der Beamte mit Wissen und Willen der Körperschaft, in deren Dienst er steht, zeitweise ihr keine Dienste leistet. **96**, 84, 87. — 35) Widerspricht es dem Wesen des Beamtengehalts, daß der Beamte ein doppeltes Gehalt bezieht? **96**, 87, 307. — 36) Der Ersatzanspruch des Staates gegen den Beamten nach § 3 PreußG v. 1. August 1909 ist nicht von vorgängiger Klage des Geschädigten gegen den Staat abhängig. **96**, 147. — 37) Wird die Einrede der Arglist gegenüber dem Pensionsanspruch eines Beamten dadurch begründet, daß dem Beamten Unterstützungen in entsprechender Höhe gewährt worden sind? **96**, 240. — 38) Rechtliche Natur der Dienstaufwandsentschädigungen. **96**, 291. — 39) Zur Auslegung von Willenserklärungen im Beamtenrecht. **96**, 303. — 40) Erklärungen der Beamten, die einen Verzicht auf Rechte enthalten oder sonst ihren Interessen nachteilig wirken können, können nur dann zur Grundlage der staatlichen Entschließung gemacht werden, wenn sie bestimmt und klar sind. **96**, 304. — 41) Unzulässigkeit entsprechender Ausdehnung von Vorschriften, die Abzüge oder Kürzungen an sich begründeter Gehalts- und Pensionsansprüche anordnen. **96**, 308. — 42) Ist bei einem Beamten die Kenntnis von dem Schaden (§ 852 BGB, § 5 PreußTumultG) als erlangt anzusehen, wenn er die Möglichkeit seiner Pensionierung als Folge einer Verletzung erwogen hat? **99**, 12. — 43) Inwieweit kann sich eine öffentlichrechtliche Korporation wegen der ihrem Beamten zu zahlenden Pension an dem Dritten schadlos halten, der schuldhaft die Voraussetzungen für die Pensionierung geschaffen hat? **98, 343.** — 44) Wird durch Art. 129 Abs. 1 RVerfassung v. 11. August 1919 eine gesetzliche Anordnung ausgeschlossen, daß der Beschreitung des Rechtswegs ein Verwaltungsvorbescheid vorauszugehen hat? **99,** 261. — 45) Muß ein Beamter, der von einer öffentlichrechtlichen Körperschaft Ersatz des ihm durch eine Pflichtverletzung ihrer Beamten erwachsenen Schadens fordert, die für die Geltendmachung von Ansprüchen aus seinem Dienstverhältnis erforderliche Vorentscheidung der Verwaltungsbehörden einholen? **100,** 189.

II. Reichsbeamte.

1) Hat im Falle des § 144 RBG das Gericht nur zu prüfen, ob die Voraussetzungen für den Erlaß des Beitreibungsbeschlusses vorliegen, oder auch, ob überhaupt eine Ersatzverbindlichkeit des klagenden Beamten besteht? **92,** 236 **95,** 346; **99,** 79. — 2) Das Reich ist gegenüber dem Reichsbeamten nicht Dritter i. S. des § 839 BGB. **92,** 237. — 3) Die Haftung des Reichsbeamten gegenüber dem Reiche richtet sich im ehemaligen Geltungsgebiete des ALR und auch in den später erworbenen Provinzen Preußens nach §§ 88—91 ALR **II,** 10. **92,** 237. — 4) Inhalt und Umfang der Haftung des Beamten und der Einfluß eines mitwirkenden Verschuldens bestimmen sich nicht nach ALR I, 6, sondern nach BGB. **92,** 237. — 5) Stellung des Militärbefehlshabers nach § 4 BZG als Organ des Reiches. **92,** 242. — 6) Die Bestimmungen des PreußKonfliktsG sind auf die Reichsbeamten nicht anwendbar. **92,** 242. — 7) Zum Entwurf eines Gesetzes über die Wiederaufnahme eines Disziplinarverfahrens v. 21. November 1913. **92,** 302. — 8) Offiziere eines Kontingents des Reichsheeres sind nicht Reichsbeamte i. S. des RBG. **92,** 428. — 9) Zum Begriff der Entfernung aus dem Amte. **92,** 431. — 10) Anwendung des § 57 Abs. 1 Nr. 2 RBG auf Beamte, die vor ihrem Eintritt in den Reichsdienst Staatsbeamte waren und das Staatsdienerverhältnis nach ihrem Ausscheiden aus dem Reichsdienste fortsetzen. **95,** 321. — 11) § 149 RBG umfaßt alle Beamtenansprüche aus dem Dienstverhältnis, auch die aus der Verletzung von Schutzpflichten erwachsenden Schadensersatzansprüche. **92,** 179, 308; **95,** 103. — 12) Die, die richterliche Prüfung einschränkende Vorschrift des § 155 RBG bezieht sich nicht auf den Fall der Entlassung eines Beamten aus dem Dienste, die ohne Pension und in Voraussetzung seines Einverständnisses erfolgt. **96,** 303. — 13) Darf dem zum Dienst mit der Waffe im Landheer einberufenen Marinebeamten die Offiziersbesoldung auf das Beamtengehalt angerechnet werden? **96,** 305. — 14) Umfang der richterlichen Prüfung bei der Klage gegen einen Defektenbeschluß. **99,** 79.

III. Landesbeamte.

A. Staatsbeamte. 1) Landsyndikus der Ritterschaft des Herzogtums Bremen als mittelbarer Staatsbeamter. **91,** 285. — 2) Zum Begriff der längere Zeit dauernden Beschäftigung in § 2 Abs. 2 PreußG betr. die Reisekosten der Staatsbeamten v. 26. Juli 1910. **92,** 259. — 3) Befugnis des Justizministers zur Abänderung der von ihm erlassenen Etatsvorschriften auch für den einzelnen Fall. **92,** 262. — 4) Ist der Anspruch der Gerichtsbeamten auf Tagegelder abhängig von ihrer Meldung zum Dienste, insbesondere dann, wenn es sich um einen Sonntag oder allgemeinen Feiertag handelt? **92,** 263. — 5) Keine Anrechnung der Schiffsjungenzeit auf die Zivildienstzeit nach dem PreußPensionsG. **92,** 286. — 6) Unabhängigkeit des PreußZivilpensionsG hinsichtlich der Berechnung der pensionsfähigen Dienstzeit von den Militärpensionsgesetzen. **92,** 288. — 7) Findet § 1 PreußG über die Erweiterung des Rechtsweges v. 24. Mai 1861 Anwendung auf die Schadensersatzansprüche der Staatsbeamten wegen Verletzung der Fürsorgepflicht in bezug auf die Diensträume? **92,** 308. — 8) Zum Begriff „einer an sich zur Pension berechtigenden Stellung des unmittelbaren Staatsdienstes" i. S. des § 28 Abs. 1 PreußBeamtPensG. **92,** 428. — 9) Die Stellung des Offiziers ist keine Stellung des unmittelbaren Staatsdienstes i. S. des § 28 Abs. 1 PreußBeamtPensG. **92,** 428. — 10) Der pensionierte preußische Beamte erlangt dadurch, daß er während des Krieges als Offizier Dienst tut, keinen Anspruch auf Erhöhung seiner Beamtenpension. **92,** 427. — 11) Preußische Revierlotsen sind unmittelbare Staatsbeamte. **93,** 36. — 12) Die Revierlotsen im Stettin-Swinemünder Schiffahrtsgebiet sind nicht „ausschließlich auf den Bezug der Gebühren angewiesene Beamte" i. S. des § 1 PreußG v. 1. August 1909. **93,** 37. — 13) Erfordernisse der Beschwerde gegen eine die Pensionsfestsetzung enthaltende Verfügung nach § 23 PreußPensionsG. **94,** 53. — 14) Verhältnis des Staatsdienstes zum Schutzgebietsdienst. **95,** 321. — 15) Die Haftung der Beamten gegenüber dem Staate bestimmt sich auch in der Rheinprovinz nach §§ 88 flg. ALR II, 10. **95,** 346. — 16) Sind in dem Rechtsstreit, der nur die Klage gegen einen Defektenbeschluß zum Gegenstand hat, nur die Voraussetzungen dieses Beschlusses nachzuprüfen oder ist auch darüber zu entscheiden, ob nach allgemeinen Rechtsgrundsätzen auch mangels der Voraussetzungen des Defektenbeschlusses eine Haftpflicht des Beamten besteht? **95,** 346; vgl. **92,** 236; **99,** 79. — 17) Gesamtschuldnerische Haftung mehrerer Beamter, die den Verlust öffentlicher Gelder verschuldet haben, gegenüber dem Staate; keine Befreiung des einen Beamten von der Haftung wegen der Mitverantwortung anderer Beamter. **95,** 347. — 18) Gerichtszuständigkeit für die Ruhegehaltsklage eines aus dem einstweiligen in den endgültigen Ruhestand getretenen preußischen Beamten. **95,** 350. — 19) Sind Kriegszulagen und Dienstaufwandsentschädigungen bei der Gegenüberstellung von Zivil- und Militäreinkommen nach dem preuß. Staatsministerialbeschluß, betr. Ausführung des § 66 RMG, v. 1. Juni 1888, und der Allg. Verf. des preußischen Justizministers über laufende Kriegsbeihilfen usw. v. 13. Oktober 1917 zu berücksichtigen? **96,** 291. — 20) Die die richterliche Prüfung einschränkende Vorschrift des § 5 PreußG v. 24. Mai 1861 bezieht sich nicht auf den Fall der Entlassung eines Beamten aus dem Dienste, die in Voraussetzung seines Einverständnisses und ohne Pension erfolgt. **96,** 303. — 21) Zum Begriff der mittelbaren Staatsbeamten. **97,** 316. — 22) Haftung auch der unbesoldeten Beamten für jede Fahrlässigkeit nach ALR. **97,** 244. — 23) Haben die richterlichen Beamten auf Grund der Allg. Verf. des preuß. Justizministers v. 8. August 1917 und 4. April 1918 einen Rechtsanspruch auf die Kriegsteuerungszulagen? **99,** 112. — 24) Unter welchen Voraussetzungen sind nach diesen Verfügungen Kinder der Beamten bei der Bemessung der Kriegsteuerungszulagen zu berücksichtigen? **99,** 114.

B. Kommunalbeamte. 1) § 7 KBG erstreckt sich auch auf Feststellungsansprüche. **91,** 28. — 2) Voraussetzungen der Vorentscheidung der Verwaltungsbehörden nach § 7 KBG. **91,** 29. — 3) Rechtsweg für die vermögensrechtlichen Ansprüche der Gemeindebeamten in Preußen vor Erlaß des KBG. **92,** 309. — 4) Betrifft § 7 KBG auch die Schadensersatzansprüche der Beamten gegen die Gemeinde wegen Verletzung der Fürsorgepflicht bei Einrichtung der Diensträume? **92,** 307. — 5) Die Feststellung des Voranschlags begründet kein Recht der Beamten auf die darin vorgesehene Alterszulagen. **95,** 169. — 6) Erfordernis der Kundgebung der Bewilligung der Alterszulage an den Beamten; eine solche Kundgebung liegt nicht darin, daß der betroffene Beamte als Kassenrendant den Voranschlag zur Sollstellung erhält. **95,** 170. — 7) Ist die Offiziersbesoldung der freiwillig in das Heer eintretenden Kommunalbeamten auf ihr Zivilgehalt anzurechnen? Fortdauernde Geltung des preußischen Staatsministerialbeschlusses v. 22. Januar 1831 für solche Beamte. **96,** 83. — 8) Sind die Lehrer an den von den Gemeinden unterhaltenen Unterrichtsanstalten, und insbesondere an den Fortbildungsschulen, Kommunalbeamte i. S. des KBG und Gemeindebeamte i. S. der Städteordnung? **97,** 312. — 9) Entbehrt der Beschluß eines preußischen Amtsausschusses, durch den einem Beamten gekündigt ist, der Rechtswirksamkeit, wenn die Vorschrift des § 54 KreisO über die Öffentlichkeit verletzt ist? **98,** 190. — 10) Ist die Aushändigung der Anstellungsurkunde unerläßliche Voraussetzung der Erlangung der Eigenschaft eines Kommunalbeamten? **99,** 267. — 11) Voraussetzungen der Erlangung der Beamteneigenschaft nach § 359 Abs. 1, 4 RVO. **99,** 265. — 12) Sind die Beamten der Landesversicherungsanstalten und die nach § 359 Abs. 1 RVO angestellten Beamten der Krankenkassen Gemeindebeamte? **99,** 269. — 13) Findet § 7 KBG Anwendung auf die nach § 359 Abs. 1 RVO angestellten Beamten der Krankenkassen. **99,** 269. — 13) Findet § 7 KBG Anwendung für die Klage eines Beamten auf Grund des G. v. 1. August 1909? **100,** 189.

IV. Beamtenunfallfürsorge. Reichsunfallfürsorgegesetz v. 18. Juni 1901. Preuß. Unfallfürsorgegesetz v. 2. Juni 1902.

1) Die staatliche Unfallpension geht durch eine dem Unfall nachfolgende disziplinare Entlassung nicht verloren. **91,** 373. — 2) Verhältnis der statutmäßigen Pension der Beamten der Niederschlesisch-Märkischen Eisenbahn zur staatlichen Unfallpension. **91,** 373. — 3) Der von der Eisenbahnverwaltung gemäß § 28 Nr. 3 KLG der Heeresverwaltung zur Verfügung gestellte Beamte hat wegen eines Unfalls im Betriebe der Militäreisenbahnverwaltung keinen Anspruch auf Unfallfürsorge gegen

den preußischen Staat. **92,** 367. — 4) Zu § 12 RUFG; Übergang des Schadensersatzanspruchs des Verletzten auf das Reich mit seiner Entstehung. **94,** 31. — 5) Auch bei Verfolgung des Anspruchs aus § 12 RUFG gegen den dritten Schädiger ist die Frage, ob der verletzte Beamte dienstunfähig geworden und deshalb die Zurruhesetzung auszusprechen war, nur durch die vorgesetzte Dienstbehörde zu entscheiden. **94,** 32. — 6) Zur Feststellung des ursächlichen Zusammenhangs zwischen dem Unfall und der Zurruhesetzung des verunglückten Beamten im Falle der Verfolgung des Anspruchs aus § 12 RUFG. **94,** 32. — 7) Der Anspruch aus § 12 RUFG ist nicht davon abhängig, daß dem Reiche durch die Zurruhesetzung des verunglückten Beamten ein Schaden entstanden ist. **94,** 32. — 8) Die Kosten des Heilverfahrens nach § 1 Abs. 6 RUFG können als Rente zugesprochen werden, wenn die zur Heilung des Leidens erforderlichen Aufwendungen nicht nur zeitweilig und vorübergehend nötig sind. **95,** 85. — 9) Ist der Heilkostenanspruch ein Schadensersatzanspruch? **95,** 87. — 10) Anwendung des § 323 ZPO bei bestimmungswidriger Verwendung von Heilkostenbeträgen. **95,** 86. — 11) Fällt der Schalterdienst der Postbeamten und der Fahrkartenverkauf der Eisenbahn unter den der Unfallversicherung unterliegenden (technischen) Betrieb? **95,** 132. — 12) Zum Begriff des Diensteinkommens in § 1 Abs. 6 RUFG. Beginn und Höhe des Heilkostenanspruchs eines im Kolonialdienst verwendeten und nach dem Unfall in den preußischen Staatsdienst zurückgetretenen preußischen Beamten. **95,** 318. — 13) Hat die Witwe eines Beamten auch dann Anspruch auf die volle Witwenrente des § 2 Abs. 1 Nr. 2a UFG, wenn sie mehr als 15 Jahre jünger ist als ihr Mann? **97,** 347. — 14) Zum Verhältnis der BeamtUnfFürsG zu den Unfallversicherungsgesetzen. **97,** 350. — 15) Der in § 12 Abs. 3 RUFG bestimmte Forderungsübergang umfaßt alle auf Grund des Gesetzes geleisteten Zahlungen, also auch die volle Unfallpension des § 1. **98, 344.** — 16) § 12 Abs. 3 RUFG beschränkt nicht das Reich auf die Forderung der Entschädigungsberechtigten, sondern läßt etwaige andere Ansprüche, die das Reich ohnehin gegen jenen hat, daneben bestehen. **98, 344.** — 17) § 14 RUFG betrifft nur solche Beamte, welche in reichsgesetzlich der Unfallversicherung unterliegenden Betrieben beschäftigt sind. **99,** 276. — 18) Verhältnis des § 14 RUFG zur Landesgesetzgebung. **99,** 275. — 19) § 10 SächsBeamtUnfFürsG v. 1. Juli 1902 steht den auf das HaftpflG gestützten Ansprüchen solcher Beamter, welche nicht in unfallversicherungspflichtigen Betrieben beschäftigt sind, und ihrer Hinterbliebenen nicht entgegen. **99,** 274.

§ 375. Militärwesen.

I. Militärfiskus.

1) Waffengebrauch der Posten. Haftung des Reichs für den Schaden, der durch ungenaue und zuweitgehende Anweisung an den Posten über den Gebrauch der Schußwaffe verursacht wurde, nach § 839 BGB und dem G. v. 22. Mai 1910. **91,** 9. — 2) Militärisches Staatshoheitsrecht. Aushändigung von Waffen und unvorsichtiges Umgehen damit seitens

Militärpersonen als Ausübung der öffentlichen Gewalt. **91,** 383. — 3) Zum Begriff der Militärlasten. **92,** 176. — 4) Haftung des Reichs für Amtspflichtverletzungen des Militärbefehlshabers durch Verhängung der Schutzhaft. **92,** 240, 304. — 5) Kein Ersatzanspruch des Militärfiskus der auf Grund des MilHinterblG den Hinterbliebenen eines durch einen Eisenbahnunfall Getöteten Versorgungsgebührnisse zu gewähren hat, gegen die Eisenbahnverwaltung. **92,** 402. — 6) In Militärhinterbliebenenangelegenheiten ist nur die oberste Militärverwaltungsbehörde zur Vertretung des Militärfiskus berufen. **93,** 15. — 7) Zur Unterscheidung zwischen militärfiskalischen Handlungen und der Ausübung des Militärhoheitsrechts. **96,** 218. — 8) Rechtsweg wegen Beschädigungen bei Schießübungen. **96,** 215. — 9) Ist der Rechtsweg zulässig für den Schadensersatzanspruch wegen eines beim Betriebe der Militärbahnen im besetzten Feindesland erlittenen Unfalls. **98,** 250. — 10) Unterlag der Bahnbetrieb auf den Militärbahnen im besetzten Feindesland der Gewerbe-Unfallversicherung? **98,** 252. — 11) Kann der Fiskus bei Nichterfüllung von Heereslieferungen den Ersatz des abstrakten Schadens fordern? **99,** 49. — 12) Haftet das Reich nach dem G. v. 22. Mai 1910 für Handlungen der Soldatenräte? **99,** 285; **100,** 25. — 13) Rechtliche Stellung des Soldatenrats bei den Heeresformationen. **99,** 286. — 14) Ist der Rechtsweg zulässig für den Anspruch auf Herausgabe von Werten, die behufs Freigabe von durch militärhoheitsrechtliche Verfügung beschlagnahmten Sachen hinterlegt sind? **99,** 41. — 15) Beweisvermutung für die Rechtsmäßigkeit des militärischen Waffengebrauchs nach § 10 PreußG v. 20. März 1837. **100,** 28.

II. Rechtsverhältnisse der Militärpersonen und Militärbeamten.

1) Das Gnadengehalt der Offiziere (§ 10 Nr. 1 Friedensbesoldungsvorschrift, § 12 Nr 3 Kriegsbesoldungsvorschrift) kann nicht nach § 66 Abs. 2 Satz 2 RMilG auf die Zivilbesoldung angerechnet werden. **91,** 125. — 2) Beginn und Lauf der Frist zur Klagerhebung nach § 39 OffPensG und § 42 MannschVersG. Klagerweiterung nach Ablauf der Frist. **92,** 116. — 3) Stellung der Schiffsjungen, keine Anrechnung der Schiffsjungenzeit auf die Zivildienstzeit nach dem PreußPensG. **92,** 286. — 4) Anrechnung der Kriegsbesoldung verheirateter, als Offiziere eingezogener Beamter auf das Zivildiensteinkommen nach dem preuß. Staatsministerialbeschluß v. 1. Juni 1888; zum Begriff des eigenen Hausstandes in I, 3 Abs. 2 dieses Beschlusses. **92,** 290. — 5) Rechtliche Bedeutung des vorbezeichneten Staatsministerialbeschlusses und der in der Verf. des preuß. Finanzministers v. 29. April 1916 aufgestellten Grundsätze. **92,** 290. — 6) Rechtliche Stellung und Verantwortlichkeit des Militärbefehlshabers nach §§ 4, 9 BZG. **91,** 186; **92,** 241, 306; **99,** 63. — 7) Welche Versorgungsansprüche stehen einem Eisenbahnbeamten zu, der gemäß § 28 Nr. 3 KLG der Heeresverwaltung zur Verfügung gestellt ist und im Betrieb der Militäreisenbahnen einen Unfall erleidet. **92,** 368. — 8) Ist ein der Heeresverwaltung als Landsturmpflichtiger überwiesener Eisenbahnbeamter als Person des Soldatenstandes anzusehen, auch wenn zur Zeit

seiner Überweisung der Landsturm noch nicht aufgeboten war? **92,** 369 — 9) Die Militärrente und die Offizierspension ruhen bei einer Anstellung im Zivildienste nicht nur dann, wenn diese Anstellung nach Beendigung des Militärdienstes erfolgt, sondern auch dann, wenn diese Anstellung schon vorher bestand und während des Militärdienstes bestehen geblieben ist. **92,** 396; **95,** 321. — 10) Zur Anwendung des § 38 OffPensG und des § 41 MannschVersG. Keine entsprechende Anwendung dieser Vorschriften auf das MilHinterblG. **92,** 404. — 11) Sind Offiziere Reichs- oder Staatsbeamte? **92,** 428. — 12) Pensionsberechtigung der Offiziere des Beurlaubtenstandes. **92,** 428. — 13) Der pensionierte preußische Beamte erwirbt durch den Kriegsdienst als Offizier keinen Anspruch auf Erhöhung seiner Beamtenpension. **92,** 427. — 14) Zulässigkeit des Rechtswegs für den Anspruch auf das Mobilmachungsgeld. **94,** 160. — 15) Voraussetzungen des Anspruchs auf das zweite Mobilmachungsgeld nach der Kabinettsorder v. 24. Februar 1915. **94,** 161. — 16) § 66 RMilG schließt jede an sich zulässige Kündigung gegenüber dem zum Heeresdienst einberufenen Beamten aus, abgesehen vielleicht von der Kündigung aus wichtigem Grunde. **94,** 181. — 17) Sittenwidrige Beteiligung von Militärpersonen an Heereslieferungen. **95,** 54. — 18) Berechnung der Pension von Offizieren, die nach erfolgter Pensionierung im Kriege wieder verwendet und befördert sind. **95,** 89. — 19) Ist die Offiziersbesoldung der freiwillig in das Heer eintretenden Kommunalbeamten auf ihr Zivilgehalt anzurechnen? **96,** 83. — 20) Wohnungsgeldzuschuß des mit der Stelle eines Abteilungsvorstands auf Kriegsdauer beliehenen Intendantursekretärs. **96,** 235. — 21) Zum Begriffe der „Gebührnisse einer Kriegsstelle" in § 3 Abs. 4 der Kriegsbesoldungsvorschrift. **96,** 236. — 22) Sind Dienstaufwandsentschädigungen und Kriegszulagen bei der Gegenüberstellung von Zivil- und Militäreinkommen nach dem preuß. Staatsministerialbeschluß, betr. Ausführung des § 66 RMG, v. 1. Juni 1888 und der Allg. Verf. des preuß. Justizministers über laufende Kriegsbeihilfen usw. v. 13. Oktober 1917 zu berücksichtigen? **96,** 291. — 23) Darf dem zum Dienst mit der Waffe im Landheer einberufenen Marinebeamten die Offizierbesoldung auf das Beamtengehalt angerechnet werden? **96,** 305. — 24) Unzulässigkeit entsprechender Ausdehnung der Vorschriften, welche eine Kürzung an sich begründeter Gehalts-, Pensions- oder Militärrentenansprüche anordnen. **96,** 308. — 25) Haftung der Militärpersonen gegenüber dem Reiche für Verschulden bei Ausführung des Dienstes. **97,** 243, 263. — 26) Rechtliche Natur des Dienstverhältnisses der Militärpersonen zum Reiche. **97,** 264. — 27) Ausschluß von Schadensersatzansprüchen der Militärpersonen gegen das Reich aus dem G. v. 22. Mai 1910 durch § 38 OPG und § 41 MVG. **98,** 209. — 28) Öffentlichrechtliche Natur des Dienstverhältnisses der Angehörigen der vorläufigen Reichsmarine. **99,** 261. — 29) Rechtsweg für die vermögensrechtlichen Ansprüche der Berufssoldaten. **99,** 261. — 30) Fortdauernde Geltung des PreußG über den Waffengebrauch des Militärs v. 20. März 1837. **100,** 28. — 31) Zur Beweisvermutung des § 10 dieses Gesetzes. **100,** 28.

III. Rechtsverhältnisse der Militäranwärter.

— — — — — — — — — — —

IV. Militärhinterbliebenengesetz v. 17. Mai 1907.

(Die Paragraphen ohne Zusatz bezeichnen die dieses Gesetzes.)

1) Entstehung und Fälligkeit, Verzug und Verzugszinsen bei Militärhinterbliebenenansprüchen. **92,** 379. — 2) Verhältnis der Hinterbliebenenversorgung zu dem Pensions- oder Rentenanspruche des Dienstbeschädigten. **92,** 398, 406. — 3) § 38 OffPensG, § 41 MannschVersG finden auf das MilHinterblG keine entsprechende Anwendung. **92,** 406. — 4) In Angelegenheiten des MilHinterblG ist nur die oberste Militärverwaltungsbehörde zur Vertretung des Militärfiskus berufen. **93,** 15. — 5) Tod im Felde und sonstige Kriegsbeschädigungen sind Dienstbeschädigungen i. S. des § 12. **93,** 310. — 6) Eine Kürzung der allgemeinen Versorgung nach § 15 kann insoweit nicht erfolgen, als dadurch der Gesamtbetrag der der Witwe und den Kindern eines Gefallenen zu zahlenden allgemeinen und Kriegsversorgung unter den Betrag der Sätze sinken würde, die ihnen nach § 20 b, § 21 b zustehen würden, wenn sie nur die Kriegsversorgung zu beanspruchen hätten. **93,** 312.

§ 376. Sonstige staats- und verwaltungsrechtliche Verhältnisse.

1) Stand den Kontingentsstaaten nach der Reichsverfassung v. 16. April 1871 ein Militärhoheitsrecht zu? **97,** 263. — 2) Begründung der Reichsgewalt des Rats der Volksbeauftragten durch die Revolution. **100,** 15, 26

Sechster Teil.

Kirchenrecht.

§ 377.

1) Vertretung der evangelischen Kirchengemeinden der älteren Provinzen Preußens in Vermögensangelegenheiten. Zur Prozeßführung bedarf es keiner Genehmigung der staatlichen oder kirchlichen Aufsichtsbehörden. **91,** 235. — 2) Die §§ 707—709 ALR II, 11 werden durch die PfarrbesoldungsG v. 2. Juli 1898 und 26. Mai 1909 nicht berührt. **93,** 215, 217. — 3) Die Entscheidung des Konsistoriums, es solle dem Pfarrer nicht eine Mietentschädigung, sondern eine Dienstwohnung gewährt werden, unterliegt in Preußen nicht der Nachprüfung der staatlichen

Aufsichtsbehörde. **93,** 216, 218. — 4) Anwendbarkeit der §§ 784 flg. ALR I, 11 auf angemietete Dienstwohnungen. **93,** 217. — 5) Die Errichtung einer Pfarrstelle bedarf in Preußen der Mitwirkung der staatlichen Aufsichtsbehörden. **93,** 217. — 6) Bedarf ein Pfarrhausneubau in Preußen der Genehmigung der staatlichen Aufsichtsbehörde? **93,** 215, 217. — 7) Die §§ 708, 709 ALR II, 11 beziehen sich auch auf die Errichtung neuer Kirchen- und Pfarrgebäude. **93,** 218. — 8) Säkularisation der Klöster. Geltungsgebiet des preuß. Ediktes v. 30. Oktober 1810 über die Einziehung der geistlichen Güter in der Monarchie. **94,** 187. — 9) Säkularisation in den 1815 neu oder wiedererworbenen Landesteilen Preußens. **94,** 187. — 10) Zum Begriff der „frommen und milden Stiftungen" i. S. des § 65 des Reichsdeputationshauptausschlusses v. 25. Februar 1803. **94,** 188. — 11) Meßfundationen als Gegenstand der Säkularisation. **94,** 188. — 12) Das PreußG v. 20. Juni 1875 über die Vermögensverwaltung in den katholischen Kirchengemeinden hat keine Abänderung bestehender Eigentumsverhältnisse, sondern nur die formelle Ordnung der Gemeindevermögensverwaltung beabsichtigt. **94,** 189. — 13) Zum Begriff des kirchlichen Vermögens in § 3 des vorbez. G. v. 20. Juni 1875. **94,** 189. — 14) Zur Auslegung des § 3 Nr. 4 und des § 4 G. v. 20. Juni 1875. **94,** 189. 190. — 15) Zum Begriff des Kirchenkollegiums i. S. des ALR. **94,** 190. — 16) Kündigung der Pacht von Pfarrländereien wegen persönlicher Zwistigkeiten zwischen dem Pächter und dem nutzungsberechtigten Pfarrer. **94,** 235. — 17) Durch die zur Ausführung des Reichsdeputationshauptschlusses v. 25. Februar 1803 erlassene Kabinettsorder v. 25. September 1834 ist unter den dort gegebenen Voraussetzungen ein privatrechtlicher im Wege Rechtens verfolgbarer Anspruch der Kirchengemeinden gegen den Staat anerkannt. **96,** 31; **97,** 171. — 18) Haftet der Staat aus der Säkularisation schon unter dem Gesichtspunkte der Rechtsnachfolge für die Bedürfnisse der ehemals inkorporierten Gemeinde? **96,** 37. — 19) Rechtliche Wirkung der Inkorporation einer Kirchengemeinde **96,** 38. — 20) Eigentumsrecht des Staats an dem säkularisierten Klostergut. **96,** 42. — 21) Umfang der durch die Säkularisation begründeten Dotationspflicht. Welcher Zeitpunkt ist für den Umfang der der Kirchengemeinde zustehenden Entschädigung, welcher für die Bemessung des Werts des säkularisierten Vermögens maßgebend? **96,** 38. — 22) Kann sich der auf Grund der Kabinettsorder v. 25. September 1834 auf Leistung von Baukosten in Anspruch genommene Staat darauf berufen, daß er die Erträge des säkularisierten Vermögens zu andern Zwecken verwendet hat? **96,** 42. — 23) Verpflichtung der Kirchengemeinden, für die allmähliche Ansammlung des für Baubedürfnisse nötigen Geldbetrags zu sorgen. **96,** 43. — 24) Zum Umfang der durch die Säkularisation der Klöster nach der KabO v. 25. September 1834 übernommenen Verpflichtungen des Staats; hat dieser für eine in den Zeitverhältnissen liegende Steigerung der kirchlichen Bedürfnisse aufzukommen? **97,** 170. — 25) Rechtliche Stellung der Orden und ordensähnlichen Kongregationen und ihrer Niederlassungen. **97,** 122. — 26) Dominikanerinnen, ordensähnliche Kongregation. **97,** 122. — 27) Bedeutung des Armuts- und Gehorsamsgelübdes der Mönche und Nonnen für das bürgerliche Recht. **97**, 124. — 28) Erstreckt sich die Kirchenbaulast des Zehntherrn und Patrons nach gemeinem Kirchenrecht auch auf die Wohnungen für Hilfskapläne? **100**, 271. — 29) Haben die Pfarrer im rechtsrheinischen Gebiet des Erzbistums Mainz den von ihnen zu besoldenden Hilfsgeistlichen observanzmäßig im Pfarrhause Wohnung zu gewähren? **100**, 273. — 30) Zum Umfang der Kirchenbaulast des Patrons nach ALR. **100**, 274.

Siebenter Teil.

Völkerrecht.

§ 378.

1) Zum Begriff der Wegnahme. **92**, 415, 417. — 2) Es ist Grundsatz des deutschen Rechts, daß der Krieg nur gegen den feindlichen Staat als solchen und dessen bewaffnete Macht, nicht auch gegen dessen Angehörige geführt wird. **93**, 184.

Achter Teil.

Kolonialrecht. Schutzgebiete.

§ 379.

1) Beginn und Höhe des Anspruchs auf Heilungskosten eines im Kolonialdienst verwendeten und nach dem dort erlittenen Unfall in den preußischen Staatsdienst zurückgetretenen preußischen Beamten. **95**, 318. — 2) Verhältnis des Schutzgebiets- zum Staatsdienst. **95**, 321.

Neunter Teil. (Anhang.)
Krieg und Kriegsgesetze. Friedensvertrag.

1. Einwirkung des Kriegs auf die Rechtsverhältnisse. Kriegsklausel. Versicherung gegen Kriegsgefahr.

§ 380.

I. Einwirkung des Kriegs auf die Rechtsverhältnisse.

1) Unter welchen Voraussetzungen ist der Rücktritt von der Vereinbarung zulässig, daß die während des Kriegs fällig gewordene Leistung nach Beendigung des Kriegs erfolgen solle? **92,** 426; **93,** 341; **94,** 49, 68; **99,** 115. — 2) Befreit Preissteigerung infolge der Kriegsverhältnisse von der Lieferpflicht? **92,** 322; **95,** 43; **98,** 262; **99,** 259; **100,** 131, 136. — 3) Die Clausula rebus sic stantibus unter der Einwirkung der Kriegsverhältnisse. **99,** 259; **100,** 129, 136, 264. — 4) Mietzinswegfall und Kündigung nach § 542 BGB eines zum Geschäftsbetriebe während der Badezeit auf einer Nordseeinsel gemieteten Bades wegen Verbots des Badebetriebs durch die Militärbehörde. **91,** 55. — 5) Kann derjenige, der die Räume einer Gastwirtschaft gemietet und zugleich deren Einrichtung gekauft hat, bei Rückgang der Einnahmen infolge behördlicher, durch den Krieg veranlaßter Maßnahmen Minderung des Mietzinses verlangen? **91,** 310. — 6) Kriegs- und Friedensvertrag mit Schauspielern; inwieweit verstößt die einseitige Bindung des Schauspielers gegen die guten Sitten? **91,** 330. — 7) Unmöglichkeit der Erfüllung eines Kaufvertrags infolge durch die Militärbehörden oder durch feindliche Macht erzwungener anderweiter Verwertung der verkauften Spezies; Anspruch auf Ersatzherausgabe. **91,** 260. — 8) Auslegung einer Verpflichtung zur Fortzahlung des Gehalts an einen zum Heer einberufenen Angestellten während der Kriegsdauer. **92,** 319. — 9) Ist die Erfüllung eines Kaufvertrags, der über ein im neutralen Nothafen liegendes Schiff unter Bedingung der Lieferung nach Kriegsende geschlossen ist, schon deshalb als unmöglich anzusehen, weil der neutrale Hafen zu einem feindlichen geworden ist und das Schiff nach Kondemnierung vom Feinde benutzt wird? **92,** 424. — 10) Kann der Verkäufer sich auf Unmöglichkeit der Leistung berufen, wenn er während des Kriegs Waren verkauft hat die er nicht besaß? **93,** 17. — 11) Kriegswucher als Verstoß gegen die guten Sitten. **93,** 29, 106. — 12) Einwirkung der Kriegsverhältnisse auf die Pacht eines Kaffeehauses mit Tag- und Nachtbetrieb. **93,** 144. — 13) Einwirkung des Kriegsausbruchs auf die Vereinbarung der Zuständigkeit englischer Gerichte und der Anwendung englischen Rechts. **93,** 167. — 14) Haftet die deutsche Eisenbahnverwaltung für den auf den Militärbahnen des besetzten feindlichen Gebiets eintretenden Verlust

dorthin gesandter Güter? **93,** 177. — 15) Unmöglichkeit der Vertragserfüllung infolge feindlichen Verbots des Handels mit Deutschen. **93,** 183. — 16) Ausschaltung der in Aussicht genommenen Remboursstellen infolge des Kriegsausbruchs. **93,** 184. — 17) Sittenwidrigkeit übermäßigen Mäklerlohns bei Heereslieferungen. **93,** 208. — 18) Hat der Verkäufer, der wegen der Kriegsverhältnisse zur vollen Erfüllung seiner Lieferpflichten außerstande ist, bei der anteilweisen Befriedigung seiner Kunden auch den zu berücksichtigen, der sich in Einteilungsverzug befand? **94,** 17. — 19) Genügt zur Begründung des Rücktrittsrechts, daß die vereinbarte Leistung infolge der Kriegsverhältnisse für den Verkäufer eine wirtschaftlich völlig andere geworden ist, oder muß die Leistung für beide Vertragsteile eine andere geworden sein? **94,** 49. — 20) Bedeutung des Schweigens während des Kriegs für Vertragsverhältnisse mit Angehörigen feindlicher Staaten. **94,** 78. — 21) Einwirkung der Kriegsverhältnisse auf die Miete einer Benzintankanlage. **94,** 267. — 22) Einwirkung der mit dem Kriegsausbruch entstandenen Möglichkeit der Einziehung zum Heeresdienst auf den Bezug einer Unfallrente. **95,** 1, 67. — 23) Unmöglichkeit der Leistung, weil gemäß einer VO sämtliche Vorräte und Erzeugnisse an eine Kriegsgesellschaft abzuliefern sind. **95,** 22. — 24) Wann ist die Provision für Vermittlung von Kriegslieferungen verdient? **95,** 136. — 25) Inwieweit hat der Fabrikant die wegen Beschlagnahme der Rohstoffe eintretende Unmöglichkeit einer während des Kriegs übernommenen Lieferung zu vertreten? **95,** 264. — 26) Einwirkung des Kriegs auf die Haftung einer Bank aus den Geschäften ihrer ausländischen Filiale. **96,** 161. — 27) Durch den Krieg hervorgerufene Überlastung des Rechtsanwalts als unabwendbarer Zufall i. S. des § 233 ZPO. **96,** 324. — 28) Hat der Verkäufer oder der Käufer die zur Freigabe einer beschlagnahmten Ware erforderliche behördliche Bescheinigung zu beschaffen? **97,** 257; **98,** 260. — 29) Verbot der Jagdausübung durch die Besatzungsbehörden im besetzten Gebiet als Kündigungsgrund bei der Jagdpacht. **98,** 101. — 30) Wer hat die nach § 3 DevisenVO v. 8. Februar 1917 erforderliche Genehmigung der Reichsbank zu Zahlungen nach dem Ausland zu erwirken? **98,** 257. — 31) Einwirkung des Kriegs und der Revolution auf einen langfristigen, nach Beendigung des Kriegs zu erfüllenden Seetransportvertrag. **99,** 115. — 32) Inwieweit sind bei der Frage, ob dem Schuldner die Vertragserfüllung bei der durch den Krieg herbeigeführten Veränderung der Verhältnisse zuzumuten ist, anderweite dem Schuldner bei der Vertragserfüllung erwachsende Vorteile zu berücksichtigen? **99,** 118. — 33) Sittenwidrigkeit eines zu Kriegswuchergeschäften gegebenen Darlehns. **99,** 163.

II. Kriegsklausel.

(Kriegsklauseln in Versicherungsverträgen s. unter III.)

1) Zeitliche Begrenzung der Geltendmachung der Kriegsklausel bei Dienstverträgen. **91,** 57. — 2) Kriegsklausel im Bühnenvertrag. **91,** 57. — 3) Muß der Verkäufer, der mit einer Kriegsklausel abgeschlossen

hat, von dieser Gebrauch machen, wenn er andernfalls diejenigen Lieferungen, die er ohne diese Klausel übernommen hat, nicht voll ausführen kann? **91,** 333. — 4) Kann sich der Verkäufer auf die Kriegsklausel beim Versendungskauf noch berufen, wenn die Ware infolge des Kriegsausbruchs auf der Reise angehalten ist? **92,** 271. — 5) Stillschweigende Vereinbarung einer Kriegsklausel? **95,** 44.

III. Kriegsversicherung.

1) Wird bei der Versicherung gegen „direkte Kriegsgefahr" die Haftung des Versicherers ausgeschlossen, wenn neben erheblichen Kriegsfaktoren schließlich ein Schiffahrtsirrtum ursächlich für den Schaden war? **91,** 85. — 2) Stellt die Versenkung eines deutschen Schiffes durch die deutsche Regierung zu Verteidigungszwecken eine feindselige Behandlung i. S. des § 21 BremerSVB dar? Fällt der dadurch entstandene Schaden unter die Versicherung „bloß für Seegefahr"? **92,** 66. — 3) Zur Auslegung der Hamburger Kriegsklausel. Ausschluß eines erzwungenen Aufenthalts von der Kriegsversicherung, sofern die Maßnahme nicht über eine bloße (vorläufige) Anhaltung hinausgeht. **92,** 249. — 4) Nach § 849 HGB, § 101 ASVB fallen sowohl die Kosten eines freiwillig zur Vermeidung der Kriegsgefahr genommenen Aufenthalts, wie auch die des durch eine Kriegsmaßnahme erzwungenen Aufenthalts unter die Kriegsversicherung. **92,** 250. — 5) Zur Auslegung der Klausel „diese Police deckt auch die direkte Kriegsgefahr, bestehend in Wegnahme, Beschädigung" usw. **92,** 414. — 6) Zur Auslegung der Klausel „die Versicherung deckt auch die direkte Kriegsgefahr, als Wegnahme, Beschädigung" usw. **95,** 274. — 7) Zum Begriff der Teilnahme an kriegerischen Operationen und an Kriegsereignissen in den Kriegsklauseln der Lebensversicherung. **93,** 84. — 8) Desgl. bei der Unfallversicherung. **93,** 88. — 9) Kriegsklausel in den Allg. Versicherungsbedingungen der privaten Feuerversicherungsgesellschaften. **92,** 99. — 10) Der Grundsatz des deutschen Seeversicherungsrechts, daß die Gefahr für das versicherte Schiff noch nicht mit der Nehmung, sondern erst mit der Kondemnation endet, gilt auch für die Kriegsversicherung. Daher ist die Prämie nach § 6 BremerSVB bis zur Kondemnation fortzuzahlen. **93,** 151. — 11) Zur Auslegung der Hamburger Kriegsklausel von 1905. **94,** 105, 217. — 12) Können bei der Versicherung des imaginären Gewinns gegen Kriegsgefahr auf laufende Police auch nach Kriegsausbruch Deklarationen vorgenommen werden? **94,** 303. — 13) Bedeutung der Zurückweisung der Deklarationen seitens des versicherten Cif-Käufers. **94,** 302. — 14) Kriegsklausel bei der Transportversicherung. **95,** 81. — 15) Zum Begriff der „direkten Kriegsgefahr", der „zunächst" und der „mittelbar" „durch Kriegsgefahr verursachten Schäden". **95,** 275. — 16) Zum Begriff der „Wegnahme". **92,** 415, 417; **95,** 277; **96,** 151. — 17) Auslegung der Kriegsversicherungsklausel „die Versicherung deckt auch die Folgen der unmittelbaren Kriegsgefahr, bestehend in Wegnahme, Beschädigung oder Zerstörung der versicherten Ware durch feindliche Mächte, insbesondere" usw. **96,** 148. — 18) Ist

durch die RumänischeVO v. 27. (14.) August 1916 über Beschlagnahme feindlichen Eigentums unmittelbar eine „Wegnahme" des in Rumänien befindlichen deutschen Eigentums i. S. des Kriegsversicherungsrechts erfolgt? **96,** 152. — 19) Bezugnahme der Kriegsklausel bei einer Landtransportversicherung auf Grundsätze des Seeversicherungsrechts. Abandon bei der Landtransportversicherung. **96,** 310.

2. Reichsgesetz v. 13. Juni 1873 über die Kriegsleistungen.

(Die Paragraphen ohne Zusatz bezeichnen die dieses Gesetzes.)

§ 381.

1) Kriegsleistung und Kriegsschaden. **91,** 292. — Sind als Träger der Kriegsleistungspflicht die Gemeinden oder die einzelnen Reichsangehörigen anzusehen, welche die Gemeinde behufs Erfüllung der geforderten Leistungen nach § 6 heranziehen darf? **91,** 293. — 3) Öffentlichrechtliche Natur des Anspruchs auf die Leistungen aus dem KLG. **91,** 294 — 4) Ist der Anspruch auf die Kriegsleistungsvergütung ein privatrechtlicher? **91,** 294. — 5) Zulässigkeit des Rechtswegs für den Anspruch des von der Gemeinde herangezogenen Dritten auf Auszahlung der Vergütung gegen die Gemeinde, welche die Vergütung für die Kriegsleistung vom Reiche erhalten hat, auch nach elsaß-lothringischem Landesrecht. **91,** 291. — 6) Der Rechtsweg ist nach § 33 ausgeschlossen sowohl für die Frage, ob überhaupt ein Anspruch auf Vergütung entstanden ist, als für die, wie hoch er zu bemessen ist. **92,** 97. — 7) Schuldner der Vergütung für die auf Grund der bewirkten Leistungen ist das Reich, nicht die Gemeinde und zwar auch dann, wenn diese nach § 6 den Dritten in Anspruch genommen hat. **92,** 98. — 8) Eine Zahlungsverpflichtung der Gemeinde nach § 7 Abs. 1 besteht erst, wenn die vom Reiche zu gewährende Vergütung der Höhe nach im Verwaltungsverfahren festgesetzt ist. **92,** 98. — 9) Unter „Gerichtsstand" in § 34 ist sowohl die örtliche wie die sachliche Zuständigkeit zu verstehen. **92,** 174. — 10) Für den Anspruch auf die Vergütung für Kriegsleistungen gegen den hamburgischen Staat besteht keine ausschließliche Zuständigkeit des Landgerichts. **92,** 174. — 11) Kriegsleistungen sind öffentliche Lasten, nicht öffentliche Abgaben. **92,** 176. — 12) Stellung und Versorgungsansprüche der gemäß § 28 Nr. 3 der Heeresverwaltung zur Verfügung gestellten Eisenbahnbeamten. **92,** 368. — 13) Die Bestimmungen des KLG schließen die Anwendung des RBeamtHaftG v. 22. Mai 1910 nicht aus. **93,** 199. — 14) Fällt der Anspruch gegen das Reich auf Ersatz des Schadens, der dadurch entstanden ist, daß ein für Kriegszwecke angeforderter Kraftwagen nach Beendigung des Gebrauchs für diese Zwecke nicht zurückgegeben ist, unter das KLG? **93,** 200. — 15) Amtspflicht des Beamten, für die Rückgabe von zu vorübergehender Benutzung für Kriegszwecke angefordertem Privateigentum zu sorgen. **93,** 201. — 16) Tritt bei der Enteignung auf Grund des KLG die Entschädigungssumme rücksichtlich der Eigentums- und sonstigen dinglichen Ansprüche an Stelle der enteigneten Sache? **94,** 22. — 17) Unzulässigkeit des Rechtswegs für den Anspruch auf Erstattung von Kriegs-

schaden nach der preuß. Kabinettsorder v. 4. Dezember 1831. **96**, 75. — 18) Zum Begriff des Kriegsschadens. **96**, 75. — 19) Zum Begriff der Kriegsleistungen. **96**, 218.

3. Kriegsgesetze und Kriegsverordnungen.

§ 382. Verordnungen zum Schutze der Kriegsteilnehmer und über Bewilligung von Zahlungsfristen.

1) Zum Begriff der „besonderen" Rechtsfolgen in § 1 BRVO über die Folgen der nicht rechtzeitigen Zahlung einer Geldforderung v. 18. August 1914; fallen darunter auch die durch Nichtzahlung eintretenden allgemeinen Rechtsfolgen? **91**, 17. — 2) Die zu 1 bezeichnete BRVO läßt nur Wiedereinsetzung des Schuldners in bereits entstandene, nicht aber die Verleihung neuer Rechte zu. **91**, 19. — 3) Kann auf Grund der vorbezeichneten BRVO angeordnet werden, daß die Befreiung des Versicherers nach § 39 VVG wegen Verzugs des Versicherten mit der Prämienzahlung als nicht eingetreten gilt? **91**, 17. — 4) Beweislast bei der Frage, ob die Lage des Schuldners die Anwendung der vorbezeichneten BRVO rechtfertigt. **91**, 21. — 5) Der Zeitpunkt der Entstehung der Forderung i. S. des § 1 der vorbez. BRVO bestimmt sich nicht nach der Fälligkeit, sondern nach der rechtlichen Begründung der Forderung **91**, 20. — 6) Zur Anwendung des § 36 Nr. 4 ZPO im Falle des § 4 BRVO v. 8. Juni 1916 über die Geltendmachung von Hypotheken. **91**, 42. — 7) Die nach der BRVO v. 8. Juni 1916 dem Schuldner und Hypothekenschuldner bewilligte Zahlungsfrist wirkt auch zugunsten des Bürgen. **93**, 92. — 8) Der Bürge kann nicht an Stelle des Hauptschuldners die gerichtliche Fristbewilligung nach der BRVO v. 8 Juni 1916 anrufen. **93**, 93. — 9) Die Bestellung eines Vertreters für den Kriegsteilnehmer nach BRVO v. 14. Januar 1915 kann schon vor Zustellung der Klage erfolgen. **94**, 215. — 10) Anwendungsgebiet der Bekanntm. v. 22. Dezember 1914, 4. November 1915 und 26. Oktober 1916 über die Verjährungsfristen. **95**, 33. — 11) Bedeutung der Außerkraftsetzung von Lieferfristen der EVO durch Bekanntm. v. 10. August 1914. **99**, 19.

§ 383. Verordnungen, betr. das gerichtliche Verfahren. Verordnung über die Todeserklärung Kriegsverschollener.

Gerichtliches Verfahren. 1) Erfordernisse des Tatbestandes nach § 24 BRVO zur Entlastung der Gerichte v. 9. September 1915. **91**, 62; **96**, 10. — 2) Zur Bedeutung des § 505 ZPO und der BRVO zur Entlastung der Gerichte v. 9. September 1915. **92**, 44. — 3) Die Bestellung eines Vertreters für den Kriegsteilnehmer nach BRVO v. 14. Januar 1915 kann schon vor Zustellung der Klage erfolgen. **94**, 215. — 4) Nach § 27 BRVO zur Entlastung der Gerichte v. 9. September 1915 kann der Rechtsstreit auch nach in der Berufungsinstanz an das zuständige Gericht verwiesen werden. **95**, 281. — 5) Steht § 1 Abs. 2 AusfGzFriedensvertrag auch der Fortsetzung eines bereits anhängigen Rechtsstreits entgegen? **99**, 243.

Todeserklärung. 1) Todeserklärung und Lebensvermutung nach der BRVO v. 18. April 1916 über die Todeserklärung Kriegsverschollener. **93,** 109. — 2) Beweislast bei Gehaltsansprüchen Kriegsverschollener. **93,** 110.

§ 384. Gesetze und Verordnungen zur Regelung der Preise. Kettenhandel.

1) Wirkt die PreisstVO v. 23. Juli 1915 ein auf die Schadensersatzforderung des Käufers, die sich auf einen Deckungskauf stützt? **93,** 134. — 2) Muß der Käufer bei der Preisberechnung für die Ware, mit der er sich eingedeckt hat, bei deren Weiterveräußerung nach der vorerwähnten BRVO den vom Verkäufer geleisteten oder zu leistenden Schadensersatz berücksichtigen? **93,** 134. — 3) Die Verweisung in § 2 BRVO über Höchstpreise für Rüben v. 26. Oktober 1916 auf § 1 umfaßt auch die dort in Abs. 3 vorbehaltenen Anordnungen der Landeszentralbehörde. **93,** 142. — 4) Greift § 2 BRVO über Höchstpreise für Rüben v. 26. Oktober 1916 auch dann platz, wenn bei Verkündung der BRVO nicht mehr der Anspruch auf Vertragserfüllung, sondern nur der auf Leistung eines schon vorher geforderten Schadensersatzes bestand? **93,** 142. — 5) Ergreift eine Höchstpreisfestsetzung, der nicht ausdrücklich rückwirkende Kraft beigelegt ist, auch solche Kaufverträge, die vor der Festsetzung zu höheren Preisen gutgläubig abgeschlossen und beim Inkrafttreten der Höchstpreise noch von keiner Seite erfüllt sind? **93,** 316; **94,** 284; **99,** 64, 124. — 6) Welche rechtliche Bedeutung hat eine Auskunft des Generalkommandos über die Tragweite der von ihm erlassenen Höchstpreisfestsetzung? **93,** 317. — 7) Ergreift das HöchstpreisG einen am Tage der Verkündung der Höchstpreisfestsetzung, jedoch vor deren Inkrafttreten, abgeschlossenen Vertrag auf Lieferung nach dem Zeitpunkt des Inkrafttretens? **94,** 283. — 8) Höchstpreise und gemeiner Handelswert. **96,** 125. — 9) Anwendung der Höchstpreisfestsetzungen auf im besetzten Gebiet, im Auslande, gekaufte Ware. **96,** 125. — 10) Bei Verlust von Gütern, für die ein Höchstpreis besteht, hat die Eisenbahn als gemeinen Handelswert oder gemeinen Wert nicht mehr zu ersetzen als den Höchstpreis. **96,** 125. — 11) Bei der Prüfung der Angemessenheit des Gewinns i. S. der PreisstVO sind nicht die Prozentsätze der Aufschläge zum Einkaufspreis in Friedens- und Kriegszeit, sondern die Beträge selbst miteinander zu vergleichen. **96,** 239. — 12) Der Gewinn dessen, der wirtschaftlich nur als Vermittler tätig wird, hat sich, auch wenn er rechtlich als Eigenhändler auftritt, in den Grenzen zu halten, wie er einem Agenten oder Kommissionär zustehen würde. **96,** 239. — 13) Zum Begriff des Kettenhandels. **96,** 240, 330, 344; **98,** 1, 62; **99,** 50. — 14) Stellt die Lieferung der Ware an den Käufer, der sie mit übermäßigem Gewinn weiterveräußern will, eine strafbare Beihilfe zu dem Vergehen der Preistreiberei dar? Darf der Verkäufer eine solche Lieferung verweigern? **96,** 240; **99,** 157. — 15) Ist gegenüber einer, unter der Geltung der PreisstVO in der Fassung vom 23. März 1916 entstandenen, Schadensersatzforderung der Einwand, daß der Preis einen übermäßigen Gewinn enthalte, auch dann zulässig, wenn der festgesetzte Höchstpreis innegehalten ist? **96,** 284. — 16) Wird die Zulässigkeit dieses

Einwands durch den Erlaß der PreistrVO v. 8. Mai 1918 beseitigt? **96**, 284. — 17) Zum Begriff der Lebensmittel in § 11 VO über den Handel mit Lebens- und Futtermitteln v. 24. Juni 1916. **96**, 330. — 18) Macht der Verstoß gegen das Kettenhandelsverbot den Vertrag nichtig? **96**, 330; **98**, 2, 62; **99**, 52. — 19) Das Fehlen der durch VO v. 24. Juni 1916 erforderten Erlaubnis zum Handel mit Lebens- und Futtermitteln macht den Kaufvertrag nicht ungültig. **96**, 332, 344. — 20) Die Annahme des Kaufpreises auf Grund eines ohne die nach VO v. 24. Juni 1916 erforderliche Erlaubnis abgeschlossenen Geschäfts verstößt nicht gegen ein gesetzliches Verbot oder gegen die guten Sitten. **96**, 345. — 21) Rechtliche Bedeutung und Geltungsbereich einer Anerkennung der unteren Verwaltungsbehörde nach § 1 Abs. 2 Satz 2 der VO über Höchstpreise für Äpfel v. 7. Oktober 1916. **96**, 348. — 22) Überschreitung der von der Kriegsrohstoffabteilung festgesetzten Richtpreise; Verstoß gegen die guten Sitten? Rechtliche Folgen. **97**, 82. — 23) Zum Begriff des Übernahmepreises in § 2 Abs. 4 HöchstpreisG. Rechtsweg. **98**, 40. — 24) Inwieweit ist der Rechtsweg durch § 3 BRVO gegen übermäßige Preissteigerung ausgeschlossen? **97**, 235. — 25) Keine Anwendung des § 5 Nr. 3 BRVO v. 23. März 1916 und des § 11 VO v. 24. Juni 1916 auf im Ausland getätigte Kaufgeschäfte. **98**, 1. — 26) Waschmittel als Gegenstände des täglichen Bedarfs. **98**, 62. — 27) Der innere Tatbestand des unerlaubten Kettenhandels erfordert nur die Kenntnis vom Vorliegen der objektiv vom Gesetze gemißbilligten Tatbestandsmerkmale und den Willen, sie zu verwirklichen, nicht die Absicht, eine Verteuerung herbeizuführen. **98**, 63. — 28) Darf der Händler als Verkäufer deshalb vom Vertrage zurücktreten, weil auf Grund einer KriegsVO die behördliche Erlaubnis zur Lieferung nur unter Beschränkung des vertraglich bedungenen Händlergewinns erteilt wird? **98**, 260. — 29) Zum Begriff der Gegenstände des täglichen Bedarfs in der PreistrVO. **98**, 294. — 30) Zigarren und Tabak als Gegenstand des täglichen Bedarfs. **98**, 294. — 31) Welche Rechtsfolgen hat ein Verstoß gegen § 1 Abs. 1 Nr. 1 der PreistrVO? **98**, 293; **100**, 41. — 32) Kognakverschnitt als Gegenstand des täglichen Bedarfs. **99**, 50. — 33) Befugnis des kommandierenden Generals zur Festsetzung von Höchstpreisen. **99**, 61. — 34) Zum Erfordernis der hinreichenden Bekanntmachung einer die Festsetzung von Höchstpreisen enthaltenden VO. **99**, 63. — 35) Ergreift eine Anordnung, daß höhere Preise „nicht gefordert und nicht gezahlt" werden dürfen, auch vor der Festsetzung gutgläubig abgeschlossene, noch nicht erfüllte Verträge? **99**, 60. — 36) Berechtigung des Verkäufers zur Lieferungsweigerung, wenn er erfährt, daß der Käufer mit der Ware Preiswucher und Kettenhandel treibt. **99**, 157. — 37) Erlensperrholz als Gegenstand des täglichen Bedarfs. **99**, 157. — 38) Wirkt eine Verfügung des Kriegsamts, durch welche bestimmten Personen der Handel mit zwecks Sicherstellung des Kriegsbedarfs beschlagnahmter Ware zu Höchstpreisen gestattet ist, auf früher geschlossene Verträge? **99**, 122. — 39) Der Frachtführer hat nach §§ 430, 457 HGB § 88 EVO den gemeinen Handelswert oder den gemeinen Wert auch dann zu ersetzen, wenn der Berechtigte hierdurch einen die

Grenzen der VO gegen Preistreiberei übersteigenden Gewinn erzielt. **100,** 104. — 40) Findet die VO gegen Preistreiberei Anwendung auf Geschäftsabschlüsse, die der Lieferung nach dem Auslande vorausgehen und dieser dienen sollen? **100,** 236. — 41) Dolus eventualis beim Kettenhandel. **100,** 237.

§ 385. Verordnungen gegen das Ausland.

I. Verordnungen betr. die Überwachung und Verwaltung ausländischer Unternehmungen.

1) Rechtliche Stellung des Zwangsverwalters nach der BRVO v. 26. November 1914. **93,** 136; **94,** 52. — 2) Ist die Entlassung eines Angestellten des unter Zwangsverwaltung gestellten Unternehmens als eine obrigkeitliche Anordnung oder als eine privatrechtliche Handlung des Zwangsverwalters anzusehen? Rechtsweg? **93,** 137. — 3) Rechtliche Stellung des Liquidators feindlicher Unternehmungen nach den BRVOen v. 31. Juli 1916 und 14. März 1917. Ist der Rechtsweg gegeben für die Abwehrklage gegenüber der Veräußerung von Vermögensstücken durch den Liquidator? **93,** 259. — 4) Steht dem Gericht die Prüfung der Rechtsgültigkeit der BRVOen v. 31. Juli 1916 und 14. März 1917 zu? **93,** 260. — 5) Kann der nach der BRVO v. 26. November 1914 bestellte Zwangsverwalter die Herausgabe von Wertpapieren verlangen, die zu dem seiner Verwaltung unterstellten Unternehmen gehören, aber bei Dritten hinterlegt sind, wenn er den Hinterlegungsschein nicht vorlegen kann? **94,** 51. — 6) Der gemäß BRVO v. 26. November 1914 bestellte Zwangsverwalter ist nicht gesetzlicher Vertreter des Angehörigen des feindlichen Staats, sondern er versieht ein zur Wahrung staatlicher Interessen bestimmtes öffentliches Amt. **94,** 52.

II. Sonstige gegen das Ausland gerichtete Verordnungen.

1) Die BRVO über die Fälligkeit im Ausland ausgestellter Wechsel v. 10. August 1914 betrifft nur diejenigen Wechsel, welche einen ausländischen Ausstellungsort enthalten, nicht auch diejenigen, welche tatsächlich im Ausland ausgestellt sind, aber einen inländischen Ort als Ausstellungsort angeben. **91,** 130. — 2) Verhältnis der BRVO v. 1. Juli 1915 über gewerbliche Schutzrechte feindlicher Staatsangehöriger zu § 11 Abs. 1 PatG. **93,** 51. — 3) Wirkung der Stundung nach § 2 BRVO v. 30. September 1914 betr. Zahlungsverbot gegen England auf die Verjährung vor Erlaß der VO fällig gewordener Forderungen. **94,** 229. — 4) Zum Begriff des „Erwerbes des Anspruchs" in § 2 Abs. 2 Satz 1 vorbez. VO. **94,** 231. — 5) Wirkt die Stundung des § 2 vorbez. VO auch gegenüber dem deutschen Wechselindossatar, der den Wechsel an eine im feindlichen Ausland befindliche Person verpfändungshalber weitergegeben hat und demnächst diese Wechselforderung gegen den im Inland befindlichen Akzeptanten geltend machen will? **94,** 231. — 6) Zweck und Anwendung des § 2 Abs. 2 der vorbez. VO. **94,** 232.

§ 386. Kriegswirtschaftliche Verordnungen.

1) Die BRVO über Öle und Fette v. 8. November 1915 findet auch auf vorher betätigte Schlüsse Anwendung. **91**, 282. — 2) Der Ausdruck „Absetzen" in § 3 der vorbez. BRVO ist im weitesten Sinne zu verstehen; jede räumliche, aber auch jede einen Eigentumswechsel darstellende Veränderung hat ausgeschlossen werden sollen. **91**, 282. — 3) Zeitpunkt des Inkrafttretens der vorbez. VO. **91**, 339. — 4) Ist der Rechtsweg zulässig für den Anspruch auf Zahlung des Übernahmepreises nach §§ 5, 7 der Bekanntm. über Tee v. 6. April 1916? Steht den Gerichten die Nachprüfung zu, ob eine endgültige Festsetzung des Übernahmepreises erfolgt ist? **91**, 388, 390. — 5) Zur Auslegung der Bekanntm. des preuß. Kriegsministers v. 16. Mai 1916, betr. Beschlagnahme und Bestandserhebung von Lumpen und neuen Stoffabfällen. Bildet die Bekanntmachung einen Akt der Gesetzgebung? Ist ihr durch das Rundschreiben der Kriegswollbedarf-Akt.-Ges. v. 25 Juli 1916 rückwirkende Kraft verliehen? **91**, 424. 427. — 6) Zum Begriff der Verfügung in § 4 BRVO über die Sicherstellung von Kriegsbedarf. **92**, 35; **99**, 124. — 7) Die in § 4 dieser VO vorgesehene Beschlagnahme trifft in erster Linie den Eigentümer und soll einen Eigentumswechsel vom Zeitpunkt der Beschlagnahme an verhindern; sie begründet deshalb die Unmöglichkeit der Erfüllung eines bereits vorher abgeschlossenen Lieferungsvertrags. **92**, 36. — 8) Zur Auslegung der BRVO über den Handel mit Arzneimitteln v. 22. März 1917. Als Handel i. S. des § 1 gilt auch die Entgegennahme der zum Zweck des Weiterverkaufs angekauften Ware seitens des Käufers. **92**, 356. — 9) Zur Anwendung des § 281 BGB bei Unmöglichkeit der Leistung infolge Beschlagnahme. **92**, 369. — 10) In welchem Umfange ist der Rechtsweg nach den AusfBestimmungen des Reichskanzlers v. 22. März 1916 zur BRVO v. 18. März 1916 über die Einfuhr von Vieh und Fleisch sowie von Fleischwaren ausgeschlossen? **92**, 374; **100**, 143. — 11) Zur Auslegung der VOen über Kriegswirtschaftsmaßnahmen zur Sicherung der Volksernährung. **92**, 375, 376. — 12) § 3 der BRVO v. 5. August 1916 über die Verarbeitung von Gemüse betrifft nur Verträge, die zwischen dem Veräußerer von Gemüse und dem Hersteller von Dörrgemüse unmittelbar geschlossen sind, nicht Verträge des Zwischenhandels. **93**, 140. — 13) Zum Begriff der rechtsgeschäftlichen Verfügung im § 4 Abs. 2 BRVO über die Beschlagnahme von Fässern v. 28. Juni 1917 und in der Bekanntmachung des Reichskommissars für Faßbewirtschaftung v. 1. August 1917. **94**, 82, 83. — 14) Sind früher abgeschlossene Lieferungsverträge mit dem Inkrafttreten der vorbezeichneten BRVO nichtig geworden? **94**, 82. — 15) § 4 der Bekanntmachung betr. AusfBestimmungen zur BRVO über den Verkehr mit Seife usw. v. 18. April 1916 findet Anwendung auch auf vor der Verkündung der Bekanntm. geschlossene Verträge. **95**, 129. — 16) Ist die Rückforderung nach § 817 Satz 2 BGB bei einem nur objektiven Verstoße gegen in den Kriegsverordnungen enthaltene Verbotsgesetze ausgeschlossen? **95**, 348. — 17) Sind Verträge, die gegen das Verbot des § 6 BRVO über die Sicherstellung von Kriegsbedarf v. 24. Juni/25. November 1915 verstoßen, nichtig? **95**, 348;

99, 124; **100,** 160, 248. — 18) Das Verbot der Abgabe von Seife an Wiederverkäufer in § 4 Bekanntm. v. 18. April 1916 richtet sich nur gegen den Veräußerer, nicht gegen den Käufer. **96,** 79. — 19) Der Erwerber eingeführter Auslandsseife wird von der BRVO über die Einfuhr von pflanzlichen und tierischen Ölen und Fetten sowie Seifen v. 4. März 1916 und den AusfBestimmungen des Reichskanzlers dazu v. 8. März 1916 nur dann betroffen, wenn er sich der Teilnahme an der Zuwiderhandlung gegen diese VOen schuldig gemacht hat. **96,** 79. — 20) Anwendungsbereich und rechtliche Bedeutung des § 7 Abs. 2 BRVO über den Verkehr mit Webwaren v. 10. Juni 1916; Zulässigkeit der Nachholung des schriftlichen Auftrags. **96,** 94. — 21) Rechtliche Stellung und Befugnisse der kriegswirtschaftlichen Organisationen, insbesondere des Kriegsausschusses für pflanzliche und tierische Öle und Fette und der Zentraleinkaufsgenossenschaft. **96,** 107; **99,** 149; **100,** 144. — 22) Öffentlichrechtliche Lieferungs- und Abnahmepflicht nach den AusfBestimmungen zur BRVO über die Einfuhr von Walnüssen und Haselnüssen v. 7. September 1916. Erlöschen der Lieferungspflicht durch Ablehnung der Übernahme seitens des Kriegsausschusses. **96,** 108. — 23) Auslegung von Erklärungen des Kriegsausschusses in Betreff der Übernahme eingeführter ablieferungspflichtiger Waren; Freigabeerklärungen oder „programmatische Kundgebungen"? **96,** 112. — 24) Wird ein Kriegsausschuß durch eine privatrechtliche Verpflichtung zur Freigabe ablieferungspflichtiger Ware an der freien Ausübung seines Übernahmerechts verhindert? **96,** 112. — 25) Wird durch § 17 Abs. 4 der PreußAusfAnweisung v. 8. September 1916 zur BRVO v. 27. März 1916 über Fleischversorgung der Rechtsweg ausgeschlossen für einen auf die Behauptung ungesetzlicher Enteignung gestützten Schadensersatzanspruch gegen den Staat? **97,** 179. — 26) Zum Begriff der Lieferungsverträge in § 4 BRVO betr. die private Schwefelwirtschaft v. 13. November 1915. **97,** 246. — 27) Das in § 4 der vorbez. BRVO vorgesehene Außerkrafttreten von Lieferungsverträgen ist ein endgültiges; kein Wiederaufleben der Verpflichtung nach dem Aufhören der Geltung der VO. **97,** 249. — 28) Bereicherungsanspruch wegen der Leistungen aus einem durch § 4 der BRVO v. 13. November 1915 außer Kraft gesetzten Lieferungsvertrage. **97,** 251. — 29) Zum Begriff des Übernahmepreises in den Kriegsgesetzen und Verordnungen. Rechtsweg. **98,** 40. — 30) Kann aus einem Kaufvertrage, der nach der BRVO v. 15. März 1918, betr. die Veräußerung landwirtschaftlicher Grundstücke, der behördlichen Genehmigung bedarf, vor deren Erteilung auf Erfüllung geklagt werden? **98,** 244. — 31) Die vorbez. BRVO bezieht sich auch auf schuldrechtliche Verträge, die die Verpflichtung zur Übereignung zum Gegenstand haben. **98,** 245. — 32) Für die zeitliche Anwendung dieser BRVO ist entscheidend, ob der Vertrag nach ihrem Inkrafttreten zum Abschluß gekommen ist. **98,** 245. — 33) Nichtigkeit des Kaufvertrags, der ohne die nach der DevisenVO v. 8. Februar 1917 erforderliche Genehmigung der Reichsbank geschlossen ist. **98,** 254. — 34) Wem liegt die Beschaffung der nach § 3 DevisenVO erforderlichen Genehmigung der Reichsbank zur Zahlung nach dem Auslande ob? **98,** 257. — 35) Unzulässigkeit des Rechtswegs gegenüber militärhoheitsrechtlichen Beschlagnahmen, auch für den Streit über die behufs Freigabe der beschlagnahmten Ware hinterlegten Werte. **99**, 41. — 36) Ist, wenn das Kriegsamt jemandem den Handel mit Waren, die gemäß BRVO über die Sicherstellung von Kriegsbedarf beschlagnahmt worden, zu Höchstpreisen gestattet hat, auch die fernere Lieferung aus vorher geschlossenen Verträgen nur zu diesen Höchstpreisen zulässig? **99**, 122. — 37) Verschiedenheit des Zwecks von Höchstpreisverordnungen und Beschlagnahmeverfügungen zwecks Sicherstellung des Kriegsbedarfs. **99**, 124. — 38) Anwendung der BRVOen über die Einfuhr von Fischen auf Verfügungen über eine auf dem Transport nach Deutschland befindliche, zur Einfuhr bestimmte Ware. **99**, 149. — 39) Kann die Zentral-Einkaufs-GmbH aus dem Ausland eingeführte Butter auch dann an sich ziehen, wenn diese von dem Einführenden bereits weitergegeben ist. AusfBest v. 15. November 1915. **99**, 236. — 40) Ausschluß des Rechtswegs für die Schadensersatzklage des Erwerbers der Butter gegen die Zentral-Einkaufsgesellschaft. **99**, 240. — 41) BRVO über die Einfuhr von Vieh usw. v. 18. März 1916 und AusfBest v. 22. März 1916 als Schutzgesetze i. S. des § 823 Abs. 2 BGB zugunsten der Zentral-Einkaufsgesellschaft. **100**, 146. — 42) Hat der Verkäufer oder der Käufer die zur Freigabe einer beschlagnahmten Ware erforderliche behördliche Bescheinigung zu beschaffen? **97**, 257; **98**, 260. — 43) Ist ein gegen die VO über die Sicherstellung von Kriegsbedarf verstoßender Kaufvertrag nichtig, wenn die Vertragschließenden die Beschlagnahme der Ware nicht kannten? Kann eine auf Grund eines solchen Kaufs erfolgte Leistung zurückgefordert werden, wenn die Parteien zur Zeit einer späteren Leistung bereits erhebliche Bedenken gegen die gesetzliche Zulässigkeit der Veräußerung hatten? **100**, 160. — 44) Nichtigkeit des gegen die Bekanntm. über Pferdefleisch v. 13. Dezember 1916 / 14. Juni 1918 verstoßenden Ankaufs von Pferden zur Schlachtung. **100**, 238. — 45) Nichtigkeit eines gegen § 9 Nr. 2 Bekanntm. über Brotgetreide und Mehl v. 28. Juni 1915/29. Juni 1916 verstoßenden Vertrags. **100**, 240. — 46) Nichtigkeit eines gegen § 7 Bekanntm. über die Regelung des Verkehrs mit Web- Wirk- und Strickwaren v. 10. Juni 1916 verstoßenden Vertrags. **100**, 240. — 47) Rechtsweg wegen gesetzwidriger Verwertung beschlagnahmter Lebensmittel durch das Lebensmittelamt. **100**, 219. — 48) Nichtigkeit eines gegen die PreußKriegsministerialverf v. 1. April 1915 über Verkauf von Bankazinn verstoßenden Vertrags. **100**, 247. — 49) Sittenwidrigkeit des Ankaufs beschlagnahmter Gegenstände des Kriegsbedarfs zu Privatzwecken. **100**, 249.

§ 387. Der Friedensvertrag und seine Ausführung.

(Die Artikel bezeichnen die des Friedensvertrags v. 28. Juni 1919.)

1) Zum Begriff des „Geltendmachens" von Forderungen i. S. des § 1 Abs. 2 RAusfGzFriedensvertrag. Auch die Fortführung eines anhängigen Verfahrens fällt darunter. **98**, 258; **99**, 241. — 2) Unzulässigkeit

des Revisionsverfahrens nach Art. 296 § 1 Abs. 2 RAusfG. **98**, 259. — 3) **Berücksichtigung des Art. 274** Abs. 2 bei der Fassung eines **Unterlassungsurteils. 99**, 136. — 4) Zu Art. 308. **99**, 147. — 5) **Grenzen des Verordnungsrechts des** Intern. Ausschusses für Oberschlesien nach § 3 Anl. zu Art. 88. **99**, 235. — 6) Einfluß des Friedensvertrags auf die gemeinsame Einklagung einer Forderung durch Deutsche und einem Engländer gegen einen Deutschen. **99**, 241.

II

Alphabetisches Register

(Die fetten Ziffern bezeichnen den Band, die gewöhnlichen die Seiten.)

A

Abandon. 1) Kann eine vorzeitige Abandonerklärung nachträglich wirksam werden? **92,** 252. — 2) Kann der Abandon auf Bedrohung mit einer solchen Art des Totalverlustes gestützt werden, welche dem Versicherer nicht zur Last fällt? **94,** 219. — 3) Abandon bei der Landtransportversicherung. **96,** 310. — 4) Rechtfertigt die Anhaltung des Schiffes für sich allein den Abandon wegen der Güter? **96,** 312. — 5) Versicherer-Abandon. **96,** 319; **98,** 168.

Abandon des Gewerken. **96,** 113.

Abfindungsrechte. In welcher Abteilung des Grundbuchs waren gesetzliche Abfindungsrechte bei bäuerlichen Grundstücken nach älterem braunschweigischen Grundbuchrecht einzutragen? **94,** 7.

Abgaben. Zum Begriff der öffentlichen Abgaben. **92,** 176.

Abkömmling. Pflichtteilsrecht des entfernteren Abkömmlings. **93,** 194.

Abladegeschäfte. 1) Gefahrübergang bei Abladegeschäften in Gattungsware. **92,** 129. — 2) Folgen der Unmöglichkeit der vereinbarten Zahlung durch Bankrembours. **91,** 47; **92,** 226, 391. — 3) Gefahrübergang bei Cif-Abladegeschäften. Bedeutung der Rye Terms-Klausel des La Plata-Getreidevertrages. **93,** 166; **96,** 230. — 4) Gefahrübergang beim Cif-Abladegeschäft nach § 447 BGB. **93,** 330. — 5) Kann der Käufer, wenn die unmittelbare Einfuhr der Ware durch den Krieg unmöglich geworden ist, Lokoware oder in neutralen europäischen Häfen befindliche Ware verlangen? **97,** 183. — 6) Beweislast für die Abladung vertragsmäßiger Ware, wenn die Ware unterwegs verloren gegangen ist. **97,** 152.

Abladeklausel. Typische Abladeklausel; Bedeutung der Abweichung von ihr. **97,** 184.

Ablader. 1) Unwirksamkeit eines vom Ablader dem Konnossement beigefügten Vermerkes. **93,** 113. — 2) Haftet der Ablader für den durch das Frachtgut verursachten Schaden? **93,** 164. — 3) Ist der Ablader Absender i. S. des § 45 BinnenschG? **93,** 165. — 4) Verfolgungsrecht des Abladers und Anspruch des Konnossementsinhabers. **98,** 337.

Abladewert. Seine Bedeutung für die Bemessung der vom Versicherer zu gewährenden Entschädigung. **94,** 105.

Ablaufshemmung. Wann beginnt der Lauf der in § 207 BGB bestimmten Frist, wenn der Nachlaß durch einen Testamentsvollstrecker vertreten wird? **100,** 281.
Ablehnung. Unbeachtlichkeit der mißbräuchlichen Ablehnung von Richtern und Schiedsrichtern. **92,** 230.
Ablieferung. Zum Begriffe der Ablieferung in § 377 HGB. **91,** 290; **92,** 273.
Ablösungsrecht. 1) Wirkung der Ausübung des Ablösungsrechts nach §§ 268 Abs. 1, 1150 BGB. und des hierdurch bewirkten Forderungsübergangs auf den Ablösenden bei rückständigen Amortisationsbeiträgen. **91,** 297. — 2) Ablösungsrecht des Pächters. **91,** 302. — 3) Zweck des Ablösungsrechts. **91,** 303.
Abnahme. Zum Begriff der Abnahme. **97,** 252.
Abnahmepflicht des Käufers, regelmäßig nur Nebenverpflichtung. **92,** 270.
Abnahmeverzug. Folgen des Abnahmeverzuges des Käufers; Anwendung des § 326 BGB? **92,** 270.
Abrechnung. 1) Zum Begriff der Abrechnung in § 782 BGB. **95,** 20. — 2) Enthält die widerspruchslose Entgegennahme der Abrechnung ein Schuldanerkenntnis i. S. des § 781 BGB? **95,** 20. — 3) Erfordernisse der Abrechnung über die im Rahmen eines Gesellschaftsverhältnisses geführten Geschäfte. **100,** 150.
Abrechnungsverkehr. Abrechnungsverkehr der Banken bei der Reichsbank; Einfluß auf das Vertragsverhältnis der Banken zu ihren Auftraggebern. **91,** 119.
Abschreibungen. Anfechtung der Jahresbilanz einer GmbH. wegen Abschreibungen behufs Bildung einer Rücklage für künftige Ausgaben und Verluste. **94,** 213.
Absender. 1) Zum Begriff des Absenders in § 45 BinnenschG. **93,** 165. — 2) Haftung des Absenders wegen unrichtiger Angaben im Frachtbrief. **96,** 277. — 3) Gegenorder des Absenders. **98,** 337.
Absetzen. Zum Begriff des „Absetzens“ in § 3 BRVO über Öle und Fette v. 8. November 1915. **91,** 282, 340.
Absolute Rechte. Wird durch die Erteilung der ausschließlichen Berechtigung zur Legung elektrischer Leitungen im Gebiete einer Gemeinde nach rheinischem Rechte ein absolutes Recht begründet? **91,** 170.
Abstrakter Schaden. 1) Zur Berechnung des abstrakten Schadens im Falle des § 326 BGB und bei Unmöglichkeit der Erfüllung. **91,** 31, 102. — 2) Welcher Zeitpunkt ist der Berechnung des abstrakten Schadens zugrundezulegen? **98,** 213. — 3) Unter welchen Voraussetzungen ist die abstrakte Schadensberechnung zulässig? Ist sie zulässig bei Nichterfüllung von Heereslieferungen an den Fiskus? **99,** 46. — 4) Wird die abstrakte Schadensberechnung des Käufers durch einen Deckungskauf ausgeschlossen? **99,** 48. — 5) Unzulässigkeit der Forderung des abstrakten Schadenersatzes bei Veräußerungsgeschäften, soweit darin ein unzulässiger Gewinn enthalten wäre. **100,** 105, 113. — 6) Unzulässigkeit der abstrakten Schadensberechnung, wenn tatsächlich ein Schaden nicht entstanden ist. **100,** 113.

Abtretung. Verlangen der Abtretung nach § 13 Nr. 1 PreußFluchtlinienG. **92,** 92.
Abtretung von Forderungen und anderen Rechten. Syst. Reg. § 112, S. 107.
Abtretungsurkunde. § 409 BGB. enthält eine Schutzbestimmung für den Schuldner; der Schuldner kann die Unwirksamkeit der beurkundeten Abtretung einwenden. **93,** 76.
Abwehrklage. Syst. Reg. § 63 S. 65.
Abwesenheitspflegschaft. 1) Beschwerderecht des Pflegers. **98,** 264. — 2) Zum Begriff der Abwesenheit in § 1911 BGB. **98,** 264.
Abwicklungsgeschäfte. Unter welchen Voraussetzungen sind Abwicklungsgeschäfte auf Grund von Aufträgen von dem Grundstücksumsatzstempel befreit? **94,** 296, 299.
Abzahlungsgeschäfte. 1) Die Anwendung des G. v. 16. Mai 1894 wird nicht dadurch ausgeschlossen, daß in dem Preis zugleich ein Anteil des von dem Erwerber mittels der Sache zu erzielenden Gewinns enthalten sein soll. **96,** 297. — 2) Zurücknahme der Sache seitens des Verkäufers gilt als Rücktrittserklärung nach § 5 G. v. 16. Mai 1894, auch wenn der Verkäufer eine solche Erklärung nicht abgeben wollte. **96,** 297.
Achskunden. **92,** 352.
Actes administratifs und **actes de gestion.** Die Vorenthaltung der vom Reiche der Gemeinde gewährten Vergütung für eine Kriegsleistung gegenüber dem Dritten, den die Gemeinde zur Leistung herangezogen hat, stellt nur einen acte de gestion dar. **91,** 296.
Actio empti venditi. Haftung des Grundstücksverkäufers beim Mangel der zugesagten Grunddienstbarkeit nach gemeinem Recht. **93,** 72.
Actio negatoria. S. Syst. Reg. § 63 S. 65.
Actio pro socio. Klage des einzelnen Gesellschafters auf Rechnungslegung gegen den Liquidator, der selbst Gesellschafter ist. **91,** 36.
Adäquater Zusammenhang. 1) Adäquater Zusammenhang zwischen Unfall und Vorteilsfolge als Voraussetzung der Vorteilsausgleichung. **92,** 60; **93,** 145; **100,** 90. — 2) Erfordernisse des adäquaten Zusammenhangs. **94,** 10, 32; **97,** 114, 210. — 3) Adäquater Zusammenhang zwischen zeitlich weit auseinander liegenden Ereignissen. **95,** 75. — 4) Berücksichtigung des adäquaten Zusammenhangs im Versicherungsvertragsgesetz und in den Allg. Versicherungsbedingungen. **99,** 283.
Adel. 1) Die Zugehörigkeit zum Adel ist eine Frage des öffentlichen Rechts. **95,** 273. — 2) Rechtsweg und Rechtsschutzbedürfnis für die Klage auf Unterlassung der Führung des Adelsprädikats. **95,** 273.
agere non valenti non currit praescriptio. Inwieweit gilt dieser Rechtssatz nach BGB? **94,** 180.
Agenten, Agenturvertrag. S. Syst. Reg. § 214 S. 190.
Akkreditiv. 1) Auslegung der Vereinbarung „Netto Kasse aus einem heute telegraphisch zu eröffnenden Akkreditiv". Folgen des Verzugs mit der Akkreditierung. **96,** 255. — 2) Inwieweit hat eine die Akkreditivstellung ausführende Bank die Erfüllung des unterliegenden Geschäfts zu prüfen? **97,** 114.

Aktien. 1) Dauernde Wertlosigkeit einer **Aktie** steht rechtlich ihrem Untergang gleich. **96,** 185. — 2) Verlangen **der** Herausgabe von Stücken mit bestimmten Nummern **als unzulässige** Rechtsausübung, wenn die Aktien wertlos geworden **waren. 96,** 184.

Aktienbezugsrechte. Inwieweit sind sie veräußerlich und vererblich? **97,** 240.

Aktiengesellschaft, Aktionäre. S. Syst. Reg. § 218 S. 193.

Aktiver Militärdienst. Zum Begriff des aktiven Militärdienstes. Schiffsjungen stehen nicht im aktiven Militärdienst. **92,** 286.

Aktivlegitimation. 1) Rechtsschutzbedürfnis als Voraussetzung der Prozeßführung in eigenem Namen zufolge Ermächtigung des Anspruchsberechtigten. **91,** 390. — 2) Aktivlegitimation des Ehemannes zur Klagerhebung wegen einer der Frau angefallenen Erbschaft. **92,** 157. — 3) Mangel der Aktivlegitimation des Zessionars bei Nichtigkeit der Abtretung der Klageforderung. **93,** 75. — 4) Aktivlegitimation bei Ersatzansprüchen wegen Bergschadens. **93,** 262; **95,** 76. — 5) Klagebefugnis der Teilhaber einer offenen Handelsgesellschaft bei gegen diese gerichteten beleidigenden Angriffen. **95,** 341. — 6) Aktivlegitimation des Ehemanns zur Geltendmachung des Anspruchs seiner Frau auf Schmerzensgeld. **96,** 97. — 7) Aktivlegitimation bei mehreren Testamentsvollstreckern. **98,** 174. — 8) Ist ein Anwaltverein zur Klagerhebung **aus** § 13 **UWG** legitimiert? **99,** 191.

Alleingesellschafter. 1) Verschiedenheit der Rechtspersönlichkeit der GmbH und ihres alleinigen Gesellschafters. **92,** 84. — 2) Keine Anwendung des § 419 BGB auf die Ausschüttung des Gesellschaftsvermögens durch den Liquidator der GmbH an deren alleinigen Gesellschafter. **92,** 85.

Alleinverkaufsrecht. 1) Übertragung des Alleinverkaufsrechtes für einen bestimmten Bezirk als Dienstvertrag; keine Anwendung des § 326 BGB. **92,** 159. — 2) Alleinverkaufsrecht „für die Dauer ausreichender Geschäftsverbindung". Kündigung durch den Geschäftsherrn. **95,** 166

Allgemeine Seeversicherungsbedingungen. S. Syst. Reg. § 254 S. 215

Allgemeines Interesse. Kann der Verkäufer, der der Kriegsverhältnisse wegen nicht sämtliche Lieferungsverträge voll erfüllen kann, sich damit verteidigen, daß er im Interesse der Allgemeinheit seine Vorräte unter seine Kunden gleichmäßig verteilen müsse? **91,** 333.

Alpaka, karbonisierte. Wird sie von der Bekanntm. des preuß. Kriegsministers v. 16. Mai 1916, betr. Beschlagnahme und Bestandserhebung von Lumpen usw., betroffen? **91,** 424.

Alterszulagen. Voraussetzungen des Rechtsanspruchs eines Gemeindebeamten auf Alterszulagen. **95,** 169.

Amortisationsbeiträge. 1) Amortisationsbeiträge zur Tilgung einer Hypothek sind, auch wenn sie in der Form von Zuschlägen zu den Zinsen festgesetzt werden, nicht Nebenleistungen i. S. des § 1178 Abs. 1 Satz 1 BGB. **91,** 299. — 2) Mehr als 2 Jahre rückständige Amortisationsbeiträge gehören, auch wenn sie durch Ausübung eines Ablösungsrechts auf den Ablösungsberechtigten übergegangen sind, in die 8. Rangklasse nach § 10 ZVG. **91,** 297.

Amtspflichten. Amtspflichtverletzungen. S. Syst. Reg. § 145 zu § 839 BGB S. 153, Haftung öffentlichrechtlicher Körperschaften für Amtspflichtverletzungen ihrer Beamten s. Syst. Reg. § 147 S. 157.

Amtsüberschreitung. Haftung bei solcher nach § 839 BGB. **99,** 288.

Amtsverschwiegenheit. Die Pflicht des Staatsanwalts zur Amtsverschwiegenheit richtet sich nach dem Rechte des Staats, in dessen Diensten er steht. **92,** 355.

Analogie. S. Syst. Reg. § 5 II S. 15.

Andere Ware. Zum Begriff der „anderen als der bedungenen Ware" in § 378 HGB. **93,** 46.

Anerkennung. Kann die Anerkennung des Anspruchs auf Erfüllung eines nicht rechtswirksamen Vertrags im Prozesse eine vertragliche Bindung bewirken? **100,** 147.

Anfechtung der Ehe s. Syst. Reg. § 174 S. 176, von Rechtsgeschäften § 37 I S. 49, von Rechtshandlungen eines Schuldners außerhalb des Konkurses § 153 S. 161, im Konkurse § 356 S. 261.

Anfechtung der Ehelichkeit eines Kindes. **96,** 70.

Anfechtungsklage nach § 271 HGB. Voraussetzungen; Beachtung der Ausschlußfrist des § 271 Abs. 2 HGB von Amts wegen; Unzulässigkeit des Nachschiebens neuer Klaggründe nach Ablauf der Ausschlußfrist. **91,** 322.

Angehörige des Mieters und des Inhabers einer Dienstwohnung, Schadensersatzanspruch wegen Gesundheitsschädigung infolge von Mängeln der Wohnung. **91,** 21.

Angestelltenverband. Verstößt die Befragung gewerblicher Angestellter über die geschäftlichen Verhältnisse ihrer Arbeitgeber gegen § 823 Abs. 1, § 826 BGB, § 17 UWG? **92,** 133.

Anhaltung. 1) Zum Begriff der Anhaltung in § 861 HGB, § 116 ASVB; Sequestierung deutschen Eigentums durch die portugiesische Regierung während des Krieges. **92,** 253. — 2) Unter welchen Umständen kann eine Ware als angehalten angesehen werden? **94,** 219 — 3) Zum Begriff der Anhaltung in § 116 ASVB. Ist erforderlich, daß die Güter noch in Fortbewegung begriffen waren, als die Verfügung von hoher Hand eingriff? Genügt eine bloß vorübergehende Anhaltung? **96,** 311.

Anliegerbeiträge. 1) Ist die Verpflichtung zu deren Zahlung zu berücksichtigen bei der Frage, ob der Eigentümer einer Teilenteignung widersprechen kann? **99,** 104. — 2) Kann der Enteignete bei der Teilenteignung verlangen, daß ihm die Anliegerbeiträge als ein Teil der Entschädigung wieder gut gebracht werden? **99,** 105.

Anmeldung von Konkursforderungen. Erfordernisse der Anmeldung, insbesondere bei Anmeldung eines Kontokurrentsaldos; enthält eine Änderung der rechtlichen Würdigung der einzelnen gebuchten Ansprüche eine Änderung des Grundes der Anmeldung? **93,** 15.

Annahme als Erfüllung. **94,** 208; **96,** 170.

Annahmeverzug. S. Syst. Reg. § 100 S. 100.

Anniversarien. Anniversarien i. S. des § 3 Nr 1 PreußG v. 20. Juni 1875 über die Vermögensverwaltung in den katholischen Kirchengemeinden. **94,** 189.

Anschlußrevision. Wem fallen deren Kosten zur Last a) wenn die Hauptrevision von vornherein unzulässig ist? b) wenn diese zurückgenommen oder wegen Nichtzahlung des Gebührenvorschusses verworfen wird? **95,** 121.
Anspruch. Ein Anspruch i. S. des § 194 BGB liegt nicht vor, wenn der Berechtigte den Rechtserfolg durch eigene Handlung herbeizuführen vermag. **92,** 6.
Anstellungsurkunde. Ist die Aushändigung einer solchen unerläßliche Voraussetzung der Anstellung als Kommunalbeamter nach dem PreußKBG? **99,** 267.
Anteil. Zum Begriff des Anteils zur gesamten Hand. **94,** 243.
Anteilscheine. Stempelpflicht der Einzahlungen auf Anteilscheine gewerkschaftlich betriebener Bergwerke. **94,** 39.
Anteilsversteigerung. Voraussetzungen der Zwangsversteigerung eines Grundstücksanteils nach § 864 Abs. 2 ZPO. **94,** 157.
Anteilweise Befriedigung. Recht und Pflicht des Verkäufers, der wegen der Kriegsverhältnisse seine Lieferpflichten nicht voll erfüllen kann, zur anteilweisen Befriedigung seiner Kunden. **91,** 332; **94,** 19.
Anwaltskammer. Keine Beschwerde gegen Beschlüsse der Oberlandesgerichte nach § 59 Abs. 2 RAO. **99,** 160.
Anwaltszwang. Zur Befreiung vom Anwaltszwang nach § 920 Abs. 3 ZPO. **91,** 115.
Anwaltverein. Aktivlegitimation zur Klagerhebung aus § 13 UWG. **99,** 191.
Anzeigepflicht. Anzeigepflicht beim Vertragsschluß, insbesondere des Absenders; Beweislast bei Verletzung der Anzeigepflicht. **93,** 165.
Äpfel. VO über Höchstpreise für Äpfel v. 7. Oktober 1916, Bedeutung einer Anerkennung der unteren Verwaltungsbehörde nach § 1 Abs. 2 Satz 2 der VO. **96,** 348.
Apotheken. 1) Schutz der Apotheken gegenüber den Krankenkassen durch § 376 RVO. **95,** 204. — 2) Ist § 32 KrankVersG. ein Schutzgesetz i. S. des § 823 Abs. 2 BGB zugunsten der Apotheken, die den Kassenmitgliedern Arzneien geliefert haben? **97,** 196.
Äquivalenz: deren Begriff bei Gebrauchsmustern. **99,** 211.
Arbeiter. Zum Begriff des Arbeiters in § 544 RVO. **96,** 210.
Arbeiter- und Soldatenräte. Haftet das Reich für Handlungen von Mannschaften der Arbeiter- und Soldatenräte nach dem G. v. 22. Mai 1910? **100,** 25.
Arbeitgeber. Haftung des Arbeitsgebers gegenüber den Familienangehörigen des Dienstverpflichteten für den Schaden, der ihnen durch gesundheitsschädliche Beschaffenheit der dem Dienstverpflichteten überlassenen Wohnung entstanden ist. **91,** 24.
Arbeitsgemeinschaft. Verhältnis der leitenden Firma zu den übrigen Gesellschaftern. **97,** 236.
Arbeitsvertrag. Zum Begriff des Arbeitsvertrags in Tarifnr. 75 PreußStempG v. 30. Juni 1909. **92,** 170.
Architektenhonorar. Unterliegt es der Verjährung nach § 196 Nr. 1 oder 7 BGB? **97,** 125.

Arglist. S. Syst. Reg. § 42 II S. 55.

Arglistige Täuschung. S. Syst. Reg. § 31 III S. 39.

Argumentum e contrario. **95**, 118, 232.

Armenanwalt. S. Syst. Reg. § 293 S. 233.

Armenrecht. S. Syst. Reg. § 293 S. 233.

Arzneimittel. 1) Zur Auslegung der BRVO über den Handel mit Arzneimitteln v. 22. März 1917. **92**, 356. — 2) Zum Begriff der Arzneimittel in § 376 RVO. **95**, 205.

Arzt. 1) § 850 Nr. 8 ZPO findet nur auf Ärzte an öffentlichen Anstalten, nicht auf alle Ärzte mit Diensteinkommen, Anwendung. **91**, 161. — 2) Besteht zwischen einem Krankenkassenverband und dem von ihm angestellten Arzte die für die Annahme eines Dienstverhältnisses erforderliche Abhängigkeit des letzteren von dem Verbande? **91**, 160. — 3) Unter welchen Umständen verstößt das Verbot eines Ärztevereins, mit dem Verein nicht angehörigen Ärzten (Kassenärzten) beruflichen Verkehr zu pflegen, gegen die guten Sitten? **93**, 302. — 4) Enthält der Betrieb eines Privatkrankenhauses durch einen Arzt einen Gewerbebetrieb i. S. der GewO? **94**, 110. — 5) Sind die Ärzte Gewerbetreibende i. S. des Warenumsatzstempelgesetzes? **95**, 323. — 6) Sorgfaltspflicht bei Operationen. **97**, 4. — 7) Ist § 32 KrankVersG ein Schutzgesetz i. S. des § 823 Abs. 2 BGB zugunsten der Ärzte, die die Kassenmitglieder behandelt haben? **97**, 196. — 8) Unter welchen Voraussetzungen ist die Klage auf Widerruf eines ärztlichen Zeugnisses zulässig? **97**, 343. — 9) Haftet der Arzt für die im Vorraum seiner Wohnung von einem Patienten abgelegten Kleidungsstücke? **99**, 35. — 10) Anwendung des UWG auf Ärzte. **99**, 191.

Attestklausel beim Handelskauf. **96**, 246.

Aufbereitungsanstalten. 1) Zum Begriff der Aufbereitungsanstalten in § 58 ABG. **98**, 80. — 2) Sind Aufbereitungsanstalten in diesem Sinne gegen die Klagen des Grundeigentümers auf Unterlassung von Zuführungen geschützt? **98**, 80.

Aufenthalt. Zum Begriff des gewöhnlichen Aufenthalts in § 6 Abs. 2 RErbschaftstG. **91**, 287.

Aufenthaltsrisiko. Haftung des Versicherers für das gewöhnliche Aufenthaltsrisiko im Gegensatz zum Verzögerungsschaden. **95**, 81.

Auflage. Einzelvermächtnisse oder Errichtung einer unselbständigen Stiftung durch Auflage? Ausnahmen von der Vorschrift des § 2065 Abs. 2 BGB für Auflagen. **96**, 15.

Auflassung. Erfordernisse der Fristsetzung beim Verzuge mit der Auflassung. **91**, 165.

Auflassungsprotokoll. Haben Mängel dieses Protokolls die Ungültigkeit der Eintragung zur Folge. **99**, 65.

Auflassungsvollmacht. Wird die in einem formlosen Grundstücksveräußerungsvertrag einem Dritten erteilte Auflassungsvollmacht von der Nichtigkeit des Vertrags mitergriffen? **94**, 148; **97**, 275.

Auflauf. Zum Begriff des öffentlichen Auflaufs. **98**, 203; **100**, 13.

Aufopferung von Rechten für das Gemeinwohl. S. Syst. Reg. § 166 S. 173.

Aufrechnung. S. Syst. Reg. § 117 S. 110.

Aufruhr. Zum Begriff des Aufruhrs und seiner Folgen im Versicherungsrecht. **97,** 207.

Aufsichtsrat. 1) Zur Berechnung der Tantieme des Aufsichtsrats einer Aktiengesellschaft. **91,** 314, 316. — 2) Zum Begriff der Vergütungen für die Aufsichtsratsmitglieder in Tarifnr. 9 RStempG. **93,** 186. — 3) Zur Überwachungspflicht der Mitglieder des Aufsichtsrats. **93,** 338. — 4) Verzicht der Aufsichtsratsmitglieder auf die satzungsgemäße Vergütung als steuerpflichtige Schenkung. **98,** 323.

Aufsichtspflicht des Vaters hinsichtlich eines aus der Erziehungsanstalt entwichenen Sohnes. **98,** 246.

Auftrag. S. Syst. Reg. § 133 I S. 132.

Aufwendungen. 1) Fallen unter den Begriff der Aufwendungen in § 670 BGB auch Schäden, die der Beauftragte bei Ausführung des Auftrags durch Zufall erleidet? **94,** 171; **96,** 163; **98,** 199. — 2) Zum Begriff der Aufwendungen in § 670 BGB. Keine Unterscheidung zwischen Aufwendungen zur Erfüllung des Auftrags und solchen zur Erreichung des Auftragszwecks. **95,** 53. — 3) Zum Begriff der Aufwendungen in §§ 670, 683 BGB. **98,** 199. — 4) Sind dem Verletzten, der die Wiederherstellung der beschädigten Sache selbst übernommen hat, auch solche Aufwendungen zu erstatten, die sich hinterher als unzweckmäßig und überflüssig herausgestellt haben, zur Zeit ihrer Vornahme aber als sachgemäß angesehen werden konnten? **99,** 183.

Ausbietungsgarantie. Zur Anwendung des Grundsatzes der Naturalrestitution bei Nichtinnehaltung einer Ausbietungsgarantie. **91,** 213.

Auseinandersetzung. 1) Auseinandersetzung zwischen den Gesellschaftern einer Gesellschaft bürgerlichen Rechts unter Begründung einer GmbH. **91,** 431. — 2) Berücksichtigung des Geschäfts- und Firmenwertes bei der Auseinandersetzung zwischen Gesellschaftern. **94,** 108.

Ausgleichsverfahren nach der österreichischen KO. **100,** 68.

Ausgleichung. 1) Zur Auslegung der Worte „soweit nicht ein anderes bestimmt ist" in § 426 Abs. 1 Satz 1 BGB. **91,** 278. — 2) Verhältnis des § 17 KFG zu § 426 Abs. 1 Satz 1 BGB. **92,** 146. — 3) Rechtskraftwirkung des über den Ausgleichungsanspruch nach § 426 Abs. 1 Satz 1 BGB ergehenden Urteils gegenüber dem Ausfallsausgleichungsanspruch nach § 426 Abs. 1 Satz 2 BGB. **92,** 145. — 4) Keine Rechtskraftwirkung des zwischen dem Verletzten und den Urhebern des Unfalls ergangenen Urteils gegenüber dem Ausgleichungsanspruch. **92, 145.** — 5) Der Ausgleichungsanspruch unter den Gesamtschuldnern umfaßt nicht die Kosten des Rechtsstreits zwischen dem Verletzten und den Urhebern des Unfalls. **92,** 148. — 6) Keine Ausgleichungspflicht zwischen der Eisenbahnverwaltung, die den Hinterbliebenen eines bei einem Eisenbahnunfall Getöteten Schadensersatz zu leisten hat, und der Militärverwaltung, die ihnen nach dem MilHinterblG Versorgung zu gewähren hat. **92,** 407. — 7) Entsprechende Anwendung des § 254 BGB bei der Ausgleichung nach § 426 BGB. **92,** 147, 408; **93,** 97. — 8) Ausgleichungspflicht unter Gesamtschuldnern aus § 1 HaftpflG. **93,** 97. — 9) Einwirkung der Ausgleichungspflicht auf die Befugnisse des Pflichtteilsberechtigten nach § 2306 BGB. **93,** 4. — 10) Ausgleichungspflicht zwischen Kraftwagenhalter und Eisenbahn. **96,** 68. — 11) Ausgleichungspflicht zwischen Kraftwagenhalter und Tierhalter. **96,** 131. — 12) Stillschweigende Begründung eines Ausgleichsverhältnisses nach § 426 BGB bei Interzession durch Wechselzeichnung? **96,** 138.

Auskunftserteilung. 1) Haftung für unrichtige Auskunftserteilung durch Beamte. **93,** 61. — 2) Haftung der Bank für unrichtige Auskunft ihrer Depositenkassen. **94,** 319.

Auskunftspflicht. 1) Auskunftspflicht bei Generalvertretung mit dauernder Interessengemeinschaft. **92,** 203. — 2) Auskunfts- und Rechenschaftspflicht des Beauftragten bei Nichtigkeit des Auftrags. **96,** 283. — 3) Auskunftspflicht des Konkursverwalters im Falle des § 127 KO gegenüber dem absonderungsberechtigten Gläubiger. **98,** 306.

Ausländer. 1) Örtliches Recht bei Beerbung von Ausländern. **91,** 139. — 2) Entsprechende Anwendung der Art. 14, 15 EinfGzBGB auf die Rechtsverhältnisse ausländischer Ehegatten. **91,** 407. — 3) Anwendung der BRVO über den Handel mit Arzneiwaren v. 22. März 1917 auf Ausländer. **92,** 357. — 4) Nach welchem Rechte richtet sich die Befugnis des Ausländers zur Führung seines Namens? **95,** 272.

Ausländisches Recht. S. Syst. Reg. § 8 S. 18.

Ausländische Unternehmungen. Überwachung und Verwaltung solcher während des Krieges. S. Syst. Reg. § 385 S. 296.

Auslandswechsel. Zum Begriff des im Auslande ausgestellten Wechsels in Art. 85 WO und in der BRVO v. 10. August 1914 über die Fälligkeit im Ausland ausgestellter Wechsel. **91,** 130, 134.

Auslegung. Auslegung der Gesetze § 5 S. 13, der Prozeßgesetze § 271 S. 236, der Rechtsgeschäfte § 35 S. 42, der Testamente § 201 IV S. 184.

Auslegungsregel. 1) Die Auslegungsregel des § 125 Satz 2 BGB findet nicht Anwendung, wenn die Parteien nach vollständigem Abschlusse des Rechtsgeschäfts vereinbaren, daß es beurkundet werden soll. **94,** 333. — 2) Auslegungsregeln und ergänzende Rechtssätze. § 2069 BGB. **99,** 85. — 3) § 193 BGB enthält eine Auslegungsregel. **100,** 22.

Ausnahmetarife. Erfordernisse der Fassung und Veröffentlichung von Ausnahmetarifen. **93,** 277.

Ausrüster. Zum Begriff des Ausrüsters in § 2 BinnenschG. **98,** 328.

Ausschlagung der Erbschaft. Kann der Pflichtteilsberechtigte auch im Falle des § 2306 Abs. 1 Satz 1 BGB durch Ausschlagung der Erbschaft einen Pflichtteilsanspruch erlangen? **93,** 9.

Ausschlußfristen. S. Syst. Reg. § 12 S. 22.

Außervertragliches Verschulden. S. Syst. Reg. § 145 S. 147, Schadensersatz wegen solchen Verschuldens § 95 IV S. 95.

Aussetzung des Verfahrens. S. Syst. Reg. § 300 S. 235.

Ausstattungsschutz. Verhältnis zum Geschmackmusterschutz. Unerheblichkeit der Absicht des Formgebenden. **100,** 252.
Ausstellungsleitung. Sorgfaltspflicht hinsichtlich der Beschaffenheit des Fußbodens. **96,** 99.
Aussteuer. Voraussetzungen des Wegfalls der Aussteuerpflicht nach § 1621 Abs. 2 BGB. **92,** 6.
Austauschtheorie. **96,** 22.
Ausweispapier. Versicherungsschein mit Inhaberklausel als Ausweispapier (hinkendes Inhaberpapier). **94,** 27.
Authentische Erklärung. 1) Dem auf Veranlassung der Kriegsrohstoff-Abteilung des preuß. Kriegsministeriums erlassenen Rundschreiben der Kriegswollbedarf-Akt.-Ges. v. 25. Juli 1916 kommt nicht die Bedeutung einer authentischen Erklärung mit rückwirkender Kraft gegenüber der Bekanntm. des preuß. Kriegsministers v. 16. Mai 1916 betr. die Beschlagnahme usw. von Lumpen usw. zu. **91,** 427. — 2) Zur Bedeutung von Äußerungen einer Behörde im Einzelfall über den Sinn einer von ihr erlassenen Verordnung. **93,** 316; **94,** 84. — 3) Wesen der authentischen Auslegung; hat sie rückwirkende Kraft? **94,** 162. — 4) Enthält die BRVO v. 4 November 1915 über die Verjährungsfristen eine authentische Deklaration der BRVO v. 22. Dezember 1914? **95,** 35. — 5) Keine authentische Auslegung von Höchstpreisfestsetzungen der kommandierenden Generale durch die Kriegsrohstoffabteilung und durch den Beauftragten des Kriegsministers beim Deutschen Stahlbund. **99,** 65.
Automaten. Findet § 41 a GewO auf den Verkauf von Waren mittels Automaten Anwendung? **91,** 240.
Automatensteuer. 1) Steuerpflichtig ist nur, wer aus dem bestimmungsgemäßen Gebrauche des Automaten unmittelbar Gewinn zieht. **97,** 24. — 2) Die Automatensteuer ist eine, nur äußerlich in die Form einer Urkundensteuer gekleidete, Gewerbesteuer. **97,** 24.
Automobile. S. Syst. Reg. § 162 a S. 169.
Average s. Havarie.
Average-Klausel im **La Plata**-Getreidevertrag. **96,** 232.
Average statement. **96,** 233.

B

Baden. Rechtliche Natur des Beamtenverhältnisses. Irrevisibilität des badischen Beamtenrechts. **95,** 145.
Bahnpostwagen. 1) Unentgeltliche Beförderung der Postwagen auf der Eisenbahn gemäß EisenbahnpostG v. 20. Dezember 1875. Wird dadurch ein privatrechtliches Vertragsverhältnis der Post oder der Absender der beförderten Postpakete mit der Eisenbahnverwaltung begründet? **92,** 12. — 2) Schadensersatzanspruch der Absender der in den Postwagen beförderten Pakete gegen die Eisenbahnverwaltung **92,** 8. — 3) Haftung der Eisenbahnverwaltung für die den Bahnpostwagen zugefügten Beschädigungen. **92,** 12.

Bank- und Bankiergeschäfte, Bankdepotgesetz. S. Syst. Reg. § 243 S. 206.

Bankazinn. Nichtigkeit eines gegen die PreußKriegsministerialverf. v. 1. April 1915 über den Verkauf von Bankazinn verstoßenden Vertrags. **100,** 248.

Bankrembours. 1) Vereinbarung der Begleichung des Kaufpreises durch Londoner Bankrembours als wesentliche Vertragsbedingung. **91,** 47. — 2) Verliert der Käufer den Anspruch auf die Gegenleistung, wenn er die Zahlung nicht in der verabredeten Weise durch Bankrembours leisten kann? **91,** 47. — 3) Erlischt die Verpflichtung des Käufers zur Zahlung des Kaufpreises, wenn der vereinbarte Bankrembours unmöglich wird? **92,** 226. — 4) Rücktritt des Verkäufers von aus dem Auslande zu beschaffender Ware wegen nicht rechtzeitiger Remboursstellung. **92,** 391. — 5) Einwirkung der Ausschaltung der in Aussicht genommenen Remboursstellen infolge des Kriegsausbruchs auf das Vertragsverhältnis. **93,** 184.

Bankrutt. Kann der versehentlich in das Handelsregister eingetragene Minderkaufmann wegen Verstoßes gegen die Buchführungspflicht nach § 239 Nr. 3, 4, § 240 Nr. 3, 4 KO bestraft werden? **93,** 240.

Bargeschäfte. Unterliegen sie der Anfechtung im Konkurse, wenn sie nach der Zahlungseinstellung vorgenommen werden? **100,** 64.

Barzahlung. Zum Begriffe der Barzahlung in § 195 Abs. 3 HGB. **94,** 62.

Bauerlaubnis. Entschädigung wegen Versagung der polizeilichen Bauerlaubnis **94,** 72.

Baugeldempfänger. 1) Zum Begriff des Baugeldempfängers in § 5 G. über die Sicherung der Bauforderungen v. 1. Juni 1909. **91,** 75. — 2) Grenzen der Verwendungspflicht des Baugeldempfängers. **91,** 77. — 3) Einwirkung einer wider Treu und Glauben verstoßenden Handlungsweise des Baugeldempfängers auf die bei der Baugeldhypothek eingetragene Löschungsvormerkung. **93,** 118.

Baugeldhypothek. 1) Baugeldhypothek und Pfandbriefdarlehn. **92,** 215. — 2) Zum Begriff der Baugeldhypothek. **92,** 215.

Bauland. 1) Zum Begriff des „werdenden Baulands"; seine Bedeutung für die Anwendung des § 13 Abs. 3 PreußFluchtlinienG. **93,** 325. — 2) Verlust der Bauplatzeigenschaft wegen der durch den Bergbau drohenden Gefahr als Schaden nach § 148 ABG. **95,** 78.

Baupolizei. Zuwiderhandlung gegen baupolizeiliche Vorschriften über Schutzgerüste bei Bauten; Beweislast bei Verletzung durch vom Bau herabfallende Gegenstände. **95,** 69.

Bauunternehmer. Fahrlässigkeit beim Kaminbau; Nichtbefolgung der Unfallverhütungsvorschriften. **95,** 239.

Bayernfilms. Warenzeichen. **98,** 268.

Beamte. Haftung des Beamten nach § 839 BGB s. Syst. Reg. § 145 zu § 839 BGB S. 153, Haftung öffentlichrechtlicher Körperschaften für das Verschulden ihrer Beamten bei Ausübung der öffentlichen Gewalt § 147 I S. 157, Rechtsverhältnisse der Beamten § 374 S. 277.

Beamtenunfallfürsorge. S. Syst. Reg. § 374 IV S. 282.

Bedingung. S. Syst. Reg. § 34 S. 42.

Bedrohung. Zum Begriff der Bedrohung in § 116 ASVB. **96,** 312.
Befrachter. Seine Haftung bei Verladung gefährlicher Ware und wegen unrichtiger Angaben über das Frachtgut. **93,** 165.
Begünstigung. Zum Tatbestand der Begünstigung nach § 257 StGB. **94,** 192.
Behörde. Präsidium der Ritterschaft des Herzogtums Bremen als Behörde. **91,** 285.
Behördliche Bekanntmachungen. Auch bei ihnen gilt nur, was tatsächlich bekannt gemacht ist, nicht auch, was die Behörde gewollt hat, ohne ihrem Willen entsprechenden Ausdruck zu geben. **91,** 426.
Beihilfe. 1) Beihilfe zu strafbarer Preistreiberei durch Warenlieferung. **96,** 240. — 2) Äußerer und innerer Tatbestand. **99,** 94. — 3) Unterlassungsklage gegen Beihilfe zur Warenzeichenverletzung und zum unlauteren Wettbewerb. **99,** 90.
Beischlaf, außerehelicher. Keine unerlaubte Handlung. Schadenshaftung bei Ansteckung mit Geschlechtskrankheit. **96,** 225.
Beistand. Ausschluß der Mutter von der gesetzlichen Vertretung ihrer Kinder durch den Beistand, dem die gesamte Vermögensverwaltung übertragen ist. **96,** 50.
Belagerungszustand. 1) Rechtliche Stellung des Militärbefehlshabers nach § 4 PreußG über den Belagerungszustand v. 4. Juni 1851. **91,** 186; **92,** 241, 306; **99,** 63. — 2) Zur Form der Veröffentlichung von auf Grund des BZG erlassenen Verordnungen. **99,** 62. – 3) Militärische oder verkehrspolizeiliche Natur einer auf Grund des BZG erlassenen Anordnung des Militärbefehlshabers? **99,** 255.
Beleidigung s. Ehrverletzung.
Belgien. 1) Nach belgisch-französischem Rechte gilt in bezug auf das unbewegliche Vermögen für das Erbrecht das Recht der belegenen Sache. **91,** 141. — 2) Ist nach belgisch-französischem Rechte für die Erbfolge in das bewegliche Vermögen das Recht des letzten Wohnsitzes oder das Heimatrecht (la loi nationale) des Erblassers maßgebend? **91,** 142. — 3) Zur Anwendung des Art. 25 des belgischen HGB. **96,** 166. — 4) Irrevisibilität des belgischen Rechts. **96,** 98.
Benachteiligung der Gläubiger durch Rechtshandlungen des Schuldners s. Syst. Reg. §§ 153, 356 S. 161, 261.
Benzintankanlage. Miete oder Pacht? Zinserlaß wegen Nichtverwendbarkeit der Anlage infolge der Kriegsereignisse. **94,** 267.
Berechtigte Interessen. 1) Wird die Widerrechtlichkeit einer beleidigenden Äußerung durch die Wahrnehmung berechtigter Interessen ausgeschlossen? **95,** 342. — 2) Steht der Klage auf Unterlassung beleidigender Äußerungen entgegen, daß diese zur Wahrnehmung berechtigter Interessen gemacht sind? **95,** 342. — 3) Wahrnehmung berechtigter Interessen durch den Geschäftsführer einer Vereinigung zur Bekämpfung der Schwindelfirmen. **95,** 344. — 4) Können objektiv unwahre Äußerungen als zur Wahrung berechtigter Interessen geltend gemacht angesehen werden? **95,** 343.
Bereicherung, ungerechtfertigte. S. Syst. Reg. § 144 S. 144.

Bereicherungsanspruch nach § 852 Abs. 2 BGB. Seine rechtliche Natur. **94**, 4.
Bergrecht. S. Syst. Reg. § 86 S. 76.
Bergregal. 1) Begriff, rechtliche Natur, Inhalt und Veräußerlichkeit des Privatbergregals. **94**, 293, 294. — 2) Anspruch des Regalherrn auf Distriktsverleihung. **94**, 295. — 3) Anwendung des PreußABG auf den Bergbau in den Regalbezirken. **94**, 295. — 4) Erwerbung des Bergwerkseigentums durch den Regalherrn. **94**, 295.
Bergschaden. 1) Aktivlegitimation für den Schadensersatzanspruch aus § 148 ABG. **93**, 262; **95**, 76. — 2) Zur Anwendung des § 254 BGB bei Bergschäden. **93**, 264. — 3) Wann ist ein Schaden als entstanden anzusehen? Beginn der Verjährung des Ersatzanspruchs. **95**, 76. — 4) Welcher Zeitpunkt ist maßgebend für die Bemessung des Minderwerts eines durch Bergbau beschädigten Gebäudes? **98**, 52. — 5) Welcher Zeitpunkt ist maßgebend für die Bemessung des Geldbetrags, der zur Beseitigung einer durch Bergbau einem Grundstück zugefügten Beschädigung erforderlich ist? **98**, 55.
Bergungskosten. Wann fallen sie unter die große Haverei? **98**, 173.
Bergwerkseigentum. 1) Teilung von Kuxen alten Rechts. **91**, 416. — 2) Voraussetzungen des Erwerbes des Bergwerkseigentums durch den Inhaber des Privatbergregals. **94**, 295.
Berufsgenossenschaften. S. Syst. Reg. § 22 IV S. 32, § 137 IX S. 140.
Berufssoldaten. Rechtliche Natur des Dienstverhältnisses; Rechtsweg für die vermögensrechtlichen Ansprüche daraus. **99**, 261.
Berufung. S. Syst. Reg. §§ 326 flg. S. 247.
Beschädigung. Zum Begriff der Beschädigung einer Sache. **91**, 107.
Beschlagnahme, Beschlagnahmeverfügungen. 1) Bei Beschlagnahmeverfügungen, die bestimmte Gegenstände als von ihnen betroffen aufführen, sind nur diese Gegenstände von der Beschlagnahme betroffen, nicht auch solche, die die Behörde hat treffen wollen, ohne diesem ihrem Willen entsprechenden Ausdruck zu geben. **91**, 426. — 2) Wirkung der Beschlagnahme nach § 4 BRVO v. 24. Juni 1915 über die Sicherstellung von Kriegsbedarf auf vorher geschlossene Lieferungsverträge. **92**, 34; **94**, 83. — 3) Beschlagnahme zukünftiger Sachen; Anwendung des § 281 BGB? **92**, 372. — 4) Einwirkung einer Beschlagnahmeverfügung auf einen vorher abgeschlossenen Kauf mit der Bestimmung daß „beschlagnahme- und verwendungsfreie" Ware zu liefern. **93**, 333; **100**, 161. — 5) Umfang der Beschlagnahme von Rohhäuten durch Verf. des Kriegsministers v. 22. November 1915. **95**, 265. — 6) Wirkung der Beschlagnahme nach §§ 1, 4 BRVO über die Sicherstellung von Kriegsbedarf v. 24. Juni/25. November 1914. **95**, 348; **100**, 160, 248. — 7) Hat der Verkäufer oder der Käufer die zur Freigabe einer beschlagnahmten Ware erforderliche behördliche Bescheinigung zu beschaffen? **97**, 257; **98**, 260. — 8) Welchen Einfluß hat die Beschlagnahme von Teilen der Kaufsache auf die Abnahme- und Zahlungspflicht des Käufers. **96**, 119. — 9) Wirkung der Verfügung, durch welche der Handel mit beschlagnahmter Ware zu Höchstpreisen jemandem gestattet wird,

auf vorher geschlossene Verträge. **99**, 122. — 10) Zum Begriff der Beschlagnahme. **100**, 221.

Beschlüsse. Nicht verkündete Gerichtsbeschlüsse treten erst mit ihrer Zustellung in Wirksamkeit. **96**, 351.

Beschränkte Gattungsschuld. 1) Zum Begriff der beschränkten Gattungsschuld; Anwendung des § 281 BGB. **93**, 143; **95**, 23, 247. — 2) Leistungsunmöglichkeit bei beschränkter Gattungsschuld. **97**, 10.

Beschwerde. Erfordernisse der Beschwerde gegen Pensionsfestsetzungen nach § 23 PreußPensionsG. **94**, 53.

Beschwerdewert. 1) Verhältnis des Beschwerdewertes zum Streitwert. **93**, 128. — 2) Beschwerdewert bei der Klage eines Miterben aus § 2039 BGB. **93**, 128. — 3) Ist eine im Laufe des Rechtsstreits eintretende Steigerung des Wertes des Streitgegenstands bei der Bemessung des Wertes des Beschwerdegegenstands zu berücksichtigen? **98**, 85.

Besicht. Kauf auf Besicht. S. Syst. Reg. § 121 IX S. 121.

Besitz. S. Syst. Reg. § 45 S. 57.

Besitzdiener. 1) Dadurch, daß der Gläubiger Besitzdiener an der Sache wird, wird die zur Bestellung des Pfandrechts daran erforderliche Übergabe nicht erfüllt. **92**, 267. — 2) Voraussetzungen des Besitzdienerverhältnisses. **94**, 342. — 3) Der Schuldner ist an den in seinem Gewahrsam belassenen, gepfändeten Sachen nicht Besitzdiener, sondern unmittelbarer Besitzer. **94**, 341. — 4) Garderobepächter als Besitzdiener. **97**, 167. — 5) Verwandlung unmittelbaren Eigenbesitzes in Besitzdienerschaft. **99**, 210.

Besitzentziehung. Besitzentziehung als Eingriff in ein sonstiges Recht i. S. des § 823 Abs. 1 BGB. **91**, 67.

Besitzkonstitut. 1) Voraussetzungen des Besitzkonstituts bei dem Warenumsatz durch Verkaufsvereinigungen mit selbständiger Rechtspersönlichkeit. **92**, 352. — 2) Hängt die Wirksamkeit des Besitzkonstituts von der Rechtsgültigkeit der Vereinbarung ab, vermöge deren der Erwerber den unmittelbaren Besitz erlangen soll? Welchen Einfluß hat die Unwirksamkeit dieser Vereinbarung wegen Willensmängel? **98**, 133.

Besoldung. Rechtliche Natur der Besoldung der Beamten und Offiziere. **91**, 126; **93**, 38.

Besondere Bezeichnung. Das Wort „Sparkasse" ist keine „besondere Bezeichnung" i. S. des § 16 UWG, anders das Wort „Kreissparkasse". **91**, 212.

Besondere Rechtsfolgen. Zum Begriff der besonderen Rechtsfolgen in § 1 BRVO über die Folgen der nicht rechtzeitigen Zahlung einer Geldforderung v. 18. August 1914. **91**, 17.

Besondere Vertreter. 1) Zum Begriff der durch Satzung bestimmten besonderen Vertreter in § 30 BGB. **91**, 2; **94**, 320. — 2) Depositenkassenvorsteher als besonderer Vertreter. **94**, 320.

Besserungsklausel. Pflichten des Schuldners, dem bis zur Besserung seiner Verhältnisse Stundung gewährt ist. **94**, 291.

Bestandteile. S. Syst. Reg. § 27 I S. 34.

Bestätigung. 1) Erfordernisse der Bestätigung eines nichtigen Rechtsgeschäfts. **93,** 228. — 2) Bedarf die Bestätigung eines formlosen Grundstücksveräußerungsvertrags der Form des § 313 BGB? **94,** 152.

Bestätigungsschreiben. 1) Seine Bedeutung nach Handelsgebrauch. Muß der Empfänger, um nicht als genehmigend angesehen zu werden, auch dann Widerspruch erheben, wenn der Inhalt des Schreibens willkürlich erfunden ist? **95,** 50. — 2) Unterschied zwischen Vertragsangebot und Bestätigungsschreiben hinsichtlich der Bedeutung des Stillschweigens darauf. **95,** 96. — 3) Zur Beweiskraft des Bestätigungsschreibens. **95,** 120. — 4) Stempelfreiheit des Bestätigungsschreibens im Gegensatz zur Vertragsurkunde. **95,** 194. — 5) Zur Bedeutung des Bestätigungsschreibens, insbesondere bei Abschlüssen durch Vertreter. **97,** 194. — 6) Muß sich der Empfänger eines Bestätigungsschreibens, das er unwidersprochen läßt, als einverstanden behandeln lassen, wenn er ohne Verschulden irrtümlich annimmt, daß sich der Inhalt des Schreibens mit seinem Willen decke? **97,** 195. — 7) Zur Bedeutung kaufmännischer Bestätigungsschreiben; abweichender Wortlaut mehrerer solcher Schreiben. **97,** 133.

Bestellung zu einer Verrichtung. 1) Zum Begriffe der Verrichtung in § 831 BGB; sie kann auch Rechtshandlungen zum Gegenstand haben. **91,** 364. — 2) Inwieweit kann der Ehemann als von seiner Frau zu einer Verrichtung bestellt i. S. des § 831 BGB angesehen werden? **91,** 365. — 3) Kann der eine von mehreren gesetzlichen Vertretern einer juristischen Person als von dem andern zu einer Verrichtung bestellt angesehen werden? **91,** 74. — 4) Zum Begriff des Bestellens zu einer Verrichtung; Ermächtigung zum Gebrauche der Firma durch einen andern in dessen eigenen Geschäften. **92,** 345.

Bestimmtheit. 1) Bestimmtheit oder Bestimmbarkeit des Gegenstands als Erfordernis der Eigentumsübertragung und der Forderungsabtretung. **98,** 202; **92,** 107, 110, 239. — 2) Unterschied zwischen schuldrechtlichen Verträgen und dinglichen Erfüllungsgeschäften hinsichtlich der Bestimmtheit des Gegenstands. **98,** 202. — 3) Bestimmtheit des Gegenstands als Erfordernis der Stiftung eines Familienfideikommisses. **98,** 313.

Betrieb. 1) Zum Begriff des Betriebs von Bergwerken in Tarifnr. 1 RStempG. **94,** 43. — 2) Zum Begriff des Betriebs, besonders i. S. der Unfallversicherungs- und Beamtenfürsorgegesetze. **99,** 278.

Betriebsanlage. Begriff der Betriebsanlage i. S. des § 3 Abs. 3 Nr. 2a VerkehrssteuerG. **98,** 179.

Betriebsgefahr. 1) Gefährdung des Straßenverkehrs durch eine die Straße kreuzende Eisenbahn. **93,** 67. — 2) Erhöhung der Betriebsgefahr des Eisenbahnunternehmers durch das Verhalten eines Angestellten, für den der Unternehmer nach § 831 BGB nicht verantwortlich ist. **93,** 98.

Betriebsstörung. Zur Auslegung des Ausdrucks „Betriebsstörung" in Freizeichnungsabreden. **94,** 81; **100,** 262.

Betriebsunfall. 1) Zum Begriff des Betriebsunfalls i. S. der Unfallversicherung. Vorsätzliche Körperverletzung als Betriebsunfall. **93,** 34.

— 2) Zum Begriff des Betriebsunfalls i. S. des § 2 HaftpflG. **95,** 177. — 3) Unfall eines Jugendlichen im landwirtschaftlichen Betriebe. **95,** 284. — 4) Zum Begriff des Betriebsunfalls i. S. des § 1 HaftpflG. Inwieweit fällt die seelische Einwirkung eines Betriebsvorgangs auf den Verletzten darunter? **97,** 177.

Betriebsunternehmer. 1) Ihre Haftung gegenüber der Berufsgenossenschaft; Einwirkung des § 913 RVO. **95,** 182. — 2) Grenzen ihrer Überwachungspflicht gegenüber dem Betriebsleiter. **95,** 184. — 3) Zum Begriff des Betriebsunternehmers in der RVO und in § 1 HaftpflG. **96,** 209. — 4) Zum Begriff des Betriebsunternehmers in der RVO. **93,** 322; **96,** 209; **97,** 205; **98,** 252; **99,** 228.

Betriebsverlust. Zum Begriff des Betriebsverlustes in Tarifnr. 1 d RStempG v. 15. Juli 1909, Tarifnr. 1 B RStempG v. 3. Juli 1913. **94,** 42.

Beweggrund. 1) Der Wegfall eines Interesses, das nur Beweggrund, nicht Vertragsbedingung der Leihe war, rechtfertigt den Anspruch des Verleihers auf Rückgabe nicht. **91,** 158. — 2) Inwieweit ist der Beweggrund von Bedeutung für die Frage, ob ein Verstoß gegen die guten Sitten vorliegt? **98,** 73.

Beweisaufnahme. S. Syst. Reg. §§ 312 flg. S. 241.

Beweisermittlungsantrag, Unterschied vom Beweisantrag. **97,** 210.

Beweislast. S. Syst. Reg. § 18 S. 26.

Beweisregel. Die Beweisregeln des § 125 Satz 2 und des § 154 Abs. 2 BGB beziehen sich nur auf noch abzuschließende, nicht auf bereits abgeschlossene Rechtsgeschäfte. **94,** 333.

Beweissicherung. Nachträgliche Beeidigung der Zeugen auf Anordnung des nach § 486 Abs. 3 ZPO zuständigen Amtsgerichts. **97,** 131.

Beweisvertrag. 1) Kann in einem Beweisvertrage eine Beschränkung auf bestimmte Beweismittel vereinbart werden? **96,** 59. — 2) Zur Unterscheidung des Beweisvertrages vom Schiedsgutachtervertrag. **96,** 59.

Beweiswürdigung. S. Syst. Reg. § 318 S. 243.

Bilanz. S. Syst. Reg. § 211 S. 190.

Bildzeichen. Verhältnis zum Wortzeichen. **97,** 304; **98,** 229.

Binnenschiffahrt. S. Syst. Reg. § 249 S. 212.

Blankowechsel. Kann der Lauf der Verjährung des Anspruchs aus einem Blankowechsel schon vor Ausfüllung des Blanketts beginnen? **99,** 7.

Bodenbestandteile. Zur rechtlichen Natur der Verträge über die Gestattung der Entnahme von Bodenbestandteilen. **94,** 280.

Bohrrechte. Sind sie dinglicher Natur? **97,** 38.

Böllerschießen. Sorgfaltspflicht bei der Veranstaltung von Böllerschießen. **96,** 93.

Börsengesetz, Börsentermingeschäfte. S. Syst. Reg. § 242 S. 205.

Bote. Zur Unterscheidung zwischen dem Stellvertreter im Willen und dem Boten. **97,** 333.

Brand. Hat der zur Unterdrückung eines Brandes Herbeigezogene einen Anspruch auf Ersatz des ihm dabei entstehenden Schadens gegen den Eigentümer des Hauses oder gegen die Gemeinde? **98,** 195.

Brauereien. Sittenwidrigkeit eines von Brauereien zum Ausschluß gegenseitigen Wettbewerbs geschlossenen Vertrages wegen Zwangs gegen Dritte. **93,** 19.

Brauereifreiheit. Haftung des Vermieters einer Schankwirtschaft aus der Zusicherung der Brauereifreiheit. **95,** 175.

Braunschweig. 1) In welcher Abteilung des Grundbuchs waren nach früherem braunschweigischem Recht gesetzliche Abfindungsrechte bei bäuerlichen Grundstücken, in welcher eine Hausabfindung einzutragen? **94,** 6, 7. — 2) Folgen der Eintragung in eine andere, als die dafür bestimmte Abteilung des Grundbuchs. **94,** 7. — 3) Die §§ 11, 12 der braunschweigischen Ministerialinstruktion v. 26. April 1878 sind Ordnungsvorschriften. **94,** 8.

Bremen. 1) Rechtliche Stellung des Ritterschaftspräsidiums und des Landsyndikus der Ritterschaft des Herzogtums Bremen. **91,** 285. — 2) Irrevisibilität des revidierten Ritterrechts des Herzogtums Bremen. **91,** 285. — 3) Errichtung eines Erbstammgutes nach bremischem Ritterrecht; Anwendung der Tarifnr. 24, 53 PreußStempG v. 31. Juli 1895. **91,** 282. — 4) Fischereiberechtigung der Bremer Fischergilde (Amtsfischer) an der Unterweser. **94,** 33.

Bremer Seeversicherungsbedingungen. 1) § 76 der BremerSVB beschränkt nicht die Zulässigkeit der Revision. **92,** 65 (**20,** 398). — 2) Zum Begriff der Kriegsgefahr, des Kriegsmolestes, der feindseligen Behandlung und der Versicherung „bloß für Seegefahr" nach den BremerSVB. **92,** 66. — 3) Verwendung deutschen Eigentums zu Verteidigungszwecken (Versenkung eines Schiffes zur Sperrung des Flusses) keine feindselige Behandlung i. S. des § 21 BremerSVB. **92,** 67. — 4) Nach den BremerSVB kann die Aufbringung als solche den Versicherungsanspruch nicht auslösen. **93,** 151. — 5) Fortdauernde Prämienzahlungspflicht nach erfolgter Nehmung des Schiffes bis zur Kondemnation bei der Kriegsversicherung gemäß § 6 BremerSVB. **93,** 150.

Brieffach, Briefkasten. Gilt eine Willenserklärung als dem Empfänger zugegangen, wenn der sie enthaltende Brief in sein Brieffach bei einer Behörde oder in seinen Briefkasten gelegt ist? **99,** 23.

Briefgeheimnis. 1) Verfügungsberechtigung und Strafantragsberechtigung des Absenders und des Empfängers eines Briefes wegen Verletzung des Briefgeheimnisses. **94,** 2. — Schadensersatzanspruch wegen Verletzung des Briefgeheimnisses. **94,** 3. — 3) Mittäterschaft und Beihilfe bei Verletzung des Briefgeheimnisses. **94,** 2.

Brotgetreide. Nichtigkeit eines gegen § 9 Nr. 2 Bekanntm. über Brotgetreide und Mehl v. 28. Juni 1915/29. Juni 1916 verstoßenden Vertrags. **100,** 240.

Bücherrevisor. Enthält die Bezeichnung als „Treuhänder" seitens eines Bücherrevisors einen unlauteren Wettbewerb? **99,** 23.

Bühnenverein. Innerhalb welcher Zeit kann der Theaterunternehmer von der in § 15 Abs. 5 der allgemeinen Bedingungen des deutschen Bühnenvereins enthaltenen Kriegsklausel Gebrauch machen? **91,** 57.

Bühnenvertrag. 1) Kann in einem Bühnenvertrag dem Theaterunter nehmer die Befugnis eingeräumt werden, einseitig den Vertrag zu verlängern oder beliebig zu kündigen? **91,** 330 — 2) Einseitiges Recht zur Verlängerung des Kriegsvertrags und zur Erneuerung des Friedensvertrags. **91,** 330.

Bundesrat. 1) Bedeutung der Auslegungsgrundsätze des Bundesrats zum WarenumsatzstempG. **94,** 130, 210. — 2) Zur Bedeutung der Ausführungsbestimmungen des Bundesrats zu den Steuergesetzen. **92,** 340; **96,** 328.

Bundesstaaten. 1) Rechtliche Stellung des Bundesstaaten bei Erhebung der Reichsstempelabgaben. Aufrechnung mit einer dem Steuerschuldner gegen den die Steuer erhebenden Bundesstaat zustehenden Gegenforderung. **93,** 63. — 2) Stellung des Bundesstaaten bei Ausführung der BRVO über die Liquidation feindlicher Unternehmungen v. 31. Juli 1916 und 14. März 1917. **93,** 258. — 3) Stand den Kontingentsstaaten nach der Reichsverfassung v. 16. April 1871 ein Militärhoheitsrecht zu? **97,** 263.

Bürgerliche Rechtsstreitigkeiten. Ihr Begriff i. S. des § 13 GVG. **92,** 313; **93,** 79, 203, 258.

Bürgermeister. Stellung des Bürgermeisters nach der rheinischen LandgemeindeO. Inwieweit ist er Vertreter der zur Bürgermeisterei gehörigen Einzelgemeinden? **98,** 197.

Bürgschaft. S. Syst. Reg. § 139 S. 142.

Buße. Schließt die gegen einen Ersatzpflichtigen im Strafverfahren erkannte Buße weitere Ansprüche gegen die andern, gesamtschuldnerisch haftenden, Ersatzpflichtigen aus? **97,** 230.

Butter. Zu § 1 Satz 1 AusfBest. v. 15. November 1915 über die Einfuhr von Butter. Zum Begriff des Inverkehrbringens. Rechtsweg. **99,** 236.

C

C & f. (cost and freight)-Geschäft. Abzug der Fracht bei Unausführbarkeit der Verschiffung. **92,** 17.

Charterpartie. Bedeutung der Bezugnahme eines Konnossements über die Charter, die für ein anderes Schiff geschlossen ist. **93,** 112.

Charter. 1) Zur Unterscheidung zwischen der Charterung und der Ausrüstung (§ 510 HGB) eines fremden Schiffs. **98,** 187. — 2) Wer haftet aus einem Konnossement, das der Schiffer eines gecharterten Schiffs auf Konnossementsformularen des Charterers ausgestellt hat? **98,** 186. — 3) Ist eine Reederei zur rechtzeitigen Aufklärung des Konnossementsinhabers darüber verpflichtet, daß es sich um ein gechartertes Schiff handelt? **98,** 189. — 4) Zum Begriff des Ermessens in der Charterklausel. **99,** 107.

Cif-Abladegeschäfte. 1) Erfüllungsort und Gefahrübergang bei solchen. **93,** 168, 330; **96,** 230. — 2) Beweislast für die Frage, ob vertragsmäßige Ware abgeladen ist. **97,** 152.

Cif-Kauf. 1) Bedeutung der Zurückweisung der Dokumente seitens des Cif-Käufers für die gegen Kriegsgefahr genommene Versicherung seines imaginären Gewinns. **94,** 302. — 2) S. auch Syst. Reg. § 121 VIII S. 118.

Clausula rebus sic. stantibus. 1) Unter welchen Voraussetzungen ist der Rücktritt von dem Abkommen zulässig, durch das die Erfüllung während des Krieges fällig gewordener Leistungen bis nach Beendigung des Krieges hinausgeschoben ist? **92,** 426; **93,** 341; **94,** 46, 68; **99,** 115. — 2) Einfluß der wirtschaftlichen Folgen der Revolution auf die Wirksamkeit eines Werkvertrags, der während des Krieges geschlossen und nach dem Friedensschlusse zu erfüllen ist. **98,** 18. — 3) Die clausula r. s. st. ist als allgemeiner Grundsatz in das BGB nicht aufgenommen und von der Rechtsprechung des Reichsgerichts nicht anerkannt. **99,** 259. — 4) Ausnahmsweise Anerkennung der Klausel. Kann sie auch zu einer Änderung einzelner Vertragsbestimmungen, insbesondere zu einer Erhöhung der Leistung des einen Teils führen? Wie sind solchenfalls die Interessen der Parteien auszugleichen? **100,** 129. — 5) Für die Wirksamkeit eines Vertrags ist es regelmäßig ohne Belang, ob ihn die Parteien geschlossen haben würden, wenn sie die spätere Entwicklung der Verhältnisse, die sich für eine von ihnen äußerst ungünstig gestaltete, vorausgesehen hätten. **100,** 82. S. auch Syst. Reg. § 380 S. 289.

commodum ex negotiatione. Durch eigenes Handeln errungener Vorteil und Ersatzherausgabe. **91,** 263.

compensatio lucri cum damno. S. Vorteilsausgleichung.

condictio causa data causa non secuta. **98,** 239.

condictio indebiti. 1) Keine Anwendung des § 352 HGB bei der condictio indebiti. **96,** 57. — 2) Auf wessen Kenntnis kommt es an, wenn bei der Zahlung einer Nichtschuld mehrere Personen zusammengewirkt haben? **95,** 126. — 3) Voraussetzungen des Verlustes des Rückforderungsrechts nach § 814 BGB. **98,** 239. — 4) Beschränkung der Anwendung des § 814 BGB auf das Gebiet der cond. indebiti. **97,** 85; **99,** 165.

condictio ob injustam vel turpem causam. 1) Cond. ob injustam causam und Wiederherstellung nach § 249 BGB. **94,** 3. — 2) Keine Anwendung des § 814 BGB. **97,** 84; **99,** 165.

condictio possessionis. **98,** 135.

culpa in contrahendo. 1) Zur Haftung wegen Verschuldens beim Vertragsschluß. **93,** 165; **95,** 60; **97,** 327, 336. — 2) Beiderseitiges Verschulden bei verspätetem Zugehen einer Willenserklärung; Anwendung des § 254 BGB **97,** 339

D

Dammbruch. Schadensersatzanspruch wegen durch Dammbruch verursachter Überschwemmung nach § 836 BGB. **97,** 112.

Dänemark. Rücktrittsrecht des Verkäufers wegen nicht rechtzeitiger Rembourstellung nach dänischer Rechtsprechung. **92,** 391.

Darlehen. S. Syst. Reg. § 127 S. 128.

Darlehnszusagevertrag. Verzugszinsen aus einem solchen. **92,** 284.
Deckungskauf. 1) Wann ist bei Erfüllungsweigerung und bei Unmöglichkeit der Vertragserfüllung seitens des Verkäufers der Deckungskauf vorzunehmen? **91,** 99; vgl. **101,** 90. — 2) Rechtliche Natur des auf einen Deckungskauf gestützten Schadensersatzanspruchs. Wirkt die BRVO v. 23. Juli 1915 gegen übermäßige Preissteigerung auf einen solchen Anspruch ein? **93,** 133.
Defekte. Gesamtschuldnerische Haftung mehrerer verantwortlicher Beamter für Kassendefekte in Preußen. **95,** 347.
Defektenverfahren. Umfang der richterlichen Prüfung nach § 144 RBeamtG. **92,** 236; **95,** 346; **99,** 79.
Defensivzeichen. 1) Zulässigkeit von Defensivzeichen. **97,** 96. — 2) Umfang des Zeichenschutzes bei Defensivzeichen. **97,** 305.
Deficiency-Klausel im La Plata-Getreidevertrag. **96** 231.
Deichverlegung. Schadensersatzanspruch des Grundbesitzers wegen erhöhter Überschwemmungsgefahr infolge Verlegung und Erhöhung eines Deiches. **91,** 104.
Depositenkassenvorsteher. Ihre Bedeutung und Vertretungsmacht. Haftung der Bank für unrichtige Auskunft. **94,** 319.
Desinfektionsanstalt. Haftung öffentlicher Desinfektionsanstalten wegen Verschuldens bei Ausführung der Entseuchung. Rechtsweg. **99,** 284.
Devisenverordnung vom 8. Februar 1917. 1) Nichtigkeit des ohne die Genehmigung der Reichsbank geschlossenen Kaufvertrags. **98,** 254; **100,** 240. — 2) Wer hat die nach § 3 erforderliche Genehmigung der Reichsbank zu Zahlungen nach dem Ausland zu erwirken? **98,** 257.
Dienstaufwandsentschädigungen. 1) Ihre rechtliche Natur. **96,** 291. — 2) Sind Dienstaufwandsentschädigungen bei der Gegenüberstellung von Zivil- und Militärdiensteinkommen nach dem preuß. Staatsministerialbeschluß, betr. Ausführung des § 66 RMG, v. 1. Juni 1888 und der Verf. des preuß. Justizministers über laufende Kriegsbeihilfen usw. v. 13. Oktober 1917 zu berücksichtigen? **96,** 291.
Dienstbeschädigung. Zum Begriff der Dienstbeschädigung in § 12 MilHinterblG. **93,** 310.
Dienstbezüge. Begriff der Dienstbezüge i. S. der §§ 45, 46 Allg. Dienstanweisung für Post und Telegraphie, Abschn. X Abt. 2. **94,** 226.
Diensteinkommen. Zum Begriff des Diensteinkommens. **94,** 225.
Dienstverschaffungsvertrag. Verbindung von Schiffsmiete und Dienstverschaffungsvertrag; Haftung des Mieters für Verschulden der Schiffsbesatzung. **98,** 327.
Dienstvertrag. S. Syst. Reg. § 128 S. 129.
Dienstwohnung. 1) Haftet der Staat den Familienangehörigen eines Beamten, dem eine Dienstwohnung zugewiesen ist, für den Schaden, der ihnen durch Erkrankung infolge gesundheitsschädlicher Mängel der Wohnung entsteht? **91,** 21. — 2) Verpflichtung des Staates zur rechtzeitigen Entseuchung einer Dienstwohnung beim Wegzug des Wohnungsinhabers, in dessen Familie Tuberkulose aufgetreten ist. **91,** 25. — 3) Dienstwohnungen der evangelischen Geistlichen in Preußen; fort-

dauernde Geltung der §§ 707—709 ALR II, 11. **93**, 215, 217. — 4) Darlegungs- und Beweispflicht hinsichtlich des ursächlichen Zusammenhangs zwischen den Mängeln einer Dienstwohnung und einer Erkrankung des Beamten. **95**, 104.

Differenztheorie. **96**, 22.

Dingliche Rechte. Zum Wesen der dinglichen Rechte. **93**, 236.

Dingliche Rechte an fremden Sachen. S. Syst. Reg. §§ 64 flg. S. 66.

Dinglicher Ersatz. S. Surrogation.

Dinglicher Vertrag. Einigung nach §§ 873, 925 BGB als dinglicher Vertrag **99**, 67.

Dinglichkeitslehre. Unhaltbarkeit der Lehre von der dinglichen Wirkung der Anfechtung im Konkurse und der Gläubigeranfechtung außerhalb des Konkursverfahrens. **91**, 369.

Diskontieren. Zum Begriff des Diskontierens. Wird dadurch noch eine andere als die wechselmäßige Verpflichtung des Diskontanten begründet? **93**, 26.

Dispache. 1) Bedeutung des Ausdrucks. **96**, 233. — 2) York Antwerp Rules für die Dispache. **98**, 116.

Dissens, versteckter. 1) Unanwendbarkeit des § 155 BGB, wenn es sich um Punkte handelt, die für den zu schließenden Vertrag wesentlich sind. **93**, 299. — 2) Kommt ein Vertrag zustande, wenn der die Verhandlungen führende Agent erkennen mußte, daß der andere Teil eine wesentliche Bestimmung abweichend von ihrem verkehrsüblichen Sinn verstand? **97**, 191. — 3) Zur Unterscheidung zwischen Dissens und Irrtum. **95**, 52. — 4) Vertragsauslegung und versteckter Dissens. **100**, 135. — 5) Aufgabe des Gerichts bei Feststellung eines Dissenses. **95**, 105.

Distriktsverleihung. Anspruch des Regalherrn auf Distriktsverleihung **94**, 295.

Dividendenanspruch. Rechtliche Natur des Dividendenanspruchs des Gesellschafters einer GmbH vor beschlossener Gewinnverteilung. Rechtliche Wirkunge seiner Abtretung ohne den Geschäftsanteil. **98**, 320.

Dolus eventualis. 1) Er genügt nicht zur Anwendung des § 17 Abs. 1 UnlWettbG. **92**, 136. — 2) Dolus eventualis beim Kettenhandel **100**, 237.

Domaine public. Hoheitsrecht des Staates über öffentliche Flüsse nach Rheinischem Recht. **91**, 89.

Dominikanerinnen. Rechtliche Stellung ihrer Niederlassungen. **97**, 122.

Domizilwechsel. Unterschied zwischen Domizil- und Zahlstellenwechsel. **98**, 105.

Doppelbesteuerung. 1) Eine Doppelbesteuerung desselben Rechtsvorgangs auf Grund desselben Gesetzes kann nur dann erfolgen, wenn das Gesetz sie ausdrücklich vorschreibt. **93**, 271. — 2) Inwieweit unterliegt das Einbringen von Grundstücken in Gesellschaften einer Doppelbesteuerung? **93**, 264, 271.

Dörrgemüse. § 3 BRVO v. 5. August 1916 betrifft nur Verträge, die zwischen dem Veräußerer von Gemüse und dem Hersteller von Dörr-

gemüse unmittelbar geschlossen sind, nicht Verträge des Zwischenhandels. **93**, 140.
Dotationspflicht. Umfang der durch die Säkularisation der Klöster begründeten Dotationspflicht des preuß. Staates. **96**, 38; **97**, 170.
Drahtseilbahnen. Unterliegt die Beförderung auf solchen der Verkehrssteuer? **97**, 154.
Drainagegenossenschaften. Inwieweit ist Aufnahme und Ausscheiden der Genossen nach dem PreußG betr. die Bildung von Wassergenossenschaften v. 1. April 1879 und dem WasserG v. 7. April 1913 der Vereinbarung der Beteiligten und der Genossenschaft freigegeben? **92**, 26.
Dritte. 1) Inwieweit kann der Ersatz des einem Dritten entstandenen Schadens gefordert werden? **93**, 40; **96**, 337; **97**, 88. — 2) Zum Begriff der Rechte Dritter in § 434 BGB. **99**, 60. — 3) Verträge über den Nachlaß eines Dritten s. Syst. Reg. § 105 V S. 104, Verträge zugunsten Dritter § 109 S. 105. — 4) Zum Begriff des Dritten in § 839 BGB s. Syst. Reg. § 145 zu § 839 BGB S. 153.
Drohung. Drohung und Verstoß gegen die guten Sitten. **91**, 332.
Droit des mines et usines. Zum Begriff dieses Rechtes. **94**, 293.
Druckschrift. 1) Beginn der Verjährung der Strafverfolgung und der Antragsfrist des § 61 StGB bei Verbreitung von Druckschriften. **91**, 355. — 2) Unter welchen Voraussetzungen ist die Aufstellung unrichtiger, aus älteren Schriften entlehnter Behauptungen rechtswidrig? **91**, 356.

E

Editionseid. S. Vorlegungseid.
Effektenkommission. 1) Anschaffungs- oder Deckungsgeschäft des Kommissionärs? **96**, 7. — 2) Findet § 392 Abs. 2 HGB auf die Effektenkommission Anwendung? **96**, 8.
Ehe. Nichtigkeit und Anfechtbarkeit der Ehe s. Syst. Reg. § 174 S. 176.
Ehefrau. 1) Voraussetzungen der Haftung der Ehefrau nach § 831 BGB für den Schaden, den der Mann bei der Verwaltung des Frauenguts einem Dritten zufügt. **91**, 364. — 2) Schadensersatzanspruch der Ehefrau bei Tötung des Mannes nach § 844 BGB und § 10 Abs. 2 KraftfG. **91**, 398. — 3) Bedeutung der Zustimmung der Ehefrau zur Prozeßführung des Mannes über ihr eingebrachtes Gut für die Rechtskraftwirkung des Urteils gegenüber der Frau. **92**, 155. — 4) Beginn der Verjährung des Schadensersatzanspruchs der Ehefrau wegen Erwerbsminderung, wenn der Ehemann für ihren Unterhalt zu sorgen in der Lage ist. **94**, 178.
Ehegatten. Persönliches Verhalten der Ehegatten s. Syst. Reg. § 175 S. 176.
Eheliche Gemeinschaft. 1) Zu deren Begriff. **95**, 332; **97**, 286. — 2) Klage auf Herstellung der ehelichen Gemeinschaft s. Syst. Reg. § 176 S. 176.
Eheliches Güterrecht. S. Syst. Reg. §§ 178 flg. S. 177.
Ehemann. Unter welchen Voraussetzungen ist der Ehemann bei der Verwaltung des Vermögens der Frau als zu einer Verrichtung bestellt i. S. des § 831 BGB anzusehen? **91**, 365.

Ehesachen. Verfahren in Ehesachen s. Syst. Reg. § 335 S. 252.

Ehescheidung. S. Syst. Reg. § 184 S. 178.

Ehrverletzung. 1) Namensrechtsverletzung und Ehrverletzung. **91,** 353. — 2) Wer ist zur Geltendmachung eines Anspruchs aus § 824 BGB befugt, wenn das gewerbliche Unternehmen des Betroffenen auf eine GmbH übergegangen ist? **91,** 353. — 3) Voraussetzungen der Anwendung des § 189 StGB und der §§ 823 Abs. 2, 826 BGB bei Übernahme unrichtiger Behauptungen aus älteren Schriften. **91,** 356. — 4) Behauptung wider besseres Wissen. Genügt es zum Nachweise dessen, daß der Beklagte bei Vergleichsverhandlungen erklärt hat, er sei zu der Ansicht gekommen, daß seine Behauptung unrichtig sei? **91,** 358. — 5) Nur physische Personen können Gegenstand beleidigender Angriffe nach §§ 185—187 StGB sein. **95,** 341. — 6) Wahrnehmung berechtigter Interessen durch den Leiter einer Zentralstelle zur Bekämpfung der Schwindelfirmen. **95,** 344. — 7) Wird die Widerrechtlichkeit des Handelns durch die Wahrnehmung berechtigter Interessen ausgeschlossen? **95,** 342. — 8) Können objektiv unwahre Äußerungen als zur Wahrung berechtigter Interessen gemacht gelten? **95,** 343. — 9) Zum Begriff der Tatsachen in §§ 186, 187 StGB. **98,** 38.

Eid. Beweis durch Eid s. Syst. Reg. § 316 S. 243.

Eigenbesitzer. Der Käufer, dem die Sache unter Eigentumsvorbehalt übergeben ist, ist nicht Eigenbesitzer. **95,** 107.

Eigenhandel. 1) Zur Unterscheidung zwischen Eigenhandel und Kommission. **94,** 66. — 2) Wie ist die Angemessenheit des Reingewinns i. S. der PreissteigerungsVO zu bestimmen für den rechtlich als Eigenhändler, wirtschaftlich nur als Vermittler Auftretenden? **96,** 239.

Eigenschaft. 1) Zum Begriffe der Eigenschaft in § 477 BGB. **93,** 73. — 2) Zum Begriff der Eigenschaft in § 119 Abs. 2 BGB. **94,** 278; **99,** 214. — 3) Zum Begriff der Eigenschaft; Brauereifreiheit als Eigenschaft einer Schankwirtschaft. **95,** 176. — 4) Zum Begriff der persönlichen Eigenschaften in § 1333 BGB. **95,** 290. — 5) Ertragsfähigkeit eines Theaterunternehmens als Eigenschaft des Kaufgegenstandes. **96,** 156. — 6) Ist Fehlen des zugesicherten Geldwertes der Kaufsache als Mangel einer Eigenschaft anzusehen? **98,** 292. — 7) Können bloß vertragliche Beziehungen der Person zu einem Dritten als Eigenschaften i. S. des § 119 Abs. 2 BGB angesehen werden? **99,** 214. — 8) Beschlagnahme- und Verwendungsfreiheit der Ware als Eigenschaft i. S. des § 459 Abs. 2 BGB. **100,** 161. — 9) Zusicherung, daß die Geschäftsschulden einen gewissen Betrag nicht übersteigen, als Zusicherung einer Eigenschaft i. S. des § 459 Abs. 2 BGB. **100,** 204.

Eigentum. S. Syst. Reg. §§ 50 flg. S. 61.

Eigentümer. 1) Wird der Eigentümer von der Verantwortung für die aus der Beschaffenheit seiner Sachen entspringenden Gefahren durch die Vermietung dieser Sachen befreit? **92,** 362; **95,** 63. — 2) Pflichten des Eigentümers einer Gastwirtschaft hinsichtlich der Verkehrssicherheit der Räume. **92,** 359. — 3) Haftet der Eigentümer für einen Unfall,

der durch den Zustand seines Grundstücks während der Zwangsverwaltung des Grundstücks entsteht? **93**, 1.
Eigentümergrundschuld. S. Syst. Reg. § 77 VI S. 70.
Eigentumsbeschränkungen, gesetzliche. S. Syst. Reg. § 51 S. 61.
Eigentumserwerb an Grundstücken. S. Syst. Reg. § 53 S. 62, an beweglichen Sachen §§ 54 flg. S. 62.
Eigentumsfreiheitsklage. Syst. Reg. § 63 S. 65.
Eigentumsklage. S. Syst. Reg. § 62 S. 64.
Eigentumsverfallklausel. Voraussetzungen der Anwendung des § 1149 BGB. **92**, 103.
Eigentumsvorbehalt. Rechtliche Stellung des Käufers, dem die Sache unter Eigentumsvorbehalt übergeben ist. Verpflichtung des Verkäufers zur Übereignung; Abtretung des Anspruchs auf Übereignung. **95**, 105.
Einbringung in Gesellschaften. 1) Zur Stempelpflicht des Einbringens von Grundstücken in eine offene Handelsgesellschaft. Gemischte Einbringungsgeschäfte. **93**, 264, 269. — 2) Unter welchen Voraussetzungen stellt sich das Einbringen von Vermögensgegenständen in eine Gesellschaft als Bestandteil des Vertrages über deren Errichtung dar? **93**, 268.
Eindeckungspflicht. Eindeckungspflicht des Verkäufers während des Krieges. **93**, 18; **95**, 264; **97**, 328.
Einfuhr von Fischen. Anwendung der BRVOen betr. die Einfuhr von Fischen über eine auf dem Transport nach Deutschland bestimmte Ware. **99**, 149.
Einfuhr von Vieh, Fleisch und Fleischwaren, BRVO v. 18. März 1916 über —. Inwieweit ist nach den AusfBestimmungen dazu der Rechtsweg ausgeschlossen? **92**, 374; **100**, 143.
Einfuhrerlaubnis. Ist sie vom Käufer oder vom Verkäufer zu beschaffen? **97**, 258.
Einfuhrscheinverfahren. Pflichten des Zollbeamten gegenüber dem ausführenden Händler beim Einfuhrscheinverfahren. **91**, 47.
Eingebrachtes Gut. Prozeßführung über eingebrachtes Gut durch den einen der Ehegatten; Folgen der Zustimmung des andern Gatten für die Rechtskraftwirkung des ergehenden Urteils. **92**, 155.
Eingetragene Genossenschaften. S. Syst. Reg. § 221 S. 198.
Einheitliches Rechtsgeschäft. Zum Begriff des einheitlichen Rechtsgeschäfts in § 10 Abs. 3 PreußStempG v. 30. Juni 1909. **92**, 169.
Einigung nach §§ 873, 925 BGB als dinglicher Vertrag. **99**, 67.
Einkaufskommission, Unterschied vom Kauf. **94**, 288.
Einkindschaft. Rechte der Abkömmlinge aus früherer Ehe, mit denen die Ehegatten einen Einkindschaftsvertrag geschlossen haben, nach hamburgischem Recht. **94**, 316.
Einreden. S. Syst. Reg. § 17 S. 25, prozeßhindernde § 307 S. 240.
Einrede der Arglist. S. Syst. Reg. § 42 II S. 55.
Einrede der Rechtshängigkeit. S. Syst. Reg. § 306 I S. 240.
Einrede der veränderten Umstände. Einrede der Gefährdung der Sicherheit einer Kaufgeldhypothek gegenüber dem Anspruch auf Vorrangseinräumung. **92**, 218.

Einrede der Vorausklage. Sie ist bei Geldforderungen nach § **773** Nr. 4 BGB schon dann ausgeschlossen, wenn anzunehmen ist, daß die Zwangsvollstreckung in die beweglichen Sachen des Hauptschuldners nicht zur Befriedigung führen wird. **92,** 219.

Einrede des nicht erfüllten Vertrags. S. Syst. Reg. § 107 II S. 105.

Einspruch. S. Syst. Reg. § 322 II S. 245.

Einstehen für fremde Schuld. S. Interzession.

Einstweilige Verfügung. S. Syst. Reg. § 351 S. 259.

Einteilungsverzug. Folgen des Einteilungsverzugs des Käufers, wenn der Verkäufer nur eine anteilmäßige Befriedigung seiner Kaufgläubiger bewirken kann. **94,** 18.

Einverständnis mit der Bewirkung der Leistung i. S. des § 57 BörsG. **91,** 45.

Einwilligung. 1) Die Einwilligung zu Schenkungen aus dem Gesamtgut kann nicht von dem Vormund oder Pfleger der Ehefrau erklärt werden. **91,** 41. — 2) Ermächtigung zur Prozeßführung in eigenem Namen als Einwilligung i. S. des § 185 BGB. **91,** 395.

Einziehung. 1) Sind die Vorschriften der §§ 478, 479 StPO auch in einem gegen einen bestimmten Angeklagten gerichteten Verfahren anwendbar? **91,** 237. — 2) Kann ein ohne Zuziehung des Eigentümers erlassenes Urteil auf Einziehung gegen ihn vollstreckt werden? **91,** 238. — 3) Zum Begriff der Einziehung in §§ 1282, 1290 BGB **97,** 39. — 4) Dingliche und schuldrechtliche Wirkungen der Abtretung einer Forderung zur Einziehung. **99,** 142. — 5) Einziehung als Strafe oder als polizeiliche Präventivmaßregel. Welchen Einfluß hat sie auf ein Rechtsgeschäft über die der Einziehung unterliegende Sache? **100,** 41. — 6) Konstitutiver, nicht deklarativer Charakter der Einziehungsverfügung. **100,** 41. — 7) Einziehung im Strafverfahren, insbesondere beim Verstoßen gegen kriegswirtschaftliche Maßnahmen. **100,** 221.

Einziehung, Überweisung zur —. Ihre rechtliche Wirkung. **94,** 10; **97,** 41.

Eisenbahnanschlußverträge. Rechtliche Natur solcher Verträge, bei denen die Eisenbahn den Transport auf den Anschlußgleisen ausführt. Stempelpflicht. **97,** 18.

Eisenbahn-Bauunternehmer. Haftung für den beim Verkehr der Arbeitszüge während des Bahnbaues durch Funkenflug entstehenden Schaden. **97,** 290; **98,** 347.

Eisenbahnbeamte. Versorgungsansprüche der der Heeresverwaltung überwiesenen Eisenbahnbeamten bei einem Unfall im Betriebe der Militäreisenbahnen. **92,** 368.

Eisenbahnfrachtgeschäft. S. Syst. Reg. § 248 S. 209.

Eisenbahngütertarif. 1) Zu § 50 des deutschen Eisenbahngütertarifs. **97,** 17. — 2) Packpapier und Spinnpapier im Tarif. **98,** 95. — 3) Folgen einer unklaren oder unvollständigen Fassung der Tarifbestimmungen gehen zu Lasten der Eisenbahn. **99,** 253.

Eisenbahnrecht. S. Syst. Reg. § 162 S. 168.

Eisenbahn-Verkehrsordnung v. 23. Dezember 1908. 1) Anwendung des § 86 Nr. 1 der EVO. v. 23. Dezember 1908 (§ 77 Nr. 1 der vom

26. Oktober 1899) auf den Schadensersatzanspruch des Eigentümers von Umzugsgut, das durch den Spediteur zur Beförderung aufgegeben ist. **92**, 10. — 2) Findet die Verjährungsvorschrift des § 71 EVO auch auf den Anspruch auf Rückvergütung von Eisenbahnfracht Anwendung? **93**, 274. — 3) Erfordernisse der Veröffentlichung von Ausnahmetarifen nach § 6 Abs. 1 Satz 2 EVO. **93**, 278. — 4) Zur Auslegung des § 6 Abs. 1 Satz 3 EVO. **93**, 280. — 5) Zum Begriff der besonders wertvollen Spitzen und Stickereien in § 54 Abs. 2 B EVO. **94**, 115. — 6) Zum Begriff der Kostbarkeit in § 54 Abs. 2 B EVO. **94**, 121; **99**, 254; **100**, 110. — 7) Verwirkung des vertragsmäßigen Ersatzanspruchs des Absenders bei vorschriftswidriger Ausfüllung der Paketadresse. **94**, 123. — 8) Zum Begriff des gemeinen Handelswerts und des gemeinen Werts in § 88 EVO. **96**, 125; **98**, 151. — 9) Zur Haftung des Absenders für die Angaben im Frachtbrief nach § 57 EVO. **96**, 278. — 10) Vertragsstrafnatur des Frachtzuschlags nach § 60 EVO. **96**, 281. — 11) Haftung der Eisenbahn für Reisegepäck nach §§ 30, 35, 96 EVO. **97**, 110. — 12) Gehören Flüssigkeiten in Holzfässern stets zu den einer besonderen Gefahr der Beschädigung ausgesetzten Frachtgütern (§ 86 EVO)? **98**, 339. — 13) Bedeutung der Aufhebung der Lieferfristen der EVO durch Bekanntm. v. 10. August 1914. **99**, 19. — 14) Wie sind die Ausführungsbestimmungen zur EVO zu veröffentlichen? **99**, 251. — 15) „Muß-" und „Soll-" Vorschriften in der EVO. **99**, 254. — 16) Zum Begriff „Auffallender Gewichtsabgang" in § 86 Abs. 1 Nr. 1. EVO. **100**, 84. — 17) Keine Einwirkung der VO gegen Preistreiberei v. 8. Mai 1918 auf die Ersatzpflicht der Eisenbahn nach § 88 EVO. **100**, 104.

Elektrische Arbeit. Zu § 5 VO über die schiedsgerichtliche Erhöhung von Preisen bei der Lieferung von elektr. Arbeit usw. v. 1. Februar 1919. **99**, 260.

Elektrische Leitungen. 1) Rechtliche Natur des durch die Erteilung der alleinigen Berechtigung zur Legung elektrischer Leitungen auf öffentlichen Straßen begründeten Rechts. **91**, 170. — 2) Haftung des Postfiskus für Verschulden seiner Beamten bei Verlegung von Telegraphenkabeln. **91**, 273.

Elektrizitätslieferungsvertrag. Rechtliche Natur des für den Unternehmer durch die Erteilung der alleinigen Berechtigung zur Legung von Leitungen innerhalb der Gemeinde begründeten Rechts; Schadensersatzansprüche wegen Verletzung dieses Rechts. **91**, 170.

Elsaß-Lothringen. Zulässigkeit des Rechtswegs für den Anspruch des von der Gemeinde zu einer Kriegsleistung Herangezogenen gegen die Gemeinde auf Auszahlung der ihr vom Reiche gewährten Vergütung. **91**, 291.

Elterliche Gewalt. S. Syst. Reg. § 188 S. 180.

Eltern- und Kindesverhältnis. S. Syst. Reg. §§ 187 flg. S. 180.

Emissionsgeschäft. Kauf oder Kommission, Anschaffungs- oder Deckungsgeschäft bei der Zeichnung neu aufgelegter Wertpapiere? **96**, 5.

Empfangsbedürftige Willenserklärungen. S. Syst. Reg. § 30 IV. S. 36.

England. 1) Trading with the ennemy act 1914; Unmöglichkeit der Vertragserfüllung wegen dieses Gesetzes. **93**, 183. — 2) Dispache nach den York Antwerp Rules. **98**, 116.

Enteignung. 1) Findet die Rechtsregel des dinglichen Ersatzes (§ 45 Abs. 2 PreußEnteigG, Art. 52 EinfGzBGB) auf alle Fälle der Enteignung, insbesondere auch auf Enteignungen auf Grund des KLG Anwendung? **94**, 21. — 2) Können die Grundsätze der Enteignung von Grundeigentum auf die Enteignung von beweglichen Sachen übertragen werden? **94**, 22. — 3) Enteignung durch kriegswirtschaftliche Organisationen. **96**, 109.

Enteignung von Grundeigentum. S. Syst. Reg. § 167 S. 173.

Enteignungsentschädigung. Fälligkeit der im Falle des § 13 Nr. 1 PreußFluchtlinienG zu gewährenden, im Enteignungsverfahren festgesetzten Entschädigung. **92**, 90.

Entfernung aus dem Amte. Zum Begriff der Entfernung aus dem Amte. **92**, 431.

Entgeltlichkeit. Zum Begriff der Entgeltlichkeit; kann die einer Zuwendung beigefügte Zweckbestimmung und deren Ausführung als Entgelt angesehen werden? **92**, 228. — 2) Wird die Gewährung des Unterhalts seitens der Eltern durch die Dienstleistung der Tochter im Haushalt eine entgeltliche? **99**, 114.

Entlastung der Gerichte. BRVO v. 9. September 1915. 1) Erfordernisse des Tatbestandes nach § 24 VO. **91**, 62; **96**, 10. — 2) Verhältnis des § 27 VO zu § 505 ZPO. **92**, 44; **95**, 281.

Entscheidungsgründe. Bezugnahme auf den Akteninhalt in den Entscheidungsgründen; genügt eine Bezeichnung nach Blattzahlen? **94**, 164.

Entseuchung. Gilt die Beschränkung der Entschädigungspflicht nach § 14 Abs. 2 PreußG v. 28. August 1905 auch für Schäden, die schuldhaft verursacht sind? Ist der Rechtsweg für den Schadensersatzanspruch in solchem Falle gegeben? **99**, 283.

Entstehung des Schuldverhältnisses. **99**, 226.

Erbanwartschaft. Wird die Vererblichkeit des Nacherbenrechts (der Erbanwartschaft) dadurch ausgeschlossen, daß der Erblasser für den Nacherben einen Ersatzerben ernannt hat? **95**, 98.

Erbauseinandersetzung. Erbengemeinschaft. S. Syst. Reg § 200 S. 182

Erbenhaftung. 1) Unbeschränkte Haftung des Erben, der die Erfüllung einer Vertragspflicht des Erblassers aus einem Gesellschaftsverhältnis schuldhaft vereitelt **92**, 343. — 2) Haftung der Statutarerbin nach Solmser Landrecht. **99**, 244.

Erblasser. 1) Rechtspflicht des Erblassers gegenüber den pflichtteilsberechtigten Personen; Hinterlassungspflicht. **92**, 3. — 2) Recht zur Entziehung des Pflichtteils; rechtliche Natur, Voraussetzungen und Ausübung dieses Rechts. **92**, 4. — 3) Vorwirkungen erbrechtlicher Verhältnisse bei Lebzeiten des Erblassers. **92**, 3.

Erbpacht. 1) Zum Begriff des Erbpachtrechts in § 2 PreußAblösungsG v. 2. März 1850. **98**, 217. — 2) Ist der Erwerb des Eigentums in gutem Glauben an die Richtigkeit des Buchinhalts möglich, wenn in Abt. II des Grundbuchs ein Erbpachtrecht für einen andern als den eingetragenen Eigentümer eingetragen steht? **98,** 215.

Erbrecht. Sondervermögen und dinglicher Ersatz im Erbrecht. **94,** 23 S. im übrigen Syst. Reg. §§ 194 flg. S. 182.

Erbschaftsanspruch. S. Syst. Reg. § 199 S. 182.

Erbschaftssteuer. S. Syst. Reg. § 372 II S. 270.

Erbschein. 1) Erfordernisse des Gegenbeweises gegen die Vermutung des § 2365 BGB. **92,** 71. — 2) Erfordernisse des Rechtshilfeersuchens im Verfahren betr. die Ausstellung eines Erbscheins. **95,** 286.

Erbstammgut. Errichtung eines Erbstammgutes nach bremischem Ritterrecht; Anwendung der Tarifnr. 24, 53 PreußStempG v. 31. Juli 1895. **91,** 282.

Erbvertrag. 1) Feststellungsklage des Vertragserben, daß eine, wegen Übergehung eines Pflichtteilsberechtigten erklärte Anfechtung des Erbvertrages seitens des Erblassers unwirksam sei. **92,** 4. — 2) Auslegung eines Erbvertrags. **95,** 14.

Erfahrungssätze. 1) Nachprüfung allgemeiner Erfahrungssätze durch das Revisionsgericht. **99,** 71. — 2) Keine Notwendigkeit der Beweisaufnahme über Fragen der täglichen Erfahrung, wenn sich das Gericht für hinreichend unterrichtet erklärt. **99,** 72.

Erfindung. 1) Zum Begriff der Erfindung bei Gebrauchsmustern. **99,** 211. — 2) Eigentumserwerb des Bestellers einer Konstruktionszeichnung; Einwirkung auf das Recht an der dabei gemachten Erfindung **100,** 38.

Erfüllung der Rechtsgeschäfte im Konkurse. S. Syst. Reg. § 355 S. 260.

Erfüllung der Schuldverhältnisse. S. Syst. Reg. § 115 S. 109.

Erfüllung Zug um Zug. S. Syst. Reg. § 107 II S. 105.

Erfüllungsanspruch. Übergang des Erfüllungsanspruchs in den Anspruch auf Schadensersatz wegen Nichterfüllung. **91,** 31, 100.

Erfüllungsgehilfe. S. Syst. Reg. § 102 S. 100.

Erfüllungsgeschäft. 1) Rückgängigmachung des Erfüllungsgeschäfts im Gegensatz zur Rückgängigmachung des Kaufs, der Wandlung. **91,** 111. — 2) Zur Unterscheidung von Grund- und Erfüllungsgeschäft. **93,** 221. — 3) Erfüllungsgeschäfte unterliegen dem Formzwang des § 313 BGB nicht. **93,** 221. — 4) Nichtigkeit des dinglichen Erfüllungsgeschäfts wegen Wuchers. **93,** 75. — 5) Bestimmheit des Gegenstands als Erfordernis des dinglichen Erfüllungsgeschäfts. **98,** 202.

Erfüllungsort. S. Syst. Reg. § 97 S. 97.

Erfüllungsweigerung. 1) Kann die Erfüllung eines Lieferungsvertrags mit Rücksicht auf Interessen der Allgemeinheit verweigert werden? **91,** 333. — 2) Bedeutung des Schweigens des Käufers gegenüber unberechtigter Erfüllungsweigerung des Verkäufers. **91,** 347.

Erfüllungszeit. S. Syst. Reg. § 98 S. 97, § 227 S. 201.

Erinnerung. Nach § 4 GKG ist die Erinnerung auch zulässig, wenn die Zahlungspflicht des in Anspruch Genommenen überhaupt bestritten wird. **97,** 175.

Erklärungsgegenstand. **95,** 114.

Erlaß. Erlaß als Leistung i. S. des § 326 BGB. **93,** 290.

Erlaubte Privatgesellschaften. 1) Deren Begriff i. S. der §§ 2, 11 flg. ALR II, 6. **97,** 123. — 2) Haftung desjenigen, der im Namen einer solchen Gesellschaft einem Dritten gegenüber ein Rechtsgeschäft vorgenommen hat. **97,** 125.

Erledigung der Hauptsache. Welche Bedeutung hat der Antrag des Klägers, die Hauptsache für erledigt zu erklären? **100,** 125.

Ermächtigung. 1) Ermächtigung zur Prozeßführung in eigenem Namen; Unterschied von der Inkasso-Abtretung; Rechtsschutzbedürfnis als Voraussetzung der Aktivlegitimation des Ermächtigten. **91,** 390. — 2) Stillschweigende Ermächtigung zur Nachsuchung des Armenrechts. **95,** 262. — 3) Ermächtigung des Notars nach § 129 FGG, § 15 GBO. **93,** 70.

Ermessen. 1) Zum Begriff des einem Vertragsteil eingeräumten Ermessens. **99,** 106. — 2) Inwieweit kann das Verschulden eines Beamten in Fällen angenommen werden, in denen er nach seinem Ermessen zu handeln hat. **99,** 256.

Erneuerungsmasse. Dient das Ausscheiden einer Erneuerungsmasse zur Deckung eines Betriebsverlustes i. S. der Tarifnr. 1 d RStempG v. 15. Juli 1909, 1 B RStempG v. 3. Juli 1913? **94,** 45.

Errungenschaftsgemeinschaft. Aktivlegitimation des Ehemanns zur Geltendmachung des Anspruchs der Frau auf Schmerzensgeld. **96,** 97.

Ersatzaussonderung. 1) Ersatzaussonderung nach § 46 KO; zum Begriff der Einziehung der Gegenleistung zur Konkursmasse. **94,** 25. — 2) Ersatzaussonderung bei Einziehung fremder Forderungen durch den Konkursverwalter. **98,** 146. — 3) Der Anspruch auf die Gegenleistung nach § 46 Satz 2 KO setzt voraus, daß diese sich noch unterscheidbar in der Konkursmasse befindet. **98,** 149.

Ersatzberufung. 1) Bedeutung der Berufung eines Ersatzerben. **95, 98.** — 2) Kann in der Erbeinsetzung eines Geschwisterkindes eine stillschweigende Ersatzberufung seiner Abkömmlinge gefunden werden? **99,** 82.

Ersatzherausgabe. 1) Anspruch des Käufers auf Herausgabe des Erlöses bei erzwungener Veräußerung der Sache infolge Beschlagnahme durch Militärbehörden oder feindliche Macht. **91,** 260. — 2) Zur Frage der Identität zwischen dem geschuldeten Gegenstand und dem Gegenstand, für den der Schuldner Ersatz erhalten hat, bei Anwendung des § 281 BGB. **92,** 372. — 3) Findet § 281 BGB auch auf Gattungsschulden, insbesondere auf beschränkte Gattungsschulden Anwendung? **93, 143.** — 4) § 281 BGB findet nur Anwendung, wenn eine Sache, nicht wenn ein Werk geschuldet wird. **97,** 90.

Ersatzhypotheken. Steht § 1114 BGB der Eintragung von Ersatzhypotheken nach §§ 125, 128 ZVG auf Miteigentumsanteilen entgegen, welche durch den Zuschlag an denselben Ersteher in einer Hand vereinigt sind? Zur Möglichkeit des Aufrückens und der Befriedigung solcher Hypotheken. **94,** 156, 157.

Ersatzlieferung. 1) Unter welchen Voraussetzungen ist der Käufer einer Gattungssache zur Annahme einer Ersatzlieferung verpflichtet? **91,** 112.

— 2) Der bei Rückgängigmachung des Erfüllungsgeschäfts dem **Käufer vorbehaltene Anspruch, andere Ware zu verlangen, ist nicht der gesetzliche Nachlieferungsanspruch des** § 480 Abs. 1 BGB, sondern der ursprüngliche Lieferungsanspruch. **93,** 100; **96,** 169. — 3) Zum Anspruch des Verkäufers auf Rückgewähr der mangelhaften Sache nach Ersatzlieferung. **94,** 327.

Ersatzübergabe. 1) Voraussetzungen der Eigentumsübertragung durch Ersatzübergabe von dem Erzeuger der Ware auf die Verkaufsvereinigung der Erzeuger. **92,** 352. — 2) Ersatzübergabe des Hypothekenbriefs. **93,** 44, 250.

Erwerbsfähigkeitsminderungsrente. Fällt sie ganz oder teilweise fort, weil der Verletzte ohne den Unfall durch Einziehung zum Heeresdienst an der Verwertung seiner Arbeitskraft behindert worden wäre? **95,** 1, 67.

Eskomptieren. Zum Begriff des „Eskomptierens" (gleich Diskontieren). **93,** 25.

Essentialia negotii. Das Einverständnis der Parteien über die essentialia negotii ist eine notwendige Voraussetzung des Vertragsschlusses. **93,** 299.

Etappendienst. Ist der Dienst in der Etappe als Teilnahme an Kriegsereignissen oder an kriegerischen Operationen i. S. der Kriegsklauseln der Lebensversicherungsgesellschaften anzusehen? **93,** 87.

Etatsvorschriften. Befugnis des Justizministers zur Abänderung der von ihm erlassenen Etatsvorschriften auch im einzelnen Falle. **92,** 262.

Eventualaufrechnung. **97,** 273.

Exceptio de iure tertii. **97,** 79.

Exceptio doli generalis. 1) Wann ist die Einrede der allgemeinen Arglist gegenüber der Berufung auf die Nichtigkeit des ganzen Vertrags begründet? **91,** 360; **96,** 315. — 2) Steht dem Verkäufer gegenüber dem Verlangen des Käufers nach Erfüllung bei starker durch den Krieg verursachter Preissteigerung die Einrede der Arglist zu? **92,** 322. — 3) Exceptio doli gegenüber dem Anspruch aus laufender gegen Kriegsgefahr für den imaginären Gewinn genommener Police. **94,** 303. — 4) Wird die Einrede der Arglist gegenüber dem Pensionsanspruch eines Beamten dadurch begründet, daß ihm Unterstützungen in entsprechender Höhe gewährt worden sind? **96,** 240.

Explosionsschäden. Kann der gegen Brandschaden Versicherte Vergütung für reine Explosionsschäden verlangen, wenn die Explosion durch Brand hervorgerufen ist? **99,** 280.

Extraprovisionen. Muß der Beauftragte sie nach § 667 BGB herausgeben? **99,** 31.

F

Fabrikabwässer. Rechte des zur Wasserentnahme aus einem Flusse berechtigten Wasserwerks bei Verunreinigung des Wassers durch Fabrikabwässers. **99,** 172.

Fabrikbetrieb. Zum Begriff des Fabrikbetriebs in § 2 HaftpflG. **95,** 177

Facultas alternativa. 1) Der Eintritt der Unmöglichkeit der Ersatzleistung beeinträchtigt nicht den Anspruch auf die vertragliche Leistung. **94,** 60. — 2) Wird dadurch, daß die Ersatzleistung der Genehmigung des Nachlaßgerichts bedarf, das ganze Rechtsgeschäft genehmigungsbedürftig? **94,** 60. — 3) Wahlweise Leistungsbefugnis des Gewerken nach § 130 ABG. **96,** 114.

Fahrlässigkeit. S. Syst. Reg. § 42 IV S. 55.

Falsa demonstratio. Wandlung, wenn die Ware zwar der ihr im Kaufvertrag beigelegten Bezeichnung, aber nicht dem entspricht, was die Parteien übereinstimmend gewollt haben. **99,** 147

Familienangehörige. Haben die Familienangehörigen des Mieters, des Arbeiters, dem vom Arbeitgeber eine Familienwohnung überlassen ist, und des Beamten, dem eine Dienstwohnung zugewiesen ist, einen Ersatzanspruch gegen den Vermieter, den Arbeitgeber oder den Staat wegen des Schadens, der ihnen durch Erkrankung infolge gesundheitsschädlicher Mängel der Wohnung entstanden ist? **91,** 21

Familienfideikommiß. S. Syst. Reg. § 81 S. 73.

Familienrecht. Dinglicher Ersatz bei den Sondervermögen des Familienrechts. **94,** 23.

Familienstiftung. Auslegung der Stiftungsurkunde. **100,** 231.

Fässer. 1) Zum Begriff der rechtsgeschäftlichen Verfügungen in § 4 BRVO über die Beschlagnahme von Fässern v. 28. Juni 1917. **94,** 82 — 2) Wie wirkt die vorbezeichnete BRVO auf früher geschlossene Lieferungsverträge? **94,** 83.

Feilhalten. Zum Begriff des Feilhaltens in § 4 PatG. **93,** 173.

Feindliche Staatsangehörige. VO über gewerbliche Schutzrechte solcher v. 1. Juli 1915, Verhältnis zu § 11 Abs. 1 PatG. **93,** 51.

Feindliche Unternehmungen. Überwachung und Zwangsverwaltung solcher während des Kriegs s. Syst. Reg. § 385 S. 296.

Feindselige Behandlung. Zum Begriff der feindseligen Behandlung in § 21 BremerGBB. **92,** 66.

Feldesstreckung. Feldesstreckung durch den Inhaber eines Privatbergregals. **94,** 295.

Fernsprechanschlußvertrag. 1) Seine rechtliche Natur. **98,** 341. — 2) Haftung des Fernsprechteilnehmers aus dem Vertrage gegenüber dem Reiche wegen Verschuldens bei Benutzung des Fernsprechers. **98, 343.**

Fernsprecher. 1) Verschulden bei Übermittlung von Willenserklärungen durch Fernsprecher. **97,** 336. — 2) Haftung des Fernsprechteilnehmers aus Verschulden bei Benutzung des Fernsprechers gegenüber dem Reich. **98,** 343.

Feststellungsinteresse. Zum Begriff des rechtlichen Interesses in § 256 ZPO. **92,** 8; **94,** 234; **95,** 109, 260, 304; **99,** 41; **100,** 126.

Feststellungsklage. S. Syst. Reg. § 303 S. 238.

Fettstelle Groß=Berlin. Sie ist parteifähig und hat die Eigenschaft eines Kommunalverbandes. **95,** 28.

Feuerversicherung. S. Syst. Reg. § 137 IV S. **137**.

Fideikommißstiftung. Zum Begriff der Fideikommißstiftung in Tarifnr. 24 PreußStempG v. 31. Juli 1895. **91,** 286.

Fiduziarische Abtretung. S. Sicherheitsabtretung und Treuhandverhältnis.

Fiduziarisches Rechtsverhältnis. Die aus einem fiduziarischen Rechtsverhältnis zwischen dem Eigentümer und dem bisherigen Gläubiger entspringenden Einreden gemäß §§ 1157, 1192 BGB können auch einem späteren Gläubiger entgegengesetzt werden, der bei dem Erwerb der Hypothek von dem Bestehen des fiduziarischen Verhältnisses Kenntnis gehabt hat. Einfluß eines Rechtsirrtums des Erwerbers. **91,** 225, 224.

Fiduziarische Übereignung. 1) Einfluß fiduziarischer Übereignung, insbesondere auch von Grundstücken, auf die Zugehörigkeit der davon betroffenen Gegenstände zur Konkursmasse. **91,** 14, 15. — 2) Zur Anwendung des § 64 KO im Falle des Verlangens abgesonderter Befriedigung aus fiduziarisch übereigneten Sachen. **91,** 15. — 3) Voraussetzung des fiduziarischen Eigentums ist, daß der Gegenstand vom Treugeber aus seinem Vermögen dem Treuhänder anvertraut und übereignet ist. **94,** 308.

Fiktionen. § 1141 Satz 2 § 1148 BGB stellen eine unwiderlegliche Fiktion auf. **94,** 57.

Filiale. Zur Haftung einer Bank aus den Geschäften ihrer ausländischen Filiale, insbesondere während des Krieges. **96,** 161.

Finanzgesetze. Zur Auslegung von Finanzgesetzen. **92,** 275.

Firmenschutz. Voraussetzungen und Umfang des Firmenschutzes nach § 16 UWG. **95,** 292.

Firmenwahrheit. Inwieweit gilt für abgeleitete Firmen eine Ausnahme von dem Grundsatze der Firmenwahrheit? **96,** 195.

Firmenwert. S. Geschäftswert.

Fischauktionator. Ist ein beeideter städtischer Fischauktionator als Gewerbetreibender i. S. des WarenumsatzsteuerG anzusehen? **98,** 154

Fischereiprivileg. Auslegung. **94,** 36.

Fischereirecht. S. Syst. Reg. § 59 S. 63.

Fischteiche. Verschulden bei Anlegung von solchen. Schadensersatzpflicht für durch Dammbruch verursachte Überschwemmung. **97,** 115.

Fiskus. S. Syst. Reg. § 22 II S. 31, § 375 I S. 283.

Fixgeschäft. Zum Begriff des Fixgeschäfts. **96,** 256, 257.

Fleischversorgung. BRVO v. 27. März 1916, PreußAusfAnw v. 8. September 1916, Umfang des Ausschlusses des Rechtswegs. **97,** 179.

Flieger. Flugplatzhalter. 1) Schadensersatzanspruch wegen Entwertung eines Grundstücks durch Überfliegen von einem benachbarten Flugplatz aus. **97,** 25. — 2) Muß der Unternehmer einer Fliegerschule das Überfliegen bewohnter Ortschaften durch die Flugzeugschüler verbieten? **100,** 70. — 3) Keine Haftung des Flugplatzhalters aus § 75 EinlzALR. **100,** 72. — 4) Besondere Sorgfaltspflicht von Fliegern und Flugplatzhaltern. **100,** 70. — 5) Haften Flieger und Flugplatzhalter für den durch den Absturz eines Flugzeugs verursachten Schaden auch ohne Verschulden? **100,** 72.

Fluchtliniengesetz, preuß., v. 2. Juli 1875. S. Syst. Reg. § **168** S. 174.
Flußanlieger. Seine Rechte bei Beeinträchtigung durch eine gewerbepolizeilich genehmigte Stauanlage. **93,** 101.
Flußbett. Recht des Eigentümers des Flußbetts an dem darüber befindlichen Luftraum. **92, 47.**
Flüsse, öffentliche. S. Syst. Reg. § 83 S. 75.
Force majeure-Klausel. 1) Verwirkung des Rechtes daraus wegen verzögerter Erklärung. **91,** 109. — 2) Zur Auslegung der Abrede, daß im Falle von force majeure die Lieferungsverpflichtung während der Dauer des Hindernisses unterbrochen und die Lieferfrist um die Zeit des Aufschubs verlängert werden soll. **92,** 87.
Forderungsrecht. Forderungsrecht auf ausschließliche Benutzung von Grundstücken zur Verlegung elektrischer Leitungen. Verletzung des Rechtes durch den anderen Vertragsteil und durch Dritte. **91,** 170
Form der Rechtsgeschäfte. S. Syst. Reg. § 33 S. 39.
Formmangel. Geltendmachung des Formmangels und Einrede der Arglist. **91,** 360; **96,** 315; **98,** 236.
Formularbedingungen. Auslegung derselben. **92,** 89.
Fortbildungsschulen. Rechtliche Stellung der Fortbildungsschulen und ihrer Lehrer in Preußen. **97,** 312.
Fortgesetzte Gütergemeinschaft. 1) Aufhebung der fortgesetzten Gütergemeinschaft durch Testament. **94,** 317. — 2) Ein Vertrag, der das Gesamtgut zum Gegenstand hat, bedarf der Einwilligung der anteilsberechtigten Abkömmlinge auch dann, wenn die einzelnen, das Gesamtgut ausmachenden Vermögensbestandteile aufgezählt sind. **94,** 317
Fortlaufende Lieferungen. Treu und Glauben bei deren Erfüllung; Rücktrittsrecht wegen verzögerter Lieferung. **96,** 127.
Frachtanteil. Zum Begriff des Frachtanteils. **93,** 276.
Frachtbrief. 1) Wie hat nach § 56, 1 d EVO die Bezeichnung der Sendung im Frachtbrief zu erfolgen? **96,** 280. — 2) Bedeutung des Frachtbriefs für das Frachtgeschäft der Eisenbahn; kann das Frachtgut mit einer Nachnahme zugunsten eines anderen als des Ausstellers des Frachtbriefs belastet werden? **99,** 245. — 3) Prüfungspflicht hinsichtlich des Vorhandenseins von Duplikaten des Frachtbriefs. **100,** 164.
Frachtführer. S. Syst. Reg. § 247 S. 208.
Frachtgeschäft. S. Syst. Reg. § 247 S. 208. Frachtgeschäft der Eisenbahnen § 248 S. 209, im Binnenschiffahrtsverkehr § 249 II S. 212, Seefracht § 251 S. 213.
Frachtkosten. Abzug der Frachtkosten beim C. & f.-Geschäft im Falle der Unmöglichkeit der Verschiffung der Ware. **92,** 17.
Frachtzuschlag. 1) Zum Begriff des Frachtzuschlags nach Art. 7 IntFrachtÜb. **95,** 36. — 2) Der Anspruch auf Frachtzuschlag nach Art. 7 IntFrachtÜb unterliegt nicht den BRVOen über die Verjährungsfristen v. 22. Dezember 1914 und 4. November 1915. **95,** 35. — 3) Vertragsstrafennatur des Frachtzuschlags nach § 60 EVO. **96,** 281
Fragepflicht, richterliche. S. Syst. Reg. § 295 S. 234

Französisches Recht. 1) Hoheitsrecht des Staates über öffentliche Flüsse (domaine public). **91,** 89. — 2) Örtliches Recht für die Erbfolge in bewegliches und unbewegliches Vermögen nach belgisch-französischem Recht. **91,** 141. — 3) Zur Anwendung der Art. 625 flg., 631, 1145 code civil. **91,** 171, 176. — 4) Trennung der Gewalten; actes administratifs und de gestion. **91,** 296. — 5) Zulässigkeit der Verpfändung eines Handelsgeschäfts nach französischem Recht. **95,** 237. — 6) Zur Anwendung des G. v. 10. Vendemiaire IV über die Haftung von Gemeinden für Delikte, die durch eine zusammengerottete oder zusammengelaufene Menschenmenge begangen werden. **98,** 7; **100,** 13, 15. — 7) Voraussetzungen der Öffentlichkeit eines Weges nach französischem Recht. **99,** 16. — 8) Rückforderung der auf Grund eines unsittlichen Vertrags gewährten Leistung nach französischem Recht. **99,** 167. — 9) Zu art. 1854 code civil. **99,** 107.

Freigabeschein. Hat der Verkäufer oder der Käufer die zur Freigabe beschlagnahmter Ware erforderliche behördliche Bescheinigung zu beschaffen? **97,** 257.

Freihafen. Bedeutung des Wegfalls des Einfuhrzolles beim Verkauf zur Lieferung in den Freihafen. **94,** 247.

Freiheitsverletzung. 1) Liegt eine solche i. S. des § 823 BGB schon in der Gefährdung der Freiheit? **97,** 345. — 2) Liegt sie auch in einer unkörperlichen Einwirkung auf die freie Willensbetätigung? **97,** 346.

Freiwillige Gerichtsbarkeit. S. Syst. Reg. § 367 S. 267.

Freizeichnungsklausel. Verwirkung des Rechts aus Freizeichnungsklauseln wegen verzögerten Gebrauchs. **91,** 108; **100,** 261.

Fremde Rechte. Voraussetzung der Geltendmachung fremder Rechte in eigenem Namen; Rechtsschutzbedürfnis. **91,** 390.

Friedensvertrag v. 28. Juni 1919 s. Syst. Reg. § 387 S. 299.

Friedensvertrag zwischen Theaterunternehmer und Schauspieler; verstößt die Einräumung des einseitigen Rechts zur Erneuerung des Friedensvertrags an den Theaterunternehmer gegen die guten Sitten? **91,** 331.

Friedhof. 1) Inwieweit ist das Eigentum einer Gemeinde am Friedhof durch dessen Zweckbestimmung beschränkt? **100,** 214. — 2) Kann der Eigentümer des Friedhofs einen Leichenbestatter von der Ausübung seines Gewerbes auf dem Friedhof ausschließen? **100,** 213.

Fristen. Gesetzliche Fristen im materiellen Recht. Syst. Reg. § 12 S. 22. Fristen im Prozeß s. Syst. Reg. § 298 S. 235.

— **vereinbarte;** schaden geringfügige und unverschuldete Überschreitungen solcher? **92,** 210.

Fristsetzung. 1) Erfordernisse der Fristsetzung nach § 326 BGB. Die Erklärung, den Rücktritt sich vorzubehalten, genügt nicht. **91,** 165. — 2) Erfordernisse der Fristsetzung beim Verzuge mit der Auflassung. **91,** 166. — 3) Eine zu kurz bemessene Nachfrist ist dann schlechthin wirkungslos, wenn der Gläubiger zu erkennen gibt, daß er die Lieferung auch wenn sie innerhalb angemessener Frist erfolgen sollte, dennoch keinesfalls annehmen werde. **91,** 207. — 4) Kann die Fristsetzung nach § 326 BGB schon vor Eintritt des Verzuges des Schuldners wirksam erfolgen? **93,** 181; **96,** 342. — 5) Entbehrlichkeit der Fristsetzung nach § 283 BGB bei bestimmter endgültiger Leistungsweigerung des Schuldners. **96,** 21. — 6) Entbehrlichkeit der Fristsetzung bei Weigerung, innerhalb der vertragsmäßigen Lieferfrist zu erfüllen. **96,** 342. — 7) Bedeutung der Setzung einer Frist für die Annahme eines Vertragsangebots. **96,** 275. — 8) Ausschluß des Erfordernisses der Fristsetzung nach § 326 BGB durch ausdrückliche oder stillschweigende Vereinbarung. **96,** 257. — 9) Erfordernisse der Fristbestimmung nach § 39 VVG. **93,** 81. — 10) Der Fristbestimmung nach § 643 BGB bedarf es nicht, wenn die von dem Besteller vorzunehmende Handlung unmöglich geworden ist. **94,** 29.

Fristversäumnis. Schaden auch geringfügige und unverschuldete Überschreitungen einer vereinbarten Zahlungs- oder Lieferfrist? **92,** 208.

Fruchtkonserven. Sind sie, Gemüsekonserven, Marmelade, Sirup gleichartige Waren i. S. des Warenzeichenrechts? **98,** 226.

Funkenflug. Haftung für Schaden durch Funkenflug aus bei Bahnbauten verwendeten Lokomotiven. **97,** 290; **98,** 347.

Fürsicharbeiten. Bedeutung des rechtlichen und des wirtschaftlichen Fürsicharbeitens für die rechtliche Natur des Vertrags, in dem die Verpflichtung eines Fürsicharbeitens übernommen ist. **92,** 171.

Fürsorgeerziehung. Inwieweit besteht trotz der Fürsorgeerziehung des Kindes eine Aufsichtspflicht und Haftung aus § 832 BGB für den Vater? **98,** 247.

Fußgänger. Aufmerksamkeitspflicht des Fußgängers auf der Straße. **95,** 154.

Futtermittel. Haftung der Gemeinde für den durch verfälschte Futtermittel entstandenen Schaden. **96,** 81.

G

Garantieübernahme. 1) Nichtigkeit der Übernahme der Gewähr für die Güte einer als Entgelt für ein Grundstück abgetretenen Hypothek wegen Nichtaufnahme in den Kaufvertrag. **93,** 219. — 2) Garantieübernahme bei Lieferungen, die von der Durchführbarkeit eines vorgängigen Deckungskaufs abhängen. **97,** 328. S. auch Gewährleistung.

Garantiewechsel. 1) Die Unterzeichnung eines solchen begründet keine Bürgschaftsurkunde nach § 766 BGB. **94,** 89. — 2) Schadensersatzanspruch der Unterzeichner eines Garantiewechsels wegen Verletzung der bei der Wechselhingabe getroffenen Vereinbarungen. **94,** 92.

Garantiezeit. Einfluß einer vereinbarten oder nach Handelsbrauch bestehenden Garantiezeit auf die Verjährung der Gewährleistungsansprüche. **91,** 305, 307.

Garderobepacht. 1) Sind bei ihr die Räume oder der Gewerbebetrieb Gegenstand der Pacht? **97,** 166. — 2) Wer haftet bei Verpachtung des Garderobenbetriebs für den Verlust übergebener Sachen? **97,** 169.

Gast- und Schankwirte. 1) Können diese die ihnen nach § 105 i GewO zustehenden Vergünstigungen hinsichtlich der Sonntagsruhe auf andere Gewerbetreibende zum Verkauf von Blumen, Zigarren usw. übertragen? **91,** 239. — 2) Unzulässigkeit der Überlassung der Konzession im ganzen an einen andern zur Ausübung und der Übertragung einzelner aus ihr fließender Befugnisse. **91,** 242. — 3) Kann der Gastwirt, der die Räume der Gastwirtschaft gemietet aber zugleich deren Einrichtung käuflich übernommen hat, bei Rückgang der Einnahmen infolge behördlicher, mit dem Kriege zusammenhängender Maßnahmen Minderung des Mietzinses verlangen? **91,** 310. — 4) Haftung für den Unfall eines Gastes auf glatter, mit Läufern nicht belegter Marmortreppe. **92,** 361. — 5) Einwirkung der Kriegsverhältnisse auf die Pacht eines für Tag- und Nachtverkehr bestimmten Kaffeehauses. **93,** 144. — 6) Verpflichtung des Vermieters von Schankwirtschaftsräumen zur Vornahme baulicher Veränderungen, von denen die Erteilung der Schankerlaubnis abhängig gemacht wird. **94,** 139. — 7) Haftung des Vermieters einer Schankwirtschaft aus Zusicherung der Brauereifreiheit. **95,** 175. — 8) Schadensersatzpflicht bei Verwechselung von Flüssigkeiten. **97,** 116. 9) Rechtsverhältnisse aus der Verpachtung der Garderoben; wer haftet für den Verlust der abgegebenen Garderobe? **97,** 166, 169. — 10) Ist der Nachtpförtner eines Hotels als den Umständen nach zur Entgegennahme von Wertsachen der Hotelgäste bestellt (§ 701 Abs. 2 BGB) anzusehen? **99,** 70.

Gattungskauf, Gattungsschuld. S. Syst. Reg. § 93 S. 85.

Gebietsstatut. Es ist nach Art. 7 flg. EinfGzBGB Ausnahme; keine entsprechende Anwendung des Art. 28 auf das Namensrecht. **95,** 272.

Gebrauchsmusterschutz. S. Syst. Reg. § 158 II S. 163.

Gebühren. 1) Gebühren der Lotsen im Stettin-Swinemünder Schiffahrtskanal. **93,** 37. — 2) Rechtliche Natur der Gebühren für Benutzung öffentlicher Anstalten. **99,** 99.

Gebührnisse. Zum Begriff der Gebührnisse einer Kriegsstelle in § 3 Abs. 4 KrBesoldVorschr. **96,** 236.

Gefahr, Tragung der. Bedeutung des § 243 Abs. 2 BGB für die Tragung der Gefahr. **91,** 112.

Gefährdungshaftung. Findet der Grundsatz der Gefährdungshaftung bei der rechtsgeschäftlichen Vertretung Anwendung? **96,** 180.

Gefahrübergang. 1) Gefahrübergang bei Abladegeschäften in Gattungsware; Bedeutung der Verladungsanzeige hierfür. **92,** 129. — 2) Gefahrübergang bei Konnossementen. **92,** 131. — 3) Gefahrübergang bei Cif-Abladegeschäften. Bedeutung der Rye Terms-Klausel des La Plata-Getreidevertrags der London Corn Trade Association. **93,** 168; **96,** 230. — 4) Gefahrübergang beim Versendungskauf nach § 447 BGB. **93,** 330; **96,** 258. — 5) Umfang der beim Versendungskauf nach § 447 Abs. 1 BGB auf den Käufer übergehenden Gefahr. **99,** 57.

Gegenseitige Verträge. S. Syst. Reg. § 107 S. 104.

Gegenstand. Zum Begriff des Gegenstandes. **92,** 401.

Geisteskrankheit. Haftet der Vater für den durch sein geisteskrankes, volljähriges Kind verursachten Schaden? **92,** 126.
Geistige Gemeinschaft unter Ehegatten. 1) Ihr Begriff. Wann ist sie als aufgehoben anzusehen? **97,** 340; **98,** 296. — 2) Wann ist jede Aussicht auf ihre Wiederherstellung als ausgeschlossen anzusehen? **98,** 296.
Geld. Zur Bedeutung des Geldes als Wertmesser und als Ware. **96,** 265.
Geldbeschaffung. Wer trägt bei Wertpapieren, die zum Zwecke der Geldbeschaffung zur Sicherheit übertragen sind, die Gefahr der Entwertung? **96,** 251.
Geldrente. S. Syst. Reg. § 145 zu § 843 BGB S. 156.
Geldschuld. S. Syst. Reg. § 94 I S. 86.
Geldstrafen. Werden sie vom Zwangsvergleich im Konkurse des Schuldners betroffen? **92,** 185.
Gemeinde. S. Syst. Reg. § 22 III S. 31.
Gemeindeanstalten auf privatrechtlicher und auf öffentlichrechtlicher Grundlage. **99,** 99.
Gemeindebeamte. S. Syst. Reg. § 374 III B S. 282.
Gemeindesteuern. S. Syst. Reg. § 373 S. 277.
Gemeiner Handelswert, gemeiner Wert. Zum Begriff des gemeinen Handelswertes und des gemeinen Wertes in § 457 HGB § 88 EVO. **96,** 125.
Gemeines Recht. 1) Nach den gemeinrechtlichen, für Mühlenkanäle geltenden Grundsätzen zieht die Öffentlichkeit des Wassers nicht mit Notwendigkeit die des Flußbettes nach sich. **92,** 48. — 2) Entschädigungsanspruch bei Verkürzung wohlerworbener Rechte durch polizeiliche Eingriffe auch ohne ein Verschulden dessen, zu dessen Gunsten der Eingriff erfolgt. **92,** 49; **94,** 72. — 3) actio empti venditi gegen den Verkäufer eines Grundstücks beim Fehlen der zugesagten Grunddienstbarkeit. **93,** 72. — 4) § 567 BGB findet auf ein unter der Herrschaft des gem. Rechts begründetes Pachtverhältnis keine Anwendung. **95,** 111. — 5) Wann erwirbt nach gem. Recht der Dritte, an den die Zahlung einer Lebensversicherungssumme nach dem Versicherungsvertrag erfolgen soll, ein unentziehbares Recht darauf? **95,** 244. — 6) Geltendmachung der Unehelichkeit eines Kindes durch Dritte nach gem. Recht. **96,** 72. — 7) Erfordernisse der Stiftung eines Familienfideikommisses nach gem Recht. **98,** 309. — 8) Lehngewere nach älterem gem. Lehnrecht. **98,** 315 — 9) Kirchenbaulast des Zehntherrn nach gem. Kirchenrecht. **100,** 271.
Gemeinschaften. S. Syst. Reg. § 135 S. 135.
Gemeinschaft zur gesamten Hand. 1) Gemeinschaft der Miterben. Rechtsnatur des Anteils zur gesamten Hand. **94,** 243. — 2) Gewerkschaft des alten Rechts als Gemeinschaft zur gesamten Hand. **98,** 183.
Gemeinschaftsverpflichtung. Wann entsteht und wieweit erstreckt sich eine Gemeinschaftsverpflichtung unter den Gesamtschuldnern? **92,** 151.
Gemüse. Zur Auslegung des § 3 BRVO über die Verarbeitung von Gemüse v. 5. August 1916. **93,** 140.
Gemüsekonserven. Sind Gemüsekonserven, Marmelade, Sirup gleichartige Waren i. S. des Warenzeichenrechts? **98,** 226.

Genehmigung. S. Syst. Reg. § 58 S. 52, vormundschaftsgerichtliche **99,** 72.

Generalkommando. Wirkung der Beschlagnahmeverfügung des Generalkommandos nach § 4 BRVO v. 24. Juni 1915 über die Sicherstellung von Kriegsbedarf. **92,** 37.

Generalversammlung der Aktionäre. 1) Voraussetzungen der Anfechtung eines Generalversammlungsbeschlusses. **91,** 322. — 2) Beschlüsse der Generalversammlung, die auf den Stimmen von Nichtberechtigten beruhen, sind bei gehöriger Protokollierung nicht nichtig, sondern nur anfechtbar. **91,** 324. — 3) Sind Beschlüsse einer nicht ordnungsmäßig berufenen Generalversammlung auch dann anfechtbar, wenn das Ergebnis der Abstimmung durch den Mangel nicht beeinflußt war? **92,** 412. — 4) Verliert der Aktionär, der den die Jahresbilanz genehmigenden Beschluß der Generalversammlung angefochten hat, sein Anfechtungsrecht dadurch, daß er für Genehmigung der folgenden Jahresbilanz stimmt? **98,** 112.

Generalvertretung. Auskunftspflicht bei Generalvertretung. **92,** 203.

Genesungsheim. Sind die Genesungsheime der Landesversicherungsanstalten öffentliche Krankenanstalten i. S. der preußischen Steuergesetze? **92,** 204.

Genossenschaften, eingetragene. S. Syst. Reg. § 221 S. 198.

Genußschein. 1) Zum Begriff der Genußscheine; zur Unterscheidung zwischen Genußscheinen und Geschäftsanteilen einer GmbH. **97,** 198. 2) Stempelpflicht der Genußscheine. **97,** 197.

Gepäckaufbewahrung. Beschränkung der Haftung der Eisenbahn für zur Aufbewahrung gegebenes Gepäck nach Nr. 17 AusfBestimmungen zu § 39 EVO. **98,** 31.

Gerichtskosten. S. Syst. Reg. §§ 288, 289 S. 232.

Gerichtsschreiber. Pflicht zur Protokollierung und sofortigen Einsendung von Armenrechtsgesuchen. **91,** 27.

Gerichtsstand. Der Begriff des Gerichtsstands in § 34 KLG umfaßt die örtliche und sachliche Zuständigkeit. **92,** 174.

Gerichtsstand, örtliche Zuständigkeit der Gerichte. S. Syst. Reg. §§ 278 flg. S. 228.

Gerichtsvollzieher. S. Syst. Reg. § 283 S. 229.

Gerichtszuständigkeit, sachliche. S. Syst. Reg. § 276 S. 227.

Gervaiskäse. Warenzeichenschutz. **100,** 182.

Gesamtgut. 1) Rechtliche Bedeutung der Einwilligung der Ehefrau zu Schenkungen des Mannes aus dem Gesamtgut. **91,** 41. — 2) Zum Begriff der Verfügung über das Gesamtgut im ganzen in § 1444 BGB **94,** 317. — 3) Zuwendungen aus dem Gesamtgut an den Abkömmling nur des einen Ehegatten; zu §§ 2054, 2331 BGB. **94,** 262.

Gesamthand. 1) Zum Begriff des Anteils zur gesamten Hand. **94,** 243. — 2) Entsprechende Anwendung des § 2039 BGB auf andere Gesamthandverhältnisse. **100,** 166.

Gesamthandklage. Dem Miterbengläubiger (Vorausvermächtnisnehmer) steht während des Bestehens der Erbengemeinschaft gegen die Miterben nicht eine Gesamtschuld-, sondern nur eine Gesamthandklage zu. **93,** 198.

Gesamthypothek. S. Syst. Reg. § 77 II S. 68.

Gesamtschuldverhältnis. 1) Zum Begriffe des echten Gesamtschuldverhältnisses. **92,** 408. — 2) Zum Begriffe des Gesamtschuldverhältnisses in § 12 Abs. 2 PreußStempG v. 30. Juni 1909. **96,** 46. S. weiter Syst. Reg. § 90 S. 78.

Gesamtvertretung. Ist bei ihr die Mitwirkung sämtlicher Vertreter auch zur Entgegennahme einer Erklärung erforderlich? **100,** 142.

Geschäfte rechtlicher Natur. Deren Begriff in Tarifnr. 73 PreußStempG. **94,** 75.

Geschäftsaufsicht zur Abwendung des Konkurses. S. Syst. Reg. § 366a S. 266.

Geschäftsbesorgung. 1) Dienstvertrag auf Geschäftsbesorgung (Alleinverkauf) gerichtet; keine Anwendung des § 326 BGB. **92,** 159. — 2) Erteilung einer Verkaufskommission als auf Geschäftsbesorgung gerichteter Dienstvertrag. **94,** 112. — 3) Zum Begriff der Geschäftsbesorgung. **99,** 31; **100,** 145. — 4) Umfang der Herausgabepflicht des Geschäftsbesorgers nach §§ 667, 675 BGB; fallen Schmiergelder darunter? **99,** 31.

Geschäftsfähigkeit. S. Syst. Reg. § 29 S. 35.

Geschäftsführer. Haftung der Geschäftsführer einer Gesellschaft m. b. H. bei einer Arbeitsteilung unter sich. **98,** 99.

Geschäftsführung ohne Auftrag. S. Syst. Reg. § 133 II S. 133.

Geschäftsunternehmen. Geschäftsunternehmen als Gegenstand eines Kaufvertrags; Gewährleistungsansprüche, Verjährung. **98,** 281.

Geschäftswert (Firmenwert). Zur Berücksichtigung des Geschäfts- und Firmenwerts bei der Auseinandersetzung zwischen Gesellschaften. **94,** 108.

Geschenke. Muß der Beauftragte empfangene Geschenke nach § 667 BGB dem Auftraggeber herausgeben? **99,** 31.

Geschlossene Gewässer. Begriff, Fischereirecht. **97,** 149.

Geschmacksmusterschutz. Seine Voraussetzungen. Verhältnis zum Ausstattungsschutz. **100,** 253.

Gesellschaft, Gesellschafter. S. Syst. Reg. § 134 I S. 134. Handelsgesellschaften §§ 216 flg. S. 191, Gesellschaft m. b. H. § 220 S. 195, Stille Gesellschaft § 222 S. 199.

Gesellschaften des bürgerlichen Rechts. Unter den Gesellschaften des bürgerlichen Rechts i. S. der Stempelsteuergesetze sind nur die in §§ 705 flg. BGB geregelten Gesellschaften zu verstehen. **93,** 246.

Gesellschafterversammlung der GmbH. 1) Beschlüsse einer entgegen § 49 Abs. 1 § 50 Abs. 3 GmbHG berufenen Gesellschafterversammlung, bei der nicht sämtliche Gesellschafter anwesend waren, sind schlechthin nichtig. **92,** 412. — 2) Zum Begriff der Anwesenheit in § 51 Abs. 3 GmbHG. **92,** 410.

Gesellschaftsähnliche Verhältnisse. S. Syst. Reg. § 134 II S. 135.

Gesellschaftsvermögen. Die Bestimmungen des BGB über das Gesellschaftsvermögen, insbesondere § 738 BGB, finden keine Anwendung auf Gesellschaften, bei denen ein Gesamthandvermögen nicht bestand. **91,** 430.

Gesetzesanalogie. **94,** 176.
Gesetzesumgehung. 1) Umgehung der Vorschriften der GewO über die Sonntagsruhe durch Überlassung des Verkaufs von Zigarren, Blumen usw. in Gastlokalen an andere Gewerbetreibende. **91,** 239. — 2) Umgehung des PreußG über den Bergwerksbetrieb ausländischer juristischer Personen usw. v. 23. Juni 1909. **99,** 219. — 3) Zum Begriff der Gesetzesumgehung. Revisibilität dieses Begriffs. **100,** 211.
Gesetzgebungsakt. Ist die Bekanntm. des preuß. Kriegsministers v. 16. Mai 1916, betr. die Bekanntm. usw. von Lumpen usw., als ein Akt der Gesetzgebung oder doch für eine einem solchen gleichstehende Handlung zu erachten? **91,** 427.
Gesetzlicher Übergang von Forderungen und anderen Rechten. S. Syst. Reg. § 113 S. 108.
Gesetzliche Vertreter. 1) Zum Begriff der besonderen Vertreter in § 30 BGB. **91,** 4. — 2) Gesetzliche Vertreter einer rechtlichen Körperschaft sind, wenn sie als solche handeln, nicht zu einer Verrichtung bestellte Personen i. S. des § 831 BGB. **91,** 74 — 3) Haftung der gesetzlichen Vertreter einer rechtlichen Körperschaft, die von mehreren Personen vertreten wird. Erfordernisse des Entlastungsbeweises des einzelnen Vertreters. **91,** 76.
Gesetzliche Vertretung im Prozesse. S. Syst. Reg. § 284 S. 229.
Geständnis. Inwieweit ist ein solches nach § 617 ZPO unwirksam? **91,** 404.
Gewagtes Geschäft oder Kauf nach Probe? **94,** 337.
Gewährleistung (Garantie). 1) Hat eine vom Verkäufer nach Handelsgebrauch zu leistende 6monatige Garantie Einfluß auf die Verjährung der Gewährleistungsansprüche? **91,** 306. — 2) Zur Unterscheidung zwischen Bürgschaft und Gewährleistungsvertrag. **92,** 122. — 3) Nichtigkeit der Gewährübernahme für die Güte einer als Entgelt für ein Grundstück abgetretenen Hypothek wegen Nichtaufnahme in den Kaufvertrag. **93,** 219. — 4) Enthält die Klausel „Glückliche Ankunft vorbehalten" eine Gewährleistung des Verkäufers dafür, daß die Ware beim Vertragsschluß bereits abgeladen ist? **95,** 247; **98,** 142. — 5) Garantieübernahme bei Lieferungen, die von der Durchführbarkeit eines vorgängigen Deckungskaufs abhängen. **97,** 328. — 6) Bedeutung der bei dem Verkauf von Geschäftsanteilen einer GmbH übernommenen Gewährleistung dafür, daß die Geschäftsschulden einen gewissen Betrag nicht übersteigen. **100,** 201.
Gewährschein. Urkunden über die Geschäftsanteile einer juristischen Person (Bergwerksgesellschaft). Stempelpflicht ihrer Überlassung durch die Gesellschaft. **93,** 248.
Gewährsmängel beim Kaufe. S. Syst. Reg. § 121 V, VI S. 115, 116.
Gewerbebetrieb. 1) Zum Begriff des Gewerbebetriebs in § 26 GewO. **93,** 105. — 2) Zum Begriff des Gewerbebetriebs i. S. des WarenumsatzsteuerG. **93,** 225; **94,** 209; **95,** 323; **97,** 73; **98,** 154. — 3) Stellt der Betrieb eines Privatkrankenhauses durch einen Arzt einen Gewerbebetrieb i. S. der GewO dar? **94,** 110. — 4) Wohnungsvermietung als Gewerbebetrieb i. S. des § 196 Nr. 1 BGB. **94,** 163. — 5) Ein-

gerichteter Gewerbebetrieb als Recht i. S. des § 823 Abs. 1 BGB **94**, 249; **100**, 214. — 6) Widerrechtlicher Eingriff in den Gewerbebetrieb liegt nur vor bei einem unmittelbarem Angriff gegen dessen Bestand, dessen tatsächlicher Hinderung oder rechtlicher Verneinung **95**, 340. — 7) Zum Begriff des Gewerbetreibenden in §§ 1, 13 UWG **99**, 190.

Gewerbefreiheit. Die Gewerbefreiheit als solche ist kein nach § 823 Abs. 1 BGB geschütztes Rechtsgut. **100**, 214.

Gewerberecht. Gewerbewesen. S. Syst. Reg. § 161 S. 167.

Gewerbliches Unternehmen. Kann es als Ganzes gepfändet werden? **95**, 237.

Gewerbsmäßigkeit. Beabsichtigte Dauer des Betriebs als Voraussetzung der Gewerbsmäßigkeit. **93**, 227.

Gewerken. Befreiung des Gewerken von der Verpflichtung zur Entrichtung einer ausgeschriebenen Zubuße durch Anheimstellung des Verkaufs seines Anteils behufs Befriedigung der Gewerkschaft nach § 130 ABG. **96**, 114

Gewerkschaft. 1) Gewerkschaft als Verein. **92**, 74. — 2) Zur Rechtsfähigkeit der Kaufgewerkschaften gothaischen Rechts. **92**, 73; **99**, 218; **100**, 210. — 2) Steuerliche Behandlung der Gewerkschaften. **94**, 41; **95**, 170. — 3) Besonderer Verwaltungssitz der Gewerkschaft. **95**, 171. — 4) Inhalt des Rechts einer Gewerkschaft an eigenen Kuxen. **98**, 93. — 5) Gewerkschaft des alten Rechts als Gemeinschaft zur gesamten Hand **98**, 183. — 6) Naturalverteilung der gewonnenen Mineralien unter die Gewerken als Gegenstand des Warenumsatzstempels. **98**, 184. — 7) Ist eine gothaische Gewerkschaft, die in Gotha nur ihren formellen Sitz, ihren Verwaltungssitz dagegen in Preußen hat und dort den Bergbau betreibt, nach preuß. Rechte nichtig? **99**, 218.

Gewinn. Zum Begriff des „entgehenden Gewinns" i. S. des § 53 BBG **97**, 46.

Gewinnvortrag. Der Gewinnvortrag ist für das Jahr seiner Entstehung eine echte Rücklage und als solche tantiemefrei; der aus dem Vorjahr übernommene Gewinnvortrag ist nur ein Rechnungsfaktor bei der Bilanzziehung. **91**, 318.

Gewohnheitsrecht. S. Syst. Reg. § 6 S. 16.

Gewöhnlicher Aufenthalt. Zum Begriff des „gewöhnlichen Aufenthalts" in § 6 Abs. 2 RErbschaftsstG. **91**, 287.

Giroverkehr. Pflichten der Bank zur Gewährleistung der Sicherheit des Giroverkehrs; Prüfung der Identität und der Berechtigung zur Firmenführung des Antragstellers bei Errichtung eines Girokontos **91**, 119.

Gläubiger. Pflicht des Gläubigers seinen Anspruch so geltend zu machen, wie Treu und Glauben mit Rücksicht auf die Verkehrssitte es fordern. Folgen einer gegen diese Pflicht verstoßenden Verzögerung. **95**, 310.

Gläubigerbenachteiligung durch Rechtshandlungen des Schuldners außerhalb des Konkurses. S. Syst. Reg. § 153 S. 161.

Gleichartige Waren. Zum Begriff der gleichartigen Waren im Warenzeichenrecht. **95**, 229; **98**, 226, 230.

Glückliche Ankunft vorbehalten. Bedeutung und Anwendungsgebiet der Klausel. **93**, 172; **95**, 247; **98**, 142.
Gnadengehalt. Gnadenvierteljahr. 1) Rechtliche Natur des Gnadengehalts (§ 10 Nr. 1 Friedens-, § 12 Nr. 3 Kriegs-Besoldungsvorschrift); keine Anrechnung auf das Beamtengehalt. **91**, 124. — 2) Anspruch der Hinterbliebenen eines zu Unrecht verurteilten, im Wiederaufnahmeverfahren freigesprochenen Beamten auf Ersatz des Gnadenvierteljahrs **92**, 299.
Goldklausel und Vereinbarung über den Kursunterschied. **100**, 80.
Gotha. Zur Rechtsfähigkeit der Kaufgewerkschaften gothaischen Rechts. **92**, 73; **99**, 218; **100**, 210.
Großhandel. 1) Zum Begriff des Großhandels. **92**, 324. — 2) Einfluß der Preissteigerung auf Lieferungsverträge im Großhandel. **92**, 322; **95**, 43.
Grundbuch. Berichtigung, Unrichtigkeit des Grundbuchs. S. Syst. Reg. § 48 V S. 60, Einrichtung des Grundbuchs, Grundbuchordnung § 48 VI S. 60, öffentlicher Glaube des Grundbuchs § 48 IV S. 59.
Grundbuchrichter. 1) Verpflichtung des Grundbuchrichters, nach der Gesamtheit der Erklärungen des Antragstellers die rechtliche Natur des zu begründenden dinglichen Rechtsverhältnisses zu beurteilen und demgemäß dessen Eintragung zu bewirken. **94**, 6. — 2) Ist für die Haftung des Grundbuchrichters für den Schaden, der aus einer vor dem Inkrafttreten des BGB und der GBO erfolgten unrichtigen Eintragung nach diesem Zeitpunkt entstanden ist, das alte oder das neue Recht maßgebend? **99**, 221
Grundbuchwesen nach früherem preußischem Recht. S. Syst. Reg § 47 S. 58.
Grunddienstbarkeit. S. Syst. Reg. § 69 S. 66.
Gründer einer GmbH, Haftung bei betrügerischer Überwertung der Sacheinlagen. **100**, 177.
Gründerkonsortium. Ist die bei einem solchen getroffene Abrede, daß die Gesellschaftsanteile verkäuflich sein sollen, rechtswirksam? **92**, 166.
Grundgeschäft. Zur Unterscheidung von Grund- und Erfüllungsgeschäft; Anwendung des § 313 BGB. **93**, 222.
Grundschuld. S. Syst. Reg. § 77 S. 68.
Grundschuldbrief. 1) Eigentumserwerb an ihm im Falle des § 1169 BGB **91**, 226. — 2) Erfordernisse seiner Übergabe. **92**, 267.
Grundstücksveräußerungsvertrag. Seine Form. S. Syst. Reg. § 33 I S. 40.
Grundstücksveräußerungsstempel. 1) Unterliegt ihm das Einbringen eines Grundstücks in eine offene Handelsgesellschaft? **93**, 266. — 2) Unter welchen Voraussetzungen sind Abwicklungsgeschäfte auf Grund von Aufträgen von Grundstücksumsatzstempel befreit? **94**, 291. — 3) Grundstücksumsatzstempel bei einem Vertrage, durch den der Inhaber eines Privatbergregals sich zur Übertragung des Bergwerkseigentums verpflichtet. **94**, 291. — 4) Unter welchen Voraussetzungen unterliegt bei der Veräußerung eines Grundstücks mit dem darauf betriebenen Handelsgeschäft der für dieses vereinbarte Sonderpreis dem Grundstücksumsatzstempel? **97**, 186.

Gute Sitten. Rechtsgeschäfte gegen die guten Sitten s. Syst. Reg. § 36 II S. 47, Schadenszufügung unter Verstoß gegen die guten Sitten § 145 zu § 826 BGB S. 150.

Guter Glauben. 1) Die Beweislast für die Gutgläubigkeit nach § 37 KO liegt dem Empfänger ob. **92,** 229. — 2) Guter Glaube beim Erwerb an Wertpapieren vom Nichtberechtigten. **93,** 231; **95,** 16. — 3) Einflußlosigkeit des guten Glaubens bei Verfügungen im Zwangsvollstreckungswege. **97,** 227. — 4) Zum Begriff der Gutgläubigkeit beim Eigentumserwerb vom Nichteigentümer. **100,** 194. — 5) Guter Glaube beim Erwerb des Pfandrechts. **100,** 277.

Gütergemeinschaft, allgemeine. S. Syst. Reg. § 179 S. 178.

Güterrecht, eheliches. S. Syst. Reg. §§ 178 flg. S. 177.

Gütertrennung. 1) Überlassung der Vermögensverwaltung nach § 1430 BGB an den Ehemann. Anwendung des § 831 BGB. **91,** 364. — 2) Rechtliches Interesse des Ehemanns i. S. des § 393 Nr. 4 ZPO beim Rechtsstreit der Frau. **100,** 200.

H

Haftpflichtgläubiger. Rechte des Haftpflichtgläubigers im Falle des Konkurses des Schuldners aus der von diesem genommenen Haftpflichtversicherung. **93,** 209.

Haftpflichtgesetz. S. Syst. Reg. § 163 S. 171.

Haftpflichtversicherung. S. Syst. Reg. § 137 VI S. 138.

Haftung des Erben für die Nachlaßverbindlichkeiten. S. Syst. Reg. § 197 S. 182.

Haftung für das Verschulden anderer. Haftung nach § 278 BGB. S. Syst. Reg. § 102 S. 100, nach § 831 BGB s. Syst. Reg. § 145 zu § 831 BGB S. 152.

Haftung öffentlichrechtlicher Körperschaften für das Verschulden ihrer Beamten. S. Syst. Reg. § 147 S. 157.

Haftung ohne Verschulden. **92,** 49; **97,** 291; **98,** 347; **99,** 98; **100,** 72, 74.

Hamburg. 1) Nach den Hamburger Platzusancen bedeutet „prompt“ binnen 3 Werktagen nach dem Tage des Abschlusses. **91,** 339. — 2) Zum Begriff der Verfügungen der Verwaltungsbehörden, für die nach Hamburger Landesrecht die Landgerichte in erster Instanz ausschließlich zuständig sind. **92,** 174. — 3) Für den Anspruch auf Vergütung von Kriegsleistungen gegen den hamburgischen Staat ist das Landgericht nicht ausschließlich zuständig. **92,** 175. — 4) Zur Auslegung der Hamburger Kriegsklausel. **92,** 248; **94,** 105, 217, — 5) Irrevisibilität der besonderen hamburgischen gesetzlichen und gewohnheitsrechtlichen Normen über die Entschädigungspflicht bei Opferung wohlerworbener Rechte im Interesse der Allgemeinheit. **94,** 72. — 6) Ersatzanspruch wegen Versagung polizeilicher Bauerlaubnis. **94,** 71. — 7) Haftung des Versicherers nach der Hamburger Kriegsklausel. **94,** 105, 217. — 8) Rechte der Abkömmlinge aus früherer Ehe beim Einkindschaftsvertrag. **94,** 316.

Handel. Zum Begriff des Handels in der BRVO über den Handel mit Arzneimitteln v. 22. März 1917. **92,** 358.
Handel mit Lebensmitteln. Zur Bedeutung der VO über den Handel mit Lebens- und Futtermitteln v. 24. Juni 1916. Die fehlende Erlaubnis zum Handel beeinträchtigt die Gültigkeit der von dem Handeltreibenden abgeschlossenen Geschäfte nicht. **96,** 332, **344**; **100,** 240.
Handeln auf eigene Gefahr. Der Verkäufer, der während des Krieges sich auf Deckungsverträge mit Dritten verläßt, von denen er nicht bestimmt weiß, daß sie im Besitze der Waren, zur Lieferung imstande und völlig zuverlässig sind, tut dies auf seine Gefahr. **93,** 18.
Handeln in fremdem Namen. Zum Begriff des Handelns in fremdem Namen; Beweislast. **95,** 189.
Handelsfirma. S. Syst. Reg. § 210 S. 189.
Handelsgebräuche. S. Syst. Reg. § 226 S. 200.
Handelsgeschäft. Fortführung eines Handelsgeschäfts mit der Firma durch den Erwerber. S. Syst. Reg. § 210 S. 189.
Handelsgeschäfte. S. Syst. Reg. §§ 224 flg. S. 200.
Handelsgesellschaften. S. Syst. Reg. §§ 216 flg. S. 191.
Handelsgewohnheiten. S. Syst. Reg. § 226 S. 200.
Handelskammer. 1) Ihre Zuständigkeit zur Ernennung von Schiedsgutachtern. **94,** 175. — 2) Keine Bindung des Gerichts an die Auskünfte der Handelskammern. **94,** 321.
Handelsmäkler. Voraussetzungen der Anwendung des § 95 HGB. **97,** 261
Handelsregister. S. Syst. Reg. § 209 S. 188.
Handelsrichter. Berücksichtigung ihrer Auffassung über die Bedeutung einer Vertragsabrede seitens des Berufungsgerichts. **92,** 89.
Handelswert. Zum Begriff des gemeinen Handelswerts in § 88 EVO. **96,** 125; **98,** 151.
Handlungsagenten. S. Syst. Reg. § 214 S. 190.
Handlungsbevollmächtigter. Kann ein Handlungsbevollmächtigter besonderer, satzungsmäßig bestimmter Vertreter i. S. des § 30 BGB sein? **91,** 3.
Handlungsgehilfe. Handlungsgehilfe als treuhänderischer Inhaber von Geschäft und Firma. **99,** 158.
Handlungslehrling. Aufsichtsrecht und -pflicht des Lehrherrn. **97,** 230.
Handlungsreisender. Hat er kraft Gesetzes Abschlußvollmacht? **97,** 1.
Handlungsvollmacht. S. Syst. Reg. § 212 S. 190
Hauptintervention. Wird durch eine solche die notwendige Streitgenossenschaft der bisherigen Parteien begründet? **100,** 60.
Hausabfindung. Hausverlaßvertrag. **94,** 5.
Hauseigentümer. Dessen Haftung für die Verkehrssicherheit vermieteter Räume und des Zugangs zu ihnen. **92,** 362; **95,** 61.
Hausstand, eigener. Zum Begriffe des eigenen Hausstands in 1, 3 Abs. 2 des preuß. Staatsministerialbeschlusses v. 1. Juni 1888. **92,** 292.
Havarie (Haverei). S. Syst. Reg. § 252 I S. 214.
Heeresdienst. Einwirkung der Möglichkeit, zum Heeresdienst eingezogen zu werden, auf den Rentenanspruch nach § 843 BGB. **95,** 1, 67.

Heereslieferungen. 1) Ausbeutung der Heereslieferanten durch ihre Geldgeber als Verstoß gegen die guten Sitten. **93,** 29. — 2) Sittenwidrigkeit übermäßigen Mäklerlohns bei Heereslieferungen. **93,** 208. — 3) Sittenwidrige Gewinnbeteiligung von Militärpersonen an Heereslieferungen. **95,** 54. — 4) Wann ist die Provision für die Vermittlung von Heereslieferungen verdient? **95,** 136. — 5) Kann der Fiskus wegen Nichterfüllung von Heereslieferungen den Ersatz des abstrakten Schadens fordern? **99,** 49.

Hehlerei. Zum Tatbestande der Hehlerei. **94,** 192.

Heilverfahren, Kosten des Heilverfahrens nach den Beamten-Unfallfürsorgegesetzen. 1) Können sie in Form einer Rente zugesprochen werden? **95,** 85. — 2) Ist der Heilkostenanspruch ein Schadensersatzanspruch? **95,** 87. — 3) Zur Anwendung des § 323 ZPO bei bestimmungswidriger Verwendung von Heilkostenbeträgen. **95,** 86. — 4) Beginn und Höhe des Heilkostenanspruchs eines im Kolonialdienst verwendeten und nach einem dort erlittenen Unfall in den preußischen Staatsdienst zurückgetretenen preußischen Beamten. **95,** 318.

Hemmung der Verjährung. S. Syst. Reg. § 13 II S. 24.

Hessen-Nassau. Zu § 59 Nr. 7 LandgemeindeO für Hessen-Nassau **96,** 314.

Hilfslehrer. Anrechnung ihrer Tätigkeit auf die pensionsfähige Dienstzeit der Oberlehrer? **94,** 199, 256.

Hinkende Inhaberpapiere. Versicherungsschein mit Inhaberklausel als hinkendes Inhaberpapier. **94,** 27.

Hinausschiebung der Lieferzeit. Vereinbarung der Hinausschiebung der Lieferung bei Eintritt zeitweiliger Hindernisse. Kann trotz einer solchen Abrede die zeitweilige Verhinderung der Lieferung unter Umständen der dauernden Unmöglichkeit gleichgestellt werden? **92,** 88; **94,** 47.

Hingabe an Erfüllungsstatt. Liegt eine solche vor, wenn für die hingegebene Sache ein fester Preis und Herausgabe des Preisüberschusses vereinbart ist? **92,** 104.

Hinterlassungspflicht. Rechtspflicht des Erblassers gegenüber den Pflichtteilsberechtigten. **92,** 3.

Hinterlegung. S. Syst. Reg. § 116 S. 110.

Höchstbetragshypothek. S. Syst. Reg. § 77 VII S. 71.

Höchstpreise. Höchstpreisfestsetzungen. 1) Keine Rückwirkung auf vorher geschlossene Lieferungsverträge. **93,** 116; **94,** 284; **99,** 64, 124. — 2) Höchstpreise und gemeiner Handelswert. **96,** 125. — 3) Anwendung der Höchstpreisfestsetzungen auf aus dem Ausland bezogene Waren. **96,** 125. — 4) Rechtliche Folge ihrer Überschreitung. **97,** 84; **98,** 294; **100,** 240. — 5) Wirken Höchstpreise, unter denen bestimmten Personen der Handel mit beschlagnahmter Ware gestattet ist, auf vorher geschlossene Verträge? **99,** 122. — 6) Höchstpreisverordnungen und Beschlagnahmeverfügungen zur Sicherung des Kriegsbedarfs. **99,** 124. S. auch Syst. Reg. § 384 S. 294.

Hoheitsrechte. 1) Inwieweit ist der Staat zum Ersatz des durch Ausübung der Hoheitsrechte verursachten Schadens verpflichtet? **97,** 56. —

2) Treffen die Folgen einer Schädigung von Privatrechten bei Ausübung eines staatlichen Hoheitsrechts nach § 75 EinlALR den Staat auch dann, wenn er die Ausübung des Rechts einem anderen übertragen hat? **100,** 72.

Höhere Gewalt. 1) Zum Begriff der höheren Gewalt in § 1 HaftpflG **93,** 67, 305; **94,** 12; **95,** 65 (**101,** 94). — 2) Höhere Gewalt und eigenes Verschulden. **94,** 17. — 3) Höhere Gewalt als Ursache des Unvermögens zur Leistung bei Gattungsschulden. **99,** 1. — 4) Höhere Gewalt beim Luftverkehr. **100,** 75.

Hotelmiete. Hotelmiete mit Kauf der Einrichtung; Minderung des Mietzinses wegen Verringerung des Umsatzes infolge behördlicher, durch den Krieg veranlaßter Maßnahmen. **91,** 311.

Hypothek. S. Syst. Reg. § 77 S. 68.

Hypotheken, BRVO v. 8. Juni 1916 über die Geltendmachung von —. Zur Anwendung des § 36 Nr. 4 ZPO im Falle des § 4 der VO. Wirkt die Zahlungsfrist zugunsten des Bürgen? **91,** 42.

Hypothekenbrief. 1) Hypothekenbrief als körperliche Sache i. S. der §§ 90, 598 BGB. **91,** 157. — 2) Kann an dem Hypothekenbrief ein von dem Rechte an der Forderung getrenntes Eigentum bestehen? **91,** 157. — 3) Begründung eines, persönlich wirkenden, Zurückbehaltungsrechts an einem Hypothekenbrief **91,** 158. — 4) Ersatzübergabe des Hypothekenbriefs; Vermutung der Übergabe nach § 1117 Abs. 3 BGB. **93,** 44. — 5) Ersatzübergabe des Hypothekenbriefs nach § 1117 Abs. 2 BGB. **93,** 250.

Hypothekengläubiger. Aufklärungspflicht des Hypothekengläubigers gegenüber dem über die Höhe der vollstreckbaren Forderung irrenden Schuldner. **91,** 343.

J

Jagd. Jagd und Jagdliebhaberei in der Unfallversicherung. **98,** 234.

Jagdpacht. S. Syst. Reg. § 124 III S. 127.

Jäger. Haftung mehrerer Jäger für den Schaden eines angeschossenen Treibers. **98,** 58.

Imaginärer Gewinn. 1) Versicherung des imaginären Gewinns gegen Kriegsgefahr auf laufende Police; erstreckt sie sich auch auf Deklarationen, die erst nach Kriegsausbruch vorgenommen sind? **94,** 303. — 2) Zur Taxierung des imaginären Gewinns nach § 793 Abs. 2 HGB. **94,** 303. — 4) Zum Begriff des imaginären Gewinns. **100,** 93.

Immissionen. S. Syst. Reg. § 63 S. 65.

Impotenz. Zum Begriff der Impotenz als Eheanfechtungsgrund. **94,** 125.

Indigenat. Besteht nach Art. 3 RVerfassung ein gemeinsames Indigenat auch für juristische Personen? **92,** 75.

Inhaberzinsschein. Hat die Nichtigkeit der mit Orderschuldverschreibungen ausgegebenen Inhaberzinsscheine die Nichtigkeit der Haupturkunden zur Folge? **93,** 58.

Inkassoabtretung. Zur Unterscheidung zwischen der Inkassoabtretung und der Ermächtigung zur Prozeßführung im eigenen Namen. **91,** 392.

Inkassomandat. Keine Anwendung des § 400 BGB auf das Inkassomandat. **94,** 137.

Inkassovollmacht. Zur Unterscheidung der Inkassovollmacht von der Inkassoabtretung und von der Ermächtigung zur Prozeßführung im eigenen Namen. **91,** 392.

Inkorporation. Rechtliche Bedeutung der Inkorporation einer Kirchengemeinde. **96,** 38.

Inkrafttreten von Verordnungen. **91,** 339.

Innengesellschaft. Verhältnis der leitenden Firma zu den übrigen Gesellschaftern. **97,** 236.

Insichgeschäft. Eigentumserwerb mittels Insichgeschäfts. **99,** 209.

Intendantur. Keine Befugnis der Intendantur zur Vertretung des Militärfiskus in Militärhinterbliebenenprozessen. **93,** 15.

Intendantursekretär. Wohnungsgeldzuschuß des mit der Stelle eines Abteilungsvorstands auf Kriegsdauer beliehenen Intendantursekretärs. **96,** 236.

Intendanturbeamte. Ihr Wohnungsgeldzuschuß. **96,** 235.

Interessen. 1) Ist die Geltendmachung der Nichtigkeit eines Rechtsgeschäfts durch einen Dritten von dem Nachweise eines besonderen rechtlichen Interesses abhängig? **93,** 76. — 2) Zum Begriff des rechtlichen Interesses in § 256 ZPO. **94,** 234.

Interessenausgleich bei infolge der Veränderung der Verhältnisse entstandenem unerträglichen Mißverhältnis zwischen Leistung und Gegenleistung aus einem mit dem Willen der Parteien fortbestehenden Vertrage. **100,** 133.

Interessengemeinschaft. Auskunftspflicht bei dauernder Interessengemeinschaft. **92,** 203.

Internationaler Ausschuß für Oberschlesien. Grenzen seiner Zuständigkeit. **99,** 235.

Internationales Privatrecht. Revisibilität seiner Vorschriften. **98,** 337. S. weiter Syst. Reg. § 8 S. 18.

Internationales Übereinkommen über den Eisenbahnfrachtverkehr vom 14. Oktober 1890. 1) Zur Auslegung seiner Tarifbestimmungen. **93,** 95. — 2) Es findet keine Anwendung auf die Versendung in das besetzte feindliche Gebiet. **93,** 177. — 3) Unterliegt auch der Anspruch auf Rückvergütung von Eisenbahnfracht der Verjährung nach Art. 12 Abs. 4? **93,** 274. — 4) Der Anspruch auf Frachtzuschlag nach Art. 7 fällt nicht unter die BRVOen über die Verjährungsfristen v. 22. Dezember 1914 und 4. November 1915. **95,** 35. — 5) Gesetzeskraft des Übereinkommens. Können seine Bestimmungen durch die einzelnen Vertragstaaten einseitig geändert werden? **95,** 36. — 6) Im internationalen Frachtverkehr hat die Eisenbahn mangels besonderer Anweisung des Absenders unter mehreren für die gleiche Beförderungsstrecke anwendbaren Tarifen zwar den ihr für den Absender am zweckmäßigsten scheinenden auszuwählen; sie haftet aber für die Folgen ihrer Wahl nur bei grobem Verschulden. **96,** 64. — 7) Zu Art. 11 Abs. 1 Satz 2 des IntFrachtÜb **96,** 67. — 8) Inwieweit ist die Anwendung des IntFrachtÜb vom Revisionsgericht nachzuprüfen? **100**, 52. — 9) Zur Auslegung des Art. 41. **100**, 53. — 10) Keine Schadensersatzpflicht der Eisenbahn auch bei grobem Verschulden ihrer Leute, wenn die Beförderung zwar verzögert, die Lieferfrist aber eingehalten ist. **100**, 50.

Internationales Übereinkommen zur einheitlichen Feststellung von Regeln über den Zusammenstoß von Schiffen v. 23. September 1910 1) Nach Art. IV des Übereinkommens kann bei beiderseitigem Verschulden auch dem weit überwiegend schuldigen Teile nicht der Gesamtschaden auferlegt werden. **94**, 93. — 2) Das Übereinkommen findet Anwendung auch beim Zusammenstoß von mehr als 2 Schiffen. **96**, 166. — 3) Gesamtschuldnerische Haftung mehrerer schuldiger Schiffe. **96**, 167.

Interzession. 1) Interzession durch Wechsel; Unterschied von der Bürgschaft. **94**, 88. — 2) Wird durch das Eintreten für fremde Schuld, insbesondere durch wechselmäßige Interzession, ein Gesamtschuldverhältnis mit dem Hauptschuldner begründet? Finden die §§ 774 oder 426 BGB Anwendung? **96**, 137.

In Verkehr bringen. Zum Begriff des Inverkehrbringens. **99**, 238.

Inzidentantrag. Kann im Falle der Aufhebung eines bereits vollstreckten Urteils im Wiederaufnahmeverfahren durch Inzidentantrag die Erstattung des Geleisteten gefordert werden? **91**, 198.

Inzidentfeststellungsklage. Sie setzt nicht ein besonderes Feststellungsinteresse voraus. **95**, 39.

Irrtum. S. Syst. Reg. § 31 II S. 38.

Judikatsklage. Ihre Voraussetzungen. **99**, 271.

Jura novit curia. Zur Bedeutung dieses Satzes. **96**, 200.

Juristische Personen. S. Syst. Reg. § 22 S. 30.

Justizminister. Befugnis des preußischen Justizministers zur Abänderung der von ihm erlassenen Etatsvorschriften auch im einzelnen Falle. **92**, 262.

K

Kaffeehaus. Einwirkung der Kriegsverhältnisse auf die Pacht eines Kaffeehauses mit Tag- und Nachtbetrieb. **93**, 144.

Kahneigner. Haftet er nach § 431 HGB, § 278 BGB für das Verschulden des Eigentümers des von ihm benutzten Schleppdampfers und dessen Schiffers? **91**, 245.

Kaligewinnungsrecht. Überlassung seiner Ausübung als Pacht i. S der Tarifnr. 48 III PreußStempG v. 30. Juni 1909. **96**, 221.

Kannrecht. Rechte des rechtlichen Könnens; können sie Gegenstand einer Feststellungsklage bilden? **92**, 7.

Kantinen. Kantinenbetrieb als Nebenbetrieb eines Bergwerks; Warenumsatzsteuerpflicht. **93**, 225.

Kapitalabfindung. Kann der Haftpflichtgläubiger von der Versicherungsgesellschaft, bei der sein Schuldner gegen Haftpflicht versichert ist, im Falle des Konkurses des Versicherungsnehmers Kapitalabfindung verlangen? **93**, 209

Kaplanswohnungen. Erstreckt sich die Kirchenbaulast des Zehntherrn und Patrons auch auf die Wohnungen für Hilfskapläne? **100,** 271.
Kartelle. 1) Inwieweit werden die Mitglieder eines Kartellverbands mit Rechtspersönlichkeit durch die von dem Vorstande geschlossenen Vereinbarungen verpflichtet? **95,** 93. — 2) Eintragungsfähigkeit eines zum Schutze der wirtschaftlichen Interessen seiner Mitglieder geschlossenen Kartellverbands. **95,** 93. — 3) Kann ein Vertragsangebot, das dem Mitgliede eines Kartellverbands gemacht wird, als von diesem stillschweigend angenommen gelten, wenn es mit den Verbandsbedingungen im Widerspruch steht? **95,** 95. — 4) Unter welchen Voraussetzungen kann eine Preiskonvention als Verein i. S. des § 54 BGB erachtet werden? **95,** 193. — 5) Auslegung einer Preiskonvention. **95,** 194.
Kaskoversicherung. Haben die Kaskoversicherer dem Versicherten den Beitrag des Schiffs zur großen Haverei auch insoweit zu ersetzen, als er die Versicherungssumme überschreitet? **96,** 316; **98,** 168.
Kasse gegen Dokumente. 1) Zur Bedeutung der Vereinbarung „Kasse gegen Dokumente". **91,** 346. — 2) Hat der Käufer, der mit der Bestimmung „Kasse gegen Dokumente" gekauft hat, Anspruch auf sämtliche Konossementsexemplare? **98,** 166.
Kassageschäfte. Anzeichen der Spielnatur bei Kassageschäften. **91,** 45.
Katasterbeamte. Amtspflicht gegenüber den am Grundstücksverkehr beteiligten Personen, dem Grundbuchamt wahrheitsgemäße Mitteilungen zu machen und irrtümliche alsbald nach Entdeckung des Irrtums zu berichtigen. **100,** 102.
Kauf. S. Syst. Reg. § 121 S. 112. Schadensersatz wegen Nichterfüllung beim Kauf § 95 III A S. 92.
Kauf auf Besicht, auf und nach Probe. S. Syst. Reg. § 121 IX S. 121.
Kaufangebot. Form und Inhalt der Annahmeerklärung des Kaufangebots eines Grundstücks. **91,** 231.
Kaufgewerkschaften gothaischen Rechts. **92,** 73; **99,** 218; **100,** 210.
Kausalzusammenhang. S. Ursächlicher Zusammenhang.
Kautionshypothek. Eine solche kann vom Erblasser für den künftigen Erbteil bestellt werden. **92,** 4 (**65,** 364).
Kennenmüssen. Für die Anwendung des § 30 KO steht das Kennenmüssen dem Kennen nicht gleich. **95,** 153.
Kettenhandel. 1) Zum Begriff des Kettenhandels. **96,** 240; 330, 344; **98,** 1, 62; **99,** 50. — 2) Macht der Verstoß gegen das Kettenhandelverbot den Vertrag nichtig? **96,** 330; **98,** 2, 62; **99,** 52. — 3) Die Erzielung übermäßigen Gewinnes durch den Zwischenhandel ist nicht Voraussetzung des Kettenhandels. **96,** 344. — 4) Keine Anwendung des § 5 Nr. 3 BRVO v. 23. März 1916 und des § 11 VO v. 24. Juni 1916 auf im Ausland getätigte Verkäufe und Käufe. **98,** 1. — 5) Berechtigung des Verkäufers zur Verweigerung der Lieferung, wenn er erfährt, daß der Käufer mit der Ware Kettenhandel treibt. **96,** 240; **99,** 157. — 6) Dolus eventualis beim Kettenhandel. **100,** 237. — 7) Kettenhandel im Ausfuhrhandel. **100,** 236. — S. auch Syst. Reg. § 384 S. 294.

Kirchenbaulast. Syst. Reg. § 377 S. 286.

Kirchengemeinden. 1) Vertretung der evangelischen Kirchengemeinden in den älteren Provinzen Preußens in vermögensrechtlicher Beziehung. **91,** 235. — 2) Inkorporation einer Kirchengemeinde. **96,** 38.

Kirchenkollegium. Dessen Begriff im ALR. **94,** 190.

Kirchenrecht. S. Syst. Reg. § 377 S. 286.

Kirchliches Vermögen. Zum Begriff des kirchlichen Vermögens in § 3 PreußG v. 20. Juni 1875 über die Vermögensverwaltung in den katholischen Kirchengemeinden. **94,** 189.

Klagänderung. Syst. Reg. §) 302 I S. 237.

Klagbefugnis. S. Aktivlegitimation.

Klage. S. Syst. Reg. §§ 301 flg. S. 236. Negatorische (Eigentumsfreiheits-) Klage § 63 S. 65. Unterlassungsklage § 95a S. 96.

Klagerweiterung. S. Syst. Reg. § 302 I S. 237.

Klaggrund. S. Syst. Reg. § 301 S. 236.

Klagenverbindung. S. Syst. Reg. § 301 S. 236.

Klagerücknahme. S. Syst. Reg. § 302 II S. 237.

Klauseln. 1) Attestkl. **96,** 247. — 2) Averagekl. **96,** 232. — 3) Besserungskl. **94,** 290. — 4) Kl. „beschlagnahme- und verwendungsfrei". **93, 332; 100,** 161. — 5) Betriebsstörungskl. **94,** 80; **100,** 258. — 6) Charterkl. **99,** 107. — 7) Deficiencykl. **96,** 232. — 8) Force-majeure-Kl. **91,** 108; **92,** 87. — 9) Kl. „frei ab Hamburg". **91, 346.** — 10) Kl. „frei Seeschiffseite Hamburg Kassa gegen Rezeipt". **94,** 246. — 11) Kl. „frei Schleppen" und „frei Dampf". **95,** 213. — 12) Freizeichnungskl. **91,** 108; **100,** 260. — 13) Goldkl. **100,** 80. — 14) Kl. „Glückliche (gute) Ankunft vorbehalten. **93,** 171; **95,** 247; **98,** 142. — 15) Kl. „Kasse gegen Dokumente". **91,** 346; **98,** 166. — 16) Kl. „Kasse Zug um Zug ab Posener Stationen". **92,** 269. — 17) Kl. „Lieferungsmöglichkeit vorbehalten". **97,** 325. — 18) Kl. „Lieferungsort für Abnahme, Prüfung und Zahlung ist die Verladestation." **92,** 269. — 19) Pro rata-Kl. **93,** 69; **96,** 232. — 20) Kl. „Regierungsmaßnahmen zu Lasten des Käufers". **96,** 113. — 21) Rye Termskl. **93,** 168; **96,** 230. — 22) Kl. „Verkäufer liefert nur, wenn ihm die Ware selbst geliefert wird". **95,** 102. — 23) Kl. „Verladung mit einem oder mehreren Dampfern, mit oder ohne Umladung". **97,** 184. — 24) Verfallkl. **95,** 199. — 25) Versicherungsklausel. **96,** 234. — 26) Optionskl. im Mietvertrag. **92,** 418; **99,** 154. — Kriegsklausel s. dort Klauseln im Seeversicherungsrecht s. Syst. Reg. § 254 S. 215.

Kleinbahnen. S. Syst. Reg. § 162 S. 168.

Klöster. Deren Säkularisation in Preußen. **94,** 187; **96,** 31; **97,** 170.

Knappschaftslazarette. Sind sie öffentliche Krankenhäuser i. S. des § 24 Abs. 1h des PreußKommunalabgabenG? **92,** 206.

Knebelvertrag. Sittenwidrigkeit und Nichtigkeit der Knebelverträge. **93,** 30; **97, 255; 99,** 109.

Kognakverschnitt. Gegenstand des täglichen Bedarfs i. S. der **VO** gegen Preistreiberei. **99,** 50.

Kokereien. 1) Kokereien als Aufbereitungsanstalten i. S. des § 58 ABG. **98,** 80. — 2) Inwieweit ist die Klage auf Unterlassung von Zuführungen auf ein Grundstück aus zu einem Bergwerk gehörigen Kokereien zulässig? **98,** 79.

Kollektivversicherung. Welche Folgen hat bei der Kollektivversicherung die Unterlassung der Anzeige einer bezüglich eines einzelnen Versicherten eingetretenen Gefahrerhöhung? **95,** 252.

Kollisionsnormen. 1) Inwieweit sind die Kollisionsnormen des EinfGzBGB entsprechend anzuwenden? **91,** 140. — 2) Anwendung der Kollisionsnormen des fremden Rechts. **91,** 141. — 3) Anwendung der lex fori hinsichtlich der Kollisionsnormen. **95,** 166. — 4) Art. 170 EinfGzBGB als unvollständige Kollisionsnorm. **99,** 225.

Kolonialdienst. Anspruch auf Heilungskosten des im Kolonialdienst durch einen Unfall verletzten preußischen Beamten. **95,** 318.

Kommandierender General. Befugnis zur Festsetzung von Höchstpreisen. **99,** 61.

Kommanditgesellschaft. S. Syst. Reg. § 217 S. 192.

Kommissionsagenturvertrag. Finden § 326 BGB, § 92 Abs. 2 HGB auf ihn Anwendung? **92,** 160.

Kommissionsgeschäft. S. Syst. Reg. § 244 S. 207.

Kommissionslager. Welches Rechtsverhältnis wird durch die Lieferung eines „Kommissionslagers" von Zigarren an einen Gastwirt behufs Verkaufs in der Gastwirtschaft für Rechnung und unter Leitung des Lieferanten begründet? **91,** 239.

Kommunalaufsichtsbehörde. 1) Die Kommunalaufsichtsbehörde kann Verfügungen gegen die Gemeinde zur Erzwingung einer ihr gesetzlich obliegenden Leistung nur dann erlassen, wenn es im öffentlichen Interesse zur Aufrechterhaltung eines geordneten Ganges der Gemeinde- oder Polizeiverwaltung notwendig wird. **91,** 255. — 2) Voraussetzungen der Zwangsetatisierung. **91,** 255.

Kommunalbeamte. S. Syst. Reg. § 374 III B S. 282.

Kommunalsteuern. S. Syst. Reg. § 373 S. 277.

Kommunalverband. 1) Zum Begriff des Kommunalverbands. Fettstelle Groß-Berlin als Kommunalverband **95,** 28, 30 — 2) Kommunalverbände i. S. der BrotgetreideVO v. 24. Juli 1916. **95,** 31.

Kondemnation. Fortdauer der Versicherungsgefahr und der Prämienzahlungspflicht nach erfolgter Nehmung des Schiffes bis zur Kondemnation. **93,** 151.

Konfiskation. 1) Unter welchen Voraussetzungen kann eine Bedrohung mit Konfiskation durch feindliche Macht angenommen werden? **94,** 220. — 2) Konfiskation durch richterliche Behörden als „direkte Kriegsgefahr". **95,** 275.

Konfliktsgesetz, preußisches, v. 13. Februar 1854; keine Anwendung auf die Reichsbeamten. **92,** 243.

Kongregationen, ordensähnliche, deren rechtliche Stellung. **97,** 122.

Konkludente Handlungen. Annahme eines Vertragsangebots durch solche. **95,** 96.

Konkreter Schaden. Zur Berechnung des konkreten Schadens wegen Nichterfüllung beim Kaufe. **91,** 93, 102; **93,** 134; **98,** 271.

Konkretisierung des Schuldverhältnisses. 1) Der Grundsatz der Konkretisierung (§ 243 Abs. 2 BGB) erleidet eine Einschränkung dahin, daß der Käufer die Annahme einer unverzüglich angebotenen Lieferung einer Ersatzware der geschuldeten Art nicht ablehnen darf, wenn er kein Interesse daran hat, gerade diejenige Ware zu bekommen, auf welche sich das Schuldverhältnis beschränkt hat. **91,** 112. — 2) Konkretisierung des Schuldverhältnisses beim Gattungskauf, der durch Abladung zu erfüllen ist. **92,** 129.

Konkurs, Konkursordnung. S. Syst. Reg. §§ 354flg. S. 260.

Konkursgläubiger. S. Syst. Reg. § 361 S. 263.

Konkursmasse. S. Syst. Reg. § 363 S. 264.

Konkursverwalter. S. Syst. Reg. § 362 S. 264.

Konkursabwendungserlaß. Konkursabwendungsvergleich. Gilt der zur Abwendung des Konkursverfahrens dem Hauptschuldner gewährte Erlaß auch zugunsten des Bürgen? **92,** 123.

Konkursverlustschein, schweizer. **100,** 241.

Konnexität. S. rechtlicher Zusammenhang.

Konnossement. S. Syst. Reg. § 251. S. 213.

Konsistorium. 1) Die Prozeßführung in Vermögensangelegenheiten der evangelischen Gemeinden der älteren Provinzen Preußens bedarf nicht der Genehmigung des Konsistoriums. **91,** 235. — 2) Befugnisse des Konsistoriums hinsichtlich der Gewährung von Dienstwohnungen für die Pfarrer und hinsichtlich der Pfarrhausneubauten. **93, 215.** — 3) Entscheidung über Gewährung einer Dienstwohnung für den Pfarrer. **93,** 216, 218.

Kontokurrent. S. Syst. Reg. § 231 S. 201.

Kontrahieren mit sich selbst. S. Syst. Reg. § 41 IV S. 55.

Konzession. Unzulässigkeit der Überlassung einer Konzession zum Betriebe der Gast- oder Schankwirtschaft und der daraus fließenden Befugnisse zur Ausübung an andere. **91,** 242.

Kopf- oder Nebenblätter. Herausgabe solcher Nebenausgaben einer Zeitung unter Verstoß gegen § 3 UnlWettbG. **93,** 189; **96,** 298.

Körperverletzung. Vorsätzliche Körperverletzung als Betriebsunfall i. S. der Unfallversicherung. **93,** 34.

Korrespektives Testament. Wird ein solches hinfällig durch die Errichtung eines neuen widersprechenden Testaments des überlebenden Ehegatten, wenn dieser vor Ablauf der Ausschlagungsfrist und vor Entscheidung über Annahme oder Ausschlagung des ihm durch das korrespektive Testament Zugewendeten stirbt? **95,** 218.

Korrespondenzverträge. Ihre Stempelfreiheit nach § 1 Abs. 3 PreußStempG v. 30. Juni 1909. **95,** 195.

Kostbarkeit. Zum Begriff der Kostbarkeit im Eisenbahnfrachtrecht. **94,** 121; **99,** 254; **100,** 110 (**101,** 84).

Kraftfahrzeuge. Reichsgesetz v. 3. Mai 1909. S. Syst. Reg. § 162a S. 169.

Kraftfahrzeughalter. 1) Zum Begriff des Halters eines Kraftfahrzeuges; ist der Inhaber der Werkstätte, in die das Fahrzeug zur Ausbesserung gebracht ist, dessen Halter? **91,** 269, 304. — 2) Zum Begriff des Fahrzeughalters. Einfluß der Gebrauchsüberlassung an einen andern auf die Haftung? **93,** 223. — 3) Ausgleichungspflicht zwischen Kraftwagenhalter und Eisenbahn. **96,** 68. — 4) Ausgleichungspflicht zwischen Kraftwagenhalter und Tierhalter. **96,** 131. — 5) Wann haftet nach § 7 Abs. 3 KFG an Stelle des Fahrzeughalters ein anderer, der das Fahrzeug in Betrieb gesetzt hat? **95,** 186.

Krankenanstalt. 1) Zum Begriff der öffentlichen Krankenanstalt in § 5 Abs. 1d PreußStempG v. 30. Juni 1909. **92,** 204. — 2) Ist der Betrieb einer Privatkrankenanstalt im Gewerbebetrieb i. S. der GewO und des WarenumsatzstempG? **94,** 109.

Krankenhaus. 1) Begründung eines Vertragsverhältnisses durch vorläufige Aufnahme eines Kranken in ein öffentliches Krankenhaus. Vertretungsmacht der mit der Aufnahme betrauten Schwester. Haftung für den Unfall eines aufgenommenen Geisteskranken. **91,** 136. — 2) Unter welchen Voraussetzungen wird durch die Aufnahme eines Kranken in das Krankenhaus einer öffentlichrechtlichen Körperschaft ein privatrechtliches Vertragsverhältnis begründet? Wird die Annahme eines solchen Vertragsverhältnisses dadurch ausgeschlossen, daß der Kranke zu seiner und anderer Sicherheit durch die Polizei in das Krankenhaus verbracht ist? **91,** 265. — 3) Krankenhauspflege der Krankenkassen. **92,** 199. — 4) Zum Begriff der öffentlichen Krankenhäuser in § 24 Abs. 1h des PreußKommunalabgabenG. **92,** 206.

Krankenkassen. 1) Sind die Krankenkassen zum Ersatz der Kosten verpflichtet, die durch die Unterbringung geschlechtskranker Kassenmitglieder seitens der Polizeibehörde in einem Krankenhause entstehen? **92,** 197. — 2) Beendigung des Vertragsverhältnisses der Kassenangestellten nach § 302 RVO Art. 32 EinfGzRVO; rechtliche Beurteilung der Vereinbarungen zwischen der allgemeinen Ortskrankenkasse und einer besonderen Krankenkasse hinsichtlich der Übernahme der Angestellten. **94,** 144. — 3) Krankenkassen und Apotheken; zur Anwendung des § 376 RVO. **95,** 204. — 4) Zur Bedeutung der Vorschriften des § 32 KrankenVersG und des § 364 RVO über die Bildung von Rücklagen. **97,** 196. — 5) Voraussetzung der Erlangung der Beamteneigenschaft nach § 350 Abs. 1, 4 RVO. **99,** 265. — 6) Anwendung des § 7 KBG auf die nach § 359 Abs. 1 RVO angestellten Beamten. **99,** 269.

Krankenkassenarzt. Pfändbarkeit seines Gehalts. **91,** 159.

Krankenkassenverband. 1) Rechtliche Natur des Vertragsverhältnisses zwischen dem Krankenkassenverband und dem von ihm angestellten Ärzte. **91,** 160. — 2) Finden § 850 Nr. 8 ZPO und das LohnbeschlagnahmeG auf die Gehaltsforderung des von einem Krankenkassenverband angestellten Arztes Anwendung? **91,** 160.

Krankenversicherung. S. Syst. Reg. § 137 VIII S. 139.

Kreischef. Vertretungsbefugnis des Kreischefs im Generalgouvernement Warschau für das deutsche Reich. **100,** 116.

Kreissparkasse. 1) „Kreissparkasse" als „besondere Bezeichnung" i. S. des § 16 UWG. **91,** 212. — 2) Pflichten der Kreissparkasse gegenüber ihrem Darlehnsschuldner bei der Betreibung der Zwangsvollstreckung. **91,** 341.

Krieg. Seine Einwirkung auf die Rechtsverhältnisse. S. Syst. Reg. § 380 S. 289.

Kriegsausschüsse. 1) Ihre öffentlichrechtliche Stellung; Enteignungsbefugnis. **96,** 107, 109; **99,** 149; **100,** 144. — 2) Auslegung von Erklärungen eines Kriegsausschusses; Freigabe ablieferungspflichtiger Ware oder programmatische Kundgebung? **96,** 112. — 3) Wird der Kriegsausschuß durch eine privatrechtliche Verpflichtung zur Freigabe ablieferungspflichtiger Ware an der freien Ausübung seines Übernahmerechts verhindert? **96,** 112.

Kriegsbedarf. 1) Wirkung der gemäß § 4 BRVO v. 24. Juni 1915 über die Sicherstellung von Kriegsbedarf angeordneten Beschlagnahme auf vor der Beschlagnahme abgeschlossene Geschäfte. **92,** 34. — 2) Zuständigkeit und Rechtsprechung des Reichsschiedsgerichts für Kriegsbedarf. **98,** 42. — 3) Sind Verträge, die gegen § 6 VO v. 24. Juni und 25. November 1915 verstoßen, nichtig? **95,** 348; **99,** 124; **100,** 160, 248. — 3) Verschiedenheit des Zwecks und der Wirkungen von Höchstpreisverordnungen und von Beschlagnahmeverfügungen zwecks Sicherstellung des Kriegsbedarfs. **99,** 124. — 4) Wirkt die Freigabe des Handels mit beschlagnahmter Ware unter Höchstpreisen auf früher abgeschlossene Geschäfte? **99,** 122. — 5) Sittenwidrigkeit des Ankaufs beschlagnahmter Gegenstände des Kriegsbedarfs zu Privatzwecken. **100,** 249.

Kriegsbesoldung. 1) Deren Anrechnung auf das Zivildiensteinkommen verheirateter, als Offiziere eingezogener Beamter. **92,** 290. — 2) Kann die Kriegsbesoldung des zum Dienst mit der Waffe im Landheer eingezogenen Marinebeamten auf sein Beamtengehalt angerechnet werden? **96,** 305.

Kriegsbesoldungsvorschrift. Zum Begriff der „Gebührnisse einer Kriegsstelle" in § 3 Abs. 4 der Kriegsbesoldungsvorschrift. **96,** 236.

Kriegsdienstbeschädigung. Sie ist eine Dienstbeschädigung i. S. des § 12 MilHinterblG. **93,** 310.

Kriegsereignisse. 1) Zum Begriff der „Teilnahme an den Kriegsereignissen" und „an kriegerischen Operationen" in Kriegsklauseln der Lebensversicherungsgesellschaften. **93,** 85. — 2) Desgl. bei der Unfallversicherung. **93,** 88.

Kriegsgefahr. 1) Versicherung gegen „direkte Kriegsgefahr"; ist die Haftung ausgeschlossen, wenn neben erheblichen Kriegsfaktoren ein Schiffahrtsirrtum ursächlich war? **91,** 85. — 2) Zum Begriff der Kriegsgefahr in den Bremer SVBen. **92,** 65. — 3) Zum Begriff der Kriegsgefahr in den Kriegsklauseln der Lebensversicherungsgesellschaften. **93,** 85. — 4) Desgl. bei der Unfallversicherung. **93,** 88. — 5) Kriegsgefahr bei der Transportversicherung. **95,** 81; **96,** 148. — 6) Zum Begriff der „direkten Kriegsgefahr", der „zunächst" und der „mittelbar" durch Kriegsgefahr verursachten Schäden im Seeversicherungsrecht. **95,** 275

Kriegsgeldverpflegungsvorschrift für die Marine. Zu § 3 Nr. 3 derselben; ist die dazu erlassene Erläuterung des Reichsmarineamts v. 26. September 1917 gültig? **96,** 306, 309.

Kriegsgesetze und Kriegsverordnungen. S. Syst. Reg. §§ 382 flg. S. 293.

Kriegsklausel. 1) Zeitliche Begrenzung der Geltendmachung der Kriegskl. bei Dienstverträgen, insbesondere mit Bühnenkünstlern. **91,** 57. — 2) Hat der Verkäufer, der infolge der Kriegsverhältnisse nicht allen Käufern die verkaufte Ware voll liefern kann, denjenigen Käufern gegenüber, deren Verträge die Kriegskl. enthalten, von dieser Gebrauch zu machen? **91,** 333. — 3) Kriegskl. in den Allg. Versicherungsbedingungen der privaten Feuerversicherungsgesellschaften. **92,** 99. — 4) Zur Auslegung der Hamburger Kriegskl. **92,** 248; **94,** 105, 217. — 5) Kriegskl. beim Versendungskauf. **92,** 271. — 6) Zur Auslegung von Kriegskl. in den Lebensversicherungsbedingungen. **93,** 84. — 7) Desgl. in den Unfallversicherungsbedingungen. **93,** 88. — 8) Kriegskl. bei der Transportversicherung. **95,** 80; **96,** 148, 310. — 8) Zur Auslegung von Kriegsklauseln im Seeversicherungsrecht. **92,** 414; **94,** 105, 217.

Kriegsleistungen. S. Syst. Reg. § 381 S. 292.

Kriegsleistungspflicht. Sind die Gemeinden oder die von ihnen herangezogenen Reichsangehörigen Träger der Kriegsleistungspflicht? **91,** 293.

Kriegsleistungsvergütung. Ist der Rechtsweg für den Anspruch auf sie gegeben? **91,** 294.

Kriegslieferungen. S. Heereslieferungen.

Kriegsminister. 1) Rechtliche Bedeutung und Auslegung der Bekanntm. des preuß. Kriegsministers v. 16. Mai 1916, betr. Beschlagnahme und Bestandserhebung von Lumpen usw. **91,** 424. — 2) Befugnis zur Vertretung des Militärfiskus in Sachen des MilHinterblG. **93,** 15.

Kriegsmolest. Zum Begriff des Kriegsmolestes. **92,** 65; **95,** 277.

Kriegsschaden. 1) Zur Scheidung zwischen Kriegsschaden und Kriegsleistung. **91,** 292. — 2) Zum Begriff des Kriegsschadens. **96,** 75. — 3) Unzulässigkeit des Rechtswegs für den Anspruch auf Kriegsschaden im Geltungsbereiche der preußischen Kabinettsorder v. 4. Dezember 1831. **96,** 75. — 4) Unfall durch Zusammenstoß von Kraftwagen im Kriegsgebiet; Kriegsschaden? **96,** 74.

Kriegsstelle. Zum Begriff der „Gebührnisse einer Kriegsstelle" in § 3 Abs. 4 der Kriegsbesoldungsvorschrift. **92,** 236.

Kriegssteuer. 1) Rechtliche Natur der Sonderrücklage nach dem G. über vorbereitende Maßnahmen zur Besteuerung der Kriegsgewinne v. 24. Dezember 1915. **93,** 147. — 2) Zur Berechnung der Kriegssteuer bei Gesellschaften nach dem G. v. 21. Juni 1916. **93,** 148.

Kriegsteilnehmer. 1) Die Bestellung eines Vertreters für den Kriegsteilnehmer nach der BRVO v. 14. Januar 1915 kann schon vor Zustellung der Klage erfolgen. **94,** 215. — 2) Stillschweigende Vollmacht der Mutter eines Kriegsteilnehmers, der in ihrem Haushalt gelebt hatte, zur Nachsuchung des Armenrechts. **95,** 262.

Kriegsteuerungszulage. 1) Sind bei der Berechnung des Militäreinkommens nach I, 1b der Verf. des preuß. Justizministers über laufende

Kriegsbeihilfen, Kriegsteuerungszulagen usw. v. 13. Oktober 1917 Dienstaufwandsentschädigungen und Kriegszulagen einzurechnen? **96**, 291. — 2) Haben die richterlichen Beamten nach der PreußJustMinVerf v. 8. August 1917 und 4. April 1918 einen Rechtsanspruch auf die Kriegsteuerungszulagen? **99**, 112. — 3) Voraussetzungen der Berücksichtigung der Kinder nach diesen Verfügungen. **99**, 114.

Kriegsverschollene. 1) Todeserklärung und Lebensvermutung nach der BRVO v. 18 April 1916 über die Todeserklärung Kriegsverschollener. **93**, 109. — 2) Beweislast bei Gehaltsansprüchen Kriegsverschollener. **93**, 110.

Kriegsversicherung. S. Syst. Reg. § 380 III S. 291.

Kriegsvertrag. Verstößt die Einräumung des einseitigen Rechts zur Verlängerung des Kriegsvertrags an den Theaterunternehmer gegen die guten Sitten? **91**, 330.

Kriegswirtschaftliche Organisationen. Ihre öffentlichrechtliche Stellung. **96**, 107; **99**, 149; **100**, 144.

Kriegswirtschaftliche Verordnungen. S. Syst. Reg. § 386 S. 297.

Kriegswirtschaftsmaßnahmen. Zur Auslegung von Kriegswirtschaftsmaßnahmen im Interesse der Volksernährung. **92**, 375, 376.

Kriegswollbedarf-Aktiengesellschaft. Zur Bedeutung ihres Rundschreibens v. 25. Juli 1916 zur Beschlagnahmeverf. des preuß. Kriegsministers v. 16. Mai 1916. betr. Lumpen und neue Stoffabfälle. **91**, 424.

Kriegswucher. 1) Sittenwidrige Ausnutzung der durch den Krieg geschaffenen Verhältnisse zur Erzielung übermäßigen Gewinnes. **93**, 29, 106. — 2) Sittenwidrigkeit übermäßigen Mäklerlohns bei Heereslieferungen. **93**, 208. — 3) Sittenwidrigkeit eines zu Kriegswuchergeschäften gegebenen Darlehns. **99**, 163.

Kriegszulage. 1) Ist bei der Berechnung des Militäreinkommens nach I 1b der PreußJustizministerialVerf über laufende Kriegsbeihilfen usw. v. 13. Oktober 1917 auch die Kriegszulage einzurechnen? **96**, 289. — 2) Ist die Kriegszulage der Marinebeamten eine Dienstaufwandsentschädigung? **96**, 290.

Kriegszustand. Rechtliche Stellung des Militärbefehlshabers während des Kriegszustandes. **91**, 186; **92**, 241.

Krone. Kronenmotiv im Warenzeichenrecht. **98**, 227.

Kündigung. S. Syst. Reg. § 120 S. 111.

Kundschaft. Übergabe der Kundschaft eines Geschäfts gegen das Versprechen des Erwerbers, dem Übertragenden für eine bestimmte Zeit einen Bruchteil des Umsatzes von der Kundschaft zu zahlen. Folgen der Aufgabe des Geschäfts seitens des Erwerbers. **95**, 37.

Künftige gesetzliche Erben. Deren Begriff in § 312 Abs. 2 BGB. **98**, 331.

Kuxe. 1) Aufhebung einer Gemeinschaft an Kuxen alten Rechts; Teilung in Natur. **91**, 416. — 2) Haftung des Verkäufers nichtiger Kuxe nach § 437 BGB. **92**, 76. — 3) Stempelpflicht der Einzahlungen (Zubußen) auf Anteilscheine gewerkschaftlich betriebener Bergwerke. **94**, 39;

95, 170. — 4) Zum Begriff der „vorgeschriebenen Einzahlungen" in Tarifnr. 1B Abs. 2 RStempG v. 3. Juli 1913. **98,** 91. — 5) Repräsentieren die Kuxe alten Rechts einen ideellen Anteil am Bergwerk oder am gesamten Gewerkschaftsvermögen? **98,** 183. — 6) Zur Haftung des Verkäufers von Kuxen für Mängel im Recht. **99,** 220.

L

Ladenschluß. Nichtigkeit eines Vertrags über Lieferung eines „Kommissionslagers" an einen Gastwirt behufs Vertriebes der Waren in der Gastwirtschaft für Rechnung und unter Leitung des Liefernden wegen Vorstoßes gegen die Vorschriften über den Ladenschluß während des Sonntags und der Nachtstunden. **91,** 239.

Ladestelle. Berücksichtigung der Erschwerung der Verbindung zwischen einer Fabrik und ihrer am öffentlichen Flusse liegenden Ladestelle bei der Enteignungsentschädigung. **91,** 86.

Ladungen. Zur Form der Ladung nach versäumter Klagezustellung. **99,** 125.

Lagergeld. Kann nach § 354 HGB stets Lagergeld gefordert werden, auch wenn keine Lagerungskosten entstanden sind? **92,** 16.

Lagerhalter. Sorgfaltspflicht. **100,** 164.

Landgemeinde. 1) Nichtigkeit des Kaufvertrags mit einer Landgemeinde wegen Nichtbeobachtung der Formvorschrift des § 88 Nr. 7 Abs. 3 PreußLandgemeindeO. **94,** 254. — 2) Zu § 59 Nr. 7 LandgemeindeO für Hessen-Nassau. **96,** 314. — 3) Rechtliche Stellung des Bürgermeisters nach der rheinischen LandgemeindeO. **98,** 197. — 4) Von wem sind nach der rheinischen LandgemeindeO die Polizeikosten zu tragen? **98,** 198. — S. auch Syst. Reg. § 22 III S. 31.

Landrat. Wer haftet in Preußen für Amtspflichtverletzungen des Landrats nach dem G. v. 1. August 1909? **100,** 189.

Landsyndikus der Ritterschaft des Herzogtums Bremen. Er ist mittelbarer Staatsbeamter; Befugnis zur öffentlichen Beurkundung. **91,** 285.

Landwirtschaftliche Grundstücke. Kann aus einem Kaufvertrage, der nach BRVO v. 15. März 1918, betr. die Veräußerung landwirtschaftlicher Grundstücke, der behördlichen Genehmigung bedarf, vor deren Erteilung auf Erfüllung geklagt werden? **98,** 244.

La Plata-Getreidevertrag. 1) Zur Auslegung des La Plata-Getreidevertrags der London Corn Trade Association. **93,** 166. — 2) Wen trifft nach dem La Plata Grain-Kontrakt die Beförderungsgefahr? **96,** 231.

Laßzins nach § 10c der Reußischen MühlgrabenO v. 11. Januar 1873/24. Oktober 1885. Öffentlichrechtliche Natur des Zinses. **92,** 46, 49.

Laufende Verwaltung. Zum Begriff der von der Formvorschrift des § 88 Abs. 4 Nr. 7 PreußLandgemeindeO befreiten Geschäfte der laufenden Verwaltung. **94,** 254.

Laufendes Rechnungsverhältnis. Sein Begriff; ein Anspruch auf Zinseszinsen folgt aus ihm als solchem nicht. **95,** 19.

Lebensmittel. 1) Zum Begriff der Lebensmittel in der VO über den Handel mit Lebensmitteln usw. v. 24. Juni 1916. **96,** 330. — 2) Feh-

lende Erlaubnis des Verkäufers zum Handel mit Lebensmitteln macht den Kaufvertrag nicht nichtig. **96,** 332, 344. — 3) **Durch** die Annahme des Kaufpreises verstößt der der Handelserlaubnis entbehrende Verkäufer nicht gegen die VO oder die guten Sitten. **96,** **344;** **100,** 240.
Lebensvermutung bei Kriegsverschollenen nach der BRVO v. 18. April 1916. **93,** 110.
Lebensversicherung. 1) Zum Begriff der Kriegsgefahr, der Teilnahme an Kriegsereignissen oder an kriegerischen Operationen in den Kriegsklauseln der Lebensversicherungen. **93,** 84. — 2) **Wann erwirbt der** Dritte nach gemeinem Recht ein unentziehbares **Recht auf die Lebens**versicherungssumme, die nach dem **Versicherungsvertrag** an ihn zu zahlen ist? **95,** 244.
Leckage, außergewöhnliche i. S. des § 459 Nr. 4 HGB und des § 86 EVO. **98,** 339.
Legitimationsaktionäre. **91,** 324.
Lehnfolger. Ist er nach gemeinem Lehnrecht an den von seinem **Vorgänger** geschlossenen Pachtvertrag gebunden? **95,** 112.
Lehngewehre. Einräumung eines nutzbaren Pfandes in der Form der Belehnung. **98,** 315.
Lehngut. Seine Anrechnung bei der Teilung des **Allodialnachlasses.** **98,** 312.
Lehnsretrakt. **95,** 112.
Lehrer. S. Syst. Reg. § 369 S. 269.
Lehrherr. Aufsichtsrecht und -pflicht des kaufmännischen **und** des gewerblichen Lehrherrn. **97,** 231.
Leibrente. S. Syst. Reg § 138 S. 141.
Leichenbestattung. Wie und wo hat sie zu erfolgen, wenn der Verstorbene darüber nicht letztwillig verfügt hat. **100,** 172.
Leichenbestattungsgewerbe. Kann eine Gemeinde die Ausübung dieses Gewerbes auf ihrem Friedhofe bestimmten Personen untersagen? **100,** 213.
Leichenschau. Darf der Richter zu einer solchen nur einen **einzigen** Arzt herbeiziehen? **98,** 284.
Leihe. Wann ist der Verleiher zur Rücknahme der Sache befugt? **91,** 158.
Leistung. Erlaß und Anerkenntnis als Leistung i. S. des § 326 BGB. **93,** 290.
Lex commissoria. S. Verfallklausel.
Lieferfristen. 1) Bedeutung der Aufhebung der Lieferfristen der EVO durch Bekanntm. v. 10. August 1914. **99,** **19.** — 2) **Bedeutung der** Lieferfristen nach dem Intern.FrachtÜb v. **14.** Oktober 1892. **100,** 52.
Lieferung. Zum Begriff der Lieferung. **Beim Versendungsverkauf** ist die Ware erst dann geliefert, wenn sie am Niederlassungsorte des Käufers angelangt ist. **92,** 273.
Lieferungsbedingungen. Gültigkeit der vom Verbande deutscher Papiersackfabrikanten festgesetzten Lieferungsbedingungen. **97,** 158.
Lieferungsverträge. 1) Zum Begriff der Lieferungsverträge in § 4 BRVO betr. die private Schwefelwirtschaft v. 13. November 1915. **97,** **246.** —

2) Die Außerkraftsetzung von Lieferungsverträgen nach **§ 4** der vorbez. BRVO ist eine endgültige. **97,** 249. — 3) Auslegung der Klausel „Lieferungsmöglichkeit vorbehalten". **97,** 325. — 4) Stillschweigende Garantieübernahme bei Übernahme von Lieferungen, deren Erfüllung von Deckungskäufen abhängig ist. **97,** 328.

Lieferungsverzug des Verkäufers. S. Syst. Reg. § 121 IV S. 114.

Linienreederei. Haftet sie aus Konnossementen, die der Schiffer eines von ihr gecharterten Schiffs unter Benutzung ihrer Konossementsformulare ausgestellt hat? **98,** 189.

Liquidation der offenen Handelsgesellschaft. S. Syst. Reg. § 216 IV S. 192, der Gesellschaft mbH § 220 V S. 198, der eingetragenen Genossenschaft § 221 IV S. 199.

Liquidationsgesellschaft. Sie besteht trotz Eintragung der Auflösung der Gesellschaft in das Handelsregister fort, so lange noch Gesellschaftsvermögen vorhanden ist. **92,** 84.

Liquidator. 1) Wer kann von dem ausgeschiedenen Liquidator einer offenen Handelsgesellschaft Rechnungslegung fordern? **91,** 34. — 2) Haftung des Liquidators nach § 73 GmbH; zum Begriff des „bekannten" Gläubigers. **92,** 79. — 3) Rechtliche Stellung des Liquidators feindlicher Unternehmungen nach BRVO v. 31. Juli 1916 und 14. März 1917. Ist der Rechtsweg zulässig zur Abwehr von Vermögensveräußerungen durch ihn? **93,** 259.

Lizenz. 1) Rechtliche Natur der Lizenz an einem Warenzeichen. **99,** 92. — 2) Unzulässigkeit der Lizenzerteilung an einem Warenzeichen, wenn dadurch eine Täuschung des Publikums über die Herkunft der Ware herbeigeführt wird. **100,** 25. — S. auch Zwangslizenz.

Lizenzgebühr. 1) Zur Berechnung der Lizenzgebühr für eine Zwangslizenz. **92,** 329. — 2) Bemessung des Schadensersatzes wegen Patentverletzung aus dem Gesichtspunkt der Lizenzgebühr. **95,** 223.

Lohnbeschlagnahme. 1) Der Schutz des LohnbeschlagenahmeG gilt dem Arbeitseinkommen ohne Rücksicht darauf, daß der Schuldner noch ein Einkommen anderer Art hat. **91,** 161. — 2) Sind die Voraussetzungen des § 1 LohnbeschlagnahmeG gegeben, wenn der Dienstherr von den Diensten des Verpflichteten keinen Gebrauch macht und dieser seinen Unterhalt anderweit erwirbt? **91,** 161.

Loi nationale. Bedeutung des Heimatrechts (loi nationale) für die Erbfolge in das bewegliche Vermögen nach belgisch-französischem Rechte. **91,** 142.

Löschung von Eintragungen im Grundbuch. § 48 VI S. 60, § 77 IX S. 71.

Löschungsvormerkung. Inhalt und Wirkungen einer Vormerkung zur Sicherung des Anspruchs auf Löschung einer Hypothek zugunsten eines nacheingetragenen Hypothekengläubigers. **93,** 114.

Lösungsbefugnis. S. facultas alternativa.

Lotse. 1) Preußische Revierlotsen sind unmittelbare Staatsbeamte. **93,** 36. — 2) Revierlotsen im Stettin-Swinemünder Schiffahrtsgebiet sind nicht „ausschließlich auf den Bezug von Gebühren angewiesene Beamte" i. S. des § 1 PreußG v. 1. August 1909. **93,** 37. — 3) Stellung der Zwangslotsen; Ausübung öffentlicher Gewalt. **93,** 36. — 4) Haftung des Reeders für Verschulden des Zwangslotsen nach dem Intern. Übereinkommen zur einheitlichen Feststellung von Regeln über den Zusammenstoß von Schiffen vom 23. September 1910. **96,** 167.

Lücken. 1) Ergänzung von Vertragslücken. **92,** 320, 420; **98,** 213. — 2) Wann ist eine Vertragslücke anzunehmen? **95,** 33. — 3) Ergänzung einer Vertragslücke, wenn eine Vertragsleistung wegen der Veränderung der Verhältnisse wirtschaftlich unmöglich geworden ist? **100,** 132. — 4) Ergänzung von Gesetzeslücken. **93,** 179, 212; **96,** 307. S. auch Syst. Reg. § 5 II S. 15. — 5) Heranziehung von Bestimmungen des bürgerlichen Rechts zur Ausfüllung von Lücken des Beamtenrechts. **95,** 146.

Luftfahrzeuge. Stempelpflicht der Versicherung gegen Schaden durch Luftfahrzeuge. **93,** 88. — S. auch Flieger.

Luftraum. Recht des Flußbetteigentümers an dem Luftraum über einem Fluße, dessen Wasser ein öffentliches ist. **92,** 48.

Lüge im Prozeß. **95,** 313.

Lumpen. Zur Anwendung der Bekanntm. des preuß. Kriegsministers v. 16. Mai 1916, betr. Beschlagnahme und Bestandserhebung von Lumpen usw. **91,** 424.

M

Mahnung. 1) Erfordernisse der Mahnung. **93,** 301; **97,** 11. — 2) Bewirkt bei Sukzessivlieferungsverträgen eine vor Ablauf der für die ganze Lieferung bestimmten Frist erfolgende Mahnung Verzug auch hinsichtlich der noch nicht fälligen Teillieferungen. **97,** 136.

Mäklerlohn. Mäklervertrag. S. Syst. Reg. § 130 S. 131.

Mängel der Kaufsache. S. Syst. Reg. § 121 VI S. 116.

Mängel der Mietsache. S. Syst. Reg. § 124 I S. 123, der Pachtsache § 124 II S. 126.

Mängel im Recht. (Eviktionsleistung.) S. Syst. Reg. § 121 V S. 115.

Mängelrüge. Pflicht des Käufers zur Mängelrüge nach §§ 377, 378 HGB. S. Syst. Reg. § 239 S. 204.

Marinebeamte. Kann den zum Dienst mit der Waffe beim Landheer einberufenen Marinebeamten die Offiziersbesoldung auf das Beamtengehalt angerechnet werden? **96,** 305.

Marktpreis. Verhältnis zum gemeinen Wert. **98,** 151.

Massegläubiger. S. Syst. Reg. § 360 S. 263.

Meißener Porzellanmanufaktur. Schutz ihres Warenzeichens gegen Bemalung ihres Porzellans durch Dritte. **100,** 23.

Menschenmenge. Zum Begriff der Menschenmenge im TumultG und im StGB. **98,** 204; **99,** 5.

Mentalreservation. Wirkungslosigkeit des geheimen Vorbehalts, ein Vertragsangebot in anderem als dem von Anbietenden gemeinten Sinn anzunehmen. **93,** 299.

Meßfundationen. Meßfundationen als Gegenstand der Säkularisation. **94,** 185.

Miete, Mieter, Mietvertrag. S. Syst. Reg. § 124 I S. 123.

Mietzinsen. Erfordernisse der Pfändung von Mietzinsen bei bestehendem Nießbrauch. **93,** 124.

Milchlieferungsvertrag. Auslegung des von einem Landwirt über seinen Milchertrag geschlossenen Vertrags; Unmöglichkeit der Erfüllung. **91,** 312.

Militärbahnen. 1) Haftet die deutsche Eisenbahnverwaltung für den Verlust von in das besetzte feindliche Gebiet gesandten Gütern? **93,** 177. — 2) Enthält der Betrieb der Militärbahnen, insbesondere im besetzten Feindesland, die Ausübung eines staatlichen Hoheitsrechts? **98,** 250. — 3) Kann der Betrieb der Militäreisenbahnen im besetzten feindlichen Gebiet als versicherungspflichtig i. S. der RVO behandelt werden? **98,** 252

Militärbeamte. S. Syst. Reg. § 375 II S. 284.

Militärbefehlshaber. 1) Bedeutung der Mißbilligung einer polizeilichen Verfügung durch den Militärbefehlshaber, auf den nach § 4 BZG die vollziehende Gewalt übergegangen ist, für die Anwendung des § 6 PreußG v. 11. Mai 1842 über die Zulässigkeit des Rechtswegs in Beziehung auf polizeiliche Verfügungen. **91,** 186. — 2) Wirkung der Beschlagnahmeanordnungen der Militärbefehlshaber nach § 4 BRVO v. 24. Juni 1915 über die Sicherstellung von Kriegsbedarf. **92,** 37. — 3) Rechtliche Stellung des Militärbefehlshabers nach § 4 BZG. **92,** 241, 306; **99,** 63 — 4) Befugnis des Militärbefehlshabers zur Verhängung der Schutzhaft. **92,** 243, 305. — 5) Die Verantwortlichkeit der Militärbefehlshaber nach § 4 Abs. 2 BZG erstreckt sich auch auf ihre gemäß § 9 b BZG erlassenen Anordnungen. **92,** 306.

Militärfiskus. Seine Vertretung in Militärhinterbliebenen-Angelegenheiten steht nur der obersten Militärverwaltungsbehörde zu. **93,** 15. S. weiter Syst. Reg. § 375 I S. 283.

Militärhinterbliebenenversorgung. S. Syst. Reg. § 375 IV S. 286.

Militärische Dienstanweisungen. Notwendigkeit der völligen Klarheit militärischer Dienstanweisungen über den Waffengebrauch des Militärs auf öffentlichen Straßen. **91,** 10.

Militärisches Staatshoheitsrecht. 1) Ausgabe von Waffen als Ausfluß des militärischen Hoheitsrechts. **91,** 383. — 2) Inwieweit ist der Rechtsweg zulässig für Ansprüche auf Ersatz des bei Ausübung des Militärhoheitsrechts entstandenen Schadens? **92,** 241, 305; **96,** 74, 219. — 3) Stand nach der Reichsverfassung v. 16. April 1871 den Kontingentsstaaten ein Militärhoheitsrecht zu? **97,** 264. — 4) Enthält der militärische Betrieb einer Eisenbahn, insbesondere im besetzten Feindesland, die Ausübung eines militärischen Hoheitsrechts? **98,** 250. — 5) Ist der Rechtsweg zulässig für den Anspruch auf Herausgabe von Werten, die behufs Freigabe von durch militärhoheitsrechtliche Verfügung beschlagnahmten Sachen hinterlegt sind? **99,** 41.

Militärlasten. Ihr Begriff. **92,** 176.

Militärpersonen. Haftung gegenüber dem Reiche. **97,** 243, 263. S. im übrigen Syst. Reg. § 375 S. 284.
Militärposten. Tötung durch ungerechtfertigten Gebrauch der Schußwaffe seitens eines Militärpostens; Haftung des Reiches wegen unsachgemäßer Unterweisung des Postens. **91,** 9.
Minderjährige. S. Syst. Reg. § 29 S. 35.
Minderkaufmann. Kann ein solcher, wenn er versehentlich in das Handelsregister eingetragen ist, wegen Verstoßes gegen die Buchführungspflicht des Vollkaufmanns bestraft werden? **93,** 240.
Miterben. S. Syst. Reg. § 200 S. 182.
Miterbengläubiger. Gesamthandklage des Miterbengläubigers bei bestehender Erbengemeinschaft. **93,** 198.
Mittelbare Staatsbeamte. 1) Landsyndikus der Ritterschaft des Herzogtums Bremen als mittelbarer Staatsbeamter. **91,** 285. — 2) Zum Begriff der mittelbaren Staatsbeamten. **97,** 316.
Mitwirkendes Verschulden des Beschädigten. S. Syst. Reg. § 95 II S. 91
Möbelleihvertrag. Stempelpflicht. **95,** 196.
Mobilmachungsgeld. Voraussetzungen des Anspruchs auf das Mobilmachungsgeld nach der KabOrder v. 24. Februar 1915; Rechtsweg. **94,** 159.
Mönche. Bedeutung des Armuts- und Gehorsamsgelübdes für das bürgerliche Recht. **97,** 124.
Moniturverfahren. Kann der Gläubiger eines Gesellschafters, der dessen Anteile am Gesellschaftsvermögen hat pfänden lassen, das Moniturverfahren betreiben? **95,** 231.
Monopolstellung. Inwieweit verstößt die Ausnutzung einer solchen gegen die guten Sitten? **99,** 109.
Motive. Ihre Bedeutung für die Auslegung der Gesetze. **92,** 157, 349, 396; **96,** 327, 328; **97,** 314; **98,** 130, 265; **100,** 181.
Mühlgraben. Öffentliches Gewässer mit privatem Eigentum am Flußbett nach dem ReußWasserG v. 6. April 1872 und der MühlgrabenO v. 11. Januar 1873/24. Oktober 1885. Recht des Flußbetteigentümers an dem darüber befindlichen Luftraum. **92,** 46.
Mußvorschriften. Deren Bedeutung in der neueren Gesetzgebung. **99,** 254.
Mutter. Ausschließung von der gesetzlichen Vertretung des Kindes nach der Übertragung der gesamten Vermögensverwaltung auf den Beistand nach § 1693 BGB. **96,** 50.

N

Nachbarrecht. Wann kann der Eigentümer eines Grundstücks die Beseitigung einer auf dem Nachbargrundstück errichteten Wand verlangen, die seinen Fenstern Licht und Luft entzieht? **98,** 16.
Nachbesserung. Anwendung des § 639 Abs. 2 BGB auf den Kauf, wenn der Verkäufer zur Nachbesserung sich verpflichtet hat. **96,** 267.
Nacherbe. S. Syst. Reg. § 201 V S. 185.

Nacherbenvermerk. Bewilligung der Löschung eines solchen als Verfügung über einen Nachlaßgegenstand. **93,** 296.

Nachfrist. S. Fristsetzung.

Nachlaß. Verträge über den Nachlaß eines Dritten. S. Syst. Reg. § 105 V S. 104.

Nachlaßgläubiger. Schadensersatzanspruch gegen den Erben, der eine vertragliche Verbindlichkeit des Erblassers schuldhaft nicht erfüllt hat. **92,** 341.

Nachnahme. Kann das Eisenbahn-Frachtgut mit einer Nachnahme zugunsten eines anderen als des Ausstellers des Frachtbriefes belastet werden? **99,** 245.

Nachtpförtner. Ist der Nachtpförtner eines Hotels i. S. des § 701 Abs. 2 BGB als den Umständen nach zur Entgegennahme von Wertsachen der Hotelgäste bestellt anzusehen? **99,** 70.

Nachschüsse. Einlagen auf das Grundkapital einer Aktiengesellschaft in Form von aus dem Reingewinn zurückzuerstattenden Nachschüssen. **92,** 317.

Nahrungsmittelfälschung. 1) Ist ein gegen §§ 10, 11 oder 12 NahrungsmittelG verstoßender Verkauf nichtig? **100,** 39. — 2) Bedeutung der in § 15 NahrungsmittelG angedrohten Einziehung. **100,** 40. — 3) Verstößt der Verkauf gesundheitsschädlicher Nahrungsmittel, wenn beide Teile sich beim Vertragsschluß der Gesundheitsschädlichkeit der Ware bewußt sind, gegen die guten Sitten? **100,** 41.

Namensschutz. 1) Voraussetzungen des Namensschutzes nach § 12 BGB. **91,** 352; **100,** 186. — 2) Schadenshaftung für Verletzung des Namensrechts setzt Verschulden voraus. **95,** 271. — S. auch Syst. Reg. § 21 III S. 29.

Nationalitätsprinzip. Entsprechende Anwendung des den Art. 14, 15 EinfGzBGB zugrunde liegenden Nationalitätsprinzips auf die Rechtsverhältnisse ausländischer Ehegatten. **91,** 407.

Naturalrestitution. 1) Zur Anwendung des Grundsatzes der Naturalrestitution bei Verletzung der Garantiepflicht zur Ausbietung einer Hypothek. **91,** 213. — 2) Zum Begriff der Naturalrestitution. **91,** 106, 214; **94,** 3; **95,** 163; **96,** 24, 123. — 3) Naturalrestitution und Vorteilsausgleichung. **91,** 217. — 4) Naturalrestitution und condictio ob injustam causam. **94,** 3. — 5) Naturalrestitution bei Hypothekenverschiebung. **95,** 163. — 6) Naturalrestitution beim Schadensersatz wegen Nichterfüllung. **96,** 24. — 7) Naturalrestitution bei einer in ausländischer Währung festgesetzten Schadensersatzforderung. **96,** 123.

Nebenabreden. 1) Nachträgliche Abänderung des schriftlichen Vertrags durch mündliche Abreden trotz der Vertragsbestimmung, daß Abänderungen der schriftlichen Abfassung bedürfen. **95,** 175. — 2) Erstreckt sich die vormundschaftsrichterliche Genehmigung eines Grundstücksveräußerungsvertrags auch auf mündliche Nebenabreden? **99,** 72.

Nebengewerbe und Nebenbetrieb. **93,** 225.

Nebenintervention. S. Syst. Reg. § 286 II S. 230.

Nebenrechte. Zur Anwendung des § 401 BGB auf Nebenrechte zur Sicherung einer Forderung. **91,** 279.

Negatorische Klage. S. Syst. Reg. § 63 S. 65.

Nehmung. 1) Die Gefahr für das gegen See- oder Kriegsgefahr versicherte Schiff endet nicht mit der Nehmung, sondern erst mit der Kondemnation. **93,** 151. — 2) Zum Begriff der Nehmung. **95, 277.**

Neuer Anspruch. Zum Begriff des neuen Anspruchs in § 529 Abs. 2 ZPO. **91,** 163.

Neugläubiger. 100, 64.

Neuheit der Erfindung bei Gebrauchsmustern. **99,** 212.

Nichtiges Urteil. Erstattung des auf Grund eines nichtigen Urteils beigetriebenen im Wiederaufnahmeverfahren. **91,** 195.

Nichtigkeit des Kaufvertrags. S. Syst Reg. 121 VIII S. 120.

Nichtigkeit der Rechtsgeschäfte. S. Syst. Reg. § 37 I S. 49.

Nichtigkeitsklage. Voraussetzungen der Genehmigung der Prozeßführung nach § 579 Abs. 1 Nr. 4 ZPO. **96,** 50.

Niederschlesisch-Märkische Eisenbahn. Rechtliche Natur und Voraussetzungen des Pensionsanspruchs ihrer Beamten. **91,** 371.

Nießbrauch. S. Syst. Reg. § 70 S. 66.

Nobile officium. Anstandspflichten des Armenanwalts vor Bevollmächtigung durch die Partei. **94,** 347.

Nonnen, Bedeutung ihres Armuts- und Gehorsamsgelübdes für das bürgerliche Recht. **97,** 124.

Notar. 1) Pflichten des Notars, der mit der nochmaligen Erhebung eines Wechselprotestes beauftragt wird, ohne daß ihm der Grund zu dieser Maßnahme mitgeteilt wird. **91,** 127. — 2) Zur Abgrenzung der amtlichen Tätigkeit des Notars von der vertraglichen. Die Einreichung der von dem Notar beurkundeten oder beglaubigten Erklärung an das Gericht behufs Eintragung in das Handelsregister oder Grundbuch ist seiner Amtstätigkeit zuzurechnen, ohne Unterschied, ob er auf Grund der gesetzlichen Ermächtigung (§ 129 FGG, § 15 GBO) tätig wird oder von den Beteiligten um die Antragstellung besonders ersucht ist. **93,** 69. — 3) Das Entwerfen einer später von ihm zu beurkundenden Erklärung gehört zur amtlichen Tätigkeit des Notars. **93,** 70. — 4) Erlischt das Antragsrecht des Notars nach § 15 GBO mit dem Verluste des Amtes? **93,** 71. — 5) Die Erfüllung einer Amtspflicht eines preußischen Notars kann nicht Gegenstand vertraglicher Bindung sein. **95,** 217. — 6) Voraussetzungen der Begründung eines Vertragsverhältnisses mit dem Notar. **95,** 217. — 7) Umfang der Amtspflicht des Notars bei der Beurkundung von Rechtsgeschäften. **95,** 217. — 8) Nichtberücksichtigung der herrschenden Meinung in einer zweifelhaften Rechtsfrage als Verschulden. **95,** 219. — 9) Wann kommt ein Vertrag zustande, wenn Angebot und Annahme durch verschiedene Notare an verschiedenen Orten beurkundet sind? **96,** 273. — 10) Inwieweit ist der Notar zur Einsicht des Grundbuchs verpflichtet? **95,** 300. — 11) Ist der Notar verpflichtet, die Beteiligten über die wirtschaftlichen Gefahren des beabsichtigten Vertrags zu belehren? **100,** 286. — 12) Haftung für vorsätzliche Amtspflichtsverletzung des Vertreters nach Art. 101 PreußFGG. **100,** 287.

Notarsvertreter. Haftung aus § 839; Haftung des Notars für vorsätzliche Amtspflichtverletzung des Vertreters nach Art. 101 PreußFGG. **100,** 284.

Notverkauf. 1) Wird die Befugnis zum Notverkauf nach § 379 Abs. 2 HGB durch die Erklärung des Verkäufers ausgeschlossen, er erkenne die Zurverfügungstellung der Ware nicht an? **96,** 72.

Notlage. 1) Zum Begriff der Notlage in § 138 Abs. 2 BGB und § 302 a StGB. Notlage von Gesellschaften und juristischen Personen. **93,** 27. — 2) Notlage juristischer Personen; Anwendung des § 11 Nr. 3 RErbschStG v. 3. Juni 1906. **98,** 324.

Notwendige Streitgenossenschaft. S. Syst. Reg. § 285 S. 230.

Notwendige Teilnahme durch Ankauf von Ware, deren Verkauf verboten; sie wird durch das Verbot des Verkaufs nicht betroffen. **100,** 247.

Novation. Begründung einer Leibrente durch novierenden Vergleich. **91,** 7.

Nutzungsberechtigter. Zum Begriff des Nutzungsberechtigten i. S. des § 135 PreußABG. **93,** 10.

Nutzungsentgelt. Zum Begriff des Nutzungsentgelts; Unterschied von Verzugszinsen. **98,** 43.

O

Oberlehrer. Zur Berechnung der pensionsfähigen Dienstzeit der Oberlehrer an den staatlichen höheren Schulen in Preußen. **94,** 199, 255.

Oberrechnungskammer. Rechtliche Stellung der Oberrechnungskammer in Preußen; inwieweit haben ihre Entscheidungen verbindliche Kraft? Pflicht und Recht zur Prüfung der Berechnung der von den Gemeinden zu tragenden Kostenanteile nach dem PolizeikostenG v. 3. Juni 1908. **91,** 249.

Oberschlesien. Sind die Verordnungen des Intern. Ausschusses über die Aufhebung der Zuständigkeit des Reichsgerichts und das Ruhen der Revisionsfristen in oberschlesischen Sachen rechtsgültig? **99,** 235.

Obhut. Obhutspflicht des Unternehmers eines Pumpenwerks hinsichtlich der Brunnenanlage. **91,** 325. — 2) Obhutspflicht des Mieters. **93,** 40. — 3) Obhutspflicht desjenigen, der sich zum Schleppen eines Flußfahrzeugs verpflichtet. **93,** 41. — 4) Zum Begriff der Obhut in den allgemeinen Bedingungen der Haftpflichtversicherung. **97,** 294. — 5) Inwieweit liegt dem Arzt eine Obhutspflicht hinsichtlich der bei ihm von seinem Patienten abgelegten Kleider ob? **99,** 35.

Observanz. 1) Bedeutung einer observanzmäßig bestehenden Streupflicht für die fortdauernde Wirksamkeit von Polizeiverordnungen nach dem Inkrafttreten des PreußG v. 1. Juli 1912 über die Reinigung öffentlicher Wege. **93,** 125. — 2) Inwieweit unterliegt die Feststellung einer Observanz der Nachprüfung durch das Revisionsgericht? **93,** 126; **100,** 274.

Offenbare Unbilligkeit i. S. des § 319 BGB. **96**, 62.
Offenbarungspflicht. Offenbarungspflicht beim Vertragsschluß. **93**, 165; **95**, 60; **97**, 327.
Offene Gewalt. Deren Begriff in § 1 PreußTumultG. **99**, 5; **100**, 17
Offene Handelsgesellschaft. S. Syst. Reg. § 216 S. 191.
Öffentliche Abgaben. Zum Begriff der öffentlichen Abgaben. **92**, 176.
Öffentliche Gewalt. 1) Zum Begriff der Ausübung öffentlicher Gewalt in Art. 77 EinfGzBGB, im PreußG v. 1. August 1909 und dem ReichsG v. 22. Mai 1910. **91**, 273. — 2) Die Gewährung und Wiedereinziehung von Darlehen seitens einer öffentlichen Sparkasse enthält nicht eine Ausübung öffentlicher Gewalt. **91**, 344. — 3) Vorschriftswidrige Aushändigung von Schußwaffen und unvorsichtiges Umgehen damit seitens Militärpersonen als Ausübung der öffentlichen Gewalt. **91**, 382. — 4) Fürsorgetätigkeit als Ausübung der öffentlichen Gewalt. **91**, 384. — 5) Eine Ausübung der öffentlichen Gewalt liegt nicht nur vor, wenn die amtlichen Machtmittel zu einem Zwange benutzt werden, sondern auch dann, wenn diese durch schuldhaftes Tun oder Unterlassen ohne jede Zwangsabsicht in eine Dritten schädliche Wirksamkeit treten. **91**, 384. — 6) Der Zwangslotse befindet sich bei Führung des Schiffes in Ausübung der ihm anvertrauten öffentlichen Gewalt. **93**, 36. — 7) Eine von gesetzmäßig berufenen Organen behufs Ausübung öffentlicher Gewalt vorgenommene Handlung bleibt auch dann eine Amtshandlung, wenn sie den Gesetzen nicht entspricht. **93**, 261. — 8) Ausübung öffentlicher Gewalt durch den Liquidator feindlicher Unternehmungen nach den BRVO v. 31. Juli 1916 und 14. März 1917. **93**, 259. — 9) Zur Unterscheidung zwischen der Ausübung eines Hoheitsrechts und der nur bei Gelegenheit und aus Anlaß der durch die Ausübung des Hoheitsrechts notwendig gewordenen Tätigkeit. **96**, 76, 219.
Öffentliche Krankenanstalt. Ihr Begriff i. S. der preußischen Steuergesetze. **92**, 204.
Öffentliche Lasten. 1) Zum Begriff der öffentlichen Lasten. **92**, 176. — 2) Kriegsleistungen als öffentliche Lasten. **92**, 176.
Öffentliche Schulen. Zum Begriff der öffentlichen Schulen i. S. der preußischen Steuergesetze. **92**, 205.
Öffentliche Urkunde. Sind die von dem Landsyndikus der bremischen Ritterschaft geführten Protokolle des Rittertags öffentliche Urkunden? **91**, 285.
Öffentliche Zusammenrottung. Begriff. **98**, 5, 203; **99**, 4; **100**, 13, 16.
Öffentliche Zustellung. 1) Das Gesuch um öffentliche Zustellung des Arrestbefehls unterliegt nicht dem Anwaltszwang. **91**, 115. — 2) Der die öffentliche Zustellung anordnende Beschluß kann von den Beteiligten nur im Rechtszuge, von Dritten überhaupt nicht angefochten werden. **91**, 116.
Öffentlicher Glaube des Handelsregisters. Maßgebende Bedeutung der Eintragungen nur für den Geschäftsverkehr. **93**, 240.
Öffentlicher Glaube des Grundbuchs. S. Syst. Reg. § 48 IV S. 59.

Öffentlicher Unterricht. Zum Begriff des öffentlichen Unterrichts in § 24 Abs. 1 f PreußKommunalabgabenG. **92,** 206.

Öffentlichrechtliche Körperschaften. S. Syst. Reg. § 22 S. 30, Haftung für das Verschulden ihrer Beamten bei Ausübung öffentlicher Gewalt. § 147 S. 157.

Öffentlichrechtliche Verhältnisse. S. Syst. Reg. § 9 S. 20, §§ 368 flg. S. 268.

Öffentlicher Weg. Voraussetzungen der Öffentlichkeit eines Weges; Beweislast; Rechtsweg. **99,** 12.

Öffentlichkeit. Ihre Bedeutung im Verwaltungsverfahren. **98** 190.

Offerte. S. Vertragsangebot.

Offizier. 1) Amtspflichtsverletzung eines Offiziers bei ungenauer und zuweitgehender Weisung an einen Posten wegen des Gebrauchs der Schußwaffe. **91,** 9. — 2) Rechtliche Natur der Offizierbesoldung und des Gnadenmonats. Keine Anrechnung des Gnadengehalts auf das Zivildiensteinkommen. **91,** 125. — 3) Die Offiziere des Beurlaubtenstandes bekleiden zwar „eine an sich zur Pension berechtigende Stellung", aber nicht eine solche des unmittelbaren Staatsdienstes i. S. des § 28 Abs. 1 PreußBeamtPensG. **92,** 428. — 4) Der pensionierte preußische Beamte erwirbt durch den Kriegsdienst als Offizier keinen Anspruch auf Erhöhung seiner Beamtenpension. **92,** 427. — 5) Sind die Offiziere Reichs- oder Staatsbeamte? **92,** 428. — 6) Anrechnung der Kriegsbesoldung verheirateter, als Offiziere eingezogener Beamter auf das Zivildiensteinkommen nach dem preuß. Ministerialbeschluß v. 1. Juni 1888. **92,** 290. — 7) Voraussetzungen des Anspruchs auf das zweite Mobilmachungsgeld. **94,** 161. — 8) Berechnung der Pension von Offizieren, die nach erfolgter Pensionierung im Kriege wiederverwendet und befördert sind. **95,** 89. — 9) Dienstverhältnis zum Reiche und Haftung gegenüber dem Reiche. **97,** 243, 263.

Offizierbesoldung. 1) Zum Begriff der Offizierbesoldung in § 66 Abs. 2 Satz 2 RMilG. **91,** 125. — 2) Welcher Betrag der Offizierbesoldung ist bei verheirateten Beamten auf das Zivildiensteinkommen anzurechnen? **92,** 289. — 3) Ist die Offizierbesoldung der freiwillig in das Heer eintretenden Kommunalbeamten auf ihr Zivilgehalt anzurechnen? **96,** 83. — 4) Kann dem zum Dienst mit der Waffe im Landheer einberufenen Marinebeamten die Offizierbesoldung auf das Beamtengehalt angerechnet werden? **96,** 305.

Oldenburg. 1) Eigentum des Staates an der Unterweser; Aufhebung von Fischereigerechtigkeiten durch G. v. 22. November 1852. **94, 37.** — 2) Revisibilität des Staatsgrundsatzes v. 22. November 1852, Irrevisibilität des FischereiG v. 17. März 1879. **94,** 37, 38. — 3) Zur Auslegung des Art. 64 des StaatsgrundG v. 22. November 1852. **94,** 38.

Öle und Fette. 1) Anwendung der BRVO v. 8. November 1915 über Öle und Fette auf früher abgeschlossene Verträge; zum Begriff des „Absetzens" in § 3. **91,** 282, 340. — 2) Zeitpunkt des Inkrafttretens der vorbez. BRVO. **91,** 339.

Operation. 1) Sorgfaltspflicht des Arztes bei Operationen; Zurückbleiben von Fremdkörpern in der Wunde. **97**, 4. — 2) Zum Begriff der Operation in den Versicherungsbedingungen. **97**, 189.

Optionsrecht. 1) Ist die Bestimmung des Gesellschaftsvertrags rechtswirksam, daß einer der Gesellschafter berechtigt sein soll, die Anteile der übrigen Gesellschafter, alle oder einzelne, zu bestimmtem Preise zu erwerben oder andere Personen als Teilhaber eintreten zu lassen? **92**, 164. — 2) Ist ein derartiges Optionsrecht abtretbar? **92**, 168. — 3) Optionsklausel im Mietvertrag. Kann das Optionsrecht noch nach rechtzeitig erfolgter Kündigung ausgeübt werden? **92**, 418. — 4) Auslegung einer Optionsklausel im Mietvertrag. **99**, 154.

Orden, rechtliche Stellung der Orden und ordensähnlichen Kongregationen. **97**, 122.

Orderschuldverschreibungen. Bewirkt die Nichtigkeit von Inhaberzinsscheinen, die mit Orderschuldverschreibungen ausgegeben sind, auch die Nichtigkeit der letzteren? **93**, 58.

Örtliche Handelsgebräuche. Deren Geltung nach Treu und Glauben. **97**, 218.

Örtliches Recht. S. Syst. Reg. § 8 S. 18.

Österreich. 1) Bedeutung des Rechts der belegenen Sache für die Erbfolge in das unbewegliche Vermögen nach österreichischem Recht. **91**, 141. — 2) Haftpflicht des Eigentümers eines Kraftfahrzeugs nach österreichischem Recht. **91**, 270. — 3) Zum Begriff des „Eskomptirens" nach österreichischem Sprachgebrauch. **93**, 25. — 4) Zur Anwendung des Grundsatzes der Vermutung der Vollständigkeit und Richtigkeit des schriftlichen Vertrags auf in Österreich geschlossene Verträge. **93**, 27. — 5) Zulässigkeit der Zwangsvollstreckung in wirtschaftliche Unternehmen nach österreichischem Rechte. **95**, 237. — 6) Erfüllungsort nach österreichischem Recht. **96**, 272. — 7) Ausgleichsverfahren nach der österreichischen KO v. 10. Dezember 1914. **100**, 68.

P

Pacht. S. Syst. Reg. § 124 II S. 126.

Pachtzinsnachlaß. Pachtzinsnachlaß seitens einer Gemeinde; keine Verpflichtung i. S. des § 53 Nr. 8 PreußStädteO. **92**, 162.

Packpapier. Zum Begriff des Packpapiers im Eisenbahngütertarif Unterschied von Spinnpapier. **98**, 95.

Pactum de non petendo. Pactum de non petendo als selbständiger, formlos gültiger, Nebenvertrag bei Übernahme einer Bürgschaft. **95**, 11.

Papiersackfabrikanten. Schiedsklausel in den Lieferungsbedingungen des Verbandes deutscher Papiersackfabrikanten. **97**, 158.

Pariser Konvention v. 20. März 1883. Ist das im Prioritätsintervall entstandene Vorbenutzungsrecht gegenüber Art. 4 der Konvention wirksam? **99**, 145.

Parteibehauptungen. Ihre Verwertung zuungunsten des Behauptenden. **94,** 348.
Parteieid. S. Syst. Reg. § 316 S. 243.
Parteifähigkeit. S. Syst. Reg. § 284 S. 229.
Partiarischer Vertrag. 1) Stellt die Übergabe der Kundschaft eines Geschäfts gegen das Versprechen der Zahlung eines Bruchteils vom Umsatze einen solchen Vertrag dar? **95,** 38. — 2) Partiarisches oder einfaches Darlehn? **99,** 163.
Passivlegitimation. 1) Passivlegitimation für die Klage des Eigentümers auf Herausgabe von Sachen, die sich auf einem unter Zwangsverwaltung stehenden Grundstück eines andern befinden. **92,** 20. — 2) Passivlegitimation bei der Klage aus § 1004 BGB. **92,** 23. — 3) Einrede mangelnder Passivlegitimation gegenüber der gegen einen Teil der Miterben erhobenen Klage auf Vornahme einer Verfügung über einen Nachlaßgegenstand. **93,** 293. — 4) Passivlegitimation des Konkursverwalters für Ansprüche aus dinglichen Rechten. **94,** 56. — 5) Passivlegitimation bei Scheingeschäften. **95,** 161. — 6) Aktiv- und Passivlegitimation bei mehreren Testamentsvollstreckern. **98,** 174.
Patentamt. Inwieweit ist eine Entscheidung des Patentamts, welche die Eintragung eines Warenzeichens wegen Verwechselungsgefahr mit einem bereits eingetragenen ablehnt, für die Gerichte bindend? **97,** 91.
Patentinhaber. Haftung für den Eingriff in fremde Gewerbebetriebe durch Warnungen vor Verletzung seines Patents. **94,** 276.
Patentrecht. S. Syst. Reg. § 157 S. 162.
Patron. Erstreckt sich die Kirchenbaulast des Patrons auch auf die Wohnungen für Hilfsgeistliche (Kapläne)? **100,** 271.
Pension 1) Rechtliche Natur und Voraussetzungen des Pensionsanspruchs der Beamten der ehemaligen Niederschlesisch-Märkischen Eisenbahn. **91,** 371. — 2) Deklarative Natur der Pensionsfestsetzung. **91,** 376. — 3) Beschwerde gegen die Pensionsfestsetzung nach § 23 PreußPensionsG. **94,** 53. — 4) Steht dem Pensionsanspruch des Beamten die Einrede der Arglist entgegen, wenn ihm Unterstützungen in entsprechender Höhe gewährt sind? **96,** 240. — S. weiter Syst. Reg. § 374 S. 277 (Pension der Beamten), § 375 II S. 284 (Pension der Militärpersonen).
Pensionsfähige Dienstzeit. Zur Berechnung der pensionsfähigen Dienstzeit der Oberlehrer in Preußen. **94,** 199, 255.
Pensionsfestsetzung. 1) Deklarative, nicht konstitutive Wirkung der Pensionsfestsetzung. **91,** 376. — 2) Beginn der Fristen für die Erhebung der Beschwerde und der Klage im Pensionsfestsetzungsverfahren. **92,** 116; **95,** 295. — 3) Erfordernisse der Beschwerde gegen eine Pensionsfestsetzung nach § 23 PreußPensionsG. **94,** 53.
Pensionskassen. Die Pensions-, Witwen- und Waisenunterstützungskassen von Großbanken und Versicherungsgesellschaften sind keine reine Wohltätigkeitseinrichtungen. **93,** 226.
Perser. Befreiung von der Sicherheitsleistung wegen der Prozeßkosten. **98,** 317.

Personen, natürliche. S. Syst. Reg. § 21 S. 29, juristische § 22 S. 30.
Personenaufzug. Unterliegt die Beförderung auf öffentlichen Personenaufzügen der Verkehrssteuer? **97,** 154.
Personalstatut. 1) Bedeutung des Personalstatuts im Erbrecht. **91,** 140. — 2) Anwendbarkeit des Personalstatuts im Forderungsrecht? **95,** 165. — 3) Personalstatut als Regel nach Art. 7 flg. EinfGzBGB. **95,** 272.
Persönlichkeitsrechte. 1) Keine Ausdehnung des Verursachungsprinzips auf die Schadenshaftung wegen Verletzung eines Persönlichkeitsrechts. **95,** 271. — 2) Fortdauer des Persönlichkeitsrechts nach dem Tode. **100,** 172.
Pfandbriefdarlehn. Pfandbriefdarlehn als Baugeldhypothek? **92,** 215.
Pfandbruch. Verliert der Vermieter durch Unterlassung der gerichtlichen Geltendmachung seines Pfandrechts nach widerrechtlicher Entfernung der eingebrachten Sachen des Mieters den Schadensersatzanspruch aus unerlaubter Handlung? **98,** 345.
Pfandrecht. S. Syst. Reg. §§ 75 flg. S. 67.
Pfandrecht an Wertpapieren. Erwerb des Pfandrechts an Wertpapieren durch Verpfändung seitens eines Nichtberechtigten. **93,** 230.
Pfändung, Pfändungspfandrecht. S. Syst. Reg §§ 343 flg. S. 255.
Pfarrdienstwohnungen. Gewährung von Dienstwohnungen an die evangelischen Geistlichen in den acht älteren Provinzen Preußens. **93,** 215.
Pfarrhaus. Bedarf ein Pfarrhausneubau in Preußen der Genehmigung der staatlichen Aufsichtsbehörde? **93,** 215, 217.
Pferderennen. Klagbarkeit der Wetteinsätze bei behördlich genehmigten Wettunternehmen für öffentliche Pferderennen. **93,** 350.
Pflegschaft. S. Syst. Reg. § 193 S. 181.
Pflicht. Zum Begriff der Pflicht in § 679 BGB. **92,** 201.
Pflichtteil, Pflichtteilsanspruch. S. Syst. Reg. § 204 S. 186.
Pflichtteilsentziehung. 1) Recht zur Entziehung des Pflichtteils. **92,** 1, 4. — 2) Die Wiedergabe der Worte des § 2333 Nr. 5 BGB genügt zur Angabe des Grundes der Pflichtteilsentziehung. **95,** 24. — 3) Anwendung des BGB, wenn der Erbfall nach Inkrafttreten des BGB eingetreten ist. **96,** 202.
Pflichtteilsergänzungsanspruch. Anwendung des § 2331 BGB. **94,** 265.
Pflichtteilsrestanspruch. Wesen des Pflichtteilsrestanspruchs nach § 2305 BGB. Seine Geltendmachung im Falle des § 2306 Abs. 1 BGB. **93,** 9.
Polen. Verpflichtung des Deutschen Reichs durch Bestellungen eines Kreischefs im besetzten Polen. **100,** 116.
Polizeibeamte. 1) Unzulässigkeit des Gebrauchmachens von seinen Machtbefugnissen seitens eines Polizeibeamten zur Befriedigung persönlicher Rachegefühle. **91,** 349. — 2) Pflichtwidrige Behandlung eines Festgenommenen. **91,** 349. — 3) Falsche Auskunft als Amtsmißbrauch. **91,** 187.
Polizeikosten. 1) Rechtsweg für den Anspruch des Staates gegen die Gemeinde auf Nachzahlung von infolge Erinnerung der Oberrechnungskammer erforderter erhöhter Beiträge zu den Kosten der örtlichen Polizei-

verwaltung. **91**, 248. — 2) Zur Unterscheidung zwischen mittelbaren und unmittelbaren Polizeikosten. **98**, 198. — 3) Inwieweit sind die Kosten der Polizeiverwaltung nach der rheinischen LandgemeindeO von der Bürgermeisterei, inwieweit von der Einzelgemeinde zu tragen? **98**, 198.

Polizeiliche Eingriffe. Schadensersatzanspruch bei polizeilichen Eingriffen in wohlerworbene Rechte gegen den dadurch Begünstigten, auch wenn diesen kein Verschulden trifft. **92**, 49.

Polizeiliche Verfügungen. Rechtsweg gegen polizeiliche Verfügungen. S. Syst. Reg. § 270 II S. 221.

Posen. Säkularisation in der Provinz Posen. **94**, 187.

Positive Vertragsverletzung. 1) Setzung einer zu kurzen Nachfrist lediglich zu dem Zwecke, einen Grund zum Rücktritt zu schaffen. **91**, 207. — 2) Zum Begriff der positiven Vertragsverletzung. **93**, 286; **96**, 342.

Postbeamte. 1) Sind einem außerhalb seines Wohnortes kommissarisch beschäftigten Postbeamten während seines Urlaubs die Tagegelder fortzuzahlen? **94**, 223. — 2) Zum Begriff des Diensteinkommens und der Dienstbezüge nach §§ 45, 46, 49 der Allg. Dienstanweisung für Post und Telegraphie Abschn. X Abt. 2. **94**, 225. 226. — 3) Unterliegt der Schalterdienst der Postbeamten der Unfallversicherung? **95**, 132.

Postfiskus. 1) Haftung für den durch widerrechtliche Zurückholung eines bestellten Telegramms entstandenen Schaden. **91**, 64. — 2) Inwieweit haftet der Postfiskus für das Verschulden eines Telegraphenbauführers bei Verlegung von Telegraphenkabeln? **91**, 273.

Postpakete. Schadensersatzanspruch gegen die Eisenbahnverwaltung bei Vernichtung oder Beschädigung von Postpaketen bei der Bahnbeförderung. **92**, 9.

Postrecht. Postwesen. S. Syst. Reg. § 164 S. 172.

Postscheckamt. Der Betrieb der Rechnungsstelle des Postscheckamts unterliegt nicht der Unfallversicherung. **95**, 132.

Postscheckkonto. Rechtliche Bedeutung der Einzahlung auf das Postscheckkonto des Gläubigers. **99**, 257.

Potestativbedingung. Potestativ- und gemischte Bedingung. **94**, 297.

Prämiengeschäft. Hat der Wahlberechtigte beim zweischneidigen Prämiengeschäft die Prämie auch dann zu entrichten, wenn die Lieferung der Ware durch Zufall unmöglich wird, nachdem er sich für den Kauf entschieden hat? **99**, 150.

Preiskalkulation. Irrtum über die Straßenhöhe bei der Kalkulation von Rohrverlegungen als wesentlicher Irrtum. **95**, 59

Preiskonvention. S. Kartelle.

Preisminderung. Preisminderung bei Unmöglichkeit der Verschiffung der Ware im Falle des C & f.-Geschäfts. **92**, 17.

Preissteigerung. 1) Befreit sie von der Lieferpflicht? **92**, 322; **95**, 43; **98**, 262; **99**, 259; **100**, 131, 136. — 2) Begründet sie einen Verstoß gegen die guten Sitten? **96**, 113. — 3) Wie ist der angemessene Reingewinn bei Anwendung der PreisstVO zu bestimmen? **96**, 239. — 4) Berechtigt die Absicht des Käufers, die Ware mit übermäßigem Gewinne weiterzuveräußern, den Verkäufer zum Rücktritt? **96,** 240. — 5) Inwieweit ist die Preissteigerung beim Ersatz eines Bergschadens zu berücksichtigen? **98,** 52, 55. — 6) Rechtsfolgen eines Verstoßes gegen § 1 Abs. 1 Nr. 1 PreistrVO. **98,** 293; **100,** 240. — 7) Berechtigt eine außerordentliche Preissteigerung den Vertragsteil, dem sie nachteilig ist, sich vom Vertrage loszusagen? **99,** 259. — 8) Inwieweit ist durch § 3 PreisstVO der Rechtsweg ausgeschlossen? **97,** 235. — S. auch Syst. Reg. §384 S. 294.

Preistreiberei. 1) Stellt die Lieferung von Ware an den Käufer, der sie mit übermäßigem Gewinne weiterveräußern will, eine strafbare Beihilfe zu dem Vergehen der Preistreiberei dar. **96,** 240; **99,** 157. — 2) Welche Rechtsfolgen hat ein Verstoß gegen § 1 Abs. 1 Nr. 1 PreistrVO? **98,** 293; **100,** 41, 240. — 3) Findet die PreistrVO Anwendung auf Geschäftsabschlüsse, die der Lieferung nach dem Auslande vorausgehen und dieser dienen sollen? **100,** 236. — S. auch Syst. Reg. § 384 S. 294.

Preßvergehen. Beginn der Verjährung der Strafverfolgung und der Frist zur Stellung des Strafantrags bei strafbaren Handlungen durch Verbreitung von Druckschriften. **91,** 355.

Preußen. Geltung der §§ 88—91 ALR II, 10 in den neuerworbenen Landesteilen. **92,** 237.

Prima facie-Beweis. 1) Bei Schiffszusammenstößen. **97,** 15. — 2) Bei Gesundheitsbeschädigung durch Verwechselung von Flüssigkeiten. **97,** 118.

Prioritätsintervall. Ist das im Prioritätsintervall entstandene Vorbenutzungsrecht gegenüber der Pariser Konvention wirksam? **99,** 145.

Privatangelegenheiten. Deren Begriff i. S. der Tarifnr. 53 PreußStempG v. 31. Juli 1895. **91,** 285.

Privatbergregal. S. Bergregal.

Privatkrankenhaus. 1) Stellt der Betrieb eines solchen einen Gewerbebetrieb i. S. der GewO dar? **94,** 110. — 2) Unterliegen Lieferungen für den Betrieb eines Privatkrankenhauses dem Warenumsatzstempel? **94,** 109.

Privilegien. Inwieweit sind sie objektive Rechtsnormen? Ihre Auslegung durch das Revisionsgericht. **94,** 36.

Probejahr. Bedeutung des Probejahrs der Oberlehrer in Preußen. **94,** 199, 256.

Prokurist. Zur Leitung einer Filiale bestellter Prokurist als „besonderer Vertreter" i. S. des § 30 BGB. **91,** 3.

Prolongation. Prolongation von Börsentermingeschäften; keine Leistungsbewirkung i. S. des § 57 BörsenG. **91,** 379.

Prompt. Bedeutung von „prompt" nach den Hamburger Platzusancen **91,** 339.

Propergeschäft. Zur Unterscheidung zwischen Propergeschäft und Kommission. **94,** 66, 288.

Protokoll. 1) Zur Bedeutung des Protokolls und seiner Genehmigung. **92,** 29, 33. — 2) Erfordernis und Feststellung der Verlesung und Genehmigung von Protokollanlagen. **96,** 181.

Protokollanlage. 1) Erfordernis und Feststellung der Verlesung und Genehmigung von Protokollanlagen. **96,** 181. — 2) Unter welchen

Voraussetzungen bildet sie nach § 176 Abs. 2 FrGG, § 2244 Abs. 2 BGB einen Teil des Protokolls? **97,** 295.

Protokollstempel. Zur Anwendung der Tarifnr. 53 und 24 PreußStempG v. 31. Juli 1895. **91,** 283.

Provision. 1) Auslegung einer Abrede, daß die Provision von sämtlichen Preiszahlungen mit Ausschluß der als Mehrauslagen bewilligten Beträge zu zahlen. **94,** 237. — 2) Höhere Preisberechnung als Provision des Einkaufskommissionärs. **94,** 289.

Prozeßerklärungen. Deren Auslegungsfähigkeit. **96,** 189.

Prozeßführung in eigenem Namen. Ermächtigung zur Prozeßführung in eigenem Namen; Rechtsschutzbedürfnis als Voraussetzung der Aktivlegitimation des Ermächtigten. **91,** 392.

Prozeßgericht. Zum Begriff des Prozeßgerichts in § 57 ZPO und in § 1 BRVO über die Vertretung der Kriegsteilnehmer in bürgerlichen Rechtsstreitigkeiten v. 14. Januar 1915. **94,** 216.

Prozeßgesetze. Deren Auslegung. S. Syst. Reg. § 271 S. 226.

Prozeßhindernde Einreden. S. Syst. Reg. § 307 S. 240.

Prozeßkosten. 1) Inwieweit gehören die Kosten eines Vorprozesses zu dem zu ersetzenden Schaden? **91,** 232. — 2) Kann der Ersatz der Kosten des Rechtsstreits mit dem Verletzten als Ausgleichung nach § 426 BGB gefordert werden? **92,** 148. — S. im übrigen Syst. Reg. §§ 288 flg. S. 232.

Prozeßvergleich. Wie sind Einwendungen gegen die Auslegung eines Vergleichs über die Prozeßkosten geltend zu machen? **96,** 204.

Prozeßverzögerung. Unter welchen Umständen stellt das Aufstellen unwahrer Einwendungen zum Zwecke der Prozeßverzögerung einen Verstoß gegen die guten Sitten dar? **95,** 310.

Prozeßvoraussetzungen. Kann die Wahrung der Klagefrist Gegenstand eines Parteiabkommens sein? **94,** 136.

Prozeßzinsen. 1) Keine Zuerkennung von Prozeßzinsen bei dem Erstattungsanspruch des Wiederaufnahmeklägers. **91,** 204. — 2) Verhältnis der Prozeßzinsen zu den Verzugszinsen. **92,** 285.

Provinzialfleischstellen. Ist § 1 Bekanntm. der Prov.-Fleischstelle für Ostpreußen v. 31. Oktober 1918 revisibel? **100,** 239.

Q

Qualitätsmangel. Maßgeblichkeit der Verkehrsanschauung dafür, ob nur ein Qualitätsmangel vorliegt oder Ware anderer Art i. S. des § 378 HGB geliefert ist. **99,** 38.

Quellen. Quellenschutz. S. Syst. Reg. § 84 III S. 75.

R

Rangverhältnis der Eintragungen im Grundbuch. S Syst. Reg. § 48 II S. 58.

Rayongesetz v. 21. Dezember 1871. S. Syst. Reg. § 169 S. 175.

Rechenschaftslegung. Rechnungslegung. S. Syst. Reg. § 96 S. 97.
Recht zur Entziehung des Pflichtteils. 1) Rechtliche Natur und Voraussetzungen. **92,** 4. — 2) Einfluß dieses Rechts auf Unterhalts- und Aussteuerpflicht. **92,** 5.
Rechte des rechtlichen Könnens. Begriff; können sie Gegenstand einer Feststellungsklage bilden? **92,** 6.
Rechtlicher Zusammenhang. Zum Begriff des rechtlichen Zusammenhangs in § 302 ZPO. **97,** 31.
Rechtsanalogie. **94,** 175.
Rechtsanwalt. S. Syst. Reg. § 287 S. 231.
Rechtsanwaltsordnung. Keine Beschwerde gegen Beschlüsse des Oberlandesgerichts aus § 59 Abs. 2 RAO. **99,** 161.
Rechtsausübung. Wann ist die Ausübung eines Rechts als sittenwidrig anzusehen? **98,** 73.
Rechtsfolgen. Zum Begriff der besonderen Rechtsfolgen in § 1 BRVO v. 18. August 1914 über die Folgen der nicht rechtzeitigen Zahlung einer Geldforderung. **91,** 17.
Rechtsgeschäft. S. Syst. Reg. §§ 32 flg. S. 39.
Rechtsgestaltende Urteile, nicht vollstreckbar, keine negative Feststellungsklage. **100,** 100.
Rechtshängigkeit. S. Syst. Reg. § 306 I S. 240.
Rechtshilfe im Erbscheinverfahren. **95,** 286.
Rechtsirrtum. 1) Wird der Schutz des guten Glaubens an die Richtigkeit des Grundbuchs gegenüber den in §§ 1137, 1157 BGB bezeichneten Einreden auch demjenigen zuteil, der ungeachtet seiner Kenntnis der tatsächlichen Unterlagen infolge eines Rechtsirrtums der Meinung war, daß der Hypothek eine Einrede nicht entgegenstehe? **91,** 223, 224. — 2) Nachweis eines zur Begründung des guten Glaubens geeigneten Rechtsirrtums. **91,** 223. — 3) Inwieweit schließt Rechtsirrtum die Verzugsfolgen aus? **92,** 379, 380; **96,** 316. — 4) Zur Bedeutung des Rechtsirrtums für den Eigentumserwerb im guten Glauben an die Richtigkeit des Grundbuchs. **98,** 220.
Rechtskraft, Rechtskraftwirkung. S. Syst. Reg. § 19 S. 28, § 323 IV S. 246.
Rechtsmittel. S. Syst. Reg. §§ 325 flg. S. 246.
Rechtsschutzbedürfnis. Rechtsschutzinteresse. 1) Erfordernis eines besonderen Rechtsschutzbedürfnisses für die vorbeugende Unterlassungsklage. **91,** 267, 354; **95,** 273, 341; **98,** 39. — 2) Rechtsschutzinteresse als Voraussetzung der Klage im allgemeinen. **91,** 397. — 3) Rechtsschutzbedürfnis als Voraussetzung der Geltendmachung eines fremden Rechtes in eigenem Namen. **91,** 395. — 4) Rechtsschutzinteresse als Voraussetzung der Feststellungsklage. **95,** 248, 260. — 5) Rechtsschutzbedürfnis für eine auf § 360 Nr. 8 StGB gestützte Klage auf Unterlassung der Führung des Adels? **95,** 273.
Rechtsvorgänge. Deren Begriff in § 7 RStempG v. 3. Juli 1913. **92,** 245.
Rechtsweg. Zulässigkeit des Rechtswegs. S. Syst. Reg § 270 S. 220

Rechtswidrigkeit. 1) Ausschluß der Rechtswidrigkeit bei Übernahme unrichtiger Behauptungen aus älteren Büchern. **91,** 356. — 2) Bewußtsein der Rechtswidrigkeit als Voraussetzung der Anwendung des § 826 BGB. **91,** 359. — 3) Rechtswidrigkeit der Handluug als Tatbestandsmerkmal des § 823 Abs. 1 BGB. **92,** 137. — 4) Schließt die Wahrnehmung berechtigter Interessen die Rechtswidrigkeit einer ehrenkränkenden Äußerung aus? **95,** 342.

Reeder. Unter welchen Voraussetzungen haftet der Reeder für ein Verschulden des Schiffers bei der Bewachung des Schiffes unbeschränkt persönlich? **91,** 386.

Reformatio in pejus. Eine solche ist regelmäßig auch insoweit unzulässig, als es sich um die Beseitigung eines Eides handelt. **93,** 238; **99,** 171.

Registerrichter. Verschulden der Verabsäumung der Eintragung und Bekanntmachung der nachträglich erhöhten Haftsumme der Genossen einer Genossenschaft m. b. Haftpfl. **99,** 138.

Reichsbank. Scheckbedingungen der Reichsbank. **92,** 53.

Reichsbeamte. S. Syst. Reg. § 374 II S. 280.

Reichsdeputationshauptschluß v. 25. Februar 1803. 1) Zum Begriff der frommen und milden Stiftungen i. S. des § 65. **94,** 188. — 2) Zu § 35. **97,** 171.

Reichsmarine. 1) Zu § 3 Nr. 3 der Kriegsgeldverpflegungsvorschrift für die Marine; Ungültigkeit der dazu vom Reichsmarineamt erlassenen Erläuterung v. 26. September 1917 hinsichtlich der zum Dienst mit der Waffe im Landheere herangezogenen Marinebeamten. **96,** 306, 309. — 2) Öffentlichrechtliche Natur des Dienstverhältnisses der Angehörigen der vorläufigen Reichsmarine. Rechtsweg für die vermögensrechtlichen Ansprüche aus dem Dienstverhältnis. **99,** 261.

Reichsmilitärfiskus. S. Syst. Reg. § 375 I S. 283.

Reichsschiedsgericht für Kriegsbedarf. Zuständigkeit. **98,** 42.

Reichsversicherungsordnung. 1) Zum Begriff der Arzneimittel in § 376 RVO. **95,** 205. — 2) Voraussetzungen der Anstellung mit Beamtenrechten nach § 359 Abs. 1, 4 RVO. **99,** 265. — S weiter Syst. Reg. § 137 VII bis IX S. 139

Reingewinn. 1) Zur Berechnung des „verbleibenden Reingewinns" (Reingewinnrestes) in § 237 HGB. **91,** 314, 318. — 2) Zur Berechnung des angemessenen Reingewinns bei Anwendung der PreisstVO. **96,** 239.

Reisegepäck. 1) Haftung der Eisenbahn für Sachen, die sie zur Beförderung als Reisegepäck annimmt, obwohl sie nicht dazu gehören. **97,** 109. — 2) Zur Haftung der Eisenbahn aus der Aufbewahrung von Reisegepäck. **98,** 31.

Reiseversicherung. Bedingung der reglementmäßigen Einlieferung des Frachtguts als Voraussetzung des Anspruchs auf die Versicherungssumme. **94,** 115.

Reklame. Ausnutzung fremder Reklamehandlungen als unlauterer Wettbewerb. **92,** 111.

Relocatio tacita. 1) Zur Anwendung des Art. 171 EinfGzBGB auf Verträge, die auf bestimmte Zeit mit relocatio tacita geschlossen sind.

95, 108. — 2) Beruht das nach Ablauf der ursprünglichen Vertragsdauer zufolge der relocatio tacita sich fortsetzende Mietverhältnis auf einem neuen Vertragsschluß? Ist in solchem Falle die Kündigung eines von mehreren Mietern oder Vermietern wirksam? **97,** 80.

Rembours. S. Bankrembours.

Rente. 1) Rentenbewilligung als Ausgleich bei Schadensersatzverpflichtungen. **95,** 87. — 2) Kosten des Heilverfahrens nach § 1 Abs. 6 BeamtUnfFürsG in Form einer Rente. **95,** 85.

Rentenanspruch nach §§ 843 flg. BGB. S. Syst. Reg. § 145 zu § 843 flg. BGB. S. 156.

Rentenfeststellungsbescheid. Welche Tragweite hat der Rentenfeststellungsbescheid einer Berufsgenossenschaft beim Vorhandensein mehrerer Betriebsunternehmer und Versicherungsträger? **97,** 206.

Reportgeschäft. Bedeutung der Reportgeschäfte für die Anwendung des § 57 BörsenG. **91,** 378.

Reservefonds. Inwieweit kann eine GmbH die Beträge von Reservefonds ihren Gesellschaftern zur Erfüllung der Barzahlungspflicht bei Kapitalserhöhung zur Verfügung stellen? Unterschied zwischen Fonds mit gebundenem Verwendungszweck und echten freiwilligen Reservefonds. **96,** 229.

Restitutionsklage. S. Syst. Reg. § 333 III S. 252.

Rettungskosten. 1) Wann sind sie „von dem Schiffer oder auf dessen Geheiß" i. S. des § 700 HGB aufgewendet? **96,** 322; **98,** 170, 172. — 2) Zum Ersatz von Rettungskosten, die in großer Haverei zu verteilen oder entsprechend zu behandeln sind, ist der Versicherer, der die Versicherungssumme bezahlt hat, nach § 93 Abs. 4 ASVB nicht verpflichtet. **98,** 170, 171.

Reuß j. L. WasserG v. 6. April 1872. **92,** 47.

Reverse. Bedeutung der von den Grundstückseigentümern in Festungsrayons nach früherem Recht ausgestellten Reverse. **97,** 54.

Revierlotse. S. Lotse.

Revisibles Recht. S. Syst. Reg. § 330 I S. 249.

Revision. S. Syst. Reg. §§ 329 flg. S. 248.

Revolution. 1) Wird die Haftung der Gemeinde für Tumultschäden nach dem PreußG v. 11. März 1850 dadurch ausgeschlossen, daß der Schaden bei Zusammenrottungen gelegentlich einer allgemeinen Staatsumwälzung verursacht ist? **98,** 5, 204. — 2) Einfluß der wirtschaftlichen Folgen der Revolution auf die Wirksamkeit eines Werkvertrags, der während des Kriegs geschlossen und nach dem Friedensschluß zu erfüllen ist. **98,** 18. — 3) Einwirkung der Revolution auf einen langfristigen, nach Beendigung des Kriegs zu erfüllenden Seetransportvertrag. **99,** 115. — 4) Reichsgewalt des Rats der Volksbeauftragten. **100,** 26. — 5) Verbindlichkeit der Anordnungen der Revolutionsregierung. **99,** 287.

Rheinprovinz. 1) Geltung der §§ 88 flg. ALR II, 10 in der Rheinprovinz. **95,** 346. — 2) Außerkraftsetzung des G. v. 10. Vendémiaire IV. **98,** 12. — 3) Stellung des Bürgermeisters nach der rheinischen LandgemeindeO; kann er durch Heranziehung von Hilfskräften bei einem Brand die

Einzelgemeinden der Bürgermeisterei verpflichten? **98,** 197. — 4) Stellung des Gemeindevorstehers nach der rheinischen LandgemeindeO. **98,** 198. — 5) Inwieweit sind die Polizeikosten nach der rheinischen LandgemeindeO von der Bürgermeisterei, inwieweit von der Einzelgemeinde zu tragen? **98,** 198. — 6) Voraussetzungen der Öffentlichkeit eines Weges nach rheinischem Recht. **99,** 15. — 7) Rückforderung der auf Grund eines unsittlichen Vertrags gewährten Leistung nach rheinisch-französischem Recht. **99,** 167.

Richter. 1) Befugnis der Gerichte, über eine mißbräuchliche Ausübung des Rechts zur Ablehnung von Richtern als unbeachtlich hinweg zu gehen. **92,** 230. — 2) Rechtsanspruch der richterlichen Beamten auf die Kriegsteuerungszulagen nach den PreußJustMinVerf v. 8. August 1917 und 4. April 1918. **99,** 112. — 3) Haftung der Richter nach § 839 BGB. S. Syst. Reg. § 145 zu § 839 BGB. S. 154.

Richterlicher Eid. Unter welchen Voraussetzungen kann das Gericht auf einen richterlichen Eid erkennen, ohne vorher einen angebotenen Zeugenbeweis zu erheben? **97,** 242.

Richtpreise. Überschreitung der von der Kriegsrohstoffabteilung festgesetzten Richtpreise als Verstoß gegen die guten Sitten; rechtliche Folgen der Überschreitung. **97,** 83; **100,** 240.

Right of stoppage in transitu. Werden dadurch die Ansprüche des Konnossementsinhabers beeinflußt? **98,** 338.

Ritterrecht. Rev. Ritterrecht des Herzogtums Bremen nicht revisibel; Errichtung eines Erbstammgutes. **91,** 282.

Ritterschaft. Rechtliche Stellung des Ritterschaftspräsidiums und des Landsyndikus der Ritterschaft des Herzogtums Bremen. **91,** 285.

Röntgenbestrahlungen. Sind sie Operationen i. S. der Versicherungsbedingungen? **97,** 189.

Rüben. Zur Auslegung von §§ 1, 2 BRVO über Höchstpreise für Rüben. **93,** 142.

Rübenbaupflicht. Ist die Zustimmung der betroffenen Gesellschafter bei der offenen Handelsgesellschaft oder der Aktionäre einer Aktiengesellschaft zur Erhöhung ihrer Rübenbaupflicht erforderlich? **91,** 167 ,169.

Rücklage. 1) Zum Begriff der Rücklage in §§ 237, 245 Abs. 1 HGB; er umfaßt auch solche Gewinnanteile, die nicht länger für die Zwecke der Gesellschaft zurückgehalten werden, sondern in dem neuen Geschäftsjahr alsbald Verwendung finden sollen. **91,** 314. — 2) Zuwendungen für soziale Zwecke, wie Pensions- und Unterstützungsfonds, auch wenn diese selbständige rechtliche Persönlichkeit haben, als Rücklage. **91,** 315. — 3) Zum Begriff der Rücklage. Ist der Gewinnvortrag für das Jahr seiner Entstehung eine Rücklage? Ist es der aus dem Vorjahr übertragene Gewinnposten? **91,** 317. — 4) Zum Begriff der Rücklage. Sonderrücklage des KriegssteuersicherungsG v. 24. Dezember 1915. **93,** 147.

Rückständigkeit der Leistung. Zum Begriff der rückständigen Zinsen und Amortisationsbeiträge in § 10 Nr. 4 ZVG. **91,** 301.

Rücktritt vom Vertrage. S. Syst. Reg. § 111 S. 106.

Rückversicherung. Tragweite der Vereinbarung, daß der Rückversicherer die von den Rückversicherten vorgenommene Schadensregelung bedingungslos anzuerkennen hat. **91,** 85.
Rückwirkung der Gesetze. S. Syst. Reg. § 7 S. 16.
Rügerecht und Rügepflicht der Parteien. S. Syst. Reg. § 309 S. 240.
Ruhegehaltsversprechen. Ein Ruhegehaltsversprechen an einen Angestellten ist kein Leibrentenvertrag. **94,** 159.
Rumänien. Bedeutung der Rumänischen VO v. 27. (14.) August 1916 über Beschlagnahme feindlichen Eigentums für die Kriegsversicherung. **96,** 152.
Rußland. 1) Nach russischem Rechte gelten dessen Vorschriften über die Erbfolge in das unbewegliche Vermögen auch für die Ausländern gehörigen, in Rußland belegenen Grundstücke. **91,** 142. — 2) Die Geschäftsfähigkeit einer minderjährigen Deutschen, die sich mit einem Russen verheiratet hat, ist nach russischem Recht zu beurteilen. **91,** 407. — 3) Erwerb der russischen Staatsangehörigkeit nach § 855 Kap. III des Gesetzbuchs des russischen Reichs von 1899. **91,** 406.
Rye Terms-Klausel. Ihre Bedeutung für den Gefahrübergang bei Cif-Abladegeschäften. **93,** 169; **96,** 231.

S

Sache. 1) Zum Begriff der Sache in § 36 Nr. 4 ZPO. **91,** 42. — 2) Hypothekenbrief als körperliche Sache. **91,** 157.
Sacheinlage. 1) Entstehung der Stempelpflicht bei Einbringung von Sacheinlagen in eine Aktiengesellschaft. **96,** 213. — 2) Sacheinlage oder Barzahlung bei der Verwendung von Beträgen eines Reservefonds zur Deckung der Geschäftsanteile? **96,** 229.
Sachenrecht. Zur Anwendung der Rechtsregel des dinglichen Ersatzes im Sachenrecht. **94,** 23. — S. im übrigen Syst. Reg. §§ 45 flg. S. 57.
Sachfirma. Verwechselungsfähigkeit von Sachfirmen. **100,** 45.
Sachkunde. Entscheidung des Gerichts aus eigener Sachkunde über das Bestehen einer Verkehrsauffassung. **94,** 116.
Sachliche Zuständigkeit der Gerichte. S. Syst. Reg. § 276 S. 227.
Sachsen. 1) Zur Auslegung der gemäß § 66 Abs. 5 RMilG erlassenen sächsischen VO v. 15. Dezember 1888. **91,** 124. — 2) § 10 SächsBeamtUnfFürsG steht für Beamte, die nicht in unfallversicherungspflichtigen Betrieben beschäftigt sind, und ihre Hinterbliebenen den Ansprüchen aus dem HaftpflG nicht entgegen. **99,** 274.
Sachsen-Altenburg. Zur Auslegung des § 5 Nr. 2 AltenburgAusfGzFGG. **94,** 176.
Sachverständigenbeweis. S. Syst. Reg. § 314 S. 242.
Säkularisation. 1) Säkularisation nach dem Reichsdeputationshauptschluß v. 25. Februar 1803, dem preuß. Edikt v. 30. Oktober 1810 und in den 1815 neu- oder wiedererworbenen Landesteilen Preußens. **94,** 185. — 2) Rechtliche Natur und Umfang der Ansprüche aus der Säkularisation

nach der Kabinettsorder v. 25. September 1834. **96,** 32; **97,** 170. — 3) Eigentumserwerb des Staats durch Säkularisation. **96,** 42.
Schaden, Schadensersatz. S. Syst. Reg. § 95 S. 87. Schadensersatz wegen Nichterfüllung § 95 III A S. 92, aus Vertragsverhältnissen im übrigen § 95 III B S. 94, außerhalb vertraglicher Verhältnisse § 95 IV S. 95, aus unerlaubten Handlungen auch § 145 S. 147, wegen Verletzung von Urheber- und gewerblichen Rechten §§ 155 flg. S. 162, nach dem ReichshaftpflichtG § 163 S. 171, wegen erzwungener Aufopferung von Rechten für das Gemeinwohl (§ 75 EinlzALR) § 166 S. 173, wegen Bergschadens § 86 S. 76, wegen Tumultschadens § 147 II S. 158, wegen Schiffszusammenstoßes § 252 II S. 214, wegen unschuldig erlittener Strafvollstreckung § 148 S. 160.
Schadensersatzpflicht ohne Verschulden. 1) Schadensersatzpflicht desjenigen, zu dessen Gunsten wohlerworbene Rechte eines anderen durch polizeiliche Eingriffe beeinträchtigt sind. **92,** 49. — 2) Schadensersatzanspruch des Eigentümers, dem die Abwehrklage aus § 1004 BGB durch besondere Gesetzesvorschrift entzogen ist. **97,** 291; **98,** 348; **99,** 98; **100,** 72.
Schadenshaftung für andere. Haftung für gesetzliche Vertreter und Erfüllungsgehilfen s. Syst. Reg. § 102 S. 100, nach § 831 BGB s. Syst. Reg. § 145 unter § 831 BGB S. 152, Haftung öffentlichrechtlicher Körperschaften für das Verschulden ihrer Beamten bei Ausübung der öffentlichen Gewalt § 147 S. 157.
Schadensschätzung. (§ 287 ZPO). S. Syst. Reg. § 318 S. 243.
Schadenszufügung. Zum Begriff der Schadenszufügung, insbesondere i. S. des § 55 ALR I, 6. **95,** 79.
Schankwirt. S. Gastwirt.
Scheck, Scheckrecht. S. Syst. Reg. § 232 II S. 201.
Scheckprotest, wenn der Bezogene durch mehrere Personen gemeinschaftlich vertreten wird. **100,** 140.
Scheckprozeß. Muß die Klage die ausdrückliche Erklärung enthalten, daß im Scheckprozeß geklagt werde, oder genügt die Angabe „im Wechselprozeß"? **96,** 101.
Scheckregreß. **100,** 138.
Scheingeschäfte. S. Syst. Reg. § 31 I S. 37.
Schenkung. Schenkungsversprechen. S. Syst. Reg. § 123 S. 122.
Schenkung von Todeswegen. S. Syst. Reg. § 202 S. 186.
Schenkungssteuer. Anwendung der Befreiungsvorschrift des § 11 Nr. 3 RErbschStG v. 3. Juni 1906 auf juristische Personen. **98,** 324.
Schiedsgutachter. 1) Zur Unterscheidung zwischen Schiedsrichter und Schiedsgutachter. **94,** 173; **96,** 59. — 2) Kann die Ernennung von Schiedsgutachtern Behörden, insbesondere den Amtsgerichten, durch Parteivereinbarung übertragen werden? **94,** 172, 175. — 3) Unmittelbare und entsprechende Anwendung der §§ 317 flg. BGB auf den Schiedsgutachtervertrag. **96,** 59. — 4) Zur Unterscheidung zwischen Schiedsgutachtervertrag und Beweisvertrag. **96,** 59. — 5) Inwieweit können zum Nachweise einer offenbaren Unbilligkeit oder Unrichtigkeit

der Feststellungen des Schiedsgutachtens neue Tatsachen vorgebracht werden? **96**, 61.

Schiedsrichter. Schiedsrichtervertrag. S. Syst. Reg. § 140 II S. 143.

Schiedsspruch. Schiedsvertrag. S. Syst. Reg. § 353 S. 259.

Schienenbahnen. Zum Begriff der Schienenbahnen im VerkehrssteuerG v. 8. April 1917. **97**, 154.

Schießübungen. Ist der Rechtsweg zulässig für Ansprüche auf Ersatz des Schadens, der durch Schießübungen auf einem benachbarten Grundstück entstanden ist? **96**, 215.

Schiff. Zum Begriff des Schiffs in der Seeversicherung; fallen auch reparaturunwürdige Fahrzeuge darunter? **95**, 228.

Schiffer. Seine rechtliche Stellung bei Vermietung des Schiffs unter Überlassung der Dienste der Besatzung. **98**, 328.

Schiffsausrüster. Begriff. **98**, 328.

Schiffseigner. Begriff. **98**, 328.

Schiffsjungen. 1) Die Schiffsjungenzeit ist auf die Zivildienstzeit nach dem preuß. Zivilpensionsgesetz nicht anzurechnen. **92**, 285. — 2) Schiffsjungen gehören nicht zum aktiven Militär; sie sind nicht Personen des Soldatenstandes. **92**, 286.

Schiffsmakler. Seine Stellung und Vertretungsbefugnis. **97**, 217.

Schiffspfandgläubiger. 1) Steht ihm wegen seiner Auslagen für Erhaltung und Verbesserung des Schiffs das Vorrecht des § 10 Nr. 1 ZVG zu? **97**, 63. — 2) Hat er wegen solcher Auslagen einen Anspruch aus ungerechtfertigter Bereicherung oder auftragloser Geschäftsführung gegen den Ersteher des Schiffs? **97**, 64.

Schiffsvermietung. Vermietung des Schiffs unter gleichzeitiger Überlassung der Schiffsbesatzung. Haftet der Mieter für deren Verschulden? Rechtliche Stellung des Schiffers. **98**, 327.

Schiffsversteigerung. Rechtliche Bedeutung der Bewachung und Verwahrung des Schiffs nach § 165 ZVG. **97**, 63.

Schiffszusammenstoß. S. Syst. Reg. § 252 II S. 214.

Schikane. 1) Forderung der Hergabe bestimmter Stücke wertlos gewordener Aktien als Schikane. **96**, 184. — 2) Voraussetzungen der Anwendung des § 226 BGB. **98**, 17.

Schlachtpferde. Nichtigkeit eines gegen die Bekanntm. über Pferdefleisch v. 13. Dezember 1916/14. Juni 1918 verstoßenden Ankaufs von Pferden zum Schlachten. **100**, 238.

Schlafwagenkontrolleur. Steht die Eisenbahnverwaltung zu den Kontrolleuren der Intern. Schlafwagengesellschaft im Verhältnis eines Unternehmers i. S. des § 898 RVO? **99**, 227.

Schleichwege. Keine Verpflichtung des Kaufmanns, behufs Einhaltung eines Vertrags Schleichwege zu gehen, mit deren Notwendigkeit bei Abschluß des Vertrags nicht zu rechnen war. **93**, 185.

Schleppereigner. Schlepperführer. 1) Der Eigentümer eines Schleppdampfers, der durch einen Schleppvertrag die Fortbewegung des befrachteten Schiffs übernimmt, und der von ihm gestellte Schiffer des Schleppdampfers sind nicht Hilfspersonen des Frachtführers i. S.

des § 431 HGB § 278 BGB. **91,** 245. — 2) Verhältnis des Schlepperführers zum Frachtführer, zum Eigner des geschleppten Kahns und zum Kahnschiffer. **91,** 246.

Schleppvertrag. 1) Zur Unterscheidung zwischen dem Schleppvertrag und einem Miet- und Dienstverschaffungsvertrag zwischen Frachtführer und Schlepperführer. **91,** 247. — 2) Obhutpflicht desjenigen, der sich zum Schleppen eines Flußfahrzeugs verpflichtet, auch gegenüber dem dritten Eigentümer des Fahrzeugs; Schadensersatzanspruch des dritten Eigentümers. **93,** 41. — 3) Bedeutung der Klausel „frei Schleppen". **95,** 213. — 4) Unterwirft sich der Kahneigner durch das bloße Anhängen an den Schlepper oder einen Schleppzug den Schleppbedingungen des Schleppers? **95,** 213. — 5) Auslegung typischer Schleppbedingungen betreffend die Verpflichtung des Schiffseigners zur Anzeige entstandenen Schadens. **98,** 122.

Schleswig-Holstein. Zur Geltung des preußischen Staatsministerialbeschlusses vom 22. Januar 1831 in Schleswig-Holstein. **96,** 88.

Schlußschein. Bedeutung des Stillschweigens gegenüber dem Schlußschein. **95,** 96.

Schmerzensgeld. S. Syst. Reg. § 145 zu § 847 BGB S. 157.

Schmiergelder. Muß der Beauftragte sie nach § 667 BGB herausgeben? **99,** 31.

Schmuggel. Unsittlichkeit eines auf Förderung des gewerbsmäßigen Schmuggels gerichteten Vertrags. **96,** 282.

Schrankfachvertrag. Rechtliche Natur des Schrankfachvertrags; Überwachungspflicht der Bank. **94,** 75.

Schriftform. 1) Erfordernisse der gesetzlichen Schriftform nach § 126 Abs. 2 S 2 BGB. **95,** 83. — 2) Folgen der Nichterkennbarkeit der Tatsache, daß die Urkunde von einem Bevollmächtigten mit dem Namen des Auftraggebers unterzeichnet ist. **95,** 191.

Schuldanerkenntnis. S. Syst. Reg. § 141 S. 144.

Schuldhilfe. S. Interzession.

Schuldversprechen. S. Syst. Reg. § 141 S. 144.

Schuldverschreibungsstempel. 1) Zum Begriff der Schuldverschreibung i. S. der Tarifnr. 58 PreußStempG v. 30. Juni 1909; Ausschluß des Landesstempels nach § 7 RStempG v. 3. Juli 1913. **92,** 245. — 2) Voraussetzungen der Stempelpflicht nach Tarifnr. 2, 3 RStempG v. 15. Juli 1909. **93,** 60. — 3) Welchen Einfluß hat die Nichtigkeit der Inhaberscheine, welche mit den Orderschuldverschreibungen ausgegeben sind, auf die Stempelpflicht der letzteren? **93,** 58. — 4) Unterliegt die bei der Erhöhung des Stammkapitals einer GmbH durch Mitglieder der Gesellschaft erfolgende Übernahme neuer Stammanteile dem Stempel der Tarifnr. 58 PreußStempG v. 30. Juni 1909? **98,** 349.

Schulwesen. S. Syst. Reg. § 369 S. 269.

Schürfrechte. 1) Sind sie dinglicher Natur? **97,** 38. — 2) Bedarf es zum Schürfen in den Regalbezirken eines Schürfscheins des Regalinhabers? **94,** 298.

Schutzgebietsdienst. Sein Verhältnis zum Staatsdienst. **95,** 321.

Schutzgerüste. Bedeutung der polizeilichen Vorschriften über Anbringung von Schutzgerüsten bei Bauten; Beweislast bei Verletzung durch von Bauten herabfallende Gegenstände. **95,** 69.

Schutzgesetze i. S. des § 823 Abs. 2 BGB. Ihr Begriff. **100,** 146. – S. weiter Syst. Reg. § 145 unter § 823 Abs. 2 BGB. S. 149.

Schutzhaft. 1) Befugnis des Militärbefehlshabers zur Verhängung der Schutzhaft nach § 5 BZG. **92,** 243. — 2) Zum SchutzhaftG v. 4. Dezember 1916. **92,** 306. — 3) Schadensersatzanspruch wegen unberechtigter Verhängung der Schutzhaft; Rechtsweg. **92,** 241, 305.

Schutzverträge, gewerbliche. Sittenwidrige Schädigung Dritter bei Ausführung von solchen Verträgen. **93,** 19.

Schwache Zeichen. 1) Verwechselungsfähigkeit bei sog. schwachen Zeichen. **97,** 306; **98,** 227. — 2) Wie wird ein Warenzeichen zu einem schwachen? **98,** 227.

Schwefelwirtschaft. Zur Auslegung des § 4 BRVO betr. die private Schwefelwirtschaft v. 13. November 1915. **97,** 245.

Schweiz. 1) Gewohnheitsrechtliche Berechtigung, den Namen der Ehefrau dem eigenen hinzuzufügen. **95,** 272. — 2) Die Ausstellung eines Konkursverlustscheins nach Art. 265 Schweizer KonkursG hat keine Bedeutung für das in Deutschland befindliche Vermögen des Schuldners. **100,** 241.

Schwurpflichtiger. Ist die Ladung des Schwurpflichtigen zu dem vom ersuchten Richter anberaumten Eidesleistungstermin erforderlich? **91,** 257.

Seebad. Verbot des Badebetriebs auf Borkum als Grund zum Mietszinserlaß und zur Kündigung nach § 542 BGB bei einem zum Geschäftsbetrieb während der Sommerbadezeit gemieteten Laden. **91,** 55.

Seefracht. S. Syst. Reg. § 251 S. 213.

Seerecht. S. Syst. Reg. §§ 250 flg. S. 213

Seestraßenordnung. Beweislast für Verschulden bei Verstoß gegen deren §§ 17—26. **97,** 13.

Seeversicherung. S. Syst. Reg. § 254. S. 215.

Seife. 1) Anwendung des § 4 AusfBestimmungen über den Verkehr mit Seife v. 18. April 1916 auf vorher geschlossene Verträge. **95,** 129. – 2) Einfuhrbeschränkungen. **96,** 77.

Selbständige Gerechtigkeiten. Sie gelten in Preußen nur dann als unbewegliche Sachen, wenn sie im Grundbuch eingetragen sind. **94,** 295.

Selbsthilfeverkauf. 1) Selbsthilfeverkauf nach § 383 BGB; Erfordernisse der Verkaufsandrohung nach § 384 BGB. **94,** 143. — 2) Folgen der Vornahme des Selbsthilfeverkaufs nach § 383 BGB am unrechten Orte. **95,** 117.

Seuchenbekämpfung. Reichsgesetz v. 30. Juni 1900, PreußG v. 28. August 1905 s. Syst. Reg. § 170 S. 175.

Sicherheitsabtretung. 1) Wirkungen der Sicherheitsabtretung einer Grundschuld. Muß derjenige, an den die Grundschuld weiter abgetreten ist, sich Einreden aus dem fiduziarischen Verhältnis zwischen dem Eigentümer des Grundstücks und seinem Zedenten, insbesondere auch aus der nach der Weiterabtretung erfolgten Tilgung der Forderung, zu deren Sicherheit die Grundschuld bestellt war, entgegensetzen lassen? **91**, 218. — 2) Entsprechende Anwendung der §§ 401, 412 BGB auf zur Sicherheit abgetretene Rechte. **91**, 280. — 3) Rechtliche Eigenart der Sicherheitsabtretung. **91**, 279; **92**, 106. — 4) Unwirksamkeit der Abtretung wegen Abtrennung des Rechtes zur Einziehung der Forderung. **92**, 108. — 5) Kann derjenige, welcher zur Sicherheit einer Forderung ein Recht abgetreten hat, die Rückabtretung Zug um Zug gegen Befriedigung des Gläubigers verlangen? Muß er sich zur Befriedigung des Gläubigers zu bestimmtem Betrage erbieten? **92**, 281. — 6) Welche Wirkung hat die weitere, zur Sicherheit für eine eigene Verbindlichkeit erfolgende Abtretung seitens des Empfängers einer Sicherheitsabtretung? **95**, 244. — 7) Nichtigkeit der akzessorischen Sicherheitsabtretung bei Nichtigkeit der zu sichernden Forderung. **95**, 245.

Sicherheitsleistung in Prozeß. S. Syst. Reg. § 292 S. 233.

Sicherstellung von Kriegsbedarf. BRVO v. 24. Juni 1915. S. Kriegsbedarf und Syst. Reg. § 386 S. 297.

Sicherungshypothek. S. Syst. Reg. § 77 VII S. 71.

Sicherungsübereignung. 1) Recht des Übereignenden auf Rückgabe der geleisteten Sicherheit Zug um Zug gegen Befriedigung des Gläubigers. **92**, 281. — 2) Zu wessen Lasten geht die Entwertung zur Sicherheit übereigneter Wertpapiere? **96**, 251.

Sitz. Gilt der in der Satzung bestimmte Sitz einer Vereinigung auch dann als solcher, wenn er nur ein formeller ist? **99**, 218.

Soldatenräte. Stellung und Befugnisse der Soldatenräte bei den Heeresformationen. Haftung des Reichs bei Überschreitung ihrer Befugnisse. **99**, 286; **100**, 26. — S. auch Arbeiter- und Soldatenräte.

Solmser Landrecht. Haftung der Statutarerbin für die während der Ehe gemachten Schulden. **99**, 244.

Sonderrücklage. Rechtliche Natur der Sonderrücklage des KriegssteuersicherungsG v. 24. Dezember 1915. Ihre Bedeutung für die Berechnung der Gewinnanteile des Vorstands der Aktiengesellschaft. **93**, 147.

Sondervermögen. 1) Surrogation beim Sondervermögen im Familien- und Erbrecht. **94**, 23. — 2) Bildung eines gemeinnützigen Zwecken gewidmeten Sondervermögens durch Auflage. **96**, 19.

Sonntagsruhe. 1) Zur Anwendung des § 41a GewO auf den Verkauf von Waren mittels Automaten. **91**, 240. — 2) Können Gast- und Schankwirte die ihnen hinsichtlich der Sonntagsruhe zustehenden Vergünstigungen auf andere Handels- oder Gewerbetreibende übertragen? **91**, 239.

Sorgfalt. Zum Begriffe „jeder nach den Umständen gebotenen Sorgfalt" in § 7 KFG. **92**, 38.

Sparkasse. 1) Das Wort „Sparkasse" ist nicht den öffentlichen Sparkassen für ihren Geschäftsbetrieb vorbehalten und keine „besondere Bezeichnung" i. S. des § 16 UWG. **91**, 212. — 2) Pflichten der öffentlichen Sparkasse, die als Hypothekengläubigerin die Zwangsversteigerung des Pfandgrundstücks beantragt hat, gegenüber dem Schuldner; Haftung nach § 278 BGB. **91, 341**; — 3) Keine Haftung der öffentlichen Sparkassen für das Verschulden ihrer Beamten nach dem PreußG v. 1. August 1909. **91,** 344

Sparkassenbeamte. Pflichten der Beamten einer öffentlichen Sparkasse gegenüber dem Darlehnsschuldner der Sparkasse; unzulässige Ausnutzung eines Irrtums des Schuldners über die Höhe der vollstreckbaren Forderung. **91,** 343.

Spediteure. 1) Zur Auslegung der Nr. 8 der Allg. Beförderungsbedingungen des Vereins deutscher Spediteure. **94,** 98. — 2) Zur Unterscheidung des Zwischenspediteurs von Erfüllungsgehilfen. **94,** 101; **99,** 58. — 3) Verstößt eine Vereinbarung von Spediteuren, durch die sie ihre gesetzliche Haftpflicht abändern, gegen die guten Sitten? **99,** 110.

Speditionsgeschäft. S. Syst. Reg. § 245 S. 207.

Sperrfrist. Gilt die Sperrfrist des § 4 Abs. 2 WZG auch für Warenzeichen, die niemals im Verkehr gestanden haben? **97,** 99; **100,** 10.

Speziesschuld. 1) Haftung des Schuldners einer Spezies auf Ersatzherausgabe bei Unmöglichkeit der Leistung infolge Beschlagnahme durch Militärbehörden oder feindliche Macht; Haftung für das Erfüllungsinteresse bei vertragswidriger anderweiter Verwertung der geschuldeten Sache. **91,** 262. — 2) Gesamte Tranausbeute eines bestimmten Dampfers als Spezies. **91,** 261. — 3) Speziesschuld beim Verkauf von in den Schlußbriefen nach Marken und Nummern genau bezeichneten Partien Kaffees. **91,** 346. — 4) Der Verkauf der nächsten auf einer Grube zu fördernden Tonnen Erzes bestimmter Gattung und Menge ist nicht Gattungs- sondern Spezieskauf. **92,** 371. — 5) Spezieskauf an einer zukünftigen Sache. **92,** 371. — 6) Gewährleistung für Sachmängel beim Spezieskauf auf Besicht. **94,** 287.

Spielgeschäfte. Anzeichen der Spielnatur bei Kassageschäften. **91, 45.**

Spinnpapier. Unterschied vom Packpapier nach dem Eisenbahngütertarif. **98,** 95.

Spirituosen. Spirituosen als Lebensmittel i. S. der VO über den Handel mit Lebensmitteln usw. v. 24. Juni 1916. **96,** 330.

Staatsangehörigkeit. 1) Bedeutung der Staatsangehörigkeit für die Bestimmung des maßgebenden Rechts im Erbrecht. **91,** 140. — 2) Nationalitätsprinzip im Erbrecht. **91,** 407; **96,** 97. — 3) Das Namensrecht ist nach dem Rechte der Staatsangehörigkeit zu beurteilen. **95,** 272.

Staatsanwalt. 1) Verschulden bei Anwendung der §§ 478, 479 StPO. **91,** 237. — 2) Die Pflicht zur Amtsverschwiegenheit des Staatsanwalts richtet sich nach dem Rechte des Bundesstaats, in dessen Diensten er steht. **92,** 355.

Staatsgewalt. Setzt sie Rechtmäßigkeit ihrer Begründung voraus? **100, 27.**

Staatsministerialbeschluß, preuß. 1) Vom 1. Juni 1888 zur Ausführung des § 66 RMilG. **92,** 290; **96,** 85, 291. — 2) Vom 22. Januar 1831. **96,** 88

Staatspension. Zum Begriff der Staatspension. **91,** 373, 376.
Stadtgemeinden. S. Syst. Reg. § 22 III S. 31. Beamte der Stadtgemeinden § 374 III B S. 292.
Standesherren. Bergregal der Standesherren in Preußen. **94,** 291.
Stauanlagen. 1) Rechte des Grundeigentümers und des Wassernutzungsberechtigten bei Beeinträchtigung durch eine gewerbepolizeilich genehmigte Stauanlage eines Wassertriebwerks. Wirkung einer Vereinbarung über die Stauhöhe. **93,** 101. — 2) Anwendung des § 836 BGB auf Stauanlagen. **97,** 115.
Stellagegeschäft., typisches und mit Prämiengeschäft verbundenes. **99,** 150.
Stellvertretende Kosten bei großer Haverei. **98,** 173.
Stempelsteuer. S. Syst. Reg. § 372 III S. 271.
Steuerbegünstigungen. Hinsichtlich der Steuerbegünstigungen der Beamten ist der Rechtsweg nicht gegeben. **91,** 29.
Steuergesetze. Zur Auslegung von Steuergesetzen. **92,** 275, 349.
Stille Gesellschaft. S. Syst. Reg. § 221 S. 198.
Stille Reserven. Inwieweit ist die Bildung solcher zulässig? **98,** 320.
Stiller Stellvertreter. 1) Keine Begründung eines Treuhandverhältnisses beim Erwerb eines Gegenstandes für Rechnung und im Interesse eines andern durch einen stillen Stellvertreter. **91,** 16. — 2) Eigentumserwerb durch stillen Stellvertreter. **99,** 208; **100,** 190.
Stilliegeklausel. Auslegung der Stilliegeklausel bei der Seeversicherung. **95,** 227.
Stillschweigen. 1) Zur Bedeutung des Stillschweigens des Käufers gegenüber der Erfüllungsweigerung des Verkäufers. **91,** 347. — 2) Bedeutung des Stillschweigens auf ein Bestätigungsschreiben. **95,** 50, 95; **97,** 191. — 3) Bedeutung des Stillschweigens auf ein durch schlüssige Handlungen angenommenes Vertragsangebot. **95,** 96. — 4) Kann die Erklärung des Konkursverwalters, daß er die Erfüllung ablehne, durch bloßes Schweigen erfolgen? **96,** 295. — 5) Voraussetzungen einer stillschweigenden Genehmigung. **97,** 2.
Stillschweigende Vereinbarungen. 1) Deren Bedeutung im Recht der Schuldverhältnisse. **91,** 327. — 2) Voraussetzungen einer stillschweigenden Vereinbarung mit Angehörigen feindlicher Staaten. **94,** 76. — 3) Ganz stillschweigend, ohne jeden Ausdruck der Willensabsicht, kann sich ein rechtsgeschäftlicher Akt nicht vollziehen. **96,** 140; vgl. **96,** 295. — 4) Stillschweigende Vereinbarung eines Mäklerlohns. **95,** 139. — 5) Stillschweigende Vereinbarung der Leistung an einen Dritten i. S. des § 328 BGB. **98,** 212. — 6) Stillschweigender Verzicht. **100,** 162.
Stiftungen. 1) „Fromme und milde Stiftungen" i. S. des § 65 Reichsdeputationshauptschluß v. 25. Februar 1803. **94,** 188. — 2) Errichtung einer sog. unselbständigen Stiftung durch Auflage. **96,** 19.
Störer. Zum Begriff des Störers in § 1004 BGB. **92,** 24; **97,** 26.
Strafantrag. 1) Beginn der Antragsfrist des § 61 StGB bei Verbreitung von Druckschriften. **91,** 355. — 2) Strafantragsberechtigung wegen Verletzung des Briefgeheimnisses. **94,** 2.

Strafgedinge. Uneigentliches Strafgedinge. **95,** 203.
Straßenanliegerbeiträge. 1) Sind die Straßenanliegerbeiträge eine dingliche Last? **93,** 202. — 2) Müssen im Falle der Sonderrechtsnachfolge im Eigentum des Grundstücks die Anliegerbeiträge neu veranlagt werden? **93,** 202. — 3) Verwaltungszwangsverfahren zur Beitreibung der Beiträge. Rechtsweg? **93,** 202.
Straßenbahnen. 1) Schadenshaftung beim Zusammenstoß von Straßenbahnwagen und Kraftfahrzeug. **92,** 150. — 2) Zustimmungsverträge nach § 6 KleinbahnG; öffentlichrechtliche Natur, Rechtsweg. **92,** 311; **97,** 22. — 3) Rechtliche Natur der Tarifvereinbarungen zwischen Straßenbahnunternehmer und Wegeunterhaltungspflichtigen. **92,** 312. — 4) Vereinbarung freier Fahrt für die städtischen Beamten im Zustimmungsvertrage **93,** 79. — 5) Auslegung eines Vertrags über Erbauung und Betrieb einer Straßenbahn. **97,** 69.
Straßenverkehr. Aufmerksamkeitspflicht des Fußgängers auf der Straße; hat er auf Hindernisse zu achten, die seinen Weg nicht unmittelbar bedrohen? **95,** 154.
Streitgenossenschaft. S. Syst. Reg. § 285 S. 230.
Streitverkündung. Umfang der Rechtskraftwirkung des zwischen den Hauptparteien ergangenen Urteils gegenüber dem Litisdenunziaten. **97,** 296.
Streitwert. S. Syst. Reg. § 277 S. 227.
Streupflicht. Bedeutung observanzmäßiger Streupflicht. **93,** 125.
Stromaufsichtsbehörde. Grenzen ihres Wirkungskreises. **91,** 89.
Stückeverzeichnis. 1) Die Frist der §§ 3, 4 DepotG zur Übersendung des Stückeverzeichnisses wird durch dessen Absendung gewahrt. **95,** 256. — 2) Inhalt des Stückeverzeichnisses. **95,** 258. — 3) Geht das Recht zur Zurückweisung des Geschäfts wegen verspäteter Übersendung des Stückeverzeichnisses durch vorheriges Anerkenntnis des Geschäfts verloren? **95,** 259.
Stufengründung. Stempelpflicht bei Stufengründung einer Aktiengesellschaft nach Tarifnr. 25a PreußStempG v. 30. Juni 1909. **96,** 210.
Stundung. S. Syst. Reg. § 98 S. 97.
Subventionsvertrag. **92,** 171.
Sukzessivlieferungsgeschäfte. 1) Hat der Verzug mit einer Teilleistung bei ihnen die gleiche Wirkung wie der Verzug mit der ganzen Leistung? **97,** 136. — 2) Führt eine Mahnung vor Ablauf der für die ganze Lieferung bestimmten Frist Verzug auch hinsichtlich der noch nicht fälligen Teilleistungen herbei? **97,** 136. — 3) Zur Anwendung des § 17 KO bei Sukzessivlieferungsverträgen. **98,** 136.
Superdividende. Zum Begriff der Superdividende. **91,** 322.
Surrogation. 1) Anspruch auf Ersatzherausgabe bei Beschlagnahme und erzwungener Veräußerung der geschuldeten Sache. **91,** 260. — 2) Zum Begriffe des Erwerbs durch ein Rechtsgeschäft, das sich auf das betr. Vermögen bezieht, in den Surrogationsfällen der §§ 1370, 1473, 1524, 1526, 1554, 1638 Abs. 2 BGB. **92,** 141. — 3) Ist § 281 BGB

anwendbar, wenn der geschuldete Gegenstand zur Zeit des Eintritts der Unmöglichkeit der Leistung infolge Beschlagnahme als solcher noch nicht existierte, insbesondere bei Beschlagnahme der Rohstoffe, aus denen der geschuldete Gegenstand herzustellen war? **92**, 371. — 4) Ist § 281 BGB anwendbar bei beschränkten Gattungsschulden? **93**, 143; **95**, 23 — 5) Die Rechtsregel des dinglichen Ersatzes ist nicht allgemein gültig; ihre Wirkungen und ihr Umfang sind vielmehr nach den einzelnen sie betreffenden Bestimmungen zu ermessen. **94**, 22, 308. — 6) § 281 BGB betrifft nicht den dinglichen Ersatz. **94**, 23. — 7) Dinglicher Ersatz bei den Sondervermögen im Familien- und Erbrecht. **94**, 23. — 8) Surrogation im Sachenrecht. **94**, 23. — 9) Surrogation bei einem zur Sicherung von Forderungen eingegangenen Treuhandverhältnis. **94**, 308. — 10) Verpflichtung des Verkäufers für fremde Rechnung zur Ersatzherausgabe. **95**, 23. — 11) Surrogation im Falle des § 818 Abs. 1 BGB. **98**, 135.

T

Tabak. Gegenstand des täglichen Bedarfs. **98**, 294.

Tag der Verkündung. Eine mit dem „Tag der Verkündung" in Kraft tretende VO gilt mit dem Beginn dieses Tages. **91**, 339.

Tagegelder. 1) Ist der Anspruch der Gerichtsbeamten auf Tagegelder von ihrer Meldung zum Dienste abhängig? **92**, 263. — 2) Bestimmung der Tagegelder nach § 2 Abs. 2 PreußG betr. die Reisekosten der Staatsbeamten v. 26. Juli 1910. Was ist dort unter längere Zeit dauernder Beschäftigung zu verstehen? **92**, 259. — 3) Rechtliche Natur der Tagegelder. **94**, 223. — 4) Sind Tagegelder pensionsfähig? Sind sie einkommensteuerpflichtig? **94**, 226. — 5) Sind die Tagegelder einem außerhalb seines Wohnorts kommissarisch beschäftigten Beamten während seines Urlaubs fortzuzahlen? **94**, 223.

Täglicher Bedarf. 1) Gegenstände täglichen Bedarfs: Waschmittel. **98**, 62; Zigarren und Tabak. **98**, 294; Kognakverschnitt. **99**, 50; Erlensperrholz. **99**, 157. — 2) Zum Begriff der Gegenstände des täglichen Bedarfs in der PreistrVO. **98**, 294.

Talonstempel. 1) Auch Aktiengesellschaften, welche satzungsgemäß keinen Gewinn verteilen, sind dem Talonstempel unterworfen. Einwirkung einer rechtlichen Unmöglichkeit der Gewinnverteilung? **92**, 334, 335. — 2) Rechtliche Natur der Talonsteuer. **92**, 334; **96**, 327. — 3) Zur Berechnung der steuerfreien Zeit nach Tarifnr. 3A Befreiungsvorschrift 3 RStempG v. 15. Juli 1909. **92**, 332. — 4) Die Befreiungsvorschrift 4 der Tarifnr. 3A des RStempG v. 15. Juli 1909 greift bei einer dem ordnungsmäßigen Geschäftsgange zuwider vorzeitig erfolgten Ausgabe der Gewinnanteilscheinbogen nicht Platz. **96**, 326.

Tantieme. 1) Zum Begriff der Tantieme. **91**, 321. — 2) Zur Berechnung der Tantiemen des Vorstandes und des Aufsichtsrats einer Aktiengesellschaft. **91**, 314, 316. — 3) Für die Berechnung der Tantieme des Vorstands der Aktiengesellschaft ist auch die Sonderrücklage nach § 1 G. v. 24. Dezember 1915 über vorbereitende Maßnahmen zur Besteuerung der Kriegsgewinne vom Kriegsgewinn abzuziehen. **93,** 147. — 4) Tantiemesteuer. **93,** 185.

Tarife. 1) Zur Auslegung der Tarifbestimmungen des IntFrachtÜb **93,** 95. — 2) Zum Begriff des direkten Tarifs. **93,** 275. — 3) Erfordernisse der Fassung und der Veröffentlichung von Eisenbahntarifen. **93,** 277, 279; **99,** 251. — 4) Zur Auslegung des § 6 Abs. 1 EisenbVerkO. **93,** 280.

Tarifvereinbarungen. Öffentlichrechtliche Natur der Tarifvereinbarungen zwischen Kleinbahnunternehmer und Wegeunterhaltungspflichtigen. Rechtsweg. **92,** 312.

Tatbestand. Erfordernisse des Tatbestands nach § 313 ZPO und § 24 BRVO v. 9. September 1915 zur Entlastung der Gerichte. **91,** 62; **96,** 10.

Tatsache. 1) Zum Begriff der Tatsachen in § 824 BGB, § 14 UWG, §§ 186, 187 StGB. **94,** 273; **98,** 38. — 2) Zum Begriff der Tatsachen in § 291 ZPO. **99,** 71.

Tatsächliche Vorteile. Berücksichtigung des Verlustes oder der Beeinträchtigung tatsächlicher Vorteile bei der Enteignungsentschädigung. **91,** 87.

Taxierte Police. Ihre Bedeutung für die Berechnung der Entschädigung, insbesondere im Falle einer vor dem Totalverlust eintretenden Beschädigung des versicherten Guts. **94,** 104.

Tee. Ist der Rechtsweg zulässig für den Anspruch auf Bezahlung des Übernahmepreises nach §§ 5, 7 der Bekanntm. über Tee v. 6. April 1916? **91,** 388.

Teilnichtigkeit. 1) Arglisteinrede gegenüber der Geltendmachung der Nichtigkeit des ganzen Geschäfts nach § 139 BGB. **91,** 359. — 2) Voraussetzungen der Anwendung des § 139 BGB. **93,** 338. — 3) Zur Anwendung des § 139 BGB bei der facultas alternativa. **94,** 61. — 4) Im Zweifel sind alle Bestimmungen eines Vertrags für die Anwendung des § 139 BGB als ein zusammenhängendes einheitliches Ganzes anzusehen. **94,** 149. — 5) Findet § 139 BGB Anwendung auf Gesamtschuldverhältnisse? **99,** 52.

Teilung. 1) Teilung in Natur nach § 752 BGB. **91,** 416. — 2) Teilung von Kuxen alten Rechts. **91,** 416.

Teilurteil. S. Syst. Reg. § 321 II S. 244.

Telegraphenbeförderungsvertrag. Keine entsprechende Anwendung der §§ 434, 435 HGB auf ihn. **91,** 65.

Telegraphenkabel. Haftung des Postfiskus für Verschulden bei Verlegung von Telegraphenkabeln. **91,** 273.

Telegraphenordnung, TelegraphenO v. 16. Juni 1904; ihr rechtlicher Charakter; keine Anwendung des § 21 I auf das Verhältnis zwischen Telegraphenverwaltung und Empfänger. **91,** 64.

Telegraphenrecht, Telegraphenwegegesetz. S. Syst. Reg. § 165 S. 172.

Telephonanschlußvertrag. Haftung des Fernsprechteilnehmers aus Verschulden bei Benutzung des Fernsprechers, auch für seine Erfüllungsgehilfen. **98,** 343.

Territorialitätsprinzip. Seine Geltung für die KonkursO. **100,** 242.

Testament. S. Syst. Reg. § 201 S. 184, Auslegung § 201 IV S. 184, Errichtung § 201 I S. 184, korrespektives § 201 VI S. 185.

Testamentsprotokoll. Bedeutung des Testamentsprotokolls und seiner Genehmigung, insbesondere für die Feststellung der Erklärung des Erblassers, daß die übergebene Schrift seinen letzten Willen enthalte. **92,** 27.

Testamentsrichter. Verschulden bei Anwendung des § 2244 BGB. **97,** 295.

Testamentsvollstrecker. S. Syst. Reg. § 201 VII S. 185.

Testamentsvollstreckerzeugnis. Wie ist der Gegenbeweis gegen die Vermutung der §§ 2368 Abs. 3, 2365 BGB zu führen? **92,** 71.

Testierfreiheit. Ihre Einschränkung durch das Pflichtteilsrecht; Einwirkung vorliegender Gründe zur Entziehung des Pflichtteils. **92,** 3.

Theaterunternehmer. 1) Zeitliche Begrenzung des Gebrauchs von der Kriegsklausel. **91,** 57. — 2) Kündigungsrecht nach § 626 BGB. **91,** 59 — 3) Kann dem Theaterunternehmer im Bühnenvertrag die Befugnis eingeräumt werden, einseitig den Vertrag zu verlängern oder beliebig zu kündigen? **91,** 330.

Tierhalter. Ausgleichungspflicht zwischen Tierhalter und Kraftwagenhalter. **96,** 131.

Tierschaden. 1) Verhältnis des § 833 BGB zu § 823 und § 829. **94,** 221. — 2) Die Verletzung „durch ein Tier" umfaßt auch die mittelbare adäquate Verursachung. **97,** 114.

Tod im Felde. Ist er als eine Dienstbeschädigung i. S. des § 12 MilHinterblG anzusehen? **93,** 310.

Todeserklärung. Todeserklärung Kriegsverschollener nach der BRVO v. 18. April 1916. **93,** 109.

Totalisator. Klagbarkeit der Wetteinsätze am Totalisator. **93,** 349.

Totalverlust. 1) Bedrohung mit der Gefahr des Totalverlustes. **92,** 254, **94,** 220. — 2) Zum Begriff des Totalverlustes. **95,** 277; **96,** 153, 235. — 3) Ist beim Cif-Abladegeschäft aus der Vereinbarung, daß die Versicherung „free of war **risk**" genommen werden solle, zu folgern, daß der Käufer die Gefahr des Totalverlustes tragen soll? **96,** 232. — 4) Kann der Beweis des Totalverlustes nur durch urkundliche Belege geführt werden? **97,** 319.

Tötung. Tötung durch Militärposten; Haftung des Reichs auf Schadensersatz wegen unzureichender Unterweisung des Postens. **91,** 9.

Trachten nach dem Leben. i. S. des § 1566 BGB. **100,** 114.

Transitpreis. Verkauf zum Transitpreis in den Freihafen; nachträglicher Wegfall des Einfuhrzolls. **94,** 244.

Transportgefahr. 1) Zum Begriffe der Transportgefahr (§ 447 BGB). **93,** 331. — 2) Zur Unterscheidung zwischen der gewöhnlichen Transportgefahr und der Verzögerungsgefahr. **95,** 81. — 3) Gefahrübergang beim Cif-Abladegeschäft. **93**, 168; **96**, 230. — 4) Welche Bedeutung hat die Vereinbarung, daß die Versicherung gegen Kriegsgefahr genommen werden solle, für die Übernahme der Transportgefahr? **96**, 232 — 5) Wann geht nach § 447 BGB die Gefahr auf den Käufer über, wenn der Verkäufer die Ware durch seine eigenen Leute zur Bahn schaffen läßt? **96**, 258.

Transportversicherung. 1) Reglementmäßige Einlieferung des Frachtguts an die Bahn als Voraussetzung des Anspruchs auf die Versicherungssumme. **94**, 117. — 2) Transport- oder Feuerversicherung? **95**, 157. — 3) Abandon bei der Landtransportversicherung. **96**, 310.

Treibjagd. Fahrlässigkeit bei solcher; zur Anwendung des § 830 Abs. 1 Satz 2 BGB. **98**, 58.

Trennung der Gewalten. Grundsatz der Trennung der Gewalten im französischen Recht. **91**, 296.

Treu und Glauben. S. Syst. Reg. § 91 II S. 79.

Treuhänderische Abtretung. 1) Deren Eigenart. 92, 106. — 2) Unwirksamkeit der Abtretung wegen Abtrennung des Rechtes zur Einziehung der Forderung. **92**, 108.

Treuhandverhältnis. 1) Einfluß des Treuhandverhältnisses auf die Zugehörigkeit des davon betroffenen Gegenstandes zur Konkursmasse und auf die Anwendung des § 64 KO. **91**, 14. — 2) Kann der Treuhandgeber der Pfändung des Vermögensgegenstandes durch einen Gläubiger des Treuhänders mit der Widerspruchsklage entgegentreten? **91**, 14. — 3) Zum Begriff des Treuhandverhältnisses. Ein solches Verhältnis liegt nicht vor, wo jemand einen Gegenstand lediglich für Rechnung und im Interesse eines andern als stiller Stellvertreter für diesen von einem Dritten erworben hat. **91**, 16. — 4) Rechte des Treuhänders an dem zur Sicherheit ihm Übereigneten. **91**, 279. — 5) Eigenart der treuhänderischen Abtretung. **92**, 106. — 6) Zum Begriffe des Treuhandverhältnisses. **92**, 342. — 7) Aussonderungsrecht des Treugebers im Konkurse des Treuhänders. **94**, 24, 307. — 8) Dem Treugeber steht an dem Erlöse des von dem Treuhänder verkauften Treuguts, der an den Treuhänder vor Eröffnung des Konkurses gezahlt ist, kein Aus- oder Absonderungsanspruch zu. **94**, 307. — 9) Voraussetzungen des fiduziarischen Eigentums. **94**, 308. — 10) Surrogation bei einem zur Sicherung von Forderungen eingegangenen Treuhandverhältnis. **94**, 308. — 11) Zum Begriff des Treuhänders. **99**, 24. — 12) Enthält die Beilegung der Bezeichnung als „Treuhänder" seitens eines Bücherrevisors und Maklers einen unlauteren Wettbewerb? **99**, 23. — 13) Treuhänder als Firmeninhaber. **99**, 158.

Tuberkulose. Pflicht des Staates zur Entseuchung von Dienstwohnungen, wenn in der Familie des bisherigen Inhabers der Wohnung Tuberkulose aufgetreten ist. **91**, 25.

Tumultschaden, Tumultgesetz, preuß., v. 11. März 1850, ReichsG v. 12. Mai 1920. S. Syst. Reg. § **147** II S. 158.

Typische Vertragsbestimmungen. Auslegung durch das Revisionsgericht. **96**, 209; **98**, 122.

U

Übergabe behufs Eigentumsübertragung. S. Syst. Reg. § 54 S. 62.
Übergang, gesetzlicher, von Forderungen und andern Rechten. S. Syst. Reg. § 113 S. 108, von Schuldverbindlichkeiten § 114 II S. 109
Übergang von Hypotheken. S. Syst. Reg. § 77 IV S. 69.
Übergründung. Haftung der Gründer einer GmbH wegen betrügerischer Überwertung von Sacheinlagen. **100,** 175.
Überlassung von Gesellschaftsrechten. Stempelpflicht. **93,** 245.
Übernahmepreis. Zum Begriff des Übernahmepreises in den Kriegsgesetzen und -verordnungen. **98,** 40.
Überpfändung. Ist eine solche allgemein unzulässig? **98,** 109.
Übersendungskauf. 1) Zum Begriff des Übersendungskaufs. **96,** 259. – 2) Wann geht beim Übersendungskauf die Gefahr auf den Käufer über, wenn der Verkäufer die Ware durch seine eigenen Leute zur Bahn schaffen läßt? **96,** 258.
Übertragung. Zum Begriff der Übertragung im BGB und in Tarifnr. 10 WUmsStG. **92,** 350.
Übertragung des Eigentums an beweglichen Sachen. S. Syst. Reg. § 54 S. 62.
Übertragung von Forderungen und anderen Rechten. S. Syst. Reg. § 112 S. 107.
Überweisung. 1) Die Überweisung zur Einziehung gibt dem Pfändungsgläubiger nicht die Rechte des Zessionars. **94,** 10. — 2) Rechtliche Wirkungen der Überweisung zur Einziehung; Schutz des Gläubigers gegen Zwangsvollstreckungsmaßregeln nachpfändender Gläubiger. **97,** 41.
Überwiegende Beteiligung i. S. des § 6 Abs. 2 TelWG. **94,** 185.
Umschaffung (Novation). Begründung einer Leibrente durch novierenden Vergleich. **91,** 7.
Umtauschvertrag. **94,** 330.
Umwandlungsklage (§ 323 ZPO). S. Syst. Reg. § 304 S. 240.
Unabwendbarer Zufall. 1) Bildet die unberechtigte Ablehnung der Protokollierung des Armenrechtsgesuchs durch den Gerichtsschreiber einen unabwendbaren Zufall i. S. des § 233 ZPO? **91,** 26. — 2) Zum Begriff des unabwendbaren Zufalls in § 233 ZPO. **94,** 343; **96,** 323.
Unabwendbares Ereignis. Zum Begriffe des unabwendbaren Ereignisses in § 7 KFG. **92,** 39.
Unbewegliches Vermögen. Örtliches Recht der Erbfolge in das unbewegliche Vermögen in Österreich, Belgien und Rußland. **91,** 141.
Unechte Geschäftsführung. Zur Anwendung des § 687 Abs. 2 BGB **100,** 145.
Uneheliche Kinder. S. Syst. Reg. § 189 S. 181.
Unentgeltliche Verfügung. Zum Begriff der unentgeltlichen Verfügung in § 32 KO. **92,** 227.

Unerlaubte Handlungen. S. Syst. Reg. § 145 S. 147.
Unfall. 1) Zum Begriff des Unfalls im Seerecht. **93,** 170. — 2) Zum Begriff des Unfalls i. S. der Versicherungsbedingungen. **97, 189.**
Unfallverhütungsvorschriften. 1) Die Unfallverhütungsvorschriften der Berufsgenossenschaften sind nicht Schutzgesetze i. S. des § 823 Abs. 2 BGB, aber für die Betriebsunternehmer bindende Vorschriften **95,** 182, 240. — 2) Einwirkung der Nichtbefolgung der Unfallverhütungsvorschriften auf die Beweislast. **95,** 240.
Unfallversicherung. S. Syst. Reg. § 137 V S. 138, Reichsunfallversicherung § 137 IX S. 140.
Ungerechtfertigte Bereicherung. S. Syst. Reg. § 144 S. 144.
Unlauterer Wettbewerb. S. Syst. Reg. § 160 S. 165.
Unmöglichkeit der Leistung. S. Syst. Reg. **§ 92** S. 82.
Unteilbarkeit der Gefahr. Grundsatz der Unteilbarkeit der Gefahr in § 157 ASVB; Auslegung von Policeklauseln, die abweichendes bestimmen. **95,** 227; **100,** 217.
Unterbrechung der Ver.ährung. S. Syst. Reg. § 13 III S. 24.
Unterbrechung des ursächlichen Zusammenhangs. 1) Wegfall der Ersatzpflicht, wenn nach einem Unfall ein davon unabhängiges Ereignis eintritt, das denselben Schaden verursacht haben würde. **95,** 67. — 2) Das bloße Nichtwirkenlassen eines Motivs zur Vornahme einer Handlung, die dem durch eine andere Ursache angeregten Kausalverlauf entgegenwirken könnte, unterbricht nicht diesen Kausalverlauf. **96,** 246. — 3) Wird durch Unterlassung der gerichtlichen Geltendmachung des Vermieterpfandrechts der ursächliche Zusammenhang zwischen der Verletzung dieses Rechts und dem daraus erwachsenen Schaden des Vermieters unterbrochen? **98, 346.**
Unterbrechung des Verfahrens nach § 1 Abs. 2 AusfGzFriedensvertrag und § 11 AusgleichungsG v. 24. April 1920. **99, 243.**
Unterfrachtvertrag. 1) Bedeutung des Konnossements beim Unterfrachtvertrag. **98,** 187. — 2) Haftet der Unterverfrachter aus dem Konnossemente, das der Schiffer des gecharterten Schiffs auf einem Formular des Unterverfrachters ausgestellt hat? **98,** 186.
Unterhalt. Zum Begriff des Unterhalts nach § 2 Abs. 2 G., betr. die Entschädigung der im Wiederaufnahmeverfahren freigesprochenen Personen. **92,** 301.
Unterhaltsanspruch. 1) Der Unterhaltsanspruch des unehelichen Kindes nach § 1708 Abs. 1 BGB ist nicht von der Bedürftigkeit des Kindes abhängig. **96,** 145. — 2) Kann der Unterhaltsanspruch nach § 1360 BGB mit der Klage auf Herstellung des ehelichen Lebens verfolgt werden? **97,** 288.
Unterhaltsberechtigter. 1) Schadensersatzanspruch des Unterhaltsberechtigten nach § 844 Abs. 2 BGB § 10 Abs. 2 KraftfG; Anrechnung der ihm durch den Tod des Unterhaltspflichtigen erwachsenen Vorteile. **91,** 398. — 2) Anspruch der Unterhaltsberechtigten auf Schadensersatz nach § 2 Abs. 2 G., betr. die Entschädigung der im Wiederaufnahmeverfahren freigesprochenen Personen. **92,** 299.

Unterhaltspflicht der Verwandten. S. Syst. Reg. § 186 S. 179.

Unterlassung. 1) Die für den Fall einer Unterlassung angedrohte Rechtsverwirkung tritt nicht ein, wenn die Unterlassung nicht auf ein schuldhaftes Verhalten des Verpflichteten sondern auf von diesem nicht zu vertretende Umstände zurückzuführen ist. **95,** 202. — 2) Für Unterlassungen wird nach § 823 BGB nur dann gehaftet, wenn eine Rechtspflicht zum Handeln besteht und diese schuldhaft verletzt wird **97,** 12.

Unterlassungsklage. S. Syst. Reg. § 95a S. 96.

Unternehmen. 1) Zum Begriff des Unternehmens. **94,** 108; **95,** 238. — 2) Kann ein gewerbliches Unternehmen als Ganzes gepfändet werden? **95,** 237.

Unternehmer. Zum Begriff des Unternehmers in der RVO. Zu §§ 633, 634 RVO. **93,** 322; **98,** 252.

Unterstützungsfonds. Zuwendungen zum Unterstützungsfonds für die Beamten einer Aktiengesellschaft als Rücklagen i. S. der §§ 237, 245 Abs. 1 HGB. **91,** 314.

Untersuchungspflicht des Käufers. S. Syst. Reg. § 239 S. 204.

Untervermietung. Zum Kündigungsrecht des Mieters wegen verweigerter Erlaubnis zur Untervermietung. **92,** 120.

Unterweser. Eigentum des preußischen und oldenburgischen Staats an der Unterweser; Fischereiberechtigung der Bremer Fischergilde. **94,** 34.

Unvermögen des Schuldners zur Leistung. S. Syst. Reg. § 92 S. 82.

Unzuständiges Gericht. 1) Wird durch die Klagerhebung bei einem solchen eine Ausschlußfrist gewahrt? **92,** 40, 45. — 2) Wird durch Klagerhebung bei einem unzuständigen Gericht die Verjährung unterbrochen? **92,** 45. — 3) Zur Bedeutung des § 505 ZPO. **92,** 44.

Urheberrecht. Beschränkung der Zwangsvollstreckung in das Urheberrecht. **95,** 236.

Urkundenbeweis. S. Syst. Reg. § 315 S. 242.

Urkundenprozeß. S. Syst. Reg. § 334. S. 252.

Urkundenstempel. Der Urkundenstempel trifft die zur Herbeiführung der Rechtsänderung erforderliche beurkundete rechtsgeschäftliche Erklärung, auch wenn sie für sich allein noch nicht die beabsichtigte Rechtswirkung zur Folge hat. **93,** 247.

Urlaub. Sind einem außerhalb seines Wohnortes kommissarisch beschäftigten Beamten während seines Urlaubs die Tagegelder fortzuzahlen? **94,** 223.

Ursächlicher Zusammenhang. 1) Zum Begriff des ursächlichen Zusammenhangs. **91,** 11, 177, 349; **92,** 60; **93,** 3, 22, 60, 145, 285; **94,** 10, 32, 195; **95,** 72, 103, 249, 238; **96,** 76, 219, 246, 249; **97,** 114; **98,** 54, 56, 60, 346; **100,** 90. — 2) Ursächlicher Zusammenhang bei Anwendung des § 281 BGB. **91,** 261. — 3) Adäquater Zusammenhang zwischen Unfall und Vorteilsfolge als Voraussetzung der Vorteilsausgleichung. **92,** 60; **93,** 145. — 4) Ursächlicher Zusammenhang bei Anwendung des § 254 BGB. **93,** 285. — 5) Ursächlicher Zusammenhang zwischen Ausübung eines Hoheitsrechts und Schadenszufügung. **96,** 76, 219. — 6) Zur Begründung des ursächlichen Zusammenhangs zwischen Vertragsverletzung durch Wahl eines ungeeigneten Sachverständigen und Schaden. **96,** 249. — 7) Beweislast für den ursächlichen Zusammenhang. **97,** 13. — 8) Ursächlicher Zusammenhang zwischen Einsturz und Schaden in § 836 BGB. **97,** 114. — 9) Adäquater Zusammenhang bei zeitlich weit auseinander liegenden Ereignissen. **95,** 75. — 10) Zum Begriff des ursächlichen Zusammenhangs im Versicherungsvertragsgesetz und in den Allg. Versicherungsbedingungen. **99,** 283.

Urteil. S. Syst. Reg. §§ 320flg. S. 244, sachliche Rechtskraft des Urteils § 19 S. 28, formelle § 323 IV S. 246.

V

Valutaschuld. Verhältnis der Goldklausel zu der Klausel, daß der deutsche Schuldner die Gefahr des Sinkens der deutschen Valuta zu tragen habe. Unter welchen Umständen verstößt ein Gebrauchmachen von der letzteren Klausel gegen Treu und Glauben oder gegen die guten Sitten? **100,** 79. — S. auch Währung.

Veränderte Umstände. S. Clausula rebus sic stantibus.

Veranlassungsprinzip. S. Verursachungsprinzip.

Veräußerung. 1) Zum Begriff der Veräußerung. **92,** 36. — 2) Zum Begriff der Veräußerung in § 46 KO. **94,** 25; **98,** 146.

Veräußerung landwirtschaftlicher Grundstücke. Zur Anwendung der BRVO v. 15. März 1918 über die Veräußerung landwirtschaftlicher Grundstücke. **98,** 244.

Veräußerungsverbot. S. Syst. Reg. § 36 III S. 49.

Verbandstoffe. Verbandstoffe als Arzneimittel i. S. des § 376 RVO. **95,** 205.

Verbindlichkeit. Begriff der Verbindlichkeit in § 278 BGB. **99,** 264.

Verbotene Rechtsgeschäfte. S. Syst. Reg. § 36 I S. 46.

Verdeckter Stellvertreter. Eigentumserwerb durch ihn. **99,** 208; **100,** 190.

Vereine, eingetragene. S. Syst. Reg. § 22 VI 1 S. 33, nicht rechtsfähige § 22 VI 2 S. 33.

Vereinigte Staaten von Amerika. 1) Der Vertrag zwischen dem Deutschen Reiche und den Vereinigten Staaten betr. den gegenseitigen gewerblichen Rechtsschutz v. 23. Februar 1909 ist durch den Kriegsausbruch nicht berührt. Die Vorschriften des § 11 Abs. 1 PatG über den Lizenzzwang werden durch den Vertrag nicht berührt. **93,** 53. — 2) Right of stoppage in transitu. **98,** 337.

Vereinigte Zivilsenate des Reichsgerichts. Zur Anwendung des § 137 GVG. **93,** 144; **96,** 157; **98,** 150, 164; **100,** 134.

Verfallklausel. 1) Vereinbarung eines Übernahmepreises für das verfallende Pfand; zur Anwendung des § 1149 BGB. **92,** 104. — 2) Verkaufsangebot unter der Vereinbarung, daß die zu leistende Anzahlung bei Nichtannahme des Angebots verfalle. Verfällt die Anzahlung auch dann, wenn die Nichtannahme des Angebots durch Umstände herbeigeführt ist, die der Antragsempfänger nicht zu vertreten hat? **95,** 199.

Verfassung des Deutschen Reiches v. 11. August 1919. 1) Rechtsweg für die vermögensrechtlichen Ansprüche der Berufssoldaten aus ihrem Dienstverhältnis nach Art. 129 Abs. 4. **99,** 261. — 2) Wird durch Art. 129 Abs. 1 eine Anordnung ausgeschlossen, daß der Beschreitung des Rechtswegs ein Verwaltungsvorbescheid vorauszugehen hat? **99,** 262.

Verfassungsmäßige Vertreter. Zum Begriff der verfassungsmäßig berufenen Vertreter in § 31 BGB. **91,** 2, 4.

Verfolgungsrecht. 1) Unterschied von der Gegenorder des Absenders **98,** 337. — 2) Werden durch das Verfolgungsrecht des Abladers die Ansprüche des Konnossementsinhabers beeinflußt? **98,** 337.

Verfügungen. 1) Rechtsweg in Beziehung auf polizeiliche Verfügungen s. Syst. Reg. § 270 II S. 220. — 2) Zum Begriff der Verfügung im BGB und in § 4 BRVO v. 24. Juni 1915 über die Sicherstellung von Kriegsbedarf. **92,** 35; **99,** 124. — 3) Zum Begriff der „Verfügung über einen Gegenstand" in § 135 BGB. **92,** 401. — 4) Zum Begriff der rechtsgeschäftlichen Verfügung im BGB und in § 4 BRVO über die Beschlagnahme von Fässern v. 28. Juni 1917. **94,** 82. — 5) Inwieweit sind dem § 719 BGB zuwiderlaufende Verfügungen rechtswirksam? **92,** 400; **93,** 294. — 6) Wirkungslosigkeit der Verfügungen im Zwangsvollstreckungswege, wenn dem Vollstreckungsschuldner die Verfügungsbefugnis fehlt. **97,** 227. — 7) Verfügungen des Vorsitzenden im Prozesse; sie erlangen erst mit der Zustellung Wirksamkeit. **96,** 350. — 8) Erfordernis der Bestimmtheit des Gegenstands einer Verfügung mit dinglicher Wirkung. **98,** 313.

Verfügungen der Verwaltungsbehörden. Zum Begriff der Verfügungen der Verwaltungsbehörden in § 70 Abs. 3 GVG und § 29 Hamburg. AusfGzGVG. **92,** 174.

Verfügungen von hoher Hand. Ihre Bedeutung für die Kriegsversicherung. **92,** 250, 251, 253; **96,** 311.

Verfügungen im Zwangsvollstreckungswege. Sie sind wirkungslos, wenn dem Vollstreckungsschuldner die Verfügungsbefugnis fehlt; kein Einfluß des guten Glaubens. **97,** 227.

Verfügungsverbot. Bedingte Wirksamkeit des eine vorläufige Eigentümergrundschuld betreffenden Verfügungsverbots. **97,** 227.

Vergleich. S. Syst. Reg. § 140 I S. 143.

Vergütung. Zum Begriff der Vergütung, insbesondere in Tarifnr. 9 RStempG. **93,** 186.

Verhandlungsgrundsatz. S. Syst. Reg. § 295 S. 234.

Verjährung. S. Syst. Reg. § 13 S. 22.

Verjährung der Strafverfolgung. Die Verjährung der Strafverfolgung wegen einer durch Herausgabe und Verbreitung einer Druckschrift begangenen strafbaren Handlung beginnt erst mit der Beendigung der Verbreitungstätigkeit. **91,** 355.

Verjährungsfristen, Bekanntm. über die —, v. 22. Dezember 1914, 4. November 1915 und 26. Oktober 1916. Finden diese Bekanntm. Anwendung auf die Verjährung des Frachtzuschlags nach den IntFrachtÜb v. 14. Oktober 1890? **95,** 33.

Verkaufsandrohung. Genügt zur Wirksamkeit der Verkaufsandrohung nach § 384 BGB, daß sie dem einen Gläubiger nur persönlich und nicht auch ausdrücklich in seiner Eigenschaft als Bevollmächtigter des Mitgläubigers zugestellt wird? **94,** 143.

Verkaufsangebot. Vereinbarung, daß die zu leistende Anzahlung bei Nichtannahme des Angebots verfalle. Wirkt die Verfallsklausel auch, wenn der Antragsempfänger durch von ihm nicht zu vertretende Umstände an der Annahme des Angebots verhindert war? **95,** 199.

Verkaufsstelle. Verkaufsvereinigung. 1) Findet die Befreiungsvorschrift der Tarifnr. 32 Abs. 10 Nr. 3 PreußStempG v. 30. Juni 1909 Anwendung auf Verträge, die von einer mit selbständiger Rechtspersönlichkeit ausgestatteten Verkaufsstelle von Gewerbetreibenden geschlossen sind? **92,** 275. — 2) Unterliegen die durch eine Verkaufsvereinigung mit selbständiger Rechtspersönlichkeit betätigten Warenumsätze einer mehrfachen Warenumsatzsteuer? **92,** 352.

Verkehrsauffassung. 1) Berücksichtigung der Verkehrsauffassung bei der Begrenzung des Leibrentenvertrags. **91,** 8. — 2) Bedeutung der Verkehrsanschauung über die rechtliche Natur des Vertriebs von Postkarten, Blumen usw. in Gastwirtschaften für die Anwendung des § 41 a GewO. **91,** 241. — 3) Bedeutung der Verkehrsanschauung über die Stellung des Schleppereigners und des Schlepperführers zum Frachtführer. **91,** 246. — 4) Bedeutung des Auftrags, Wertpapiere des Auftraggebers „nach Weisung" eines Dritten zu verwenden, nach der Auffassung der Verkehrssitte. **93,** 233. — 5) Entscheidung des Gerichts aus eigener Sachkunde über das Bestehen einer Verkehrsauffassung. **94,** 116. — 6) Grundsatz, daß jeder seine Handlungen so gegen sich gelten zu lassen hat, wie sie von den Verkehrsanschauungen aufgefaßt werden. **95,** 124. — 7) Berücksichtigung der Verkehrsanschauung hinsichtlich der Untersuchungspflicht nach § 377 HGB. **96,** 175. — 8) Berücksichtigung der Verkehrsanschauungen über das, was der Grundstückseigentümer an Einwirkungen des Luftverkehrs sich gefallen lassen muß. **97,** 27. — 9) Berücksichtigung von Verkehrsanschauungen und Verkehrsauffassungen bei der Auslegung von Willenserklärungen. **97,** 143. — 10) Bedeutung der Verkehrsanschauung für die Frage, ob eine Ware als eine „andere" i. S. des § 378 HGB anzusehen ist. **99,** 38.

Verkehrsbedürfnis. Verkehrsbedürfnis als Grund der Zulassung einer Klage auf Berichtigung des Grundbuchs seitens des Verkäufers nach erfolgter Auflassung, wenn er vom Käufer zur Prozeßführung in eigenem Namen ermächtigt ist. **91,** 396.

Verkehrssicherheit. Haftung des Eigentümers und des Pächters einer Gastwirtschaft für Verkehrssicherheit. **92,** 359.

Verkehrssteuer. 1) Zum Begriff der Schienenbahnen i. S. des Verkehrssteuer G v. 8. April 1917. **97,** 154. — 2) Zum Begriff der Betriebsanlage in § 3 Abs. 3 Nr. 2a VerkehrssteuerG. **98,** 179.

Verkehrswert. Minderung des Verkehrswerts eines Grundstücks infolge der durch den Bergbau drohenden Gefahr als Schaden nach § 148 ABG. **95,** 78.

Verladungsanzeige. Auslegung; Bedeutung der Verladungsanzeige für den Gefahrübergang beim Gattungskauf. **92,** 129; **93,** 172.

Verladungsgefahr. Zur Haftung der Eisenbahn für den Schaden, der aus der mit dem Aufladen oder mit einer mangelhaften Verladung verbundenen Gefahr entsteht. **100,** 86.

Verlagsrecht. Zum Begriff der Verlagsrechte. **95,** 236.

Verlagsvertrag. Stempelpflicht. **92,** 170.

Verletzter. Zum Begriffe des „Verhaltens des Verletzten" in § 7 Abs. 2 Satz 2 KFG. **92,** 39.

Verlöbnis. S. Syst. Reg. § 172 S. 175.

Verlust. Zum Begriffe des Verlustes in § 429 HGB und in Nr. 8 der Allg. Beförderungsbedingungen des Vereins deutscher Spediteure. **94,** 99.

Vermächtnis. S. Syst. Reg. § 202 S. 186.

Vermieterpfandrecht. Schadensanspruch wegen Verletzung des gesetzlichen Pfandrechts des Vermieters. **98,** 346.

Vermögen. Deutschrechtlicher Vermögensbegriff in § 419 BGB. **92,** 85.

Vermögensschaden. 1) Setzt § 249 BGB die Entstehung eines Vermögensschadens voraus? **94,** 3. — 2) Voraussetzungen der Ersatzpflicht für Vermögensbeschädigung. **95,** 174.

Vermögensübernahme. Zum Begriff der Übernahme eines Vermögens durch Vertrag in § 419 BGB. Voraussetzungen und entsprechende Anwendung des § 419 BGB. **92,** 85.

Vermögensübertragung. Keine Anwendung des § 311 BGB auf die Veräußerung einer Mehrheit von Vermögensstücken, auch wenn sie das ganze Vermögen des Veräußerers ausmachen. **94,** 315.

Vermutung der Vollständigkeit und Richtigkeit der über ein Rechtsgeschäft errichteten Urkunde. 1) Zur Anwendung dieser Vermutung auf in Österreich geschlossene Verträge. **93,** 26. — 2) Vermutung der Vollständigkeit der Bürgschaftsurkunde hinsichtlich der Verpflichtungen des Bürgen. **95,** 126. — 3) Die Vermutung greift nicht platz, wenn die Urkunde nicht von der Partei, sondern von einem Dritten mit seinem Namen unterschrieben ist, ohne dessen Verhältnis zur Partei anzugeben. **96,** 289.

Vermutungen, gesetzliche. S. Syst. Reg. § 18 II S. 27.

Vermutungen, tatsächliche. Vermutung, daß die Schutzgerüste nicht in Ordnung, wenn ein Vorübergehender durch einen vom Bau herabfallenden Gegenstand getroffen. **95,** 69.

Verordnungen. S. Syst. Reg. § 4 S. 12.
Verrechnung. 1) Gegenseitige Verrechnung und Barzahlung. **94,** 64. — 2) Unzulässige Tilgung der Einlageschuld des Gesellschafters einer GmbH durch Verrechnung. **98,** 307.
Verrechnungsscheck. 1) Der Rückgriff wegen Nichteinlösung gegen den Aussteller kann ohne weiteres auf die Zahlung der Schecksumme gerichtet werden. **95,** 242. — 2) Wie ist der Vermerk „nur zur Verrechnung" auf dem Scheck anzubringen? **100,** 34. — 3) Haftet der Bezogene für den Schaden, der durch verbotswidrige Bareinlösung des Schecks entstanden ist, auch dem (befugten) Inhaber des Schecks? **100,** 32.
Verrichtung. Zum Begriff der Verrichtung in § 831 BGB. **91,** 364.
Versäumnisurteil. S. Syst. Reg. § 322 II S. 245.
Verschaffungsansprüche. **98,** 145.
Verschleierte Schenkung. **98,** 127.
Verschulden. S. Syst. Reg. § 42 S. 54.
Verschulden beim Vertragsschluß. **93,** 165; **95,** 60; **97,** 336.
Verschuldungsprinzip. 1) Es ist in den §§ 823 flg. BGB als Regel festgehalten; keine Ausnahme bei der Verletzung des Namensrechts. **95,** 271. — 2) Verschuldungs- und Verursachungsprinzip im BGB. **97,** 291; **98,** 348; **99,** 98; **100,** 72.
Versender. 1) Ansprüche des Versenders aus dem Rechtsverhältnis zwischen Spediteur und Frachtführer. **92,** 11. — 2) Ansprüche des Versenders gegen die Eisenbahnverwaltung bei Vernichtung oder Beschädigung a) von Frachtgut, b) von Postpaketen. **92,** 8, 10.
Versendungskauf. 1) Kann beim Versendungskauf der Verkäufer sich auf die Kriegsklausel berufen, wenn die Ware infolge des Kriegsausbruchs auf der Reise angehalten ist? **92,** 271. — 2) Gefahrübergang beim Versendungskauf. Eigentumsübertragung keine Voraussetzung des Gefahrübergangs. **93,** 331. — 3) Wann geht nach § 447 BGB die Gefahr auf den Käufer über, wenn der Verkäufer die Ware durch seine eigenen Leute zur Bahn schaffen läßt? **96,** 258. — 4) Hat der Verkäufer einer vom Ausland einzuführenden Ware dafür einzustehen, daß die Verladung und die Beförderung nicht mehr Zeit in Anspruch nehmen werde, als nach dem gewöhnlichen Lauf zu geschehen pflegt? **98,** 215. — 5) Eigentumsübergang beim Versendungskauf. **99,** 57. — 6) Wer haftet beim Versendungskauf für die Kosten von Versicherungen, die nach Auslieferung der Ware an den Spediteur von diesem ohne Wissen des Verkäufers und des Käufers auf die Ware gelegt werden? **99,** 56.
Versicherer-Abandon. **96,** 319; **98,** 168.
Versicherung. Syst. Reg. § 137 S. 136, Seeversicherung § 254 S. 215.
Versicherung auf behaltene Ankunft. **100,** 91.
Versicherung auf veränderter Schätzungsgrundlage. **100,** 92.
Versicherung für fremde Rechnung. Wem liegt bei ihr die Verpflichtung ob, dem Versicherer von einer Gefahrerhöhung Anzeige zu machen? **95,** 253.
Versicherungsbedingungen. Auslegung von Versicherungsbedingungen. **91,** 324, 328.

Versicherungsklausel. Ihre Bedeutung für die Frage der Tragung der Transportgefahr. **96,** 234.
Versicherungskosten. Wer haftet beim Versendungskauf für die vom Spediteur ohne Wissen des Verkäufers und des Käufers auf die Ware gelegten Versicherungskosten? **99,** 56.
Versicherungsschein. Versicherungsschein mit Inhaberklausel als hinkendes Inhaberpapier. **94,** 27.
Versorgungsvertrag. Rücktritt des Verpflichteten von einem Vertrag über Unterhaltung eines andern bei sich, wenn der Berechtigte das Zusammenleben unerträglich macht. **92,** 196.
Versteckter Dissens. S. Dissens.
Versteigerung. 1) § 156 Abs. 2 BGB enthält nachgiebiges Recht. **96,** 103. — 2) Ist der Zuschlag als Annahme wirksam, bevor er dem Bieter zugegangen ist? Insbesondere dann, wenn der Versteigernde sich die spätere Erteilung des Zuschlags bei freier Wahl unter den Bietern vorbehalten hat? **96,** 103. — 3) Ist im Falle des § 461 BGB die Anfechtung wegen arglistiger Täuschung ausgeschlossen? **96,** 158.
Verstorbene. Beschimpfung des Andenkens eines Verstorbenen; Voraussetzung der Unterlassungsklage und der Anwendung des § 189 StGB sowie der §§ 823 Abs. 2, 824, 826 BGB. **91,** 357.
Verteilungsverfahren. S. Syst. Reg. § 347 S. 258
Vertrag. S. Syst. Reg. **§§ 104 flg.** S. 101.
Vertrag über Handlungen i. S. des ALR. S. Syst. Reg. § 132 II S. 132.
Verträge über den Nachlaß eines Dritten. S. Syst. Reg. § 105 V S. 104
Verträge zugunsten Dritter. S. Syst. Reg. § 109 S. 105.
Vertragsabänderung durch mündliche Abreden trotz Bestimmung des schriftlichen Vertrags, daß Abänderungen der Schriftform bedürfen **95,** 175.
Vertragsangebot. 1) Ist der Widerruf eines Vertragsangebots rechtzeitig, wenn er dem Empfänger zwar erst nach dem Vertragsangebot zugeht, aber gleichzeitig mit diesem zu seiner tatsächlichen Kenntnis kommt? **91,** 63. — 2) Bedeutung des Stillschweigens gegenüber einem durch schlüssige Handlungen angenommenen Vertragsangebot. **95,** 95. — 3) Kann ein dem Mitglied eines Kartellverbandes gemachtes Angebot auch dann als stillschweigend angenommen gelten, wenn es mit den Verbandsbedingungen in Widerspruch steht? **95,** 95. — 4) Vertragsangebot mit der Vereinbarung des Verfalls einer geleisteten Anzahlung für den Fall der Nichtannahme. Verfällt die Zahlung, wenn der Antragsempfänger durch von ihm nicht zu vertretende Umstände an der Annahme verhindert war? **95,** 199. — 5) Bedeutung der Setzung einer Frist zur Annahme des Angebots. **96,** 275. — 6) Erlischt ein ohne zeitliche Beschränkung gemachtes Angebot durch Zeitablauf? **97,** 2. — 7) Vertragsangebot in prozessualen Erklärungen. **100,** 148.
Vertragsbruch. Der Grundsatz, daß der Verkäufer infolge seiner Vertragsbrüchigkeit nicht besser stehen kann, als er ohne sie gestanden haben würde, wird gerechtfertigt aus dem Gesichtspunkte des Schadensersatzes wegen Verzugs. **92,** 216.

Vertragsfreiheit. 1) Zulässigkeit einer Vereinbarung im Gesellschaftsvertrage dahin, daß die Gesellschafter sich späteren, den Vertrag abändernden, Mehrheitsbeschlüssen unterwerfen. **91,** 167. — 2) Freiheit durch Vertrag zu bestimmen, was zwischen den Parteien Schaden sei. **91,** 217. — 3) Unterschied zwischen schuldrechtlichen Verträgen und dinglichen Erfüllungsgeschäften hinsichtlich der Bestimmtheit des Gegenstands. **98,** 202.

Vertragsschluß. Haftung für Verschulden beim Vertragsschluß. **93,** 165; **95,** 60; **97,** 327, 336. — S. im übrigen Syst. Reg. § 104 S. 101.

Vertragsstrafe. S. Syst. Reg. § 110 S. 106.

Vertragszweck. Zur Bedeutung des Vertragszwecks in § 328 Abs. 2 BGB. **98,** 212.

Vertrauensinteresse. 1) Hat die Feststellung eines Irrtums im Anfechtungsprozesse rechtskräftige Wirkung für die Klage auf das Vertrauensinteresse aus § 122 BGB? **94,** 197. — 2) Wegfall des Anspruchs aus § 122 BGB für den, der den Irrtum des andern, wenn auch ohne Verschulden, selbst hervorgerufen hat. **94,** 196.

Vertreter. Zum Begriff der „besondereren Vertreter" in § 30 BGB und der „verfassungsmäßig berufenen Vertreter in § 31 BGB. **91,** 2. — Vertragsschluß des Vertreters mit sich selbst s. Syst. Reg. § 41 IV S. **54.** — Gesetzliche Vertreter im Prozeß s. Syst. Reg. § 284 S. 229.

Vertretung. S. Syst. Reg. § 41 S. 53.

Vertretungsmacht. S. Syst. Reg. § 41 I S. 53.

Verursachungsprinzip. 1) Keine Ausdehnung auf die Schadenshaftung für Verletzung eines Persönlichkeitsrechts. **95,** 271. — 2) Inwieweit besteht eine Haftung aus schuldloser Rechtsverletzung? **92,** 49; **97, 291**; **98,** 348; **99,** 98; **100,** 72.

Verwahrungsvertrag. S. Syst. Reg. § 125 II S. 127.

Verwaltungsbehörden. Syst. Reg. § 368 S. 268.

Verwaltungsgerichte. Die Zuständigkeit der Verwaltungsgerichte ist nur soweit begründet, als ihnen das Gesetz für bestimmte Arten von Streitigkeiten die Entscheidung übertragen hat. **91,** 255.

Verwaltungssitz. Besonderer Verwaltungssitz bei Gewerkschaften und Aktiengesellschaften. **95,** 151.

Verwaltungsstreitverfahren. Inwieweit binden die gemäß § 56 PreußZustG erlassenen Entscheidungen die Gerichte? **99,** 14.

Verwaltungsverfahren. Öffentlichkeit im Verwaltungsverfahren. **98,** 190.

Verwaltungsvorschriften. Die Auslegungsgrundsätze des Bundesrats zum WarenumsatzstempelG sind nur Verwaltungs- nicht Rechtsvorschriften. **94,** 130.

Verwaltungszwangsverfahren. 1) Verwaltungszwangsverfahren für Straßenanliegerbeiträge. **93,** 203. — 2) Die Beitreibbarkeit einer Forderung im Verwaltungszwangsverfahren wird durch eine Rechtsnachfolge oder sonstige Veränderung auf seiten des Schuldners nicht berührt. **93,** 204.

Verwechslungsgefahr im Warenzeichenrecht. S. Syst. Reg. § 159 II S. 163.

Verweisung. 1) § 135 ABG enthält keine Verweisung auf die Vorschriften des ALR. **93,** 11. — 2) Zum Begriff der echten Verweisung nach Art. 4 EinfGzBGB. **96,** 46.

Verweisungsbeschluß. Tragweite des die Verweisung an das zuständige Gericht aussprechenden Beschlusses nach § 505 ZPO. **92,** 44; **93,** 314; **94,** 136.

Verwirkungsklausel. Verwirkungsklausel nach § 360 BGB. Rücktritt des Verkäufers von aus dem Auslande zu beziehender Ware wegen nicht rechtzeitiger Rembourssstellung, auch ohne daß der Käufer in Verzug geraten wäre. **92,** 391.

Verzeihung. Verzeihung als Erlöschungsgrund des Rechts auf Ehescheidung. **96,** 269.

Verzicht. S. Syst. Reg. § 40 S. 52.

Verzögerungsschaden. Ausschluß der Haftung des Versicherers für Verzögerungsschaden in Kriegsklauseln. **95,** 80.

Verzug des Gläubigers. S. Syst. Reg. § 100 S. 100, des Schuldners § 99 S. 98.

Verzugszinsen. 1) Verzugszinsen (§ 288 Abs. 1 BGB) und Verzögerungsschaden (§ 288 Abs. 2 BGB). **92,** 284. — 2) Verzugszinsen aus einem Darlehnszusagevertrag. **92,** 284. — 3) Verhältnis der Prozeßzinsen zu den Verzugszinsen. **92,** 285. — 4) Verzugszinsen bei öffentlich-rechtlichen Ansprüchen, insbesondere bei solchen aus dem MilHinterblG. **92,** 379. — 5) Verzugszinsen beim Bereicherungsanspruch. **93,** 272. — 6) Zur Unterscheidung zwischen Verzugszinsen und Nutzungsentgelt. **98,** 43.

Vinkulierung. 1) Unter welchen Voraussetzungen kann bei Lieferungen an Behörden eine Vinkulierung angenommen werden? **94,** 94; **99,** 22. — 2) Voraussetzungen für das Zustandekommen eines Vinkulationskaufs. **99,** 20.

Vitalitienvertrag nach ALR. **92,** 196.

Viventis hereditas non datur. Zur Anwendung dieses Grundsatzes; Klage auf Feststellung des Rechtes zur Entziehung des Pflichtteils. **92,** 2.

Vize. Haftung des Reeders für seinen Vize. **91,** 385.

Völkerrecht. S. Syst. Reg. §§ 378 S. 238.

Volksbeauftragte. Reichsgewalt des Rats der Volksbeauftragten **100,** 15, 26.

Vollmacht. S. Syst. Reg. § 41 II S. 54.

Vollmachtstempel. Zum Begriff der Vollmacht und der Geschäfte rechtlicher Natur in Tarifnr. 73 PreußStempG. **94,** 75.

Vollstreckbare Urkunden. Unzulässigkeit der Vollstreckung bei Nichtigkeit des der Urkunde zugrundeliegenden Schuldbekenntnisses. **95,** 8.

Vollstreckungsgegenklage. S. Syst. Reg. § 341. S. 254.

Vollstreckungsurteil. Es kann nach § 1042 ZPO erlassen werden, auch soweit der Schiedsspruch eine Feststellung enthält. **99,** 129.

Voranschlag. Rechtliche Bedeutung des Voranschlags für den Gemeindehaushalt. **95,** 169.
Vorausklage. S. Einrede der Vorausklage.
Vorausvermächtnis. Kann die Leistung des Vorausvermächtnisses schon vor der Erbauseinandersetzung gefordert werden? **93,** 197.
Vorbehalt, geheimer. Wird ein mehrdeutiges Vertragsangebot in Kenntnis des Sinnes, den der Anbietende mit seiner Erklärung verband, angenommen, so ist der geheime Vorbehalt, das Angebot in einem andern Sinne anzunehmen, ohne rechtliche Bedeutung. **93,** 299 (**66,** 427).
Vorbehaltsgut. Zum Begriff des Erwerbs „auf Grund eines zum Vorbehaltsgut gehörenden Rechtes" und des Erwerbs „durch ein Rechtsgeschäft, das sich auf das Vorbehaltsgut bezieht". **92,** 140, 141.
Vorbehaltsurteil. S. Syst. Reg. § 321 V.
Vordividende. Zum Rangverhältnis zwischen Vordividende und Vorstandstantieme. **91,** 320.
Vorenthaltung der Mietsache. Voraussetzungen und Rechtsfolgen derselben nach § 557 BGB. **99,** 232.
Vorkaufsrecht, schuldrechtliches. S. Syst. Reg. § 121 IX S. 121.
Vorläufige Eigentümergrundschuld. Deren rechtliche Natur; ist sie eintragungsfähig? Kann sie gepfändet werden? **97,** 223.
Vorläufige Vollstreckbarkeit. S. Syst. Reg. § 340 S. 254.
Vorlegungseid. Seine Bedeutung für die Feststellung des Besitzes der Urkunde. **92,** 224.
Vorleistungspflicht bei Vorrangseinräumung. **92,** 217
Vormerkung. S. Syst. Reg. § 48 III S. 58.
Vormundschaft über Minderjährige § 191 S. 181.
Vormundschaftsgerichtliche Genehmigung. Rechtliche Bedeutung und Umfang der vormundschaftsgerichtlichen Genehmigung. **99,** 72.
Vormundschaftsrichter. 1) Sorgfaltspflicht bei untreueverdächtigem Vormund. **96,** 146. — 2) Wird die Haftung des Vormundschaftsrichters nach § 839 BGB durch Überlastung beseitigt? **96,** 147.
Vorprozeßkosten. Inwieweit kann ihre Erstattung mit einer Schadensersatz- oder Ausgleichsforderung verlangt werden? **91,** 232; **92,** 148.
Vorrangeinräumung. 1) Kann der Verkäufer, der sich verpflichtet hat, einem zum Zwecke des Hausbaues auf dem verkauften Grundstück aufzunehmenden Pfandbriefdarlehen vor seiner Kaufgeldhypothek den Vorrang einzuräumen, die Erfüllung dieser Verpflichtung davon abhängig machen, daß zuvor der Hausbau ausgeführt oder doch die Verwendung des Pfandbriefdarlehns hierfür sichergestellt wird? Ist ein solches Pfandbriefdarlehn als eine Baugeldhypothek anzusehen? **94,** 214. — 2) Steht dem Anspruch auf Vorrangseinräumung in einem solchen Falle eine Einrede aus §§ 273, 320 BGB entgegen, wenn die Kaufgeldhypothek fällig geworden ist, nachdem der Verkäufer mit der Vorrangeinräumung in Verzug geraten ist? **92,** 216. — 3) Schadensersatzpflicht des Verkäufers bei Verzug mit der Vorrangseinräumung. **92,** 207. — 4) Kann derjenige, auf welchen eine Hypothek durch Scheingeschäft

verschoben ist, auf Erfüllung der von dem Hypothekengläubiger übernommenen Verpflichtung zur Vorrangseinräumung in Anspruch genommen werden? **95,** 160.

Vorratszeichen. 1) Ist die Eintragung einer Anzahl von Warenzeichen auf Vorrat schlechthin rechts- und sittenwidrig? **97,** 90, 305. — 2) Werden Vorratszeichen auch gegen verwechselungsfähige Zeichen geschützt? **97,** 96.

Vorsatz. Zum Begriff des Vorsatzes. **92,** 136.

Vorsorgeversicherung. Haftet der Versicherer, wenn der gefährliche, der behördlichen Genehmigung bedürfende Betrieb, durch den der Schaden verursacht worden ist, ohne behördliche Genehmigung erfolgt ist? **100,** 29.

Vorstand der Aktiengesellschaft. Zur Berechnung seiner Tantiemen. **91,** 314, 316.

Vorteilsausgleichung. 1) Findet eine Vorteilsausgleichung in den Fällen des § 844 BGB und des § 10 Abs. 2 KraftfG statt? **91,** 399. — 2) Vorteilsausgleichung bei Erstehung eines Grundstücks in der Zwangsversteigerung. **91,** 217. — 3) Vorteilsausgleichung nur bei adäquatem Kausalzusammenhang zwischen Unfall und Vorteilsfolge. **92,** 60; **93,** 145; **100,** 90. — 4) Vorteilsausgleichung bei der Einwirkung der Kriegsverhältnisse auf den Betrieb eines Kaffeehauses. **93,** 145. — 5) Die durch einen Unfall verursachte Kriegsdienstunfähigkeit kann als Vorteilsausgleichung nicht gelten. **95,** 88. — 6) Die Vorteilsausgleichung setzt voraus, daß Schaden und Vorteil sich in Vermögenswerten darstellen lassen. **95,** 88. — 7) Keine Ausgleichung des dem Mündel durch die Unterschlagung seitens des Vormunds entstandenen Schadens durch den Verzicht der Pflegeeltern auf Nachzahlung des Pflegegeldes. **96,** 145. — 8) Inwieweit sind bei der Frage, ob die Erfüllung des Vertrags bei der durch den Krieg herbeigeführten Änderung der Verhältnisse dem Schuldner zuzumuten ist, sonstige Vorteile zu berücksichtigen, die dieser bei Erfüllung des Vertrags erwarten kann? **99,** 118. — 9) Sind auf einen durch unerlaubte Körperverletzung oder Tötung entstandenen Schaden Pensionsbeträge, Witwen- und Waisengelder anzurechnen? **92,** 403, 405. — 10) Kann dem Hypothekengläubiger, der die Veräußerung von Zubehör anficht, die Einrede der Vorteilsausgleichung entgegengesetzt werden, wenn er das Grundstück vorteilhaft erstanden hat? **100,** 90. — 11) Greift die Vorteilsausgleichung platz, wenn der Wert des von dem ausgefallenen Hypothekengläubiger erstandenen Grundstücks erst durch spätere unvorhersehbar gewesene Verhältnisse eine Steigerung erfahren hat? **100,** 255.

W

Waffengebrauch. 1) Haftung des Reichs für den durch unrichtigen Gebrauch der Schußwaffe seitens eines Militärpostens entstandenen Schaden. **91,** 9. — 2) Haftung des Reichs wegen mißbräuchlicher Aushändigung von Schußwaffen und unvorsichtigen Umgehens einer

Militärperson damit. **91**, 383. — 3) Beweisvermutung für die Rechtmäßigkeit des Waffengebrauchs nach § 10 G. v. 20. März 1837 über den Waffengebrauch des Militärs. **100**, 28.

Waffen- und Munitionsbeschaffungsamt Tragweite der Bekanntm. v. 15. September 1916. **98**, 260.

Wahrheitspflicht. Wahrheits- nicht Aufklärungspflicht des Gläubigers gegenüber dem Bürgen. **91**, 81.

Wahrscheinlichkeit. Bedeutung hoher Wahrscheinlichkeit für die Feststellung des ursächlichen Zusammenhangs. **95**, 249; **98**, 60.

Währung. 1) Ist das Steigen der ausländischen Währung nach der Klagerhebung bei der Bemessung des Werts des Beschwerdegegenstands zu berücksichtigen? **98**, 85. — 2) Streitwert bei der Klage auf Herausgabe einer Sicherheit, die für eine Forderung in ausländischer Währung bestellt ist. **98**, 221. — 3) Kann der ausländische Gläubiger von dem inländischen Schuldner einen Verzugsschaden fordern, weil und soweit der Wert des inländischen Geldes seit dem Eintritt des Verzugs im ausländischen Staat gesunken ist? **96**, 264; **98**, 164. — 4) In welcher Währung hat die Verurteilung eines inländischen Schuldners zur Zahlung einer in ausländischer Währung ausgedrückten Geldschuld zu erfolgen, wenn im Ausland zu leisten ist? **96**, 272.

Währungsumrechnung. 1) Welcher Zeitpunkt ist maßgebend für die Umrechnung einer in ausländischer Währung festgesetzten Schadensersatzforderung in deutsche Währung? **96**, 121. — 2) Bedeuten die Worte „zur Zeit der Zahlung" in § 244 Abs. 2 BGB die Zeit der Fälligkeit, oder die der tatsächlichen Zahlung? **96**, 123, 264; **98**, 161. (Die vereinigten Zivilsenate haben die Frage zu 2 in einem, im 101. Bande zum Abdruck kommenden Beschluß vom 24. Januar 1921 in letzterem Sinne beantwortet.)

Wal- und Haselnüsse. 1) Öffentlichrechtliche Art der Liefer- und Abnahmepflicht nach der BRVO über die Einfuhr von Wal- und Haselnüssen v. 7. September 1916. Kann der Kriegsausschuß die Übernahme ablehnen? Folgen der Ablehnung der Übernahme. **96**, 108. — 2) Rechtsweg für den Streit über die Rechtmäßigkeit der Enteignung eingeführter Wal- und Haselnüsse. **96**, 110.

Wandelung. 1) Anspruch auf Wandelung oder Minderung neben dem Schadensersatzanspruch bei arglistiger Vorspiegelung einer Eigenschaft der Kaufsache. **92**, 295. — 2) Durch die Wandelung wird kein gegenseitiger Vertrag i. S. der §§ 320 flg. BGB begründet. **93**, 49. — 2) Stehen dem Verkäufer die Rechte aus § 326 BGB zu, wenn der Käufer nach Vollzug der Wandelung mit der Rückgewähr der Kaufsache in Verzug kommt? **93**, 47. — 4) Rechtliche Natur des durch das rechtskräftige Wandelungsurteil geschaffenen Verhältnisses. **93**, 50. — 5) Beweislast des Wandelung fordernden Käufers. **95**, 119. — 6) Schadeersatzanspruch nach § 283 BGB im Falle eines auf Wandelung lautenden Urteils. Kann der Ersatzberechtigte die Annahme der nach dem Urteil ihm obliegenden Leistung von dem Ersatzpflichtigen fordern? **96**, 20. — 7) Unterschied zwischen Wandelung und Anfechtung wegen arglistiger Täuschung in Voraussetzung und Wirkung; ist die Anfechtung neben der Wandelung zulässig? **96**, 156. — 8) Wandelung beim Geigenkauf. **97**, 351. — 9) Ist der Käufer einer bestimmten Partie Ware zur Wandelung berechtigt, wenn die Ware zwar der ihr im Kaufvertrag beigelegten Bezeichnung, nicht aber dem übereinstimmenden Willen der Vertragschließenden entspricht? **99**, 147. — S. auch Syst. Reg. § 121 VI S. 116.

Warenlieferungen. Zum Begriff der Warenlieferungen i. S. des Warenumsatzstempels. **94**, 127; **95**, 324; **98**, 154, 181, 184.

Warennamen. Wann wird ein Wortzeichen zum Warennamen und Freizeichen? **100**, 8.

Warenumsatzstempel. 1) Erhebung des WUmsStemp bei Warenumsätzen, die durch eine von den Erzeugern begründete, mit selbständiger Rechtspersönlichkeit ausgestattete Verkaufsvereinigung betätigt sind **92**, 352. —2) Zum Begriff der „Übertragung der Ware in Natur" in Tarifnr. 10 RStempG v. 3. Juli 1913/26. Juni 1916. **92**, 349; **94**, 112, 127. — 3) Rechtliche Natur der Warenumsatzsteuer; sie ist keine auf den Geschäftsgewinn gelegte Abgabe, sondern wird nur von den empfangenen Zahlungen oder Leistungen berechnet, die der Erwerber der Ware aufgewendet hat, um die Ware vom Veräußerer zu erlangen. **93**, 131. — 4) Warenumsatzstempel und Zigarettensteuer. **93**, 132. — 5) Warenumsatzstempel beim Kantinenbetriebe eines Bergwerks.. **93**, 225. — 6) Zum Begriff des Gewerbebetriebs i. S. des G. v. 26. Juni 1916. **93**, 225; **94**, 209; **95**, 323; **97**, 73; **98**, 154. — 7) Unterliegen Warenlieferungen an ein Privatkrankenhaus dem Warenumsatzstempel? **94**, 109. — 8) Warenumsatzstempel bei der Verkaufs- und bei der Einkaufskommission. **94**, 112. — 9) Dem Warenumsatzstempel unterliegt nicht die Ausführung von Betonbauten auf fremden Grund und Boden. **94**, 126. — 10) Warenumsatzstempel bei der Lieferung künstlichen Zahnersatzes. **95**, 324; **97**, 74. — 11) Die Abgabenbefreiung nach § 158 Abs. 2 der AusfBestimmungen v 7. September 1916 bezieht sich nur auf seewärts eingeführte Waren und gilt nur zugunsten des ersten Importeurs. **96**, 26, 31; **98**, 157. — 12) Inwieweit unterliegen staatliche Betriebe, die wissenschaftliche oder Unterrichtszwecke verfolgen, dem Warenumsatzstempel? **97** 75. — 13) Unterliegt der Betrieb eines städtischen Fischauktionators dem Warenumsatzstempel? **98**, 154. — 14) Naturalverteilung der Bergwerkserzeugnisse unter die Gewerken bei der Gewerkschaft alten Rechts als Gegenstand der Warenumsatzsteuer. **98**, 184. — 15) Zum Begriff der „Bezahlung" der Lieferung in Tarifnr. 10 Zus. 1 RStempG (Fassung v. 26. Juni 1916). **98**, 185.

Warenzeichenrecht. S. Syst. Reg. § 159 II S. 163.

Waschmittel als Gegenstände des täglichen Bedarfs i. S. der PreisstVO. **98**, 62.

Wassergenossenschaften. Wassergenossenschaften nach dem PreußG v. 1. April 1879 und 7. April 1913. Aufnahmeverpflichtung; Aufnahme und Ausscheiden der Genossen. **92**, 25.

Wasserlauf. Zum Begriff des Eigentums am Wasserlauf nach § 7 PreußWasserG v. 7. April 1913. **94,** 35.

Wasserleitung. 1) Schadensersatzanspruch gegen Gemeinde wegen Gesundheitsschädigung durch Leitungswasser; setzt er Verschulden voraus? Beweislast. **99,** 96. — 2) Abwehrklage und Schadensersatzanspruch der Gemeinde, der ein Recht zur Wasserentnahme aus einem öffentlichen Flusse verliehen ist, wegen Verunreinigung des Wassers durch Gruben- und Fabrikabwässer. **99,** 172.

Wasserrecht.. S. Syst. Reg. §§ 83 bis 85 S. 75.

Wassertriebwerk. Betrieb eines Wassertriebwerks als „Betrieb des Gewerbes" i. S. des § 26 GewO. **93,** 105.

Web-, Wirk- und Strickwaren. 1) Anwendungsbereich und rechtliche Bedeutung des § 7 Abs. 2 BRVO über den Verkehr mit Webwaren v. 10. Juni 1916. Zulässigkeit und Bedeutung der Nachholung des schriftlichen Auftrags. **96,** 94. — 2) Nichtigkeit eines gegen § 7 dieser BRVO verstoßenden Vertrags. **100,** 240.

Wechselbereicherungsanspruch. Voraussetzungen des Anspruchs, insbesondere gegenüber dem Aussteller. **93,** 24.

Wechselkauf. Haftet der Veräußerer aus dem Diskontgeschäft oder dem ihm zugrunde liegenden Kausalgeschäft dem Wechselerwerber noch für andere als die wechselmäßigen Rechte? **93,** 26.

Wechselrecht. S. Syst. Reg. §§ 255flg. S. 217.

Wechselprotest. S. Syst. Reg. § 264 S. 218.

Wechselprozeß. S. Syst. Reg. § 334 S. 252.

Wechselstundung. Wirkung der Stundung nach § 2 BRVO v. 30. September 1914 betr. Zahlungsverbot gegen England auf die vorher fällig gewordene Wechselforderung des deutschen Indossatars, der den Wechsel ins feindliche Ausland begeben hat. **94,** 227.

Wechselverjährung. S. Syst. Reg. § 269 S. 219.

Wege, Wegerecht. S. Syst. Reg. § 82 S. 74, Telegraphenwegegesetz § 165 S. 172.

Wegfall des Erben. Zum Begriff des Wegfalls des Erben nach Eintritt des Erbfalls. **95,** 98.

Wegnahme. Zum Begriff der Wegnahme **92,** 415, 417; **95,** 277; **96,** 151.

Werklieferungsvertrag. 1) Zur Anwendung des § 477 Abs. 3 BGB auf den Werklieferungsvertrag. **93,** 159, 161. — 2) Klage auf Schadensersatz wegen besonderer schadenbringender Wirkungen einer fehlerhaften Werklieferung neben oder nach der Wandlungsklage Verjährung dieses Schadensersatzanspruchs. **93,** 160; **95,** 4. — 3) Inwieweit unterliegen Werklieferungen dem Warenumsatzstempel? **94,** 126; **95,** 324. — 4) Lieferung künstlichen Zahnersatzes als Werklieferungsvertrag. **95,** 324. — 5) Einbau von Treppen Gegenstand nicht eines Werklieferungs- sondern eines reinen Werkvertrags. **97,** 90.

Werkverdingungsvertrag. Zum Begriff des Werkverdingungsvertrags i. S. der Tarifnr. 75 PreußStempG v. 30. Juni 1909. **92,** 170.

Werkvertrag. S. Syst. Reg. § 129 S. 130.

Wert. 1) Zum Begriff des Werts im Versicherungsrecht. **97,** 45. — 2) Zum Begriff des gemeinen Werts und des gemeinen Handelswerts in § 88 EVO. **96,** 125; **98,** 151.

Wert des Streitgegenstands. S. Syst. Reg. § 277 S. 227

Wertpapiere. 1) Guter Glaube beim Erwerb von Wertpapieren vom Nichtberechtigten. **93,** 231, 281; **95,** 16. — 2) Rechtsverhältnisse zwischen Bankier und Kunden bei Zeichnung neuaufgelegter Wertpapiere. **96,** 4. — 3) Entwertung verpfändeter oder zur Sicherheit übereigneter Wertpapiere; zu wessen Lasten geht sie? Bedeutung der Buchungen im Kontokurrent. **96,** 251. — 4) Kann der Kauf von Wertpapieren wegen Irrtums über den Börsenkurs angefochten werden? **97,** 138. — 5) Haftung des Verkäufers von Wertpapieren für Mängel im Recht. **99,** 220.

Wettbewerb. Sittenwidrigkeit eines den Wettbewerb unter Brauereien ausschließenden Vertrags beim Eingriff in die Rechte dritter. **93,** 20.

Wettbewerbsverbot. S. Syst. Reg. § 110 S. 106.

Wetteinsätze. Klagbarkeit der Wetteinsätze bei behördlich genehmigten Wettunternehmen für öffentliche Pferderennen. **93,** 350.

Wichtiger Grund. 1) Wichtiger Grund für eine Kapitalabfindung nach nach § 843 Abs. 3 BGB. **93,** 210. — 2) Wichtiger Grund zur Kündigung nach § 626 BGB, § 92 HGB. Berücksichtigung der vermögensrechtlichen Folgen der Kündigung. **94,** 166. — 3) Unter welchen Voraussetzungen bilden persönliche Zwistigkeiten unter den Parteien einen wichtigen Grund zur Kündigung eines Vertragsverhältnisses auch da, wo eine Kündigung aus wichtigem Grunde vom Gesetze nicht besonders vorgesehen ist? **94,** 235. — 4) Die fristlose Kündigung aus wichtigem Grunde setzt nicht ein Verschulden desjenigen, dem gekündigt wird, voraus. **94,** 236.

Widerklage. S. Syst. Reg. § 305 S. 240.

Widerrechtlichkeit. Widerrechtliches Handeln als Voraussetzung der Anwendung des § 823 Abs. 1 und des § 826 BGB. **92,** 137, 138.

Widerruf. 1) Ist der Widerruf eines Vertragsangebots rechtzeitig, wenn er zwar nach dem Angebot dem Empfänger zugeht aber gleichzeitig mit dem Angebot zur tatsächlichen Kenntnis des Empfängers kommt? **91,** 63. — 2) Voraussetzungen der Klage auf Widerruf beleidigender oder kreditgefährdender Behauptungen. **97,** 344. — 3) Widerruf als Form des Schadensersatzes. **97,** 344. — 4) Klage auf Widerruf und Unterlassungsklage. **97,** 345.

Widerruf der Eidesleistung. Welche Wirkung hat sie, wenn der Gegner seine unter Eid gestellte Behauptung zurücknimmt? **100,** 283.

Widerspruchsklage Dritter (§ 771 ZPO). S. Syst. Reg. § 342 S. 255.

Widerspruchsklage gegen den Teilungsplan; ihre Voraussetzungen. **97,** 64.

Wiederaufnahme des Verfahrens. S. Syst. Reg. § 333 S. 251.

Wiederaufnahmeverfahren. Entschädigung der im Wiederaufnahmeverfahren Freigesprochenen. S. Syst. Reg. § 148 I S. 160.

Wiedereinsetzung. Wiedereinsetzung des Schuldners in Rechte, die er durch den Verzug verloren, nach der BRVO v. 18. August 1914 über die Folgen der nicht rechtzeitigen Zahlung einer Geldforderung. **91,** 19.
Wiedereinsetzung in den vorigen Stand. S. Syst. Reg. § 299 S. 235.
Wiederherstellungsanspruch bei Sachbeschädigung. Welcher Zeitpunkt ist maßgebend für die Höhe des Anspruchs auf den zur Wiederherstellung erforderlichen Geldbetrag? **98,** 55.
Wiederkaufsrecht. Kann ein solches wirksam durch eine Eventualerklärung, insbesondere für den Fall, daß die Anfechtung des Vertrags für unbegründet erachtet wird, ausgeübt werden? **97,** 269.
Wilde Ehe. Unter welchen Voraussetzungen ist ein Schuldversprechen an die Genossin einer wilden Ehe als sittenwidrig anzusehen? **98,** 176.
Willenserklärungen. S. Syst. Reg. §§ 30, 31 S. 35.
Wissenserklärung. Zur Unterscheidung von Wissenserklärung und Willenserklärung. **100,** 141.
Witwe. Schadensersatzanspruch der Witwe des Getöteten nach § 844 Abs. 2 BGB und § 10 Abs. 2 KFG. Vorteilsanrechnung. **91,** 398.
Witwenpension. Anspruch der Hinterbliebenen eines zu Unrecht verurteilten, im Wiederaufnahmeverfahren freigesprochenen Beamten auf Ersatz der Witwen- und Waisenpension. **92,** 299.
Wohlerworbene Rechte. Schadensersatzanspruch wegen polizeilicher Eingriffe in wohlerworbene Rechte gegen denjenigen, zu dessen Gunsten diese Eingriffe erfolgt sind, auch ohne Verschulden. **92,** 49; **94,** 72.
Wohnungsgeldzuschuß der Intendanturbeamten. **96,** 235.
Wortzeichen. 1) Verwechslungsgefahr bei reinen Wortzeichen nach § 20 WZG. **92,** 392; **95,** 209, 295. — 2) Bestimmungsangabe und Wortzeichen. Sind gegenüber einem Wortzeichen nur solche Beschaffenheits- oder Bestimmungsangaben nach § 13 WZG gerechtfertigt, welche allgemein gebräuchlich oder notwendig sind? **95,** 211. — 3) Verhältnis von Wort- und Bildzeichen zueinander. **97,** 304; **98,** 229; 267. — 4) Wann wird ein Wortzeichen zum bloßen Warennamen? **100,** 8.
Württemberg. 1) Zur Anwendung der Art. 214, 215 WürttembAusfGzBGB. **91,** 298, 299. — 2) Staatshaftung für Beamtenverschulden nach Art. 202 Abs. 1 AusfGzBGB. **93,** 61.
Wucher. S. Syst. Reg. § 150 S. 160.

Y

York Antwerp Rules. **98,** 116.

Z

Zahlstellenwechsel. Unterschied vom Domizilwechsel; Anwendung des Art. 91a WO. **98,** 105.
Zahlungsaufforderung. Zahlungsaufforderung nach § 39 VVG. **93,** 81.

Zahlungsauftrag. Aufwendungen des Beauftragten. **95,** 53.

Zahlungseinstellung. 1) Wann ist die Kenntnis des Gemeinschuldners von der Zahlungseinstellung als vorhanden anzunehmen? **95,** 153. — 2) Eintritt und Beendigung der Zahlungseinstellung; Einwirkung der Einleitung der Geschäftsaufsicht zur Abwendung des Konkurses. **100,** 65.

Zahlungsfristen. Kriegsverordnungen über die Bewilligung von Zahlungsfristen. S. Syst. Reg. § 382 S 293.

Zahlungsverbot. 1) Wirkung der Stundung nach § 2 BRVO v. 30. September 1914 betr. Zahlungsverbot gegen England auf die Verjährung vor Verkündung der VO fällig gewordener Forderungen. **94,** 229. — 2) Wirkung des Zahlungsverbots und der Stundung gegenüber dem deutschen Indossatar, der den Wechsel verpfändungshalber in das feindliche Ausland begeben hat. **94,** 231. —3) Zweck und Anwendungsgebiet des § 2 BRVO v. 30. September 1914. **94,** 232.

Zahnarzt. 1) Ist der Zahnarzt Gewerbetreibender, insbesondere i. S. des WarenumsatzstempelG? **95,** 323. — 2) Warenumsatzstempel für Lieferung von Zahnersatz. **95,** 324; **97,** 74.

Zehntherr. Kirchenbaulast des Zehntherrn. **100,** 271.

Zeitbürgschaft. 1) Kann der Gläubiger dem Bürgen die Anzeige, daß er ihn in Anspruch nehme, schon vor Ablauf der Zeit, auf die der Bürge sich verpflichtet, machen? **96,** 134. — 2) Bedarf die Aufgabe der zeitlichen Beschränkung der Bürgschaft seitens des Bürgen der Schriftform? **96,** 134.

Zeitschriftentitel. Er kann nicht Gegenstand einer Pfändung sein. **95,** 236.

Zeitung. 1) Wahrheit als Erfordernis des Zeitungstitels. **93,** 190. — 2) Verstoß gegen § 3 UWG durch Herausgabe von Nebenausgaben, deren Bezeichnung den unrichtigen Eindruck erweckt, daß sie besonders den Interessen eines bestimmten Ortes dienen. **93,** 189; **96,** 298.

Zementhandel. Untersuchungspflicht nach § 377 HGB im Zementhandel. **96,** 175.

Zentral-Einkaufsgesellschaft. 1) Ihre Aufgabe und rechtliche Stellung. **99,** 149; **100,** 144. — 2) Kann sie nach der AusfBest v. 15. November 1915 vom Ausland eingeführte Butter auch dann an sich ziehen, wenn diese von den Einführenden bereits weitergegeben ist? **99,** 236.

Zertifikate über die Schadensfeststellung im Seeversicherungsrecht; ihre Auslegung. **93,** 346.

Zession. S. Syst. Reg. § 112 S. 107.

Zeugenbeweis. S. Syst. Reg. § 313 S. 242.

Zeugungsunfähigkeit als Eheanfechtungsgrund. **94,** 123.

Zigarren. Gegenstand des täglichen Bedarfs. **98,** 294.

Zigarettensteuer. Träger der Steuerpflicht. Zigarettensteuer und Warenumsatzstempel. **93,** 132.

Zinsen. S. Syst. Reg. § 94 II S. 86.

Zinseszinsen. Ein Anspruch auf Zinseszinsen ergibt sich aus einem laufenden Rechnungsverhältnis als solchem nicht. **95,** 19.

Zinsrückstände. Rechtswirksamkeit der Übertragung von Zinsrückständen mit der Hypothek auf den Nießbraucher, der die Zinsen bezahlt hat, auch wenn er dies mit aus dem Grundstück herrührenden Mitteln getan hat. **100,** 155.

Zollbeamte. Liegt ihnen eine Fürsorgepflicht dafür ob, daß dem ausführenden Händler die Vorteile der Einfuhrscheine zugute kommen? Sind sie verpflichtet, den Händler von einer durch sie erfolgten Probeentnahme zu benachrichtigen? **91,** 52.

Zollbehörde. Ihre Zuständigkeit gegenüber Gewerkschaften mit besonderem Verwaltungssitz. **95,** 171.

Zubehör. S. Syst. Reg. § 27 II S. 35.

Zubußen. 1) Unter welchen Voraussetzungen sind Zubußen von der Stempelpflicht der Tarifnr. 1d RStempG v. 15. Juli 1909, Tarifnr. 1B RStempG v. 3. Juli 1913 befreit? **94,** 39; **95,** 170. — 2) Befreiung der Gewerken von der Entrichtung einer ausgeschriebenen Zubuße nach § 130 ABG. **96,** 114.

Zufall. Zum Begriff des unabwendbaren Zufalls in § 233 ZPO. **91,** 26; **94,** 343; **96,** 323. — S. auch Syst. Reg. § 299 S. 235.

Zug um Zug. Erfüllung Zug um Zug. S. Syst. Reg. § 107 II S. 105.

Zugangsweg. Entschädigung wegen Erschwerung des Zugangswegs infolge Enteignung. **91,** 87.

Zugehen der Willenserklärung. S. Syst. Reg. § 30 IV S. 36.

Zurückbehaltungsrecht. S. Syst. Reg. § 16 S. 25, kaufmännisches § 236 S. 203.

Zusammengesetzte Rechtsgeschäfte. Anwendung des § 323 BGB bei ihnen. **97,** 219.

Zusammenlauf. Zum Begriff des Zusammenlaufs im PreußTumultG. **98,** 4; **99,** 4; **100,** 13.

Zusammenrottung. Begriff. **98,** 5, 203; **99,** 4; **100,** 13, 16.

Zuschlag. 1) Wirkungen des Eigentumserwerbs durch den Zuschlag nach § 90 ZVG. **94,** 156. — 2) Wann wird der Zuschlag bei einer Versteigerung rechtlich wirksam? **96,** 102.

Zusicherung. 1) Zum Begriff der Zusicherung in § 459 Abs. 2 BGB; Bedeutung der Faktura. **95,** 119. — 2) Haftung des Vermieters einer Schankwirtschaft aus der Zusicherung der Brauereifreiheit. **95,** 175. — 3) Zusicherung der Beschlagnahme- und Verwendungsfreiheit der Ware als Zusicherung einer Eigenschaft i. S. des § 459 Abs. 2 BGB. **100,** 161.

Zuständigkeit der Gerichte, sachliche. S. Syst. Reg. § 276 S. 227, örtliche §§ 278 flg. S. 228.

Zuständigkeit der Verwaltungsbehörden und Verwaltungsgerichte. S. Syst. Reg. § 368 S. 268.

Zustellungen. S. Syst. Reg. § 297 S. 234.

Zustimmung. Folgen der Zustimmung des einen Ehegatten zur Prozeßführung des andern über eingebrachtes Gut. **92,** 155.

Zustimmungsvertrag. Öffentlichrechtliche Natur der Zustimmungsverträge nach § 6 KleinbahnG. Rechtsweg. **92,** 311; **93,** 79.

Zwangsetatisierung. Voraussetzungen der Zwangsetatisierung. **91,** 255.

Zwangsheilung. Sind die Ortskrankenkassen zum Ersatz der Kosten verpflichtet, die durch die Unterbringung geschlechtskranker Kassenmitglieder seitens der Polizeibehörde in einem Krankenhause entstehen? **92,** 197.

Zwangshypothek. Zur Anwendung des § 867 Abs. 2 ZPO, wenn für die zu sichernde Forderung bereits auf einem andern Grundstück des Schuldners eine Zwangssicherungs- oder eine Vertragshypothek besteht. **98,** 106.

Zwangslizenz. 1) Ist für die Erteilung der Zwangslizenz an einem älteren Patent zugunsten des Inhabers eines jüngeren Patents die Abhängigkeit des jüngeren Patents von dem älteren Voraussetzung? Bedarf es der Anerkennung oder der rechtskräftigen Feststellung dieser Abhängigkeit in dem Verfahren über die Erteilung der Zwangslizenz? **91,** 188.— 2) Öffentliches Interesse an der Erteilung der Zwangslizenz; Umfang, Höhe der Vergütung. **91,** 193, 195. — 3) Zur Berechnung der Lizenzgebühr. **92,** 329; **95,** 224. — 4) Erteilung einer Zwangslizenz gegenüber Angehörigen feindlicher Staaten. Verhältnis der BRVO v. 1. Juli 1915 über gewerbliche Schutzrechte feindlicher Staatsangehöriger zu § 11 Abs. 1 PatG. **93,** 50.

Zwangslotse s. Lotse.

Zwangssicherungshypothek. S. Syst. Reg. § 346 III S. 257.

Zwangsvergleich. S. Syst. Reg. § 364 S. 265.

Zwangsverwalter. 1) Zwangsverwalter als Besitzer der auf dem verwalteten Grundstück befindlichen Sachen. **92,** 20; **99,** 201. — 2) Passivlegitimation des Zwangsverwalters gegenüber der Klage dritter auf Herausgabe von auf dem Grundstück befindlichen Sachen. **92,** 20; **99,** 201. — 3) Verpflichtung des Zwangsverwalters zur Erhaltung des Grundstücks in einem den polizeilichen Vorschriften entsprechenden Zustande. **93,** 2. — 4) Inwieweit haftet der Zwangsverwalter nach § 154 ZVG persönlich, insbesondere gegenüber dem Mieter, aus schuldhafter Unterlassung? **97,** 11. — 5) Rechtliche Stellung des gemäß der BRVO v. 26. November 1914, betr. die zwangsweise Verwaltung französischer Unternehmungen, bestellten Zwangsverwalters. **93,** 136, 259; **94,** 52.

Zwangsverwaltung. S. Syst. Reg. § 346 II S. 257.

Zwangsversteigerung. S. Syst. Reg. § 346 I S. 257.

Zwangsvollstreckung. S. Syst. Reg. §§ 340 flg. S. 254, in beweglichen Sachen § 344 S. 255, in Forderungen, Hypotheken und sonstige Rechte § 345 S. 255, in das unbewegliche Vermögen § 346 S. 257.

Zweckbestimmung. Freigebige Zuwendung unter einer Zweckbestimmung als unentgeltliche Verfügung. **92,** 228.

Zweckvermögen. Bildung eines mildtätigen und gemeinnützigen Zwecken gewidmeten Sondervermögens, Errichtung einer unselbständigen Stiftung durch Auflage. **96,** 19.
Zweigniederlassung. Unter welchen Voraussetzungen sind die Leiter einer Zweigniederlassung als „besondere Vertreter" i. S. des § 30 BGB anzusehen? **91,** 3.
Zwingendes Recht. S. Syst. Reg. § 9 S. 20.
Zwischenspediteur. Zum Begriff des Zwischenspediteurs im Gegensatz zum Erfüllungsgehilfen (§ 431 HGB). **94,** 101.
Zwischenurteil aus § 303 ZPO. S. Syst. Reg. § 321 III S. 244, aus § 304 ZPO § 321 IV S. 245.

III

Quellenregister

(Die fetten Ziffern bezeichnen den Band, die gewöhnlichen die Seiten.)

Erster Teil.

Reichsrecht.

Erster Abschnitt.

1) Bürgerliches Gesetzbuch 2) Einführungsgesetz zum Bürgerlichen Gesetzbuch 3) Allgemeines Deutsches Handelsgesetzbuch (a. F.) 4) Handelsgesetzbuch von 1897 (n. F.) 5) Einführungsgesetz zum Handelsgesetzbuch 6) Wechselordnung 7) Gerichtsverfassungsgesetz 8) Zivilprozeßordnung von 1877 9) Zivilprozeßordnung von 1898 (mit Novellen von 1905, 1909, 1910) 10) Einführungsgesetz zur Zivilprozeßordnung 11) Gerichtskostengesetz 12) Gebührenordnung für Rechtsanwälte 13) Gesetz über die Zwangsversteigerung und Zwangsverwaltung vom 24. März 1897 14) Konkursordnung 15) Grundbuchordnung 16) Gesetz über die freiwillige Gerichtsbarkeit 17) Rechtsanwaltsordnung 18) Strafgesetzbuch 19) Strafprozeßordnung 20) Gewerbeordnung.

---

1. Bürgerliches Gesetzbuch.

§ 1 . . . . **97,** 124
§ 11 . . . . **96,** 70—72
§ 12 **91,** 350—353; **95,** 268 bis 273; **100,** 185—187
§§ 15, 18, 19 . . . **93,** 109—111
§ 27 . . . . **92,** 79
§ 28 . . . . **100,** 142
§ 29 . . . **92,** 79; **94,** 175; **98,** 67
§ 30 **91,** 1—5, 72; **92,** 150; **93,** 97; **94,** 318—321; **100,** 220
§ 31 **91,** 1—5, 72, 75, 274, 277; **92,** 150; **93,** 97; **94,** 318 bis 321; **95,** 347; **96,** 180, 216; **97,** 234; **99,** 96—103, 285 bis 288; **100,** 220
§ 42 . . . . **98,** 324
§ 48 . . . . . . **92,** 79; **96,** 180
§ 54 **95,** 193, 194; **97,** 122—125
§ 68 . . . . . . **93,** 240, 241
§ 85 . . . . . **100,** 234, 235
§ 86 . . . . **96,** 180; **98,** 324
§ 89 **91,** 274, 277; **93,** 97; **96,** 216; **97,** 125, 234; **99,** 96—103, 285—288; **100,** 220

§ 90 . . . **91,** 155, 157; **94,** 244
§ 93 . . . . . **93,** 73; **97,** 104, 251
§ 94 . . . **94,** 129, 133; **97,** 104
§ 95 . . . . **97,** 102—107, 251
§ 96 . . . . **93,** 71—74
§ 97 . . . . **92,** 20
§ 98 . . . . . . **92,** 20; **97,** 187
§ 99 . . . . . **91,** 311; **94,** 261
§ 104 **92,** 318; **93,** 228; **98,** 132
§ 105 **92,** 318; **93,** 228; **98,** 132
§ 107 . . . . **98,** 15
§ 108 . . . . **95,** 71
§ 114 . . . . **100,** 270
§ 116 . . . . **93,** 299
§ 117 **94,** 152; **95,** 9—12, 160 bis 164; **98,** 127, 129
§ 119 **93,** 74, 299; **94,** 65—67, 196, 277—279; **95,** 51—54, 96, 112—116, 164, 165; **97,** 140, 351; **98,** 136—139, 206—208; **99,** 147—149, 214, 215; **100,** 207, 270
§ 122 . . . . . . **94,** 196, 197
§ 123 **94,** 195; **96,** 156—158; **98,** 78, 79; **100,** 207
§ 124 . . . . **96,** 158
§ 125 **91,** 232; **93,** 221; **94,** 333 bis 336; **96,** 94—96, 313 bis 316
§ 126 **93,** 175, 176; **95,** 83—85, 191; **96,** 95, 286—289; **97,** 135
§ 127 . **93,** 176; **95,** 84, 175, 176
§ 128 . . **93,** 176; **98,** 78, 79
§ 130 **91,** 60, 62, 63; **92,** 80; **93,** 176; **95,** 315—318; **97,** 336 bis 340; **99,** 20—23
§ 132 . . . . **98,** 275
§ 133 **91,** 240; **92,** 11, 214, 400; **93,** 26, 244, 299; **94,** 27, 80 bis 82, 294, 340; **95,** 9—12, 101, 125, 126; **96,** 174, 327, 342; **97,** 70, 139; **98,** 122 bis 124; **99,** 82—87, 116, 281; **100,** 204
§ 134 **91,** 239, 240; **92,** 79, 398 bis 400; **93,** 337; **94,** 83· **95,** 348; **96,** 94—96, 330; **98,** 1—3, 61—63, 256, 294; **99,** 52; **100,** 40, 161, 237—239, 248
§ 135 **92,** 35, 36, 400, 401; **94,** 82; **95,** 207—209, 348; **99,** 200
§§ 135 flg. . . . . **97,** 223—229
§ 137 . . . . **99,** 142—145
§ 138 Abs. 1 **91,** 323, 328—332, 411; **93,** 19—22, 27—31, 106—108, 207—209; **96,** 91 bis 94, 113, 197—201, 283, 296, 330; **97,** 83, 253—257; **98,** 35, 44—52, 78, 79, 295; **99,** 52, 107—112, 165; **100,** 42, 130, 249
§ 138 Abs. 2 **93,** 27, 28, 31, 75; **97,** 254; **98,** 294
§ 139 **91,** 359—363; **92,** 399; **93,** 57, 58, 334—338; **94,** 61, 147—153; **95,** 6, 8, 9—12; **97,** 221, 273—276; **99,** 52 bis 56; **100,** 240, 276
§ 140 . . . . **93,** 300; **96,** 194
§ 141 **93,** 228; **94,** 147—153; **96,** 95
§ 142 **91,** 369; **94,** 195, 196; **96,** 157
§ 143 . . . . **94,** 196
§ 145 **91,** 62; **93,** 175, 176; **95,** 201
§ 146 . . . . . . **91,** 62; **93,** 176
§§ 146 flg. **96,** 288
§ 147 . . . . **91,** 230
§ 150 . **92,** 232—235; **96,** 262
§ 151 **91,** 230; **93,** 176, 248—251; **95,** 96; **96,** 104, 260—262
§ 152 **91,** 230; **93,** 176; **96,** 104, 273—277
§ 154 **93,** 175; **94,** 330, 333—335; **95,** 243
§ 155 **93,** 299; **95,** 51—54; **97,** 191 bis 196; **100,** 134—138
§ 156 . . . . . . **96,** 102—104
§ 157 **91,** 108, 112, 240, 312, 313; **92,** 11, 214, 318, 319, 363, 364, 400, 418; **93,** 26, 210, 244, 299; **94,** 26—29, 69,

80—82, 95, 170, 285, 294, 337—340; **95,** 33, 38, 41 bis 44, 101, 122—124, 151, 248; **96,** 54, 161—164, 174, 248, 251—254; **97,** 139, 140 bis 144; **98,** 122—124, 213; **99,** 35—37, 56, 116, 118, 250, 259, 281; **100,** 80, 117, 131, 135, 136, 204, 260
§ 158 . . . . **99,** 143
§ 161 . . . . **97,** 223—229
§ 162 **93,** 114—121; **94,** 286; **95,** 137; **98,** 44—52
§ 163 . . . . **91,** 229
§ 164 **91,** 394; **92,** 275; **95,** 188 bis 192, 201; **96,** 177—181; **99,** 208—210; **100,** 192
§ 166 **93,** 299; **95,** 130; **96,** 180; **97,** 281, 282; **100,** 249
§ 167 **94,** 75, 150; **97,** 332—336
§ 168 . . . . **94,** 143
§ 171 . . . . **97,** 335
§ 172 . . . . **97,** 273—276, 335
§ 173 . . . . **97,** 276
§ 177 . **94,** 151; **96,** 288; **100,** 171
§ 179 . . . . **95,** 60
§ 181 **93,** 31, 294, 334—338; **94,** 150; **96,** 140; **97,** 218; **98,** 187; **99,** 208—210
§ 182 . . . . . **93,** 249; **97,** 2
§§ 182 flg. **92,** 156
§ 184 . . . . . **91,** 71; **99,** 266
§ 185 **91,** 390, 395; **93,** 230—233, 249, 296; **94,** 112; **95,** 105 bis 108
§ 186 . . . **92,** 338, 341; **100,** 20
§§ 187 flg. **100,** 20
§ 188 **92,** 338, 341, **95,** 20—24; **100,** 20
§ 193 **92,** 418, 419; **93,** 181; **96,** 37; **97,** 301; **100,** 18—22
§ 194 . . . . **92,** 6
§ 195 **93,** 71—74; **95,** 4; **96,** 55, 158; **100,** 204
§ 196 **94,** 162—164, 314; **95,** 34 bis 36; **97,** 122—125
§ 197 **91,** 301; **95,** 34—36
§ 198 . . . . **94,** 229
§ 201 . . . . **95,** 35
§ 202 **94,** 178—181, 229; **99,** 9; **100,** 65
§ 203 . . . . **93,** 24
§ 207 . . . . **100,** 279—284
§ 209 **93,** 162; **94,** 228; **100,** 118 bis 123, 150, 282
§ 211 . . . **97,** 66, 67, 126, 127
§ 212 **92,** 46; **93,** 160, 161; **97,** 335; **100,** 150
§ 218 . . . . . . **100,** 118—123
§ 220 . . . . . . **100,** 118—123
§ 226 **91,** 90; **94,** 287; **95,** 151; **96,** 184—186; **97,** 90—96; **98,** 15—18, 70—74, 275; **100,** 74, 215
§ 241 **93,** 236; **97,** 37; **99,** 224
§ 242 **91,** 112, 312, 313, 332, 333, 345, 422; **92,** 14—17, 167, 214, 322, 324, 358, 426; **93,** 105, 182—185, 244; **94,** 69, 244—248, 290, 291, 337 bis 340; **95,** 38, 41—44, 101, 307—310; **96,** 82, 119—121, 126—130; **97,** 10, 257—259, 280; **98,** 260—263, 287; **99,** 1, 2, 116, 118, 119, 149, 156, 157, 250, 259; **100,** 80, 131, 136
§ 243 **91,** 110, 112; **92,** 369—371; **93,** 143, 166—171, 172, 255; **94,** 287; **95,** 23; **96,** 119 bis 121; **98** 142
§ 244 **96,** 121—123, 262—266, 270—273; **98,** 160—164
§ 245 **93,** 187; **96,** 121—123
§ 246 **92,** 152; **94,** 137, 138; **96,** 56
§ 248 . . . . **95,** 19
§ 249 **91,** 104—107, 213—217, 230, 259, 267, 347; **92,** 212, 217; **93,** 39—41, 134, 144 bis 147, 284; **94,** 1—5, 195; **95,** 61, 87—89, 160—164, 174; **96,** 20—26, 121—123, 158—160; **97,** 343—347; **98,** 3—13, 55—58, 151,

341—345; **99**, 3, 48, 122, 172—187; **100**, 256, 257
§ 250 . . . . . **91**, 217; **98**, 55
§ 251 **91**, 67, 105, 217; **93**, 106, 284; **96**, 24, 25; **98**, 55; **99**, 172—187
§ 252 **91**, 50, 67; **93**, 284; **95**, 221; **98**, 3—13, 206; **99**, 3, 48
§ 254 **91**, 100, 134, 138, 215; **92**, 39, 50—53, 147, 148, 152, 407, 408; **93**, 62, 97, 98, 264, 281—285; **94**, 31, 140—144, 172, 327; **95**, 64, 347; **96**, 81—83, 131, 133, 279, 320; **97**, 10, 336—340; **98**, 35, 213, 345—347; **100**, 44, 58
§ 256 . . . . **92**, 190
§ 259 . . . . . **91**, 35; **98**, 100
§ 260 . . . . **98**, 26, 28
§ 262 . . . **94**, 58—60; **96**, 114
§ 265 . . . . **94**, 58—60
§ 267 **91**, 299, 302; **92**, 57, 59; **93**, 236; **94**, 90; **96**, 139; **100**, 157
§ 268 **91**, 297—302; **93**, 237; **94**, 90; **96**, 139
§ 269 **95**, 166; **96**, 270—273; **99**, 57, 257, 258
§§ 269 flg. **98**, 161
§ 270 . . . . **99**, 258
§ 271 **91**, 60, 67, 229; **92**, 91, 93; **96**, 122, 264; **98**, 163, 287
§ 273 **92**, 212, 217; **94**, 64; **100**, 285
§ 274 . . **94**, 64, 311; **100**, 198
§ 275 **91**, 226, 230, 312, 313; **92**, 322; **93**, 101—106; **94**, 51, 60, 85; **95**, 20—24; **98**, 260 bis 263; **99**, 168, 232—235
§ 276 **91**, 31, 259; **92**, 38, 39, 51, 53, 79, 126, 128, 150; **93**, 160; **94**, 142, 196, 248—253; **95**, 2—5, 16—18, 43, 284; **96**, 69, 82, 91—94, 98, 99, 131; **97**, 325—329; **98**, 33, 59, 61; **99**, 96—103; **100**, 70, 220
§ 278 **91**, 22, 24, 60, 65, 134—138 243—246, 277, 341, 344; **92**, 51, 53, 150; **94**, 16; **95**, 347; **96**, 82, 178, 324; **97**, 16—18, 280, 281; **98**, 33, 213, 327, 328, 341—345; **99**, 58, 59, 96—103, 263 bis 265; **100**, 58
§ 279 **91**, 32, 109; **95**, 41—44; **97**, 10; **99**, 1, 2
§ 280 . . . **91**, 30, 32, 226, 230
§ 281 **91**, 260—263; **92**, 369—373; **93**, 142—144; **94**, 20—25; **95**, 20—24; **96**, 337; **97**, 87 bis 90
§ 282 . . . . . **91**, 259; **95**, 119
§ 283 . . . . **93**, 50; **96**, 20—26
§ 284 **92**, 390; **93**, 181, 300—302; **96**, 126—130, 255—258; **97**, 11, 133—138; **98**, 89; **99**, 257, 268
§§ 284 flg. . . . **92**, 212, 216, 285
§ 285 **92**, 216; **93**, 49, 272; **96**, 160, 250—258, 313—316; **97**, 6—11, 88, 259; **98**, 90
§ 286 **92**, 217; **94**, 203—208, 327 bis 333; **96**, 160, 316; **97**, 134
§ 287 **91**, 30—32, 101; **96**, 158 bis 160; **97**, 9
§ 288 **92**, 190, 283—285, 378; **93**, 271, 272 **96**, 262—266; **98**, 164; **99**, 268
§ 289 . . . . **95**, 20
§ 291 **91**, 203, 204; **92**, 190, 283 bis 285, 378; **94**, 64; **95**, 20; **96**, 56
§ 292 . . . . **91**, 204
§ 293 . . . . **94**, 141
§§ 293 flg. **99**, 60
§ 295 . . . . **94**, 141
§ 300 . . . **92**, 37; **94**, 140—143
§ 306 **93**, 299; **95**, 348; **96**, 94 bis 96; **98**, 143, 289; **99**, 149, 232—235; **100**, 161
§§ 306 flg. **94**, 83
§ 307 . . . . . . **95**, 60; **98**, 289

§ 309 . . . . **95**, 60
§ 311 **92**, 85; **94**, 314—318; **98**, 128; **99**, 67
§ 312 **92**, 3; **93**, 298, 299; **98**, 330 bis 334
§ 313 **91**, 70, 226—231; **93**, 219 bis 222, 337; **94**, 147—153; **95**, 5—8; **96**, 1—4; **97**, 219 bis 223, 329—336; **98**, 128; **99**, 67, 73, 121
§ 315 **94**, 65, 66; **96**, 57—62; **97**, 139
§§ 315 flg. . . . . . **99**, 105—107
§ 316 . . . . **96**, 60
§ 317 . . . . **91**, 167; **99**, 106
§ 318 . . . . **96**, 61
§ 319 **93**, 344—348; **96**, 57—62; **99**, 106
§ 320 **92**, 212, 217; **93**, 49, 290; **96**, 171—175
§§ 320 flg. **100**, 2
§ 321 . . . . . . **92**, 212, 218
§ 322 **93**, 49; **96**, 121; **100**, 198
§ 323 **91**, 226, 230, 340; **92**, 14, 17, 131, 176—178, 371; **93**, 317, 319, 332; **94**, 51, 85, 267, 268; **99**, 151
§ 324 **92**, 37; **94**, 140—142; **96**, 119—121
§ 325 **91**, 30, 32, 226, 230; **94**, 140 bis 142; **96**, 113, 158—160; **97**, 6—11; **99**, 148, 149; **100**, 131
§ 326 **91**, 30—32, 164, 165, 204 bis 208; **92**, 16, 158—160, 210, 268—271, 391; **93**, 47 bis 50, 180—182, 285—288, 290, 291, 300—302; **94**, 17 bis 20, 78, 203—208, 247, 287, 326, 327, 329; **95**, 247; **96**, 126—130, 160, 255 bis 258, 294, 341—343; **97**, 6 bis 11, 137; **98**, 1, 141, 214; **99**, 50; **100**, 194
§ 327 . . . . **99**, 148, 149
§ 328 **91**, 24; **92**, 13; **94**, 144 bis 147; **96**, 171—175; **98**, 210—213, 281.
§§ 328 flg . . . . **98**, 279—284
§ 329 . . . . **91**, 173
§ 331 . . . . **98**, 281
§ 332 . . . . **100**, 77
§ 339 . . . . **95**, 203
§ 343 . . . . **95**, 199—204
§ 346 . . . . **93**, 49
§§ 346 flg. **99**, 149
§ 347 . . . . . **92**, 190; **93**, 159
§ 348 . . . . **93**, 49
§ 349 . . . . **98**, 15
§ 354 **93**, 48; **94**, 328, 329, 330
§ 360 **92**, 388, 391; **95**, 199—204
§ 362 **91**, 299, 302, 381; **93**, 236; **98**, 149
§ 363 . . . . **96**, 170
§ 364 . . . . **93**, 221
§§ 364 flg. **92**, 101, 104
§ 365 . . . . **92**, 104
§ 371 . . . . **94**, 51
§ 372 . . . **93**, 196; **97**, 173—175
§ 374 . . . . **95**, 118
§ 383 . . . **94**, 143; **95**, 116—121
§§ 383 flg **97**, 237
§ 384 . . . **94**, 140—143; **95**, 118
§ 387 **94**, 309—312; **96**, 341; **99**, 139
§ 388 **92**, 318, 321; **96**, 175; **97**, 273
§ 389 . . . **92**, 318, 321; **94**, 312
§ 390 . . . . . . **94**, 309—312
§ 391 . . . . **95**, 118
§ 394 . . . . **96**, 241
§ 395 . . . . **93**, 59
§ 397 . . . . . . **93**, 298, 299
§ 398 **91**, 390, 392; **92**, 105—108, 238, 350; **98**, 200—203; **99**, 142—145
§ 399 . . . **92**, 168; **97**, 76—79
§ 400 . . . . . **91**, 161; **94**, 137
§ 401 **91**, 277—280, 297, 302; **93**, 236; **100**, 157
§ 402 . . . . **99**, 144
§ 404 . . . . **91**, 225
§ 406 . . . . . . **94**, 96; **98**, 305

§ 407 . . . **92,** 107, 108; **98,** 149
§ 408 . . . **92,** 107, 108; **97,** 37
§ 409 . . . **93,** 74—76; **94,** 28
§ 410 . . . . **92,** 108
§ 412 **91,** 277—280, 297, 302 **93,** 236
§ 414 . . . . **93,** 235; **95,** 160
§ 415 . . **93,** 235, 237; **95,** 160
§ 416 . . . . . **93,** 235; **95,** 329
§ 419 **91,** 432; **92,** 77, 79, 85—87
§ 421 **92,** 401, 407, 408; **96,** 139 141; **100,** 204
§§ 421 flg. **99,** 54
§ 422. . . . . . **98,** 328—330
§ 425 . . . . **96,** 47
§ 426 **91,** 278—280; **92,** 143—153, 401, 407, 409; **93,** 97, 98, 197, 237; **96,** 136—143; **99,** 54
§ 427 . . . . . . **94,** 212, **99,** 54
§ 431 . . . . **99,** 54
§ 432 . . . . **91,** 163
§ 433 **91,** 45, 281; **92,** 268, 270; **93,** 26, 104; **95,** 105—108; **97,** 257—259; **98,** 164—168, 246, 260—263, 289—293; **99,** 149
§ 434 **96,** 80; **99,** 60, 73, 74, 148, 149
§ 435 . . . . **91,** 396
§ 437 **92,**73,76; **93,**222; **96,**89—91, 227—230; **99,** 218—221
§ 438 . . . . **93,** 222
§ 439 . . . **96,** 227—230; **99,** 74
§ 440 . . . . **99,** 148, 149
§ 445 . . . . **93,** 222
§ 446 **93,**166—171; **96,**259; **99,** 58
§ 447 **92,** 269; **93,** 40, 166—171, 330—333, **95,** 307—310; **96,** 258—260; **99,** 57—59
§ 448 . . . . **99,** 58
§ 449 . . . . **96** 48
§ 452 . . . . . . **92,** 190; **98,** 43
§ 455 . . . . . . **95,** 105—108
§ 459 **91,** 306; **93,** 74; **94,** 285 bis 288; **95,** 45—48, 120, 335 **97,** 351; **100,** 161, 204
§§ 459 flg. **92,** 295; **96,** 157; **98,** 289—293; **99,** 147—149, **100,** 203
§ 460 . . . **94,** 285—288; **95,** 335
§ 461 . . . . **96,** 158
§ 462 **91,** 110, 111; **93,** 49; **94,** 331; **95,** 117, 119
§ 463 **92,** 295; **93,** 163; **95,** 60, 336; **96,** 156; **98,** 292; **99,** 121, 122
§ 465 **91,** 110, 111; **93,** 49; **94,** 327 bis 333
§ 467 **93,** 48, 49, 159; **94,** 328, 329; **96,** 157; **99,** 148, 149
§ 468 . . . . **93,** 73
§ 472 **92,** 14, 17, 177, 178; **94,** 285—288; **95,** 46
§ 476 . . . . **95,** 46
§ 477 **91,** 305—307; **93,** 72, 99, 158—163; **96,** 158, 169, 171; **98,** 289—293; **100,** 120, 202—204
§ 478 . . . . . . **92,** 7; **96,** 158
§ 480 **91,** 110, 112; **93,** 98—100; **94,** 327—333; **95,** 46; **96,** 157, 169—171
§ 494 **94,** 336, 337; **95,** 45—48
§ 495 **93,** 254, 255; **94,** 285—288
§ 497 . . . . . . **97,** 269—273
§ 504 . . . . **98,** 44—52
§ 505 . . . . **98,** 51
§ 508 . . . . . . **97,** 282—286
§ 516 **92,** 228; **94,** 241, 322—326; **95,** 12—15; **98,** 128
§ 518 . . . **98,** 124—131; **99,** 67
§§ 519, 528 . . . . **98,** 131
§ 535 . . . . . **92,** 162; **98,** 103
§§ 535 flg. **97,** 19; **98,** 342
§ 536 . . . . . . **94,** 138—140
§ 537 **91,** 54—57, 310—312; **93,** 144—147; **94,** 267, 268; **95,** 175, 176
§ 538 **91,** 24; **94,** 138—140; **95,** 175, 176; **100,** 43, 44
§ 539 . . . . **98,** 286—289
§ 542 **91,** 54, 55, 309; **98,** 101 bis 103, 286—289

§ 543 . . . . . . **98**, 286—289
§ 544 . . . . **91**, 309
§ 549 . . . **91**, 309; **92**, 118, 119
§ 550 . . . . . . **92**, 363—365
§ 553 . . . . **94**, 235
§ 554 **94**, 235; **98**, 88—90; **99**, 257, 258
§ 557 . . . . . . **99**, 230—232
§ 558 **95**, 302—304; **96**, 300—302
§ 559 . . . . **98**, 306
§ 560 . . . . . . **98**, 345—347
§ 561 . . . . **98**, 305, 345—347
§ 564 . . . . . **91**, 307; **97**, 223
§ 565 . . . . . **97**, 223, **98**, 274
§ 566 **95**, 83; **96**, 314, 315; **97**, 219—223; **98**, 102
§ 567 **95**, 108—112; **96**, 220—222
§ 571 **94**, 279—282; **98**, 89, 102, 274
§§ 571 flg. **95**, 111
§ 573 . . . . . **92**, 162; **94**, 281
§ 574 . . **94**, 281; **97**, 166; **98**, 89
§ 577 . . . . . . **94**, 279—282
§ 580 . . . . . . **97**, 166—170
§ 581 **91**, 56, 310—312; **92**, 162; **93**, 144—147; **94**, 235, 279 bis 282; **95**, 303; **96**, 220 bis 222; **97**, 166—170; **98**, 101—103
§§ 582—597 . . . . . . **98**, 102
§ 598 **91**, 155, 157, 158; **93**, 223
§§ 604, 605 . . . **91**, 155, 158, 159
§ 607 . . . . . **95**, 9—12; **98**, 23
§ 611 . . . . **99**, 35—37
§ 612 . . . . . **94**, 212; **95**, 139
§ 616 . . . . **92**, 177
§ 618 **91**, 22—24; **92**, 179, 308; **95**, 103; **96**, 92; **97**, 43, 44; **98**, 342
§ 626 **91**, 59, 60, 331; **92**, 159, 160, 177, 178; **93**, 139; **94**, 166 bis 169; 235; **96**, 197—201
§§ 626 flg. **92**, 160
§ 628 . . . . **94**, 167
§ 631 **92**, 168, 171; **94**, 128; **97**, 87—90; **98**, 327; **100**, 38, 46—48
§ 632 **94**, 212; **95**, 139; **100**, 130
§ 633 . . . **95**, 324, 330; **96**, 267
§ 634 . . . . . **94**, 30; **95**, 4, 330
§ 635 . . . **93**, 160; **95**, 2—5, 330
§ 638 **93**, 160; **95**, 4, 329, 330
§ 639 . . . . . **93**, 161; **96**, 267
§ 640 . . . . **100**, 38
§ 641 . . . . **92**, 190
§ 642 . . . . **100**, 46—48
§ 643 . . . . **94**, 29, 30; **100**, 47
§ 645 . . . . . . **94**, 29; **100**, 47
§ 649 . . . **92**, 168, 170; **100**, 47
§ 651 **93**, 159; **94**, 126—130; **95**, 324; **97**, 87—90
§ 652 . . . . . . **95**, 134—137
§ 653 . . . . . . **95**, 137—144
§ 662 . . . . . . **98**, 195—200
§§ 664 flg. **97**, 237
§ 665 . . . . **99**, 76
§ 666 **91**, 35; **98**, 100, 306, **100**, 97
§§ 666 flg. **96**, 283
§ 667 **91**, 70, 71; **96**, 53—57; **98**, 134, 135; **99**, 31—35; **100**, 97, 145
§ 670 **92**, 198; **94**, 169—172; **95**, 51—54; **96**, 163; **98**, 195 bis 200; **100**, 59
§ 671 . . . . . **99**, 143; **100**, 97
§ 675 **91**, 35; **92**, 159; **96**, 55, 56, 283; **98**, 100; **99**, 31—35, 75, 78
§ 676 . . . . **95**, 216
§ 677 **94**, 347; **97**, 61—66; **98**, 134—199
§§ 677 flg. **92**, 198
§ 678 . . . . **98**, 150
§ 679 **92**, 197—201; **98**, 199, 200
§ 681 **91**, 71; **96**, 283; **98**, 134, 306; **99**, 32; **100**, 145
§ 683 **92**, 198; **97**, 61—66; **98**, 199, 200
§ 684 **91**, 71; **92**, 201; **97**, 66
§ 686 . . . . **92**, 132
§ 687 **92**, 201—203; **96**, 141, 282 bis 284; **98**, 150; **100**, 142 bis 147
§ 688 . . . **96**, 283; **99**, 35—37

§§ 688 flg. **94**, 24
§ 690 . . . . **98**, 33
§ 692 . . . . **98**, 31
§ 694 . . . . . **93**, 166; **95**, 60
§ 701 . . . . **99**, 70—72
§ 702 . . . . **99**, 72
§ 705 **91**, 36; **95**, 147—152; **97**, 331; **98**, 298—302; **99**, 163; **100**, 3
§§ 705 flg. **92**, 342; **93**, 246
§ 707 . . . . **91**, 166—168
§ 709 . . . . **97**, 331
§ 713 . . . . . . **97**, 237; **99**, 32
§ 717 **92**, 164, 398—401; **95**, 231 bis 235
§ 719 **92**, 164, 398—401; **93**, 294; **95**, 231—235
§ 721 . . . . . . **95**, 147—152
§ 723 **92**, 167; **94**, 235; **95**, 147 bis 152, 168; **97**, 331
§§ 723 flg. . . . **95**, 39—41; **97**, 331
§ 725 . . . . . . **95**, 231—235
§ 726 . . . . **100**, 166
§ 727 . . . . **92**, 343
§ 729 . . . . . **95**, 39—41, 234
§ 730 **95**, 234; **98**, 298—302; **100**, 166
§§ 730 flg. **98**, 301
§ 731 . . . . **91**, 431
§§ 732—735 . . . . . **100**, 166
§ 738 . . . . . **91**, 430; **94**, 108
§§ 741 flg. **97**, 248
§ 745 . . . . **100**, 173
§ 748 . . . . **93**, 198
§ 752 . . . . **91**, 416—418, 431
§ 753 **91**, 418—420, 431; **93**, 337
§ 756 . . . . **92**, 344
§§ 759 flg. **91**, 7
§ 761 **91**, 6—8; **94**, 157—159, 315; **98**, 130
§ 762 . . . **91**, 43; **93**, 348—351
§ 763 . . . . **93**, 348—351
§ 765 **93**, 234—238; **94**, 85—93; **98**, 131
§ 766 **93**, 85—93; **94**, 85—89; **95**, 9—12, 125, 126; **96**, 133 bis 135; **98**, 130, 131
§ 767 **92**, 121, 123, 124; **93**, 91 bis 94; **98**, 330
§ 771 . . . . **92**, 220—222
§§ 772, 773 . . . . **92**, 219—222
§ 774 **92**, 121, 124; **93**, 91—94, 236, 237; **94**, 85—93; **96**, 136—143; **98**, 328—330; **99**, 242—244
§ 777 . . . . . . **96**, 133—135
§ 779 . . . . **94**, 153
§ 780 **94**, 137, 138; **95**, 19; **98**, 128, 129, 176
§ 781 **94**, 138; **95**, 19; **97**, 164; **98**, 128, 129
§ 782 . . . . **95**, 18—20
§§ 783 flg. **92**, 51
§ 788 . . . . **95**, 129
§ 790 . . . . **99**, 76
§ 808 . . . . **94**, 26—28
§ 810 . . . . . **92**, 225; **100**, 154
§ 812 **91**, 84, 86, 204, 312; **92**, 77, 79, 82, 83; **93**, 227—230; **94**, 191, 195, 253—255, 283; **95**, 8, 128, 129, 200; **96**, 158, 241, 343—345, 347; **97**, 61 bis 66, 79, 178, 311, 312; **98**, 64—66, 78, 132, 143 bis 150, 237—240, 283, 284; **99**, 143, 144, 165—168; **100**, 130
§ 813 . . . . . **95**, 128; **98**, 240
§ 814 **95**, 126—131, 348; **97**, 82 bis 85, 140—144; **98**, 237 bis 240; **99**, 165, 166
§ 815 . . . . **98**, 237—240
§ 816 **92**, 83; **96**, 283; **98**, 136, 149
§ 817 **95**, 126—131, 347—349; **96**, 79, 80, 343—345; **97**, 82 bis 85; **99**, 161—168; **100**, 159—162, 250
§ 818 **91**, 203; **93**, 227—230, 271, 272; **94**, 162, 253—255; **95**, 8; **96**, 337; **98**, 64—66, 131—136, 237—240; **99**, 168
§ 819 **93**, 230, 271, 272; **96**, 158; **99**, 168
§ 820 . . . . **92**, 190

§ 821 . . . . **93,** 222
§ 822 **92,** 83; **93,** 229; **95,** 8; **98,** 136
§ 823 **91,** 2, 60, 65—67, 72, 76, 150, 266, 269, 350—359; **92,** 49, 78, 79, 125, 126, 133—138, 150, 152, 344, 359, 361, 365, 404; **93,** 1—3, 97, 125, 205, 282; **94,** 1—5, 32, 103, 104 191, 195, 220—222, 248 bis 253, 272; **95,** 60, 61—64, 154—156, 157, 162, 174, 175, 182, 238—241, 268 bis 273, 283—285, 315, 340, 342; **96,** 69, 75, 81—83, 92, 216, 225, 315; **97,** 116, 196, 197, 245, 253, 343—347; **98,** 38, 59, 60, 78, 211, 322, 346; **99,** 96—103, 190, 224, 264; 265; **100,** 39, 69—71, 142—147, 183, 185, 213, 214, 220, 278, 279
§§ 823 flg. **95,** 271; **97,** 11, 12, 89; **98,** 344; **100,** 287
§ 824 **91,** 266, 269, 350—353; **94,** 271—277; **95,** 174, 340, 341, 343; **97,** 344, 345, 347; **98,** 36—40
§ 826 **91,** 72, 74, 79—81, 83, 178, 204, 323, 350—354, 359, 411; **92,** 79, 133—138, 143, 148—151, 344; **93,** 19—22, 135, 244, 302—305; **94,** 191, 221, 222, 276, 318—321; **95,** 54—58, 60, 162, 163, 174, 310—315, 340; **96,** 56, 315; **97,** 90—96, 108, 272, 305, 344, 347; **98,** 15—18, 70—74, 74—78, 268, 322; **99,** 145, 190; **100,** 7, 8, 144, 146, 157, 175—178, 183, 185, 207, 215, 287
§ 827 . . . . **94,** 221, 222
§ 829 . . . . . . **94,** 220—222
§ 830 **94,** 191, 192, 221; **96,** 224 bis 227; **98,** 58—61, 322; **99,** 90—96
§ 831 **91,** 22, 60, 65—67, 72—75, 273, 277, 363—365, 383, 415; **92,** 52, 150, 152, 345 bis 347; **93,** 97, 98; **94,** 319; **95,** 180; **96,** 81—83, 100, 177—181; **97,** 280; **98,** 211, 322, 342; **99,** 263—265; **100,** 71, 220
§ 832 **92,** 125, 126; **97,** 229—232; **98,** 246—249
§ 833 **94,** 221; **96,** 130—133; **97,** 114
§ 836 . . . **94,** 221; **97,** 112—116
§ 839 **91,** 9, 12, 96—98, 186, 232 bis 234, 237, 341, 344, 347, 348, 381; **92,** 237, 305, 307; **93,** 61, 62, 68—71, 198 bis 201; **94,** 102—104; **95,** 174, 216, 217; **96,** 76, 147, 164 bis 169; **97,** 180, 234, 264, 266, 296; **98,** 250; **99,** 138, 221—227, 255, 285—288; **100,** 102, 103, 128, 129, 188 bis 190, 220, 287
§ 840 92, 143, 145, 147; **93,** 97; **96,** 133, 224—227
§ 842 . . . **92,** 59; **95,** 173—175
§§ 842 flg. **94,** 104
§ 843 **92,** 58—60; **93,** 210, 214; **95,** 86, 174; **98,** 222 bis 224
§ 844 **91,** 2, 9, 12, 398, 400, **92,** 57, 58, 402, 404; **93,** 154, 155, 210, 211; **94,** 32, 102—104, 220—222; **95,** 248, 249; **97,** 89; **98,** 224
§ 845 **92,** 404; **94,** 32, 102—104; **97,** 89; **98,** 344
§ 847 **94,** 3; **95,** 177; **96,** 97; **99,** 263—265
§ 849 . . . **92,** 172, 190, 249, 250
§ 852 **93,** 69; **94,** 1, 4, 222; **95,** 72 bis 79; **96,** 56; **99,** 10, 12
§ 854 . . . . **91,** 65; **98,** 132
§ 855 **91,** 65, **92,** 267; **94,** 341, 342; **97,** 167; **99,** 208—210

§ 858 . . . . **100**, 69, 73
§§ 859—862 . . . . . . **97**, 167
§ 868 **92**, 265, 267, 352, 353; **94**, 228, 341, 342; **96**, 170; **97**, 167, 169; **98**, 131—136; **99**, 209, 210; **100**, 193
§ 870 . . . . . **92**, 350; **98**, 135
§ 873 **93**, 64; **97**, 38; **99**, 66—69
§ 874 . . . . **93**, 64
§ 879 . . . . **94**, 9
§ 883 . . . . **93**, 114—121
§ 888 . . . . **93**, 114—121
§ 891 **91**, 13—15; **92**, 48, 70, 71; **93**, 64, 240; **94**, 57; **95**, 161, 164; **98**, 126
§§ 891—899 . . **91**, 220; **98**, 126
§ 892 **91**, 14, 15, 218, 223, 224; **92**, 254; **93**, 41, 63—66, 237, 240, 296; **97**, 174, 175; **98**, 215—220
§ 893 . . . **93**, 64; **97**, 173—175
§ 894 **91**, 396; **93**, 294, 296; **94**, 10, 155—157
§ 899 . . . . **98**, 219
§ 903 . . . **92**, 36; **98**, 16; **99**, 178
§§ 903 flg. **98**, 205
§ 904 . . . . **92**, 49; **100**, 72, 73
§ 905 **92**, 46—49; **94**, 33, 35; **97**, 25—30; **98**, 16; **100**, 69—75
§ 906 **92**, 363, 364; **97**, 27, 290 bis 293; **98**, 15—18, 79—85, 347—349
§ 907 **93**, 104; **97**, 37; **98**, 15—18
§ 925 . . . . **99**, 66—70
§ 926 . . . . **97**, 102—107
§ 929 **92**, 350; **93**, 230—233; **94**, 127, 129; **98**, 346; **99**, 208 bis 210
§ 930 **92**, 350—353; **93**, 231; **94**, 127, 129; **95**, 107; **96**, 170; **97**, 245—253; **98**, 133; **99**, 209, 210
§ 931 **92**, 350, 351; **93**, 231, 232; **94**, 127, 129; **98**, 284
§ 932 **93**, 230—233, 281, 284; **94**, 23; **95**, 18; **98**, 136; **100**, 194
§§ 932 flg. **99**, 143
§ 933 . . . **93**, 231, **95**, 105—108
§ 934 . . . . **93**, 231, 232
§ 935 . . . . **93**, 284
§ 936 . . . . **98**, 346
§ 946 **94**, 126, 129, 130; **97**, 90
§ 948 . . . . **94**, 23
§ 952 **91**, 157, 158, 226; **99**, 144
§ 953 . . . . **92**, 140; **98**, 182
§ 984 . . . . **92**, 140
§ 985 **92**, 18—20; **93**, 281—285, **98**, 135; **99**, 144; **100**, 219
§§ 985 flg. **94**, 195
§ 987 . . . . . . **93**, 281—285
§§ 989, 990 . . . . **93**, 281—285
§ 994 . . . . **93**, 159
§ 1004 **92**, 22—27, 363, 364, **93**, 63, 103, 104, 257, 259, 283, 292; **94**, 34; **96**, 244; **97**, 25 bis 30, 290—293, 344; **98**, 79—85, 347—349; **99**, 172 bis 187; **100**, 72, 73
§ 1006 . . . . **99**, 153
§ 1010 . . . . **92**, 344
§ 1027 . . . . . . **93**, 63; **94**, 34
§ 1030 . . . . **100**, 158
§ 1046 . . . . **94**, 23
§ 1047 . . . . . **100**, 156—158
§ 1052 . . . . **98**, 27
§ 1075 . . . . **94**, 23
§ 1090 . . . . **94**, 34
§ 1113 **93**, 234—238; **95**, 226; **98**, 110, 111
§ 1114 . . . . **94**, 154—157
§ 1117 **92**, 254—256; **93**, 44, 248 bis 251, **98**, 283
§ 1120 . . . . **92**, 20
§ 1121 . . **99**, 210, 211; **100**, 89
§ 1123 . . . **93**, 124; **100**, 158
§ 1124 **93**, 121—124; **100**, 158
§ 1127 . . . . **94**, 24
§§ 1128, 1130 . . . **95**, 207—209
§ 1132 . . **98**, 70—74, 106—112
§ 1133 . . . . **92**, 218
§ 1134 . . . . **92**, 19, 218
§ 1135 . . . . **92**, 218

§ 1137 . . . . **91**, 223
§ 1138 **91**, 223; **93**, 237; **98**, 126
§ 1141 . . . . **94**, 57
§ 1147 . . . . . . **93**, 234—238
§ 1148 . . . **93**, 124; **94**, 55—57
§ 1149 . . . . . . **92**, 101—105
§ 1150 . . **91**, 297—302; **93**, 237
§ 1153 . . . . . . **91**, **297**, 302
§ 1154 **92**, 254, **256**; **93**, 43, 250
§ 1155 . . . . **93**, 41—44
§ 1156 . . . . **91**, 225
§ 1157 . . **91**, 218—225; **95**, 161
§ 1159 . . . . **100**, 157
§ 1163 **91**, 299; **93**, 116, 117, 237; **94**, 5—11; **97**, 223—229; **98**, 111
§ 1164 . . . . . . **93**, 235, 236
§ 1168 . . **91**, 226; **97**, 223—229
§ 1169 **91**, 225, 226; **94**, 155—157
§ 1177 **91**, 299; **93**, 116, 117, 237; **94**, 5—11
§ 1178 . . . . **91**, 299; **100**, 157
§ 1179 . . **93**, 114—121; **97**, 227
§ 1180 . . . . **94**, 8
§ 1184 . . . . **98**, 111
§ 1190 . . . . . . **97**, 223—229
§ 1192 . . . . . . **91**, 218—225
§ 1198 . . . . **94**, 8
§§ 1205, 1206 . . . . . **92**, 267
§ 1207 . . . . **93**, 231
§ 1215 . . . . **96**, 185
§ 1216 . . . . **97**, 66
§ 1219 . . . . **94**, 24
§ 1220 . . . **95**, 118; **98**, 70—74
§ 1221 . . . . **98**, 70—74
§ 1223 **92**, 280—283; **100**, 277
§ 1225 . . . . **94**, 90; **96**, 139
§ 1228 . . . . **95**, 337
§ 1230 . . . . **98**, 70—74
§ 1232 . . . . **97**, 37, 42
§ 1235 . . . . **100**, 276
§ 1236 . . . . **95**, 118
§ 1242 . . . . **100**, 277
§ 1243 . **95**, 118; **100**, 276—278
§ 1244 . . . . . **100**, 276, 277
§ 1245 . . . . **100**, 276
§ 1247 . . . . **94**, 24
§ 1252 . . . **92**, 281; **100**, 277
§ 1253 . . . **92**, 265—268, 281
§§ 1255 1256 . . . . . **92**, 281
§ 1257 . . . . **97**, 37, 40
§ 1258 . . **94**, 24; **95**, 233, 234
§ 1266 . . . . **97**, 66
§ 1273 **95**, 232; **97**, 37; **100**, 275, 276
§ 1274 . . . . **92**, 267
§ 1277 **93**, 121—124; **100**, 276, 278
§ 1278 . . . . **92**, 266
§ 1280 . . . . **94**, 196
§ 1282 **93**, 212, 214; **95**, 336, 337
§§ 1282 flg. . . . . . . **97**, 34—43
§ 1290 . . . . **97**, 34—43
§ 1293 . . . . **98**, 70
§§ 1297, 1298 . . . . . . **98**, 14
§ 1299 . . . . **98**, 13, 14
§ 1300 . . . . **94**, 3; **98**, 13—15
§ 1312 . . . . . **96**, 223; **99**, 82
§ 1317 . . . . **99**, 69
§ 1328 **96**, 223; **99**, 82; **100**, 277
§ 1333 **94**, 123—126; **95**, 289 bis 291
§ 1334 . . . . . . **94**, 123—126
§ 1353 **92**, 126; **95**, 330—334; **97**, 286—290
§ 1354 **95**, 330—334, **97**, 286 bis 288
§ 1356 . . . . . . **97**, 287, 288
§ 1360 **91**, 401; **94**, 179; **97**, 286 bis 290
§ 1361 . . . . **95**, 333
§ 1362 . . . . . . **99**, 152—154
§ 1369 . . . . **92**, 139
§ 1370 . . **92**, 139—142; **94**, 23
§§ 1373 flg **92**, 156
§ 1375 . . . . **96**, 97
§ 1376 . . . . **92**, 155, 157
§ 1379 . . . . **94**, 177
§ 1380 **91**, 394; **92**, 153—157; **96**, 97
§ 1381 . . . . **94**, 23; **100**, 193
§§ 1384—1388 . . . . **97**, 176
§ 1396 . . . . **100**, 194

§ 1400 . . . . **29,** 156
§ 1404 . . . . **100,** 194
§ 1418 . . . . **95,** 331
§ 1427 . . . . **100,** 200
§ 1430 . . . . . . **91,** 363—365
§ 1434 . . . . . **94,** 317; **99,** 67
§ 1435 . . . . **93,** 240
§ 1440 . . . . **94,** 23
§ 1442 . . . . **95,** 12—15
§ 1444 . . . . . . **94,** 314—318
§ 1445 . . . . . . **99,** 121, 122
§ 1446 . . . . **91,** 41
§ 1465 . . . . **94,** 265
§ 1473 . . . . . **92,** 142; **94,** 23
§ 1483 . . . . **94,** 316
§ 1486 . . . . **94,** 23
§ 1487 . . . . . . **94,** 314—318
§ 1497 . . . . **94,** 23
§§ 1508, 1511 . . . **94,** 314—318
§ 1513 . . . . **92,** 1
§§ 1516, 1518 . . . **94,** 314—318
§ 1519 . . . . **91,** 41
§ 1522 . . . . **96,** 97
§ 1524 . . . . . **92,** 142; **94,** 23
§ 1525 . . . . **96,** 97
§ 1526 . . . . . **92,** 142; **94,** 23
§§ 1546, 1550 . . . . . . **94,** 23
§ 1554 . . . . . **92,** 142; **94,** 23
§ 1564 . . . . . . **95,** 285, 286
§ 1565 **96,** 223; **99,** 80; **100,** 109, 114
§§ 1565—1567 . . . . . **98,** 153
§ 1566 . . . . . . **100,** 114, 115
§ 1568 **94,** 124, 126, 164; **95,** 26; **96,** 222—224, 269; **97,** 286; **98,** 152, 153; **99,** 80, 81; **100,** 106, 107, 110, 114
§ 1569 **97,** 340—343; **98,** 153, 295 bis 298; **99,** 81; **100,** 106 bis 110
§ 1570 . . . . . . **96,** 268—270
§ 1571 . . **95,** 285, 286; **96,** 203
§ 1574 . . . **99,** 80—82; **100,** 99
§ 1578 . . . **97,** 278; **99,** 80—82
§ 1579 . . . . . . **97,** 276—279
§§ 1591—1593 . . . . **96,** 71, 72
§ 1596 . . . . **96,** 70—72
§ 1602 . . . **91,** 401; **99,** 114
§ 1611 . . . . **92,** 1, 5
§ 1613 . . . . **97,** 290
§ 1617 . . . . **99,** 115
§ 1621 . . . . **92,** 1, 5, 6
§ 1624 . . . . . . **94,** 240, 242
§ 1630 . . . . **93,** 336
§ 1635 . . . . **100,** 178
§ 1636 . . . . . **100,** 178—182
§ 1638 . . . . . **92,** 142; **94,** 23
§ 1643 **91,** 405, 408; **92,** 3; **93,** 337
§§ 1646, 1651 . . . . . . **94,** 23
§ 1654 . . . . . . **97,** 175—177
§ 1686 . . . . . . **93,** 336, 337
§ 1693 . . . . **96,** 50
§§ 1708, 1710 . . . . . **96,** 145
§ 1750 . . . . **99,** 67
§ 1777 . . . . **100,** 77
§ 1795 . . . . . . **93,** 335, 336
§ 1804 . . . . . **91,** 41; **98,** 283
§ 1821 Abs. 1 Nr. 1 . . . **93,** 337
Nr. 4 **91,** 69—70; **99,** 72—75
§ 1822 Nr. 1 . . . . **92,** 3
Nr. 10 . . . **91,** 405, 408
§ 1833 . . . . **91,** 69
§ 1834 . . . . **92,** 190
§ 1897 . . . . **91,** 70
§ 1909 . . . . **91,** 41
§§ 1909—1914 . . . . . **98,** 267
§ 1910 . . . . **100,** 106
§ 1911 . . . . **98,** 263—267
§ 1915 **91,** 41; **93,** 335; **96,** 50; **98,** 283
§ 1922 **92,** 2; **93,** 5; **95,** 12—15
§ 1924 . . . . **93,** 5, 194
§§ 1924 flg . . . . **98,** 330—334
§ 1925 . . . . . . **94,** 242, 243
§ 1930 . . . . **98,** 332
§ 1933 . . . . . . **96,** 201—203
§§ 1937—1941 . . . . . **100,** 77
§ 1938 . . . . **93,** 194
§ 1940 . . . **96,** 19; **100,** 77, 172
§§ 1948, 1951 . . . . . **98,** 332
§ 1953 **93,** 194; **95,** 98; **98,** 331

§ 1967 . **92**, 341; **93**, 196—198
§§ 1970 flg. **92**, 341, 344
§ 1978 . . . . . **92**, 87, 341, 343
§§ 1979, 1990, 1991 . . . **92**, 87
§ 2019 . . . . **94**, 23
§ 2032 . . . . **93**, 295; **94**, 243
§§ 2032 flg. **94**, 243
§ 2033 **93**, 5, 295, 335; **94**, 243; **95**, 232
§ 2038 . . **93**, 198, 295; **100**, 173
§ 2039 **93**, 127—130; **100**, 97 166
§ 2040 . . . . **93**, 292—297, 335
§ 2041 **93**, 335, 337, 338; **94**, 23
§§ 2042 flg **93**, 336; **95**, 325—329; **100**, 97
§ 2046 . . **93**, 198; **95**, 325—329
§ 2047 . . . . **93**, 5, 337
§ 2048 . . . . **100**, 77
§ 2054 . . . . . **94**, 262—267
§ 2055 . . . . **93**, 5
§ 2058 . . . . . **93**, 196—198
§§ 2058 flg. **95**, 328
§ 2059 . . . **93**, 196—198, 295
§ 2063 . . . . **93**, 197
§ 2065 **95**, 278—280; **96**, 17; **100**, 77, 78
§ 2066 . . . . **99**, 86
§§ 2067 flg. **99**, 85
§ 2069 . . . **95**, 99; **99**, 82—87
§ 2073 . . . . **99**, 86
§ 2074 . . . . **95**, 98
§ 2075 . . . . **95**, 280
§ 2084 . . . . **92**, 68, 72
§ 2100 . . . . **95**, 12—15
§ 2108 . . . . . **95**, 97—99, 280
§ 2110 . . . . **95**, 99
§ 2111 . . **92**, 141, 142; **94**, 23
§ 2113 . . . . **93**, 296
§ 2121 . . . . **98**, 25—28
§ 2122, 2123, 2127, 2128 **98**, 26, 27
§ 2130 . . . . **98**, 26—28
§ 2131, 2132, 2138 . . **98**, 26
§ 2139, 2140 . . . . . **98**, 27
§ 2147, 2148 . . . . **93**, 6, 197
§ 2150 . . . . . . **93**, 196—198
§ 2151 flg. . . . . . **96**, 15—20
§§ 2153, 2156 . . . . **96**, 17, 19
§§ 2169, 2172, 2173 . . . **99**, 85
§ 2176 . . . **95**, 12—15; **99**, 67
§§ 2192, 2193 . . . . **96**, 15—20
§ 2197 . . . . **100**, 77
§ 2198 . . . . **92**, 68, 72
§ 2200 . . . . **94**, 174, 175
§ 2202 . . . . **100**, 281
§ 2204 **95**, 325—329; **100**, 97
§ 2205 . . . . **91**, 69
§ 2212 . . . . **100**, 281
§ 2216 . . . . **91**, 69, 70
§ 2218 . . . . **100**, 97
§ 2224 . . . . . . **98**, 173—175
§ 2226 . . . . **100**, 97
§ 2227 . . . . **98**, 174
§ 2238 . . . . **92**, 27, 29
§ 2241 . . . . . **92**, 27, 29, 32
§ 2242 . . . . **92**, 29
§ 2243 . . . . **92**, 31
§ 2244 . . . **92**, 29; **97**, 295, 300
§ 2271 . **94**, 317; **95**, 214—220
§ 2276 . . . . **99**, 67
§ 2281 . . . . **92**, 4
§§ 2286, 2288, 2290 . **95**, 12—15
§ 2291 . . . . **95**, 14
§ 2294 . . . . . **92**, 1; **95**, 218
§ 2303 **92**, 2, 3; **93**, 5, 6, 9, 193 bis 196
§§ 2305, 2306 **93**, 3—10, 193 bis 196
§ 2307 . . . . **93**, 5, 193—196
§ 2308 . . . . **93**, 5
§ 2309 . . . . . . **93**, 193—196
§§ 2315, 2316 . . . . **93**, 4—10
§ 2317 . . . . . **92**, 2; **93**, 9, 78
§ 2325 . . . . . . **94**, 264—267
§§ 2325 flg. **92**, 4
§ 2331 . . . . . . **94**, 262—267
§ 2333 **93**, 193—195; **95**, 24—27; **100**, 115
§§ 2333 flg. **92**, 1, 4, 5, 6
§ 2335 . . . . **96**, 202
§ 2336 **93**, 195; **95**, 24—27, 218; **96**, 202; **100**, 77
§ 2338 . . . . **95**, 27
§ 2344 . . . . . **93**, 194; **95**, 98

§ 2345 . . . . **93**, 194
§ 2346 **92**, 3; **93**, 194; **98**, 330 bis 334
§ 2352 . . . . . . **98**, 330—334
§ 2354, 2356 . . . **95**, 286—288
§ 2358 . . . . . **95**, 287; **99**, 87
§§ 2358 flg. **94**, 177
§ 2360 . . . . **94**, 177
§§ 2365 flg. . . . . . **92**, 68—71
§ 2368 . . **92**, 68—71; **100**, 282

2. Einführungsgesetz zum Bürgerlichen Gesetzbuch.

Art. 3 . . . . **91**, 284
„ 4 **96**, 46, 47, 315; **98**, 11
„ 7 . . . . . **91**, 406, 407
„ 7 flg. . . . **95**, 268—273
„ 12 . . . . . . **96**, 75, 98
„ 14 . . . . . **91**, 406, 407
„ 15 **91**, 406, 407; **92**, 196; **96**, 97
„ 19 . . . . **91**, 403—408
„ 24 flg. **91**, 140
„ 25. . . . . **91**, 141
„ 28. . . . . **95**, 268—273
„ 30 **93**, 182—185; **95**, 268 bis 273
„ 31 . . . . **93**, 262
„ 52 . . . . **94**, 20, 22
„ 55 **92**, 237; **96**, 47; **98**, 11
„ 59 . . . . **91**, 284; **97**, 104
„ 65 . . . . **97**, 112—116
„ 67 **92**, 73, 75; **93**, 246; **98**, 182; **99**, 178
„ 69 . . . . **94**, 34, 38
Art. 77 . . . . . **91**, 273, 274
„ 80 . . . . . **92**, 236, 237
„ 84 . . . . **97**, 123
„ 105 . . . . . **92**, 9; **98**, 11
„ 108 . . . . . . **98**, 3—13
„ 109 . . . . **96**, 2
„ 114 . . . . **93**, 65
„ 124 . . . . **98**, 16
„ 142 . . . . **96**, 2
„ 169 . . **93**, 72, 73; **95**, 303
„ 170 **92**, 195; **94**, 190; **95**, 303; **97**, 241; **99**, 221 bis 227
„ 171 . . **95**, 108—112, 303
„ 172 . . . . **95**, 108—112
„ 181 . . . . **98**, 182
„ 187 . . . . . . **93**, 63—66
„ 189 . . . . **93**, 64
„ 192 . . . . **91**, 298
„ 193 . . . . **91**, 298; **94**, 8
„ 200 . . . . **96**, 202
„ 201 . . . . **100**, 246
„ 213 flg. **96**, 202

3. Allgemeines deutsches Handelsgesetzbuch (a. F.).

Art. 25, 46 . . . . **93**, 243
„ 52 . . . . **96**, 180
„ 92 . . . . . **91**, 166—168
„ 122 . . . . **92**, 192
„ 235 . . . . **91**, 5
„ 278 . . . . **97**, 241
„ 279 . . . . . **97**, 241, 242
„ 329 . . . . . **97**, 300, 301
Art. 330 . . . . **97**, 301
„ 336 . . . . **98**, 162
„ 345 . . . . **93**, 332
„ 349 . . . . **91**, 307
„ 361 . . . . **99**, 32
„ 376 . . . . **94**, 114
„ 422, 423 . . . . . **93**, 179
„ 513 . . . . **99**, 32

4. Handelsgesetzbuch von 1897.

§ 1 . . . . . . **92**, 324; 96, 57
§ 12 . . . . **93**, 70
§ 15 . . **93**, 228, 229, 238—244
§ 17 . . . . . . **99**, 158—160
§ 18 . . . . . . **96**, 196; **99**, 24
§ 20 . . . . **95**, 294
§ 22 **96**, 195—197; **99**, 158—160
§ 23 . . . . . . **99**, 158—160
§ 25 **92**, 87; **93**, 227—230; **96**, 171 bis 175
§ 28 . . . **93**, 227—230; **99**, 242
§ 37 . . . . **99**, 24
§ 38 . . . . **93**, 240
§ 40 **91**, 409, 410; **94**, 213—215; **98**, 319, 322, 323—326
§§ 54, 55 . . . . **97**, 1, 2
§ 60 . . . . . . **96**, 171—175
§ 70 . . . . . **93**, 139; **94**, 235
§ 76 . . . . . . **97**, 229—232
§ 77 . . . . **94**, 236
§ 84 . . . . . . **95**, 134—137
§ 85 . . . **96**, 286—289; **97**, 1, 2
§ 87 . . . . **97**, 1, 2
§ 88 . . . . . . **95**, 134—137
§ 92 **92**, 160; **94**, 166—169, 236
§ 93 . . . . . . **97**, 215—219
§ 95 . . . . . . **97**, 260—263
§§ 110, 113, 118 . . . . **91**, 35
§ 125 . . . . **91**, 415, **100**, 142
§ 126 **91**, 412—415; **96**, 197—201
§ 128 **91**, 412—415, **92**, 192; **93**, 229, 230; **96**, 200
§ 130 . . . . . . **93**, 227—230
§ 131 . . **93**, 54—56; **95**, 32, 33
§ 133 . . **92**, 164, 167; **94**, 236
§ 139 . . **92**, 166; **98**, 228, 229
§ 146 . . . . . **91**, 36, **100**, 167
§ 147 . . . . **91**, 36
§ 149 . . . . **91**, 35
§ 150 . . . . **100**, 142
§ 152 . . . . **91**, 36
§ 161 . . . . **94**, 236
§§ 182, 188 . . . . . . **96**, 213
§ 189 . **96**, 212, 213; **97**, 310
§ 195 . . . . **94**, 61—65
§ 196 . . . . . . **96**, 210—215
§ 202 . . . . **100**, 177
§§ 211 flg. . . . . . **92**, 315—317
§§ 212, 216 . . . . **91**, 169
§ 218 . . . . **94**, 65
§ 219 . . . . **92**, 317
§ 221 . . . . **94**, 61—65
§ 223 . . . . **92**, 317
§ 226 . . . . **93**, 247
§ 232 . . . . **100**, 142
§ 237 **91**, 314, 315, 316—321, **93**, 147—150
§ 240 . . . . **98**, 324—326
§ 241 . . . . **96**, 55, 56
§ 245 **91**, 314, 316—322; **93**, 187
§ 246 . . **91**, 323; **93**, 338—341
§ 247 . . . . **96**, 142
§ 249 . . . . **93**, 340
§ 256 . . . . **92**, 412
§ 261 **91**, 315, 318, 321, 410; **93**, 340; **98**, 323—326
§ 262 . . . . **91**, 315
§ 268 . . . . **97**, 183
§ 271 **91**, 316—323; **92**, 412, 413; **98**, 112—115
§ 275 . . . . **92**, 412
§ 276 . . . . **91**, 167, 169
§ 279 . . . . **94**, 64
§ 284 . . . . **94**, 62
§ 292 . . . . **98**, 324
§ 325 . . . . **98**, 324
§ 329 . . . . **91**, 315
§ 335 . . . . **92**, 292—294
§ 336 . . . . **92**, 292, 293
§ 343 . . . . . . **93**, 228; **96**, 57
§ 344 . . . . . **92**, 294; **93**, 228
§ 346 **91**, 345; **93**, 171, 172, 182 bis 185; **95**, 48—51, 122—124, 242—244, 246—248; **96**, 251—254; **97**, 133—138, 140—144, 191—196, 215 bis 219
§ 350 . . . . **94**, 80

§ 352 **92,** 190, 284; **96,** 53—57
§ 353 . . . . **92,** 190
§ 354 . . . **92,** 14, 16; **94,** 290
§ 355 . . . . . . **94,** 64; **95,** 19
§§ 355 flg. . . . . **93,** 13—15
§ 358 . . . . **91,** 61, 67; **92,** 210
§ 360 . . . . . . **94,** 286, 287
§ 366 . . . . . . **93,** 230—231
§ 369 . . . . **95,** 336; **98,** 69, 70
§ 371 . . . . . . **95,** 334—337
§ 373 . . . . . . **95,** 117; **99,** 59
§ 375 . . . . **94,** 18, 19
§ 376 . . **92,** 390; **96,** 255—258
§ 377 **91,** 289—291, 420—423, **92,** 268—271; **93,** 46; **96,** 13 bis 15, 83, 175—177, 247; **97,** 211; **98,** 157—159; **99,** 37, 39, 59, 247—250
§ 378 **93,** 44—47; **97,** 210—212; **98,** 157—159; **99,** 37—39
§ 379 **95,** 117; **96,** 72, 73, **98,** 69, 70
§ 383 **91,** 241; **96,** 4—8; **98,** 155, 156
§§ 383 flg. . . **94,** 65—68, 112
§ 384 **94,** 112, 288, 290; **99,** 32
§ 392 **92,** 11; **94,** 24, 113; **96,** 4—8
§ 400 . . . . **94,** 114; **96,** 4—8
§ 405 . . . . . **94,** 67; **96,** 4—8
§ 407 . . . . **94,** 97, 98
§ 408 . . **93,** 179; **94,** 97—101
§ 410 . . . . **99,** 60
§ 413 . . . . **94,** 97—99
§ 424 . . **92,** 350; **94,** 127, 129
§§ 425 flg. **94,** 98
§ 429 . . . . **94,** 97—99
§ 430 . . . . . . **100,** 104, 105
§ 431 **91,** 243—246; **94,** 97—101
§ 432 . . . . . . **93,** 177—179
§ 433 . . . . **98,** 337; **100,** 163
§ 434 . . . . **91,** 61, 65
§ 435 . . . **91,** 61, 65; **100,** 163
§ 436 . . . . . . **95,** 122—124
§ 437 . . . . **95,** 123; **100,** 163
§ 447 . . . . **98,** 337
§ 450 . . **92,** 350; **94,** 127, 129
§ 453 . . . . . . **93,** 178, 179
§ 454 . . . . **99,** 246
§ 455 . . . . **100,** 164
§ 456 **92,** 10; **94,** 119; **97,** 17; **98,** 340; **100,** 86
§ 457 **94,** 123; **96,** 124—126; **100,** 54, 104
§ 459 **92,** 10; **97,** 16—18; **98,** 339 bis 341; **99,** 17—19; **100,** 83, 84, 86, 87
§ 461 . . . . **99,** 110
§ 465 . . . . **98,** 31—36
§ 466 . . . . **100,** 54
§ 467 **94,** 116, 119—123; **97,** 111; **100,** 110—112
§ 468 . . . . **93,** 179
§ 469 . . . . **93,** 177—179
§ 471 **93,** 178, 179; **98,** 33; **99,** 245 bis 247
§ 472 . . . . **92,** 14
§ 474 . . . . **95,** 227
§ 479 . . . . **95,** 228
§ 510 . . . . **98,** 186—190
§ 543 . . . . **99,** 32
§ 605 . . . . **98,** 186—190
§ 621 . . . . **93,** 170
§§ 632, 635 . . . **98,** 335—339
§ 642 . . **98,** 186—190, 335, 339
§ 645 . . . . **98,** 166, 335—339
§ 647 **92,** 350; **94,** 127, 129; **98,** 166, 336; **99,** 149
§§ 648, 649 . . . . **98,** 166, 167
§ 651 **93,** 111—114; **98,** 186—190, 335—339
§ 659 . . . . **98,** 335—339
§ 662 . . . . **98,** 186—190
§ 700 **93,** 166—171; **96,** 316—322; **98,** 170, 171—173
§§ 700 flg. . . . **98,** 115—118
§ 701 . . . . **93,** 166—171
§§ 703 flg. **96,** 319
§§ 704, 705 . . . . . . **93,** 170
§ 706 . . . . **98,** 170
§ 726 . . . . **96,** 320
§§ 734 flg. **96,** 166
§ 735 . . . . **96,** 167
§ 736 . . . . **94,** 93
§ 737 . . . . **96,** 166, 167
§ 738 . . . . **96,** 167
§ 740 . . . . **98,** 172

§ 786 . . . . 94, 268—271
§ 793 94, 104, 105, 268—271, 303
§ 799 . . . . . 94, 104, 105, 271
§ 812 . . . . 100, 218
§ 819 . . . . . . 96, 316—322
§ 821 . . 94, 104, 105, 217—220
§ 831 . . . . 93, 150, 151
§ 834 . . . 96, 316—322; 98, 170
§§ 835, 837 . . . . 96, 320
§§ 840, 841 96, 316—322; 98, 168 bis 171
§ 848 . . . . . . 95, 273—278
§ 849 92, 65, 66, 249—251; 94, 217—220; 95, 80—82, 273 bis 278
§ 858 94, 104, 105; 97, 318—323
§ 859 . . . . 95, 277
§ 861 93, 150, 151; 94, 217—220; 96, 309—313
§§ 861 flg. 92, 251
§ 867 . . . . 96, 309—313
§ 873 . . . . 95, 228
§§ 875, 876 . . . . . 94, 104, 105
§ 877 . . . . 94, 105
§ 882 . . . . . . 97, 318—323
§ 884 . . . 94, 176; 97, 318—323
§ 885 . . . . 94, 305
§ 894 . . . . 100, 216
§ 897 . . . 95, 226—229; 100, 217
§§ 901, 902 . . . . 95, 36
§ 949 . . . . 92, 247
§ 1004 . . . . 100, 267

5. Einführungsgesetz zum Handelsgesetzbuche.

Art. 6 . . . . 95, 227

6. Wechselordnung.

Art. 4 91, 131; 96, 192; 98, 105 100, 167—171
„ 8 . . . . 91, 82
„ 21 . . . . 100, 228
„ 24 . . . . 98, 105
„ 31 . . . . 99, 8
„ 35 . . . . 91, 131
„ 37 . . . . 98, 162
„ 39 . . . . . 94, 228—231
„ 41 . . . . 100, 140
Art. 50 . . . . 95, 242
„ 75 . . . . 100, 171
„ 77 . . . . 94, 229; 99, 7—9
„ 78 . . . . 93, 24; 100, 281
„ 83 . . . . 93, 23—27
„ 85 . . . . 91, 134
„ 88 . . . . . 100, 229, 230
„ 90 . . . . 100, 140
„ 91a . . . . . 98, 103—106
„ 92 . . . . . . 97, 300, 301

7. Gerichtsverfassungsgesetz.

§ 13 91, 148, 150, 248—250, 296; 92, 96, 97, 310, 313, 314, 430; 93, 79, 201—207, 257, 258; 94, 34; 96, 74—77, 215 bis 220; 97, 149; 99, 41—46, 98, 236—241; 100, 172, 219, 220
§ 70 . . . 92, 172—176; 95, 216
§ 135 . . . . 99, 236, 284
§ 137 93, 144; 96, 157; 98, 150, 164; 100, 134
§§ 158 flg. . . . . . 95, 286—288
§ 159 . . . . 95, 288
§§ 170 flg. 98, 192

8. Zivilprozeßordnung von 1877.

§ 503 . . . . **91**, 198, 201—203
§ 563 . . . . **91**, 198, 201, 202
§ 647 . . . . **91**, 200
§ 655 . . . . **91**, 198—202, 204
§ 657 . . . . **91**, 200
§ 715 Nr. 6, 7 . . . **91**, 161, 162

9. Zivilprozeßordnung von 1898.

(Mit den Novellen von 1905, 1909 und 1910.)

§ 3 . . . . . . **93**, 127—130
§ 4 . . . **98**, 85—88, 221, 222
§ 6 . . . **93**, 128; **98**, 221, 222
§ 10 . . . . **95**, 282
§ 12 . . . . **95**, 268—273
§ 13 . . . . **96**, 70—72
§ 18 . . . . **91**, 181
§ 24 . . . . **91**, 42
§ 32 . . . . **95**, 268—273
§ 33 . . . . **92**, 7
§ 36 . . . . **91**, 41, 42
§ 38 . . . . **96**, 59
§§ 38 flg. . . . **93**, 314; **94**, 136
§ 39 . . . . **94**, 134—136
§ 50 . . . . **95**, 31
§ 51 . . . . **91**, 181
§ 52 . . . . **92**, 156
§ 53 . . . . **98**, 264
§ 57 . . . . **94**, 216, 217
§ 58 . . . . **94**, 217
§ 59 . . . . **91**, 37
§ 61 . . . **91**, 40; **93**, 32; **100**, 89
§ 62 **91**, 38, 412, 414; **93**, 32; **95**, 97—99; **96**, 48—53, 251 bis 254; **100**, 62
§ 63 . . . . **100**, 61
§ 66 . . . . **92**, 21; **97**, 97
§ 67 **93**, 31—33; **97**, 215—219
§ 68 . . . **91**, 181; **97**, 295—300
§ 69 . . . . **93**, 31—33; **100**, 89
§ 74 . . **91**, 181; **97**, 295—300
§ 75 . . . . **93**, 196
§ 78 . . . . **91**, 114
§ 80 . . . . **94**, 346
§ 81 . . . . **96**, 179
§ 84 . . . . **95**, 337—339
§ 85 . . . . **96**, 177—181
§ 87 **95**, 337—339; **98**, 242, 243
§ 89 . . . . **99**, 98
§ 92 . . . . **91**, 365, 367
§ 93 . . . . **99**, 131
§ 97 . . . . **91**, 365, 367
§§ 98, 99 . . . . **100**, 125
§ 103 . . . . **96**, 204
§ 109 . . . . **97**, 127—131
§ 110 . . . . **98**, 316—318
§ 115 **94**, 342—348; **99**, 188, 189
§ 124 . . . . **99**, 188
§ 132 . . . . **95**, 142
§ 136 . . . . **93**, 153, 155
§ 137 . . . . **93**, 155
§ 138 . . . . **95**, 313
§ 139 **91**, 61, 66, 68, 210, 268; **92**, 229, 256, 257; **93**, 152—156, 190; **94**, 140, 143, 144, 291; **95**, 130, 196; **96**, 78, 342; **97**, 99, 210, 244; **98**, 20, 215, 293, 294; **99**, 19, 145
§ 145 . . . . **91**, 38, 39
§ 146 . . . . **93**, 152—156
§ 147 . . . . **96**, 202
§ 148 **91**, 155, 193; **96**, 335—341
§ 150 . . . . **91**, 38
§§ 166 flg. **98**, 243
§ 170 . . . . **99**, 140
§ 171 . . . . . **91**, 181; **100**, 142
§§ 174, 175 . . . . **98**, 139
§ 176 . . **91**, 256, 257; **98**, 243
§§ 181, 182, 183 . . . . . **98**, 243
§ 184 . . . . **91**, 181
§ 186 . . . . **98**, 243
§ 190 . . . . **91**, 179, 183
§§ 193 flg. **98**, 243

§ 194 . . . . **91**, 180
§ 195 . . . . . . **91**, 179, 183
§ 198 . . **98**, 241—244; **99**, 140
§ 204 . . . **91**, 113, 114; **99**, 270
§§ 214 flg. . . . . . **99**, 125—128
§§ 216, 218 . . . . **99**, 127
§ 221 . . . . **96**, 351
§ 222 . . **97**, 300—302; **100**, 22
§ 224 . . . . . . **99**, 141, 205
§ 232 . . **94**, 342—348; **96**, 324
§ 233 **91**, 26; **94**, 343; **96**, 322 bis 326; **98**, 195—200; **100**, 269
§ 234 **96**, 352; **98**, 197; **99**, 272 bis 274; **100**, 268—270
§ 236 . . **98**, 197; **100**, 268—270
§§ 237, 238 . . . . . . **98**, 197
§ 240 . . . . **91**, 38
§ 251 . . . . **91**, 38, 40
§ 253 **91**, 390; **99**, 125—128, 176
§ 256 **91**, 29, 174, 398; **92**, 1, 2, 7, 8, 377, 378; **93**, 264; **94**, 198, 228—234; **95**, 108 bis 112, 248, 249, 260—262, 304—307; **97**, 118—121; **98**, 143—150; **99**, 39—41, 131; **100**, 8, 98, 120, 121, 149, 150
§ 258 . . . . **92**, 377, 378
§ 259 . . . **91**, 38, 398; **94**, 228
§ 260 . . . . **91**, 196
§ 263 . . . . **99**, 126
§ 264 . . . . **98**, 22—25
§ 265 . . . . **94**, 57
§ 268 **91**, 163, 323; **93**, 198, 315; **97**, 183; **98**, 22—25, 57; **99**, 172—187, 207; **100**, 96—98, 208
§ 270 . . . . **98**, 22—25
§ 271 **91**, 39; **96**, 189, 203, 204; **100**, 125
§ 274 . **98**, 316—318; **100**, 76
§ 275 . . . . **95**, 282
§ 280 **91**, 30, 174; **92**, 1, 7, 8; **95**, 39
§ 281 . . . . **92**, 115
§ 286 **91**, 211; **93**, 124—127, 141, 155, 190, 191, 254, 345; **94**, 55, 144, 330; **95**, 2, 43, 69, 70—72, 101, 104, 146, 191, 294; **96**, 7, 62, 170, 217, 321, 322; **97**, 190, 193, 210; **98**, 20, 58—61, 293; **99**, 11, 145; **100**, 7, 107, 155, 192, 215
§ 287 **91**, 61, 68; **95**, 2, 87—89, 104, 221—223; **96**, 122, 123, 264; **97**, 6, 16, 137, 213; **98**, 58—61
§ 288 . . . . **91**, 403, 404
§§ 288 flg. **97**, 163
§ 291 . . . . **99**, 72
§ 292 . . . . **92**, 68, 71
§ 293 . . . . **93**, 124—127
§ 295 **91**, 38, 40, 95; **93**, 155; **97**, 165; **99**, 140—142, 205; **100**, 200
§ 299 . . . . **94**, 166
§ 300 . . . . **95**, 281, 282
§ 301 **91**, 411; **96**, 8—13; **97**, 32; **98**, 308
§ 302 **91**, 196, 198, 203; **92**, 318, 321; **96**, 337; **97**, 30—34; **99**, 98
§ 303 **91**, 411; **94**, 312—314; **95**, 158—160; **96**, 11—13; **97**, 30; **98**, 153; **99**, 222; **100**, 120
§ 304 **91**, 38, 68, 408, 411; **93**, 152 bis 155, 156; **96**, 10, 12; **97**, 25—30, 118—121; **98**, 222 bis 224; **99**, 222; **100**, 120 bis 122
§ 306 . . . . **100**, 125
§ 307 . . . . **95**, 307
§ 308 . . . . **94**, 291; **99**, 171
§ 313 **91**, 60—62; **94**, 164—166; **95**, 2; **96**, 8—13; **99**, 80
§ 318 **91**, 118; **95**, 156—160; **96**, 10
§ 319 . . . . **99**, 270—272
§ 321 . . . . **93**, 158
§ 322 **91**, 415; **92**, 144; **93**, 156 bis 158; **94**, 195—198; **97**, 118 bis 121; **99**, 270—272
§ 323 . . . . . . **95**, 66—68, 86

§ 325 **91,** 414, 415; **95,** 306, 307
§ 329 **91,** 38, 256, 258; **96,** 350 bis 352
§ 335 **91,** 258; **95,** 142; **99,** 125 bis 128
§ 339 . . . . **98,** 139—141, 241
§ 346 . . . . **96,** 187, 188
§ 356 . . . . **97,** 127
§ 357 . . . . **100,** 174
§ 359 . . . . **97,** 126, 127
§ 373 **91,** 208, 210; **97,** 126, 127
§ 377 . . . . **97,** 126, 127
§ 383 . . . . **97,** 132
§ 384 . . . . **91,** 40
§ 385 . . . . **100,** 200
§ 391 . . . . **100,** 200
§ 393 **91,** 40; **97,** 131—133; **100,** 200
§ 397 . . . . **100,** 174
§ 402 . . . . **91,** 208
§ 404 . . . . . **91,** 209; **94,** 176
§ 415 . . . . **96,** 183
§ 417 . . . . **92,** 68, 71
§ 418 . . . . **92,** 86
§ 420 . . . . . **92,** 224; **95,** 143
§§ 421, 422, 425 . . . . . **92,** 225
§ 426 . . . . . **92,** 222, 224, 225
§ 439 . . . **95,** 141, 143; **97,** 164
§ 445 . . . . **96,** 227
§ 448 . . . . **92,** 256, 257
§ 452 . . . . **92,** 256—258
§ 455 . . . . **92,** 256, 257
§ 459 . . . . **92,** 256
§ 464 **91,** 256, 258; **100,** 281
§§ 465, 466 **91,** 256—258; **100,** 194—197
§ 467 . . . . **100,** 194—197
§ 475 **95,** 83—85; **97,** 242, 243
§§ 486, 492 . . . . **97,** 131—133
§§ 496, 498 . . . . **93,** 314
§ 505 **92,** 44; **93,** 314, 315; **94,** 136; **95,** 280—283
§ 514 . . . . **96,** 189
§ 515 **91,** 39; **96,** 186—189; **97,** 215—219
§ 516 **95,** 338, 339; **99,** 141, 142
§ 518 . . . . **96,** 117—119
§ 521 . . . . **97,** 183
§ 522 . . . . **95,** 121, 122
§ 523 . . . . **95,** 281, 282
§ 525 . . . **94,** 85—93; **97,** 259
§ 527 . . . **96,** 59; **98,** 22—25
§ 528 . . **95,** 282; **98,** 316—318
§ 529 **91,** 162, 163; **96,** 59; **100,** 208, 209
§ 530 . . . . **91,** 95
§ 531 . . . . **97,** 164
§ 536 **93,** 234—238; **94,** 154; **99,** 168—171
§ 538 **93,** 315; **95,** 36—39, 281; **97,** 25—30, 212—214; **98,** 222
§ 539 **93,** 153, 155, 156, 315; **95,** 281; **96,** 8—13; **97,** 32
§ 541 . . . . **91,** 198, 203, 204
§ 542 . . . . **95,** 137—144
§ 546 **92,** 173; **93,** 128, 130; **96,** 74; **97,** 85—87; **98,** 85—88, 221
§ 547 **91,** 249, 277; **92,** 173; **95,** 216; **96,** 74
§ 549 **92,** 355; **93,** 105, 125, 351, 352; **94,** 21, 33, 37, 72; **95,** 28, 144—146, 272, 282; **96,** 13, 152, 315; **98,** 48, 197; **100,** 233, 246
§ 550 . . . . **93,** 125; **100,** 246
§ 551 . . **96,** 7, 51, 52; **98,** 192
§ 552 . . . . **99,** 236
§ 554 **91,** 256, 258, 365, 366; **94,** 13; **95,** 70—72, 121; **96,** 322, 350—352
§ 554a **93,** 158; **98,** 88
§ 556 . . . . . . **95,** 121, 122
§ 557 . . . . **95,** 283
§ 558 . . . . **91,** 40, 95
§ 559 **93,** 234—238; **94,** 13, 154; **96,** 294, 322; **97,** 214
§ 561 . . . . **96,** 294; **98,** 267
§ 562 **91,** 142; **93,** 124—127; **94,** 181; **95,** 144—146; **96,** 152; **98,** 48
§ 563 . . . . **93,** 181; **98,** 295
§ 564 . . . . . **93,** 105; **96,** 13
§ 565 **91,** 118, 134—136; **92,** 144;

93, 181, 237, 297, 306, 315; **94,** 11—17, 167; **95,** 281, 283; **96,** 13, 31; **98,** 78, 122; **100,** 22, 60
§ 578 . . . . **91,** 196
§§ 578—583 . . . . **99,** 169
§ 579 . . . **96,** 48—53; **99,** 170
§ 580 . . . . **100,** 99
§§ 580 Nr. 7b, 582 . **99,** 168—171
§ 583 . . . . **91,** 196
§ 584 . . . . **91,** 197
§ 585 . . . . **91,** 195, 196
§ 586 **96,** 48—53; **97,** 301; **99,** 169
§§ 587, 589 . . . . **99,** 169
§ 590 **91,** 195, 197; **96,** 48—53
§ 591 . . . . **91,** 197
§ 592 **95,** 70—72; **96,** 101; **97,** 162, 163
§ 593 . . **97,** 162—165; **100,** 282
§ 594 . . . . **96,** 101
§ 595 . **95,** 72; **96,** 101; **99,** 141
§ 597 . . . . **96,** 101
§ 598 . . . . **95,** 72
§ 600 **91,** 196, 198, 203; **96,** 337
§§ 602 flg. **96,** 101, 102
§ 604 . . . . **96,** 100—102
§ 605 . . . . **96,** 101, 102
§§ 606 flg. **97,** 287
§ 607 . . . . **97,** 288
§§ 612 flg. **97,** 288
§ 614 . . . . . . **100,** 208, 209
§ 616 . . . . **100,** 106—110, 209
§ 617 . . . . **91,** 404
§§ 617 flg. **97,** 288
§ 622 . . . . **97,** 288
§ 623 . . . . . . **100,** 106—110
§ 624 . . . . **99,** 81, 82
§ 626 . . . . **97,** 288
§ 628 . . . . **97,** 288; **100,** 125
§ 693 . . . . **98,** 121
§ 708 . . . . **99,** 130; **100,** 101
§ 717 **91,** 195—198, 202, 203; **96,** 178, 337; **99,** 98
§ 726 . . . . **100,** 199
§ 737 . . . . **93,** 121—124
§ 747 . . . . **93,** 198
§ 750 . . **93,** 121—124; **96,** 181
§ 752 . . . . **96,** 178, 179, 181
§ 756 . . **96,** 184—186; **100,** 199
§ 765 . . **96,** 184—186; **100,** 199
§ 766 . . . **93,** 74—78; **97,** 41
§ 767 **95,** 8; **96,** 21, 204; **97,** 128 129; **98,** 328—330; **100,** 99 bis 101, 126, 198, 199
§ 769 . . **97,** 128, 129; **100,** 101
§ 771 **92,** 22, 109; **93,** 123; **96,** 339; **97,** 41
§ 775 . . . . **96,** 339; **100,** 101
§ 776 . . . . **96,** 339
§ 777 . . . . **98,** 109
§ 780 . . . . **92,** 344
§ 788 . . . . **99,** 188
§ 794 . . . . . **96,** 204; **97,** 164
§ 797 . . . . **95,** 8
§ 802 . . . . **99,** 207
§ 804 **92,** 267; **95,** 232; **97,** 37, 40
§§ 805, 806 . . . . . **97,** 41, 42
§ 808 . . . . **94,** 341, 342
§ 811 Nr. 8 . . . . **91,** 161
§§ 814, 817, 825 . . . . **97,** 42
§ 827 . . . . **97,** 40
§ 829 **91,** 432; **93,** 77, 78, 121 bis 124; **97,** 228
§ 830 **92,** 266, 267; **97,** 223—229
§ 835 . . . . **97,** 37
§ 841 . . . . **93,** 78
§ 844 . . . **91,** 432; **97,** 34—43
§ 848 . . . . **97,** 36
§ 850 **91,** 159—161; **93,** 78; **96,** 241
§ 852 . . . . . **93,** 75, 77, 78
§§ 853, 856 . . . . **97,** 40
§ 857 **91,** 432; **92,** 266, 267; **95,** 235—238; **97,** 34—43, 223 bis 229
§ 859 . . . . **95,** 231—235
§ 864 . . . . **94,** 155—157
§ 865 . . . . . **93,** 124; **98,** 109
§ 866 . . . . **98,** 107, 109
§ 867 . . . . **98,** 106—112
§ 868 . . . . **100,** 101
§ 870 . . . . **97,** 61—66
§§ 872 flg. **97,** 40
§ 876 . . . . **97,** 61—66

§ 878 **97**, 61—66; **99**, 202—207
§ 879 . . . . **99**, 207
§ 880 . . . . . . **99**, 202—207
§ 888 . . . . **97**, 288
§ 894 . . . . **91**, 226
§§ 894 flg. **100**, 101
§ 920 . . . . . . **91**, 113—115
§ 928 . . . . **92**, 22
§ 935 . . . **92**, 18, 19; **97**, 227
§ 936 . . . . **92**, 22
§ 938 . . . . **92**, 18, 19
§ 940 . . . . **97**, 227
§ 945 **91**, 198, 203; **96**, 337; **99**, 98
§ 1025 . . . . . **93**, 288—290
§ 1026 . . . . **100**, 79
§ 1028 . . . . **94**, 211
§§ 1028 flg. **100**, 78
§ 1031 . . . . **94**, 177
§ 1032 . . . . **92**, 230; **100**, 79
§ 1033 . . . . . . **97**, 158—161
§ 1037 . . . . **92**, 230
§ 1039 . . . . **99**, 130
§ 1040 . . . . **100**, 123
§§ 1040 flg. **99**, 129, 130
§ 1041 . . . . **92**, 230
§ 1042 . . . . **99**, 129—131
§ 1045 . . . . **94**, 177
§ 1048 . . . . **100**, 77, 78

10. Einführungsgesetz zur Zivilprozeßordnung.

§ 6 . . **92**, 355; **94**, 6; **98**, 48
§ 15 . . . . **92**, 43; **93**, 314

11. Gerichtskostengesetz.

§ 4 . . . . **97**, 175
§ 6 . . . **95**, 283; **97**, 175—177
§ 9a **98**, 86
§ 15 . . . . **98**, 86
§ 31 . . . . **95**, 281
§ 92 . . . . **97**, 175—177

12. Gebührenordnung für Rechtsanwälte.

§ 76 . . . . **99**, 187

13. Gesetz über die Zwangsversteigerung und Zwangsverwaltung.

§ 2 . . . . **91**, 42
§ 9 . . . . **97**, 12, 61—66
§ 10 Nr. 1 . . **97**, 61—66; **99**, 204
Nr. 4 und 8 . . **91**, 297—303
§ 13 . . . . **91**, 301
§ 19 . . . . **94**, 155—157
§ 20 **92**, 20; **93**, 1—3; **94**, 155 bis 157; **99**, 200
§ 23 . . . . **99**, 200
§ 50 . . . . **94**, 155—157
§ 56 . . . . **99**, 202
§ 57 **91**, 302; **97**, 166; **98**, 273—276
§ 64 . . . . **94**, 157
§ 90 . . . **94**, 155—157; **97**, 42
§ 91 . . . . **93**, 118
§ 93 . . . . **99**, 202
§ 109 . . . . **97**, 64
§ 115 . . . **97**, 62; **99**, 202—207
§ 124 . . . . **97**, 62, 63
§§ 125, 130 . . . . **94**, 155—157
§ 146 . . . . . . **93**, 1—3; **99**, 200
§§ 146 flg. **92**, 18, 19, 20
§ 148 **93**, 1—3, 124; **99**, 199 bis 220

§ 150 **99**, 199—202
§ 152 **92**, 18, 19; **97**, 11, 12; **99**, 199—202
§ 154 **97**, 11, 12
§ 155 **97**, 11, 12; **99**, 201
§§ 162, 165 **97**, 61—66

14. Konkursordnung.

§ 1 **91**, 14; **94**, 56; **99**, 210, 211
§§ 3, 4 **92**, 184, 186; **93**, 211
§ 6 **93**, 211; **94**, 56; **99**, 168, 210, 211
§ 16 **92**, 344
§ 17 **94**, 205; **96**, 292—296; **98**, 136—139; **100**, 2
§ 23 **93**, 296
§§ 29 flg. **94**, 305—308; **96**, 97; **97**, 108; **99**, 162; **100**, 63
§ 30 **95**, 152—154; **100**, 62—69
§ 32 Nr. 1 **92**, 227
§ 36 **91**, 91, 92; **97**, 107—109
§ 37 **92**, 227
§ 41 **91**, 90—94; **92**, 41; **95**, 224 bis 226
§ 43 **91**, 14; **94**, 20, 24, 64, 194, 307; **98**, 143—150
§§ 43 flg. **92**, 11
§ 44 **98**, 335—339
§ 46 **94**, 20, 25, 307; **98**, 143—150
§§ 47 flg. **92**, 184
§ 49 **98**, 305
§ 51 **92**, 344
§ 57 **98**, 137
§ 59 **94**, 20, 25; **98**, 137, 143—150
§ 61 **93**, 211
§ 63 **92**, 181—192
§ 64 **91**, 13, 15, 16; **92**, 181—193; **93**, 211, 213; **100**, 87—90
§ 65 **93**, 211—213
§ 68 **91**, 13
§ 69 **93**, 210, 212—214; **94**, 64
§ 70 **93**, 210, 212—214
§ 82 **94**, 56
§ 86 **98**, 306
§ 102 **100**, 67
§ 114 **94**, 56
§ 117 **94**, 56; **97**, 107—109; **99**, 168
§ 126 **99**, 211
§ 127 **98**, 302—309; **99**, 211
§ 134 **99**, 211
§ 139 **93**, 13—15
§ 144 **93**, 211, 213
§ 146 **91**, 38; **93**, 211, 213; **94**, 86, 87, 91
§ 147 **94**, 87
§ 164 **92**, 186; **93**, 213
§ 173 **92**, 185
§§ 173 flg. **92**, 187
§ 181 **95**, 249
§ 182 **92**, 185
§ 191 **98**, 137
§ 192 **92**, 187
§ 193 **92**, 121, 123, 181—185, 193 **98**, 137
§ 196 **92**, 182
§ 209 **91**, 12
§ 210 **93**, 240
§ 211 **92**, 181, 193
§ 212 **92**, 191
§ 237 **100**, 242
§§ 239, 240 **93**, 240

15. Grundbuchordnung.

§ 12 **99**, 221—227
§ 15 **93**, 68—71
§ 19 **95**, 161
§ 20 **99**, 67
§ 29 **93**, 70; **99**, 66—70
§ 39 **91**, 285
§ 49 **98**, 106—112
§ 54 **98**, 220
§ 79 **98**, 107
§ 87 **91**, 298

16. Gesetz über Angelegenheiten der freiwilligen Gerichtsbarkeit.

§ 1 . . . . **91**, 284
§ 2 . . . . **95**, 286—288
§ 12 . . . . . . **95**, 287; **99**, 87
§ 15 . . . **94**, 176, 177; **99**, 87
§ 19 . . . . **99**, 161
§ 20 . . . . **98**, 264
§ 27 . . . . **98**, 267
§ 28 **94**, 173, 174; **96**, 195—197; **98**, 264; **99**, 84, 161
§ 86 . . . . **95**, 232
§ 129 . . . . **93**, 68—71
§§ 145, 164 . . . . **94**, 176
§§ 168 flg. **99**, 66
§ 175 . . . . **96**, 2
§ 176 **96**, 181—184; **97**, 295—300; **99**, 67
§ 177 **91**, 284; **96**, 181—184; **99**, 66, 67; **100**, 286
§ 181 . . . . **96**, 103
§ 185 . . . . **91**, 284

17. Rechtsanwaltsordnung.

§ 59 Abs. 2 . . . . **99**, 160, 161

18. Strafgesetzbuch.

§ 2 **96**, 285, 286; **99**, 225, 226
§§ 3, 4 . . . . **98**, 1
§§ 40, 42 . . . . **100**, 221
§ 47 . . . . **94**, 2
§ 49 . . . . **94**, 2; **99**, 90—96
§§ 61, 67 . . . . . **91**, 350, 355
§§ 113, 114 . . . . **97**, 207
§ 115 . **97**, 207; **99**, 4; **100**, 14
§ 125 . . . . . **97**, 207; **99**, 5
§ 127 . . . . **91**, 383
§ 136 . . . . **94**, 341
§ 152 . . . . **100**, 221
§§ 158, 163 . . . . . . **100**, 283
§ 172 . . . . . **96**, 223; **99**, 82
§ 185 . . **95**, 341, 342; **98**, 38
§§ 185—187 **91**, 266—269, 350 bis 356
§ 186 **95**, 341, 342; **98**, 36 bis 40
§ 187 . . . . . **95**, 341; **98**, 38
§ 189 . . . . . . **91**, 350—359
§ 193 . . **95**, 339—344; **97**, 345
§ 197 . . . . **94**, 341
§ 230 . . . . **95**, 182
§ 231 . . . . **97**, 229—232
§ 242 . . . . **91**, 64
§ 250 . . . . **99**, 3
§§ 257, 259 . . . . **94**, 192
§ 263 . . . . . **95**, 315; **98**, 78
§ 295 . . . . **100**, 221
§ 299 . . **91**, 61, 64; **94**, 1—5
§ 302a **93**, 28
§ 355 . . . . **91**, 61, 64
§ 360 . . . . **100**, 221
§ 360 Nr. 8 . . . . **95**, 268—273
§ 367 . . . . **100**, 221
§ 367 Nr. 12 . . . . **91**, 276
§ 369 . . . . **100**, 221

19. Strafprozeßordnung.

§ 42 Abs. 2 . . . . **97**, 301
§ 73 . . . . **98**, 285
§ 87 . . . . **98**, 284, 285
91 . . . . **98**, 285
§ 94 . . . . **100**, 221
§ 127 . . . . **91**, 10
§ 377 . . . . **98**, 192
§§ 477 flg **91**, 237, 238; **100**, 221

20. Gewerbeordnung.

§ 1 **94,** 272, 276; **96,** 95; **99,** 27
§ 6 **94,** 110, 111; **95,** 323; **98,** 80
§ 16 **93,** 102; **98,** 80; **100,** 31
§§ 16 flg. **100,** 146
§§ 17 flg. **93,** 102, 103
§ 19 . . . . **93,** 103
§ 26 **92,** 49; **93,** 100—106; **98,** 80, 82, 84; **100,** 72—74
§ 29 . . . . **95,** 323
§ 30 . . **92,** 207; **94,** 109—111
§ 33 . . . . **91,** 242
§ 41a . . . . **91,** 239 flg.
§ 51 . . . . **100,** 72
§ 105 b—g, i . . . . **91,** 239 flg.
§ 120 . . . . **97,** 316, 317
§ 124a **94,** 236
§§ 127, 127a . . . **97,** 230, 231
§ 133b **94,** 236
§ 139e . . . . **91,** 239 flg.
§ 146a **91,** 240
§ 147 . . . . **95,** 323; **100,** 31

Zweiter Abschnitt.

Einzelne Reichsgesetze und Verordnungen.

1867. Allgemeine Seeversicherungsbedingungen auf Grund des Allgemeinen Deutschen Handelsgesetzbuchs. **91,** 84; **92,** 66, 415.
§ 2 . . . . **100,** 92
§ 16 . . . . . . **94,** 104, 105
§ 22 **94,** 104, 105, 271; **100,** 91, 92
§ 24 . . . . **100,** 94
§ 59 . . . . **100,** 218
§§ 65 flg. **98,** 173
§§ 66, 69 . . . **96,** 316—322
§ 70 **94,** 104, 105, 217—220; **95,** 81; 96, 311
§§ 71 flg. **97,** 322
§ 84 **96,** 316—322; **98,** 170, 172
§§ 86, 88 . . . . **96,** 320
§§ 92, 93 **96,** 316—322; **98,** 168 bis 172
§ 100 . . . . . **95,** 273—278
§ 101 **92,** 247—250; **94,** 217 bis 220; **95,** 80—82, 273 bis 278; **96,** 311
§ 102 . . . . **100,** 91
§ 113 . . . . . **97,** 318—323
§ 114 . . . . **97,** 321
§ 116 **94,** 217—220; **96,** 309 bis 313; **97,** 321
§§ 116 flg. **92,** 251
§ 122 . . . . . . **96,** 309—313
§§ 127—133 . . **93,** 344—348
§§ 128—181 . . . . . **93,** 348
§ 131 . . . . **95,** 228
§§ 144, 146 . . . **97,** 318—323
§ 154 . . . . . **100,** 216, 218
§§ 154 flg. **100,** 216
§ 157 **95,** 226—229; **100,** 217, 218
§ 160 . . . . **100,** 216—218
§ 162 . . . . **95,** 227
§ 181 . . . . **93,** 348
1868. 4. Juli. Gesetz, betr. die privatrechtliche Stellung der Erwerbs- und Wirt-

schaftsgenossenschaften (BGBl S. 415)
§ 2 . . . . **97,** 308
1869. 21. Juni (1897. 29. März; 1915. 17. Mai). Gesetz, betr. die Beschlagnahme des Arbeits- oder Dienstlohns (BGBl 1869 S. 242; RGBl 1897 S. 149, 1915 S. 285).
§ 1 . . . . . **91,** 159—161
§§ 2, 4 . . . . **91,** 160
1869. 1. Juli. Vereinszollgesetz (BGBl S. 317).
§§ 97, 108, 110 . . . . **96,** 28
1870. 1. Juni. Gesetz über die Erwerbung und den Verlust der Bundes- und Staatsangehörigkeit (BGBl S. 355).
§§ 5, 13 . . . . **91,** 406
1871. 16. April. Gesetz, betr. die Verfassung des Deutschen Reiches (RGBl S. 64).
Art. 2 . . . . **97,** 52
„ 3 . . . . **92,** 73, 75
„ 4 Nr. 14 . . . . . **97,** 264
„ 44 . . . . **97,** 264
„ 57, 59 . . . . . . **91,** 383
„ 61 . . . . **97,** 264
„ 63 . . . **91,** 383; **97,** 264
„ 64 . . . **91,** 383, **97,** 265
„ 68 **91,** 185, 186; **92,** 240, 241
1871. 7. Juni (1896. 18. August). Reichshaftpflichtgesetz (RGBl 1871 S. 207; 1896 S. 616). **98,** 250
§ 1 **92,** 150, 152, 403, 404; **93,** 66—68, 97 199, 305 bis 308, 321; **94,** 11, 30, 32; **95,** 64—66; **96,** 209; **97,** 120, 177—179, 202, 203; **99,** 274—280
§ 2 **95,** 177—180; **99,** 274 bis 280
§ 3 **92,** 402, 403; **96,** 69; **97,** 203; **99,** 264, 276; **100,** 225
§§ 3 flg. **97,** 89, 90
§ 3a **92,** 55, 59; **93,** 306; **99,** 264, 276
§ 5 . . . . . **99,** 274—280
§ 8 . . . . . **94,** 178—181
1871. 27. Juni (1887. 24. März; 1893. 22. Mai). Gesetz, betr. die Pensionierung und Versorgung der Militärpersonen des Reichsheeres und der Kais. Marine, sowie die Bewilligungen für die Hinterbliebenen solcher Personen (RGBl 1871 S. 275; 1887 S. 149; 1893 S. 171). „Militärpensions-Gesetz".
§ 15 . . . . **92,** 288
§ 18—25 . . . . **92,** 287
§ 21 . . . . **95,** 90
§§ 22, 25 . . . . **92,** 288
§§ 41, 42 . . . . **93,** 310
§§ 50, 52, 54, 60 . . . . **92,** 287
§§ 66—71 . . . . **92,** 286
§ 93 . . . . **92,** 286
§ 114 . . . . **97,** 301
§ 116 . . . . **93,** 17
1871. 28. Oktober. Gesetz über das Postwesen des Deutschen Reiches (RGBl S. 347).
§ 9 . . . . **92,** 8, 13
1871. 21. Dezember. Gesetz, betr. die Beschränkungen des Grundeigentums in der Umgebung von Festungen (RGBl S. 459)
§§ 4, 5 . . . . **97,** 53
§ 11 . . . . **97,** 59
§ 15 B3 . . . . **97,** 57
§ 22 . . . . **97,** 57
§§ 25, 34 . . . . . **97,** 49—61
§§ 34 flg. **97,** 58
§ 40 . . . . **97,** 51
§ 44 . . . . **97,** 49—61
1872. 20. Juni . Militärstrafgesetzbuch (RGBl S. 173).
§ 148 . . . . **91,** 385
1873. 11. Juni. Freundschafts-, Handels- und Schiffahrtsver-

trag zwischen Deutschland und Persien (RGBl S. 351).
Art. 13 . . . . **98**, 316—318
1873. 13. Juni. Kriegsleistungsgesetz (RGBl S. 129) **91**, 294; **98**, 250
§§ 1 flg. . . . . . **94**, 20—25
§ 2 . . . . . . **92**, 98, 176
§ 3 **91**, 292; **92**, 95; **96**, 218
§§ 3—15 . . . . . . **91**, 293
§ 6 **91**, 293, 295; **92**, 95—98
§ 7 **91**, 291, 295, 296; **92**, 95—98
§§ 12, 14 . . . . . . **93**, 200
§§ 16 flg. **91**, 293
§ 20 . . . . . **91**, 293, 295
§ 23 . . . **91**, 293; **93**, 200
§ 24 . . . **91**, 293; **92**, 67
§§ 25—27 . . . . . **91**, 293
§ 28 Nr. 3 . . . **92**, 367—369
§§ 28—31 . . . . . **91**, 293
§ 29 . . . . . . **92**, 96—98
§ 33 . . . . . **91**, 292, 293
§ 34 . . . . . **92**, 172—174
§ 35 . . . . **93**, 200; **96**, 217
1873. 30. Juni. Gesetz, betr. die Bewilligung von Wohnungsgeldzuschüssen an die Offiziere und Ärzte des Reichsheeres und der Kaiserl. Marine, sowie an die Reichsbeamten (RGBl S. 166) **96**, 236
1873. 9. Juli. Münzgesetz (RGBl S. 233).
Art. 3 § 1 . . . . . . **94**, 122
1874. 2. Mai (1880. 6. Mai). Reichsmilitärgesetz (RGBl 1874 S. 45; 1880 S. 103).
§ 6 . . . . **92**, 289
§§ 38 flg. **92**, 286, 287
§ 65 . . . . **96**, 88
§ 66 **91**, 124—127; **92**, 290, 291; **94**, 181, 182; **96**, 83 bis 89, 290, 306, 308
1874. 7. Mai. Gesetz über die Presse (RGBl S. 65).
§ 22 . . . . **91**, 355
1874. 11. Mai. Bekanntmachung, betr. das Betriebsreglement für die Eisenbahnen Deutschlands (RGBl S. 179).
§ 67 . . . . **100**, 85
1875. Revidierte Versicherungsbedingungen der Bremischen Seeversicherungsgesellschaften.
§ 20 . . . . **92**, 66
§ 21 . . . . **92**, 65, 66
§ 76 . . . . **92**, 65
1875. 20. Dezember. Gesetz, betr. die Abänderung des § 4 des Gesetzes über das Postwesen des Deutschen Reichs vom 28. Oktober 1871 (RGBl S. 318).
Art. 1, 4—6 . . . . . **92**, 12
1876. 11. Januar. Gesetz betr. das Urheberrecht an Mustern und Modellen (RGBl S. 11).
§ 1 . . . . **100**, 253
1876. 1. April. VO, betr. die Ausführung des Gesetzes vom 13. Juni über die Kriegsleistungen (RGBl S. 137).
§§ 3—15 . . . . **91**, 293
§ 14 . . . . **92**, 368
§§ 16—19, 23—31 . . . **91**, 293
1879. 14. Mai. Gesetz, betr. den Verkehr mit Nahrungsmitteln, Genußmitteln und Gebrauchsgegenständen (RGBl S. 145).
§§ 10, 11 . . . . . **100**, 39—41
§ 12 . **99**, 238; **100**, 39—42
§§ 12—14 . . . . . . **100**, 40
§ 15 . . . . . . **100**, 39—42
1879. 28. September. VO, betr. die Begründung der Revision in bürgerlichen Rechtsstreitigkeiten (RGBl S. 299) **92**, 355; **96**, 315
§ 1 **94**, 36; **98**, 48, 197; **99**, 63
§ 9 . . . . **94**, 37
§ 10 . . . . **94**, 6
1880. 6. Mai. Gesetz, betr. die Ergänzung und Abänderung des

Reichsmilitärgesetzes v. 2. Mai 1874 (RGBl S. 103) **91,** 126
1881. 20. April. Gesetz, betr. die Fürsorge für die Witwen und Waisen der Reichsbeamten der Zivilverwaltung (RGBl S. 85).
§ 12 Abs. 1 . . . **97,** 348—350
1883 20. Mai. Internationales Übereinkommen zum Schutze des gewerblichen Eigentums in der Fassung der Brüsseler Zusatzakte vom 14. Dezember 1900 (RGBl 1903 S. 147).
Art. 4 . . . . **99,** 145—147
1883. 15. Juni. Gesetz, betr. die Krankenversicherung der Arbeiter (RGBl S. 73).
§§ 32, 35, 42 . . . **97,** 196, 197
1884. 9. Juni. Gesetz gegen den verbrecherischen und gemeingefährlichen Gebrauch von Sprengstoffen (RGBl S. 61).
§§ 1, 9 . . . . **100,** 31
1884. 6. Juli. Unfallversicherungsgesetz (RGBl S. 69).
§ 69 . . . . **91,** 145
§§ 70, 75 . . . . **91,** 146
§ 98 . . **91,** 143—146; **98,** 344
1885. 29. Mai. Gesetz, betr. Abänderung des Gesetzes wegen Erhebung von Reichsstempelabgaben vom 1. Juli 1881 (RGBl S. 171).
§ 7 . . . . **94,** 114
885. 29. Mai. Gesetz, betr. die Erhebung von Reichsstempelabgaben (RGBl S. 179).
§ 32 . . . . **97,** 302
1886. 15. März (1901. 18. Juni). Unfallfürsorgegesetz für Beamte und für Personen des Soldatenstandes (RGBl 1886, S. 53; 1901, S. 26).
§ 1 **91,** 373; **95,** 318—322; **99,** 276, 279
§ 6 . . . . . **95,** 318—322
§ 8 . . . . **99,** 278
§ 9 . . . . . **95,** 318—322
§ 11 . . . . **99,** 278
§ 12 . . . . . **99,** 277—279
§§ 13, 14 . . . . . **99,** 277, 278
1887. 17. Juni. Gesetz, betr. die Fürsorge für die Witwen und Waisen von Angehörigen des Reichsheeres und der Kaiserl. Marine (RGBl S. 237).
§ 14 . . . . **93,** 310
1888. 8. Mai. Bestimmungen zur Ausführung des § 66 des Reichsmilitärgesetzes v. 2. Mai 1874/6. Mai 1880 rücksichtlich der Reichsbeamten (RGBl S. 169) **96,** 306
1888. 18. Juli. Begleitscheinregulativ (RGBl S. 501).
§ 41 . . . . **91,** 52
1888. 22. November. Wehrordnung.
§ 7 . . . . **92,** 286
§ 109 Nr. 2 Ac **92, 287**
1889. 1. Mai (1898. 20. Mai). Gesetz, betr. die Erwerbs- u. Wirtschaftsgenossenschaften (RGBl 1889 S. 55; 1898 S. 810).
§ 2 . . . . . **99,** 136—140
§ 12 . . . . **99,** 138
§ 15 . . . . . **97,** 308—309
§ 16 . . . . . **99,** 136—140
§§ 105 flg. . . . **99,** 136—140
§ 113 . . . . . **97,** 308, 309
§ 121 . . . . **97,** 309
§§ 128, 131, 161. **99,** 136—140
1890. 14. Oktober. Internationales Übereinkommen über den Eisenbahnfrachtverkehr (RGBl 1892 S. 793) **93,** 94—96, 177; **94,** 121
Art. 1 . . . . **96,** 65
„ 6 **93,** 272—280; **96,** 62 bis 68
„ 7 . . **93,** 96; **95,** 33—36
„ 11 **93,** 272—280; **96,** 62 bis 68

Art. 12 **93**, 96, 272—280; **96**, 62—68; **98**, 98
„ 14 . . . . **96**, 65
„ 23 . . . . **93**, 272—280
„ 29, 30 . . . . . . **100**, 52
„ 30—40 . . . **100**, 54, 55
„ 31 . . . . **100**, 52
„ 34 . . . . **100**, 54
„ 35 . . . . **96**, 65
„ 39 . . . . **100**, 52
„ 40 . . . . **100**, 54
„ 41 . . . . **100**, 50—55

1890. 14. Oktober. Ausführungsbestimmungen zum Übereinkommen über den internationaler Eisenbahnfrachtverkehr (RGBl 1892 S. 374).
§ 2 . . . . **96**, 65

1891. 7. April (1911. 6. Juni). Patentgesetz (RGBl 1891 S. 79; 1911 S. 243).
§ 4 **93**, 173; **94**, 250; **95**, 304 bis 307; **99**, 136
§ 5 . . . . . **99**, 145—147
§ 11 **91**, 192, 193; **92**, 329, 330; **93**, 50—54
§ 19 . . . . **94**, 250
§§ 20 flg. **94**, 251
§§ 21 flg. **94**, 277
§ 28 . . . . **97**, 301
§ 35 **94**, 276; **95**, 220 bis 224

1891. 1. Juni. Gesetz, betr. den Schutz von Gebrauchsmustern (RGBl S. 290).
§ 1 . . **99**, 211; **100**, 36, 37
§§ 1—4 . . . . **94**, 248—253
§ 4 . . . . **100**, 37, 38
§ 6 . . . . **100**, 35, 37

1892. 10. April. Krankenversicherungsgesetz (RGBl S. 417).
§ 57 . . . . **91**, 144

1892. 15. November. Bekanntm. betr. die Verkehrsordnung für die Eisenbahnen Deutschlands (RGBl S. 923).
§ 37 . . . . **98**, 34

1893. 22. Mai. Gesetz, betr. einige Abänderungen und Ergänzungen der Militärpensionsgesetze vom 27. Juni 1871 und vom 4. April 1874, sowie des Reichsbeamtengesetzes vom 31. März 1873 und des Gesetzes über den Reichsinvalidenfonds vom 11. Mai 1877 (RGBl S. 171).
Art. 20 . . . . **98**, 210

1894. 27. April. Reichsstempelgesetz (RGBl S. 381).
§ 33 . . . . **97**, 302

1894. 12. Mai. Gesetz zum Schutze der Warenbezeichnungen (RGBl S. 441).
§ 1 . . . . **97**, 94, 98
§ 2 . . . . **97**, 94
§ 4 **97**, 97—102, 307; **99**, 88, 89; **100**, 4, 7, 9, 10
§ 5 **95**, 230; **97**, 93, 106; **100**, 7
§§ 5 flg. . . . . **98**, 225—231
§ 6 . . . . **100**, 3—10
§ 7 . . . . **97**, 98
§ 9 **95**, 229—231; **97**, 93, 97 bis 102; **98**, 28—30, 226; **100**, 8
§ 12 **92**, 383—385; **93**, 291, 292; **95**, 209—212, 292, 295; **97**, 90—96, 98, 99, 302—307; **99**, 90—96; **100**, 8, 9, 185, 266, 267
§ 13 **95**, 209—212, 292—295; **100**, 183, 185, 267
§ 14 . . . . **100**, 185
§ 15 . . . . . **100**, 250—255
§ 20 **92**, 383—385, 392; **95**, 209—212, 230, 292, 295; **97**, 90—96, 302—307; **98**, 28—30, 225—231, 267 bis 271; **99**, 87—90
§ 23 . . . . **100**, 3—10

1894. 16. Mai. Gesetz, betr. die Abzahlungsgeschäfte (RGBl S. 450) . . . **96**, 296—298
§§ 1, 2 . . . . **96**, 298
§§ 5, 8 . . . . **96**, 297

1895. 13. Juni. Gesetz, betr. die Fürsorge für die Witwen und Waisen der Personen des Soldatenstandes des Reichsheeres und der Kaiserl. Marine vom Feldwebel abwärts (RGBl S. 261).
§ 14 . . . . **93,** 310
1896. 5. Juli. Gesetz, betr. die Pflichten der Kaufleute bei Aufbewahrung fremder Wertpapiere (RGBl S. 183).
§§ 3, 4 . . . . **95,** 255—260
§ 7 . . . . **95,** 257
1896. 9. August (1911. 23. Mai). VO, betr. die Landesbeamten in den Schutzgebieten (RGBl 1996 S. 691; 1901 S. 189).
Art. I **95,** 321
1897. 15. Juni. Gesetz, betr. den Verkehr mit Butter, Käse, Schmalz usw. (RGBl S. 475).
§ 14 . . . . **99,** 238
1898. 20. Mai (1879. 21. Juli). Gesetz, betr. die Anfechtung von Rechtshandlungen eines Schuldners außerhalb des Konkurses (RGBl S. 709).
§ 1 . . . **91,** 367, 368, 370
§ 2 . . . **91,** 368; **100,** 90
§ 3 **91,** 91, 93, 368; **96,** 336; **100,** 88, 90
§ 5 . . . . . **96,** 335—341
§ 7 **91,** 367, 368, 370; **96,** 340
§ 10 . . . . . **96,** 335—341
§ 12 . . . . **91,** 93
§ 13 . . . . . . **91,** 91—94
1898. 20. Mai (1895. 15. Juni). Gesetz, betr. die privatrechtlichen Verhältnisse der Binnenschiffahrt (RGBl 1898 S. 868; 1895 S. 301).
§ 2 . . . . . **98,** 327, 328
§ 3 . . . . **97,** 126
§ 4 . . **91,** 385; **97,** 126
§ 8 . . . . **91,** 244
§ 26 **91,** 244; **95,** 212—214
§ 45 . . . . . **93,** 163—166
§ 58 . . . . **91,** 246
§ 114 . . . . **97,** 126
§ 117 . . . . **95,** 36
1898. 20. Mai. Gesetz, betr. die Entschädigung der im Wiederaufnahmeverfahren freigesprochenen Personen (RGBl S. 345) **93,** 199
§ 1 . . . . . . **92,** 301—304
§ 2 . . . . . . **92,** 299—304
1898. 20. Mai. Gebührenordnung für Gerichtsvollzieher (RGBl (S. 683).
§ 21 . . . . **100,** 127
§ 24 . . . . . **100,** 127, 128
1898. 20. Mai. Gesetz, betr. die Erwerbs- und Wirtschaftsgenossenschaften (RGBl S. 810).
§ 8 . . . . . **91,** 335, 338
§ 15 . . . . . **97,** 307—310
§ 65 . . . . . **91,** 335—338
§ 73 . . . . **94,** 108
§ 76 . . . . . . **96,** 89—91
§§ 98, 101 . . . . . . **98,** 324
§ 120 . . . . . **97,** 307—310
§ 127 . . . . **97,** 309
§ 140 . . . . **98,** 324
1898. 20. Mai (1892. 20. April). Gesetz, betr. die Gesellschaften mit beschränkter Haftung (RGBl 1898 S. 846; 1892 S. 477). **96,** 107
§ 5 . . . . **93,** 252
§ 6 . . . . **91,** 75
§ 11 . . . . **92,** 246
§ 13 . . . . . **92,** 55, 77, 84
§ 15 **93,** 326—330; **95,** 316; **97,** 201; **98,** 291; **100,** 202, 276
§ 16 . . . . **93,** 329; **96,** 230
§ 17 . . . . **98,** 321
§ 19 **92,** 365, 366; **93,** 326, 330; **94,** 62; **98,** 277, 308
§ 21 **96,** 230 · **98,** 277, 278
§§ 21 flg. **92,** 366

§ 22 . . . . **93**, 329
§ 23 . . . . . **98**, 276—279
§ 24 . . . . . **93**, 251—253
§ 25 . . . . **92**, 366
§ 29 **94**, 213—215; **98**, 318 bis 323
§ 30 **91**, 409, 411; **96**, 229
§ 31 **91**, 410; **92**, 77, 79, 81, 82, 84; **93**, 252; **96**, 229
§ 33 **93**, 326—330; **98**, 276—279
§ 34 **93**, 326—330; **97**, 201
§ 35 . . **91**, 75, 77; **100**, 142
§ 37 . . . . **91**, 77
§ 42 **91**, 408—411; **94**, 213 bis 215; **98**, 318—323
§ 43 . . . . **98**, 99
§ 46 **94**, 213—215; **98**, 318 bis 323; **99**, 235; **100**, 177
§§ 46—51 . . . . . . **97**, 200
§§ 49 flg. **92**, 409, 412
§ 50 . . . . . **92**, 410, 412
§ 51 . . . . . **92**, 410—412
§ 52 . . . . **93**, 187
§ 53 **91**, 167; **92**, 246; **93**, 251 bis 253
§§ 54 flg. . . . . **96**, 227—230
§ 55 **93**, 252; **96**, 229; **98**, 350
§ 56 **92**, 246; **93**, 252; **96**, 229
§ 57 . . . **92**, 246; **93**, 252
§ 58 . . . . **93**, 329
§ 60 **92**, 77; **93**, 326—330; **95**, 39—41; **98**, 324
§ 61 **92**, 409, 413, 414; **98**, 66 bis 69
§§ 63 flg. **98**, 324
§ 65 . . . . **92**, 77, 80, 84
§ 66 . . . . . **93**, 326—330
§ 69 . . . . **92**, 85; **93**, 327
§ 73 . . . . . . **92**, 77—84
1898. 1. Dezember. Militärstrafgerichtsordnung (RGBl S. 1189).
§ 180 . . . . **91**, 10
1899. 1. Juli. Bekanntmachung, betr. die Führung der Genossenschaftsregister usw. (RGBl S. 347)
§§ 15, 16 . . . **99**, 136—140
1899. 13. Juli. Hypothekenbankgesetz (RGBl S. 375).
§ 29 . . . . **99**, 28
1899. 13. Juli. Invalidenversicherungsgesetz (RGBl S. 393).
§ 98 . . . . **99**, 269
1899. 26. Oktober. Eisenbahnverkehrsordnung (RGBl 1899 S. 557; s. auch 1908, 23. Dezember) **94**, 116
§§ 37, 38 . . . . . . **98**, 34
§ 53 . . . . . **96**, 280, 281
§ 77 Nr. 1 . . **92**, 10; **100**, 85
1899. 18. Dezember. Telegraphenwegegesetz (RGBl S. 705).
§ 1 . . . . **91**, 276
§ 6 **94**, 182—185; **97**, 66 bis 73
§§ 8, 11, 12 . . . . . **91**, 276
§ 13 . . . . **94**, 183; **97**, 68
§ 19 . . . . **91**, 276
1900. 14. Juni. Reichsstempelgesetz (RGBl S. 275).
§ 43 . . . . **97**, 302
1900. 30. Juni. Gesetz, betr. die Bekämpfung gemeingefährlicher Krankheiten (RGBl S. 306).
§ 35 . . . . **99**, 102
1900. 30. Juni/5. Juli. Gesetz, betr. die Abänderung der Unfallversicherungsgesetze (RGBl S. 573) **91**, 147
1900. 30. Juni/5. Juli. Gewerbeunfallversicherungsgesetz (RGBl S. 585).
§ 1 **95**, 131—134; **97**, 204
§ 7 . . . . **99**, 279
§ 8 . . . . **95**, 285
§§ 16, 20 . . . . . . **97**, 350
§ 28 . . . . **93**, 322
§§ 97, 98, 106 . . . . **91**, 146
§ 135 . . . . **91**, 95; **92**, 298
§ 136 . . . **92**, 298; **96**, 136
§ 140 . . . . . **91**, 143—146
1900. 30. Juni/5. Juli. Unfallversicherungsgesetz für Land-

und Forstwirtschaft (RGBl S. 641).
§ 6 . . . . **99,** 279
§§ 7, 70, 146 . . **95,** 283—285
1900. 30. Juni/5. Juli. Bauunfallversicherungsgesetz (RGBl S. 698).
§ 1 . . . . **99,** 279
1900. 30. Juni/5. Juli. Seeunfallversicherungsgesetz (RGBl S. 716).
§ 1 . . . . **99,** 279
1901. 12. Mai. Gesetz über die privaten Versicherungsunternehmungen (RGBl S. 139).
§ 38 . . . . **91,** 318
§§ 49, 68 . . . . **98,** 324
§ 85 . . . . **95,** 157
§ 92 . . . . . **95,** 156—160
§ 96 . . . . **95,** 158
§ 108 . . . . . **95,** 156—160
§ 116 . . . . . **95,** 157, 159
§ 125 . . . . **95,** 158
1901. 31. Mai. Gesetz, betr. Versorgung der Kriegsinvaliden und der Kriegshinterbliebenen (RGBl S. 193)
93, 311, 312
1901. 18. Juni. Unfallfürsorgegesetz für Beamte und für Personen des Soldatenstandes (RGBl S. 211).
§ 1 **95,** 85—87, 131—134, 318—322; **98,** 345; **99,** 274—280
§ 2 Abs. 1 Nr. 2a **97,** 347—350
§ 6 . . . . . **95,** 318—322
§ 9 **95,** 318—322; **97,** 347 bis 350
§ 10 . . . . **95,** 131
§§ 10 flg. . . . . . **99,** 275—280
§ 12 **94,** 30—32; **95,** 87, 131; **98,** 341—345
§ 14 . . . . . **99,** 274—280
1901. 19. Juni (1910. 22. Mai). Gesetz, betr. das Urheberrecht an Werken der Literatur und der Tonkunst (RGBl 1901 S. 227; 1910 S. 793).
§§ 4, 10 . . . . **95,** 236
1901. 24. November. VO, betr. die Inkraftsetzung des Gesetzes über die privaten Versicherungsunternehmungen v. 12. Mai 1901 (RGBl S. 489)
95, 158
1902. Militäreisenbahnordnung, II. Teil.
§ 5 . . . . **92,** 368
1902. 9. Mai. Schaumweinsteuergesetz (RGBl S. 155).
§ 23 . . . . **93,** 137
1904. 16. Juni. Telegraphenordnung für das Deutsche Reich (RGBl S. 229) . . . **91,** 60
§ 18 . . . . **91,** 64
§ 21 . . . . **91,** 64, 65
§ 22 . . . . **91,** 64
1904. 14. Juli. Gesetz, betr. die Entschädigung für unschuldig erlittene Untersuchungshaft (RGBl S. 321) **93,** 199
1905. 4. Juli. Gesetz, betr. die Wetten bei öffentlich veranstalteten Pferderennen (RGBl S. 595).
§ 1 . . . . **93,** 349
§ 4 . . . . **93,** 350
1905. 17. Juli. Haager Abkommen, betr. den Geltungsbereich der Gesetze in Ansehung der Wirkungen der Ehe auf die Rechte und Pflichten der Ehegatten in ihren persönlichen Beziehungen und auf das Vermögen der Ehegatten (RGBl 1912 S. 453)
Art. 1 . . . . **91,** 406
„ 2 . . . . **91,** 407
1906. 5. Februar. Seestraßenordnung (RGBl S. 120).
Art. 17—26 . . . . . . **97,** 15
„ 19, 21 . . . . **97,** 14, 15
„ 23 . . . . **97,** 14
„ 27, 29 . . . . **97,** 13—16

1906. 17. Februar. Einfuhrscheinordnung (RGBl S. 316).
§ 11 . . . . . . **91**, 48, 52
§ 12 . . . . . . **91**, 48, 52, 53
1906. 31. Mai. Gesetz über die Pensionierung der Offiziere einschl. Sanitätsoffiziere des Reichsheeres, der Kaiserl. Marine und der Kaiserl. Schutztruppe (RGBl S. 565). „Offizierpensionsgesetz".
§ 1 . . **92**, 427, 428; **95**, 89
§ 2 . . . . **95**, 89
§ 5 . . . . **93**, 310
§§ 6, 8, 10 . . . . **95**, 89—91
§ 12 . . . . **93**, 310
§§ 14—18 . . . **92**, 427, 428
§§ 16, 17 . . . . . . **95**, 89
§ 19 . . . . **93**, 16, 17
§ 20 . . . . **91**, 125
§ 22 . . . . **95**, 91
§§ 23 flg. **91**, 126
§ 24 . . . . **92**, 395; **95**, 91
§ 25 . . . . **95**, 91
§ 27 . . . . **93**, 16, 17
§ 28 . . **92**, 427, 428; **95**, 91
§ 30 . . . . **92**, 287
§ 32 . . . . **92**, 368
§ 37 . . . . **92**, 406
§ 38 **92**, 405, 406; **98**, 208 bis 210
§ 39 **92**, 114, 116; **93**, 15—17; **97**, 301
§ 40 . . . . **95**, 91
§ 41 . . . . **95**, 90
§§ 52—56, 69—71 . . . **92**, 287
1906. 31. Mai. Gesetz über die Versorgung der Personen der Unterklassen des Reichsheeres, der Kaiserl. Marine und der Kaiserl. Schutztruppen (RGBl S. 593). „Mannschaftsversorgungsgesetz".
§ 3 . . . . **93**, 310
§§ 5—8 . . . . **92**, 287, 288
§ 9 . . . . **93**, 309
§ 14 . . . . **93**, 310
§ 23 . . . . . **92**, 288, 396
§ 27 . . . . . . **93**, 16, 17
§ 36 . . **92**, 395, 396; **95**, 321
§ 38 . . . . **92**, 396
§ 39 . . . . . . **93**, 16, 17
§ 40 . . . . **92**, 406
§ 41 **92**, 401, 404—406; **98**, 208—210
§ 42 **92**, 114, 116; **93**, 15, 16, 17; **97**, 301
§ 52 . . . . . **92**, 286, 287
§ 53 . . . . . **92**, 287, 289
§ 54 . . . . **92**, 288
§§ 55, 65, 66 . . . . . **92**, 287
1906. 3. Juni. Reichserbschaftssteuergesetz (RGBl S. 654).
§ 1 . . . . **96**, 19
§ 6 . . . . . . **91**, 287, 288
§ 10 . . **95**, 12—15; **96**, 19
§ 11 **94**, 239—244; **96**, 19; **98**, 323—326
§ 12 . . . . **96**, 19; **98**, 324
§ 28 . . . . **94**, 242; **96**, 19
§§ 29, 31 . . . . **96**, 19
§ 55 **94**, 322—326; **95**, 12—15; **98**, 323, 324
§ 56 **94**, 324, 325; **98**, 324, 326;
§ 57 . . . . **97**, 302
1906. 3. Juni. Reichsstempelgesetz (RGBl S. 695).
§ 70 . . . . **97**, 302
1906. 3. Juni (1909. 15. Juli). Zigarettensteuergesetz (RGBl 1906 S. 631; 1909 S. 713).
§ 2 Nr. 4 . . . . . . **93**, 132
§ 3 . . . . . . **93**, 131—133
§§ 17d, 18 . . . . . . **93**, 132
1906. 19. September. Zweites Zusatzübereinkommen zu dem Internationalen Übereinkommen über den Eisenbahnfrachtverkehr vom 14. Oktober 1890 (RGBl 1908 S. 515).
Art. 3 Zusatz I zu § 1 . **94**, 116
1907. 17. Mai. Beamtenhinterbliebenengesetz (RGBl S. 208).
§ 6 . . . . . . **97**, 347—350

1907. 17. Mai. Militärhinterbliebenengesetz (RGBl S. 214) **92**, 402
§ 12 . . . . . **93**, 308—312
§ 13 **92**, 377; **93**, 308—312
§§ 14, 15, 20, 21 **93**, 308—312
§ 27 . . . . **93**, 17
§ 28 **92**, 377, 379; **93**, 16
§ 29 **92**, 377, 379; **93**, 310
§ 31 . . . **92**, 377—379, 398
§ 35 . . . . **93**, 15, 17
§ 36 . . . . **93**, 310
1907. 18. Mai. Reichsbeamtengesetz (RGBl S. 245).
§ 1 . . . . **97**, 267
§ 11 . . . . **92**, 355
§ 13 **92**, 242; **97**, 263, 268, 269
§ 18 **94**, 222—226; **97**, 267
§ 19 **92**, 236, 237; **99**, 79
§ 23 . . . . . **92**, 431, 432
§ 34 . . . . . **96**, 303, 305
§ 42 . . . . **94**, 226
§ 57 **92**, 397; **95**, 318—322
§ 58 . . . **92**, 397; **95**, 322
§ 59 . . . . **92**, 429
§§ 73, 75 . . . . **92**, 431
§ 117 . . . . **92**, 303
§§ 134—148 . **97**, 245, 267, 268
§ 141 . . . . **92**, 237; **99**, 79
§ 144 **92**, 236; **97**, 269; **99**, 79
§§ 149 flg. **92**, 178, 179, 308; **95**, 103—105,
§ 150 **92**, 114—117; **97**, 300 301
§ 155 **92**, 431; **94**, 32; **96**, 303
§ 157 **92**, 428; **97**, 245, 267
1907. 18. Oktober. Abkommen, betr. die Gesetze und Gebräuche des Landkriegs (RGBl 1910 S. 107) **98**, 250
1908. 11. März. Scheckgesetz (RGBl S. 71).
§ 1 **92**, 51; **96**, 190—195
§ 6 . . . . **92**, 50—53
§ 7 . . . . . . **96**, 190—195
§ 11 **96**, 190—195; **100**, 138 bis 142
§ 12 . . . . **96**, 193
§ 13 **96**, 190—195; **99**, 75—78
§ 14 **95**, 241, 242; **100**, 32—34
§ 15 **95**, 241, 242; **99**, 77
§ 16 . . . . . **100**, 138—142
§ 17 . . . . . . **95**, 241, 242
§ 21 . . . . **96**, 194
§ 23 . . . . **92**, 50
§ 28 . . . . . **96**, 100—102
§ 29 . . . . . . **96**, 190—195
1908. 8./27. Mai. Börsengesetz (RGBl S. 183, 215).
§§ 50 flg. **91**, 379
§§ 52 flg. **91**, 43, 44
§ 53 . . . . **91**, 377
§ 57 **91**, 43, 45, 46, 377—381
§ 58 . . . . **91**, 44
1908. 30. Mai. Gesetz über den Versicherungsvertrag (RGBl S. 263) **97**, 208
§ 2 . . . . . **100**, 222—224
§ 3 . . . . **91**, 18
§ 22 . . . . **93**, 89
§ 27 . . . . . . **95**, 252—254
§ 28 . . . . **95**, 253
§ 35 . . . . **91**, 20
§ 38 . . . **91**, 20; **100**, 217
§ 39 **91**, 18—20; **93**, 80, 84; **100**, 217
§ 42 . . . . **93**, 81
§ 52 . . . . **97**, 45
§ 53 . . . . **97**, 44—49
§ 64 . . . . **94**, 176
§ 67 . . . . **97**, 76—79, 291
§ 74 . . . . **95**, 251
§ 75 . . . . . . **95**, 251, 253
§ 76 **95**, 251, 252; **96**, 258, 260
§ 79 . . . . **95**, 253
§ 82 **95**, 158; **99**, 280—283
§ 83 **97**, 45; **99**, 280—283
§ 84 . . . . **92**, 100; **93**, 89
§ 86 . . . . **97**, 46, 48
§§ 97, 98 . . . . **95**, 207—209
§§ 129 flg. **95**, 158
§§ 140, 141 . . . . . **94**, 105
§ 154 . . . . **93**, 215
§ 155 . . . . **100**, 227

§ 157 . . **93**, 209—215
§ 161 . . . . . **95**, 253
§ 173 . . . **97**, 324, 325
§ 178 . . . . . **97**, 323, 325
§ 179 . . . . . **95**, 251, 253
§§ 181, 182 . . . . . **95**, 254
§ 184 . . . . **94**, 176
1908. 30. Mai. Einführungsgesetz zu dem Gesetze über den Versicherungsvertrag (RGBl S. 305).
Art. 3 . . . . **97**, 324
1908. 23. Dezember. Eisenbahnverkehrsordnung (RGBl 1909 S. 93).
§ 2 **98**, 34; **99**, 19, 250—254
§ 3 . . . . . **99**, 250—254
§ 6 **93**, 272—280; **99**, 250 bis 254; **100**, 84, 87
§ 29 . . . . **97**, 110
§ 30 **94**, 115; **97**, 109—112
§ 35 . . . . **97**, 109—112
§ 38 . **98**, 34
§ 39 **98**, 31—36
§ 40 **94**, 120—123
§ 42 . . **100**, 163
§ 50 . . . . . . **97**, 17
§ 54 **94**, 115—117, 119—123; **96**, 277—282; **97**, 109 bis 112; **99**, 251, 252; **100**, 110—112
§ 55 . . . . . **99**, 245—247
§ 56 **96**, 277—282; **99**, 245 bis 247
§§ 57, 60 . . . . **96**, 277—282
§ 61 . . . . **99**, 246
§ 70 **93**, 272—280; **98**, 98
§ 71 . . . . . **93**, 272—280
§ 72 . . . **99**, 245—247
§ 76 . . **93**, 179; **97**, 17
§ 81 . . . . **100**, 163
§ 84 **92**, 10; **94**, 119; **100**, 86
§ 85 . . . . **93**, 179
§ 86 **92**, 10; **98**, 339—341; **100**, 82—87
§ 88 **96**, 124—126; **98**, 150 bis 152; **100**, 104
§ 92 . . . . **96**, 126
§ 95 . . . . **94**, 123
§ 96 **94**, 119—123; **97**, 109 bis 112; **100**, 110—112
§ 99 . . . . **99**, 247
§ 100 . . . . **93**, 178
Anlage C III . . **96**, 277—282
1909. 9. Januar. Bekanntmachung betr. benachbarte Orte im Wechsel- und Scheckverkehr (RGBl S. 249) **98**, 104, 105
1909. 23. Februar Abkommen zwischen dem Deutschen Reiche und den Vereinigten Staaten von Amerika, betr. den gegenseitigen Rechtsschutz (RGBl S. 895) **93**, 53
1909. 3. April. Marineordnung.
§ 16 Nr. 6 . . . . . **92**, 287
§ 34 Nr. 5 . . . **92**, 286, 287
1909. 3. Mai. Gesetz über den Verkehr mit Kraftfahrzeugen (RGBl S. 437).
§ 7 **91**, 269, 303, 304; **92**, 38, 39, 80, 148—152; **93**, 222 bis 224; **95**, 185—188; **96**, 69, 75, 130, 131
§ 8 . . . . **92**, 150; **96**, 69
§ 9 **92**, 38, 39; **96**, 131, 133
§ 10 **91**, 398, 400, 401; **94**, 102, 103
§ 15 . . . . **92**, 80
§ 16 . . . . **94**, 103
§ 17 **92**, 143—147, 192; **96**, 68 bis 70, 130—133
§ 18 **92**, 144, 152; **94**, 103; **96**, 75
1909. 1. Juni. Gesetz über die Sicherung der Bauforderungen (RGBl S. 449).
§ 1 . . . . . . **91**, 72—80
§ 5 . . . . **91**, 72—75
§ 35 . . . . **99**, 28
1909. 7. Juni. Gesetz gegen den unlauteren Wettbewerb (RGBl S. 499).

§ 1 **91,** 211; **92,** 111, 113; **93,** 190, 191; **94,** 272; **96,** 242—246; **98,** 267 bis 271; **99,** 23—31, 90—96, 189—193; **100,** 7, 8, 185, 267
§ 3 **92,** 380—382; **93,** 189 bis 193; **94,** 272; **96,** 243, 244, 298—300; **99,** 23—31, 92, 131—136, 189—193; **100,** 185
§ 12 . . . . **99,** 34
§ 13 **94,** 272; **96,** 242—246; **98,** 267—271; **99,** 189 bis 193
§ 14 . . . . . **94,** 271—277
§ 16 **91,** 210—212; **93,** 190; **95,** 236, 292—295; **100,** 185
§ 17 . . . . . **92,** 133—136
1909. 26. Juni. Viehseuchengesetz (RGBl S. 519).
§§ 74, 77 . . . . **91,** 237
1909. 15. Juli. Besoldungsgesetz (RGBl S. 573).
§ 29 . . . . **96,** 235
Besoldungsordnung **96,** 235
1909. 15. Juli. Gesetz, betr. Änderungen im Finanzwesen (RGBl S. 743).
Art. I § 6 . . . **91,** 143, 147
„ VI **91,** 143
1909. 15. Juli. Reichsstempelgesetz (RGBl S. 833).
§ 9 . . . . **92,** 332 flg.
§ 10 . . **92,** 332 flg.; **96,** 328
§ 91 . . . . **96,** 328
§ 94 . . . . **97,** 302
§ 107 . . . . **96,** 327
Tarifnr. 1d **94,** 39—45; **95,** 171, 172
„ 2a . . **93,** 57, 59, 60
„ 3 . . . **93,** 59, 60, 61
„ 3A . . **96,** 326—329
„ 3A BefrV 3 **92,** 332 flg.; **96,** 327
„ 3A „ 4 **96,** 326—329
1909. 26. Juli. Ausführungsbestimmungen zum Reichsstempelgesetz vom 15. Juli 1909 (RGBl S. 559).
§ 25l und m **92,** 337
§ 25n **96,** 328
§ 40 . . . . **92,** 337
1910. Deutscher Eisenbahngütertarif.
§ 50 . . . . . . **97,** 16—18
1910. 3. Februar. VO über den Verkehr mit Kraftfahrzeugen (RGBl S. 389).
§ 20 . . . . **96,** 131
1910. 22. Mai. Gesetz über die Haftung des Reichs für seine Beamten (RGBl S. 798)
91, 273, 274, 276; **92,** 242; **98,** 250; **99,** 255; **100,** 25 bis 28
§ 1 **91,** 9, 12, 233, 381; **92,** 304—306; **94,** 102, 103; **96,** 164—169; **97,** 245, 264, 265; **98,** 208—210; **99,** 285—288
§ 2 . . . . . **97,** 245, 264
§ 3 . . . . **93,** 200; **97,** 245
§ 6 **93,** 198—201; **98,** 208 bis 201
§ 13 . . . . **92,** 240
1910. 25. Mai. Gesetz über den Absatz von Kalisalzen (RGBl S. 775). **91,** 340
§§ 1, 3 . . . . **91,** 282
1910. 8. Juni. Kolonialbeamtengesetz (RGBl S. 881).
§§ 29, 30, 31, 35 . . . . **95,** 321
1910. 8. September. VO betr. die Tagegelder, die Fuhrkosten und die Umzugskosten der Reichsbeamten (RGBl S. 993).
§ 1 . . . . **94,** 225
§ 2 . . . . **94,** 222—226
§ 27 . . . . **94,** 225
1910. 23. September. Übereinkommen zur einheitlichen Feststellung von Regeln über den

Zusammenstoß von Schiffen (RGBl 1913 S. 49).
Art. 3 . . . . **96,** 164—169
„ 4 **94,** 93; **96,** 164—169
„ 5, 12, 13 . **96,** 164—169
„ 16 . . . . . **96,** 165
Zusatzartikel . . **96,** 164—169
1910. 23. September. Übereinkommen zur einheitlichen Feststellung von Regeln über die Hilfsleistung und Bergung in Seenot (RGBl 1913 S. 66). **96,** 165
Art. 18 . . . . . . **96,** 165
1910. 29. September. Ausführungsbestimmungen zu den Verordnungen über die Tagegelder und Fuhrkosten der Reichsbeamten (RGBl S. 1071)
§ 17 . . . . **94,** 225
1911. 2. Januar. Gesetz, betr. den Schutz des zur Anfertigung von Reichsbanknoten verwendeten Papiers gegen unbefugte Nachahmung (RGBl S. 25).
§ 1 . . . . **99,** 238
1911. 14. Februar. Zuwachssteuergesetz (RGBl S. 33).
§ 3 . . . . **94,** 260
§§ 62, 63 . . . . . . **91,** 97
1911. 15. April. Prisengerichtsordnung (RGBl 1914 S. 301).
§ 23 . . . . **95,** 275
1911. 19. Juli. Reichsversicherungsordnung (RGBl S. 509).
§ 4 . . . . **92,** 208
§ 39 . . . . **99,** 270
§ 157 . . . . **98,** 252
§ 182 . . . . . **92,** 197—201
§ 183 . . . . **92,** 200; **95,** 206
§ 184 . . . . . **92,** 197—200
§§ 216, 218, 219, 223 . **95,** 206
§ 231 . . . . **99,** 270
§ 239 . . . . . **94,** 144—146
§§ 240 flg. **94,** 146
§ 268 . . . . **94,** 146
§§ 280 flg., 288, 290 . **94,** 144—146
§ 302 . . . . . . **94,** 144, 145
§§ 320, 331 . . . . . . **99,** 270
§ 351 . . . . **99,** 268
§ 358 . . . . . **99,** 268, 269
§ 359 . . . . . **99,** 265—270
§ 364 . . . . . **97,** 196—197
§ 375 . . . . **95,** 207
§ 376 . . . . . **95,** 204—207
§§ 406 flg. **91,** 161
§ 529 . . . . **92,** 199
§ 537 **91,** 95; **95,** 132; **96,** 206, 208, 210; **97,** 202—206; **98,** 249—254
§ 538 . . . . **91,** 95
§ 544 **91,** 95; **93,** 33; **96,** 208, 210; **97,** 203; **99,** 228
§ 546 . . . . **99,** 228
§ 554 . . . . **99,** 279
§ 556 . . . . **95,** 206
§ 558 . . . . **96,** 333
§ 588 . . . . **98,** 250
§§ 590, 592, 596 . . **95,** 206
§ 597 . . . . **96,** 333
§§ 614, 615 . . . . . . **95,** 206
§ 623 **92,** 298; **93,** 323; **96,** 208
§ 624 **96,** 208, 209; **97,** 202 bis 206; **98,** 253
§ 633 **93,** 321—324; **96,** 204 bis 210; **97,** 202—206; **98,** 249—254; **99,** 228
§ 634 **93,** 321—324; **97,** 202 bis 206; **98,** 249—254
§§ 728, 779 . . . . . . **91,** 143
§§ 848 flg. **95,** 182
§ 892 . . . . . . **97,** 203, 205
§ 898 **91,** 96; **93,** 33; **96,** 207, 208; **97,** 202—206; **98,** 249—254; **99,** 227—230
§ 899 **91,** 96; **92,** 297; **96,** 135; 136
§ 901 **91,** 94—96; **92,** 296—298; **93,** 33, 323, 324; **96,** 204 bis 210
§ 903 **92,** 296, 297; **93,** 323; **95,** 180—185, 239; **96,** 135, 136, 332—335

§ 907 **92,** 296, 297; **93,** 323; **96,** 332—335
§ 913 . . . . . **95,** 180—185
§§ 923, 1042 . . . . . **93,** 33
§§ 1269 flg. **92,** 208
§§ 1326 flg. **92,** 208
§ 1348 . . . . **99,** 269
§ 1531 . . . . **92,** 198
§ 1542 **91,** 143—145; **92,** 405; **93,** 321—324; **96,** 207; **97,** 202, 203, 206; **98,** 249—254
§ 1543 **93,** 321—324; **96,** 204 bis 210; **97,** 202—206; **98,** 249—254
§ 1545 . . . . **92,** 199
§§ 1546, 1547 . . . . **91,** 96
§ 1551 . . . . **92,** 199
§ 1583 **96,** 205, 334; **98,** 250, 251
§ 1606 . . . **96,** 205
§§ 1636—1734 . . . **92,** 199
§§ 1735 flg. **97,** 206
§ 1736 . . . . . . **96,** 205
§§ 1739 flg. **98,** 252
1911. 19. Juli. Einführungsgesetz zur Reichsversicherungsordnung (RGBl S. 839).
Art. 16 . . . . **99,** 270
„ 32 . . . . . **94,** 144, 145
1911. 23. November. Rundschreiben des Reichsschatzamts, betr. die Befreiungsvorschrift 3 zu 7 Nr. 3A des RStempG (Z. f. Zollw. u. Reichsst. S. 2 Anm. 2) **92,** 336
1912. 20. Januar. Rundschreiben des Reichsschatzamts, betr. die Tarifst. 3A u. §§ 9, 10 RStG (Z. f. Zollw. u. Reichsst. S. 61) **92,** 336
1912. 5. Februar. Ausführungsbestimmungen zum Reichs-Stempelgesetze vom 15. Juli 1909 (RZBl S. 35).
§ 39 . . . . . **92,** 337
Muster 7 und 8 . . . **92,** 337
1912. 5. Juli. VO, betr. die Inkraftsetzung von Vorschriften der Reichsversicherungsordnung (RGBl S. 439).
Art. 3 . . . . **92,** 296
1913. 7. Januar. Gesetz über den Zusammenstoß von Schiffen sowie über die Bergung und Hilfsleistung in Seenot (RGBl S. 90).
Art. 1, 5 . . . **96,** 164—169
1913. 3. Juni. Abrundung der Reichsstempelabgaben für Gewinnanteilscheine und Zinsbogen (Z. f. Zollw. u. Reichsst. S. 182) **92,** 341
1913. 26. Juni. Rundschreiben des Reichsschatzamts, betr. die Auslegung von § 9 Abs. 2 RStempG (Z. f. Zollw. u. Reichsst. S. 214). **92,** 336
1913. 3. Juli. Reichsstempelgesetz (RGBl 1913 S. 639), s. auch 1916, 26. Juni. . . . **92,** 247
§ 7 **92,** 244, 245; **93,** 267, 268
§§ 16, 17 **92,** 332, 333, 337, 339—341
§ 19 . . . . **94,** 114
§§ 34, 35 . . . . . **93,** 350
§§ 72 flg. **93,** 188
§§ 84, 85 . . . . . **94,** 299
§ 88 . . . . **93,** 271
§ 110 **93,** 203; **95,** 170—173; **97,** 302; **100,** 149, 150
§ 116 . . . . . **95,** 170—173
§ 124 . . . . **95,** 171
Tarifnr. 1A **92,** 245, 246; **93,** 244—248, 264 bis 271; **94,** 259—262, **97,** 197—202
„ 1B **94,** 39—45; **95,** 170—173; **98,** 91 bis 94
„ 2 . . . **97,** 198, 199
„ 3A BefrV3 **92,** 332—341
„ 4 . **94,** 114; **98,** 184
„ 4a2 **98,** 93

Tarifnr. 5 . . . . . . **93,** 350
„ 9 . . . **93,** 185—189
„ 11 . . . **94,** 293, 299
„ 11a **93,** 264—271; **94,** 298, 299
„ 11b **93,** 265; **94,** 298; **97,** 186—189
„ 12A . . . **93,** 88—91
„ 12A—D . . . **93,** 90
1913. 3. Juli. Gesetz über einen einmaligen außerordentlichen Wehrbeitrag (RGBl S. 505).
§ 11 . . . . **91,** 318
1913. 15. September. Ausführungsbestimmungen zum Reichsstempelgesetz v. 3. Juli 1913 (RZBl S. 801). **92,** 340
§ 52 . . . . **92,** 337
§ 53 . . . . **92,** 337, 340
1914. 4. August. Gesetz über die Ermächtigung des Bundesrats zu wirtschaftlichen Maßnahmen und über die Verlängerung der Fristen des Wechsel- und Scheckrechts im Falle kriegerischer Ereignisse (RGBl S. 327).
§ 3 **93,** 109, 257, 260, 261; **95,** 28, 29
1914. 4. August. Gesetz, betr. den Schutz der infolge des Kriegs an Wahrnehmung ihrer Rechte behinderten Personen (RGBl S. 328).
§ 2 . . . . . . **94,** 160, 216
§ 9 . . . . **94,** 217
1914. 4. August (17. Dezember; 1915. 21. Januar). Gesetz, betr. Höchstpreise (RGBl 1914 S. 339, 516; 1915 S. 25) **94,** 282—285; **98,** 261; **100,** 240, 247
§ 2 . . . . . . **98,** 40—44
§ 4 **93,** 316—321
§ 5 . . . **98,** 42
§ 6 . . . **93,** 316—321
1914. 7. August. Bekanntmachung über die gerichtliche Bewilligung von Zahlungsfristen (RGBl S. 359) . . . **93,** 92
1914. 7. August. Bekanntmachung über die Geltendmachung von Ansprüchen von Personen, die im Ausland ihren Wohnsitz haben (RGBl S. 360) **93,** 24
§ 1 . . . . **99,** 242
1914. 8. August. Bekanntmachung betr. die Anordnung einer Geschäftsaufsicht zur Abwendung des Konkursverfahrens (RGBl S. 363) **100,** 62, 63
§§ 5, 8 . . . . **100,** 66
1914. 10. August (1914. 22. Oktober; 1915. 18. Januar). Bekanntmachung über die Fälligkeit im Ausland ausgestellter Wechsel (RGBl 1914 S. 368, 448; 1915 S. 23) **91,** 127—132
1914. 10. August. Bekanntmachung betr. vorübergehende Änderung der Eisenbahnverkehrsordnung (RGBl S. 368) . **99,** 17—19
1914. 18. August (1916. 8. Juni). Bekanntmachung über die Folgen der nicht rechtzeitigen Zahlung einer Geldforderung (RGBl 1914 S. 377; 1916 S. 415) **91,** 18—21
1914. 4. September (22. Oktober). Bekanntmachung, betr. Überwachung ausländischer Unternehmungen (RGBl S. 397, 447) **93,** 136, 137
1914. 30. September. Bekanntmachung, betr. Zahlungsverbot gegen England (RGBl S. 421) **93,** 332
§ 2 . . . . . . **94,** 229—233
§ 4 . . . . **94,** 230
1914. 20. Oktober. Bekanntmach., betr. Zahlungsverbot gegen Frankreich (RGBl S. 443) **94,** 227—234
1914. 26. November. Bekanntmachung, betr. die zwangs-

weise Verwaltung französischer Unternehmungen (RGBl S. 487) **93**, 136; **94**, 51, 52

1914. 10. Dezember. Bekanntmachung über Höchstpreise für Kupfer usw. (RGBl S. 501) **100**, 247

1914. 17. Dezember. Höchstpreisgesetz, s. 1914 4. August.

1914. 19. Dezember. Bekanntmachung über die Höchstpreise für Roggen, Gerste und Weizen (RGBl S. 528) . . . **93**, 18

1914. 22. Dezember. Bekanntmachung über die Verjährungsfristen (RGBl S. 543) **95**, 33—36

1914. 22. Dezember. Bekanntmachung, betr. die Bewilligung von Zahlungsfristen bei Hypotheken und Grundschulden (RGBl S. 543) . . **93**, 92, 94

1914. 22. Dezember. Bekanntmachung über die Höchstpreise für Wolle und Wollwaren (RGBl S. 545).
§ 3 . . . . **94**, 283
§ 6 . . . . **94**, 284

1915. 14. Januar. Bekanntmachung über die Vertretung der Kriegsteilnehmer in bürgerlichen Rechtsstreitigkeiten (RGBl S. 17).
§ 1 . . . . . **94**, 215—217

1915. 12. Februar (25. September). Bekanntmachung über zuckerhaltige Futtermittel (RGBl S. 78, 614) **93**, 143

1915. 25. Februar. Bekanntmachung, betr. Zulassung von Kraftfahrzeugen zum Verkehr auf öffentlichen Wegen und Plätzen (RGBl S. 113) **96**, 119, 120

1915. 25. Februar. Bekanntmachung über die Höchstpreise für Futterkartoffeln und Erzeugnisse der Kartoffeltrocknerei sowie der Kartoffelstärkefabrikation (RGBl S. 116) **91**, 32

1915. 8. März. Bekanntmachung über vorübergehende Zollerleichterungen (RGBl S. 135) **94**, 247

1915. 20. April. Bekanntmachung über die Geltendmachung von Ansprüchen von Personen, die in Österreich-Ungarn ihren Wohnsitz haben (RGBl S. 231) **93**, 24

1915. 20. Mai. VO über die gerichtliche Bewilligung von Zahlungsfristen (RGBl S. 290) **93**, 92, 94

1915. 20. Mai. VO, betr. die Bewilligung von Zahlungsfristen bei Hypotheken und Grundschulden (RGBl S. 293) **93**, 92, 94

1915. 24. Juni (25. November). BRVO über die Sicherstellung von Kriegsbedarf (RGBl S. 357, 778) **92**, 370; **99**, 43; **100**, 160, 249
§ 1 **91**, 427; **92**, 35—37; **95**, 348
§ 2 . . . . . . **98**, 40—44
§ 4 **91**, 427; **92**, 34—36; **94**, 83; **95**, 348; **100**, 248
§ 6 . . . . **92**, 35; **95**, 348
§ 7 . . . . **98**, 42

1915. 24. Juni. Bekanntmachung, betr. Ergänzung der VO über die Überwachung und zwangsweise Verwaltung ausländischer Unternehmungen (RGBl S. 351) . . . **93**, 136, 138

1915. 28. Juni (1916. 29. Juni) Bekanntmachung über den Verkehr mit Brotgetreide und Mehl (RGBl S. 363; 1916 S. 613).
§ 9 . . . . **100**, 240

1915. 1. Juli. Bekanntmachung über gewerbliche Schutzrechte feindlicher Staatsangehöriger (RGBl S. 414) **93,** 50—54
1915. 2. Juli. Bestimmungen zur Ausführung der VO über gewerbliche Schutzrechte feindlicher Staatsangehöriger (RGBl S. 417) **93,** 52
1915. 15. Juli. Bekanntmachung über den Verkehr mit Ölfrüchten (RGBl S. 438) **96,** 107
§ 5 . . . . **96,** 109
§ 8 . . . . **96,** 107
1915. 22. Juli. Anordnung für das Verfahren vor dem Reichsschiedsgericht für Kriegsbedarf (RGBl S. 469).
§§ 5, 6 . . . . **92,** 36
§ 18 . . . . **98,** 42
1915. 23. Juli (1916. 23. März). Bekanntmachung gegen übermäßige Preissteigerung (RGBl 1915 S. 467, 1916 S. 52) **91,** 68; **98,** 272
§§ 1, 2, 3 . . . . **97,** 232—235
§ 5 **93,** 107, 133—135; **96,** 285; **99,** 156, 157
1915. 9. September. Bekanntmachung zur Entlastung der Gerichte (RGBl S. 562) **92,** 43
§ 24 **91,** 60, 62; **94,** 165; **96,** 8 bis 13
§ 27 **94,** 136; **95,** 280—283
1915. 23. September. Bekanntmachung zur Fernhaltung unzuverlässiger Personen vom Handel (RGBl S. 603).
§ 4 . . . . **97,** 233
1915. 25. September s. 12. Februar.
1915. 9. Oktober. Bekanntmachung, betr. die Änderung der Bekanntmachung über die Sicherstellung von Kriegsbedarf vom 24. Juni 1915 (RGBl S. 645) **100,** 160
1915. 22. Oktober. Bekanntmachung über die Regelung der Butterpreise (RGBl S. 689).
§ 12 . . . . **99,** 238
1915. 4. November. Bekanntmachung über die Verjährungsfristen (RGBl S. 732) **95,** 33—36
1915. 8. November. BRVO über Öle und Fette (RGBl S. 735) **96,** 108
§ 1 . . . . **91,** 282
§ 3 **91,** 280—282, 339, 340
§ 4 . . . . **91,** 282, 339
§ 5 . . . . **96,** 111
§ 6 . . . . **91,** 339
§§ 8, 14 . . . . **91,** 282
§ 16 . . . **91,** 282, 339, 340
§ 17 . . . . **91,** 339, 340
1915. 11. November. Bekanntmachung, betr. Einwirkung von Höchstpreisen auf laufende Verträge (RGBl S. 758).
§ 1 . . . . **93,** 318, 319
1915. 13. November. Bekanntmachung, betr. die private Schwefelwirtschaft (RGBl S. 761) **92,** 88
§ 4 . . . . . **97,** 245—253
1915. 15. November. Ausführungsbestimmungen über die Einfuhr von Butter aus dem Auslande (RAnz. Nr. 271 S. 1).
§ 1 . . . . **99,** 236—241
§§ 2, 3 . . . . **99,** 237
§ 4 . . . . **99,** 238, 240
§ 5 . . . . **99,** 238
§ 6 . . . . **99,** 237—241
1915. 25. November. Bekanntmachung, betr. Änderung der Bekanntmachung über die Sicherstellung von Kriegsbedarf vom 24. Juni 1915 (RGBl S. 778) **100,** 160
1915. 11. Dezember. Gesetz, betr. Abänderung des Gesetzes über den Belagerungszustand vom

4. Juni 1851 (RGBl S. 813) **99,** 60—65

1915. 24. Dezember. Gesetz über die vorbereitenden Maßnahmen zur Besteuerung der Kriegsgewinne (RGBl S. 837).
§ 1 . . . . . **93,** 147—150
§ 3 . . . . . . **93,** 143, 149
§ 8 . . . . **93,** 147

1916. 12. Januar. Ausführungsbestimmungen über die Einfuhr von Margarine aus dem Auslande (RGBl S. 26) **99,** 239

1916. 17. Januar (4. April). Bekanntmachung über die Einfuhr von Salzheringen (RGBl S. 45, 234) **99,** 149

1916 22. Januar. Ausführungsbestimmungen zur Bundesratsverordnung über die Einfuhr von Salzheringen (RGBl S. 59) **99,** 239

1916. 27. Januar. Ausführungsbestimmungen des Bundesrats zum Gesetz über vorbereitende Maßnahmen zur Besteuerung der Kriegsgewinne vom 24. Dezember 1915 (RZBl S. 27) **93,** 149

1916. 31. Januar. Ausführungsbestimmungen des Bundesrats über die Einfuhr von Futtermitteln usw. (RGBl S. 71) **99,** 239

1916. 10. Februar. Bekanntm., betr. Ergänzung der Vorschriften über die zwangsweise Verwaltung ausländischer Unternehmungen (RGBl S. 89) **94,** 51, 52

1916. 3. März. Bekanntmachung über die Einfuhr von Kakao (RGBl S. 145) . . . **99,** 239

1916. 4. März. Bekanntmachung über die Einfuhr von pflanzlichen und tierischen Ölen und Fetten sowie Seifen (RGBl S. 148). . . **96,** 77—80, 108
§ 4 . . . . **96,** 78

1016. 4. März. Bekanntmachung, betr. Regelung des Verkehrs von aus dem Auslande eingeführtem Schweineschmalz (RGBl S. 149) . . . **99,** 239

1916. 8. März. Ausführungsbestimmungen zur BRVO über die Einfuhr von pflanzlichen und tierischen Ölen und Fetten sowie Seifen vom 4. März 1916 (RGBl S. 151) **96,** 77—80, 108; **99,** 239
§ 2 . . . . **96,** 80
§§ 3, 4, 6 . . . . . **96,** 108, 109
§ 9 . . . . **96,** 80

1916. 11. März. Bekanntmachung über die Einfuhr von Käse (RGBl. S. 159).
§ 7 . . . . **92,** 376

1916. 18. März. BRVO über die Einfuhr von Vieh und Fleisch sowie Fleischwaren (RGBl S. 175) **92,** 373—375; **100,** 142—147
§ 1 . . . . **96,** 126
§ 2 . . . . **92,** 375; **96,** 126

1916. 22. März. Ausführungsbestimmungen zur BRVO vom 18. März 1916 über die Einfuhr von Vieh und Fleisch sowie Fleischwaren (RGBl S. 179) **92,** 373; **99,** 239; **100,** 142 bis 147
§ 1 . . . . **96,** 126
§ 2 . . . . **92,** 374
§ 5 **92,** 374, 376; **96,** 126; **100,** 143, 144
§ 8 . **92,** 375, 376; **100,** 143
§ 12 . . . . **100,** 146

1916. 23. März. Bekanntmachung über die Änderung des Gesetzes betr. Höchstpreise, und der Verordnung gegen übermäßige Preissteigerung (RGBl S. 183)

§ 5 **96,** 237—240, 284—286, 344; **98,** 1—3, 61—63
§ 6 . . . . . **96,** 284—286
1916. 27. März. Bekanntmachung über Fleischversorgung (RGBl S. 199) . . . **97,** 179—181
1916. 5. April (23. August). Ausführungsbestimmungen über die Einfuhr von Salzheringen usw. (RGBl S. 238, 349) **99,** 149, 239
1916. 6. April. Bekanntmachung über Tee (RGBl S. 252).
§ 3 . . . . . . **91,** 389, 390
§ 5 . . . . . **91,** 388—390
§§ 6, 7, 8 . . . . **91,** 389
1916. 18. April. Bekanntmachung über den Verkehr mit Seife, Seifenpulver und anderen fetthaltigen Waschmitteln (RGBl S. 307). Ausführungsbestimmungen **96,** 78, 79
§ 4 . . . . **95,** 127, 129
§ 9 . . . . **95,** 128
1916. 18. April. Bekanntmachung über die Todeserklärung Kriegsverschollener (RGBl S. 296).
§ 1 . . . . . . **93,** 108, 111
§ 2 . . . . **93,** 85, 108, 111
§§ 3, 9 . . . . **93,** 108, 111
1916. 22. Mai. Bekanntmachung über Kriegsmaßnahmen zur Sicherung der Volksernährung (RGBl S. 401) . . . **96,** 330
1916. 22. Mai. Bekanntmachung über die Errichtung eines Kriegsernährungsamts (RGBl S. 402) **95,** 29
1916. 8. Juni. Bekanntmachung über die Folgen der nicht rechtzeitigen Zahlung einer Geldforderung (RGBl S. 415) **91,** 21
1916. 8. Juni. Bekanntmachung über die Geltendmachung von Hypotheken, Grundschulden u. Rentenschulden (RGBl S. 454)
§ 1 . . . . . . **93,** 91—94
§ 4 . . . . **91,** 41, 42
§ 6 . . . . . . **93,** 91—94
§ 8 . . . . **91,** 18
§§ 10 flg. **91,** 42
1916. 10. Juni. Bekanntmachung über die Regelung des Verkehrs mit Web-, Wirk- und Strickwaren für die bürgerliche Bevölkerung (RGBl S. 463)
§ 7 **96,** 94—96; **100,** 240
§ 19 . . . . . . **96,** 94
§ 20 . . . . . **96,** 95
1916. 18. Juni. VO über Änderung von Ausführungsbestimmungen zu Verordnungen über die Einfuhr von Lebensmitteln (RGBl S. 530) . . . **99,** 149
§ 6 . . . . **92,** 374
1916. 21. Juni. Kriegssteuergesetz (RGBl S. 561).
§§ 16, 17, 18, 19, 21 **93,** 148, 149
1916. 24. Juni. VO über den Handel mit Lebens- und Futtermitteln und zur Bekämpfung des Kettenhandels (RGBl S. 581) . . . **96,** 330—332
§ 1 . . **96,** 332, 343—345
§ 9 **96,** 343—345; **100,** 240
§ 11 **96,** 330, 343—345; **98,** 1
1916. 26. Juni. Gesetz über den Warenumsatzstempel (RGBl S. 639) . . . **93,** 131—133
Art. V Abs. 3 . . . . . **93,** 133
„ VI § 76 **92,** 349; **93,** 131, 224—227; **94,** 109 bis 111, 209, 210, **95,** 322—325; **97,** 73—76; **98,** 154, 157, 181
„ VI § 77 . . . . . **93,** 131
„ VI § 83a **93,** 131; **94,** 209, 210; **97,** 75
Tarifnr. 10 **93,** 131, 224; **94,** 109, 110, 111—114, 126 bis 133; **95,** 322 bis

325; **98,** 154—157; 181—186
Tarifnr. 10 Zusatz 1 . . **94,** 127
„ 10 „ 2 **94,** 112, 113 127, 128; **96,** 31
„ 10 Zusatz 3 **94,** 126 bis 133
„ 10 „ 4 **92,** 347 bis 351; **94,** 112, 113, 127
„ 10 Zusatz 5 . . **94,** 127
„ 10 Befreiungsvorschrift 2 **96,** 27

1916. 26. Juni. VO über Ölfrüchte und daraus gewonnene Produkte (RGBl S. 842) **96,** 107

1916. 29. Juni (24. Juli). Bekanntmachung über Brotgetreide und Mehl aus der Ernte 1916 (RGBl S. 781).
§ 61 . . . . **95,** 31

1916. 3. Juli. Gesetz über die Feststellung von Kriegsschäden im Reichsgebiete (RGBl S. 675) **92,** 101

1916. 20. Juli. Bekanntmachung über Speisefette (RGBl S. 755).
§§ 8—18, 29, 33, 41 . . **95,** 29

1916. 21. Juli. Ausführungsbestimmungen zur Verordnung über den Verkehr mit Seife, Seifenpulver und anderen fetthaltigen Waschmitteln vom 18. April 1916 (RGBl S. 766).
§ 4 . . . . **96,** 78
§ 13 . . . . **96,** 79

1916. 27. Juli (1907. 20. Dezember, 1919. 8. April). Bekanntmachung über Säcke (RGBl 1916 S. 834, 1917 S. 1116, 1919 S. 391) . **97,** 158—161
§§ 9, 23 . . . . **97,** 159
§ 28 . . . . **97,** 160

1916. 31. Juli. Bekanntmachung, betr. die Außerkraftsetzung der Bekanntmachung über Höchstpreise für Kupfer usw. vom 10. Dezember 1914 (RGBl S. 867) **100,** 247

1916. 31. Juli. Bekanntmachung, betr. Liquidation britischer Unternehmungen (RGBl S. 871) **93,** 255—262
§§ 1, 2 . . . . **93,** 258
§ 3 . . . . **93,** 260, 261

1916. 5. August. VO über die Verarbeitung von Gemüse (RGBl S. 914).
§ 3 . . . . . . **93,** 139—142
§§ 4, 5 . . . . **93,** 141

1916. 7. September. Bekanntmachung über die Einfuhr von Walnüssen und Haselnüssen (RGBl S. 999) **96,** 104—113
§ 3 . . . . **96,** 111
Ausführungsbestimmungen hierzu.
§ 1 . . . . **96,** 108, 112
§ 2 . . . . **96,** 108
§ 3 . . . . **96,** 109, 110
§§ 4, 6 . . . . **96,** 109

1916. 7. September. Änderungen der Ausführungsbestimmungen zum Reichsstempelgesetz in der Fassung des Gesetzes über einen Warenumsatzstempel v. 26. Juni 1916 (RGBl S. 250).
§ 158 **96,** 26—31; **98,** 154—157

1916. 7. September. Bekanntmachung über den Verkehr mit Harz (RGBl S. 1002) **96,** 108, 159, 160
Ausführungsbestimmungen hierzu (RGBl S. 1003) . . . **96,** 108
§§ 2, 4 . . . . **96,** 111

1916. 13. September. Bekanntmachung über die Einfuhr von Gemüse und Obst (RGBl S. 1015).
§ 7 . . . . **92,** 376

1916. 14. September. VO über Bucheckern (RGBl S. 1027) **96,** 108

1916. 30. September. Bekanntmachung über die Einfuhr von Fischen usw. (RGBl S. 1135) **99**, 149
1916. 3. Oktober. Bekanntmachung über die Bewirtschaftung von Milch und den Verkehr mit Milch (RGBl S. 1100).
§§ 6—9 . . . . . . **95**, 29, 30
§ 13 . . . . **95**, 30
1916. 5. Oktober. Bekanntmachung über den Verkehr mit Cumaronharz und Ausführungsbestimmungen (RGBl S. 1123, 1125) **96**, 108, 110
§ 2 . . . . **96**, 111
§§ 5, 7 . . . . **96**, 110
1916. 7. Oktober. VO über Höchstpreise für Äpfel (RGBl S. 1143)
§§ 1, 4 . . . . **96**, 347—350
1916. 23. Oktober. Bekanntmachung des Bundesrats, betr. Grundsätze zur Auslegung des Warenumsatzstempelgesetzes (RZBl S. 382).
Nr. II **92**, 351
„ III **94**, 113, 114
„ IV **94**, 130
„ V **94**, 111, 132
„ VIII **92**, 351
„ XIII **94**, 210
1916. 26. Oktober. VO über die Verjährungsfristen (RGBl S. 1198) . . . . **95**, 33—36
1916. 26. Oktober. VO über Höchstpreise für Rüben (RGBl S. 1204).
§§ 1, 2 . . . . **93**, 139—142
1916. 27. Oktober. Bekanntmachung zur Änderung der Ausführungsbestimmungen zur BRVO vom 4. März 1916 über die Einfuhr von pflanzlichen und tierischen Ölen und Fetten sowie Seifen vom 8. März 1916 (RGBl S. 1207) **96**, 108, 109
1916. 31. Oktober. Bekanntmachung über Bezugsscheine (RGBl S. 1218) . . **96**, 94
§ 2 . . . . **96**, 95
1916. 13. November. Bekanntmachung über die Einfuhr von frischen Fischen (RGBl S. 1265).
§ 3 . . . . **99**, 239
§ 7 . . . . **92**, 376
1916. 14. November. Bekanntmachung über Befreiungen vom Warenumsatzstempel (RGBl S. 1274) **94**, 210
1916. 30. November. Ausführungsbestimmungen des Bundesrats zum Kriegssteuergesetz vom 21. Juni 1916 (RZBl S. 413).
§ 20 . . . . . . **93**, 148, 149
1916. 4. Dezember. Gesetz, betr. die Verhaftung und Aufenthaltsbeschränkung auf Grund des Kriegszustandes und des Belagerungszustandes (RGBl S. 1329) . . . **92**, 243, 307
§ 13 . . . . **92**, 306
1916. 13. Dezember (1918. 14. Juni). Bekanntmachung über Pferdefleisch (RGBl S. 1357; 1918 S. 655).
§ 2a **100**, 238, 239
§ 6 . . . . **100**, 239
1916. 14. Dezember. Bekanntmachung über die Geschäftsaufsicht zur Abwendung des Konkurses (RGBl S. 1363) **100**, 1, 63
§ 4 . . . . **100**, 65
§ 5 . . . . **100**, 66
§ 6 . . . . **100**, 63, 65
§ 7 . . . . **100**, 65
§ 9 . . . . **100**, 1, 2
§ 12 . . . . **100**, 65
§ 13 . . . . **100**, 63, 65
§§ 19, 27, 42, 59 . . . **100**, 2
§ 66 . . . . **100**, 66
§ 68 . . . . **100**, 2
§ 71 . . . . **100**, 65, 67

§ 75 . . . . **100,** 67
§ 80 . . . . . . **100,** 63, 66
1916. 16. Dezember. Bekanntmachung, betr. Verträge mit feindlichen Staatsangehörigen und Ausführungsverordnung v. 17. Dezember (RGBl S. 1396, 1398) **94,** 79
1917. 22. Januar. Bekanntmachung über Ausdehnung der VO über den Verkehr mit Harz vom 7. September 1916, u. Ausführungsbestimmungen (RGBl S. 69, 70) . . **96,** 108
§§ 2, 4 . . . . **96,** 111
1917. 8. Februar. Bekanntmachung über den Zahlungsverkehr mit dem Auslande (RGBl S. 105) **100,** 240
§ 3 . . . . . **98,** 254—257
1917. 15. Februar. Bekanntmachung über den Verkehr mit Knochen usw., nebst Ausführungsbestimmungen vom 16. Februar 1917 (RGBl S. 137, 140) **96,** 108
§ 4 . . . . **96,** 111
1917. 17. Februar. Bekanntmachung über die Einfuhr von Schal- und Krustentieren usw. (RGBl S. 129) . . . **99,** 239
1917. 17. Februar. Bekanntmachung über die Einfuhr von Walfischen usw. (RGBl S. 153) **96,** 108
§§ 4, 5, 6 . . . . . . **96,** 110
1917. 17. Februar. Bekanntmachung über den Verkehr mit Terpentinöl und Kienöl, nebst Ausführungsbestimmungen v. 20. Februar 1917 (RGBl S. 157, 158) **96,** 108
§§ 2, 4 . . . . **96,** 111
1917. 14. März. Bekanntmachung, betr. Liquidation französischer Unternehmungen (RGBl S. 227) . . **93,** 255—262
1917. 22. März. Bekanntmachung, betr. einige die Kriegsverordnungen ergänzende Vorschriften über Einziehung und über Veräußerung beschlagnahmter Gegenstände (RGBl S. 255)
Art. II **100,** 221, 222
1917. 22. März. BRVO über Handel mit Arzneimitteln (RGBl S. 270) **92,** 355
§§ 1, 9 . . . . **92,** 356
1917. 4. April. Bekanntmachung, betr. Abänderung der Bekanntmachung über die Sicherstellung von Kriegsbedarf vom 24. Juni 1915 (RGBl S. 316) **98,** 40—44
1917. 5. April. VO über die Schlacht- und Fleischpreise für Schweine und Rinder (RGBl S. 319 . . . . **96,** 124
§ 8 . . . . **96,** 126
1917. 8. April. Gesetz über die Besteuerung des Personen- und Güterverkehrs (RGBl S. 329)
§ 1 . . . . . **97,** 154—157
§ 3 . . . . . **98,** 179—181
§ 4 . . . . **97,** 155
§ 8 . . . . **92,** 312
§ 11 . . . . **97,** 157
Ausführungsbestimmungen hierzu (RZBl S. 288).
§ 58 . . . . **97,** 155
1917. 19. April. Ausführungsbestimmungen zu der VO über den Verkehr mit fettlosen Wasch- und Reinigungsmitteln vom 5. Oktober 1916 — RGBl 1916 S. 1130 — (RGBl S. 366).
§ 6 . . . . **98,** 62
1917. 26. April. VO über die Sicherstellung von Kriegsbedarf (RGBl S. 376).
§ 2 . . . . **98,** 40—44
§ 4 . . . . **99,** 124
§ 7 . . . . **98,** 42

1917. Eisenbahngütertarif, gültig vom 1. Mai 1917.
Teil I Abt. A **99**, 251
1917. 3. Mai. Bekanntmachung über die bei Behörden oder in kriegswirtschaftlichen Organisationen beschäftigten Personen (RGBl S. 393) . . . **96**, 107
1917. 30. Mai. Gesetz, betr. die Abwälzung des Warenumsatzstempels (RGBl. S. 441) **93**, 133
1917. 6. Juni. Bekanntmachung über den Verkehr mit Fässern (RGBl S. 473).
§ 4 . . . . . . **94**, 82, 83
1917. 28. Juni. Bekanntmachung über die Errichtung einer Reichsstelle für Faßbewirtschaftung — Reichsfaßstelle — (RGBl S. 575) . . . **94**, 83
1917. 28. Juni. Bekanntmachung über die Beschlagnahme von Fässern (RGBl S. 577).
§§ 1—6, 8 . . . . **94**, 82—84
1917. 18. Juli. VO über die Preise für Fleisch und Fleischwaren ausländischer Herkunft (RGBl S. 632) **96**, 124
Art. I, III **96**, 126
1917. 23. Juli. VO über Ölfrüchte und daraus gewonnene Produkte (RGBl S. 646) **96**, 107
§ 5 . . . . **96**, 109
§ 7 . . . . **96**, 107
1917. 2. November. Bekanntmachung über die staatliche Genehmigung zur Errichtung von Aktiengesellschaften usw. (RGBl S. 987).
§ 1 . . . . **97**, 201
1917. 22. November. Bekanntmachung, betr. Änderung der VO über den Verkehr mit Cumaronharz vom 5. Oktober 1916 und Ausführungsbestimmungen (RGBl S. 1065, 1066) **96**, 108, 110
1918. 3. Januar. Bekanntmachung, betr. gewerbliche Schutzrechte von Angehörigen der Vereinigten Staaten von Amerika (RGBl S. 6) **93**, 51
1918. 16. Februar. Ausführungsbestimmung VIII der Reichs-Sackstelle (RAnz. v. 22. Februar 1918, Nr. 46).
§§ 5, 10 . . . . **97**, 158—160
1918. 7. März. VO gegen den Schleichhandel (RGB. S. 112).
§ 3 . . . . **100**, 221
1918. 15. März. Bekanntmachung über den Verkehr mit landwirtschaftlichen Grundstücken (RGBl S. 123) **98**, 244 bis 246
§§ 1, 2, 3, 5, . **98**, 244—246
1918. 16. März. Ausführungsbestimmungen hierzu (JMBl S. 69).
Nr. 3 . . . . **98**, 245
1918. 8. Mai. VO gegen Preistreiberei (RGBl S. 395) **93**, 208; **96**, 284—286; **98**, 293—295; **100**, 103—105; 235—237, 240
§ 1 **96**, 286; **98**, 293—295; **99**, 50—52; **100**, 105
§ 3 . . . . **96**, 286
§ 4 . . . . **100**, 41
§ 15 . . . . **100**, 41
§ 19 **100**, 236, 237
§ 21 . . . . **98**, 294
1918. 26. Juli. Umsatzsteuergesetz (RGBl S. 779) . . . **94**, 131
§ 1 . . . . **98**, 155
Ausführungsbestimmungen hierzu (RZBl S. 229).
§ 1 . . . . **96**, 30
1918. 26. Juli. Gesetz zur Änderung des Reichsstempelgesetzes (RGBl S. 799).
Tarifnr. 3 . . . . . . **97**, 198
1918. 30. November. Ausführungsbestimmung X der Reichs-Sack-

stelle (RAnz. v. 3. Dezember **1908, Nr. 285**) . . . **97**, 161
1919. Allgemeine Deutsche Seeversicherungsbedingungen.
§ 17 . . . . **100**, 217
1919. 19. Januar. VO, betr. vorläufige Regelung der Kommandogewalt und Stellung der Soldatenräte im Friedensheer (AVOBl S. 54) **99**, 286, 287
1919. 1. Februar (1920. 1. März). VO über die schiedsgerichtliche Erhöhung von Preisen bei Lieferung von elektrischer Arbeit, Gas usw. (RGBl 1919 S. 135; 1920 S. 329).
§§ 1, 5 . . . . **99**, 260
1919. 20. Februar. VO, betr. Soldatenräte (AVOBl S. 156) **99**, 287
1919. 8. April. Bekanntmachung, betr. die Aufhebung der Bekanntmachungen über Säcke vom 27. Juli 1916 und vom 20. Dezember 1917 (RGBl S. 391) **97**, 161
1919. 16. April. Gesetz über die Bildung einer vorläufigen Reichsmarine und Ausführungsverordnung (RGBl S. 431, 432).
§§ 1, 3, 5, 6, 11, 13 . **99**, 261
1919. 28. Juni. Der Friedensvertrag (RGBl S. 700).
Art. 88 Anlage § 2 **99**, 235, 236
„ 88 „ § 3 . . **99**, 236
„ 296 . . . . **98**, 258, 259
Art. 296 Anlage § 25 . **99**, 241 bis 245
„ 308 . . . . **99**, 147
„ 309 . . . . **98**, 258
1919. 11. August. Verfassung des Deutschen Reichs (RGBl S. 1383).
Art. 129 . . . . **99**, 261—263
1919. 31. August. Ausführungsgesetz zum Friedensvertrage (RGBl S. 1530) . **98**, 257—259
§ 1 **98**, 257—259; **99**, 241 bis 245
§ 3 . . . . **98**, 259
1919. 6. Dezember. Kaffee-Ersatzmittel-VO (RGBl S. 1954) **100**, 39
1919. 18. Dezember. Gesetz über Teuerungszuschläge zu den Gebühren der Rechtsanwälte und Gerichtsvollzieher (RGBl S. 2113).
Art. II . . . . **99**, 187—189
„ III **99**, 189
1920. 11. Januar. VO über die Aufhebung von Kriegsmaßnahmen (RGBl S. 32) **99**, 242
Art. 9 . . . . **99**, 243
1920. 24. April. Reichsausgleichsgesetz (RGBl S. 597).
§ 11 . . . . . **99**, 241—245
1920. 12. Mai. Gesetz über die durch innere Unruhen verursachten Schäden (RGBl S. 941).
§ 11 . . . . **99**, 196
§§ 14, 15 **99**, 196; **100**, 243—246
§ 19 . . . . . **99**, 195, 196

Zweiter Teil.

Gemeines Recht.

Justinianisches Recht.

L 3, 4, 8. D. de cond. ob turpem vel injustam causam 12, 5 **99**, 167
L 5 D. de cond. sine causa 12, 7 **99**, 167
L 20 pr. D. mandati 17, 1 **99**, 33
L 89 D. pro socio 17, 2 . **99**, 106
L 6 § 6 D de act. empti venditi 19, 1 . . . . . . **93**, 73
L 5. C. de cond. ob turpem causam 4, 7 . . . . . . **99**, 167
Nov 4 cap. III . **92**, 104

Kanonisches Recht.

Concilium Tridentinum Sessio XXI cap. 4, 7 . . . . . **100**, 272

Deutsche Rechtsquellen.

1803. 25. Februar. Reichsdeputationshauptschluß . . **96**, 32
§ 35 **94**, 185—188; **96**, 33, 37
§ 65 . . . **94**, 185—188; **96**, 34
1806. 12 Juli. Die Rheinbundakte **94**, 293

Dritter Teil.

Preußisches Allgemeines Landrecht.

Einleitung.

§ 74 . . . . **97**, 49—61
§ 75 **97**, 49—61; **98**, 250; **100**, 69, 72

Teil	Titel	§	
I	5	§§ 369—372	**92**, 194 bis 197
		§ 440	**96**, 47
I	6		**92**, 237
		§§ 29—32	**99**, 181
		§ 54	**98**, 119, 121
		§ 55	**95**, 72—79
		§ 79	**99**, 183
I	8	§§ 1 flg.	**98**, 205
		§§ 31 flg.	**97**, 49—61
I	9	§§ 176 flg., 180	**97**, 149
		§ 545	**96**, 37
		§ 576	**96**, 47
I	11	§ 595	**92**, 196
I	12	§§ 649, 650	**98**, 332
I	13	§§ 62—64	**99**, 32
		§§ 80, 81	**94**, 171
		§ 159	**94**, 190
I	14	§ 109	**94**, 190
I	16	§§ 205, 206	**99**, 167
		§§ 238, 242	**92**, 104
I	17	§ 127	**93**, 197
		§§ 188 flg.	**98**, 183
I	18	§ 527	**97**, 104
I	20	§ 33	**92**, 104
I	21	§§ 258, 259	**93**, 11
		§§ 597 flg.	**95**, 203
I	22	§§ 1, 2	**97**, 49—61
II	1	§ 1	**94**, 124
		§§ 499, 632	**96**, 202
		§ 827	**96**, 203
II	4	§ 211	**97**, 104

Teil	Titel		
II	6	§§ 2, 11 flg.	**97,** 122—125
		§ 193	**94,** 189
		§ 201	**96,** 34
II	10	§§ 88 flg.	**95,** 346; **97,** 244, 264, 268, 269
		§§ 89 flg.	**92,** 236, 237,
		§ 90	**95,** 347,
II	11	§ 12	**97,** 122—125
		§§ 238, 239	**93,** 217
		§ 584	**100,** 274
		§ 652	**91,** 236
		§§ 707—709	**93,** 215—218
		§§ 720 flg.	**100, 274**
II	11	§§ 784 flg.	**93,** 217, 218
		§ 789	**100,** 274
		§ 939	**97,** 122—125
II	12	§ 1	**97,** 316
II	13		**97,** 55
II	14	§ 26	**94,** 291—299
II	16	§ 106	**94,** 291—299
		§§ 133, 135	**91,** 417
		§ 253	**98,** 184

Vierter Teil.

Rheinisches Recht.

Code civil.
(Siehe auch sechsten Teil unter Frankreich.)

Art. 538 . . . **91,** 89
„ 625 flg., 631 . . . **91,** 171
„ 714 . . . **91,** 89
„ 1145 . . . **91,** 176
„ 1384 . . . **91,** 274; **96,** 100

Fünfter Teil.

Landesgesetze.

Baden.

1848. 1. April. Gesetz, betr. die Entschädigungspflicht der Gemeindeangehörigen wegen der bei Zusammenrottungen verübten Verbrechen (Reg.Bl S. 90).
§ 1 . . . . **100,** 17

1851. 13. Februar. Gesetz, die Entschädigungspflicht der Gemeindeangehörigen wegen der bei Zusammenrottungen verübten Verbrechen betr. (Reg.Bl S. 155).
§ 5 . . . **98,** 204

1910. 26. September. Städteordnung (G.- u. VOBl S. 652).
§ 31 . . . **95,** 146

Bayern.

1850. 12. März. Gesetz, die Verpflichtung zum Ersatz des bei Aufläufen diesseits des Rheins verursachten Schadens betr. (GesBl S. 74).
Art. 2 . . . . **98,** 204

1899. 9. Juni. Ausführungsgesetz zum Bürgerlichen Gesetzbuche (Beilage zu Nr. 28 d. G. u. VOBl S. 1).
Art. 60 . . . **96,** 76

Braunschweig.

1878. 8. März. Gesetz, betr. den Eigentumserwerb und die dingliche Belastung der Grundstücke, Bergwerke und selbständigen Gerechtigkeiten (GS S. 29).
§§ 16, 26 . . . . **94,** 7
§ 27 . . . . **94,** 6, 8
§§ 28, 31 . . . . **94,** 6
1878. 8. März. Gesetz, die Grundbuchordnung betr. (GS S. 53).
§ 17 . . . . **94,** 6
§ 27 . . . . **94,** 8
§ 32 . . . . **94,** 7
§ 34 . . . . **94,** 8
1878. 26. April. Instruktion des Herzogl. Staatsministeriums, Abteilung der Justiz, die Geschäftsführung bei den Grundbuchämtern betr. (GS S. 105).
§§ 11, 12 . . . . **94,** 7, 8, 10
1899. 12. Juni. Ausführungsgesetz zum Bürgerlichen Gesetzbuche (GS S. 331).
§ 54 . . . . **94,** 5—11

Bremen.

1875. Revidierte Versicherungsbedingungen der Bremischen Seeversicherungsgesellschaften.
§ 6 . . . . . . **93,** 150, 151

Elsaß Lothringen.

1901. 13. Juli. Gesetz, betr. die Lohn- und Besoldungssteuer (GesBl S. 69). . . . **94,** 226

Hamburg.

1850. 4./18. Dezember. Bau-Ordnung für das Städtchen Bergedorf (VOBl S. 652) **94,** 71
1879. 23. April. Gesetz, betr. Ausführung des Gerichtsverfassungsgesetzes (GS I S. 83).
§ 24 . . . . **92,** 175
§ 75 . . . . **92,** 173
1899. 14. Juli. Gesetz, betr. den Güterstand der vor dem Inkrafttreten des Bürgerlichen Gesetzbuchs geschlossenen Ehen (GS I S. 90).
§§ 2, 15 . . . . . **94,** 316, 317
1910. 25. Februar. Gesetz zur Ausführung des Gerichtsverfassungsgesetzes (GS I S. 32).
§ 29 . . . . **92,** 172, 173

Oldenburg.

1852. 22. November. Revidiertes Staatsgrundgesetz (GS S. 139)
Art. 64 . . . . **94,** 37, 38
1879. 17. März. Fischereigesetz (GS S. 121) **94,** 38

Preußen.

1571. 4. April. Solmser Gerichtsordnung und Landrecht.
Titel 28 § 6 . . . . . . **99,** 244
1808. 26. Dezember. VO wegen verbesserter Einrichtung der Provinzial-, Polizei- u. Finanzbehörden (GS S. 464) **92,** 241
§ 36 **92,** 304, 306; **96,** 218
1810. 30. Oktober. Edikt über die Einziehung sämtlicher geistlichen Güter der Monarchie (GS S. 1811 S. 32) . **94,** 187
1811. 27. Juni. Deklaration des Stempelgesetzes vom 20. November 1810 für die ganze Monarchie (GS S. 313) **92,** 204
1814. 12. März. Kabinettsorder, betr. den Wiederaufbau der zerstörten Vorstädte und Gebäude außerhalb der Festungen oder zwischen ihren Außenwerken (GS S. 25) **97,** 49—61
1814. 24. August. Kabinettsorder, betr. den Wiederaufbau der

außerhalb der Werke einer Festung zerstörten Gebäude (GS S. 75) . . **97**, 49—61

1814. 4. Dezember. Kabinettsorder, betr. die genauere Beobachtung der Grenzen zwischen landeshoheitlichen und fiskalischen Rechtsverhältnissen (GS S. 255) . . . . **97**, 49—61

1815. 21. Juni. VO, betr. die Verhältnisse der vormals unmittelbaren deutschen Reichsstände in den preußischen Staaten (GS. S. 105).
Nr. 5 . . . . . **94**, 291—299

1820. 30. Mai. Instruktion wegen Ausführung dieses Edikts vom 21. Juni 1815 (GS S. 81).
§§ 23, 62 . . . **94**, 291—299

1821. 23. August. Kabinettsorder, betr. die Königliche Sanktion der päpstlichen Bulle v. 16. Juli 1821 (GS S. 113) . . **96**, 37

1824. 7. Dezember. Kabinettsorder wegen Suspension des in den Rheinprovinzen bisher noch angewendeten Gesetzes der ehemaligen französischen Republik vom 10. Vendémiaire d. Jahres IV (GS S. 222) . . **98**, 12

1824. 18. Dezember. Instruktion für die Königl. Oberrechnungskammer (v. Kamptz Annalen Bd. 9 S. 2) **91**, 254

1828. 30. (10.) September. Kabinettsorder (Regulativ) über das Verfahren bei baulichen Anlagen oder sonstigen Veränderungen der Erdoberfläche innerhalb der nächsten Umgebungen der Festungen (GS S. 119).
§§ 1, 2, 4, 30 . . . **97**, 49—61

1830. 7. Juli. Kabinettsorder, betr. das Verfahren bei Verfolgung der Ansprüche der Staatsdiener wegen vermeintlich entzogener Diensteinkünfte (v. Kamptz, Annalen Bd. 14 S. 722) **92**, 309

1831. 22. Januar. Staatsministerialbeschluß (Verhandl. des Reichstags Bd. 29 S. 536 und Bd. 33 S. 100) **96**, 83—89

1831. 4. Dezember. Kabinettsorder, betr. die genauere Beobachtung der Grenzen zwischen landeshoheitlichen und fiskalischen Rechtsverhältnissen (GS S. 255) **92**, 241, 304, 306; **96**, 75, 218; **97**, 50flg.

1834. 25. September. Kabinettsorder zur Ausführung des Reichsdeputationshauptschlusses vom 25. Februar 1803 **96**, 31—43; **97**, 170flg.

1837. 20. März. Gesetz über den Waffengebrauch des Militärs (GS S. 60) **91**, 10; **100**, 25 bis 28
§§ 7, 10 . . . . **100**, 28

1838. 3. November. Gesetz über die Eisenbahnunternehmungen (GS S 505).
§ 25 . . . **92**, 8—13; **98**, 11

1842. 11. Mai. Gesetz über die Zulässigkeit des Rechtswegs in Beziehung auf polizeiliche Verfügungen (GS S. 192) **92**, 241; **97**, 232—235; **100**, 220
§ 4 . . . . . . **99**, 12—17
§ 6 **91**, 185—187; **92**, 304, 306; **97**, 233; **99**, 255

1843. 28. Februar. Gesetz über die Benutzung der Privatflüsse (GS S. 41) **97**, 115
§ 1 . . . . **93**, 104
§ 13 . . . . **97**, 116
§§ 13flg. **93**, 104

1844. 24. Januar. VO über die Festsetzung und den Ersatz der bei Kassen und anderen Ver-

waltungen vorkommenden Defekte (GS. S. 52) . . 97, 268, 269
§ 10 . . . . 95, 345
1845. 27. Juni. VO betr. die Ressortverhältnisse der Provinzialbehörden für das evangelische Kirchenwesen (GS S. 440).
§ 3 . . . . 93, 218
§ 5 . . . . 93, 217
1845. 23. Juli. Gemeindeordnung für die Rheinprovinz (GS S. 523) 98, 197
§§ 7, 8, 63, 76 . . . . 98, 198
1846. 28. Mai. VO, betr. die Pensionierung der Lehrer und Beamten an den höheren Unterrichtsanstalten mit Ausschluß der Universitäten (GS S. 214).
§ 13 . . . . 94, 201
1850. 23. Januar. Beschluß des Königl. Staatsministeriums, die Besoldung der als Offiziere zur Landwehr einberufenen Zivilbeamten betr. (MBl f. die innere Verw. S. 28) 96, 306
1850. 31. Januar. Verfassungsurkunde für den preußischen Staat (GS. S. 17).
Art. 5 . . . . . 92, 243, 305
„ 13 . . . . 97, 123
„ 105 . . . . . 98, 191, 192
1850. 12. Februar. Gesetz zum Schutze der persönlichen Freiheit (GS S. 45).
§ 6 . . . . 92, 243
1850. 2. März. Gesetz, betr. die Ablösung der Reallasten und die Regulierung der gutsherrlichen und bäuerlichen Verhältnisse (GS S. 77).
§ 2 . . . . . 98, 215—220
1850. 2. März. Gesetz über die Errichtung von Rentenbanken (GS S. 112).
§ 18 Abs. 2 . . . . . . 93, 65
1850. 2. März. Gesetz, betr. die Ergänzung und Abänderung der Gemeinheitsteilungsordnung vom 7. Juni 1821 (GS S. 139).
Art. 1, 12 . . . . . . 94, 38
1850. 11. März. Gesetz, betr. die Verpflichtung der Gemeinden zum Ersatz des bei öffentlichen Aufläufen verursachten Schadens (Tumultgesetz). (GS S. 199) . . 100, 243—246
§ 1 98, 3—13, 203—206; 99, 2—7, 40, 196—199; 100, 12—14, 244
§ 2 98, 3—13, 205; 99, 2—7, 196—199; 100, 12, 14, 15
§ 3 98, 3—13, 205; 99, 5; 100, 12, 14
§ 4 98, 118—122; 99, 193 bis 196
§ 5 98, 5, 118—122, 204; 99, 3, 9—12, 39—41, 193 bis 196; 100, 11, 18—22
§ 6 . . . . 98, 3—13
§ 7 . . . . 98, 7
1850. 19. Juli. Beschluß des Königl. Staatsministeriums über die Behandlung der militärpflichtigen Zivilbeamten bei einer Mobilmachung der Armee (MBl f. d. innere Verw. S. 234) 96, 306
1851. 10. Mai. Gesetz, betr. den Ansatz und die Erhebung der Gerichtskosten (GS S. 622) 92, 204
1851. 11. Mai. Gesetz wegen der Kriegsleistungen und deren Vergütung (GS S. 362) 91, 294
1851. 12. Mai. Gesetz über die Verhältnisse der Miteigentümer eines Bergwerks usw. (GS S. 265).
§§ 1, 2, 4, 7 . . . . . . 98, 184
§ 18 . . . . 98, 182

1851. 4. Juni. Gesetz über den Belagerungszustand (GS (S. 451).
§ 4 **91,** 185, 186; **92,** 240 bis 243, 304, 306; **99,** 60—65, 255
§ 5 . . . . **92,** 240, 243
§ 9b **92,** 304, 306; **99,** 60—65
1852. 21. Juli. Gesetz, betr. die Dienstvergehen der nicht richterlichen Beamten usw. (GS S. 465).
§ 87 . . . . **95,** 350
1853. 30. Mai. Städteordnung für die sechs östlichen Provinzen der preußischen Monarchie (GS S. 261).
§ 45 . . . . . . **98,** 190—195
§ 56 Nr. 6 . . . . **97,** 313
§ 56 Nr. 8 **92,** 160—163; **93,** 80
1854. 13. Februar. Gesetz, betr. die Konflikte bei gerichtlichen Verfolgungen wegen Amts- und Diensthandlungen (GS S. 86) **92,** 243
1855. 8. Mai. Konkursordnung (GS S. 321) . . . **98,** 147
§§ 23, 28, 44 . . . . . **98,** 148
1856. 19. März. Städte-Ordnung für die Provinz Westphalen (GS S. 237) **97,** 318
1856. 19. März. Landgemeindeordnung für die Provinz Westfalen (GS S. 265).
§§ 53, 65, 80 . . . **98,** 47, 48
1856. 15. Mai. Gesetz, betr. die Gemeindeverfassung in der Rheinprovinz (GS S. 435) **98,** 197
1860. 23. Mai. Kabinettsorder, Genehmigung des Verkaufs eines Elbufergrundstücks betr. **99,** 174
1860. 27. Juni. Gesetz, betr. die Abänderung des Gesetzes vom 13. April 1841 über den erleichterten Austausch einzelner Parzellen von Grundstücken (GS 1841 S. 79, 1860 S. 384).
§ 5 . . . . **97,** 106
1861. 24. Mai. Gesetz, betr. die Erweiterung des Rechtswegs (GS S. 241) . **92,** 180, 309
§ 1 . . . **92,** 308; **94,** 160
§ 2 **92,** 114, 116, 117; **95,** 352; **97,** 301
§ 3 . . . . . **95,** 350—352
§ 5 . . . . **96,** 303
1864. 9. März. Beschluß des Königl. Staatsministeriums, betr. die Behandlung der militärpflichtigen Zivilbeamten im Falle ihrer Einberufung zum Kriegsdienste bei einer Mobilmachung der Armee (MBl f. d. innere Verw. S. 117) **96,** 306
1865. 24. Juni (1907. 18. Juni). Allgemeines Berggesetz für den preußischen Staat (GS 1865 S. 705, 1907 S. 119).
§ 2 . . . . **94,** 296
§§ 5, 8 . . . **97,** 34—43
§ 22 . . . . **97,** 36
§ 50 . . . . **94,** 295
§ 54 **98,** 81—83; **99,** 172—187
§ 58 . . . . **98,** 79—85
§ 64 . . . . . **98,** 81, 82
§§ 94—99 . . . . . . **98,** 183
§ 100 . . . **98,** 183, 184
§ 101 . . . . **91,** 417
§ 102 . . . . **98,** 185
§ 109 . . . . **96,** 116
§§ 111—114 . . **98,** 183, 184
§ 129 . . . . . **96,** 115, 116
§ 130 . . . . . **96,** 113—117
§ 131 **96,** 115—116; **98,** 91, 92
§ 132 . . . . . **96,** 115, 116
§ 135 **93,** 10—12; **98,** 81, 82 bis 84
§ 142 . . . . **93,** 12
§ 148 **93,** 12, 262—264; **95,** 72 bis 79; **98,** 52—54, 55 bis 58, 82, 83, 85; **99,** 172 bis 187
§§ 148 flg. **98,** 55
§§ 151, 152 . . . . **95,** 72—79

§ 227 . 98, 183—185
§ 228 . . . 91, 416—420
§ 231 . . . . 91, 417
§ 244 . . . . 98, 183
§ 250 . . . . 94, 295

1867. 23. September. VO, betr. die allgemeine Regelung der Staatsdienerverhältnisse in den neuerworbenen Landesteilen (GS S. 1619) 92, 237; 96, 88

1869. 22. Februar. Gesetz, betr. die Rechtsverhältnisse des Stein- und Braunkohlenbergbaues in denjenigen Landesteilen, in welchen das Kurfürstlich Sächsische Mandat vom 19. August 1743 Gesetzeskraft hat (GS S. 401).
§§ 1, 2, 9 . . . . . . 97, 38

1869. 14. April. Gesetz, betr. die Verfassung und Verwaltung der Städte und Flecken in der Provinz Schleswig-Holstein (GS. S. 589).
§§ 58, 60 Nr. 7 . . . . 93, 204

1869. 3. Mai. Gesetz, betr. einen Zusatz zu § 25 des Gesetzes über die Eisenbahnunternehmungen vom 3. November 1838 (GS S. 665). 92, 13

1872. 27. März (1882. 31. März; 1884. 30. April; 1907. 27. Mai). Gesetz, betr. die Pensionierung der unmittelbaren Staatsbeamten sowie der Lehrer an den höheren Unterrichtsanstalten mit Ausschluß der Universitäten (GS 1872 S. 268; 1882 S. 133; 1884 S. 126; 1907 S. 95).
§§ 1 flg. . . . . 92, 427—429
§ 6 . . . 94, 201, 256, 257
§ 13 94, 198—203, 255—258; 99, 267
§ 14 92, 286; 94, 198—203, 255—258
§ 15 92, 285—288, 427, 430
§§ 16, 17 . . . . 92, 288
§ 19a . . . . . 94, 198—203
§ 22 . . . . 95, 352
§ 23 92, 114, 116; 94, 53, 54, 95, 295—299, 350—352
§ 27 . . . . 92, 427, 429, 430
§ 28 . . . . . 92, 427—430

1872. 27. März. Gesetz, betr. die Einrichtung und die Befugnisse der Ober-Rechnungskammer (GS S. 278).
§§ 13—17 . . . . . . 91, 254

1872. 5. Mai. Gesetz über den Eigentumserwerb und die dingliche Belastung der Grundstücke, Bergwerke und selbständigen Gerechtigkeiten (GS S. 433) 94, 7
§ 1 . . . . 99, 69
§ 12 . . . . 93, 63—66

1872. 5. Mai. Grundbuchordnung (GS S. 446) 94, 7
§ 29 . . . . . 99, 221—227
§ 32 . . . . 99, 69
§ 98 . . . . 98, 219

1872. 13. Dezember. Kreisordnung für die Provinzen Preußen, Brandenburg, Pommern, Posen, Schlesien und Sachsen (GS S. 661).
§ 76 . . . . 100, 190

1873. 24. März. Gesetz, betr. die Tagegelder und die Reisekosten der Staatsbeamten (GS S. 122) 94, 224

1873. 30. Mai (1891. 19. Mai; 1895. 31. Juli). Gesetz, betr. die Erbschaftssteuer (GS 1873 S. 329; 1891 S. 78; 1895 S. 412).
§ 24 . . . . 92, 205

1873. 10. September. Kirchengemeinde- und Synodalordnung für die Provinzen Preußen, Brandenburg, Pommern, Posen, Schlesien und Sachsen (GS 1874 S. 151).

§ 22 . . . . **91,** 235
§ 31 . . . . **91,** 236
1874. 30. Mai. Fischereigesetz f. den preußischen Staat (GS S. 197).
§ 4 . . . . **97,** 149
1874. 11. Juni. Gesetz über die Enteignung von Grundeigentum (GS S. 221).
§ 6 . . . . **93,** 11
§ 7 . . . . **96,** 3
§ 8 . . . . **91,** 46; **93,** 326
§ 9 **92,** 278; **93,** 324—326; **99,** 104, 105
§ 11 . . . . **93,** 11
§§ 16, 17 . . . . **96,** 1—4
§ 21 . . . . **92,** 93
§ 24 . . . . **92,** 89—92, 278
§§ 25 flg. **92,** 92, 279
§ 29 . . . . **92,** 92
§ 30 **92,** 40—45, 279; **93,** 312 bis 315; **94,** 134—136; **97,** 181—183
§ 32 . . . . **92,** 92, 94
§ 34 . . . . **92,** 92
§ 36 . . . . **98,** 43
§ 37 . . . . **92,** 94
§ 42 . . . . **92,** 93, 94
§ 45 . . . . **94,** 20—25
1875. 20. Juni. Gesetz über die Vermögensverwaltung in den katholischen Kirchengemeinden (GS S. 241).
§§ 3, 4 . . . . . **94,** 185—190
1875. 2. Juli. Gesetz, betr. die Anlegung und Veränderung von Straßen und Plätzen in Städten und ländlichen Ortschaften (GS S. 561). „Fluchtliniengesetz" **94,** 74
§§ 8, 11 . . . . . . **92,** 91, 92
§ 13 **92,** 90—92, 278—280; **93,** 324—326; **99,** 104, 105
§ 14 . . . **92,** 91, 278, 279
1875. 5. Juli. Vormundschaftsordnung (GS S. 431).
§ 90 . . . . **98,** 266
1876. 8. März. Gesetz, betr. die Auflösung des Lehnsverbandes im Herzogtum Lauenburg (Offiz. Wochenbl. f. Lauenburg 1876 S. 69) **98,** 311
1876. 3. Juni. Gesetz, betr. die evangelische Kirchenverfassung in den acht älteren Provinzen der Monarchie (GS S. 125).
Art. 23 Nr. 6 . . . . . **93,** 217
„ 24 Nr. 5 . . **93,** 216, 218
„ 26 . . . . **91,** 236
1876. 9. September. Verordnung über die Ausübung der Rechte des Staates gegenüber der evangelischen Landeskirche in den acht älteren Provinzen der Monarchie (GS S. 395).
Art. I Nr. 4 . . . . . **93,** 216
„ III Nr. 4 **93,** 216, 218
1878. 24. April. Ausführungsgesetz zum deutschen Gerichtsverfassungsgesetz (GS S. 230).
§ 39, . . . **91,** 277; **95,** 216
1879. 24. März. Ausführungsgesetz zur deutschen Zivilprozeßordnung (GS S. 281).
§ 2 **92,** 41, 42; **93,** 313; **94,** 135
1879. 1. April. Gesetz, betr. die Bildung von Wassergenossenschaften (GS S. 297).
§§ 10, 45 flg. **92,** 24
§§ 49, 50, 56, 57, 69 . **92,** 26
1881. 19. März (1872. 13. Dezember). Kreisordnung für die Provinzen Preußen, Brandenburg, Pommern, Posen, Schlesien und Sachsen (GS 1872 S. 661; 1881 S. 180).
§§ 54, 120 . . . **98,** 190—195
1881. 22. März (1875. 29. Juni). Provinzialordnung für die Provinzen Ost- und Westpreußen, Brandenburg, Pommern, Schlesien und Sachsen (GS 1875 S. 335; 1881 S. 234).
§ 28 . . . . . **98,** 190—195

1882. 20. Mai (1897. 1. Juni). Gesetz, betr. die Fürsorge für die Witwen und Waisen der unmittelbaren Staatsbeamten (GS 1882 S. 298; 1897 S. 169).
§ 12 Abs. 1, 3 . . **97,** 347—350
§§ 18, 19 . . . . **97,** 313
1883. 10. April. Erlaß der Minister des Innern und der Finanzen, betr. die Berechnung der pensionsberechtigten Dienstzeit der unmittelbaren Staatsbeamten (MBl. f. d. innere Verw. S. 54, 57).
Nr. 11 . . . . **92,** 288
1883. 13. Juli. Gesetz, betr. die Zwangsvollstreckung in das unbewegliche Vermögen (GS S. 131).
§§ 139, 140 . . . . **93,** 2
1883. 30. Juli. Gesetz über die allgemeine Landesverwaltung (GS S. 195) **98,** 192
§§ 56, 72, 94, 119 **98,** 192 flg.
§§ 127 flg., 131 . . . . **97,** 233
1883. 1. August. Gesetz über die Zuständigkeit der Verwaltungs- und Verwaltungsgerichtsbehörden (GS S. 237).
§ 19 . . . . **91,** 255
§ 20 . . . . **92,** 309
§ 24 . . . . **98,** 47
§ 36 . . . . **92,** 309
§ 56 . . . . **99,** 12—17
§ 109 . . . . **93,** 102
1884. 30. April. Gesetz, betr. Abänderungen des Pensionsgesetzes vom 27. März 1872 (GS S. 126).
§ 23 . . . . **94,** 53, 54
1886. 31. Juli. Kreisordnung für die Provinz Westfalen (GS S. 217).
§§ 75, 79 . . . . **98,** 47
1886. 15. Dezember (1893. 17. Juni). Verwaltungsordnung für das kirchliche Vermögen in den östlichen Provinzen der preußischen Landeskirche (Kirchl. Ges.- u. Verordn.-Bl. 1887 S. 1; **1893 S. 23**).
§ 50 . . . . **96,** 43
1887. 30. Mai. Kreisordnung für die Rheinprovinz (GS S. 209) **98,** 197
§ 28 . . . . **98,** 198
1887. 29. Dezember. Kriegsbesoldungsvorschrift.
§ 12 . . . . **91,** 125
1888. 1. Juni. Staatsministerialbeschluß, die zum Militärdienst bei einer Mobilmachung einberufenen Zivilbeamten betr. (JMBl S. 170) **96,** 290, 291, 306
1 3 . . . . . . **92,** 289, 290
1891. 3. Juli. Landgemeindeordnung für die sieben östlichen Provinzen der Monarchie (GS S. 233).
§ 88 **94,** 253, 254; **95,** 169; **98,** 48, 238, 240
§ 109 . . . . . **98,** 192, 194
1892. 20. April. Gesetz, betr. die Kosten Königl. Polizeiverwaltungen in Stadtgemeinden (GS S. 87) **91,** 256
1892. 18. Juli. Kirchengesetz, betr. die kirchliche Aufsicht über die Vermögensverwaltung der Kirchengemeinden (GS 1893 S. 25).
§§ 1, 2 . . . . **91,** 236
1892. 28. Juli. Gesetz über Kleinbahnen und Privatanschlußbahnen (GS S. 225) **100,** 74
§ 2 . . . . **98,** 348
§ 6 **92,** 310—315; **93,** 79, 80
§ 7 . . . . . **92,** 310—315
§§ 9, 14 . . . . **92,** 311
§ 17 **97,** 290—293; **98,** 348
§ 18 . . . . **92,** 311
§ 21 . . **92,** 311; **93,** 78—80
§§ 22—24, 29, 42 . . . **92,** 311

1893. 8. März. Gesetz, betr. die Sterbe- und Gnadenzeit bei Pfarrstellen, sowie die kirchliche Aufsicht über die Vermögensverwaltung der Kirchengemeinden innerhalb der evangelischen Landeskirche der älteren Provinzen der Monarchie (GS S. 21).
Art. 1 . . . . **91,** 236
1893. 17. Juni. Verwaltungsordnung für das kirchliche Vermögen in den östlichen Provinzen der preußischen Landeskirche (Kirchl. Ges.- u. VOBl S. 23).
§ 92 . . . . **91,** 236
1893. 14. Juli. Kommunalabgabengesetz (GS S. 152) **92,** 205
§§ 69, 70, 90 . . **93,** 201—207
1895. 31. Juli. Stempelsteuergesetz (GS S. 413).
§ 3 . . . . **91,** 284
§ 28 . . . . **97,** 302
Tarifst. 24 . . . **91,** 283—287
„ 25. . . . . **93,** 246
„ 25c **93,** 266
„ 53 . . . **91,** 282—287
1897. 3. März. Gesetz, betr. das Diensteinkommen der Lehrer und Lehrerinnen an den öffentlichen Volksschulen (GS S. 25) **91,** 23; **97,** 314
1897. 4. August. Landgemeindeordnung für die Provinz Hessen-Nassau (GS S. 301).
§ 59 . . . . . **96,** 314, 315
1898. 2. Juli. Gesetz, betr. das Diensteinkommen der evangelischen Pfarrer (GS S. 155).
Art. I **93,** 316
1898. 2. Juli. Kirchengesetz, betr. das Diensteinkommen der Geistlichen der evangelischen Landeskirche der älteren Provinzen (GS S. 159).
§§ 1, 7, 8 . . **93,** 215—218
§ 11 . . . . **93,** 216
1898. 2. Juli. Gesetz, betr. die Diensteinkommen der katholischen Pfarrer (GS S. 260).
Art. 1, 6 . . . . **100,** 271
1899. 30. Juli. Gesetz, betr. die Anstellung und Versorgung der Kommunalbeamten (GS S. 141).
§ 1 **97,** 312—318; **99,** 267, 268
§ 7 **91,** 27—30; **92,** 114, 116, 307—309; **95,** 168; **96,** 84; **97,** 312—318; **99,** 265—270; **100,** 188, 189
§ 15 . . . . **97,** 313
1899. 20. September. Ausführungsgesetz zum Bürgerlichen Gesetzbuche (GS S. 177).
Art. 12 . . . . **96,** 1—4
„ 15 § 9 . . . **92,** 195, 196
„ 22 . . . **93,** 12; **97,** 38
„ 37 . . . . **94,** 295
„ 37 Nr. XIII . . . **91,** 417
„ 38 . . . . . . **97,** 36, 38
„ 40 . . . . **94,** 291—299
„ 46 . . . . **94,** 240
„ 89 . . **92,** 237; **98,** 206
1899. 21. September. Gesetz über die freiwillige Gerichtsbarkeit (GS S. 249).
Art. 32 . . . . **91,** 285
„ 34 . . . . **94,** 176—178
„ 101 . . . . **100,** 284—288
1899. 26. September. Ausführungsgesetz zur Grundbuchordnung (GS S. 307).
Art. 19 . . . . **91,** 285
„ 20 . . . . **97,** 106
1899. 12. Oktober. Anweisung zur Ausführung des Gesetzes betr. die Anstellung und Versorgung der Kommunalbeamten (MBl f. innere Verw. S. 192).
Art. 11 Nr. 4 . . . . **92,** 309

1899. 15. November. VO, betr. das Verwaltungszwangsverfahren wegen Beitreibung von Geldbeträgen (GS S. 545).
§§ 1, 3 . . . . . **93,** 201—207
§ 4 . . . . **93,** 204
Ausführungsanweisung hierzu vom 28. November 1899 (ZBl der Abgabe- usw. Gesetzgebung u. Verw. 1900 S. 44).
Art. 2 . . . . **93,** 203
1899. 1. Dezember. Geschäftsanweisung für die Gerichtsvollzieher (JMBl S. 629).
§§ 6, 23 . . **91,** 179, 183
§ 29 . . . . . . **91,** 181
§ 34 Nr. 4 . . . . . **91,** 183
§ 35 Nr. 12, 13 **91,** 179, 182 bis 184
1899. 8. Dezember. Allgemeine Verfügung des Justizministers, betr. die Geschäftsführung der Verwalter, welche bei der Zwangsverwaltung bestellt werden (JMBl S. 791) **93,** 2
1900. 2. Juli. Gesetz über die Fürsorgeerziehung Minderjähriger (GS S. 264).
§ 9 . . . . . **98,** 246—249
1902. 2. Juni. Gesetz, betr. die Fürsorge für Beamte infolge von Betriebsunfällen (GS S. 153) **92,** 367
§ 2 Abs. 1 Nr. 2a **97,** 347—350
§ 8 . . . . **95,** 296
§ 9 **94,** 53—55; **97,** 347—350
1905. 1. April. Gesetz, betr. die Herstellung und den Ausbau von Wasserstraßen (GS S. 179)
§ 13 . . . . . **94,** 133—136
1905. 28. August. Gesetz, betr. die Bekämpfung übertragbarer Krankheiten (GS S. 373) **91,** 25
§§ 14, 15 . . . . **99,** 283—285
1907. 29. Mai. Richterbesoldungsgesetz (GS S. 111).
§ 7 . . . **99,** 113, 114
1907. 18. Juni. Gesetz, betr. Änderung des Allgemeinen Berggesetzes vom 24. Juni 1865 (GS S. 119) . **94,** 291—299
Art. VIII **94,** 296
1907. 17. November. Gesetz, betr. Erweiterung des Kaiser-Wilhelm-Kanals (GS S. 323).
§ 1 . . . . **94,** 133
1908. 14. Mai. Quellenschutzgesetz (GS S. 105) . . **92,** 325
§§ 3, 10 . . . . **92,** 327
§ 19 . . . . . **92,** 327—329
1908. 3. Juni. Polizeikostengesetz (GS S. 149) . **91,** 248—256
§ 2 . . . . **91,** 252
§ 5 . . . **91,** 250, 251
§ 7 . . . **91,** 249—255
1909. 26. Mai. Gesetz, betr. die Pfarrbesoldung, das Ruhegehaltswesen und die Hinterbliebenenfürsorge für die Geistlichen der evangelischen Landeskirchen (GS S. 113).
Art. 1 . . . . **93,** 216
1909. 26. Mai. Pfarrbesoldungsgesetz für die evangelische Landeskirche der älteren Provinzen (GS S. 117).
§§ 1, 5flg., 6, 9 **93,** 215—218
1909. 23. Juni. Gesetz über den Bergwerksbetrieb ausländischer juristischer Personen und den Geschäftsbetrieb außerpreußischer Gewerkschaften (GS S. 619) . . . . . **99,** 218—221
1909. 30. Juni (1895. 31. Juli). Stempelsteuergesetz (GS 1895 S. 413; 1909 S. 535).
§ 1 . . . . **95,** 195
§ 3 **94,** 75, 299; **95,** 196; **96,** 45
§ 5 . . . . **92,** 204
§§ 6, 7 . . . . **96,** 45
§ 10 **92,** 168—170, 247; **93,** 266, 271; **94,** 299; **96,** 45; **98,** 349—352
§ 12 . . . . . . **96,** 45—48

§ 13 . . . . **96,** 48
§ 16 . . . . **94,** 299
§ 26 . . . . **93,** 203
§ 27 . . . . **96,** 43—48
§ 35 Abs. 1 . . . . . . **93,** 267
Tarifst. 2 . . **93,** 247; **98,** 351
" 6 . . . . **94,** 298
" 8 I **93,** 265
" 8 Abs. 4 **97,** 102, 103
" 11a . . . . **97,** 22—25
" 16 . . . . **92,** 169
" 25 **92,** 247; **98,** 350, 351
" 25a . . . **96,** 210—215
" 25b **93,** 245, 246; 266 bis 269
" 25c **96,** 211, 213, 215
" 32 **92,** 204, 274—277; **94,** 132, 293, 299; **95,** 194—199; **98,** 351
" 32a . **93,** 264—271; **94,** 298; **97,** 186—189
" 32c . . . **93,** 264—271
" 48 I **96,** 221; **97,** 18 bis 22
" 48 III . . **96,** 220—222
" 58 . . . **98,** 349—352
" 58 I . **92,** 169, 244, 245
" 71 Nr. 2 **92,** 168, 170; **97,** 22; **98,** 351, 352
" 72 . . . . **94,** 132
" 73 . . . . **94,** 74—76
" 75 **92,** 168—170; **94,** 131 132
1909. 1. August. Gesetz über die Haftung des Staats und anderer Verbände für Amtspflichtverletzungen von Beamten bei Ausübung der öffentlichen Gewalt (GS S. 691). **91,** 186, 237, 274, 341, 344; **97,** 179—181; **100,** 102, 103, 128, 220, 287
§ 1 **91,** 273, 381; **93,** 35—39; **96,** 147; **97,** 234, 296; **99,** 138; **100,** 103
§ 2 . . . . **96,** 147
§ 3 . . . . . **96,** 143—148
§ 4 . . . **97,** 313; **100,** 190
§ 5 . . . . **92,** 242
1910. 25. Juli. Gerichtskostengesetz (GS S. 184) . . **92,** 205
1910. 26. Juli. Gesetz, betr. die Reisekosten der Staatsbeamten (GS S. 150).
§§ 1, 2 . . . . . **92,** 258—262
1910. 24. September. Ausführungsbestimmungen zu den Vorschriften über die Reisekosten der Staatsbeamten (GS S. 269).
§ 17 . . . . **92,** 264
1911. 19. Juli. Zweckverbandsgesetz (GS S. 115).
§ 1 . . . . **95,** 28
1911. 19. Juli. Zweckverbandsgesetz für Groß-Berlin (GS S. 123).
§ 23 . . . . **98,** 192
§ 39 . . . . **95,** 28
1911. 26. Oktober. Friedensbesoldungsvorschrift.
§ 10 . . . . **91,** 125
1912. 1. Juli. Gesetz über die Reinigung öffentlicher Wege (GS S. 187) **93,** 125
1913. 7. April. Wassergesetz (GS S. 53).
§ 7 . . . . **94,** 33, 35
§ 8 . . . . **93,** 104; **97,** 114
§ 9 . . . . . **93,** 104; **94,** 35
§ 25 . . . . **94,** 35
§ 40 . . . **93,** 104; **97,** 115
§§ 40—45 . . . . . . **94,** 35
§§ 41—45 . . . . . . **97,** 116
§§ 50, 65, 66, 70, 72, 81, 82, 86, 200, 203 . . . . **91,** 148 flg.
§ 209 . . . . **92,** 24
§§ 213, 214 . . . . . . **92,** 26
§§ 232, 233, 242 . . . **92,** 26
§ 379 **91,** 149—151, 155; **97,** 115
§ 382 . . . . . . **94,** 33, 35
§§ 383, 399 . . . . . . **92,** 24

1914. 8. Januar. Etatsvorschriften für die Justizverwaltung (JMBl S. 14).
§ 72 Abs. 5 . . . **92,** 264, 265
1914. 18. Februar. Geschäftsordnung f. d. Gerichtsschreibereien der Amtsgerichte (JMBl S. 197).
§ 3 . . . . **92,** 263
1914. 18. Februar. Erlaß des Ministers für Handel und Gewerbe, betr. die Beamten der Krankenkassen (HMBl S. 79) **99,** 265—270
1914. 24. März. Geschäftsanweisung für die Gerichtsvollzieher (JMBl S. 343).
§§ 7, 25 . . . . . **91,** 179, 183
§ 32 . . . . **91,** 181
§§ 37 Nr. 4, 38 Nr. 13 **91,** 179 bis 183
1915. 24. Februar. Kabinettsorder, betr. Gewährung eines zweiten Mobilmachungsgeldes (AVOBl S. 86). **94,** 159—162
1916. 29. April. Verfügung des Ministers des Innern, betr. die Anrechnung der Dienstwohnungen bei den Berechnungen zur Kürzung des Zivildiensteinkommens der zum Kriegsdienst einberufenen Beamten (MBl f. innere Verw. S. 68) **92,** 290
1916. 11. Mai. Fischereigesetz (GS S. 55).
§§ 7, 8 **94,** 33, 35, 36; **97,** 148 bis 152
§ 12 . . . . . **97,** 148—152
§ 15 . . . . **97,** 150
1916. 11. Mai. Gesetz, betr. die Dienstvergehen der Krankenkassenbeamten (GS S. 96) **99,** 270
1916. 12. Mai. Allgemeine Verfügung über die Anrechnung von Kriegsbesoldung auf das Zivildiensteinkommen der Beamten sowie auf Ruhegehalt oder Wartegeld (JMBl S. 112) **92,** 290
1916. 8. September. Ausführungsanweisung zu der Bekanntmachung über Fleischversorgung vom 27. März 1916 usw. (MBl f. Landw. S. 231).
§ 17 Abs. 4 . . **97,** 179—181
1916. 19. September. Kabinettsorder, betr. zweites Mobilmachungsgeld (AVOBl S. 399) **94,** 161, 162
1916. 14. November. Ausführungsanweisung zur VO über die Höchstpreise für Rüben vom 26. Oktober 1916 (MBl der Handels- u. Gewerbe-Verw. S. 461) **93,** 142
1917. 8. August (13. Oktober). Allgemeine Verfügung über laufende Kriegsbeihilfen usw. (JMBl S. 280, 334) **96,** 291, 292; **99,** 112—115
1918. 4. April (1919. 17. März). Allgemeine Verfügung, betr. Kriegsteuerungsbezüge (JMBl 1918 S. 100, 1919 S. 105) **99,** 112—115

Ehemaliges Königreich Hannover.

1846. 16. September. Gesetz, die Veräußerungspflicht behuf der Anlage von Schiffahrtskanälen und Häfen und behuf Schiffbarmachung von Flüssen betr. (GS S. 193) **91,** 105
1847. 19. August. Revidiertes Ritterrecht des Herzogtums Bremen (GS Abt. 3 S. 119).
§ 2 . . . . **91,** 284, 285
§§ 6a, 7 . . . . **91,** 285
§§ 16, 19, 21, 23, 34 flg. **91,** 286
§ 71 . . . . **91,** 285

1850. 22. September. Gesetz, die Verjährung persönlicher Klagen und die Einführung kurzer Verjährungsfristen für dieselben betr. (GS S. 187) **93,** 72—74
1860. 31. Dezember. Verordnung, verschiedene Änderungen des revidierten Ritterrechts des Herzogtums Bremen betr. (GS Abt. 1 S. 233) . . . **91,** 284
1864. 22. Januar. Deich- und Abwässerungsordnung für die Grafschaften Hoya und Diepholz (GS S. 11).
§§ 17, 20, 33, 39, 119 . . **91,** 105

Lauenburg.

1876. 8. März. Gesetz, betr. die Auflösung des Lehnsverbandes im Herzogtum Lauenburg (Off. Wochenblatt f. d. Herzogtum Lauenburg 1876 S. 69) **98,** 311

Reuß ält. L.

1879. 2. September. Regierungs-VO, betr. die Dienst- und Geschäftsverhältnisse der Gerichtsvollzieher (GS S. 189) **100,** 127

Reuß jüng. L.

1872. 6. April. Gesetz, betr. die Benutzung des Wassers und den Schutz gegen dasselbe (GS S. 13) **92,** 47
§ 100 . . . . **92,** 49

Sachsen.

Bürgerliches Gesetzbuch.
§ 793 . . . . **100,** 25
§ 1310 . . . . **99,** 32
1835. 28. Januar. Gesetz über Kompetenzverhältnisse zwischen Justiz- und Verwaltungsbehörden (G.- u. VOBl S. 55) **99,** 98
1868. 15. Juni. Gesetz, betr. die juristischen Personen (G.- u. VOBl S. 315).
§ 6a **100,** 231
1888. 15. Dezember. Verordnung zur Ausführung des § 66 des Reichsmilitärgesetzes v. 2. Mai 1874 und vom 6. Mai 1880 (GVBl S. 936) **91,** 124
1900. 12. Dezember. VO zur weiteren Ausführung des Reichsgesetzes vom 30. Juni 1900, betr. die Bekämpfung gemeingefährlicher Krankheiten (GVBl S. 967) . . . **99,** 102
1902. 1. Juli. Gesetz, betr. Unfallfürsorge für Beamte (GVBl S. 248).
§§ 1, 2, 10 . . . . . **99,** 274—280

Sachsen-Altenburg.

1899. 4. Mai. Ausführungsgesetz zum Reichsgesetz über die Angelegenheiten der freiwilligen Gerichtsbarkeit (GS S. 80).
§ 5 **94,** 176

Sachsen-Gotha.

1899. 23. Oktober (1909. 26. Jan. 1912. 6. März). Berggesetz (GS 1899 S. 125; 1909 S. 23 bzw. 57; 1912 S. 3) **100,** 211
§ 107 . . . . **96,** 182
§ 108 **92,** 74; **96,** 182; **99,** 219
§§ 153, 153 a—e **92,** 74

Württemberg.

1828. 21. Mai. Gesetz, betr. die vollständige Entwickelung des neuen Pfandsystems (RegBl S. 361) **100,** 211
1899. 28. Juli. Ausführungsgesetz zum Bürgerlichen Gesetzbuche

und zu den Nebengesetzen (Reg-Bl S. 423).
Art. 202 **93**, 61, 62
„ 214 **91**, 298
„ 215 **91**, 299

1899. 30. Juli. VO, betr. das Grundbuchwesen (RegBl (S. 540).
§ 1 **91**, 298

Sechster Teil.

Ausländisches Recht.

Belgien.

Handelsgesetzbuch.
Art. 251 **96**, 166

England.

1905. 11. August. Acte to consolidate and amend the Law relating to Trade Marks (The Law Reports; the Public General Statutes p. 28).
§ 1 **97**, 95

Frankreich.

Code civil.
Art. 1854 . . . . **99**, 107
„ 1993 . . . . . . **99**, 32
1795. 2. Oktober. Gesetz vom 10. Vendémiaire IV **100**, 13, 15
Tit. 1 u. 4 . . . . . **98**, 3—13
1857. 23. Juni (1890. 3. Mai). Loi sur les marques de fabrique et de commerce (Bulletin des lois 1857 p. 1331; 1890 p. 1065).
§ 1 . . . . **97**, 95
1884. 5. April. Gemeindegesetz.
Art. 106—109, 168 . **98**, 9, 13

Österreich.

Allgemeines Bürgerliches Gesetzbuch.
§ 905 . . . . **96**, 272
§ 1009 . . . . **99**, 32
1890. 6. Januar (1895. 30. Juli). Gesetz, betr. den Markenschutz (RGBl 1890 S. 35; 1895 S. 325).
§ 1 **97**, 95
1896. 27. Mai. Gesetz über das Exekutions- und Sicherungsverfahren — Exekutionsordnung — (RGBl S. 269).
§§ 341 flg. **95**, 237
1906. 3. April. Gesetz über den Scheck (RGBl S. 715).
§ 13 . . . . . . **99**, 76
§ 16 . . . . **100**, 140
1908. 9. August. Gesetz über die Haftung für Schäden aus dem Betriebe von Kraftfahrzeugen (RGBl S. 581) . . **91**, 271
1914. 10. Dezember. Kaiserliche VO über die Einführung einer Konkursordnung, einer Ausgleichsordnung und einer Anfechtungsordnung (RGBl S. 1245).
§§ 3, 4, 8, 31, 45, 56 . **100**, 68

Polen.

1916. 22. Januar. Kreisordnung für das Generalgouvernement Warschau (VOBl für das Generalgouv. Warschau Nr. 20) **100**, 116—117
Art. IV, V, VII, X . **100**, 117

Rußland.

1899. Gesetzbuch des russischen Reiches.
§ 855 Kap. III **91**, 406

Schweden.

1884. 5. Juli. Königliche VO über den Schutz der Fabrik- und Handelsmarken.
§§ 1, 8 . . . . **100**, 5

Schweiz.

1839. 11. April. Bundesgesetz über Schuldbeitreibung und Konkurs.
Art. 265 . . . **100**, 241—243
1881. 14. Juni. Obligationenrecht.
Art. 398 . . . **99**, 32, 33

IV

Chronologische Übersicht der Entscheidungen

Zusammenstellung der Entscheidungen nach der Zeitfolge.

1917.

			Bd.	Nr.	Seite
Januar					
29.	IV	356/16	93	68a	215
Juni.					
22.	II	30/17	91	9	30
Oktober.					
5.	III	145/17	91	6	21
8.	IV	124/17	91	20	69
8.	IV	228/17	91	2	6
8.	VI	131/17	91	1	1
9.	III	221/17	91	3	9
9.	VII	202/17	91	5	17
10.	V	159/17	91	4	12
16.	III	146/17	91	8	27
16.	III	161/17	91	16	47
18.	VI	143/17	91	21	72
18.	VI	255/17	91	22	80
19.	II	196/17	91	15	46
19.	III	208/17	91	7	26
22.	VI	257/17	91	11	37
23.	III	182/17	91	14	42
23.	VII	224/17	91	24	86
25.	VI	367/17	91	19	60
26.	II	198/17	91	10	34
26.	III	212/17	91	17	54
27.	I	154/17	91	23	83
27.	V	191/17	91	29	104
30.	II	241/17	91	28	99

1917.

			Bd.	Nr.	Seite
November.					
2.	II	168/17	91	12	40
2.	III	329/17	91	36	134
5.	VI	232/17	91	65	265
6.	II	201/17	91	31	110
6.	III	183/17	91	26	94
6.	III	193/17	91	27	96
6.	III	279/17	91	18	57
6.	VII	259/17	91	25	90
7.	V	G. 3/17	91	13	41
8.	IV	253/17	91	37	139
9.	II	157/17	91	45	170
9.	II	214/17	91	51	208
9.	II	220/17	91	30	108
9.	VII	257/17	91	32	113
10.	I	123/17	91	56	232
12.	IV	347/17	91	38	142
13.	II	167/17	91	63	260
13.	II	246/17	91	84	332
13.	II	269/17	91	52	210
14.	V	213/17	91	39	148
15.	VI	312/17	91	33	116
16.	III	211/17	91	47	185
16.	III	240/17	91	46	179
16.	III	291/17	91	34	124
16.	VII	270/17	91	70	282
17.	I	336/17	91	48	188
17.	V	178/17	91	40	155
19.	I	140/17	91	60	243

1917.

November.

		Bd.	Nr.	Seite
19.	I 225/17	91	98	385
19.	IV 245/17	91	49	195
19.	VI 237/17	91	66	269
20.	II 225/17	91	50	204
20.	III 252/17	91	35	127
20.	III 341/17	91	41	159
20.	VII 335/17	91	71	287
22.	VI 298/17	91	67	273
23.	II 233/17	91	42	162
23.	II 242/17	91	44	166
23.	III 217/17	91	53	213
23.	III 241/17	91	43	164
23.	III 256/17	91	58	237
24.	V 196/17	91	54	218
24.	V 203/17	91	55	226
26.	IV 308/17	91	68	277
27.	III 257/17	91	64	263
27.	III 261/17	91	57	235
29.	IV 267/17	91	61	248
29.	VI 285/17	91	73	291
30.	II 243/17	91	69	280
30.	II 256/17	91	62	256
30.	II 264/17	91	72	289
30.	III 271/17	91	59	239

Dezember.

		Bd.	Nr.	Seite
3.	VI 370/17	91	90	350
4.	III 251/17	91	77	307
7.	II 286/17	91	79	312
7.	II 293/17	91	86	339
11.	III 284/17	91	96	377
11.	III 288/17	91	78	310
11	III 300/17	91	95	371
11.	VII 262/17	91	94	367
12.	V 227/17	91	74	297
13.	VI 352/17	91	75	303
14.	II 261/17	91	76	305
14.	VII 287/17	91	82	324
15.	I 146/17	92	7	34
15.	III 312/17	91	83	328
17.	IV 342/17	91	93	365

1917.

Dezember.

		Bd.	Nr.	Seite
18.	II 292/17	91	85	335
18.	III 356/17	91	91	359
21.	II 321/17	91	88	345
21.	III 297/17	91	89	347
21.	III 336/17	91	87	341

1918.

Januar.

		Bd.	Nr.	Seite
2.	III 314/17	91	97	381
3.	VI 239/17	92	2	8
3.	VI 302/17	91	101	398
4.	II 250/17	92	3	14
4.	II 394/17	91	107	423
4.	VII 384/17	91	99	388
5	V 217/17	92	4	18
5.	V 279/17	91	100	390
7.	VI 346/17	92	8	38
7.	VI 387/17	91	92	363
9	V 223/17	91	105	416
9.	V 228/17	92	5	22
10.	IV 324/17	92	1	1
10.	VI 244/17	91	102	403
11.	II 175/17	91	80	313
11.	II 257/17	91	81	316
11.	III 368/17	92	6	27
11.	II 389/17	91	106	420
11.	VII 332/17	92	9	40
12.	V 293/17	92	10	46
15.	II 329/17	91	104	412
16.	V 299/17	92	11	50
17.	VI 353/17	92	12	55
17.	VI 388/17	92	13	57
18.	II 320/17	91	103	408
18.	VII 340/17	92	14	60
19.	I 328/17	92	15	65
19.	V 231/17	92	16	68
19.	V 243/17	92	17	73
21.	VI 339/17	92	18	77
21.	VI 368/17	92	31	132
22.	II 304/17	92	19	87
22.	II 307/17	91	108	428

1918.

Januar.

		Bd.	Nr.	Seite
22.	VII 355/17	92	20	89
23.	V 301/17	92	32	139
24.	VI 365/17	92	21	95
24.	VI 397/17	92	33	143
25.	VII 367/17	92	22	98
26.	V 238/17	92	23	101
8.	IV 359/17	92	24	105
29.	II 416/17	92	25	111
29.	III 393/17	92	26	114
29.	III 408/17	92	28	121
29.	III 415/17	92	27	118
31.	VI 398/17	92	29	125

Februar.

		Bd.	Nr.	Seite
1.	II 414/17	92	30	128
2.	I 245/17	94	27	97
4.	VI 330/17	92	34	153
5.	II 451/17	92	37	163
5.	III 311/17	92	35	158
5.	III 375/17	92	36	160
5.	VII 391/17	92	38	168
7.	VI 356/17	92	75	296
7.	VI 375/17	92	39	172
8.	II 413/17	93	105	341
8.	III 317/17	92	41	178
8.	III 320/17	92	40	176
9.	V 208/17	92	43	194
9.	V 272/17	92	42	181
11.	VI 429/17	92	44	197
12.	II 420/17	92	47	208
12.	III 254/17	92	45	201
12.	VII 403/17	92	46	204
13.	V 298/17	92	48	212
14.	VI 379/17	92	49	219
16.	V 132/17	92	50	222
18.	VI 459/17	93	6	17
19.	II 349/17	92	51	225
19.	VII 407/17	92	52	227
19.	VII 413/17	92	53	230
20.	I 330/17	92	54	232
22.	III 253/17	92	57	240

1918.

Februar.

		Bd.	Nr.	Seite
22.	III 402/17	92	56	238
22.	III 416/17	92	55	236
22.	VII 393/17	92	58	244
23.	I 214/17	92	60	251
23.	I 249/17	92	59	247
23.	V 324/17	92	61	254
25.	VI 440/17	92	62	256
26.	III 353/17	92	63	258
28.	V 253/17	92	64	265

März.

		Bd.	Nr.	Seite
1.	III 501/17	92	66	271
1.	III 506/17	92	65	268
1.	VII 414/17	92	68	277
1.	VII 419/17	92	67	274
2.	V 329/17	92	69	280
4.	VI 76/17	92	70	283
5.	III 446/17	92	71	285
5.	III 457/17	92	72	289
8.	II 409/17	92	73	292
9.	I 235/17	92	94	369
9.	V 354/17	92	74	295
11.	VI 447/17	92	76	299
12.	II 402/17	92	80	315
12.	III 296/17	92	79	310
12.	III 437/17	92	81	318
12.	III 438/17	92	78	307
12.	III 460/17	92	77	304
15.	III 522/17	92	82	322
16.	V 358/17	92	83	325
20.	I 412/17	92	84	329
22.	II 515/17	92	86	341
22.	VII 400/17	92	85	332
25.	VI 438/17	92	87	345
26.	VII 32/18	92	88	347

April.

		Bd.	Nr.	Seite
9.	II 471/17	92	90	355
9.	II 489/17	92	95	373
9.	III 440/17	92	91	359
9.	III 458/17	92	89	354

1918.

April.		Bd.	Nr.	Seite
12.	II 473/17	92	92	365
12.	II 507/17	92	97	380
12.	III 479/17	92	93	367
12.	III 496/17	92	96	376
16.	II 424/17	92	98	383
16.	II 505/17	92	99	388
18.	IV 62/18	92	103	401
18.	VI 38/18	93	1	1
19.	II 504/17	92	100	392
19.	III 436/17	92	101	395
19.	VII 17/18	93	27	84
23.	II 59/18	92	104	409
23.	VII 27/18	93	28	88
24.	I 409/18	92	105	414
24.	V 5/18	92	102	398
25.	IV 76/18	93	2	3
26.	III 2/18	92	106	417
27.	I 381/17	92	107	423
27.	V 9/18	93	3	10
29.	VI 47/18	93	7	19
Mai.				
1.	I 422/17	93	4	13
3.	III 49/18	92	109	430
3.	III 430/17	92	108	427
4.	V 8/18	93	8	23
6.	VI 66/18	93	29	91
6.	VI 450/17	93	9	27
7.	II 22/18	93	10	31
8.	III 40/18	93	5	15
8.	VI 69/18	93	11	33
11.	I 324/17	93	13	39
11.	I 371/17	93	12	35
15.	V 23/18	93	14	41
16.	II 490/17	93	15	44
27.	I 89/17	93	17	50
28.	II 20/18	93	18	54
28.	II 70/18	93	16	47
28.	VII 37/18	93	19	56
28.	VII 71/18	93	41	131
29.	I 193/18	93	30	94

1918.

Mai.		Bd.	Nr.	Seite
29.	V 388/17	93	20	63
30.	VI 86/18	93	21	66
30.	VI 81/18	93	31	96
31.	II 8/18	93	32	98
31.	III 73/18	93	22	68
Juni.				
1.	V 28/18	93	33	100
1.	V 40/18	93	23	71
3.	IV 11/18	93	24	74
4.	II 47/18	93	34	106
4.	II 509/17	93	42	133
4.	III 62/18	93	25	78
4.	III 101/18	93	35	108
4.	VII 28/18	93	26	80
5.	I 405/17	93	36	111
5.	V 34/18	93	38	121
5.	V 45/18	93	37	114
6.	IV 114/18	93	62	193
6.	VI 75/18	93	39	124
7.	III 65/18	93	43	135
7.	VII 45/18	93	40	127
8.	I 28/18	93	44	139
8.	I 341/17	93	52	163
8.	I 393/17	93	53	166
13.	IV 386/17	93	63	196
13.	IV 431/17	93	45	142
14.	II 99/18	93	47	147
14.	II 139/18	93	54	171
14.	III 66/18	93	64	198
14.	III 72/18	93	46	144
15.	I 53/18	93	48	150
17.	VI 109/18	93	49	152
18.	II 79/18	93	50	156
18.	VII 52/18	93	51	158
18.	VII 83/18	93	65	201
19.	I 49/18	93	55	172
21.	II 121/18	93	56	175
21.	III 112/18	93	66	207
21.	VII 140/18	93	67	209
22.	I 389/17	93	57	176

1918.

Juni.

			Bd.	Nr.	Seite
24.	IV	130/18	93	68b	217
26	V	50/18	93	69	219
26	V	68/18	93	81	262
27	VI	124/18	93	70	222
28.	II	69/18	93	59	182
28.	II	86/18	93	58	180
28.	II	109/18	93	61	189
28	VII	84/18	93	82	264
28.	VII	89/18	93	71	224
28	VII	97/18	93	60	185

Juli.

1.	VI	151/18	95	18	51
2.	II	63/18	93	72	227
3.	I	423/17	93	73	230
5.	VII	136/18	93	74	234
8	IV	144/18	93	88	290
8	VI	94/18	93	75	238
8.	VI	136/18	95	1	1
9.	VII	94/18	93	76	244
9.	VII	103/18	93	83	271
10.	I	20/18	93	84	272
10.	V	119/18	93	77	248
11.	II	52/18	93	78	251
11.	II	90/18	93	79	254
27.	II	162/18	93	80	255

September.

16.	VI	163/18	93	85	281
17.	II	154/18	93	89	291
17.	III	100/18	93	86	285
17.	VII	118/18	93	87	288
18.	V	80/18	93	90	292
19.	IV	157/18	93	91	297
19.	VI	156/18	95	19	54
20.	III	120/18	93	92	300
20.	VII	133/18	95	2	2
23	VI	139/18	93	93	302
23.	VI	142/18	93	94	305

1918.

September.

			Bd.	Nr.	Seite
24.	III	140/18	93	95	308
24.	III	145/18	94	4	17
24.	VII	95/18	95	20	58
24.	VII	149/18	93	96	312
25.	I	93/18	93	97	316
26.	VI	194/18	93	98	321
27.	II	55/18	93	100	326
27.	VII	153/18	93	99	324

Oktober.

1.	II	178/18	93	101	330
1.	III	84/18	93	102	332
2.	I	13/18	93	106	344
3.	IV	213/18	93	103	334
3.	VI	154/18	93	107	348
3.	VI	172/18	94	1	1
4.	II	498/17	93	104	338
4.	III	139/18	94	2	5
7.	VI	230/18	94	3	11
8.	VII	164/18	94	5	20
8.	VII	181/18	94	6	26
11.	III	198/18	93	108	351
11.	VII	114/18	94	7	29
11	VII	138/18	94	9	33
14.	VI	190/18	94	8	30
15.	III	104/18	94	11	45
15.	VII	175/18	94	10	39
16.	I	110/18	94	17	65
18.	III	219/18	94	13	52
18.	III	234/18	94	12	51
19.	V	167/18	94	15	58
19.	V	176/18	94	14	55
22.	II	158/18	94	16	61
22.	II	187/18	94	18	68
25.	III	131/18	94	21	76
25.	VII	200/18	94	20	74
25	VII	304/18	94	19	71
29.	III	156/18	94	22	80
29.	III	163/18	94	23	82
30.	I	100/18	94	25	93
30.	VI	176/18	94	24	85

1918.

November.

		Bd.	Nr.	Seite
1	III 190/18	94	26	94
1	III 207/18	94	28	102
2	I 105/18	94	29	104
4	VI 149/18	95	22	64
4	VI 241/18	95	21	61
5	II 243/18	94	30	106
5.	VII 202/18	94	89	305
8.	VII 132/18	94	48	162
8.	VII 188/18	94	32	111
8.	VII 223/18	94	31	109
9.	I 150/18	94	33	115
11.	VI 242/18	94	35	123
12.	VII 226/18	94	36	126
13.	V 294/18	94	43	147
15.	VII 193/18	94	37	133
16.	I 147/18	94	34	119
16.	V 211/18	94	44	153
18.	VI 180/18	94	38	137
19.	II 189/18	94	39	137
19.	III 293/18	94	40	138
19.	VII 306/18	94	61	209
21.	VI 253/18	95	23	66
21.	VI 274/18	94	49	164
22.	III 226/18	94	41	140
23.	V 246/18	94	45	154
25.	VI 254/18	93	3	5
25.	VI 256/18	94	53	178
26.	III 246/18	94	50	166
28.	IV B 4/18	94	52	172
28.	VI 290/18	94	51	169
29.	III 252/18	94	54	181
29.	III 255/18	94	42	144
29.	III 260/18	94	47	159
29.	III 277/18	94	46	157

Dezember.

		Bd.	Nr.	Seite
2.	VI 200/18	94	56	185
2.	III 296/18	94	57	191
2.	V 282/18	94	68	227
2.	VI 217/18	94	55	182
3.	III 333/18	94	62	210
5.	VI 248/18	94	58	195
6.	II 214/18	94	64	215
6.	II 222/18	94	63	213
6.	III 316/18	94	59	198
6.	VII 211/18	94	60	203
7.	I 141/18	94	65	217
9.	VI 229/18	95	24	68
9.	VI 252/18	94	66	220
10.	III 337/18	94	67	222
10.	VII 242/18	94	76	259
12.	IV 328/18	95	89	268
12.	VI 251/18	95	25	70
13.	III 259/18	94	70	236
13.	III 265/18	94	69	234
13.	VII 173/18	94	71	239
14.	I 196/18	94	72	244
16.	IV 276/18	94	77	262
19.	VI 157/18	95	4	9
19.	VI 279/18	94	73	248
20.	II 204/18	94	74	253

1919.

Januar.

		Bd.	Nr.	Seite
3.	III 271/18	94	78	267
3.	III 283/18	94	75	255
8.	I 198/18	94	79	268
10.	II 220/18	94	80	271
14.	III 336/18	94	82	279
14.	II 362/18	94	81	277
21.	II 263/18	94	84	285
21.	III 328/18	94	83	282
22.	I 216/18	94	86	290
24.	II 324/18	94	85	288
24.	VII 243/18	94	87	291
25.	I 162/18	94	88	300
29.	I 252/18	94	90	309
31.	VII 325/18	94	91	312

Februar.

		Bd.	Nr.	Seite
3.	IV 323/18	94	92	314
3.	VI 347/18	94	93	318

1919.

Februar.

		Bd.	Nr.	Seite
4.	VII 315/18	95	5	12
5.	III 504/18	95	29	85
7.	II 255/18	94	95	326
7.	VII 329/18	94	94	322
8.	V 283/18	95	26	72
11.	II 364/18	94	96	327
13.	VI 313/18	94	97	333
14.	II 298/18	94	98	336
14.	II 314/18	94	99	337
14.	VII 369/18	94	100	341
15.	I 207/18	95	6	16
15.	I 230/18	95	27	79
17.	VI 286/18	95	7	18
18.	II 355/18	95	39	116
18.	II 369/18	95	8	20
18.	VII 351/18	94	101	342
19.	V 280/18	94	102	348
20.	IV 367/18	95	9	24
21.	II 310/18	95	11	32
21.	VII 345/18	95	10	28
22.	I 256/18	95	12	33
25.	II 254/18	95	17	48
25.	II 304/18	95	14	39
25.	II 348/18	95	13	36
25.	II 353/18	95	15	41
25.	III 430/18	95	28	83
25.	III 432/18	95	16	45
25.	III 504/18	95	29	85
26.	V 327/18	95	78	241
27.	VI 344/18	95	30	87
28.	II 343/18	95	32	91
28.	III 467/18	95	31	89

März.

		Bd.	Nr.	Seite
3.	IV 422/18	95	33	97
3.	VI 326/18	95	59	177
4.	II 257/18	95	34	99
4.	III 334/18	95	37	108
4.	III 338/18	95	35	103
4.	VII 396/18	95.	36	105
7.	II 382/18	95	38	112

1919.

März.

		Bd.	Nr.	Seite
7.	III 534/18	95	40	121
8.	I 231/18	95	41	122
8.	V 268/18	95	52	160
10.	VI 331/18	95	42	125
11.	II 278/18	95	43	126
11.	II 392/18	95	53	164
11.	III 408/18	95	44	131
12.	V 355/18	95	46	137
12.	V 363/18	95	45	134
13.	VI 357/18	95	61	185
13.	VI 5/19	95	60	180
14.	II 393/18	95	48	147
14.	III 437/18	95	47	144
14.	VII 377/18	95	49	152
15.	V 242/18	95	62	188
17.	VI 297/18	95	51	156
17.	VI 362/18	95	50	154
18.	II 395/18	95	54	166
18.	III 477/18	95	55	168
18.	VII 217/18	95	56	170
20.	VI 370/18	95	57	173
21.	II 287/18	95	63	192
21.	II 410/18	96	18	77
21.	III 388/18	95	58	175
21.	VII 382/18	95	64	194
22.	V 374/18	95	65	199
25.	II 307/18	95	68	209
25.	III 494/18	95	66	204
25.	VII 376/18	95	67	207
26.	I 262/18	95	90	273
26.	I 284/18	95	69	212
28.	III 505/18	95	70	214
29.	I 285/18	95	71	220
29.	I 246/18	95	73	226
29.	V 364/18	95	72	224

April.

		Bd.	Nr.	Seite
1.	II 227/18	95	75	231
1.	II 244/18	95	74	229
2.	I 221/18	95	76	235
3.	VI 11/19	95	77	238

1919.

April.

		Bd.	Nr.	Seite
4.	II 230/18	95	79	242
4.	VII 350/18	95	80	244
7.	VI 221/14	95	96	289
8.	II 442/18	95	81	246
10.	VI 16/19	95	82	248
10.	VI 31/19	95	83	249
11.	VII 21/19	95	84	250
11.	VII 68/19	95	106	322
12.	I 20/19	95	85	255
14.	VI 350/18	95	86	260
14.	VI 33/19	95	87	262
15.	II 435/18	95	88	264
16.	IV 412/18	95	107	325
16.	IV 45/19	95	92	280
16.	IV 58/19	95	91	278
26.	V 13/19	96	1	1
28.	IV 1/19	95	95	286
28.	VI 368/18	95	94	285
28.	VI 34/19	95	93	283
29.	II 380/18	95	97	292
29.	III 305/18	95	98	295
29.	III 402/18	95	99	299
29.	III 433/18	95	100	302
30.	I 27/19	95	101	304

Mai.

		Bd.	Nr.	Seite
2.	II 444/18	96	19	81
2.	III 509/18	95	102	307
2.	VII 35/19	95	108	329
5.	IV 30/19	95	109	330
6.	II 367/18	95	110	334
7.	I 36/19	96	2	4
8.	VI 346/18	95	103	310
9.	II 400/18	95	104	315
9.	III 556/18	95	111	337
10.	V 260/18	96	3	8
12.	VI 374/18	95	112	339
13.	III 310/18	95	105	318
13.	III 545/18	95	113	344
13.	III 557/18	96	4	13
13.	VII 89/19	96	5	15

1919.

Mai.

		Bd.	Nr.	Seite
14.	V 37/19	96	6	20
16.	II 20/19	95	114	347
16.	III 562/18	95	115	350
16.	VII 88/19	96	7	26
19.	IV 199/18	96	8	31
20.	VII 71/19	96	9	43
21.	V 323/15	96	10	48
21.	V 113/19	96	25	100
23.	II 376/18	96	11	53
23.	II 22/19	96	12	57
24.	I 274/18	96	13	62
26.	VI 60/19	96	14	68
26.	IV 68/19	96	15	70
27.	III 86/15	96	38	143
27.	III 323/18	96	20	83
27.	III 423/18	96	16	72
27.	VII 46/19	96	26	102
28.	VI 47/19	96	17	74
29.	II 24/19	96	21	89
30.	II 10/19	96	27	104
30.	II 65/19	96	23	94
30.	III 515/18	96	22	91
30.	VII 33/19	96	24	96
31.	V 100/19	96	28	113

Juni.

		Bd.	Nr.	Seite
3.	II 40/19	96	29	117
3.	VII 24/19	96	39	148
4.	I 31/19	96	31	121
4.	I 46/19	96	30	119
16.	I 61/19	96	32	124
17.	II 37/19	96	33	126
21.	V 57/19	96	47	177
21.	V 157/19	96	48	181
21.	V 160/19	96	51	190
23.	VI 74/19	96	35	133
23.	VI 81/19	96	34	130
23.	VI 99/19	96	36	135
24.	II B 1/19	96	52	195
24.	II 53/19	96	41	158
24.	III 573/18	96	40	156

1919.

		Bd.	Nr.	Seite
Juni.				
25.	I 17/19	96	42	161
26.	VI 139/19	96	37	136
27.	III 17/19	96	53	197
27.	VII 98/19	96	49	184
27.	VII 112/19	96	57	210
28.	I 37/19	96	43	164
30.	VI 100/19	96	58	215
Juli.				
1.	II 562/14	96	45	171
1.	III 23/19	96	44	169
1.	VII 107/19	96	59	220
3.	IV 88/19	96	50	186
7.	IV 69/19	96	60	222
7.	IV 155/19	96	54	201
8.	II 30/19	96	62	227
8.	III 37/19	96	46	175
9.	I 251/19	96	55	203
11.	II 145/19	96	63	230
12.	VI 115/19	96	56	204
12.	VI 144/19	96	61	224
September.				
16.	II 68/19	96	65	237
16.	II 76/19	96	67	242
16.	III 54/19	96	66	240
16.	III 55/19	96	64	235
17.	V 131/19	96	77	273
19.	II 81/19	96	68	246
19.	VII 181/19	96	71	258
20.	I 109/19	96	69	251
23.	II 98/19	96	72	260
23.	II 103/19	96	70	255
23.	III 190/19	96	92	322
25.	VI 109/19	96	73	262
26.	II 90/19	96	74	266
26.	III 38/19	96	88	305
26.	VII 168/19	96	75	268
27.	I 84/19	96	78	277

1919.

		Bd.	Nr.	Seite
September.				
29.	VI 130/19	96	76	270
30.	II 105/19	96	81	286
30.	III 102/19	96	82	289
30.	III 104/19	96	80	284
30.	III 106/19	96	79	282
Oktober.				
3.	II 155/19	96	84	296
3.	II 191/19	96	85	298
3.	III 543/18	96	83	292
4.	I 38/19	96	89	309
7.	II 120/19	97	1	1
7.	II 127/19	96	97	341
7.	III 27/19	96	86	300
7.	VII 144/19	96	93	326
10.	II 136/19	96	94	330
10.	II 144/19	96	98	343
10.	III 73/19	96	90	313
10.	III 114/19	96	87	302
11.	I 53/19	96	91	316
13.	VI 158/19	96	95	332
14.	II 117/19	97	2	2
14.	VII 92/19	96	96	335
17.	II 107/19	97	4	6
17.	II 113/19	96	99	345
17.	II 266/19	96	100	347
17.	III 122/19	97	3	4
17.	VII 102/19	97	8	18
17.	VII 140/19	97	9	22
18.	V 97/19	97	10	25
23.	VI 106/19	96	101	350
24.	II 192/19	97	22	82
24.	III 144/19	97	11	30
24.	III 151/19	97	5	11
25.	I 64/19	97	6	13
25.	I 128/19	97	7	16
25.	V 54/19	97	12	34
28.	III 168/19	97	13	43
28.	VII 147/19	97	14	44
28.	VII 179/19	97	15	49

1919.

Oktober.

		Bd.	Nr.	Seite
29.	I 125/19	97	16	61
30.	VI 185/19	97	17	66
30.	VI 202/19	97	18	67
30.	VII 135/19	97	19	73

November.

		Bd.	Nr.	Seite
1.	I 86/19	97	20	76
1.	III 191/19	97	21	79
3.	VI 216/19	97	23	85
4.	II 129/19	97	25	90
4.	VII 121/19	97	24	87
4.	VII 126/19	97	27	102
4.	VII 209/19	97	28	107
5.	I 151/19	97	29	109
5.	I 155/19	98	42	150
5.	V 121/19	97	30	112
6.	VI 215/19	97	31	116
6.	VI 300/19	97	32	118
7.	VII 154/19	97	33	122
8.	I 87/19	97	34	126
8.	V 277/19	97	35	128
8.	V 305/19	97	36	131
11.	II 59/19	97	26	97
11.	II 135/19	97	37	133
12.	I 111/19	97	39	140
12.	I 114/19	97	38	138
14.	II 173/19	97	42	152
14.	VII 169/19	97	43	154
14.	VII 182/19	97	41	148
14.	III 235/19	97	40	144
15.	I 131/19	97	44	158
17.	VI 270/19	97	45	162
18.	II 233/19	97	47	170
18.	III 131/19	97	46	166
20.	V 258/19	97	48	173
20.	VI 128/19	97	49	175
20.	VI 299/19	97	50	177
21.	II 206/19	97	56	191
21.	II 226/19	97	53	183
21.	III 126/19	97	51	179

1919.

November.

		Bd.	Nr.	Seite
21.	VII 239/19	97	54	186
21.	VII 263/19	97	55	189
21.	VII 307/19	97	52	181
24.	VI 167/19	97	57	196
25.	VII 295/19	97	58	197
27.	VI 304/19	97	59	202
28.	II 214/19	97	61	210
28.	II 225/19	98	1	1
28.	III 174/19	97	62	212
28.	VII 237/19	97	60	206
29.	I 191/19	97	63	215
29.	V 159/19	97	65	223
29.	V 260/19	97	64	219

Dezember.

		Bd.	Nr.	Seite
1.	VI 295/19	97	66	229
2.	II 79/19	97	69	239
2.	II 208/19	97	68	235
2.	III 189/19	97	67	232
2.	III 202/19	97	71	243
2.	VII 292/19	97	70	242
2.	VII 303/19	98	5	18
5.	II 250/19	97	72	245
6.	I 123/19	97	73	253
6.	I 140/19	97	74	257
8.	IV 280/19	97	75	259
9.	II 300/19	97	76	260
9.	III 210/19	97	77	263
10.	V 229/19	97	78	269
10.	V 249/19	97	79	273
11.	IV 451/19	97	80	276
12.	VII 215/19	97	81	279
13.	V 338/19	97	82	282
15.	VI 258/19	97	84	290
15.	VI 336/19	97	83	286
16.	III 6/17	97	86	295
16.	VII 260/19	97	85	293
18.	III 299/19	97	87	300
19.	II 256/19	97	88	302
19.	II 391/19	97	89	307

1919.

Dezember.		Bd.	Nr.	Seite
20.	III 129/19	97	91	312
20.	V 299/19	97	90	310
22.	I 161/19	97	92	318
22.	VI 317/19	98	2	3
23.	VII 310/19	97	93	323

1920.

Januar.		Bd.	Nr.	Seite
2.	II 271/19	97	94	325
2.	II 312/19	97	95	329
3.	I 228/19	97	97	336
3.	V 254/19	97	96	332
7.	V 362/19	97	98	340
8.	IV 327/19	98	3	13
8.	VI 349/19	98	4	15
12.	VI 320/19	97	99	343
12.	VI 308/19	98	6	22
12.	IV 379/19	98	7	25
13.	II 352/19	97	101	351
13.	II 404/19	98	8	28
13.	III 349/19	97	100	347
13.	VII 438/19	98	9	31
15.	VI 328/19	98	10	36
16.	VII 441/19	98	11	40
17.	V 241/19	98	13	52
17.	V 323/19	98	12	44
17.	V 363/19	98	14	55
19.	VI 390/17	98	15	58
20.	II 286/19	98	17	64
23.	II 180/19	98	18	66
23.	II 324/19	98	16	61
23.	II 397/19	98	19	69
24.	I 241/19	98	20	70
26.	IV 449/19	98	22	78
26.	VI 351/19	98	21	74
28.	V 297/19	98	23	79
29.	VI 450/19	98	24	85
30.	III 378/19	98	25	88
30.	VII 320/19	98	26	91
31.	I 203/19	98	33	115
31	I 245/19	98	27	95

1920.

Februar.		Bd.	Nr.	Seite
3.	II 272/19	98	28	98
3.	VII 394/19	98	29	101
4.	V 400/19	98	30	103
4.	V B 1/19	98	31	106
5.	VI 368/19	98	34	118
6.	II 298/19	98	32	112
7.	I 231/19	98	35	122
7.	V 343/19	98	36	124
9.	IV 466/19	98	37	131
10.	II 210/15	98	38	136
10.	VII 371/19	98	52	179
10.	VII 417/19	98	43	152
10.	VII 375/19	98	53	181
13.	II 383/19	98	40	141
13.	II 436/19	98	39	139
13.	VII 344/19	98	44	154
17.	II 304/19	98	45	157
19.	VI 184/19	98	41	143
20.	III 224/19	98	47	164
20.	III 300/19	98	46	160
21.	I 102/19	98	48	168
21.	I 143/19	98	49	171
23.	VI 283/17	98	50	173
23.	VI 387/19	98	51	176
23.	I 126/19	98	54	186
24.	III 249/19	98	55	190
26.	IV 385/19	98	96	330
26.	VI 9/20	98	56	195
26.	VI 443/19	98	76	260
27.	VII 296/19	98	57	200

März.		Bd.	Nr.	Seite
1.	VI 379/19	98	58	203
2.	II 253/19	98	59	206
2.	III 329/19	98	60	208
4.	VI 381/19	98	61	210
5.	II 428/19	98	62	213
6.	V 288/19	98	63	215
8.	VI 269/19	98	64	221
8.	VI 419/19	98	65	222
9.	II 297/19	98	66	225

1920.

März.

		Bd.	Nr.	Seite
9.	II 351/19	98	67	231
9.	VII 383/19	98	68	233
12.	II 362/19	99	1	1
12.	II 398/19	98	69	237
13.	V 189/19	98	70	241
13.	V 453/19	98	71	244
15.	VI 410/19	98	72	246
15.	VI 420/19	98	73	249
16.	II 285/19	98	74	254
16.	II 450/19	98	85	289
18.	IV B 1/20	98	77	263
26.	II 413/19	98	81	276
23.	II 468/19	98	78	267
23.	III 317/19	98	79	271
26.	III 388/19	98	80	273
29.	IV 374/19	98	82	279
30.	II 466/19	98	86	293
30.	II 469/19	98	88	298
30.	III 275/19	98	83	284
30.	III 402/19	98	84	286
30.	VII 459/19	98	87	295
31.	I 13/20	99	6	17
31.	VI 445/19	99	2	2

April.

		Bd.	Nr.	Seite
9.	II 228/14	98	75	257
9.	II 480/19	98	89	302
13.	III 248/14	98	91	316
13.	VII 281/19	98	90	309
14.	I 250/19	98	97	335
14.	I 262/19	98	98	339
14.	I 275/19	99	7	20
14.	V 426/19	99	3	7
16.	II 396/19	98	92	318
16.	VII 480/19	98	93	323
17.	I 238/19	98	94	327
19.	VI 388/19	98	95	328
19.	VI 437/19	99	4	9
20.	III 422/19	98	99	341
22.	VI 64/20	98	100	345

1920.

April.

		Bd.	Nr.	Seite
22.	IV B 2/20	99	25	82
23.	II 16/20	99	8	23
23.	VII 481/19	99	5	12
24.	V 433/19	99	19	65
26.	VI 20/20	98	101	347
27.	II 459/19	99	11	37
27.	III 411/19	99	9	31
27.	VII 453/19	98	102	349
27.	VII 482/19	99	10	35
29.	IV 518/19	100	1	1
29.	VI 27/20	99	12	39
30.	II 1/20	99	14	46
30.	III 229/19	99	13	41

Mai.

		Bd.	Nr.	Seite
4.	II 513/19	99	27	90
4.	II 528/19	99	15	50
4.	II 541/19	99	17	56
4.	II 552/19	99	26	87
4.	III 410/19	99	16	52
6.	VI 455/19	99	28	96
7.	II 565/19	99	18	60
7.	VII 12/10	99	20	70
8.	V 42/20	99	21	72
8.	V 463/19	99	22	75
11.	III 87/20	99	23	79
11.	VII 86/19	99	29	104
11.	VII 311 u. 374/19	99	50	161
12.	I 23/20	99	30	105
12.	IV 13/20	99	24	80
15.	I 25/20	99	31	107
17.	VI 49/20	99	51	168
18.	II 42/20	99	82	272
18.	III 46/20	99	32	112
19.	I 229/19	99	33	115
19.	V 129/19	99	52	172
20.	VI 90/20	99	55	198
21.	VI 33/20	99	53	187
25.	V 424/19	99	34	121

1920.

Mai.		Bd.	Nr.	Seite
31.	VI 431/19	99	56	196
31	VI 45/20	99	35	122
Juni.				
1.	VII 24/20	99	36	125
4	II 361/14	99	38	131
4.	II 568/19	99	54	189
4.	III 33/20	99	39	136
4.	VII 499/19	99	41	142
4.	VII 523/19	99	40	140
4.	VII 3/20	99	37	129
5.	I 240/19	99	42	145
8.	II 340/19	99	44	149
8.	II 549/19	99	43	147
9.	V 7/20	99	57	199
9.	V 378/20	99	58	202
10.	IV 510/19	99	45	152
11.	III 9/20	99	46	154
11.	VII 50/20	99	60	210
11.	III 56/20	99	47	156
12.	I 54/20	100	15	50
12.	I 55/20	99	61	211
15.	II 4/20	99	48	158
15.	VII 35/20	99	62	214
16.	V 37/20	100	16	55
17.	VI 192/20	99	83	274
18.	II 486/19	100	2	3
18.	II 49/20	99	63	216
18.	II 65/20	100	10	39
19.	I 5/20	99	64	217
19.	V 82/20	99	65	221
21.	VI 496/19	99	59	208
21.	VI 84/20	99	66	227
21.	VI T. B. 37/20	99	49	160
22.	III 29/20	99	67	230
22.	III 68/20	99	68	232
25.	III A 23/20	99	69	235
28.	VI 179/20	99	70	236
28.	VI 276/14	99	71	241
29.	VII 48/20	99	84	280
30.	I 80/20	99	72	245

1920.

Juli.		Bd.	Nr.	Seite
1.	VI 24/20	100	19	69
2.	III 141/20	99	73	247
5.	VI 66/20	100	3	10
5.	VI 76/20	100	4	18
6.	II 30/20	100	5	22
6.	VII 58/20	99	85	283
7.	I 114/20	99	74	250
8.	III 53/20	100	6	25
8.	III 65/20	99	75	254
8.	III 89/20	99	77	258
8.	III 157/20	99	78	261
8.	III 199/20	99	76	257
8.	VI 140/20	99	79	263
9.	VII 73/20	100	7	29
10.	I 59/20	99	81	270
10.	I 100/20	100	9	35
10.	III 93/20	99	80	265
10.	V 437/19	100	8	31
13.	VII 99/20	99	86	285
September.				
17.	II 90/20	100	12	45
17	III 92/20	100	11	42
21.	II 102/20	100	14	48
21.	III 143/20	100	38	129
21	VII 143/20	100	13	46
22.	V 329/20	100	17	60
27.	IV 2/20	100	20	76
28.	VII 93/20	100	18	62
29.	I 140/20	100	22	82
30.	VI 229/20	100	21	79
Oktober.				
1.	II 127/20	100	57	194
1	VII 92/20	100	23	87
2.	I 88/20	100	24	90
4.	VI 222/20	100	25	95
5.	III 213/20	100	27	102
5.	VII 166/20	100	26	98

1920. Oktober.		Bd.	Nr.	Seite
6.	I 135/20	100	28	103
7.	VI 283/20	100	29	106
9.	I 131/20	100	30	110
12.	II 157/20	100	31	112
12.	II 176/20	100	33	116
12.	VII 152/20	100	32	114
12.	VII 168/20	100	34	118
14.	VI 315/20	100	35	123
15.	III 97/20	100	36	127
15.	III 136/20	100	37	128
16.	V 34/20	100	40	138
18.	VI 172/20	100	41	142
19.	II 172/20	100	42	147
19.	II 173/20	100	58	197
19.	II 199/20	100	44	150
19.	VII 156/20	100	43	149
20.	I 144/20	100	47	162
20.	V 144/20	100	45	155
21.	IV 163/20	100	53	178
21.	VI 271/20	100	73	241
22.	II 143/20	100	46	159
22.	III 138/20	100	39	134
23.	V 168/20	100	48	165
25.	VI 139/20	100	74	243
26.	II 53/20	100	75	246
27.	V 332/20	100	49	167
28.	VI 261/20	100	50	171
29.	II 324/14	100	54	182
29.	III 174/20	100	51	174

1920. November.		Bd.	Nr.	Seite
2.	II 162/20	100	60	200
2.	II 168/20	100	52	175
2.	II 475/20	100	59	199
2.	III 137/20	100	55	188
2.	VII 190/20	100	56	190
11.	VI 278/20	100	61	205
12.	VII 232/20	100	62	208
13.	I 176/20	100	65	216
15.	I 133/20	100	63	210
15.	VI 317/20	100	66	219
15.	VI 372/20	100	64	213
16.	VII 53/20	100	68	224
16.	VII 179/20	100	67	222
18.	V 327/20	100	69	227
18.	VI 357/20	100	70	230
19.	II 180/20	100	71	235
19.	II 195/20	100	76	250
19.	III 220/20	100	72	237
20.	I 170/20	100	78	258
20.	V 471/19	100	77	255
23.	II 206/20	100	79	264
23.	II 207/20	100	80	266
23.	III 235/20	100	81	268
23.	VII 484/19	100	82	271
26.	VII 286/20	100	83	274
27.	V 179/20	100	84	279
Dezember.				
3.	III 187/20	100	85	284

V

Zusammenstellung

der

im einundneunzigsten bis hundertsten Bande mitgeteilten Entscheidungen

nach

Gerichtsbezirken.

(Die fettgedruckten Ziffern bezeichnen den Band, die gewöhnlichen die Nummer der Entscheidung.)

Reichsgericht unmittelbar.

96, 92; **97**, 49; **98**, 64; **99**, 53, 69.

Oberlandesgerichte.

Augsburg.

96, 22; **97**, 70.

Bamberg.

95, 85.

Berlin.

91, 2, 6, 9, 14, 20, 21, 28, 39, 42, 47, 50, 53, 55, 62, 67, 76, 79, 82, 83, 89, 93, 94, 95, 99, 102, 103, 106, 107; **92**, 6, 9, 18, 20, 21, 22, 26, 31, 32, 33, 40, 47, 50, 57, 58, 61, 64, 67, 73, 77, 78, 81, 86, 89, 90, 95, 105, 106; **93**, 1, 4, 5, 8, 9, 24, 27, 32, 34, 36, 37, 38, 39, 40, 47, 50, 54, 57, 58, 62, 67, 70, 73, 77, 85, 88, 89, 91, 95, 103, 104, 107; **94**, 14, 15, 17, 31, 32, 34, 36, 39, 42, 50, 57, 61, 63, 64, 71, 74, 80, 82, 85, 93, 94, 95, 96, 99; **95**, 3, 7, 8, 9, 10, 13, 15, 17, 20, 21, 23, 29, 31, 33, 36, 38, 45, 48, 52, 54, 55, 57, 75, 76, 78, 81, 90, 92, 93, 103, 105, 107, 108, 112, 115, **96**, 18, 21, 23, 26, 29, 32, 38, 42, 53, 54, 61, 66, 67, 69, 76, 77, 83, 94, 99, 101; **97**, 2, 5, 8, 9, 10, 12, 25, 26, 29, 33, 37, 38, 39, 41, 46, 52, 60, 61, 62,

80, 81, 87, 93, 101; **98,** 1, 6, 7, 9, 11, 16, 18, 19, 30, 36, 39, 41, 45, 55, 57, 67, 69, 73, 80, 81, 82, 85, 91, 93, 94; **99,** 1, 4, 10, 13, 15, 17, 21, 22, 26, 29, 41, 45, 46, 50, 54, 63, 68, 74, 77, 79, 80, 86; **100,** 1, 2, 3, 4, 8, 16, 19, 21, 22, 23, 33, 37, 38, 40, 43, 45, 46, 49, 52, 54, 56, 57, 58, 67, 68, 69, 74, 75, 77, 84, 85.

Braunschweig.

91, 71; **93,** 29, 71; **94,** 2; **96,** 46, 50; **98,** 4; **100,** 17.

Breslau.

91, 1, 35; **92,** 14, 16, 54, 63, 68, 71, 83, 93; **93,** 31, 68a, 68b, 69, 76, 82, 93; **94,** 41, 45, 75; **95,** 59, 63, 98, 111; **96,** 10, 13, 30, 79, 93; **97,** 16, 27, 54, 100; **98,** 53, 58, 83, 100; **99,** 3, 7, 48, 84; **100,** 15, 47, 66, 81.

Cassel.

92, 55, 96; **93,** 28; **94,** 20; **95,** 89; **96,** 5, 47, 90; **97,** 19; **98,** 26; **99,** 60, 71.

Celle.

91, 17, 29, 70, 97; **92,** 49, 72, 76; **93,** 22, 23, 74, 88, 108; **94,** 11, 23, 66, 70, 90; **95,** 16, 22, 28, 40, 41, 46, 56, 72, 80, 91; **96,** 7, 28, 37, 51, 59; **97,** 14, 31, 77, 79; **98,** 3, 52, 84, 87, 101; **99,** 19, 37, 64; **100,** 26, 27, 32, 62.

Colmar.

91, 19, 66, 73, 78; **92,** 28, 104; **93,** 43; **94,** 12, 28, 67; **96,** 3.

Darmstadt.

91, 25; **92,** 12; **94,** 6, 38, 46; **95,** 14, 95; **98,** 31, 46; **99,** 66; **100,** 76.

Dresden.

91, 34, 49, 51, 65, 92; **92,** 13, 37, 52, 62, 70, 101; **93,** 6, 30, 41, 46, 61, 84, 94, 100, 102; **94,** 4, 21, 22, 27, 30, 49, 76; **95,** 4, 12, 58, 71, 86, 94, 96; **96,** 15, 25, 34, 36, 40, 80, 85; **97,** 35, 43, 59, 69, 83, 85, 90; **98,** 10, 27, 37, 38; **99,** 24, 28, 47, 73, 82; **100,** 5, 29, 79, 80.

Düsseldorf.

91, 12, 22, 26, 40, 41, 54, 75; **92,** 1, 11, 23, 41, 79, 87, 91; **93,** 18, 26, 55; **94,** 55, 91; **95,** 1, 2, 32, 66, 77, 84, 88, 101, 114; **96,** 1, 19, 49, 56, 72, 86, 97; **97,** 22, 65, 73, 74, 88, 94; **98,** 5, 13, 17, 24, 50, 51, 56, 66, 76; **99,** 5, 27, 33, 35, 40, 56, 67, 70, 72; **100,** 9, 41, 61.

Frankfurt a. M.

91, 8, 68, 77, 91, 108; **92,** 29, 82; **93,** 7, 99; **94,** 43, 48, 62; **95,** 37; **96,** 17, 24, 78; **97,** 11, 21; **98,** 29, 47, 60, 90, 96; **99,** 31, 42; **100,** 6, 53, 82.

Hamburg.

91, 13, 15, 23, 30, 33, 60, 63, 69, 72, 84, 86, 88, 96, 98, 104; **92**, 3, 15, 19, 30, 35, 39, 51, 56, 59, 60, 92, 99, 100, 107; **93**, 13, 14, 15, 16, 42, 48, 49, 52, 59, 79, 101, 105, 106; **94**, 1, 16, 18, 19, 25, 29, 58, 65, 68, 79, 81, 84, 88, 89, 92, 98, 100; **95**, 18, 27, 34, 39, 43, 44, 51, 53, 69, 73, 79, 110; **96**, 11, 27, 35, 39, 41, 48, 62, 63, 65, 68, 70, 71, 74, 75, 89, 91, 100; **97**, 4, 6, 7, 34, 42, 53, 56, 58, 63, 76, 92, 99; **98**, 33, 35, 40, 42, 43, 48, 49, 54, 62, 74, 86, 92, 97; **99**, 6, 11, 14, 20, 36, 38, 43, 44, 49, 62, 81; **100**, 10, 13, 14, 24, 28, 50, 59, 65, 71.

Hamm.

91, 5, 16, 27, 87, 100, 105; **92**, 17, 38, 43, 45, 46, 75; **93**, 21, 81; **94**, 3, 7, 13, 24, 44; **95**, 50, 87; **96**, 12, 31, 33; **97**, 24, 32, 50, 51, 67, 71, 91, 95, 98; **98**, 12, 14, 23, 63, 72, 75, 89, 99; **99**, 18, 57; **100**, 20, 64.

Jena.

92, 10, 94, 98; **93**, 45; **94**, 35; **97**, 68; **100**, 36, 83.

Karlsruhe.

91, 10, 18, 32, 36, 64, 101; **92**, 7, 25, 88, 102; **93**, 53; **95**, 11, 30, 47, 62, 104; **96**, 14, 52, 60, 73, 95, 96; **97**, 20, 82; **98**, 77; **99**, 23; **100**, 51, 73.

Kiel.

91, 56; **92**, 2, 44, 109; **93**, 11, 20, 65; **94**, 8, 37, 47; **96**, 20, 43, 82, 87, 88; **97**, 3; **98**, 44, 98; **99**, 9, 59, 78.

Köln.

91, 4, 11, 24, 31, 37, 38, 45, 58, 81; **92**, 27; **93**, 66, 78, 80, 87, 96; **94**, 5, 10, 59, 73, 83, 87, 97, 101; **95**, 5, 19, 25, 49, 68, 70, 97, 99, 113; **96**, 45, 81, 84; **97**, 1, 18, 40, 47, 72, 89, 97; **98**, 2, 25, 28, 34, 59, 61, 65, 68; **99**, 2, 12, 65, 76, 82, 85; **100**, 11, 18, 30, 31, 34, 35, 42.

Königsberg.

91, 43, 46, 57, 61; **92**, 4, 5, 8, 48, 69, 103; **93**, 64, 75; **94**, 40, 52; **95**, 67, 83, 102; **97**, 15, 84, 86, **98**, 15, 70, 95; **99**, 16, 34, 58; **100**, 12, 72.

Marienwerder.

91, 52; **92**, 74; **94**, 26, 60, 69; **95**, 35, 64; **96**, 4, 8, 58; **97**, 30, 57, 66; **98**, 88; **99**, 39, 75.

München.

91, 59, 85, 90; **92**, 66; **93**, 10; **94**, 33, 51; **95**, 6, 61; **97**, 45; 55; **98**, 78; **99**, 8, 61.

Naumburg a. S.

91, 3, 44, 80; **92**, 24, 36, 80, 108; **93**, 2, 3, 25, 44, 51, 56, 97; **94**, 72; **95**, 24, 26, 42, 60, 106, 109; **96**, 57, 64; **97**, 13, 28, 36, 44, 96; **98**, 20, 21, 22, 32, 71, 102; **99**, 32, 51, 52; **100**, 25, 48, 55, 60, 78.

Nürnberg.

92, 42; **95**, 82; **96**, 2, 6; **97**, 23; **100**, 44.

Oldenburg.

94, 9; **96**, 44.

Posen

91, 6, 7; **92**, 34, 65; **93**, 33, 63, 90; **94**, 53, 56, 86, 102; **95**, 65, 100; **96**, 43.

Rostock.

93, 60, 98; **94**, 54.

Stettin.

92, 85; **93**, 12; **94**, 77; **96**, 16; **97**, 78; **98**, 79; **99**, 30, 55.

Stuttgart.

91, 74; **92**, 53, 97; **93**, 19, 72, 86, 92; **95**, 74; **97**, 48, 64; **98**, 8; **100**, 7, 39, 63.

Zweibrücken.

97, 17, 75.

Landgerichte.

Freiburg i. B.: 98, 77.
Guben: 99, 25.

Patentamt.

91, 48; **92**, 84; **93**, 17; **96**, 55.

Berichtigungen zu den bisherigen Bänden der Entscheidungen.

(Berichtigungen, die bereits in den früheren Registerbänden bekanntgegeben sind, sind hier nicht wieder aufgenommen.)

Zweiundsiebzigster Band.

	Bereits angezeigt Band
S. 385 Z. 15 v. u. statt „1907" lies „1908"	94

Einundneunzigster Band.

	Bereits angezeigt Band
S. 218 Z. 12 v. u. statt „daselbst" lies „Düsseldorf"	91
S. 162 Z. 4 v. o. statt „§ 717 Nr. 7" lies „§ 715 Nr. 7"	94
S. 390 Z. 10 v. u. statt „§ 3" lies „§ 5"	94
S. 454, rechte Sp., Z. 18 v. o. statt „4. Juni" lies 3. Juni"	94
S. 456, linke Sp., Z. 12 v. o. statt „16. April" lies „6. April".	

Zweiundneunzigster Band.

	Bereits angezeigt Band
S. 32 Z. 6 v. u. statt „2247 Nr. 3" lies „2241 Nr. 3"	94
S. 33 Z. 13 v. u. statt „86" lies „85"	93
S. 34 Z. 10 v. u. statt „Mai" lies „März".	
S. 36 Z. 15 v. u. statt „Bd. 15" lies „1915"	94
S. 85 Z. 11 v. o. statt „rechtliche" lies „restliche"	92
S 105 Z. 9 v. u. statt „Anm. 4b" lies „Nr. 4b" und statt „3. Aufl." lies „4. Aufl."	92
S. 196 Z. 3 v. u. statt „§ 269" lies „§ 369"	94
S. 270 Z. 14 v. o. statt „171" lies „173"	93
S. 289 Z. 12 v. o. S. 290 Z. 19 v. o. } statt „1880" lies „1888"	92
S. 317 Z. 4 v. u. statt „2" lies „3"	93
S. 337 Z. 7 v. o. statt „§ 25 I" lies „§ 251"	94
S. 367 Z. 8 v. u. statt „1913" lies „1873"	92
S. 405 Z. 5 v. o. statt „Abs. 1" lies „Abs. 2"	94
S. 445, 3. Sp., Z. 9 v. u. statt „268—371" lies „268—271"	94
S. 453, linke Sp., Z. 10 v. o. statt „35—47" lies „35—37"	94
S. 468 Z. 15 v. o. statt „193" lies „293"	93

Dreiundneunzigster Band.

	Bereits angezeigt Band
S. 47 Z. 16 v. o. statt „Klägerin" lies „Beklagte"	94
S. 70 Z. 18 v. o. statt „S. 538" lies „S. 358 Nr. 7"	97
S. 202 Z. 9 v. o. statt „Bd. 87 S. 359" lies „Bd. 86 S. 359"	94

	Bereits angezeigt Band
Vierundneunzigster Band.	
S. 60 Z. 4 v. o. statt „362" lies „262"	94
S. 99 Z. 9 v. o. statt „Versicherungsbedingungen" lies „Beförderungsbedingungen"	94
S. 113 Z. 12 v. u. statt „RGBl." lies „RZBl."	94
S. 136 Z. 11 v. o. statt „542" lies „562"	94
S. 363 Z. 14/15 v. u. statt „notariellen" lies „materiellen"	95
Fünfundneunzigster Band.	
S. 207 Z. 19 v. o. statt „Klagabweisung" lies „Entscheidung zur Klage"	96
Sechsundneunzigster Band.	
S. 20 Z. 15 v. o. statt „V 37/9" lies „V 37/19"	96
S. 30 Z. 11 v. u. statt „Abs. 1" lies „Abs. 2"	96
S. 81 Z. 15 v. o. statt „Reichsmittelstelle" lies „Reichsfuttermittelstelle"	96
S. 89 Z. 14 v. u. statt „457" lies „437"	96
S. 90 Z. 5 v. u. statt „46" lies „76"	96
Siebenundneunzigster Band.	
S. 97 Z. 8 v. o. statt „4. November" lies „11. November"	97
S. 368, linke Sp., Z. 4 v. u. statt „§§ 835 flg." lies „§§ 535 flg.".	
Achtundneunzigster Band.	
S. 39 Z. 12 v. o. statt „Bd. 96 S. 342" lies „Bd. 95 S. 342" . . .	100
S. 109 Z. 11 v. u. statt „§ 865 Abs. 1" lies „§ 866 Abs. 1"	99
S. 114 Z. 19 v. u. statt „§ 213 Anm. 1" lies „§ 273 Anm. 1"	99
S. 259 Z. 2 und 3 v. o. statt „vom 14. August 1919 an (ausgegeben am 12. August 1919)" lies „vom 12. September 1919 an (ausgegeben am 11. September 1919)"	99
Generalregister zu Bd. 61—70.	
S. 241 Z. 5/6 v. o. statt „63, 256" lies „62, 256"	97
Generalregister zu Bd. 81—90.	
S. 299 Z. 4 v. u. statt „89, 228" lies „85, 228"	97
S. 299 Z. 11 v. u. statt „§ 48" lies „§ 148"	94

Kolibri 360 GmbH
Ferdinand-Jühlke-Straße 7
99095 Erfurt, Deutschland
produktsicherheit@kolibri360.de